TECHNOLOGIE METALL

Fachstufe
Industriemechaniker

Cornelsen
GIRARDET

Dieses Buch entstand durch Mitarbeit und unter Beratung von:

Teil 1

Joseph Apweiler, Leichlingen (Kapitel 2.2)
Prof. Dr. Reinhard Bader, Dortmund (Kapitel 4)
Guido Hense, Hagen (Kapitel 3 und 6)
Prof. Dr. Antonius Lipsmeier, Karlsruhe
Ulrich Nußmann, Schöngeising (Kapitel 1)
Ernst Pötter, Kleve (Kapitel 4)
Helmut Richter, Oberhausen (Kapitel 2.1 und 2.2)
Prof. Dr.-Ing. Helmut Sanfleber, Duisburg (Kapitel 4)
Wolfram Tessendorf, Wuppertal (Kapitel 6)
Hermann Wellers, Stadtlohn (Kapitel 5)

Teil 2

Günter Aichele, Freiburg (Kapitel 1.5–1.6)
Prof. Dr. Reinhard Bader, Dortmund (Kapitel 3.4, 3.6)
Eckhard Bitschinski, Ratingen (Kapitel 1.1–1.4)
Dr. Martin Burgmer, Dortmund (Kapitel 3.4)
Wolfgang Dreser, Aachen (Kapitel 3.5)
Guido Hense, Hagen (Kapitel 2)
Albert Hurtz, Aachen (Kapitel 3.5)
Prof. Dr. Werner Müller, Kaiserslautern (Kapitel 3.1–3.2)
Helmut Richter, Oberhausen (Kapitel 1.7)
Bernd Ripplinger, Koblenz (Kapitel 3.3)
Prof. Dr.-Ing. Helmut Sanfleber, Duisburg (Kapitel 3.6)
Wolfram Tessendorf, Wuppertal (Kapitel 4)
Hermann Wellers, Stadtlohn (Kapitel 4.3 – SPS –)

in Zusammenarbeit mit der Verlagsredaktion Berufsbildung/Technik

Titelbild:
Der dargestellte Meßtaster gehört zu einem 3-D-Meßgerät. Die Stifte tasten die Innen-, Außenkonturen und die Gewindestärken ab. Sie übermitteln die Daten über den Tastkopf an den Rechner.

Bestellnummer 819898
1. Auflage
Druck 4 3 2 1 / 94 93 92 91
Alle Drucke derselben Auflage sind im Unterricht parallel verwendbar.

Vertrieb: Cornelsen Verlagsgesellschaft, Bielefeld
Einbandgestaltung: Chris Berten, Düsseldorf
Druck: Universitätsdruckerei H. Stürtz AG, Würzburg
Bindearbeiten: Lüderitz & Bauer, Berlin

ISBN 3-590-81989-8

Inhalt Teil 1 (2. Ausbildungsjahr)

Teil 2 (3./4. Ausbildungsjahr)

1 Prüftechnik

Das Prüfen in der industriellen Fertigung erstreckt sich von der Überwachung der Halbzeuge beim **Wareneingang** über die laufende Kontrolle der Werkstücke während des **Bearbeitungsprozesses** bis zur Funktionsprüfung eines **fertigen Produktes.**

Für den Bereich der Fertigung ist die Meßtechnik besonders wichtig, weil das frühzeitige Erkennen von Fehlern hilft, Ausschuß zu vermeiden. Hierzu werden eine Vielzahl von Prüfmitteln verwendet, deren sachgemäße Handhabung und problemorientierter Einsatz fundierte Kenntnisse der Prüftechnik erfordern.

Oberflächenprüfung am Wareneingang

1.1 Prüfmittel

Die in der Fertigungstechnik zu prüfenden Längen oder Winkel können mit **anzeigenden Meßgeräten,** mit **Maßverkörperungen** oder mit Hilfe von **Lehren** einem Soll-Ist-Vergleich unterzogen werden. Werden mehrere anzeigende Meßgeräte oder Maßverkörperungen für die Überprüfung eines Werkstückes zusammengestellt, spricht man von **Meßeinrichtungen.**

1.1.1 Anzeigende Meßgeräte

Meßgeräte liefern oder verkörpern Meßwerte über die physikalische Größe, der die Messung gilt. Soll beispielsweise mit einem Strichmaß die Länge eines Werkstücks ermittelt werden, so liest man an der Skala den Skalenwert ab und multipliziert ihn mit der angegebenen Einheit, z. B. 2 cm.

Skalenanzeige

Die Anzeige des Meßwerts kann aber auch auf andere Art erfolgen: Meßgeräte mit **Skalenanzeige** haben eine Marke (Zeiger, Noniusstrich, Lichtbalken o. ä.), die sich auf einer Stelle der Skala einstellt. Dabei kann sich die Marke oder die Skala bewegen. In jedem Fall ist eine kontinuierliche Ablesung möglich. Bewegt sich die Marke innerhalb eines Skalenteilungswertes, läßt sich der Meßwert noch weiter abschätzen.

Meßgeräte mit **Ziffernanzeige** liefern die Information über den Meßwert als zahlenmäßige Darstellung. Dies ermöglicht ein irrtums- und ermüdungsfreies Ablesen. Der Meßwert kann aber nicht stetig, sondern nur in Ziffernschritten erfaßt werden.

Meßgeräte mit **Registrierender Anzeige** drucken einzelne Meßwerte aus oder zeichnen den Verlauf der Meßwerte als Kurve über zwei Achsen auf und ermöglichen so die graphische Darstellung der überprüften Meßgröße.

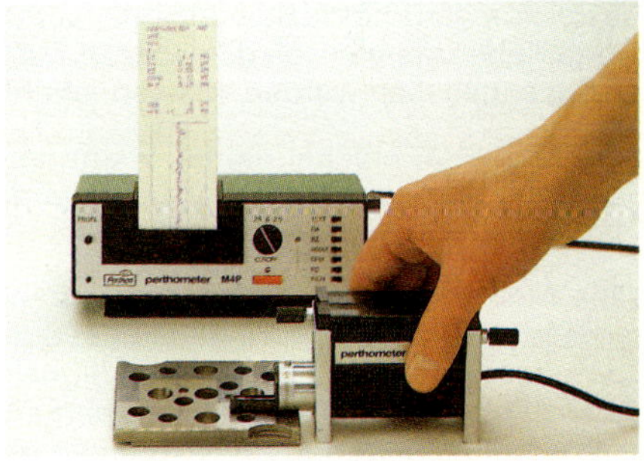

Registrierende Anzeige

Wichtig für die Auswahl und den Einsatz eines Meßgerätes ist sein Anzeige- und sein Meßbereich.

Der **Anzeigebereich (Azb)** umfaßt alle Werte, die an einem Meßgerät abgelesen werden können.

Der **Meßbereich (Meb)** ist ein Teil des Anzeigebereiches und garantiert, daß zwischen seinem Anfangs- und seinem Endwert die vereinbarten Fehlergrenzen nicht überschritten werden.

Informationsfluß

Funktionselemente eines Meßgerätes

Die **Hauptfunktion eines Meßgerätes** ist die Erfassung einer physikalischen Größe, die Weiterleitung der gewonnenen Information und ihre Umformung in einen Meßwert. Es handelt sich also um **Informationsumsatz**.

Hierzu ist es notwendig, verschiedene Funktionselemente zusammenzuschalten. Soll beispielsweise die Unebenheit einer Fläche mit Hilfe einer mechanischen Meßuhr überprüft werden, so erfaßt der Meßbolzen als erstes Funktionselement des Meßgeräts etwaige Längenänderungen. Von diesem **Aufnehmer** aus gelangt die Information über die Meßgröße von der Zahnstange zu einem Ritzel. Da hierbei die Längs- in eine Drehbewegung umgewandelt wird, bilden diese Funktionselemente den **Meßumformer.** Durch geeignete Übersetzungsverhältnisse erreicht man mit dem nachgeschalteten Zahnradgetriebe, daß schon kleine Hübe des Meßbolzens zu großen Winkelbewegungen an der Zeigerachse führen. Das Rädergetriebe wirkt demnach als **Meßverstärker. Ausgeber** sind die sich drehenden Zeiger vor der Skala. An ihnen kann der Meßwert abgelesen werden. Das Übertragungssystem zwischen Aufnehmer und Ausgeber nennt man die **Übertragungsstrecke.** Sie kann, wie bei der beschriebenen Meßuhr, rein mechanisch arbeiten. Die Information kann aber auch optisch, elektrisch oder pneumatisch gewandelt, weitergeleitet und verstärkt werden. Oft findet man in einer Meßkette die unterschiedlichsten Elemente zusammengeschaltet. So kann beispielsweise ein mechanisch arbeitender Aufnehmer mit einem optischen Meßgrößenverstärker und einer elektronischen Ziffernanzeige gekoppelt werden. Die charakteristische physikalische Erscheinung, die bei der Messung benutzt wird, heißt **Meßprinzip.**

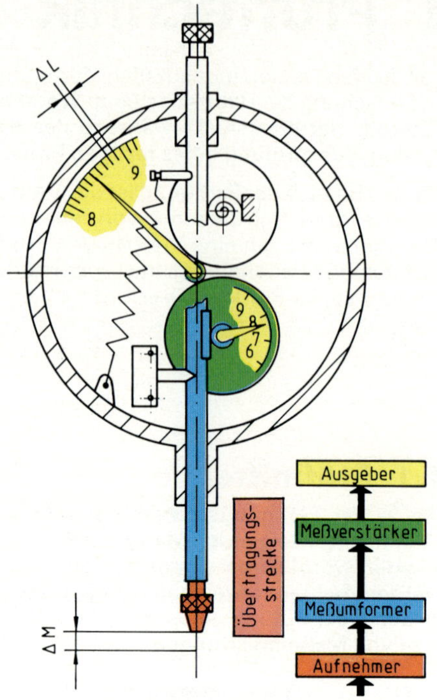

Funktionselemente einer Meßuhr

Analoge und digitale Signalverarbeitung

Ein Meßgerät arbeitet **analog**, wenn der Meßgröße am Aufnehmer eine kontinuierliche Anzeige am Ausgeber zuzuordnen ist und umgekehrt.

Bezogen auf die mechanische Meßuhr bedeutet dies, daß einer bestimmten Zeigerstellung eine eindeutige Position des Meßbolzens zugeordnet werden kann.
Abweichungen infolge Reibung oder aufgrund eines Spiels im Zahnradgetriebe können nach der Überprüfung eines Meßgeräts zahlenmäßig angegeben werden. Man spricht hier von **Umkehrspanne**.

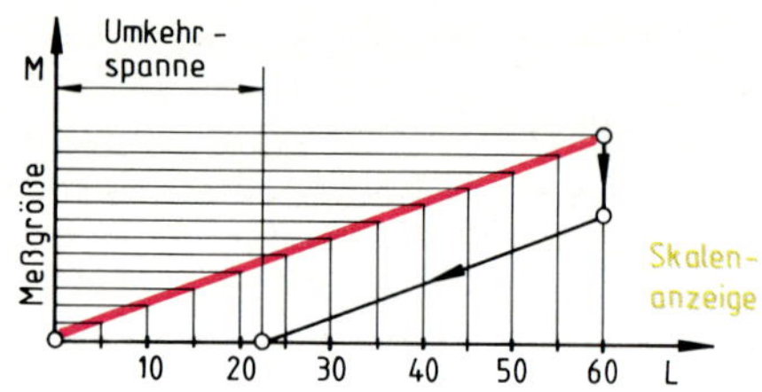

Kontinuierliche Anzeige bei analoger Signalverarbeitung

Ein Meßgerät arbeitet **digital,** wenn der Meßgröße am Aufnehmer eine Anzeige am Ausgeber zugeordnet wird, die in vorgegebenen Ziffernschritten springt.

Viele Meßverfahren arbeiten am Eingang ihrer Meßkette analog, setzen dann aber die Information über die Meßgröße in einer Digitalisierungseinrichtung zu einem digitalen Ziffernwert um. Ein Rückschluß vom angezeigten Meßwert auf eine eindeutige Position des Aufnehmers ist nur unvollkommen möglich.

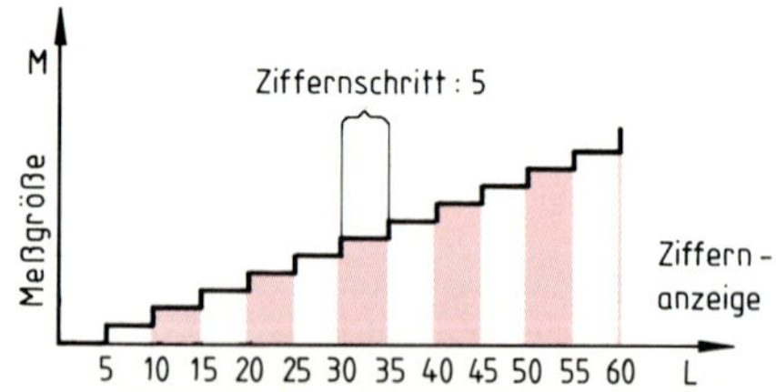

Sprunghafte Anzeige bei digitaler Signalverarbeitung

Meßgeräte mit mechanischem Meßprinzip

Mechanisch arbeitende Meßgeräte haben sich in der Praxis bei vielen Einsätzen durch ihre große Betriebsrobustheit bewährt. Bei der Meßuhr begrenzt die Herstellungsgenauigkeit der Funktionselemente (Zahnstange, Ritzel und Zahnräder) den Skalenteilungswert und somit die kleinste Ablesemöglichkeit auf 0,01 mm. Will man nun noch kleinere Änderungen der Meßgröße erfassen, muß man Meßgeräte mit anderen Übertragungselementen heranziehen.

- Feinzeiger mit Hebelübersetzung

Bei diesem Meßgerät lenkt der Aufnehmer, ein durch Kugelführung spiel- und reibungsfrei gelagerter Meßbolzen, einen Hebel aus, der dann mit dem Zahnradsegment seines anderen Endes in das Ritzel der Zeigerachse greift. Für **Unterschieds-, Rundlauf-** und **Parallelitätsmessungen** wird der Zeiger auf die Null der Skalenmitte gestellt. Abweichungen von diesem Sollwert gibt dann der Zeigerausschlag an.

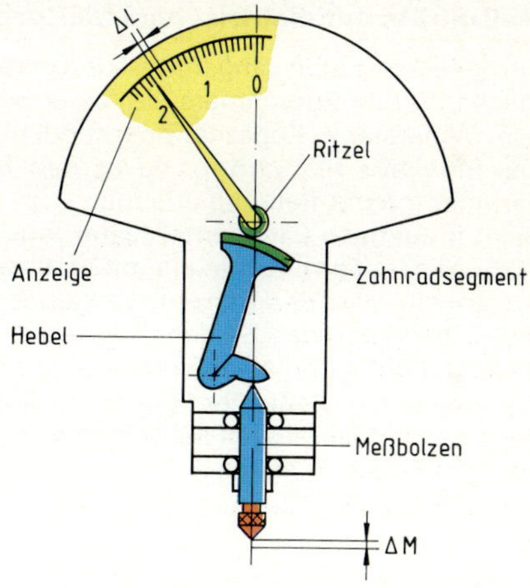

Feinzeiger mit Hebelübersetzung

- Feinzeiger mit Bandaufhängung

Der Aufnehmer bei diesem Meßgerät wird durch zwei Membranen geführt, die eine begrenzte Auf- und Abwärtsbewegung erlauben. An seinem geräteseitigen Ende ist ein Winkelhebel befestigt. Zwischen ihm und dem Gehäuse ist ein verdrilltes Band mit dem Zeiger eingespannt. Jede Längsbewegung der Meßspindel führt nun zu einer Streckung des Bandes und damit zu einem proportionalen Ausschlag des Zeigers. Das Meßgerät arbeitet ohne Umkehrspanne und mit geringer Trägheit. Es ermöglicht eine **10000fache Vergrößerung des Eingangssignals.**

Meßgeräte mit optischem Meßprinzip

Rein optisch arbeitende Meßgeräte, beispielsweise den Interferenzkomperator zum Vermessen von Parallel-Endmaßen, findet man nur in Feinmeßräumen. Eine breite Anwendung hingegen haben heute opto-elektronische Meßsysteme.

- Meßgeräte mit Glasmaßstäben

Das hier verwendete Meßprinzip beruht auf der **photoelektrischen Abtastung feiner Strichgitter.** Dabei werden von einer Lichtquelle aus die Strahlen parallel ausgerichtet und treffen auf die Strichgitter-Teilung einer Abtastplatte aus Glas. Hinter dieser bewegt sich ein Glasmaßstab mit der gleichen Strichgitter-Teilung. Kommen nun die lichtundurchlässigen Striche und die lichtdurchlässigen Lücken der beiden Teilungen abwechselnd zur Deckung, entsteht ein periodisch sich ändernder Lichtstrom. Dieser wird von den Photoelementen erfaßt und mit Hilfe von elektronischen Bauelementen in digitale elektrische Meßsignale umgeformt. Von einer Referenzmarke aus werden die Impulse gezählt und an die Meßwertanzeige weitergeleitet. Es kann aber auch ein beliebiger Bezugspunkt gesetzt werden.

Bei der Verwendung dieses Meßprinzips legt die Länge des Glasmaßstabes – es gibt Ausführungen bis zu 3000 mm – den Meßbereich des Gerätes fest. Der Ziffernschrittwert der Meßwertanzeige kann durch die elektronische Aufbereitung der Lichtsignale auf 0,00005 mm gesenkt werden.

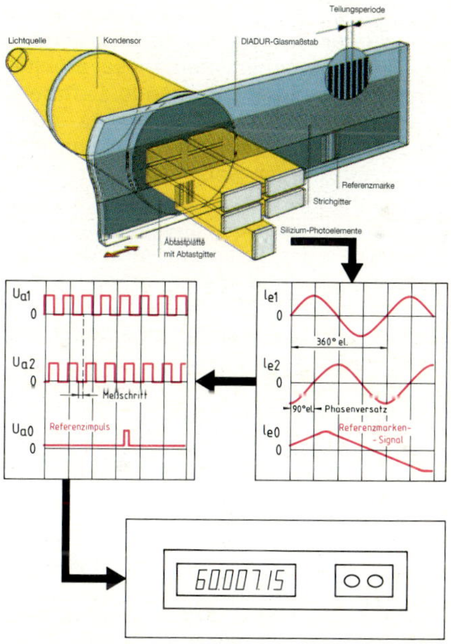

Signalaufbereitung eines opto-elektrischen Meßsystems

- Laser Scan Meßgeräte

Das Meßprinzip dieser Geräte beruht auf dem Abtasten einer Strecke mit einem **scharf gebündelten Laserstrahl.** Wird dieser nun durch eine Werkstückkante unterbrochen, tritt eine Impulsänderung an den Fotozellen auf, das Signal wird elektronisch aufbereitet und kann als Ziffernanzeige ausgegeben werden.

Laser Scan Meßgeräte arbeiten berührungslos und können deshalb auch für Messungen **an bewegten, heißen oder weichen Objekten** eingesetzt werden.

Die Signalverarbeitung aller opto-elektronischen Meßgeräte erlaubt die Eingabe von Toleranzgrenzen und die Anzeige bei deren Überschreitung, das Festsetzen eines Bezugspunktes für Differenzmessungen, den Anschluß an einen Rechner zur statistischen Auswertung der Messungen und den Ausdruck bestimmter Meßwerte oder deren Abweichungen.

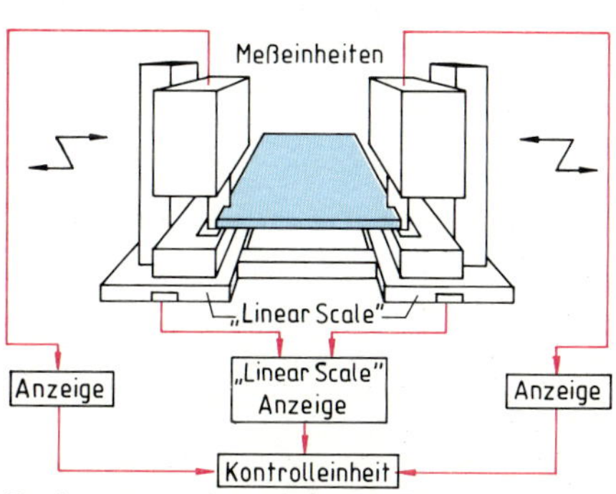

Breitenmessung mit Laser Scan

Meßgeräte mit elektrischem Meßprinzip

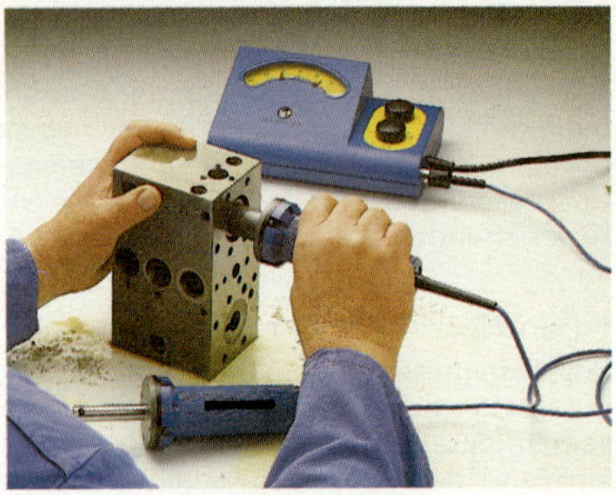

Längenmeßtaster mit Handmeßdorn

Bei der elektrischen Längenmessung verursacht die Bewegung eines mechanischen Aufnehmers die Änderung einer elektrischen Größe, z. B. Widerstand, Kapazität oder Induktivität. Durchgesetzt hat sich das induktive Meßprinzip, da es den Bau kleiner Meßfühler mit geringer innerer Reibung erlaubt.
Beim **induktiven Längenmeßtaster** taucht ein mit dem Aufnehmer verbundener Ferritkern in ein mit Wechselstrom gespeistes Spulensystem ein. Wird er durch eine Längenänderung bewegt, ändert sich die Induktivität der Spulen. Das erzeugte Signal wird verstärkt, gleichgerichtet und einer Skalen- oder Ziffernanzeige zugeführt.
Die induktiven Meßtaster können für **Einzelmessungen** herangezogen oder zu **Mehrstellen-Meßeinrichtungen** zusammengestellt werden. Verwendung finden sie auch bei Handmeßdornen, -meßgabeln und -meßringen.

Meßgeräte mit pneumatischem Meßprinzip

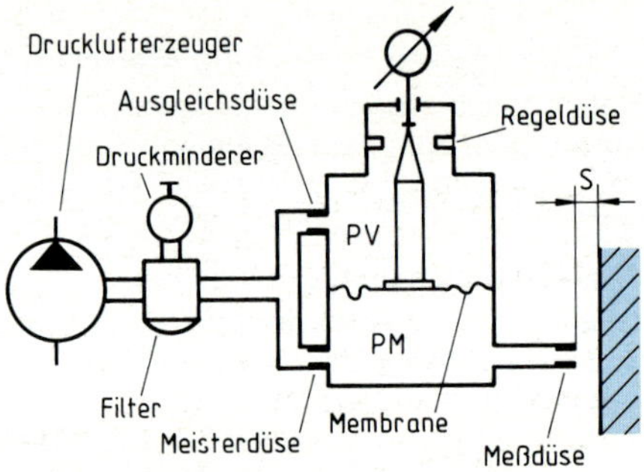

Funktionsprinzip
einer Druckdifferenzmessung

Pneumatisch arbeitende Längenmeßgeräte benötigen einen Drucklufterzeuger, der gereinigte Luft unter konstantem Druck an den Meßwertaufnehmer liefert. Dieser arbeitet nach dem Prinzip, daß die durch einen Spalt strömende Luftmenge durch seinen engsten Querschnitt beeinflußt wird. Druck- oder Durchflußänderungen an der Meßdüse lassen sich dann von einem Anzeigegerät ablesen. Voraussetzung ist, daß mit Hilfe eines Sollmaßes ein bestimmter Luftspalt festgelegt und die Anzeige auf Null eingestellt wird. Weicht die zu überprüfende Länge vom Sollmaß ab, wird der Luftspalt und damit auch der Luftstrom verändert. Das Anzeigegerät erfaßt die Druckdifferenz oder die Änderung der durchströmenden Luftmenge gegenüber dem Einstellwert. Die Längenmessung kann **sowohl berührungsfrei wie auch mit einer mechanischen Abtastung** durchgeführt werden:

- Kontaktfreie Messung

Die luftdurchströmten Meßdüsen berühren die zu prüfende Oberfläche nicht. Der sich ergebende Luftspalt wird für die Unterschiedsmessung zum Eichstück herangezogen. Voraussetzung ist, daß die Oberflächen-Rauhtiefen 3 µm nicht überschreiten und daß die Messung nicht am Rand des Prüflings durchgeführt wird. Sind diese Bedingungen erfüllt, können mit geeigneten Düsenmeßdornen **Durchgangs- oder Grundlochbohrungen** gemessen werden. Mit Düsenmeßringen können **zylindrische Werkstücke oder Kegel** schnell und zuverlässig auf 1 µm überprüft werden. Der Meßbereich ist auf ca. 0,2 mm begrenzt. Außerdem ist die Anschaffung spezieller Düsenmeßtaster, -meßdorne und -meßringe notwendig. Aus diesen Gründen wird die pneumatische Längenmessung **zum Prüfen von großen Serien** eingesetzt.

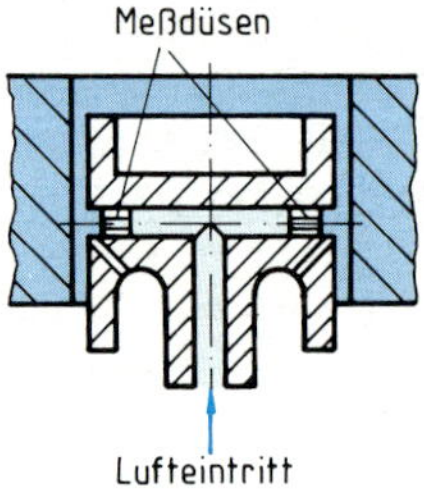

Kontaktfreie Messung mit Düsenmeßdorn

- Berührende Messung

Ist die zu prüfende Oberfläche verschmutzt oder weist große Rauhtiefen auf, würde das kontaktfreie Messen mit Luft zu großen Meßunsicherheiten führen. Hier ist es besser, wenn ein **mechanischer Aufnehmer** die Oberfläche abtastet und die Längenänderungen in pneumatische Größen umwandelt und als Meßwert zur Anzeige bringt. Die verwendeten Taster arbeiten mit ganz geringer Reibung und kleiner Massenträgheit. Messungen am Werkstückrand sowie der Einsatz bei Mehrstellen-Meßeinrichtungen oder ihr Einbau in Meßdorne sind möglich.

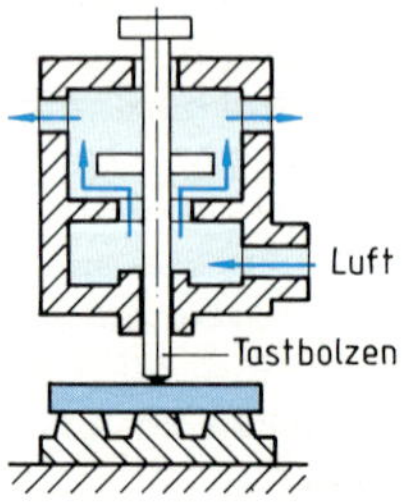

Berührende Messung mit Taster

1.1.2 Endmaße

Endmaße verkörpern bestimmte Längen oder Winkel durch die Lage ihrer Flächen. Diese Endflächen können kugelig, zylindrisch oder eben sein. Dementsprechend unterscheidet man Kugel-, Zylinder-, Parallel- oder Winkelendmaße.

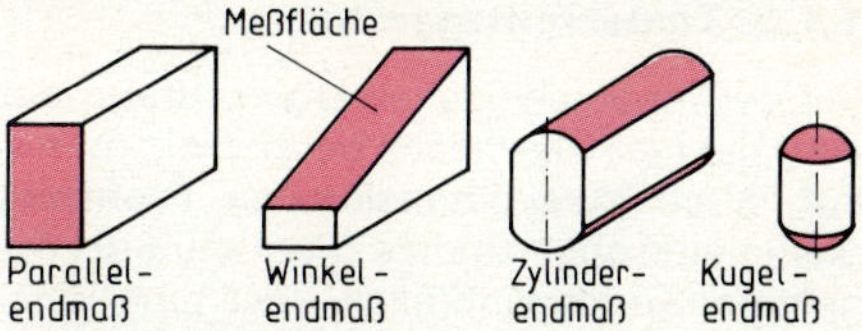

Endmaßarten

Parallelendmaße

Endmaße mit ebenen, planparallelen Flächen gehören in der Fertigungstechnik zu den wichtigsten Maßverkörperungen. Sie dienen als Ur- und Vergleichsmaß **zur Prüfung von Meßgeräten und Lehren, zur Einstellung von Meßgeräten** ohne eingebaute Maßverkörperung und **zum direkten Messen.**

Endmaße werden aus hochwertigem Spezialstahl, aus Hartmetall oder Keramik gefertigt. Angestrebt wird dabei eine hohe Stabilität und harte, verschleißfeste Oberflächen mit gutem Haftvermögen. Durch Läppen und Polieren erreicht man eine hohe Oberflächengüte, so daß allein durch Adhäsion zwei Endmaße aneinander haften. Allerdings sollte dies nur kurzzeitig geschehen, da es bei längerer Wirkung der auftretenden Adhäsionskräfte zum Kaltverschweißen der Meßflächen kommen kann.

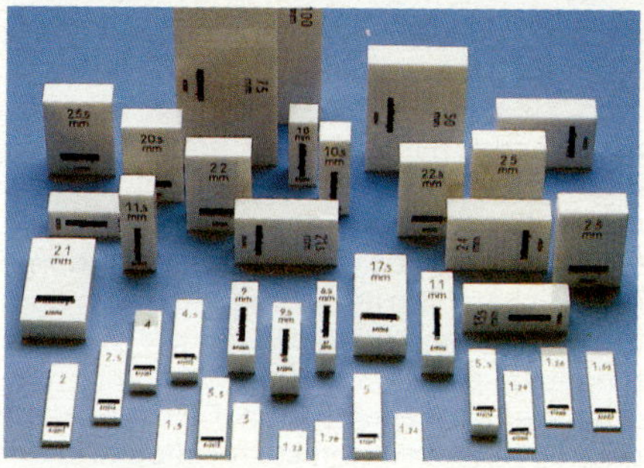
Parallelendmaße

Entsprechend ihrem Einsatzbereich werden Endmaße in verschiedenen Genauigkeitsgraden hergestellt:
– Genauigkeitsgrad 00:
für allerhöchste Anforderungen, zum Prüfen von Meßgeräten und Maßverkörperungen im Laboratorium
– Genauigkeitsgrad 0:
zum Einstellen von mechanischen, elektronischen oder pneumatischen Meßgeräten und Meßmaschinen im Meßraum
– Genauigkeitsgrad 1:
als Einstell- und Vergleichsmaße von Lehren und Meßgeräten; für genaue Prüfarbeiten im Meßraum
– Genauigkeitsgrad 2:
zum Einstellen anzeigender Meßgeräte und zum Prüfen von Arbeitslehren und genauer Maße im Betrieb.

Genauigkeitsgrad		00	0	1	2
Nennmaßbereich mm		zul. Abweichungen vom Nennmaß an beliebiger Stelle			
über	bis	±	±	±	±
–	10	0,06	0,12	0,20	0,45
10	25	0,07	0,14	0,30	0,60
25	50	0,10	0,20	0,40	0,80
50	75	0,12	0,25	0,50	1,00
75	100	0,14	0,30	0,60	1,20

Längentoleranzen für Parallelendmaße (Auszug aus DIN 861)

Neben dem Genauigkeitsgrad hängt die zulässige Abweichung der Längen vom angegebenen Nennmaß ab. Werden Endmaße miteinander kombiniert, so ist darauf zu achten, daß möglichst wenig Endmaße verwendet werden, um die Addition der Abweichungen gering zu halten.

Maßbildungsreihe	Nennmaß in mm	Stufung der Blöcke in mm
1	1,001 – 1,009	0,001
2	1,010 – 1,090	0,010
3	1,100 – 1,900	0,100
4	1,000 – 9,000	1,000
5	10,000 – 90,000	10,000

Endmaß-Normalsatz

Um möglichst viele Maßverkörperungen herstellen zu können, werden Endmaße in Holzkästen zu Sätzen geliefert. Der Normalsatz mit 45 Einzel-Endmaßen ist so angelegt, daß mit einer Stufung von 0,001 mm zwischen 3 mm und 102,999 mm jede Maßverkörperung zusammenstellbar ist. Dabei muß beachtet werden:

– Endmaße sollen vor Gebrauch entfettet und staubfrei sein!
– Endmaße vor Handschweiß und -wärme schützen!
– Bei zusammengestellten Maßverkörperungen kleine Endmaße außen anschieben!
– Bei der Zusammenstellung von Maßverkörperungen die Reihenfolge der Maßbildungsreihen einhalten!

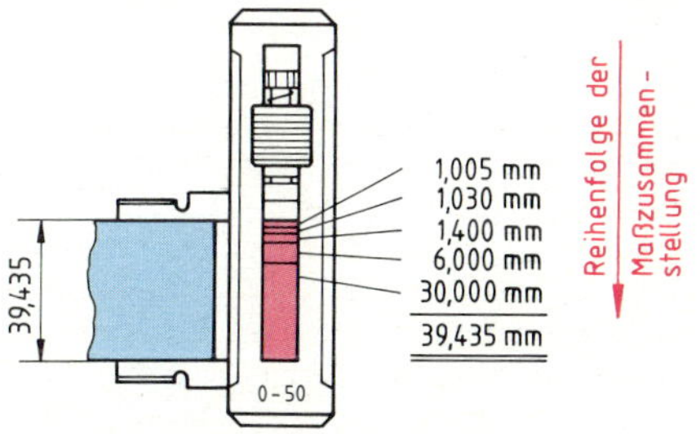

Endmaßkombination als Lehre

Mit Hilfe von Endmaßhaltern, Meßschnäbeln, Zentrier- und Anreißspitzen können Parallelendmaße zu Kontrollvorrichtungen, Lehren, und Anreißgeräten erweitert werden.

1.1.3 Tastschnittgeräte

Bei der meßtechnischen Überprüfung der räumlichen Gestalt einer Oberfläche beschränkt man sich meistens auf einen **zweidimensionalen Profilschnitt**. Hierbei gleitet eine abgerundete Diamantnadel mit genau festgelegter Geschwindigkeit über eine bestimmte Meßstrecke. Die durch die Profilzerklüftungen verursachten vertikalen Bewegungen der Tastspitze werden mit Hilfe eines elektromagnetischen Wandlers als elektrische Signale an einen Meßverstärker weitergegeben. Bevor nun die Ausgabe der Meßwerte oder ihre Darstellung als Profilschnitt erfolgt, wird durch elektrische Filterglieder die Welligkeit einer Oberfläche oder ihre Rauheit herausgesondert. Beispielsweise können die langwelligen Oberflächenabweichungen durch einen Hochpaßfilter gedämpft werden, so daß nur durch die Rauheit bedingte hohe Frequenzen an das Anzeige- und Protokolliergerät weitergegeben werden. Führt man hingegen das durch die Abtastung gewonnene Frequenzgemisch einem Tiefpaßfilter zu, werden die durch die Rauheit bedingten kurzwelligen Abweichungen unterdrückt; zur Anzeige kommt das Welligkeitsprofil der Oberfläche. Das gewonnene **Oberflächen-Profildiagramm** muß zur Auswertung noch Angaben über den horizontalen und vertikalen Vergrößerungsmaßstab und die Art des verwendeten Filters enthalten.

Nach dem gleichen Prinzip arbeiten auch Meßmaschinen, mit denen sich Formabweichungen feststellen lassen. Zur Überprüfung der Rundheit kann man ein Werkstück auf einem spielfrei gelagerten, angetriebenen Rundtisch um seine Achse drehen. Ein Taster erfaßt die Formabweichungen vom Kreis und gibt sie über die elektrischen Wandler, Verstärker und Filter an den Profilschreiber weiter.

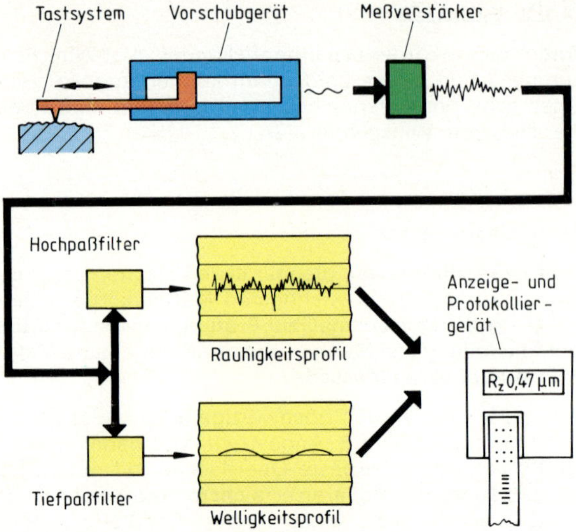

Signalverarbeitung bei der Oberflächenprüfung

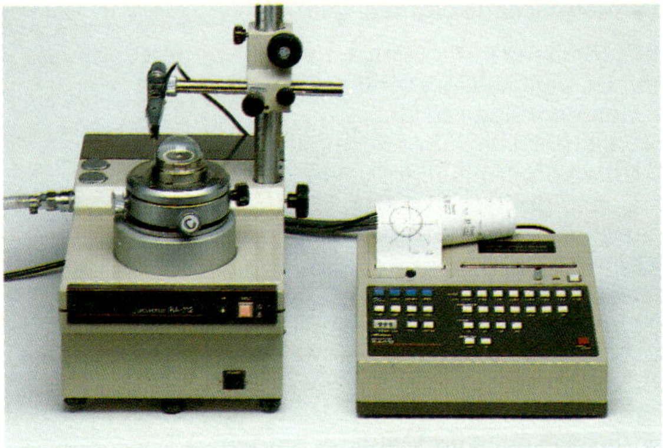

Rundheitsmeßmaschine und Profildiagramm

Meßverfahren			Meßbereich (Meb) in mm	Skalenteilungswert (Skw) Ziffernschrittwert(Zw)	räumliche Trennung von Meß- und Anzeigeteil möglich	Rechneranschluß möglich
Kontaktmessungen						
Mit mechanischem Meßprinzip	Meßuhr	z. B. Zanhstange Zahnräder	10 bis 30	0,01	nein	nein
	Feinzeiger	z. B. Hebelübersetzung	0,1	0,001	nein	nein
		z. B. Bandübersetzung	0,006	0,0001	nein	nein
Mit opto-elektronischem Meßprinzip			bis 3000	0,0005	ja	ja
Meßtaster mit induktivem Meßprinzip			0,2	0,001	ja	ja
Mit pneumatischem Meßprinzip			0,16	0,001	ja	bedingt
Berührungsloses Messen						
Pneumatisch arbeitende Meßgeräte			0,08	0,001	ja	bedingt
Laser Scan Meßgeräte			50	0,001	ja	ja

1.2 Toleranzen

1.2.1 Maßtoleranzen und Passungen

Bei der industriellen Fertigung von Produkten muß sichergestellt sein, daß sich Werkstücke ohne Nacharbeit zusammenbauen lassen und daß Serienteile problemlos untereinander austauschbar sind. Man könnte nun versuchen, diese Forderungen durch eine möglichst genaue Herstellung zu erfüllen. Das gesteckte Ziel ist so aber nicht erreichbar, da auch bei hohem technischen Aufwand in der Fertigung immer Abweichungen vom Sollmaß auftreten. Sinnvoller ist deshalb, nicht ein bestimmtes Maß anzustreben, sondern Grenzmaße festzulegen, zwischen denen das Istmaß des Werkstücks liegen muß: man toleriert Abweichungen.

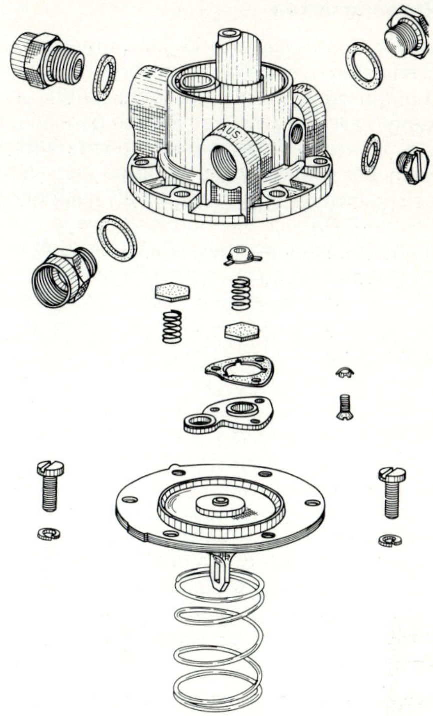

Montage einer Benzinpumpe (Ausschnitt)

Grundbegriffe (DIN 7182)

Die Nennmaße N einer technischen Zeichnung werden durch die Angabe von Grenzmaßen G und Toleranzen T ergänzt:
Nennmaß N – meist ein gerundeter Zahlenwert – ist ein in der Zeichnung angegebenes Maß.

Die **Nullinie** entspricht in der bildlichen Darstellung dem Nennmaß N und bildet den Bezug für die **Grenzabmaße.** Liegen sie über der Nullinie, erhalten sie ein + Vorzeichen, liegen sie darunter, bekommen sie ein – Vorzeichen.
Das **Höchstmaß** G_o, ist das größte zugelassene Maß und weicht um das obere Grenzabmaß A_o vom Nennmaß N ab.

$$G_o = N + A_o$$

Das **Mindestmaß** G_u, ist das kleinste zugelassene Maß und weicht um das untere Abmaß A_u vom Nennmaß N ab.

$$G_u = N - A_u$$

Die **Maßtoleranz** T ist die Differenz zwischen dem Höchstmaß G_o und dem Mindestmaß G_u.

$$T = G_o - G_u$$

Das **Istmaß** I entspricht dem durch Messungen am Werkstück tatsächlich festgestellten Maß.

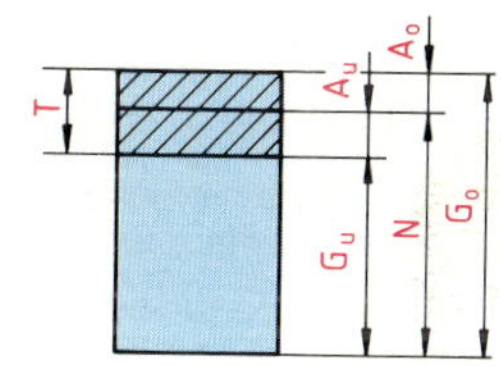

Grundbegriffe

Allgemeintoleranzen (DIN 7168)

Für die Fertigung und Prüfung eines Werkstücks müssen also neben den Nennmaßen N auch das größte und kleinste zugelassene Maß (G_o und G_u) bekannt sein. Man kann nun diese Grenzmaße mit in die technische Zeichnung aufnehmen, läuft dann aber Gefahr, daß die Bemaßung unübersichtlich wird. Häufig verzichtet man deshalb auf eine direkte Toleranzangabe und verweist im Schriftfeld der Zeichnung auf die Allgemeintoleranzen nach DIN 7168. Entsprechend dem festgelegten Genauigkeitsgrad f (fein), m (mittel), g (grob) und sg (sehr grob) und dem Bereich, in dem das Nennmaß liegt, lassen sich der Tabelle die Abmaße entnehmen:

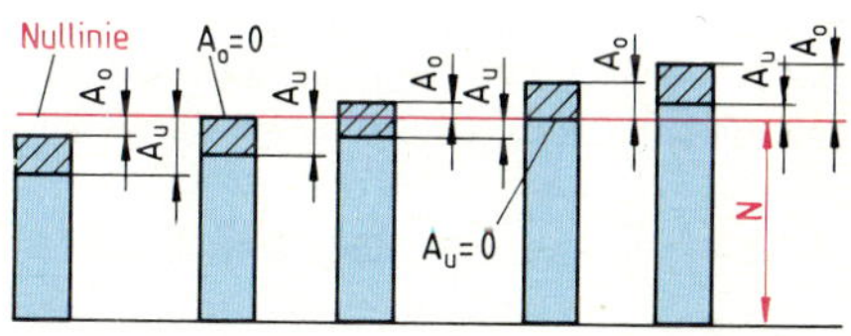

Lage der Grenzabmaße zur Nullinie

Toleranz-klasse	Abmaße in mm für Nennmaßbereich in mm 0,5 bis 3	über 3 bis 6	über 6 bis 30	über 30 bis 120	über 120 bis 400	über 400 bis 1000	über 1000 bis 2000	über 2000 bis 4000	über 4000 bis 8000	über 8000 bis 12000	über 12000 bis 16000	über 16000 bis 20000
f (fein)	± 0,05	± 0,05	± 0,1	± 0,15	± 0,2	± 0,3	± 0,5	± 0,8	–	–	–	–
m (mittel)	± 0,1	± 0,1	± 0,2	± 0,3	± 0,5	± 0,8	± 1,2	± 2	± 3	± 4	± 5	± 6
g (grob)	± 0,15	± 0,2	± 0,5	± 0,8	± 1,2	± 2	± 3	± 4	± 5	± 6	± 7	± 8
sg (sehr grob)	–	± 0,5	± 1	± 1,5	± 2	± 3	± 4	± 6	± 8	± 10	± 12	± 12

Allgemeintoleranz für Längenmaße

Passungsarten

Werden zwei Werkstücke zusammengefügt, so unterscheidet man **nach der Form** ihrer Paßflächen zwischen **Rundpassung** (Kreiszylinderpassung) und **Flachpassung** (Passung zwischen Paaren paralleler Ebenen).
Ein weiteres Unterscheidungskriterium richtet sich **nach der Funktion** der zu fügenden Werkstücke. Ist beispielsweise vorgesehen, daß nach der Paarung die beiden Teile sich zueinander bewegen lassen, spricht man von einer **positiven Passung**. Soll ein Verdrehen oder Verschieben nach dem Fügen nicht mehr möglich sein, ist eine **negative Passung** erforderlich.

Für eine Mitnehmerverbindung beispielsweise wird eine Paßfeder in einer Welle aufgenommen; dazu müssen Paßfeder und Wellennut als Flachpassung ausgeführt werden. Wird weiterhin gefordert, daß die Paßfeder einen festen Sitz haben soll, muß eine negative Passung hergestellt werden. Die Welle kann nun über die Paßfeder ein Drehmoment auf ein Zahnrad übertragen. Für Schaltvorgänge kann es erforderlich sein, daß das Zahnrad axial auf der Welle verschoben werden muß. Diese Beweglichkeit erreicht man, wenn die Rundpassung von Welle und Bohrung als positive Passung ausgeführt wird.

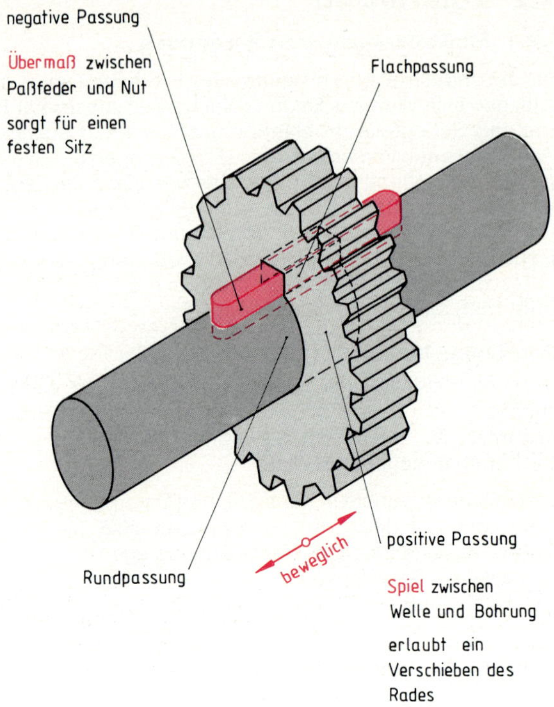

Passungsarten

- Positive Passung

Wird beispielsweise für eine Lagerung gefordert, daß sich eine Welle in einer Bohrung drehen läßt, muß nach dem Zusammenbau zwischen den Bauteilen ein **Spiel** P_s vorhanden sein. Hierzu müssen die beiden Grenzmaße für die Innenpaßflächen der **Bohrung größer** sein **als** die beiden Grenzmaße für die Außenpaßflächen der **Welle.** Die Größe des Spiels hängt von den Toleranzmaßen der Bohrung T_B und denen der Welle T_W ab.

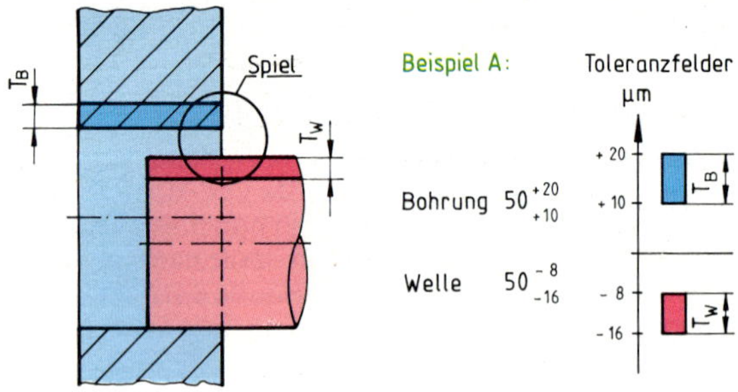

Positive Passung

- Negative Passung

Soll nach dem Fügen eine Welle in einer Bohrung festsitzen, so daß keine Bewegung zwischen den gepaarten Teilen mehr möglich ist, muß der Durchmesser der **Welle** in jedem Fall **größer** sein **als** der der **Bohrung.** Zwischen den Innenpaßflächen der Bohrung und den Außenpaßflächen der Welle besteht ein **Übermaß** $P_ü$. Die Größe des Übermaßes hängt wiederum ab von den Toleranzmaßen der Bohrung T_B und der Welle T_W.
Berücksichtigt man die jeweils extremsten Fälle der Grenzmaße von Innen- und Außenteil, so können beim Fügen **zwei** Grenzpassungen und zwar eine **Mindest-** oder eine **Höchstpassung** auftreten.

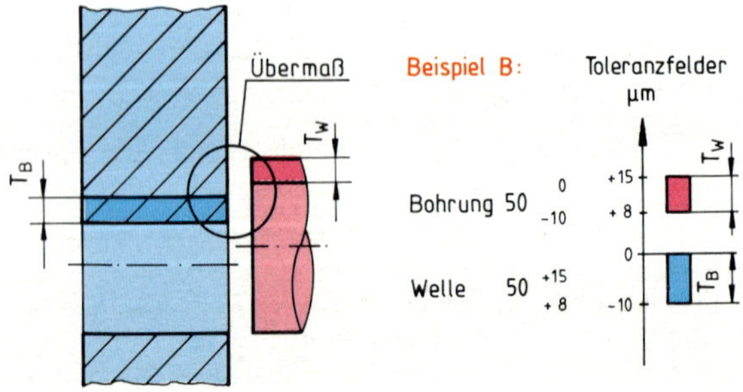

Negative Passung

- Mindestpassung P_u

Passung bei Mindestmaß der Innenpaßflächen ($G_{u_{Bohrung}}$) und Höchstmaß der Außenpaßflächen ($G_{o_{Welle}}$)

$$P_u = G_{u_{Bohrung}} - G_{o_{Welle}}$$

- Höchstpassung P_o

Passung bei Höchstmaß der Innenpaßflächen ($G_{o_{Bohrung}}$) und Mindestmaß der Außenpaßflächen ($G_{u_{Welle}}$).

$$P_o = G_{o_{Bohrung}} - G_{u_{Welle}}$$

Die Mindestpassung P_u ist die kleinste, die Höchstpassung P_o die größte zugelassene Passung. Beide Werte können positive oder negative Vorzeichen bekommen. Ein Pluszeichen verweist auf Spiel P_s (positive Passung), ein Minuszeichen zeigt ein Übermaß $P_ü$ an (negative Passung). Mit Hilfe von P_o und P_u aber auch mit den Maßtoleranzen von Bohrung und Welle läßt sich die Paßtoleranz P_T berechnen:

$$P_T = P_o - P_u = T_B + T_W$$

Beispiel A:	Spiel
Mindestpassung P_u	Höchstpassung P_o
P_u = (50,01 − 49,992) mm	P_o = (50,020 − 49,984) mm
P_u = 0,018 mm = +18 µm	P_o = 0,036 mm = +36 µm

Beispiel B:	Übermaß
Mindestpassung P_u	Höchstpassung P_o
P_u = (49,990 − 50,015) mm	P_o = (50,000 − 50,008) mm
P_u = −0,025 mm = −25 µm	P_o = −0,008 mm = −8 µm

Grenzpassungen

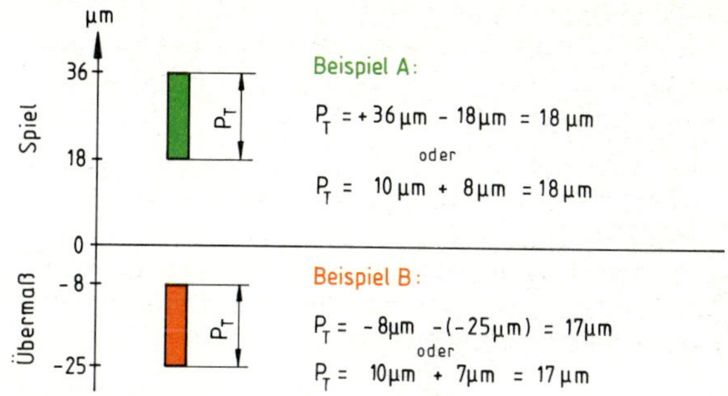

Paßtoleranz

Toleranzangaben nach dem ISO-System

Das ISO-Paßsystem reduziert die unendlich große Zahl der möglichen Grenzmaßkombinationen auf eine sinnvolle Anzahl. Dabei werden in den Zeichnungen nicht mehr Mindest- und Höchstmaße angegeben. Vielmehr verwendet man Zahlen, um die Größe eines Toleranzfeldes und Buchstaben, um die Lage eines Toleranzfeldes zu kennzeichnen.

- Größe der Toleranzfelder

Die Größe der Toleranz muß sich nach dem Fertigungsgrundsatz „So genau wie nötig und so wirtschaftlich wie möglich" richten. Die ISO-Grundtoleranzen berücksichtigen deshalb 20 Toleranzklassen. Sie werden mit den Zahlen 01, 0, 1, 2, ... 18 gekennzeichnet, wobei die **Größe der Toleranzfelder mit steigender Zahl zunimmt.** Welche Toleranzklasse für die Fertigung eines Werkstückes vorgeschrieben wird, hängt von der geforderten Betriebssicherheit und von wirtschaftlichen Überlegungen ab:

Die **Toleranzklassen 01 bis 4,** deren enge Maßtoleranzen nur durch Feinstschleifen, Läppen oder Honen erreicht werden können, sind bei der Herstellung von Prüfmitteln heranzuziehen.

Die **Toleranzklassen 5 bis 11** sind für Paßmaße geeignet und lassen sich durch Schleifen, Reiben, Feindrehen, Fräsen, Ziehen u.a. Bearbeitungsverfahren einhalten.

Die **Toleranzklassen 12 bis 18,** mit Maßtoleranzen bis zu einigen Millimetern, sind für das Gießen, Walzen, Schmieden und den allgemeinen Maschinenbau vorbehalten.

Für die Größe des Toleranzfeldes ist auch der **Nennmaßbereich** von Bedeutung. Da ein vorgeschriebenes Toleranzfeld bei größer werdenden Nennmaßen fertigungstechnisch immer schwieriger einzuhalten ist, hat man auch innerhalb einer Toleranzklasse **bei zunehmendem Nennmaß größere Toleranzfelder** festgelegt.

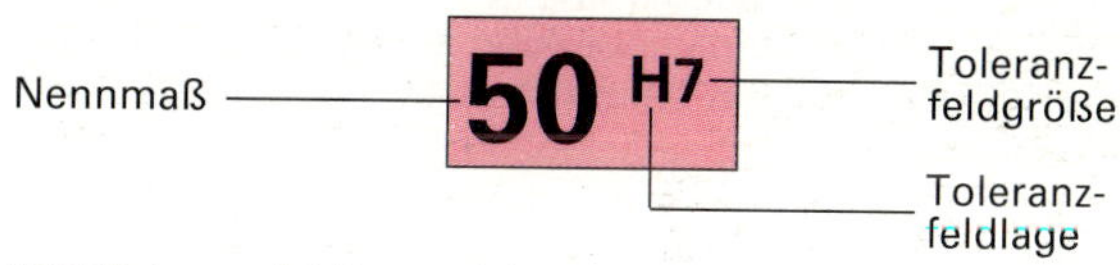

ISO-Toleranzfeldkurzzeichen

Nennmaßbereich über … bis in mm	Toleranzklassen					
	01	0	5	6	12	13
1 … 3	0,3	0,5	4	6	100	140
3 … 6	0,4	0,6	5	8	120	180
	…	…	…	…	…	…
50 … 80	0,8	1,2	13	19	300	460
80 … 120	1	1,5	15	22	350	540
	…	…	…	…	…	…
315 … 400	3	5	26	36	570	890
400 … 500	4	6	27	40	630	970

ISO-Grundtoleranzen (Auszug)

- Lage der Toleranzfelder

Die Lage der Toleranzfelder zur Nullinie des Nennmaßes wird durch Buchstaben gekennzeichnet. Für **Innenpaßmaße** (Bohrungstoleranzen) verwendet man **große Buchstaben** von **A** bis **Z. Außenpaßmaße** (Wellentoleranzen) bekommen **kleine Buchstaben** von **a** bis **z**. Um Verwechslungen mit Zahlen zu vermeiden, wird auf die Groß- und Kleinbuchstaben I/i, L/i, O/o, Q/q und W/w verzichtet. Dafür wurden die Buchstabenkombinationen CD/cd, EF/ef, FG/fg, JS/js, ZA/za, ZB/zb und ZC/zc für bestimmte Fälle ergänzt.

Stellt man die Toleranzfelder einer bestimmten Toleranzklasse und eines bestimmten Nennmaßes graphisch dar, sieht man, daß

- die Toleranzfelder mit den Anfangs- und Endbuchstaben des Alphabetes besonders weit von der Nullinie entfernt liegen,
- die Toleranzfelder für Innenpaßmaße (Bohrungen) und für Außenpaßmaße (Wellen) symmetrisch zur Nullinie angeordnet sind,
- die Toleranzfelder H/h an der Nullinie zusammenstoßen, d. h.: Das Höchstmaß bei h und das Mindestmaß bei H entsprechen dem Nennmaß.

Aus der Graphik lassen sich ferner die Vorzeichen der Abmaße entnehmen:

- Die Toleranzfelder A bis H (Bohrungstoleranzen) und m bis zc (Wellentoleranzen) liegen über der Nullinie. Die Grenzmaße sind also größer als das Nennmaß, die Vorzeichen für die Abmaße sind positiv.
- Die Toleranzfelder a bis h (Wellentoleranzen) und M bis ZC (Bohrungstoleranzen) liegen unterhalb der Nullinie. Die Grenzmaße sind kleiner als das Nennmaß, die Abmaße bekommen ein negatives Vorzeichen.

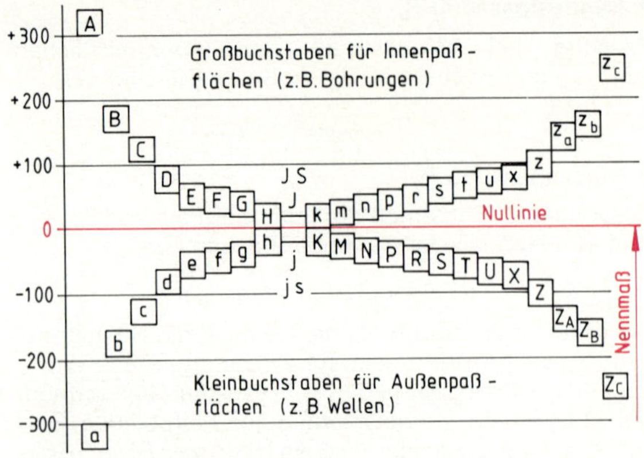

Lage der Toleranzfelder zur Nullinie

ISO-Paßmaß	22 G6	22 H8	22 R7
Nennmaß N	22 mm	22 mm	22 mm
Höchstmaß G_o in mm	22,020	22,033	21,980
Mindestmaß G_u in mm	22,007	22,000	21,959
oberes Grenzabmaß A_o in mm	+0,020	+0,033	−0,020
unteres Grenzabmaß A_u in mm	+0,007	0,000	−0,041

Beispiele für Bohrungstoleranzen

ISO-Paßmaß	22 f7	22 h8	22 s6
Nennmaß N	22 mm	22 mm	22 mm
Höchstmaß G_o in mm	21,980	22,000	22,048
Mindestmaß G_u in mm	21,959	21,967	22,035
oberes Grenzabmaß A_o in mm	−0,020	0,000	+0,048
unteres Grenzabmaß A_u in mm	−0,041	−0,033	+0,035

Beispiele für Wellentoleranzen

Paßsysteme

Die Festlegung der ISO-Toleranzen führt zu einer Beschränkung der möglichen Toleranzfeldkombinationen und damit zu einer wirtschaftlicheren Fertigung. Eine weitere Verringerung der Fertigungs- und Prüfkosten bringt nun die Anwendung der Paßsysteme **Einheitswelle** oder **Einheitsbohrung**.

- Einheitsbohrung

Beim Paßsystem der Einheitsbohrung erhalten sämtliche Innenpaßteile (Bohrungen) die Toleranzfeldlage H. Die Art der Passung, d. h. Spiel oder Übermaß, wird allein durch die Toleranzfeldlage des Wellenpaßteils bestimmt. Demnach ergeben Wellen-Toleranzfelder a bis h zwischen den zu fügenden Teilen Spiel P_s, die Wellen-Toleranzfelder p bis z führen zu einem Preßsitz infolge Übermaß $P_ü$.

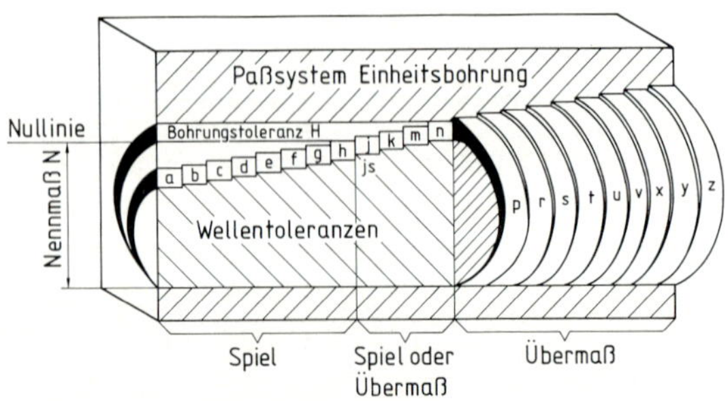

Paßsystem – Einheitsbohrung

- Einheitswelle

Beim Paßsystem Einheitswelle werden alle Außenpaßteile (Wellen) mit der Toleranzfeldlage h hergestellt.

Sollen die zu paarenden Teile mit Spiel oder Übermaß gefügt werden, so muß das Toleranzfeld der Bohrungen entsprechend gelegt werden. Bohrungstoleranzfelder A bis H garantieren demnach Spiel P_S, die Bohrungstoleranzfelder P bis Z haben ein Übermaß $P_Ü$ zur Folge.

Für welches Paßsystem sich ein Betrieb entscheidet, hängt von der Art seiner gefertigten Produkte ab. Werden beispielsweise für die Wellen bei einer Getriebeherstellung blanke Rundstähle mit h-Toleranzfeldern verwendet, ist das System **Einheitswelle** von Vorteil. Die glatten Wellen werden ohne Nachbearbeitung eingesetzt, die Art der Passung wird durch die Lage der Bohrungstoleranz bestimmt. Weiter verbreitet ist jedoch das System **Einheitsbohrung,** da hier geringere Werkzeugkosten anfallen. Alle Bohrungen erhalten eine H-Toleranzfeldlage, so daß für einen Nenndurchmesser die Anschaffung einer Reibahle und eines Prüfmittels, z. B. ein Lehrdorn, ausreicht. Spiel oder Übermaß wird durch die Einhaltung der Wellentoleranz erreicht.

- Passungsauswahl

Auch die Festlegung auf eines der beiden Paßsysteme erlaubt noch eine große Auswahl an Toleranzfeldkombinationen. Verbunden damit sind hohe Aufwendungen für Werkzeuge und Prüfmittel. Sinnvoll ist es deshalb, eine Passungsauswahl zu treffen, die den Anforderungen der Praxis entspricht und die Vorteile der Paßsysteme Einheitswelle und Einheitsbohrung nützt. Auf Grund dieser Überlegungen wurden in DIN 7157 **Vorzugsreihen für Passungen** festgelegt, wobei die Reihe 1 den meisten Anforderungen der Fertigung genügt. So werden beispielsweise mit den Übermaßtoleranzfeldern H8/x8 bzw. u8 und H7/r6 Preßsitze erreicht, die keine zusätzliche Sicherheit gegen Verdrehen benötigen. Die neun Spieltoleranzfelder ermöglichen eine Auswahl von Passungen mit geringem Spiel und engen Toleranzen (H7/h6) bis zu solchen mit großem Spiel und weiten Toleranzen (C11/h9).

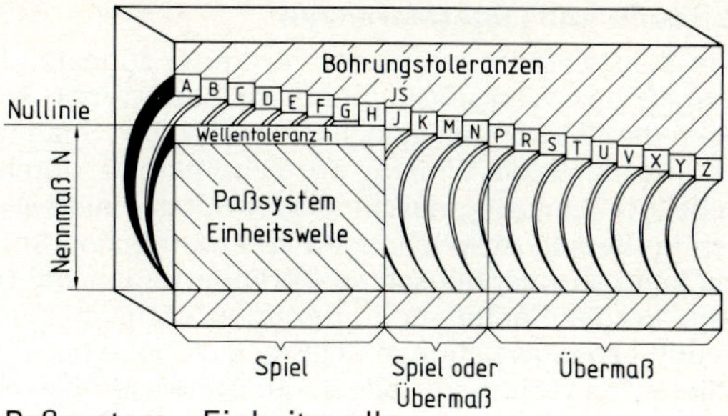

Paßsystem – Einheitswelle

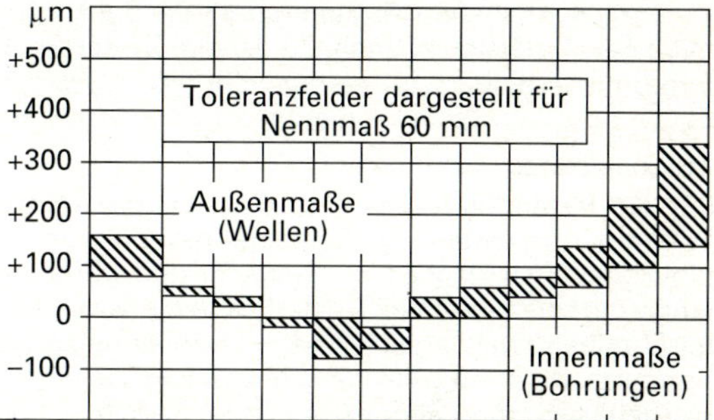

iso-Kurzzeichen	Reihe 1	x8/u8[1])	r6	n6	h6	h9	f7	H7	H8	F8	E9	D10	C11
	Reihe 2												
Nennmaßbereich mm	von 1	+34	+16	+10	0	0	−6	+10	+14	+20	+39	+60	+120
	bis 3	+20	+10	+4	−6	−25	−16	0	0	+6	+14	+20	+60
	über 3	+46	+23	+16	0	0	−10	+12	+18	+28	+50	+78	+145
	bis 6	+28	+15	+8	−8	−30	−22	0	0	+10	+20	+30	+70
	über 6	+56	+28	+19	0	0	−13	+15	+22	+35	+61	+98	+170
	bis 10	+34	+19	+10	−9	−36	−28	0	0	+13	+25	+40	+80
	über 10	+67	+34	+23	0	0	−16	+18	+27	+43	+75	+120	+205
	bis 14	+40	+23	+12	−11	−43	−34	0	0	+16	+32	+50	+95
	über 14	+72	+34	+23	0	0	−16	+18	+27	+43	+75	+120	+205
	bis 18	+45	+23	+12	−11	−43	−34	0	0	+16	+32	+50	+95
	über 18	+87											
	bis 24	+54	+41	+28	0	0	−20	+21	+33	+53	+92	+149	+240
	über 24	+81	+28	+15	−13	−52	−41	0	0	+20	+40	+65	+110
	bis 30	+48											
	über 30	+99											+280
	bis 40	+60	+50	+33	0	0	−25	+25	+39	+64	+112	+180	+120
	über 40	+109	+34	+17	−16	−62	−50	0	0	+25	+50	+80	+290
	bis 50	+70											+130

[1]) Bis Nennmaß 24 mm: x8, über 24 mm Nennmaß: u8

Abmaße in µm

ISO-Toleranzfelder und -Abmaße der Reihe 1 (Auszug)

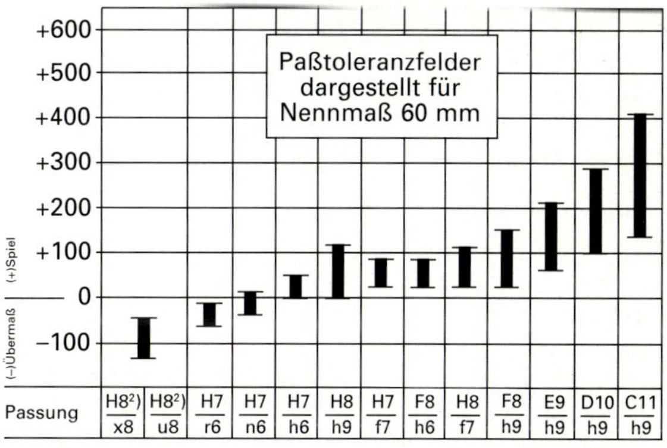

Empfohlene Passungen aus ISO-Toleranzfeldern der Reihe 1 (Auszug)

1.2.2 Form- und Lagetoleranzen

Mit den Maßtoleranzen wird der Fertigung zugestanden, daß sich das Istmaß des Werkstücks innerhalb bestimmter Abweichungen bewegen darf. Es können jedoch durch die zum Spannen erforderlichen Kräfte, durch die Wirkung der Schnittkräfte, durch Ungenauigkeiten bei der Werkzeugmaschine oder durch innere Werkstoffspannungen im Bauteil Abweichungen von der idealen Sollform auftreten; es kann zu unerwünschten Veränderungen bei der Lage von Flächen, Ecken, Kanten oder Symmetrieachsen kommen. Diese Form- und Lageabweichungen ließen sich bei einer Einengung der Maßtoleranzen verringern, jedoch nur mit wesentlich höheren Fertigungskosten. Günstiger ist deshalb, **eigenständige Lage- und Formtoleranzen** festzulegen. Sie sind insbesondere dort erforderlich, wo die vorgeschriebenen Maßtoleranzen die Funktion eines Werkstücks nicht gewährleisten können. Zu diesem Zweck wurden international Symbole vereinbart, mit deren Hilfe die zulässigen Abweichungen der technischen Zeichnung entnommen werden können.

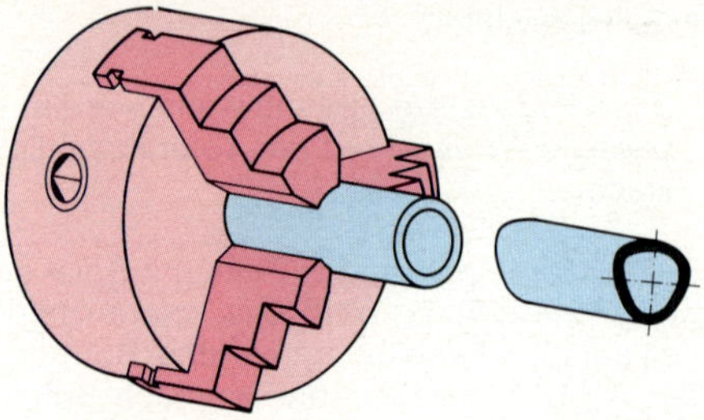

Formänderung durch Werkstückspannung beim Drehen

Toleranzzonen

Für die Festlegung von Form- und Lagetoleranzen definiert man Toleranzzonen. Man legt Bereiche fest, die von den Punkten einer Linie oder einer Fläche nicht überschritten werden dürfen. Beispielsweise darf die tatsächliche Oberfläche eines Werkstücks mit tolerierter Ebenheit zwei parallele Ebenen mit festgelegtem Abstand t nicht berühren. Soll eine Fläche rechtwinklig zu einer anderen liegen, werden als Lage-Toleranzzone zwei parallele Ebenen im rechten Winkel zur Bezugsfläche mit vorgegebenem Abstand t festgelegt.

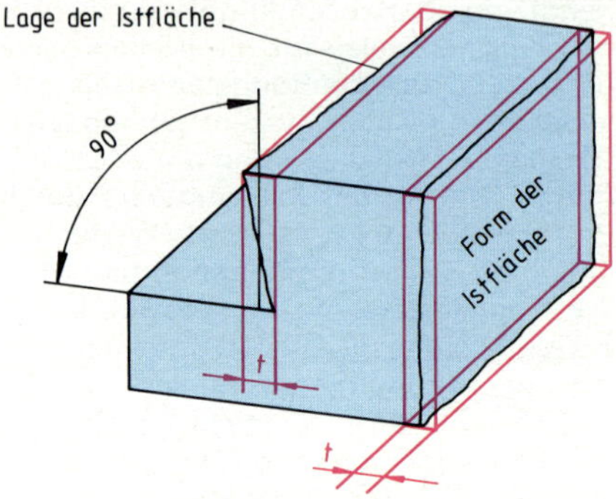

Form- und Lagetoleranzen für Ebenheit und Rechtwinkligkeit

Formtoleranzen

Für Formtoleranzen werden Toleranzzonen für die Geradheit von Achsen, für die Ebenheit von Flächen, für die Rundheit von Kreisen und für die Formen von Linien, Flächen und Zylindern festgelegt. Die Istform des Werkstücks kann dabei beliebige Konturen annehmen, solange die Toleranzzone nicht überschritten wird. Die Größe der Formtoleranzzone t muß innerhalb der Maßtoleranz liegen.

Formtoleranzen geben die zulässigen Abweichungen eines Elements von der geometrisch idealen Form an.

Formtoleranzen nach DIN ISO 1101	Symbole	Toleranzzone	Zeichnungseintragung und Erklärung	
Geradheitstoleranzen einer Linie	⏤		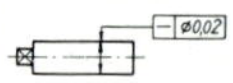	Die Achse des tolerierten Zylinders muß innerhalb einer zylindrischen Toleranzzone vom Durchmesser $t = 0{,}02$ mm liegen.
Ebenheitstoleranz	▱			Die tolerierte Fläche muß zwischen zwei parallelen Ebenen vom Abstand $t = 0{,}03$ mm liegen.
Rundheitstoleranz	○	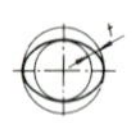	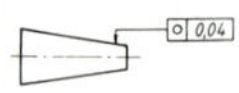	Die Umfangslinie jedes Querschnitts muß zwischen zwei in derselben Ebene liegenden konzentrischen Kreisen vom Abstand $t = 0{,}04$ mm liegen.
Zylinderformtoleranz	⌭	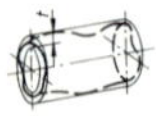	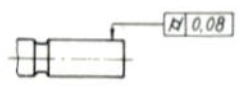	Die tolerierte Mantelfläche muß zwischen zwei koaxialen Zylindern mit dem radialen Abstand $t = 0{,}08$ mm liegen.
Profilformtoleranz einer beliebigen Linie	⌒			Das tolerierte Profil muß in jedem parallelen Schnitt zur Zeichenebene zwischen zwei Linien liegen, die Kreise vom Durchmesser $t = 0{,}05$ mm einhüllen.
Profilformtoleranz einer beliebigen Fläche	⌓	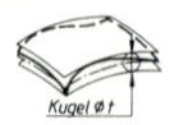	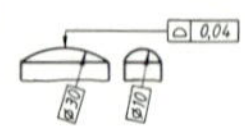	Die tolerierte Fläche muß zwischen zwei parallelen Flächen liegen, die Kugeln vom Durchmesser $t = 0{,}04$ mm einhüllen.

Lagetoleranzen

Bei Lagetoleranzen unterscheidet man zwischen
- Richtungstoleranzen,
- Ortstoleranzen und
- Lauftoleranzen.

Festgelegt werden Toleranzzonen, die einen bestimmten Abstand oder Winkel zu einem Punkt, einer Bezugsachse oder einer Bezugsfläche haben. Hierbei müssen die Toleranzen *t* für Parallelität, Rechtwinkligkeit, Neigung, Position und Planlauf innerhalb der Maßtoleranz liegen.

Lagetoleranzen geben die zulässigen Abweichungen von der geometrisch idealen Lage zweier oder mehrerer Elemente zueinander an.

	Lagetoleranzen nach DIN ISO 1101	Symbole	Toleranzzone	Zeichnungseintragung	Erklärung
Richtungstoleranzen	Parallelitätstoleranz z. B. einer Linie zu einer Bezugslinie	//	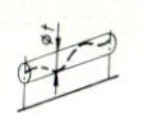	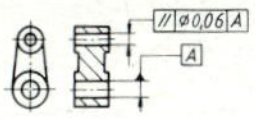	Die tolerierte Achse muß innerhalb eines Zylinders vom Durchmesser $t = 0{,}04$ mm liegen, der parallel zur Bezugsachse A ist.
	Rechtwinkligkeitstoleranz z. B. einer Linie zu einer Bezugsebene	⊥		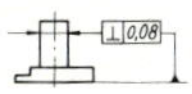	Die tolerierte Achse des Zylinders muß zwischen zwei parallelen, zur Bezugsfläche und zur Pfeilrichtung senkrechten Ebenen vom Abstand $t = 0{,}08$ mm liegen.
	Neigungstoleranz z. B. einer Linie zu einer Bezugsebene	∠	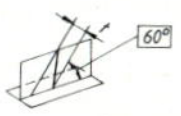	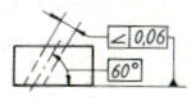	Die tolerierte Achse der Bohrung muß zwischen zwei zur Bezugsfläche A im Winkel von 60° geneigten und zueinander parallelen Ebenen vom Abstand $t = 0{,}06$ mm liegen.
Ortstoleranzen	Positionstoleranz z. B. eines Punktes	⌖	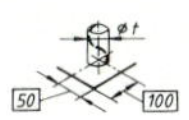	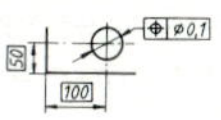	Der tatsächliche Schnittpunkt muß in einem Kreis von ∅ $t = 0{,}1$ mm liegen, dessen Mitte mit der theoretisch genauen Lage des tolerierten Punktes übereinstimmt.
	Koaxialitätstoleranz einer Achse	◎		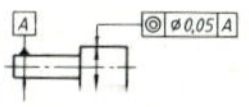	Die Achse des Zylinders muß innerhalb eines zur Bezugsachse A-B koaxialen Zylinders vom ∅ $t = 0{,}05$ mm liegen.
	Symmetrietoleranz z. B. einer Mittelebene	⌯	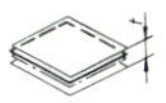	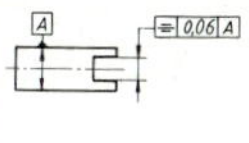	Die Mittelebene der Nut muß zwischen parallelen Ebenen vom Abstand $t = 0{,}06$ mm liegen, die symmetrisch zur Mittelachse des Bezugselementes A liegen.
Lauftoleranzen	Rundlauftoleranz	↗	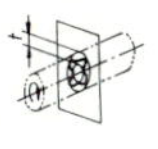	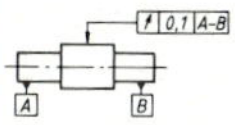	Bei einer Drehung um die Bezugsachse A-B darf die Rundlaufabweichung in jeder Maßebene senkrecht zur Achse $t = 0{,}1$ mm nicht überschreiten.
	Planlauftoleranz	↗	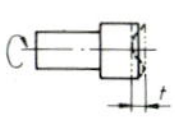	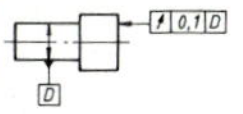	Bei Drehung um die Bezugsachse D darf die Planlaufabweichung in jedem Meßzylinder $t = 0{,}1$ mm nicht überschreiten.
	Gesamtrundlauftoleranz	⌰	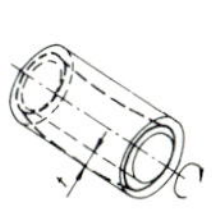	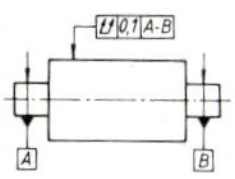	Bei mehrmaliger Drehung um die Bezugsachse A-B und axialer Verschiebung von Werkstück und Meßvorrichtung müssen alle Punkte der Oberfläche des tolerierten Elements innerhalb der Gesamtrundlauftoleranz $t = 0{,}1$ mm sein.
	Gesamtplanlauftoleranz	⌰	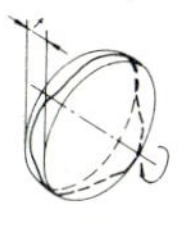	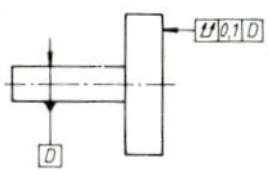	Bei mehrmaliger Drehung um die Bezugsachse D und radialer Verschiebung von Werkstück und Meßvorrichtung müssen alle Punkte der Oberfläche des tolerierten Elements innerhalb der Gesamtplanlauftoleranz von $t = 0{,}1$ mm bleiben.

1.2.3 Oberflächenrauheitstoleranzen

Außer der Einhaltung von Maß- und Formtoleranzen entscheidet über die Brauchbarkeit eines Werkstücks auch die Beschaffenheit seiner Oberfläche. Dabei können **rein optische Kriterien,** z. B. der Glanz einer Autofelge aus Aluminium, oder **funktionelle Erfordernisse,** z. B. die Reibungsverminderung bei einem Gleitlager, eine Rolle spielen. Hinzu kommen **wirtschaftliche Aspekte,** denn die gewünschte Oberfläche sollte mit möglichst einfachen Fertigungsverfahren erreicht werden.

Für das bloße Auge erscheint eine geschliffene Oberfläche als glatt. Werden jedoch unterschiedliche Materialien betrachtet, so täuschen Glanz und Spiegelung – trotz gleicher Bearbeitung – eine unterschiedliche Rauhigkeit der Oberflächen vor. Da subjektive Eindrücke also nur bedingt zur Oberflächenprüfung taugen, versucht man meßbare Kriterien für einen **Soll-Ist-Vergleich** heranzuziehen.

Dazu definiert man die **geometrisch ideale Oberfläche.** Sie entspricht der in der technischen Zeichnung geforderten **Sollform.**

Die **Istoberfläche** wird als die meßtechnisch erfaßbare Oberfläche festgelegt. Das ermittelte Profil und die wirkliche Werkstückoberfläche sind annähernd gleich.

Den Unterschied zwischen der geforderten idealen Oberfläche und der Istoberfläche bilden die **Gestaltsabweichungen.** Sie sind alle Abweichungen von der geometrisch idealen Oberfläche, z. B. Nichteinhaltung der Form, Wellen, Rillen, Riefen usw. Ordnungsstufen für Gestaltabweichung legt DIN 4760 fest.

Rauheitsmeßgrößen

Die meßtechnische Erfassung der Istoberfläche geschieht mit Hilfe von **Tastschnittgeräten.** Dabei streift eine Tastspitze über die Werkstückoberfläche. Die Gestaltsabweichungen werden mechanisch erfaßt, in elektrische Größen umgewandelt und auf Protokollen ausgedruckt. Das erstellte Rauhigkeitsprofil ermöglicht eine Auswertung verschiedenster Meßgrößen:

Die **Maximale Rauhtiefe** R_{max} ist die größte auf der Meßstrecke vorkommende Einzelrauhtiefe.

Die **Glättungstiefe** R_P entspricht der größten Abweichung des Rauheitsprofils von der Mittellinie.

Die **Gemittelte Rauhtiefe** R_z berechnet sich aus dem arithmetischen Mittel der Einzelrauhtiefen von fünf aufeinanderfolgenden Einzelmeßstrecken.

Der Mittelrauhwert R_a stellt den arithmetischen Mittelwert aller Abstände des Rauheitsprofils von der mittleren Linie innerhalb der Meßstrecke dar. Seine Größe entspricht einem Rechteck, das flächengleich ist mit der eingeschlossenen Ärea, die zwischen den Abweichnungen und der Mittellinie liegt.

Welche Rauheitsmeßgröße man für die Beurteilung heranzieht, hängt davon ab, welche Anforderungen an die Oberfläche gestellt werden. Sollen beispielsweise Kratzer oder hohe Spitzen bei stark belasteten Oberflächenteilen erfaßt werden, ist die maximale Rauhtiefe R_{max} ein aussagefähiger Wert. Wird die Funktion einer Fläche durch einen solchen Ausreißer nicht gestört, z. B. beim Fügen durch Preßverbindungen, ist die gemittelte Rauhtiefe R_z anwendbar. Für die Oberflächenüberwachung einer laufenden Produktion eignet sich der Mittenrauhwert R_a, da hier gut vergleichbare Meßergebnisse geliefert werden. Zur Beurteilung der Oberflächenbeschaffenheit bei Gleitlagern zieht man die Glättungstiefe R_p heran, da man davon ausgeht, daß während des Betriebs die Erhebungen der Oberfläche geglättet werden.

Gestaltsabweichungen einer Oberfläche nach DIN 4760

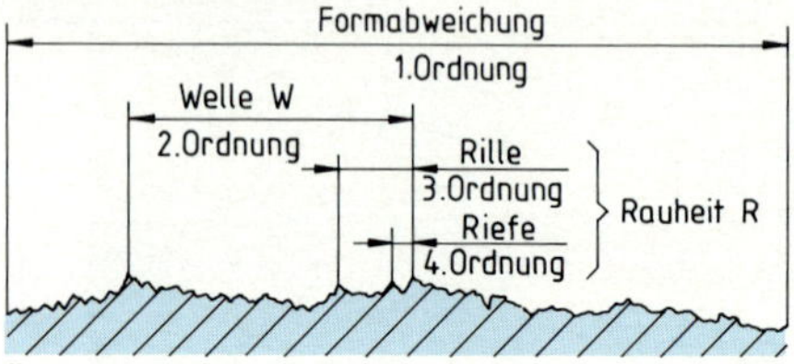

Überlagerung der Gestaltabweichungen

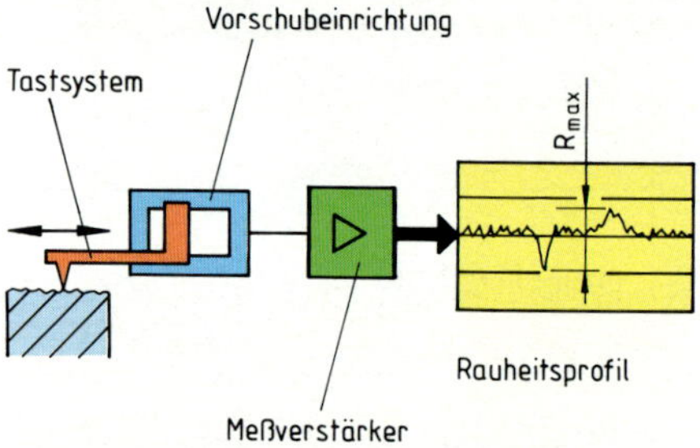

Prinzip eines Tastschnittgerätes

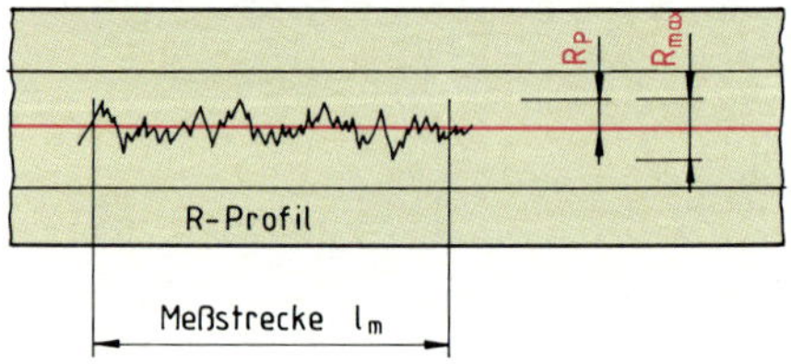

Maximale Rauhtiefe R_{max} und Glättungstiefe R_p

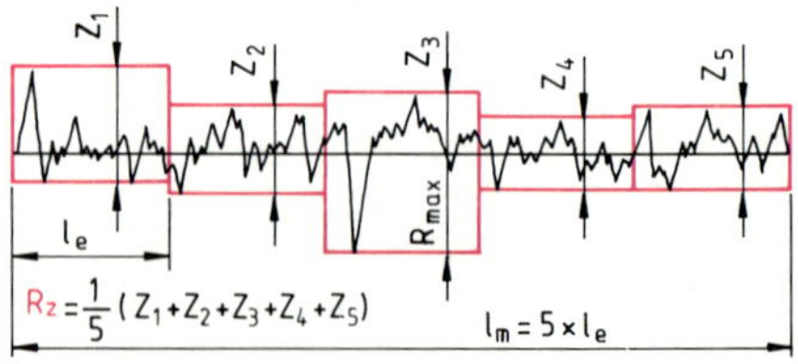

Gemittelte Rauhtiefe R_z

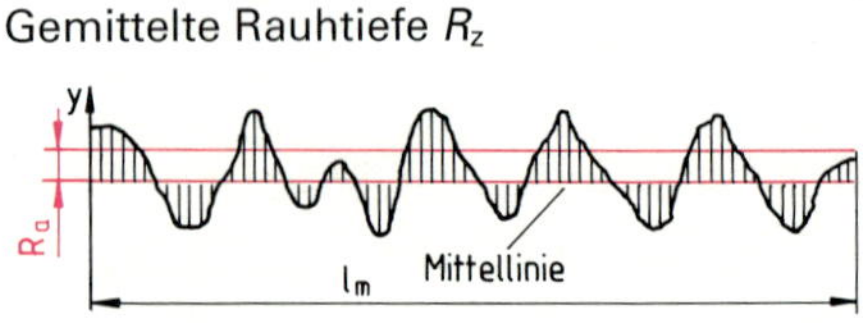

Mittenrauhwert R_a

Für spezielle Anforderungen an die Beschaffenheit von Werkstückoberflächen stehen noch bis zu 20 weitere Meßgrößen, z. B. Traganteil, Riefenzahl usw. zur Verfügung.

Toleranzangaben zur Oberflächenrauheit

Neben den Angaben über Maß-, Form- und Lagetoleranzen müssen technische Zeichnungen auch **Informationen über die Oberflächenbeschaffenheit** enthalten, wenn dies die Funktionsfähigkeit des Werkstücks erfordert. Hierzu wird die betreffende Oberfläche mit einem Grundsymbol versehen. Eine ergänzende Zahlenangabe gibt dann den größten zulässigen Mittenrauhwert R_a in µm an, zwei Zahlenangaben über dem Grundsymbol kennzeichnen den Toleranzbereich für $R_{a_{min}}$ und $R_{a_{max}}$. Anstelle der Zahlen können beim Mittenrauhwert R_a auch die Rauhigkeitsgrade N1 bis N12 stehen.

Werden andere Rauheitsmeßgrößen als R_a herangezogen, so muß beim Grundsymbol außer der Zahlenangabe über die größte zulässige Rauheit auch die entsprechende Meßgröße stehen, z. B.: $R_z = 0{,}4$.

	Eine Oberfläche mit Angabe der größten zulässigen Rauheit R_a von 3,2 µm	Eine Oberfläche mit Angabe der größten R_a = 6,3 µm und kleinsten R_a = 1,6 µm zulässigen Rauheit
Entfernung von Material ist freigestellt	3,2 oder N8	6,3 / 1,6 oder N9 / N7
Entfernung von Material ist gefordert	3,2 oder N8	6,3 / 1,6 oder N9 / N7
Entfernung von Material ist unzulässig	3,2 oder N8	6,3 / 1,6 oder N9 / N7

Beispiele für Oberflächenangaben

Aufgaben zur Wiederholung und Vertiefung

1. Wie unterscheiden sich bei einem Meßgerät analoge und digitale Signalverarbeitung?
2. Beschreiben Sie die Übertragungsstrecke eines opto-elektronischen Meßgeräts mit eingebautem Glasmaßstab!
3. Welche Meßgeräte eignen sich für ein berührungsloses Messen?
4. Erklären Sie Aufbau und Meßprinzip von induktiv und pneumatisch arbeitenden Meßgeräten!
5. Wozu dienen Parallelendmaße?
6. Mit Hilfe eines Endmaß-Normalsatzes soll eine Maßverkörperung mit 34,893 mm zusammengestellt werden.
Welche Endmaße sind erforderlich?
Wie werden sie angeordnet?
7. Nach welchem Prinzip arbeiten Tastschnittgeräte?
8. Für ein Werkstück wird das Nennmaß 100 mm angegeben. Welche Toleranz ist einzuhalten und welche Grenzmaße sind einzuhalten, wenn nach den Allgemeintoleranzen, Genauigkeitsgrad FEIN, gearbeitet werden soll?
9. Was versteht man unter den Begriffen positive Passung, negative Passung, Mindestpassung und Höchstpassung?
10. Was bedeutet die Angabe 40^{E9} nach dem ISO-Toleranzsystem?
11. Wovon hängt die Größe des Toleranzfeldes beim ISO-Toleranzsystem ab?
12. Geben Sie die Buchstaben für Bohrungs- und Wellentoleranzfelder an, die über der Nullinie des Nennmaßes liegen!
13. Geben Sie für folgende Passungen Nennmaße, Abmaße, Grenzmaße, Toleranzen sowie Mindestpassung, Höchstpassung und Paßtoleranz an:
$8\frac{H8}{x8}$ $15\frac{H7}{n6}$ $26\frac{F8}{h6}$ $32\frac{D10}{h9}$
14. Ordnen Sie die in der letzten Frage angegebenen Passungen dem System Einheitsbohrung bzw. Einheitswelle zu und nennen Sie die Vorteile des jeweiligen Systems.
15. Bei einer Großserie soll das Paßmaß 35_{r6} des abgebildeten Werkstücks überprüft werden.
Schlagen Sie geeignete Prüfmittel vor und begründen Sie Ihre Entscheidung!

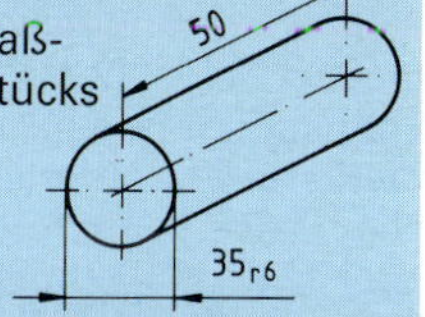

16. Mit welchen Angaben muß die Zeichnung der letzten Aufgabe ergänzt werden, wenn die Zylinderformtoleranz die Hälfte der Maßtoleranz betragen soll?
17. Was bedeuten folgende Angaben in einer technischen Zeichnung?

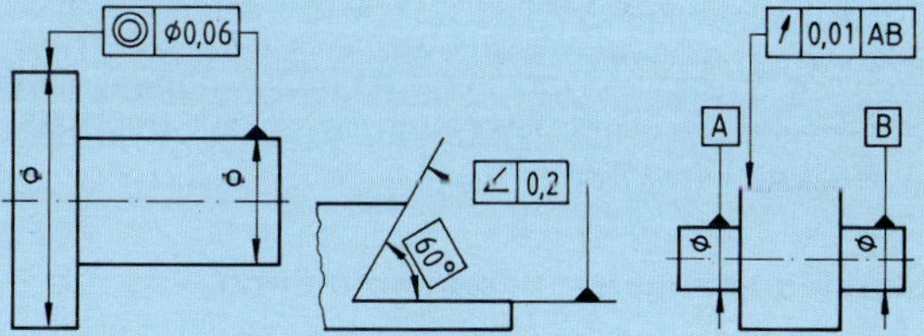

18. Welche Gestaltsabweichungen einer Oberfläche werden zur Überprüfung der Rauhigkeit herangezogen?
19. Zeichnen Sie in das nebenstehende Rauhigkeitsprofil die Größen R_{max}, R_p und R_z ein!

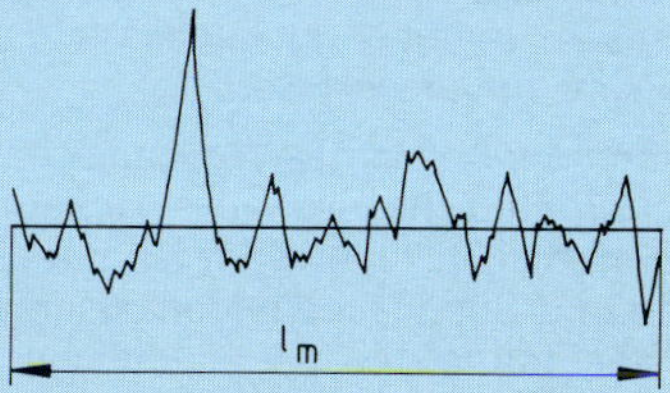

20. Was bedeutet die Angabe N4 in einer technischen Zeichnung?

2 Fertigungstechnik

2.1 Zerspanungstechnik

2.1.1 Funktionszusammenhänge beim Zerspanen Grundlagen des Zerspanungsvorganges

Bei den Bearbeitungsverfahren der spanenden Fertigung unterscheidet man nach der Form der Werkzeugschneide zwei Gruppen:

Beim Drehen, Fräsen, Bohren, Senken, Reiben usw. werden Werkzeuge verwendet, deren Schneidenform und -winkel genau festgelegt sind (Keilform). Man spricht daher von Bearbeitungsverfahren mit **geometrisch bestimmter Schneide.**

Wird ein Werkstück z. B. durch eine Schleifscheibe bearbeitet, so lassen sich bei diesem Verfahren die Winkel der Schneidkeile nicht eindeutig bestimmen. Man spricht daher vom Spanen mit **geometrisch unbestimmter Schneide.**

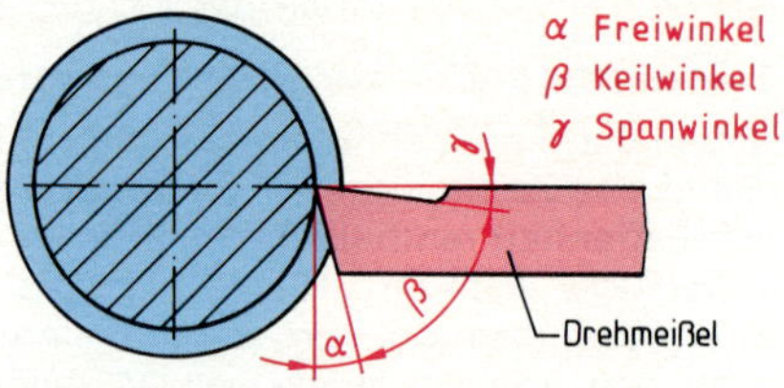

Spanen mit geometrisch bestimmter Schneide

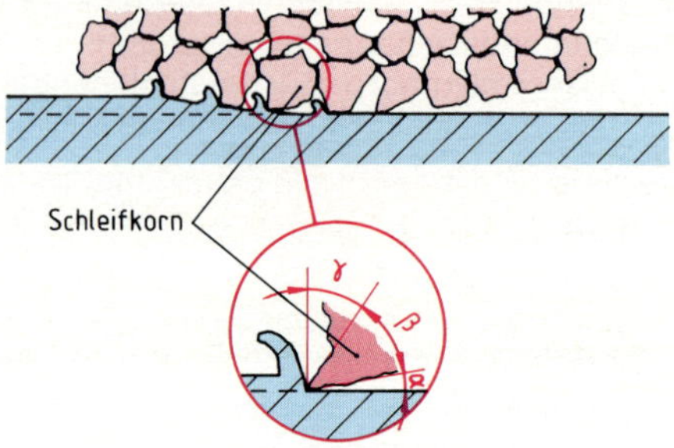

Geometrisch unbestimmte Schneide

Bewegungen an Werkzeugmaschinen

Beim Zerspanungsvorgang dringt die keilförmige, harte Werkzeugschneide in das Werkstück ein und trennt dabei Späne ab. Zur Spanabnahme sind daher **Bewegungen zwischen Werkzeug und Werkstück** erforderlich, die als **Arbeitsbewegungen** bezeichnet werden. Diese können je nach Bearbeitungsverfahren vom Werkzeug oder Werkstück ausgeführt werden. Zu den Arbeitsbewegungen zählt man:

- Schnittbewegung (Hauptbewegung)
- Vorschubbewegung
- Anstellbewegung
- Zustellbewegung
- Rückstellbewegung

Durch das Zusammenwirken dieser Bewegungen, insbesondere der Schnitt- und Vorschubbewegung, wird das Bearbeitungsergebnis entscheidend beeinflußt.

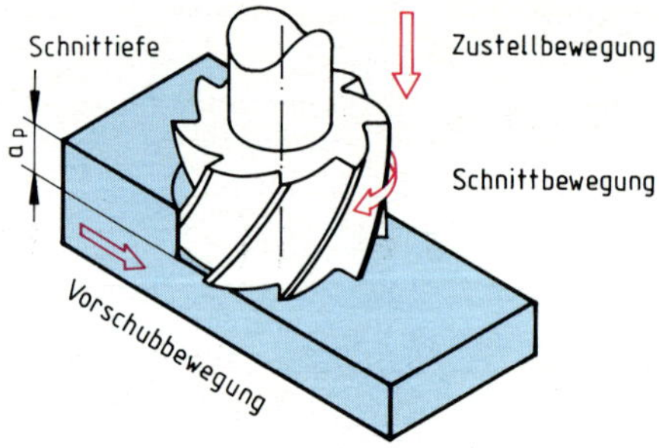

Bewegungen beim Fräsen

Schneidengeometrie und Spanbildung

- Begriffe am Schneidkeil

Bei allen Werkzeugen ist die Schneide keilförmig ausgebildet. Dieser Schneidkeil muß aus hartem und trotzdem zähem Werkstoff gefertigt sein, damit er gut in das Werkstück eindringen kann, ohne dabei zu sehr zu verschleißen.

Wenn der Keil in das Werkstück eindringt, entsteht ein Span, der an der **Spanfläche** des Keiles abläuft. Die Seite des Keiles, die der Schnittfläche zugewandt ist, bezeichnet man als **Freifläche**. Freifläche und Spanfläche bilden zusammen den **Schneidkeil**. Die **Hauptschneiden** leisten die eigentliche Spanungsarbeit, bei ihnen weist der Schneidkeil in Vorschubrichtung. Die Schneiden, die nicht in Vorschubrichtung weisen, werden als **Nebenschneiden** bezeichnet. Sie leisten keine Spanungsarbeit.

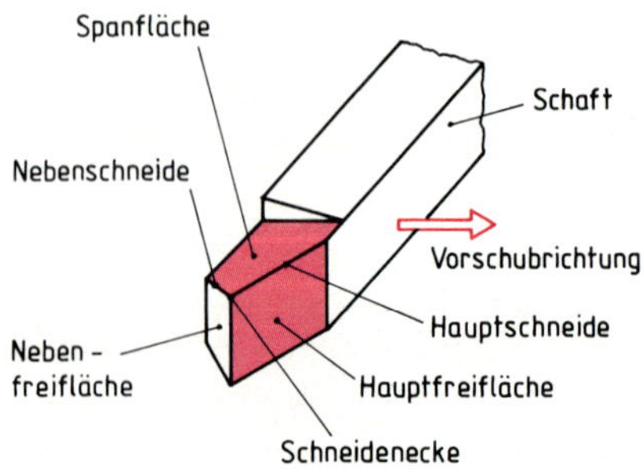

Begriffe am Schneidkeil

- Winkel am Schneidkeil

Die Form des Schneidkeils wird durch die Winkel am Schneidkeil bestimmt. Die Winkel an der Werkzeugschneide werden nach DIN 6581 gekennzeichnet.

Der **Keilwinkel** β (beta) ist der Winkel zwischen den Keilflächen der Schneide. Seine Größe hängt von der Festigkeit des zu zerspanenden Materials ab. Je größer diese ist, um so größer muß der Keilwinkel gewählt werden.

Der Winkel zwischen Werkstückoberfläche und der Freifläche des Schneidkeils wird als **Freiwinkel** α (alpha) bezeichnet. Je größer der Freiwinkel ist, desto geringer ist die Reibung zwischen Werkzeug und Werkstück; die Schneide erwärmt sich dadurch nicht so stark. Für das Spanen von Metall haben sich Freiwinkel von 6° bis 8° als günstig erwiesen.

Der Winkel zwischen der Senkrechten auf die Schnittfläche und der Spanfläche des Schneidkeils wird als **Spanwinkel** γ (gamma) bezeichnet. Er beeinflußt in erster Linie die Spanbildung. Je härter der Werkstoff ist, desto kleiner wird der Spanwinkel gewählt.

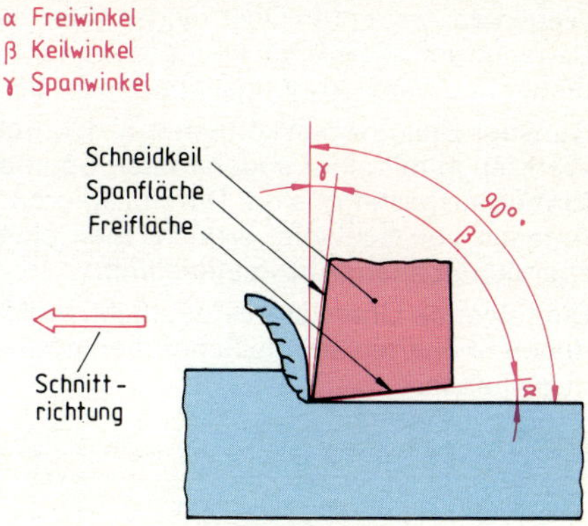

Winkel am Schneidkeil

Spanwinkel, Keilwinkel und Freiwinkel bilden zusammen immer einen Winkel von 90°.

Frei-winkel	+	Keil-winkel	+	Span-winkel	=	90°
α	+	β	+	γ	=	90°

- Spanarten

Die beim Zerspanen aus dem Werkstück herausgetrennten Teilchen heißen Späne. Das Aussehen der Späne ist von verschiedenen Einflußgrößen abhängig, so z. B. von der Schneidengeometrie und vom zerspanten Werkstoff. Die erzielte Oberflächengüte ist wiederum von der Spanart abhängig.

Man unterscheidet drei Arten von Spänen:

Ein langer, zusammenhängender Span wird als **Fließspan** bezeichnet. Er entsteht bei der Zerspanung von zähen und weichen Werkstoffen sowie bei der Bearbeitung mit hohen Schnittgeschwindigkeiten und großem Spanwinkel. Die erforderliche Schnittkraft beim Fließspan ist gering. Wegen der damit erzielbaren Oberflächengüte ist der Fließspan erwünscht. Nachteile der Fließspäne liegen darin, daß sie vom Bediener der Maschine entfernt werden müssen (Unfallgefahr!). Sie behindern den Arbeitsprozeß und beschädigen möglicherweise die Oberfläche.

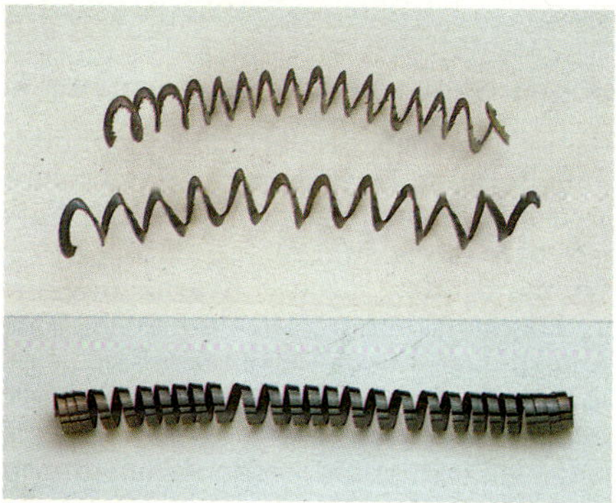
Fließspan

Scherspäne bilden sich, wenn die aus dem Werkstück herausgetrennten Werkstoffteilchen nur teilweise zusammenhängend bleiben. Sie bilden sich besonders bei zäheren Werkstoffen, mittleren Schnittgeschwindigkeiten und kleinem bis mittlerem Spanwinkel. Die erzielte Oberflächengüte ist nicht so gut wie die beim Fließspan erreichte, dafür wird der Arbeitsvorgang an der Maschine nicht behindert.

Scherspan

Ein sehr kurzer, unregelmäßiger Span wird als **Reißspan** bezeichnet. Weil die Werkstoffteilchen aus dem Werkstück herausgerissen werden, ist die erreichte Werkstückoberfläche sehr rauh. Er bildet sich besonders bei spröden Werkstoffen, aber auch beim Arbeiten mit großer Schnittiefe, niedriger Schnittgeschwindigkeit und kleinem Spanwinkel. Die erforderliche Schnittkraft ist groß. Durch den kurzen Span wird der Arbeitsvorgang aber nicht behindert.

Reißspan

Wegen der erreichten Oberflächengüten sind Fließspäne erwünscht. Dagegen sollte der Span aber so kurz sein, daß er den Maschinenbediener und den Fertigungsablauf nicht behindert.

Günstige Spanformen können u. a. dadurch erreicht werden, daß die Werkzeuge mit einer sogenannten **Spanleitstufe** oder einem **Spanformer** ausgestattet sind. Durch Legieren des Stahles mit geringen Anteilen von Schwefel erreicht man einen Werkstoff mit kurzbrechenden Spänen (Automatenstahl).

Die folgende Übersicht verdeutlicht, welche Einflüsse die verschiedenen Spanarten auf die Schnittbedingungen und die Arbeitsergebnisse haben.

Spanarten	Schnittbedingungen	Arbeitsergebnisse
Fließspan	zähe, weiche Werkstoffe z. B.: Al, Al-Legierungen hohe Schnittgeschwindigkeit großer Spanwinkel	glatte Oberflächen geringe Schnittkraft lange Späne stören den Arbeitsablauf
Scherspan	zähere Werkstoffe z. B.: Stahl, Stahlguß mittlere Schnittgeschwindigkeit kleiner bis mittlerer Spanwinkel	geringere Oberflächengüte geringe Schnittkraft Späne stören den Arbeitsablauf nicht
Reißspan	spröde Werkstoffe z. B.: Messing, Gußeisen niedrige Schnittgeschwindigkeit kleiner Spanwinkel	rauhe Werkstückoberflächen große Schnittkraft Späne stören den Arbeitsablauf nicht.

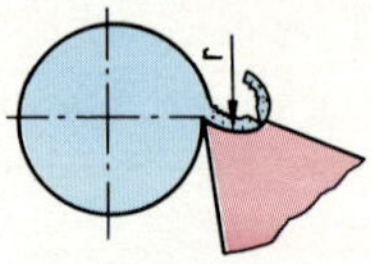
Spanleitstufe

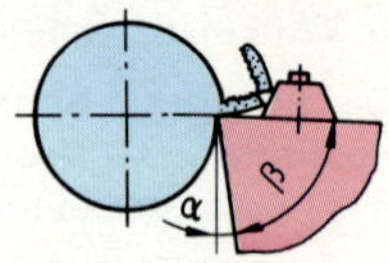

Spanformer

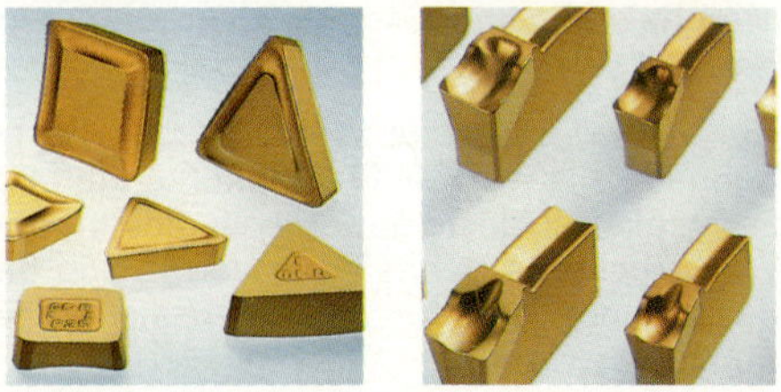
Wendeschneidplatten mit und ohne Spanleitstufe

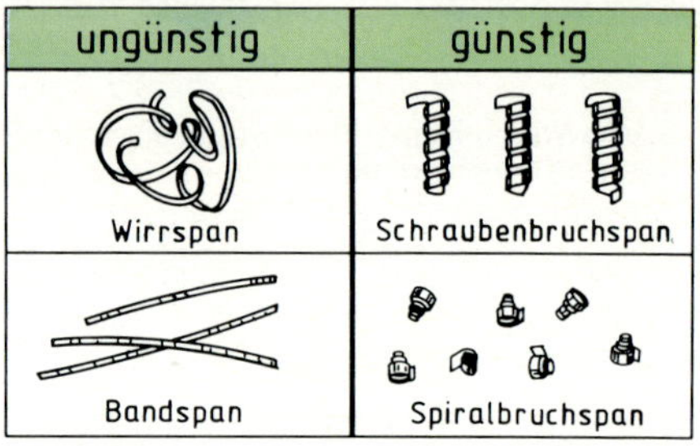

Spanformen

Eingangskenngrößen und Ausgangskenngrößen

Beim Zerspanen spielen eine Vielzahl von einander abhängigen Einflußgrößen eine Rolle, die das Arbeitsergebnis bestimmen. Die Größe der Schnittgeschwindigkeit beeinflußt z. B. die Oberflächengüte bzw. die Spanform.
Alle die Größen, die den **Bearbeitungsprozeß** bestimmen, werden als **Eingangskenngrößen** bezeichnet. Die **Ergebnisse der Bearbeitung** sind die **Ausgangskenngrößen.**
So kann der Fachmann durch geeignete Wahl von Eingangskenngrößen (Schnittgeschwindigkeit, Vorschub, Schneidstoff usw.) erreichen, daß bestimmte Ausgangskenngrößen, z. B. kurze Späne, hohe Oberflächengüte, erzielt werden.

Eingangskenngrößen		Ausgangskenngrößen
Vorschub f Schnittiefe a_p Schnittgeschwindigkeit V_c Zerspanbarkeit des Werkstückes Schneidstoff Kühlschmiermittel	Zerspanungsvorgang	Oberflächengüte Spanbildung Spanform Standzeit Fertigungskosten Fertigungszeit

- Eingangskenngrößen

Zerspanungsgrößen

Um eine Spanabnahme an der Werkzeugmaschine zu erreichen, müssen Schnittiefe a_p und Vorschub f eingestellt werden.
Die Größe des Vorschubs wird in mm pro Umdrehung angegeben. Bei mehrschneidigen Werkzeugen, z. B. bei Fräsern, gibt man den Vorschub auch in mm pro Zahn an.

Die Größe des einzustellenden Vorschubs richtet sich nach:
- dem Schneidstoff
- dem zu zerspanenden Werkstoff
- dem Fertigungsverfahren
- der gewählten Schnittgeschwindigkeit
- der geforderten Oberflächengüte
- der Menge des abzutragenden Werkstoffs.

Richtwerte für den einzustellenden Vorschub und die Schnittiefe erhält man aus Tabellen.

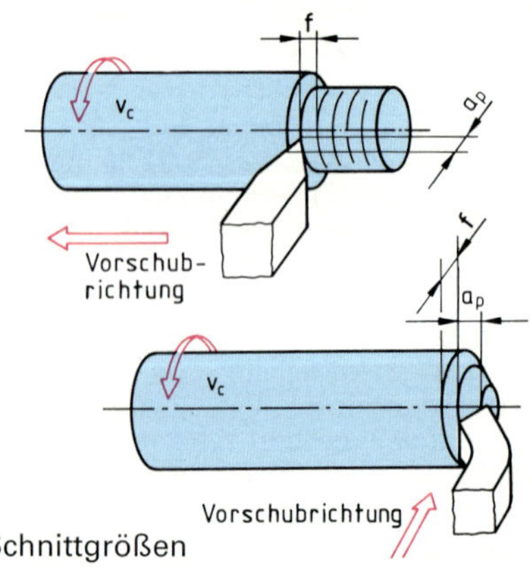

Schnittgrößen

Mit der Schnittiefe a_p und dem Vorschub f kann man die Größe des Spanungsquerschnitts A berechnen. Mit Hilfe des Spanungsquerschnitts können die Schnittkraft und das Zeitspanungsvolumen berechnet werden. Die Form des Spanungsquerschnitts wird durch die Wahl des Einstellwinkels bestimmt.

Spanungsquerschnitt $A = f \cdot a_p$ $[A] = \text{mm} \cdot \text{mm} = \text{mm}^2$

Zeitspanungsvolumen $Q = A \cdot v_c$

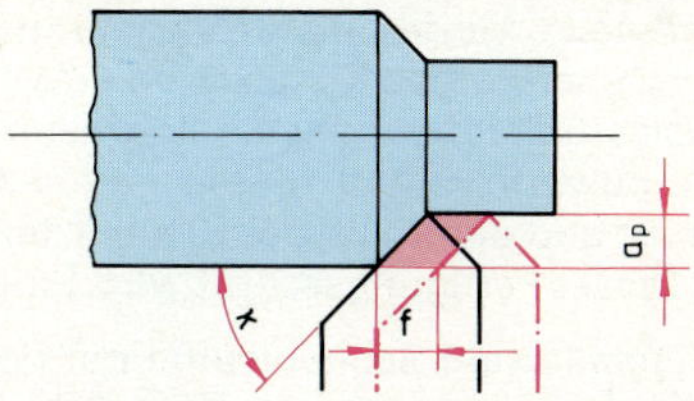

Schnittgrößen

Die Geschwindigkeit der Schnittbewegung bezeichnet man als Schnittgeschwindigkeit v_c. Ihre Einheit ist beim Drehen, Bohren und Fräsen m/min (auch : min^{-1}), beim Schleifen meist m/s.

Bei Fertigungsverfahren mit kreisförmiger Schnittbewegung berechnet man die Schnittgeschwindigkeit nach folgender Formel:

Schnittgeschwindigkeit bei kreisförmiger Schnittbewegung

$v_c = d \cdot \pi \cdot n$ (n = Umdrehungsfrequenz)

Ist die Schnittbewegung geradlinig wie bei den Zerspanungsverfahren Hobeln und Stoßen, so berechnet man die mittlere Schnittgeschwindigkeit nach folgender Formel:

mittlere Schnittgeschwindigkeit bei geradliniger Schnittbewegung

$$v_c = \frac{2 \cdot L}{t} = 2 \cdot L \cdot n$$

L = Hublänge
t = Zeit pro Doppelhub
n = Doppelhubzahl

Die Wahl der Schnittgeschwindigkeit v_c hängt hauptsächlich ab von
- der Zerspanbarkeit des Werkstoffes
- vom verwendeten Schneidstoff
- vom Fertigungsverfahren
- von der gewünschten Oberflächengüte.

Ebenso wie Richtwerte für den Vorschub bekommt man geeignete Werte für die Schnittgeschwindigkeiten aus Tabellen und Diagrammen. Steht die Schnittgeschwindigkeit fest, so kann nach obigen Formeln die Umdrehungsfrequenz bzw. die Hubzahl berechnet werden.

Beispiel
Ein Drehteil wird mit der Umdrehungsfrequenz $n = 200\ \text{min}^{-1}$ gedreht. Wie groß ist die Schnittgeschwindigkeit, wenn der Drehdurchmesser $d = 140$ mm beträgt?

$$v_c = \frac{d \cdot \pi \cdot n}{1000}$$

$$v_c = \frac{140\ \text{mm} \cdot 3.14 \cdot 200\ \text{min}^{-1}}{1000}$$

$$v_c = 87.9\ \text{m/min}$$

Werkstoff	Schruppen a) Schlichten b)	Schnellarbeitsstähle (HSS) Schnittgeschwindigkeit v_c in m/min	Vorschub f in mm	Spanungstiefe a_p in mm
Weicher Stahl z. B. St42, St50	a)	20... 40	1,0	8,0
	b)	50... 60	0,1	0,5
Legierte Stähle	a)	10... 20	0,8	6,0
	b)	20... 30	0,1	0,5
Grauguß	a)	10... 20	1,5	10,0
	b)	40... 50	0,1	0,5
Buntmetalle	a)	50... 70	0,5	6,0
	b)	100...120	0,2	2,0
Leichtmetalle	a)	80...100	0,5	6,0
	b)	100...120	0,1	1,0
Kunststoffe	a)	100...200	0,3	3,0
	b)	150...300	0,1	1,0

Richtwerte für v_c, f und a_p beim Drehen

Schneidstoffe

Die Werkstoffe, aus denen Schneidwerkzeuge – insbesondere der Schneidkeil – hergestellt werden, bezeichnet man nach DIN 6581 als **Schneidstoffe.**

Weil sie in das zu bearbeitende Material eindringen sollen, müssen sie härter sein als dieses. Wichtig sind darüber hinaus Zähigkeit, Verschleißfestigkeit und Biegefestigkeit.

Schnellarbeitsstähle und **Hochleistungsschnellarbeitsstähle** (HSS) sind hochlegierte Werkzeugstähle (mehr als 5% Legierungsbestandteile). Bis zu einer Temperatur von 600°C behalten sie ihre Schneidhaltigkeit. Sie sind geeignet für hohe Schnittgeschwindigkeiten und Zerspanungsleistungen.

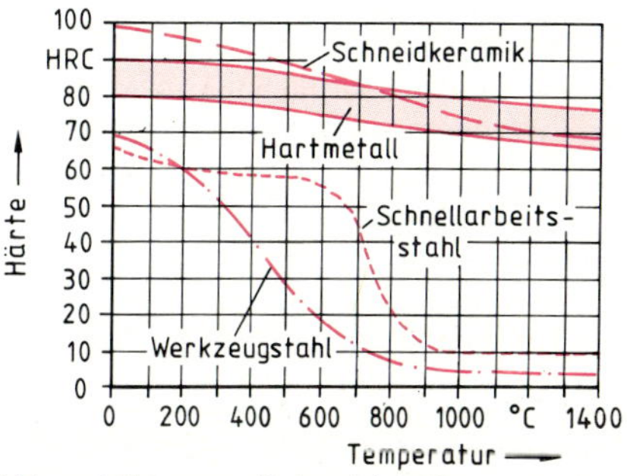

Warmhärte von Schneidstoffen

Hartmetalle werden durch **Verfahren der Pulvermetallurgie** hergestellt. Dabei werden Metallcarbide (Wolfram-, Titan-, Molybdän- und Tantalcarbide) zusammen mit Kobaltmetallpulver als Bindemittel zu einer pulverförmigen Masse vermischt, in die gewünschte Form gepreßt und unterhalb der Schmelztemperatur miteinander verbakken. Dieser Fertigungsschritt wird Sintern genannt.

Hartmetalle sind Schneidstoffe mit hoher Wärmebeständigkeit (bis 900°C). Daher kann mit großen Schnittgeschwindigkeiten gearbeitet werden. Nach Art ihres Einsatzes unterteilt man die Hartmetalle in die **Zerspanungs-Hauptgruppen** P, M und K.

Zusätzlich wird mit Hilfe einer Anhängezahl die Zähigkeit bzw. Verschleißfähigkeit angegeben. Hartmetalle mit einer höheren Anhängezahl haben eine größere Zähigkeit, mit einer niedrigen Anhängezahl eine höhere Verschleißfestigkeit. So eignet sich ein Hartmetall P 10 für langspanende Werkstoffe, bei denen eine hohe Verschleißfestigkeit erforderlich ist.

Oxidkeramische Schneidstoffe schließlich übertreffen die Hartmetalle in ihrer Härte und Verschleißfestigkeit. Sie bleiben bis zu 1500°C schneidaltig. Sie sind jedoch sehr spröde und empfindlich gegen Stöße und Temperaturänderungen.

Hauptgruppe	Kennfarbe	Anwendung
P für langspanende Werkstoffe	blau	*Zum Spanen von:* Stahl, Stahlguß, langspanendem Temperguß
M für lang- oder kurzspanende Werkstoffe	gelb	*Zum Spanen von:* Stahl, Stahlguß, Manganhartstahl, austenitischen Stählen, legierten Gußeisen, Temperguß, Automatenstahl, Leicht- und Buntmetallen
K für kurzspanende Werkstoffe	rot	*Zum Spanen von:* Gußeisen, Hartguß, kurzspanendem Temperguß, gehärtetem Stahl, Nichteisenmetallen, Kunststoffen, Werkzeugen für Umformtechnik

Zerspanungshauptgruppen

Schneidengeometrie

Eine weitere Eingangskenngröße ist die Schneidengeometrie. Sie wirkt sich auf die Spanbildung, die Zerspankraft, die Wärmeabfuhr, das Standvermögen und die Oberflächengüte aus.

Kühlschmiermittel sollen die Reibung zwischen Werkzeug und Werkstück vermindern und die beim Zerspanungsvorgang entstehende Wärme abführen. Zu diesem Zweck verwendet man in Wasser gelöste Öle (Emulsionen) oder, wenn die Schmierwirkung im Vordergrund steht, Schneidöle.

Schneidstoff	Schnittgeschwindigkeit v_c für Stahl
Schnellarbeitsstähle	30... 60 $\frac{m}{min}$
Hartmetalle (HM)	40...200 $\frac{m}{min}$
keramische Schneidstoffe	100...250 $\frac{m}{min}$

Schneidstoffe und ihre Schnittgeschwindigkeiten

- Ausgangskenngrößen

Um die Qualität und die Wirtschaftlichkeit einer Arbeit beurteilen zu können, muß man die erzielten Ergebnisse, die Ausgangskenngrößen des Zerspanungsvorganges, betrachten. Hierzu zählen z. B. die Oberflächengüte, Form und Abfluß der Späne, Standzeit des Werkzeuges und die Fertigungskosten.

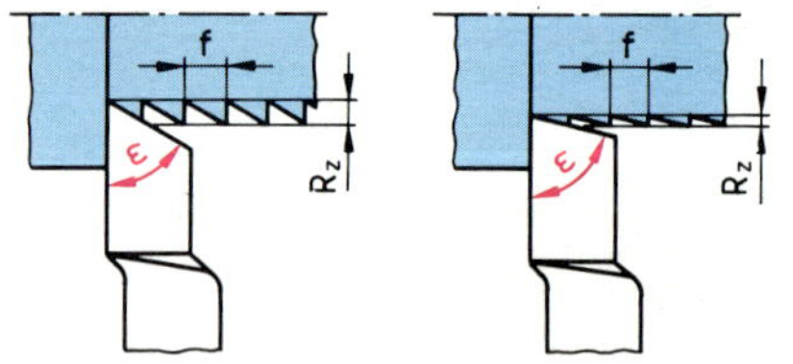

Verkleinerung der Rauhtiefe durch größeren Eckenwinkel ε

Oberflächengüte

Ein Maß für die Oberflächengüte ist die Rauhtiefe R_z. Geringe Rauhtiefen werden unter anderem erreicht durch:

- hohe Schnittgeschwindigkeit v_c
- kleinen Vorschub f
- großen Eckenwinkel ε
- Abrundung der Schneidenecke
- Einsatz von Kühlschmiermitteln.

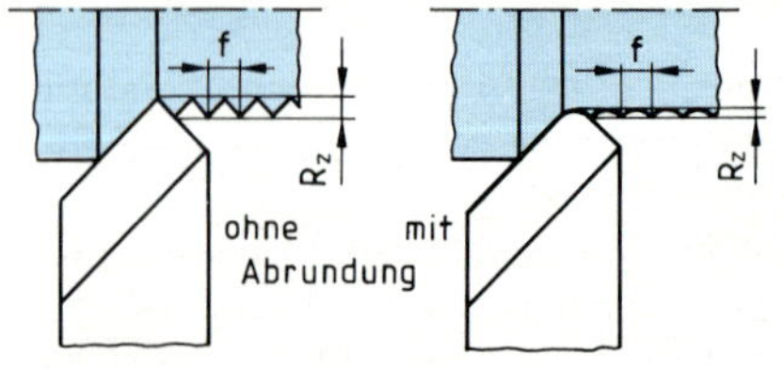

Verkleinerung der Rauhtiefe durch Abrundung der Schneideecke

Je höher die angestrebte Oberflächengüte ist, desto höher sind die Fertigungskosten.

Standzeit

Als Standzeit *T* eines Werkzeuges bezeichnet man die Dauer, die ein Werkzeug zwischen zwei Anschliffen im Eingriff ist.

Das Werkzeug wird hauptsächlich durch die beim Zerspanungsvorgang auftretenden Kräfte und durch die dadurch bedingte Erwärmung der Meißelspitze stumpf. Daher kann eine Verlängerung der Standzeit erreicht werden durch:

- niedrige Schnittgeschwindigkeiten
- kleine Spanungsquerschnitte
- großen Keil- und Eckenwinkel
- geeignete Schneidstoffe
- Kühlschmiermittel.

Durch den großen Keil- und Eckenwinkel wird eine gute Wärmeabfuhr erreicht, die eine geringere Erwärmung der Meißelspitze zur Folge hat. Aus dem gleichen Grund werden Kühlschmiermittel eingesetzt.

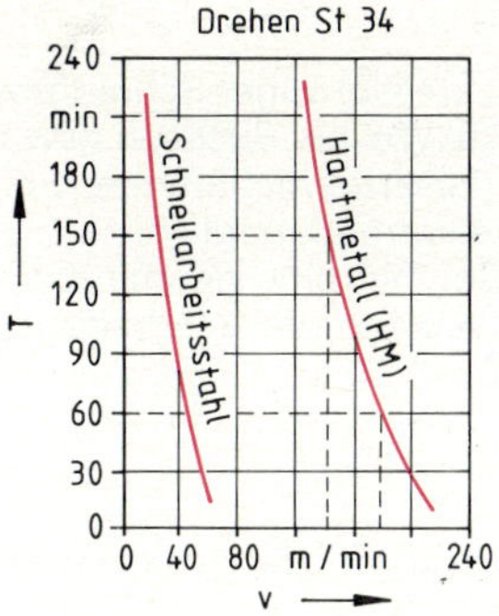

Einfluß der Schnittgeschwindigkeit auf die Standzeit

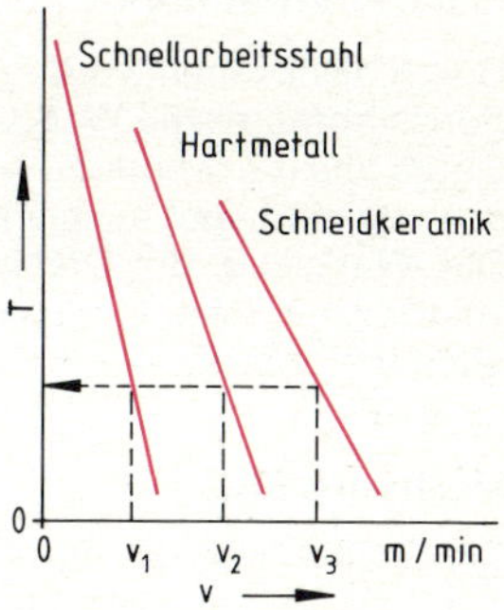

Einfluß von Schneidstoffen auf die Standzeit

Einsatz von Kühlschmiermittel

Aufgaben zur Wiederholung und Vertiefung

1. Tragen Sie Beispiele für das Spanen mit geometrisch bestimmten und geometrisch unbestimmten Schneiden in die Tabelle ein!

Spanen mit	
geometr. bestimmt. Schneiden	geometr. unbest. Schneiden

2. Welche Arbeitsbewegungen unterscheidet man beim Drehen?

3. Beschreiben Sie Eingangs- und Ausgangskenngrößen eines Zerspanungsvorganges!

4. In welchem Zusammenhang stehen die Schneidenwinkel des Werkzeuges mit den Ausgangskenngrößen des Zerspanungsvorganges?

5. Beschreiben Sie, durch welche Maßnahmen jeweils folgende Ausgangskenngrößen beeinflußt werden können:
- Oberflächengüte
- Spanform
- Standzeit.

6. Wovon hängt die Größe der Schnittgeschwindigkeit ab?

7. Ein Drehteil mit einem Durchmesser $d = 200$ mm wird mit einer Drehfrequenz $n = 120$ 1/min bearbeitet. Die Schnittiefe a_p beträgt 2 mm, der Vorschub $f = 0{,}3$ mm.

a) Berechnen Sie die Schnittgeschwindigkeit v_c.

b) Berechnen Sie den Spanungsquerschnitt *A* und das Zeitspanungsvolumen *Q*!

c) Wie ändert sich die Schnittgeschwindigkeit, wenn der Drehdurchmesser geringer wird?

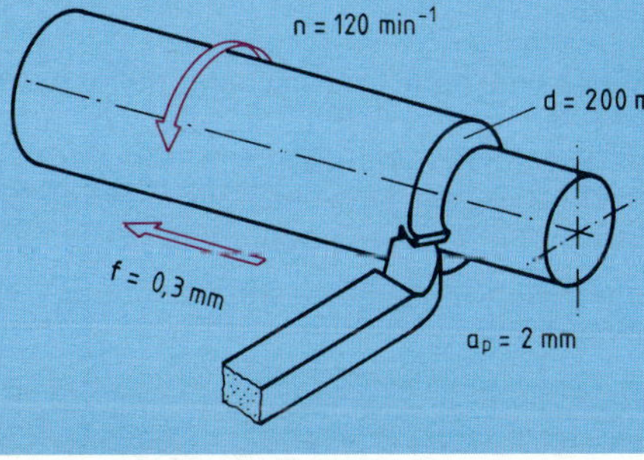

2.1.2 Drehtechnik

Durch das Drehen werden mit kreisförmiger Schnittbewegung rotationssymmetrische Werkstücke (Wellen, Buchsen usw.) gefertigt. Durch die Verwendung von Zusatzeinrichtungen und Sondermaschinen sind aber auch andere Formen möglich.
Das Werkzeug, der Drehmeißel, hat eine geometrisch bestimmte, keilförmige Schneide. Es ist während der Bearbeitung ununterbrochen im Eingriff.

Drehvorgang

Drehvorgang

Die Spanabnahme beim Drehen erfolgt durch das Zusammenwirken von Schnitt- und Vorschubbewegung.
Die kreisförmige **Schnittbewegung** wird in der Regel durch das eingespannte Werkstück ausgeführt. Das Werkzeug, zumeist ein einschneidiger Drehmeißel, führt die geradlinige **Vorschubbewegung** quer zur Schnittrichtung aus.
Durch die dadurch entstehende Relativbewegung zwischen Werkstück und Werkzeug kann die härtere Werkzeugschneide in den weicheren Werkstoff eindringen und einen fortlaufenden Span abtrennen.

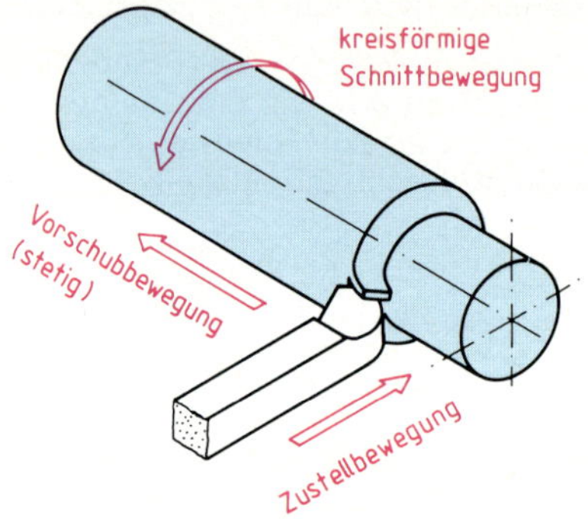

Drehvorgang

Die Spandicke wird durch die **Zustellbewegung** (Schnittiefe) des Werkzeuges bestimmt.

Die Schnittiefe a_p in mm und der Vorschub f in mm (mm pro Umdrehung) lassen sich bei der Drehmaschine direkt einstellen. Die Schnittgeschwindigkeit v_c, mit der sich Werkzeug und Werkstück zueinander bewegen, läßt sich jedoch nur indirekt durch die Wahl einer geeigneten Umdrehungsfrequenz an der Drehmaschine bestimmen.

Die **Schnittgeschwindigkeit** kann mit der Formel $v_c = d \cdot \pi \cdot n$ berechnet werden, wenn die Umdrehungsfrequenz und der Drehdurchmesser bekannt sind.

Drehverfahren

Beim Drehen entstehen an der Werkstückoberfläche Rillen und Riefen, die die **Oberflächengüte** bestimmen. Gemessen wird die Oberflächengüte durch die Rauhtiefe R_z.

Je nachdem welche Anforderungen an die zulässige Rauhigkeit gestellt werden, wählt man unterschiedliche Drehverfahren.

Möchte man in kurzer Zeit große Spanmengen abtragen, so erhält man eine große Rauhigkeit oder eine geringe Oberflächengüte. Dazu wählt man eine große Schnittiefe, einen großen Vorschub und eine geringe Schnittgeschwindigkeit. Dieses Verfahren ist bekannt unter dem Namen „Schruppen".

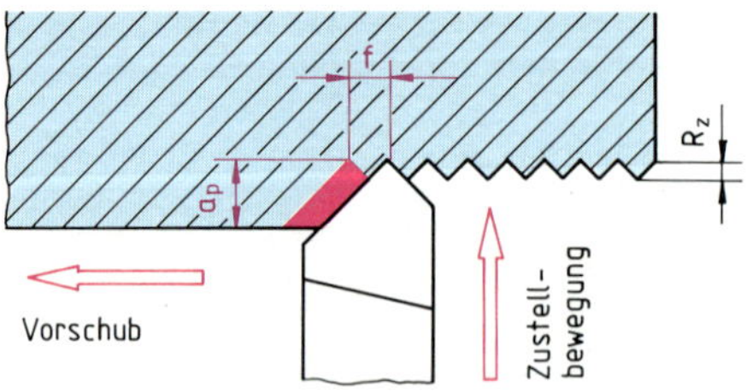

Geringe Oberflächengüte

Wird dagegen eine hohe Oberflächengüte für hohe Form- und Maßgenauigkeit verlangt, so wählt man ein Drehverfahren mit geringer Schnittiefe (Spantiefe) und geringem Vorschub. Durch eine höhere Schnittgeschwindigkeit kann ebenfalls eine bessere Oberflächengüte erreicht werden. Dieses Verfahren heißt „Schlichten".

Besonders hohe Genauigkeitsanforderungen werden durch das Feindrehen erfüllt.

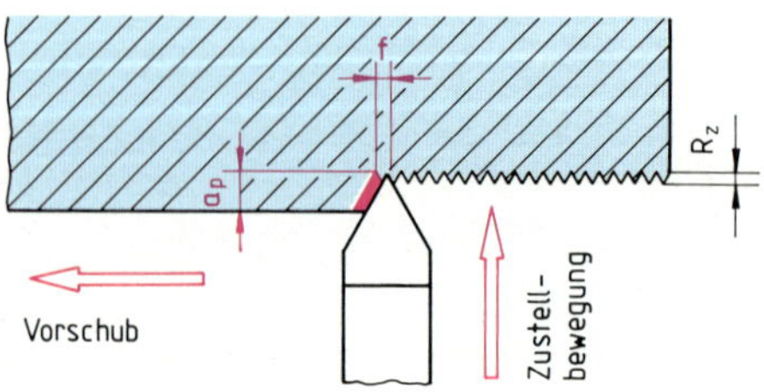

Hohe Oberflächengüte

Je nach Form und Aussehen der erzeugten Bearbeitungsfläche kann man die Drehverfahren einteilen in: Runddrehen, Plandrehen, Schraubdrehen, Wälzdrehen, Profildrehen und Formdrehen.

Drehverfahren nach DIN 8589

- Plandrehen
- Runddrehen
- Schraubdrehen
- Wälzdrehen
- Profildrehen
- Formdrehen

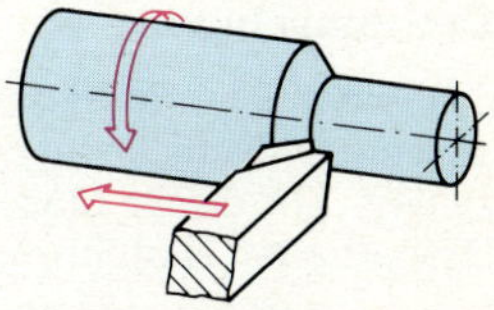
Runddrehen

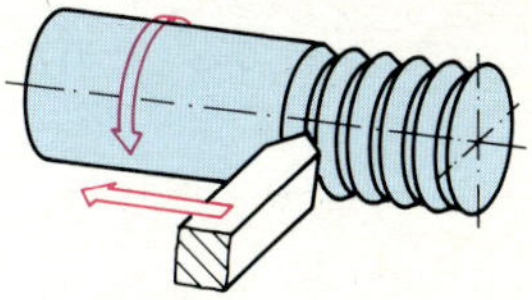
Schraubdrehen

Beim **Plandrehen** wird eine rechtwinklig zur Drehachse liegende Fläche erzeugt. Der Vorschub kann dabei senkrecht oder parallel zur Drehachse erfolgen.

Beim **Runddrehen** wird eine zylindrische Werkstückoberfläche erzeugt. Die Vorschubbewegung erfolgt entweder parallel oder senkrecht zur Drehachse.

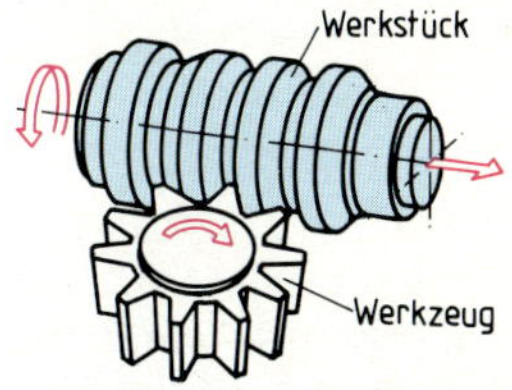

Wälzdrehen

Das **Schraubdrehen** dient in erster Linie zur Herstellung von Gewinden auf der Drehmaschine. Dabei wird ein Profilwerkzeug verwendet. Der Vorschub des Werkzeuges entspricht dabei der Steigung des Gewindes.

Beim **Wälzdrehen** führt das Werkzeug gleichzeitig mit der Drehung des Werkstückes eine Wälzbewegung aus.

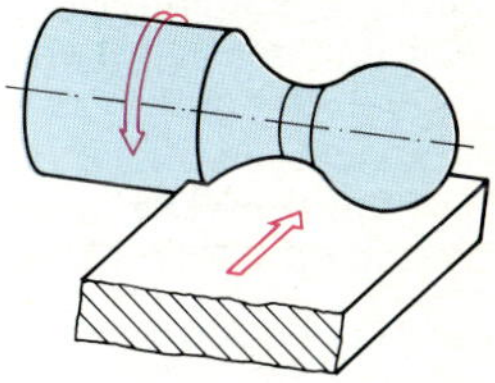
Profildrehen

Außen- oder Innenradien, Kugelformen und kleinere Werkstücke mit Radien werden häufig durch das **Profildrehen** hergestellt. Das Profilwerkzeug hat die Gegenform der zu erreichenden Werkstückform. Der Vorschub kann längs oder quer zur Drehachse erfolgen. Die Breite der Profildrehmeißel ist durch die bei der Bearbeitung auftretenden Kräfte begrenzt.

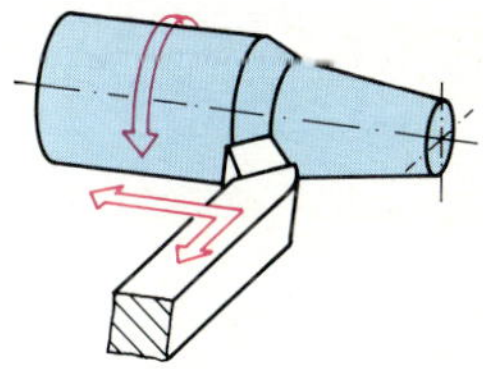
Formdrehen

Das **Formdrehen** ist ein Verfahren, bei dem durch Steuerung der Arbeitsbewegungen an der Drehmaschine die gewünschte Form des Werkstückes hergestellt wird. Eine häufige Anwendung des Formdrehens ist das Kegeldrehen und das Nachformdrehen. Bei CNC-Drehmaschinen wird die Bewegung des Werkzeuges und damit die Form des Werkstückes durch einen Computer gesteuert.

Aufgaben zur Wiederholung und Vertiefung

1. Wodurch werden beim Drehen jeweils die Arbeitsbewegungen ausgeführt?

2. Unterscheiden Sie die Drehverfahren nach
- Art der Fläche, die bearbeitet wird
- Art der Bewegung
- der Werkzeugform
- der Richtung der Vorschubbewegung
- den Werkzeugmerkmalen
- Lage der Bearbeitungsstelle
- Schneidstoff.

3. Wie erfolgt beim Plandrehen die Vorschubbewegung?

4. Das nebenstehend skizzierte Werkstück soll durch geeignete Drehverfahren an einer Drehmaschine hergestellt werden. Wählen Sie die jeweiligen Drehverfahren für die gekennzeichneten Flächen und begründen Sie die Wahl!

5. Welche Auswirkungen hat das Abtragen
- großer Spanmengen und großer Schnittiefe
- geringer Spanmengen und geringer Schnittiefe

auf die Oberflächengüte des Werkstückes?

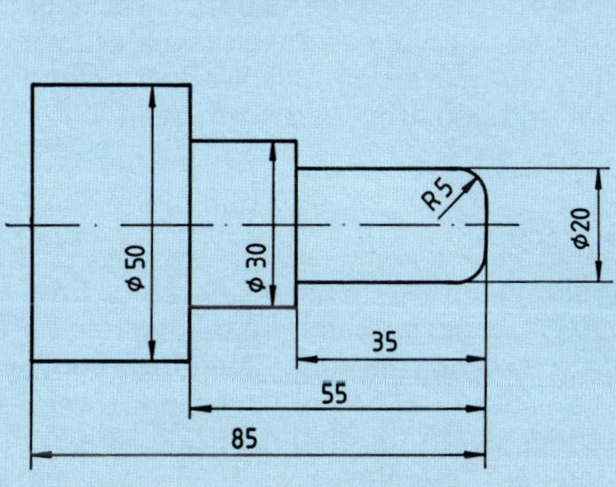

Drehmaschinen

Die wichtigsten Merkmale von Drehmaschinen lassen sich am einfachsten an der Universaldrehmaschine aufzeigen. Mit dieser Maschine lassen sich alle üblichen Dreharbeiten ausführen.

Universaldrehmaschine

Die Größe der Universaldrehmaschine wird durch die Angabe der Spitzenhöhe und der Spitzenweite (Drehlänge) bestimmt. Die **Spitzenhöhe** ist der Abstand zwischen der Bettoberkante und der Mitte der Arbeitsspindel. Der größte zu bearbeitende Drehdurchmesser entspricht also in etwa der doppelten Spitzenhöhe. Die **Spitzenweite** gibt an, welche Werkstücklänge höchstens auf der Maschine bearbeitet werden kann.

Die Angabe 300 mm x 1700 mm beispielsweise gibt an, daß die größte Drehlänge 1700 beträgt und daß Werkstücke mit einem Durchmesser von max. 600 mm bearbeitet werden können.

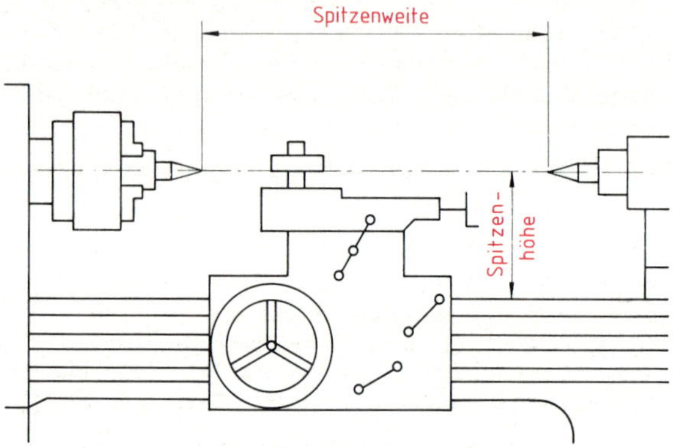

Abmessungen einer Universaldrehmaschine

- Hauptfunktion und Teilfunktion von Drehmaschinen

Hauptfunktion von Drehmaschinen ist der Stoffumsatz.

Um Werkstücke durch das Fertigungsverfahren Drehen herstellen zu können, müssen mehrere Teilfunktionen gewährleistet sein.

Die zur Zerspanung benötigte **Energie** muß **bereitgestellt** und **übertragen** werden. Um das **Werkstück** entsprechend der geforderten Geometrie und Genauigkeit **bearbeiten** zu können, muß der **Werkzeugschlitten verfahrbar** sein und geführt werden. Das **Werkstück** muß in Lage **gespannt** und **gehalten** werden können.

Teilfunktion: Antreiben

Die zur Spanabnahme erforderliche mechanische Energie wird durch die Antriebseinheit bereitgestellt. In der Regel dienen dazu **Gleichstrom-** oder **Drehstrommotoren.** Die Antriebsleistung des Motors wird in kW angegeben, sie ist ein Richtwert für die größtmögliche Zerspanungsleistung der Maschine.

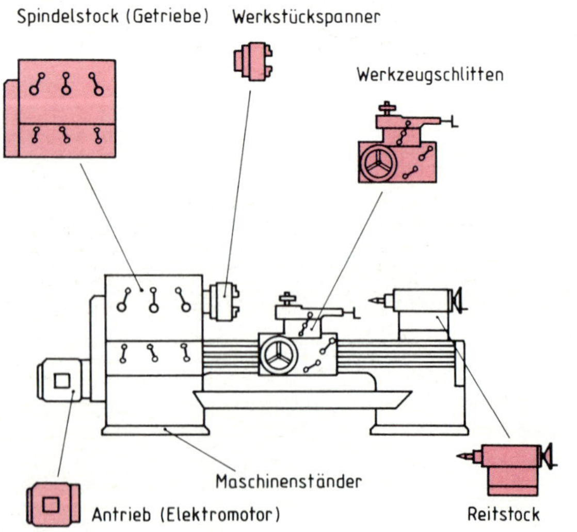

Subsysteme einer Universaldrehmaschine

Teilfunktion: Energieübertragen

Die durch den Elektromotor der Maschine zugeführte Energie muß den Anforderungen des Zerspanungsvorganges angepaßt werden. So muß es z. B. möglich sein, die Umdrehungsfrequenz in weiten Grenzen zu verändern. Hierzu dient das **Hauptgetriebe,** das sich im Spindelstock befindet. Das Hauptgetriebe ermöglicht die Veränderung der Umdrehungsfrequenz. Mit dem Vorschubgetriebe wird die Größe des Vorschubes den Erfordernissen des Zerspanungsvorganges angepaßt. Vom Hauptgetriebe aus wird die Energie auf die **Hauptspindel** übertragen, die ihrerseits die Spannvorrichtung für das Werkstück trägt.

Die Übertragung der Vorschubbewegung vom Vorschubgetriebe zum Werkzeugschlitten erfolgt über die Leitspindel (Gewindedrehen) oder die Zugspindel (alle anderen Dreharbeiten). Als Zugspindel wird eine Welle mit Längsnut oder Sechskantprofil verwendet, die Leitspindel hat ein Trapezgewinde.

Die Größe des Vorschubes wird beim Drehen in mm pro Umdrehung der Hauptspindel angegeben.

Teilfunktion: Energieübertragen

Teilfunktion: Arbeiten

Der **Werkzeugschlitten** ist in der Längsführung des Maschinenbettes verfahrbar. Er ermöglicht eine genaue Positionierung des von ihm geführten Werkzeuges. Der **Bettschlitten** wird auf dem Drehmaschinenbett geführt. Sein Antrieb kann sowohl von Hand (über ein Handrad), über die Leitspindel (beim Gewindedrehen) oder über die Zugspindel erfolgen. Der **Planschlitten**, der rechtwinklig zum Drehmaschinenbett bewegt wird, wird entweder von Hand oder durch die Zugspindel angetrieben. Er dient zur Bewegung des Werkzeuges beim Plandrehen. Der schwenkbare **Oberschlitten** befindet sich auf dem Planschlitten. Er kann meist nur von Hand betätigt werden. Die **Werkzeugspannvorrichtung** ermöglicht ein festes Einspannen des Werkzeuges auf dem Oberschlitten.

Teilfunktion: Arbeiten

Teilfunktion: Stützen und Tragen

Die beim Drehvorgang auftretenden Kräfte werden durch den **Maschinenständer** einer Drehmaschine aufgenommen. Die Lagegenauigkeit des Werkzeugschlittens und des Reitstocks werden durch die Führungsbahnen gewährleistet. Zusätzlich sorgen Gleit- und Wälzlager für eine hohe Lagegenauigkeit. Wegen der auftretenden Kräfte sind die Führungsbahnen und Lager in den Randschichten gehärtet.

Teilfunktion: Stützen und Tragen

Teilfunktion: Spannen

Zum Spannen eines Werkstücks wird Spannenergie zugeführt, die dafür sorgt, daß das Werkstück in der gewünschten Lage gehalten wird.

Zum Spannen runder Werkstücke oder regelmäßiger Vielecke verwendet man **Backenfutter oder Spannzangen**. Zumeist werden an Universaldrehmaschinen Futter mit drei gestuften Backen verwendet (Dreibackenfutter). Die Spannbacken sind meist gehärtet und werden durch ein Plangewinde gemeinsam bewegt. Beim Spannen ist darauf zu achten, daß die Spannbacken nicht zu weit aus dem Futter herausragen, da sie in diesem Falle nur noch unzureichend gehalten werden und die Unfallgefahr erhöhen.

Dreibackenfutter

Unregelmäßig geformte Werkstücke werden mit Hilfe einer **Planscheibe** gespannt. Auf der Planscheibe befinden sich T-Nuten und Langlöcher, die zur Befestigung von Schrauben und Spanneisen dienen. Die durch das Werkstück auftretenden Unwuchten müssen durch entsprechende Gegengewichte ausgeglichen werden.

Längere Werkstücke müssen an ihrem freien Ende zusätzlich geführt werden, weil sie sonst durch die auftretende Zerspankraft zur Seite gedrückt würden. Diese Führung erreicht man durch eine Zentrierspitze, die im Reitstock eingesetzt ist. Man spricht in diesem Fall vom **Spannen zwischen den Spitzen**. Die Drehbewegung wird durch Mitnehmer übertragen. Zur Aufnahme der Zentrierspitze dient eine Zentrierbohrung, die aus einem Zentrierloch und einer Aussenkung von zumeist 60° besteht. Die Zentrierbohrungen werden durch einen Zentrierbohrer hergestellt.

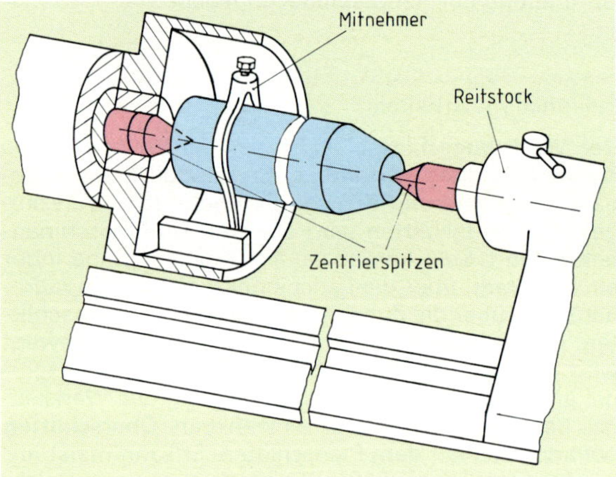

Spannen zwischen den Spitzen

Bei langen, dünnen Werkstücken besteht auch beim Spannen zwischen den Spitzen die Gefahr des Durchbiegens durch die Kräfte, die bei der Bearbeitung auftreten. Diese Durchbiegung kann durch einen Setzstock (Lünette) verhindert werden.

Spannen mit Lünette

- Maschinenarten

Für spezielle Fertigungsaufgaben ist es wirtschaftlich, spezielle Drehmaschinen einzusetzen:

Mechanisch gesteuerte Maschinen

Plan- oder Frontdrehmaschinen setzt man ein, wenn Werkstücke mit geringer Drehlänge und zumeist großen Durchmessern bearbeitet werden sollen. Auf eine Abstützung z. B. durch den Reitstock kann in der Regel verzichtet werden. Auf diesen Maschinen werden beispielsweise große Schwungscheiben oder Bremstrommeln bearbeitet.

Sehr schwere und große Werkstücke werden auf **Senkrecht- oder Karusseldrehmaschinen** bearbeitet. Bei dieser Art von Drehmaschinen liegt die Arbeitsspindel senkrecht, die Planscheibe ist also waagerecht angeordnet. Für besonders große Werkstücke, z. B. Gehäusedeckel großer Maschinen, kann der Drehdurchmesser bis zu 16 m betragen. Mehrere Schlitten ermöglichen die gleichzeitige Bearbeitung verschiedener Stellen am Werkstück mit verschiedenen Werkzeugen.

Drehautomaten arbeiten nach einem fest vorgegebenen Fertigungsablauf. Der Ablauf der nacheinander erfolgenden Bearbeitungsschritte wird entweder mechanisch durch Kurvenscheiben, pneumatisch, elektrisch oder hydraulisch gesteuert. Vollautomaten übernehmen auch das Spannen der Drehteile, so daß nur noch eine Überwachung der Maschine erforderlich ist. Der Einsatz von Drehautomaten ist nur bei sehr großen Stückzahlen wirtschaftlich.

Plandrehmaschine

Mehrspindelautomat

Numerisch gesteuerte Maschinen

Die Entwicklung von leistungsfähigen Kleincomputern hat es ermöglicht, Werkzeugmaschinen von einem Rechner steuern zu lassen. Dadurch wurde eine beachtliche Steigerung der Produktivität und der Genauigkeit erreicht.

Die für die Fertigung des Werkstückes erforderlichen Angaben (Daten) werden der Maschine über eine Tastatur eingegeben. Der eingebaute Computer löst, abhängig von den eingegebenen Daten, die Maschinenbewegungen aus.

Es lohnt sich heute schon, solche numerisch gesteuerten Maschinen (CNC-Maschinen) in der Einzelfertigung einzusetzen. Selbst komplizierte Werkstückformen können relativ einfach hergestellt werden. Auf CNC-Maschinen gehen wir im Kapitel 2.2 CNC-Zerspanungstechnik näher ein.

CNC-gesteuerte Großdrehmaschine

Drehwerkzeuge

Die Vielzahl unterschiedlicher Fertigungsaufgaben an der Drehmaschine erfordert eine breite Palette verschiedener Werkzeuge.

Drehmeißel werden nach verschiedenen Gesichtspunkten gekennzeichnet:

- Nach der **Form des Drehmeißelschaftes** unterscheidet man zwischen geraden, abgesetzten und gebogenen Drehmeißeln. Über ihren Einsatz entscheidet man je nach Zugänglichkeit der Bearbeitungsstelle.
- Nach dem **Ort der Spanabnahme** unterscheidet man Innen- und Außendrehmeißel.
- Nach der **Vorschubrichtung** unterscheidet man Rechts- und Linksmeißel: Einen Drehmeißel, der sich vor der Drehachse befindet und von rechts nach links arbeitet, bezeichnet man als Rechtsmeißel, einen Drehmeißel, der in entgegengesetzter Richtung arbeitet, als Linksmeißel.
- Drehmeißel können mit einem Profil angeschliffen werden. Man unterscheidet **Eck-, Radius-, Einstech- und Gewindedrehmeißel.**

Drehmeißel **ohne Wendeschneidplatten** wurden im Grundstufenband Kap. 2.9.6 behandelt.

Drehmeißel **mit Wendeschneidplatten** sind nach DIN 4983 genormt. Die einzelnen Typen werden mit Hilfe von zehn Kennbuchstaben unterschieden. Beispielsweise steht der erste Kennbuchstabe für die Art der Befestigung der Wendeschneidplatte, der zweite für die Grundform der Wendeschneidplatte und der dritte für die Form des Halters. . .

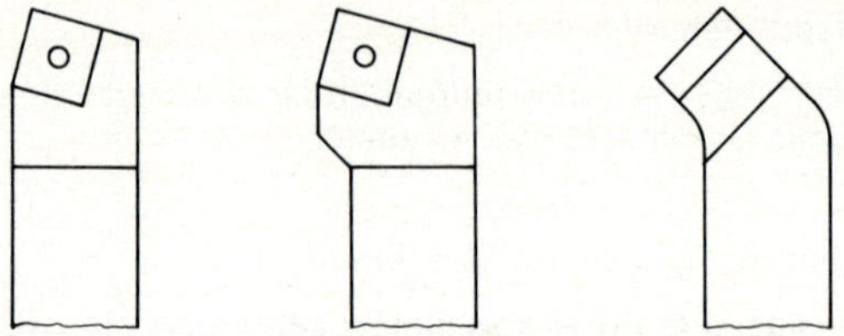

gerader rechter Drehmeißel DIN 4971/ISO 1 | abgesetzter rechter Eckdrehmeißel DIN 4978/ISO 3 | gebogener rechter Drehmeißel DIN 4972/ISO 2

Meißelformen

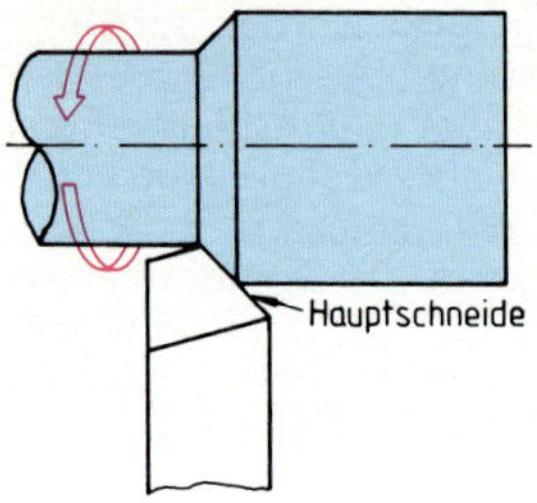

Linker Drehmeißel

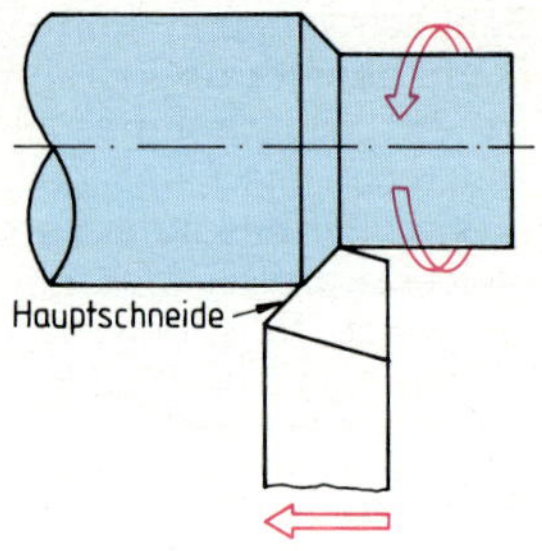

Rechter Drehmeißel

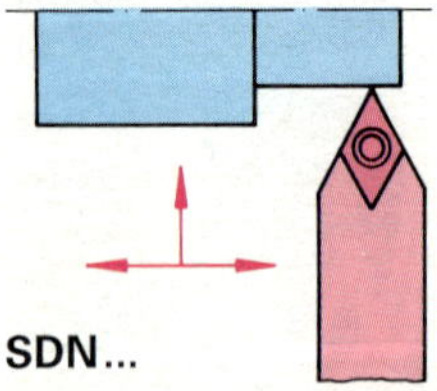

SDN...

S = Wendeschneidplatte durch Bohrung aufgeschraubt
D = Grundform rhombisch
N = Schaft gerade, Seiten-Einstellwinkel $\varkappa_r = 63°$

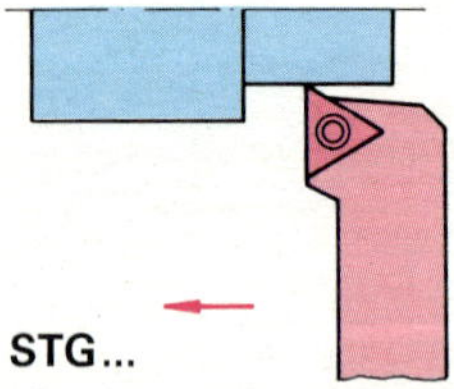

STG...

T = Grundform dreieckig
G = Schaft abgesetzt, $\varkappa_r = 90°$

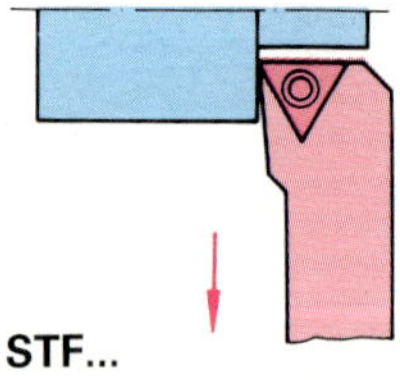

STF...

F = Schaft abgesetzt, $\varkappa_r = 90°$

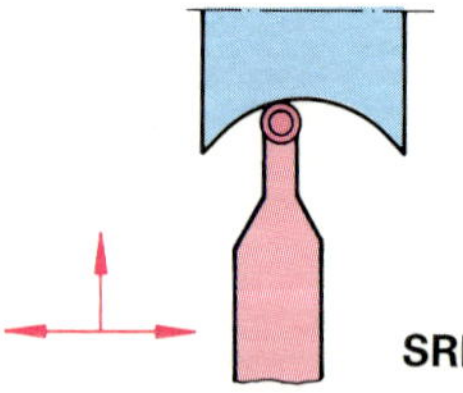

SRD...

R = Grundform rund
D = Schaft gerade, $\varkappa_2 = 45°$

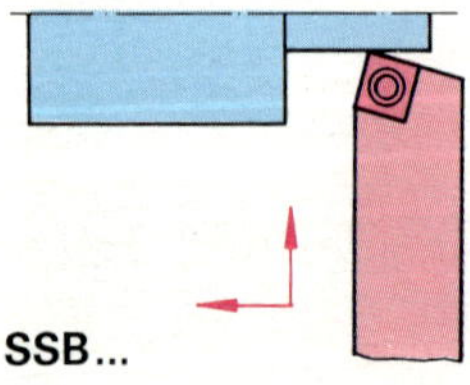

SSB...

B = Schaft gerade, $\varkappa_r = 75°$

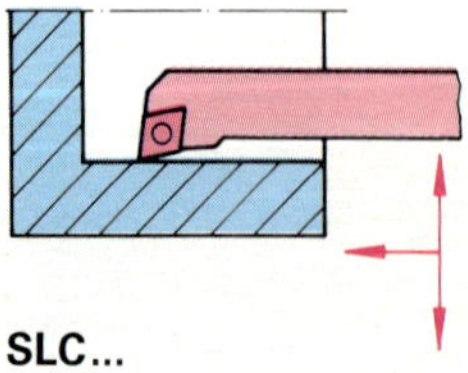

SLC...

L = Grundform rechteckig
C = Schaft gerade, $\varkappa_r = 90°$

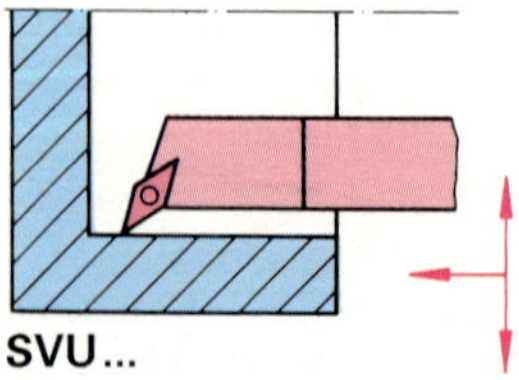

SVU...

V = Grundform rhombisch, $\varepsilon_r = 35°$
U = Schaft abgesetzt, $\varkappa_r = 93°$

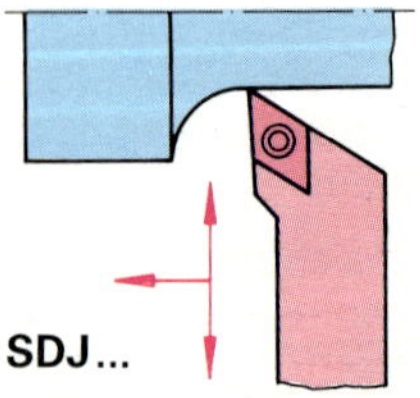

SDJ...

J = Schaft abgesetzt, $\varkappa_r = 93°$

- Spannen der Drehwerkzeuge

Zum Spannen der Drehmeißel verwendet man in der Regel **Schnellwechselhalter** oder **Mehrfachhalter** (Revolverköpfe), die einen raschen Werzeugwechsel erlauben.

Schnellwechsler

Revolverkopf

Normalerweise werden Drehwerkzeuge „auf Mitte" eingestellt, d. h. die Schneidenspitze befindet sich auf der Höhe der Mittellinie des Werkstückes. Durch ein Einstellen des Außendrehmeißels über Mitte ergibt sich zwar ein kleinerer Freiwinkel (Reibung!), aber ein günstiger Spanwinkel, wodurch die Späne leichter abfließen. Aus diesem Grunde kann das Werkzeug für Längs-Schrupparbeiten geringfügig „über Mitte" eingestellt werden. Niemals soll dagegen das Werkzeug „unter Mitte" eingestellt werden. Auch beim Plandrehen muß die Meißelschneide genau auf der Werkstückmitte stehen.

Zur Einstellung der Höhe verwendet man Unterlagen oder Einstellschrauben.

Damit das Werkzeug sich im Werkzeughalter durch die auftretenden Kräfte nicht verformt, soll es fest, kurz und in der richtigen Höhe eingespannt werden.

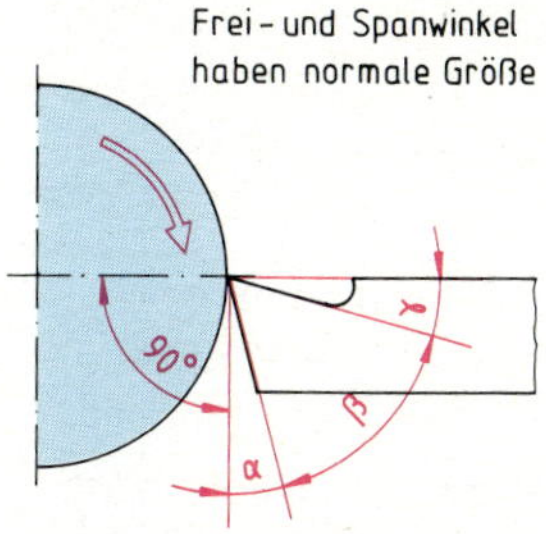

Werkzeug auf Drehmitte

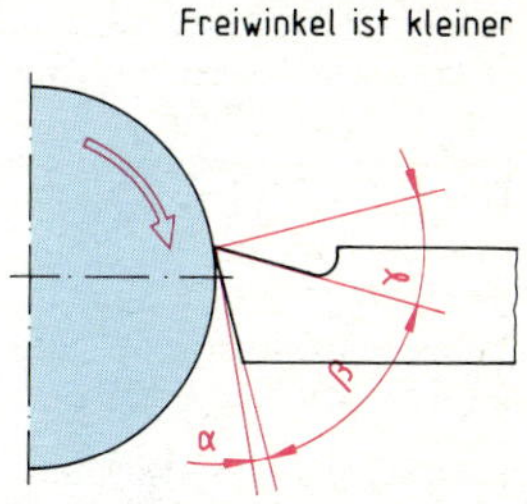

Werkzeug über Drehmitte

Beispiel einer Arbeitsplanung für das Drehen

Ein Zapfen aus St 42 soll auf einer Universaldrehmaschine hergestellt werden. Es wird erwartet, daß das Werkstück maßgenau und mit hoher Oberflächengüte gefertigt wird.
Als Werkzeuge stehen Drehmeißel aus Hartmetall zur Verfügung.

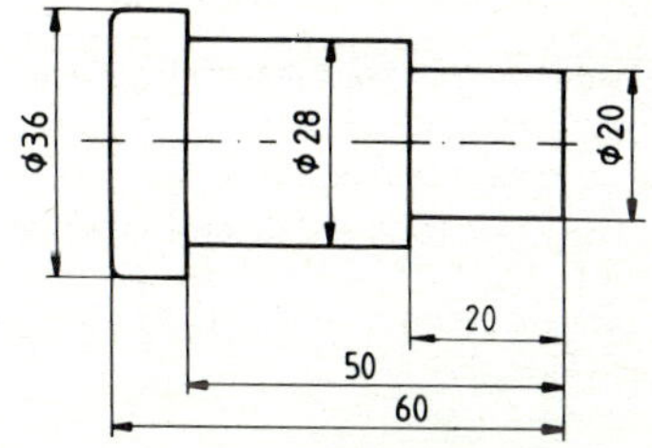

1. Festlegung der Eingangsgrößen

Mit Hilfe der Tabelle erhalten wir die Werte für die wichtigsten Zerspanungsgrößen für ein Werkzeug aus Hartmetall und einen weichen Stahl wie St 42:

	Vorbearbeitung („Schruppen")	Feinbearbeitung („Schlichten")
v_c	50 . . . 70 m/min	150 . . . 200 m/min
f	1,5 mm	0,1 mm
a	max. 10 mm	1 mm

Werkstoff	Schruppen a) Schlichten b)	Hartmetalle (HM)		
		Schnittgeschwindigkeit v_c in m/min	Vorschub f in mm	Spanungstiefe a in mm
Weicher Stahl, z. B. St 42, St 50	a)	50 . . . 70	1,5	10,0
	b)	150 . . . 200	0,1	1,0
Legierte Stähle	a)	20 . . . 40	1,0	8,0
	b)	50 . . . 100	0,1	1,0

Als Werkzeug wählen wir einen rechten abgesetzten Eckdrehmeißel ISO 3. Um eine höhere Standzeit zu erreichen, soll Kühlschmiermittel verwendet werden. Zur Werkstückaufspannung wird ein Dreibakkenfutter eingesetzt.

Bei kreisförmigen Schnittbewegungen wird anhand der festgelegten Schnittgeschwindigkeit die an der Werkzeugmaschine einzustellende Umdrehungsfrequenz ermittelt.

In diesem Beispiel: $v_c = \dfrac{d \cdot \pi \cdot n}{1000}$ $\quad n = \dfrac{1000 \cdot v_c}{d \cdot \pi}$

Vorbearbeitung: $n = \dfrac{1000 \cdot 50 \text{ m/min}}{36 \cdot \pi}$ $\quad n = 442$ 1/min

Feinbearbeitung: $n = \dfrac{1000 \cdot 150 \text{ m/min}}{28 \cdot \pi}$ $\quad n = 1706$ 1/min

Die Umdrehungsfrequenzen sind je nach Stufung des Hauptgetriebes an der Drehmaschine einzustellen.

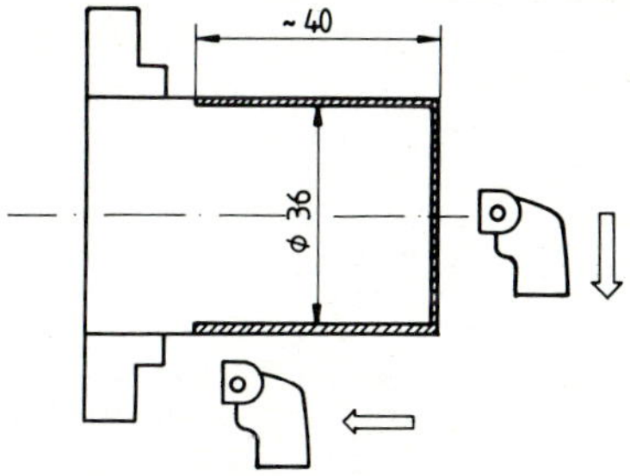

Längsrunddrehen auf ∅ 36

Anschließend umspannen und Querplandrehen auf 60 mm Länge, sowie Längsrunddrehen auf ∅ 36.

2. Aufstellen eines Arbeitsplanes

Als letztes erfolgt die Festlegung der Arbeitsschritte.

Arbeitsgang	Arbeitswerte (lt. Berechnung und Tabelle)	
	Vorschub f in mm	Schnittgeschwindigkeit v_c in m/min
Rundstahl auf 62 mm absägen	je nach Säge	
Querplandrehen mit ISO 3	1,5	50
Längsrunddrehen auf ∅ 36	1,5	50
Umspannen		
Querplandrehen mit ISO 3 auf 60 mm Länge	1,5	50
Längsrunddrehen auf ∅ 36	1,5	50
Vorbearbeiten ∅ 28,5	1,5	50
Vorbearbeiten ∅ 20,5	1,5	50
Feinbearbeiten ∅ 20	0,1	150
Feinbearbeiten ∅ 28	0,1	150
Entgraten, Ausspannen		

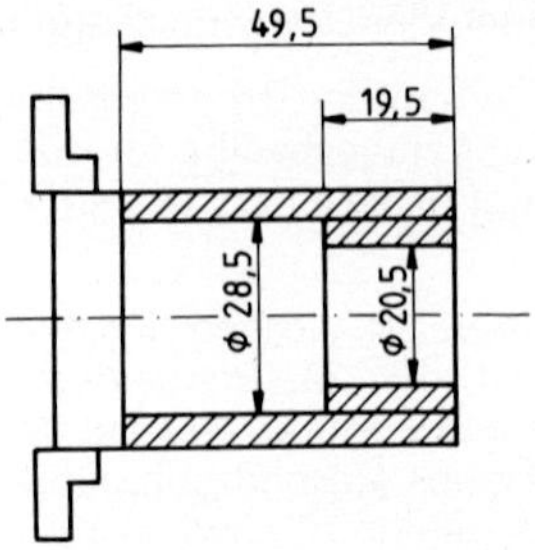

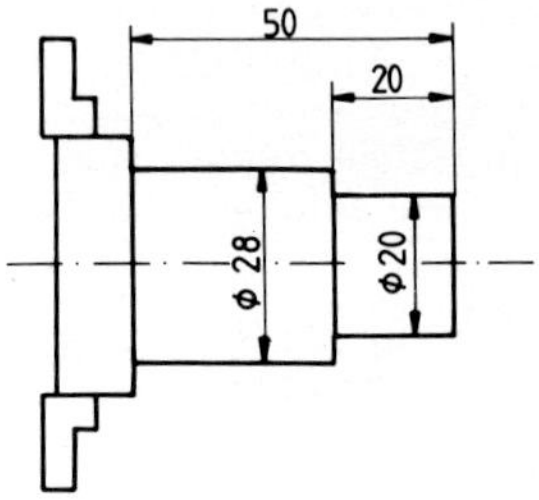

Aufgaben zur Wiederholung und Vertiefung

1. Das untenstehende Werkstück aus St 42 soll durch das Fertigungsverfahren Drehen gefertigt werden. Das Rohteil hat die Abmessungen $d = 85$ mm, $f = 142$ mm.

Als Werkzeug steht eine Auswahl hartmetallbestückter Drehmeißel zur Verfügung.

a) Welche Bauart der Drehmaschine wäre für diese Arbeit besonders geeignet?

b) Erstellen Sie einen Arbeitsplan des Werkstücks!

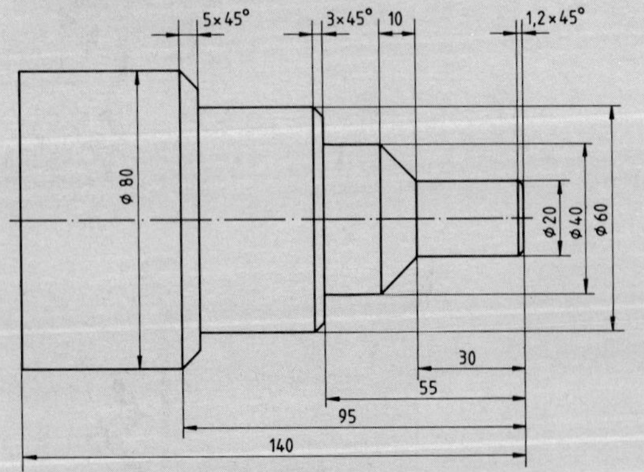

2. Eingangskenngrößen

a) Wonach richten sich die Werte für die Umdrehungsfrequenz, die Schnittiefe und den Vorschub?

b) Berechnen Sie die Umdrehungsfrequenzen für das „Schruppen" und das „Schlichten". Das gestufte Hauptgetriebe hat folgende Einstellmöglichkeiten für die Umdrehungsfrequenzen:

50 – 100 – 200 – 350 – 400 – 500 – 750 –... 1/min

Welche Umdrehungsfrequenzen sind jeweils einzustellen?

c) Berechnen Sie den Spanungsquerschnitt A und das Zeitspanungsvolumen Q! – Welche Schneidenwinkel sind für das Werkstück aus St 42 günstig?

d) Tragen Sie die Arbeitsgänge in ihrer Reihenfolge in eine solche Tabelle ein:

Nr.	Arbeitsgang	Drehverfahren	Werkzeug	Fertigungsdaten
1.	Einspannen des Werkstückes			
2.	Einspannen des Drehmeißels			

3. Ausgangskenngrößen

a) Wodurch werden die Rauhtiefe und die Oberflächengüte des Werkstücks bestimmt?

b) Nennen Sie Möglichkeiten, die Spanform zu beeinflussen. Welche Spanform ist in der Regel erwünscht?

c) Durch welche Maßnahmen kann die Standzeit des Werkzeugs verlängert werden?

d) Wählen Sie geeignete Prüfmittel aus! Beschreiben Sie die Prüfvorgänge während der einzelnen Arbeitsgänge!

e) Welche Unfallverhütungsvorschriften sind bei der Bearbeitung zu beachten?

f) Welches Spannmittel eignet sich zum Spannen des Werkzeugs bzw. des Werkstücks?

2.1.3 Frästechnik

Das Fräsen ist ein spanendes Fertigungsverfahren **mit geometrisch bestimmten Schneiden.** Es dient zur Herstellung vielfältiger Werkstückformen. Die Fräswerkzeuge verfügen im Gegensatz zum Drehmeißel über mehrere Werkzeugschneiden. Man spricht daher von einem **mehrschneidigen Werkzeug.**

Fräsvorgang

$$v_c = d \cdot \pi \cdot n$$

$$f = f_z \cdot z$$

Haupt- und Nebenbewegungen

Beim Fräsen führt das Werkzeug die kreisförmige Haupt- oder Schnittbewegung aus. Die Schnittgeschwindigkeit wird – wie beim Drehen – durch die Gleichung $v_c = d \cdot \pi \cdot n$ berechnet. Auch beim Fräsen beeinflußt der Fachmann die Ausgangskenngrößen des Zerspanungsvorganges (Oberflächengüte, Maß- und Formgenauigkeit, Fertigungszeit ...) durch eine geeignete Auswahl der Eingangskenngrößen (Schneidstoff, Schnittgeschwindigkeit, Vorschub, Schnittiefe ...)

Die geradlinige Vorschub- und Zustellbewegung wird meist vom Werkstück ausgeführt. Bei jeder Fräserumdrehung werden von den Fräserzähnen Späne abgehoben, wobei jede Schneide aber nur kurzzeitig im Eingriff ist. Man spricht von einem unterbrochenen Schnitt.

Der Vorschub f bezeichnet den Vorschub für jede Umdrehung des Fräsers. Weil die verschiedenen Fräswerkzeuge über unterschiedliche Zähnezahlen verfügen, wird der Vorschub häufig je Fräserzahn f_z angegeben. Multipliziert man f_z mit der Anzahl der Schneiden, so erhält man gleichfalls den Vorschub in mm. Sehr häufig wird beim Fräsen auch die Vorschubgeschwindigkeit in mm/min angegeben. Die Angabe v_f = 100 mm/min bedeutet, daß das Werkzeug in einer Minute einen Weg von 100 mm im Vorschub zurücklegt.

Die Schnittiefe a_p ist die Tiefe bzw. Breite, die das Werkzeug in den Werkstoff eindringt. Die Wahl der Schnittiefe hängt ebenfalls von den gewünschten Ausgangskenngrößen des Fräsvorganges ab.

Richtwerte für das Arbeiten mit den Fräswerkzeugen können Tabellen entnommen werden (z. B. Grundstufe Kap. 2.9.7).

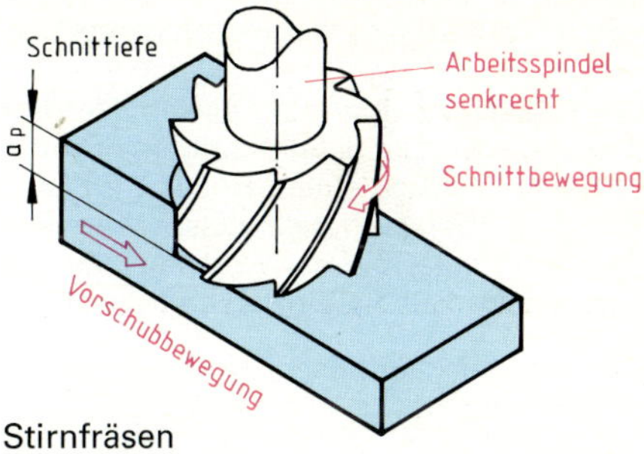

Stirnfräsen

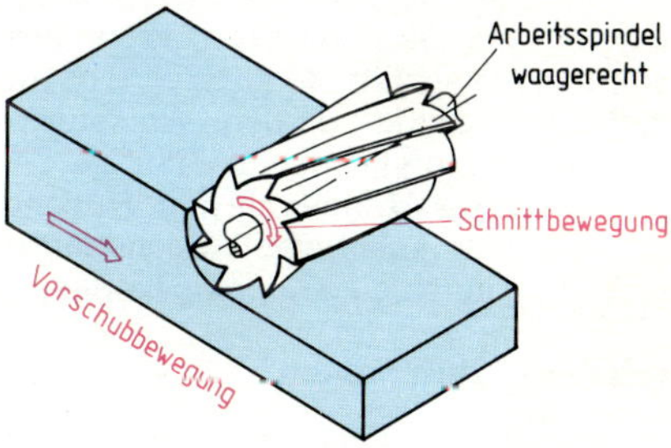

Umfangsfräsen

Fräsverfahren

Ebenso wie die Dreh- und Schleifverfahren können die Fräsverfahren nach verschiedenen Gesichtspunkten eingeteilt werden.

Nach der **Lage der Arbeitsspindel** zur Werkstückoberfläche unterscheidet man zwischen Stirnfräsen und Umfangsfräsen. Beim **Stirnfräsen** liegt die Arbeitsspindel senkrecht, beim **Umfangsfräsen** waagerecht zur Werkstückoberfläche.

Nach der Vorschubbewegung und der gefertigten Fläche unterscheidet man

Fräsen
- Planfräsen
- Rundfräsen
- Wälzfräsen
- Schraubfräsen
- Formfräsen
- Profilfräsen

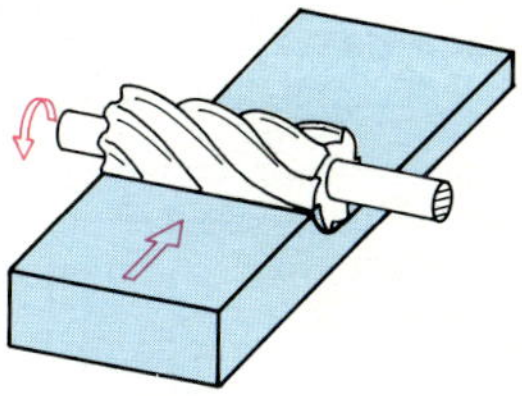

Planfräsen

Das **Planfräsen** dient mit seiner geradlinigen Vorschubbewegung zur Erzeugung ebener Flächen.

Beim **Rundfräsen** ist die Vorschubbewegung kreisförmig; es dient zur Erzeugung zylindrischer Werkstückkonturen. Man unterscheidet zwischen Außenrund- und Innenrundfräsen.

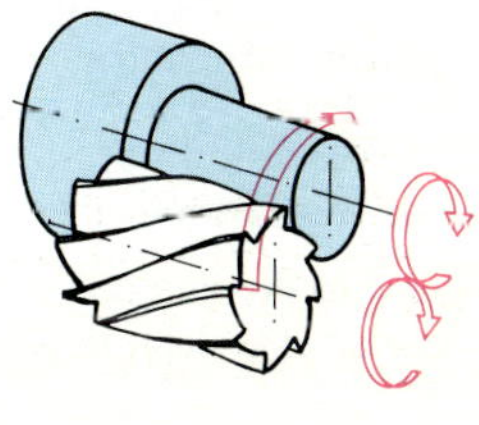

Rundfräsen

Besonders in der Zahnradfertigung findet das **Wälzfräsen** seine Anwendung. Die Werkstückform entsteht aus dem Zusammenwirken der Schnittbewegung des profilierten Werkzeuges und einer Drehbewegung des Werkstückes.

Gewinde können durch das **Schraubfräsen** hergestellt werden. Die Vorschubbewegung ist bei diesem Fräsverfahren wendelförmig.

Das **Formfräsen** ist ein Fräsverfahren, das heute in erster Linie auf numerisch gesteuerten Maschinen angewendet wird. Die Vorschubbewegung wird in diesem Falle von einem Computer gesteuert. Dadurch können beliebige Formen hergestellt werden.

Beim **Profilfräsen** bildet sich die Werkzeugform auf dem Werkstück ab. Das Profilfräsen findet seine Anwendung z. B. beim Zahnradfräsen.

Nach der Art des **Zusammenwirkens von Vorschub- und Schnittbewegung** unterscheidet man zwischen Gleichlauf- und Gegenlauffräsen.

Beim **Gegenlauffräsen** sind die Vorschubrichtung und die Schnittrichtung entgegengesetzt gerichtet.

Der Fräserzahn dringt bei diesem Verfahren erst allmählich in den Werkstoff ein, die Schnittkraft steigt mit zunehmendem Spanungsquerschnitt bis zu einem Höchstwert an. Beim Austritt des Zahnes aus dem Werkstoff fällt diese Kraft schlagartig auf null zurück. Dadurch können auf der Werkstückoberfläche Unebenheiten entstehen, die man als Rattermarken bezeichnet.

Beim **Gleichlauffräsen** sind Vorschub- und Schnittbewegung gleich gerichtet.

Der Fräserzahn dringt mit dem größten Spanungsquerschnitt in den Werkstoff ein, die Schnittkraft verringert sich mit abnehmendem Spanungsquerschnitt. Dadurch wird es möglich, daß der Fräserzahn ohne Rückfederung aus dem Werkstück austritt. Das Ergebnis ist eine bessere Oberflächenqualität. Da beim Gleichlauffräsen beim Eintritt des Fräserzahnes in den Werkstoff große Kräfte auftreten können, ist ein spielfreier Vorschubantrieb erforderlich. Dies geschieht z. B. durch eine Kugelgewindespindel.

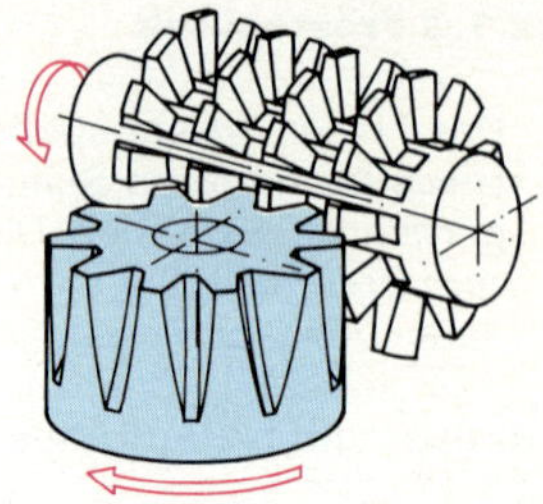
Wälzfräsen

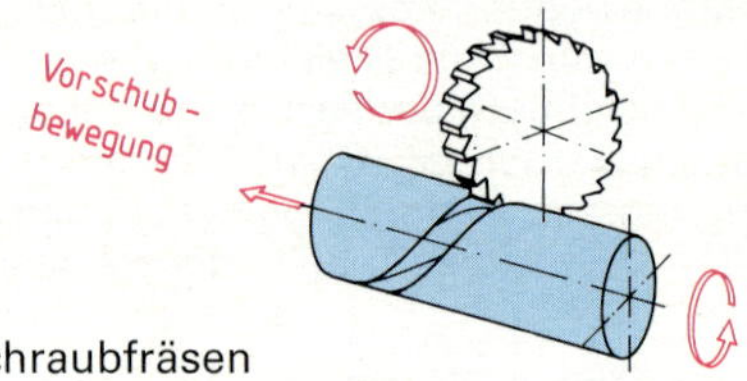

Schraubfräsen

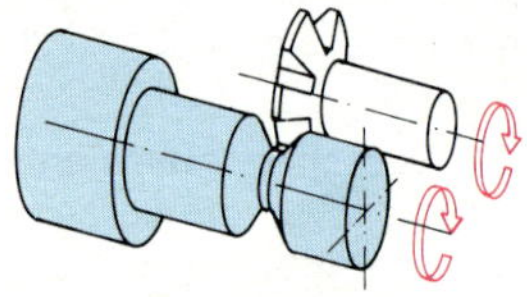
Profilfräsen

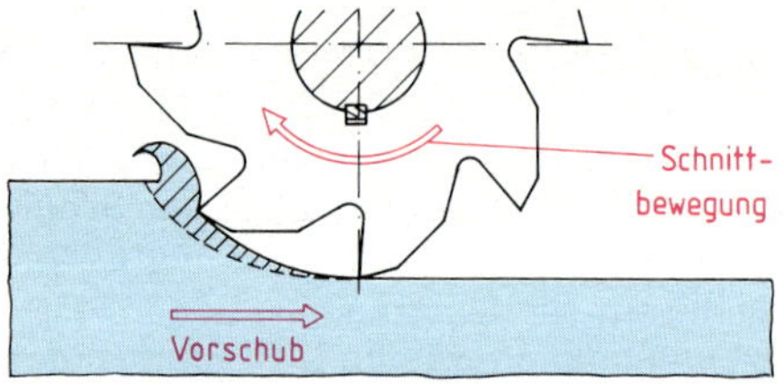

Gegenlauffräsen

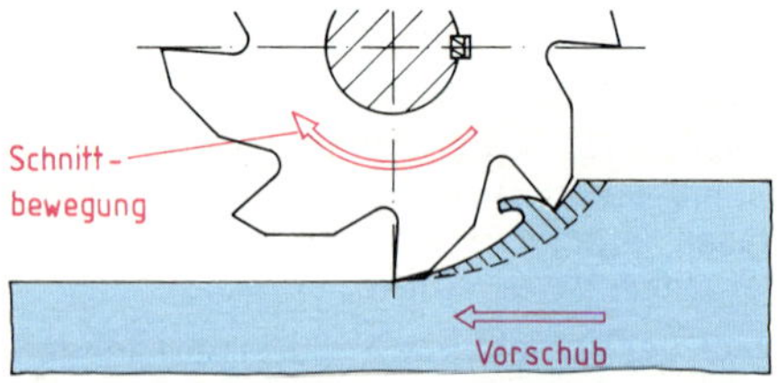

Gleichlauffräsen

Werkzeuge zum Fräsen

Für die Vielzahl unterschiedlicher Fräsarbeiten gibt es eine große Anzahl verschiedener Fräswerkzeuge.

Nach der **Art des Werkstoffs**, der durch Fräswerkzeuge zerspant werden soll, unterscheidet man verschiedene Frästertypen.

Die einzelnen Typen unterscheiden sich durch die Größe der Winkel an der Werkzeugschneide. Je härter der Werkstoff, desto größer ist der Keilwinkel und desto kleiner ist der Spanwinkel.

Auch die Anzahl der Zähne eines Fräsers hängt von dem zu bearbeitenden Werkstoff ab. Bei einem weichen Werkstoff kann ein großes Spanvolumen abgetragen werden. Es muß in den Zahnlücken Platz finden und darin abtransportiert werden. Durch die großen Zahnlücken wird aber die Anzahl der Zähne begrenzt, sodaß Fräser für weiche Werkstoffe an ihrer kleinen, Fräser für harte Werkstoffe an ihrer großen Zähnezahl zu erkennen sind.

Für harte Werkstoffe wählt man eine größere Anzahl von Schneiden als für weiche Werkstoffe.

Fräser-typ	Keil-winkel	Span-winkel	geeignet für
Typ W	klein	groß	weiche Werkstoffe z. B. Al. Kupfer
Typ N	mittel	mittel	Baustahl, Stahlguß
Typ H	groß	klein	harte Werkstoffe, z. B. Werkzeugstahl

Frästertypen

Je nach der zu erreichenden Werkstückform werden verschiedene Fräserformen eingesetzt:

Walzenfräser DIN 884 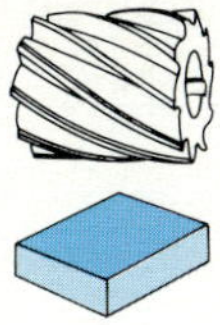 ebene Flächen	Walzenstirnfräser DIN 1880 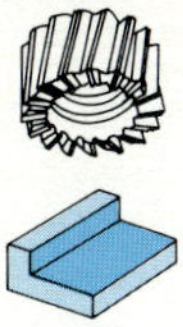 ebene Flächen	Scheibenfräser DIN 885 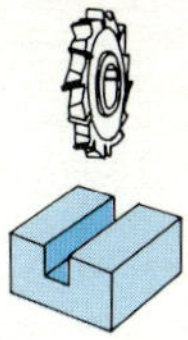 breite, tiefe Nuten	Nutenfräser DIN 1890  schmale, flache Nuten	Langlochfräser DIN 327 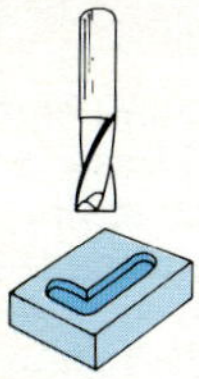 flache Langlöcher Keilnuten	Schaftfräser DIN 844 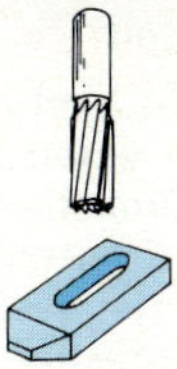 tiefe Nuten, durchgehende Langlöcher	T-Nutenfräser DIN 851  T-Nuten (DIN 650)	Gesenkfräser DIN 1889  Gesenke, Formen
Winkelstirnfräser DIN 842 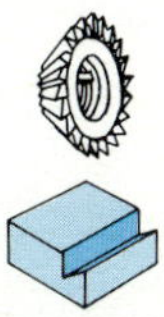 prismatische Führungen	Prismenfräser DIN 847 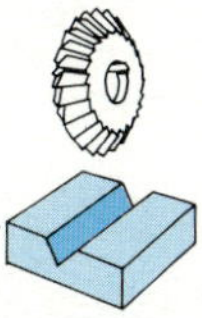 prismatische Führungen	Halbkreisformfräser konvex DIN 856 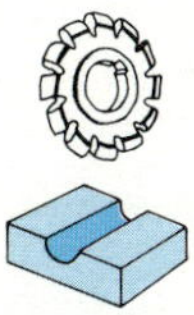 konkave Nuten	Halbkreisformfräser konkav DIN 855 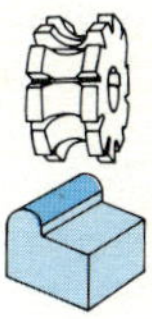 konvexe Anfräsungen	Kreissäge DIN 1838  schmale, tiefe Schlitze	Zahnformfräser (Satzfräser) 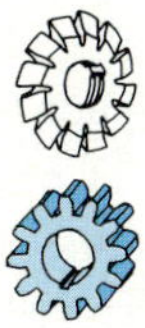 Zahnräder	Zahnformfräser (Abwälzfräser) 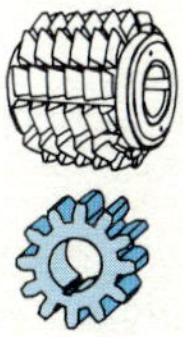 Zahnräder	Messerkopf 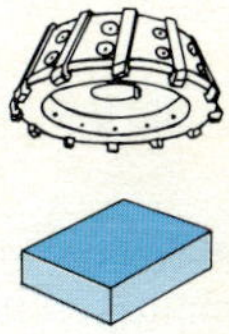 ebene Flächen

Schneidstoffe von Fräswerkzeugen

An Fräswerkzeuge werden wegen der hohen Arbeitsbelastungen besonders hohe Anforderungen gestellt. Als Schneidstoffe kommen deshalb, neben HSS, besonders Hartmetalle und Schneidkeramiken zum Einsatz.

Komplizierte Fräserformen und große Werkzeuge werden häufig aus HSS hergestellt. Durch Beschichten der Fräserzähne mit Titannitrid kann die Standzeit der Werkzeuge verlängert werden.

Hartmetallschneidplatten werden entweder auf den Werkzeuggrundkörper aufgelötet oder als **Wendeschneidplatten** aufgeschraubt bzw. geklemmt. Sie ermöglichen höhere Spanleistungen und haben eine längere Standzeit als Werkzeuge aus HSS.

Fräser mit Wendeschneidplatten

Spannen der Werkzeuge

Zum Spannen der Fräswerkzeuge benutzt man Spannfutter, Fräserdorne und Aufsteckfräserdorne. In der Regel werden diese kraftschlüssig durch Steilkegel, die im Innenkegel der Hauptspindel der Maschine sitzen, mitgenommen.

Spannfutter dienen zur Aufnahme von Fräsern mit Zylinderschaft, z. B. Schaftfräser.

Fräserdorne dienen zum Spannen von Walzenfräsern. Diese haben eine Bohrung mit Längsnut, sie werden über eine Paßfeder mitgenommen. Die gewünschte Lage zum Werkstück erreicht man durch das Einsetzen von Zwischenringen.

Aufsteckfräserdorne dienen zur Aufnahme von Aufsteckfräsern, die durch eine Längs- oder Quernutverbindung mitgenommen werden.

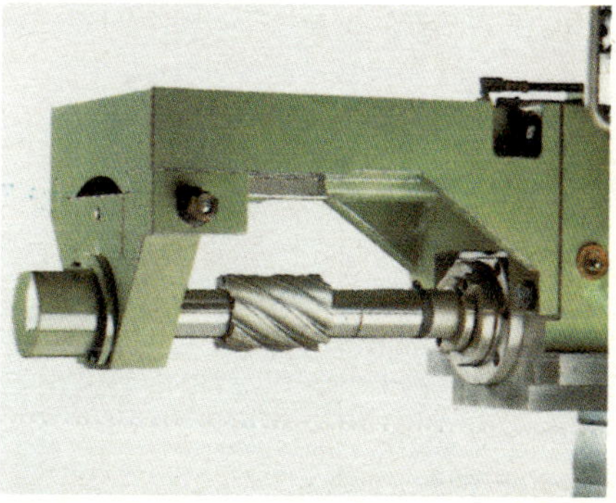

Spannen mit Fräserdorn

Beispiel einer Arbeitsplanung für das Fräsen

In eine Grundplatte aus St 42 soll eine Tasche mit den angegebenen Maßen eingefräst werden. Als Werkzeuge stehen verschiedene Langloch-, Schaft- und Stirnfräser aus HSS zur Verfügung.

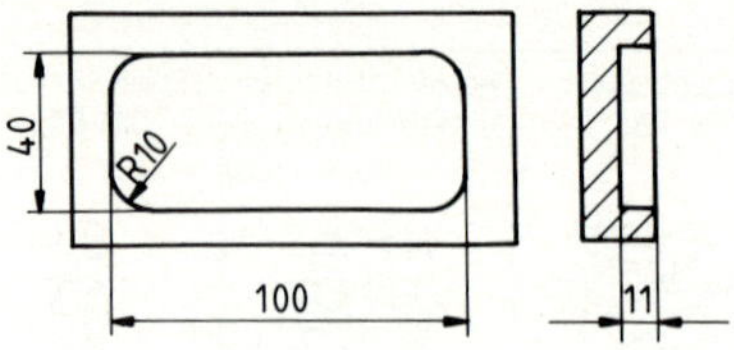

1. Festlegung der Eingangsgrößen

Als Werkzeug wählen wir für die Vorbearbeitung einen Langlochfräser, für die Feinbearbeitung einen Schaftfräser ∅ 20 mm aus HSS Type N (lt. Tabellen für normalharte Werkstoffe wie Baustahl, s. vorhergehende Seiten). Zur Erhöhung der Standzeit des Werkzeuges wird mit Kühlschmiermittel gearbeitet.
Mit Hilfe der Tabelle aus Grundstufe Kap. 2.9.7 erhalten wir die Werte für die wichtigsten Zerspanungsgrößen:

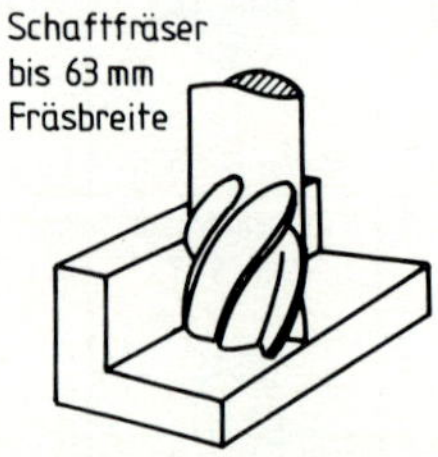

	Vorbearbeitung („Schruppen")	Feinbearbeitung („Schlichten")
v_c	16 . . . 18 m/min	22 . . . 40 m/min
v_f	60 . . . 100 mm/min	40 . . . 70 mm/min

Für die Schnittiefe a_p gelten folgende Richtwerte:

a_p	2 . . . 8 mm	ca. 1 mm

Schneidstoff HSS		
v_c $\frac{\text{m}}{\text{min}}$	v_f $\frac{\text{mm}}{\text{min}}$	f_z $\frac{\text{mm}}{\text{Zahn}}$
16 . . . 18	60 . . . 100	0,06
22 . . . 40	40 . . . 70	0,02

Bei kreisförmigen Schnittbewegungen wird anhand der festgelegten Schnittgeschwindigkeit die an der Werkzeugmaschine einzustellende Umdrehungsfrequenz ermittelt.

In diesem Beispiel: $v_c = \frac{d \cdot \pi \cdot n}{1000}$ $n = \frac{1000 \cdot v_c}{d \cdot \pi}$

Vorbearbeitung: $n = \frac{1000 \cdot 16 \text{ m/min}}{20 \cdot \pi}$ $n = 318$ 1/min

Feinbearbeitung: $n = \frac{1000 \cdot 22 \text{ m/min}}{20 \cdot \pi}$ $n = 350$ 1/min

Die Umdrehungsfrequenzen sind je nach Stufung des Hauptgetriebes an der Fräsmaschine einzustellen.

2. Aufstellen eines Arbeitsplanes

Als letztes erfolgt die Festlegung der Arbeitsschritte.

Arbeitsgang	Arbeitswerte (lt. Berechnung und Tabelle)		
Außenbearbeitung des Werkstückes	Vorschubgeschwindigkeit v_f in mm/min	Schnittgeschwindigkeit v_c in m/min	Umdrehungsfrequenz n in 1/min
Einspannen in den Maschinenschraubstock			
Viermaliges Vorbearbeiten der Tasche mit einer Schnittiefe a_p = 2,5 mm	60	16	318
Feinbearbeiten mit einer Schnitttiefe a_p = 1 mm	40	22	350
Entgraten und ausspannen			

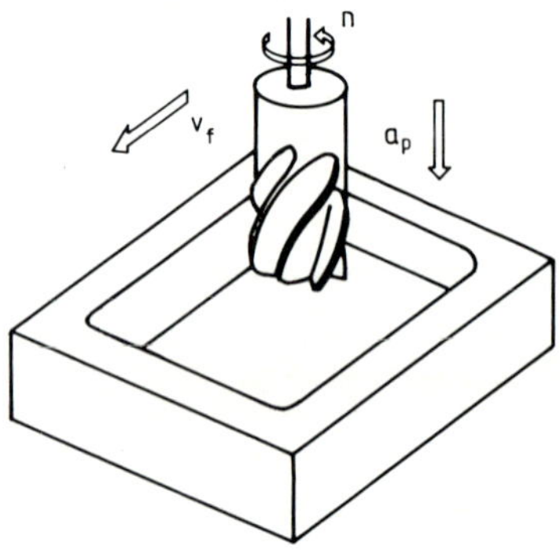

Aufgaben zur Wiederholung und Vertiefung

1. Unterscheiden Sie die verschiedenen Arbeitsbewegungen an der Fräsmaschine!
2. Nennen Sie Einsatzbeispiele für das Fertigungsverfahren Fräsen!
3. Unterscheiden Sie Möglichkeiten, den Vorschub beim Fräsen anzugeben!
4. Bei einer Fräsarbeit liegen folgende Schnittwerte vor:
Fräserdurchmesser d = 120 mm, Umdrehungsfrequenz n = 220 1/min, Zähnezahl z = 8, f_z = 0,05 mm.
Berechnen Sie die Schnittgeschwindigkeit in m/min und den Vorschub!

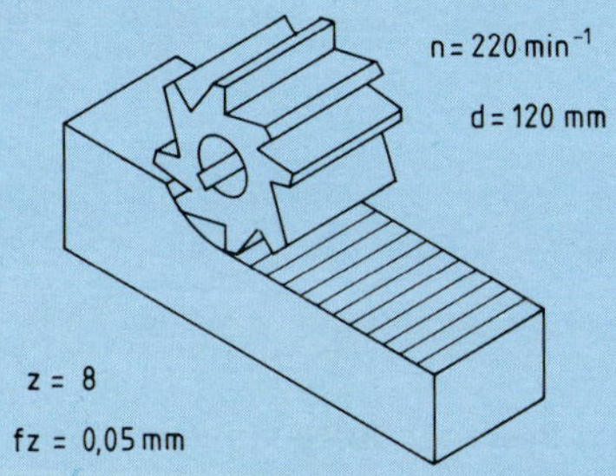

5. Unterscheiden Sie die Fräsverfahren
a) nach Lage der Hauptspindel zur Werkstückoberfläche
b) nach der Art des Vorschubs
c) nach der Art des Zusammenwirkens zwischen Schnitt- und Vorschubbewegung.
Nennen Sie geeignete Fräswerkzeuge für jedes Fräsverfahren!
6. Unterscheiden Sie zwischen Gleichlauf- und Gegenlauffräsen!
7. Welche Frästypen unterscheidet man?

8. Ein Werkstück aus Gußeisen soll mit einem Fräser d = 120 mm aus HSS durch Stirnfräsen geschruppt werden.
Bestimmen Sie mit Hilfe von Tabellen und Berechnungen
a) die Schnittgeschwindigkeit
b) die einzustellende Umdrehungsfrequenz
c) den Vorschub
d) die Schnittiefe
e) ein geeignetes Werkzeug
f) den geeigneten Werkzeugtyp!

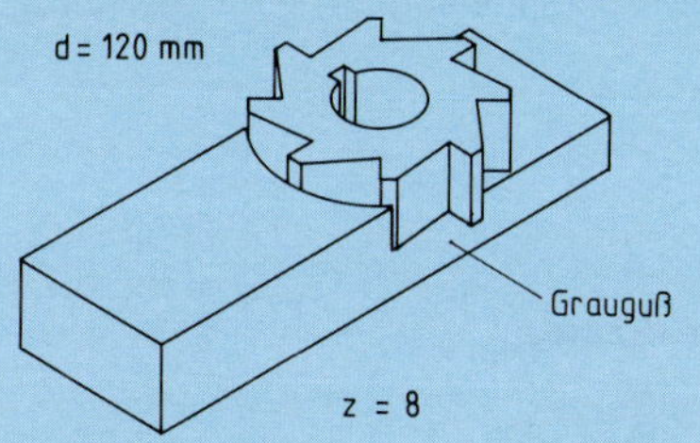

9. Welche Ausgangskenngrößen werden jeweils durch die nachfolgenden Eingangskenngrößen des Fräsvorganges beeinflußt?
- Schnittgeschwindigkeit
- Gleichlauf- / Gegenlauffräsen
- Vorschubgeschwindigkeit
- HSS – Werkzeuge / hartmetallbestückte Werkzeuge
- Werkstoffe des Werkstücks.

2.1.4 Schleiftechnik

Das Schleifen ist ein spanendes Fertigungsverfahren mit **geometrisch unbestimmten Schneiden**. Die harten Schleifkörner sind mit Hilfe eines Bindemittels in den Schleifkörper eingebunden und bilden eine große Anzahl keilförmiger Schneiden.

Die wesentlichen Vorteile des Schleifens gegenüber anderen Fertigungsverfahren sind:

- es können harte und schwer zerspanbare Werkstoffe bearbeitet werden
- die geschliffenen Werkstücke erreichen eine hohe Oberflächengüte.

Werkzeugschleifmaschine

Deshalb wird das Schleifen in der Metalltechnik hauptsächlich in folgenden Bereichen angewendet:

- Endbearbeitung von Werkstücken mit hoher Oberflächengüte und Maßgenauigkeit
- Schärfen von Schneidwerkzeugen
- Trennarbeiten.

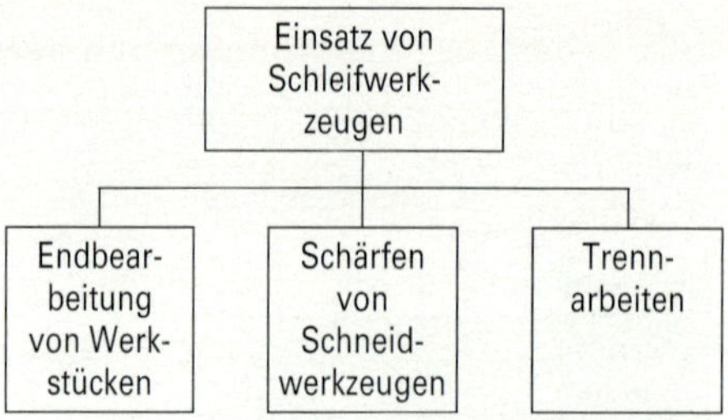

Die Schnittbewegung beim Schleifen ist kreisförmig und wird vom Werkzeug ausgeführt. Abhängig vom Schleifverfahren werden Vorschub- bzw. Zustellbewegung vom Werkzeug oder vom Werkstück ausgeführt.

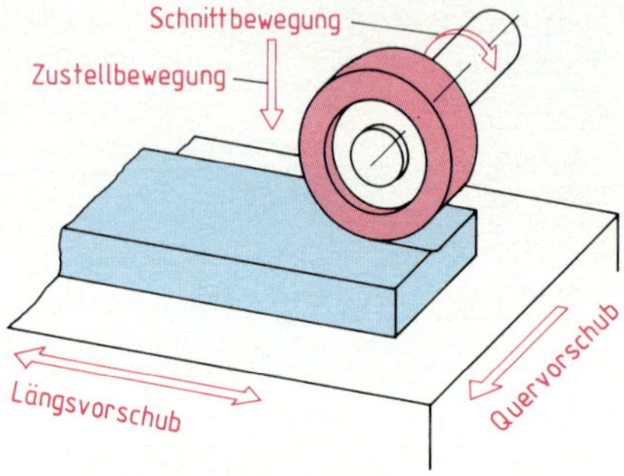

Bewegungen beim Schleifen

Schleifwerkzeuge

- Schleifmittel

Die Schleifkörner, die in den zu zerspanenden Werkstoff eindringen und Späne heraustrennen sollen, bestehen aus dem harten Schleifmittel, das stets härter sein muß als der zu bearbeitende Werkstoff. Man unterscheidet **natürliche** und **künstliche Schleifmittel**. Natürliche Schleifmittel sind z. B. Diamant und Schmirgel. Wesentlich weiter verbreitet sind die künstlichen Schleifmittel, die entweder im Elektroofen erschmolzen werden (Siliciumcarbid, Elektrokorund) oder als künstlicher Diamant hergestellt werden.

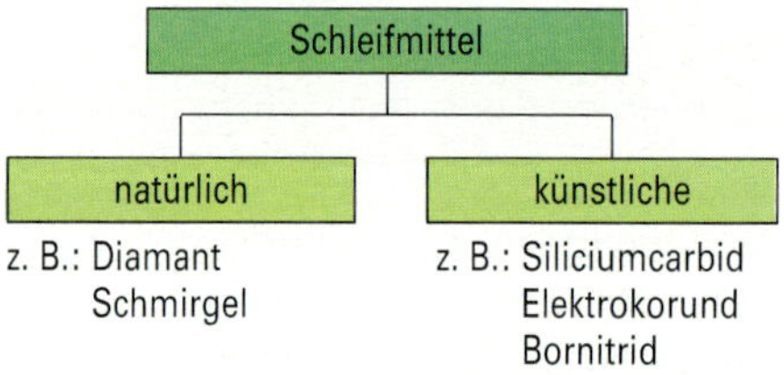

Schleifmittel	Zeichen	Verwendung
Normalkorund AL O	A	Baustahl, Temperguß, mittelzähe Werkstoffe
Edelkorund Al O	A	gehärtete Stähle, Stähle mit hoher Festigkeit
Bornitrid BN	CBN	Stähle von hoher Härte, z. B. HSS
Siliciumkarbid Si C	C	Hartguß, Messing, keramische Werkstoffe, Hartmetalle
Diamant C	D	Hartmetalle, Glas, Keramik

Die Auswahl des Schleifmittels richtet sich nach dem zu bearbeitenden Werkstoff.

Bezeichnung	Korngröße	Körnungsnummer	Bearbeitungsart
grob	0,5–2,5	10 .. 35	Schruppen
mittel	0,3–0,16	45 .. 80	Schruppen
fein	0,16–0,05	90 ..180	Feinschleifen
sehr fein	0,07–0,003	200 – 1200	Feinstschleifen

- Körnung

Die **Größe eines Schleifkorns** wird mit der Körnung angegeben. Nach der Herstellung der Schleifkörner werden diese gesiebt. Die Körnung wird nach der Anzahl der Lochmaschen pro inch (engl. Längenmaß, 1 inch = 25,4 mm) angegeben. Eine hohe Maschenzahl gibt eine feine Körnung an, umgekehrt eine kleine Maschenzahl eine grobe Körnung. Eine grobe Körnung wird dann gewählt, wenn ein großes Spanvolumen abgetragen oder ein weicher Werkstoff bearbeitet werden soll; mit einer feinen Körnung kann eine hohe Oberflächengüte bei kleinem Spanvolumen erzielt werden.

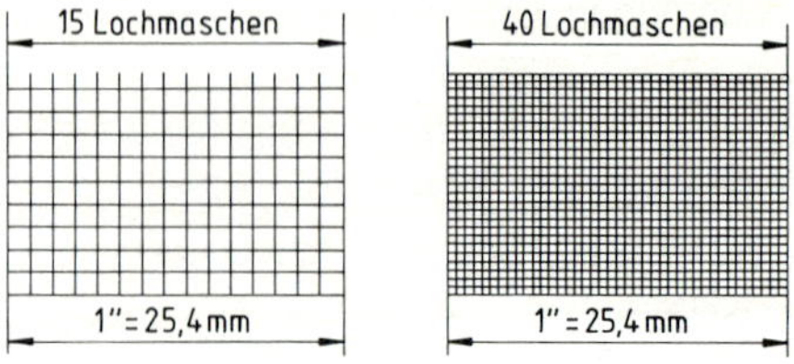

Körnung

- Bindung

Die harten Schleifkörner werden durch ein weicheres Bindemittel in der erwünschten Form zusammengehalten. Durch die geeignete Wahl der Bindung können die Eigenschaften der Schleifscheibe entscheidend beeinflußt werden.

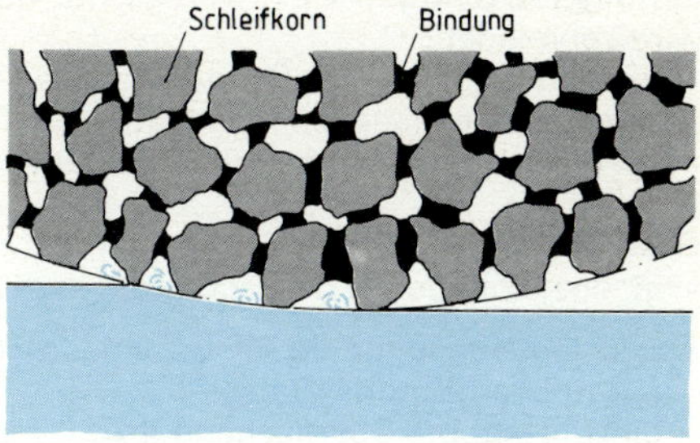

Bindung von Schleifkörnern

Bindung	Zeichen	Kennzeichen	Verwendung
keramische Bindung	V	spröde, porös, unempfindlich gegen Öl, Wärme, Wasser	maschinelle Schleifverfahren alle Werkstoffe
Kunstharzbindung	B	elastisch, fest, unempfindlich gegen Stöße	Trenn-Profil Feinstschleifen
Kunstharzbindung faserverstärkt	BF	zäh, elastisch, hohe Umfangsgeschwindigkeit	Trennscheiben
Metallbindung		sehr fest, unempfindlich gegen Druck und Wärme	Diamantscheiben

- Härte

Als Härte einer Schleifscheibe bezeichnet man die Widerstandskraft, die das Bindemittel dem Ausbrechen eines Schleifkorns entgegensetzt. Die Kraft wird **Kornhaltekraft** genannt.

Als Härtegrad eines Schleifkörpers gilt die Kornhaltekraft und nicht die Härte der Schleifkörper selbst. Beim Schleifvorgang stumpfen die Schleifkörner ab, die Zerspanungskräfte werden größer. Die Härte einer Schleifscheibe muß so gewählt werden, daß diese stumpfen Körner aus dem Gefüge ausbrechen und neue, scharfe Körner zum Eingriff kommen.

Die Härte der Schleifkörner wird durch Großbuchstaben gekennzeichnet.

Kennbuchstabe der Härte	Bezeichnung der Scheibe	Einsatzbeispiele
A...D	äußerst weich	Schleifen harter Werkstoffe
E...K	weich	Metallschleifen
L...O	mittel	Metallschleifen
P...Z	hart äußerst hart	Schleifen weicher und sehr weicher Werkstoffe

Härte von Schleifscheiben

Bei der Bearbeitung von **harten Werkstoffen** werden die Schleifkörner schnell stumpf. Damit diese schnell ausbrechen und neuen Schleifkörnern Platz machen, muß eine **weiche Bindung** gewählt werden.

Bei **weichen Werkstoffen** ist der Verschleiß geringer, die Körner werden langsamer stumpf. Daher kann die **Härte der Schleifscheibe größer** sein.

Harte Werkstücke .... weiche Scheiben
weiche Werkstücke.... harte Scheiben

- Gefüge

Eine weitere wichtige Größe zur Beschreibung der Werkzeugbeschaffenheit ist das Gefüge.

Mit Gefüge bezeichnet man die räumliche Verteilung von Körnern und Bindemittel sowie der eingeschlossenen Poren.

Die **Poren** haben die Aufgabe, die beim Zerspanen entstehenden Späne aufzunehmen und abzutransportieren. Die Poren müssen also mindestens so groß sein, daß sie die anfallenden Späne aufnehmen können.

Ein Gefüge mit kleinen Poren bezeichnet man als **dichtes Gefüge**. Es wird verwendet
- zum Abtragen geringen Spanvolumens
- zum Schleifen kurzspanender Werkstoffe
- bei kleineren Vorschüben.

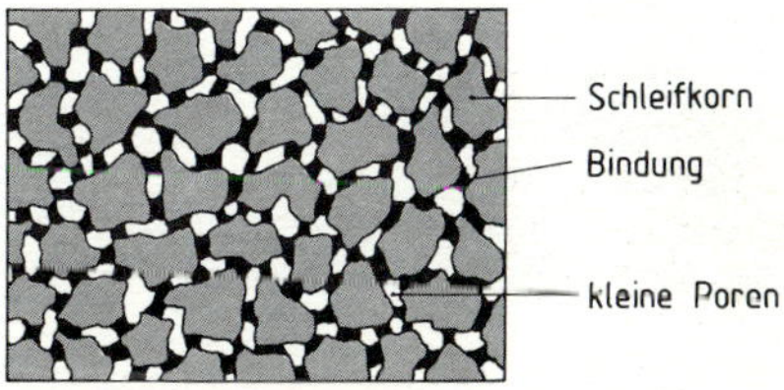

Dichtes Gefüge

Ein **offenes Gefüge** ist ein Gefüge mit hohem Porenanteil. Dieses wird verwendet
- zum Abtragen großen Spanvolumens
- zum Schleifen langspanender Werkstoffe
- bei großen Vorschüben und Zustellungen.

Gekennzeichnet wird das Gefüge durch Kennziffern; je größer diese sind, desto offener ist das Gefüge.

Ausschlaggebend für die **Auswahl des Gefüges** ist
- der zu bearbeitende Werkstoff
- die angestrebte Oberflächengüte
- die geforderte Spanleistung.

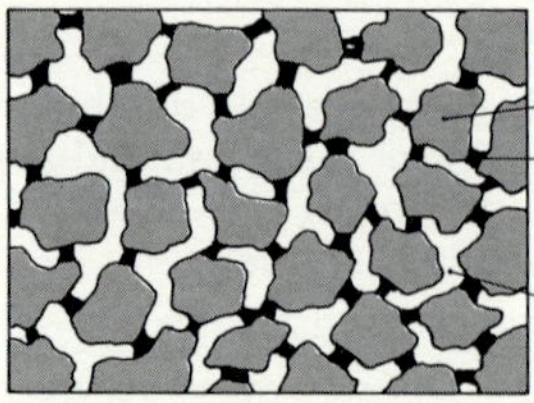

Offenes Gefüge

Je größer die Kennziffer, desto offener ist das Gefüge.

- Formen und Verwendungszweck

Die vielseitigen Arbeitsaufgaben der Schleifscheiben erfordern eine Vielzahl von verschiedenen Schleifkörpern, die sich in ihren Formen und Abmessungen unterscheiden. Die wichtigsten Grundformen sind:

Gerade Schleifscheibe

Diese Schleifscheiben eignen sich für eine Vielzahl von Schleifarbeiten: z. B. Flachschleifen, Werkzeugschleifen, Rundschleifen und Trennschleifen.

Topfschleifscheiben, Tellerschleifscheiben

Diese Scheibenform findet Verwendung beim Scharfschleifen von Trennwerkzeugen. Sie werden in ihrer Form den zu schleifenden Flächen an den Werkzeugen angepaßt.

Schleifstifte

Schleifstifte finden ihre Anwendung besonders bei der Fertigbearbeitung von Innen- und Außenkonturen im Werkzeug- und Formenbau. Zumeist werden sie in eine Handschleifmaschine eingespannt; sie sind daher sehr vielseitig einzusetzen.

Schleifsegmente

Segmentschleifscheiben dienen zur Bearbeitung großer Flächen mit hoher Spanleistung.

Schleifstifte
z. B. Fertigbearbeitung von Innen- und Außenkonturen

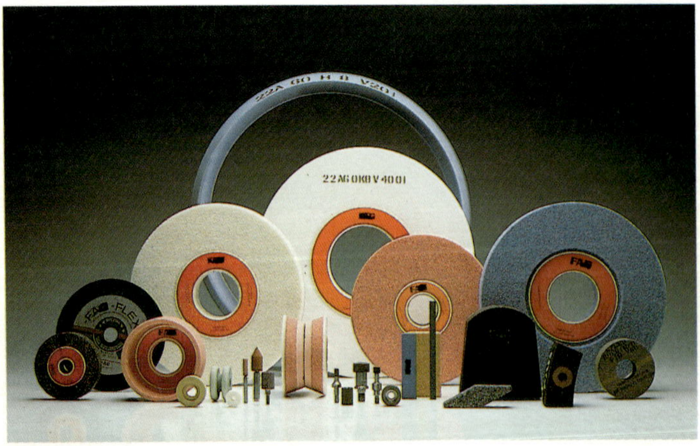

Zusammenstellung von Schleifwerkzeugen

Topfschleifscheiben
z. B.: zum Scharfschleifen von Trennwerkzeugen

- Zulässige Umfangsgeschwindigkeiten

Die Umfangsgeschwindigkeit einer Schleifscheibe entspricht der Schnittgeschwindigkeit v_c. Beim Schleifen wird mit wesentlich höheren Schnittgeschwindigkeiten als beim Drehen oder Fräsen gearbeitet, deshalb wird die Schnittgeschwindigkeit in m/s angegeben. Sie kann aus Tabellen ermittelt werden; sie liegt beim Flachschleifen zwischen 25 m/s und 35 m/s für Stahl. Die zulässige Umfangsgeschwindigkeit einer Schleifscheibe wird in der Schleifscheibenbezeichnung mit angegeben. Scheiben mit erhöhter Umfangsgeschwindigkeit sind zusätzlich farblich gekennzeichnet.

Werkstoff	Rundschleifen	Flachschleifen
Stahl	20...40 m/s	25...35 m/s
Messing	20...35 m/s	25...30 m/s
Gußeisen	20...30 m/s	20...30 m/s

Richtwerte für Schnittgeschwindigkeiten

- Benennung von Schleifscheiben

Die Bezeichnung einer Schleifscheibe geschieht durch die Angabe der genormten Einflußgrößen wie Schleifmittel, Härte, Bindung usw. durch Kennbuchstaben oder -zahlen.

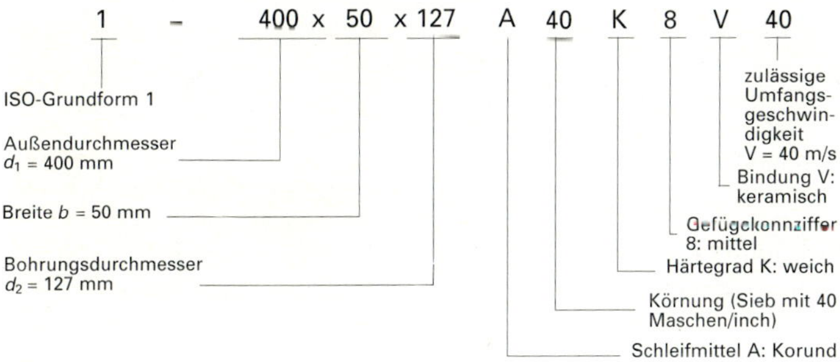

Benennung von Schleifscheiben

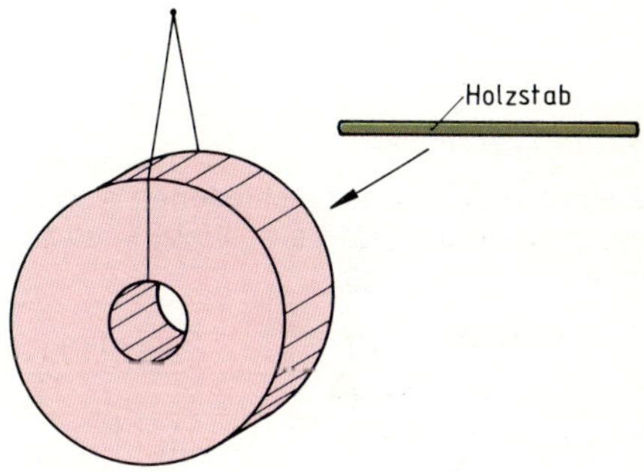

Klangprobe

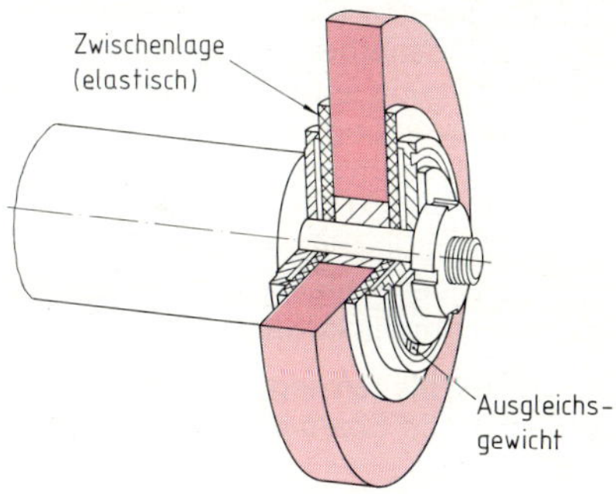

Aufspannen einer Schleifscheibe

- Prüfen, Aufspannen und Auswuchten der Schleifscheiben

Das Arbeiten mit Schleifscheiben ist wegen der großen Umfangsgeschwindigkeiten gefährlich. Daher sind beim Wechsel der Schleifscheiben die Vorschriften der Unfallverhütungsvorschriften genau einzuhalten:

Klangprobe des Schleifkörpers vor dem Aufspannen. Die Schleifscheibe wird dazu in der Bohrung gehalten und mit einem Holzstab angeschlagen. Wenn die Schleifscheibe rißfrei ist, so gibt sie einen klaren Klang ab.

Das **Spannen auf der Schleifspindel** geschieht zwischen Flanschen mit Zwischenlagen. Diese nehmen Biegekräfte auf und verhindern, daß auf die Schleifscheibe Biegekräfte wirken.

Das **Auswuchten** der Schleifscheiben geschieht mit Hilfe von Ausgleichsgewichten (statisches Auswuchten). Bei besonders hohen Umdrehungsfrequenzen ist ein Auswuchten bei voller Umdrehungsfrequenz erforderlich. Man nennt dieses Auswuchtverfahren dynamisches Auswuchten.

Vor dem Werkstatteinsatz soll die neue Scheibe bei voller Umfangsgeschwindigkeit mindestens fünf Minuten **probelaufen**.

Beim Schleifen muß immer eine Schutzbrille getragen werden.

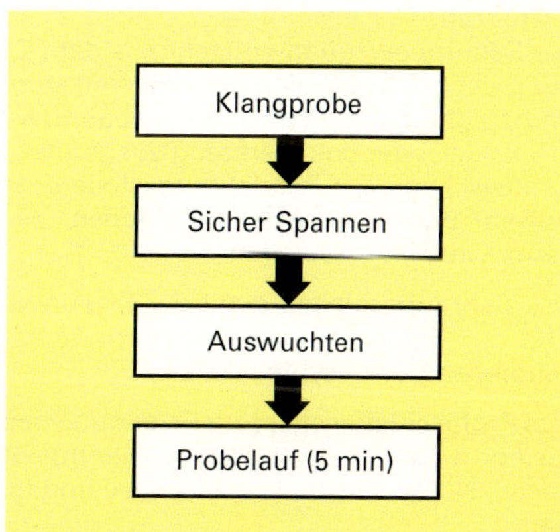

- Abrichten von Schleifscheiben

Bei längerem Gebrauch nutzen die Schleifscheiben ab, die für die Spanabfuhr notwendigen Poren setzen sich zu und die Schleifkörner werden stumpf. Daher ist es erforderlich, die Scheiben von Zeit zu Zeit so zu bearbeiten, daß die Schleiffläche wieder rund und formgenau ist und scharfe Schleifkörner freigesetzt werden. Dieser Vorgang wird als **Abrichten** bezeichnet. Die zum Abrichten benutzten Werkzeuge tragen das Bindemittel ab und legen damit neue, scharfe Schleifkörner frei. Für das besonders genaue Abrichten von Schleifscheiben benutzt man Einzeldiamanten oder Rollen, die mit Diamanten bestückt sind.

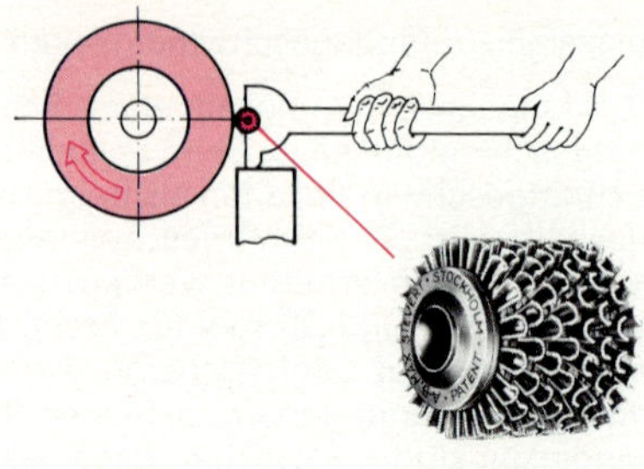

Abrichten von Schleifscheiben

Schleifverfahren

Die große Zahl von verschiedenen Werkstück- und Werkzeugformen hat dazu geführt, daß eine Vielzahl von Schleifverfahren entwickelt wurde.

Schleifen

- Planschleifen
- Rundschleifen
- Schraubschleifen
- Profilschleifen
- Wälzschleifen
- Formschleifen

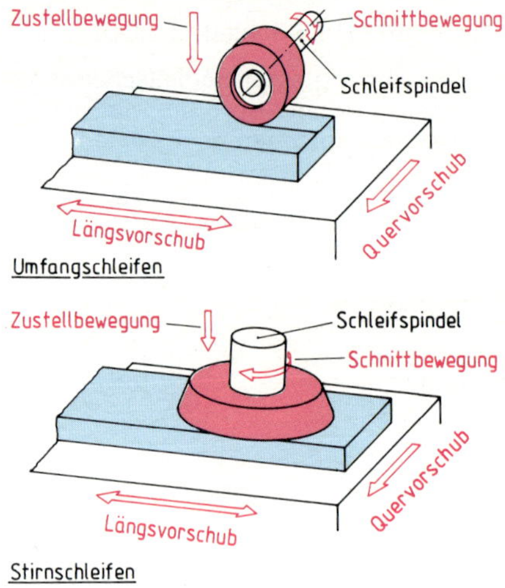

Planschleifen

Das **Planschleifen (Flachschleifen)** dient zur Erzeugung ebener Flächen. Die Schnittbewegung wird vom Werkzeug ausgeführt, die Zustellbewegung entweder vom Werkzeug oder vom Werkstück, die Vorschubbewegung zumeist vom Werkstück. Die Verfahren des Flachschleifens unterscheidet man noch nach der Lage der Schleifspindel zur Werkstückoberfläche. Liegt die Schleifspindel parallel zur Werkstückoberfläche (waagerecht), so wird der Span an der Umfangsfläche der Schleifscheibe abgenommen. In diesem Falle spricht man vom **Umfangsschleifen**.

Beim **Stirnschleifen** liegt die Schleifspindel senkrecht zur Werkstückoberfläche, die Spanabnahme erfolgt mit der Stirnseite des Werkzeugs.

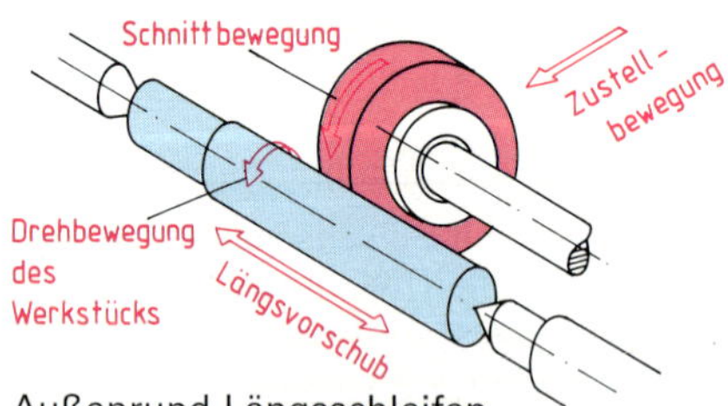

Außenrund-Längsschleifen

Das **Rundschleifen** dient zur Bearbeitung von Werkstücken mit kreisförmigem Querschnitt. Die Werkstücke werden so gespannt, daß sie eine zusätzliche Drehbewegung gegenüber der Schnittbewegung ausführen.
Die Schnittbewegung entsteht aus dem Zusammenwirken der Drehung der Schleifscheibe und des Werkstückes. Die Zustellbewegung und die geradlinige Vorschubbewegung werden entweder durch das Werkstück oder das Werkzeug ausgeführt.
Je nach Lage der Bearbeitungsstelle unterscheidet man noch das **Außen- und das Innenrundschleifen**, nach der Vorschubrichtung **Längs- und Querschleifen**.

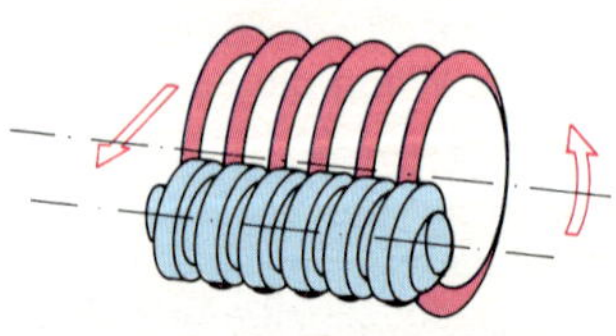

Außen-Schraub-Querschleifen

Das **Schraubschleifen** dient der Erzeugung von Schraubenflächen, z. B. das Schleifen von Gewinden. Zumeist haben die Werkzeuge schon das gewünschte Profil.

Das **Profilschleifen** dient zur Erzeugung beliebiger Flächen, die durch die Form des Profilwerkzeugs bestimmt werden. Damit können z. B. Fasen, Nuten und Einstiche schnell und formgenau hergestellt werden.

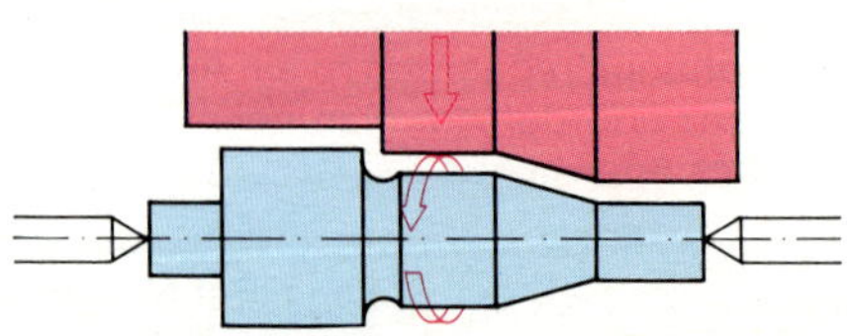

Quer-Profilschleifen

Beim **Wälzschleifen** werden beliebige Flächen mit Hilfe eines Profilwerkzeugs im Abwälzverfahren erzeugt, d. h. das Werkstück führt zusätzlich zur Bewegung des Werkzeugs eine Drehbewegung aus.

Das **Formschleifen** erlaubt die Erzeugung von Formflächen durch Steuerung der Schnittbewegung, z. B. durch Nockenscheiben oder numerische Steuerung.

Das **Schleifen von Hand** wird zumeist beim Schärfen von Drehmeißeln und einfachen Bohrern angewendet. Als Schleifmaschine dient in der Regel die Ständerschleifmaschine (Schleifbock). Für Werkzeugstähle benutzt man Schleifscheiben aus Korund, für Hartmetall Scheiben aus Siliciumcarbid. Die Vorschriften der UVV sind beim Schleifen von Hand besonders zu beachten.

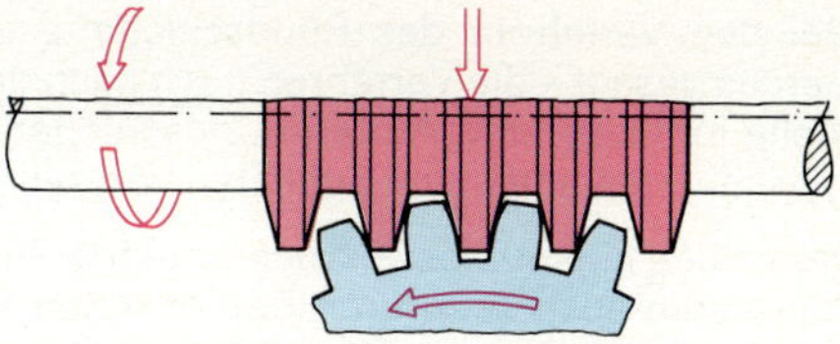

Wälzschleifen

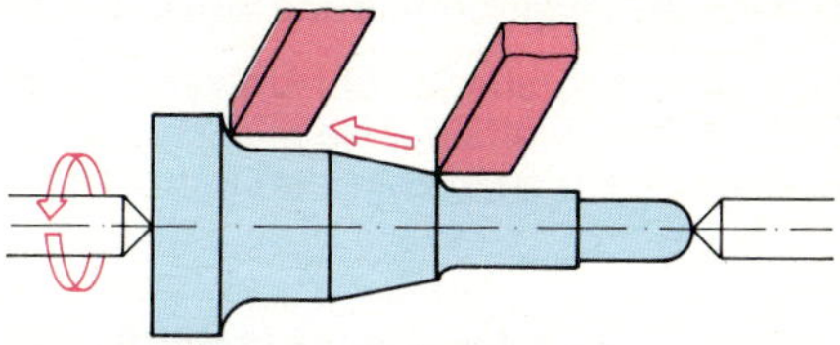

Formschleifen durch Steuerung der Schnittbewegung

Schleifmaschinen

Die Vielzahl der verschiedenen Schleifverfahren erfordert eine große Zahl von verschiedenen Schleifmaschinen, die jedoch in Arbeitsweise und Aufbau einander ähneln.

Die Flachschleifmaschine dient zur Bearbeitung planparalleler Werkstücke. Die Arbeitsspindel der Maschinen liegt zumeist horizontal, so daß die Spanabnahme an der Umfangsfläche des Werkzeugs erfolgt (Umfangsschleifen). Bei Maschinen, deren Arbeitsspindel senkrecht angeordnet ist, erfolgt die Spanabnahme an der Stirnseite des Werkzeugs (Stirnschleifen).

Schleifmaschinen haben die gleichen Funktionseinheiten wie Dreh- oder Fräsmaschinen.

Die **Antriebseinheit** ist ein Elektromotor, der die elektrische Energie möglichst schwingungsarm in Bewegungsenergie umwandeln soll.

Die Bewegungsenergie wird über eine **Energieübertragungseinheit** auf die **Arbeitseinheit**, die Schleifspindel, übertragen. An die Schleifspindel und deren Lagerung werden hohe Anforderungen hinsichtlich der Steifigkeit und Rundlaufgenauigkeit gestellt, weil hiervon die erreichte Oberflächengüte und Maßgenauigkeit des Werkstücks sehr stark abhängen.

Die Vorschubantriebe werden elektrisch oder hydraulisch ausgeführt; die Geschwindigkeit ist zumeist stufenlos verstellbar. Von großer Wichtigkeit ist hier ebenfalls eine große Laufruhe und eine gleichförmige Bewegung.

Um die Zerspankräfte auffangen zu können, müssen die **Stütz- und Trageeinheiten** der Maschine entsprechend stabil ausgeführt werden. Schwingungsdämpfende Maßnahmen beeinflussen die Ausgangskenngrößen positiv. Die Schlittenführungen werden wegen der hohen Anforderungen oftmals als hydrostatische Führungen ausgelegt. Die Werkstücke werden durch Magnetkraft gespannt.

Da beim Schleifen stets mit Kühlschmiermittel gearbeitet wird, sind Schleifmaschinen mit einer automatischen Kühlschmiermittelzufuhr ausgestattet.

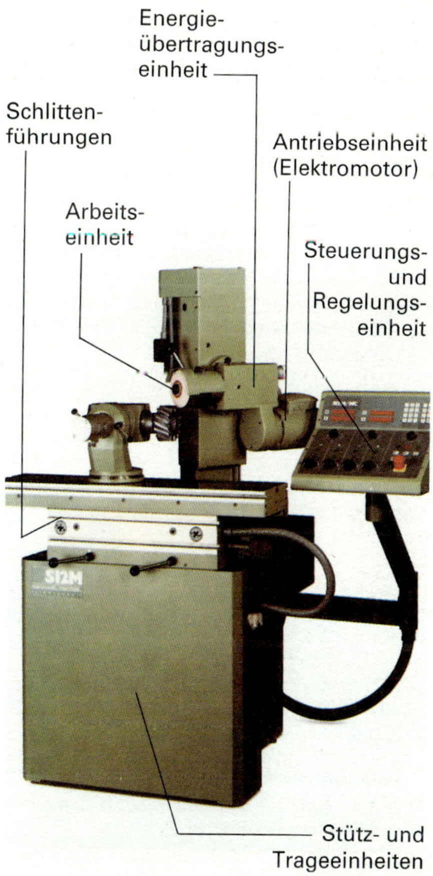

Funktionseinheiten der Universalschleifmaschine

Bei den Verfahren des Rundschleifens unterscheidet man – wie bereits gesagt – die Verfahren noch nach der Lage der Bearbeitungsstelle in Innen- und Außen-Rundschleifen. Die Außen-Rundschleifmaschinen dienen zum Schleifen von zylindrischen Werkstücken.

Durch den Einsatz der Mikrocomputertechnik können Schleifmaschinen heute auch schon mit numerischen Steuerungen ausgestattet werden, die einen größtenteils automatisierten Fertigungsablauf ermöglichen. Die Programmierung dieser CNC-Schleifmaschinen ist ähnlich der Programmierung von CNC-Drehmaschinen.

Winkelschleifer

Sehr weit verbreitet ist der **Universal-Winkelschleifer**. Seine Aufgaben sind sehr vielfältig; sie reichen vom Entgraten von Werkstücken über das Trennen bis hin zum Entrosten von Werkstücken.

Ständerschleifmaschine (Schleifbock)

Die **Ständerschleifmaschine (Schleifbock)** dient in erster Linie dazu, Werkzeuge von Hand zu schärfen. Dies geschieht durch Auflegen des Werkzeugs auf die verstellbare Auflage an der Maschine und Andrücken des Werkzeugs an die Schleifscheibe. Zu beachten sind beim Schleifen von Hand die Unfallverhütungsvorschriften, insbesondere muß beim Schleifen immer eine Schutzbrille getragen werden.

Für besondere Fertigungsaufgaben gibt es noch eine Vielzahl von Sonderschleifmaschinen, so z. B. **Werkzeugschleifmaschinen**, Koordinatenschleifmaschinen und Gewindeschleifmaschinen.

Werkzeugschleifmaschinen

Aufgaben zur Wiederholung und Vertiefung

1. Unterscheiden Sie die verschiedenen Arbeitsbewegungen an der Schleifmaschine!
2. Nennen sie Einsatzbeispiele für das Fertigungsverfahren Schleifen!
3. Unterscheiden Sie das Fertigungsverfahren Schleifen vom Drehen und Fräsen!
4. Wie werden die Schleifmittel eingeteilt? Nennen Sie jeweils zwei Beispiele!
5. Was versteht man unter der Bindung einer Schleifscheibe?
6. Erläutern Sie, was man unter der Härte einer Schleifscheibe versteht! In welchem Zusammenhang steht die Wahl der Härte einer Schleifscheibe zur Härte des zu bearbeitenden Werkstoffs?
7. Eine Schleifscheibe trägt folgende Benennung:
1 – 200 x 30 x 127 A 50 P 10 V 45
Erläutern Sie diese Bezeichnung!
8. Welche Sicherheitsvorkehrungen sind beim Aufspannen einer neuen Schleifscheibe zu beachten?
9. Unterscheiden Sie die verschiedenen Schleifverfahren und nennen Sie Einsatzbeispiele dazu!
10. Welche Unfallverhütungsvorschriften sind beim Schleifen zu beachten?

2.2 CNC-Zerspanungstechnik

2.2.1 Historische Entwicklung von CNC-Werkzeugmaschinen

Mit der Inbetriebnahme der ersten numerischgesteuerten Werkzeugmaschine in den USA im Jahre 1952 erfolgte auf dem Werkzeugmaschinenmarkt ein entscheidender Umbruch, der sich zur Zeit mit den CNC-Werkzeugmaschinen fortsetzt.

CNC-Maschinen sind numerisch, d. h. zahlenwertgesteuerte Maschinen. Die Abkürzung NC leitet sich von numerical control ab. CNC bedeutet **c**omputerized **n**umerical **c**ontrol. CNC-Maschinen werden durch Mikrocomputer gesteuert.

CNC-Werkzeugmaschine

Bei den NC-Maschinen wurden die Informationen mittels Lochkarten eingegeben. Später erfolgte die Eingabe über Lochstreifen und heute über eine Tastatur direkt an die Maschine.

Durch die Entwicklung des Mikrocomputers und seinen Einsatz im Rechner der Werkzeugmaschine konnten die Funktionen der NC-Maschinen wesentlich erweitert und verbessert werden. Die in den heutigen Werkzeugmaschinen verwendeten Rechner haben eine wesentlich höhere Speicherkapazität und vereinfachen damit das Programmieren. Weiterhin wird es dadurch möglich, die Anzahl der Steuerungs- und Überwachungsbefehle zu erhöhen. Außerdem können Zusatzbefehle berücksichtigt werden.

In CNC-Werkzeugmaschinen werden alle Angaben, die die äußere Form des Werkstücks betreffen (geometrische Informationen) sowie alle Befehle, die die Bearbeitung steuern (technologische und Zusatzinformationen) von einem Rechner ausgeführt und überwacht.

Hard- und Software der CNC-Werkzeugmaschinen wurden in den letzten Jahren soweit verbessert, daß die Eingabe der Daten sowohl im Dialogverfahren (Rechner fordert den Bediener zu einer bestimmten Eingabe auf) als auch über ein Programm (Eingabe von Hand, Lochstreifen, Magnetband etc.) erfolgen kann.

Hardware sind die festverschalteten Bauteile, z. B. Rechner und Werkzeugmaschine.
Software sind die im Programm enthaltenen Anweisungen zum Fertigungsablauf.

Die gleichzeitige Entwicklung im Werkzeugbereich (pulvermetallurgische Werkstoffe wurden verbessert, Beschichtungstechnik etc.) ermöglichte den Einsatz der CNC-Werkzeugmaschinen in vielen Bereichen der Technik und der spanenden Fertigung.

Die gleichzeitige Werkzeugüberwachung erhöht nicht nur die Präzision der gefertigten Teile und die Oberflächengüte, sie trägt auch zu höherer Wirtschaftlichkeit bei.

CNC-Werkzeugmaschinen werden wegen ihrer hohen Präzision und der Reproduzierbarkeit zunehmend in der Einzelfertigung eingesetzt.

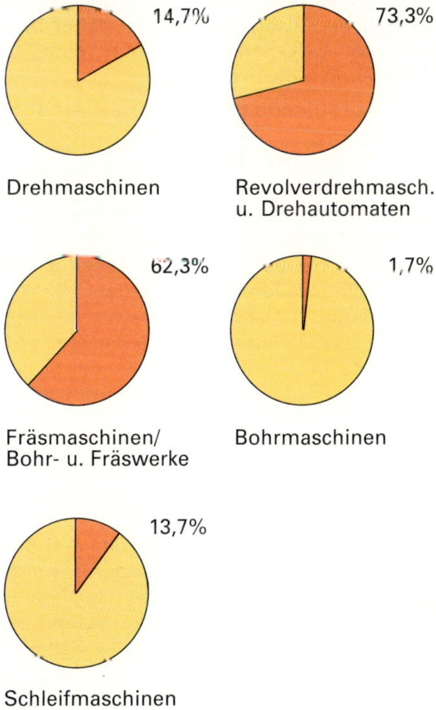

Anteil der CNC-Werkzeugmaschinen

2.2.2 Einsatz von CNC-Werkzeugmaschinen

In der spanenden Fertigung werden die CNC-Werkzeugmaschinen überwiegend als Dreh- oder Fräsmaschinen eingesetzt. In geringerem Umfang als Bohr- und Schleifmaschinen. Über den Einsatz als reine Bohr-, Dreh- oder Fräsmaschinen hinaus findet man integrierte Systeme als Bearbeitungszentren.

2.2.3 Aufbau der CNC-Werkzeugmaschinen

Im Vergleich mit herkömmlichen Werkzeugmaschinen unterscheiden sich CNC-Werkzeugmaschinen in zwei wesentlichen Gesichtspunkten:
- in der Arbeitsweise sowie
- in der technologischen und sicherheitstechnischen Auslegung.

Arbeitsweise von CNC-Werkzeugmaschinen

Damit das Werkstück in der Abmessung und Form hergestellt werden kann, wie es in der **technischen Zeichnung** gefordert ist, müssen alle **Arbeitsgänge vorausgeplant** und alle Informationen über Form und Maße usw. dem Rechner mitgeteilt werden. Diese Angaben bezeichnet man als Geometrie des Werkstückes. Die **Geometrieinformationen** werden der technischen Zeichnung entnommen.
Neben diesen Geometrieinformationen benötigt der Rechner zur Steuerung des Arbeitsablaufes die genaue Reihenfolge der einzelnen Arbeitsvorgänge, Informationen darüber, welches Werkzeug im jeweiligen Arbeitsschritt verwendet und beispielsweise mit welcher Vorschubgeschwindigkeit gearbeitet werden soll. Diese Informationen werden dem Rechner als **Technologieinformationen** eingegeben. Angaben über die Drehrichtung der Spindel, über den Einsatz von Kühlschmiermittel oder das Programmende werden dem Rechner als **Zusatzinformationen** eingegeben. Alle Daten müssen in der richtigen Reihenfolge zum **Programm** programmiert werden. Grundlage für die Festlegung der einzelnen Arbeitsvorgänge ist die technische Zeichnung. Sie soll daher bei einer vorgesehenen CNC-Fertigung auch eine CNC-gerechte Bemaßung aufweisen.

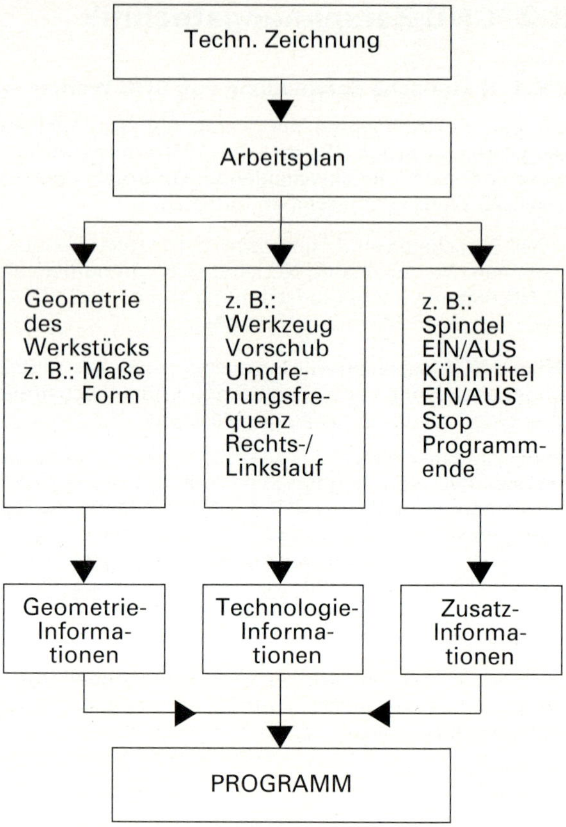

Ein **Programm** ist die logisch begründete Folge aller Arbeitsvorgänge. Geometrie-, Technologie- und Zusatzinformationen sind Bestandteile des Programms.

Technologische und sicherheitstechnische Auslegung

Bereits das äußere Bild unterscheidet die herkömmliche Werkzeugmaschine von der CNC-Werkzeugmaschine. Sind bei der herkömmlichen Maschine Bedienungshebel zu sehen, so findet man bei der CNC-Maschine ein **Schaltpult** mit Tastatur und einen Bildschirm. Ein weiteres Merkmal der CNC-Maschine ist die **Werkzeugaufnahme**. Wo bei einer herkömmlichen Maschine eine Halterung für das Werkzeug oder ein Werkzeugsatz angeordnet war, befindet sich eine drehbar gelagerte Werkzeugaufnahme (Revolverkopf), die je nach Hersteller und Bedarf bis zu 16 Werkzeugen aufnehmen kann.
Auffallend ist bei den CNC-Werkzeugmaschinen auch die **Schutzvorrichtung**. Wesentlich höhere Schnitt- und Vorschubgeschwindigkeiten erfordern nicht nur eine größere Kühlschmiermittelzufuhr und damit eine größere Sicherheit gegen Spritzwasser, sondern aufgrund der hohen Geschwindigkeiten auch einen größeren Schutz gegen umherfliegende Späne. Die Schutzvorrichtungen sind als Klapp- oder Schiebetüren schaltungstechnisch so ausgelegt, daß der Stromkreis beim Öffnen der Schutzvorrichtung unterbrochen und die Spindel bzw. das Werkzeug zum Stillstand gebracht werden.

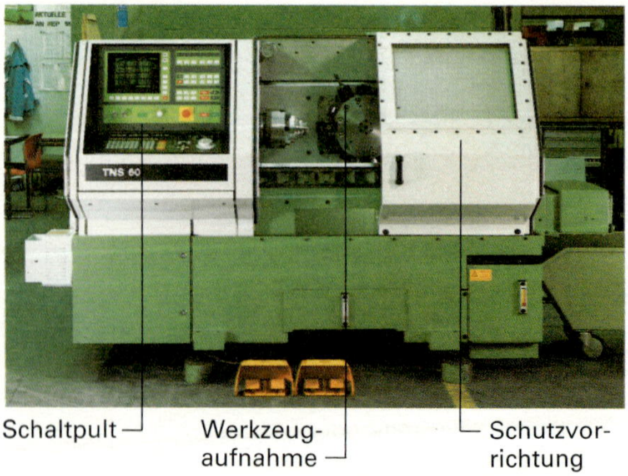

CNC-Werkzeugmaschine mit Revolverkopf

Wegesteuerung und Meßsysteme an NC-Maschinen

• Regelkreise an Werkzeugmaschinen

Bei einer herkömmlichen Werkzeugmaschine beobachtet der Bediener den Fertigungsfortschritt an der Maschine und stellt das Werkzeug dementsprechend zu. Die Maße werden vom Facharbeiter z. B. mit der Meßschraube aufgenommen (Istwerte) und mit den vorgegebenen Maßen auf der Zeichnung (Sollwerte) verglichen. Solange das Maß noch nicht erreicht ist, stellt der Facharbeiter um den noch fehlenden Betrag zu, wenn das Maß erreicht ist, beendet er die Bearbeitung.

Bei einer numerisch gesteuerten Maschine werden diese Arbeiten dem Bediener von dem eingebauten Computer abgenommen. Der Computer vergleicht ständig die erreichten Istwerte mit den im Programm abgelegten Sollwerten bis die Sollwerte erreicht sind.

Man bezeichnet die ständigen Soll-Istwert-Vergleiche an CNC-Maschinen als **Regelung**. Da die Istwerte an die Maschine zurückgemeldet werden und dort weitere Bearbeitungsschritte veranlassen, spricht man von einem **Regelkreis**.

Bei einer Regelung wird fortlaufend ein Soll-Istwert-Vergleich der zu regelnden Größe durchgeführt. Aus dem Vergleich folgen Befehle an das Stellglied.

Die Bearbeitung ist beendet, wenn der Sollwert den Istwert in den vorher festgelegten Toleranzen erreicht hat.

Weil dieser Regelkreis für die Lage des Werkzeuges verantwortlich ist, spricht man von einem **Lageregelkreis**.

Um ein möglichst genaues Arbeitsergebnis erzielen zu können, benötigen die computergesteuerten Maschinen ein sehr genaues Wegmeßsystem. So hätte es zum Beispiel keinen Sinn, Paßmaße im Toleranzbereich von 1/1000 mm zu programmieren, wenn die Maschine ihre Werkzeugpositionen nur mit einer Genauigkeit von 1/100 mm anfahren könnte.

Der Sollwert ist das Maß, das erreicht werden soll (eingestellter Wert).

Der Istwert ist das Maß, das am Werkstück gemessen wird (erreichter Wert).

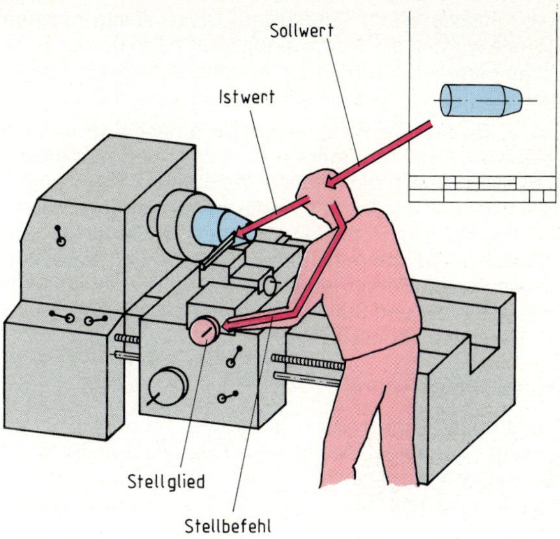

Lageregelung an Werkzeugmaschinen

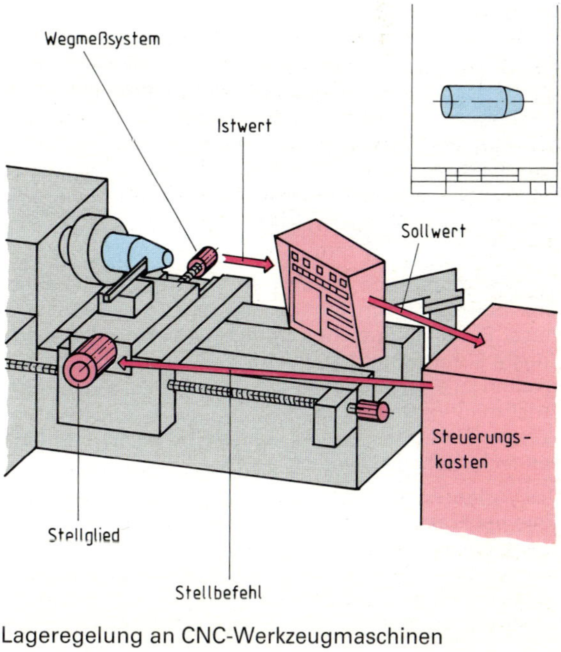

Lageregelung an CNC-Werkzeugmaschinen

• Aufbau und Arten der Wegmeßsysteme

In der CNC-Technik werden für das Messen von Längen häufig optoelektronische Meßsysteme verwendet, Meßsysteme also, die optische Meßwerte (Istwerte) in elektronische Werte übersetzen. Diese elektronischen Signale werden dann vom eingebauten Mikrocomputer ausgewertet und fortlaufend mit den Sollwerten verglichen.

Soll z. B. das Werkzeug einer Drehmaschine auf die Position x = 100 mm fahren, so bezeichnet man dieses Maß als Sollwert. Die aktuelle Position des Werkzeuges wird während des Verfahrweges kontinuierlich gemessen und mit dem Sollwert verglichen. So lange Ist- und Sollwert nicht übereinstimmen, bleibt der Vorschub eingeschaltet. Sobald aber der Sollwert erreicht worden ist, Istwert und Sollwert also übereinstimmen, wird der Vorschub abgeschaltet.

Wegmeßsystem einer CNC-Werkzeugmaschine

Direkte Wegmessung

Die direkte Wegmessung ist jedem Techniker schon von der „normalen" Arbeitsweise her bekannt. Hat man ein Werkstück, so bestimmt man seine Länge z. B. mit einem Strichmaßstab; man kann das Istmaß direkt ablesen.

Nicht wesentlich anders funktioniert das direkte Meßsystem bei CNC-gesteuerten Maschinen. Ein Strichmaßstab ist z. B. auf den Maschinentisch montiert und bewegt sich an einer ortsfesten Abtastvorrichtung vorbei (z. B. einer Fotozelle). Die Anzahl der „abgetasteten" Striche wird gezählt, daraus ermittelt der Computer den zurückgelegten Weg.

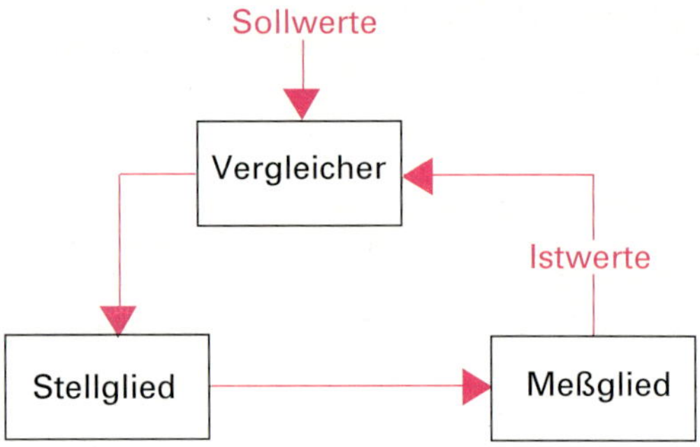

Vereinfachter Regelkreis

Die Meßergebnisse sind natürlich um so genauer, je kleiner die Abstände der Striche auf dem Strichmaßstab voneinander sind. Zur Verdeutlichung ein Beispiel: Ein Strichmaßstab an einer CNC-gesteuerten Fräsmaschine hat einen Strichabstand von a = 1/100 mm. Vom Sensor (z. B. einer Fotozelle) werden dem Computer N = 1200 Strichmarkierungen gemeldet.

Der Computer kann nun durch die Berechnung
Zurückgelegter Weg s = Anzahl der Markierungen multipliziert mit dem Abstand den bereits zurückgelegten Weg ermitteln, in diesem Falle:
1200 · 0,01 mm = 12 mm.

Der Maschinentisch hat sich also um 12 mm bewegt. Eine Bewegung um weniger als 1/100 mm kann von dieser Einrichtung nicht ermittelt werden, weil die geringste Schrittweite 1/100 beträgt. Um größere Genauigkeiten zu erreichen, muß der Schrittabstand auf dem Strichmaß verkleinert werden, z. B. auf 1/1000 mm. Höhere Genauigkeiten des Wegmeßsystems erhöhen den technischen Aufwand.

Das Verfahren der **direkten Wegmessung** wird in erster Linie bei **Fräsmaschinen** angewandt.

Je geringer der Abstand der Strichmarkierungen beim direkten Wegmeßsystem, um so genauer ist das Meßergebnis.

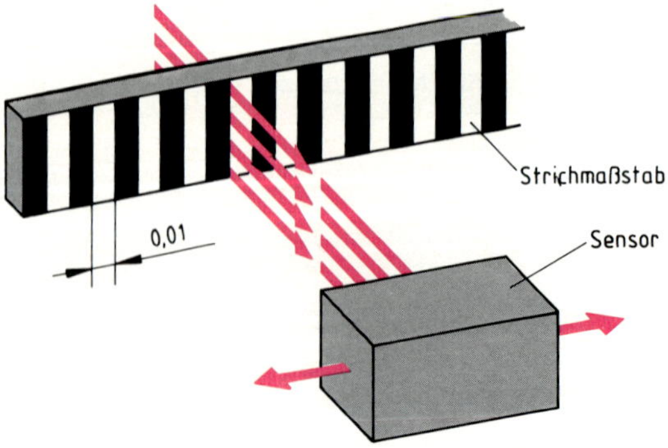

Direkte Wegmeßsysteme bei CNC-Fräsmaschinen

Indirekte Wegmessung

Bei der Meßschraube wird der zurückgelegte Weg dadurch ermittelt, daß man die Steigung des Gewindes, also den Weg, den die Spindel bei einer Umdrehung ausführt, mit der Anzahl der Umdrehungen multipliziert. So hat zum Beispiel eine Meßschraube in aller Regel eine Steigung von p = 0,5 mm, d. h. bei einer Umdrehung der Schraubenspindel wird ein Weg s = 0,5 mm zurückgelegt. Wird die Spindel N mal gedreht, so legt die Spindel einen Weg von

$s = N \cdot p$ mm zurück.

In gleicher Weise funktioniert die indirekte Wegmessung bei CNC-gesteuerten Maschinen: Die Anzahl der Umdrehungen (und Teilumdrehungen) einer sehr genau gearbeiteten Spindel werden durch eine Lichtschranke gezählt und vom Computer in den zurückgelegten Weg umgerechnet.

Hier findet die Genauigkeit natürlich wieder ihre Grenzen in der Genauigkeit des Strichmaßstabes auf der Schraubenspindel.
Hauptsächlich findet das **indirekte Meßverfahren** bei CNC-gesteuerten **Drehmaschinen** seine Anwendung.

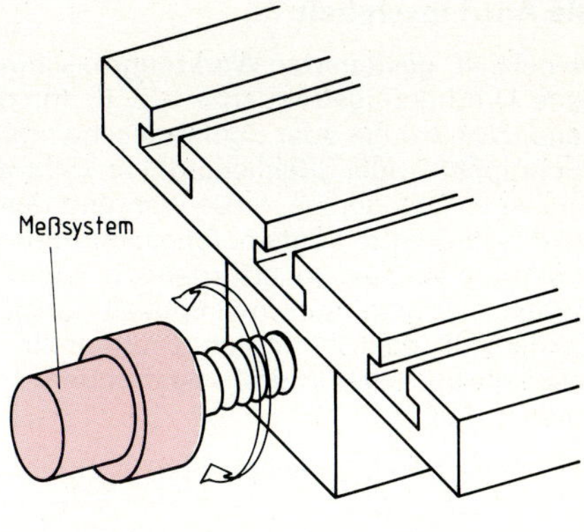

Indirekte Wegmeßsysteme bei CNC-Drehmaschinen

Inkrementale Wegmessung

Bei der inkrementalen Wegmessung benutzt man Strichmaßstäbe mit einem Strichabstand von z. B. 0,001 mm. Um den Maschinentisch um 10 mm zu verschieben, müssen vom Rechner 10.000 Impulse gezählt werden. Soll ein weiterer Zielpunkt angesteuert werden, z. B. weitere 10 mm entfernt, so müssen weitere 10.000 Impulse gezählt werden, bis die Position erreicht ist. Es werden also die **Zuwachswerte** gezählt, die auch als Inkremente bezeichnet werden.
Beispiel: Der Maschinentisch soll um 10 mm verschoben werden. Der Computer gibt so lange den Befehl, den Vorschubmotor zu betätigen, bis 10.000 Impulse gezählt worden sind. Soll der Tisch um weitere 10 mm verschoben werden, so muß das Meßsystem weitere 10.000 Impulse an den Computer melden, bis dieser erkannt hat, daß die gewünschte Position erreicht ist.

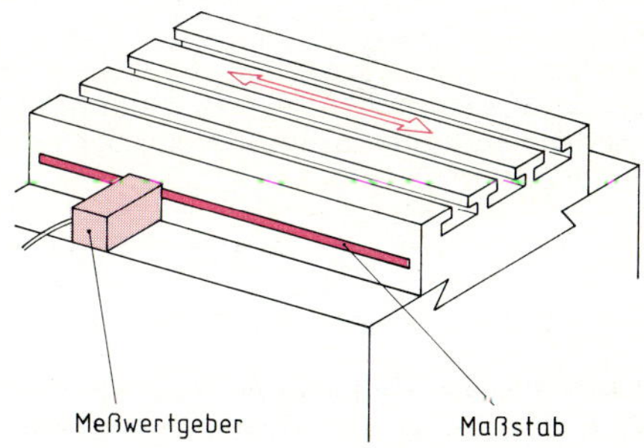

Direktes inkrementales Messen

Absolute Wegmessung

Bei dem Verfahren der absoluten Wegmessung werden alle Punkte einer Meßstrecke durch eigene Signale gekennzeichnet, so wie es beim normalen „Zollstock" eigentlich auch der Fall ist. Der Abstand 1 m vom Nullpunkt aus ist auf dem Gliedermaßstab mit einer entsprechenden Markierung versehen, eben mit der Aufschrift „1 m".
Für die Maschine werden diese Zahlenwerte codiert auf ein Code-Lineal aufgetragen, das von Fotozellen abgetastet wird.
Das einem Punkt zugeordnete Signal wird in einen Zahlenwert umgesetzt, der Computer kann daraus immer die jeweilige Position z. B. des Werkzeugs bestimmen.

Beim absoluten Messen liefert jeder Punkt auf der Meßstrecke ein nur einmal auftretendes Signal.

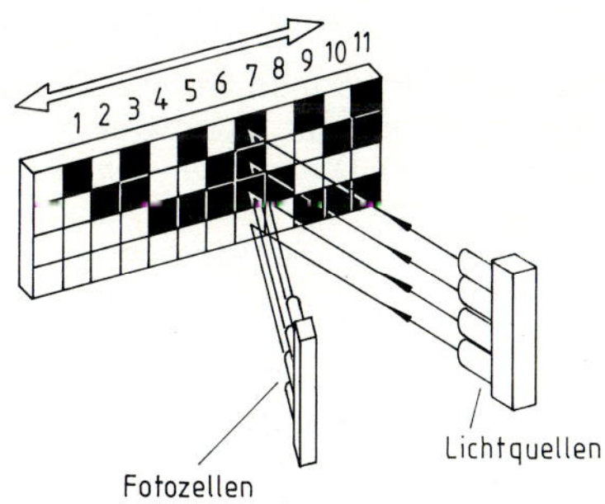

Direktes absolutes Messen mit Code-Lineal

Aufgaben zur Wiederholung und Vertiefung

1. Erläutern Sie den Unterschied zwischen Soll- und Istwert eines Werkstücks!
2. Unterscheiden Sie die unterschiedlichen Lageregelkreise bei
a) herkömmlichen Werkzeugmaschinen
b) CNC-gesteuerten Werkzeugmaschinen!
3. Erläutern Sie das direkte und das indirekte Wegmeßverfahren!
4. Wie unterscheiden sich direktes und indirektes Wegmeßverfahren hinsichtlich der von ihnen gelieferten Signale?

Die Antriebseinheit

Da bei CNC-gesteuerten Werkzeugmaschinen verschiedene Umdrehungsfrequenzen (z. B. für die verschiedenen Werkzeuge oder Schnittgeschwindigkeiten zum „Schruppen" oder „Schlichten") erreicht werden müssen, ist es erforderlich, diese während des Programmablaufs ändern zu können. Eine Umdrehungsfrequenzänderung ist ebenso erforderlich, wenn beim Plandrehen die Schnittgeschwindigkeit konstant gehalten werden soll, da sich mit dem Drehdurchmesser in diesem Falle auch die Umdrehungsfrequenz kontinuierlich ändern muß.

Mit einem herkömmlichen Schaltgetriebe wäre diese Aufgabe unmöglich zu lösen, ebenso könnte sie durch stufenlose Getriebe nur unzureichend gelöst werden.

Daher finden bei CNC-Maschinen als Antriebseinheit **Gleichstrommotoren** Verwendung, deren Umdrehungsfrequenzen in weiten Grenzen durch Veränderung der Stromstärke verändert werden können.

Gleichstrommotoren als Antriebseinheit ermöglichen eine stufenlose Änderung der Umdrehungsfrequenz.

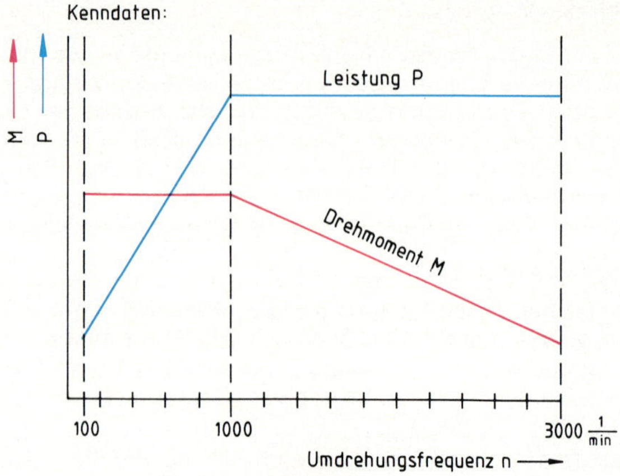

- Achseinzelantriebe

Damit die verschiedenen Werkstückpunkte von der Maschine in der Anstell- oder Zustellbewegung erreicht werden können, müssen die **einzelnen Vorschubachsen gesondert** angesteuert werden können. Dies geschieht durch sogenannte Achseinzelantriebe. Die dort verwendeten Motoren werden als **Schrittmotoren** bezeichnet. Diese haben die Eigenschaft, in eingeschaltetem Zustand keine kontinuierliche Drehbewegung auszuführen, sondern nur schrittweise Bewegungen um einen bestimmten Drehwinkel. Erhält ein solcher Motor einen Stromimpuls, so führt er z. B. eine Teilumdrehung um 1° aus. Durch die Wegmeßverfahren kann der Computer feststellen, um welchen Betrag sich der Werkzeugschlitten dann weiterbewegt hat. Ist zum Beispiel zum Erreichen der geforderten Position eine 3/4 Umdrehung der Vorschubspindel und damit des Schrittmotors notwendig, so gibt der Computer dem Schrittmotor 270 Impulse (= 270°), die zusammen die 3/4 Umdrehung der Spindel ergeben.

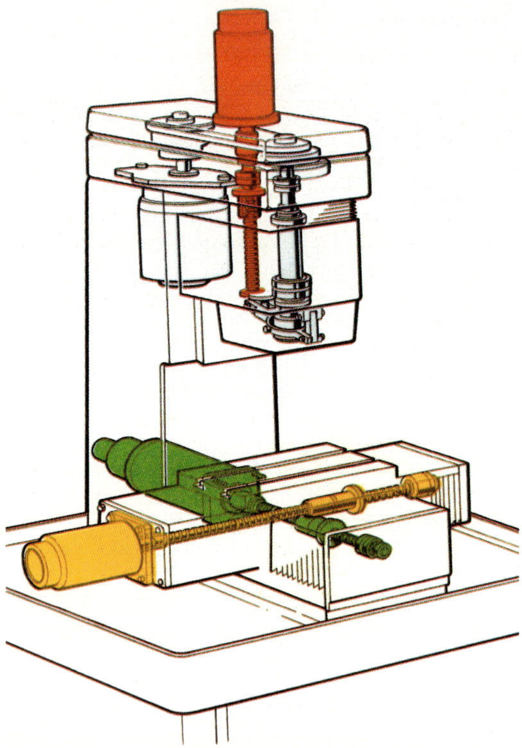
Achseinzelantriebe einer CNC-Fräsmaschine

Da bei den sehr genauen Anforderungen an die Arbeitsergebnisse einer CNC-Maschine möglichst kein Spiel in den Vorschubspindeln auftreten darf, werden die sehr präzisen Kugelumlaufspindeln für diese Aufgaben verwendet (s. auch Kap. 4.2.1).

Bei CNC-Maschinen werden die jeweiligen Istwerte und Bewegungen des Werkzeugs und des Werkstücks gemessen und durch den Lageregelkreis geregelt. Ob aber dabei das Werkstück maßgerecht wird, kontrolliert die Steuerung einer CNC-Maschine nicht.

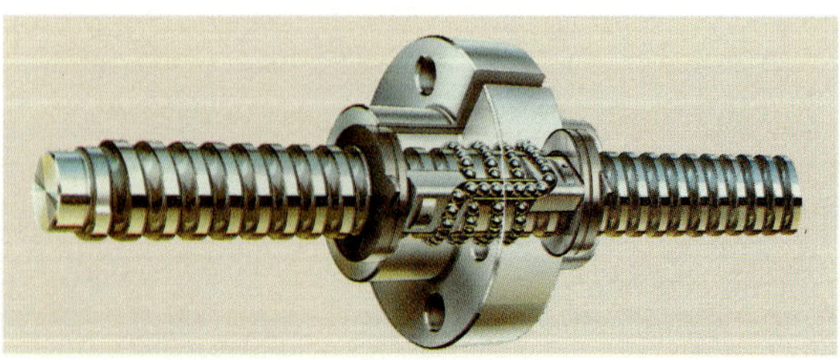
Kugelumlaufspindel

Abhängig von der Art der Bearbeitung unterscheidet man bei CNC-Maschinen drei verschiedene Steuerungsarten.

Punktsteuerung

Die Punktsteuerung ist nur für solche Werkstücke sinnvoll anwendbar, bei denen nur **einzelne Punkte** angefahren werden. Als Beispiel sei hier die Bohrbearbeitung genannt: Der Bohrer wird im Eilgang auf einen bestimmten Punkt gefahren, im Vorschub auf die Bohrungstiefe abgesenkt, nach Verlassen der Bohrung wird der nächste programmierte Punkt wiederum im Eilgang angefahren.

Bei der Punktsteuerung werden nur einzelne Zielpunkte nacheinander im Eilgang angesteuert. An den Zielpunkten erfolgt die Bearbeitung.

Bei Drehmaschinen ist eine Punktsteuerung nicht sinnvoll anwendbar.

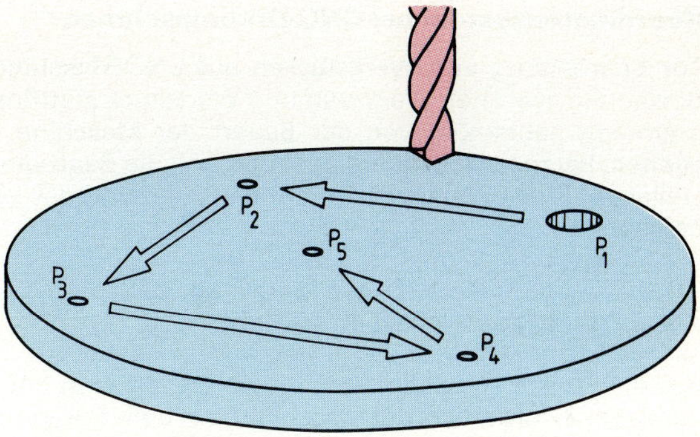

Punktsteuerung

Punktsteuerung: Das Verfahren vom Ausgangspunkt zum Zielpunkt erfolgt im Eilgang, erst dann erfolgt die Bearbeitung.

Streckensteuerung

Die Streckensteuerung ist für solche Werkstücke anwendbar, bei denen die Bearbeitung **parallel zu einer der Führungsbahnen** der Maschine erforderlich ist.

Beispiele: Längsdrehen eines Werkstücks, Plandrehen, Fräsarbeiten in Längs- oder Querrichtung.

Bei der Streckensteuerung erfolgt die Bearbeitung immer nur achsparallel zur Werkzeugmaschine.

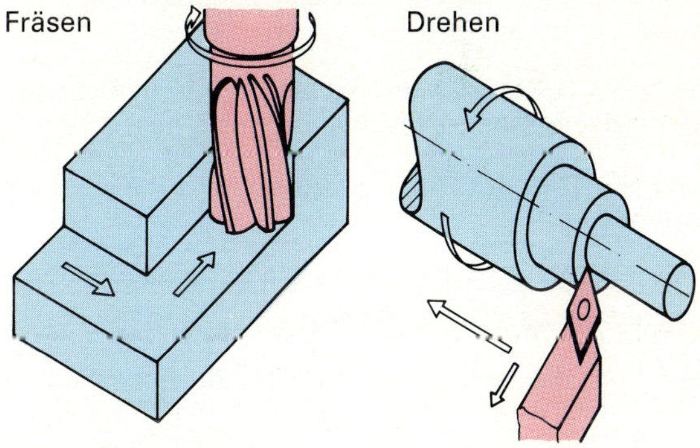

Streckensteuerung

Streckensteuerung: Die Bearbeitung erfolgt immer nur in achsparalleler Richtung zur Maschine.

Bahnsteuerung

Mit einer Bahnsteuerung können **in einer Ebene beliebige Konturen** oder **Schrägen** erzeugt werden. Dies wird dadurch realisiert, daß mehrere Vorschubmotoren gleichzeitig zusammenwirken. Jeder der Vorschubmotoren wird von der Steuerung einzeln angesteuert. Durch geeignete Abstimmung der Motoren aufeinander wird die gewünschte Kontur erzeugt. Man bezeichnet die Berechnung der einzelnen Zwischenwerte zur Bestimmung der Kontur als Interpolation (=Berechnung von Zwischenwerten).

Beispiel: Es soll ein Kegel von 45° gedreht werden. Dazu ist ein Zusammenwirken der Vorschubmotoren für die Längs- und die Planbewegung erforderlich. Der Rechner berechnet die erforderlichen Einzelbewegungen und gibt sie an die entsprechenden Motoren weiter, z. B. Planvorschub 0,01 mm, dann Längsvorschub 0,01 mm, sodann wieder Planvorschub. Dadurch entsteht für den Beobachter eine kontinuierliche Bewegung unter einem Winkel von 45°. (Anmerkung: Beim Betrachten eines Drehteils, das mit großem Vorschub bearbeitet wurde, sind die einzelnen Interpolationsschritte durch die Bearbeitungsspuren an der Werkstückoberfläche erkennbar.)

Bei der Bahnsteuerung können beliebige Konturen in der Ebene erzeugt werden. Es werden mehrere Achsen gleichzeitig mit voneinander unabhängigen Geschwindigkeiten gesteuert.

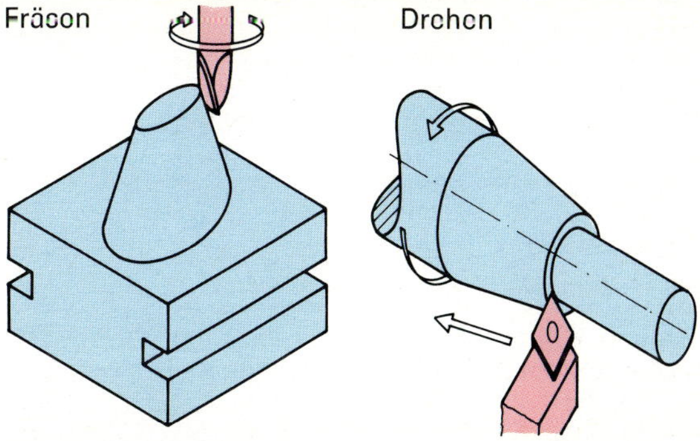

Bahnsteuerung

Bahnsteuerung: In der Ebene oder im Raum können beliebige Kurven im Vorschub gesteuert werden. Mehrere Achsen können unabhängig voneinander gesteuert werden.

Koordinatensystem bei CNC-Drehmaschinen

Zur Bearbeitung von Werkstücken auf CNC-Maschinen muß eine Bewegung zwischen Werkzeug und Werkstück stattfinden. Um Programme unabhängig von der Bauart der Maschine schreiben zu können, hat man sich darauf geeinigt, sich die Bearbeitung so vorzustellen, daß das Werkstück immer fest steht und das Werkzeug sich bewegt.

Der Programmierer nimmt immer an, daß das Werkzeug sich bewegt und das Werkstück stillsteht.

Um die Punkte zu bestimmen, die vom Werkzeug angefahren werden, ist es erforderlich, der Maschine bzw. dem Computer die genaue Lage der Punkte mit Hilfe von Entfernungen anzugeben.

Als Hilfsmittel dazu benutzt man ein rechtwinkliges Koordinatensystem. **Beim Drehen** reicht in der Regel ein sogenanntes **zweiachsiges Koordinatensystem** aus, **beim Fräsen** sind **drei Achsen** erforderlich. Die Lage der Achsen ist in DIN 66217 festgelegt. Man hat vereinbart, daß die Z-Achse immer in Richtung der Hauptarbeitsspindel liegt, die X-Achse parallel zur Werkstückaufspannfläche, wenn möglich horizontal.

Bei einer Drehmaschine liegt die Z-Achse in Richtung der Hauptspindel, die X-Achse rechtwinklig zur Z-Achse.

In einem XZ-Koordinatensystem sind alle Punkte in der Ebene voll bestimmt.

Die Z-Achse ist immer die Drehachse des Werkstücks. Die X-Achse verläuft quer zur Drehachse.

Man trägt die Wertepaare, die sich für einen Punkt ergeben, der besseren Übersichtlichkeit wegen in eine Tabelle ein. Durch die Angabe der Punkte in X und Z kann jeder Punkt von der Maschine gefunden werden.

Allgemein kann gesagt werden:

Je größer der Durchmesser, desto größer ist der X-Wert. Je größer die Länge, desto größer ist der Z-Wert.

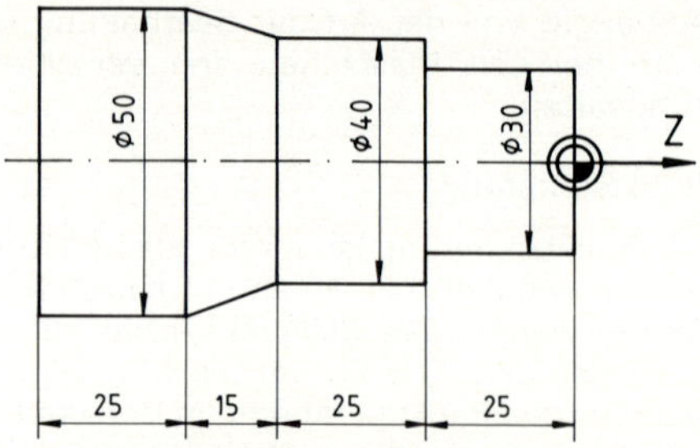

Bemaßte Werkstückzeichnung

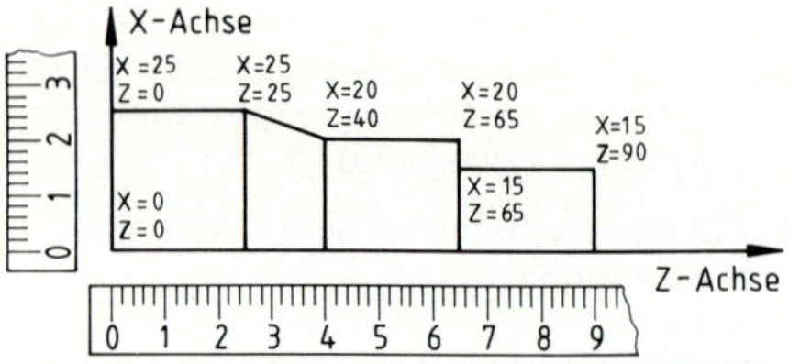

Werkstückzeichnung im Koordinatensystem

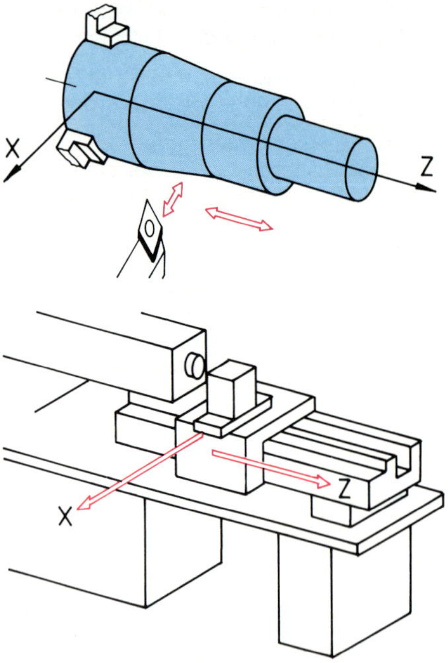

Koordinatensystem beim Drehen

Leseübung:
Werkstückkontur und Koordinatenangaben mit Tabelle

P	X	Z
P_1	25	0
P_2	25	
P_3		
P_4		
P_5		
P_6		

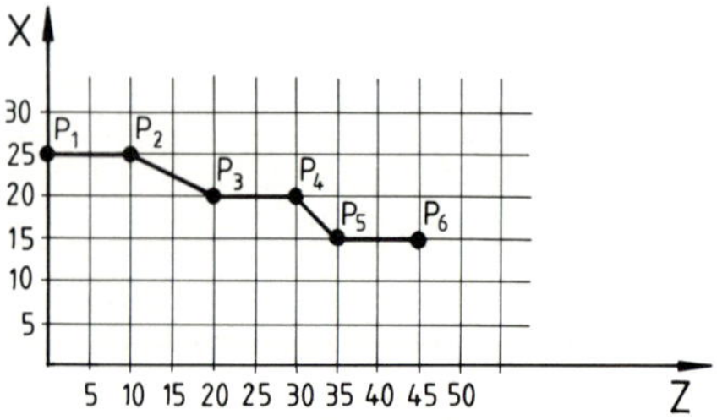

Koordinatensystem bei Fräsmaschinen

Bei Fräsmaschinen ist die Angabe einer dritten Achse erforderlich, damit auch die Tiefe des Werkstücks mit in die Programmierung einbezogen werden kann.

Die Lage der Koordinatenachsen ist nach DIN 66 217 festgelegt. Mit Hilfe der sogenannten **„Rechte-Hand-Regel"** lassen sich die drei Achsen auf die Werkzeugmaschine übertragen.

Danach steht wie beim Drehen die Z-Achse senkrecht auf dem Werkstück (also in Richtung der Arbeitsspindel), die X-Achse parallel zur Werkstückaufspannfläche. Die Y-Achse steht senkrecht auf der ZX-Ebene.

Je nach Lage der Arbeitsspindel bei Fräsmaschinen ergibt sich eine unterschiedliche Lage der Koordinatenachsen.

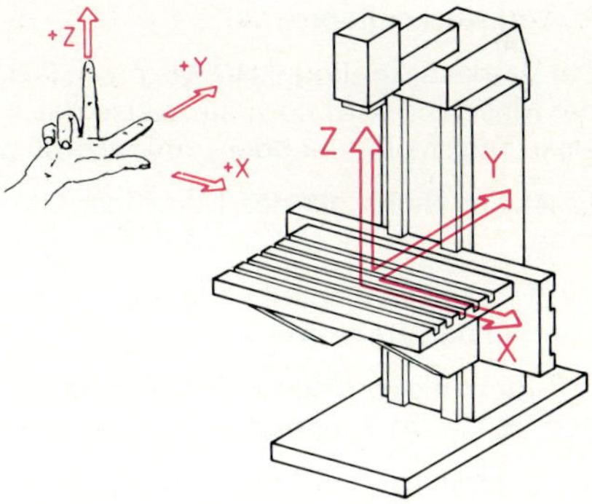

Koordinatensystem bei Fräsmaschinen

Aufgaben zur Wiederholung und Vertiefung

1. Nennen Sie Vorteile von polumschaltbaren Gleichstrommotoren als Antriebseinheit bei CNC-Maschinen!
2. Erläutern Sie das Prinzip der Achseinzelantriebe!
3. Erklären Sie das Funktionsprinzip von Schrittmotoren!
4. Unterscheiden Sie zwischen Punkt-, Strecken- und Bahnsteuerung bei CNC-Maschinen!
5. Geben Sie die Koordinaten der folgenden Werkstückpunkte in Form einer Tabelle an!

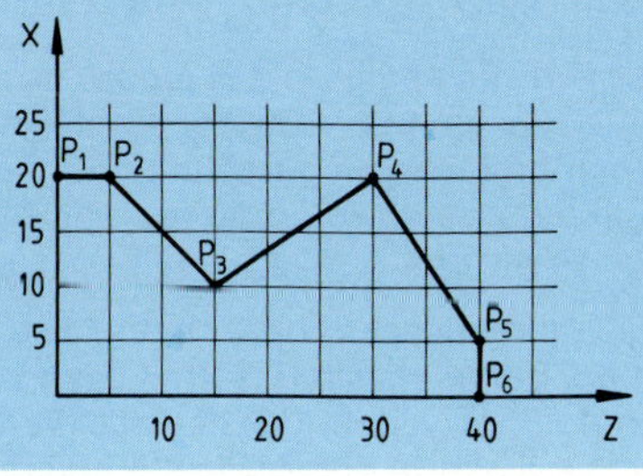

	X	Z
P_1		
P_2		
P_3		
P_4		
P_5		
P_6		

Nullpunkte und Vorzeichen der Koordinatenachsen

Damit die Maschine die vom Bediener programmierten Punkte überhaupt finden kann, muß zuerst der Nullpunkt bestimmt werden, der Punkt also, in dem alle Koordinatenwerte gleich Null sind. Mit dem Nullpunkt wird die Lage des Koordinatensystems auf dem Werkstück festgelegt.

- Maschinennullpunkt M

Der Maschinennullpunkt M ist der Nullpunkt des vom Hersteller festgelegten maschinenfesten Koordinatensystems. Die Lage des aufgespannten Werkstücks wird auf den Maschinennullpunkt bezogen. Bei Drehmaschinen liegt er meist im Schnittpunkt der Arbeitsspindelachse mit dem Werkstückträger.
Das Symbol nach DIN 55 003 für den Maschinennullpunkt ist: ⊕

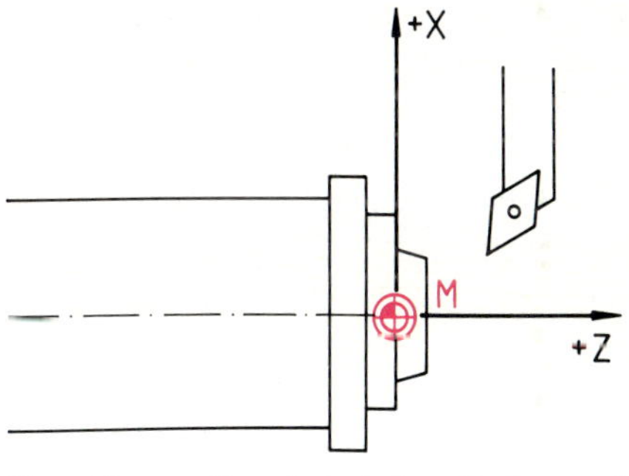

Maschinennullpunkt bei einer Drehmaschine

- Referenzpunkt R

Beim Einschalten von inkremental messenden Maschinen müssen zuerst die Koordinaten X, Y und Z auf Null gesetzt werden, weil ja die Werkstückmaße durch Zuwachswerte (Inkremente) berechnet und programmiert werden. Dies könnte dadurch geschehen, daß man mit dem Werkzeugschlitten auf den Maschinennullpunkt fährt und alle Wert (X,Y,Z) dort gleich Null setzt. Da aber bei den meisten Maschinen der Maschinennullpunkt nicht angefahren werden kann, legt man einen Referenzpunkt fest, dessen Koordinaten ersatzweise angefahren werden können. Die Lage des Referenzpunktes ist durch eine Markierung am Strichmaßstab gekennzeichnet. Er muß nach jedem Einschalten der Anlage überfahren werden, damit die Maschine sozusagen „geeicht" ist.

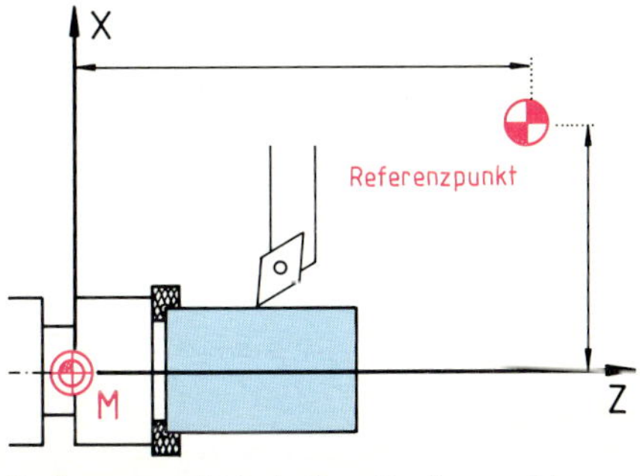

Referenzpunkt bei einer Drehmaschine

• Werkstücknullpunkt W

Der Werkstücknullpunkt W wird vom Programmierer frei gewählt. An der Maschine wird normalerweise der Werkstücknullpunkt W durch elektronische Fühler oder „Ankratzen" gesetzt.

Er ist der Nullpunkt des Koordinatensystems für die Programmierung.

Der Werkstücknullpunkt liegt bei Drehmaschinen in X-Richtung immer **auf der Drehmitte**.

In Z-Richtung sind bei Drehmaschinen in der Praxis zwei Nullpunktlagen üblich, **im Spannfutter** oder **an der Werkstückvorderkante**.

Im allgemeinen wird der Werkstücknullpunkt so gewählt, daß man möglichst viele Koordinatenwerte aus der Zeichnung übernehmen kann.

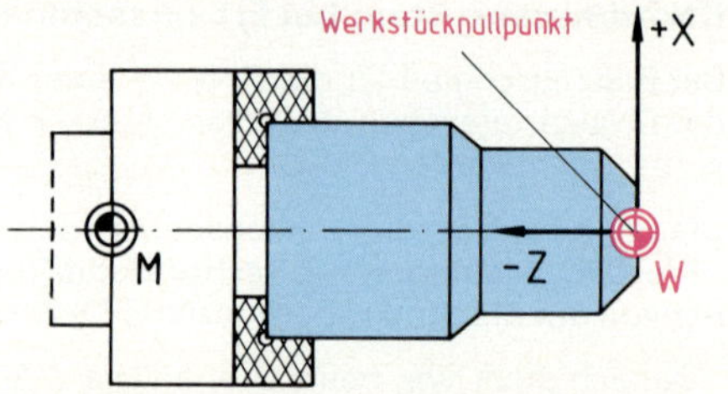

Werkstücknullpunkt bei einem Drehteil an der Werkstückvorderkante

Der Werkstücknullpunkt liegt immer auf der Drehmitte.

• Die Vorzeichen der Koordinatenachsen

Durch Festlegung des Werkstücknullpunktes ist das Koordinatensystem für das Werkstück festgelegt worden. Vom Nullpunkt aus werden alle programmierten Maße an gerechnet. Abhängig von der Wahl des Werkstücknullpunktes werden die jeweiligen Vorzeichen der Koordinatenachsen bestimmt.

Bei Drehteilen liegt, wie schon beschrieben, der Werkstücknullpunkt immer auf der Drehmitte. Befindet sich das Werkzeug vor der Drehmitte, so sind alle X-Werte positiv. Befindet sich das Werkzeug hinter der Drehmitte, so sind die X-Werte dieser Punkte negativ.

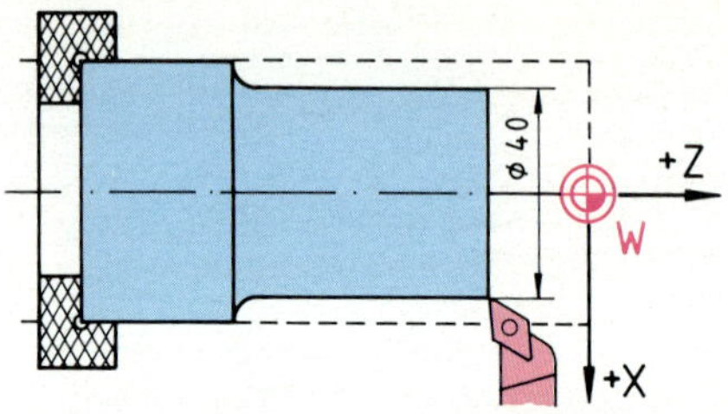

X-Werte sind immer durchmesserbezogen!

Die X-Werte werden niemals als Radiuswerte eingegeben, sondern sie sind immer durchmesserbezogen. Es wird also immer der zu erreichende Durchmesserwert programmiert.

Liegt der Werkstücknullpunkt **im Spannfutter**, so sind alle Z-Werte positiv. Je weiter in diesem Fall die Drehlänge von der Werkstückvorderdkante entfernt ist, desto kleiner ist der Z-Wert.

Liegt dagegen der Werkstücknullpunkt an der **Werkstückvorderkante,** so sind alle Z-Werte negativ.

Je größer hier die Drehlänge ist, desto größer ist die Zahl beim Z-Wert.

Im allgemeinen richtet man sich bei der Festlegung des Werkstücknullpunktes nach den Angaben der Zeichnungsvorlage, damit möglichst viele Werte aus der Zeichnung übernommen werden können.

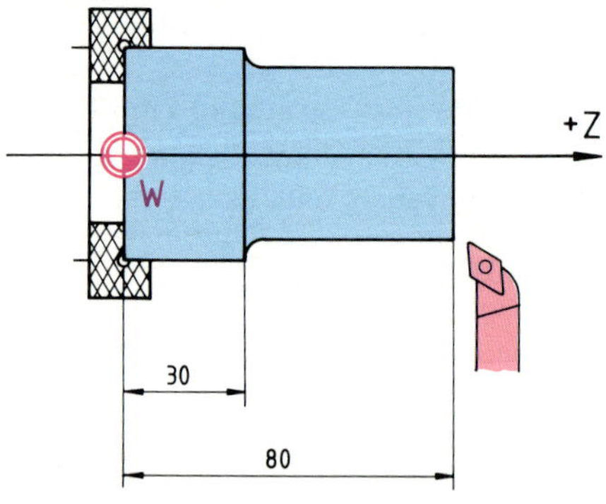

W.-Nullpunkt im Spannfutter

Punkte des Werkstücks im Koordinatensystem:
Die Position der Meißelspitze gegenüber dem Werkstücknullpunkt bestimmt bei der Drehmaschine die Vorzeichen von X und Z.

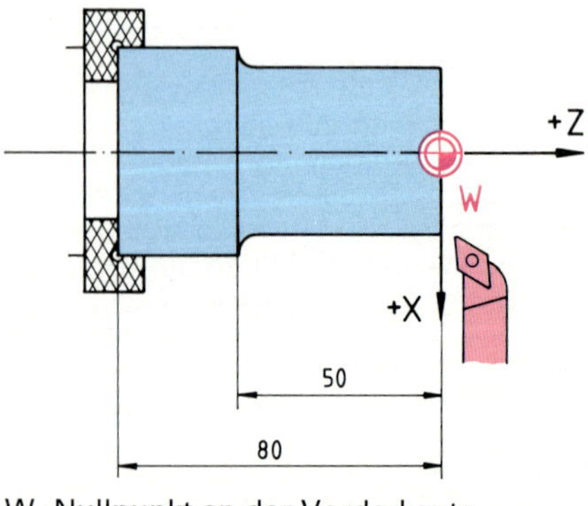

W.-Nullpunkt an der Vorderkante

Die Vorzeichen der positiven X und Z-Werte (+) brauchen bei der Programmierung nicht mit angegeben zu werden.

CNC-gerechte Bemaßung

Die Bemaßung nach DIN 406 Teil 2 wurde den neuen Erfordernissen der CNC-Fertigung angepaßt.

Die wichtigsten Regeln seien hier aufgezählt:

- Die Absolutbemaßung

Bei der Absolutbemaßung beziehen sich **alle Maßangaben auf den Werkstücknullpunkt** (deshalb: Bezugsmaße). Der Programmierer gibt bei der Programmierung ein, welche Position in bezug auf den Nullpunkt erreicht werden soll.
Diese Art der Bemaßung wird beim Einschalten der Maschine automatisch eingestellt. Sie wird der Maschine bei Bedarf mit dem Befehl G 90 mitgeteilt.

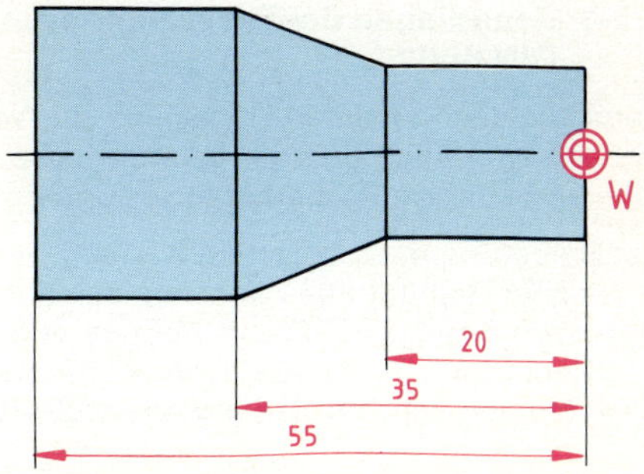

Absolutbemaßung

Bei der Absolutbemaßung beziehen sich alle Maßangaben auf den Werkstücknullpunkt.

- Die Kettenbemaßung (Inkrementalmaß)

Bei der inkrementalen Maßangabe wird nicht vom Werkstücknullpunkt ausgegangen, sondern **von der letzten Position,** die das Werkzeug hatte. Befindet sich das Werkzeug (Istposition) auf der Position X 50 Z 2 und soll es auf die Position X 40 Z 20 fahren, so müssen die Differenzen (Unterschiede) dieser Positionen programmiert werden, also um 18 mm in Z-Richtung und 5 mm (Radiuswert!) in X-Richtung. Die Verwendung der Kettenbemaßung wird der Maschine mit dem Befehl G91 mitgeteilt.

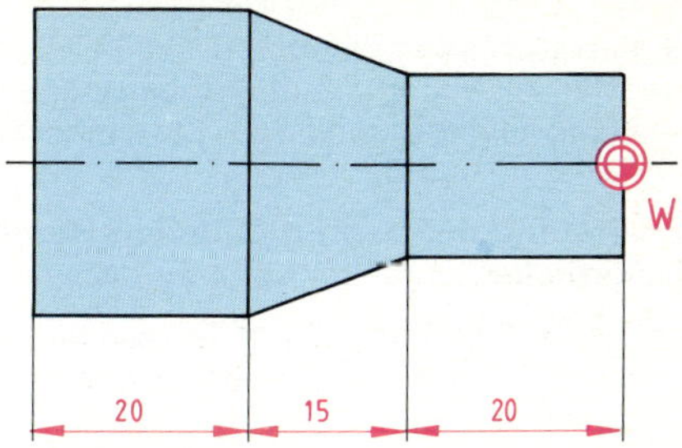

Kettenbemaßung

Bei der inkrementalen Bemaßung beziehen sich alle Maßangaben auf die vorherige Werkzeugposition.

- Besonderheiten der CNC-gerechten Bemaßung

Bei der Bemaßung von CNC-gefertigten Werkstücken sind noch einige Vereinfachungen zu erwähnen:

1. Im Gegensatz zur üblichen Bemaßung reicht es aus, nur eine Maßhilfslinie vom Werkstücknullpunkt aus zu ziehen.
2. Durchmesserwerte werden so eingetragen, daß sie von vorne lesbar sind.
3. Bei Drehteilen braucht in der Regel nur eine Werkstückhälfte dargestellt zu werden.
4. Das Symbol für den Werkstücknullpunkt wird in die Zeichnung eingetragen.

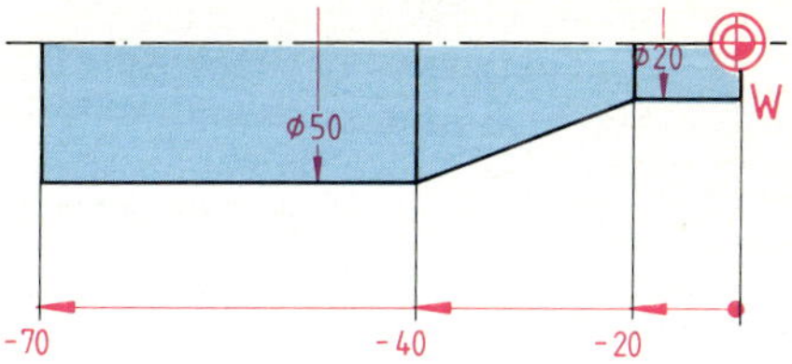

CNC-gerechte Bemaßung

Aufgaben zur Wiederholung und Vertiefung

1. Erklären Sie die Bedeutung der verschiedenen Nullpunkte!
2. Bezeichnen Sie die Koordinatenachsen an einer Drehmaschine!
3. Bestimmen Sie die Punkte P1 bis P9 des Drehteiles!
4. Erstellen Sie von dem abgebildeten Werkstück eine CNC-gerechte Zeichnung!

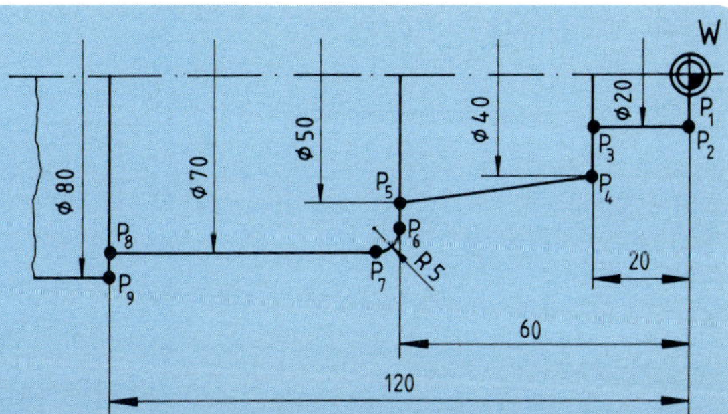

2.2.4 Grundlagen der Programmierung nach DIN 66025

Damit die CNC-gesteuerte Maschine ein Werkstück herstellen kann, muß sie über **geometrische, technologische** und **Zusatzinformationen** verfügen.

Der Steuerung muß mitgeteilt werden, welche Schritte in welcher Reihenfolge nacheinander erfolgen sollen. Man bezeichnet eine solche Abfolge von Schritten in der Steuerungs- und Regelungstechnik als **Programm**, die einzelnen Schritte als **Programmschritte**.

Ein Programm ist die Auflistung aller Befehle an die Steuerung. Die einzelnen Programmschritte werden nacheinander abgearbeitet.

Die Übergabe der Programmschritte an die Maschine geschieht mit Hilfe von Buchstaben und Zahlen und einigen Sonderzeichen. Die an die Maschine erteilten Befehle werden mit Hilfe der Buchstaben und Zahlen, die man auch als **alphanumerische Zeichen** bezeichnet, verschlüsselt. Innerhalb der Steuerung werden die Befehle entschlüsselt und an die Maschine weitergeleitet.

Arbeitsplanung beim manuellen Herstellen eines Werkstücks

Sehen wir uns zuerst einmal an, wie ein Zerspanungsmechaniker an einer herkömmlichen Maschine ein Werkstück herstellt!

1. Einspannen des Rohlings, Auswählen der Werkzeuge
2. Einstellen von Umdrehungsfrequenz und Vorschub
3. Günstigste Bearbeitungsfolge festlegen
4. Entscheiden, ob mit oder ohne Kühlschmiermittel gearbeitet werden soll
5. Bearbeiten des Rohlings nach Zeichnung, dabei ständiger Vergleich der Istwerte mit den Sollwerten.
6. Werkstück nach geforderten Oberflächengüten und Genauigkeiten fertig drehen
7. Maschine abstellen, Werkstück ausspannen.

So oder ähnlich könnte ein „Programm" eines einfachen Drehteils aussehen, je komplizierter es gestaltet ist, desto umfangreicher ist natürlich die Liste der Bearbeitungsschritte.
Diese Schritte müssen nun nacheinander der Maschine mitgeteilt werden, damit eine automatische Bearbeitung des Werkstücks erfolgen kann.

Geometrische Informationen sind alle Angaben, die sich auf die Werkstückgeometrie beziehen, wie z. B. Durchmesser, Drehlänge...

Technologische Informationen beziehen sich auf werkstoffabhängige Vorgaben des Werkstücks wie Umdrehungsfrequenz, Vorschub...

Zusatzinformationen beziehen sich auf weitere Eingangsgrößen des Zerspanungsvorgangs wie z. B. Spindel ein/aus, Kühlschmiermittel ein/aus, Programmende...

Alphanumerisches Zeichen

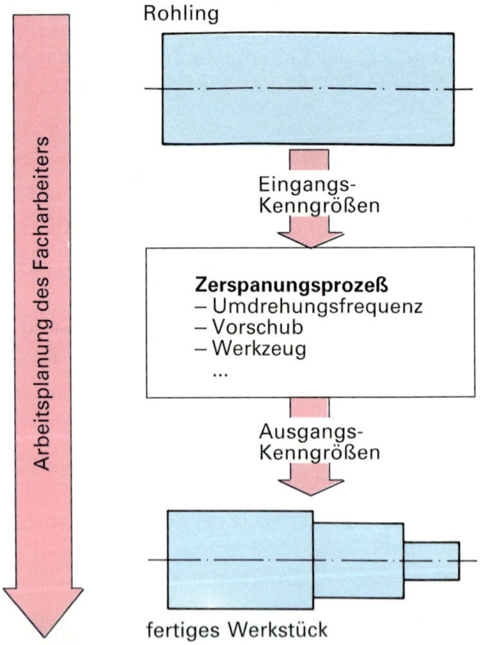

Aufgaben zur Wiederholung und Vertiefung

Das abgebildete Werkstück soll durch das Fertigungsverfahren „Drehen" auf einer CNC-Maschine hergestellt werden. Stellen Sie in Form einer Tabelle zusammen:
Welche Zerspanungsgrößen müssen bekannt sein?
In welchen Schritten erfolgt die Fertigung?
Welche Meßwerkzeuge sind erforderlich?
...

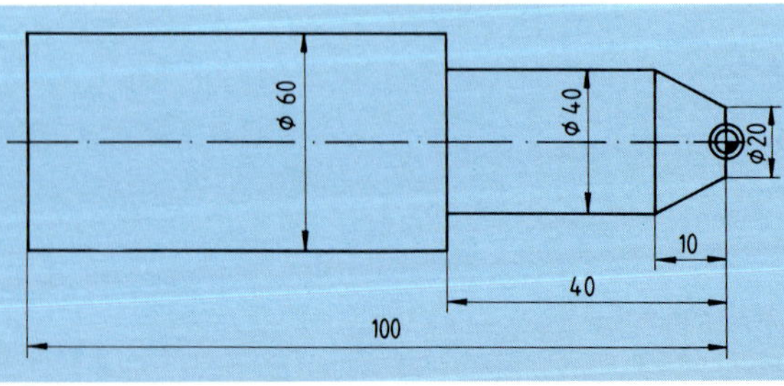

Programmierung von CNC-Drehmaschinen

Neben den Angaben über die Lage der Werkstückpunkte, die der Drehmeißel anfahren soll, braucht der Programmierer noch eine große Zahl von Angaben, um das Werkstück programmieren zu können.

Schematisch könnte eine Programmierung eines Werkstückes in Form eines Ablaufdiagramms dargestellt werden:

Vorgaben:
Zeichnung, Material, Anzahl der Werkstücke, Oberflächengüte...

⇩

Werkzeug, Umdrehungsfrequenzen bzw. Schnittgeschwindigkeit wählen, Spannart bestimmen, Werkstücknullpunkt bestimmen, Bearbeitungsfolge festlegen, Vorschub bestimmen, Kühlmittel ja/nein

⇩

Werkstückpunkte bestimmen, die nacheinander angefahren werden sollen. Art der Vorschubbewegung (Vorschub, Eilgang...) festlegen.

⇩

PROGRAMM SCHREIBEN

⇩

Programm über Datenträger in die Maschine einlesen

⇩

Programmablauf mit Hilfe der Simulation auf Fehler hin untersuchen, Fehler korrigieren

⇩

Werkstück fertigen

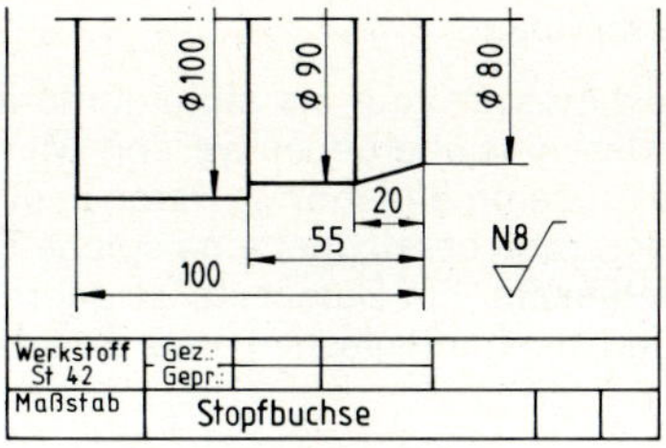

P	X	Z
P_1	0	0
P_2	10	0
P_3	(10)	–20

```
N5   G92  S 2000  F1,5
N10  G96  S 300   T1
N15  G00
```

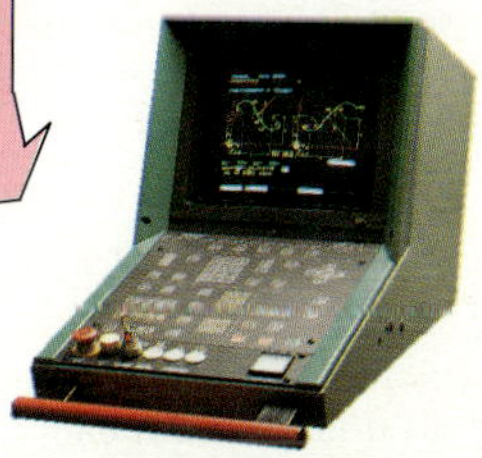

• Vorgaben

Das abgebildete Werkstück aus St 42 soll von einer CNC-Drehmaschine hergestellt werden. Die Oberflächengüte ist N8, es soll mit Kühlschmiermittel gearbeitet werden. Die Spanungstiefe a_p soll 10 mm betragen. Nach der Bearbeitung soll das Werkzeug wieder auf den Werkzeugwechselpunkt fahren.

Als erstes informiert sich der Fachmann über die zulässigen Schnittgeschwindigkeiten für den Werkstoff und ermittelt daraus die Umdrehungsfrequenzen. In aller Regel geschieht dies mit Hilfe eines Tabellenbuches oder eines Diagramms.

Für dieses Werkstück ergibt sich eine Umdrehungsfrequenz von n = 160 1/min und ein Vorschub f = 1,5 mm.

Werkstoff	Schruppen a) Schlichten b)	Hartmetalle (HM)		
		Schnittgeschwindigkeit v_c in m/min	Vorschub f in mm	Spanungstiefe a in mm
Weicher Stahl, z. B. St 42, St50	a)	50... 70	1,5	10,0
	b)	150...200	0,1	1,0
Legierte Stähle	a)	20... 40	1,0	8,0
	b)	50...100	0,1	1,0
Grauguß	a)	30... 50	1,5	10,0
	b)	80...100	0,1	1,0
Buntmetalle	a)	150...220	0,5	6,0
	b)	200...300	0,2	2,0
Leichtmetalle	a)	200...300	0,5	6,0
	b)	250...500	0,1	1,0
Kunststoffe	a)	200...300	0,3	3,0
	b)	400...600	0,1	1,0

Fertigungsdaten zum Drehen

Programm schreiben

Die Vorgaben müssen nun als alphanumerische Zeichen an die Maschine übergeben werden. Man schreibt im Normalfall zusammengehörige Daten in einer Reihe hintereinander, man bezeichnet eine solche Folge von Daten als **Datensatz**. Ein Datensatz ist geordnet nach geometrischen, technologischen und Zusatzinformationen.

Damit die Maschine weiß, in welcher Reihenfolge eine größere Menge von Datensätzen abgearbeitet werden soll, werden diese mit einer Datensatznummer versehen. Diese Datensatznummer wird gekennzeichnet mit dem Buchstaben N.

Beispielsweise würde N4 den vierten Datensatz kennzeichnen.

Man sagt, N ist die Adresse für die Datensatznummer.

Die Symbole der Adressen sind von englischen Begriffen abgeleitet. Die Adresse für die Umdrehungsfrequenzen wird mit dem Buchstaben S bezeichnet, eine Angabe wie S 160 bedeutet, daß die Umdrehungsfrequenz auf n = 160 1/min eingestellt wird. Eine solche Angabe bezeichnet man als **Datenwort.**

Durch das Wort G 97 wird der Maschine mitgeteilt, daß die Umdrehungsfrequenzen konstant gehalten werden soll, sich also auch bei verändertem Durchmesser nicht ändern soll.

Die Adresse für den Vorschub ist der Buchstabe F.

Das Wort F 1,5 heißt also, daß der Vorschub 1,5 mm beträgt.

Als nächstes muß noch das Werkzeug ausgewählt werden. In unserem Beispiel befindet sich der Drehmeißel im Werkzeugespeicher Nummer 1. Die Adresse für das Werkzeug ist T. Das Wort des Datensatzes ist also: T 1

Mit dem Wort M8 schalten wir – als Zusatzinformation – die Kühlschmiermittelzufuhr ein.

Danach erhalten wir den ersten Datensatz (s. rechts).

Technologische Informationen

Es ist leicht zu sehen, daß diese Daten zuerst nur die werkstoffabhängigen Vorgaben des Werkstücks betreffen. Man bezeichnet diese Daten deshalb auch als **technologische Informationen**. Die technologischen Daten stehen immer zu Anfang eines Programms, mit ihrer Hilfe wird die Maschine „eingestellt“. Selbstverständlich können die technologischen Daten im weiteren Verlauf des Programms geändert werden, wenn z. B. ein anderes Werkzeug angewählt wird und abhängig davon eine andere Umdrehungsfrequenz erforderlich ist.

Geometrische Informationen

Nachdem die technologischen Daten programmiert worden sind, muß das Aussehen des Werkstücks verschlüsselt beschrieben werden. Man bezeichnet die Zahlen, die die äußere Form des Werkstücks beschreiben, als **geometrische Informationen**.

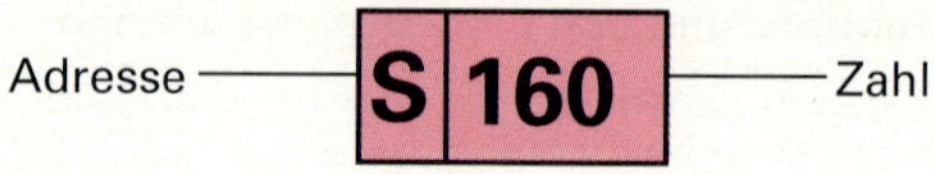

Datenwort

N	Adresse für Datensatznummer
S	Adresse für die Umdrehungsfrequenz
F	Adresse für den Vorschub
T	Adresse für das Werkzeug
M	Adresse für Zusatzinformationen

Adressen

Datensatznummer	Geometrische Informationen	Technologische Informationen			Zusatzinformationen
		Umdrehungsfrequenz	Vorschub	Werkzeug	
N1	G 97	S 350	F 1,5	T 1	M8

Datensatz

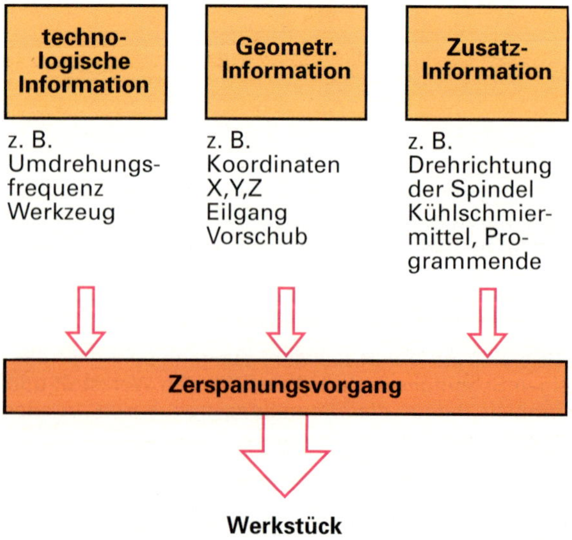

Die Konturbeschreibung geschieht dadurch, daß man die Koordinaten der Werkstückpunkte angibt und jeweils angibt, ob dieser Punkt im Eilgang oder im Vorschub erreicht werden soll.

Soll ein Punkt **im Eilgang** angefahren werden, so schreibt man unter der Adresse G eine 00, verkürzt **G 00**. Beim Lesen dieser Angabe schaltet die Steuerung den Eilgang ein und fährt den danach angegebenen Punkt an.

Soll ein Punkt **im Vorschub** erreicht werden, so schreibt man unter der Adresse G eine 01, verkürzt **G 01**. Trifft die Steuerung während des Abarbeitens des Programms auf diese Angabe, so wird der Vorschub eingeschaltet, und zwar mit dem unter der Adresse F programmierten Wert.

Als erstes muß in unserem Beispiel der Drehmeißel von seiner jetzigen Position vor die Werkstückvorderkante verfahren werden. Der Werkstückdurchmesser ist X = 90 mm, der Nullpunkt liegt auf der Werkstückvorderkante. Die Koordinaten des äußersten Punktes auf der Werkstückaußenkante sind also: X 90 Z 0. Es wäre nicht sinnvoll, im Eilgang sofort auf die Werkstückvorderkante zu fahren, deshalb bewegt man das Werkzeug auf einen Punkt einige mm vor der Werkstückvorderkante, z. B. Z 3

Der zweite Datensatz lautet also:

N 2	G 00	X 90	Z 3

Im dritten Datensatz wird nun der Vorschub eingeschaltet, der den Drehmeißel in Z-Richtung bewegen soll. Trifft die Steuerung auf das Wort G 01, so wird der im ersten Satz festgelegte Vorschub (1,5 mm) eingeschaltet.

Da der Nullpunkt an der Werkstückvorderkante liegt, sind alle Z-Werte, die „im" Werkstück liegen, mit einem negativen Vorzeichen versehen.

Der Drehmeißel soll über eine Länge von 55 mm längs drehen, deshalb ist der Wert bei Z – 55.

Der X-Wert ändert sich nicht, muß also nicht noch einmal gesondert eingegeben werden. Die Werte sind selbsthaltend, sie bleiben so lange auf dem letzten eingegebenen Wert, bis ein neuer Wert unter der Adresse einprogrammiert wird.

Nach diesen Überlegungen sieht der dritte Datensatz wie folgt aus:

N3	G01	(X 90)	Z-55

Im vierten Datensatz fahren wir mit dem Drehmeißel im Vorschub „aus dem Werkstück heraus", um die entstandene Planfläche noch sauber abzudrehen.

Der X-Wert wird also auf jeden Fall größer als der Rohteildurchmesser, z. B. X 105.

Die Werte bei Z (-55) und G (01) bleiben erhalten.

N 4	(G 01)	X 105	(Z-55)

Um den Kegel an der Werkstückvorderkante drehen zu können, müssen wir den Drehmeißel wieder vor die Werkstückvorderkante zurückbewegen. Um Zeit zu sparen, geschieht dies natürlich im Eilgang.

N 5	G 00	X 90	Z 2

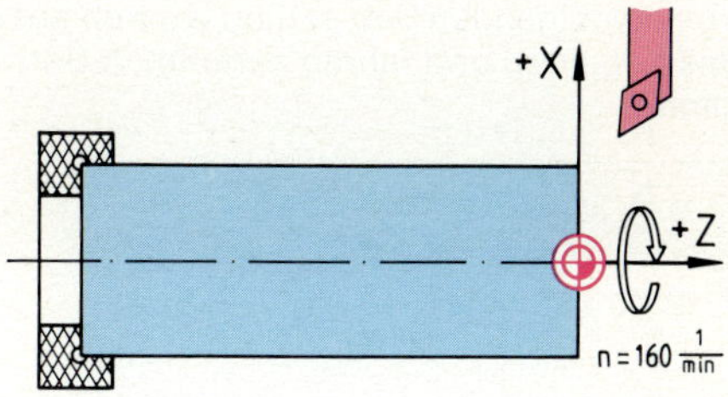

Werkzeug befindet sich am Werkzeugwechselpunkt

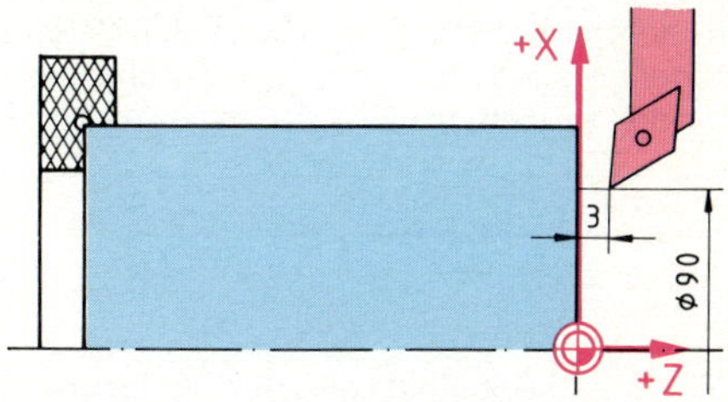

Werkzeug fährt im Eilgang auf X 90 Z3, Kühlschmiermittel ein

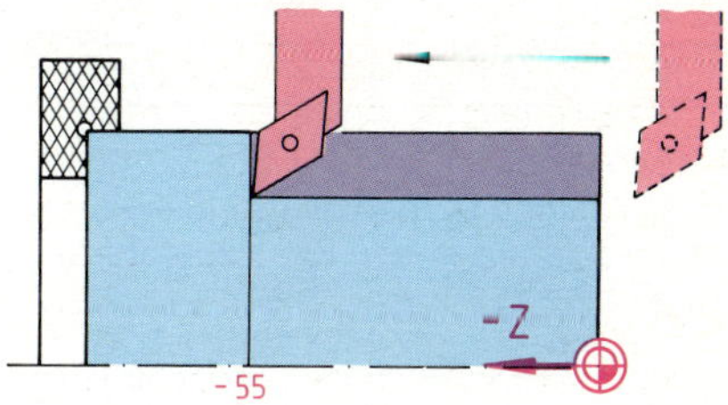

Das Werkzeug fährt im Vorschub auf Z-55 und nimmt dabei einen Span (a_p = 5 mm) ab.

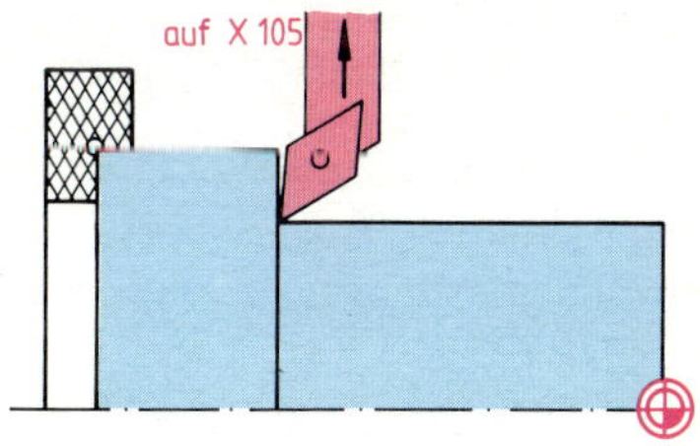

Herausfahren auf X 105

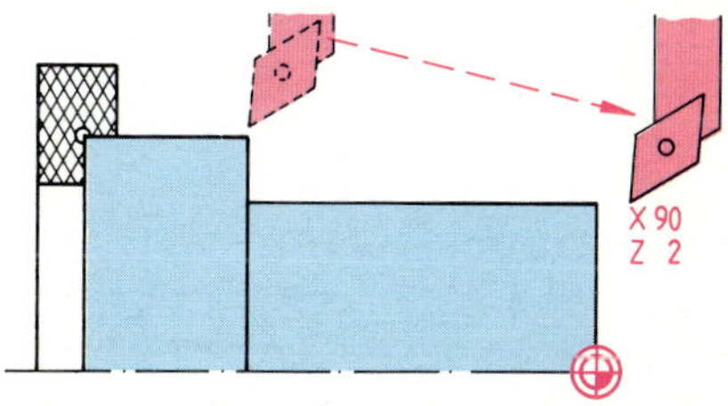

Im Eilgang vor die Werkstückvorderkante fahren

Im nachfolgenden Satz stellen wir nun auf den kleinen Durchmesser des Kegels zu und fahren dann im 7. Satz auf die Werkstückvorderkante:

N 6	(G 00)	X 80	(Z 2)
N 7	G 01	(X 80)	(Z 0)

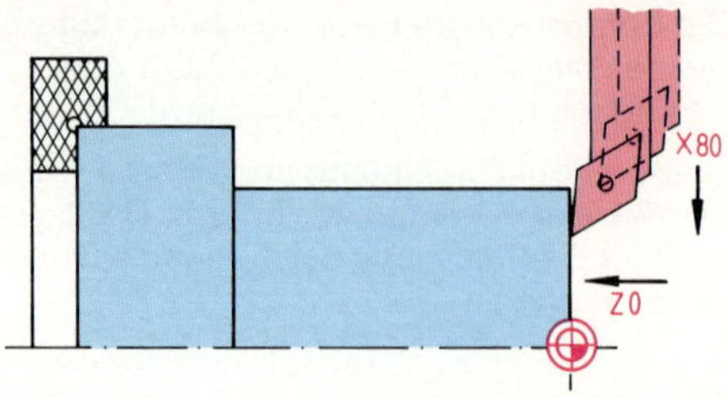

Zustellen und auf Werkstückvorderkante fahren

Im achten Datensatz nun wird der Kegel programmiert. Bei einem Kegel verändert sich der Drehdurchmesser mit der Drehlänge. Hier handelt es sich um eine Bahnsteuerung:

N 8	G 01	X 90	Z –20

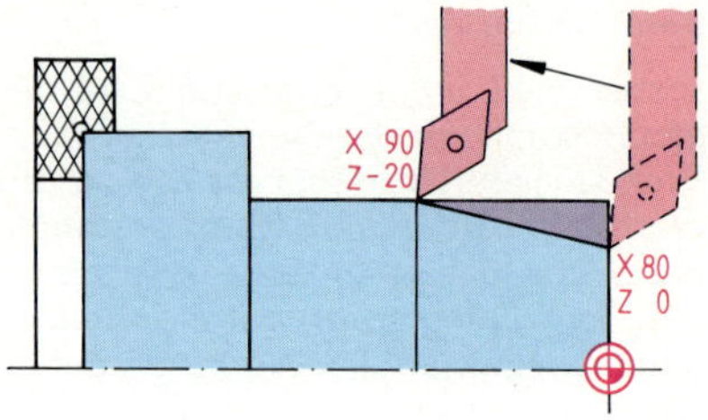

Bahnsteuerung: Kegel drehen

Der neunte Datensatz gibt der Steuerung den Befehl, wieder auf den Werkzeugwechselpunkt (X 200, Z 50) zu fahren.
Dies geschieht natürlich im Eilgang, die Kühlschmiermittelzufuhr wird mit M 9 abgeschaltet.

N 9	G 00	X 200	Z 50	M 9

Als letztes müssen wir der Steuerung noch mitteilen, daß das Programm zu Ende ist, daß also keine weiteren Datensätze mehr folgen. Dies geschieht mit dem Zusatzbefehl M 30.

N 10	M 30

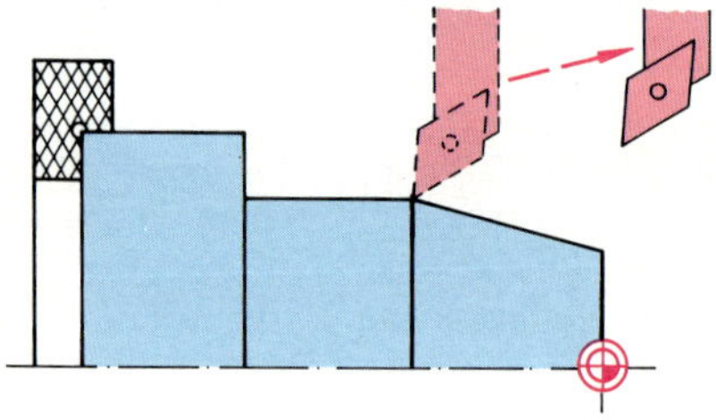
Zurück zum Werkzeugwechselpunkt, Kühlschmiermittel aus

Damit ist das Programm fertig!

Bei diesem Werkstück wurde die Schnittaufteilung noch von Hand programmiert. Die Hersteller der Werkzeugmaschinen haben ihre Maschinen mit zahlreichen automatischen Bearbeitungszyklen ausgestattet, die dem Bediener diese Arbeit ebenfalls abnehmen. Grundsätzlich unterscheidet sich die Programmierung jedoch nicht von dem gezeigten Beispiel.

Vollständiges Programm

Datensatznummer	Geometrische Informationen: Wegbedingungen	Koordinaten X	Koordinaten Z	Technologische Informationen: Umdrehungsfrequenz	Vorschub	Werkzeug	Zusatzinformationen	Bemerkungen
N 1	G 97			S 160	F 1,5	T 1	M 8	technologische Daten
N 2	G 00	X 90	Z 3					Punkt 1 (Werkstückvorderkante)
N 3	G 01		Z-55					Punkt 2
N 4		X 105						Punkt 3
N 5	G 00	X 90	Z 2					2 mm vor Werkstückvorderk.
N 6		X 80						5 mm zustellen
N 7	G 01		Z 0					auf Werkstück Vorderkante
N 8		X 90	Z-20					Kegel drehen
N 9	G 00	X 200	Z 50				M 9	Werkzeugwechselpunkt, Kühlschmiermittel aus
N 10							M 30	Programmende

Die Programmierung von Kreisbewegungen

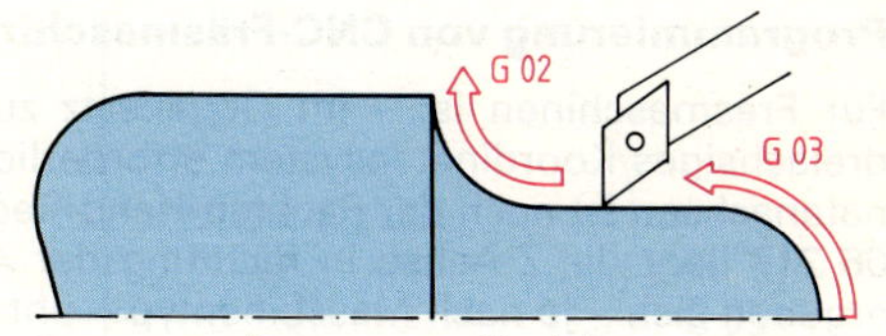

Programmierung von Kreisbewegungen

Um die Kreisbewegung eines Werkzeugs programmieren zu können, benötigt man den Drehsinn des Kreises, die Koordinaten des Startpunktes (von wo aus das Werkzeug anfängt), den Zielpunkt, der erreicht werden soll und den Mittelpunkt des Kreisbogens.

- Der Drehsinn des Kreises

Wird ein Kreisbogen durch eine Bewegung des Werkzeugs im Uhrzeigersinn erreicht, so programmiert man ihn mit Hilfe des Wortes G 02. Bewegt sich das Werkzeug entgegen dem Uhrzeigersinn, so erreicht man dies mit dem Wort G 03.

G 02	Kreisprogrammierung im Uhrzeigersinn
G 03	Kreisprogrammierung entgegen dem Uhrzeigersinn

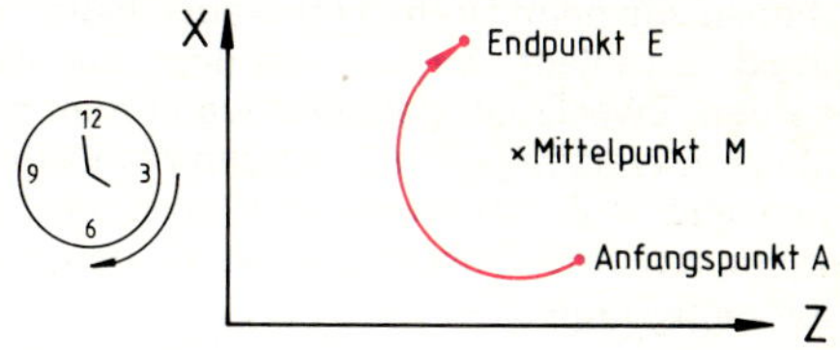

Werkzeugbewegung im Uhrzeigersinn (G 02)

Bei CNC-gesteuerten Drehmaschinen ist das Arbeitsergebnis abhängig von der Lage des Werkzeugs zum Werkstück. Befindet sich das Werkzeug hinter der Drehmitte, beispielsweise bei der Schrägbettdrehmaschine, so erreicht man mit G 02 eine Hohlkehle und mit G 03 einen Außenradius.

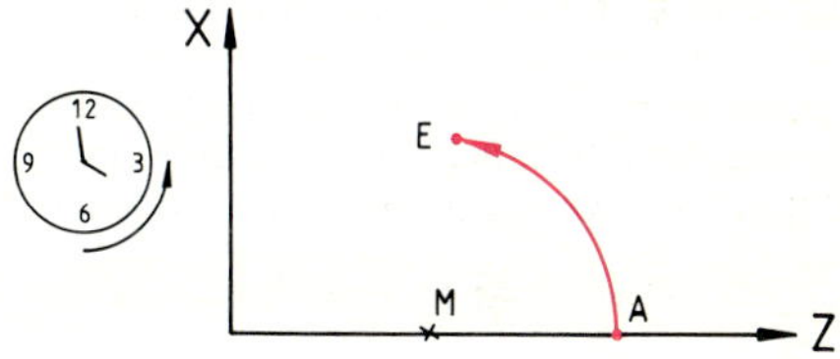

Werkzeugbewegung entgegen dem Uhrzeigersinn (G 03)

- Die Koordinaten des Endpunktes

Als nächstes benötigt die Maschine die Angabe des Punktes, der durch die Kreisbewegung des Werkzeugs erreicht werden soll. Dieser Punkt wird der Maschine – wie bisher auch – durch seine Koordinaten mitgeteilt.

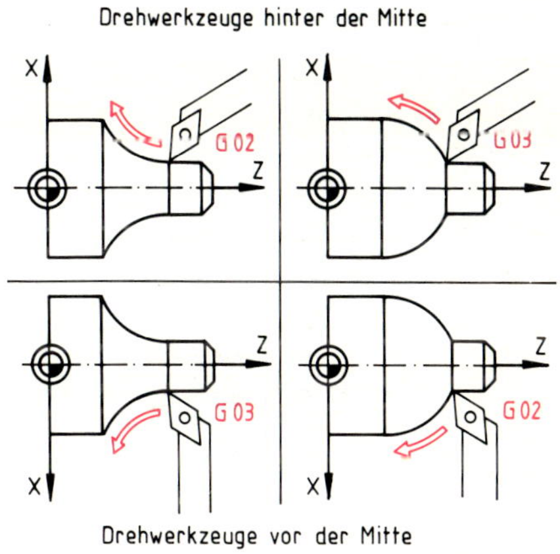

Drehsinn der Kreisbögen beim Drehen

- Die Koordinaten des Kreismittelpunktes

Die Koordinaten des Kreismittelpunktes werden zumeist vom Anfang des Kreisbogens aus inkremental (durch Zuwachswerte) angegeben. Der **Abstand des Anfangspunktes zum Mittelpunkt** in X-Richtung wird mit der Adresse I angegeben. Der achsparallele Abstand vom Anfangspunkt zum Mittelpunkt in Y-Richtung wird mit der Adresse J und in Z-Richtung mit der Adresse K angegeben. Ist die Richtung von I oder K gleich mit der Richtung der positiven Achsen, so sind diese positiv, ansonsten sind sie negativ.

Beispiel für eine Radiusprogrammierung:

Der abgebildete erste Radius soll auf einer CNC-Drehmaschine hergestellt werden. Das Werkzeug befindet sich hinter der Drehmitte. Das Werkzeug bewegt sich in einer Kreisbewegung entgegen dem Uhrzeigersinn, also ist das erste Wort des Satzes G 03. Durch die Kreisbewegung wird der Punkt X 40 Z-10 erreicht. Diese Koordinaten werden in dem Satz als nächstes programmiert. Der inkrementale Abstand des Kreismittelpunktes vom Anfangspunkt in X-Richtung ist 0 mm, also I 0, der inkrementale Abstand des Mittelpunktes vom Anfangspunkt in Z-Richtung beträgt –10 mm, also K = –10.

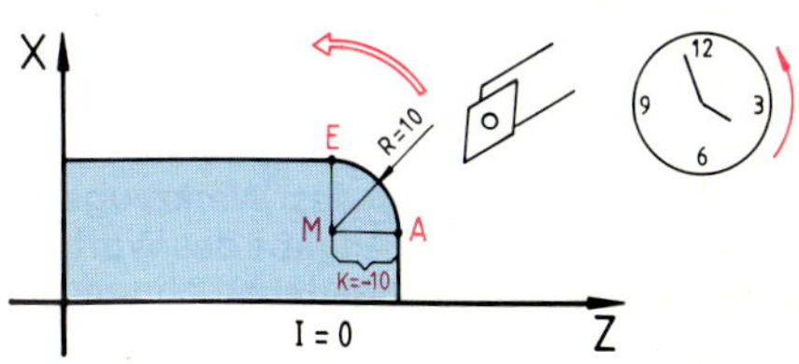

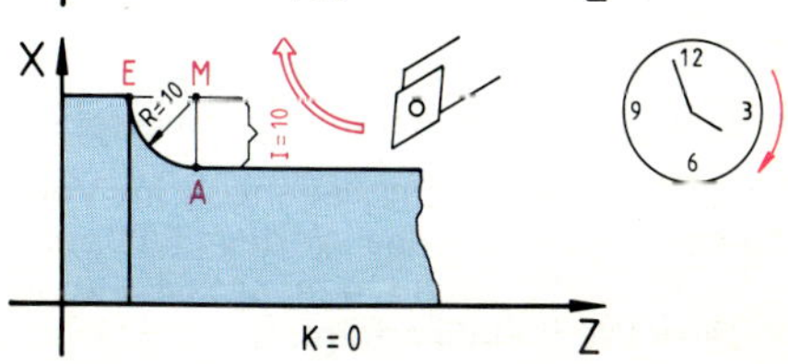

Damit ergibt sich als vollständiger Datensatz:

N 1	G 03	X 20	Z -10	I 0	K -10

• Werkzeugbahnkorrektur

In den vorherigen Beispielen wurde die erforderliche Werkzeugbewegung als Bahn des Frägermittelpunktes programmiert. Der Programmierer entnimmt aber der Zeichnung die Werkstückmaße. Außerdem muß, abhängig vom Durchmesser des Werkzeugs, die Bahn des Werkzeugmittelpunktes entlang der zu fertigenden Kontur geändert werden.
Die Mittelpunktsbahn des Fräsers bezeichnet man als Äquidistante (= „immer gleichbleibender Abstand").

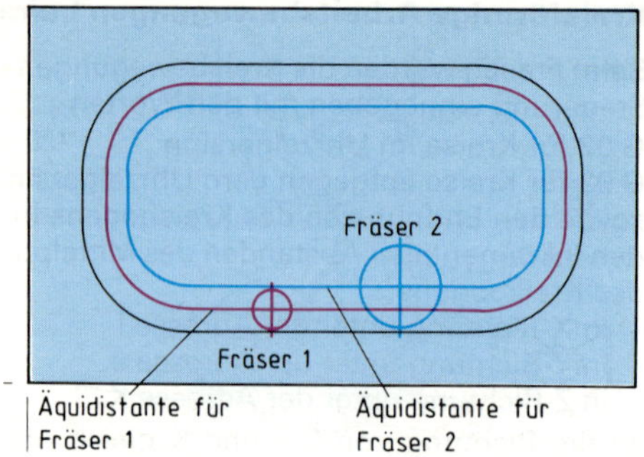

Da man als Programmierer die Werkstückkontur und den Werkzeugdurchmesser eingibt, kann der Steuerungscomputer die jeweilige Äquidistante berechnen.
Man bezeichnet diesen Vorgang als **Werkzeugbahnkorrektur**.

Befindet sich das Werkzeug links in Vorschubrichtung von der Werkstückkontur, so schaltet man die Werkzeugbahnkorrektur mit dem Wort G 41 ein.
Befindet sich das Werkzeug in Vorschubrichtung rechts von der Werkstückkontur, so wird die Werkzeugbahnkorrektur mit G 42 eingeschaltet.
G 40 hebt die Werkzeugbahnkorrektur wieder auf.

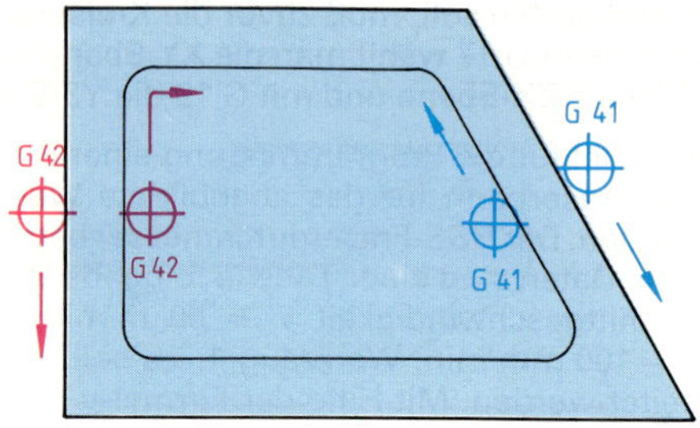

Fräser rechts der Kontur (G 42) Fräser links der Kontur (G 41)

Zyklen

Einige Arbeitsgänge, die einen gleichartigen Arbeitsablauf haben – z. B. Gewindeschneiden, Taschenfräsen –, werden als feste Arbeitsabläufe oder Zyklen schon in die Steuerung vorprogrammiert. Dafür sind die Wegbedingungen G 81 bis G 89 vorgesehen. Diese Zyklen erleichtern die Arbeit des Programmierers wesentlich.

2.2.5 Programmtest

Nachdem ein CNC-Programm in die Maschine eingegeben wurde, soll es mit Hilfe des Simulators der Maschine auf Fehler hin überprüft werden. Mit Hilfe der Simulation kann festgestellt werden, ob Fehler im Programm vorhanden sind, die das Arbeitsergebnis negativ beeinflussen könnten. Außerdem dient sie der Arbeitssicherheit, denn ein durch einen Programmfehler ausgelöster Werkzeugbruch kann den Bediener ebenfalls gefährden. Nach dieser ersten Kontrolle mit Hilfe des Simulators kann das Werkstück hergestellt werden. Den ersten Arbeitsdurchgang führt man aus Sicherheitsgründen mit verminderter Maschinenleistung – die an einem Potentiometer einstellbar ist – durch. Erst wenn diese Tests keine Programmfehler erkennen lassen, kann das Werkstück automatisiert gefertigt werden.

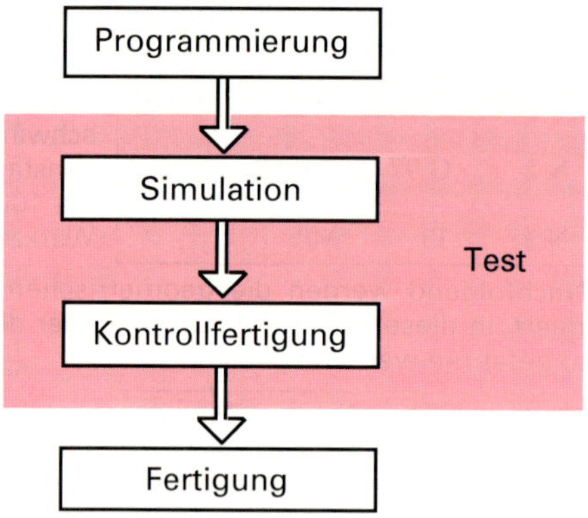

Aufgaben zur Wiederholung und Vertiefung

1. Erläutern Sie den Unterschied zwischen Senkrecht- und Waagerecht-Fräsmaschine hinsichtlich der Lage des Koordinatensystems!
2. Beschreiben Sie die Programmierung eines Kreisbogens in der XY-Ebene anhand eines Beispiels!
3. Unterscheiden Sie zwischen den Werkzeugbahnkorrekturen G 41 und G 42!
4. Programmieren Sie die Werkzeugbahn des abgebildeten Werkstückes aus St 50! Der Fräserdurchmesser beträgt $d = 20$ mm.

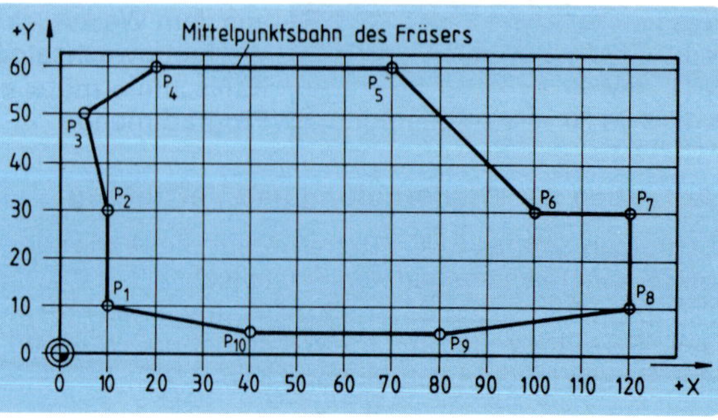

2.2.6 Technologie zum Drehen und Fräsen

Werkzeuge

Wurde bis vor wenigen Jahren die Spanabnahme ausschließlich durch Drehmeißel in den verschiedensten Formen bewältigt und bei den Fräsern vorwiegend HS und HSS-Werkstoffe eingesetzt, so wird der Zerspanungsvorgang beim Drehen heute nahezu ausschließlich von **Wendeschneidplatten** geleistet. Bei den Fräsern findet man in verstärktem Maße beschichtete Werkstoffe.

Die Auswahl eines Werkzeugs für die Bearbeitung eines Werkstücks hängt von mehreren Faktoren ab:

- vom zu bearbeitenden Werkstoff
- von der Art der Werkzeugaufnahme
- von der geforderten Präzision
- von der Art der Bearbeitung.

Weiterhin sind für die Auswahl des richtigen Werkzeugs die vorgesehene Schnitt- und Vorschubgeschwindigkeit und die Standzeit des Werkzeugs von Bedeutung.

Dreh- und Fräswerkzeuge mit Wendeschneidplatten

- Einsatz von Wendeschneidplatten beim Drehen

Wendeschneidplatten sind aus beschichteten oder unbeschichteten Hartmetallen oder aus Keramik, neuerdings findet man auch Wendeschneidplatten aus polykristallinen Stoffen. Auch die Spanart kann durch die Auswahl der Wendeschneidplatten beeinflußt werden.

Der große Vorteil der Wendeschneidplatte liegt darin, daß nach der Abnutzung der ersten Schneide die Platte ohne besonderen Aufwand gewendet werden kann, ohne daß die Maßhaltigkeit beeinflußt wird. Das Wenden erfolgt durch Lösen der Befestigungsschraube am Werkzeughalter. Je nach Hersteller findet man unterschiedliche Formen der Werkzeughalter.

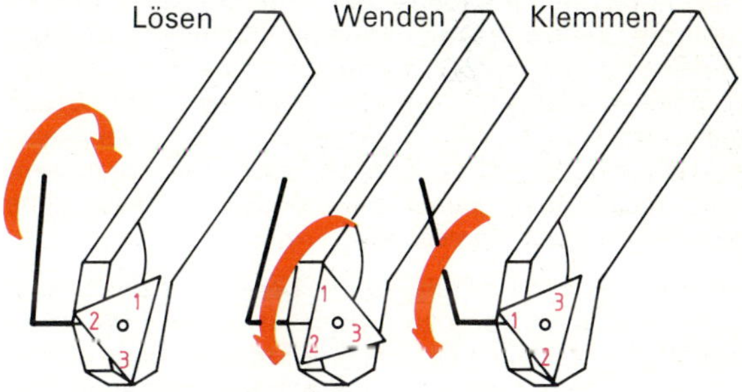

Wenden der Schneidplatten

- Einsatz von beschichteten Werkzeugen

Neben den unbeschichteten Wendeschneidplatten werden Fräser, Bohrer und Gewindeschneider aus beschichteten Werkstoffen verwendet. Dabei besteht die Beschichtung vorwiegend aus Titancarbid.

Durch die Beschichtung wird die Schneidfähigkeit der Werkzeuge und damit auch ihre Wirtschaftlichkeit wesentlich verbessert. Weiterhin wird die Standzeit durch die Beschichtung erhöht. Standzeit ist die Zeit, die ein Werkzeug zwischen zwei Anschliffen im Eingriff ist. Sie beträgt bei den beschichteten Werkzeugen je nach Beschichtung bis zu 60 min.

Werkzeuge werden mit Hilfe eines **Schneidenzustands-Überwachungssystem** während des Eingriffs überwacht. Geprüft wird die Schnittkraft bzw. das Nachlassen der Schnittkraft. Bei entsprechender Abnutzung wird das Werkzeug automatisch ausgetauscht.

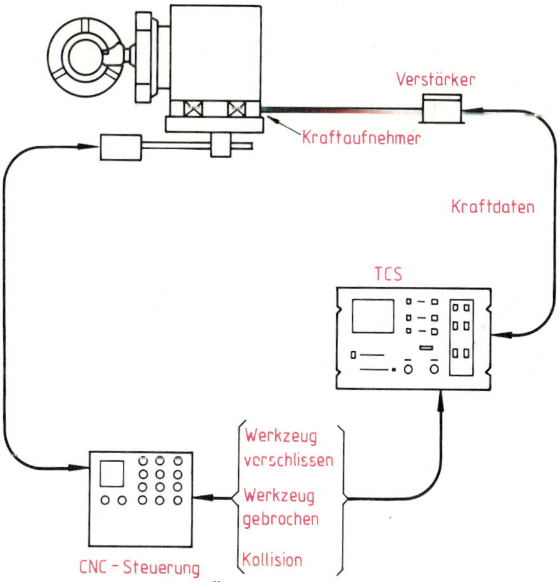

Schneidenzustands-Überwachungssystem

- Werkzeugaufnahme

Die Werkzeugaufnahme kann von Hersteller zu Hersteller unterschiedlich sein, jedoch bieten die meisten Hersteller von Werkzeugmaschinen heute **variable Aufnahmesysteme** an, so daß alle Formen von Werkzeughaltern bei Drehmaschinen und alle Schaftformen von Fräsern in der Werkzeugaufnahme untergebracht werden können.

Werkzeughalterungen und Schäfte gibt es in rechtwinkliger oder quadratischer, runder oder kegeliger Form. In der Regel ist die Werkzeugaufnahme **beim Fräsen ein Magazin** und **beim Drehen ein Revolverkopf.**

Werkzeugmagazin

- Programmierung der Werkzeuge

Für die Bearbeitung eines Dreh- oder Frästeils können mehrere **Werkzeuge mit unterschiedlichen Abmessungen** erforderlich sein. Damit der Computer die Werkzeuge an die gewünschte Position verfahren kann, müssen die Abmessungen der Werkzeuge wie beispielsweise die Länge und der Durchmesser eines Fräsers im Computer gespeichert sein. Jedes Werkzeug erhält eine Nummer mit der Adresse T.

Werkzeug	Durchmesser	Länge
T 01	10.000	153.000
T 02	25.000	210.000
T 03	28.000	115.000
⋮	⋮	⋮

Werkzeug-Tabelle

Wird ein Werkzeug aufgerufen, **berechnet die Steuerung** – abhängig von den Abmessungen des Werkzeuges – **den Verfahrweg**. Die Werkzeugnummern sind unabhängig vom gerade laufenden Programm gespeichert. Das heißt, das Werkzeug T 03 beispielsweise ist für alle Programme das gleiche Werkzeug.

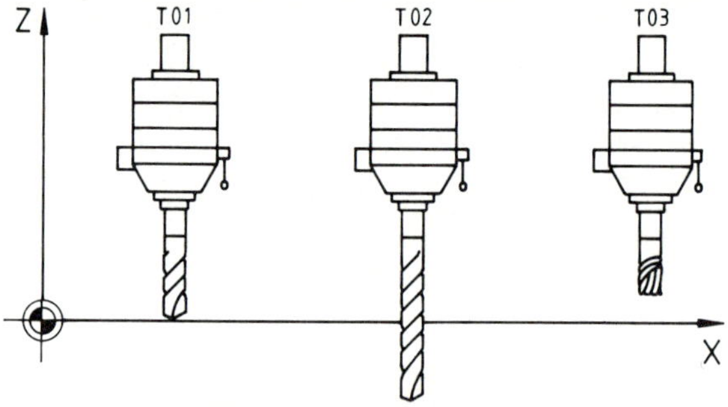

Werkzeug-Längenkorrektur

Die Werkzeuge sind entsprechend ihrer Reihenfolge im Revolverkopf oder im Magazin untergebracht.

Soll ein Werkzeugwechsel (WZW) erfolgen, so muß das vorangegangene Werkzeug in den **Werkzeugwechselpunkt** gebracht werden. Das Verfahren zum Werkzeugwechselpunkt erfolgt im Eilgang.

Bei Drehmaschinen mit Revolverkopf erfolgt der Werkzeugwechsel in der Regel an einem Ort, an dem durch den Wechsel keine Beschädigung des Werkzeugs erfolgen kann, dabei ist keine feste Position vorgegeben. Bei Fräsern ist für den Werkzeugwechsel der Werkzeugwechselpunkt vorgegeben. Angaben über den Werkzeugwechselpunkt sind dem Bedienerhandbuch des jeweiligen Herstellers zu entnehmen.

Werkzeug-Wechselpunkt

Schnitt- und Vorschubgeschwindigkeit, Umdrehungsfrequenz

Neben der richtigen Auswahl des Werkzeugs ist für die Bearbeitung eines Werkstücks die Auswahl der günstigsten Schnitt- und Vorschubgeschwindigkeit oder der richtigen Umdrehungsfrequenz von entscheidender Bedeutung. Ungünstige Geschwindigkeiten bzw. Umdrehungsfrequenzen verringern die Standzeit des Werkzeugs.

Die richtige Auswahl von Schnitt- und Vorschubgeschwindigkeit wird durch den zu bearbeitenden Werkstoff und durch den Werkstoff des Werkzeugs entscheidend beeinflußt.

Die Hersteller von Werkzeugen geben Tabellen zu den Werkzeugen heraus, in denen die einzelnen Werkstoffe in **Werkstoffzerspanungsgruppen (ZG)** zusammengefaßt sind. Insgesamt werden 13 Werkstoffzerspanungsgruppen unterschieden. Für jede Zerspanungsgruppe wird in Abhängigkeit von der Schnittiefe der Vorschub und die Schnittgeschwindigkeit für das entsprechende Werkzeug vorgegeben. Soll z. B. ein Werkstück aus 45 S 20 mit einem beschichteten Hartmetallwerkzeug bei einer Schnittiefe von 3 mm und einem Vorschub von 0,25 mm bearbeitet werden, so findet man als Schnittgeschwindigkeit v_c = 290 m/min.

chnung	Werkstoff-Nr.	Bezeichnung	Werks
uppe 2	Werkstoffzerspanungsgruppe 3		Werks
t37-2	1.0060	St60-2	1.00
t37-2	1.0551	GS52	1.01
44-2	1.0727	45S20	1.03
44-3	1.0570	St52-3	1.04

Werkstoffzerspanungsgruppe 3					
Schnitt-tiefe *a* in mm	Vor-schub *s* in mm	HM v_c in m/min	HM-beschichtet v_c in m/min	Keramik v_c in m/min	HSS T ≈ 60 min v_c in m/min
1	0,10	350			60
	0,16	320	350	550	50
	0,25	290	320	520	45
	0,40	260	280		35
2	0,10	320			60
	0,16	360	320	520	50
3	0,25	270	290	480	45
	0,40	240	260	460	35
4	0,10	300			60
	0,16	280	300	480	50
	0,25	250	270	450	45
	0,40	230	240	430	35

Werkstofftabelle (Auszug)

Je nach Bearbeitung wird eine konstante Umdrehungsfrequenz oder eine konstante Schnittgeschwindigkeit programmiert.

• Konstante Schnittgeschwindigkeit G 96

Mit der Anweisung G 96 wird für einen bestimmten Arbeitsgang eine konstante Schnittgeschwindigkeit vorgewählt. Diese vorgewählte Schnittgeschwindigkeit gilt für alle nachfolgenden Sätze bis eine neue Anweisung G 96 mit geändertem Wert oder die Anweisung „konstante Umdrehungsfrequenz" erfolgt. In der Tastatur der bekannten Werkzeugmaschinenhersteller ist für diese Anweisung eine besondere Taste vorgesehen. Wird die Taste gedrückt, so fragt die Maschine nach dem Wert für die Schnittgeschwindigkeit. Beim Programmieren wird der Wert als S-Wort eingetragen.

Ändert sich bei der Bearbeitung der Durchmesser (z. B. beim Plandrehen), so errechnet der Computer die Umdrehungsfrequenz, die für die eingestellte Schnittgeschwindigkeit erforderlich ist und ändert diese stufenlos.

Geometrische Informationen	Technologische Informationen
G X Y Z I K	S F

G 96	290
Anweisung für konstante Schnittgeschwindigkeit	Schnittgeschwindigkeit in m/min

• Konstante Umdrehungsfrequenz G 97

Bei einigen Bearbeitungsvorgängen wird an Stelle einer konstanten Schnittgeschwindigkeit eine konstante Umdrehungsfrequenz gefordert, z. B. beim Gewindeschneiden. Dies wird mit der Anweisung G 97 programmiert. Die Umdrehungsfrequenz selbst wird wiederum als S-Wort eingegeben. Auch für diesen Befehl G 97 ist bei einigen Werkzeugmaschinenherstellern eine besondere Taste vorgesehen.

Geometrische Information	Technologische Information
G X Y Z I K	S F

G 97	180
Anweisung für konstante Umdrehungsfrequenz	Umdrehungsfrequenz in 1/min

- Konstanter Vorschub G 95

Im Hinblick auf die Oberflächengüte des Werkstücks wird ein konstanter Vorschub bevorzugt. Dies wird mit dem Wort G 95 programmiert. Die Eingabe des Vorschubs erfolgt unter der Adresse F. Wie für die konstante Umdrehungsfrequenz und für die konstante Schnittgeschwindigkeit besitzen die meisten Werkzeugmaschinen auch eine besondere Taste zur Eingabe des konstanten Vorschubs. Neben den besonderen Programmtasten für die Befehle G 95, G 96 und G 97 bieten die Werkzeugmaschinen die Möglichkeit, diese Größen von Hand zu beeinflussen. Die Beeinflussung erfolgt durch ein Handrad oder durch eine Drucktaste (Potentiometerschaltung), die die Ausführgeschwindigkeit der programmierten Werte von 0% bis 120% variabel steuert.

Geometrische Informationen	Technologische Informationen	
G X Y Z I K	S	F
G 95		0,25
Anweisung für konstanten Vorschub	Vorschub in mm	

- Konstante Vorschubgeschwindigkeit G 94

Mit der Anweisung G 94 ist eine konstante Vorschubgeschwindigkeit in mm/min programmierbar.

Geometrische Informationen	Technologische Informationen	
G X Y Z I K	S	F
G 94		30
Anweisung für konstante Vorschubgeschwindigkeit	Vorschubgeschwindigkeit in mm/min	

2.2.7 Zusatzinformationen zum Drehen und Fräsen

Neben den Programmanweisungen und den technologischen Anweisungen bedarf der Rechner noch einer Reihe von weiteren Anweisungen, bevor die Bearbeitung des Werkstücks beginnen kann.

Die Spindel muß eingeschaltet werden. Dabei muß dem Computer mitgeteilt werden, ob sich die Spindel links oder rechts herum drehen soll. Die Steuerung muß auch die Kühlung des Werkstücks berücksichtigen und die Kühlschmiermittelpumpe ein- oder abschalten. Weiterhin kann zu bestimmten Zeiten ein Spindelstop oder ein programmierter Halt des Programmablaufs notwendig werden. Zusätzlich benötigt der Rechner Anweisungen zum Programmende. Für alle diese Anweisungen sind **Zusatzbefehle** notwendig und im Programm vorzusehen.

Alle Zusatzbefehle stehen unter der Adresse M.

Spindel Drehrichtung rechts M 03

Mit dem Befehl M 03 wird die Spindel eingeschaltet. Sie macht – vom Spindelstock aus gesehen – eine Rechtsdrehung.

Spindel Drehrichtung links M 04

Mit dem Zusatzbefehl M 04 wird die Spindel – vom Spindelstock aus gesehen – in eine Linksdrehung versetzt.

Drehrichtung links

Programmierter Halt M 00

Soll zur Überprüfung der Maßgenauigkeit das Programm an einer bestimmten Stelle gestoppt werden, geschieht dies über den Befehl M 00. Mit dieser Anweisung bleibt nicht nur die Spindel stehen, sondern auch die Kühlmittelzufuhr wird unterbunden. Der weitere Programmablauf muß von Hand gestartet werden.

Kühlschmiermittel Ein M 08
Mit der Anweisung M 08 wird die Kühlschmiermittelzufuhr eingeschaltet. Sie bleibt solange in Betrieb, bis ein gegenteiliger Befehl gegeben wird. Um unnötige Kühlmittelmengen zu vermeiden, soll diese Anweisung immer in der Zeile eingegeben werden, in der der Zerspanungsvorgang stattfindet.

Kühlschmiermittel Aus M 09
Ist der Zerspanungsvorgang beendet, soll in der Regel in der nächsten Anweisung der Befehl „Kühlschmiermittel Aus“ M 09 erfolgen. Nur wenn eine Kühlung des Werkstücks auf Grund zu großer Wärmeentwicklung weiterhin notwendig ist, soll die Kühlmittelzufuhr erst zu einem späteren Zeitpunkt unterbrochen werden. Einige Werkzeugmaschinenhersteller haben besondere Zusatzbefehle für den Kühlvorgang.

Programmende M 30
Mit diesem Zusatzbefehl erkennt der Rechner, daß das Programm beendet ist. Der Befehl bedeutet gleichzeitig, daß der Rechner zum Programmbeginn zurückkehrt.

Einsatz von Kühlschmiermittel

Übersicht über die Wegbedingungen und Zusatzfunktionen für die CNC-Programmierung nach DIN 66025 (Auswahl)

Adressbuchstaben	F	Vorschub/-geschwindigkeit
	G	Wegbedingung
	I	Interpolationsparameter parallel zur X-Achse
	J	Interpolationsparameter parallel zur Y-Achse
	K	Interpolationsparameter parallel zur Z-Achse
	M	Zusatzfunktion
	N	Nummer des Datensatzes
	S	Umdrehungsfrequenz der Hauptspindel bzw. Schnittgeschwindigkeit
	T	Werkzeugnummer
	X	Bewegung in Richtung der X-Achse
	Y	Bewegung in Richtung der Y-Achse
	Z	Bewegung in Richtung der Z-Achse
Wegbedingungen	G 00	Verfahren im Eilgang
	G 01	Verfahren im Vorschub
	G 02	Kreisbewegung im Uhrzeigersinn
	G 03	Kreisbewegung im Gegenuhrzeigersinn
	G 04	Verweilzeit
	G 17	Ebenenauswahl XY
	G 18	Ebenenauswahl XZ
	G 19	Ebenenauswahl YZ
	G 40	Aufheben der Werkzeugkorrektur
	G 41	Werkzeugbahnkorrektur links
	G 42	Werkzeugbahnkorrektur rechts
	G 54 - G 59	Nullpunktverschiebungen
	G 70	Maßangaben in inch
	G 71	Maßangaben in mm
	G 81 - G 89	Arbeitszyklen
	G 90	Absolutbemaßung
	G 91	Inkrementalbemaßung
	G 94	Angabe der Vorschubgeschwindigkeit in mm/min
	G 95	Vorschub in mm/U
	G 96	konstante Schnittgeschwindigkeit
	G 97	Angabe der Umdrehungsfrequenz in 1/min
Zusatzfunktionen	M 00	Programmierter Halt
	M 03	Spindeldrehung im Uhrzeigersinn (vom Spindelstock aus betrachtet)
	M 04	Spindeldrehung im Gegenuhrzeigersinn
	M 06	Werkzeugwechsel
	M 08	Kühlschmiermittel ein
	M 09	Kühlschmiermittel aus
	M 30	Programmende mit Rücksetzen auf den Programmanfang

Aufgaben zur Wiederholung und Vertiefung

CNC – Drehen

1. Programmieren Sie die Kontur des abgebildeten Werkstücks mit Hilfe der Befehle G 01, G 02 und G 03
a) für das Werkzeug hinter der Drehmitte
b) für das Werkzeug vor der Drehmitte!

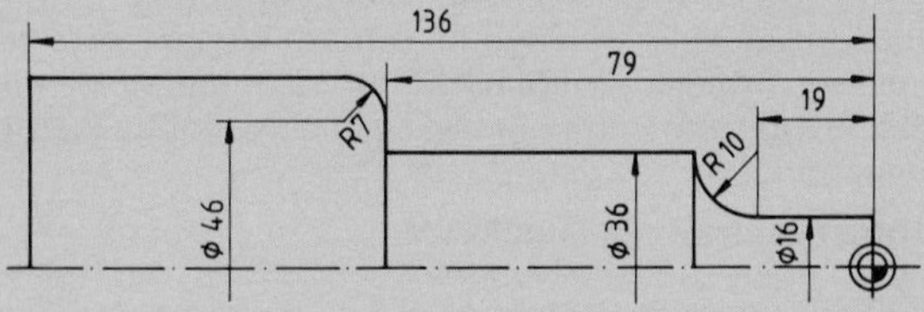

2. Programmieren Sie die Datensätze für die skizzierten Radien, die auf einer CNC-Drehmaschine hergestellt werden sollen!

a) Der Werkstücknullpunkt liegt an der Werkstückvorderkante.
b) Der Werkstücknullpunkt liegt im Spannfutter.

Schreiben Sie diese Datensätze jeweils für eine Flachbett- (Werkzeug vor der Drehmitte) und eine Schrägbettdrehmaschine (Werkzeug hinter der Drehmitte)!

Erläutern Sie jeweils den Unterschied zwischen den einzelnen Datensätzen!

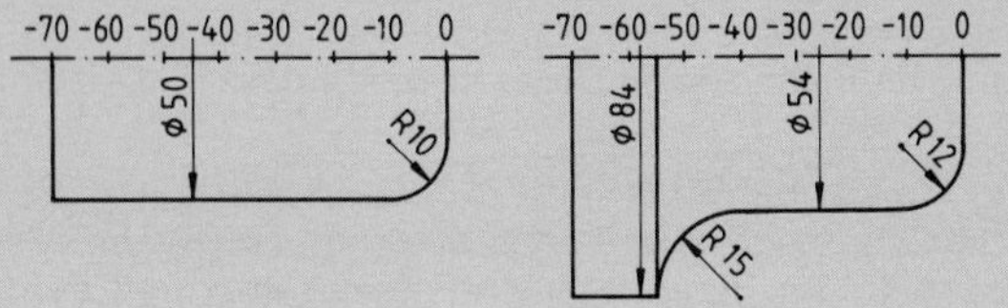

3. Schreiben Sie das CNC-Programm für das skizzierte Werkstück aus 45 S 20. Das Werkstück wird mit einem nichtbeschichteten Hartmetallwerkzeug bearbeitet. Die Schnittiefe beträgt 2 mm. Die Werte für Vorschub und Schnittgeschwindigkeit entnehmen Sie der Tabelle „Werkstofftabelle (Auszug)" in Kap. 2.2.6. Das Werkzeug hat die Nummer 1 im Werkzeugspeicher. Es soll mit Kühlschmiermittel gearbeitet werden.

Legen Sie den Nullpunkt
a) an die Werkstückvorderkante
b) in das Spannfutter!

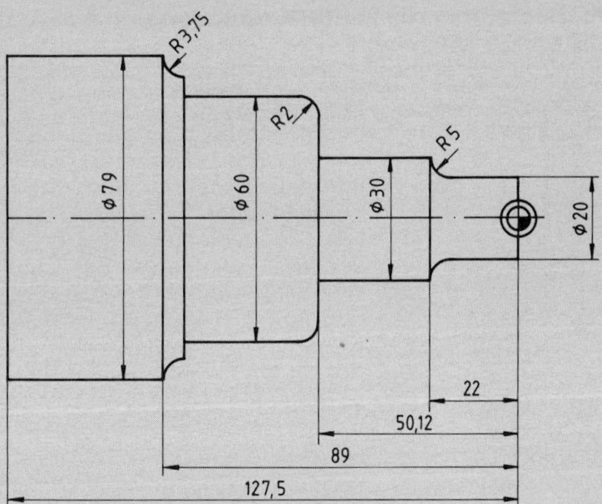

CNC – Fräsen

1. Erläutern Sie die unterschiedliche Lage der Koordinatensysteme bei Senkrecht- und Waagerechtfräsmaschinen!

2. Beschreiben Sie die Lage der drei möglichen Ebenen an CNC-Fräsmaschinen, nennen Sie die Befehle zur jeweiligen Ebenenauswahl!

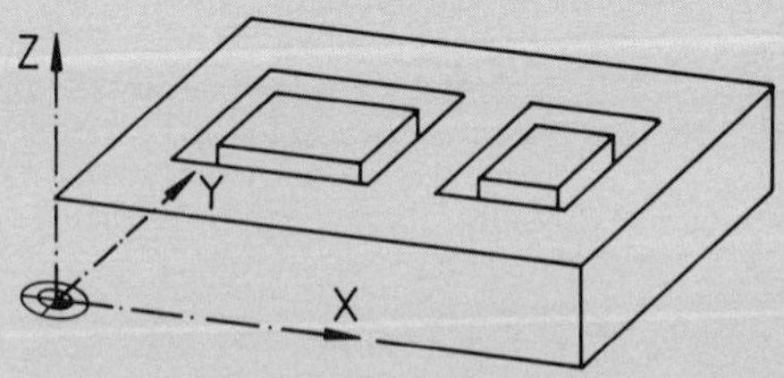

3. Programmieren Sie die Fräser-Mittelpunktsbahn für das abgebildete Werkstück!
Die technologischen Daten sind:
konstante Schnittgeschwindigkeit v_c = 240 m/min
Vorschubgeschwindigkeit: 80 mm/min
Werkzeug T 1. Die Frästiefe beträgt 8 mm. Es soll mit Kühlschmiermittel gearbeitet werden.

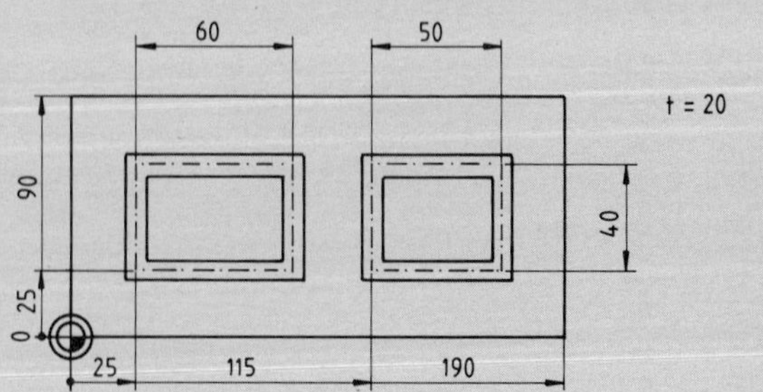

4. Erläutern Sie die Notwendigkeit der Fräserradiuskorrektur; Unterscheiden Sie dabei zwischen G 40, G 41 und G 42!

3 Werkstofftechnik

3.1 Werkstoffprüfung

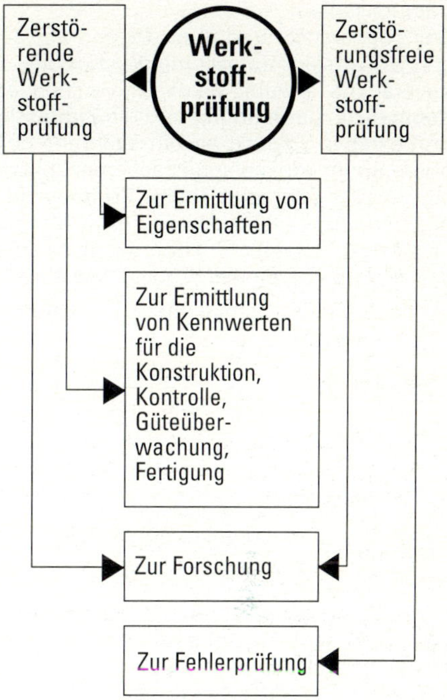

Werkstoffe werden geprüft, bevor ein technisches Erzeugnis daraus hergestellt wird. Dabei lernt man die unterschiedlichen Eigenschaften kennen und kann entscheiden, ob die Werkstoffe sich bei der Fertigung und im Gebrauch zweckmäßig verhalten. Aber auch Kennwerte werden ermittelt. Dem Konstrukteur wird es dadurch erst möglich, die Werkstoffe sparsam einzuplanen, dem Kontrolleur dienen die Kennwerte zur Güteüberwachung, und der Mechaniker kann mit ihrer Hilfe geeignete Werkzeuge und Maschinen für die Fertigung auswählen. In der Forschung dient die Werkstoffprüfung der Neu- und Weiterentwicklung von Werkstoffen.

Da die Werkstoffe bei diesen Prüfungen in der Regel beschädigt bzw. zerstört werden, spricht man von der **zerstörenden Werkstoffprüfung**.

Hersteller sind bestrebt, keine fehlerhaften Erzeugnisse auszuliefern. Deswegen prüft man die Werkstoffe auch während und nach der Fertigung auf Fehler. Die Erzeugnisse müssen dabei unbeschädigt bleiben. In diesen Fällen, aber auch in der Forschung, setzt man Verfahren der sog. **zerstörungsfreien Werkstoffprüfung** ein.

3.1.1 Zerstörende Werkstoffprüfung

Bei der zerstörenden Werkstoffprüfung unterscheidet man die **physikalische** und die **technologische Werkstoffprüfung.**

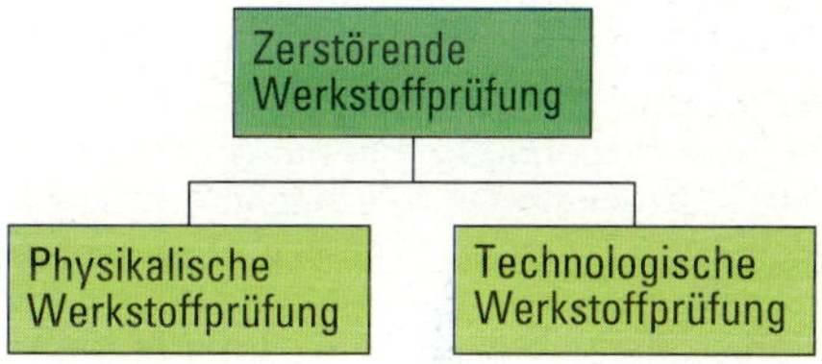

z.B. Zugversuch, Härteprüfung, Kerbschlagbiegeversuch

z.B. Ausbreitversuch, Technologischer Biegeversuch, Tiefungsversuch

Physikalische Werkstoffprüfung

Werden vorrangig Kennwerte ermittelt, zählt man die Verfahren zur physikalischen Werkstoffprüfung.

- Zugversuch (DIN 50 145)

Beim Zugversuch wird eine Probe gleichmäßig und stoßfrei gedehnt bis sie zerreißt. Diese Beanspruchung, die nur in einer Richtung wirkt, liegt in der Praxis nur selten vor. Deswegen müssen die Ergebnisse oft durch Prüfungen anderer Verfahren ergänzt werden.

Zugproben
Aus dem Werkstoff, der geprüft werden soll, werden genormte Rund- und Flachproben hergestellt. Bei Rundproben soll ein festes Verhältnis zwischen der Anfangsmeßlänge L_0 und dem Anfangsdurchmesser d_0 bestehen. Nach der Norm ist die Anfangsmeßlänge entweder 5 mal oder 10 mal so lang wie der Anfangsdurchmesser. Die Proben liefern dadurch vergleichbare Ergebnisse. Das Verhältnis $L_0/d_0 = 5$ ergibt die sog. kurzen Proportionalstäbe, und das Verhältnis $L_0/d_0 = 10$ die langen Proportinalstäbe.

$$L_0 = 5 \cdot d_0 \text{ beim kurzen Proportionalstab}$$

$$L_0 = 10 \cdot d_0 \text{ beim langen Proportionalstab}$$

Beispiel: Der Anfangsdurchmesser eines langen Proportionalstabes beträgt z. B. $d_0 = 12$ mm. Mit diesen Angaben kann die Meßlänge L_0 und der Anfangsquerschnitt S_0, der später noch besonders interessiert, berechnet werden.

$$L_0 = 10 \cdot d_0 = 10 \cdot 12 \text{ mm} = 120 \text{ mm}$$

$$S_0 = \frac{d_0^2 \pi}{4} = \frac{12^2 \text{ mm}^2 \cdot \pi}{4} = 113 \text{ mm}^2$$

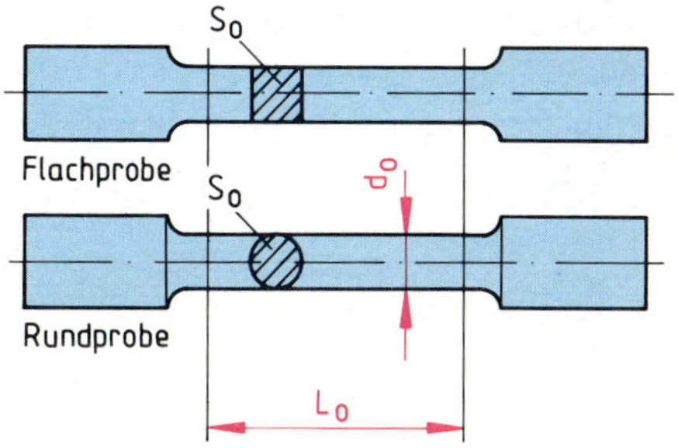

L_0: Anfangsmeßlänge

d_0: Anfangsdurchmesser

S_0: Anfangsquerschnitt

Zugproben

Versuchsablauf

Der Zugversuch wird überwiegend auf einer hydraulisch betriebenen Universalprüfmaschine durchgeführt, die auch Druck- und Biegeversuche erlaubt. Beim Zugversuch erhält man als wichtigste **Kennwerte** die **Dehnung** und die **Zugfestigkeit**. Dazu setzt man den Probestab in Spannköpfe ein. Während der Prüfung bewegt sich der obere Spannkopf solange nach oben, bis der Bruch des Probestabes eintritt. Der Schreiber älterer Prüfmaschinen liefert ein Diagramm, das die Zugkraft in Abhängigkeit von der Längenänderung des Probestabs darstellt. Um Kennwerte zu erhalten, die unabhängig von den Abmessungen des Probestabes sind, rechnet man um:

- Die Zugkraft teilt man durch den Anfangsquerschnitt S_0 und erhält die Zugspannung.

$$\text{Zugspannung} = \frac{\text{Zugkraft}}{\text{Anfangsquerschnitt}}; \quad \sigma = \frac{F}{S_0}; \quad \text{Einheit: } 1\,\frac{\text{N}}{\text{mm}^2}$$

- Die Längenänderung ΔL teilt man durch die Anfangsmeßlänge L_0 des Probestabes und erhält die Dehnung ε. Sie wird meistens in % ausgedrückt.

$$\text{Dehnung} = \frac{\text{Längenänderung}}{\text{Anfangsmeßlänge}}\,100\,\%; \quad \varepsilon = \frac{\Delta L}{L_0} \cdot 100\,\%; \quad \text{Einheit: } 1\,\%$$

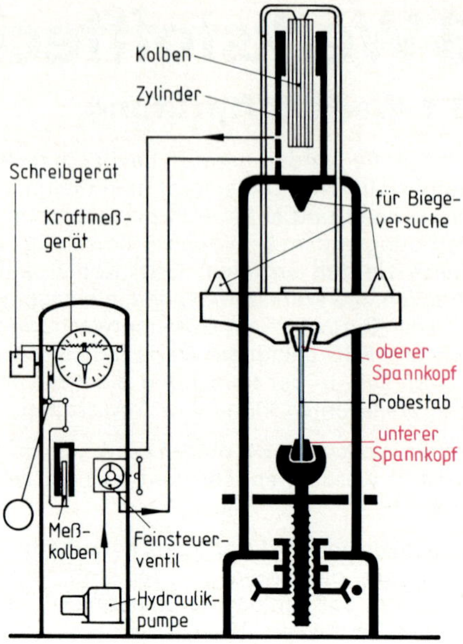

Universalprüfmaschine

Die Berechnungen führen zum **Spannungs-Dehnungs-Diagramm.** Es ist nachfolgend für einen weichen, unlegierten Stahl dargestellt und zeigt vier typische Bereiche:

1. Bereich

Hier vergrößert sich die Spannung im gleichen Verhältnis wie die Dehnung. Der Werkstoff verformt sich **elastisch.** Nach Entlastung kehrt der Probestab in seine Anfangslänge zurück.

2. Bereich

Bleibt die Spannung erstmalig trotz zunehmender Dehnung gleich, ist die **Streckgrenze R_e** erreicht. Tritt sogar, wie im Fall des weichen Stahls, ein Spannungsabfall ein, unterscheidet man zwischen oberer Streckgrenze R_{eH} und unterer Streckgrenze R_{eL}. Das Verhalten des Werkstoffs in diesem Bereich nennt man Fließen. In der Regel darf diese plastische Verformung bei Bauteilen nicht auftreten. Deshalb ist die Streckgrenze für Berechnungen und Konstruktionen ein wichtiger Kennwert.

3. Bereich

Wird der Probestab über die Streckgrenze hinaus weiter gedehnt, wird er fester. Man nennt diesen Vorgang **Kaltverfestigung.** Die Spannung steigt zunehmend langsamer an und erreicht ihren Höchstwert.

Die höchste Spannung, die ein Werkstoff im Zugversuch aufnehmen kann, ist die **Zugfestigkeit R_m**. Sie ist das Verhältnis der maximalen Zugkraft F_{max} zum Anfangsquerschnitt S_0 des Probestabs:

$$\text{Zugfestigkeit} = \frac{\text{maximale Zugkraft}}{\text{Anfangsquerschnitt}}; \quad R_m = \frac{F_{max}}{S_0}; \quad \text{Einheit: } 1\,\frac{\text{N}}{\text{mm}^2}$$

Beispiel: Der Anfangsdurchmesser eines Probestabes sei $d_0 = 10$ mm und die größte Kraft, die während eines Zugversuchs auftritt, $F_{max} = 31400$ N. Die Zugfestigkeit R_m berechnet sich wie folgt:

$$S_0 = \frac{d_0^2 \pi}{4}; \quad S_0 = \frac{10^2\,\text{mm}^2 \cdot \pi}{4} = 78{,}5\,\text{mm}^2;$$

$$R_m = \frac{F_{max}}{S_0}; \quad R_m = \frac{31400\,\text{N}}{78{,}5\,\text{mm}^2} = 400\,\frac{\text{N}}{\text{mm}^2}$$

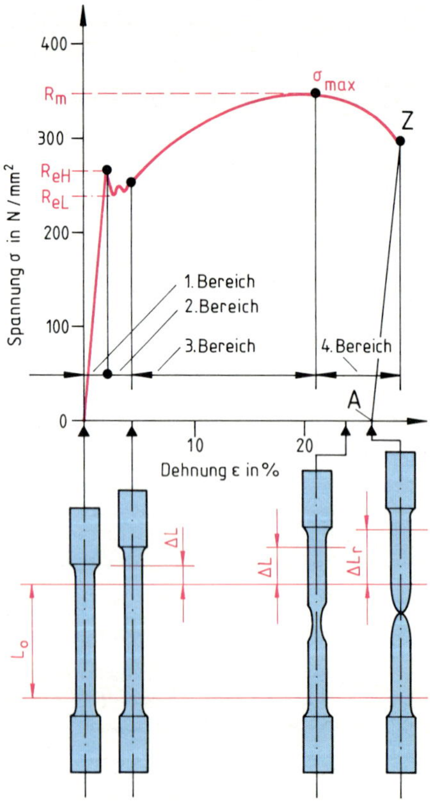

Spannungs-Dehnungsdiagramm eines weichen unlegierten Stahls

4. Bereich
Nach Erreichen der Zugfestigkeit schnürt sich der Probestab soweit ein, bis er am Punkt Z zerreißt. Nach dem Bruch werden die beiden Teile des Probestabs zusammengelegt und die Längenänderung ΔL_r im Bruchzustand ermittelt. Aus dieser größten Längenänderung wird als Kennwert für die Dehnbarkeit des Werkstoffs die **Bruchdehnung** $\boldsymbol{A}$ berechnet:

Bruchdehnung

$$= \frac{\text{größte Längenänderung}}{\text{Anfangsmeßlänge}} \cdot 100\%;$$

$$A = \frac{\Delta L_r}{L_0} \cdot 100\% = \frac{L - L_0}{L_0} \cdot 100\%;$$

Einheit: 1%

Beispiel: Ein zerrissener Stab, der eine Anfangsmeßlänge von L_0 = 100 mm hatte, ergab im zusammengelegten Zustand eine Meßlänge von L = 118 mm. Die Werte ergeben nun folgende Bruchdehnung A:

$$\Delta L_r = L - L_0; \qquad \Delta L_r = 118\text{ mm} - 100\text{ mm} = 18\text{ mm}$$

$$A = \frac{\Delta L_r}{L_0} \cdot 100\%; \quad A = \frac{18\text{ mm}}{100\text{ mm}} \cdot 100\% = 18\%$$

Mit Ausnahme einiger Nichteisen-Metall-Legierungen und weichen, unlegierten Stahls ist die Streckgrenze aus dem Diagramm nicht ablesbar. Hier legt man üblicherweise eine Spannung fest, bei der nach der Entlastung eine bleibende Dehnung von 0,2% auftritt. Dazu wird eine Parallele im Abstand von 0,2% Dehnung zum geraden Kurvenstück des Spannungs-Dehnungs-Diagramms gezogen. Der Schnittpunkt mit der Kurve liefert die gesuchte Spannung. Sie wird als **0,2%-Dehngrenze** $\boldsymbol{R_{p0,2}}$ bezeichnet und hat für Berechnungen und Konstruktionen die gleiche wichtige Bedeutung wie die Streckgrenze.

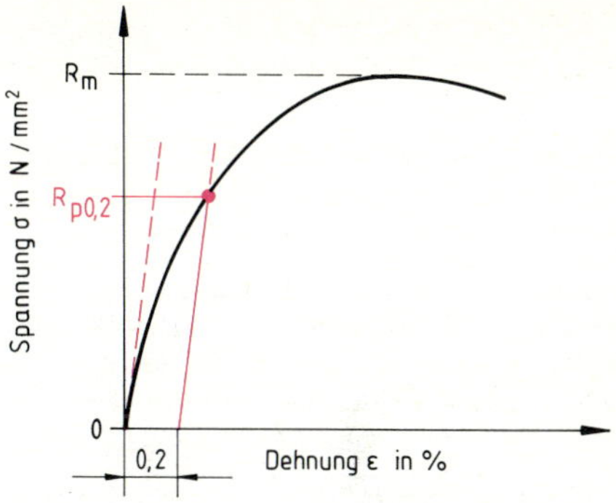

Spannungs-Dehnungs-Diagramm

Die verschiedenen Werkstoffe weisen unterschiedliche Spannungs-Dehnungs-Diagramme auf. Hochfeste metallische Werkstoffe, sie besitzen eine große Zugfestigkeit und dabei oft eine geringe Dehnung, verwendet man z. B. zur Herstellung von Wellen, Zahnrädern und Kupplungen. Weiche metallische Werkstoffe zeigen neben ihrer geringen Zugfestigkeit in der Regel eine große Dehnung. Sie eignen sich deshalb besonders für das Kaltumformen, wie Walzen, Biegen und Pressen.

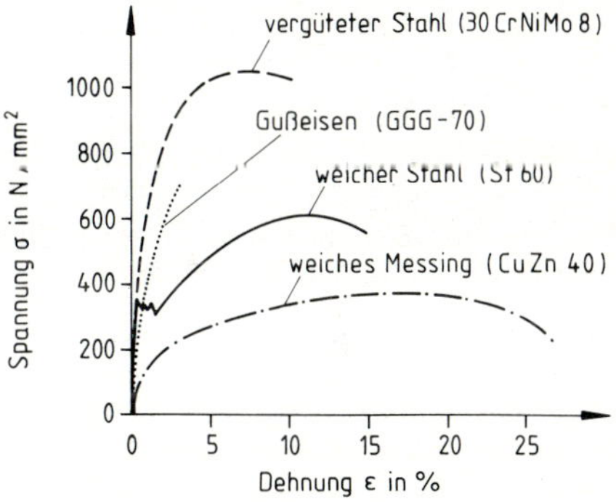

Spannungs-Dehnungs-Diagramm mit Kurven verschiedener Werkstoffe

● Härteprüfung

Bei diesen Verfahren wird der Widerstand geprüft, den ein Werkstoff dem Eindringen eines härteren Prüfkörpers entgegensetzt. Man nennt diese Werkstoffeigenschaft **Härte.**

Die große Bedeutung dieser Verfahren liegt darin, daß ein Werkstoffkennwert einfach und schnell ermittelt wird. Die Prüfungen können oft an fertigen Bauteilen vorgenommen werden, da nur geringe Eindrücke entstehen. In der Praxis wendet man überwiegend drei Verfahren an.

1. Härteprüfung nach Brinell (DIN 50 351)
Nach Brinell wird bei der Prüfung eine Kugel aus gehärtetem Stahl oder Hartmetall mit einer genormten Prüfkraft F in den Werkstoff eingedrückt. Der Durchmesser d des entstandenen Kugeleindrucks wird gemessen und die Eindruckoberfläche A mit Hilfe von Tabellen bestimmt. Das Verhältnis von Prüfkraft und Eindruckoberfläche bezeichnet man als **Brinellhärte:**

$$\text{Brinellhärte} = \frac{\text{Faktor x Prüfkraft}}{\text{Eindruckoberfläche}}; \quad HB = \frac{0{,}102 \cdot F}{A}; \quad \text{Einheit: 1}$$

Der Faktor 0,102 wurde eingeführt, um nach der Umstellung auf das Internationale Einheitensystem weiterhin die gleichen Härtewerte zu bekommen. Seitdem wird die Härte als Zahlenwert ohne Einheit angegeben.

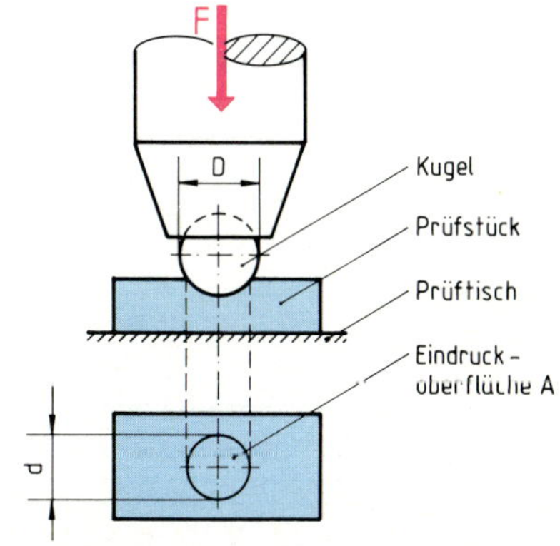

Härteprüfung nach Brinell (Schema)

Der Durchmesser *D* der Prüfkugeln ist mit 10; 5; 2,5; und 1 mm genormt. Die Prüfkraft ist so zu wählen, daß ein Eindruckdurchmesser von $d = 0{,}2\ D$ bis $d = 0{,}7\ D$ entsteht. Für eine größere Kugel und einen härteren Werkstoff muß die Prüfkraft z. B. größer sein. Sie berechnet sich aus dem Kugeldurchmesser *D* und einem Werkstoffwert, dem sogenannten Belastungsgrad *a*:

$$\text{Prüfkraft} = \frac{\text{Belastungsgrad x (Durchmesser)}^2}{\text{Faktor}}$$

$$F = \frac{a \cdot D^2}{0{,}102}; \quad \text{Einheit: 1 N}$$

Werkstoffgruppe	Belastungsgrad *a*	Härtemeßbereich HB
Stahl Gußeisen	30	67...450
Leichtmetalllegierungen Kupfer, Messing	10	22...315
Reinaluminium Zink, Magnesium	5	11...158
Lagermetalle	2,5	6...78
Blei, Zinn	1,25	3...39

Belastungsgrade einiger Werkstoffe

Die Belastungsgrade sind für 5 Werkstoffgruppen genormt und können aus Tabellen, die auch die zugehörigen Härte-Meßbereiche enthalten, entnommen werden.

Beispiel: Von einer Stahlprobe soll die Brinellhärte mit einer Prüfkugel von 2,5 mm Durchmesser bestimmt werden. Mit dem Belastungsgrad $a = 30\ \text{N/mm}^2$, der aus der Tabelle für Stahl entnommen wird, errechnet sich die Prüfkraft in N.

$$F = \frac{a \cdot D^2}{0{,}102}; \quad F = \frac{30\ \text{N} \cdot 2{,}5^2 \text{mm}^2}{\text{mm}^2\ 0{,}102}; \quad F = 1838\ \text{N}$$

210 HB 2,5/187,5/30

210	HB	2,5	187,5	30
Härtewert	Härte nach Brinell	Kugeldurchmesser in mm	Prüfkraft in N · 0,102	Einwirkdauer in Sek.

Mit der Brinell-Härteprüfung können weiche bis mittelharte Werkstoffe bis zu 450 HB geprüft werden. Bei härteren Werkstoffen verformt sich die Kugel elastisch. Durch die Abplattung wird dann ein weicherer Werkstoff vorgetäuscht.

Die Härteangabe nach Brinell besteht aus dem Härtewert, den Kennbuchstaben HB und den Prüfbedingungen.

	Vergütungsstahl 42 Cr Mo4	Gußeisen GG–35	Kupfer kaltverfestigt	Kupfer weichgeglüht
Härte HB	210	150	80	45

Brinell-Härtewerte einiger Werkstoffe

Zwischen der Brinellhärte und der Zugfestigkeit, wie sie im Zugversuch ermittelt wird, besteht eine angenäherte Beziehung. Für Stähle mit Zugfestigkeiten bis zu $1500\ \text{N/mm}^2$ gilt die Beziehung:

$$\text{Zugfestigkeit} \cong 3{,}5 \text{ x Brinellhärte}$$

$$R_m \cong 3{,}5\ \text{HB}; \quad \text{Einheit } 1 \frac{\text{N}}{\text{mm}^2}$$

2. Härteprüfung nach Vickers (DIN 50 133)

Bei dieser Prüfung wird die Spitze einer vierseitigen Pyramide aus Diamant in das Prüfstück eingedrückt. Aus den Diagonalen des quadratischen Eindrucks und dem Spitzenwinkel der Pyramide von 136° ergibt sich die Eindruckoberfläche *A*. Mit Hilfe der Prüfkraft und der Eindruckoberfläche erhält man die **Vickershärte**:

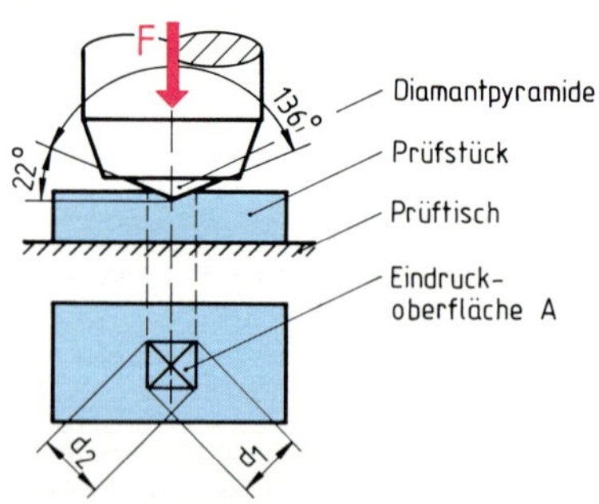

Härteprüfung nach Vickers (Schema)

$$\text{Vickershärte} = \frac{\text{Faktor x Prüfkraft}}{\text{Eindruckoberfläche}}; \quad HV = \frac{0{,}102 \cdot F}{A}; \text{ Einheit: 1}$$

Mit der Vickers-Härteprüfung können harte und gleichmäßig aufgebaute Werkstoffe geprüft werden. Bei Anwendung kleiner Prüfkräfte ist auch die Härtebestimmung dünner Randschichten möglich.

Die Härteangabe nach Vickers besteht aus dem Härtewert, den Kennbuchstaben HV und den Prüfbedingungen.

825 HV 50/30

825	HV	50	30
Härtewert	Härte nach Vickers	Prüfkraft in N · 0,102	Einwirkdauer in Sek.

3. Härteprüfung nach Rockwell (DIN 50 103)

Die Auswertung der **Härteprüfung nach Rockwell** wird erheblich vereinfacht, da der Härtewert direkt aus der bleibenden Eindringtiefe des Prüfkörpers ermittelt und an einer Meßuhr abgelesen wird. Nach der Form des Prüfkörpers unterscheidet man nebenstehende 2 Verfahren.

Prüfkörper		Bezeichnung	Kurzzeichen
1.	Kegel	Härte nach Rockwell **C** (engl. **c**one = Kegel)	HRC
2.	Kugel	Härte nach Rockwell **B** (engl. **b**all = Kugel)	HRB

Formen des Prüfkörpers

Bei dem Verfahren **Rockwell C** wird ein Diamantkegel mit dem Spitzenwinkel von 120° unter der Prüfvorkraft F_0 auf das Prüfstück gedrückt und die Meßuhr auf Null gestellt. Die erreichte Tiefe t_0 stellt eine sichere Meßbasis dar, denn Unebenheiten des Prüfstücks und Spiel im Prüfgerät sind ausgeschaltet.

Danach wird die Prüfkraft F_1 zugeschaltet. Der Kegel dringt um die Tiefe t_1 weiter ein, was an der Meßuhr beobachtet werden kann. Nachdem der Zeiger zum Stillstand gekommen ist, wird die Prüfkraft F_1 entfernt und es bleibt die Eindringtiefe t_b.

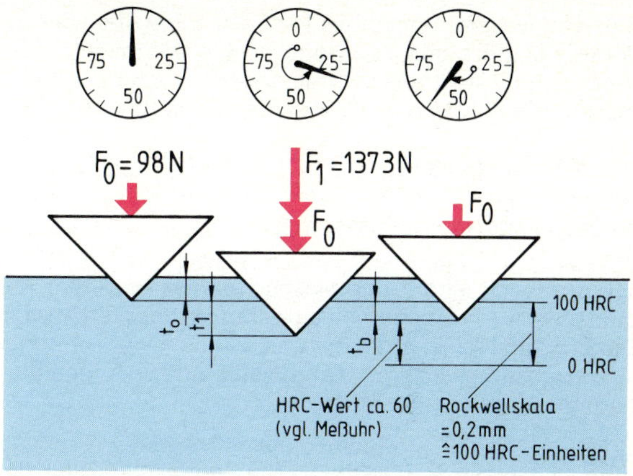

Härteprüfung nach Rockwell C (Schema)

Aufgrund von Erfahrungen wurde die größte Eindringtiefe mit 0,2 mm festgelegt und in 100 gleiche Abschnitte zu je 0,002 mm geteilt. Jeder Abschnitt ist damit eine Einheit der 100 Rockwelleinheiten. Wenn die Eindringtiefe t_b = 0,2 mm beträgt, liegt die Härte 0 HRC vor. Die Eindringtiefe t_b = 0 mm bedeutet 100 HRC. Das heißt, dringt ein Körper tief (wenig) in einen Werkstoff ein, dann hat dieser eine geringe (große) Härte.

$$\text{Rockwell-Härte} = 100 - \frac{\text{Eindringtiefe}}{\text{Rockwelleinheit}};$$

$$HRC = 100 - \frac{t_b}{0{,}002\ \text{mm}}$$

	Vergütungsstahl 42 CrMo 4	Werkzeugstahl 115 CrV 3	
		geglüht	gehärtet
Härte HRC	ca. 22	ca. 20	ca. 63

Rockwell C-Härtewerte zweier Stähle

Beispiel: Ein Fräser aus gehärtetem Werkzeugstahl 115 Cr V 3 wird nach Rockwell C geprüft. Dabei ergibt sich eine Eindringtiefe von t_b = 0,074 mm.

$$HRC = 100 - \frac{t_b}{0{,}002\ \text{mm}} = 100 - \frac{0{,}074\ \text{mm}}{0{,}002\ \text{mm}}$$

$$HRC = 63$$

Bei Prüfstücken mit geringer Härte wird anstelle des Kegels eine Kugel verwendet. Das Verfahren nennt sich dann **Rockwell B.**

- Kerbschlagbiegeversuch (DIN 50 115)

Der Kerbschlagbiegeversuch dient zur Beurteilung der **Zähigkeit** von Werkstoffen. Darunter versteht man die Widerstandsfähigkeit gegenüber schlagartiger Beanspruchung. Die Probe wird durch einen Kerb geschwächt. Diese absichtlich verschärften Versuchsbedingungen entsprechen nur selten den tatsächlichen Betriebsbedingungen. Der Versuch liefert deshalb nur Vergleichswerte und keine Kennwerte für die Berechnung. Auch in diesem Verfahren ist die Werkstoffprobe genormt.

Die gekerbte Probe wird auf die zwei Widerlager eines Pendelschlagwerks gelegt und der Pendelhammer in die Ausgangslage ① mit der Fallhöhe H angehoben. Nach dem Ausklinken trifft der Hammer in der tiefsten Lage ② seiner Bewegung auf die Probe, die er durchschlägt oder durch die Widerlager zieht.

Durch die verbrauchte Schlagarbeit erreicht der Hammer beim Weiterschwingen in die Endlage ③ die kleinere Steighöhe h. Die Schlagarbeit wird am Anzeigegerät direkt abgelesen.

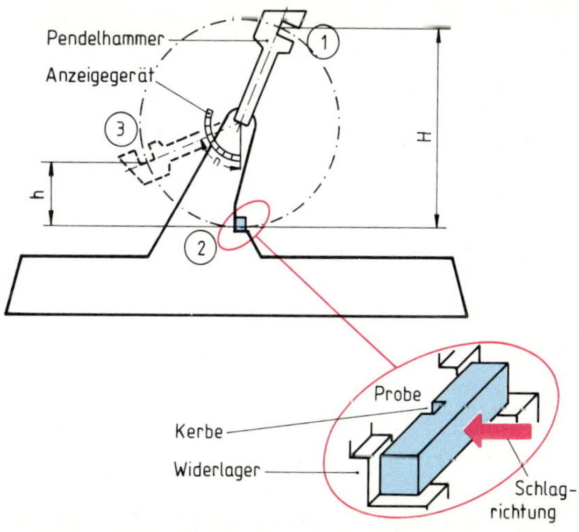

Pendelschlagwerk für den Kerbschlagbiegeversuch

Die beim Kerbschlagbiegeversuch verbrauchte Schlagarbeit ist ein Maß für die Zähigkeit. Sie nennt sich **Kerbschlagarbeit A_v**:

Kerbschlagarbeit = Gewichtskraft x (Fallhöhe – Steighöhe);

$$A_v = F_G \cdot (H - h);$$

Einheit: 1 Nm bzw. 1 J

Beispiel: Der Hammer eines Pendelschlagwerks, der die Masse m = 31 kg hat, fällt aus der Höhe H = 800 mm auf eine Probe und durchschlägt sie. Danach erreicht der Hammer die Steighöhe h = 600 mm. Damit läßt sich die Kerbschlagarbeit bestimmen.

$$F_G = m \cdot g = 31\ \text{kg} \cdot 9{,}81\ \frac{\text{m}}{\text{s}^2} = 304\ \text{N};$$

$$A_v = F_G\,(H - h) = 304\ \text{N}\ (0{,}8\ \text{m} - 0{,}6\ \text{m}) = 61\ \text{Nm bzw. } 61\ \text{J}$$

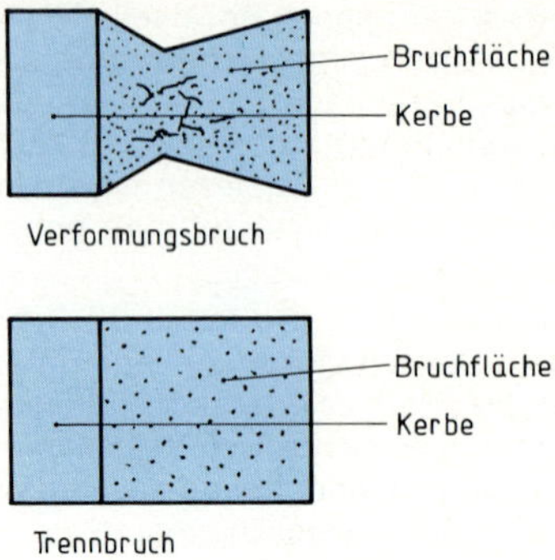

Bruchflächen von Kerbschlagproben

Verformt sich eine Probe plastisch bevor sie bricht, kann sie dabei eine hohe Kerbschlagarbeit aufnehmen, der Werkstoff erscheint zäh. Die Bruchfläche ist zerklüftet und sehnig. Der Probenquerschnitt hat sich trapezartig verformt. Zähe Werkstoffe versagen durch den sogenannten **Verformungsbruch.**

Bricht die Probe plötzlich, ohne nennenswerte plastische Verformung, so ist die dazu erforderliche Kerbschlagarbeit klein, der Werkstoff erscheint spröde. Die Bruchfläche ist vergleichsweise glatt. Der Probenquerschnitt verändert sich nicht. Spröde Werkstoffe versagen durch den sogenannten **Trennbruch.**

Treten Verformungsbruch und Trennbruch nebeneinander auf, so spricht man vom **Mischbruch.**

Prüft man viele Proben des gleichen Werkstoffs bei verschiedenen Temperaturen und stellt die Kerbschlagarbeit in Abhängigkeit von der Prüftemperatur in einem Diagramm dar, so können 3 Bereiche beobachtet werden:

- Bei hohen Temperaturen ist die Kerbschlagarbeit groß. Es tritt also Verformungsbruch auf. Der Bereich heißt **Hochlage.**
- Bei niedrigen Temperaturen bricht die Probe schon bei kleiner Kerbschlagarbeit. Dies bestätigt der Trennbruch. Der Bereich heißt **Tieflage.**
- Der steile Bereiche stellt den Übergang vom Verformungsbruch zum Trennbruch dar. Die Proben lassen Mischbruch erkennen. Den Bereich bezeichnet man als **Steilabfall.**

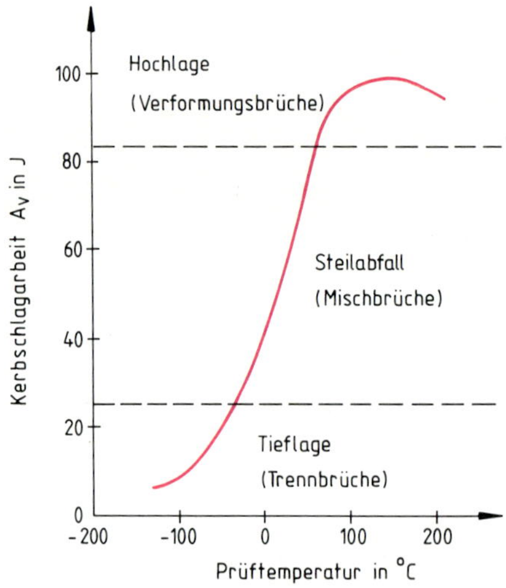

Kerbschlagarbeit-Temperatur-Diagramm für St37-2

Bauteile sollten sich in der Praxis möglichst zäh verhalten. Es wäre gefährlich, einen Werkstoff bei Temperaturen der Tieflage stoß- und schlagartiger Belastung auszusetzen, besonders dann, wenn er durch Kerben, Riefen, Korrosion o. ä. geschwächt ist.

Der Kerbschlagbiegeversuch dient vor allem der Beurteilung von Stahl und Stahlguß. Er eignet sich für den Nachweis der Neigung zum Altern, für die Überwachung der Wärmebehandlungsverfahren und zur Untersuchung von Schweißnähten.

Der **Prüfbericht** des Kerbschlagbiegeversuchs muß enthalten:

- Probenlage (z. B. Lage der Probe zur Walzrichtung)
- Prüftemperatur
- Arbeitsvermögen des Pendelschlagwerks (7,5 J bis 300 J)
- Kerbschlagarbeit in J mit Angabe der Probenform (s. Beispiel)

Av (ISO-V) = 95 J

Av	(ISO-V)	95 J
Kurzzeichen der Kerbschlagarbeit	Kurzzeichen der genormten Probe	Kerbschlagarbeit

Technologische Werkstoffprüfung

Um die Eignung eines Werkstoffs für ein Fertigungsverfahren oder einen Verwendungszweck unmittelbar zu prüfen, wendet man die technologische Werkstoffprüfung an. Hierzu gibt es eine Vielzahl von Verfahren. Sie sind oft genormt und werden in den Liefer- und Abnahmebedingungen häufig vorgeschrieben. Einige für die Praxis wichtige Verfahren werden nachfolgend beschrieben.

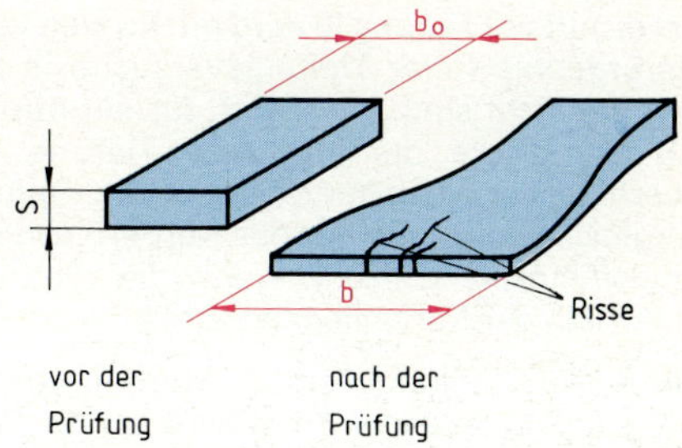

Ausbreitversuch

- Ausbreitversuch

Der Versuch prüft den metallischen Werkstoff auf **Schmiedbarkeit.**

Eine Flachprobe, die dreimal so breit wie dick ist, wird bei Schmiedetemperatur ausgebreitet. Die Probe wird auf das 1,5-fache der Probenbreite b_0 gebracht, ohne daß Risse auftreten dürfen. Durch Liefervorschriften können andere Prüfbedingungen festgelegt werden. Es kann z. B. verlangt werden, das Ausbreiten so lange fortzusetzen, bis sich erste Risse zeigen. Als Gütemaß gilt hier die Ausbreitung in Prozent.

$$\text{Ausbreitung} = \frac{b - b_0}{b_0} \cdot 100\,\%$$

Beispiel: Eine Flachprobe mit der Breite $b_0 = 24$ mm zeigte die ersten Risse, nachdem sie auf $b = 42$ mm ausgebreitet wurde. Damit läßt sich die Ausbreitung wie folgt berechnen:

$$\text{Ausbreitung} = \frac{b - b_0}{b_0} \cdot 100\,\% = \frac{42\text{ mm} - 24\text{ mm}}{24\text{ mm}} \cdot 100\,\% = 75\,\%$$

Treten bei geringer Ausbreitung schon Risse auf, ist dies ein sicheres Zeichen für Rotbrüchigkeit; d. h. der Werkstoff ist schlecht schmiedbar.

- Technologischer Biegeversuch (DIN 50 111)

Der Versuch gibt auf einfache Art Aufschluß über das **Umformvermögen** metallischer Werkstoffe.

Die Probe wird im kalten Zustand in einer Vorrichtung soweit gebogen, bis ein vorgeschriebener Biegewinkel erreicht ist. Dabei wird die Biegestelle beobachtet. Tritt ein Anriß auf, wird der Versuch abgebrochen und der Biegewinkel gemessen. Bei großem Biegewinkel muß der Versuch durch Zusammendrücken der Probenschenkel zu Ende geführt werden. Dies ist z. B. nötig, wenn der geforderte Biegewinkel $\alpha = 180°$ ist. Der Vorgang wird dann Falten genannt. Der Biegewinkel – oder beim Falten der Abstand D der beiden Schenkel – wird als Maß für die Umformfähigkeit gewählt.

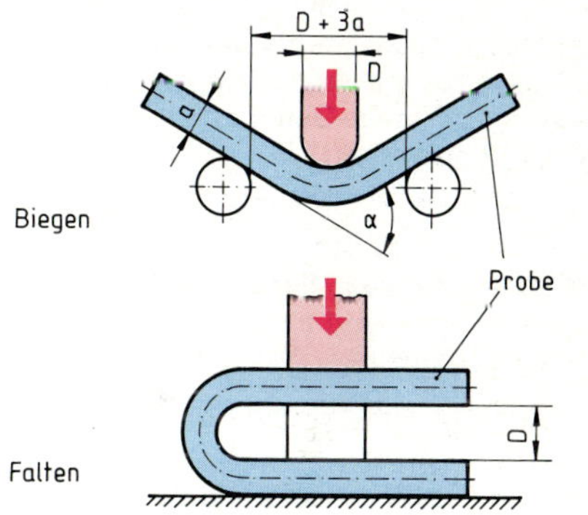

Biegen und Falten beim technologischen Biegeversuch

Der Technologische Biegeversuch dient der Prüfung von Blechen und beliebig geformten Stäben.

- Tiefungsversuch nach Erichsen (DIN 50 101)

Dieser Versuch ahmt die Vorgänge beim **Tiefziehen** nach.

Ein eingefettetes Probeblech wird zwischen Matrize und Blechhalter des dargestellten Prüfwerkzeugs gespannt. Über eine Spindel wird eine polierte Stahlkugel von 20 mm Durchmesser gleichmäßig in das Blech gedrückt. Der Weg der Kugel von der ersten Berührung bis zum Anriß in der Ausbeulung des Bleches wird am Gerät abgelesen. Es ist die **Erichsentiefung IE**.

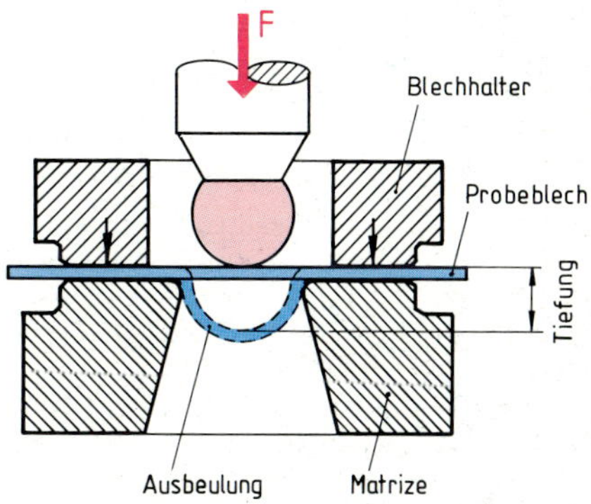

Prinzip des Tiefungsversuchs nach Erichsen

Zunächst betrachtet man die Oberfläche an der Unterseite der Ausbeulung:

– Rauhe und apfelsinenartige Oberfläche bedeutet grobes Korn und schlecht tiefungsfähig.
– Glatte Oberfläche bedeutet feines Korn und gut tiefungsfähig.

Die ermittelte Tiefung IE wird mit Kurven verglichen, die als Ergebnis vieler Tiefungsversuche in den Normen veröffentlicht sind. Liegt z. B. für ein Kupferblech von 0,8 mm Dicke die ermittelte Tiefung mit 12 mm oberhalb der Normkurve, so ist die Tiefungsfähigkeit vergleichsweise gut. Für das Kupferblech wäre die Tiefungsfähigkeit schlecht, wenn die ermittelte Tiefung unterhalb der Kurve liegen würde.

Mit diesem Tiefungsversuch werden vorwiegend Bleche und Bänder von 0,2 mm bis 3 mm Dicke geprüft, die für die Herstellung von Karosserieteilen, Behältern und Verkleidungen Verwendung finden.

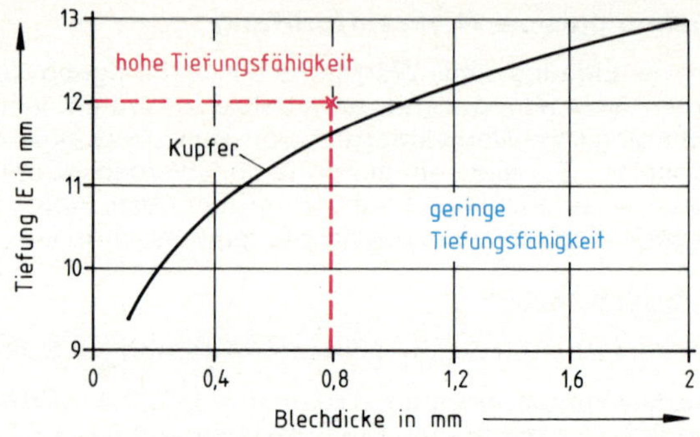

Normkurve der Erichsentiefung in Abhängigkeit der Dicke von Kupferblech

3.1.2 Zerstörungsfreie Werkstoffprüfung

Bei der Erzeugung technischer Produkte müssen Werkstoffe sparsam eingesetzt werden. Das führt zu Leichtbaukonstruktionen, die weniger kosten und oft besser funktionieren. Die Beanspruchung ist wegen der geringeren Materialmenge jedoch größer und Materialfehler führen eher zum Bruch. Es müssen deshalb vermehrt Stichprüfungen erfolgen. Werden durch den Bruch von Bauteilen Menschenleben gefährdet oder größere Schäden verursacht, ist sogar jedes Teil auf verborgene Fehler zu prüfen. Dabei sollte es weder zerstört noch beschädigt werden.

Fehlerhafte Guß- oder Schmiedeteile und Halbfabrikate wie Bleche und Stangen sondert man vor der Weiterverarbeitung aus. Fertigteile werden nur eingebaut, wenn sie fehlerfrei sind. Mögliche Fehler zeigt nebenstehende Tabelle.

Fehler	Entstehung
Risse in der Oberfläche und im Inneren	– Härterisse durch zu schroffe Abkühlung beim Härten – Schleifrisse durch Ausfall des Kühlmittels beim Schleifen – Spannungsrisse durch zu schnelle Abkühlung nach dem Schweißen oder Gießen – Schmiede- oder Walzrisse durch zu schnelle Umformung oder zu niedrige Temperatur
Einschlüsse und Bindefehler	– Gasblasen und Schlackenteilchen in Gußstücken nach unsachgemäßem Gießen – Bindefehler in Blechen und Schweißnähten nach dem Warmwalzen bzw. Schweißen

Die Eignung eines Prüfverfahrens hängt von der Größe und Lage des Fehlers, aber auch von der Prüfdauer und den Kosten ab. So besitzt jedes Verfahren seinen Anwendungsbereich.

Eindringverfahren (DIN 54152 T1)

Mit diesen Verfahren werden feine Risse, die von der Oberfläche ausgehen, bis zu einer Breite von 0,00025 mm festgestellt. Da keine aufwendigen Geräte benötigt werden, entstehen nur geringe Kosten.

Eine Flüssigkeit dringt in enge Röhrchen und Ritzen ein, wenn die Adhäsionskräfte der Flüssigkeit zu den Wänden größer sind als die Kohäsionskräfte. Diese Erscheinung heißt Kapillarwirkung, und man nutzt sie für die Rißprüfung nach folgendem Prinzip:

a) Eine besondere Flüssigkeit wird auf das Werkstück gebracht. Sie dringt durch die Kapillarwirkung in Risse ein.
b) Überschüssige Flüssigkeit wird von der Werkstückoberfläche entfernt.
c) Die eingedrungene Flüssigkeit wird durch Hilfsstoffe angesaugt und deutlich sichtbar gemacht. Vorhandene Risse werden somit erkennbar.

Die Verfahren eignen sich für alle Arten von Werkstoffen. Zwei von ihnen sind weitverbreitet:

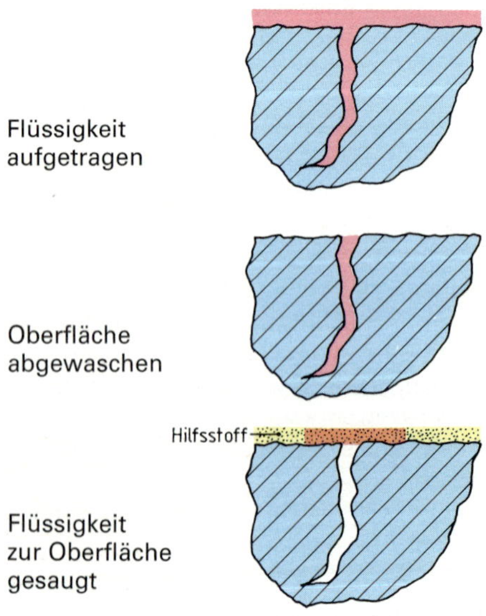

Prinzip der Eindringverfahren

- Farbeindringverfahren

Die Werkstückoberfläche wird mit einer Flüssigkeit besprüht oder angestrichen. Sie dringt in vorhandene Risse ein. Nach dem Abwischen der Oberläche wird ein Entwickler aufgetragen, der die Flüssigkeit aus den Rissen saugt und stark rot färbt. Selbst feinste Risse werden erkennbar. Dieses Verfahren wird besonders zur Prüfung von **einzelnen Bauteilen** oder **kleiner Serien** eingesetzt.

- Fluoreszenz-Verfahren

Das Werkstück wird mit einer Flüssigkeit besprüht oder angestrichen, die bei Bestrahlung mit ultraviolettem Licht stark aufleuchtet. Man nennt diesen Vorgang Fluoreszenz. Nach dem Abwaschen der Oberfläche wird Puder aufgestäubt. Es saugt die Flüssigkeit in den Rissen zur Oberfläche. Nach dieser Behandlung leuchten Risse in ultraviolettem Licht stark auf. Das Verfahren wird zur Prüfung von **Bauteilen größerer Serien** verwendet.

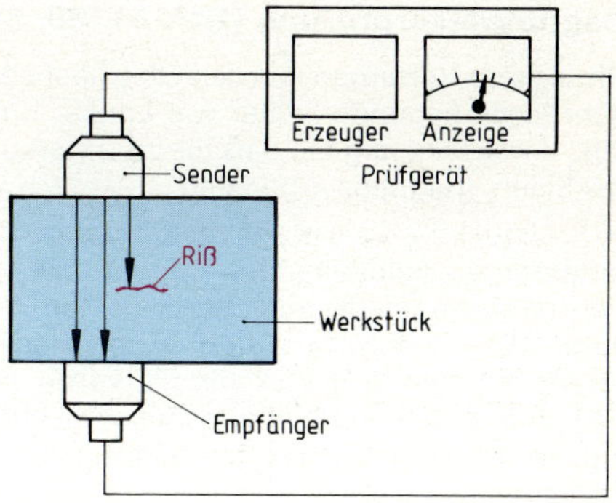

Durchschallungsverfahren (Schema)

Ultraschallprüfung (DIN 54119)

Schwingungen der Luft, die man hören kann, bezeichnet man im allgemeinen als Schall. Eine Schwingung pro Sekunde wird nach dem Physiker Hertz als die Frequenz f = 1 Hz bezeichnet. 1000 Hz entsprechen 1kHz, 1000 kHz entsprechen 1 MHz. Das menschliche Ohr nimmt etwa 10 Hz bis 20 kHz wahr. Den Frequenzbereich 20 kHz bis 100 MHz bezeichnet man als Ultraschall.

Ultraschallwellen pflanzen sich in Metallen mit großer Geschwindigkeit fort. An Fehlern wie Schlackeneinschlüssen und Gasblasen werden sie jedoch stark zurückgeworfen (reflektiert), so daß eine Schwächung der weitergehenden Schallwellen erfolgt. Dieses Verhalten nutzt man zur Ultraschallprüfung aus.

Erzeugt wird Ultraschall für Prüfzwecke in einem Quarzkristall, an dem eine elektrische Wechselspannung mit einer Frequenz zwischen 200 kHz und 25 MHz anliegt. Der Kristall, der im Takt mit der Wechselspannung schwingt, kann die Schwingungen bzw. den Ultraschall auf Werkstücke übertragen. Damit sich die Schallwellen möglichst nicht abschwächen, gibt man Wasser, Öl oder Glyzerin als sog. Kopplungsmittel zwischen Kristall und Werkstück.

- Durchschallungsverfahren

Wird eine Seite des Werkstücks durch einen Kristall (Sender) beschallt, während auf der gegenüberliegenden Seite ein anderer Kristall (Empfänger) die austretenden Schallwellen empfängt, spricht man vom Durchschallungsverfahren. Bei Fehlern macht sich am Anzeigegerät ein Verlust von Schallwellen bemerkbar, der größer ist als im fehlerfreien Werkstoff. Während die Größe der Fehler näherungsweise bestimmbar ist, bleibt ihre Tiefenlage unbekannt.

- Impuls-Echo-Verfahren

Arbeitet der gleiche Kristall als Sender und Empfänger, so kommt man mit einem Kristall aus. Der zunächst als Sender geschaltete Prüfkopf gibt Ultraschallwellen von wenigen Mikrosekunden Dauer (Impulse) ab. Zwischen den Impulsen ist der Kristall elektronisch als Empfänger geschaltet. Der Schall durchläuft das Werkstück, wird an der Rückwand des Werkstücks reflektiert und kehrt als Echo zum Kristall zurück. Die Laufzeit des Schalls zeigt sich auf dem Bildschirm eines Oszillographen durch zwei Zacken, die durch den Eingang der Schallwellen und ihre Reflektion an der Rückwand des Werkstücks entstehen. Weil der Abstand der Zacken auch die Werkstückdicke darstellt, erlaubt dieses Impuls-Echo-Verfahren sowohl die Feststellung der Größe als auch der Tiefenlage eines Fehlers.

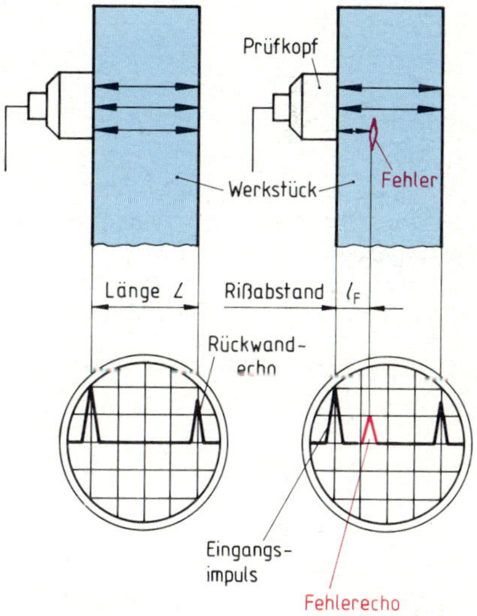

a) Werkstück fehlerfrei   b) Werkstück mit Fehler

Impuls-Echo-Verfahren (Schema)

Berechnung der Fehlertiefe X:

$$X = \frac{L}{l_E} \cdot l_F$$

Beispiel: Ein Metallstück mit der Länge $L = 400$ mm wird mit dem Impuls-Echo-Verfahren geprüft. Eingangsimpuls und Rückwandecho sind auf dem Schirm $l_E = 40$ mm voneinander entfernt. Das Fehlerecho zeigt sich $l_F = 16$ mm hinter dem Eingangsecho. Berechne die Fehlertiefe X.

$$X = \frac{400 \text{ mm}}{40 \text{ mm}} \cdot 16 \text{ mm} = \mathbf{160 \text{ mm}}$$

Magnetpulverprüfung (DIN 54130, 54131, 54132)

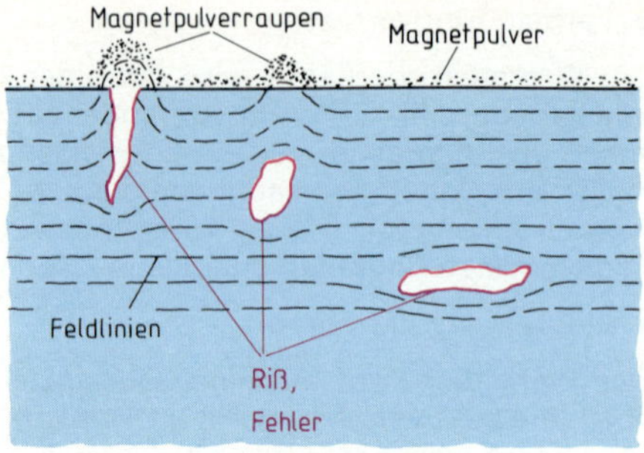

Magnetpulverprüfung (Schema)

Mit diesem Verfahren werden Oberflächenrisse und dicht unter der Oberfläche liegende Fehler wie Lunker und Gasblasen nachgewiesen. Voraussetzung ist, daß die zu untersuchenden Werkstoffe, wie das Eisen, magnetisierbar sind.

Im Prüfstück wird ein Magnetfeld erzeugt. Bei fehlerfreiem Werkstoff verlaufen die Feldlinien des Magnetfeldes gleichmäßig. Bei Fehlern werden sie abgelenkt und treten aus dem Prüfstück verstärkt heraus. Durch diesen sog. Streufluß bildet magnetisierbares Pulver, das bereits auf dem Prüfstück verteilt wurde, an Fehlern Raupen. Damit die Fehler sicherer erkennbar sind, wird auch fluoreszierendes Mittel zugesetzt. Es leuchtet bei Betrachtung des Prüfstücks unter ultraviolettem Licht hell auf.

Die Magnetisierung des Prüfstücks in seiner Längsrichtung, die **Polmagnetisierung**, kann auf zwei Arten erfolgen:

1. Eine stromdurchflossene Spule überträgt ihr Längsfeld direkt auf das Prüfstück. Man nennt diese Art **Spulenmagnetisierung**. Mit ihr können auch lange Werkstücke geprüft werden, indem man sie durch die Spule zieht.
2. Das Längsfeld einer stromdurchflossenen Spule wird über ein Joch auf das Prüfstück übertragen. Diese sogenannte **Jochmagnetisierung** eignet sich besonders für kleine Bauteile.

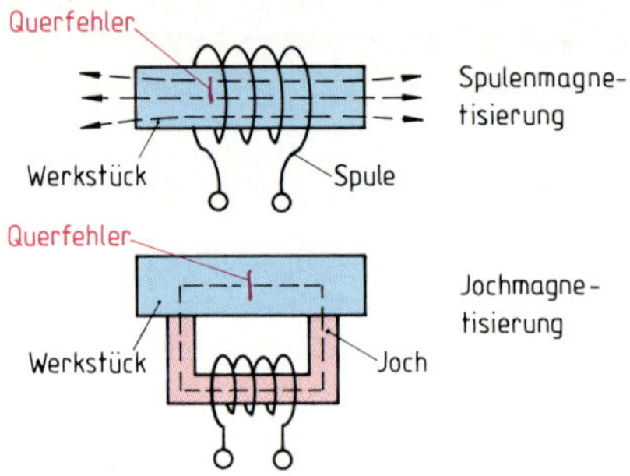

Polmagnetisierung (Schema)

Mit beiden Prüfarten erkennt man nur Fehler, die quer zu den Feldlinien liegen. Sie heißen **Querfehler**.

Bei Fehlern, die im rechten Winkel zu den Querfehlern stehen, den **Längsfehlern**, schaltet man das Prüfstück als Leiter. Weil jeder stromdurchflutete Leiter senkrecht zur Stromrichtung ein Magnetfeld aufbaut, werden bei dieser **Stromdurchflutung** die Längsfehler nachweisbar.

Um Längs- und Querfehler gleichzeitig zu erfassen, kombinieren die Prüfgeräte vielfach die Polmagnetisierung mit der Stromdurchflutung.

Die Magnetpulverprüfung ist besonders zur Prüfung von Blechen, Profilstäben, geschliffenen und gehärteten Maschinenteilen geeignet. Die Prüfstücke müssen im Bedarfsfalle nach der Prüfung entmagnetisiert werden.

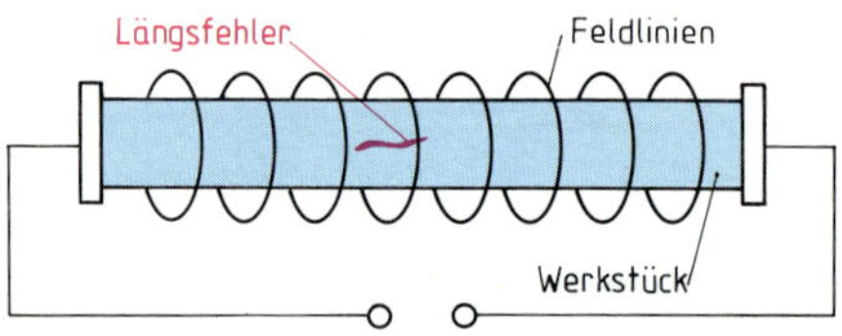

Stromdurchflutung (Schema)

Aufgaben zur Wiederholung und Vertiefung

1. Unterteilen Sie die Werkstoffprüfung in zwei Gruppen, und ordnen Sie jeder Gruppe drei Verfahren zu. Geben Sie außerdem Eigenschaften bzw. Kennwerte an, die mit dem jeweiligen Verfahren bestimmbar sind.

2. Beim Zugversuch eines kurzen Proportionalstabes mit dem Anfangsdurchmesser von 10 mm betrug die größte Kraft 47100 N. Nach dem Bruch wurde der Stab wieder zusammengelegt. Dabei ergab sich eine Meßlänge von 61 mm. Berechnen sie die Zugfestigkeit und die Bruchdehnung des Werkstoffs.

3. Zeichnen Sie das Schema ab, und tragen Sie drei Härteprüfverfahren ein. Außerdem sind die jeweiligen Prüfkörper und die besondere Eignung (für welche Werkstoffe) einzutragen.

Verfahren	Besondere Eignung
1.	
2.	
3.	

4. Schreiben Sie einen kurzen Bericht über den Kerbschlagbiegeversuch. Folgende Begriffe sollten enthalten sein: Pendelschlagwerk, Pendelhammer, Kerbschlagarbeit, Hochlage, Steilabfall, Tieflage, Verformungsbruch, Mischbruch, Trennbruch.

5. Nennen Sie fünf Fehlerarten in Werkstoffen und ihre Entstehung.

6. Welche Bedeutung hat die Kopplungsflüssigkeit bei der Ultraschallprüfung?

7. Ein 800 mm dicker Stahlblock wird mit Ultraschall auf Fehler geprüft. Auf dem Bildschirm ist der Abstand zwischen Eingangsimpuls und Rückwandecho 55 mm. 12 mm vor dem Rückwandecho erscheint ein Fehlerimpuls. Berechnen Sie die Tiefenlage des Fehlers.

8. Schildern Sie das Prinzip des Eindringverfahrens.

9. Vergleichen Sie das Eindringverfahren und die Magnetpulverprüfung hinsichtlich ihrer Anwendungsmöglichkeit.

3.2 Zweistofflegierung

Die Grundbestandteile einer Legierung heißen **Komponenten**. Komponenten für Legierungen sind:
– Metall + Metall, z. B. Messing (Kupfer + Zink)
– Metall + Nichtmetall, z. B. Stahl (Eisen + Kohlenstoff)

Legiert man wie bei Messing und Stahl nur zwei Komponenten, erhält man **Zweistofflegierungen**.

3.2.1 Temperaturkurven

Erwärmungskurven

Führt man einem Metall gleichbleibende Wärmemengen zu, steigt seine Temperatur gleichmäßig an. Man stellt dies dar, indem man in einem Koordinatenkreuz auf der senkrechten Achse die Temperatur und auf der waagerechten Achse die Zeit aufträgt.

Für ein Aluminiumstück, das schon auf 600 °C erwärmt wurde, erhöht sich z. B. die Temperatur nach 3 Minuten auf 620 °C, nach 6,5 Minuten auf 640 °C, nach 10 Minuten auf 660 °C.

Obwohl weiter erwärmt wurde, verläuft die Kurve bei 660 °C für einige Zeit waagerecht. Dies bedeutet, daß die Temperatur in dieser Zeit gleich bleibt oder – anders ausgedrückt – „gehalten" wird.

Die **Erwärmungskurve** von Aluminium hat bei 660 °C einen **Haltepunkt**, bei dem die Temperatur trotz Wärmezufuhr nicht weiter ansteigt.

Bei 660 °C schmilzt Aluminium. Seine Atome schwingen so stark, daß sie nicht mehr auf festen Plätzen im Metallkristall angeordnet sind, sondern sich ungeordnet und frei bewegen. Dazu ist Energie, die **Kristallisationswärme**, erforderlich.

> Bei der Schmelztemperatur zeigt die Erwärmungskurve einen Haltepunkt, weil der Übergang des festen Metalls in den flüssigen Zustand Kristallisationswärme erfordert.

Erst wenn das gesamte Metall geschmolzen ist, steigt die Temperatur bei Wärmezufuhr weiter an.

Die Vorgänge beim Erwärmen – Temperaturanstieg des festen Metalls, Haltepunkt bei der Schmelztemperatur und Temperaturanstieg der Schmelze – sind bei **allen Metallen** zu beobachten. So verläuft die Erwärmungskurve für Kupfer im Prinzip gleich. Die Schmelztemperatur liegt jedoch bei 1083 °C.

Abkühlungskurven

Kühlt man das geschmolzene Metall, z. B. Aluminium, wieder gleichmäßig ab, sinkt die Temperatur bis auf 660 °C. Hier zeigt die Abkühlungskurve einen **Haltepunkt.** Die Schmelze hat ihren **Erstarrungspunkt** erreicht. Die Bewegung der Atome ist nun so schwach, daß sie ihren festen Platz im Kristallgitter einnehmen. Dabei wird die Kristallisationswärme, die das Schmelzen des Metalls erforderte, wieder frei. Die Temperatur sinkt erst wieder, wenn die gesamte Schmelze erstarrt ist.

Der Vergleich der Erwärmungs- und Abkühlungskurven von Aluminium zeigt, daß beide bei 660 °C einen Haltepunkt haben.

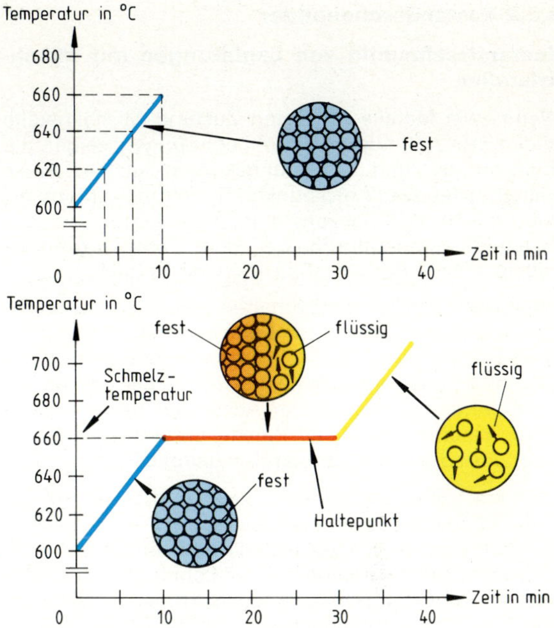

Erwärmungskurve von Aluminium (Al)

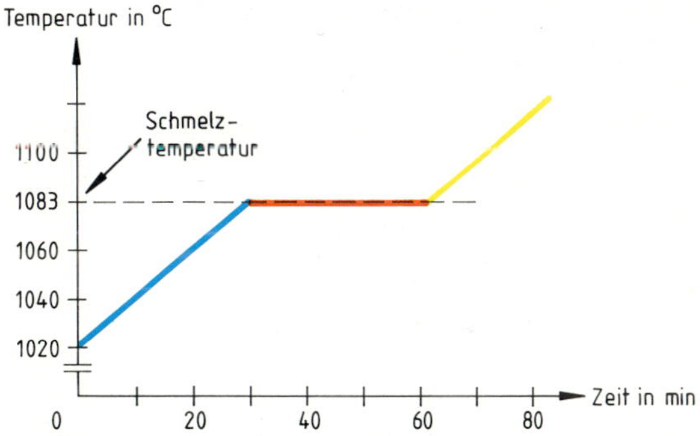

Erwärmungskurve von Kupfer (Cu)

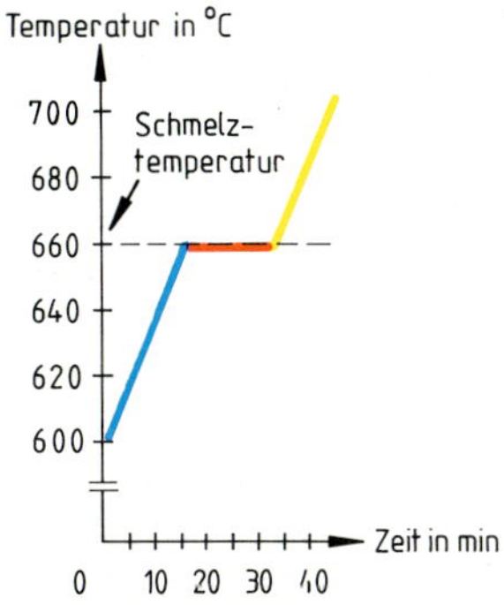

Erwärmungskurve von Aluminium (Al)

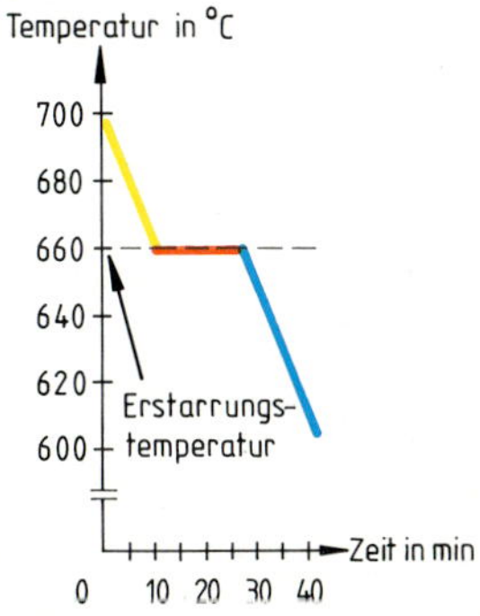

Abkühlungskurve von Aluminium (Al)

> Schmelz- und Erstarrungstemperatur sind bei Metallen praktisch gleich.

3.2.2 Zustandsschaubilder

Zustandsschaubild von Legierungen mit Mischkristallen

Wenn zwei Metalle im festen Zustand Mischkristalle bilden, wie z. B. Kupfer-Nickel-Legierungen, zeigen die Erwärmungs- und Abkühlungskurven anstelle eines Haltepunktes zwei Knickpunkte. Sie schmelzen und erstarren also nicht bei konstanter Temperatur, sondern in einem Temperaturbereich, dem **Temperaturintervall**. In diesem Fall zwischen 1240° und 1160 °C.

Übersichtlich wird das Verhalten einer Legierung dadurch, daß man Beginn und Ende der Erstarrungsintervalle bei verschiedenen Zusammensetzungen in ein Diagramm überträgt. Die senkrechte Achse enthält die Temperatur, die waagerechte Achse die Zusammensetzung. Verbindet man die Punkte untereinander, entsteht das sogenannte **Zustandsschaubild**.

Liegt die Temperatur einer Legierung über der oberen Linie im Zustandsdiagramm, so ist sie flüssig. Deswegen heißt die Linie **Liquiduslinie** (lat.: liquidus = flüssig). Liegt die Temperatur einer Legierung unter der unteren Linie im Zustandsdiagramm, so ist sie fest. Deshalb spricht man hier von der **Soliduslinie** (lat.: solidus = fest). Innerhalb des zigarrenförmigen Feldes bestehen neben der Schmelze Mischkristalle.

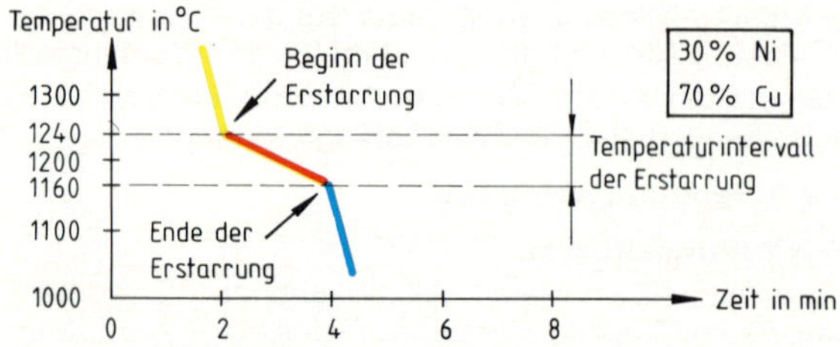

Abkühlungskurve einer Legierung mit Mischkristallen

Legierungen mit Mischkristallen schmelzen und erstarren in einem Temperaturintervall.

Beispiel: Im Bild sind für eine Kupfer-Nickel-Legierung mit 60% Nickel (40% Kupfer) mit Hilfe des Zustandsschaubildes die Temperaturen für Beginn und Ende der Erstarrung angegeben.

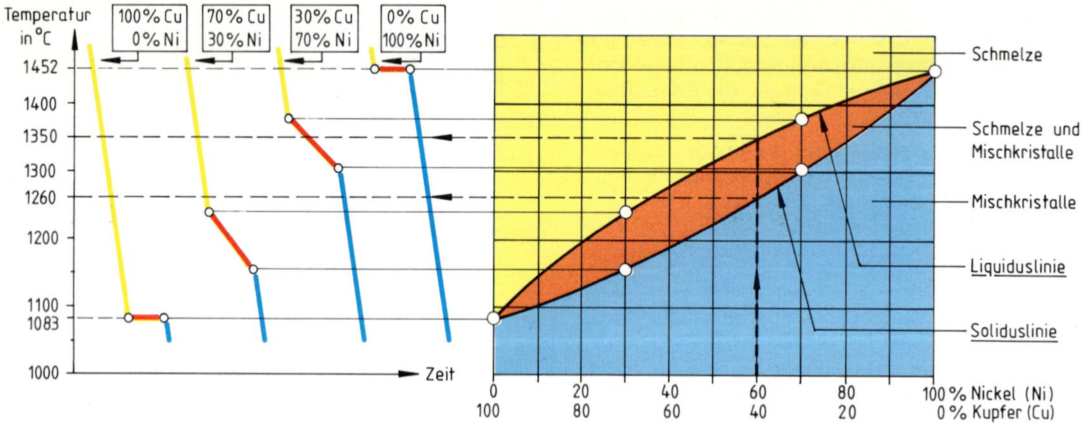

Abkühlungskurven von Cu-Ni-Legierungen Zustandsschaubild von Cu-Ni-Legierungen

Zustandsschaubild von Legierungen mit Kristallgemischen

Obwohl die Bestandteile von Legierungen mit Kristallgemischen getrennt nebeneinander erstarren, beeinflussen sie sich stark in der Erstarrungstemperatur. So gibt es bei der Wismut-Cadmium-Legierung eine Zusammensetzung mit einer erheblich geringeren Erstarrungstemperatur als die von reinem Wismut oder Cadmium. Das Schliffbild mit dieser Zusammensetzung zeigt unter dem Mikroskop ein Gefüge mit feiner und wohlgeordneter Verteilung. Deswegen gab man Legierungen mit dieser Zusammensetzung den Namen **Eutektikum** (griech.: eutektos = wohlgeordnet).

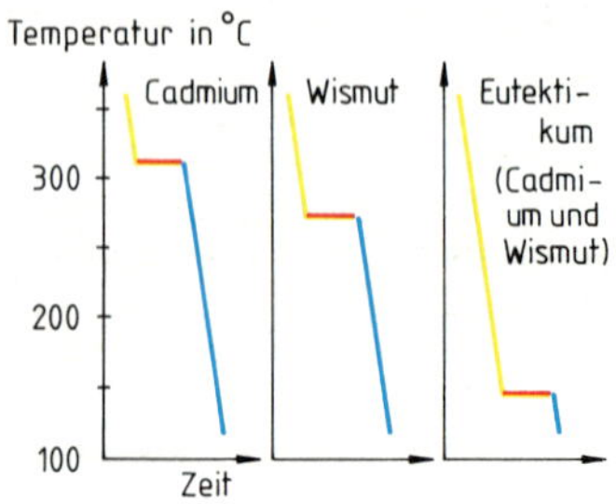

Abkühlungskurven

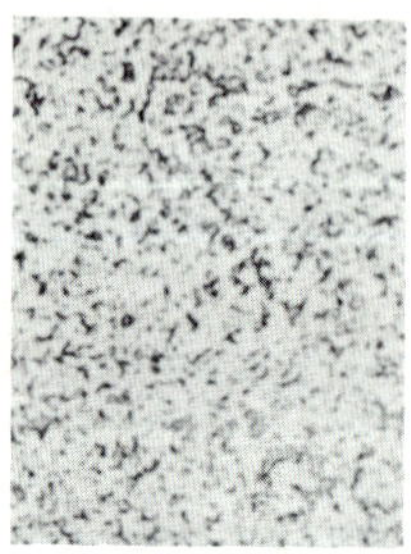

Schliffbild des Gefüges mit Eutektikum

Die Zusammensetzung der Wismut-Cadmium-Legierung beträgt für das Eutektikum 60% Wismut (Bi) und natürlich 40% Cadmium (Cd). Erstarrt eine Legierung mit z. B. 80% Wismut, so kristallisiert ab ca. 220 °C Wismut aus der Schmelze aus. Weil dadurch die restliche Schmelze an Wismut verarmt, nähert sich die Zusammensetzung nach und nach der eutektischen Zusammensetzung von 60% Wismut. Bei ca. 140 °C erstarrt die Restschmelze eutektisch.

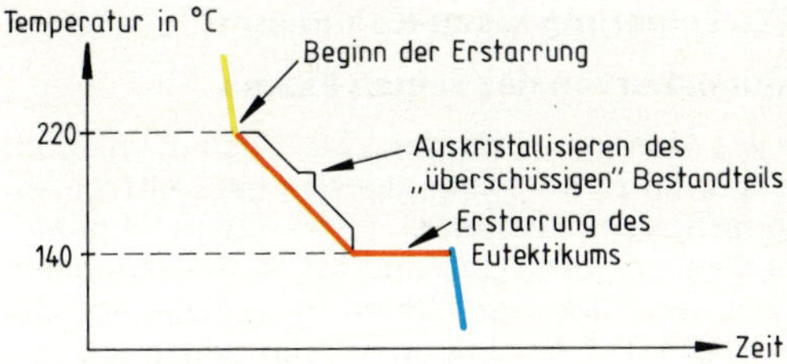

Abkühlungskurve einer nichteutektischen Legierung

Abkühlungskurven, z. B. von Wismut-Cadmium, liefern ein Zustandsschaubild mit einer V-Kurve. Oberhalb des Linienzuges A-S-D, der Liquiduslinie, liegt allein Schmelze vor, unterhalb des Linienzuges P-S-K, der Soliduslinie, ist alles fest. Weil die Soliduslinie die Erstarrungstemperatur des Eutektikums anzeigt, nennt man sie auch **Eutektikale**. Legierungen aus Blei und Antimon, aus Aluminium und Zink sowie aus Wismut und Zinn haben Schaubilder von diesem Typ.

Legierungen, die Kristallgemische bilden, kristallisieren bei der Abkühlung den überschüssigen Bestandteil in einem Temperaturintervall solange aus, bis die eutektische Zusammensetzung erreicht ist. Die Restschmelze erstarrt dann eutektisch an einem Haltepunkt.

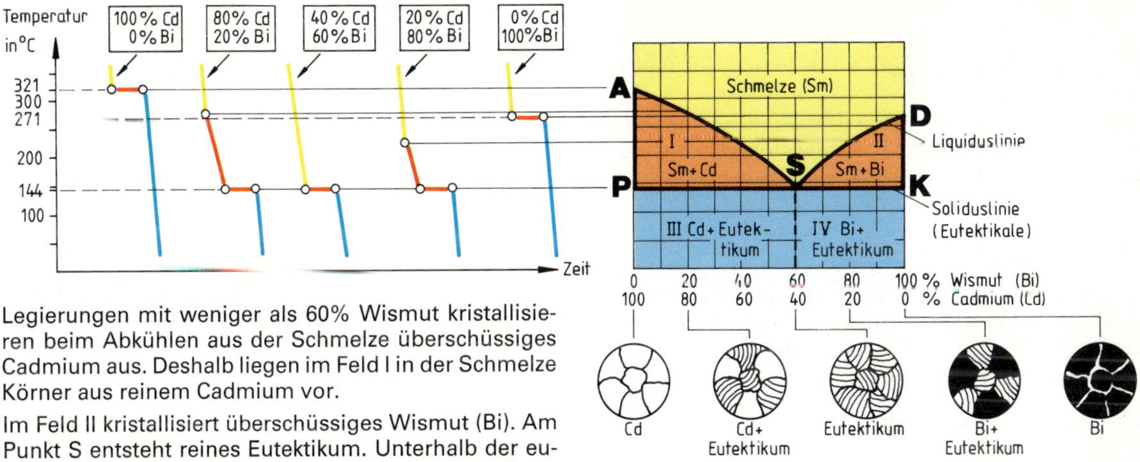

Legierungen mit weniger als 60% Wismut kristallisieren beim Abkühlen aus der Schmelze überschüssiges Cadmium aus. Deshalb liegen im Feld I in der Schmelze Körner aus reinem Cadmium vor.

Im Feld II kristallisiert überschüssiges Wismut (Bi). Am Punkt S entsteht reines Eutektikum. Unterhalb der eutektischen Temperatur ist alles fest. Weil die Restschmelze zu Eutektikum wird, findet man im Feld III Cadmiumkörner und Eutektikum und im Feld IV Wismutkörner und Eutektikum.

Abkühlungskurven, Zustandsschaubild und Gefüge von Wismut-Cadmium-Legierungen

Vergleich von Legierungen mit Mischkristallen und Kristallgemischen

Mischkristalle und Kristallgemische bilden die zwei **Grundtypen von Zweistofflegierungen**. Im folgenden sind beide einander gegenübergestellt.

Zustands schaubild	Komponenten	Gefüge	Gießbarkeit	Umformbarkeit	Zerspanbarkeit	Verwendung vorwiegend als
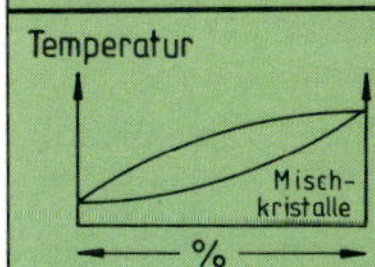	ineinander löslich	zwei Komponenten bilden Mischkristalle	weniger gut, da Erstarrungsbereich, Schwindung, Seigerung	gut, alle Kristalle nehmen an der Umformung teil	weniger gut, Schmieren, schlechte Oberfläche	Werkstoff zur Umformung (Knetlegierung)
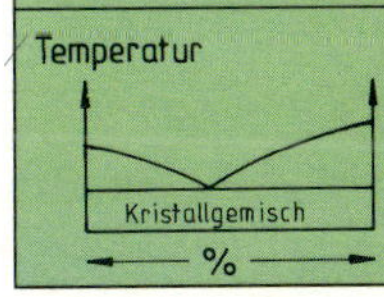	unlöslich	zwei Kristallarten bilden Kristallgemisch	gut bei eutektischer Zusammensetzung, da niedriger Schmelzpunkt	weniger gut, nur die weichere Kristallart formt sich um	gut, da die sprödere Kristallart Späne bricht, saubere Oberfläche	Werkstoff für das Gießen (Gußlegierung)

3.2.3 Die Legierung Eisen-Kohlenstoff

Abkühlungskurven des reinen Eisens

Metalle wie Aluminium, Kupfer, Zink, Wismut und Cadmium erstarren zu Kristallen, die sich bei weiterer Abkühlung nicht mehr verändern. Eisen und mit ihm Metalle wie Titan, Cobalt, Zinn und Mangan zeigen nach der Erstarrung hingegen Gitterumwandlungen. Die Haltepunkte in den Abkühlungskurven zeigen an, daß bei den Umwandlungen Wärme frei wird.

Beim reinem Eisen gibt es mehrere Haltepunkte.

- Reines Eisen erstarrt bei 1536 °C zu Kristallen mit kubisch-raumzentriertem (krz) Gitter, dem δ-**Eisen**,
- Bei 1401 °C rücken die Atome zusammen und bilden das dichtere kubisch-flächenzentrierte (kfz) Gitter, das γ-**Eisen**.
- Der nächste Haltepunkt bei 911 °C zeigt an, daß nochmals neue Kristalle, die wiederum kubisch-raumzentriert sind, entstehen. Sie heißen α-**Eisen**.

Am Knickpunkt bei 768 °C erhält das Eisen letztlich seine magnetische Eigenschaft zurück, die beim Erwärmen verlorengeht.

Legiert man Eisen, treten die Gitterumwandlungen bei anderen Temperaturen auf. Kohlenstoff, das wichtigste Legierungselement des Eisens, hat dabei den größten Einfluß.

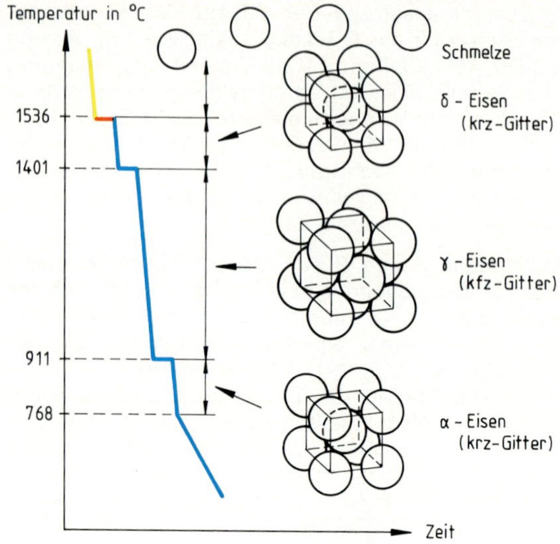

Abkühlungskurve des reinen Eisens und Kristallarten

Das Eisen-Kohlenstoff-Diagramm

Das Zustandsschaubild der Legierung Eisen-Kohlenstoff, das **Eisen-Kohlenstoff-Diagramm (EKD)**, ist umfangreich. Für Stahl, der höchstens 2,06% Kohlenstoff enthalten kann, genügt es, einen Teil des EKD's zu betrachten. In vereinfachter Form ist dieser Teil mit dem Zustandsschaubild von Legierungen mit Kristallgemisch vergleichbar.

Der Schmelze dort entspricht hier ein Mischkristall (blau gekennzeichneter Bereich zwischen den Punkten G, S und E). Sein Eisengitter enthält eingelagerte Kohlenstoffatome. Weil es sich, wie beim γ-Eisen, um ein kubisch-flächenzentriertes Gitter handelt, spricht man vom γ-**Mischkristall**.

Lagert Eisen bei der Erstarrung Kohlenstoffatome in sein kubisch-flächenzentriertes Gitter ein, entstehen γ-Mischkristalle. Das Gefüge nennt man auch **Austenit.**

Wie die eutektische Schmelze besitzt der Austenit eine tiefste Temperatur (Punkt S: 723 °C, 0,83 %C), bei der er noch existieren kann. Hier bildet sich Eisencarbid (Fe_3C). Diese Verbindung ist hart und spröde und heißt in der Metallkunde **Zementit.** Er durchzieht die Ferritkörner in schmalen Streifen. Weil dadurch das Gefüge perlmuttartig aussieht, nennt man es **Perlit**. Im Gegensatz zum eutektischen Gefüge entsteht Perlit nicht aus der Schmelze, sondern aus dem Mischkristall Austenit. Perlit ist deshalb ein **eutektoides Gefüge**.

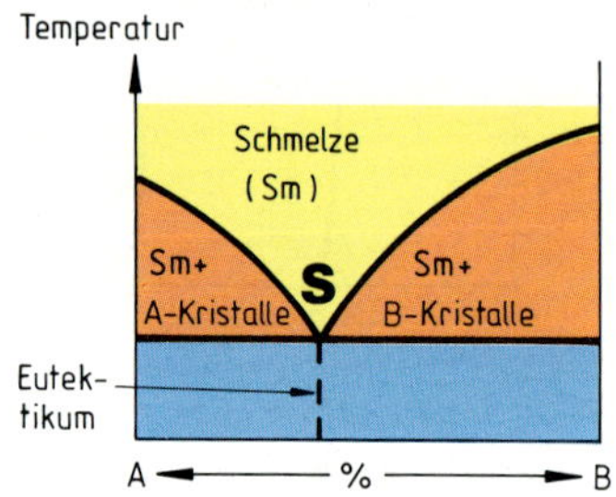

Zustandsschaubild von Legierungen mit Kristallgemisch

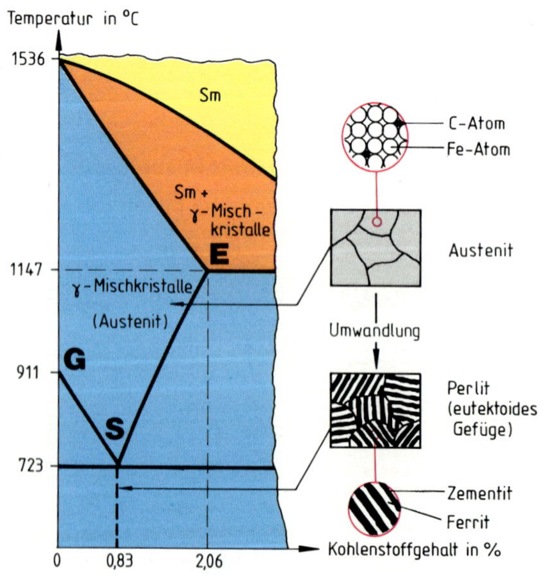

Eisen-Kohlenstoff-Diagramm (Ausschnitt, vereinfacht)

Überträgt man nun die Vorgänge beim Abkühlen von Legierungen mit Zusammensetzungen, die links oder rechts des Eutektikums liegen, auf die Abkühlung des Austenits, ergeben sich **untereutektoide** und **übereutektoide Legierungen** (Stähle).

- Untereutektoide Legierungen (0 ... 0,83% C)

Austenit mit weniger als 0,83% Kohlenstoff hat überschüssiges Eisen. Kühlt man ab, scheiden sich ab der GS-Linie mehr und mehr Eisen-Kristalle (Ferrit) aus. An der PS-Linie, der Kohlenstoffgehalt im Austenit ist hier auf 0,83% angestiegen, wandelt sich der Austenit in Perlit um. Deshalb besteht das Gefüge von Stählen mit weniger als 0,83% Kohlenstoff aus Perlit und Ferrit.

- Übereutektoide Legierungen (0,83 ... 2,06% C)

Austenit mit über 0,83% Kohlenstoff hat im Vergleich zur eutektoiden Zusammensetzung überschüssigen Kohlenstoff. Mit sinkender Temperatur scheiden sich ab der ES-Linie Kohlenstoffatome aus. Sie verbinden sich dabei mit Eisen zu Zementit (Fe_3C). Im Unterschied zum Primärzementit, er ensteht bei Kohlenstoffausscheidungen aus der Schmelze, wählte man die Bezeichnung **Sekundärzementit**. An der PS-Linie, der Kohlenstoffgehalt im Austenit ist hier auf 0,83% abgefallen, wandelt sich der Austenit in Perlit um. Dabei legt sich der Zementit schalenförmig um die Perlitkörner und wird deswegen auch Schalenzementit oder **Korngrenzenzementit** genannt.

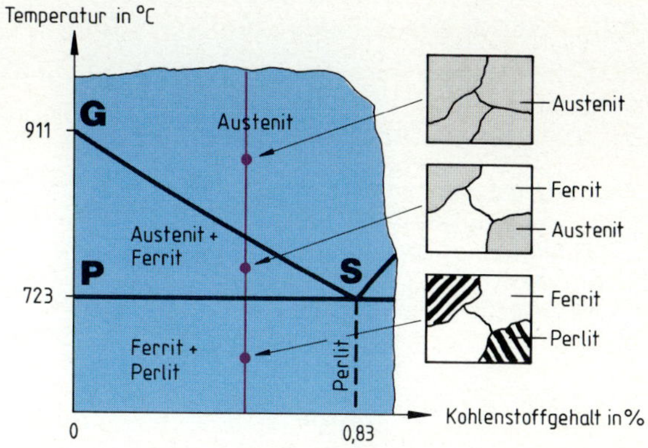

Abkühlung einer untereutektoiden Legierung

Eisen-Kohlenstoff-Legierungen mit weniger als 0,83% Kohlenstoff haben ein Gefüge aus Perlit und Ferrit. Sie stellen die **untereutektoiden Stähle** dar.

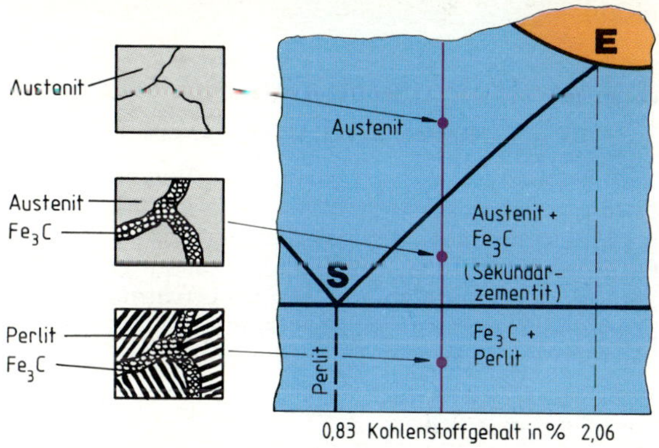

Abkühlung einer übereutektoiden Legierung

Eisen-Kohlenstoff-Legierungen mit mehr als 0,83% Kohlenstoff haben ein Gefüge aus Perlit und Schalenzementit (Korngrenzenzementit). Sie stellen die **übereutektoiden Stähle** dar.

Einfluß von Kohlenstoff auf die Eigenschaften

Durch Kohlenstoff wird das vergleichsweise weiche Eisen zum Stahl. Steigt der Kohlenstoffgehalt, nimmt auch der Anteil des harten Zementits zu. Zugfestigkeit und Härte steigen. Ab 0,83% Kohlenstoff bildet sich der Korngrenzenzementit. Weil er sich zwischen die Körner schiebt, läßt der Zusammenhalt nach. Deshalb fällt die Zugfestigkeit bei übereutektoiden Stählen ab.

Die Zähigkeit ist bei reinem Ferritgefüge am besten. Weil der Zementit spröde ist, schwächt sich diese Eigenschaft mit steigendem Kohlenstoffgehalt ab. In gleicher Weise ändern sich auch die technologischen Eigenschaften:

- Obwohl die **Warmumformbarkeit** mit dem Kohlenstoffgehalt abnimmt, können beispielsweise alle unlegierten Stähle geschmiedet werden.
- Der Zementit senkt die Grenze der **Kaltumformbarkeit** auf ca. 0,8% Kohlenstoff. Je mehr Kohlenstoff, desto größere Umformkräfte sind erforderlich.
- Die **Schweißbarkeit** ist bei Stählen mit weniger als 0,25% Kohlenstoff gut. Bei größeren Gehalten sind besondere Schweißbedingungen, wie z. B. Vorwärmung des Schweißteils, erforderlich.
- Die **Zerspanbarkeit** nimmt mit Härte und Zugfestigkeit und deswegen mit dem Kohlenstoffgehalt ab.
- Die **Härtbarkeit** erfordert einen Kohlenstoffgehalt von mindestens 0,25% (s. Härten).

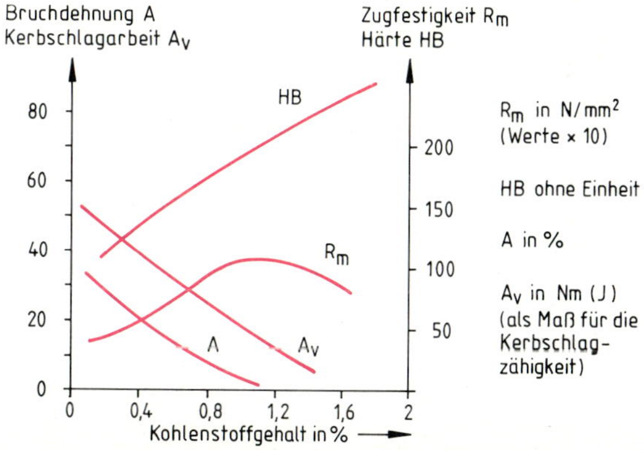

Einfluß von Kohlenstoff auf die Stahleigenschaften

Aufgaben zur Wiederholung und Vertiefung

1. Zeichnen Sie die Abkühlungskurve von Kupfer und beschreiben Sie die Vorgänge am Haltepunkt.

2. Von einem metallischen Werkstoff ist die nebenstehende Abkühlungskurve bekannt.

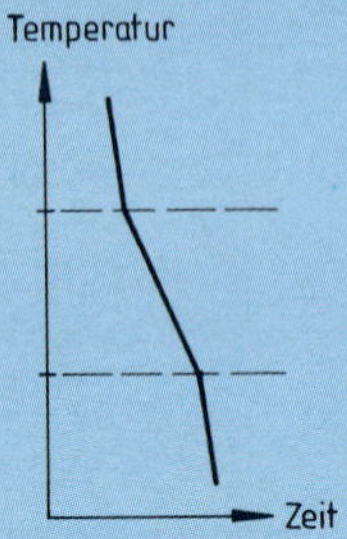

a) Ist der Werkstoff ein reines Metall, eine Legierung mit Mischkristallen oder eine Legierung mit Kristallgemisch?

b) Zeichnen Sie die Kurve ab, und tragen Sie Temperaturintervall, Ende der Erstarrung und Beginn der Erstarrung ein.

3. Untersuchen Sie eine Blei-Antimon-Legierung (Pb-Sb-Legierung) mit 60% Sb (→ 40 % Blei). Um folgende Fragen zu beantworten, muß man wissen, daß bei 13% Sb ein Eutektikum vorliegt.

a) Ist im Vergleich zur eutektischen Legierung mehr Pb oder mehr Sb in der Legierung?

b) Zeichnen Sie die Abkühlungskurve. (Bei 490° C beginnt die Erstarrung und endet bei 247 °C.)

4. Beschreiben Sie das Gefüge von Stahl mit 0,7% Kohlenstoff bei 1200 °C.

5. Vergleichen Sie die Gießbarkeit, Unformbarkeit und Zerspanbarkeit von Legierungen mit Mischkristallen und Legierungen mit Kristallgemisch.

6. Die nebenstehenden Gefügebilder gelten für Stahl.

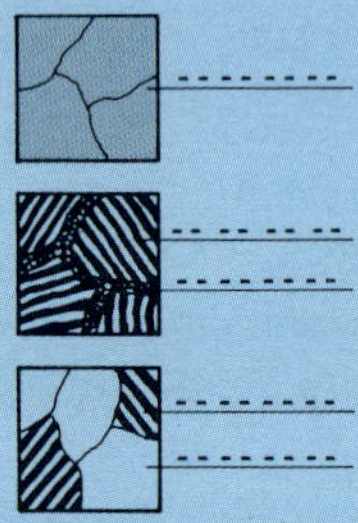

a) Zeichnen Sie die Bilder nach zunehmendem Kohlenstoffgehalt auf.

b) Bezeichnen Sie die Gefügebestandteile.

c) Welches Stahlgefüge ist rein perlitisch, übereutektoid, untereutektoid?

7. Welchen Einfluß hat zunehmender Gehalt an Kohlenstoff im Stahl auf die Festigkeit, Umformbarkeit, Schweißbarkeit, Zerspanbarkeit und Härtbarkeit?

3.3 Stoffeigenschaftsänderungen von Eisen-Werkstoffen durch Wärmebehandlung (DIN 17014)

Werden Werkstücke nach bestimmten Regeln auf eine Temperatur erwärmt, bei dieser Temperatur gehalten und anschließend abgekühlt, läßt sich das Gefüge so beeinflussen, daß z. B. Härte und Festigkeit nach Wunsch steigen oder fallen. Der Werkstoff bleibt bei der Wärmebehandlung fest. Weil die Erwärmungstemperaturen vor allem vom Kohlenstoffgehalt abhängen, benutzt man das Eisen-Kohlenstoff-Diagramm, um die Vorgänge besser zu verstehen.

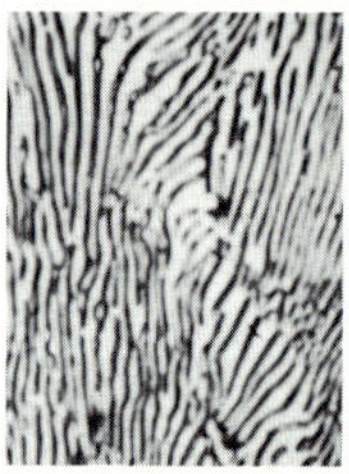

Zementitlamellen im Perlit (500:1)

Weich-glühen →

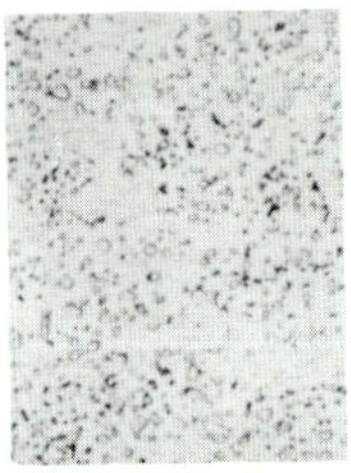

körniger Zementit im Perlit (500:1)

3.3.1 Glühen

Wird ein Werkstück langsam erwärmt, für eine bestimmte Zeit auf der erreichten Temperatur gehalten und nachfolgend mehr oder weniger langsam abgekühlt, zählt man die Wärmebehandlung zum **Glühen.** Welche Temperaturen und Zeiten einzuhalten sind, hängt vom beabsichtigten Zweck ab.

Weichglühen

Der Zementit im Gefüge des Stahls erschwert die Verarbeitung:

– Beim Spanen – wie Bohren oder Fräsen – muß die Werkzeugschneide die harten Zementitlamellen des Perlits durchtrennen. Die Schneide stumpft schnell ab.
– Beim Kaltumformen – wie Biegen und Walzen – bewirken die zusammenhängenden harten Zementitlamellen, daß der Stahl früh Risse zeigt.

Weil Festigkeit und Härte von Stahl abfallen, wenn sich die Zementitlamellen des Perlits und der Korngrenzenzementit bei höherer Temperatur körnig einformen, heißt das Glühverfahren **Weichglühen.**

Um dies zu verhindern, gibt man den Zementitlamellen bei höherer Temperatur über mehrere Stunden Gelegenheit, ihre Oberflächen zu verkleinern. Dabei bilden sich, wie man es vom Öl in Wasser kennt, Kugeln aus. Man sagt, der Zementit wird körnig eingeformt.

Bei untereutektoiden Stählen erfolgt das Einformen der Zementitlamellen im Bereich der **PSK**-Linie. Damit sich bei übereutektoiden Stählen zusätzlich der Korngrenzenzementit einformt, wird die Temperatur im Bereich der PSK-Linie mehrfach erhöht und erniedrigt, bevor langsam abgekühlt wird. Man nennt dies **Pendelglühen.**

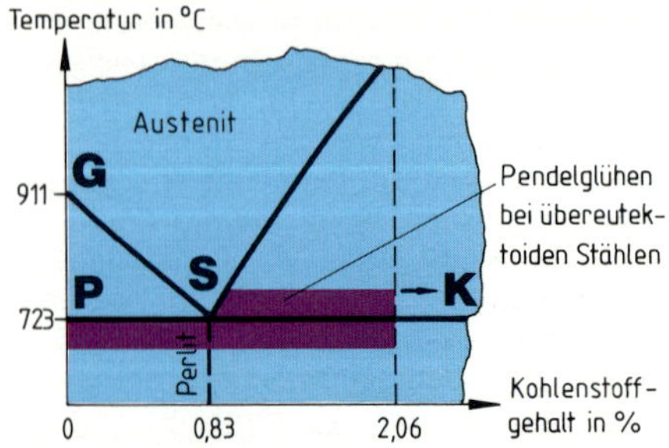

Glühtemperaturen für das Weichglühen im Eisen-Kohlenstoff-Diagramm

Normalglühen

Beim Schmieden, Warmwalzen, Schweißen, Warmbiegen und Strangpressen verbleibt das Werkstück für längere Zeit bei hoher Temperatur. Weil dabei die Körner des Stahlgefüges ungleich schnell wachsen können, entsteht nicht nur grobkörniges, sondern auch ungleichmäßiges Gefüge. Die Folge ist, daß Festigkeit, Zähigkeit und Umformfähigkeit abnehmen.

Um wieder ein normales Gefüge, das aus kleinen rundlichen Körnern etwa gleicher Größe besteht, zu erhalten, erwärmt man etwa 30 bis 50 °C über die GSK-Linie. Bei dieser Temperatur wird das Werkstück einige Zeit gehalten. Aus Erfahrung weiß man, daß zwei Minuten je mm Wanddicke ausreichen.

Erwärmt man Stahl auf Temperaturen **oberhalb der GSK**-Linie und kühlt anschließend an Luft ab, ergibt sich ein normales Gefüge. Das Verfahren heißt **Normalglühen.**

Beispiel: Bei einem 6 mm dicken Stahlblech mit 0,8 % Kohlenstoff ergibt sich eine Glühzeit von 6 mm · 2 min/mm = 12 min.

Aus dem Diagramm entnimmt man dazu eine Glühtemperatur von ca. 760 °C.

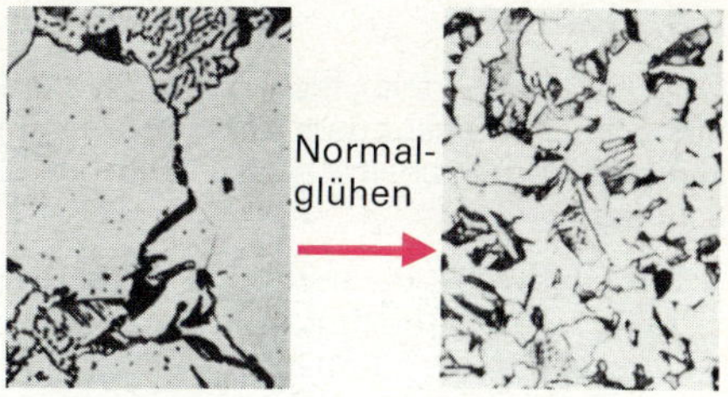

a) grobkörniges Gefüge (Vergrößerung 200:1) b) Gefüge nach dem Normalglühen (Vergrößerung 200:1)

Gefüge eines untereutektoiden Stahls

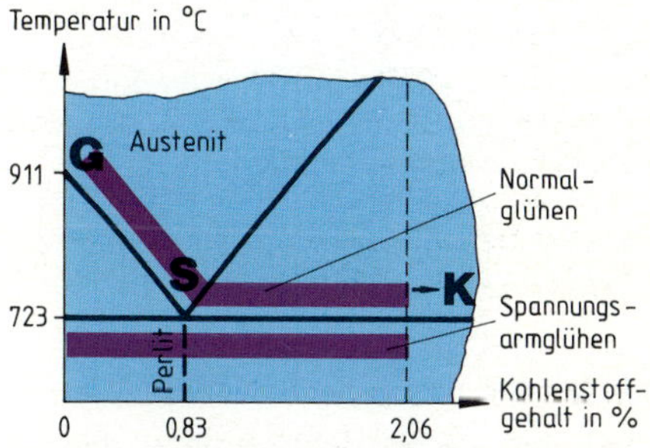

Glühtemperaturen für das Normalglühen und Spannungsarmglühen im Eisen-Kohlenstoff-Diagramm

Spannungsarmglühen

Wirken in einem Werkstück Kräfte, obwohl es nicht von außen beansprucht wird, enthält es sogenannte **innere Spannungen,** die auch **Eigenspannungen** genannt werden.

Durch Glühen zwischen 550 und 650 °C über 2 bis 4 Stunden und sehr langsames Abkühlen nehmen Eigenspannungen im Werkstück stark ab. Die Behandlung heißt **Spannungsarmglühen.**

Eigenspannungen treten vor allem bei schnellem Abkühlen von Werkstücken beim Gießen, Schmieden, Schweißen und Härten auf. So verhindert die kältere Randzone, daß der wärmere Kern des Werkstücks ungehindert schrumpfen kann. Dadurch treten Zugspannungen im Kern und Druckspannungen im Rand auf.

Die Eigenspannungen überlagern sich mit Spannungen aus äußeren Kräften, so daß es leicht zur Verformung oder zum Bruch kommt.

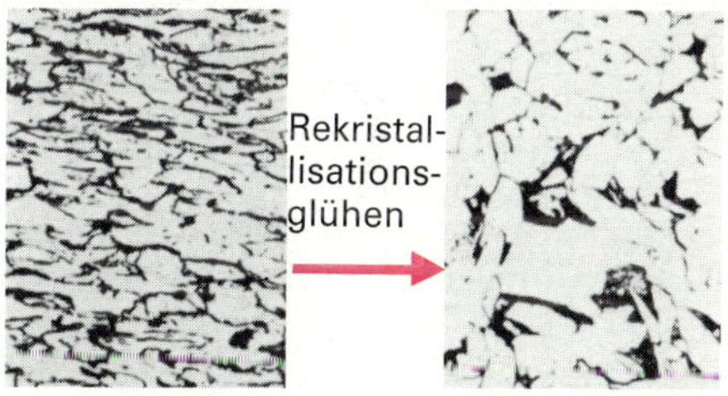

kaltverformter Stahl (Vergrößerung 200:1) rekristallisierter Stahl (Vergrößerung 200:1)

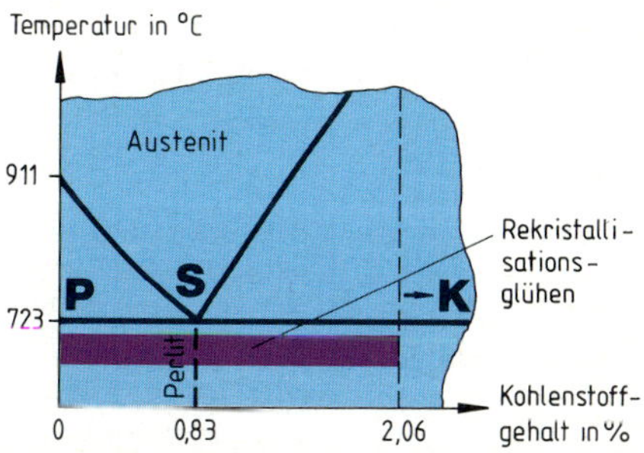

Glühtemperaturen für das Rekristallisationsglühen im Eisen-Kohlenstoff-Diagramm

Rekristallisationsglühen

Feinbleche, Drähte, Rohre und Profile mit kleinen Querschnitten erhalten ihre endgültige Form durch Kaltumformung. Die **Kaltverfestigung** (s. Kap. Umformen, Grundstufe) bewirkt, daß die Umformfähigkeit des Werkstoffs oft erschöpft ist, bevor die Endabmessung erreicht ist.

Um Stähle nach der Kaltverfestigung wieder umformbar zu machen, glüht man **unterhalb der PSK**-Linie. Zusammensetzung und Umformgrad haben einen starken Einfluß auf die Temperatur. Für kohlenstoffarme Stähle liegt die Temperatur nach starker Umformung bei etwa 500 °C, nach schwacher Umformung bei 650 °C. Die gestreckten Kristallite des verformten Werkstoffs verschwinden zugunsten normaler, etwa gleichgroßer Kristallite.

Kaltverformter Stahl erhält seine Umformfähigkeit zurück, wenn er zwischen 500 und 650 °C geglüht wird. Weil dabei neue Kristallite gebildet werden, heißt das Glühverfahren **Rekristallisationsglühen.**

3.3.2 Härten

Die Funktionen vieler technischer Systeme erfordern Bauelemente aus Stahl, die besonders hart und verschleißfest sind. Das System Hydraulikmotor besitzt gleich mehrere Bauteile mit diesen Eigenschaften:

- Die **Triebwelle,** die mit großer Geschwindigkeit dreht und gleichzeitig mit großer Kraft auf die Lagerstellen wirkt, hat harte und verschleißfeste Laufflächen.
- An die **Nadeln der Wälzlager** werden gleiche Anforderungen gestellt, damit das gesamte System die geforderte Lebensdauer erreicht.
- Die **Drosselnadel** wird durch das schnell fließende Hydrauliköl mechanisch angegriffen. Damit möglichst wenig Metall abgetragen wird, besitzt auch die Drosselnadel eine harte und verschleißfeste Oberfläche.

Die Eigenschaften erreicht man durch Wärmebehandlung. Um ein Versagen des Bauteils durch Bruch zu verhindern, darf die Zähigkeit dabei nur wenig abnehmen.

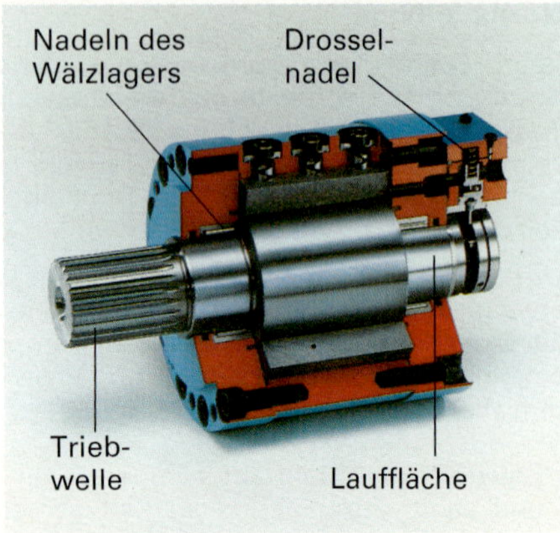

Hydraulikmotor im aufgeschnittenen Zustand

Eine Wärmebehandlung, die Stähle bei ausreichender Zähigkeit hart und verschleißfest macht, nennt man **Härten.**

Vorgänge

Der Kohlenstoff ist dafür verantwortlich, daß Stahl durch Wärmebehandlung härtbar ist. In unlegiertem Stahl muß mindestens 0,25% Kohlenstoff enthalten sein.

Zum Härten wird der Stahl auf 30 bis 50 °C **oberhalb der GSK**-Linie erwärmt, so daß Austenit statt Perlit vorliegt. Nun kommt es auf die richtige Abkühlgeschwindigkeit an:

- Kühlt man langsam ab, z. B. in ruhender Luft, wandern zunächst die Kohlenstoffatome aus dem kfz-Gitter des Austenits heraus und bilden Zementit Fe_3C. Das Gitter ist damit kohlenstofffrei und kann ungehindert die krz-Form annehmen. Es entsteht wieder Perlit.
- Kühlt man sehr schnell ab, indem man das Werkstück in Wasser oder Öl taucht, so strebt das Gitter die krz-Form an, bevor der Kohlenstoff herausgewandert ist. Da die Lücken im krz-Gitter kleiner sind als im kfz-Gitter, verspannen die Kohlenstoffatome das gesamte Kristallgitter. Die Verspannung macht den Stahl hart und spröde. Er kann nicht mehr gebohrt, gedreht, gefräst oder umgeformt werden.

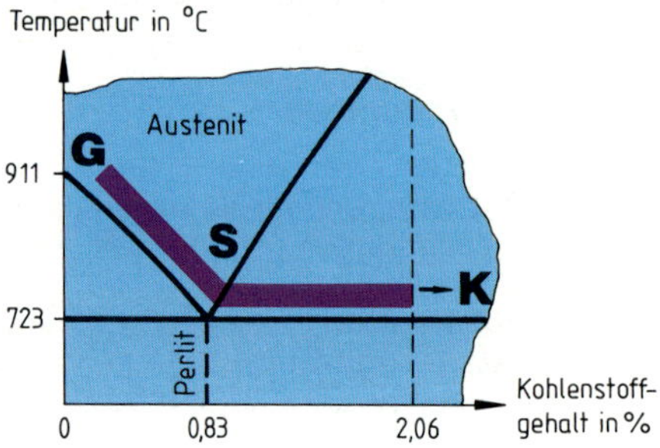

Glühtemperaturen für das Härten

Nach schnellem Abkühlen von Stahl, man bezeichnet den Vorgang als **Abschrecken,** wird der Stahl hart und seine Zähigkeit nimmt stark ab. Das entstehende nadelige Gefüge heißt **Martensit.**

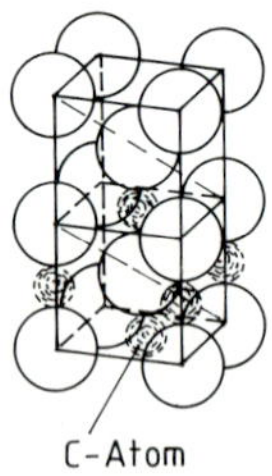

Elementarzelle des Martensits, gestrichelte Kreise sind mögliche Kohlenstoffatome

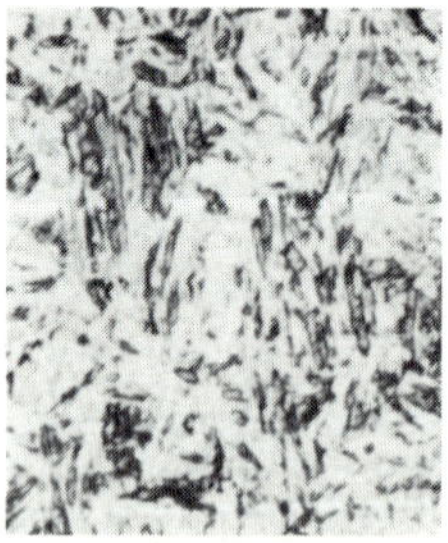

Martensit-Gefüge (Vergrößerung 500:1)

Anlassen

Weil abgeschreckte Werkstücke nur geringe Zähigkeit besitzen, können sie schon durch leichtere Stöße zerbrechen. Durch geringes Erwärmen können Kohlenstoffatome jedoch Plätze einnehmen, die das Gitter weniger verspannen. Während dabei die Härte geringfügig abnimmt, steigt die Zähigkeit erheblich an.

Erwärmt man gehärteten Stahl zwischen 150 und 400 °C, so lassen sich die gewünschte Härte und Zähigkeit einstellen. Dieses sogenannte **Anlassen** ist der abschließende Vorgang beim Härten.

Abgeschrecktes Werkstück: große Härte, geringe Zähigkeit → Anlassen → Angelassenes Werkstück: große Härte, höhere Zähigkeit

3.3.3 Vergüten

Triebwellen, Achsen, Schrauben, Maschinenspindeln, und andere hochbeanspruchte Bauteile übernehmen in einem System Teilfunktionen unter Einwirkung großer Kräfte. Diese Funktionen können aber nur solange verwirklicht werden, bis die Bauteile sich plastisch verformen oder brechen. Die Werkstoffe besitzen deshalb die nebenstehende Eigenschaftskombination.

Die Eigenschaften erzielt man durch Härten mit nachfolgendem Anlassen. Damit die Zähigkeit groß wird, liegen die Anlaßtemperaturen höher als beim Härten.

Um große Zähigkeit zu erreichen, darf das Gefüge nicht zuviel Zementit enthalten. Der Gehalt an Kohlenstoff im Vergütungsstahl ist deshalb auf 0,65% begrenzt. Damit der Stahl härtbar ist, liegt die untere Grenze bei 0,25%. Zu den Vergütungsstählen zählen nach DIN 17200 auch niedriglegierte Stähle. Sie erzielen bei gleicher Zähigkeit höhere Festigkeit.

Das nebenstehende **Vergütungsschaubild** stellt dar, wie sich die mechanischen Eigenschaften ändern, wenn der abgeschreckte Stahl zwischen 450 und 650 °C angelassen wird.

Beispiel: Eine Maschinenspindel aus 42CrMo4 soll nach dem Vergüten eine Streckgrenze von 800 N/mm² aufweisen. Für 42CrMo4 ergibt sich eine Anlaßtemperatur von 550 °C und eine Zugfestigkeit von 1050 N/mm². Mit der Bruchdehnung A von 12% sagt das Schaubild auch etwas über die Umformfähigkeit aus.

Der Vergleich der beiden Schaubilder verdeutlicht, daß der legierte Stahl bei gleicher Bruchdehnung A wesentlich höhere Festigkeit (R_e und R_m) besitzt.

Höhere Streckgrenze R_e und Zugfestigkeit R_m
→ höhere zulässige Spannung

Höhere Zähigkeit (Kerbschlagarbeit A_v)
→ größere Umformfähigkeit bis zum Bruch

Wird Stahl gehärtet und anschließend bei Temperaturen zwischen 400 und 650 °C angelassen, erzielt man neben großer Festigkeit auch große Zähigkeit. Die Wärmebehandlung heißt Vergüten.

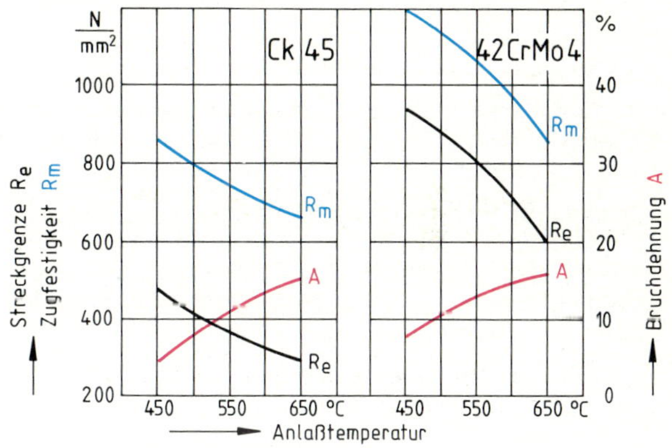

Vergütungsschaubilder für die Stähle Ck 45 und 42 CrMo 4 (DIN 17200)

3.3.4 Härten der Randschicht

Wellen müssen an ihren Lagerstellen besonders verschleißfest sein. Gleiches gilt für die Flanken von Zahnrädern oder die Gleitflächen von Bolzen. Da diese Bauteile auch stoßartiger und wechselnder Beanspruchung unterliegen, verlangt man gleichzeitig hohe Bruchsicherheit. Diese sich widersprechenden Eigenschaften erfüllen Bauteile mit harter Randschicht und zähem Kern.

Zur Lösung des Problems sind Verfahren entwickelt worden für abschreckhärtbare Stähle, nicht härtbare Stähle und speziell legierte Stähle.

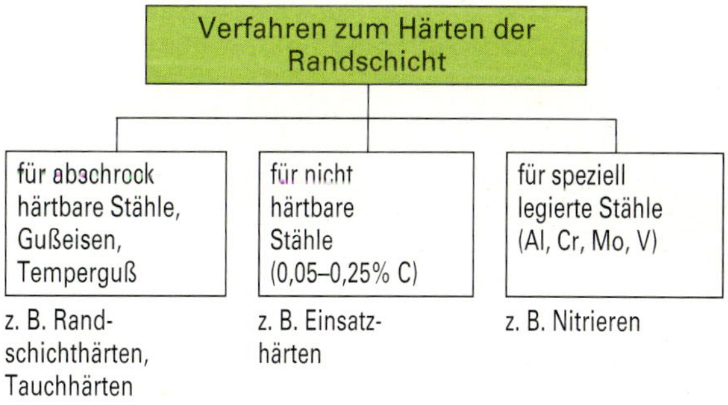

Randschichthärten

Erwärmt man Stahl rasch auf Härtetemperatur und schreckt ihn mit einer Wasserbrause sofort danach ab, so wird nur seine Oberfläche hart. Der Kern, der die Härtetemperatur nicht erreichte, bleibt zäh. Der Vorgang heißt Randschichthärten.

- Flammhärten

Arbeitet man mit der Flamme eines Brenngas-Sauerstoffgemisches, so ergeben sich Härtetiefen von mindestens 1 mm. Sie wachsen, wenn die Geschwindigkeit von Brenner und Wasserbrause, die sich dicht nebeneinander über die Fläche bewegen, verringert wird. Dieses sog. Flammhärten eignet sich für große Werkstücke und solche mit komplizierter Form.

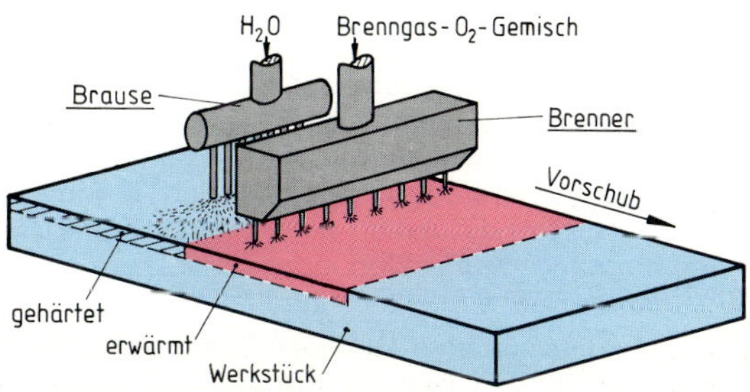

Flammhärten eines flächigen Werkstücks

- Induktionshärten

Aus der Elektrotechnik ist bekannt, daß stromdurchflossene Spulen in einem Metallstück Wirbelströme induzieren können (s. Kap. Elektrotechnik 5.3). Hinzu kommt folgender Effekt: Je höher die Frequenz des Stromes ist, um so stärker drängen die Wirbelströme in die Randzone (Skineffekt = Hautwirkung). Nutzt man beim Randschichthärten diese Effekte zur Erwärmung des Werkstücks aus, so spricht man vom Induktionshärten.

Innerhalb einer **wassergekühlten Spule**, dem **Induktor**, durch die Wechselstrom mit hoher Frequenz fließt, befindet sich das Werkstück. In kurzer Zeit erwärmt der induzierte Wirbelstrom infolge des elektrischen Widerstandes die Oberfläche auf Härtetemperatur. Eine Wasserbrause direkt hinter der Spule schreckt das Werkstück ab.

Die Härtetiefen sind durch die Frequenz des Stromes beeinflußbar:

Mittelfrequenz: 0,5 bis 10 kHz → Härtetiefe 1,5 bis 6 mm
Hochfrequenz: 1000 bis 30 000 kHz → Härtetiefe 0,01 bis 3 mm

Induktionshärteanlagen sind klein, erzeugen keine Abgase und verhindern Zunderbildung. Sie können deshalb problemlos aufgestellt werden. Allerdings sind die Anlagen sehr teuer.

- Werkstoffe für das Randschichthärten

Unlegierte und niedriglegierte Stähle, die besondere Härtbarkeit besitzen, sind in der DIN 17121 aufgeführt. Sie zeigen nach dem Härten seltener Risse als vergleichbare Vergütungsstähle. Die erzielbaren Randschichthärten liegen zwischen 50 und 60 HRC.

Gußeisen und Temperguß sind dann randschichthärtbar, wenn der Graphit aus Kugeln oder feinen Lamellen besteht. Das Gefüge muß überwiegend Perlit enthalten.

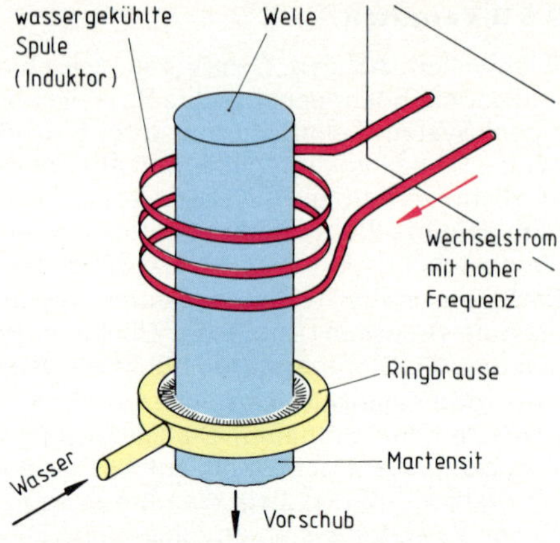

Induktionshärten einer Welle (Induktor oben, Wasserbrause unten)

Kurzname	Anwendung/Werkstoff
Cf 45, 49 Cr Mo 4 DIN 17212	Flamm- und Induktionshärten/Stahl
GS-Ck 45 GS-46 Mn 4	Flammhärten/Stahlguß
GG-40 GTW-55	Flammhärten/Gußeisen Temperguß

Werkstoffe für das Randschichthärten

Tauchhärten

Stähle lassen sich durch **Salz- oder Metallbäder** so schnell erwärmen, daß die Randschicht bereits austenitisch ist, bevor sich der Kern nennenswert erwärmt hat. Wird kein besonders günstiger Härteverlauf gefordert, nutzt man diesen Effekt aus, um Randschichten zu härten. Dazu taucht man die Werkstücke bis zu zwei Minuten in ein Bad von 1000 bis 1200 °C. Es schließt sich das Abschrecken in Wasser oder Öl an. Große Einhärtetiefe erreicht man durch lange Tauchzeit und hohe Badtemperatur. Gegenüber dem Flamm- und Induktionshärten hat dieses **Tauchhärten** Vorteile. Werkstücke mit Lücken (z.B. Zahnräder) lassen sich ebenso wie kompliziert geformte Teile, ohne teure zusätzliche Vorrichtungen im gleichen Bad härten. Da die Anlagekosten gering sind und der Durchsatz groß ist, kann sehr wirtschaftlich gehärtet werden. Nachteilig sind erhebliche Spannungen und ungenaue Einhärtetiefen.

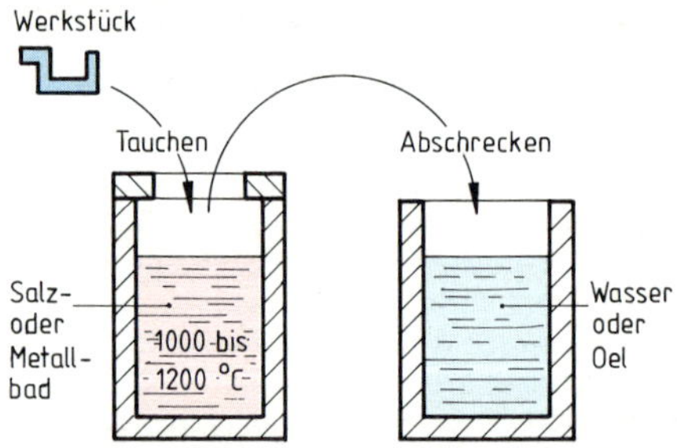

Tauchhärten

Einsatzhärten

Stähle mit weniger als 0,2% Kohlenstoff sind sehr zäh und daher besonders bruchsicher, auch unter stoßartiger und wechselnder Beanspruchung. Tritt Reibung auf, so verschleißen die Randschichten von Bauteilen jedoch sehr schnell, wenn sie aus diesen Stählen bestehen. Deshalb **glüht** man diese Stähle **in Mitteln, die Kohlenstoff abgeben**. Bei Temperaturen oberhalb der GS-Linie (im Eisen-Kohlenstoffdiagramm) diffundiert der Kohlenstoff ins Werkstück. Nach diesem Vorgang, **Aufkohlen** oder **Einsetzen**, enthält die Randschicht etwa 0,8% Kohlenstoff und ist damit abschreckhärtbar.

Als Einsatzmittel werden kohlenstoffhaltige Stoffe verwendet, die pulverförmig, flüssig oder gasförmig sind. Danach unterscheidet man Pulver-, Bad- und Gasaufkohlung.

Aufkohlungsart	Aufkohlungsmittel
Pulveraufkohlung	Kohlungspulver aus Holzkohle, Koks, oder Knochenkohle mit Alkaliverbindungen
Salzbadaufkohlung	Salzschmelzen mit z. B. Natriumcyanid (NaCN) als Kohlenstoffträger
Gasaufkohlung	Neutrales Trägergas mit z. B. Propan (C_3H_8) als Kohlenstoffträger

Aufkohlungsarten und -mittel für das Einsatzhärten

- Härten der Einsatzstähle

Nach dem Aufkohlen besteht das Werkstück aus dem nicht härtbaren Kern mit z. B. 0,15% C und der härtbaren Randschicht mit etwa 0,8% C. Durch das mehrstündige Aufkohlen ist das Gefüge, je nach Werkstoff, mehr oder weniger grobkörnig geworden. Deshalb erfolgt das Härten auf zwei Arten:

– Schreckt man das Werkstück direkt aus der Aufkohlungswärme ab, handelt es sich um das **Direkthärten.** Um die Kornvergröberung zu mindern, setzt man Einsatzstähle ein, die nicht zu Kornwachstum neigen. Diese Stähle, sie wurden für die unterschiedlichsten Zwecke entwickelt, heißen Feinkornbaustähle.

– Hochbeanspruchte, stoßbelastete Bauteile verlangen eine bestmögliche Gefügeausbildung. Anstelle der Direkthärtung wendet man die sogenannte **Doppelhärtung** an. Die Arbeitsgänge lassen sich im Temperatur-Zeit-Schaubild übersichtlich darstellen.

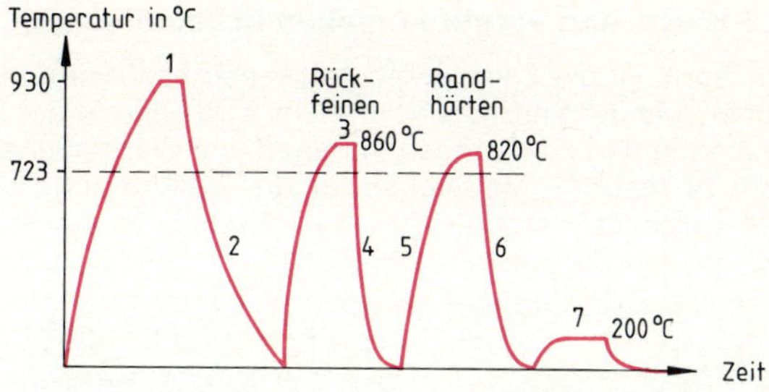

1. Einsetzen.
2. Langsames Abkühlen.
3. Normalisieren des Gefüges (oberhalb GSK-Linie).
4. Abschrecken in Öl, für unlegierte Stähle in Wasser. (Bei diesem Vorgang erhält der Kern ein feinkörniges Gefüge mit erhöhter Streckgrenze. Zusammen mit dem Normalisieren spricht man vom Rückfeinen).
5. Erwärmen auf Härtetemperatur (oberhalb GSK-Linie).
6. Abschrecken in Öl, unlegierte Stähle in Wasser.
7. Anlassen auf etwa 200 °C.

Temperatur-Zeit-Schaubild für die Doppelhärtung

Die Randschicht kohlenstoffarmer Stähle ist härtbar, wenn man aufkohlt und abschließend abschreckt. Beide Vorgänge zusammen bezeichnet man als **Einsatzhärten.**

- Werkstoffe für das Einsatzhärten

Neben dem geringen Kohlenstoffgehalt (unter 0,25%) können Einsatzstähle auch kleine Mengen an Legierungselementen wie Chrom Cr, Mangan Mn, Nickel Ni und Molybdän Mo enthalten. Sie bilden mit dem zugeführten Kohlenstoff harte Carbide und erhöhen dadurch zusätzlich die Verschleißfestigkeit.

Kurzname DIN 17006	Anwendungsbeispiele
Ck15/C15	Bolzen, Wellen, Zahnräder, Werkzeuge
20 Mn Cr 5	Zahnräder, Wellen von Kfz-Getrieben
15 Cr Ni 6 17 Cr Ni Mo 6	Zahnräder, Wellen von Baufahrzeugen, Hämmer von Getreidemühlen (höchste Verschleißfestigkeit)

Einsatzstähle DIN 17210

Nitrieren

Bauteile, die schon fertig bearbeitet sind, dürfen nicht abschreckgehärtet werden. Durch Anlaufschichten und starken Verzug würden sie unbrauchbar. Um die Randschicht trotzdem härten zu können, wird dem Werkstück **Stickstoff N** zugeführt. Er bildet mit den metallischen Legierungszusätzen chemische Verbindungen, die man Nitride nennt. Sie verleihen der Randschicht große Härte und Verschleißfestigkeit.

Man unterscheidet Gas-, Bad- und Pulvernitrieren. Meist wird das Gasnitrieren im Ammoniakstrom bei 500 bis 600 °C angewendet. Der Stickstoff N des Ammoniaks NH_3 diffundiert in die Randschicht. Hier bildet er mit den Legierungselementen Aluminium Al, Chrom Cr oder Molybdän Mo harte und verschleißfeste Nitride. Für hohe Druckbeanspruchung muß die dünne Nitrierschicht von 0,1 bis 0,6 mm durch einen Werkstoff mit erhöhter Festigkeit gestützt werden. **Nitrierstähle** sind deshalb Vergütungsstähle mit Legierungselementen.

Beim Nitrieren verzieht sich das Werkstück kaum und die Oberfläche bleibt sauber. Außerdem erhöht sich die Korrosionsbeständigkeit. Nachteilig sind die höheren Kosten im Vergleich zum Einsatzhärten, da die Nitrierzeiten – bei kleinen Schichtdicken – sehr lang sind.

Forderung: Härten der Randschicht fertig bearbeiteter Werkstücke

Entscheidung: Nitrieren

Ergebnis: harte und verschleißfeste Randschicht, kaum Verzug

Kurzname DIN 17006	Härte HV etwa	Anwendungsbeispiele
31 Cr Mo 12	850	Extruderschnecken, Ventilstößel
34 Cr Al Mo 5 41 Cr Al Mo 7	1000	Zylinderbüchsen in Verbrennungsmotoren Heißdampfarmaturenteile (hohe Kernfestigkeit)
34 Cr Al S 5	950	Automatenteile für große Querschnitte

Nitrierstähle DIN 17211

Nitriertiefe in Abhängigkeit von der Nitrierdauer

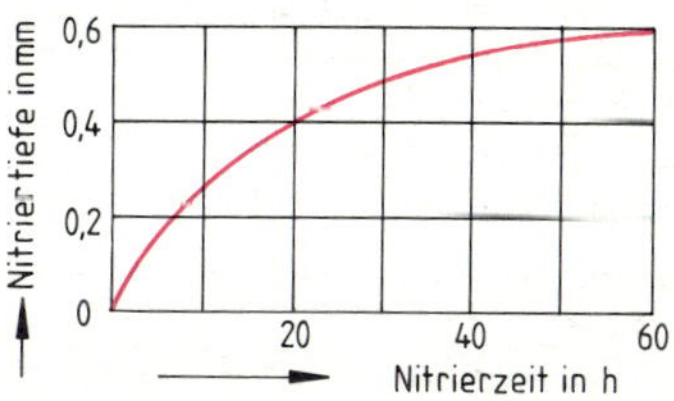

3.3.5 Härte- und Vergüteangaben in Zeichnungen (DIN 6773)

Nach Norm ist der Endzustand gehärteter bzw. vergüteter Teile in Zeichnungen anzugeben. Genauere Angaben darüber, wie der Endzustand erreicht wird, sind in der Norm nicht enthalten. Falls erforderlich, sind ergänzende Angaben in den Fertigungsunterlagen wie Wärmebehandlungsanweisung (WBA) oder Wärmebehandlungsplan (WBP) zu machen. Meßstellen für die Härteprüfung am Werkstück können mit einem Pfeil in der Zeichnung gekennzeichnet werden. Wird die Darstellung eines Teils durch die Angaben unübersichtlich, dann ist ein Wärmebehandlungsbild in Nähe des Schriftfeldes zu zeichnen.

Endzustand	Wärmebehandlung des ganzen Werkstücks				örtlich begrenzt	
	gleiche Härtewerte		unterschiedliche Härtewerte			
gehärtet oder gehärtet und angelassen oder vergütet	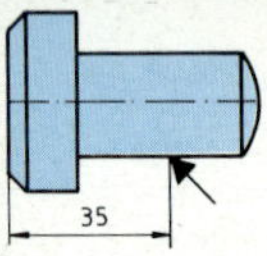	vergütet 350 + 50 HB 2,5/187,5	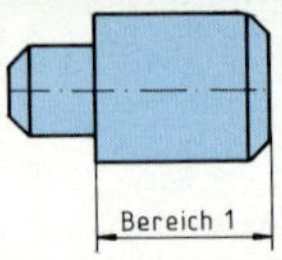	gehärtet und angelassen 50 + 5 HRC Bereich 1: 58 + 4 HRC	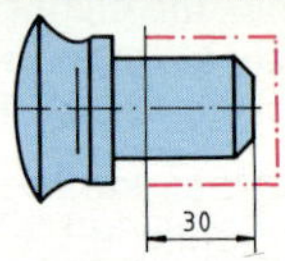	gehärtet 65 + 5 HRC
randschichtgehärtet oder randschichtgehärtet und angelassen	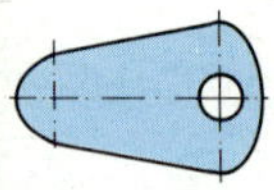	randschicht-gehärtet 700 + 100 HV 30 Rht[1] 550 = 0,6 + 0,6 Grenzhärte	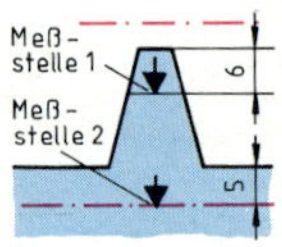	randschichtgehärtet und ganzes Teil angelassen Meßstelle 1: 60 + 6 HRC Mestelle 2: ≤30 HRC	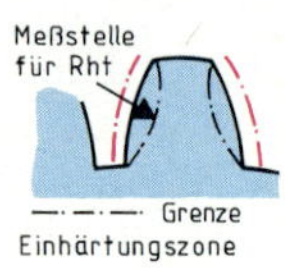	rand-schichtgehärtet 630 + 100 HV 10 Rht 500 = 2 + 1 Grenzhärte
einsatzgehärtet oder einsatzgehärtet und angelassen	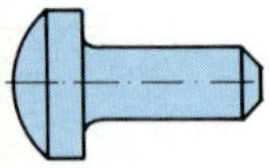	einsatzgehärtet und angelassen 60 + 4HRC Eht[2] = 0,8 + 0,4	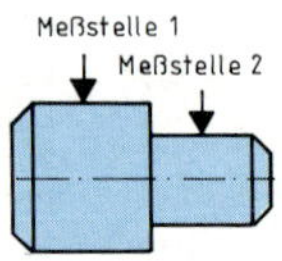	einsatzgehärtet und angelassen Meßstelle 1: 58 + 8 HRC Eht = 0,8 + 0,4 Meßstelle 2: 600 + 100 HV 30 Eht = 0,5 + 0,3	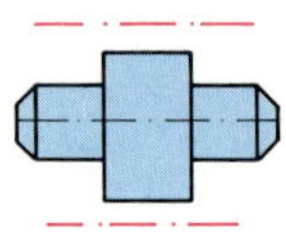	einsatz-gehärtet und angelassen 58 + 4 HRC Eht = 1,2 + 0,5
nitriert	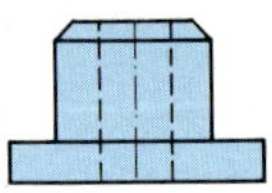	nitriert Nht[3] = 0,3 + 0,1	Beim Nitrieren unterscheidet man die Nitrierung des ganzen Teils bei gleicher Härte oder die örtlich begrenzte Nitrierung		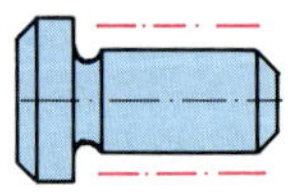	nitriert Nht = 0,1 + 0,05

[1] Rht: Randschichteinhärtungstiefe in mm; [2] Eht: Einsatzeinhärtungstiefe in mm; [3] Nht: Nitriereinhärtungstiefe in mm; Angaben für die Härte und die Einhärtungstiefe enthalten Plus-Toleranz.

Aufgaben zur Wiederholung und Vertiefung

1. Warum werden Stähle vor dem spanenden Bearbeiten und Kaltumformen häufig weichgeglüht? Welche Gefügeänderung wird erreicht?

2. Ein Gelenkbolzen von 36 mm Durchmesser wird aus unlegiertem Stahl mit 0,4% Kohlenstoff geschmiedet. Danach wird der Bolzen normalgeglüht.
a) Welche Gründe zwingen zum Normalglühen?
b) Geben Sie die ungefähre Glühzeit und Glühtemperatur an. Benutzen Sie als Hilfe das EKD.

3. Geben Sie den Zweck und die Glühtemperatur für die Glühverfahren Spannungsarmglühen und Rekristallisationsglühen an. Beschreiben Sie stichwortartig die Vorgänge, die sich im Werkstoff abspielen.

4. Nennen Sie drei Bauelemente, für die das Härten unumgänglich ist. Begründen Sie Ihre Antwort.

5. Vergleichen Sie Flamm- und Induktionshärten.

6. Man möchte eine Stahlwelle (0,5% C, unlegiert) abschrecken und anlassen, also härten.
a) Aus welcher Temperatur schreckt man ab?
b) Welchem Zweck dient das Abschrecken?

7. Der Stahl Ck 45 soll auf 700 N/mm² vergütet werden.
a) Bestimmen Sie nach den im Buch vorliegenden Diagrammen (EKD und Vergütungsschaubild) Härtetemperatur, Anlaßtemperatur, Streckgrenze und Bruchdehnung.
b) Welchem Zweck dient das Vergüten?

8. Werkstücke aus folgenden Stählen sind für die Oberflächenhärtung bestimmt. Ordnen Sie die Stähle den Verfahren Flamm- und Induktionshärten, Einsatzhärten und Nitrieren zu.
Ck 15, 34 Cr Al Mo 5, Cf 45, 17 Cr Ni Mo 6, 41 Cr Mo 4, 31 Cr Mo 12

9. Wodurch entsteht die Härte beim Nitrieren?

10. Nennen Sie die Vor- und Nachteile des Nitrierens im Vergleich zum Einsatzhärten.

3.4 Eigenschaften und Verwendung metallischer Werkstoffe

3.4.1 Legierte Stähle

Austenitische Stähle

Die Abkühlungskurve des reinen Eisens (s. Kap. 3.2.3) zeigt, daß sich bei 911 °C das γ-Eisen (kfz-Gitter) in das α-Eisen (krz-Gitter) umwandelt. Kohlenstoff verschiebt diesen Umwandlungspunkt nach unten. Dies wird im Eisen-Kohlenstoff-Diagramm durch die fallende GS-Linie deutlich. Ähnlich wirken die Elemente
Nickel Ni, Mangan Mn, Kobalt Co, Zink Zn und Stickstoff N.
Bei höheren Gehalten können sie das Austenitgebiet so stark erweitern, daß im festen Zustand keine Gitterumwandlung mehr stattfindet. Dann bleibt der Austenit auch bei Raumtemperatur erhalten. Es entstehen **austenitische Stähle.**

- Eigenschaften

Die besonderen Eigenschaften austenitischer Stähle sind: nicht magnetisierbar; niedrige Streckgrenze; beste Verformbarkeit infolge des kfz-Gitters; hohe Zähigkeit auch bei tiefen Temperaturen; keine Möglichkeit zum Abschreckhärten und Normalisieren, da ja die Gitterumwandlung fehlt; Korrosionsbeständigkeit; schwer spanabhebend bearbeitbar.

- Verwendung

Je nach ihrer Legierung werden die austenitischen Stähle verwendet als Verschleißstähle (Mangan-Hartstähle), als antimagnetische Bau- und Konstruktionsstähle, z. B. im Schiffsbau oder Elektromaschinenbau (Kompaßgehäuse, Induktor-Kappenringe, Bauteile für Transformatoren u. a.), als rost- und säurebeständige Sonderstähle und als hochwarmfeste Sonderstähle.

Ferritische Stähle

Andere Legierungselemente verkleinern das Austenitgebiet, sie schnüren es ab. Dazu gehören
Chrom Cr, Silizium Si, Wolfram W, Molybdän Mo und Titan Ti.
Sie zwingen das Eisen dazu, das krz-Gitter zu erhalten. Es entstehen **ferritische Stähle.** Sie erstarren und kühlen ohne Umwandlung ab. Nur für kleineren Gehalt an Legierungselement – bei der Eisen-Chrom-Legierung z. B. für 10% Chrom – tritt während der Abkühlung das kfz-Gitter auf. Unterhalb des Austenitfeldes liegt jedoch wieder Ferrit vor.

- Eigenschaften

Ferritische Stähle, vor allem die ferritischen Chromstähle, neigen zur Kornvergröberung. Da bei der Abkühlung keine Umwandlung erfolgt, ist das Gefüge durch Wärmebehandlung nicht mehr zu ändern. Außerdem kann man die Stähle nicht abschreckhärten. Andere besondere Eigenschaften sind: magnetisierbar, z. T. mit besonderen magnetischen Eigenschaften; warmfest, z. T. auch zunderbeständig; korrosionsbeständig; gering kaltumformbar infolge des krz-Gitters.

- Verwendung

Ferritische Stähle mit hohem Chromgehalt, z. B. X 8 Cr Mo Ti 17, sind sehr korrosionsbeständig. Man verwendet sie deshalb für Küchengeschirr, Behälter und Rohrleitungen in der Lebensmittelindustrie und für Beschläge und Verkleidungen im Ladenbau.
Wegen ihrer Zunderbeständigkeit setzt man einige ferritische Stähle, z. b. X 10 Cr Al 24, für Ofen- und Kesselteile ein, die mit Flammen direkt Kontakt haben. Die eintretende Kornvergröberung erhöht die Rißempfindlichkeit in diesem Temperaturbereich nur unwesentlich.

Stähle werden legiert, um die Eigenschaften dem Verwendungszweck anzupassen.

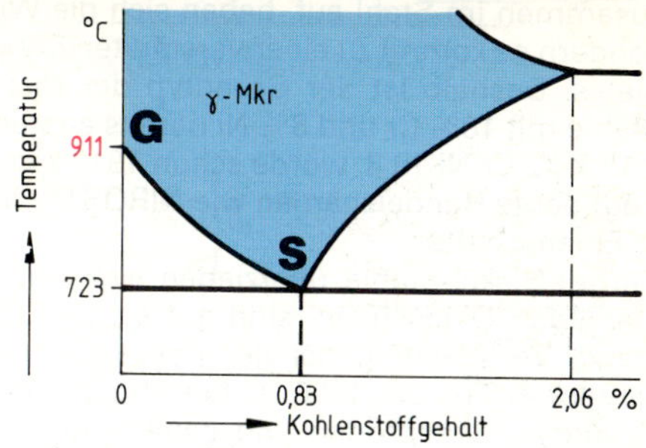

Eisen-Kohlenstoff-Diagramm (Ausschnitt)

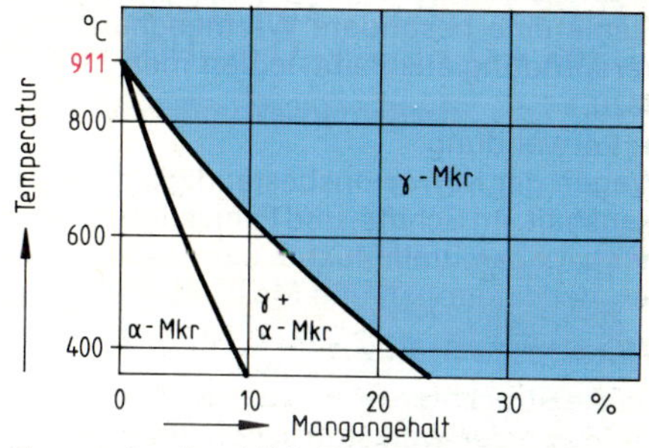

Zustandsschaubild Eisen-Mangan (Ausschnitt)
Austenitischer Stahl

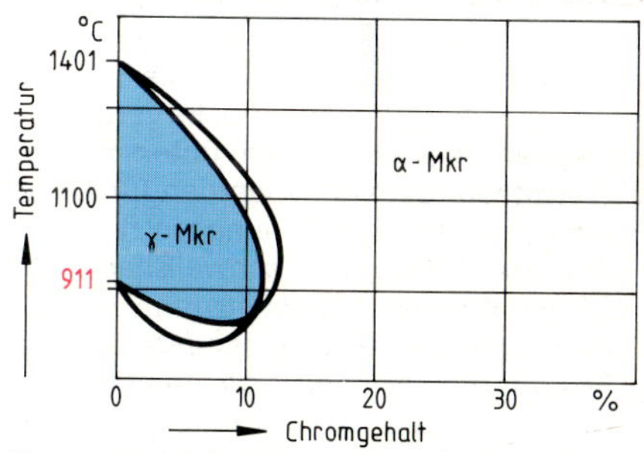

Zustandsschaubild Eisen-Chrom (Ausschnitt)
Ferritischer Stahl

Küchengeschirr

- Kupfer-Zinn-Legierungen (Zinnbronze)

Zinnbronze ist gegenüber Messing korrosionsbeständiger und verschleißfester. Außerdem hat sie bessere Gleiteigenschaften, ist aber teurer als Messing.

Kupfer-Zinn-Knetlegierungen enthalten bis zu 9% Zinn. Weil die Mischkristalle Kfz-Form haben, sind sie gut kaltformbar. Sie werden als Blech, Band, Rohr, Stange oder Draht geliefert und zu Federn, Schrauben, Drahtgewebe und Membranen weiterverarbeitet.

Kupfer-Zinn-Gußlegierungen enthalten durch höheren Zinngehalt (bis zu 20%) Kristallformen, die die Härte steigern und damit die Umformbarkeit stark herabsetzen. Die Gießbarkeit, Korrosionbeständigkeit und Gleiteigenschaften verbessern sich. Aufgrund der Eigenschaften stellt man aus diesen Legierungen Gußteile wie Schneckenräder, Spindelmuttern und Ventile her.

- Kupfer-Zinn-Zink-Legierungen (Rotguß)

Wenn ein Teil des Zinns einer Kupfer-Zinn-Gußlegierung durch 1 bis 6% Zink ersetzt wird, verbessert sich die Gießbarkeit. Deshalb verwendet man diesen Werkstoff nicht nur für Schneckenräder und Spindelmuttern, sondern auch für dünnwandige Armaturen.

- Kupfer-Aluminium-Legierungen (Aluminiumbronze)

Bei diesen Legierungen liegen bis zu 9% Aluminium Mischkristalle mit Kfz-Gitter vor. Sie ermöglichen starke Kaltumformung. In Legierungen mit über 9% Aluminium treten weniger gleitfähige Kristallarten auf, die zur Warmumformung zwingen. Legierungen über 11% Aluminium zeigen nur geringe Zähigkeit und sind technisch kaum bedeutsam. Für hochfeste Getriebeteile, z. B. Schnecken-Schraubenräder, setzt man Fe, Ni oder Mn zu, wie z. B. bei CuAl11Ni. Dadurch steigt die Zugfestigkeit über 700 N/mm^2 an.

- Kupfer-Nickel-Zink-Legierunge (Neusilber)

Nickel verleiht den Legierungen, die auch Neusilber heißen, ihren silbernen Glanz. Sie sind gut umformbar, korrosions- und anlaufbeständig. CuNi12Zn24 wird vor allem für Bestecke, CuNi12Zn30Pb für Teile in der Feinmechanik und Optik verwendet.

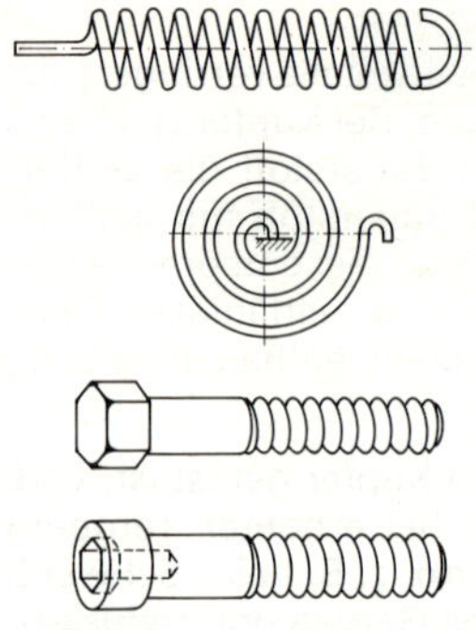

Schrauben und Federn aus z. B. CuSn6 (DIN 17662)

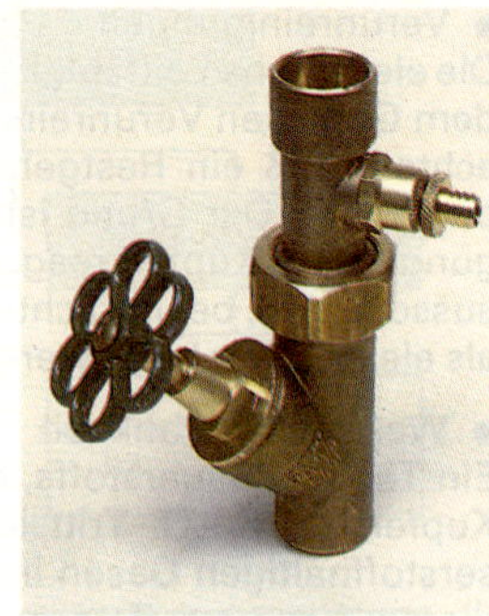

Schlauchanschlußventil aus G-CuSn5ZnPb (DIN 1705)

Schneckenräder Spindelmuttern Pumpengehäuse	} aus z. B. G-CuSn5ZnPb (DIN 1705)

Schneckenrad aus CuAl11Ni (DIN 17665)

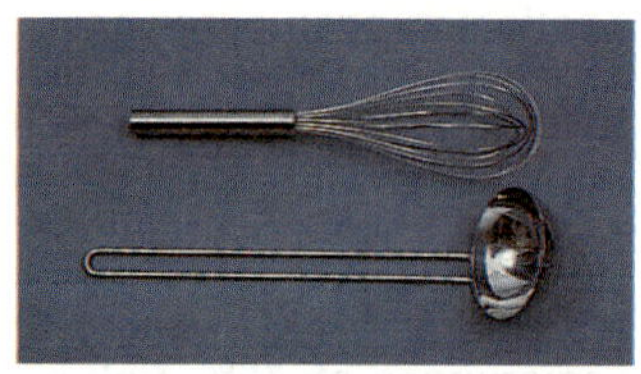

Bestecke aus CuNi12Zn24 (DIN 17663)

Aufgaben zur Wiederholung und Vertiefung

1. Ordnen Sie die nachstehenden Elemente nach zwei Gruppen: Nickel, Chrom, Silicium, Mangan, Kobalt, Wolfram, Zink, Titan, Molybdän, Stickstoff.
1. Gruppe: Elemente, die die Bildung austenitischer Stähle bewirken
2. Gruppe: Elemente, die die Bildung ferritischer Stähle bewirken

2. Begründen Sie, warum austenitische und ferritische Stähle nicht abschreckhärtbar und normalisierbar sind.

3. Stellen Sie die besonderen Eigenschaften austenitischer und ferritischer Stähle tabellarisch gegenüber.

4. Wodurch läßt sich die Versprödung austenitischer Chrom-Nickel-Stähle unterdrücken?

5. Welche Maßnahmen ergreift man, um das Kriechen bei warmfesten Stählen auszuschließen?

6. Welche Eigenschaften ändern sich, wenn der Grundlegierung eines Schnellarbeitsstahls a) Kobalt, b) Kohlenstoff und c) Vanadium zu legiert werden?

7. Beschreiben Sie die Vorgänge bei der Aushärtung von Al-Legierungen.

8. Wie wirkt sich die Zugabe von Legierungselementen auf R_m, R_e und A bei Kupfer aus?

9. Warum bricht das Gefüge, wenn Wasserstoff in Kupfer eindringt, das Kupferoxid Cu_2O enthält.

10. Ordnen Sie vier Kupferlegierungen Eigenschaften und Verwendung zu.

3.5 Korrosion und Korrosionsschutz

Werkstoffe können durch chemische Reaktionen von der Oberfläche her bis zur Zerstörung geschädigt werden. Metallische Werkstoffe erweisen sich dabei als besonders anfällig.

Vorgänge, die den Werkstoff durch chemische Reaktionen von der Oberfläche her schädigen oder zerstören, bezeichnet man als **Korrosion**.

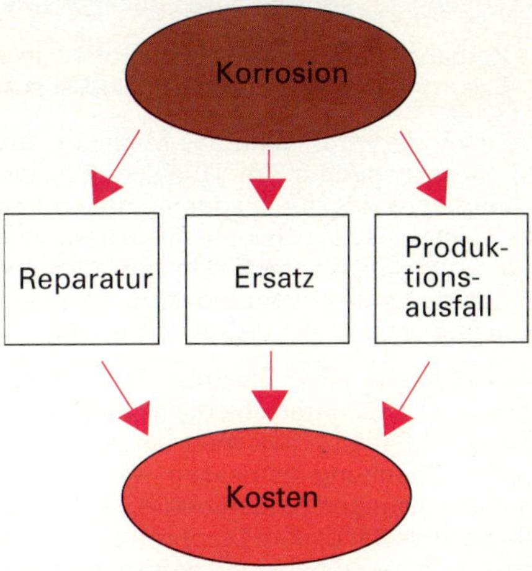

Das Wort Korrosion ist von dem lateinischen Wort „corrodere" abgeleitet, was zernagen heißt.

Jedes Jahr entstehen erhebliche Kosten, um Bauteile, Maschinen, Pkw's usw. zu reparieren oder zu ersetzen, die durch Korrosion geschädigt oder zerstört wurden. Weil dadurch in Betrieben die Produktion ausfallen kann, treten für die Volkswirtschaft zusätzliche Verluste auf. In den USA wurde beispielsweise errechnet, daß die durch Korrosion verursachten Kosten jährlich 5,5 Milliarden Dollar betrugen. Das Beispiel zeigt, daß Schutzmaßnahmen gegen die Korrosion von großer wirtschaftlicher Bedeutung sind.

Maßnahmen, die Werkstoffe vor Korrosion schützen, fallen unter den Begriff **Korrosionsschutz**.

3.5.1 Korrosionsvorgänge bei metallischen Werkstoffen

Die meisten Metalle kommen in der Natur nicht rein vor, sondern in Erzen, chemisch gebunden an beispielsweise Sauerstoff, Schwefel, Kohlenstoff. Mit der Herstellung der Metalle aus den Erzen geht dieser natürliche, stabile Zustand verloren, und es entsteht der weniger stabile metallische Gitterverband. Bei der Korrosion streben die Metalle dann wieder in ihre natürliche, stabile Verbindung mit Sauerstoff, Schwefel u. ä. zurück. Dieser Vorgang, die Korrosion, läuft schon in reiner Luft ab und verstärkt sich durch Feuchtigkeit und Industrieabgase. Zu noch stärkerer Korrosion kommt es mit elektrisch leitenden wässrigen Flüssigkeiten wie Regenwasser, Säuren, Laugen und Salzlösungen.

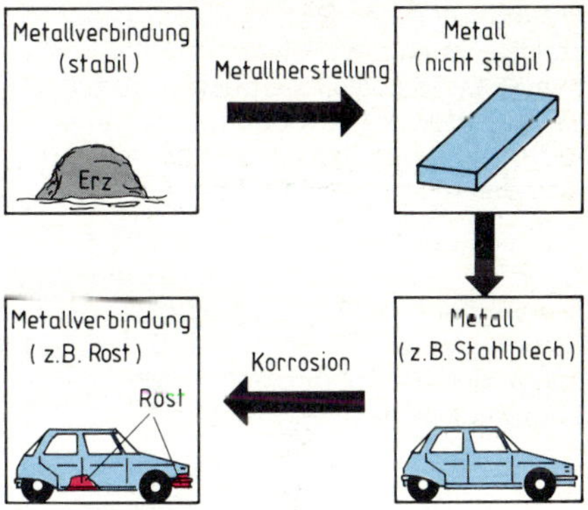

Korrosionsvorgang

Wässrige Flüssigkeiten, die sog. wässrigen Lösungen, leiten den elektrischen Strom. Man nennt sie deshalb auch **Elektrolyte**.

Elektrochemische Korrosion metallischer Werkstoffe

Das Problem der Korrosion beschränkt sich vor allem auf metallische Werkstoffe und wird vorwiegend durch Wasser und die in ihm gelösten Bestandteile hervorgerufen. Der Angriff metallischer Werkstoffe in feuchter Atmosphäre und in Wässern wird als **elektrochemische Korrosion** bezeichnet.

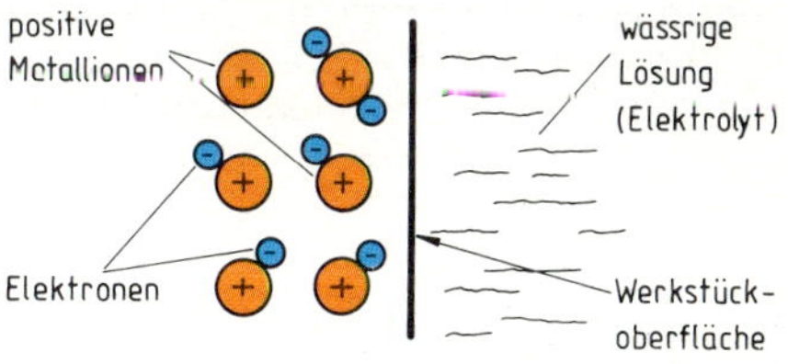

Werkstück, elektrisch neutral

- Elektrochemische Vorgänge

Wird ein metallisches Werkstück mit einer wäßrigen Lösung in Kontakt gebracht, so gehen an der Oberfläche Teilchen, die positiven Metall-Ionen, in die Lösung über. Weil danach mehr negative Ladungen (Elektronen) als positive Ladungen (Metall-Ionen) im Werkstück sind, ist es nicht mehr elektrisch neutral, sondern negativ geladen. An der Oberfläche stehen sich nun negative und positive Ladungen gegenüber. Man kann auch sagen: Es hat sich ein **elektrisches Potential** ausgebildet.

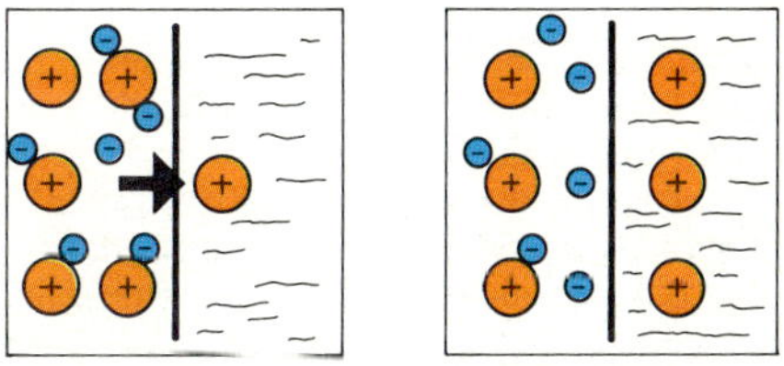

Metallion geht in Lösung

Ausgebildetes elektrochemisches Potential

Elektrochemische Vorgänge

Befindet sich eine Metalloberfläche in Kontakt mit einem Elektrolyt, so spricht man kurz vom System Metall/Elektrolyt. Dieses System Metall/Elektrolyt nennt man auch **Elektrode**.

Obwohl die Metall-Ionen, die in die Lösung übergehen, sich nicht mit Sauerstoff verbinden, fällt der Vorgang unter den erweiterten Begriff Oxidation. Er läßt sich durch Reaktionsgleichungen darstellen.

Vorgänge, bei denen Metall-Ionen in Lösung übergehen und Elektronen im Werkstoff zurücklassen, nennt man **Oxidation.**

Je nach Werkstoff kann das Metallion auch zwei oder drei positive Elementarladungen im Überschuß tragen. In den Reaktionsgleichungen ist das durch sogenannte Ladungszahlen erkennbar. Geht beispielsweise ein Zink-Ion in Lösung, so erhält das Werkstück durch zwei zurückbleibende Elektronen zwei negative überschüssige Elementarladungen, während die Lösung ein Zink-Ion mit zwei positiven überschüssigen Elementarladungen erhält.

Das Potential einer Elektrode ist nicht direkt meßbar. Kombiniert man aber zwei unterschiedliche Elektroden miteinander, so kann die Potentialdifferenz zwischen beiden Elektroden in Form der elektrischen Spannung gemessen werden. Um eine Vermischung der beiden Lösungen zu verhindern, sind sie durch eine elektrisch leitende Scheidewand, dem Diaphragma, getrennt. Diese Anordnung von zwei Elektroden bildet ein **galvanisches Element.**

Die Spannung wächst mit dem Potentialunterschied. Das Metall mit dem höheren Potential, es ist der Pluspol des äußeren Stromkreises, ist im Elektrolyten negativ und bildet mit diesem die negative Elektrode. Weil sie positive Ionen, die **Kationen**, anzieht, heißt sie **Katode**. Die **Anode**, sie ist immer die Gegenelektrode zur Katode, bildet der Elektrolyt mit dem Metall, das leichter Ionen abgibt, also das niedrigere Potential hat.

An der Anode gehen also positive Metallionen, die **Anionen**, unter Abgabe von Elektronen in Lösung. Das Metall wird oxidiert. Die Menge der Ionen, die in Lösungen geht, steigt mit dem elektrischen Strom, der zwischen Metall 1 und Metall 2 fließt. Andererseits steigt der Strom mit der Potentialdifferenz und der elektrischen Leitfähigkeit des Elektrolyten.

- Elektrochemische Spannungsreihe der Metalle

Um vergleichbare Meßwerte für Potentialdifferenzen zu erhalten, einigte man sich nicht nur auf eine bestimmte Elektrode als Bezugselektrode, sondern legte für die Messung auch Druck, Temperatur und Konzentration der Lösung fest. Die unter diesen Bedingungen gemessenen Potentialdifferenzen, man nennt sie Normalpotentiale, ergeben in geordneter Reihenfolge die **elektrochemische Spannungsreihe der Metalle**. Metalle mit niedrigem Normalpotential, sie stehen links in der Reihe, geben in Kontakt mit Elektrolyten leicht Ionen ab. Weil sie sich deshalb schnell zersetzen, bezeichnet man sie als unedle Metalle. Diese Neigung nimmt zu höheren Normalpotentialen hin ab, so daß rechts die edlen Metalle stehen.

- Kontaktkorrosion

An zahlreichen Stellen von Maschinen und Anlagen treten galvanische Elemente auf. Weil diese Stellen örtlich begrenzt sind, spricht man von **Lokalelementen**. Man findet sie dort, wo zwei verschiedene Metalle über Flüssigkeiten in Kontakt stehen. Es genügt schon Handschweiß, der beim Anfassen hinterlassen wird oder Luftfeuchtigkeit, die sich als dünne Flüssigkeitsschicht auf Metallen absetzt.

Zerstörungen finden statt, indem sich das unedlere Metall des Lokalelementes auflöst. Die Wirkung ist um so größer, je weiter die Metalle in der Spannungsreihe auseinander stehen bzw. je größer die Potentialdifferenz ist. Der Vorgang wird Kontaktkorrosion genannt.

Metallion im Werkstoff	→	Metallion in Lösung	+	Elektron im Werkstoff
M	→	M^+	+	e^-

Vorgang der Metallauflösung (allg.)

Zinkion im Werkstoff	→	Zinkion in Lösung	+	2 Elektronen im Werkstoff
Zn	→	Z^{2+} ↑ Ladungszahl	+	$2e^-$

Vorgang der Zinkauflösung

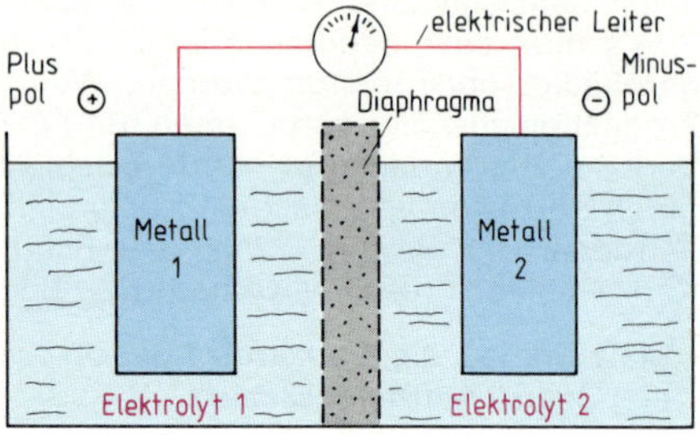

Galvanisches Element

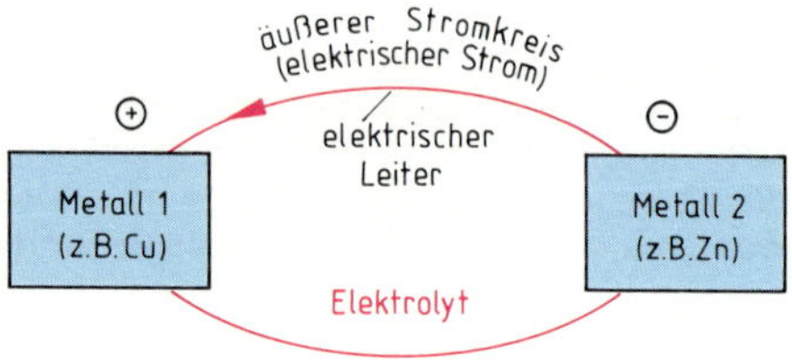

Stromkreis beim galvanischen Element

Reaktion	$Mg \rightarrow Mg^{2+}$	$Zn \rightarrow Zn^{2+}$	$Fe \rightarrow Fe^{2+}$	$Sn \rightarrow Sn^{2+}$	Bezugs-elektrode	$Cu \rightarrow Cu^{2+}$
Normal-potential in V	−2,34	−0,76	−0,44	−0,12	0	+0,35

unedel ⟶ edel

Spannungsreihe der Metalle (Auszug)

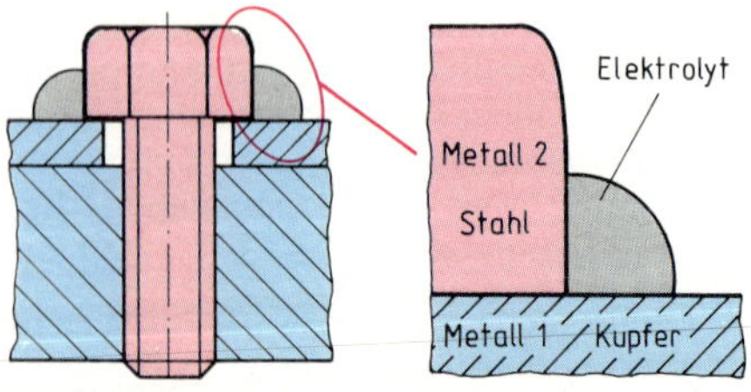

Bedingungen für Kontaktkorrosion

Beispiel: Zinkbleche sollen a) mit Kupfernieten und b) mit Stahlnieten, die etwa das Potential des Eisens haben, gefügt werden. Welcher Werkstoff zersetzt sich bei der Kontaktkorrosion und welche Kombination ist anfälliger?
Zink ist nach der Spannungsreihe unedler als Eisen und Kupfer. Deswegen zersetzt sich in beiden Fällen Zinkblech.

a) Normalpotential von Kupfer		Normalpotential von Zink		Potentialdifferenz
0,35 V	–	(– 0,76 V)	=	1,11 V
b) Normalpotential von Eisen		Normalpotential von Zink		Potentialdifferenz
– 0,44 V	–	(– 0,76 V)	=	0,32 V

Die Potentialdifferenz unter a) ist mit 1,11 V erheblich größer. Die Nietverbindung Kupfer/Zink ist deshalb auch viel anfälliger für Kontaktkorrosion.
Kontaktkorrosion kann auch ein Problem für metallbeschichtete Stahlbleche werden. Ist z. B. die Oberfläche eines verzinnten Stahlbleches (Weißblech) beschädigt, löst sich an dieser Stelle unter der Wirkung wäßriger Lösungen der unedlere Stahl (vorwiegend Fe) schnell auf. Der Überzug aus Zinn (Sn) schützt also nur, wenn er unbeschädigt ist. Ist Stahlblech mit Zink (Zn) beschichtet, löst sich das unedlere Zink an defekten Stellen auf.

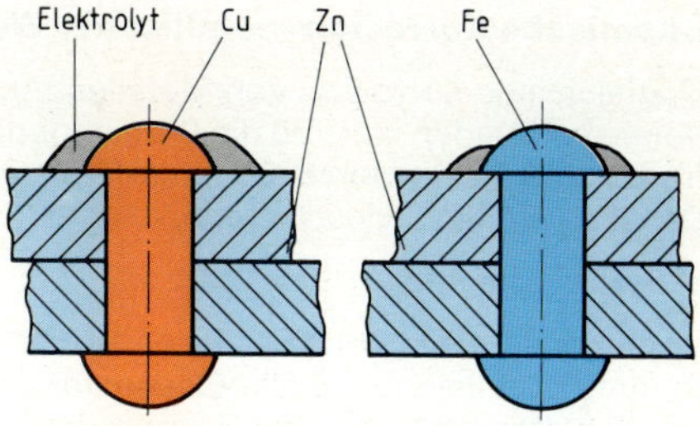

Kupfer/Zink Kontaktkorrosion Eisen/Zink

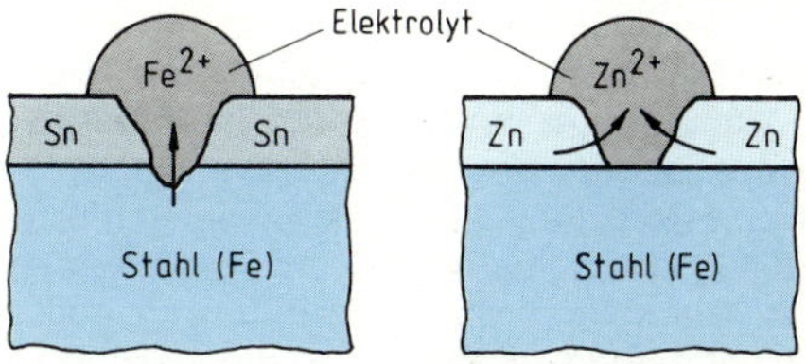

Kontaktkorrosion bei beschichteten Stahlblechen

- Flächenkorrosion

Der gleichmäßige Angriff einer **Werkstückoberfläche** durch wäßrige Lösungen zählt auch zur elektrochemischen Korrosion. Diese Korrosionsart, man nennt sie Flächenkorrosion, läßt sich leicht überwachen. Sie tritt besonders bei der Lagerung von Eisenwerkstoffen in der Atmosphäre auf.

Flächenkorrosion
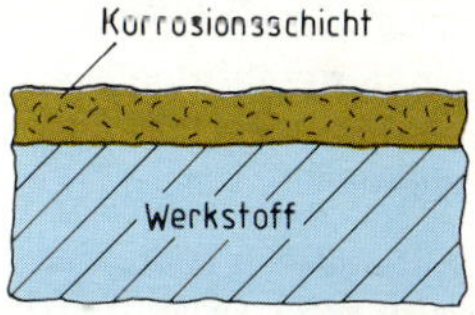

- Lochfraßkorrosion

Dringt die elektrochemische Korrosion **kraterförmig in den Werkstoff** ein, treten z. B. in Rohrleitungen und Behältern schnell Löcher auf. Die als Lochfraßkorrosion bekannte Erscheinung kann dadurch entstehen, daß Lokalelemente zwischen unterschiedlichen Gefügebestandteilen auftreten. Weil man diese Korrosion oft zu spät erkennt, richtet sie nicht selten großen Schaden an.

Lochfraßkorrosion
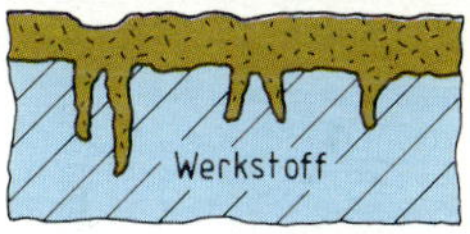

- Spaltkorrosion

Örtlich verstärkte elektrochemische Korrosion läßt sich häufig bei punktgeschweißten Blechen, Anlageflächen und dicht anliegenden Verpackungsfolien beobachten, wenn wäßrige Lösungen **in die engen Spalten** eintreten. Diese Spaltkorrosion ist in der Anfangsphase kaum erkennbar und deshalb gefürchtet.

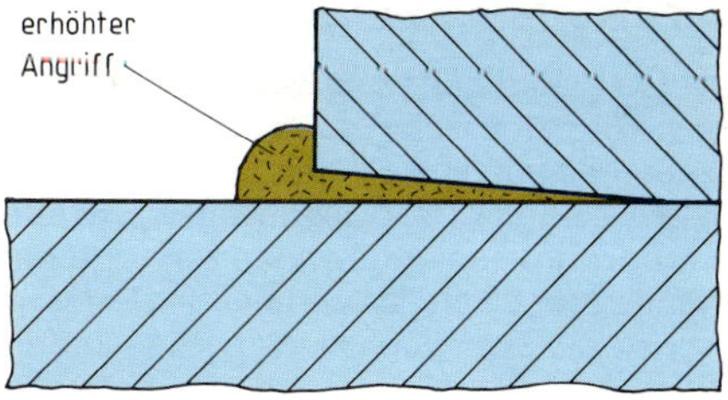

Spaltkorrosion

- Spannungsrißkorrosion

Bei einigen Stahl- und Messingsorten beobachtet man den elektrochemischen Angriff erst dann, wenn neben dem Elektrolyten mechanische Spannungen auftreten. Die Spannungen können bei der Fertigung ins Material gekommen sein oder durch Beanspruchungen im Gebrauch auftreten. Man nimmt an, daß an Kerben und Rissen, wo die Spannungen am größten sind, der elektrochemische Angriff beginnt. Die sog. Spannungsrißkorrosion tritt in zwei Arten auf.

1. Tritt die Korrosion **längs der Korngrenzen** auf, spricht man von **interkristalliner** Spannungsrißkorrosion. Sie dringt tief ins Werkstoffinnere und ist erst beim Bruch ersichtlich.
2. Verläuft die Korrosion **durch die Körner** des Gefüges, handelt es sich um die **transkristalline** Spannungsrißkorrosion.

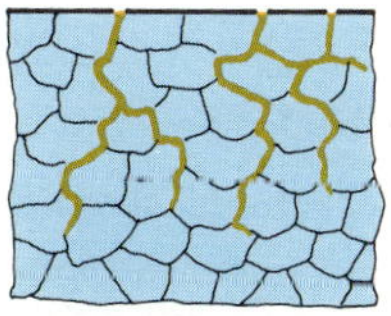
Interkristalline Spannungsrißkorrosion

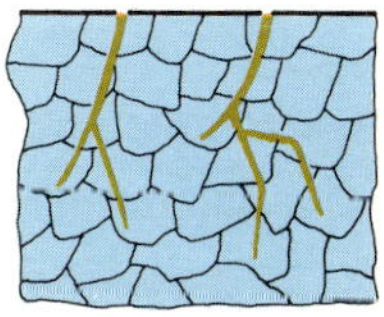
Transkristalline Spannungsrißkorrosion

Chemische Korrosion metallischer Werkstoffe

Obgleich jede Korrosion von Metallen mit elektrochemischen Reaktionen verbunden ist, wird die Bezeichnung chemische Korrosion oft für die **Korrosion durch Sauerstoff ohne Feuchtigkeit** verwendet. Dabei entstehen Oxidschichten.

$$2\,Fe + O_2 \rightarrow 2\,FeO$$

Eisen ↑ Sauerstoff ↑ Eisenoxid ↑

- Zunderschichten

In heißer Luft reagiert das Eisen des Stahls mit Sauerstoff unter Bildung von Eisenoxid. Die **Eisenoxidschicht,** der Zunder, ist nicht gasdicht. Deshalb kann der Sauerstoff die Schicht weiter durchdringen und erneut mit der Stahloberfläche reagieren. Die Zunderschicht wächst von innen. Durch Zusätze von Chrom und Aluminium wird die Zunderschicht dichter, wodurch die Verzunderung abklingt.

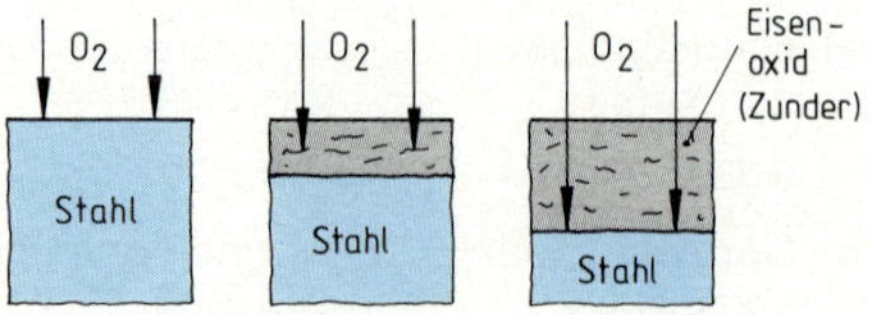

Bildung der Zunderschicht beim Stahl

- Anlaufschichten

Entstehen durch chemische Korrosion **dünne Schichten unter 1/1000 mm**, nennt man sie Anlaufschichten. Ihre zerstörende Wirkung ist oft vernachlässigbar. Sie hemmen sogar die chemische Korrosion. Ein wichtiges Beispiel hierfür ist die dünne und sehr dichte Oxidschicht Al_2O_3, die auf allen Aluminiumteilen vorhanden ist. Sie schützt das Aluminium so vollkommen, daß es eines der wichtigsten Gebrauchsmetalle werden konnte, obwohl es nach der Stellung in der Spannungsreihe zu den unedlen Metallen zählt.

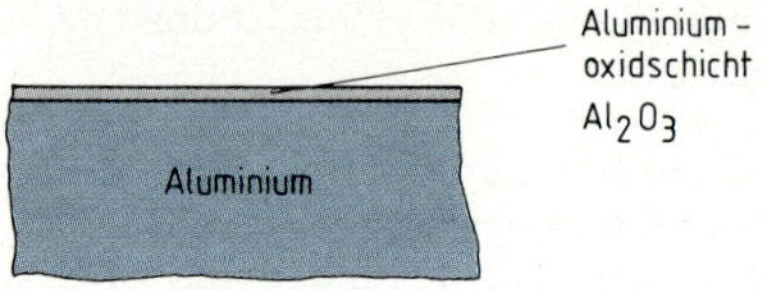

Anlaufschicht
z. B. schützende Oxidschicht bei Aluminium

3.5.2 Korrosion bei nichtmetallischen Werkstoffen

Nichtmetallische Werkstoffe sind im Gegensatz zu Metallen deutlich beständiger. Im Fall von Korrosion geht es im allgemeinen nicht um elektrochemische, sondern um bestimmte chemische Vorgänge.

Kunststoffe zersetzen sich durch chemische Reaktionen mit Sauerstoff oder Wasser. Wirkt gleichzeitig Licht oder Wärme ein, werden die Vorgänge maßgeblich beschleunigt. Auch der Angriff von Lösungsmitteln kann so erheblich sein, daß von Korrosion gesprochen werden kann.

In starken Laugen unterliegen einige Glassorten der Korrosion. Bei Keramiken sind Korrosionsvorgänge vor allem bei hohen Temperaturen zu beobachten.

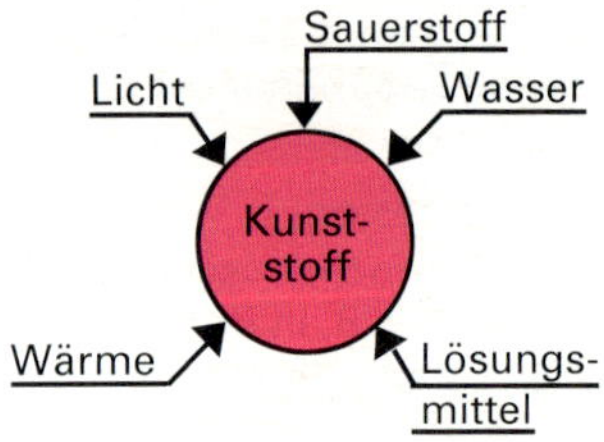

Korrosionsmöglichkeiten bei Kunststoffen

3.5.3 Korrosionsschutz

In erster Linie sind es wirtschaftliche Überlegungen, die die Methode des Korrosionsschutzes bestimmen. Zum einen ist es günstiger, einen billigen, korrosionsanfälligen Werkstoff häufiger auszuwechseln als einen korrosionsbeständigen, aber teueren Werkstoff einzusetzen. Zum anderen können zerstörte Bauteile und Korrosionsrückstände erhebliche Kosten bei der Entsorgung verursachen, weil sie nicht umweltverträglich sind. Wirtschaftlicher ist es dann, auf korrosionsbeständige, wenn auch teuere Werkstoffe zurückzugreifen.

Grundsätzlich läßt sich die Korrosion durch die Gestaltung der Werkstücke, die Werkstoffeigenschaften, Veränderung der Umgebung, z. B. des Elektrolyten und durch Schutzüberzüge beeinflussen.

Gestaltung der Werkstücke

Für die Vermeidung elektrochemischer Korrosion gibt es **drei Grundsätze.**

1. Der wichtigste Grundsatz ist, Berührung von verschiedenen Metallen zu vermeiden, wenn Elektrolyte einwirken. Wie erwähnt, bildet sich sonst an der Berührungsstelle ein galvanisches Element aus, bei dem elektrischer Strom fließt.

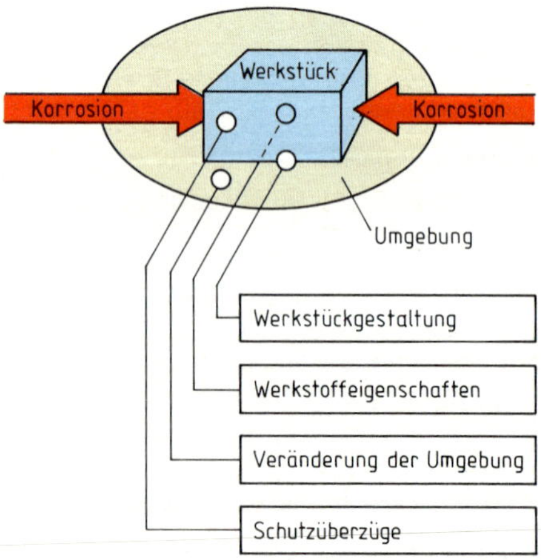

Einflußmöglichkeiten auf die Korrosion

2. Läßt sich eine direkte Verbindung von verschiedenen Metallen nicht umgehen, muß der elektrische Kontakt unterbrochen werden, z. B. durch Zwischenstücke aus Kunststoff.
3. Weil an Spalten und Kerben verstärkt elektrochemische Korrosion auftritt, sollten Bauteile möglichst ebene Oberflächen haben. Kann auf Spalten und Kerben nicht verzichtet werden, müssen sie gegen eindringende Elektrolyte abgesperrt sein, z. B. durch Schutzbleche oder Überzüge.

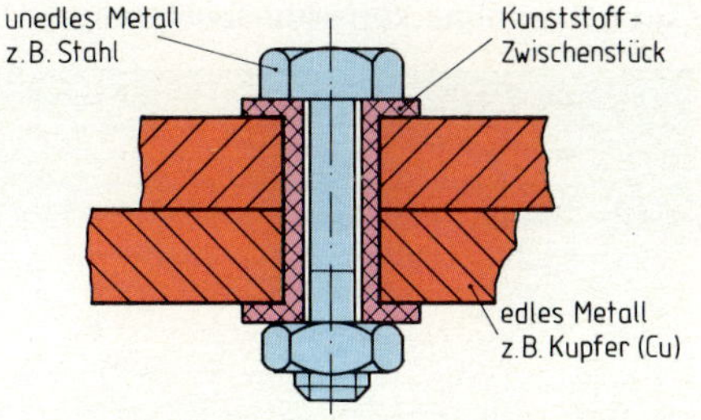

Korrosionsschutz durch Zwischenstücke

Werkstoffeigenschaften

Mit der Reinheit metallischer Werkstoffe erhöht sich auch die Korrosionsbeständigkeit. Weil damit aber die Festigkeit sinkt, ist dieser Weg nur bedingt tauglich. Legiert man geeignete Elemente zu, kann beides erzielt werden, nämlich höhere Festigkeit und Korrosionsbeständigkeit.

Zusätze von 0,5% Kupfer, 0,4% Nickel und 0,3% bis 0,8% Chrom lassen Baustähle in Luft, die durch Industrieabgase stark verschmutzt ist, beständiger werden. Chrom und Nickel in ausreichender Menge erhöhen die Beständigkeit der Stähle gegenüber fast allen Elektrolyten. Stahl mit 18% Chrom und 8% Nickel ist z. B. der Grundtyp der rost- und säurebeständigen Stähle.

Für die Werkstoffauswahl stehen Tabellen zur Verfügung, die Angaben über die Werkstoffbeständigkeit gegenüber den unterschiedlichen Korrosionseinflüssen enthalten (z. B. DECHEMA – Werkstofftabellen).

Stahlsorte	Eigenschaften/Anwendung
WT St 37-2 Werkstoff-Nr. 1.8960	Korrosionsbeständiger (wetterfester) Stahl mit ca. 0,5 % Cu für Außenverkleidungen u. a.
X 8 Cr 17 Werkstoff-Nr. 1.4016	Korrosionsbeständiger Stahl für Küchengeräte, Beschläge und Verkleidungen
X 12 Cr Ni 18 8 Werkstoff-Nr. 1.4300	Korrosionsbeständiger Stahl auch in Seewasser, für Schiffsbleche u. a.

Beispiele für korrosionsbeständige Stähle

Umgebung

Zunder- und Anlaufschichten, die beim Glühen von Werkstücken entstehen, lassen sich z. B. dadurch unterdrucken, daß man die Luft im Glühofen durch Schutzgase wie Argon (Ar) und Kohlenstoffdioxid (CO_2) verdrängt. Weil die Umgebung des Werkstücks dann keinen Sauerstoff mehr enthält, bleibt die Oxidation des metallischen Werkstoffs, also die chemische Korrosion, aus.

Seit Jahrzehnten wendet man bei unterirdischen Pipelines und Tanks ein elektrisches Verfahren auf zwei Arten mit Erfolg an.

- Man verbindet das Schutzobjekt elektrisch leitend mit dem Block eines unedleren Metalls wie Zink oder Magnesium. Es entsteht so ein galvanisches Element. Das unedlere Metall bildet die sich auflösende Elektrode, die sog. **Anode.** Weil sie sich für das Schutzobjekt opfert, heißt sie **Opferanode.** Wegen des Materialverlustes muß sie von Zeit zu Zeit ersetzt werden. Das Schutzobjekt bildet die sich **nicht** auflösende Elektrode, die sog. **Katode.**
- Das Schutzobjekt kann man auch durch eine äußere Gleichstromquelle als Katode schalten. Als Anode dienen z. B. Graphitplatten, die mit Stahlspänen gut leitend im Erdreich eingestampft werden. Eine einzige Anlage dieser Art kann Rohrstrecken über 50 km schützen.

Weil beide Verfahren die Objekte dadurch schützen, daß sie zur Katode werden, nennt man sie auch **katodische Schutzverfahren.**

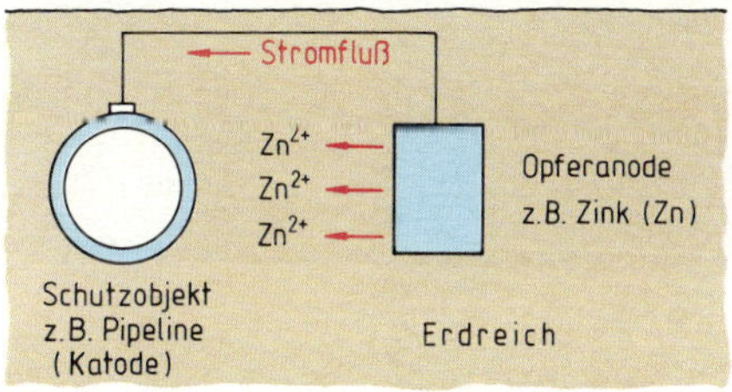

a) mit Opferanode

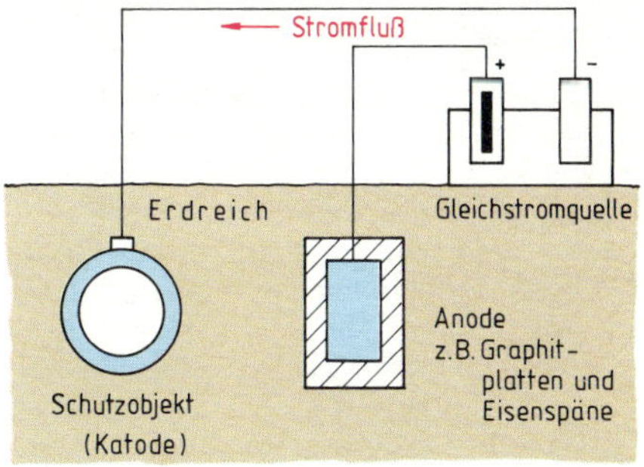

b) mit Gleichstromquelle
Katodische Schutzverfahren

Schutzüberzüge

In vielen Fällen sind korrosionsbeständige Legierungen zu teuer, und man verwendet deswegen leicht korrodierbare Werkstoffe. Diese müssen dann aber mit nichtmetallischen oder metallischen Überzügen geschützt werden. Einige Verfahren und die Eigenschaften der entsprechenden Schutzschichten enthält die folgende Tabelle.

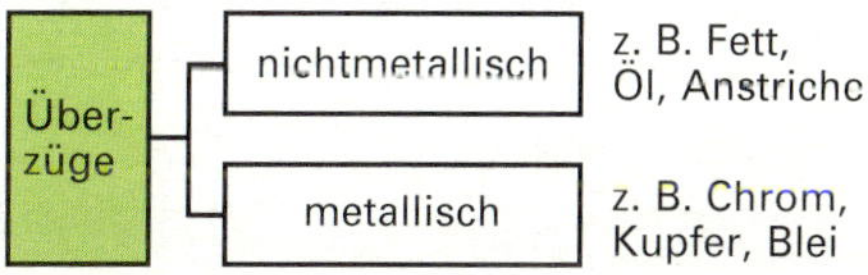

Auswahl einiger korrosionsbeständiger Überzüge

Verfahren, Überzug	Eigenschaften, Überzugswerkstoffe
	Nichtmetallische Überzüge
Fett-, Öl- und Wachsschichten	Sie schützen kurzzeitig für Lagerung und Transport; die Öle und Fette müssen säurefrei sein, damit sie den Werkstoff nicht angreifen.
Anstriche	Auf Bitumen-, Pech- und Teerbasis sind sie wasserabweisend und beständig gegen Industrieabgase. Besonders Tanks, Wasser-, Öl- und Gasleitungen, die in der Erde verlegt werden, erhalten solche Überzüge; Auf Kunstharzbasis sind sie dekorativ und schützen Grundanstriche.
Kunststoffüberzüge	Sie wirken korrosionsschützend und normalerweise isolierend; in einem Arbeitsgang lassen sich dickere Überzüge aufbringen als bei Anstrichen.
Umwandlungsschichten	Chemische Reaktionen von Nichtmetallen, in Bädern durchgeführt, erzeugen dünne z. T. dekorative Schichten auf metallischen Werkstücken.
Phosphatieren (DIN 50 942)	Phosphatschichten auf Stahl, Aluminium und Zink als Lackgrundierung oder Ölträger bilden kurzzeitigen Schutz.
Chromatieren (DIN 50 939/41)	Chromatschichten auf Magnesium und Zink; Chromate (Salze der Chromsäure) sind hochgiftig.
	Metallische Überzüge
Elektrolytische Metallabscheidung (DIN 50 961 – 967)	Korrosionsschutz mit z. T. dekorativer Wirkung; Überzüge sind nicht vollkommen dicht; Überzugsmetalle sind Silber (Ag), Cadmium (Cd), Kupfer (Cu), Chrom (Cr), Blei (Pb), Nickel (Ni), Zinn (Sn), Zink (Zn).
Aufbringen aus Schmelzen (DIN 50975/76)	Eintauchen in flüssiges Metall (Metallschmelzen; dabei bildet sich eine dünne Legierungszwischenschicht aus, die hart und spröde sein kann; Überzugsmetalle sind Zn (Feuerverzinkung), Al, Sn, Pb.
Diffusionsschichten (Aluminieren, Chromieren)	Glühen in Pulvern oder Gasen, die Stoffe abgeben; erzeugt durch Diffusion eine korrosionsbeständige Randzone z. B. auf Stahl.
Auskleiden (Plattieren)	Auskleiden von Behältern für chemisch-technische Apparate mit korrosionsbeständigen Stählen, Blei oder NiCu-Legierungen.

Aufgaben zur Wiederholung und Vertiefung

1. Beschreiben Sie, warum die Korrosion hohe Kosten verursacht.

2. Geben Sie für den Vorgang der Metallauflösung (z. B. Zn) die Reaktionsgleichung an. Heißt dieser Vorgang Reduktion, Oxidation, Verflüssigung oder Abtrennung?

3. a) Welche Potentialdifferenz (Spannung) tritt in einem galvanischen Element zwischen Magnesium und Kupfer auf?
b) Welches der Metalle bildet den Pluspol, welches den Minuspol?
c) Welches Metall ist unedler?

4. Ein Stahlblech mit Überzug ist bis auf die Stahloberfläche verkratzt. Beschreiben Sie den Vorgang, der bei Korrosion einsetzt, wenn
a) der Überzug aus Zink besteht und
b) der Überzug aus Zinn besteht.

5. a) Geben Sie die Bedingungen an, die Spannungsrißkorrosion auslösen können.
b) Welche zwei Arten der Spannungsrißkorrosion gibt es? Geben Sie die Unterschiede an.

6. Bei einer Schutzhaube werden versehentlich die Kupferbleche mit Stahlschrauben befestigt.
a) Unter welchen Bedingungen findet elektrochemische Korrosion statt?
b) Wie ist die genaue Bezeichnung dieser Korrosion?
c) Welches Bauteil wird dabei zerstört?

7. Zu welcher Art Korrosion zählt man die Bildung von Zunderschichten?

8. Nennen Sie die vier Maßnahmen, mit denen man die Korrosion beeinflussen kann.

9. Nennen Sie zwei Möglichkeiten, durch die man die Bildung eines galvanischen Elementes bei Schrauben- oder Nietverbindungen verhindern kann. Begründen Sie die Antwort.

10. Aluminium ist viel unedler als Eisen. Trotzdem ist Aluminium wesentlich korrosionsbeständiger. Wie erklärt sich das?

11. Beschreiben Sie jeweils drei Möglichkeiten, wie man die Korrosion verhindern kann mit
a) nichtmetallischen Überzügen und
b) metallischen Überzügen.

4 Maschinen- und Gerätetechnik

Maschinen und Geräte lassen sich – wie im Grundstufenband Technologie Metall ausführlich beschrieben – in ihrem Aufbau und ihrer Funktionsweise leichter durchschauen, wenn man sie als **technische Systeme** darstellt. Bei einer solchen Darstellung wird ein System zunächst von seiner Umgebung abgegrenzt, es wird eine **Systemgrenze** gezogen.

Bei der Untersuchung einer Fräsmaschine, zum Beispiel, ist eine sinnvolle Systemgrenze durch die Maschine selbst gegeben; in das System nicht einbezogen sind dann Einrichtungen für die Zufuhr von Werkstücken und die Abfuhr von Fertigteilen und Spänen, die Zuleitung elektrischer Energie oder sonstige Hilfssysteme, die zum Betreiben der Maschine erforderlich sind.

Universal-Fräs- und -Bohrmaschine

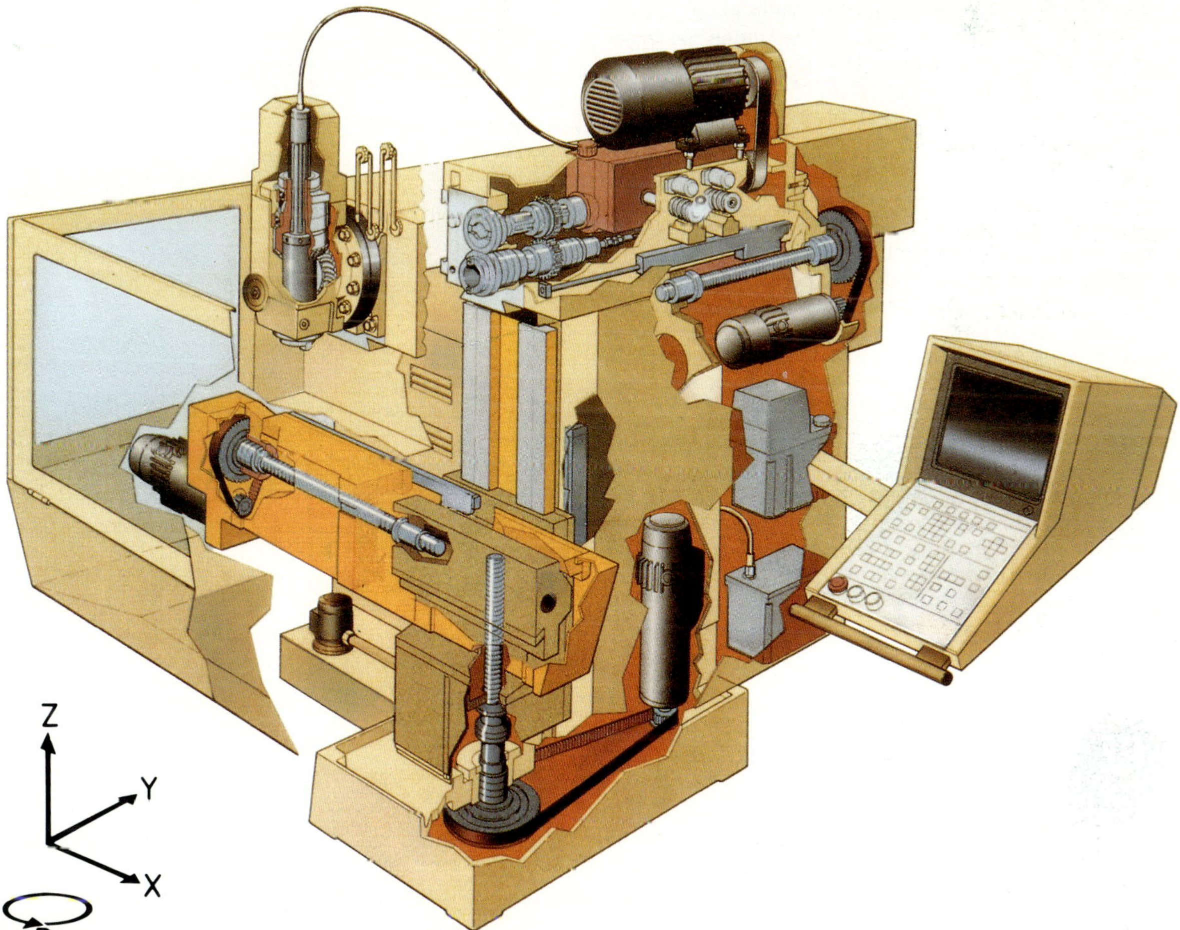

Schnittbild der Universal-Fräs- und -Bohrmaschine

4.1 Funktionseinheiten technischer Systeme

Systeme haben **Input** (Eingangsgrößen) und **Output** (Ausgangsgrößen). Input und Output können den Größen **Stoff, Energie** und **Information** zugeordnet werden. Einer Fräsmaschine, zum Beispiel, werden Werkstücke zugeführt (Stoff-Input), Fertigteile und Späne werden abgeführt (Stoff-Output). Die Bearbeitung der Werkstücke erfordert elektrische Energie (Energie-Input); diese wird als Wärme abgeführt (Energie-Output). Der Bearbeitungsvorgang muß gesteuert und überwacht werden; hierzu werden Signale eingegeben (Informations-Input) und ausgegeben (Informations-Output).

Die Überführung der Input-Größen in Output-Größen wird durch die **Funktionen** des Systems beschrieben. Der **Zweck** eines Systems besteht im Umsetzen einer der Größen Stoff, Energie oder Information; er bestimmt die **Hauptfunktion** des Systems. Zweck einer Fräsmaschine ist die Herstellung eines Werkstückes durch spanende Formgebung mit Hilfe eines Fräsers. Dabei sind die Form und die Abmessungen des Werkstückes eindeutig bestimmt. Die Hauptfunktion ist also das Abtragen von Werkstoff durch Fräsen unter festgelegten Fertigungsbedingungen; es handelt sich um **Stoffumsatz**.

Die Funktionen eines Systems sind aus **Teilfunktionen** zusammengesetzt. Teilfunktionen werden durch **Subsysteme** verwirklicht; diese werden als **Funktionseinheiten** bezeichnet. Maschinen sind in der Regel aus folgenden Funktionseinheiten aufgebaut: Energieübertragungseinheiten, Arbeitseinheiten, Steuerungs- und Regelungseinheiten, Stütz- und Trageinheiten. Insbesondere bei Arbeitsmaschinen (z. B. Werkzeugmaschinen, Pumpen) kommen noch Antriebseinheiten hinzu.

Funktionseinheiten einer Fräsmaschine sind zum Beispiel die Frässpindel mit Fräser und der Frästisch mit Spannvorrichtung (Arbeitseinheit), Elektromotoren (Antriebseinheiten), Getriebe (Energieübertragungseinheiten), das Maschinengestell mit Geradführungen und Lagern (Stütz- und Trageinheiten) sowie CNC-Steuerung, Umdrehungsfrequenz- und Wegmeßeinrichtungen (Steuerungs- und Regelungseinheiten).

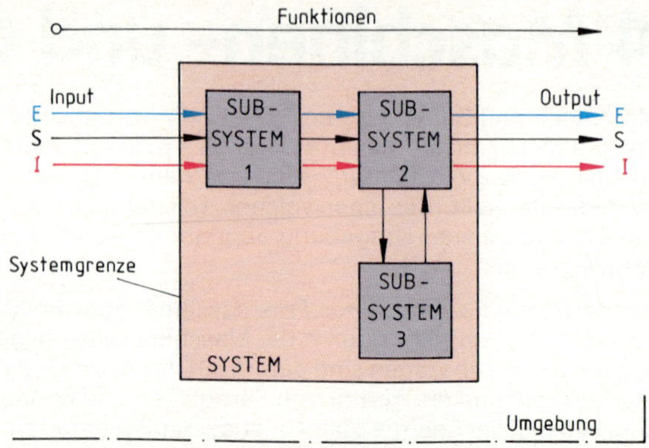

Technisches System

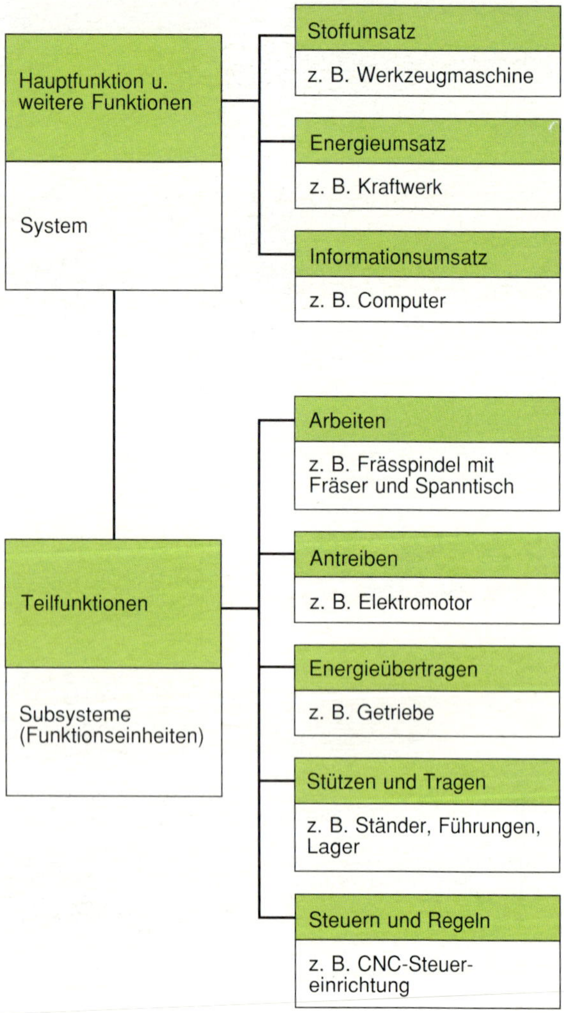

Funktionen und Funktionseinheiten

Die **Subsysteme** eines technischen Systems, also die Funktionseinheiten, können auf vielfältige Weise miteinander verknüpft sein. Dieses Beziehungsgefüge wird **Subsystem-Struktur** des Systems genannt.

Die Subsystem-Struktur gibt an, aus welchen Subsystemen ein System aufgebaut ist und in welchem Bezug die **Subsysteme** wie **Elektromotor, Getriebe** usw. zueinander stehen.

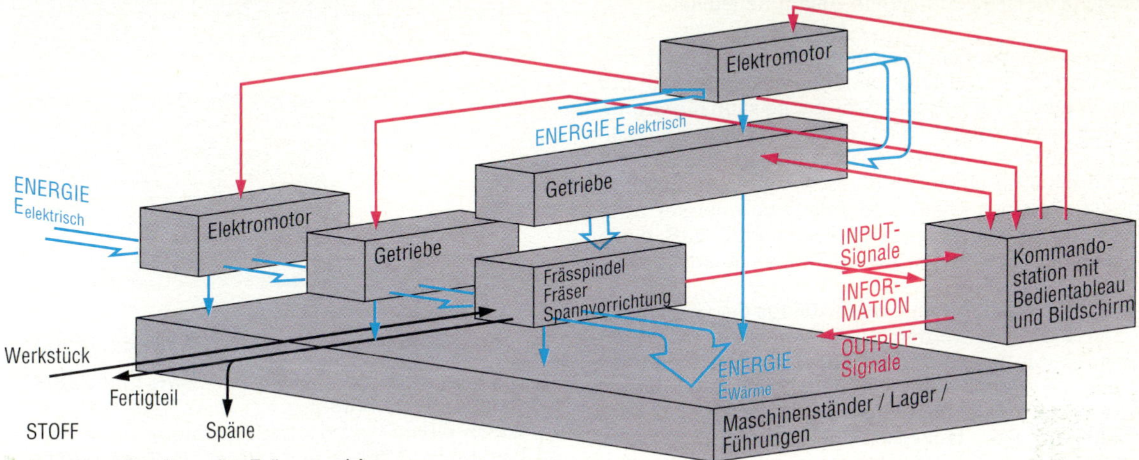

Subsystem-Struktur der Fräsmaschine
(Vorschubantriebe für die Y- und Z-Achse nicht dargestellt)

Betrachtet man das Beziehungsgefüge der **Teilfunktionen** eines Systems, läßt also unberücksichtigt, durch welche Subsysteme diese verwirklicht werden, so ergibt sich die **Teilfunktions-Struktur** des Systems.

Im Vergleich zur Subsystem-Struktur ist die Teilfunktions-Struktur eine allgemeinere Darstellungsform. Sie läßt noch Möglichkeiten offen, diese Teilfunktionen durch unterschiedliche Subsysteme zu verwirklichen. Auch über die räumliche Anordnung der Funktionseinheiten (Subsysteme) sagt die Teilfunktions-Struktur noch nichts aus.

Die Teilfunktions-Struktur gibt an, wie die **Hauptfunktion im einzelnen aus Teilfunktionen** aufgebaut ist und in welchem Bezug die Teilfunktionen **Antreiben, Energieübertragen, Arbeiten, Stützen und Tragen** sowie **Steuern und Regeln** zueinander stehen.

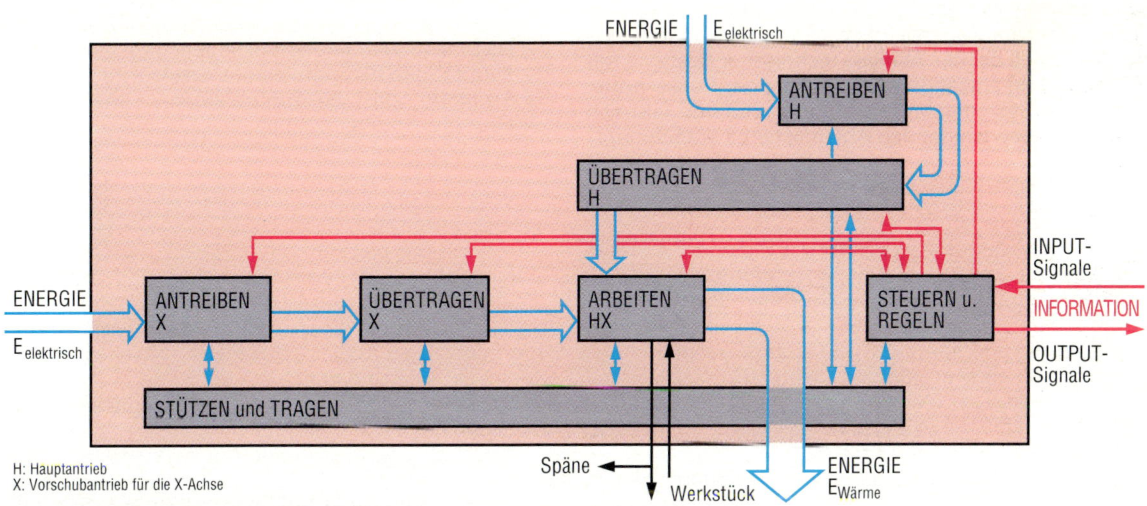

H: Hauptantrieb
X: Vorschubantrieb für die X-Achse

Teilfunktions-Struktur der Fräsmaschine
(Vorschubantriebe für die Y- und Z-Achse nicht dargestellt)

Teilfunktionen sind ihrerseits aus **Grundfunktionen** zusammengesetzt; diese werden durch **Funktionselemente** wie Zahnräder, Lager, Schrauben usw. erfüllt. Aus den am Ende des Buches dargestellten Grundfunktionen (Leiten, Sammeln, Führen usw.) lassen sich beliebige technische Funktionen zusammenstellen.

Die Grundfunktionen beziehen sich sowohl auf den Stoff-, Energie- und Informationsumsatz als auch auf Kombinationen dieser drei Größen; so kann die Grundfunktion „Verbinden" die Verbindung unterschiedlicher Stoffe (z. B. von Azetylen mit Sauerstoff), aber auch die Verbindung eines Stoffflusses mit einem Energiefluß (z. B. eines Ölstromes mit Druckenergie) oder eines Energieflusses mit einem Signalfluß (z. B. eines elektrischen Stroms mit Steuersignalen) ausdrücken.

Systeme können mit Hilfe des Katalogs der Grundfunktionen analysiert werden. Umgekehrt können bei der Konstruktion von Systemen die Hauptfunktionen aus Teil- und Grundfunktionen aufgebaut werden. Dabei ist zu beachten, daß die Bedeutungen mancher Grundfunktionen sich teilweise überdecken. Das heißt, manche technischen Vorgänge lassen sich durch unterschiedliche Grundfunktionen beschreiben. Zum Beispiel lassen sich Vorgänge, die durch die Grundfunktion „Sammeln – Verzweigen" ausgedrückt werden sollen, in manchen Fällen auch durch die Grundfunktion „Fügen – Teilen" darstellen. Hierdurch sollte man sich bei der Anwendung der Systemtechnik nicht verwirren lassen: Im einzelnen Anwendungsfall kommt es immer darauf an, diejenige Grundfunktion auszuwählen, die den technischen Vorgang, um den es jeweils geht, möglichst klar zum Ausdruck bringt.

Das „Denken in Systemen" ist vor allem dann hilfreich, wenn man den Aufbau und die Wirkungsweise komplizierter Maschinen, Anlagen und Geräte durchschauen und deren wichtigste Funktionen und Teilfunktionen vereinfacht und übersichtlich darstellen will. Deshalb kann man es bei der Analyse technischer Systeme mit gutem Erfolg anwenden. Die Abfolge der Denkschritte, die bei der Systemanalyse zu durchlaufen sind, läßt sich aus dem nebenstehenden Ablaufschema entnehmen.

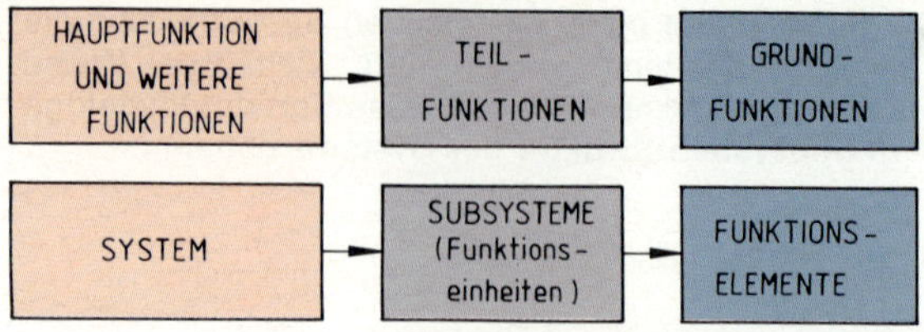

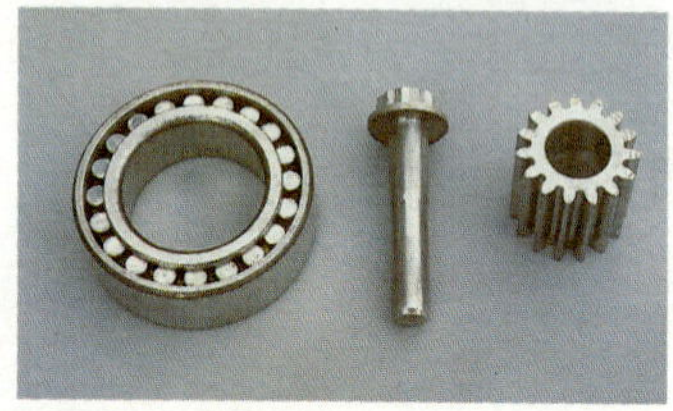
Funktionselemente

Analyse technischer Systeme: Ablaufschema

- Benennen des technischen Systems und Festlegen der Systemgrenze;
- Beschreiben des Zwecks des Systems;
- Ermitteln der Input- und Output-Größen und Ordnen dieser Größen unter die Begriffe Energie, Stoff und Information;
- Ermitteln der Hauptfunktion und weiterer wichtiger Funktionen des Systems;
- Zerlegen der Hauptfunktion und der übrigen wichtigen Funktionen in ihre Teilfunktionen (wie Antreiben, Energieübertragen, Arbeiten, Steuern und Regeln, Stützen und Tragen);
- Darstellen der Teilfunktionen und ihrer Verknüpfungen (Teilfunktions-Struktur);
- Ermitteln der Funktionseinheiten und damit der Subsysteme, die diese Teilfunktionen erfüllen;
- Darstellen der Subsysteme und ihrer Verknüpfungen (Subsystem-Struktur);
- Zerlegen wichtiger Teilfunktionen in ihre Grundfunktionen (wie Wandeln, Koppeln, Vergrößern);
- Darstellen der Grundfunktionen und ihrer Verknüpfungen (Grundfunktions-Struktur);
- Ermitteln der Funktionselemente, die diese Grundfunktionen erfüllen.

Aufgaben zur Wiederholung und Vertiefung

1. Der Hauptmotor überträgt die Energie mit einem Keilriemengetriebe und die Vorschubmotoren mit einem Zahnriemengetriebe. Begründen Sie beide Konstruktionen.
2. Die Fräsmaschine ist für jeden Vorschubantrieb mit einem eigenen Motor ausgerüstet. Aus welchen Gründen ist diese Maßnahme vorgenommen worden?
3. Wodurch unterscheidet sich die Subsystem-Struktur von der Teilfunktions-Struktur?
4. Welche Bedeutung haben die Verbindungslinien zwischen den Subsystemen und der Stütz- und Trageinheit?
5. Erklären Sie die Verbindungslinien zwischen den Teilfunktionen Antreiben, Übertragen und Arbeiten und der Teilfunktion Stützen und Tragen.
6. Mit welcher Energieform läßt sich die Teilfunktion Übertragen alternativ herstellen? Welches Subsystem ergibt sich damit?
7. Zählen Sie typische Subsysteme und Funktionselemente der CNC-Fräsmaschine auf.
8. Welche Zusatzeinrichtungen (Subsysteme) sind an der Fräsmaschine erforderlich, um den Stofffluß (Werkzeug, Werkstück und Späne) zu automatisieren und damit die Durchlaufzeiten zu verkürzen?

4.2 Funktionseinheiten und Funktionselemente zur Energieübertragung

Die Energie, die einer Maschine von der Antriebseinheit, z. B. einem Elektromotor, zugeführt wird, muß den Anforderungen angepaßt werden, die sich aus den Funktionen der Arbeitseinheit, z. B. der Frässpindel mit dem Fräser, ergeben. Hierzu ist eine Energieübertragungseinheit erforderlich. Funktionseinheiten zur Energieübertragung sind insbesondere **Getriebe** und **Kupplungen**.

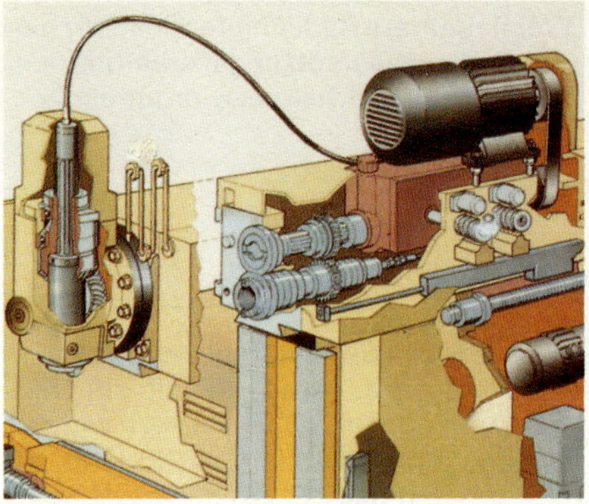

Energieübertragungseinheit der Universal-Fräs- und -Bohrmaschine

4.2.1 Funktionseinheit Getriebe

Das **Getriebe** ist eine Funktionseinheit von Maschinen und Geräten. Getriebe können **Energie** nur **übertragen**, wenn sie mit den Funktionseinheiten zum Stützen und Tragen verbunden sind (siehe Abschnitt 4.3).

Teilfunktion: Energieübertragung

Die Teilfunktion Energieübertragung ist aus mehreren **Grundfunktionen** zusammengesetzt. Diese werden hier an ausgewählten Getrieben der Fräsmaschine erläutert.

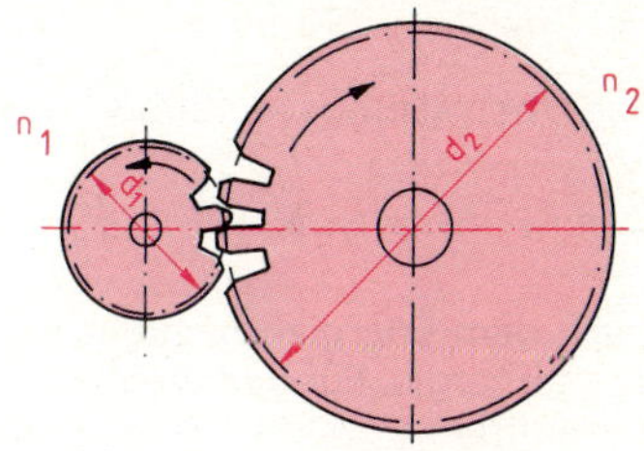

Zahnradgetriebe

- Grundfunktion: Vergrößern – Verkleinern

Wichtige Grundfunktion des Getriebes bei der Energieübertragung ist es,
- die Umdrehungsfrequenz *n* zu verkleinern oder zu vergrößern und gleichzeitig
- das Drehmoment *M* zu vergrößern bzw. zu verkleinern.

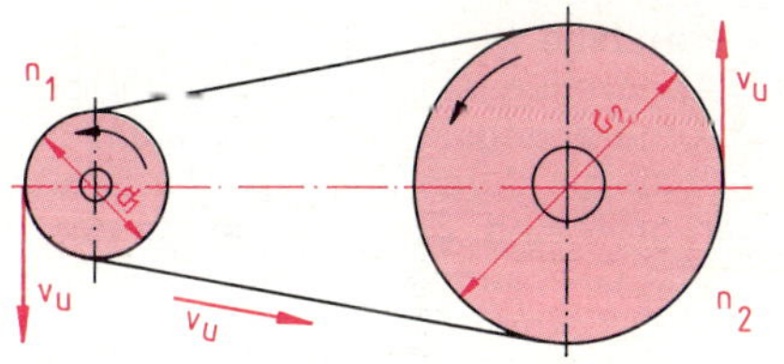

Zugmittelgetriebe

Dies ist z. B. bei Rädern der Fall, die miteinander in Eingriff stehen oder durch Zugmittel verbunden sind.

Die Übertragungseinheit Hauptantrieb der Fräsmaschine hat solche Getriebe in Form von Zugmittelgetrieben (Keilriemen) und Zahnradgetrieben. In den Übertragungseinheiten der Vorschubgetriebe sind diese Getriebe als Zugmittelgetriebe (Zahnriemen) wiederzufinden.

$$v_u = d \cdot \pi \cdot n = \text{konstant}$$
$$v_{u1} = v_{u2}$$
$$d_1 \cdot \pi \cdot n_1 = d_2 \cdot \pi \cdot n_2$$
$$\frac{n_1}{n_2} = \frac{d_2}{d_1} \quad \Rightarrow \quad i = \frac{n\,(\text{input})}{n\,(\text{output})}$$

Die **Umfangsgeschwindigkeit v_u** von Rädern, die hintereinander geschaltet sind, ist stets gleich groß. Dies gilt für Zahnradgetriebe und für Zugmittelgetriebe, wenn kein Schlupf bei der Übertragung der Drehbewegung auftritt. Haben die beiden Räder unterschiedliche Durchmesser, müssen ihre Umdrehungsfrequenzen dementsprechend verschieden sein. Das kleinere Rad hat die größere Umdrehungsfrequenz.

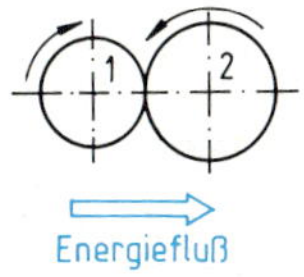

$$i_{12} = \frac{n_1\,(\text{input})}{n_2\,(\text{output})}$$

Das Verhältnis der Umdrehungsfrequenzen in Richtung des Energieflusses, also die Funktion zwischen der Umdrehungsfrequenz des treibenden Rades (Input) und der Umdrehungsfrequenz des angetriebenen Rades (Output), wird als **Übersetzungsverhältnis *i*** bezeichnet. Dabei sind die Umdrehungsfrequenzen bei Zahnrädern umgekehrt proportional zu den Teilkreisdurchmessern, die aufeinander abrollen. Der Zahlenwert gibt Auskunft darüber, ob die Übersetzung ins Langsame oder ins Schnelle erfolgt.

Übersetzungsverhältnis		
$i > 1$	$i < 1$	$i = 1$
Übersetzung ins Langsame	Übersetzung ins Schnelle	keine Änderung

Wenn mehrere Räder hintereinander geschaltet werden, läßt sich das Gesamtübersetzungsverhältnis aus dem Produkt der Einzelübersetzungsverhältnisse ermitteln.

$$i_{12} = \frac{n_1}{n_2} \Rightarrow n_1 = i_{12} \cdot n_2 \qquad i_{23} = \frac{n_2}{n_3} \Rightarrow n_3 = \frac{n_2}{i_{23}}$$

$$i_{13} = \frac{i_{12} \cdot n_2 \cdot i_{23}}{n_2} \Rightarrow \boxed{i_{13} = i_{12} \cdot i_{23}}$$

Beispiel: Die Input-Umdrehungsfrequenz von 1200 min^{-1} eines zweistufigen Zahnradgetriebes soll auf eine Output-Umdrehungsfrequenz von 375 min^{-1} verkleinert werden. Die erste Stufe hat ein Übersetzungsverhältnis von 1,6. Das Übersetzungsverhältnis des Getriebes und das der zweiten Stufe sollen berechnet werden.

Das Gesamtübersetzungsverhältnis des Getriebes ist

$$i_{14} = \frac{n_1}{n_4} = \frac{1200\ min^{-1}}{375 min^{-1}} = 3{,}2.$$

Das Übersetzungsverhältnis der zweiten Stufe ist

$$i_{14} = i_{12} \cdot i_{34} \Rightarrow i_{34} = \frac{i_{14}}{i_{12}} = \frac{3{,}2}{1{,}6} = 2.$$

Nach dem Energieerhaltungssatz ist die Output-Energie gleich der Input-Energie. Für den theoretischen Fall, daß keine Reibungsverluste auftreten, ist demnach die Abtriebsleistung P_{Output} gleich der Antriebsleistung P_{Input}.

Die ermittelte Gleichung zeigt, daß das Produkt aus Drehmoment und Umdrehungsfrequenz konstant bleibt. Werden Drehmoment und Umdrehungsfrequenz in einem Diagramm dargestellt, zeigt sich, daß die durch diese beiden Größen aufgespannten Flächen gleich groß sind. Zur Bestimmung des Übersetzungsverhältnisses wird die Gleichung umgestellt. Die beiden Größen verhalten sich umgekehrt proportional.

Beispiel: Bei dem angegebenen zweistufigen Zahnrädergetriebe beträgt das Input-Drehmoment 24 Nm.
Das Output-Drehmoment und das Drehmoment der Zwischenwelle sollen berechnet werden.

$$i_{14} = \frac{M_4}{M_1} \quad M_4 = i_{14} \cdot M_1 \quad M_4 = 3{,}2 \cdot 24\ Nm \quad M_4 = 76{,}8\ Nm$$

$$i_{12} = \frac{M_2}{M_1} \quad M_2 = i_{12} \cdot M_1 \quad M_2 = 1{,}6 \cdot 24\ Nm \quad M_2 = 38{,}4\ Nm \qquad M_2 = M_3$$

Unter Berücksichtigung von Reibungsverlusten ist bei konstanter Antriebsleistung und konstantem Übersetzungsverhältnis das Abtriebsmoment M_2 kleiner als im theoretisch angenommenen Fall. In das Produkt aus Drehmoment und Umdrehungsfrequenz ist dann der **Wirkungsgrad** η einzubeziehen.

Beispiel: Bei dem angegebenen zweistufigen Zahnradgetriebe beträgt das Input-Drehmoment 24 Nm.
Das Output-Drehmoment bei einem Wirkungsgrad des Getriebes von $\eta = 0{,}9$ soll berechnet werden.

$$M_1 \cdot n_1 \cdot \eta = M_4' \cdot n_4$$

$$M_4' = \frac{M_1 \cdot n_1 \cdot \eta}{n_4} \qquad M_4' = M_1 \cdot i_{14} \cdot \eta \qquad M_4' = 24\ Nm \cdot 3{,}2 \cdot 0{,}9$$

$$M_4' = 69{,}12\ Nm$$

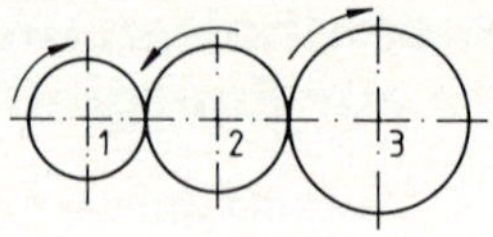

$$i_{13} = \frac{n_1\ (Input)}{n_3\ (Output)}$$

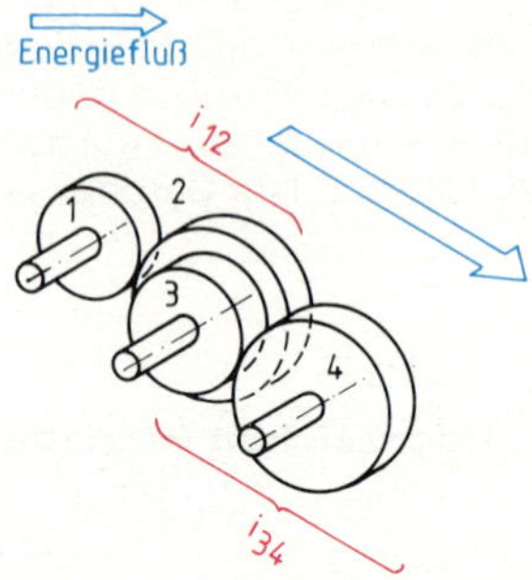

Übersetzungsverhältnis eines zweistufigen Zahnradgetriebes

$$P_{INPUT} = P_{OUTPUT}$$

$$M_1 \cdot 2\pi \cdot n_1 = M_2 \cdot 2\pi \cdot n_2$$

$$M_1 \cdot n_1 = M_2 \cdot n_2$$

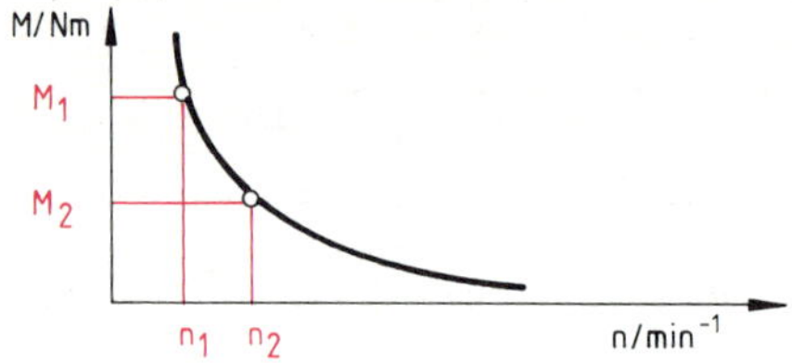

Abhängigkeit des Drehmomentes von der Umdrehungsfrequenz

$$i = \frac{n_1}{n_2} = \frac{M_2}{M_1}$$

$$P_{In} \cdot \eta = P_{Nutz}$$

$$\eta = \frac{P_{Nutz}\ (Output)}{P_{In}\ (Input)}$$

$$M_1 \cdot n_1 \cdot \eta = M_2' \cdot n_2$$

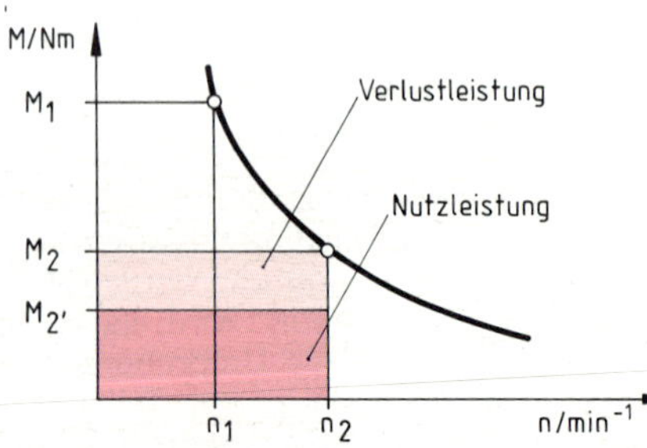

Wirkungsgrad

Je nach der technischen Aufgabenstellung kann es bei der Energieübertragung mit Hilfe von Rädern auch darauf ankommen, die Energiekomponenten

- **Umfangskraft F_u** und
- **Verschiebungsweg s_u** auf dem Umfang

zu vergrößern bzw. zu verkleinern.

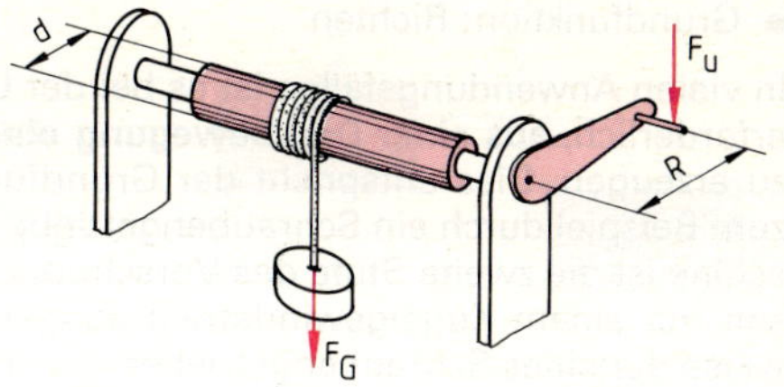

Diese Funktion erfüllen Getriebe, die nach dem physikalischen Prinzip des Wellrades aufgebaut sind. Bei einer Seiltrommel mit Kurbeltrieb zum Beispiel soll die Umfangskraft F_u (Handkraft) auf die Hubkraft F_H vergrößert werden.

Nach dem Energieerhaltungssatz muß die kleinere Kraft (Handkraft) über einen größeren Weg (Weg des Kurbelgriffes) und die größere Kraft (Hubkraft) über einen kleineren Weg (Hubhöhe) verschoben werden. Geht man von einer vollen Kurbelumdrehung aus, so ergibt sich folgender Zusammenhang:

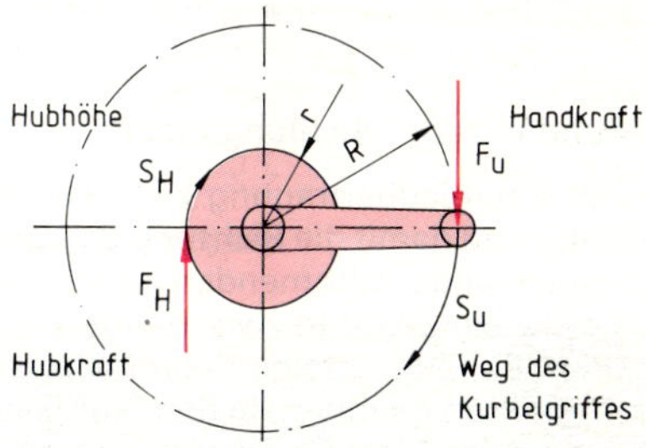

Seiltrommel mit Kurbeltrieb

$$E_{INPUT} = E_{OUTPUT}$$

$$F_u \cdot s_u = F_H \cdot s_H \qquad s_u = 2R\pi$$

$$F_u \cdot 2R\pi = F_H \cdot 2r\pi \qquad s_H = 2r\pi$$

$$\boxed{F_u \cdot R = F_H \cdot r}$$

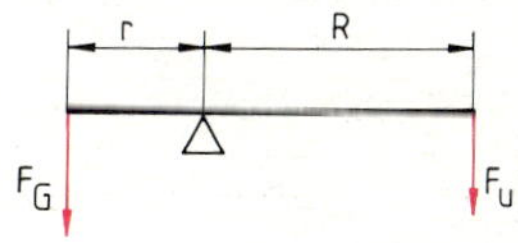

Dieselbe Beziehung ergibt sich auf der Basis des Hebelgesetzes, wenn anstelle der Hubkraft F_H die Gewichtskraft F_G eingesetzt wird. Im Gleichgewichtszustand des Hebels ist das linksdrehende Moment M_l gleich dem rechtsdrehenden Moment M_r. Das Drehmoment ist gleich dem Produkt aus der Kraft und dem wirksamen Hebelarm, wobei die Kraft im rechten Winkel zum Hebelarm angreift.

Beispiel: Zum Fördern einer Last mit der Gewichtskraft von 500 N wird eine Seilwinde eingesetzt. Der Kurbelradius beträgt 480 mm und der Trommeldurchmesser 200 mm. Es soll berechnet werden, wie groß die Handkraft ist, die aufgewendet werden muß, um die Last zu heben.

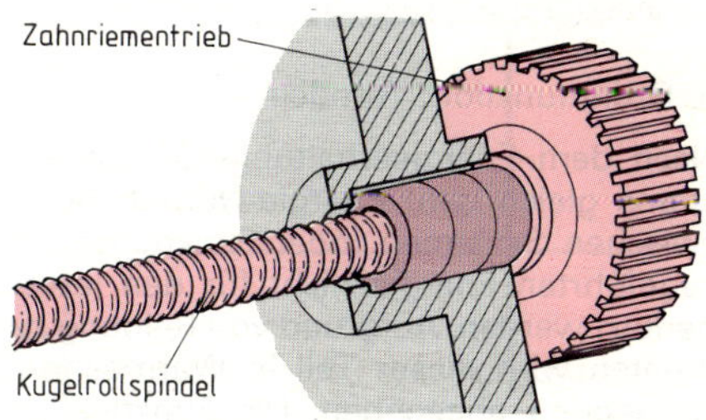

Vorschubgetriebe

$$r = \frac{d}{2} \qquad F_u = \frac{F_G \cdot r}{R}$$

$$r = \frac{200\ \text{mm}}{2} \qquad F_u = \frac{500\ \text{N} \cdot 100\ \text{mm}}{480\ \text{mm},}$$

$$r = 100\ \text{mm} \qquad F_u = 104{,}2\ \text{N}$$

Um eine große Vorschubkraft zu erzielen, ist in den Vorschubgetrieben der Fräsmaschine ein Getriebe eingebaut, das nach dem Prinzip des Wellrades funktioniert. Das große Zahnrad des Zahnriementriebes und die Kugelrollspindel bilden ein solches Getriebe. Ganz allgemein wirken Räder, die auf einer gemeinsamen Welle angeordnet sind, wie ein Wellrad.

Zusammenhang der verschiedenen Energiekomponenten:

Räder	Vergrößern	⇒	Verkleinern	
hinter-einander geschaltet	M	⇒	n	F_u = konstant
	n	⇒	M	s_u = konstant
auf einer Welle	F_u	⇒	s_u	M = konstant
	s_u	⇒	F_u	n = konstant

Grundfunktion eines Getriebes:
bei hintereinander geschalteten Rädern — bei Rädern auf einer Welle

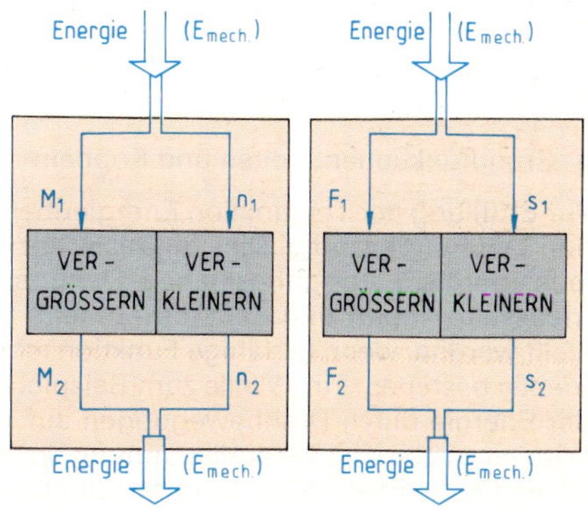

Systematik der Getriebe

Energieübertragung – mechanisch — pneumatisch — hydraulisch

Übersetzung — gleichförmig — ungleichförmig

- gleichförmig
  - gestuft
    - einstufig: Zahnradpaar, Reibradpaar, Radpaar mit Zugmittel (Riemen, Kette), Spindel und Mutter
    - mehrstufig: Aufsteckräder, Schieberäder, mit Kupplungen gesteuert
  - stufenlos
- ungleichförmig
  - Gelenkgetriebe: z. B. Schubkurbel, Kurbelschwinge
  - Kurvengetriebe z. B. Nockengetriebe
  - Schrittgetriebe: z. B. Malteserkreuzgetriebe

Kopplung

- gestuft:
  - formschlüssig
    - Zahnräder: Stirnradgetriebe, Zahnstangengetriebe, Kegelradgetriebe, Schraubengetriebe, Schneckengetriebe
    - Zugmittel: Zahnriemengetriebe, Kettentrieb
  - reibschlüssig
    - Zugmittel: Flachriemen-, Keilriemengetriebe
- stufenlos:
  - formschlüssig
    - Zugmittel: Lamellenkette
  - reibschlüssig
    - Zugmittel: Flachriemen Keilriemen
    - Wälzgetriebe: z.B. Kegel-Scheiben-Reibgetriebe

Entsprechend den Anforderungen der Arbeitseinheiten erfolgt die Energieübertragung durch unterschiedliche **Energieträger.**

Pneumatische Energieübertragungseinheiten eignen sich besonders dann, wenn schnelle Bewegungen ausgeführt werden müssen. Darüber hinaus erfordert diese Übertragungsart nur einen einfachen Installationsaufwand. Es ist keine Rückleitung erforderlich. Sie bietet in explosionsgefährdeten Räumen eine hohe Betriebssicherheit. Bevorzugte Anwendungsgebiete im Werkzeugmaschinenbau sind automatische Spann-, Hilfs- und Transporteinrichtungen.

Hydraulische Energieübertragungseinheiten werden bevorzugt, wenn sehr hohe Kräfte erforderlich sind. Sie werden in Werkzeugmaschinen vielfach als Hubkolbengetriebe eingesetzt. Bei der Fräsmaschine werden die Werkzeugspannung in der Arbeitsspindel und die Tischklemmung hydraulisch gelöst.

Die Übertragung von Energie durch Luft (pneumatisch) oder durch Flüssigkeiten (hydraulisch) ist im physikalischen Sinne eine mechanische Energieübertragung. In der technischen Fachsprache wird hierunter jedoch die Übertragung von Energie durch feste Körper (Hebel, Räder, Wellen usw.) verstanden. Bei der **mechanischen Energieübertragung** wird zwischen gleichförmig übersetzenden und ungleichförmig übersetzenden Getrieben unterschieden. Eine Übersetzung wird als **ungleichförmig** bezeichnet, wenn bei gleichförmiger Antriebsbewegung die Abtriebsbewegung ungleichförmig ist. Solche Getriebe werden vor allem zur Umsetzung von Drehbewegungen in hin- und hergehende Bewegungen (Grundfunktion Richten) eingesetzt. Beispiele sind: Maschinenbügelsäge, Scheibenwischergetriebe, Nockengetriebe zur Ventilsteuerung. Das Malteserkreuzgetriebe ist wegen seiner durch Stillstände unterbrochenen Bewegung für Taktbewegungen an Rundteiltischen und Revolverköpfen besonders geeignet.

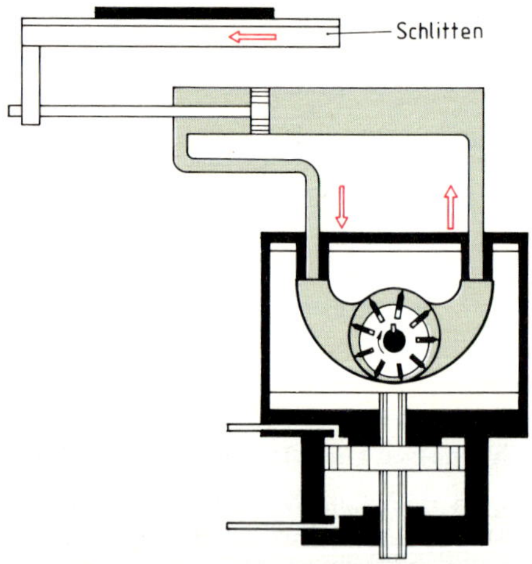

Schlittenantrieb einer Flachschleifmaschine mit hydraulischem Getriebe

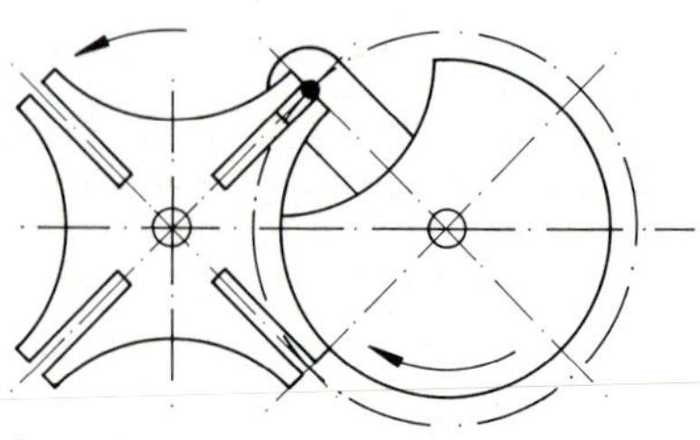

Malteserkreuzgetriebe

Zu den **gleichförmig übersetzenden Getrieben** gehören vor allem Zahnradgetriebe, Zugmittelgetriebe und Reibradgetriebe. Die Übersetzung der Umdrehungsfrequenz bzw. des Drehmomentes kann je nach Ausführung des Getriebes gestuft oder stufenlos erfolgen. Ein **einstufiges Getriebe** besteht aus einem Radpaar mit einem festen Übersetzungsverhältnis. Übersteigt das Übersetzungsverhältnis einen bestimmten Zahlenwert (z. B. bei Stirnradgetrieben $i > 8$), so sind mehrere Radpaare hintereinander anzuordnen, weil sich sonst ungünstige Rad- und Getriebeabmessungen ergeben. Solche Getriebe werden als **mehrstufige Getriebe** bezeichnet (DIN 868). Als mehrstufig werden in der technischen Fachsprache auch solche Getriebe bezeichnet, bei denen zum Beispiel über Schieberäder bei einer Umdrehungsfrequenz am Eingang unterschiedliche Umdrehungsfrequenzen am Ausgang erzeugt werden.
Hauptgetriebe von Werkzeugmaschinen werden vor allem als Schaltgetriebe mit Schieberädern ausgeführt. Im Zuge der Automatisierung der Maschinensteuerung werden zunehmend Schaltgetriebe mit unter Last schaltbaren Elektromagnetkupplungen ausgerüstet. Aufsteckräder bzw. Wechselräder werden verwendet, wenn die Übersetzungsverhältnisse selten verändert werden müssen. Sie werden zum Beispiel zum Antrieb von Leitspindeln beim Drehen außergewöhnlicher Gewinde auch an modernen Drehmaschinen vorgesehen.
Die **Kopplung** zwischen den Funktionselementen der Antriebsseite und der Abtriebsseite eines mechanischen Getriebes kann **formschlüssig** oder **reibschlüssig** erfolgen.

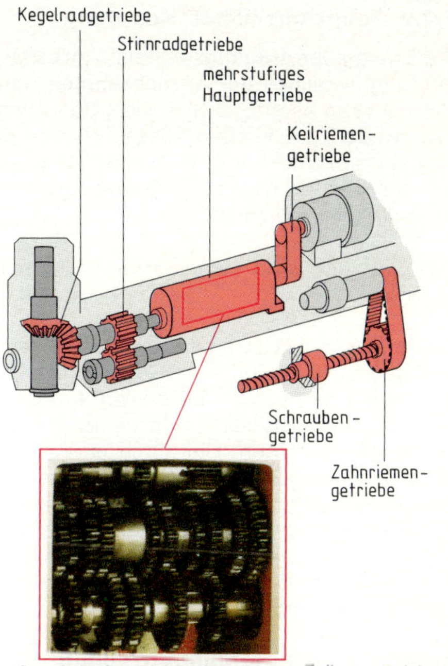

Getriebekombination einer Fräsmaschine

Einteilung der Getriebe nach wichtigen Grundfunktionen und ihre Anwendungsbereiche

		Anwendungsbeispiele	Koppeln Unterbrechen	Wandeln	Richten Oszillieren	Richtungändern	Vergrößern Verkleinern
	Schubkurbelgetriebe	Hubkolbenmotor	F		○ ↕		
	Kurbelschwinge	Scheibenwischergetriebe	F		○)		
	Nockengetriebe	Ventilsteuerung	F		○ ↕		
	Malteserkreuzgetriebe	Revolverkopf	F				
	Spindel und Mutter	Vorschubgetriebe	F	Selbsthemmung wenn η < 0,5	○ ↕		P / $d_2\pi$
Zahnradgetriebe	Stirnradpaar		F	η ≈ 0,94			i ≤ 10
Zahnradgetriebe	Zahnrad-Zahnstange	Pinolenvorschub einer Ständerbohrmaschine	F		○ ↕		
Zahnradgetriebe	Kegelradpaar	Getriebe eines Vertikal-Fräskopfes	F	η ≈ 0,94			i ≤ 6
Zahnradgetriebe	Schraubenradpaar	Feinwerktechnik	F	Selbsthemmung wenn η < 0,5			i ≤ 5
Zahnradgetriebe	Schnecke-Schneckenrad	Lenkgetriebe	F	Selbsthemmung wenn η < 0,5			i ≤ 100
Zugmittelgetriebe	Flachriemen	Schleifspindelantrieb	R (Schlupf)	η ≈ 0,98			i ≤ 20
Zugmittelgetriebe	Keilriemen	Werkzeugmaschinenantrieb	R (Schlupf)	η ≈ 0,96			i ≤ 15
Zugmittelgetriebe	Kette	Fahrrad	F	η ≈ 0,97			i ≤ 10
Zugmittelgetriebe	Zahnriemen	Vorschubgetriebe einer Werkzeugmaschine	F	η ≈ 0,97			i ≤ 10
Zugmittelgetriebe	Lamellenkette	Teilgetriebe einer Ständerbohrmaschine	F				stufenlos
	Reibgetriebe	Feinwerktechnik	R (Schlupf)				stufenlos

F: Formschluß R: Reibschluß i und η pro Stufe

4.2.2 Funktionseinheit Kupplung

Die Energieübertragungseinheit in Arbeitsmaschinen stellt die **Verbindung zwischen der Antriebseinheit und der Arbeitseinheit** her. Hierbei kann es erforderlich sein, den Energiefluß zu unterbrechen und wieder zu schließen. Diese Funktion erfüllen **schaltbare Kupplungen**. Ist es nicht erforderlich, den Energiefluß in häufigem Wechsel zu schließen bzw. zu unterbrechen, so werden **nicht schaltbare Kupplungen** verwendet.

Kupplungen sind also Funktionseinheiten zur Energieübertragung.

Im Gegensatz zu Getrieben benötigen Kupplungen keine unmittelbare Verbindung zur Stütz- und Trageinheit. Durch Kupplungen werden also Subsysteme, zum Beispiel ein Antriebsmotor und ein Getriebe, miteinander verbunden, d. h. sie überbrücken die **Schnittstelle** zwischen Subsystemen. Hierdurch ist es möglich, größere und/oder kompliziertere technische Systeme aus kleineren Baueinheiten zusammenzusetzen. Dies bringt Vorteile bei der Konstruktion und Produktion, zum Beispiel durch die Verwendung von einheitlichen Baugruppen, deren Schnittstellen genormt sein müssen. Die Aufteilung in kleinere Subsysteme ist vor allem auch bei Instandsetzungsarbeiten zweckmäßig.

Teilfunktion: Energieübertragung

Die Teilfunktion Energieübertragung ist aus mehreren **Grundfunktionen** zusammengesetzt. Diese werden hier an ausgewählten Kupplungen erläutert.

- Grundfunktion: Koppeln

Die wichtigste Grundfunktion der Kupplung besteht darin, zwei Subsysteme so miteinander zu koppeln, daß ein Energiefluß hergestellt wird.

Soll der Energiefluß häufiger unterbrochen werden, wie zum Beispiel beim Betrieb eines Kraftfahrzeuges, so muß die Kupplung schaltbar sein.

Die Kopplung kann erfolgen:
- formschlüssig, zum Beispiel bei der Klauenkupplung;
- kraftschlüssig (reibschlüssig), zum Beispiel bei der Scheiben-(Lamellen-)Kupplung;
- kraftschlüssig, zum Beispiel durch magnetische, elektromagnetische oder hydrodynamische Kraftwirkung.

Bei der Fräsmaschine kann zum Senkrecht-Fräsen ein Vertikal-Fräskopf aufgesetzt werden. Die Schnittstelle zwischen Fräskopf und Antriebswelle wird durch eine formschlüssige, nicht schaltbare Kupplung überbrückt.
Soll bei der Energieübertragung Überlastung ausgeschlossen werden, so muß der Energiefluß ab einem bestimmten Drehmoment unterbrochen werden. Diese Funktion erfüllen bei formschlüssiger Kopplung sogenannte Sollbruchstellen, zum Beispiel eine **Brechbolzenkupplung**, und bei reibschlüssiger Kopplung **Rutschkupplungen**.

- Grundfunktion: Richtungändern

Bei manchen technischen Systemen ist es notwendig, die Energie von einer Antriebswelle auf eine Abtriebswelle, die nicht fluchtet, zu übertragen. Dies erfordert die Grundfunktion **Richtungändern**, die von **nachgiebigen Kupplungen** erfüllt wird.

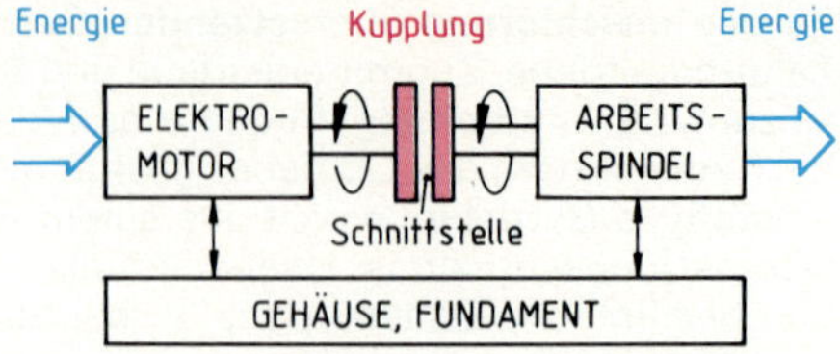

Funktionseinheit zur Energieübertragung

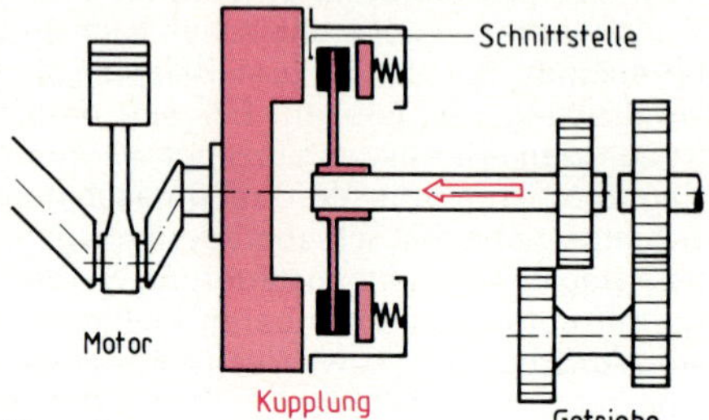

Kupplung

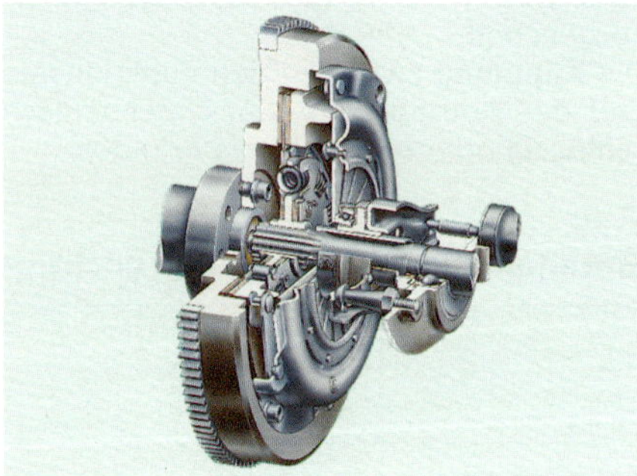
Schaltbare Scheibenkupplung eines Kraftfahrzeugs (reibschlüssig)

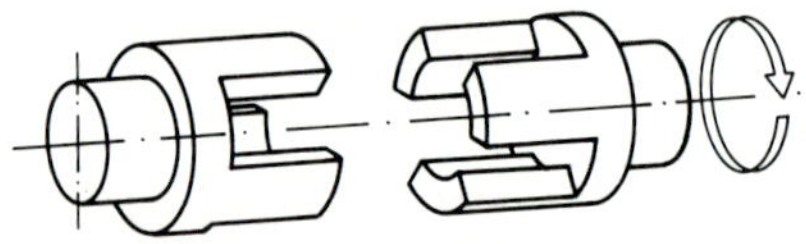
Nicht schaltbare Klauenkupplung (formschlüssig)

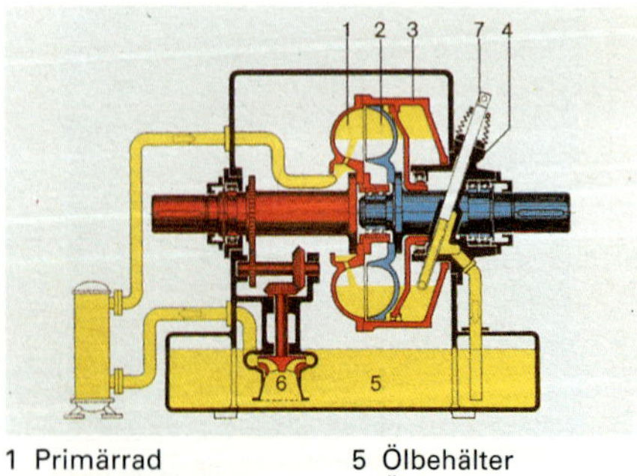

1 Primärrad
2 Sekundärrad
3 Kupplungsschale
4 Schöpfrohrgehäuse
5 Ölbehälter
6 Ölpumpe
7 Schöpfrohr

Hydrodynamische Kupplung (kraftschl.)

- Grundfunktion: Isolieren

Bei der Energieübertragung können Stöße und Schwingungen auftreten: Schwingungen zum Beispiel durch einen Elektromotor auf der Antriebsseite und Stöße durch Bearbeitungsprozesse, bei denen große Kräfte auftreten, zum Beispiel beim Walzen. Gegen solche Stöße und Schwingungen müssen die miteinander gekoppelten Subsysteme **isoliert**, das heißt die Stöße und Schwingungen müssen gedämpft werden. Diese Grundfunktion erfüllen **elastische Kupplungen**, die ebenfalls zur Gruppe der nachgiebigen Kupplungen gehören.

Bei der Fräsmaschine erfolgt die Schwingungsdämpfung nicht durch Kupplungen, sondern durch elastische Zugmittel (Keilriemen und Zahnriemen), die somit auch die Grundfunktion Isolieren übernehmen.

Elastische Kupplungen

Systematik der Kupplungen

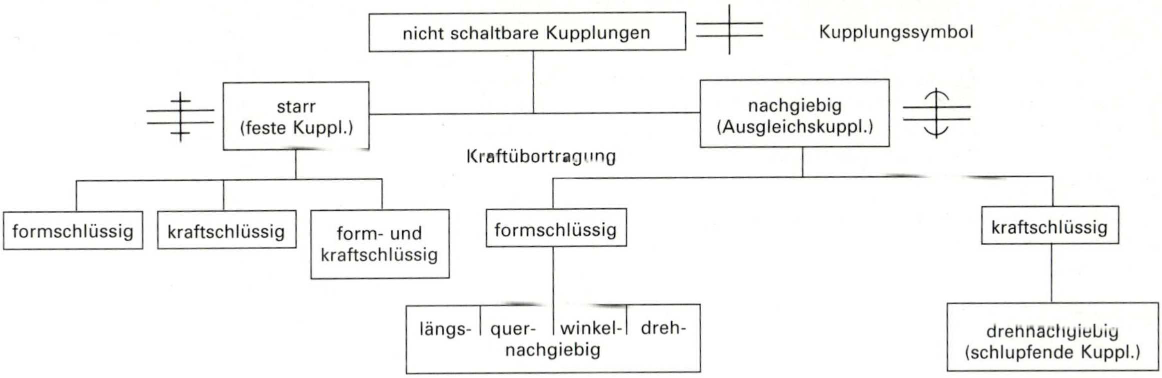

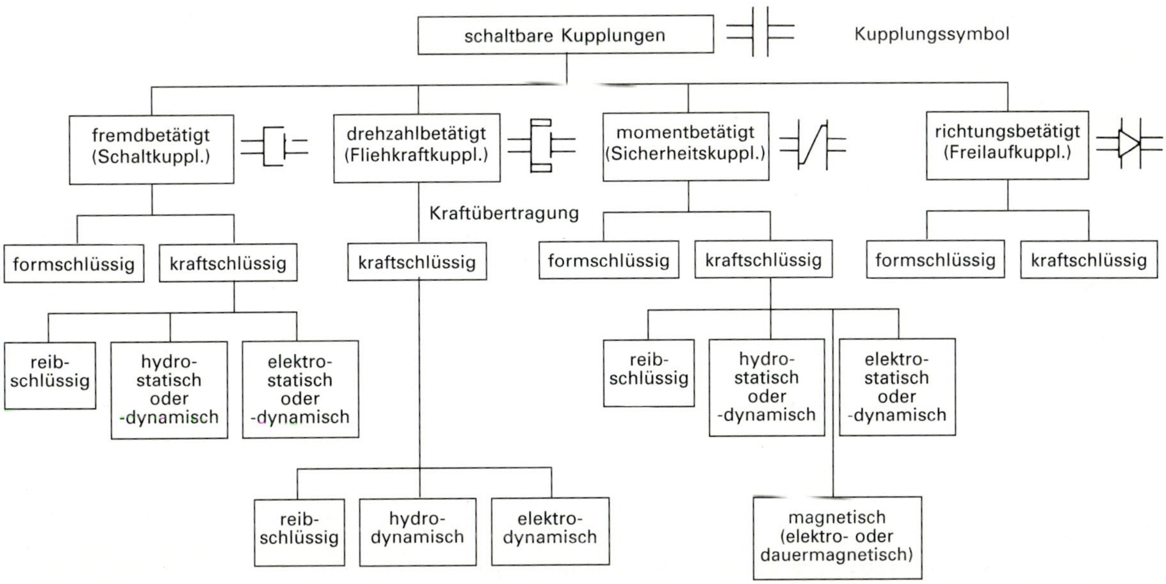

(nach VDI-Richtlinie 2240)

4.2.3 Funktionselemente

Die Teilfunktion Energieübertragung, wie sie zum Beispiel von der Funktionseinheit Zahnradgetriebe erfüllt wird, ist aus einzelnen **Grundfunktionen** zusammengesetzt. Diese Grundfunktionen werden durch bestimmte **Funktionselemente** verwirklicht. **Zahnräder** und **Wellen** sind die Funktionselemente des Getriebes, durch die unmittelbar Bewegungen und Bewegungsenergie übertragen werden. Diese Funktionselemente müssen gestützt und geführt werden. Dies geschieht durch die Funktionselemente **Getriebegehäuse** und **Lager**, die ihrerseits die Stütz- und Trageinheit des Getriebes bilden (s. Kap. 4.3).

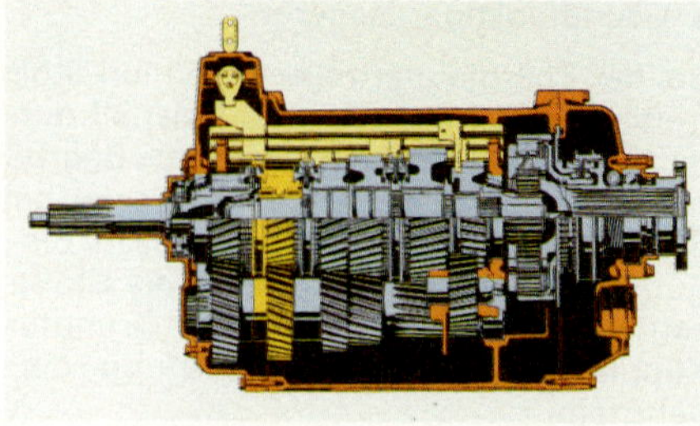

Zahnradgetriebe

Funktionselement Zahnrad

- Grundfunktionen von Zahnrädern

Aufgabe eines treibenden Zahnrades ist es, Drehbewegungen – und damit Drehenergie – auf ein anderes Zahnrad zu übertragen; Aufgabe des getriebenen Zahnrades ist es, diese Drehbewegungen bzw. Drehenergie zu übernehmen.

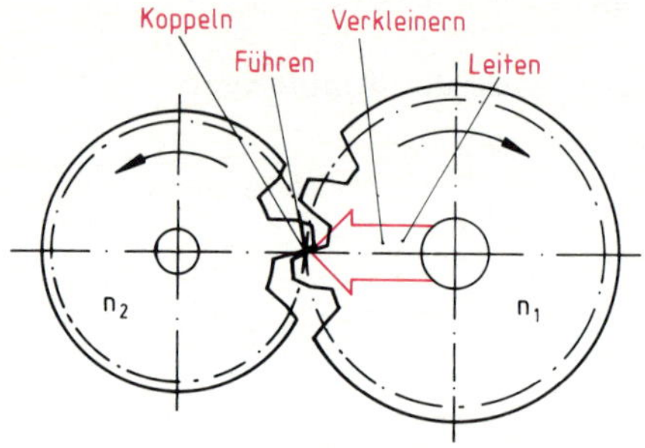

Grundfunktionen des Zahnrades

Hierzu greifen die Zahnräder derart ineinander, daß durch Formschluß ein geschlossener Kraft- bzw. Energiefluß zwischen den miteinander kämmenden Zahnrädern entsteht. Dieser Wirkungsablauf entspricht der Grundfunktion **Koppeln**.

An die Erfüllung der Grundfunktion Koppeln wird die Forderung gestellt, daß die Bewegungsübertragung gleichförmig erfolgt, d. h. daß das Übersetzungsverhältnis bei jeder Radstellung konstant bleibt. Dies setzt eine bestimmte Bewegungsübertragung und damit eine bestimmte Richtung des Kraftflusses voraus. Der Kraftfluß muß also geführt werden (Grundfunktion **Führen**). Dieses Führen von Kräften wird durch geeignete Gestaltung der Zahnflanken erreicht.

Das Zahnrad erfüllt außerdem die Grundfunktion **Leiten** von Kräften. Dieses Weiterleiten erfolgt beim treibenden Rad von der Zahnradnabe zum Zahnkranz und beim getriebenen Rad vom Zahnkranz zur Zahnradnabe. Hierbei tritt darüber hinaus die Grundfunktion **Verkleinern/Vergrößern** von Kräften auf. Beim treibenden Rad wird die am Nabenumfang wirkende Kraft auf die am Zahnkranzumfang wirkende Kraft verkleinert. Beim getriebenen Rad wird entsprechend die auf den Zahnkranz wirkende Kraft auf die am Nabenumfang wirkende Kraft vergrößert. In dieser Hinsicht wirkt das Zahnrad also wie ein Hebel.

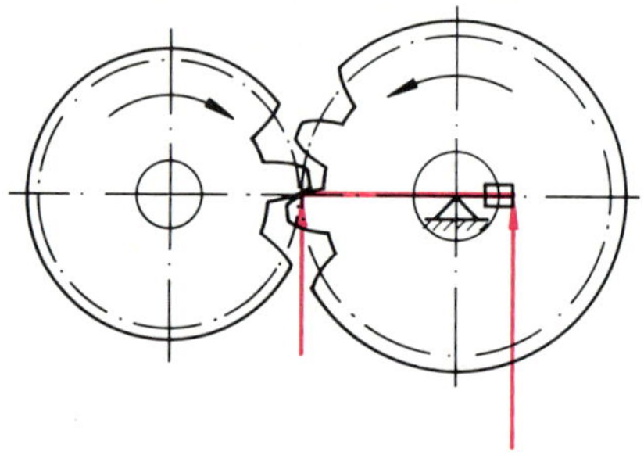

Hebelwirkung des Zahnrades

- Arten von Zahnrädern

Je nach Bauform des Getriebes (s. Seite 116) werden unterschiedliche Grundformen von Zahnrädern benötigt. Bei Getrieben mit parallel verlaufenden Wellen werden **Stirnräder** eingesetzt, bei sich schneidenden Wellen **Kegelräder** und bei sich kreuzenden Wellen **Schnecken** mit Schneckenrad oder Schraubenräder.

Zahnstangen dienen der Umwandlung von Drehbewegungen in geradlinige Bewegungen oder umgekehrt. Sie können als Stirnräder mit unendlich großem Durchmesser angesehen werden.

Je nach Verlauf der Zähne werden bei Stirn- und Kegelrädern insbesondere **Geradzähne**, **Schrägzähne** und **Bogenzähne** unterschieden. Bei Schräg- und Bogenzähnen erfolgt der Eingriff der Zähne nicht plötzlich auf der ganzen Zahnbreite, sondern allmählich. Deshalb laufen solche Zahnräder geräuschärmer als geradverzahnte Räder, und sie können für höhere Belastungen eingesetzt werden.

Kegelradgetriebe mit Bogenverzahnung

Stirnradgetriebe mit Geradverzahnung

Schneckengetriebe

Stirnrad mit Zahnstange

Als Nachteil tritt bei schrägverzahnten Stirnrädern eine Axialkraft auf, die das Zahnrad in Richtung der Welle verschieben will. Diese Kraft kann durch **Pfeil-** oder **Doppelschrägverzahnung** aufgehoben werden.

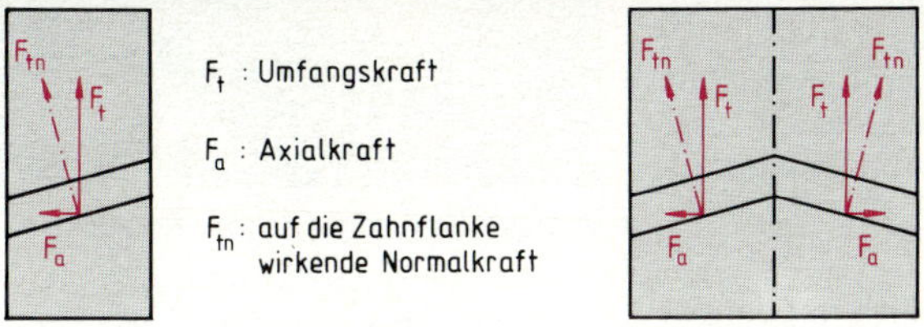

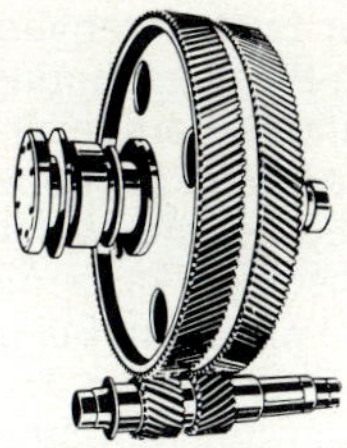
Doppelschrägverzahnung

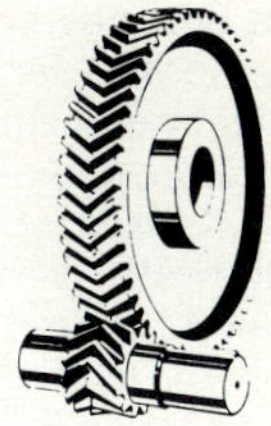
Pfeilverzahnung

- Zahnform

Die Energieübertragung bei Zahnrädern soll ruckfrei und gleichmäßig erfolgen. Dadurch ergeben sich für die Grundfunktionen Koppeln und Führen spezielle Anforderungen: Bei gleichförmiger Drehbewegung des treibenden Rades muß sich auch das getriebene Rad gleichförmig bewegen. Hierzu sind folgende Bedingungen zu erfüllen:

- Die jeweils im Eingriff stehenden Zahnflanken müssen sich ständig berühren, d. h. sie dürfen sich weder voneinander entfernen noch ineinander einzudringen suchen.
- Das Übersetzungsverhältnis $i = \frac{n_1}{n_2}$ (s. Kap. 4.2.1) muß im Verlaufe einer Umdrehung konstant bleiben.

Diese Bedingungen führen zum **Verzahnungsgesetz**.

Nach dem Verzahnungsgesetz sind zwei Zahnflanken dann brauchbar, wenn die Normale im jeweiligen Berührungspunkt (Berührungsnormale) durch den Wälzpunkt C geht.

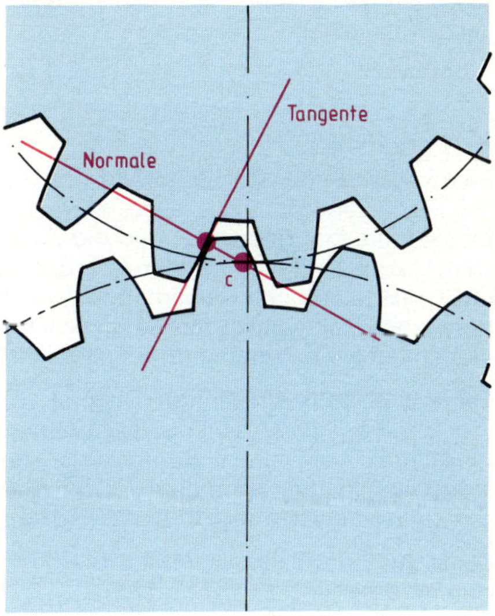

Berührungsnormale und Wälzpunkt

Die **Berührungsnormale** steht senkrecht auf der Tangente, die durch den Berührungspunkt verläuft. Der **Wälzpunkt C** ist der Berührungspunkt der Wälzkreise. Diese Wälzkreise ergeben sich, wenn man die zwei miteinander kämmenden Zahnräder durch ein Reibradpaar mit demselben Übersetzungsverhältnis ersetzt. Der Wälzpunkt C liegt auf der Verbindungslinie zwischen den Mittelpunkten der miteinander im Eingriff stehenden Räder.

Eine Verzahnungsart, die das Verzahnungsgesetz erfüllt, ist die Evolventenverzahnung.

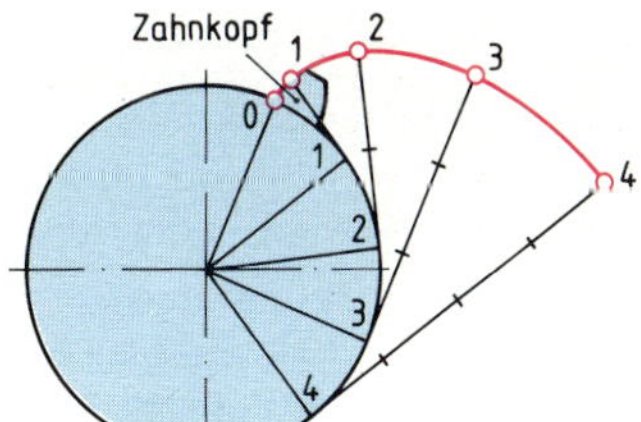

Evolvente

Bei der **Evolventenverzahnung** bestehen die Zahnflanken aus Evolventen. Das sind die Kurven, welche die Punkte einer Geraden beschreiben, die auf einem Kreis abgerollt wird. Eine solche Gerade liegt zum Beispiel vor, wenn ein auf einer Rolle aufgewickelter Faden unter Spannung abgerollt wird („Fadenkurven").

Bei der Evolventenverzahnung liegen die aufeinanderfolgenden Berührungspunkte, die sich beim Abwälzen der Zahnflanken ergeben, auf einer Geraden. Diese Gerade wird als **Eingriffslinie** bezeichnet. Sie geht durch den Wälzpunkt C und bildet mit der Tangente an den Wälzkreis den **Eingriffswinkel** α .

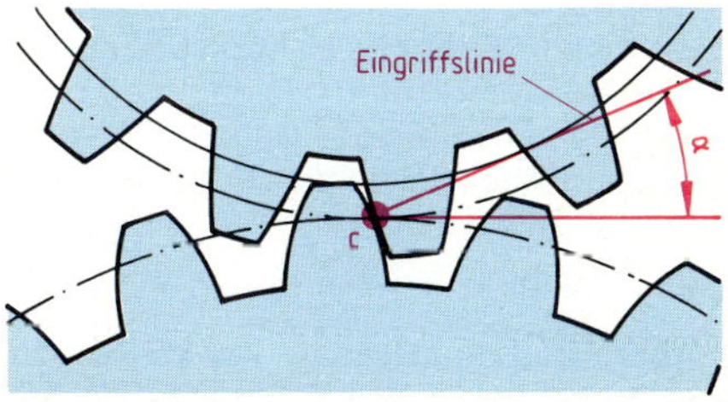

Eingriffslinie und Eingriffswinkel α der Evolventenverzahnung

Ein besonderer Vorteil der Evolventenverzahnung liegt darin, daß die Flanken der Evolventen-Planverzahnung – das ist die Evolventenverzahnung einer Zahnstange – gerade sind. Dies läßt sich dadurch erklären, daß die Evolvente immer flacher wird, je größer der Radius des Kreises ist, auf dem die Gerade, welche die Evolvente erzeugt, abgewälzt wird. Die Zahnstange kann man sich als Zahnrad mit unendlich großem Radius vorstellen. Bei unendlich großem Radius geht die Evolvente in eine Gerade über. Wegen dieser Gesetzmäßigkeit können Evolventenräder mit verhältnismäßig einfachen geradflankigen Werkzeugen – z. B. durch Wälzstoßen mit einem Kammwerkzeug – hergestellt weden.

Wälzstoßen mit Kammwerkzeug

Außerdem ist die Evolventenverzahnung unempfindlich gegenüber geringfügigen Änderungen des Achsabstandes, also des Abstandes zwischen den Mittelpunkten der miteinander kämmenden Zahnräder.

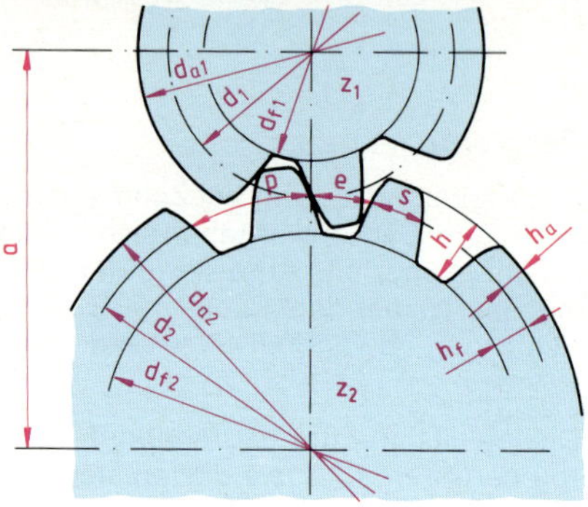

Verzahnungsmaße

- Verzahnungsmaße

Beim Abwälzen zweier Zahnräder muß der Zahn des einen Rades jeweils in die Zahnlücke des anderen Rades hineinpassen. Dazu müssen die Eingriffswinkel und die Zahnabstände (Teilung) gleich sein. Um die Vielfalt möglicher Zahnformen einzuschränken, sind für die Konstruktion und Herstellung von Zahnrädern wichtige Verzahnungsmaße einheitlich festgelegt worden (DIN 868). Für das evolventenverzahnte Geradstirnrad gelten insbesonder folgende Maße:

Teilung *p* (Teilkreisteilung): Dies ist die Länge des Kreisbogens (Teilkreisbogens) zwischen zwei aufeinanderfolgenden Rechts- oder Linksflanken auf einem Bezugskreis, dem Teilkreis. Dieser ist im Normalfall identisch mit dem Wälzkreis, auf dem das Werkzeug bei der Zahnradherstellung im Abwälzverfahren abwälzt.

Es ist dann der Teilkreisumfang $U = d \cdot \pi = p \cdot z$ mit d = 0 Teilkreisdurchmesser und z = Zähnezahl.

Modul *m*: Bei der Herstellung von Zahnrädern ist deren Durchmesser ein wichtiges Konstruktionsmaß. Nach der Beziehung $d \cdot \pi = p \cdot z$ folgt für den Durchmesser $d = \frac{p \cdot z}{\pi}$, d. h. es ergibt sich wegen der Zahl π = 3,14159... ein unendlicher Dezimalbruch. Um dies zu vermeiden und zu einfacheren Zahlenwerten für den Durchmesser zu kommen, ist das Verhältnis $\frac{p}{\pi}$ genormt worden. Es wird als **Modul *m*** bezeichnet und in mm angegeben.

Es können nur Zahnräder mit gleichem Modul gepaart werden.

Entsprechend der Teilkreisteilung $p = \frac{U}{z}$ kann der Modul $m = \frac{d}{z}$ auch als **Durchmesserteilung** bezeichnet werden.

Kopfhöhe h_a, Fußhöhe h_f, Kopfspiel *c*: Um den Abwälzvorgang eines Zahnradpaares nicht zu beeinträchtigen, darf der Kopfkreis des einen Rades den Fußkreis des Gegenrades nicht berühren. Deshalb muß die Zahnfußhöhe h_f um das Kopfspiel c größer sein als die Zahnkopfhöhe h_a, d. h. $h_f = h_a + c$.

Bei normalen Rädern ist $h_a = m$ und c = 0,1 bis 0,3 m.

Kopfkreisdurchmesser d_a, Fußkreisdurchmesser d_f: Ist d der Teilkreisdurchmesser des Zahnrades, so folgt: Kopfkreisdurchmesser (Außendurchmesser) $d_a = d + 2\ h_a$ und Fußkreisdurchmesser $d_f = d - 2\ h_f$.

Teilkreis-∅:	d
Teilkreisumfang:	$U = d \cdot \pi$
Zähnezahl:	z
Teilung (Teilkreisteilung):	$p = \frac{U}{z}$
	$p = \frac{d \cdot \pi}{z}$
Modul (Durchmesserteilung):	$m = \frac{p}{\pi}$
	$m = \frac{d \cdot \pi}{\pi \cdot z}$
	$m = \frac{d}{z}$
Kopfhöhe:	h_a
Kopfspiel:	c = 0,1 bis 0,3 $\cdot\ m$
Fußhöhe:	$h_f = h_a + c$
Kopfkreis-∅:	$d_a = d + 2\ h_a$
Fußkreis-∅:	$d_f = d - 2\ h_f$
Achsabstand:	$a = \frac{d_1 + d_2}{2}$
	$a = \frac{m\,(z_1 + z_2)}{2}$
Lückenweite:	e
Zahndicke:	s

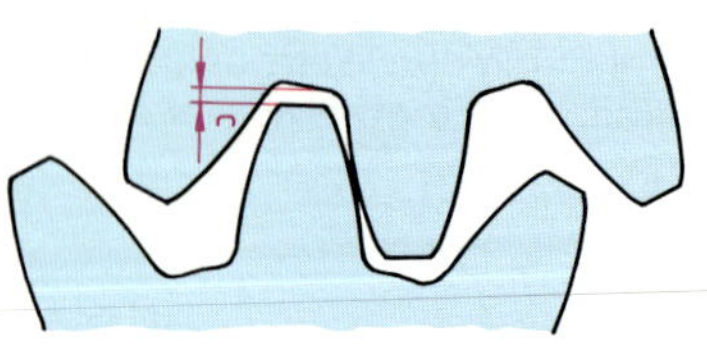

Kopfspiel *c*

Achsabstand ***a***: Mit den Teilkreisdurchmessern $d_1 = m \cdot z_1$ und $d_2 = m \cdot z_2$ ergibt sich der Achsabstand bei einem Zahnradpaar zu:

$$a = \frac{d_1 + d_2}{2} = m\frac{(z_1 + z_2)}{2}.$$

Flankenspiel: Theoretisch ist bei zwei miteinander kämmenden Zahnrädern die **Lückenweite *e*** zwischen zwei Zähnen gleich der **Zahndicke *s***. Es muß jedoch ein geringes Spiel vorhanden sein, um eine wirkungsvolle Schmierung zu gewährleisten und um Einbauungenauigkeiten und Wärmedehnungen ausgleichen zu können. Als **Drehflankenspiel j_t** wird hierbei das auf den Teilkreis bezogene Bogenstück bezeichnet, um das sich das eine Rad gegenüber dem anderen als feststehend gedachte Rad verdrehen läßt.

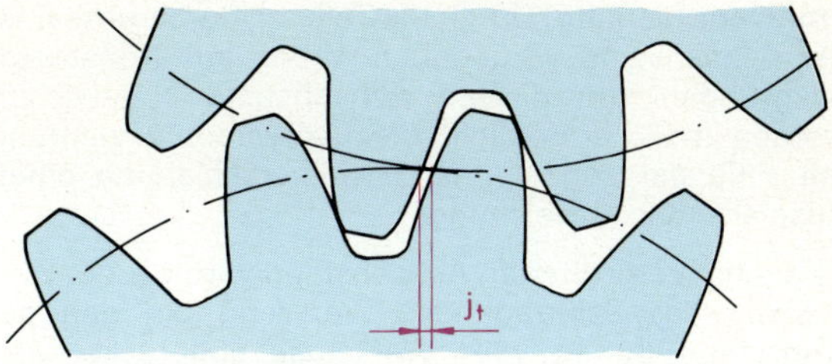

Drehflankenspiel j_t

Übersetzungsverhältnis *i*: Das Übersetzungsverhältnis eines Zahnradpaares läßt sich auch aus dem Verhältnis der Zähnezahlen bestimmen.

$$i = \frac{n_1}{n_2} = \frac{d_2}{d_1} = \frac{m \cdot z_2}{m \cdot z_1} \qquad i = \frac{z_2}{z_1}$$

Wälzfräsen eines schrägverzahnten Stirnrades

Beispiel: Ein Zahnradpaar mit dem Modul $m = 3$ mm hat ein Übersetzungsverhältnis von 1,6. Die Zähnezahl des treibenden Rades beträgt 20.

Berechnung der Zähnezahl des getriebenen Rades, der Teilkreisdurchmesser und des Achsabstandes:

Zähnezahl

$$i = \frac{z_2}{z_1} \Rightarrow z_2 = i \cdot z_1 = 1{,}6 \cdot 20 = 32$$

Teilkreisdurchmesser

$$d_1 = m \cdot z_1 = 3\text{ mm} \cdot 20 = 60\text{ mm}$$
$$d_2 = m \cdot z_2 = 3\text{ mm} \cdot 32 = 96\text{ mm}$$

Achsabstand

$$a = \frac{d_1 + d_2}{2} = \frac{60\text{ mm} + 96\text{ mm}}{2} = 78\text{ mm}$$

Bezugsprofil: Das Profil der Werkzeuge (Kamm-Meißel, Abwälzfräser), die zur Herstellung evolventenverzahnter Stirnräder eingesetzt werden, ist in DIN 867 durch das sogenannte Bezugsprofil festgelegt. Es ist das Profil einer Zahnstange mit Evolventenverzahnung (Bezugszahnstange).

Die geradlinigen Flanken des Bezugsprofils schließen mit den Normalen (Senkrechten) zur Profilbezugslinie den Profilwinkel $\alpha_p = 20°$ (gleich dem Eingriffswinkel) ein. Danach ergibt sich ein Flankenwinkel von $2\,\alpha_p = 40°$.

Die Profilbezugslinie schneidet das Bezugsprofil so, daß auf ihr die Zahndicke s_p gleich der Lückenweite e_p und gleich der halben Teilung $\frac{p}{2}$ ist.

Die Profilhöhe h_p wird durch die Profilbezugslinie in die Kopfhöhe $h_{ap} = m$ die Fußhöhe $h_{fp} = m + c$ unterteilt.

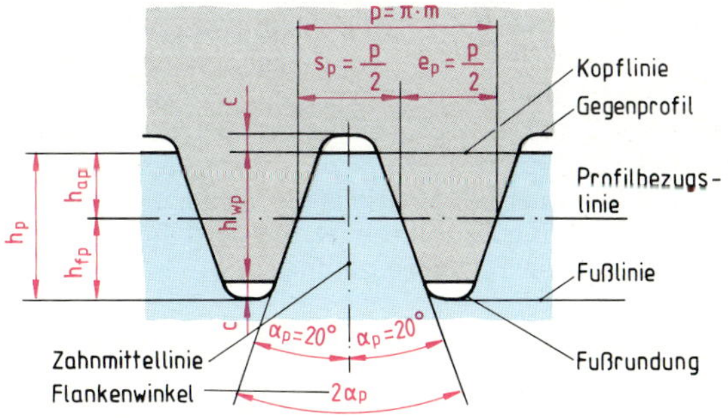

Bezugsprofil der Evolventenverzahnung (mit Gegenprofil) nach DIN 867

Profilwinkel:	α_p
Zahndicke:	s_p
Lückenweite:	e_p

$$s_p = e_p = \frac{p}{2}$$

Kopfhöhe:	$h_{ap} = m$
Fußhöhe:	$h_{fp} = m + c$
Profilhöhe:	$h_p = h_{ap} + h_{fp}$
	$h_p = 2\,m + c$

gemeinsame Zahnhöhe: $h_{wp} = 2 \cdot m$

Profilverschiebung: Durch die Teilkreisdurchmesser ist der Achsabstand vorgegeben. Wenn aus Konstruktionsgründen von diesem Achsabstand abgewichen werden muß, ermöglicht die Evolventenverzahnung mit Hilfe der sogenannten Profilverschiebung einen Ausgleich der Abweichung.

Bei einem vergrößerten Achsabstand wird bei der Herstellung des Zahnrads das Werkzeug um den gewünschten Betrag vom Werkstück abgerückt. Man spricht in diesem Falle von einer **positiven Profilverschiebung**.

Die positive Profilverschiebung hat den Vorteil, daß hierdurch der Zahnfuß dicker wird und somit größere Kräfte übertragen werden können.

Soll der Achsabstand verkleinert werden, weil zum Beispiel aus konstruktiven Gründen bestimmte Maße eingehalten werden müssen, so wird mit einer **negativen Profilverschiebung** gearbeitet. Hierbei wird das Abwälzwerkzeug bei der Zahnradherstellung gegenüber der Normallage näher an das Werkstück herangerückt.

Räder ohne Profilverschiebung werden als **Null-Räder** bezeichnet, Räder mit positiver Profilverschiebung **als V-Plus-Räder** und solche mit negativer Profilverschiebung als **V-Minus-Räder**.

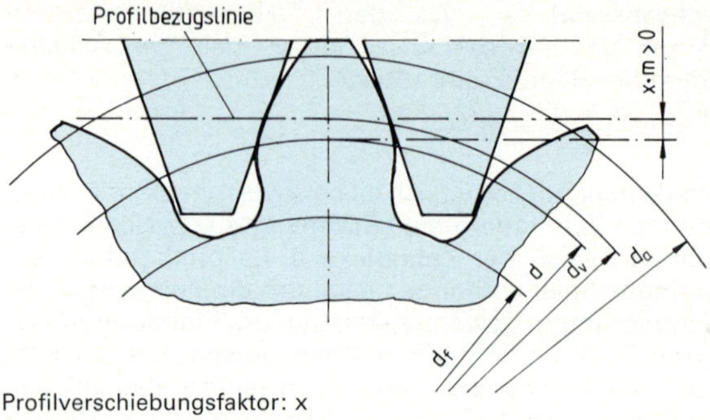

Profilverschiebungsfaktor: x

Betrag der Profilverschiebung: x · m

Positive Profilverschiebung

V-Kreis-∅: $d_v = d + 2 \cdot x \cdot m$

Funktionselement Welle

Bei einem Rädergetriebe, zum Beispiel einem Zahnradgetriebe, wird Drehenergie zugeführt, innerhalb des Getriebes weitergeleitet und am Getriebeausgang abgeführt. Die hierzu erforderliche Grundfunktion **Leiten** wird von Wellen übernommen. Damit die im Getriebe eingebauten Zahnräder ihre Aufgabe der Energieübertragung – speziell die Grundfunktion **Koppeln** – ordnungsgemäß erfüllen können, müssen sie in einer bestimmten Position zueinander angeordnet sein und gehalten werden, d. h. es dürfen keine unzulässigen Versetzungen auftreten. Die hierzu erforderliche Grundfunktion **Führen** erfüllt ebenfalls die Welle, die entsprechend biegesteif auszuführen ist. Sie wird ihrerseits im Getriebegehäuse in Lagern geführt.

Die Welle ist demnach ein Funktionselement, das in erster Linie die Energiekomponente Drehmoment leitet und deshalb vorwiegend auf Verdrehung beansprucht wird. Die in Getrieben verwendeten **geraden starren Wellen** übernehmen außerdem die Grundfunktion Führen, wodurch sie auch Biege- und Scherbeanspruchungen aufzunehmen haben.

Sollen hin- und hergehende Bewegungen in Drehbewegungen überführt werden – zum Beispiel beim Hubkolbenmotor – oder umgekehrt Drehbewegungen in hin- und hergehende Bewegungen – wie zum Beispiel bei der Kolbenpumpe –, so ist die Grundfunktion **Richten – Oszillieren** zu erfüllen. Diese Funktion übernehmen Kurbelwellen, also **gekröpfte starre Wellen**, in Verbindung mit Pleuelstangen.

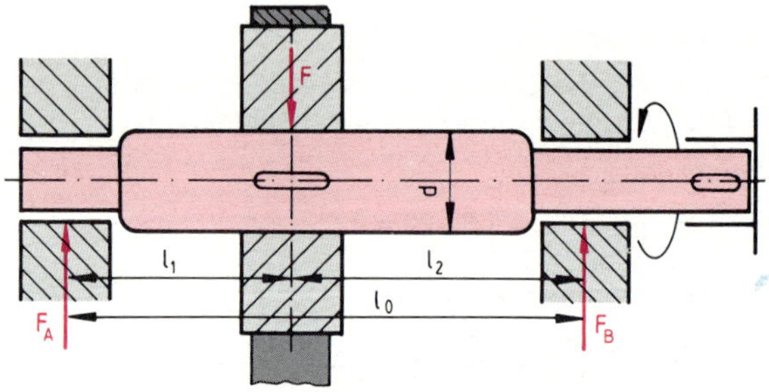

Auf Verdrehung, Biegung und Scherung beanspruchte Welle

Kurbelwelle

Wenn von der Eingangsseite zur Ausgangsseite einer Welle Versetzungen auszugleichen sind, so ist außer der Grundfunktion Leiten auch die Grundfunktion **Richtungändern** zu verwirklichen. Hierzu werden **Gelenkwellen** eingesetzt.

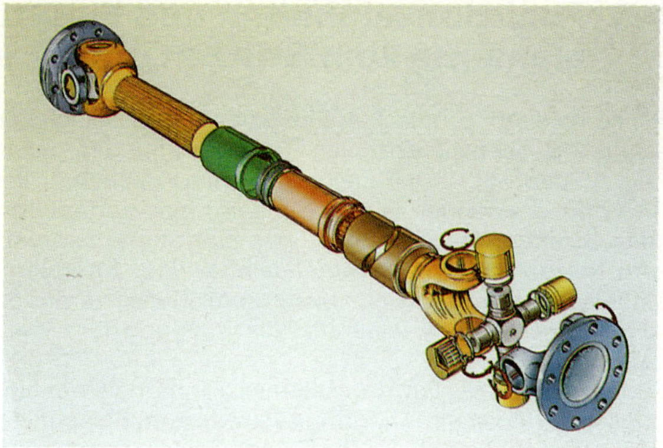

Gelenkwelle mit Kreuzgelenken

Sind größere Umdrehungsfrequenzen bei geringen Drehmomenten über größere Entfernungen und bei versetzter Eingangs- und Ausgangsseite zu übertragen, so werden die Grundfunktionen **Leiten** und **Richtungändern** von **biegsamen Wellen** übernommen.

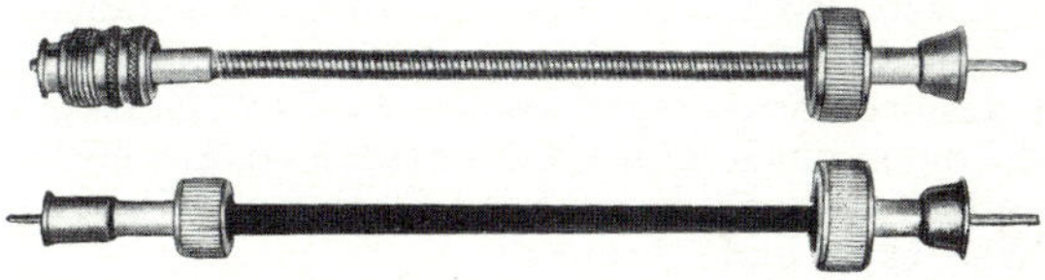

Biegsame Tachowellen

Aufgaben zur Wiederholung und Vertiefung

1. Welcher Unterschied besteht zwischen Getrieben und Kupplungen als Funktionseinheiten?

2. Welche Grundfunktionen sind bei Kupplungen und Getrieben gleich?

3. Welche Grundfunktion wird von einer Kupplung gegenüber einem Getriebe **nicht** erfüllt?

4. Zur Energieübertragung müssen bestimmte Grundfunktionen erfüllt werden. Beschreiben Sie, wie die Grundfunktionen Koppeln, Führen und Leiten von Getrieben, Kupplungen, Zahnrädern und Wellen verwirklicht werden.

5. Wozu wird bei den Verzahnungsmaßen der Modul *m* festgelegt?

6. Zu welchen Zwecken werden bei Zahnrädern Profilverschiebungen vorgenommen?

7. Durch welche konstruktiven Maßnahmen kann die Geräuschentwicklung von Getrieben beeinflußt werden?

8. Welche Vorteile haben evolventenverzahnte Zahnräder?

9. Der Gleichstrommotor eines Vorschubantriebes hat ein Drehmoment von 40 Nm bei einer Umdrehungsfrequenz von 1500 1/min. Berechnen Sie:

a) die Nutzleistung des Motors;

b) die Input-Leistung des Motors bei einem Wirkungsgrad von 0,8;

c) die Riemengeschwindigkeit des Zahnriemens, wenn die Zahnscheibe des Motors einen Wirkdurchmesser von 71,3 mm hat;

d) das Übersetzungsverhältnis des Zahnriemengetriebes, wenn die angetriebene Zahnscheibe einen Wirkdurchmesser von 178,25 mm hat;

e) die Umdrehungsfrequenz der Kugelgewindespindel;

f) das Nutzdrehmoment des Vorschubantriebes, wenn der Wirkungsgrad des Zahnriemengetriebes 0,9 und der Kugelgewindemutter 0,93 beträgt;

g) die Nutzleistung des Vorschubantriebes mit dem Nutzdrehmoment und der Umdrehungsfrequenz der Spindel und zur Kontrolle mit der Input-Leistung und dem Gesamtwirkungsgrad.

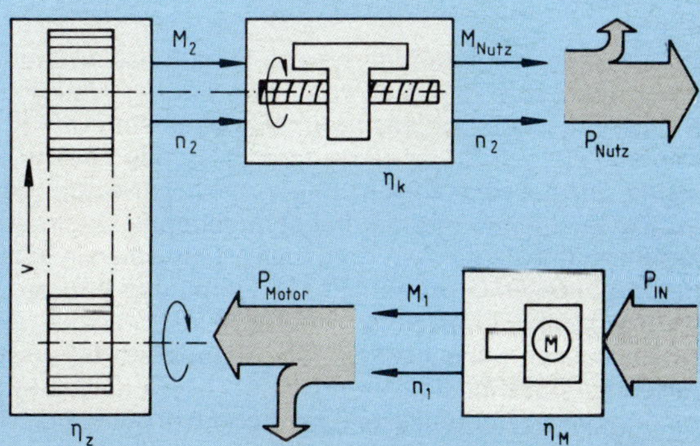

4.3 Funktionseinheiten und Funktionselemente zum Stützen und Tragen

Bei komplexen technischen Systemen – zum Beispiel einer Fräsmaschine – müssen die einzelnen Funktionseinheiten – wie Antriebseinheit, Steuerungs- und Regelungseinheit – in bestimmter räumlicher Anordnung einander zugeordnet sein; man spricht von der **räumlichen Struktur des Systems.** Diese Zuordnung kann starr sein, wie zum Beispiel zwischen Antriebseinheit und Energieübertragungseinheit. Ebenso kann sie in bestimmter Weise veränderlich sein; so ist zum Beispiel der Aufspanntisch in Richtung der x- und der y-Achse verschiebbar.
Zudem können die Funktionselemente innerhalb der einzelnen Funktionseinheiten starr angeordnet sein, so zum Beispiel die Lagerschalen im Getriebegehäuse. Die Funktionselemente können allerdings auch in bestimmter Weise beweglich eingebaut sein, wie beispielsweise die Welle im Getriebegehäuse.
Es müssen also sowohl Funktionseinheiten als auch Funktionselemente entsprechend den jeweils von ihnen auszuführenden Funktionen gestützt und getragen werden. Funktionseinheiten zum Stützen und Tragen sind insbesondere **Maschinengestelle und Gehäuse.** Wichtige Funktionselemente zum Stützen und Tragen sind vor allem **Achsen, Lager und Führungen.**

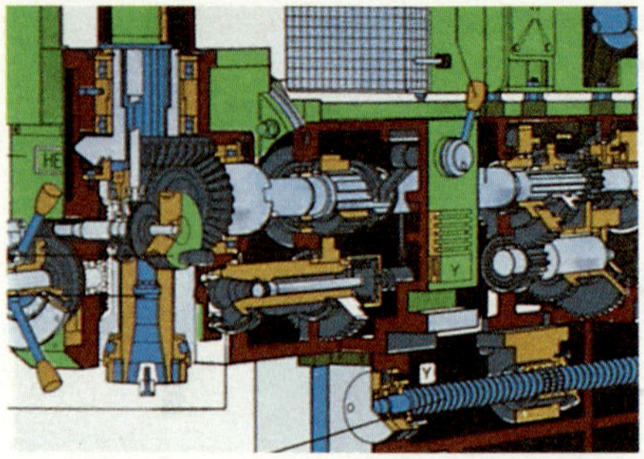

Vertikalfräskopf

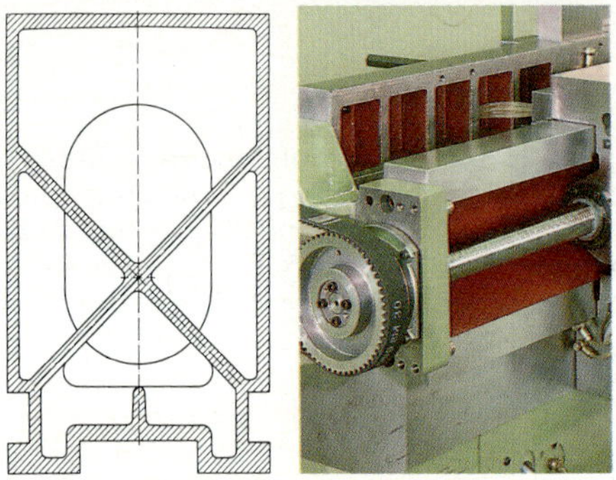

Fräsmaschinenständer mit verwindungssteifer Verrippung

4.3.1 Maschinengestelle und Gehäuse

Entsprechend der Vielfalt verschiedenartiger Maschinen ist die Gestaltung von Maschinengestellen sehr unterschiedlich. Bei der Fräsmaschine zum Beispiel besteht das Maschinengestell aus Untergestell und Ständer, der die Antriebseinheit (Elektromotor), die Energieübertragungseinheit (Getriebe) und die Arbeitseinheit (Fräskopf und Frästisch) trägt. Bei einer Drehmaschine ist auf dem Untergestell das Drehmaschinenbett befestigt, das zur Aufnahme von Antriebsmotor, Getriebekasten, Spindelstock, Werkzeugschlitten und Reitstock dient.

Maschinengestelle

Maschinengestelle müssen möglichst biegesteif und schwingungsdämpfend ausgeführt sein, damit die jeweiligen Arbeitsprozesse (zum Beispiel Fräsen, Drehen) mit der notwendigen Präzision ausgeführt werden können. Sie müssen dabei die auftretenden Kräfte und Momente aufnehmen, weiterleiten und durch entsprechende Gegenkräfte und Gegenmomente auffangen (Grundfunktionen **Leiten** und **Führen**), und auftretende Schwingungen sollen gedämpft, ihre Weiterleitung also vermieden oder zumindest abgeschwächt werden (Grundfunktion **Isolieren**).

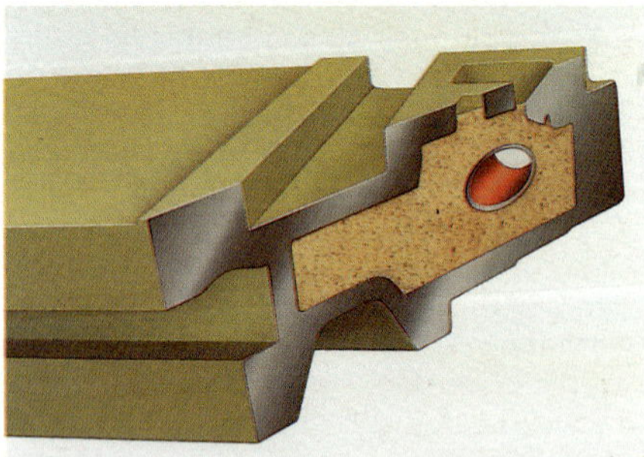

Ständerfuß mit schwingungsdämpfender Polymerbetonfüllung

Gehäuse

Gehäuse dienen zur Aufnahme von Funktionselementen, bei Zahnradgetrieben zum Beispiel von Zahnrädern, Wellen und Lagern. Gehäuse müssen ebenfalls möglichst biegesteif und schwingungsdämpfend ausgeführt sein, um die auftretenden Kräfte und Momente ohne unzulässige Verformungen und Schwingungen aufzunehmen, weiterzuleiten und durch entsprechende Gegenkräfte und Gegenmomente aufzufangen. Gehäuse erfüllen also in bezug auf Kräfte und Momente die Grundfunktionen **Leiten** und **Führen** und in bezug auf Schwingungsdämpfung die Grundfunktion **Isolieren.** Werden in Gehäusen auch Flüssigkeiten, wie Schmierstoffe, aufgefangen, so müssen sie flüssigkeitsdicht ausgeführt sein (Grundfunktion **Isolieren**) und gegebenenfalls ein genügend großes Speichervolumen haben (Grundfunktion **Speichern**).

Getriebe mit Ölwanne

4.3.2 Achsen, Lager, Führungen

Achsen

Aufgabe von Achsen ist es, sich drehende oder schwingende Maschinenteile aufzunehmen, ohne dabei – wie bei Wellen – Drehmomente zu übertragen (vgl. Seite 128). Achsen können deshalb feststehen, um zum Beispiel bei einem Getriebe ein sich lose mitdrehendes Zwischenrad aufzunehmen; sie können aber auch selbst rotieren, wie zum Beispiel Radachsen bei Eisenbahnwaggons. Achsen werden also auf Biegung und Scherung beansprucht. Sie müssen die auftretenden Momente und Kräfte aufnehmen, weiterleiten und auf die Lagerstellen übertragen (Grundfunktion **Leiten**). Dabei ist der Kraftfluß durch entsprechend biegesteife Konstruktion so zu führen, daß keine unzulässigen Verformungen auftreten (Grundfunktion **Führen**).

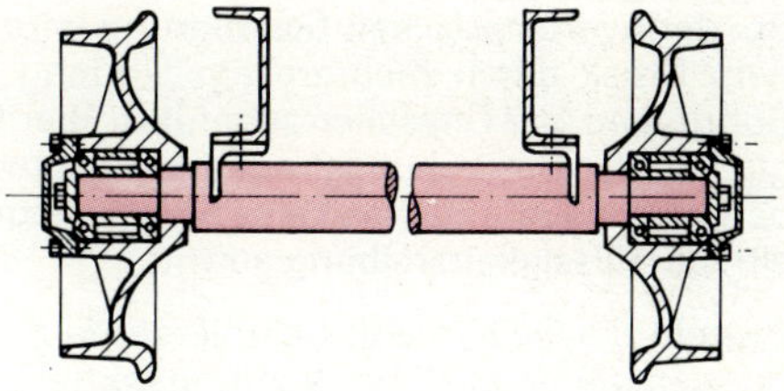

Feststehende Achse

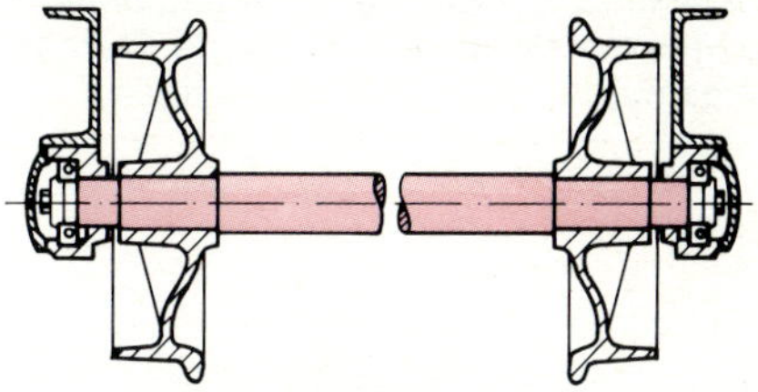

Rotierende Achse

Lager

Sich drehende Achsen und Wellen müssen in einer bestimmten Position geführt werden. Diese Grundfunktion **Führen** erfüllen Lager.

Lager haben außerdem die von den Achsen oder Wellen ausgeübten Kräfte in das tragende Gestell oder Gehäuse weiterzuleiten. Lager übernehmen also auch die Grundfunktion **Leiten**. Sie werden als **Gleitlager** oder als **Wälzlager** ausgeführt.

Gleitlager

- Gleitlager

Beim Funktionselement **Gleitlager** gleitet die Lagerstelle der Achse oder der Welle, die in der Regel als **Zapfen** ausgebildet ist, unmittelbar im Lagergehäuse oder in Lagerbuchsen oder Lagerschalen. Führt das Lager die Achse oder Welle in radialer Richtung derart, daß die auftretenden Lagerkräfte senkrecht zur Lagerachse verlaufen, so spricht man von **Radiallagern**. Bei **Axiallagern** werden Wellen oder Achsen in axialer Richtung geführt, die Lagerkräfte verlaufen also parallel zur Lagerachse.

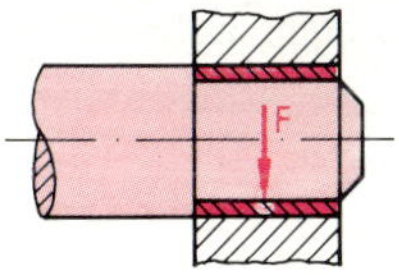

Radiallager

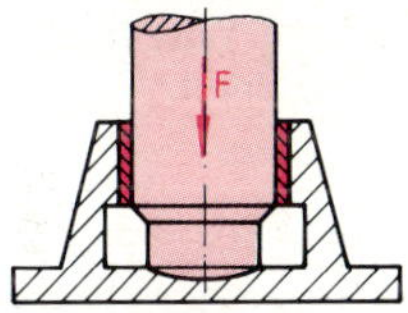

Axiallager

Um die bei Gleitlagern auftretende **Gleitreibung** und damit auch den Werkstoffverschleiß herabzusetzen, muß für eine ausreichende Trennschicht zwischen Zapfen und Lager gesorgt werden. In bezug auf den möglichen Materialkontakt zwischen Zapfen und Lager erfüllt die Zwischenschicht also die Grundfunktion **Isolieren,** in bezug auf die Übertragung der Lagerkräfte jedoch die Grundfunktion **Leiten.** Sie kann aus Flüssigkeiten, Gasen (z. B. Luft) oder gleitfähigen Feststoffen (z. B. Graphit) bestehen.

Bei der Schmierung mit Flüssigkeiten (Schmieröl) muß durch besondere Vorkehrungen sichergestellt werden, daß die Trennschicht aufgebaut und aufrechterhalten wird. Dies kann entweder hydrodynamisch oder hydrostatisch erfolgen.

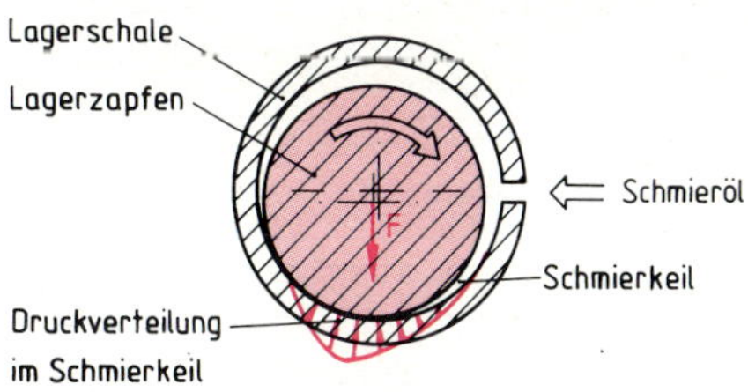

Hydrodynamisches Einflächengleitlager

Bei der **hydrodynamischen Schmierung** wird der Effekt ausgenutzt, daß zwischen Lager und Zapfen ein keilförmiger Spalt entsteht, in dem es bei hoher Umdrehungsfrequenz der Welle, d. h. bei hoher Gleitgeschwindigkeit, zu einer Druckerhöhung des zugeführten Schmieröls kommt; dadurch schwimmt der Lagerzapfen auf. Der hierdurch entstehende Schmierfilm ist um so stabiler, je höher die Gleitgeschwindigkeit ist, das heißt aber auch, daß bei niedrigen Gleitgeschwindigkeiten, also insbesondere beim Anlaufen, **Mischreibung** auftritt, da Zapfen und Lagerschale nicht vollständig durch den Schmierfilm getrennt werden.

Um einen möglichst zentrischen Lauf des Lagers zu erzielen (Grundfunktion **Führen**), werden die Lagerschalen so ausgeführt, daß sich über den Umfang verteilt mehrere Schmierstoffkeile bilden (**hydrodynamisches Mehrflächengleitlager**).

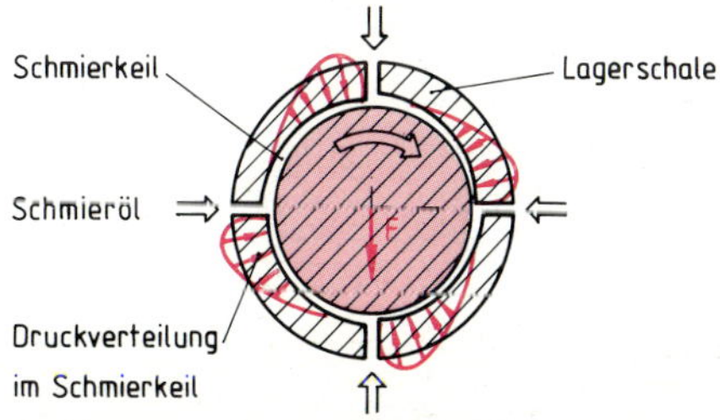

Hydrodynamisches Mehrflächengleitlager

Bei der **hydrostatischen Schmierung** wird das Schmieröl unter hohem Druck durch mehrere am Umfang des Lagers angebrachte Bohrungen und Öltaschen zugeführt. Hierdurch entsteht – unabhängig von der Umdrehungsfrequenz – ein tragfähiger Schmierfilm, so daß auch beim Anlaufen keine Mischreibung, sondern von vornherein nur **Flüssigkeitsreibung** auftritt.

Besteht die Gefahr, daß Schmierstoffe zu unzulässigen Verunreinigungen führen (z. B. bei Nahrungsmittel- oder Textilmaschinen), so werden schmierölfreie **Trockenlauflager** oder **Luftlager** eingesetzt, bei denen Druckluft eine Trennung zwischen Zapfen und Lagerschale bewirkt (**aerostatische Lagerung**). Derartige Lager eignen sich allerdings nur für geringere Belastungen.

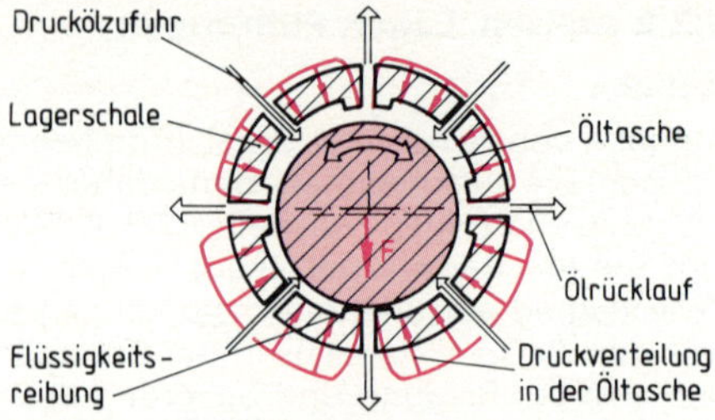

Hydrostatisches Gleitlager

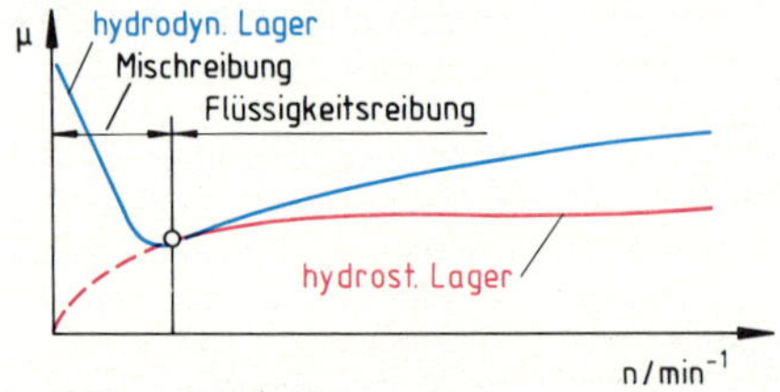

Zusammenhang zwischen Reibungszahl und Umdrehungsfrequenz

- Wälzlager

Beim Funktionselement Wälzlager übernehmen Wälzkörper in Verbindung mit Innen- und Außenring die Grundfunktionen **Führen** und **Leiten.** Die Wälzkörper rollen auf dem Innenring und dem Außenring ab und werden durch einen Käfig auf Abstand zueinander gehalten. Beim Wälzlager tritt also im wesentlichen **Rollreibung** auf.

Je nach Richtung der aufzunehmenden Lagerkräfte werden Wälzlager als **Radiallager** oder als **Axiallager** ausgeführt. Je nach Bauform können Wälzlager aber auch sowohl Radial- als auch Axialkräfte aufnehmen.

Aufbau eines Wälzlagers

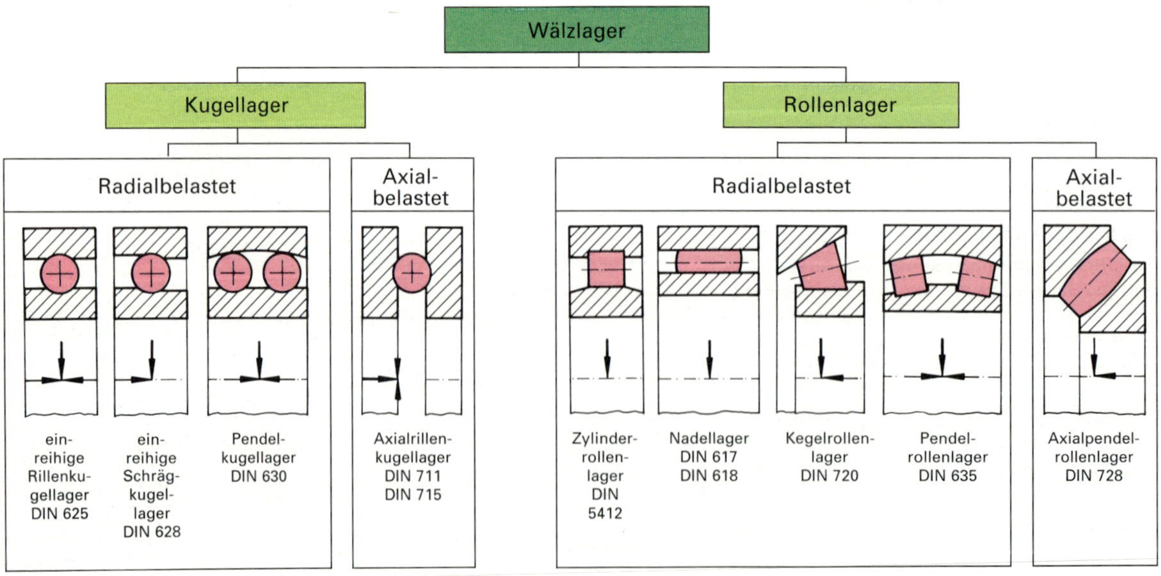

Übersicht über Wälzlager

● Festlager, Loslager

Wegen auftretender Fertigungsungenauigkeiten sowie zur Gewährleistung eines verspannungsfreien Einbaus und zum Ausgleich von Wärmedehnungen muß bei zweifacher Wellenlagerung ein Lager als **Loslager** ausgeführt werden. Dieses kann im Gegensatz zum **Festlager** axiale Verschiebungen aufnehmen.
Die axiale Beweglichkeit wird entweder durch die Konstruktion des Lagers selbst ermöglicht (z. B. beim Nadellager) oder durch eine entsprechende Konstruktion der Lagerstelle. Im letzteren Fall ist die Lagerstelle so zu gestalten, daß entweder der Innenring oder der Außenring beweglich ist.
Die vorwiegenden Anwendungsbereiche von Gleitlagern und Wälzlagern ergeben sich aus ihren besonderen Eigenschaften und den jeweiligen betrieblichen Anforderungen.

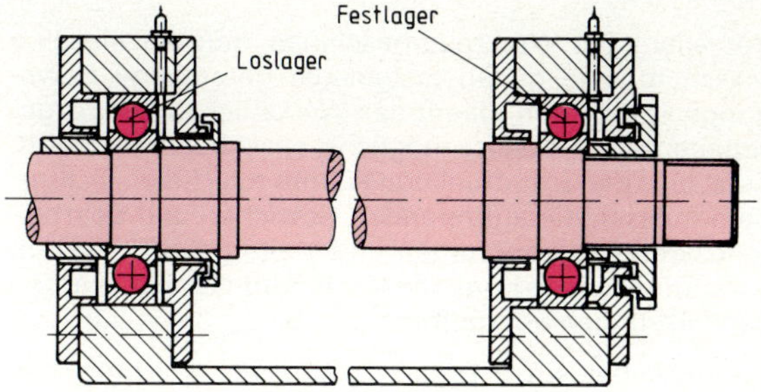

Wellenlagerung durch Fest- und Loslager

● Vergleich Gleitlager – Wälzlager

Gleitlager werden bevorzugt bei Maschinen eingesetzt, die im Dauerbetrieb mit hohen Umdrehungsfrequenzen laufen und für die eine lange Lebensdauer verlangt wird (zum Beispiel bei Generatoren, Wasser- und Dampfturbinen, Turboverdichtern und Kreiselpumpen). Ebenso werden sie bei Maschinen und Anlagen mit wechselnder Belastung und hohen Belastungsstößen verwendet (zum Beispiel in Walzgerüsten, Pressen und Stanzen).
Für derartige Belastungen sind Gleitlager insbesondere deshalb geeignet, weil der Wellenzapfen auf einer großen dämpfenden Fläche aufliegt.
Wälzlager werden bevorzugt dann eingesetzt, wenn hohe Betriebssicherheit bei geringem Wartungsaufwand verlangt wird (zum Beispiel bei Werkzeugmaschinen, Fahrzeugen, Elektromotoren). Wälzlager sind auch dann von Vorteil, wenn unter hoher Last langsame Drehbewegungen auszuführen sind.

Gleitlager

Einbau eines Wälzlagers

Vergleich Gleitlager – Wälzlager

Eigenschaften	Gleitlager hydrodynamisch	Gleitlager hydrostatisch	Wälzlager
Anlaufmoment	hoch	gering	gering
Umdrehungsfrequenz	hoch		begrenzt
Änderung der Umdrehungsfrequenz	empfindlich	unempfindlich	unempfindlich
Drehrichtungsumkehr	problematisch	problemlos	problemlos
Stoß und Erschütterung	unempfindlich		empfindlich
Geräuschentwicklung	gering		höher
Empfindlichkeit gegen Verschmutzung	gering		hoch
Wartungsaufwand	hoch		gering
Schmierstoffverbrauch	hoch		gering
Lebensdauer	sehr hoch		begrenzt
Austauschbau	aufwendig		einfach

Führungen

Vor allem bei Werkzeugmaschinen müssen einzelne Maschinenteile genau festgelegte geradlinige Bewegungen ausführen, damit das Werkstück in der vorgesehenen Art und Weise möglichst exakt bearbeitet wird. Es ist also die Grundfunktion **Führen** zu erfüllen. Außerdem müssen die auftretenden Gewichts- und Bearbeitungskräfte aufgenommen und weitergeleitet werden (Grundfunktion **Leiten**). Diese Grundfunktionen werden von **Führungen** übernommen.

So muß bei einer Drehmaschine die Führung des Längsschlittens die Gewichtskraft des Schlittens und die Zerspanungskräfte aufnehmen und außerdem eine exakte Bewegung und Positionierung des Schlittens gewährleisten.

Führung des Schlittens einer Drehmaschine

- Gleit- und Wälzführungen

Ebenso wie bei Lagern werden Führungen als Gleitführungen oder Wälzführungen ausgeführt.

Bei der **Gleitführung** gleitet das zu bewegende Bauteil auf der Führung. Die hierbei auftretende **Haft- und Gleitreibung** muß möglichst gering gehalten werden, um geringen Werkstoffverschleiß und damit eine wichtige Voraussetzung für eine hohe Führungs- und Positioniergenauigkeit sicherzustellen.

Günstige Reibungsbedingungen lassen sich einerseits durch entsprechende **Werkstoffpaarungen** erzielen, andererseits durch ausreichende **Schmierung,** die für eine Trennschicht zwischen den Gleitflächen sorgen soll.

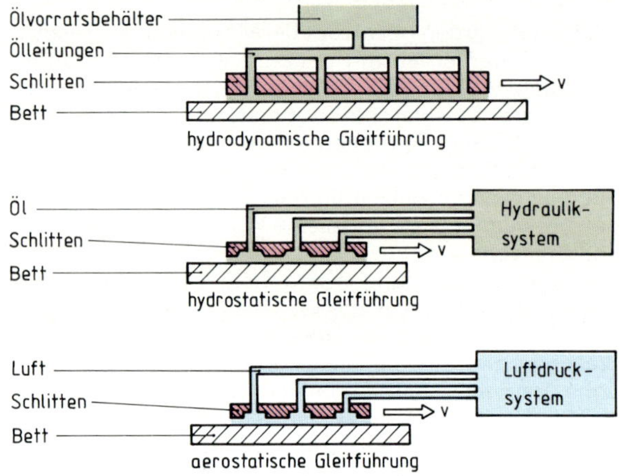

Schmierfilmaufbau bei Gleitführungen

Als **Werkstoffpaarung** wurden früher vor allem Grauguß oder Bronze mit gehärtetem Stahl verwendet. Heute werden vorwiegend Kunststoffe als Paarungswerkstoff eingesetzt. Hierbei erlaubt Teflon sogar Trockenlauf. Kunststoffe vermindern das Auftreten des sogenannten **Stick-Slip-Effektes.** Hierunter versteht man das ruckartige Bewegen bei geringen Gleitgeschwindigkeiten, das durch den Übergang von der Haftreibung zur Gleitreibung entsteht. Der Stick-Slip-Effekt bewirkt Schwingungen und damit eine Beeinträchtigung der Bearbeitungsgüte.

Bei der Schmierung kann – wie bei den Lagern – zwischen **hydrodynamischer und hydrostatischer Schmierung** unterschieden werden. Hierbei hat die hydrodynamische Schmierung wiederum den Nachteil höherer Anlaufreibung. Außerdem gibt es auch die **aerostatische Gleitführung,** bei der die Trennschicht durch Druckluft erzeugt wird. Bei der hydrostatischen und der aerostatischen Gleitführung tritt der Stick-Slip-Effekt nicht auf.

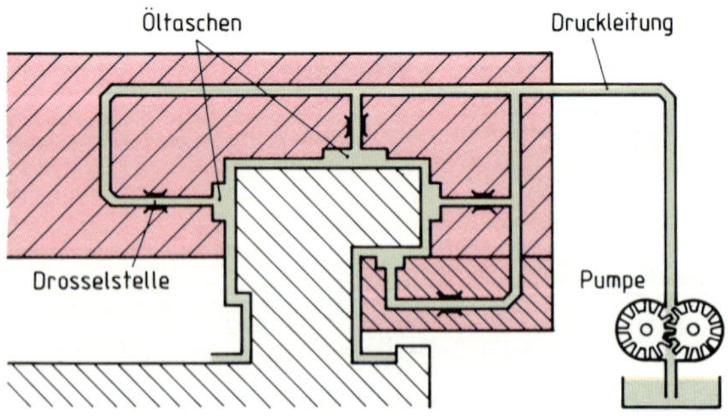

Hydrostatische Schmierung

Bei **Wälzführungen** stützt sich das zu bewegende Bauteil auf Wälzkörper ab, die zwischen dem feststehenden Maschinenteil und dem zu bewegenden Bauteil abwälzen. Hierbei legen die Wälzkörper eine jeweils halb so lange Strecke zurück wie das zu bewegende Bauteil.

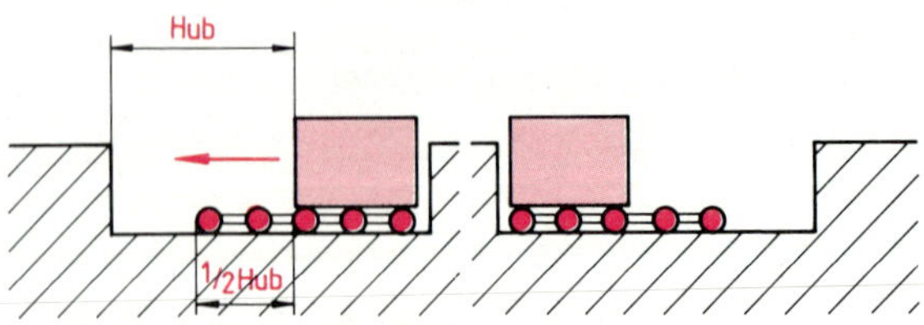

Bewegungsablauf bei Wälzführungen

Da die Wälzkörper ihrerseits geführt werden müssen, sind sie in Käfigen angeordnet.

Wegen der Längsbewegung, die auch die Wälzkörper ausführen, können nur kleine Verfahrwege ausgeführt werden. Um auch längere Verfahrwege zu ermöglichen, gibt es **Wälzführungen**, bei denen die Wälzkörper rückgeführt werden.

Die von Führungen zu übernehmende Grundfunktion **Führen** bezieht sich auf eine Längsführung und Querführung und zusätzlich auch auf eine Absicherung gegen Abheben und Kippen des zu führenden Schlittens. Je nach Querschnitt der Führung können jedoch nur einzelne dieser verschiedenen Aufgaben erfüllt werden.

Die **Flachführung** bewirkt eine Längsführung und eine Seitenführung, die durch eine nachstellbare Keilleiste spielarm gemacht wird. Um das Abheben des Schlittens zu vermeiden, müssen Schließleisten vorgesehen werden.

Bei der **Schwalbenschwanzführung** kann die Schließleiste entfallen.

Prismenführungen können als V-Führung oder als Dachführung gestaltet werden. Die Seitenführung stellt sich bei Abnutzung selbst nach. Zur Sicherung gegen Abheben ist jedoch eine Schließleiste erforderlich.

Vielfach werden verschiedene Ausführungsformen paarweise kombiniert (zum Beispiel Prismenführung mit nachstellbarer Schließleiste und Flachführung). Ähnlich wie bei der Lagerung von Wellen muß dabei zum Ausgleich von Wärmeausdehnungen bei einer Führungsseite – dem Loslager vergleichbar – Spiel vorgesehen werden.

Zylindrische Führungen werden zur Längsführung zylindrischer Bauteile benutzt (zum Beispiel der Pinole einer Bohrspindel).

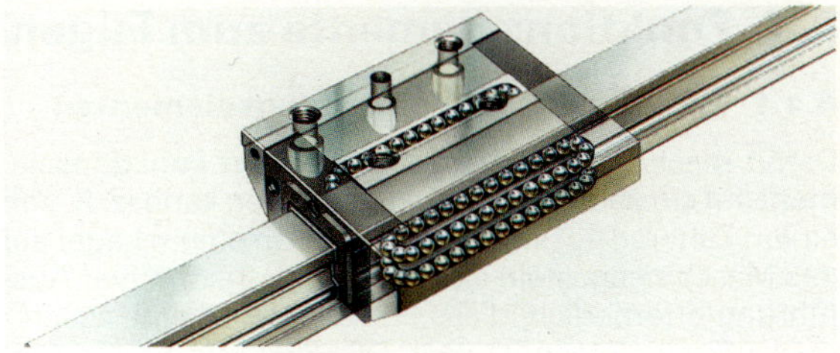

Rückführung der Wälzkörper

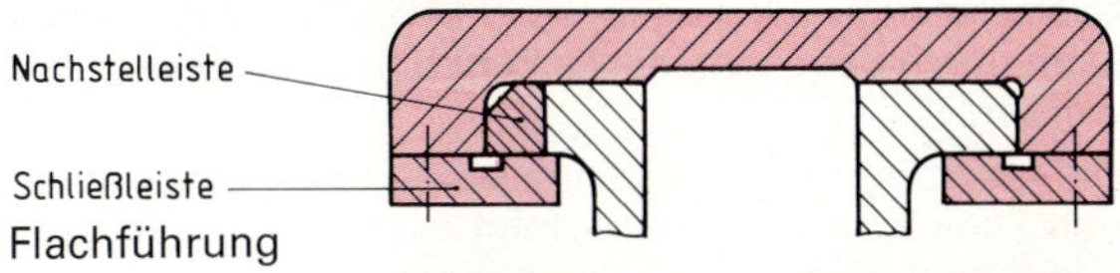

Flachführung

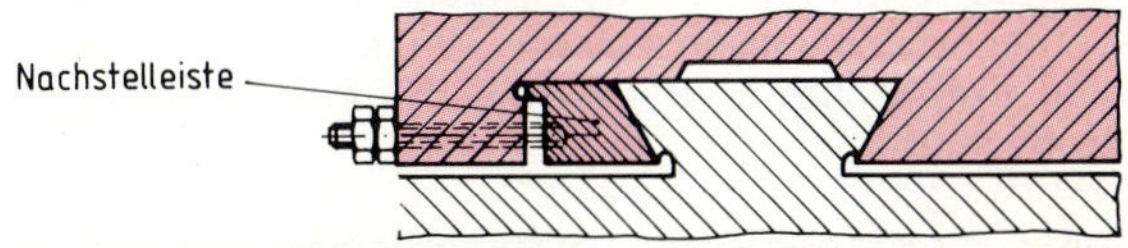

Schwalbenschwanzführung

Prismenführungen

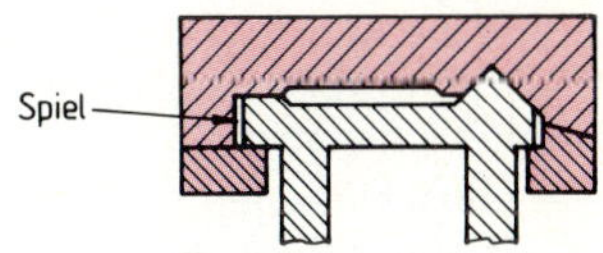

Prismenführung mit nachstellbarer Schließleiste und Flachführung

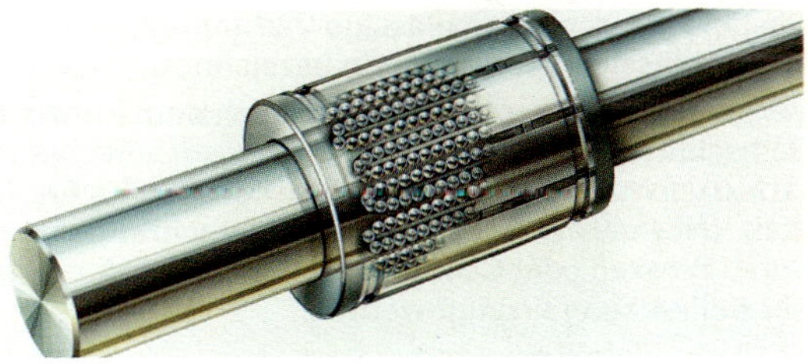

Kugelbuchse als zylindrische Führung

Aufgaben zur Wiederholung und Vertiefung

1. Welche Teilfunktionen und Grundfunktionen erfüllen Maschinengestelle und Gehäuse?

2. Wodurch unterscheiden sich die Funktionselemente Welle und Achse?

3. Welche Arten von Lagern gibt es, und welches sind die Haupteinsatzgebiete?

4. Wie kann bei Gleitlagern die Reibung vermindert werden?

5. Erläutern Sie Vor- und Nachteile von Gleit- und Wälzlagern.

6. In welcher Richtung können Lagerkräfte wirken? Durch welche konstruktiven Maßnahmen können Lagerkräfte, die in verschiedene Richtungen wirken, aufgefangen werden?

7. Welche Gesichtspunkte müssen bei der Lagerung einer Welle berücksichtigt werden?

8. Vergleichen Sie die Grundfunktionen von Lagern und Führungen und die technische Verwirklichung dieser Grundfunktionen.

9. Erläutern Sie die Wirkungsweise einer Wälzführung.

10. Was versteht man unter dem Stick-Slip-Effekt, und wie läßt er sich sicher vermindern?

4.4 Funktionselemente zum Fügen

4.4.1 Funktionen von Verbindungselementen

Damit mechanische Energie von einem Funktionselement auf ein anderes übertragen werden kann (z. B. von einem Zahnrad auf eine Welle oder von einem Lager auf das Maschinengestell) ist es je nach konstruktiver Ausführung erforderlich, diese Funktionselemente zusammenzufügen. **Fügen** ist nach DIN 8580 ein Fachbegriff der Fertigungstechnik. In der Betrachtungsweise der Systemtechnik ist Fügen eine **Grundfunktion**; diese kann durch **unterschiedliche Funktionselemente** erfüllt werden.

Die Übertragung der mechanischen Energie zwischen den Funktionselementen erfolgt in jedem Fall so, daß von einem Element auf das andere Kräfte übertragen werden. Hierzu lassen sich drei Wirkprinzipien anwenden: **Kraftschluß** (z. B. Reibschluß), **Formschluß** und **Stoffschluß**.

Kraftschlüssige Verbindung zwischen Aufspanntisch und Werkstückhalterung

4.4.2 Kraftschlüssige (reibschlüssige) Verbindungen

Beim Fräsvorgang wirken auf den Fräser Schnittkräfte. Diese müssen über die Spannvorrichtung auf den Frästisch übertragen werden. Damit die Spannvorrichtung sich unter der Einwirkung der Kräfte nicht verschieben kann, wird sie auf dem Tisch mit Hilfe von Schrauben befestigt. Diese werden so fest angezogen, daß aufgrund der Anpreßkraft zwischen Spannvorrichtung und Tisch eine große Reibkraft entsteht, die ein Verschieben unmöglich macht.

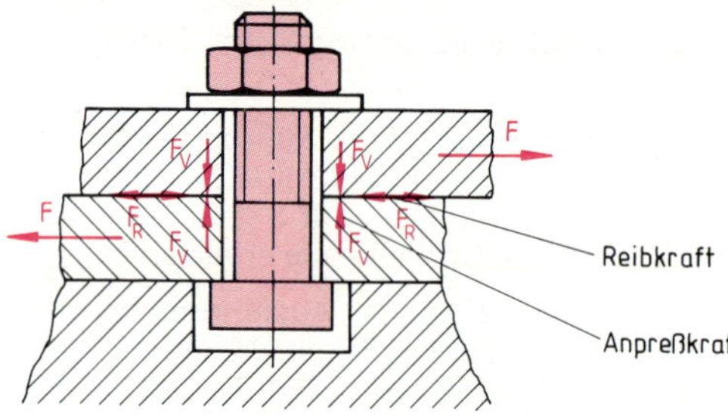

Spannen mit Hilfe einer Klemmschraube

Bei reibschlüssigen Verbindungen wird der Reibungseffekt nutzbar gemacht, d. h. die Verbindung der Bauelemente erfolgt durch die Wirkung von Reibkräften. Deshalb werden **reibschlüssige** Verbindungen auch als **kraftschlüssige** Verbindungen bezeichnet.

Verbindungselemente, die Kräfte nach dem Prinzip des Reibschlusses übertragen, lassen sich auf verschiedene Weise verwirklichen. So kann die erforderliche Anpreßkraft (Normalkraft) außer durch **Verschrauben** auch durch **Pressen** oder **Schrumpfen** oder durch Ausnutzen der **Keilwirkung** erzeugt werden.

Werkzeughalter mit eingespanntem Drehmeißel

Schraubenverbindungen

Das Verbinden von Bauteilen oder Bauelementen durch Schrauben wird an Maschinen und Geräten häufig angewendet. Drehwerkzeuge beispielsweise werden mit Hilfe von Schrauben auf dem Werkzeughalter festgeklemmt; Wellen und Naben können durch Schraubenverbindungen verspannt werden; Motoren und Fräskopf sind am Maschinengestell mit Schrauben befestigt; Abdeckungen und Schutzvorrichtungen werden durch Schrauben gehalten.

Schraubenverbindungen werden vorwiegend dort eingesetzt, wo eine Verbindung häufiger wieder gelöst werden muß (z. B. bei Wartungsarbeiten oder Reparaturen) oder wo ein Fügen durch unlösbare Verbindungen technisch schwierig oder unwirtschaftlich ist.

Schraubenverbindung zwischen Fräskopf und Maschinengestell

In den genannten Anwendungsfällen erfüllt die Schraube die Grundfunktion **Fügen**; sie wird deshalb als Funktionselement bezeichnet. Schrauben mit dieser Funktion heißen **Befestigungsschrauben**. Darüber hinaus können Schrauben auch als **Bewegungsschrauben** (z. B. der Kugelgewindetrieb zum Bewegen des Frästisches) oder als Spindeln in Meßschrauben verwendet werden. In solchen Funktionen sind Schrauben Funktionselemente von Schraubengetrieben (s. S. 116). Unter dem Gesichtspunkt der Schraube als Verbindungselement behandelt dieses Kapitel nur **Befestigungsschrauben**.

Nach ihrem technischen Zweck erfüllen **Befestigungsschrauben** die Grundfunktion **Fügen**, d. h. sie müssen die zu verbindenden Bauteile so aufeinanderpressen, daß diese sich unter der Einwirkung äußerer Kräfte nicht gegeneinander verschieben.

Damit diese Art des Fügens verwirklicht werden kann, muß die Schraubenverbingung noch weitere Grundfunktionen ausüben: Zum Anpressen der Bauteile ist mechanische Energie erforderlich. Diese wird der Schraubenmutter über die Umfangskraft zugeführt, die beim Anspannen der Schraube entlang eines bestimmten Umdrehungsweges wirkt. Die Kraftzufuhr erfolgt durch unmittelbare Einwirkung der Handkraft oder mittelbar mit Hilfe eines Schraubenschlüssels (Grundfunktion **Koppeln**). Die angestrebte Kopplung läß sich durch **Reibschluß** (z. B. bei einer Rändelmutter) oder durch **Formschluß** (z. B. bei einer Flügelmutter oder Sechskantmutter) erreichen.

Ist beim Herstellen einer Schraubenverbindung durch Schraube und Mutter das Aufbringen einer Gegenkraft am Schraubenkopf nicht ohne weiteres durch einen Schraubenschlüssel oder Schraubendreher möglich (z. B. wegen Platzmangels), so wird eine Kopplung zwischen Schraubenbolzen und Werkstück (z. B. durch einen Vierkant) hergestellt.

Das Anpressen der Bauteile erfordert eine sehr große Spannkraft F_v der Schraube. Deshalb muß die Anzugskraft, die über das Drehmoment am Schraubenschlüssel auf die Schraubenmutter ausgeübt wird, vergrößert werden (Grundfunktion **Vergrößern**); diese Funktion erfüllt das **Gewinde**.

- Vergrößern der Anzugskraft

Die Wirkungsweise, durch die bei einem Gewinde die Grundfunktion Vergrößern erreicht wird, läßt sich mit Hilfe des Satzes von der Erhaltung der Energie veranschaulichen. Betrachtet man beim Anziehen der Schraube eine Umdrehung, so legt die Kraft F_u am Flankenumfang den Weg $U = d_2 \cdot \pi$ zurück. Die Schraube bewegt sich dabei in Längsrichtung um die Steigung P. Nach dem Energieerhaltungssatz ist der Energie-Input E_{In} gleich dem Energie-Output E_{out}.

Als Beispiel wird eine Schraube mit dem Gewinde M20 betrachtet.

Das Ergebnis der Berechnung zeigt, daß das Gewinde eine rund 23-fache Vergrößerung der Umfangskraft bewirkt.

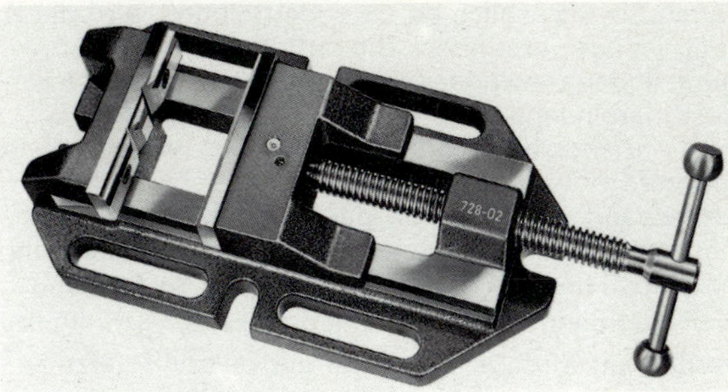

Bewegungsschraube

Flügelmutter	Rändelmutter	Kronenmutter	Sechskantmutter, selbstsichernd durch Kunststoffring

DIN 315	DIN 466	DIN 935	DIN 982

Schraubenmuttern

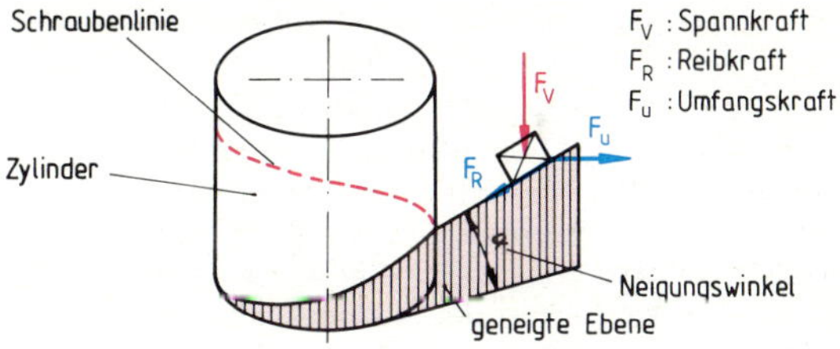

Geneigte Ebene

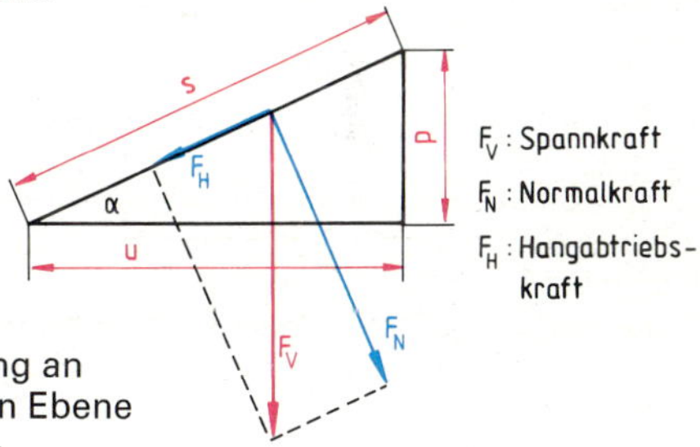

Kraftzerlegung an der geneigten Ebene

$$E_{In} = E_{Out}$$
$$F_u \cdot U = F_v \cdot P$$
$$F_v = F_u \cdot \frac{U}{P}$$
$$U = d_2 \cdot \pi$$
$$F_v = F_u \cdot \frac{d_2\,\pi}{P}$$

U : Flankenumfang
d_2 : Flankendurchmesser
P : Gewindesteigung

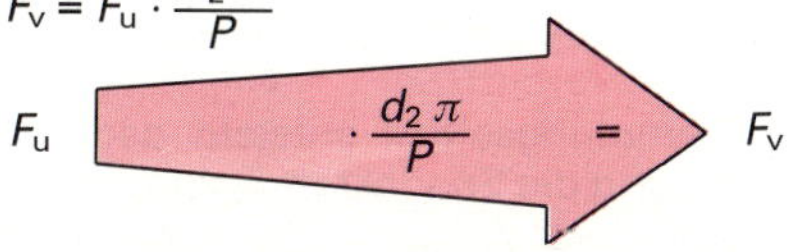

Vergrößerungsfunktion (reibungsfreier Fall)

$$d_2 = 18{,}376\ \text{mm} \qquad P = 2{,}5\ \text{mm}$$
$$F_v = F_u \cdot \frac{18{,}376\ \text{mm} \cdot 3{,}14}{2{,}5\ \text{mm}} = F_u \cdot 23$$

Durch die tatsächlich auftretende Reibung wird die Kraftvergrößerung jedoch vermindert. Die auftretende Reibkraft wirkt der Bewegung in den Gewindegängen entgegen. Hierdurch kann nur ein Teil des Energie-Inputs $E_{In} = F_u \cdot U$ in Nutzenenergie $E_{Nutz} = F_v \cdot P$, d. h. zum Anziehen der Schraube, umgesetzt werden; die restliche Energie wird aufgrund der Reibung in Wärmeenergie $E_{Wärme} = F_R \cdot s$ umgewandelt. Die Größe der Reibung ist abhängig von der Reibungszahl μ. Im Vergleich zu dem theoretisch angenommenen reibungsfreien Fall ist die Vergrößerung der Umfangskraft geringer, weil die Spannkraft um die mit dem Faktor $\frac{s}{P}$ multiplizierte Reibkraft vermindert wird. Der Vergrößerungsfaktor ist jetzt $\frac{d_2\pi}{P + \mu \cdot d_2\pi}$; er ist also gegenüber dem reibungsfreien Fall kleiner, weil im Nenner zusätzlich zu der Steigung P der Ausdruck $d_2\pi \cdot \mu$ steht.

Betrachtet man das Beispiel von vorhin mit Berücksichtigung der Reibung (Reibungszahl $\mu = 0{,}15$), so erhält man als Spannkraft F_v:

$$F_v = F_u \cdot \frac{18{,}376 \text{ mm} \cdot \pi}{2{,}5 + 0{,}15 \cdot 18{,}376 \text{ mm} \cdot \pi} = F_u \cdot \frac{57{,}72 \text{ mm}}{11{,}16 \text{ mm}} \qquad F_v = F_u \cdot 5{,}17$$

Das Ergebnis der Berechnung zeigt, daß das Gewinde mit Berücksichtigung der Reibung nur eine rund 5-fache Vergrößerung der Umfangskraft bewirkt.

Die Tatsache, daß nur ein Teil der Input-Energie in Nutzenergie umgewandelt wird, läßt sich auch durch den Wirkungsgrad ausdrücken.

Die bisherigen Überlegungen treffen sowohl für Bewegungsschrauben als auch für Befestigungsschrauben zu. Beim Anziehen von Befestigungsschrauben tritt zusätzlich zu der Reibung in den Gewindegängen auch Auflagereibung zwischen Mutter und Werkstück auf. Es muß also eine zusätzliche Reibkraft überwunden werden, wodurch die Vergrößerung der Anzugskraft weiter herabgesetzt wird. Bei Befestigungsschrauben liegt der Wirkungsgrad deutlich unter 50 %.

- Leiten der Spannkraft

Die Spannkraft muß **von der Schraubenmutter zum Schraubenkopf** geleitet werden (Grundfunktion **Leiten**). Diese Funktion erfüllt der Schraubenbolzen, der deshalb auch eine bestimmte Mindestzugfestigkeit aufweisen muß (Werkstoffgüte von Schrauben DIN 267). Die Spannkraft soll auch nach dem Anziehen wirken, d. h. die beim Spannen eingebrachte mechanische Energie muß gespeichert werden (Grundfunktion **Speichern**). Dies erfolgt durch elastische Verformung der Schraube und der zu verbindenden Bauteile, wobei ein Teil der Spannenergie als Reibungswärme abgeführt wird.

- Selbsthemmungseffekt

Um zu verhindern, daß die Spannkraft zu einem unbeabsichtigten Lösen der Mutter führt, muß die Mutter nach dem Anziehen in ihrer Position gehalten werden (Grundfunktion **Koppeln**). Hierzu wird der **Selbsthemmungseffekt** eines Gewindes mit kleinem Steigungswinkel ausgenutzt.

Der Selbsthemmungseffekt entsteht dadurch, daß bei kleiner Gewindesteigung die Spannkraft F_v zu einer großen Normalkraft F_N und einer kleinen Hangabtriebskraft F_H führt.

Die Normalkraft bewirkt eine Reibkraft F_R an der Gleitfläche des Gewindes, die größer als die Hangabtriebskraft F_H ist, d. h. die Mutter läßt sich nur durch eine zusätzliche äußere Kraft wieder lösen. (Schraubenbolzen und Mutter wirken zusammen wie eine Reibkupplung).

$E_{In} = E_{Out}$

$E_{In} = E_{Nutz} + E_{Wärme}$

$F_u \cdot U = F_v \cdot P + F_R \cdot s$

$F_V \cdot P = F_u \cdot U - F_R \cdot s$

$F_V = F_u \cdot \frac{d_2\pi}{P} - F_R \cdot \frac{s}{P}$

Reibkraft F_R $\qquad F_R = F_N \cdot \mu$

Ähnlichkeit der Dreiecke:

$\frac{F_N}{F_V} = \frac{U}{s} \qquad F_N = F_V \cdot \frac{U}{s}$

Eingesetzt in obige Gleichung:

$F_V = F_u \cdot \frac{d_2\pi}{P} - F_N \cdot \mu \cdot \frac{s}{P}$

$F_V = F_u \cdot \frac{d_2\pi}{P} - F_V \cdot \mu \cdot \frac{U}{s} \cdot \frac{s}{P}$

$F_V + F_V \cdot \mu \cdot \frac{U}{P} = F_u \cdot \frac{d_2\pi}{P}$

$F_V \left(1 + \mu \cdot \frac{U}{P}\right) = F_u \cdot \frac{d_2\pi}{P}$

$F_V = F_u \cdot \frac{d_2\pi}{P\left(1 + \mu \frac{U}{P}\right)}$

$F_V = F_u \cdot \frac{d_2\pi}{P + \mu \cdot U} \qquad U = d_2\pi$

$$F_v = F_u \cdot \frac{d_2\,\pi}{P + d_2\,\pi \cdot \mu}$$

Spannkraft unter Berücksichtigung der Reibung

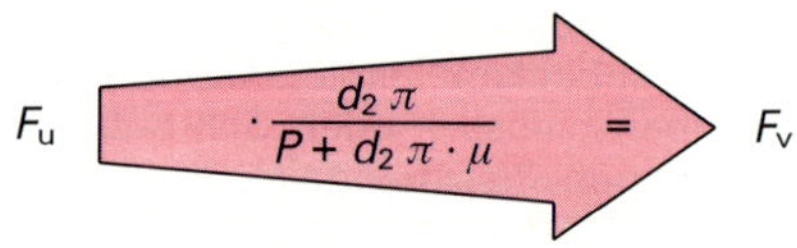

Vergrößerungsfunktion (Gewindereibung berücksichtigt)

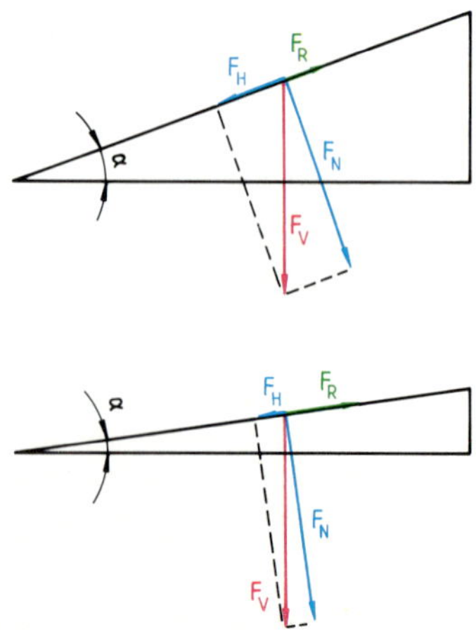

Komponenten der Spannkraft bei großer und bei kleiner Gewindesteigung

Zur Ermittlung des Grenzfalls, bei dem die Schraube sich gerade ohne eine von außen einwirkende Umfangskraft löst, ist die Reibkraft F_R gleich der Hangabtriebskraft F_H zu setzen.

Mit Hilfe des Ähnlichkeitssatzes (vgl. S. 135) wird eine Gleichung für die Reibungszahl ermittelt, die sich aus dem Verhältnis der Gewindesteigung P zum Flankenumfang U ergibt.

$F_R = F_H$ $\qquad$ $F_R = \mu \cdot F_N$

Ähnlichkeitssatz: $\frac{F_N}{F_V} = \frac{U}{s}$ $\qquad$ $\frac{F_H}{F_V} = \frac{P}{s}$

$$F_N = F_V \cdot \frac{U}{s} \qquad F_H = F_V \cdot \frac{P}{s}$$

$$\mu \cdot F_V \cdot \frac{U}{s} = F_V \cdot \frac{P}{s} \qquad \mu \cdot U = P \qquad \mu = \frac{P}{U}$$

mit $U = d_2 \cdot \pi$ $\qquad$ $\mu = \frac{P}{d_2 \pi}$

Als Beispiel betrachten wir eine Schraube mit dem Gewinde M20. Es gelten die Maße für die Gewindesteigung P und für den Durchmesser d_2 von S. 135.

$$\mu = \frac{2{,}5 \text{ mm}}{18{,}376 \text{ mm} \cdot 3{,}14} = 0{,}043$$

Die Reibungszahlen für metrische Gewinde sind $\mu = 0{,}1$ und größer. Da die für Selbsthemmung erforderliche Reibungszahl für ein Gewinde M20 – wie berechnet – wesentlich kleiner ist, $\mu = 0{,}043$, besteht auf jeden Fall Selbsthemmung.

Im Falle schwingender Belastung und bei besonderen Sicherheitserfordernissen wird die Grundfunktion Koppeln durch eine zusätzliche **Schraubensicherung** gewährleistet.

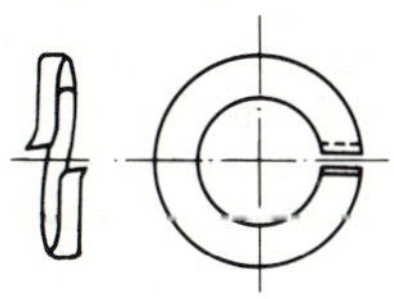

Kraftschlüssige Sicherung

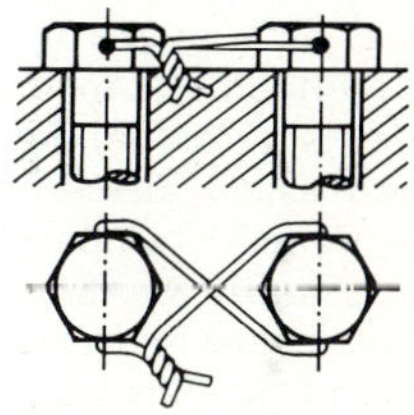

Formschlüssige Sicherung

Schraubensicherungen

Zur Erleichterung der Montage von Maschinenteilen kann es zweckmäßig sein, Schrauben so zu gestalten und so anzuordnen, daß die Teile beim Fügevorgang **geführt** werden (Grundfunktion **Führen**). Diese Aufgabe erfüllen z. B. **Stiftschrauben**.

Stiftschrauben

- Paßschrauben

In Anwendungsfällen, bei denen die Lage zweier Bauteile zueinander gesondert gesichert werden soll, verwendet man **Paßschrauben**. Diese sichern das Fügen der Werkstücke vornehmlich durch Formschluß. Insofern erfüllen sie dieselben Grundfunktionen wie die üblichen Befestigungsschrauben, wobei auf die Grundfunktion **Führen** besonderer Wert gelegt wird.

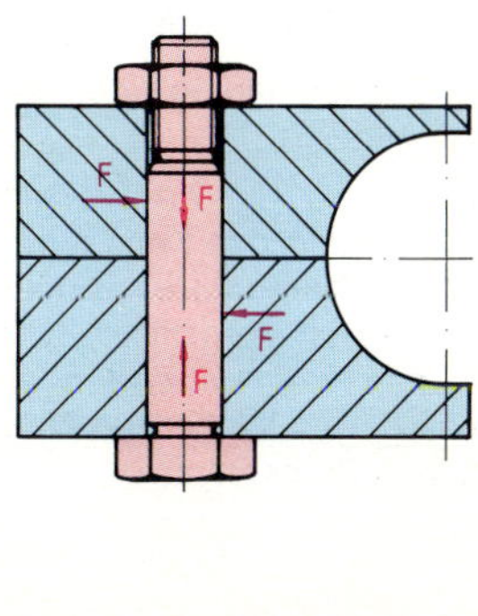

Paßschraube

Eine **Schraubenverbindung** erfüllt insbesondere die Grundfunktion **Fügen.** Hierzu sind in der Regel weitere Grundfunktionen wie **Vergrößern, Leiten, Speichern, Koppeln** und in manchen Fällen zusätzliche Grundfunktionen wie z. B. **Führen** zu verwirklichen.

Preß- und Schrumpfverbindungen

Die Normalkräfte, die zur Herstellung reibschlüssiger Verbindungen erforderlich sind, können auch dadurch erzeugt werden, daß die zu verbindenden Bauteile durch **Zusammenpressen** oder **Schrumpfen** elastisch verformt werden.

Zum Beispiel läßt sich eine Riemenscheibe mit einer Welle dadurch verbinden, daß das Wellenende und die Nabe der Riemenscheibe kegelig gestaltet und durch Verschrauben gegeneinander gepreßt werden. Beim Anziehen der Mutter wirkt der Wellenkegel wie ein „rundumlaufender" Keil; hierdurch wird die in axialer Richtung (in Achsrichtung) wirkende Kraft F der Schraube senkrecht zur Wirkfläche der Nabe umgelenkt (Grundfunktion **Richtungändern**) und zur Normalkraft F_N vergrößert (Grundfunktion **Vergrößern**).

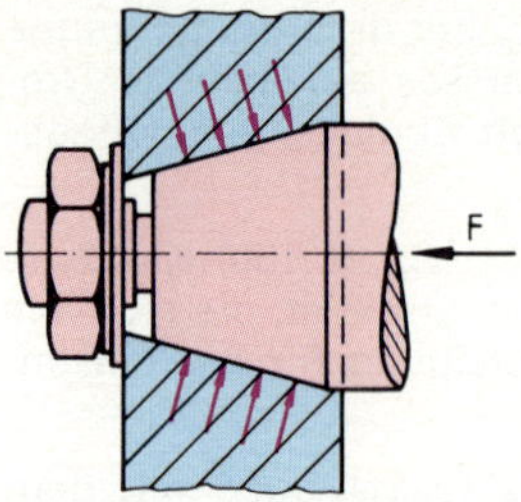

Kegelverbindung

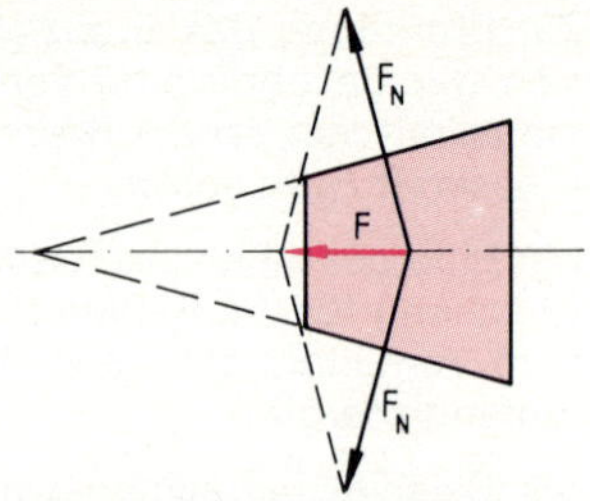

Kräfte an der Kegelverbindung (ohne Berücksichtigung von Reibung)

Die zur Verbindung von Welle und Nabe notwendigen Anpreßkräfte können auch durch Schrumpfverbindungen erzeugt werden. Hierzu müssen die ineinander zu fügenden Bauteile ein solches Übermaß aufweisen, daß sie sich bei Raumtemperatur nicht zusammensetzen lassen. Es wird dann entweder die Welle abgekühlt (auf eine Temperatur von –100 °C bis –190 °C in flüssigem Stickstoff), so daß sie schrumpft, oder die Nabe wird im Heißluftofen oder Ölbad auf etwa 400 °C erwärmt, damit sie sich ausdehnt. Nach dem Fügen nehmen die Bauteile wieder Raumtemperatur an. Die Welle dehnt sich also wieder aus, bzw. die Nabe schrumpft. Wegen des Übermaßes kommt es zu einer elastischen Verformung; hierdurch entsteht die erforderliche Anpreßkraft.

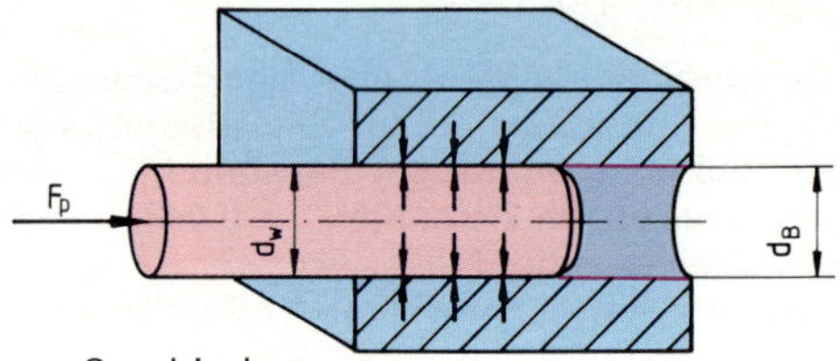

Längspreßverbindung

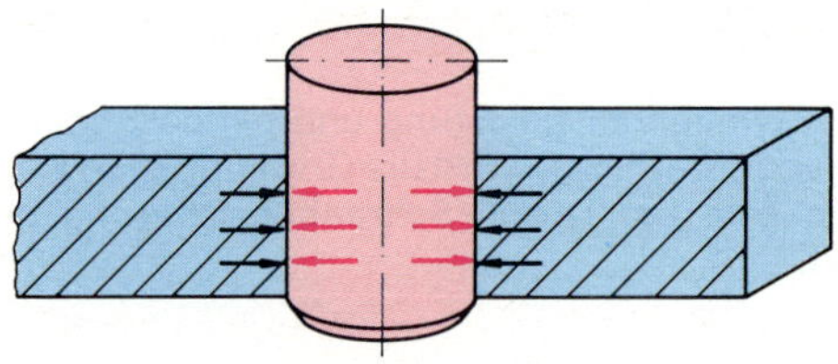

Schrumpfverfahren

Preß- und Schrumpfverbindungen erfüllen in bezug auf das Verbinden der Bauelemente die Grundfunktion **Fügen,** in bezug auf den Energiefluß auch die Grundfunktion **Koppeln.** Das Fügen bzw. Koppeln erfolgt durch Reibschluß. Damit der Reibschluß auf Dauer bestehen bleibt, müssen die Normalkräfte, welche die Reibung bewirken, gespeichert werden (Grundfunktion **Speichern**). Dies geschieht durch elastische Verformung der gefügten Bauteile.

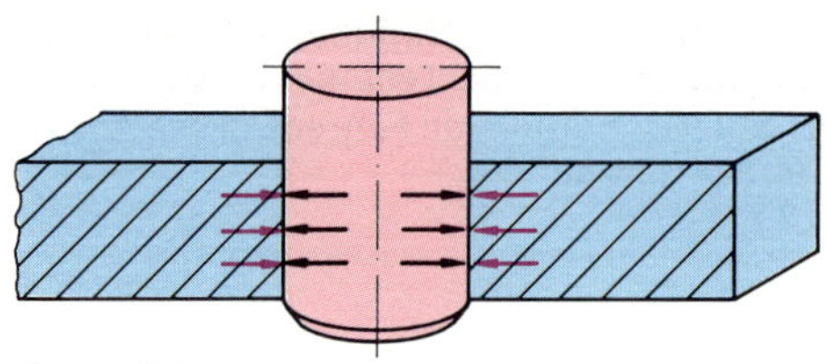

Dehnverfahren

Verbindungen durch Keile

Der zur Verbindung von Welle und Nabe erforderliche Reibschluß läßt sich auch durch Keilverbindungen herstellen.

In der Fertigungstechnik gibt es viele verschiedene Ausführungsformen von Keilverbindungen. Allen Formen gemeinsam ist das Wirkprinzip:

> Der Keil ist als einseitig oder doppelseitig geneigte Ebene ausgeführt.

Die Kraft, mit der der Keil vorgetrieben wird, erfährt durch die Neigung des Keils eine Umlenkung in Richtung der Wirkflächen (Grundfunktion **Richtungändern**) und wird zugleich vergrößert (Grundfunktion **Vergrößern**); die somit entstehenden Wangenkräfte F_{N_1} und F_{N_2} drücken gegen Welle und Nabe und bewirken den erforderlichen Reibschluß.

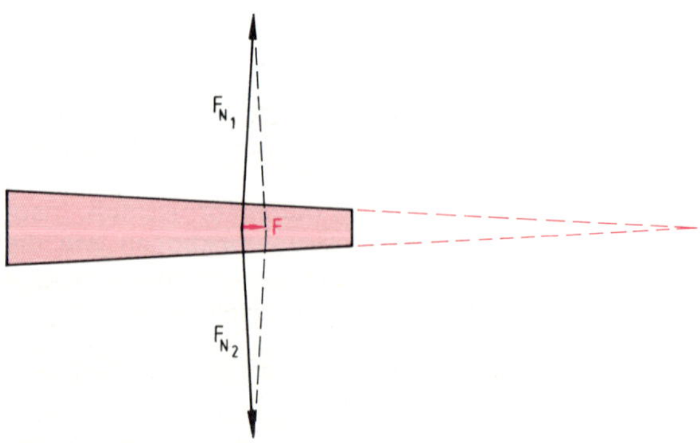

Kräfte an der Keilverbindung (ohne Berücksichtigung der Reibung)

Beim Eintreiben des Keils verformen sich die Bauteile elastisch; hierdurch werden die Anpreßkräfte gespeichert. An den Seiten des Keils bleibt beim Einbau meist etwas Spiel, d. h. Formschluß spielt bei sachgerecht ausgeführten Verbindungen keine Rolle. Keile sind genormt (z. B. Einlegekeil Form A, DIN 6886); ihre Neigung beträgt meist 1 : 100.

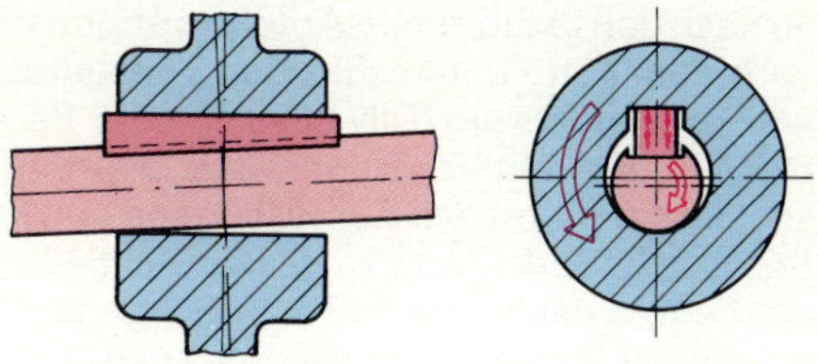

Keilverbindung

Keilverbindungen erfüllen ebenfalls in erster Linie die Grundfunktionen **Fügen** und **Koppeln.** Die für den Reibschluß erforderlichen Normalkräfte werden durch die Elastizität der verwendeten Bauteile aufrechterhalten (Grundfunktion **Speichern**). Diese Art der Verbindung hat den Nachteil, daß Welle und Nabe nicht zentrisch sitzen. Soll eine Zentrierung erreicht werden, so ist außerdem die Grundfunktion **Führen** wichtig. Diese läßt sich dadurch verwirklichen, daß mehrere Keile am Wellenumfang angebracht werden. Um die Kraftwirkung bei wechselnder Drehrichtung besonders zu berücksichtigen, wählt man häufig zwei Keilpaare, die gegenläufig verspannt werden (Tangentialkeile). Formen von Keilen und Ausführungen von Keilverbindungen wurden bereits im Grundstufenband Kap. 2.10.3 behandelt.

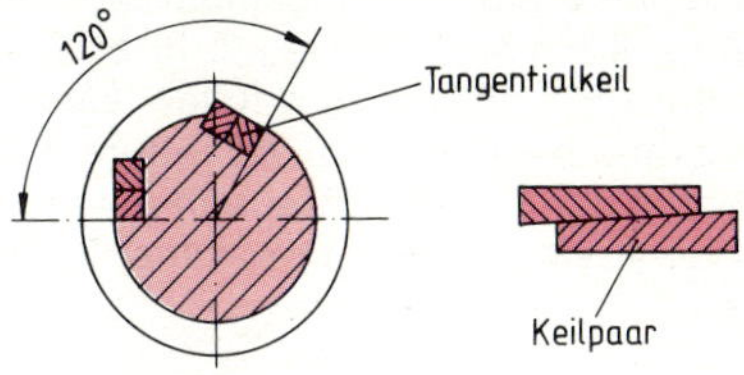

Tangentialkeilverbindung

Verbindungen durch Spannelemente

Die Wirkungsweise des Reibschlusses wird auch bei **Ringfeder-Spannelementen** genutzt. Hierbei werden zwei Kegelringe mit Hilfe von Schrauben gegeneinander verschoben (Keilwirkung). Die Kegelringe sowie die Welle und die Nabe verformen sich elastisch und erzeugen somit die für die Reibung erforderliche Normalkraft.

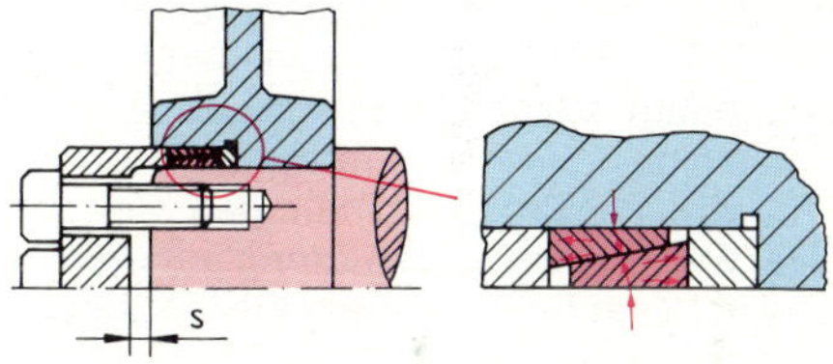

Ringfederspannelement

Druckhülsen sind so konstruiert, daß sie sich unter der Wirkung axialer Kräfte (d. h. Kräfte in Achsrichtung), die durch Schrauben erzeugt werden, auch in radialer Richtung – d. h. in Richtung des Radius – und damit senkrecht zur Achsrichtung verformen. Hierdurch werden die Druckhülsen gegen Welle und Nabe gepreßt. Die dabei entstehenden elastischen Verformungen bewirken die für den Reibschluß erforderlichen Normalkräfte.

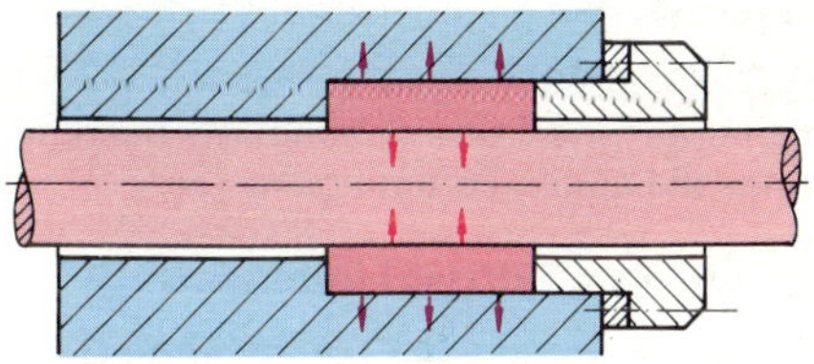

Druckhülse

Die Wirkungsweise von Spannelementen kann man sich so vorstellen, als wirkten viele Keile rund um den Wellenumfang. Sie erfüllen demnach die Grundfunktionen **Fügen, Koppeln, Speichern, Führen.**

4.4.3 Formschlüssige Verbindungen

Mechanische Energie und die mit dieser Energie verbundenen Kräfte können von einem Bauelement auf ein anderes außer durch Reibschluß auch durch Formschluß übertragen werden.

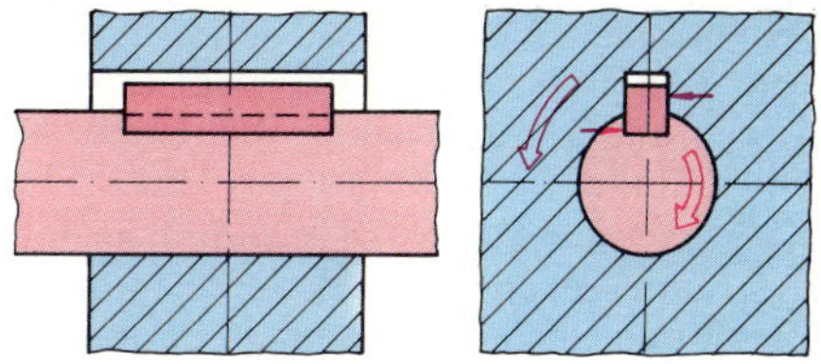

Paßfederverbindung

Federverbindungen

Riemenscheiben, Zahnräder und Kupplungen können mit Wellen auch durch Federn verbunden werden (Grundfunktion **Fügen**).

Federn sind prismatische Funktionselemente; sie werden in die Nuten geschoben, die in die Nabe und in die Welle eingearbeitet sind. Bei dieser Verbindung wirkt die Kraft, die von der Welle auf die Nabe z. B. eines Zahnrads übertragen wird, senkrecht auf die Wirkflächen zwischen der Nut in der Welle und der Feder sowie zwischen der Feder und der Nut in der Nabe des Zahnrades.

Damit eine kontinuierliche Kraft – bzw. Energieübertragung sichergestellt ist (Grundfunktion **Koppeln**) – d. h. damit keine stoßartigen Belastungen auftreten – müssen die Seitenflächen der Federn in die Nuten fest eingepreßt werden. Das Spiel zwischen Federrücken und Nut ist genormt. Es beträgt zwischen 0,1 bis 0,2 mm. Damit werden Verspannungen zwischen den Bauteilen vermieden.

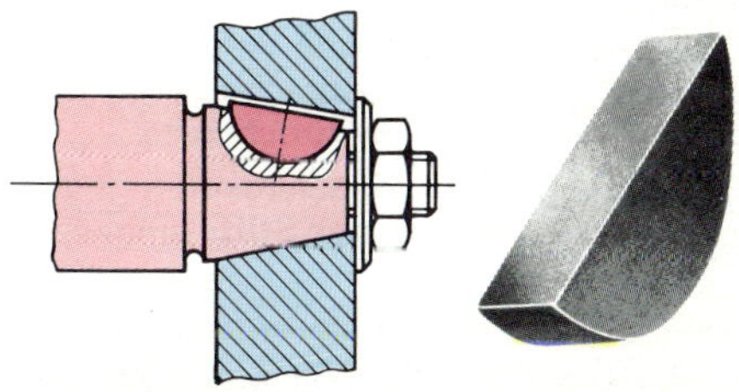

Scheibenfederverbindung

Je nach den technischen Anforderungen werden Federverbindungen unterschiedlich gestaltet. **Paßfedern** werden **rundstirnig** (DIN 6885 A) oder flachstirnig (DIN 6885 B) ausgeführt. Wegen des erforderlichen Formschlusses kommt den Abmessungen von Feder und Nut besondere Bedeutung zu. Nach DIN 6880 ist die Breite der Federn nach dem Paßmaß h 9 genormt.

Soll die Nabe auf der Welle in axialer Richtung nicht verschiebbar sein, so müssen zusätzliche Sicherungen vorgesehen werden. Verschieberäder müssen auf der Welle axial beweglich sein; d. h. es ist zusätzlich die Grundfunktion **Führen** zu erfüllen. Deshalb verwendet man zu ihrer beweglichen Verbindung **Gleitfedern.** Diese werden durch Halteschrauben mit der Welle verbunden, damit sie sich nicht verschieben (Grundfunktion **Fügen**).

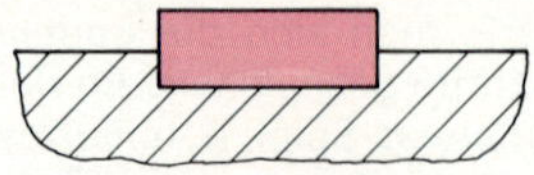
Paßfeder rundstirnig

Paßfeder flachstirnig

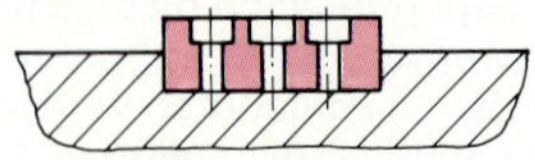
Gleitfeder mit Halteschrauben und Abdrückschraube

Profilverbindungen

Bei der Energieübertragung durch Federverbindungen tritt der Nachteil auf, daß zur Übertragung der Kraft nur eine relativ kleine Fläche zur Verfügung steht und dadurch eine hohe Flächenpressung auftritt. Dieser Nachteil wird bei Profilverbindungen weitgehend vermieden, weil die **Kraftübertragung** auf den Wellenumfang, und somit **auf eine größere Fläche**, verteilt wird.

Profilverbindungen erfüllen also, wie die Federverbindungen, vor allem die Grundfunktionen **Fügen, Koppeln** und gegebenenfalls **Führen**.

Bei Profilverbindungen werden keine zusätzlichen Bauelemente (wie Federn) benötigt; nachteilig sind allerdings die hohen Fertigungskosten.

Keilwellenprofil

Bolzen- und Stiftverbindungen

Zur Übertragung von Energie durch Gelenkverbindungen werden vielfach Bolzen verwendet. Bolzen übertragen die wirkenden Kräfte formschlüssig; gegen Verschieben müssen sie gesichert werden (Grundfunktionen **Fügen** und **Koppeln**).

Die Formen von Bolzen sind genormt (z. B. Bolzen ohne Kopf DIN 1433, Bolzen mit Kopf DIN 1434 bis 1436, Bolzen mit Gewindezapfen DIN 1439); als Passungen sind h 11 und für die Bohrung H 8 bis H 11 gebräuchlich.

In vielen Anwendungsfällen kommt es darauf an, Zahnräder und Wellen gegen Überbelastungen zu schützen. Eine Möglichkeit hierzu besteht darin, Welle und Nabe durch einen Brechbolzen zu verbinden (Grundfunktion **Koppeln**), der so bemessen wird, daß er im Falle der Überbelastung (z. B. bei zu hoher Zerspanungsleistung eines Fräsers) abgeschert wird (Grundfunktion **Unterbrechen**). In der Fachsprache nennt man eine solche Konstruktion eine **„Sollbruchstelle“.**

Zur Sicherung von Bauelementen gegen Verschieben (z. B. von Bolzen) werden **Stifte** eingesetzt (Grundfunktion **Fügen**).

Man unterscheidet Kegelstifte (DIN 1), Zylinderstifte DIN 7), verschiedene Ausführungen von Kerbstiften (u. a. DIN 1471) und Spannstifte (DIN 1481).

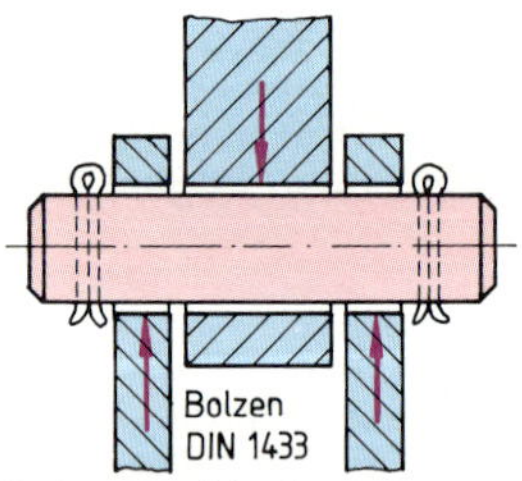

Bolzenverbindung

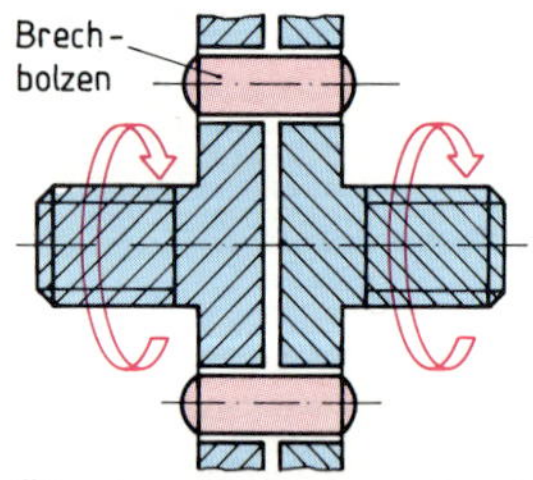

Überlastsicherung durch Bolzenverbindung

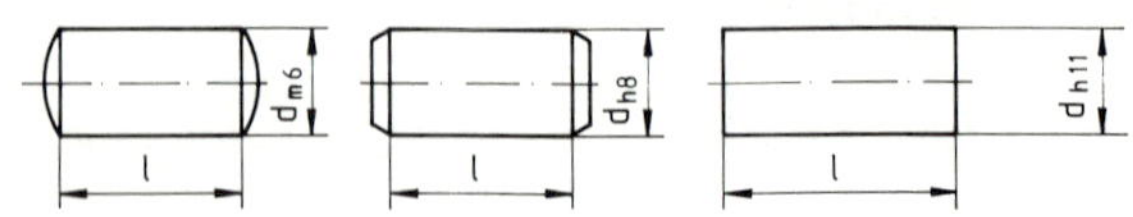

Zylinderstifte

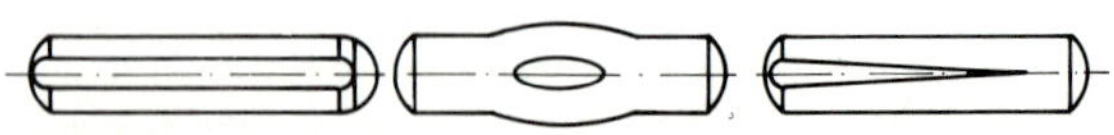
Kerbstifte

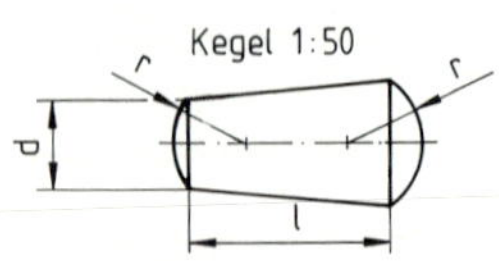

Kegelstift

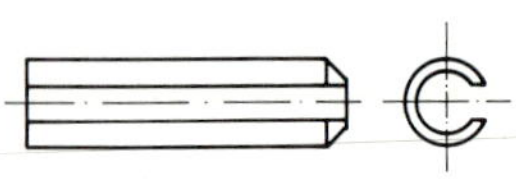
Spannstift

Nietverbindungen

An Stütz- und Trageinheiten (insbesondere im Stahlbau) wird die Übertragung von Kräften zwischen Bauteilen durch Nietverbindungen hergestellt (Grundfunktion **Fügen).**

Eine häufige Form einer Nietverbindung ist die **Vollnietverbindung** (DIN 124). Hierbei werden die Bauteile, meist stärkere Bleche, mit Bohrungen versehen; durch diese werden Niete gesteckt, deren Schaft länger als die Dicke der zu verbindenden Werkstücke ist; mit Hilfe eines Döppers wird der Schaft zu einem Schließkopf umgeformt. Um hinreichend viel Werkstoff zum Formen des Kopfes zur Verfügung zu haben, muß der Überstand $l_ü$ des Nietschafts das 1,4 – 1,6fache des Nietdurchmessers *d* haben.

Werden die Niete vor dem Schlagen erwärmt, so treten beim Erkalten wegen des Schrumpfens Längszugspannungen im Schaft auf; diese bewirken eine Anpreßkraft zwischen den Bauteilen und damit auch eine **reibschlüssige Verbindung.** Da sich jedoch die Größe der beim Nietvorgang auftretenden Reibkräfte nicht sicher bestimmen läßt, wirken Nietverbindungen überwiegend als **formschlüssige Verbindungen.**

Im Leichtmetallbau werden **Vollniete** vielfach durch **Hohlniete** oder **Blindniete** ersetzt.

Im Kessel- und Behälterbau müssen Nietverbindungen – anders als im Stahlbau – auch abdichten. Sie erfüllen also zusätzlich zu der Grundfunktion **Fügen** auch die Grundfunktion **Isolieren.**

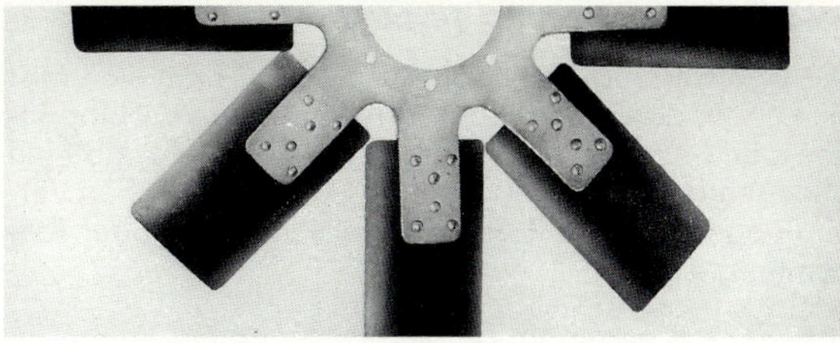

Nietverbindungen an einem Ventilator

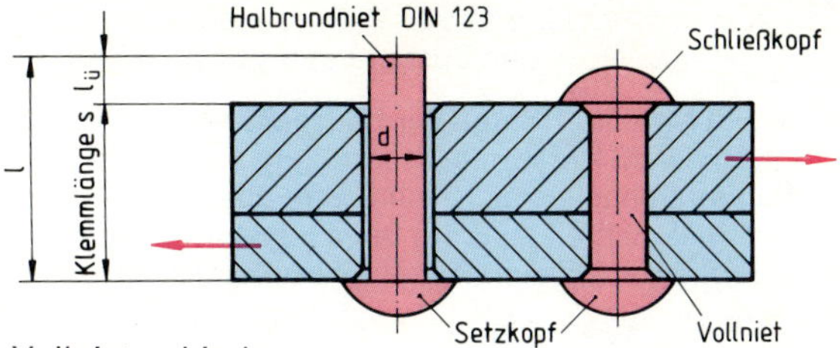

Vollnietverbindung

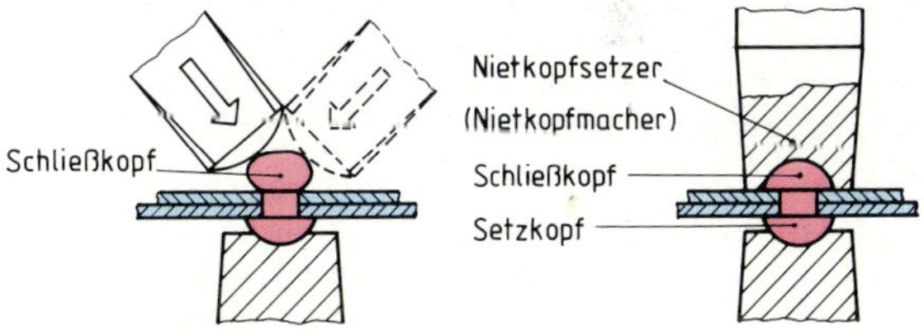

Nietvorgang

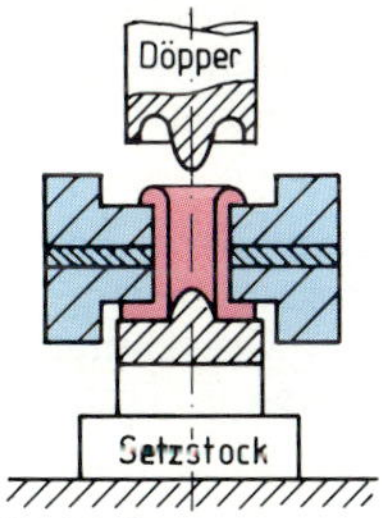

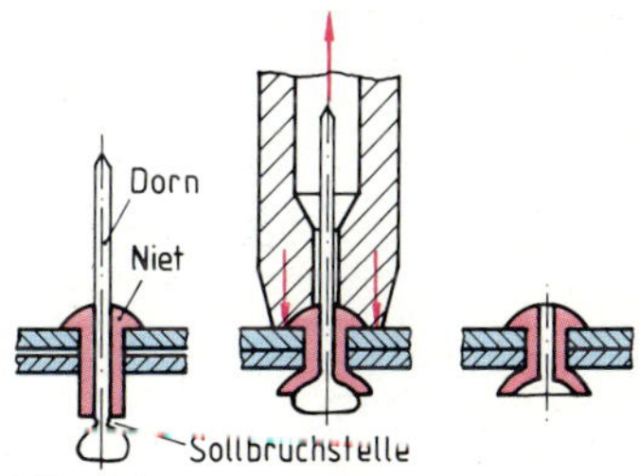

Hohlniet Blindniet

Je nach den technischen Anforderungen werden Nietverbindungen als **Überlappungsnietungen** oder **Laschennietungen**, **einschnittige** oder **mehrschnittige** Verbindungen gestaltet. Für spezielle Anforderungen im Stahlbau, Kesselbau und Behälterbau gibt es zahlreiche DIN-Normen, die jeweils zu beachten sind.

Bei der Kraftübertragung durch Nietverbindungen wird das Funktionselement Niet vor allem durch Scherkräfte beansprucht. Bei kaltgeschlagenen Nieten läßt die Scherspannung sich nach folgender Formel berechnen:

$$\tau = \frac{F}{A \cdot m \cdot n}$$

τ: Scherspannung $[\tau] = \frac{N}{mm^2}$
F: Scherkraft $[F] = N$
m: Anzahl der Schnittstellen pro Niet (Schnittigkeit)
n: Anzahl der Niete (bei Überlappung)
A: Querschnitt $[A] = mm^2$

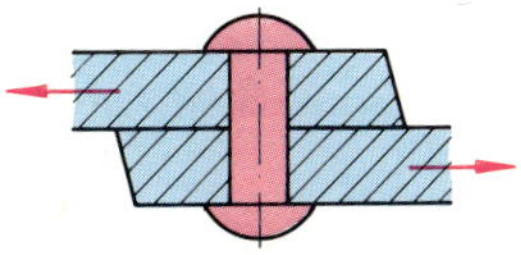

Überlappungsnietung (einschnittig)

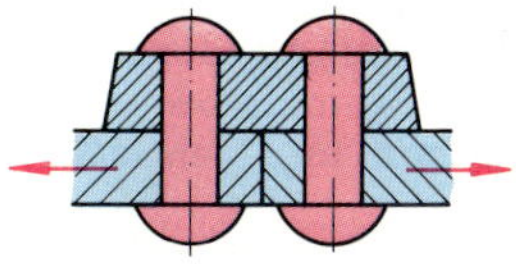

Laschennietung (einschnittig)

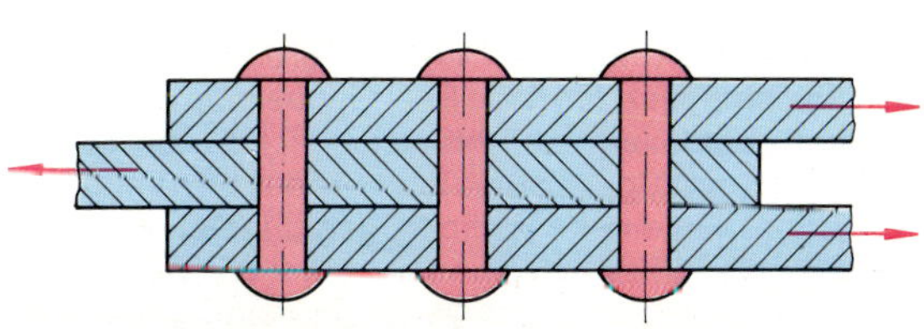

Überlappungsnietung (zweischnittig)

4.4.4 Stoffschlüssige Verbindungen

Die Übertragung von Energie zwischen Bauteilen läßt sich außer durch reib- oder formschlüssige Verbindungen auch dadurch erreichen, daß die Teile stofflich miteinander verbunden werden. Solche stofflichen Verbindungen werden durch **Schweißen, Löten** oder **Kleben** hergestellt.

Schweißverbindungen

Beim Schweißen werden Bauteile gleichartigen Werkstoffs durch Zufuhr von Wärmeenergie im plastischen oder flüssigen Zustand gefügt (DIN 1910).

Je nach Schweißverfahren wird Zusatzwerkstoff hinzugefügt. Schweißverbindungen erfüllen die Grundfunktion **Fügen.** Sollen sie nicht nur Kräfte übertragen, sondern auch abdichten (z. B. im Behälterbau), so müssen sie zusätzlich auch die Grundfunktion **Isolieren** übernehmen.

In den zurückliegenden Jahrzehnten hat das Schweißen im Stahl- und Behälterbau das Nieten in vielen Bereichen verdrängt. Schweißverbindungen sind materialsparend, damit leichter und in der Herstellung meist auch billiger.

Soll der **Stoffschluß** zwischen den zu verbindenden Bauteilen im **plastischen** Zustand erfolgen, so müssen die Teile an der Fügestelle unter Druck zusammengepreßt werden. Verfahren nach dieser Wirkungsweise werden als **Preßschweißverfahren** bezeichnet. Ein häufig angewandtes Preßschweißverfahren ist das **Widerstandsschweißen** in der Form des **Punktschweißens,** das vor allem im Karosseriebau eingesetzt wird (s. Technologie Metall, Grundstufe Kap. 2.10.7).

Wird der Stoffschluß im **flüssigen Zustand** hergestellt, so spricht man vom **Schmelzschweißen.** Bekannte Schmelzschweißverfahren sind das **Gasschmelzschweißen** und das **Lichtbogenschweißen** (s. Grundstufe Kap. 2.10.7).

Je nach der technischen Aufgabenstellung werden die Schweißverbindungen unterschiedlich gestaltet:

Nach der Lage der zu verbindenden Teile unterscheidet man **Stumpfstoß, Überlappstoß, T-Stoß, Schrägstoß, Eckstoß** und **Mehrfachstoß.**

Das Fügen erfolgt durch unterschiedliche **Formen** von Schweißnähten: Die **I-Naht** wird für Blechdicken bis 4 mm angewendet, die **V-Naht** für Blechdicken zwischen 5 mm und 12 mm, die **X-** und **U-Naht** bei Blechdicken über 12 mm.

Je nach Gestaltung der Schweißverbindung und je nach Belastungsart führt die Energieübertragung in den gefügten Bauteilen zu unterschiedlichen Beanspruchungen, z. B. Zug-, Biege-, Scher- oder Verdrehbeanspruchung. Um einen möglichst geradlinigen Kraftfluß bzw. Energiefluß zu erreichen, wird bei der Gestaltung von Schweißverbindungen der Stumpfstoß gegenüber dem Überlappstoß vorgezogen.

Stoffschlüssige Verbindung durch Schweißen

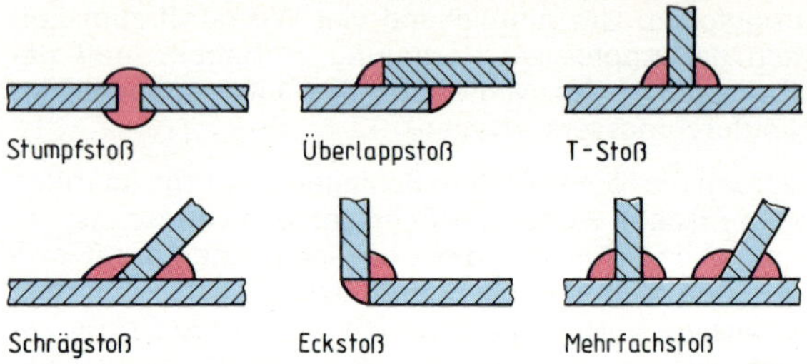

Verbindungsformen nach der Lage der zu fügenden Teile

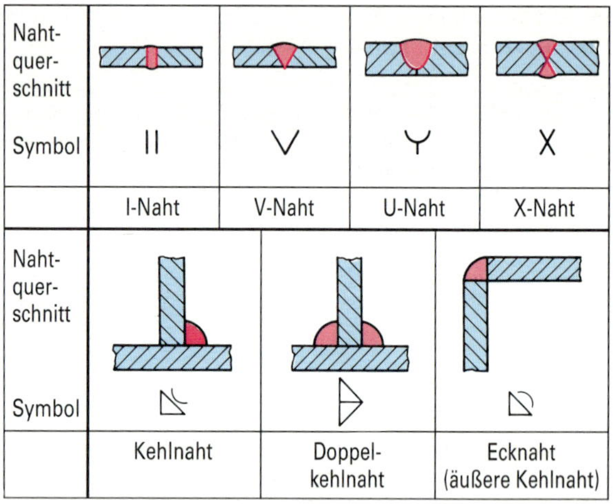

Formen von Schweißnähten

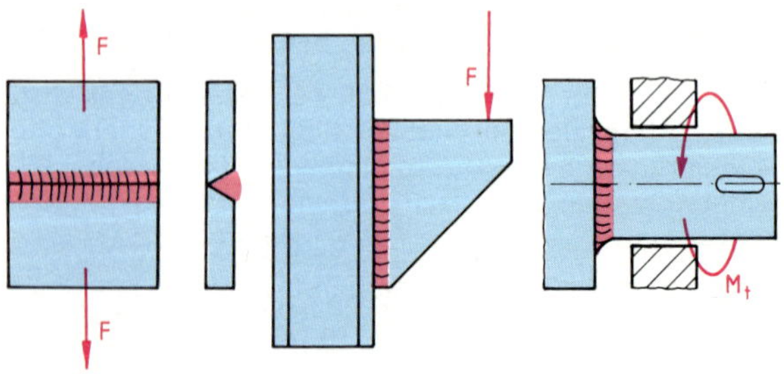

Auf Zug beanspruchte V-Naht | Auf Biegen und Scherung beanspruchte Kehlnaht | Auf Verdrehung beanspruchte Kehlnaht

Beanspruchungsarten von Schweißverbindungen

Lötverbindungen

Ein stoffschlüssiges Fügen von Bauteilen läßt sich auch dadurch herstellen, daß die Bauteile **im festen Zustand durch schmelzende Zusatzwerkstoffe** miteinander verbunden werden. Derartige Verbindungen werden als Lötverbindungen bezeichnet (DIN 8505). Durch Löten können auch unterschiedliche Metalle (z. B. Stahl mit Hartmetall) stoffschlüssig gefügt werden.

Aufgelötete Werkzeugschneiden

Auch Lötverbindungen erfüllen – wie Schweißverbindungen – die Grundfunktion **Fügen** und je nach technischer Aufgabenstellung auch die Grundfunktion **Isolieren.**

Nach der Schmelztemperatur des Lotes unterscheidet man zwischen den Verfahren **Weichlöten** (unter 450 °C) und **Hartlöten** (über 450 °C).

Die **Art der Verbindung,** die beim Löten entsteht, hängt vom Verhalten des Zusatzwerkstoffes (Lotes) gegenüber den Werkstoffen der zu fügenden Teile ab. Außerdem hängt die Art der Verbindung von der Arbeitstemperatur ab. Angestrebt wird die Bildung von Legierungen aus Atomen des Lotes mit Atomen der gefügten Werkstoffe. Läßt die Eigenart der Lot-Werkstoff-Paarung eine Legierungsbildung nicht zu, so beschränkt der Stoffschluß sich auf die Diffusion, das Eindringen von Atomen des Lotes in die Grundwerkstoffe.

	Scherfestigkeit τ in N/mm²	Zugfestigkeit R_m in N/mm²
Weichlot L-SnSb5	30 – 40	40 – 50
Baustahl St 37	320	≈ 370

Festigkeit eines Weichlotes im Vergleich zu Stahl

Die **Festigkeit der Lötverbindung** hängt außer von der Art des Stoffschlusses vor allem auch von der Spaltbreite ab. Ist der Lötspalt sehr breit, so ist die Festigkeit der gesamten Verbindung nicht größer als die des Lotes; diese aber ist deutlich niedriger als die der Grundwerkstoffe. Ein zu schmaler Spalt behindert das Eindringen des Lotes und führt deshalb zu Bindefehlern. Als optimal hat sich eine Spaltbreite von 0,05 mm bis 0,2 mm erwiesen.

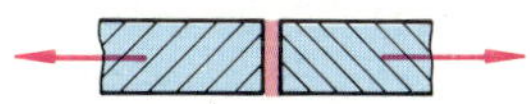
Stumpfstoß
(kleine Wirkfläche)

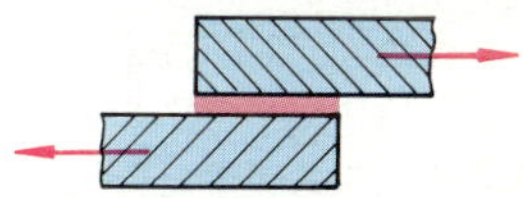
Überlappstoß
(größere Wirkfläche)

Sollen Lötverbindungen große Kräfte übertragen, so müssen sie so gestaltet werden, daß für den Stoffschluß ausreichend große Wirkflächen entstehen.

Vorteile von Lötverbindungen gegenüber Schweißverbindungen sind in erster Linie die Möglichkeit, auch ungleichartige Metalle stoffschlüssig zu fügen, sowie niedrigere Arbeitstemperaturen und damit weniger schädigende Werkstoffbeeinflussungen.
Nachteile sind vor allem die relativ hohen Kosten der Lote (Silber, Zinn) sowie die Gefahr elektrochemischer Korrosion an den Lötstellen. (Lötverfahren s. Grundstufe Kap. 2.10.6)

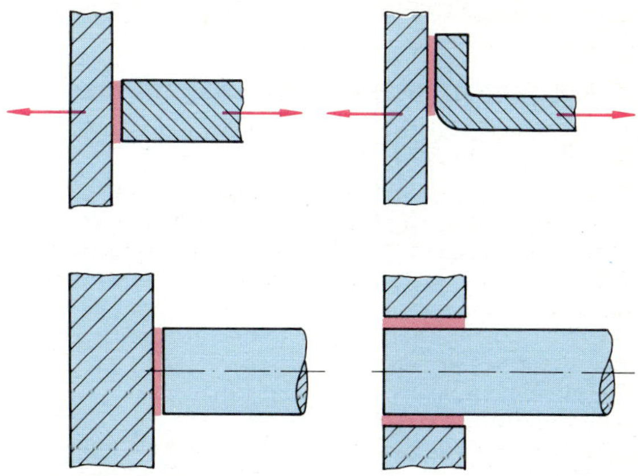
T-Stoß
(Vergrößerung der Wirkflächen durch funktionsgerechte Gestaltung der Lötstelle)

Klebeverbindungen

Werkstoffe, die sich durch Schweißen oder Löten nicht verbinden lassen, wie z. B. Holz, Keramik, Leder, können durch **Kleben** gefügt werden. Das Kleben ist auch zum stoffschlüssigen Fügen sehr unterschiedlicher Werkstoffpaarungen, z. B. Metall/Kunststoff, Keramik/Glas, geeignet.

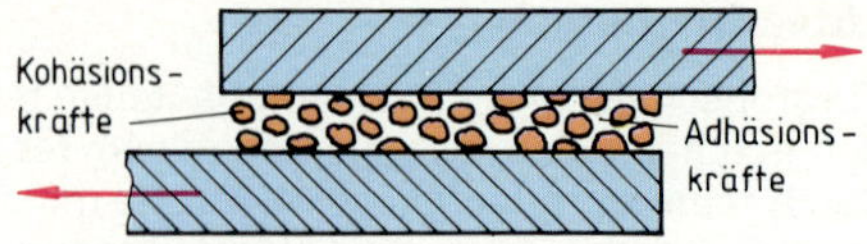

Klebeverbindung

> Klebeverbindungen erfüllen die Grundfunktion **Fügen** und, falls sie abdichten sollen, auch die Grundfunktion **Isolieren.**

Der Stoffschluß erfolgt beim Kleben durch Adhäsionskräfte, die zwischen dem Klebemittel und den Werkstücken wirken.
Die **Festigkeit einer Klebeverbindung** hängt vor allem ab vom inneren Zusammenhalt des Klebers (verursacht durch die Kohäsionskräfte), von der Gestaltung der Klebeverbindung (z. B. der Überlappungslänge und der Fugendicke) und von der Temperatur.

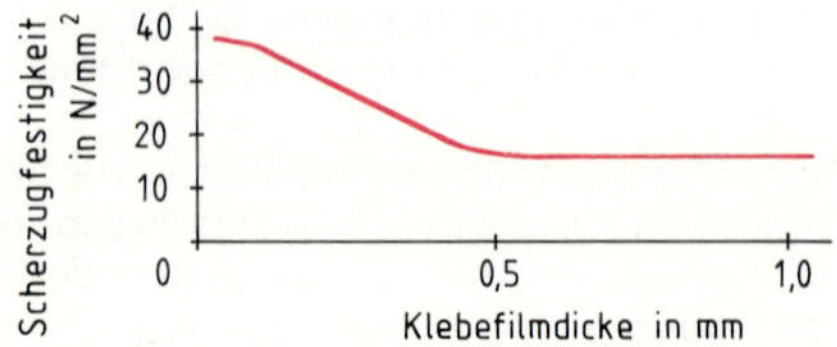

Abhängigkeit der Scherzugfestigkeit von der Klebefilmdicke bei einem ausgewählten Kleber

Eine wichtige Kenngröße für die Festigkeit ist die **Scherzugfestigkeit**.

> Die Scherzugfestigkeit gibt an, welche Kraft eine einschnittige Klebeverbindung pro Flächeneinheit bei zügiger Scherbeanspruchung übertragen kann. Sie wird in speziellen Prüfverfahren ermittelt.

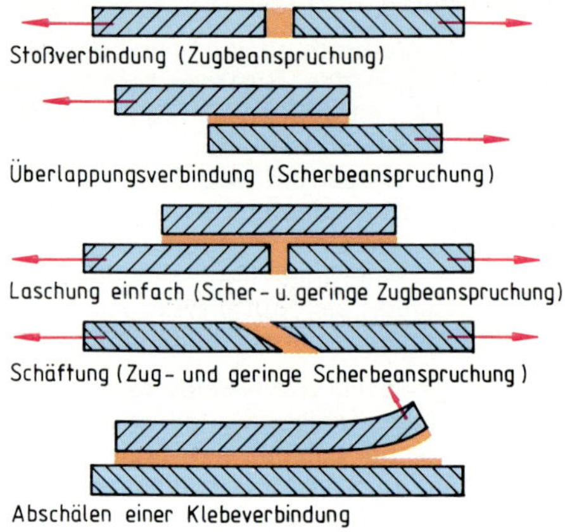

Beanspruchungsarten von Klebeverbindungen

Bei der Gestaltung von Klebeverbindungen ist darauf zu achten, daß möglichst nur Scher- und nur geringe Zugbeanspruchungen entstehen. Zu vermeiden sind nach Möglichkeit Abschälbeanspruchungen, die durch Biegung verursacht werden und insbesondere bei einschnittigen Verbindungen auftreten. Deshalb ist eine doppelte (mehrschnittige) Überlappung der Werkstücke vorteilhaft. Bei Belastung einer Klebeverbindung mit einfacher Überlappung entstehen Verformungen in den zu verbindenden Bauteilen, die wesentlich von deren Dicke abhängen; darum ist die Scherzugfestigkeit auch vom sogenannten Überlappungsverhältnis *ü*, dem Verhältnis der Überlappungslänge $l_ü$ zur Plattendicke *s*, abhängig. Als Richtwert für die Bemessung einschnittiger Klebeverbindungen gilt $ü = 20$.

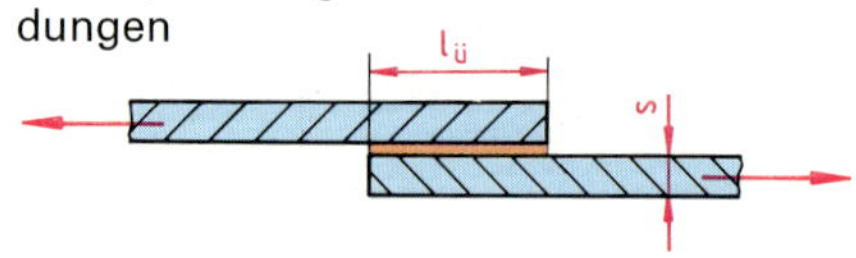

$$\text{Überlappungsverhältnis: } ü = \frac{\text{Überlappungslänge } l_ü}{\text{Plattendicke } s}$$

Die Festigkeit einer Klebeverbindung nimmt mit wachsender Dicke des Klebefilms ab; es ist also vorteilhaft, den Klebspalt möglichst eng zu halten. Von der Temperatur ist die Festigkeit von Klebeverbindungen bis 70°C nahezu unabhängig; bei höheren Temperaturen fällt sie stark ab. (Klebeverfahren und Klebestoffe s. Grundstufe.)

Aufgaben zur Wiederholung und Vertiefung

1. Nach welchen Wirkprinzipien können Funktionselemente zum Fügen Kräfte übertragen?

2. Welche Grundfunktionen erfüllt eine Befestigungsschraube? Vergleichen Sie die Funktionen von Befestigungsschrauben mit denen von Bewegungsschrauben.

3. Welche Bedeutung hat der Selbsthemmungseffekt für die Wirkungsweise einer Befestigungsschraube? Wie entsteht der Selbsthemmungseffekt?

4. Wie wirken Schraubensicherungen?

5. Erläutern Sie technische Möglichkeiten zur Übertragung von Energie von einer Welle auf ein Zahnrad.

6. Vergleichen Sie Schweiß-, Löt- und Klebeverbindungen, und erläutern Sie deren Anwendungsgebiete.

7. Mit welcher Kraft kann der Bolzen DIN 1433 aus Kap. 4.4.3 beansprucht werden?
Die zulässige Scherfestigkeit des Bolzenwerkstoffes beträgt $\tau_{azul} = 80\ \frac{N}{mm^2}$, Bolzendurchmesser d = 10 mm.

8. Eine Befestigungsschraube M10 wird mit einem Schraubenschlüssel angezogen. Die Anpreßkraft soll $F_v = 30$ kN betragen.
Die Handkraft greift in einem wirksamen Abstand von 250 mm am Schraubenschlüssel an.

a) Wie groß ist die erforderliche Handkraft, wenn die Reibung unberücksichtigt bleibt?
b) Wie groß ist die erforderliche Handkraft bei einem Wirkungsgrad von 30%?

4.4.5 Übersicht über die Grundfunktionen von Verbindungselementen

Die folgende Übersicht stellt die in den Abschnitten 4.1 bis 4.4 besprochenen Funktionselemente und die dazugehörigen Grundfunktionen gegenüber.

	Grundfunktionen Funktionselemente	Fügen	Koppeln (Unterbrechen)	Vergrößern	Leiten	Speichern	Führen	Richtungändern	Isolieren	Anwendungsbeispiele
Kraftschlüssige (reibschlüssige) Verbindugen	Schraubenverbindungen	Reibschluß (Paßschraube Formschluß)	Reibschluß Formschluß	geneigte Ebene 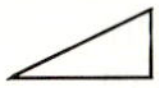	Zugkraft durch Schraubenbolzen	elastische Verformung	Formschluß			Lösbare Verbindungen durch Befestigungsschrauben
	Preß- und Schrumpfverbindungen	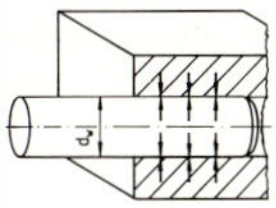 Reibschluß	Reibschluß			elastische Verformung				Lösbare (Verspannung durch Befestigungsschrauben) oder nicht lösbare Welle-Nabe-Verbindungen
	Keilverbindungen	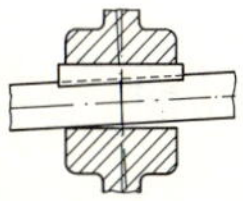 Reibschluß	Reibschluß	geneigte Ebene 		elastische Verformung	Kraftschluß (kreisförmige Anordnung mehrerer Keile)	geneigte Ebene 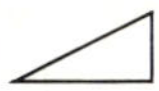		Lösbare Welle-Nabe-Verbindungen (Keilverbindung, Ringfederspannelement, Druckhülse)
Formschlüssige Verbindungen	Federverbindungen	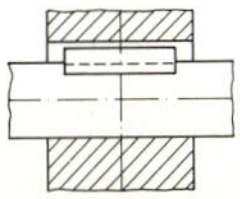 Formschluß	Formschluß				Formschluß			Lösbare Welle-Nabe-Verbindungen (Paßfeder-, Gleitfeder-, Profilverbindungen)
	Bolzen- und Stiftverbindungen	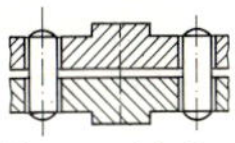 Formschluß	Formschluß (Abscherung)							Lösbare Gelenkverbindungen; Lagesicherung
	Nietverbindungen	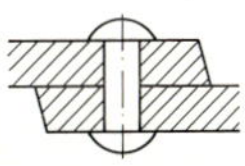 Formschluß							Abdichten	Nicht lösbare Verbindungen im Stahlbau sowie im Kessel und Behälterbau
Stoffschlüssige Verbindungen	Schweißverbindungen	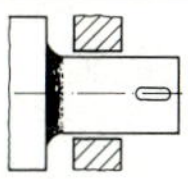 Stoffschluß (Kohäsion)							Abdichten	Nicht lösbare Verbindungen im Stahlbau sowie im Kessel- und Behälterbau
	Lötverbindungen	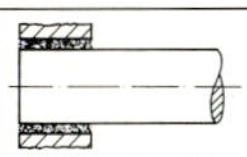 Stoffschluß (Kohäsion/ Adhäsion)							Abdichten	Nicht lösbare Verbindung von Bauelementen (auch verschiedener Metalle)
	Klebeverbindungen	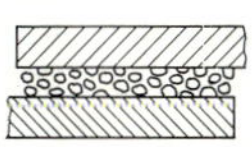 Stoffschluß (Adhäsion)							Abdichten	Nicht lösbare Verbindung von Bauelementen (auch nichtmetallischer Werkstoffe)

Frequenz

Die Anzahl der Perioden pro Zeiteinheit (pro Sekunde) heißt **Frequenz** (Formelzeichen *f*, Einheit Hz). Hz ist die Abkürzung für Hertz (deutscher Physiker).

In unserem Beispiel beträgt die Periodendauer 20 ms. Da also pro Periode 20 ms benötigt werden, können in einer Sekunde (1000 ms) 50 Perioden „ablaufen". Die Frequenz beträgt somit 50 Hz.

Die Frequenz ist gleich dem Kehrwert der Periodendauer.

Frequenz: $= \dfrac{1}{\text{Periodendauer}}$

$$f = \frac{1}{T}$$

$$[f] = \frac{1}{s} = \text{Hz (Hertz)}$$

Scheitelwert

Die Spannungsmessung im Wechselstromkreis der Kesselbeleuchtung ergab 24 V. Der zeitliche Verlauf der Wechselspannung macht deutlich, daß die Spannung 24 V während der Periodendauer *T* nur insgesamt viermal erreicht wird. Die weitaus meiste Zeit ist die Wechselspannung kleiner oder größer.

Bei Wechselspannungen kann man im Unterschied zu Gleichspannungen keinen konstanten Spannungswert angeben. In jedem Zeitaugenblick hat die Wechselspannung einen anderen Wert. Man spricht deshalb auch von **Augenblickswerten** einer Wechselspannung. Die gleichen Überlegungen gelten natürlich für den Wechselstrom.

Den positiven oder negativen Höchstwert, den eine Wechselspannung oder ein Wechselstrom innerhalb einer Periode erreicht, nennt man **Scheitelwert** u_s bzw. i_s. Der Scheitelwert ist der **maximale Augenblickswert**, den eine Wechselgröße erreicht.

Im Verlaufe einer Periode wird einmal der positive ($+u_s$) und einmal der negative Scheitelwert ($-u_s$) erreicht.

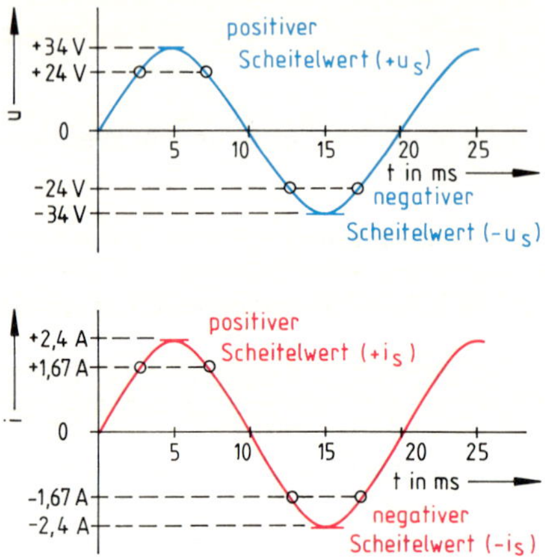

Scheitelwerte von Wechselspannung und Wechselstrom

Effektivwert

Da der **Scheitelwert** innerhalb einer Periode nur zweimal kurzfristig erreicht wird, kann er nicht zur Beschreibung einer Wechselgröße herangezogen werden.

Zur Erinnerung: Die Spannungsmessung im Wechselstromkreis ergibt 24 V. Der Scheitelwert dieser Wechselspannung beträgt 34 V. Welche Größe wird also durch die Anzeige von 24 V bestimmt?

Im betrachteten Gleichstromkreis gilt für die elektrische Leistung die Gleichung $P = U \cdot I$. Die Gleichstromleistung beträgt also 40 W. Die Ermittlung ist nicht schwierig, da Stromstärke, Spannung und Leistung zeitlich konstant sind.

Die Fläche zwischen der Leistungskurve, hier eine Gerade, und der Zeitachse ist die elektrische Arbeit $W = P \cdot t$. Die elektrische Arbeit *W* entspricht der Energie, die im Verbraucher (in der Glühlampe) umgewandelt wird.

Für die umgesetzte Energie ist es nun gleichgültig, wie der Kurvenverlauf der Leistung aussieht. Entscheidend ist allein der **Inhalt** $P \cdot t$ der Fläche zwischen Leistungskurve und *t*-Achse.

Gleichspannung

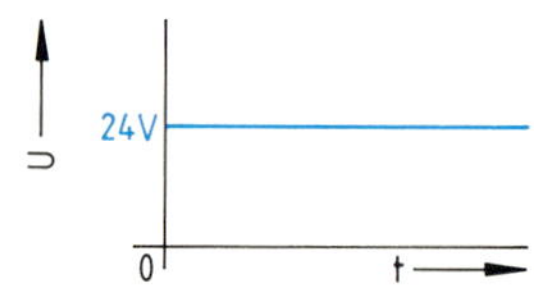

Gleichstrom

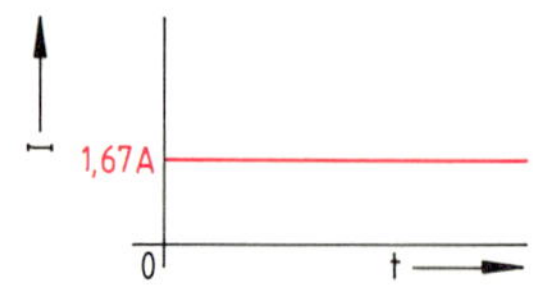

Gleichstromleistung

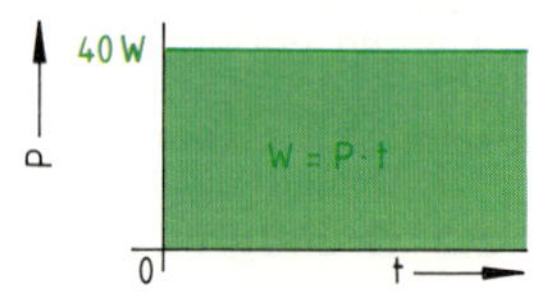

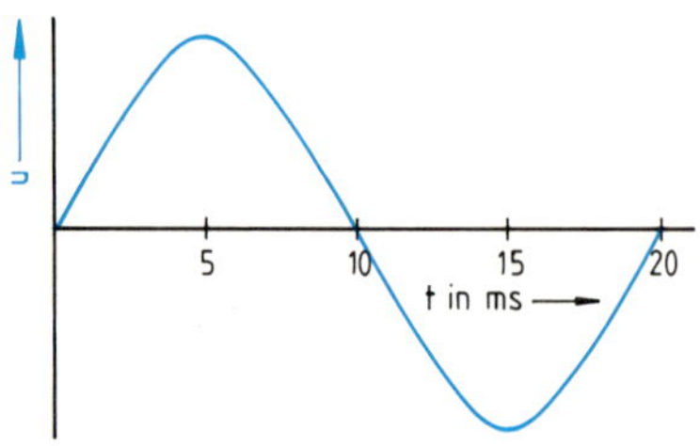

Wechselspannung

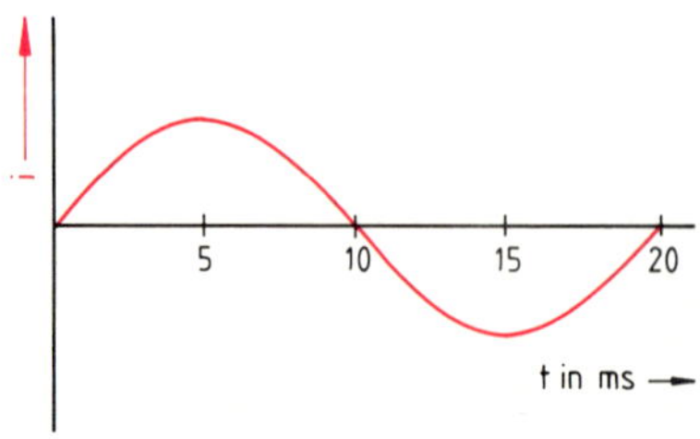

Wechselstrom

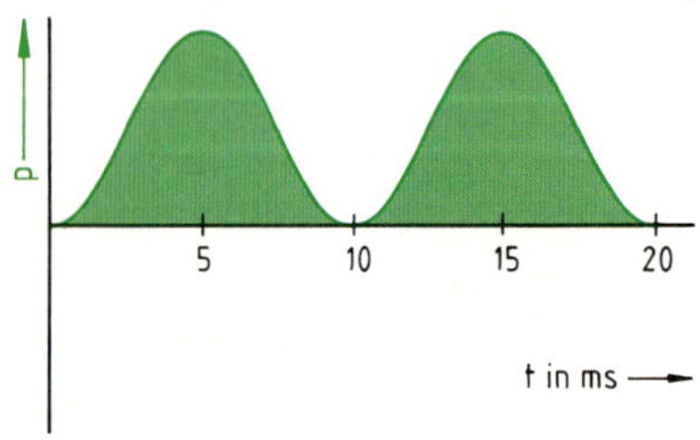

Wechselstromleistung

Wechselspannung und Wechselstrom sind einer **zeitlichen Änderung** unterworfen. Für den **Augenblickswert** der Wechselstromleistung gilt $p = u \cdot i$ und für den Scheitelwert $p_s = u_s \cdot i_s$. Der zeitliche Verlauf der Leistungskurve ergibt sich durch Multiplikation der Augenblickswerte von Spannung und Stromstärke. Die umgesetzte elektrische Energie entspricht auch hier wieder der Fläche zwischen Leistungskurve und t-Achse.

Zur Bestimmung des Flächeninhaltes werden die „Spitzen" der Leistungskurve graphisch in die „Täler" geklappt. Man ersetzt also die Fläche unter der Leistungskurve durch ein flächengleiches Rechteck. Hieraus ergibt sich folgende Feststellung:

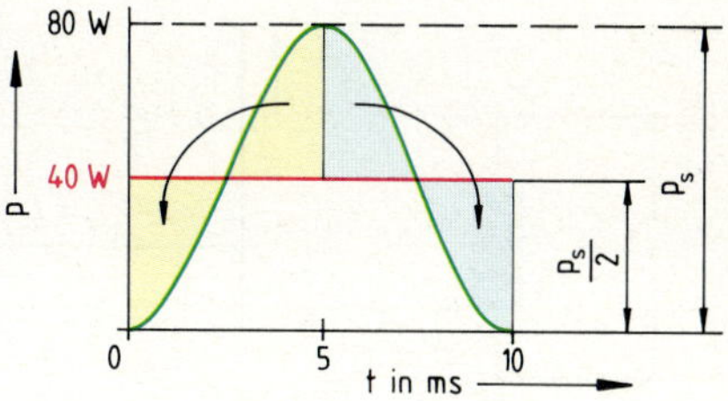

Mittlere Wechselstromleistung

Die mittlere Wechselstromleistung ist halb so groß wie der Scheitelwert der Wechselstromleistung. $P = \frac{p_s}{2}$

Die mittlere Wechselstromleistung bestimmt die Energieumwandlung im Stromkreis. Sie wird daher **effektive** (wirksame) Leistung oder kurz **Wirkleistung** (Formelzeichen P, Einheit W) genannt.

Nun müssen diese Erkenntnisse auf Spannung und Stromstärke übertragen werden. Da bei einem Scheitelwert $p_s = 80$ W die wirksame Leistung $P = 40$ W beträgt, ist die Frage zu klären, um welchen Faktor die Scheitelwerte von Spannung und Stromstärke verringert werden müssen, damit sich die Leistung von 80 auf 40 W erniedrigt.

Hierbei ist unbedingt zu beachten, daß sich Spannung und Stromstärke um den gleichen Faktor verringern. Nach dem Ohmschen Gesetz bedeutet nämlich beispielsweise eine Verringerung der Spannung um 50% eine zwangsläufige Verringerung der Stromstärke um 50%. Der Widerstand wird hierbei als konstant angenommen.

Da im Wechselstromkreis die Verringerung von Spannung und Stromstärke zur **halben** Leistung führen müssen, betragen die Faktoren für Spannung und Stromstärke **jeweils** 1,414. Es gilt nämlich $1{,}414 \cdot 1{,}414 \approx 2$. Den Faktor 1,414 schreibt man auch abgekürzt $\sqrt{2}$.

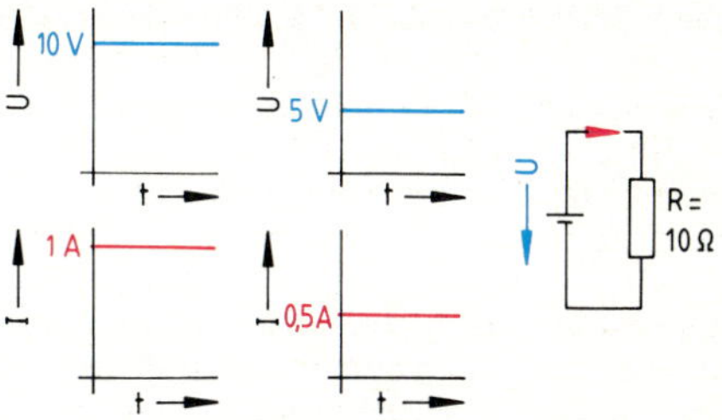

Zusammenhang zwischen Spannung und Stromstärke bei konstantem Widerstand

Im Wechselstromkreis sind die wirksamen Werte (Effektivwerte) von Spannung und Stromstärke um den Faktor $\sqrt{2}$ kleiner als ihre Scheitelwerte. $U = \frac{u_s}{\sqrt{2}}$ $I = \frac{i_s}{\sqrt{2}}$

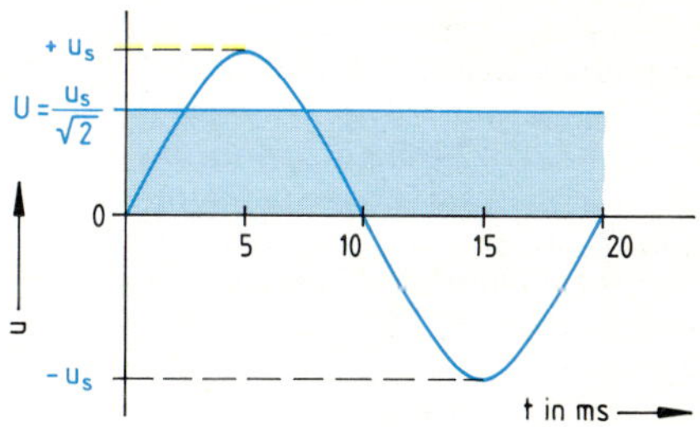

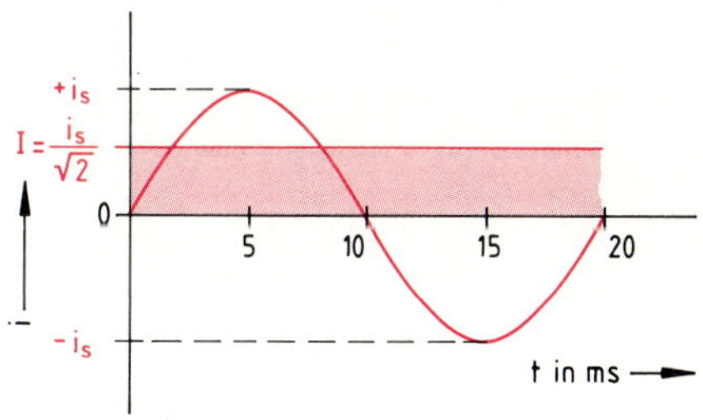

Effektivwerte von Wechselspannung und Wechselstrom

Die **Effektivwerte** werden wie Gleichstromwerte durch Großbuchstaben gekennzeichnet!

Eine Wechselspannung hat in einem Widerstand die gleiche Wärmewirkung wie eine Gleichspannung, wenn ihr Scheitelwert um den Faktor $\sqrt{2}$ größer als die Gleichspannung ist. Ein Wechselstrom hat in einem Widerstand die gleiche Wirkung wie ein Gleichstrom, wenn sein Scheitelwert um den Faktor $\sqrt{2}$ größer als der Gleichstrom ist. Spannungs- und Stromangaben für Wechselstromverbraucher sind in der Regel Effektivwerte.

Phasenverschiebung

Im Glühlampenkreis wechseln Wechselspannung und Wechselstrom im gleichen Augenblick ihre Richtung (Nulldurchgänge) und erreichen im gleichen Augenblick ihre Scheitelwerte. Man sagt: Strom und Spannung sind **in Phase**. Es tritt keine **Phasenverschiebung** auf. Dies ist immer dann der Fall, wenn in einem Stromkreis ausschließlich Ohmsche Widerstände (Wirkwiderstände) vorhanden sind, z. B. bei Glühlampen und Elektrowärmegeräten.

Sind elektrische Energiespeicher wie **Spulen** oder **Kondensatoren** in den Stromkreis geschaltet, erreichen Stromstärke und Spannung zu unterschiedlichen Zeitpunkten ihre Nulldurchgänge und Scheitelwerte.

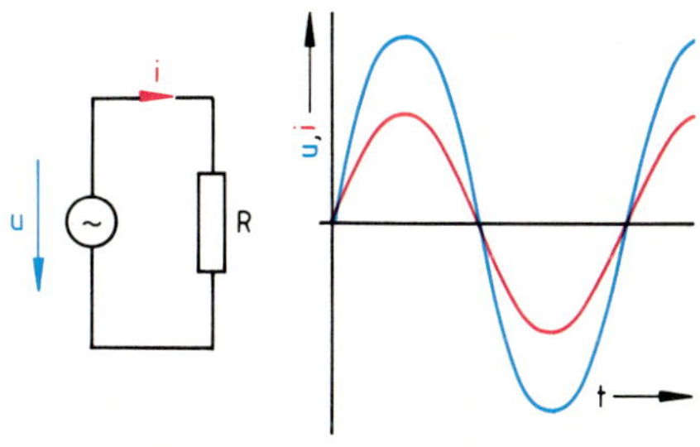

Rein Ohmscher Wechselstromkreis

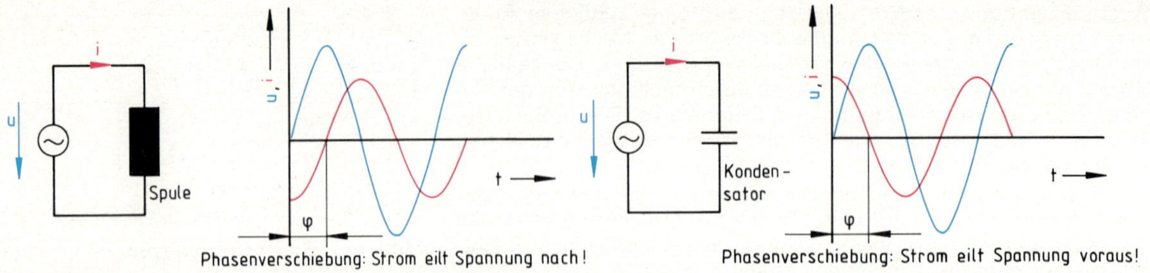

Wechselstromkreise mit Spule und Kondensator

Man spricht dann von einer **Phasenverschiebung** zwischen Stromstärke und Spannung.
In Stromkreisen mit Spulen (induktiven Stromkreisen) eilt der Strom der Spannung nach. In Stromkreisen mit Kondensatoren (kapazitiven Stromkreisen) eilt der Strom der Spannung voraus.
Die Phasenverschiebung vermindert die wirksame Leistung. Nur der positive Leistungsanteil (oberhalb der *t*-Achse) ist im Sinne des Energieumwandlungsprozesses wirksam (Wirkleistung).

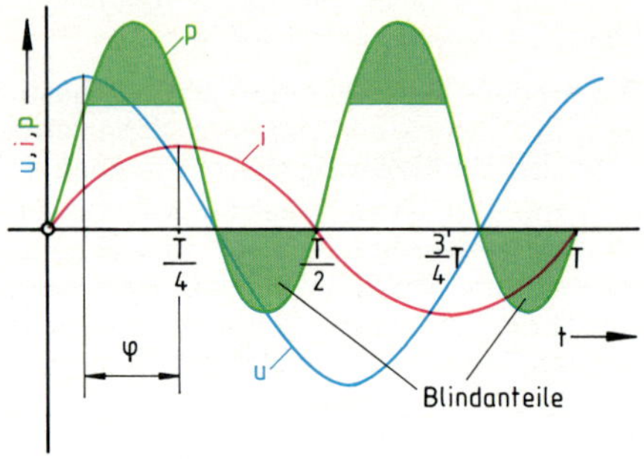

Zeitlicher Verlauf der Leistung bei einer Spule

Dreiphasen-Wechselspannung

Die Dreiphasenwechselspannung ist keine eigenständige Form, sondern eine sinnvolle Verkettung von drei Einphasen-Wechselspannungssystemen. Fließt ein Strom, wird dieser **Dreiphasen-Wechselstrom** genannt.

Dreiphasen-Wechselstrom (kurz Drehstrom genannt) spielt in der Technik eine überragende Rolle. Gegenüber dem Einphasen-Wechselstrom zeichnet er sich besonders durch folgende Vorteile aus:

- Zur Energieübertragung werden anstatt sechs nur drei oder vier Leitungen benötigt. Dies wird durch die Verkettung erreicht.
- Mit Drehstrom können einfache und robuste Elektromotoren betrieben werden.
- In Drehstromnetzen stehen zwei unterschiedliche Spannungen zur Verfügung (im allgemeinen 220 V und 380 V).

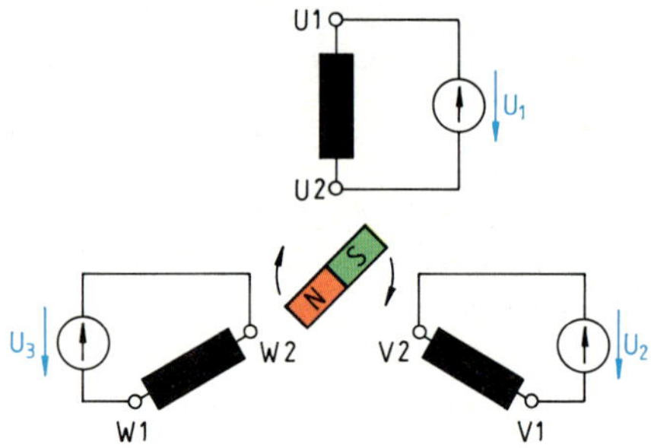

Erzeugung von Dreiphasen-Wechselspannung

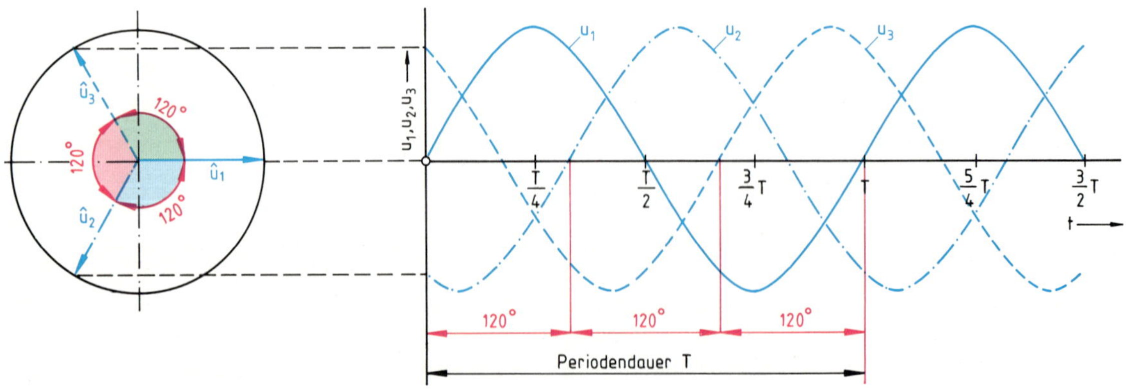

Dreiphasen-Wechselspannungen, zeitlicher Verlauf

5.3 Magnetische Wirkung des elektrischen Stromes

Die magnetische Wirkung des elektrischen Stroms spielt in der Technik eine große Rolle. Elektrische Energieübertragung, elektrische Antriebstechnik und elektrische Nachrichtenübertragung sind beispielsweise ohne magnetische Wirkung nicht denkbar.

5.3.1 Magnetische Wirkung eines stromdurchflossenen Leiters

Ein stromdurchflossener Leiter umgibt sich mit einem Magnetfeld. Dies kann mit **Eisenfeilspänen** bzw. **Magnetnadeln** nachgewiesen werden. Die Eisenfeilspäne ordnen sich **ringförmig** um den Leiter herum an. Die Magnetnadeln werden nach Einschalten des Stromes aus ihrer normalen Nord-Süd-Richtung abgelenkt.

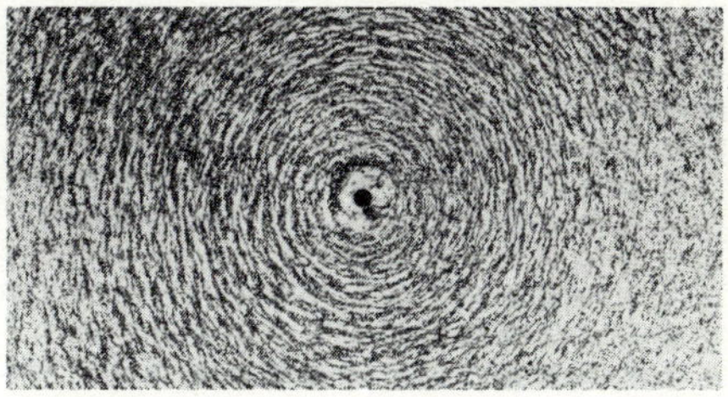

Magnetfeld eines stromdurchflossenen Leiters

Auf die Eisenfeilspäne bzw. Magnetnadeln werden in der Nähe eines stromdurchflossenen Leiters Kräfte ausgeübt, die diese Ausrichtung bewirken. Man sagt, der Raum um den stromdurchflossenen Leiter wird in einen **Zwangszustand** versetzt, von einem **magnetischen Feld** erfüllt.

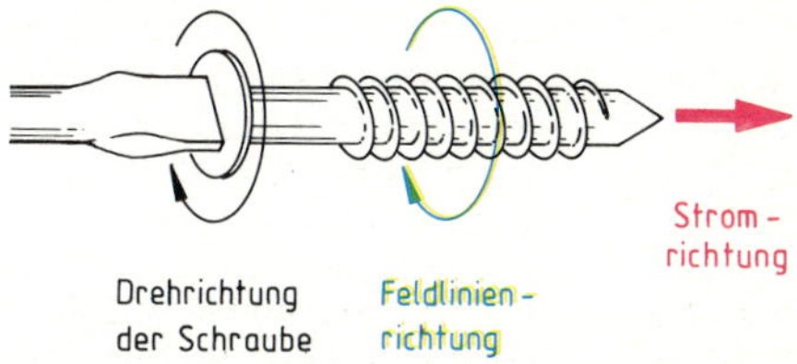

Magnetische Feldlinien und Rechtsschraubenregel

Zur anschaulichen Beschreibung des magnetischen Feldes dienen Feldlinien. Die Richtung der Feldlinien wird durch die Magnetnadel festgelegt.

Dreht man eine Schraube mit Rechtsgewinde (Rechtsschraube) gedanklich in Richtung des Stroms in den Leiter hinein, so entspricht die Drehrichtung der Schraube der Feldlinienrichtung.

Eine Umkehrung der **Stromrichtung** bedeutet eine Änderung der Feldlinienrichtung. Der Zusammenhang zwischen Stromrichtung und Feldlinienrichtung kann anschaulich durch eine **Rechtsschraubenregel** dargestellt werden.

5.3.2 Magnetfeld einer stromdurchflossenen Spule

Wird ein elektrischer Leiter aufgewickelt, entsteht eine **Spule**. Die stromdurchflossene Spule erzeugt ein Magnetfeld, das ebenfalls durch Eisenfeilspäne oder Magnetnadeln nachgewiesen werden kann. Die magnetischen Feldlinien sind in sich geschlossen. Sie treten am **Nordpol** aus der Spule aus und am **Südpol** in die Spule ein.

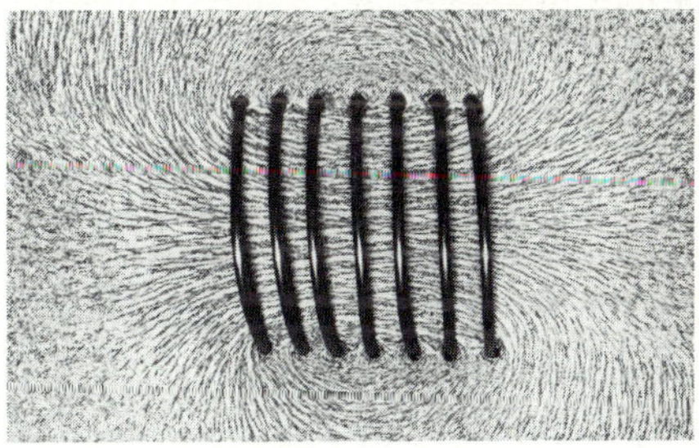

Magnetfeld einer Spule

Man erkennt, daß im Spuleninneren die Feldlinien gebündelt werden. Die Anzahl der Feldlinien pro Flächenelement ist im Spuleninneren erheblich größer als im Luftraum außerhalb der Spule. Die Anzahl der Feldlinien pro Flächenelement ist ein Maß für die Stärke des magnetischen Feldes. Je größer die **Feldliniendichte**, desto stärker das Magnetfeld.

Durch Einbringung eines Eisenkernes in die Spule kann die Stärke des Magnetfeldes noch erheblich gesteigert werden. Eisen bündelt die magnetischen Feldlinien beträchtlich stärker als Luft.

5.3.3 Spannungserzeugung durch Induktion

Großtechnisch wird die elektrische Energie durch Generatoren in Kraftwerken erzeugt. Primärenergien aus Kohle, Erdgas, Erdöl oder Kernkraft werden in Turbinen in Bewegungsenergie umgewandelt. Die Turbinen treiben Generatoren an, die elektrische Energie ins Netz liefern. Die technische Funktion der Generatoren beruht auf dem Prinzip der Induktion.

Induktion der Bewegung (Generatorprinzip)
Wird ein Leiter in einem Magnetfeld bewegt, so wird in ihm eine Spannung induziert. Die **Induktionsspannung** bleibt nur so lange bestehen wie der Leiter Feldlinien schneidet; durch die Bewegung ändert sich der wirksame Anteil des Magnetfelds ständig.

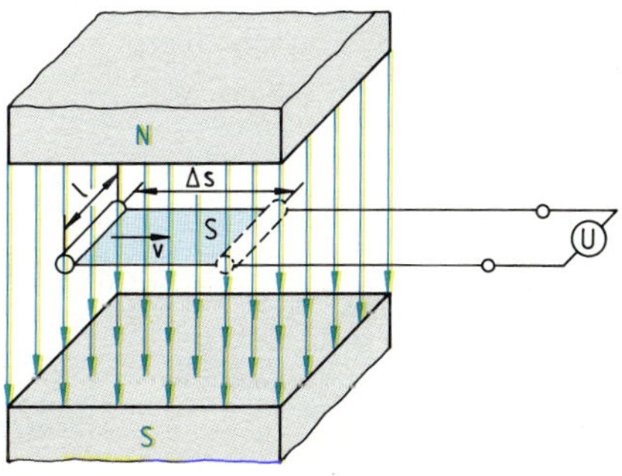

Induktion der Bewegung

Die freien Elektronen des Leiters fließen unter dem Einfluß des sich ändernden Magnetfeldes zu einem Leiterende. Durch diese Ladungstrennung entsteht eine elektrische Spannung.

Der Betrag der induzierten Spannung ist abhängig von der
- Geschwindigkeit des Leiters im Magnetfeld und der
- Feldliniendichte (Anzahl der Feldlinien pro Flächeneinheit).

Die Richtung der Induktionsspannung hängt ab von der
- Richtung des Magnetfeldes und der
- Bewegungsrichtung des Leiters im Magnetfeld.

In einem geschlossenen Stromkreis ruft die Induktionsspannung einen **Induktionsstrom** hervor. Seine Richtung (und damit auch die Richtung der Induktionsspannung) kann mit der **Rechte-Hand-Regel** bestimmt werden. Hält man die rechte Hand so, daß die Feldlinien auf die Innenfläche der Hand auftreffen und der abgespreizte Daumen in die Bewegungsrichtung zeigt, so fließt der Induktionsstrom in Richtung der ausgestreckten Finger.

Der Induktionsstrom ruft seinerseits ein Magnetfeld hervor, das so gerichtet ist, daß es das induzierende Magnetfeld vor dem Leiter verstärkt und hinter dem Leiter schwächt. Das Magnetfeld des Induktionsstromes **hemmt** so die Bewegung des Leiters (**Lenzsche Regel**). Nach dem Satz von der Erhaltung der Energie muß dies auch so sein. Die mechanische Energie, die zur Überwindung der Bewegungshemmung aufzuwenden ist, wird zum großen Teil in elektrische Energie umgewandelt.

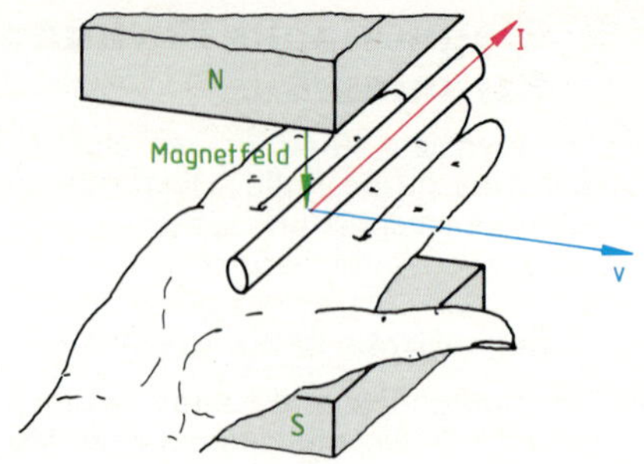

Rechte-Hand-Regel

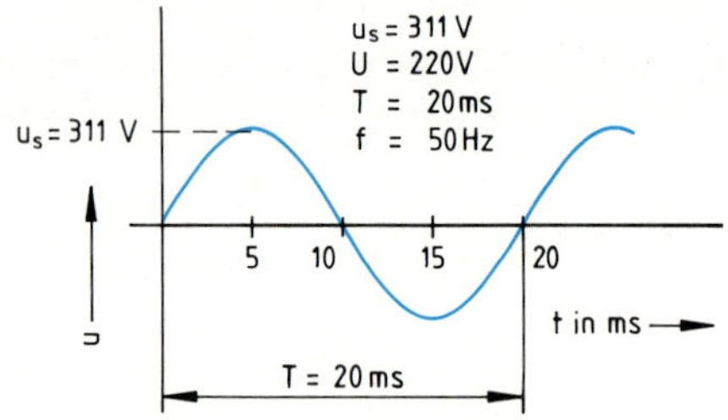

Technische Wechselspannung

In Generatoren wird eine Bewegung von Leitern in einem Magnetfeld durch eine gleichförmig rotierende Spule erreicht. Dabei wird eine sinusförmige Wechselspannung erzeugt. Die Frequenz unserer technischen Wechselspannung beträgt 50 Hz, was einer Periodendauer von 20 ms entspricht.

Induktion der Ruhe (Transformatorprinzip)

Bei der **Übertragung** der elektrischen Energie verwendet man hohe Spannungen, um mit möglichst geringer Stromstärke die benötigte Leistung am Verbrauchsort verfügbar zu haben.

Hohe Stromstärken erfordern große Leitungsquerschnitte und verursachen hohe Verluste. Daher **transformiert** man die Spannung zu Beginn der Energieübertragung hoch und transformiert sie am Verbrauchsort wieder herunter. Die Energieübertragung selbst ist dann mit relativ geringer Stromstärke möglich.

Die Transformation erfolgt mit Hilfe von **Transformatoren**. Ein Transformator besteht prinzipiell aus Spulen, die auf einen gemeinsamen Eisenkern aufgebracht sind. Das Verhältnis von Eingangs- zu Ausgangsspannung eines Transformators wird durch die Windungszahlen von Eingangs- und Ausgangswicklungen bestimmt. Das Spannungsverhältnis wird **Übersetzungsverhältnis** des Transformators genannt. Die Stromstärken verhalten sich beim Transformator umgekehrt wie die Windungszahlen.

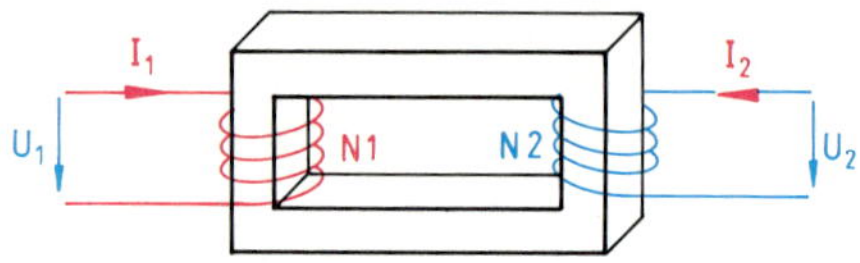

Transformator (Prinzip)

Übertragung einer Leistung von 100 MW Stromstärke bei 220 V:

$$I = \frac{P}{U} = \frac{100 \cdot 10^6\ \text{W}}{220\ \text{V}} \approx 4{,}5 \cdot 10^5\ \text{A}$$

Stromstärke bei 220 kV:

$$I = \frac{P}{U} = \frac{100 \cdot 10^6\ \text{W}}{220 \cdot 10^3\ \text{V}} \approx 450\ \text{A}$$

Transformator

Spannungsverhältnis (Übersetzungsverhältnis) $\frac{U_1}{U_2} = \frac{N_1}{N_2} = u$

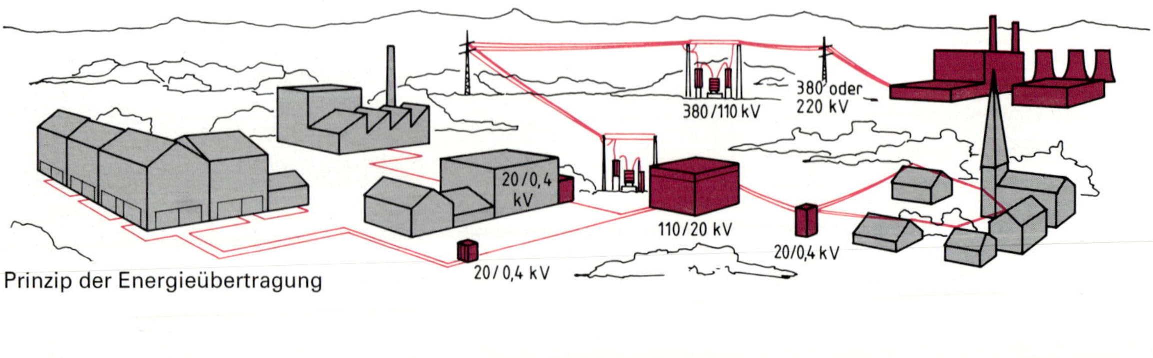

Prinzip der Energieübertragung

5.3.4 Elektromotoren

In der elektrischen Antriebstechnik sind **Elektromotoren** unverzichtbar. Sie wandeln elektrische Energie in Bewegungsenergie um.

Die Wirkungsweise von Elektromotoren beruht auf der Anziehungs- und Abstoßungskraft zwischen zwei Magnetfeldern. Ein einfaches Beispiel verdeutlicht dies.

Der stromdurchflossene Leiter umgibt sich mit einem Magnetfeld, dessen Richtung mit Hilfe der Rechtsschraubenregel bestimmt werden kann. Rechts vom Leiter haben die Feldlinien beider Felder die gleiche Richtung. Die Felder verstärken sich. Links vom Leiter tritt eine Feldschwächung auf. Auf den Leiter wird eine Kraft ausgeübt, die ihn nach links bewegen möchte. Eine Änderung der Stromrichtung bewirkt eine Änderung der Kraftrichtung. Bei gleich bleibender Stromrichtung bewirkt eine Änderung der Magnetfeldrichtung ebenfalls eine Kraftrichtungsänderung.

Die auf den stromdurchflossenen Leiter ausgeübte **Kraft** ist abhängig von

- der Stromstärke im Leiter,
- der Feldliniendichte des Magnetfeldes und
- der Leiterlänge im Magnetfeld.

Die **Wirkungsweise** von Elektromotoren beruht darauf, daß zwei Magnetfelder in geeigneter Weise aufeinander einwirken, so daß sich eine fortlaufende Drehbewegung ergibt.

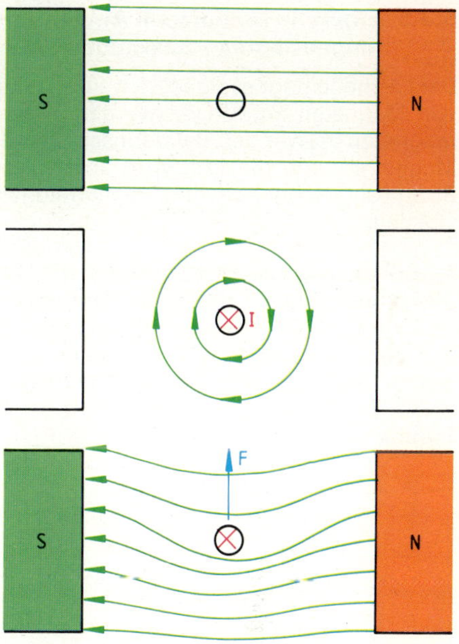

Kraftwirkung im Magnetfeld

Drehstrommotoren

Ein preiswerter, robuster und deshalb weit verbreiteter Elektromotor ist der **Kurzschlußläufermotor**. Er besteht aus einem feststehenden Teil, dem **Ständer** mit Wicklungen zur Erzeugung der Magnetfelder und einem beweglichen Teil, dem **Läufer**. Die Ständerwicklungen werden an das Drehstromnetz angeschlossen.
In die kurzgeschlossenen Stäbe des Läufers wird eine Spannung induziert, die einen Läuferstrom hervorruft. Der Läuferstrom bewirkt ein Magnetfeld, das in Zusammenwirkung mit den Magnetfeldern des Ständers die Drehbewegung hervorruft.

Der Ständer des **Schleifringläufermotors** ist wie der des Kurzschlußläufermotors aufgebaut. Der Läufer besteht jedoch ebenfalls aus Wicklungen, denen Strom über Kohlebürsten und Schleifringe zugeführt wird. Der Läuferstrom ist dadurch von außen beeinflußbar, wodurch das Betriebsverhalten des Motors verändert werden kann. Schleifringläufermotoren eignen sich insbesondere für **Schweranlaufantriebe** (z. B. Zementmühlen), da sie ein hohes Anlaufmoment haben.

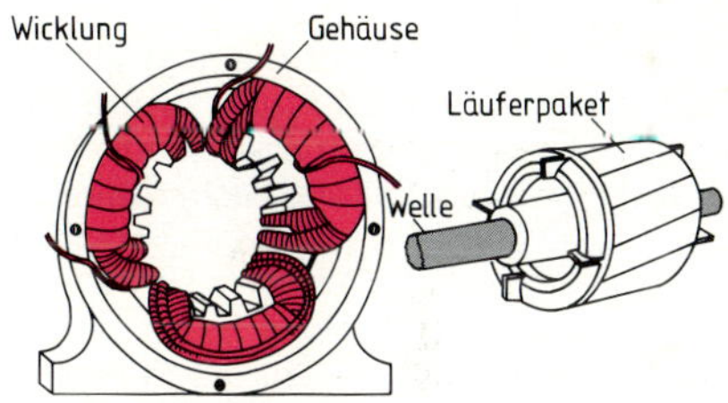

Kurzschlußläufermotor

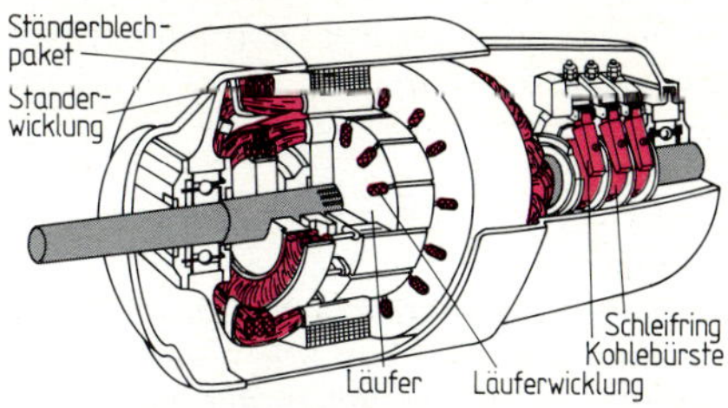

Schleifringläufermotor

Gleichstrommotoren

Der wesentliche Vorteil der Gleichstrommotoren liegt in der relativ einfachen Drehzahlsteuerung. Nachteilig wirkt sich die Notwendigkeit der Stromrichtungsänderung in den Läuferwicklungen aus (Stromwendung). Nur so läßt sich nämlich eine fortlaufende Drehbewegung erreichen. Stromwender und Kohlebürsten sind beträchtlichem Verschleiß unterworfen. Das Bürstenfeuer, das diesen Verschleiß wesentlich beeinflußt, ruft außerdem Funkstörungen hervor, die die Nachrichtenübertragung erheblich stören können.

Gleichstrommotor

5.3.5 Einfache technische Anwendungen des Elektromagnetismus – Lasthebemagnet

Der Lasthebemagnet eignet sich zum Transport sämtlicher Güter, die von Magneten angezogen werden. Hierzu werden starke **Elektromagneten** verwendet. Beim Einschalten des Stromes baut sich das Magnetfeld auf, die Last wird angezogen. Beim Ausschalten des Stromes verschwindet das Magnetfeld nahezu völlig; die Last wird „losgelassen".

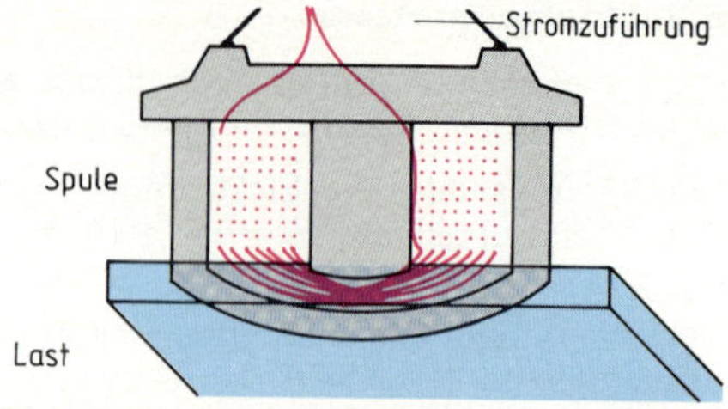

Lasthebemagnet

Elektromagnetische Schalter
Eine Spule erzeugt ein Magnetfeld, das einen metallischen Anker anzieht, wodurch ein Schaltkontakt geöffnet oder geschlossen werden kann. Bei **Schützen** können mit relativ geringen Steuerströmen (zum Aufbau des Magnetfeldes) hohe Lastströme geschaltet werden. **Relais** schalten schneller als Schütze, sind aber nur für geringere Ströme geeignet.

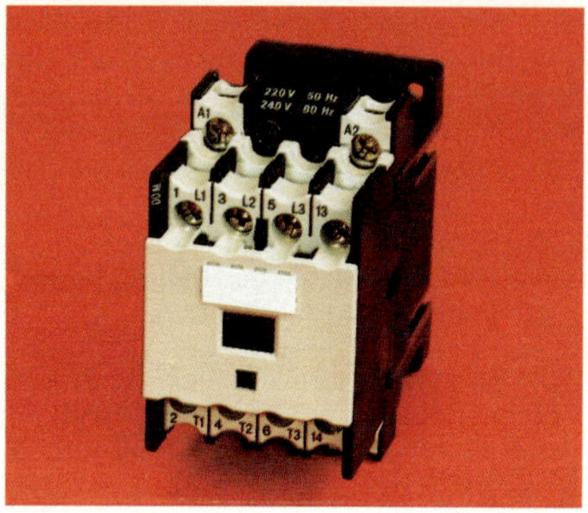
Schütz

5.4 Leitungs- und Geräteschutzmaßnahmen

Elektrische Geräte und Leitungen müssen vor **Überbelastung** und **Kurzschluß** geschützt werden.
Eine langandauernde Leitungsüberlastung oder ein Kurzschluß würde zu einer starken Wärmeentwicklung, einer Beschädigung der Isolation und damit eventuell zu Bränden führen. Daher sind Leitungsschutzmaßnahmen zwingend vorgeschrieben. Der Leitungsschutz kann durch **Schmelzsicherungen** oder **Leitungsschutzschalter** erfolgen. Beides sind Überstromschutzorgane.

Überstromschutzorgane
müssen abschalten, wenn die Stromstärke über einen längeren Zeitraum den zulässigen Nennstrom der Leitung bzw. des Verbrauchers überschreitet;
müssen **unverzüglich** abschalten, wenn im Stromkreis ein Kurzschluß auftritt.

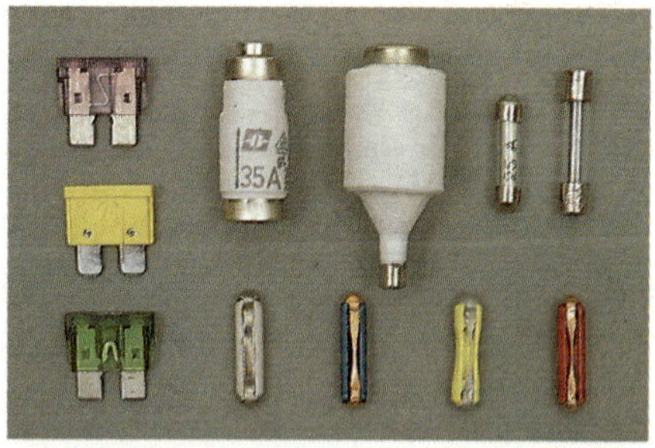
Schmelzsicherungen

5.4.1 Schmelzsicherungen

Schmelzsicherungen stellen eine bewußt geschaffene „Schwachstelle" des Stromkreises dar. Der Schmelzleiter der Sicherung wird bei einem Kurzschluß oder einer langandauernden Überlastung unterbrochen (er schmilzt). Dadurch wird der fehlerhafte Stromkreis abgeschaltet.

Ein **Schmelzsicherungssystem** für die elektrische Energietechnik besteht in der Regel aus einem Sicherungssockel, einem Paßeinsatz, der Sicherungspatrone und der Schraubkappe. Sonderbauformen werden z. B. für die Elektronik und den Automobilbau angeboten.

Der Paßeinsatz verhindert, daß eine Sicherungspatrone mit höherer Nennstromstärke – als für den Stromkreis zulässig – eingesetzt werden kann. Für die Nennstromstärken von Sicherungspatronen und Paßeinsätzen wurden **Kennfarben** vereinbart.

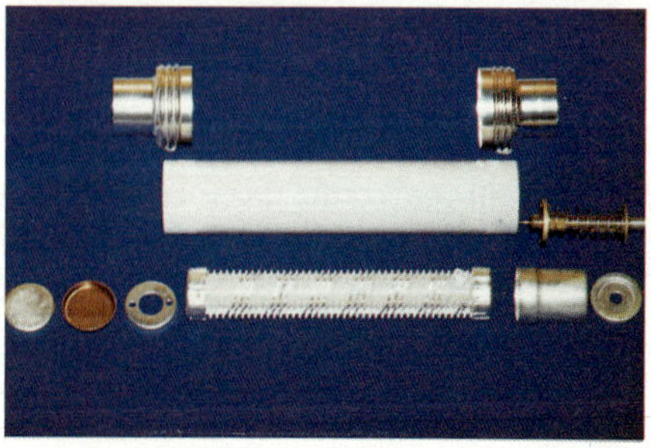
Schmelzsicherungssystem

Defekte Schmelzsicherungen dürfen keinesfalls „geflickt" werden.

5.4.2 Leitungsschutzschalter

Leitungsschutzschalter erfüllen die gleiche Aufgabe wie Schmelzsicherungen, können jedoch nach Unterbrechen des fehlerhaften Stromkreises und Beseitigung der Fehlerursache **wiederverwendet** werden.

Der **Überlastungsschutz** erfolgt durch einen Bimetallkontakt. Eine Heizspirale erwärmt das Bimetall, das sich dadurch verformt. Die Verformung wird über eine Mechanik auf ein **Schaltschloß** übertragen, das für eine Unterbrechung des fehlerhaften Stromkreises sorgt. Im **Kurzschlußfall** wird eine Spule vom Kurzschlußstrom durchflossen. Stromdurchflossene Spulen erzeugen ein Magnetfeld, das auf Eisenmaterial eine Kraft ausübt. Durch diese magnetische Kraftwirkung wird das Bimetall angezogen, wodurch ein schnelleres Auslösen des Leitungsschutzschalters erreicht wird.

Leitungsschutzschalter haben eine **Freiauslösung**. Dies bedeutet, daß erst wieder eingeschaltet werden kann, wenn die Ursache der Auslösung behoben wurde.

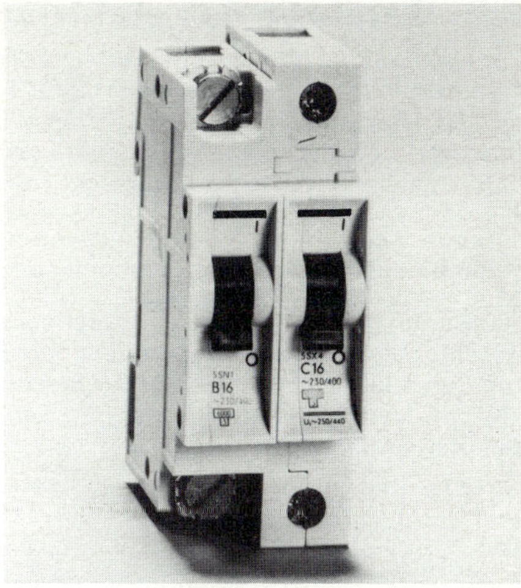

Leitungsschutzschalter

5.4.3 Motorschutzschalter

Elektromotoren werden durch Motorschutzschalter vor den Folgen längerandauernder Überlastung geschützt. Die **Bimetallauslösung** (vergleichbar mit der des Leitungsschutzschalters) ist träge. Somit darf die Stromstärke kurzzeitig den am Motorschutzschalter eingestellten Wert überschreiten, ohne daß er auslöst. Beim **Einschalten** des Motors ist das sehr wichtig, da der Einschaltstrom erheblich höher als der Nennstrom des Motors sein kann.

Motorschutzschalter werden auf den Nennstrom des zu schützenden Elektromotors eingestellt. Hat er ausgelöst, kann er nach Abkühlung des Bimetallauslösers erneut eingeschaltet werden.

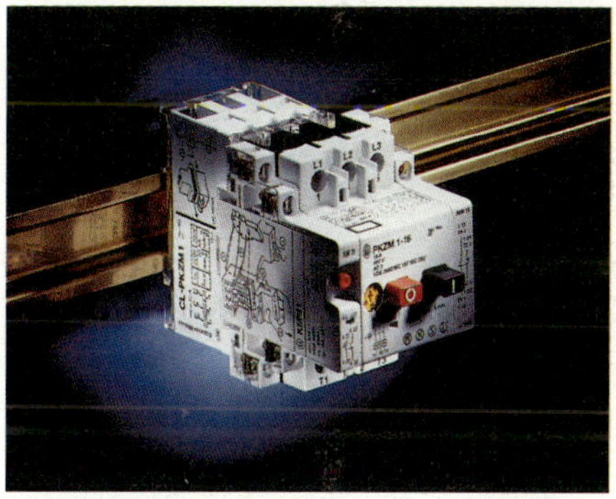

Motorschutzschalter

Aufgaben zur Wiederholung und Vertiefung

1. Von welchen Größen sind elektrische Arbeit und Leistung abhängig?

2. Die Leistungsaufnahme des Heizwiderstandes einer Trockenanlage von $R = 110\ \Omega$ ist zu berechnen, wenn der Widerstand an 220-V-Gleichspannung angeschlossen ist. Welche Stromstärke kann gemessen werden?
Um wieviel Prozent verringert sich die Leistung, wenn die Netzspannung um 5% einbricht?

3. Erläutern Sie kurz anhand von Skizzen den Unterschied zwischen Gleich- und Wechselstrom!

4. Bestimmen Sie die Kenngrößen des dargestellten Wechselstroms!

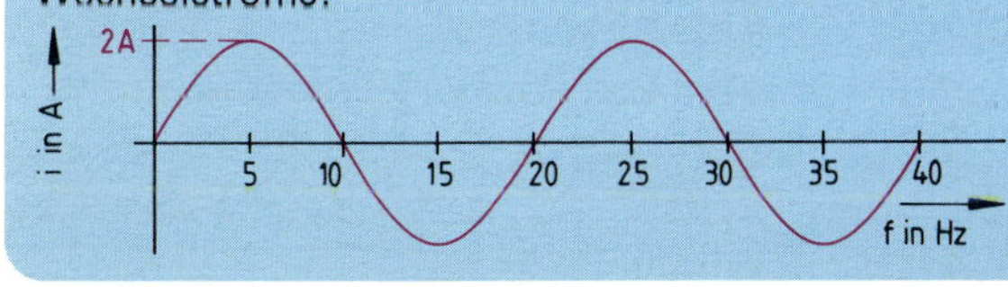

5. Erklären Sie anhand einer Skizze den Effektivwert von Wechselgrößen!

6. Warum tritt in einem Wechselstromkreis mit Heizwiderstand keine Phasenverschiebung auf?

7. Welchen wesentlichen Vorteil hat die Dreiphasen-Wechselspannung?

8. Beschreiben Sie die zwei Prinzipien der elektromagnetischen Induktion!

9. Worin liegt der wesentliche Vorteil des Kurzschlußläufermotors in der Antriebstechnik?

10. Warum müssen Motorschutzschalter eine träge Auslösecharakteristik haben?

11. Beschreiben Sie Aufbau und Wirkungsweise einer Schmelzsicherung!

12. In welchen Fällen ist die Installation von Leitungsschutzschaltern besonders sinnvoll?

5.5 Gefahren des elektrischen Stromes

Vorsicht beim Umgang mit elektrischer Energie! Immer wieder ereignen sich Unfälle infolge fehlerhafter Installation und unsachgemäßen Umgangs mit der elektrischen Energie. Auch erhebliche Sachwerte werden z. B. bei Bränden vernichtet, die durch mangelhafte Installationsarbeiten verursacht werden können.

Hände weg von elektrischen Arbeiten! Sie sind ausschließlich durch dafür ausgebildete Personen auszuführen.

Störungen und Fehler können in technischen Anlagen niemals ausgeschlossen werden. Daher muß dafür gesorgt werden, daß sich hierdurch keine Schädigungen für Mensch und Tier und keine Zerstörung von Sachwerten ergeben können. Dies ist Aufgabe der **Schutzmaßnahmen**.

Ströme über 50 mA sind lebensgefährlich! Herzkammerflimmern und Herzstillstand bzw. Tod durch Verbrennungen können die Folge sein.

Rechnerisch kann die Spannung ermittelt werden, ab welcher für den Menschen Lebensgefahr besteht. Wenn der Widerstand des menschlichen Körpers mit ca. 1000 Ω angenommen wird, errechnet sich die Spannung zu

$U_B = I \cdot R$

$U_B = 50 \text{ mA} \cdot 1000\ \Omega = 50 \text{ V}$

Diese Spannung darf vom menschlichen Körper höchstens überbrückt werden. Sie wird **maximale Berührungsspannung** U_B genannt.

Bei der Bedienung elektrischer Anlagen muß verhindert werden, daß Leiter und leitfähige Teile von elektrischen Betriebsmitteln, die unter **normalen Betriebsbedingungen** Spannung führen, berührt werden. Beim Berühren kann der Mensch eine Spannung zwischen Betriebsmittel und Erde überbrücken (Berührungsspannung). Die Folge ist ein durch den menschlichen Körper fließender Strom. Wegen der damit verbundenen Gefährdung ist ein **Berührungsschutz** notwendig.

Schutzmaßnahmen gegen direktes Berühren verhindern die Berührung von unter Spannung stehenden Teilen (z. B. durch Isolierung).
Schutzmaßnahmen bei indirektem Berühren unterbrechen den fehlerhaften Stromkreis, bevor gefährliche Berührungsspannungen über längere Zeit auftreten.

Gefahren beim Umgang mit elektrischem Strom

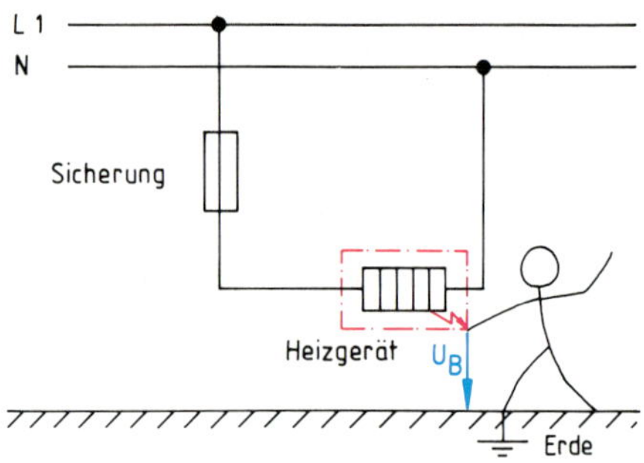

Berührungsspannung

5.5.1 Schutzmaßnahmen gegen direktes Berühren (Beispiele)

Schutz durch Isolierung spannungsführender Teile

Sämtliche im Betriebszustand spannungsführenden Teile werden mit einem **Isolierstoff** umgeben. Dies wird z. B. bei Leitungen angewendet.

Schutz durch Abdeckung und Umhüllung

Hierdurch wird ein beabsichtigtes oder unbeabsichtigtes Berühren spannungsführender Teile verhindert. Schalter und Steckdosen sind Beispiele hierfür.

5.5.2 Schutzmaßnahmen bei indirektem Berühren (Beispiele)

Meldung oder Abschaltung

Bei Auftreten eines Fehlers wird eine gefährliche Berührungsspannung dadurch verhindert, daß die fehlerhafte Anlage abgeschaltet wird. Führt ein Fehler nicht unmittelbar zu einer Gefährdung, reicht eine optische und/oder akustische Meldung.

Berührungsschutz

Nullung
Die metallischen Teile der zu schützenden Anlagen und Geräte werden mit einem Schutzleiter PE verbunden. Dieser ist seinerseits mit dem Neutralleiter N verbunden. Schutzleiter PE und Neutralleiter N bilden den Nulleiter PEN. Tritt ein Fehler auf, fließt ein Strom über Gehäuse, Schutzleiter und Neutralleiter. Überschreitet der Fehlerstrom einen bestimmten Wert, schaltet das **Überstromschutzorgan** den fehlerhaften Stromkreis ab.

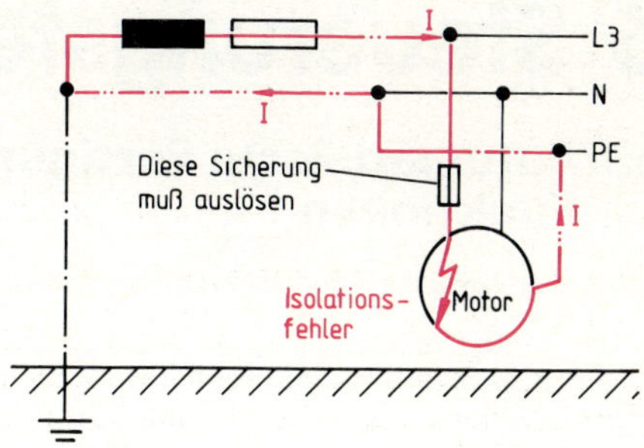

Nullung

Fehlerstrom-Schutzschaltung (FI-Schutzschaltung)
Es wird überwacht, ob Ströme den Stromkreis verlassen und über Erde abfließen können. Diese Überwachung erfolgt durch Ausnutzung der magnetischen Wirkung des elektrischen Stromes.

Der Verbraucherstrom durchfließt Spulen und erzeugt damit Magnetfelder. Sind die Magnetfelder, die von zufließenden und abfließenden Verbraucherströmen erzeugt werden, nicht gleich groß, trennt der FI-Schutzschalter den Verbraucher vom Netz. Unterschiedliche Magnetfelder bedeuten nämlich, daß zufließende und abfließende Ströme nicht übereinstimmen. Ein Teil der zufließenden Ströme muß also infolge eines Fehlers zur Erde abgeflossen sein.

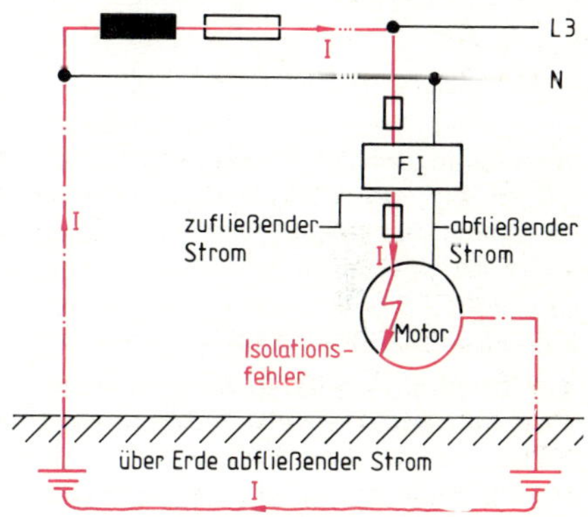

Fehlerstrom-Schutzschaltung

Schutzisolierung
Die spannungsführenden Teile sind vollständig von einer **Isolierungsschicht** umgeben. Ein beabsichtigtes oder unbeabsichtigtes Berühren ist deshalb nicht möglich. Vor allem bei elektrischen Handwerkzeugen wird diese Schutzmaßnahme bevorzugt angewendet.

Niemals elektrische Handwerkzeuge mit beschädigtem Isolierstoffgehäuse verwenden.

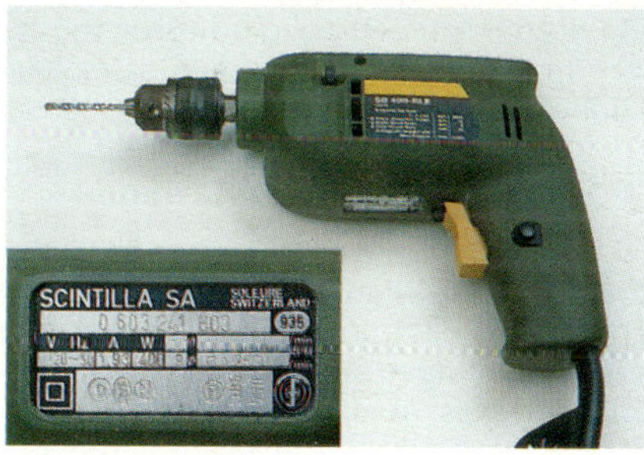

Schutzisolierung

Schutztrennung
Das zu schützende elektrische Betriebsmittel wird über einen Trenntransformator mit zwei getrennten gut gegeneinander isolierten Wicklungen an das Stromnetz angeschlossen. Damit wird erreicht, daß das Betriebsmittel die benötigte Spannung erhält, bei einem Defekt aber kein Strom über den Menschen zur Erde abfließen kann.

5.5.3 Schutz gegen direktes und indirektes Berühren

Schutzkleinspannung
Die maximale Betriebsspannung der Geräte beträgt 50-V-Wechselspannung. Da diese Spannung der **maximal zulässigen Berührungsspannung** entspricht, ist eine Gefährdung des Menschen ausgeschlossen.

Bei dieser Schutzmaßnahme sind **Sicherheitstransformatoren** zu verwenden. Kleinspannungssteckvorrichtungen dürfen nicht in Steckdosen höherer Spannung passen.

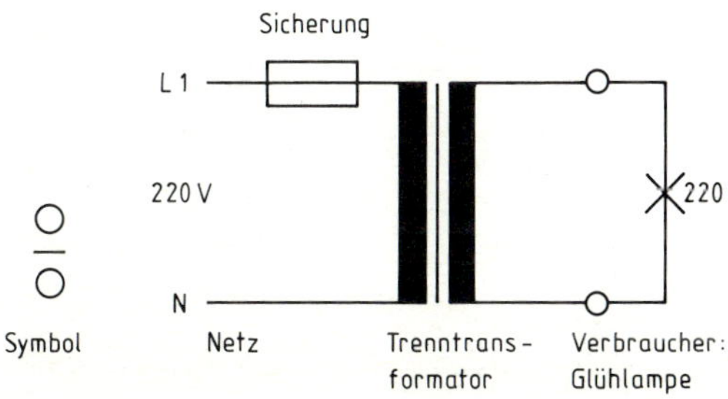

Schutztrennung

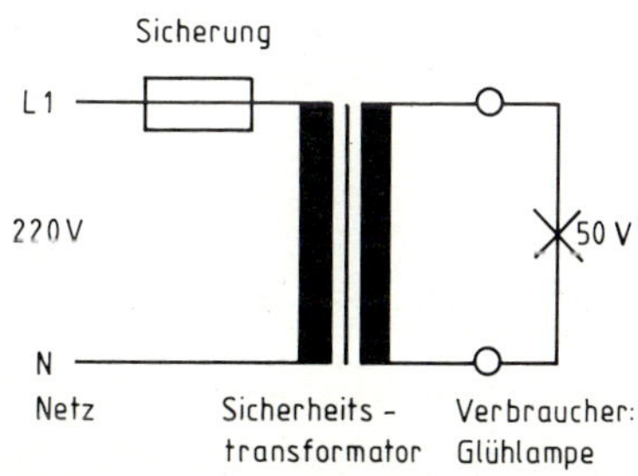

Schutzkleinspannung

6 Steuerungstechnik

6.1 Automatisierte Fertigungssysteme und Funktionen

6.1.1 Automatisierte Fertigungssysteme

In der industriellen Fertigung ersetzen Steuerungen menschliche Denkprozesse und Handlungen. Durch Steuerungen arbeiten Geräte und Maschinen weitgehend ohne Eingriff der Menschen, wie z. B. Dreh- und Fräsautomaten. Verknüpft man die Steuerungen mehrerer Maschinen oder Geräte, so können Werkstücke von der ersten bis zur letzten Fertigungsstufe automatisch weitergereicht werden. Fertigungssysteme, in denen Maschinen und Geräte derartig verkettet sind, lassen sich gemäß ihrem Zweck in zwei Gruppen unterteilen.

- Wo bei der Fertigung von Massenprodukten die Bearbeitungsaufgabe selten wechselt, wie z. B. bei der Fahrzeugherstellung, kann die Abfolge der vielen Teilfunktionen über längere Zeit unverändert bleiben. Fertigungseinrichtungen dieser Art heißen **Transferstraßen.** Wechselt das Produkt, sind verhältnismäßig aufwendige Umrüstungen an der entsprechenden Transferstraße vorzunehmen. Dazu zählt auch die Umstellung der Steuerungen.
- Große Anstrengungen werden unternommen, um industrielle Produkte auch in kleinen Serien oder als Einzelteil automatisch fertigen zu können. Weil dabei die Bearbeitungsaufgabe häufig wechselt, muß die Abfolge der vielen Teilfunktionen einer Fertigungseinrichtung immer wieder geändert werden. **Flexible Fertigungseinrichtungen** sind notwendig.

Transferstraße mit selbstüberwachtem Betriebsablauf

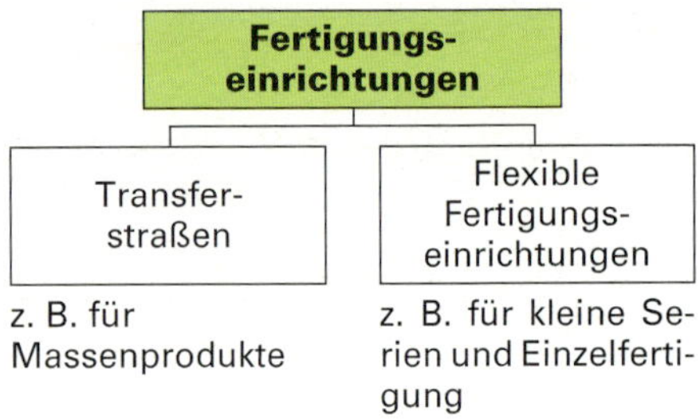

Für die flexible Fertigung ist es wichtig, daß die Steuerungen, die die Funktionsabfolge bewirken, schnell umprogrammiert werden können.

6.1.2 Automatisierte Funktionen

Ziel der Steuerungstechnik ist es letztlich, **Tätigkeiten automatisch durchzuführen.** Man nennt die Tätigkeiten in diesem Zusammenhang auch Funktionen. Die Abbildung zeigt Funktionen, auf die sich Bestrebungen zur Automatisierung konzentrieren. Sie sind den Objekten Maschine, Werkzeug, Werkstück und Hilfseinrichtung zugeordnet. Weil die Automation immer mehr fortschreitet, nimmt die Bedeutung folgender Funktionen zu:

- Die Funktionen Wechseln des Werkzeugs, Beschicken der Maschine mit unterschiedlichen Werkstücken und Einrichten der Maschine werden in den automatischen Ablauf mit einbezogen. Dies gilt insbesondere bei den flexiblen Fertigungseinrichtungen. Voraussetzung dafür sind elektronische Steuerungen und Datenverarbeitung.
- Das Prüfen der Werkstücke und Werkzeuge und Auswerten der Prüfergebnisse sowie das Erkennen und Lokalisieren von Fehlern sind zunehmend automatisierte Funktionen. Je weniger der Mensch an der eigentlichen Fertigung beteiligt ist, desto mehr müssen durch das Fertigungssystem selbst Fertigungsungenauigkeiten und Fehler erkannt werden. Systeme, die solche Funktionen realisieren, nennt man **Kontroll- und Diagnosesysteme.** Sie sollen Fertigungsausschuß verhindern und Stillstandszeiten bei auftretenden Defekten klein halten.

Funktionen ▽	Maschine	Werkzeug	Werkstück	Hilfseinrichtung
Handhaben	●	●	●	●
Transportieren, Speichern		●	●	
Wechseln, Beschicken, Einrichten	●	●	●	●
Kontrolle: Prüfen, Auswerten		●	●	
Diagnose: Erkennen, Lokalisieren	●			●

Automatisierte Funktionen

6.2 Wirkungen beim Steuern und Regeln

6.2.1 Steuern – Steuerung

Zur Erklärung der Wirkungen soll ein elektrisch beheizter Glühofen dienen, der zunächst mit einem Stellschalter ein- und ausschaltbar ist. Die Temperatur im Glühofen ist durch den Heizstrom veränderbar und ist somit die **beeinflußte Größe** des Systems. Weil der Heizstrom die Temperatur beeinflussen kann, heißt dieser **verursachende Größe**.

Die Veränderung der beeinflußten Größe durch eine oder mehrere verursachende Größen nennt man **Wirkung**.

Stellt man die Gesamtheit aller Wirkungen eines Systems dar, so erhält man den Wirkungsplan. Der Weg, längs dessen die Wirkungen in einem System verlaufen, heißt **Wirkungsweg**. Die Wirkungsrichtung wird durch Pfeile gekennzeichnet.

Wirkungswege unterscheiden sich durch zwei Arten:

- Führt von der beeinflußten Größe, z. B. der Temperatur im Glühofen, kein Wirkungsweg zurück zu einer verursachenden Größe, z. B. dem Heizstrom, ergibt sich ein **offener Wirkungsweg.** Damit liegt ein **offener Wirkungsablauf** vor. Dies ist für den bisher betrachteten Glühofen mit Stellschalter zutreffend.
- Der Wirkungsweg ändert sich, wenn der Glühofen zusätzlich mit einem Dehnstab versehen ist, der sich mit steigender Temperatur verlängert und die Heizung über einen Hebel abschaltet. Dadurch führt von der beeinflußten Größe „Temperatur“ ein Wirkungsweg zurück zur verursachenden Größe „Heizstrom“. Diese Rückwirkung ergibt den **geschlossenen Wirkungsweg.** Weil die beeinflußte Größe nicht fortlaufend auf die verursachende Größe wirkt, bezeichnet man diesen Wirkungsablauf ebenfalls als offen.

Der offene Wirkungsablauf ist kennzeichnend für Steuerungen.

Das Steuern bzw. die Steuerung, ist nach DIN 19226 der Vorgang, bei dem eine oder mehrere Eingangsgrößen Ausgangsgrößen beeinflussen. Kennzeichen für das Steuern ist ein offener Wirkungsweg oder ein geschlossener Wirkungsweg, bei dem die beeinflußten Ausgangsgrößen **nicht fortlaufend** auf die sie beeinflussenden Eingangsgrößen wirken.

6.2.2 Regeln – Regelung

Ersetzt man den Tastschalter des Glühofens durch einen Kontakt mit Rückstellfeder, so handelt es sich nicht mehr um eine Steuerung: Mit steigender Temperatur verlängert sich der Dehnstab, bis sich der Kontakt öffnet und den Heizstrom abschaltet. Fällt die Temperatur, so verkürzt sich der Dehnstab, der Kontakt schließt, und die Heizung setzt wieder ein. Weil sich der Vorgang ständig wiederholt, bleibt die Temperatur annähernd konstant.

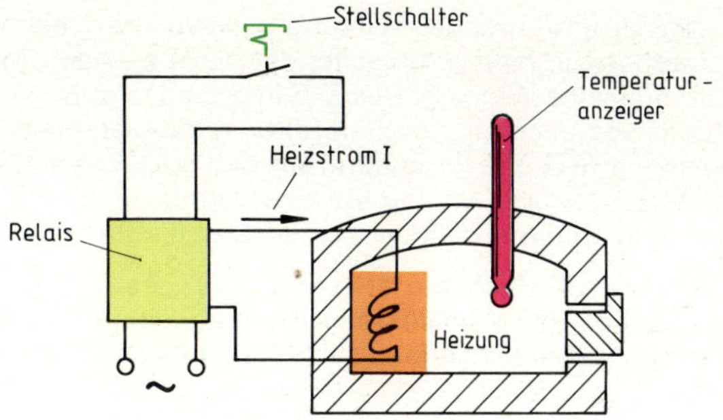

Steuerung eines Glühofens mit Stellschalter

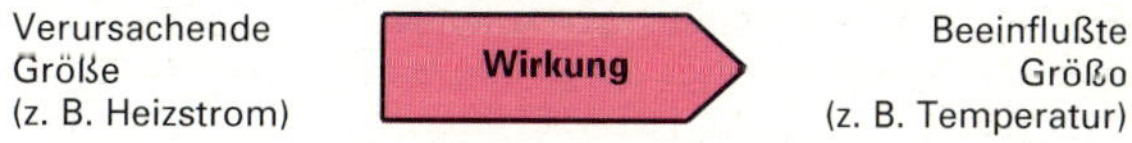

Beispiel eines Wirkungsplans mit offenem Wirkungsweg

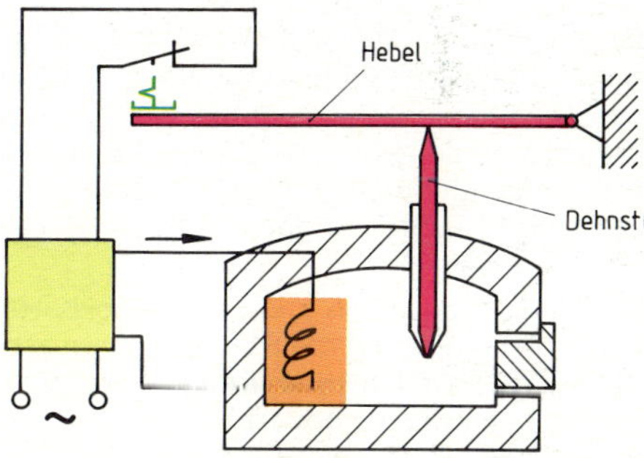

Steuerung eines Glühofens mit Dehnstab, Hebel und Stellschalter

Wirkungsplan mit geschlossenem Wirkungsweg und offenem Wirkungsablauf

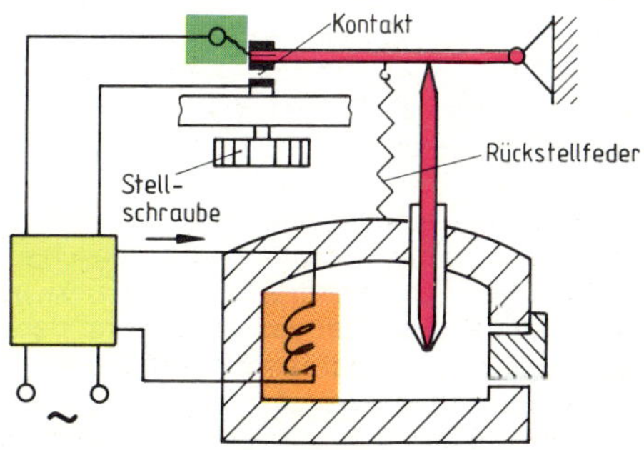

Regelung eines Glühofens mit Dehnstab und Rückstellfeder

Über den zurückführenden Wirkungsweg von der beeinflußten Größe „Temperatur“ zur verursachenden Größe „Heizstrom“ verläuft jetzt ständig eine Wirkung. Deshalb liegt neben dem geschlossenen Wirkungsweg auch ein **geschlossener Wirkungsablauf** vor, in dem die beeinflußte Größe fortlaufend auf sich zurückwirkt. Der geschlossene Wirkungsablauf ist die Voraussetzung für eine Regelung. Im Beispiel des Glühofens ist die Temperatur die Regelgröße.

Regeln bzw. die Regelung ist nach DIN 19226 ein Vorgang, für den Kennzeichen der geschlossene Wirkungsablauf ist, in dem die Regelgröße sich **fortlaufend** selbst beeinflußt.

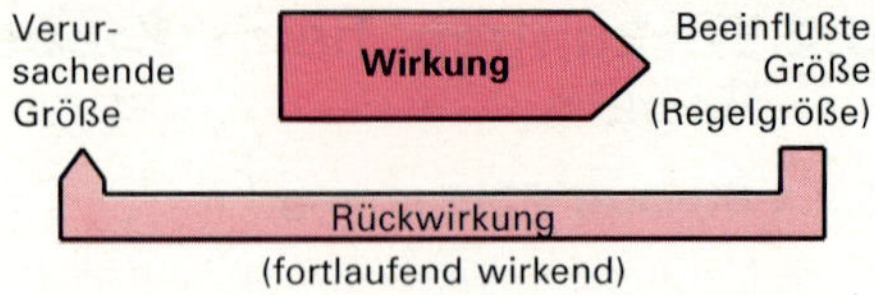

Wirkungsplan mit geschlossenem Wirkungsweg und geschlossenem Wirkungablauf

6.3 Verwirklichung von Steuerungen

Eine Steuerung erfordert ein Programm und entsprechende Geräte. Das Programm beinhaltet alle Anweisungen und Vereinbarungen für die Signalverarbeitung, durch die eine zu steuernde Anlage beeinflußt wird.

Im folgenden kann der Begriff Steuerung entsprechend der DIN 19226 zwei Bedeutungen haben: Der Begriff Steuerung wird nicht nur für den Vorgang des Steuerns, sondern auch für die gesamte Anlage verwendet, in der der Informationsumsatz stattfindet.

6.3.1 Verbindungsprogrammierte Steuerungen (VPS)

Steuerungen, deren Baueinheiten z. B. durch pneumatische oder hydraulische Rohrleitungen bzw. elektrische Leitungen verbunden sind, nennt man verbindungsprogrammierte Steuerungen.

- Ist der Leitungsanschluß durch Klemm-, Löt-, Schweiß- oder Schraubverbindungen verwirklicht, so kann die Verrohrung bzw. Verdrahtung nur durch größeren mechanischen Eingriff verändert werden. Solche Steuerungen bezeichnet man als **festprogrammiert**.
- Ist der Leitungsanschluß z. B. durch steckbare Leitungsverbindungen verwirklicht, so ist die Steuerungsaufgabe durch Umstecken der Leitungen einfach veränderbar. Solche Steuerungen bezeichnet man als **umprogrammierbar**.

Zu den verbindungsprogrammierten Steuerungen zählen pneumatische und hydraulische Steuerungen, Relais- und Schützsteuerungen sowie manche Steuerungen mit elektronischen Baueinheiten.

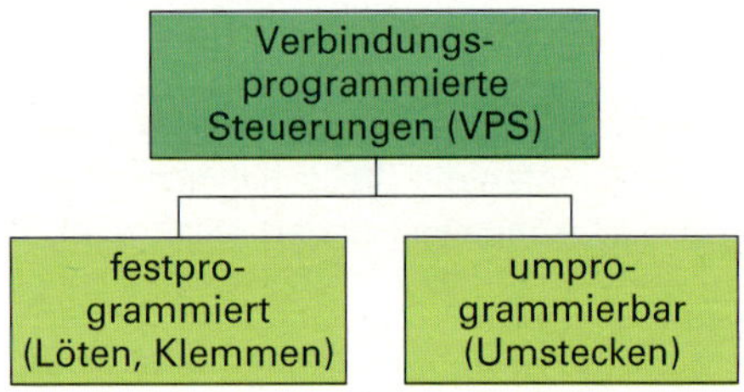

Gliederung verbindungsprogrammierter Steuerungen (DIN 19237)

6.3.2 Speicherprogrammierte Steuerungen (SPS)

Steuerungen, die einen elektronisch lesbaren Programmspeicher haben, nennt man speicherprogrammierte Steuerungen. Die Unterteilung richtet sich nach dem verwendeten Speichertyp:

- **Freiprogrammierbare SPS** enthalten einen Speicher, dessen Inhalt programmgemäß geändert werden kann. Der Anwender hat dadurch die Möglichkeit, jederzeit Programme zu ändern oder neue einzugeben. Das Programm läßt sich über einen Bildschirm erstellen und in die Steuerung übertragen. Es ist auch möglich, daß Programm über ein spezielles Programmiergerät einzugeben.
- **Austauschprogrammierbare SPS** enthalten einen Speicher, von dem nur Programme gelesen werden können. Ein Überschreiben des Speichers mit einem neuen Programm ist unter betriebsmäßigen Bedingungen nicht möglich. Um ein neues Programm einzugeben, wird der Speicherbaustein als Ganzes ausgetauscht.
  Austauschprogrammierbare SPS werden nochmals unterteilt: Läßt sich zum einen der Inhalt des Speichers durch unterschiedliche physikalische Verfahren löschen und neu programmieren, nennt man den Speicher **veränderbar**; andererseits benennt man einen Speicher, der bei der Herstellung einmalig programmiert werden kann, als **unveränderbar**.

SPS können mit zentralen Steuerungen und untereinander elektronisch gekoppelt werden und Daten austauschen. Sie ersetzen in zunehmendem Maße verbindungsprogrammierte Steuerungen.

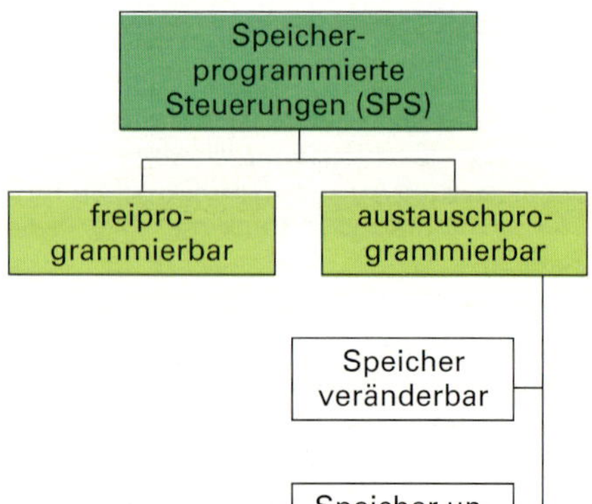

Gliederung speicherprogrammierter Steuerungen (DIN 19237)

6.4 Beispiel einer Steuerung: Einprägeeinrichtung

6.4.1 Aufgabe des Fertigungssystems

Es sei die Aufgabe gestellt, an einer Fläche von Ventilgehäusen Buchstaben einzuprägen. Weil die benötigte Stückzahl klein sein soll, sind die hohen Kosten für ein vollautomatisches Fertigungssystem nicht vertretbar. Deshalb sollen einige Operationen entsprechend der Abbildung von Hand ausgeführt werden.

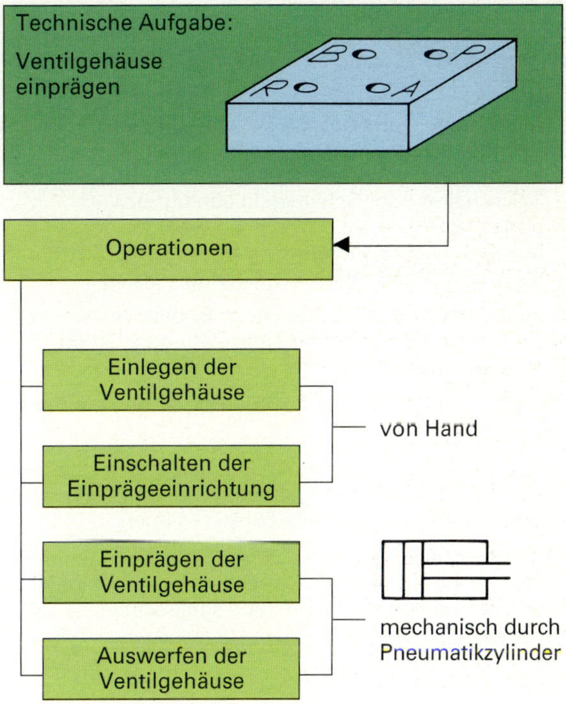

6.4.2 Energieteil des Fertigungssystems

Der Energieteil ist Teil der zu steuernden Anlage, des Prozesses. Zum Energieteil zählen die Arbeitsglieder, die im Beispiel der Einprägeeinrichtung das Ventilgehäuse prägen und auswerfen. Die notwendige Energie kann pneumatisch, hydraulisch oder elektrisch sein. Zur eindeutigen Beschreibung bedient man sich des **Technologieschemas**. Es umfaßt die **textliche Beschreibung**, den **Lageplan** und die **grafische Darstellung der Funktionsabfolge**.

Technologieschema

- Textliche Beschreibung

Wird die Einprägeeinrichtung am Hauptschalter eingeschaltet, steht Energie für Energie- und Steuerungsteil zur Verfügung. Damit die Einrichtung schnell abstellbar ist, z. B. bei falscher Lage des Ventilgehäuses, ist der handbetätigte AUS-Taster mit einer pilzförmigen roten Kappe versehen. In dieser Funktion bezeichnet man ihn als NOT-AUS-Taster.

Die Ventilgehäuse werden von Hand einem Behälter entnommen und in die Halterung gelegt. Der Einprägestempel fährt aus, wenn die Tastschalter S1 und S2 gleichzeitig gedrückt sind. Diese **Zweihandbedienung** ist notwendig, um Handverletzungen bei der Stempelbewegung zu vermeiden. Nachdem der Stempel die Buchstaben eingeprägt hat, werden die Tastschalter S1 und S2 losgelassen. Dadurch fährt der Stempel zurück. Nachdem er die Ausgangslage wieder erreicht hat, fährt der Auswerfer automatisch aus und wirft das Ventilgehäuse aus der Einprägeeinrichtung in einen Behälter. Sobald die Endlage erreicht ist, fährt der Auswerfer in die Ausgangslage zurück.

- Lageplan

Der Lageplan zeigt den Energieteil der Einprägeeinrichtung. Für die Bewegung von Stempel und Auswerfer sind Pneumatikzylinder vorgesehen. Ob andere Arbeitsglieder, z. B. Spindelantriebe, geeigneter wären, wird hier nicht erörtert.

- Grafische Darstellung der Funktionsabfolge

Um die spätere Planung der Steuerung zu erleichtern, wird die Funktionsabfolge zusätzlich grafisch dargestellt. Man erleichtert sich damit auch die Fehlersuche bei umfangreichen Steuerungen. Die Darstellung erfolgt durch Diagramme.

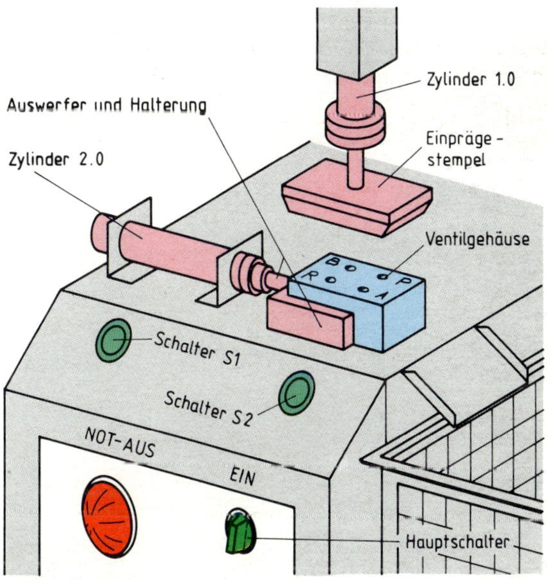

Lageplan – Einprägeeinrichtung

Zustandsdiagramme stellen den Funktionsablauf einer Baueinheit in Einzelschritten dar. Das Diagrammgerüst zeigt in der Senkrechten den erreichten Zustand und in der Waagerechten Arbeitsschritte.

- Als Zustand sind folgende Beschreibungen denkbar: Zylinder ausgefahren bzw. eingefahren, Motor dreht rechts bzw. links, Tastschalter oder Schaltventil betätigt bzw. unbetätigt (0). In das Zustandsdiagramm trägt man die Zustände verkürzt ein, z. B. ein – aus, betätigt – 0 usw.
- Jede Zustandsänderung, wie z. B. der Wechsel von Hin- und Rückbewegung eines Zylinders, ist der Beginn eines neuen Schrittes in der Steuerung.
- Den Verlauf der Zustandsänderung stellen die **Funktionslinien** dar.
- Längere Zeiten, die z. B. ein Zylinder zum Ausfahren und Einfahren benötigt, erkennt man im Diagramm durch schräg verlaufende Funktionslinien.
- Kurze Schaltzeiten, wie z. B. von Schaltventilen oder elektrischen Schaltern, werden vernachlässigt. Die Funktionslinien verlaufen dann senkrecht.
- Die Numerierung, sie beginnt mit dem 1. Schritt, kann durch Zeitangaben ergänzt werden.

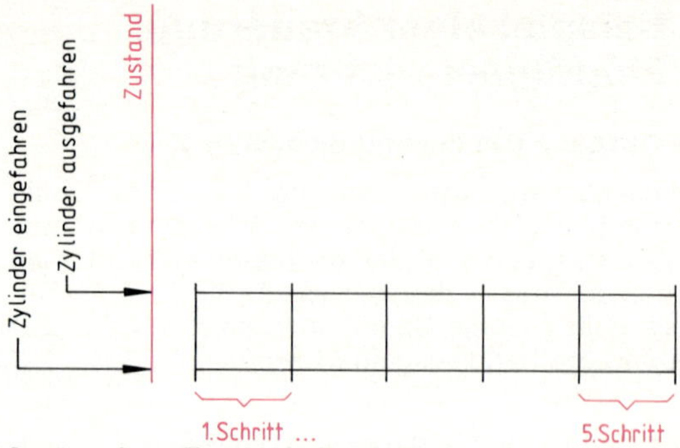

Gerüst eines Zustandsdiagramms

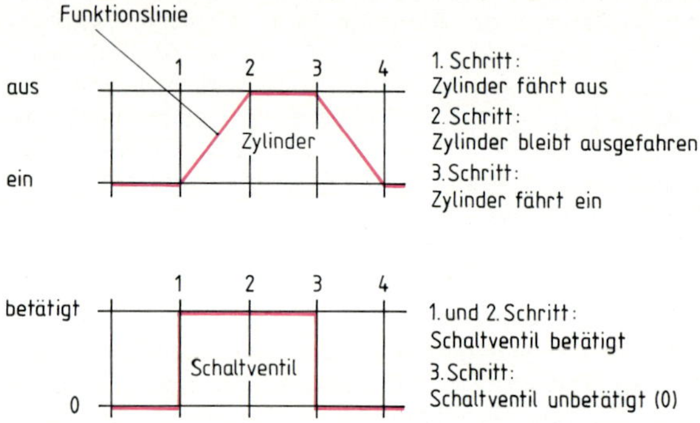

Zustandsdiagramme für Zylinder und Schaltventil

Funktionsdiagramme stellen mehrere Zustandsdiagramme im Zusammenhang dar. Sie enthalten neben den Funktionslinien Benennungen und Kurzzeichen (z. B. 1.0 und 2.0) der Baueinheiten.

Um zu klären, wie die Tastschalter beim Betätigen wirken, zeichnet man sie zunächst als Symbole (VDI 3260) in das Funktionsdiagramm ein. Anschließend verbindet man die Symbole und die Funktionslinien entsprechend mit **Signallinien**.

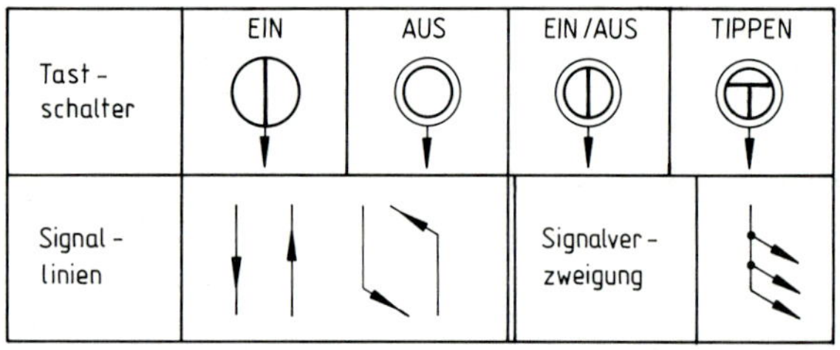

Symbole für Funktionsdiagramme (Auszug VDI 3260)

Für die Einprägeeinrichtung liest sich das Funktionsdiagramm wie folgt:

1. Schritt:
Tastschalter S1 und S2 gleichzeitig gedrückt,
Zylinder 1.0 fährt aus.

2. Schritt:
Tastschalter S1 und S2 losgelassen,
Zylinder 1.0 fährt ein.

3. Schritt:
Zylinder 2.0 fährt aus.

4. Schritt:
Zylinder 2.0 fährt ein.

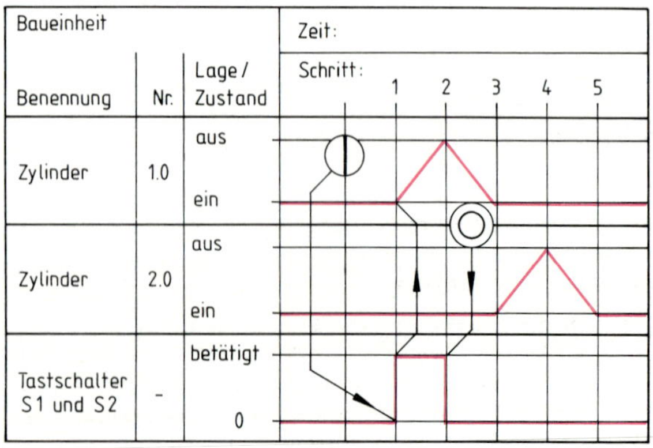

Funktionsdiagramm

Werden die Tastschalter S1 und S2 erneut gedrückt und entsprechend losgelassen, wiederholen sich die Schritte 1 bis 4.

6.4.3 Steuerung als Funktionseinheit

Eine zu steuernde Anlage enthält neben dem Energieteil, der unmittelbar den Stoff- und Energieumsatz bewirkt, eine Steuereinrichtung.

Als Funktionseinheit stellt die Steuerung zwischen Eingabe- und Ausgabegrößen einen Zusammenhang her, der nach Aufgabe oder Wirkung abgegrenzt ist (DIN 19226).

Für die Einprägeeinrichtung besteht die Aufgabe der Steuerung darin, die Eingabesignale der Tastschalter zu verarbeiten und Ausgabesignale zu bilden. Die Ausgabesignale sollen auf die Anlage so einwirken, daß sich die im Technologieschema beschriebene Funktionsabfolge der Arbeitszylinder ergibt. Dieser allgemeingültige Zusammenhang ist unter der Abkürzung **EVA**-Prinzip geläufig.

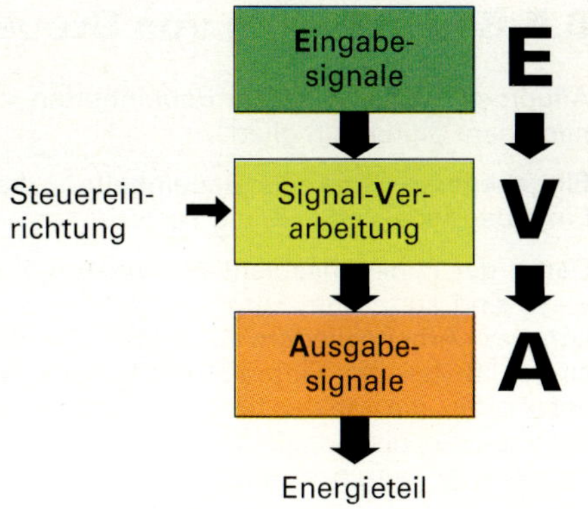

Steuerung als Funktionseinheit

Physik der Signaldarstellung

Die Darstellung der Signale bezieht sich in der Steuerung auf die Verarbeitung. Baueinheiten zur Signalverarbeitung sind so auszuwählen, daß sie die Signale verarbeiten können. Bei der Einprägeeinrichtung sind es die Signale der Tastschalter, die in der Steuerung zu verarbeiten sind.

Steuerungen können Signale nur dann verarbeiten, wenn die Signale in geeigneter physikalischer Form vorliegen.

Hydraulische und pneumatische Steuerungen verarbeiten Drucksignale, elektrische und elektronische Steuerungen elektrische Signale.

Liegen die Signale nicht in geeigneter Form vor, so müssen sie umgeformt, gewandelt oder umgesetzt werden.

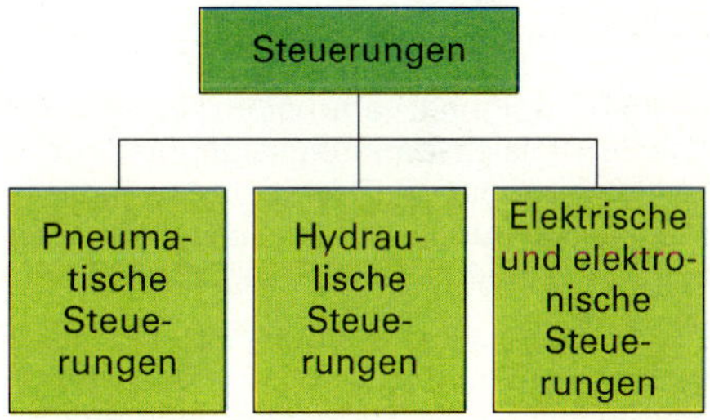

Unterscheidung von Steuerungen nach der Physik der Signale

Signalverarbeitung

Damit die gewünschte Funktionsabfolge bei einer gesteuerten Anlage erreicht wird, muß die Steuerung mit einem passenden Programm den Energieteil beeinflussen. So muß das Programm der Einprägeeinrichtung bewirken, daß die Zylinder 1.0 und 2.0 sich entsprechend dem Funktionsdiagramm bewegen.

Nachdem das Programm feststeht, entscheidet man sich für eine Gerätetechnik und wählt passende Baueinheiten aus.

Aufgaben zur Wiederholung und Vertiefung

1. Stellen Sie Unterschiede zwischen Transferstraßen und flexiblen Fertigungseinrichtungen heraus.

2. Ermitteln Sie an gesteuerten Anlagen Ihres Arbeitsbereiches (z. B. Fräsmaschine, Bearbeitungszentrum, Drehmaschine, Schweißroboter, Hochregallager) automatisierte Operationen.

3. Ein wesentlicher Unterschied zwischen Steuerungen liegt darin, daß die Programme verschieden festgelegt werden können.
a) Was ist ein Programm?
b) Beschreiben Sie die Möglichkeiten der Programmfestlegung.

4. Untersuchen Sie Energie- und Steuerungsteil einer gesteuerten Anlage hinsichtlich ihrer Aufgaben.

5. Entscheiden Sie, ob es sich bei den folgenden Systemen um eine Steuerung bzw. um eine Regelung handelt:
a) System mit offenem Wirkungsweg und offenem Wirkungsablauf
b) System mit geschlossenem Wirkungsweg und geschlossenem Wirkungsablauf
c) System mit geschlossenem Wirkungsweg und offenem Wirkungsablauf.

6. Zeichnen Sie das Zustandsdiagramm für einen Zylinder, der im 1. und 2. Schritt ausfährt, im 3. Schritt in seiner Endlage verharrt und im 4. Schritt wieder einfährt. Zeichnen Sie außerdem das Zustandsdiagramm eines Schaltventils, das diesen Zylinder entsprechend ansteuert.

7. Stellen Sie an gesteuerten Anlagen Ihres Arbeitsbereiches fest, in welcher physikalischen Form die Signale in der Steuerung verarbeitet werden.

6.5 Baueinheiten von Steuerungen

Allgemein lassen sich die Baueinheiten von gesteuerten Anlagen nach dem Signalfluß gliedern.

Eingabegeräte sind alle Baueinheiten, die Eingabesignale bilden. Eingabegeräte sind z. B. die Tastschalter der Einprägeeinrichtung.

Damit der Funktionsablauf bis zum Ende selbsttätig weitergeführt wird, sind außerdem Eingabegeräte notwendig, die eine Rückwirkung von Arbeitsgliedern auf die Steuereinrichtung ermöglichen. So sind z. B. bei der Einprägeeinrichtung Wegeventile mit Tastrolle anzubauen, die von den beiden Zylindern betätigt werden. Die Ventile geben nun als Eingabegeräte Signale über den Zustand der Zylinder (Zylinder ein- bzw. ausgefahren) zur Steuereinrichtung weiter.

Baueinheiten, die Eingabesignale an die Steuereinrichtung übergeben, bezeichnet man als Eingabegeräte.

Die **Steuerung** enthält Baueinheiten zur Signalaufnahme. In vielen Fällen sind die Signale anzupassen, bevor sie verarbeitet werden. Dies gilt z. B. für elektronische Steuerungen, die oft nur 5 V-Gleichspannungssignale verarbeiten können, denen jedoch die Eingabegeräte 24 V-Gleichspannungssignale vorgeben. Es folgt die eigentliche Signalverarbeitung. Resultierende Signale mit zu geringer Leistung müssen verstärkt werden. **Ausgeber** liefern die Signale zur Vorgabe an die Stellglieder bzw. Stellgeräte des Prozesses.

Damit die Vorgänge in einer zu steuernden Anlage beeinflußbar sind, enthält sie **Stellglieder** wie Ventile oder Leistungsschütze. Werden die Stellglieder durch **Stellantriebe** mechanisch betätigt, so liegt ein **Stellgerät** vor. Stellglieder bzw. Stellgeräte beeinflussen den Zustand der Arbeitsglieder. Sie schalten z. B. Motoren ein und aus oder lassen, wie bei der Einprägeeinrichtung, Zylinder ein- und ausfahren.

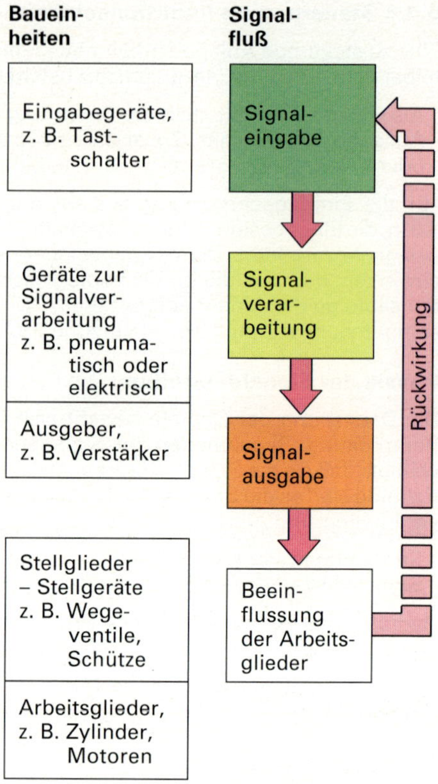

Zuordnung der Baueinheiten zum Signalfluß einer gesteuerten Anlage

6.5.1 Eingabegeräte

Eingabegeräte umfassen Baueinheiten, die manuell (durch Handeingabe), mechanisch oder berührungslos Signale übernehmen und in der jeweiligen Signalform an die Steuereinrichtung weitergeben.

Eingabegeräte für manuelle Betätigung

- Stellschalter – Wegeventile mit Raster

Manuell betätigte Schalter mit mindestens 2 Schaltstellungen, die nach Betätigung in der jeweiligen Lage verharren, bezeichnet man als Stellschalter. Der bekannteste Stellschalter ist der Lichtschalter.

Aber auch pneumatische und hydraulische Wegeventile, die durch Rasten in der jeweiligen Schaltstellung verharren, erfüllen die Aufgabe von Stellschaltern.

- Tastschalter – Wegeventile ohne Raster

Manuell betätigte Schalter, die sich nach Betätigung selbsttätig zurückstellen, heißen Tastschalter.

Man unterscheidet bei allen Schaltern Schließer, Öffner und Wechsler.

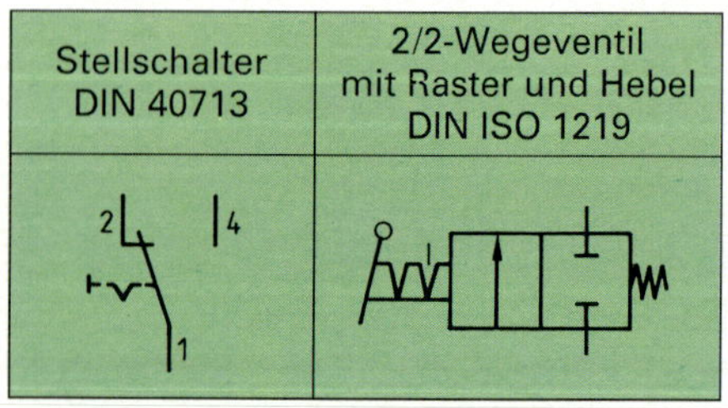

Schaltzeichen für Eingabegeräte

Schließer unterbrechen im unbetätigten Zustand, der Ruhestellung, den Stromkreis. Beim Betätigen des Schaltstößels gegen eine Feder schließt der Stromkreis. Der Klingelknopf ist z. B. ein Schließer.

Das dargestellte 2/2-Wegeventil mit Federrückstellung wirkt auch wie ein Schließer. Die Kugel sperrt in Ruhestellung den Zufluß P → A. Wird der Taster betätigt, gibt die Kugel den Weg von P → A frei.

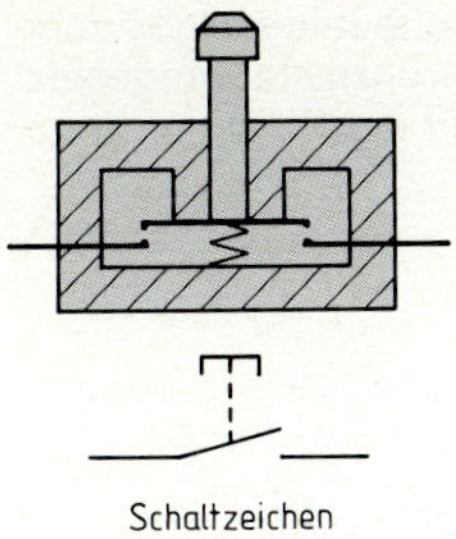

Schließer

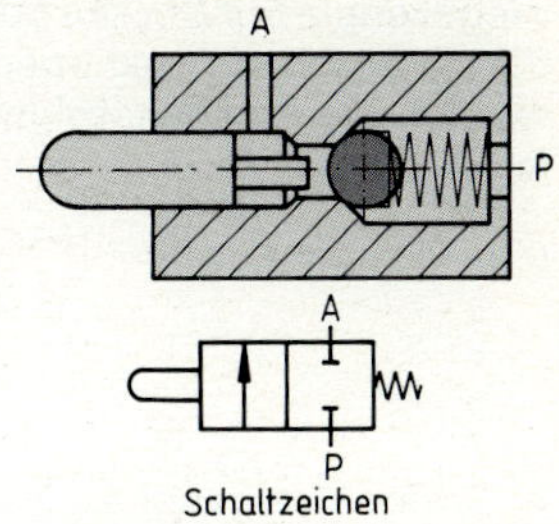

2/2-Wegeventil mit Federrückstellung

Öffner schließen in der Ruhestellung den Stromkreis und öffnen ihn bei Betätigung. Ein Öffner befindet sich z. B. an der Autotür. Die geschlossene Tür betätigt ständig den Öffner. Dadurch ist der Stromkreis unterbrochen und die Innenraumbeleuchtung ist aus.

Ein 2/2-Wegeventil mit Federrückstellung, das in Ruhestellung den Weg von P → A freigibt und bei Betätigung den Zufluß P → A sperrt, wirkt ebenfalls als Öffner.

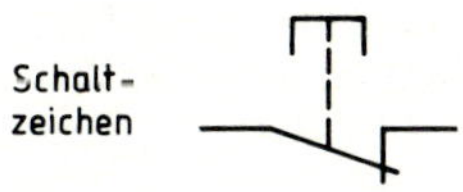

Öffner

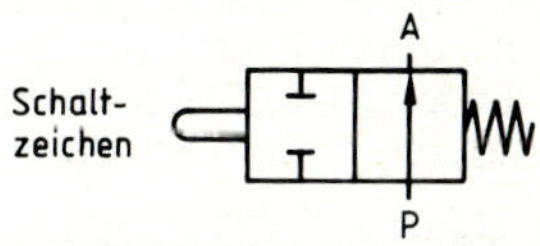

2/2-Wegeventil mit Federrückstellung

Wechsler enthalten sowohl einen Schließer als auch einen Öffner. Wechsler unterbrechen einen geschlossenen Stromkreis und schließen gleichzeitig einen anderen.

Das dargestellte 3/2-Wegeventil mit Federrückstellung wirkt ebenso. Es sperrt in der Ruhestellung den Zulauf P und öffnet den Rücklauf A → R. Bei Betätigung schließt Rücklauf R und Weg P → A wird frei. Nach Rücknahme der Kraft drückt die Feder die Kugel wieder in Ruhestellung. Dadurch wird Zulauf P gesperrt und Rücklauf A → R freigegeben.

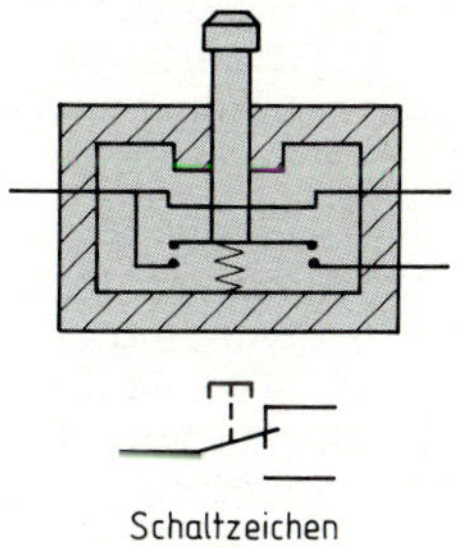

Wechsler

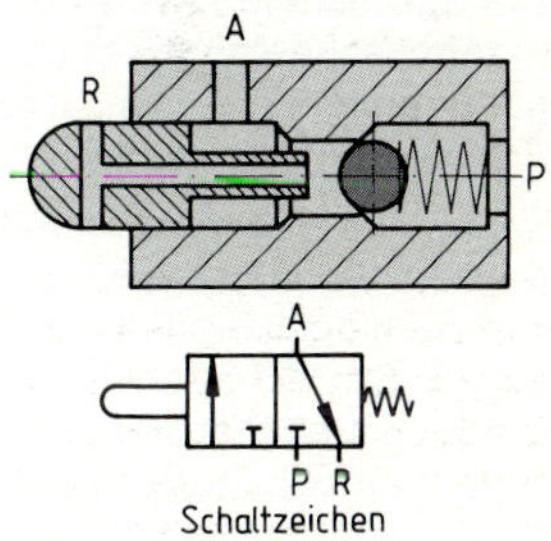

3/2-Wegeventil mit Federrückstellung (pneumatisch)

Grenzsignalgeber

Es kommt immer wieder vor, daß physikalische Größen wie Temperatur, Weg und Druck von Arbeitsgliedern erfaßt und an die Steuereinrichtung zurückgeführt werden müssen. Die erforderlichen Baueinheiten heißen allgemein **Signalgeber**. Da die meisten Steuereinrichtungen mit binären Signalen arbeiten, benötigt man dazu schaltende Signalgeber, die analoge Signale binär weitergeben.

> Ändert sich bei Signalgebern der Zustand von binären Ausgabesignalen, wenn die analogen Eingabesignale einen bestimmten Grenzwert erreichen, handelt es sich um Grenzsignalgeber.

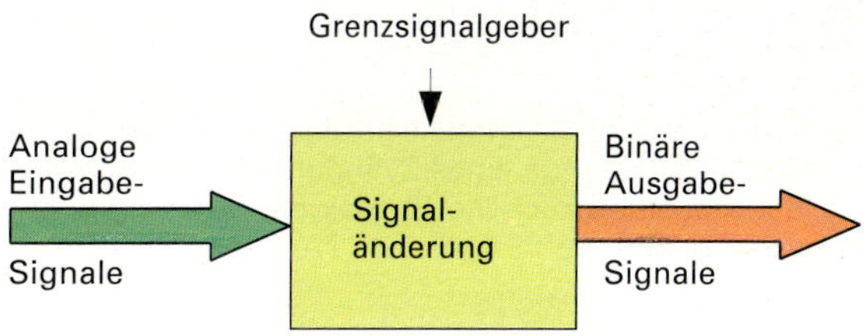

Wirkungsplan von Grenzsignalgebern

- Grenzsignalgeber für mechanische Betätigung

Elektrische Schalter, die Grenz- und Endlagen von Arbeitsgliedern weitergeben, z. B. die Endlagen der Zylinder bei der Einprägeeinrichtung, nennt man **Grenztaster**. Sie geben binäre elektrische Signale aus. Damit auch bei langsamer Betätigung der Kontakt plötzlich erfolgt, sind sie mit Sprungschaltern ausgestattet. Geschaltet wird über Stößel oder Rollenhebel.

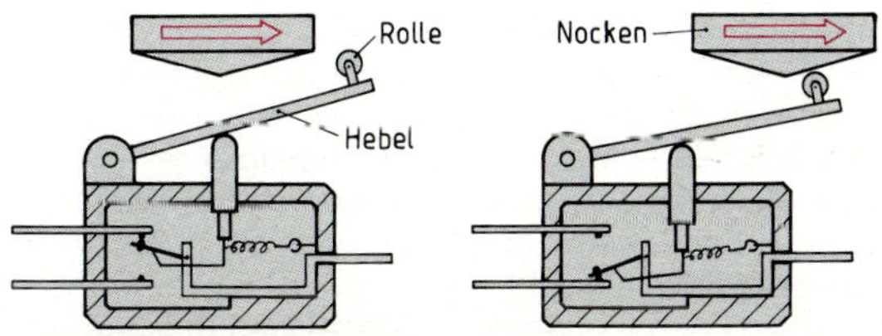

Schaltvorgang eines Grenztasters

Wegeventile mit Nocken oder Rollenbetätigung können für die gleichen Funktionen wie Grenztaster eingesetzt werden. Die Ausgangssignale sind jedoch Drucksignale.

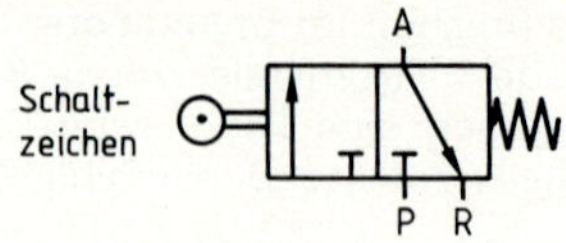

Schaltzeichen eines Wegeventils mit Rollenbetätigung

- Grenzsignalgeber als Näherungsschalter

Grenzsignalgeber, die auf Körper und Flüssigkeiten reagieren, die sich ihnen nähern aber sie nicht berühren, nennt man in der Praxis **Näherungsschalter.** Sie erfüllen Aufgaben wie Grenztaster. Es ist jedoch keine Kraft aufzuwenden. Sie arbeiten weitgehend verschleißfrei und lassen hohe Schaltfrequenzen zu.

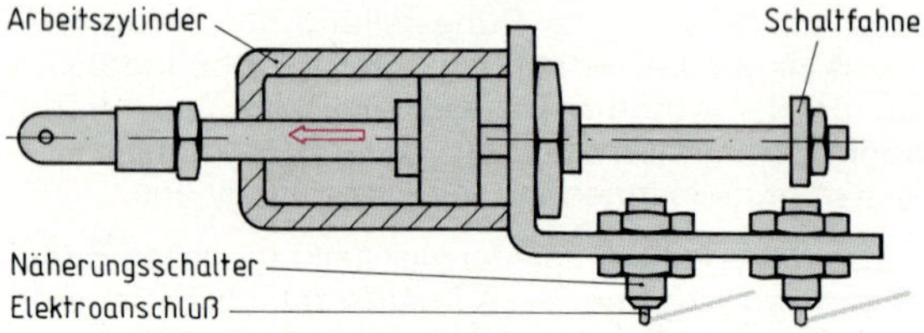

Näherungsschalter im Einsatz

Induktive Näherungsschalter besitzen eine aktive Fläche, aus der ein hochfrequentes elektromagnetisches Feld austritt. Nähert sich ein metallischer Gegenstand, z. B. die Schaltfahne eines Zylinders, wird das elektromagnetische Wechselfeld gestört und so der Schaltvorgang ausgelöst. Der Schaltabstand beträgt je nach Baugröße 1 mm bis 150 mm.

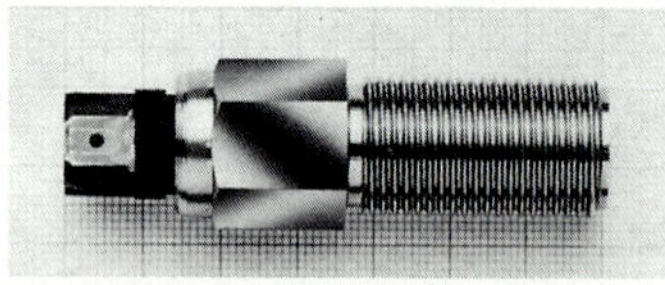
Induktiver Näherungsschalter

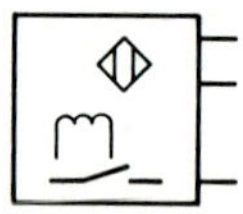
Schaltzeichen

Kapazitive Näherungsschalter reagieren auf elektrische Kapazitätsänderungen. Durch Annäherung von Flüssigkeiten oder Festkörpern wird der Schaltvorgang ausgelöst. Der Schaltabstand beträgt etwa 20 bis 40 mm. Da diese Schalter auf fast alle Stoffe ansprechen, sind sie störanfällig gegen Nässe und Verschmutzung.

Kapazitiver Näherungsschalter (Schaltzeichen)

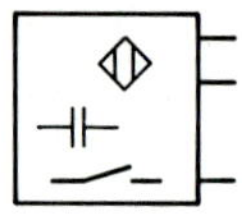

Magnetische Näherungsschalter reagieren, wenn ein Permanentmagnet ihren Kontakten genähert wird. Dabei öffnet bzw. schließt das Magnetfeld berührungslos den Stromkreis. Schalter dieser Art nennt man auch **Reedkontakte.**

Reedkontakt (Schaltzeichen)

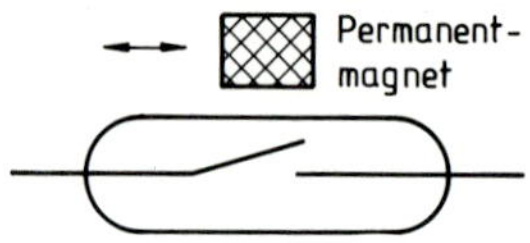

Fotoelektronische Näherungsschalter, die auch **Lichtschranken** heißen, arbeiten mit Sender und Empfänger. Der Stromkreis zwischen Sender und Empfänger ist über eine Lichtschranke geschlossen. Durchfährt z. B. die Kolbenstange eines Zylinders die Lichtschranke, löst der unterbrochene Stromkreis den Schaltvorgang aus.

Fotoelektronischer Näherungsschalter (Schaltzeichen)

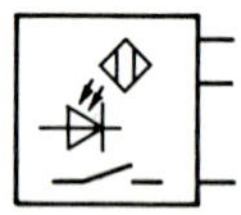

- Grenzsignalgeber für Drucksignale

Grenzsignalgeber für Drucksignale schalten in Abhängigkeit eines hydraulischen oder pneumatischen Druckkes einen elektrischen Stromkreis ein oder aus. Dazu betätigt z. B. ein Zylinder bei einem bestimmten Grenzdruck einen elektrischen Schalter, der je nach Anschluß als Öffner, Schließer oder Wechsler wirkt. Weil diese Grenzsignalgeber Drucksignale (p) in Elektrosignale umwandeln, nennt man sie **PE-Wandler** und bei einstellbarem Schaltdruck **Druckschalter**.

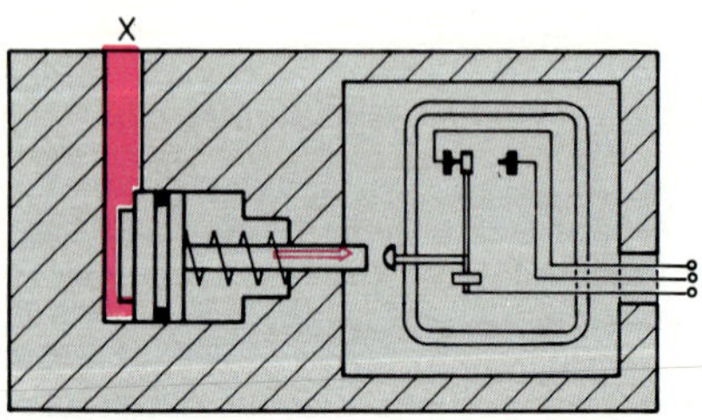

PE-Wandler

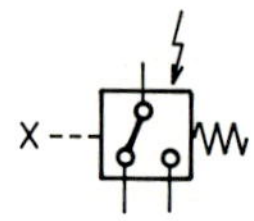

Schaltzeichen

- Grenzsignalgeber für Temperatursignale

Werden zwei Metallbleche mit stark unterschiedlicher Wärmedehnung aufeinandergeschweißt, so entsteht ein Bimetallstreifen. Er ist bei Raumtemperatur etwa eben und krümmt sich mit steigender Temperatur. Nutzt man die Bewegung dazu, einen elektrischen Stromkreis bei einer bestimmten Grenztemperatur im Prozeß ein- oder auszuschalten, handelt es sich um einen **Temperaturschalter**.

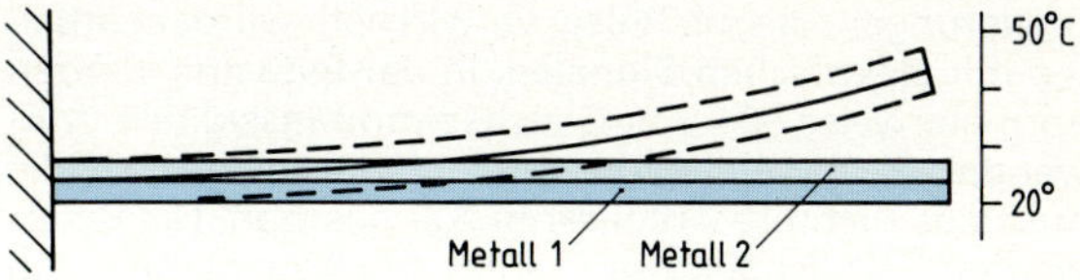

Wärmewirkung bei einem Bimetallstreifen

6.5.2 Geräte zur Signalverarbeitung

Steuerungen verarbeiten Eingabesignale nach einem Programm. Als Ergebnisse der Signalverarbeitung werden Ausgabesignale erzeugt, die an Stellgeräte oder Anzeigegeräte weitergegeben werden. Geräte zur Signalverarbeitung können in unterschiedlicher Technik verwirklicht werden. Es werden manchmal auch verschiedene Techniken miteinander kombiniert.

Pneumatische Steuerungen

Pneumatische Steuerungen arbeiten mit **Drucksignalen.** Als Baueinheiten werden Ventile eingesetzt, die unterschiedliche Funktionen erfüllen. Es gibt Ventile für Verknüpfungen (UND, ODER, NICHT), für Speicherfunktionen und für Zeitfunktionen. Die Ventile werden nach einem vorab entwickelten Schaltplan untereinander mit Schläuchen oder festen Rohrleitungen verbunden.

Pneumatisch verwirklichte Steuerungen sind **verbindungsprogrammiert.**

Sie werden durch Austausch von Baueinheiten oder durch Ändern der Rohr- oder Schlauchverbindungen umprogrammiert. Bei Einsatz von Schläuchen ist eine Umprogrammierung meistens ohne große Probleme möglich.

Pneumatische Steuerung

Hydraulische Steuerungen

Hydraulische Steuerungen arbeiten ähnlich wie pneumatische Steuerungen mit **Drucksignalen** und **Ventilen** als Baueinheiten. Allerdings sind die Ventile meistens größer und für höhere Drücke ausgelegt.

Hydraulisch verwirklichte Steuerungen sind **verbindungsprogrammiert.**

Die Baueinheiten werden meistens mit festen Rohren verbunden oder auf Steuerblöcke montiert. Schlauchverbindungen werden seltener verwendet. Bei Verwendung von Steuerblöcken erfolgt die Verbindung der Baueinheiten durch Bohrungen innerhalb der Blöcke. Nachträgliche Änderungen sind bei hydraulischen Steuerungen oft nur mit großem Aufwand möglich.

Hydrauliksteuerblock mit Ventilen

Relaissteuerungen

Steuerungen, die mit Relais verwirklicht werden, arbeiten mit **elektrischen Signalen.** In der Industrie werden normalerweise 24-Volt-Gleichspannungssignale verwendet. Als Baueinheiten werden Relais eingesetzt, die meistens mehrere Arbeitskontakte besitzen. Die Relais werden üblicherweise auf Montageplatten in Schaltschränke eingebaut.
Die Kontakte werden untereinander mit Drähten verbunden.

Relaissteuerungen sind **verbindungsprogrammiert.**

Dabei wird das Programm der Steuerung durch die Verbindung der Kontakte bestimmt.

Relais werden seit langer Zeit für Steuerungsaufgaben in der Industrie benutzt. Sie haben aber durch die Einführung moderner elektronischer Geräte an Bedeutung verloren und werden heute meistens nur noch für kleinere Steuerungen und Nebenfunktionen eingesetzt.

Relaissteuerung

Elektronische Steuerungen, verbindungsprogrammiert

Wie Relais arbeiten auch elektronische Baueinheiten mit **elektrischen Signalen.** Daher können elektronische Geräte oftmals Relais ersetzen, ohne daß die Baueinheiten zur Signaleingabe und Signalausgabe ausgetauscht werden müssen.

Relais und elektronische Baueinheiten unterscheiden sich aber in der Art, wie die elektrischen Signale verarbeitet werden.

Relais benutzen elektrische Signale dazu, um mit Elektromagneten Kontakte zu öffnen oder zu schließen. Die Kontakte verschleißen im Laufe der Zeit durch Materialermüdung. An den Kontakten entstehen beim Öffnen oder Schließen oft Funken, die nach einiger Zeit zu einer Beschädigung der Kontakte führen können.

In elektronischen Geräten werden sogenannte **Halbleiterschalter** (Transistoren) verwendet. Diese Bauteile sind sehr klein, schalten sehr schnell und arbeiten ohne Verschleiß. Heute werden oftmals viele (manchmal viele tausend) von diesen Halbleiterschaltern zusammengefaßt und in kleine Gehäuse mit mehreren Anschlüssen eingebaut. Diese zusammengefaßten elektronischen Schaltungen heißen **integrierte Schaltungen** oder **ICs** (engl. IC = **i**ntegratet **c**ircuit).

Integrierte Schaltung

Es gibt ICs für die unterschiedlichsten Aufgaben. So stehen schon seit längerer Zeit ICs zur Verfügung, die fertige Schaltungen für Verknüpfungsfunktionen enthalten, die sogenannten **Gatter.** Damit lassen sich verbindungsprogrammierte Steuerungen verwirklichen.

Diese Steuerungen werden programmiert, indem ICs mit passenden Funktionen ausgewählt und in geeigneter Anordnung verbunden werden. Dazu werden normalerweise Platten aus einem nichtleitenden Material

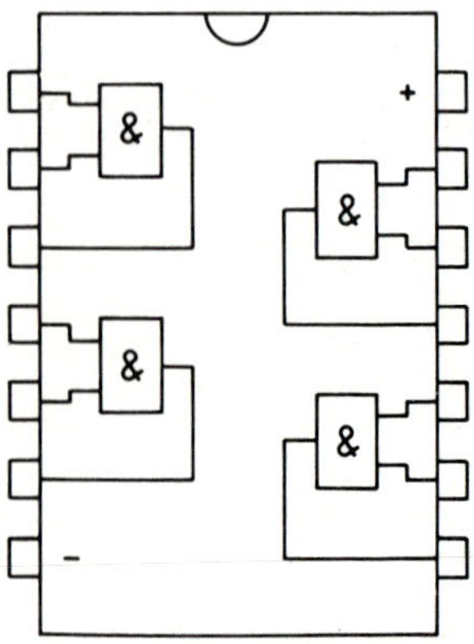

Gatter-IC

verwendet, auf denen sich dünne Leiterbahnen aus Kupfer befinden. Die ICs werden auf diese **„Leiterplatinen"** festgelötet.

Der Entwurf von Leiterplatinen ist meistens recht aufwendig. Es müssen für unterschiedliche Steuerungen jedesmal neue Platinen entwickelt werden.
An einer fertigen Platine sind nachträgliche Änderungen des Programms kaum noch möglich.

Aus diesen Gründen werden elektronische Steuerungen, die verbindungsprogrammiert sind, heute nur noch in Sonderfällen in der Industrie eingesetzt. Ihr Einsatz ist nach wie vor sinnvoll bei sehr einfachen Schaltungen oder bei Schaltungen, die in großer Stückzahl hergestellt werden.

Leiterplatine für verbindungsprogrammierte Steuerung

Elektronische Steuerungen mit Mikroprozessoren

Mikroprozessoren sind integrierte Schaltungen, bei denen im Gegensatz zu den Gattern das **Programm nicht unveränderbar** durch die innere Schaltung festgelegt ist. Ein Mikroprozessor kann für die unterschiedlichsten Funktionen eingesetzt werden, wenn er entsprechend programmiert wird. Das erforderliche Programm wird in elektronischen Speicherbausteinen (RAM oder ROM) abgelegt und kann normalerweise leicht geändert werden.

Mit Mikroprozessoren können Steuerungen verwirklicht werden, bei denen das Programm nicht durch Verbindungen bestimmt wird, sondern durch Daten, die in elektronischen Speicherbausteinen abgelegt sind.

Mikroprozessor

Für Steuerungszwecke werden unterschiedliche Mikroprozessorgeräte eingesetzt. Es finden z. B. normale **Personalcomputer** Verwendung. Oft werden aber Geräte benutzt, die speziell für Steuerungsaufgaben entwickelt wurden. Sie enthalten nur die Baugruppen eines Computers, die für eine Steuerung unbedingt erforderlich sind. Man faßt diese Baugruppen zu kompakten Geräten zusammen und baut sie in robuste Gehäuse ein.

Für Steuerungszwecke vereinfachte Mikrocomputer heißen **s**peicher**p**rogrammierbare **S**teuerungen, kurz SPS.

- Hardware einer SPS

Die Hardware einer SPS ist im Kern baugleich mit der Hardware eines Personalcomputers und unterscheidet sich nur in den Ein- und Ausgabebaugruppen.

Personalcomputer verfügen über Baugruppen zum Betrieb von Bildschirmen, Tastaturen, Diskettenlaufwerken usw. Diese Baugruppen entfallen normalerweise bei einer SPS. Stattdessen verfügen SPS über **Ein- und Ausgabegruppen,** die es ermöglichen, viele **binäre Spannungssignale** einzulesen und auszugeben.

Speicherprogrammierbare Steuerung (SPS) mit Programmiergerät

- Software für SPS

Wie jedes Mikroprozessorgerät kann auch eine SPS nur dann arbeiten, wenn sie durch **Software** für eine Aufgabe vorbereitet wurde.

Die Software kann in Betriebssoftware und in Anwendersoftware unterteilt werden.
Die **Betriebssoftware** wird vom **Hersteller** einer SPS mitgeliefert. Sie besteht aus Programmen für Routineaufgaben, die eine SPS bei jeder Anwendung erfüllen muß. Dazu gehört z. B. das regelmäßige, in kurzen Zeitabständen zu wiederholende Einlesen der Eingangssignale.
Die **Anwendersoftware** wird vom **Benutzer** einer SPS für eine vorliegende Steuerungsaufgabe selbst erstellt.

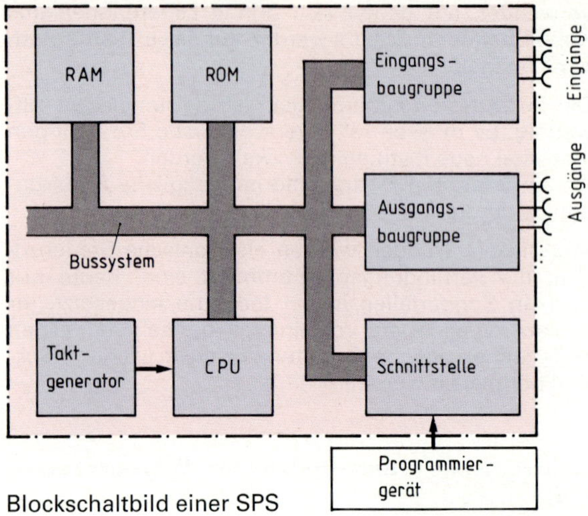

Blockschaltbild einer SPS

- Programmierung

Ein SPS-Anwenderprogramm kann nicht direkt in eine SPS eingegeben werden, weil eine SPS normalerweise nicht mit einer Tastatur und einem Bildschirm ausgestattet ist. Daher sind zur Programmierung von SPS spezielle **Eingabegeräte** erforderlich.

Für die Erstellung von SPS-Anwenderprogrammen verwendet man **Programmiergeräte.** Das Anwenderprogramm wird über eine Schnittstelle vom Programmiergerät in die SPS geladen. Programmiergeräte brauchen nur für die Dauer der Programmerstellung mit einer SPS verbunden zu werden. Daher können mit einem Programmiergerät viele SPS programmiert werden.

Die Hersteller von SPS bieten Programmiergeräte an, die ein einfaches Eingeben von Anwenderprogrammen ermöglichen. Dazu wurde eine **Programmiersprache** entwickelt, die speziell für Steuerungen geeignet ist. Die Steuerungsanweisungen dieser Programmiersprache sind in der DIN 19239 zusammengefaßt. Ein mit diesen Befehlen verwirklichtes SPS-Programm heißt **„Anweisungsliste"**, kurz **„AWL"**.

Handprogrammiergerät

- Programmiergeräte

Programmiergeräte für SPS gibt es in verschiedenen Ausführungen. Kleine und einfache SPS erlauben den Anschluß von **Handprogrammiergeräten.** Diese verfügen über eine kleine Tastatur zur Programmeingabe und über eine Leuchtanzeige zur Darstellung von kurzen Buchstaben-Zahlen-Kombinationen.

Für umfangreiche Anwenderprogramme eignen sich **Bildschirmprogrammiergeräte.** Das sind spezielle Mikrocomputer, die meistens in robuste, transportable Koffergehäuse eingebaut sind. Auch normale Personalcomputer werden häufig als Bildschirmprogrammiergeräte verwendet. Für diese Geräte gibt es Dienstsoftware, die SPS-Programme auf dem Bildschirm übersichtlich darstellen und den Test von SPS-Programmen erleichtern. Außerdem bieten Bildschirmprogrammiergeräte die Möglichkeit, SPS-Programme auf Disketten zu speichern.

Bildschirmprogrammiergerät

6.5.3 Stellglieder – Stellgeräte und Arbeitsglieder

Weil Stellglieder bzw. Stellgeräte und Arbeitsglieder unmittelbar dort installiert sind, wo der Energie- und Stoffumsatz der gesteuerten Anlage stattfindet, werden an sie besondere Forderungen gestellt:

– Beständigkeit gegen Stoff- und Umwelteinflüsse
– keine unzulässigen Einflüsse auf Stoff- und Umwelt
– hoher Wirkungsgrad
– Ansteuerbarkeit durch genormte Signale.

Diese Forderungen haben zu einer Vielzahl von Ausführungsformen für diese Baueinheiten geführt.

Forderung	Ziel
Beständigkeit gegen Stoff- und Umwelteinflüsse	Zuverlässigkeit der Stellglieder bzw. -geräte über lange Zeit
Kein unzulässiger Einfluß auf Stoff und Umwelt	Hohe Produktqualität, Umweltverträglichkeit
hoher Wirkungsgrad	Wirtschaftlichkeit
Ansteuerbarkeit durch genormte Signale	Austauschbarkeit von Baueinheiten sowie Steuergeräten

Forderungen und Ziele an Stellglieder bzw. Stellgeräte und Arbeitsglieder

Stellglieder – Stellgeräte

● Stellglieder für elektrische Arbeitsglieder

Elektrische Arbeitsglieder mit großer Leistung, wie z. B. Elektromotoren für Werkzeugmaschinen, werden über sogenannte **Schütze** ein- und ausgeschaltet. Im Prinzip funktioniert ein Schütz wie ein Relais. Fließt Strom durch die Schützspule, so wird ein beweglicher Anker angezogen. Damit schließen elektrische Kontakte, so daß elektrische Energie für die Arbeitsglieder zur Verfügung steht. Die Schaltleistungen der Schütze beträgt etwa 1 kW bis 600 kW.

Schütze, die elektrische Arbeitsglieder ein- und ausschalten, sind Stellglieder.

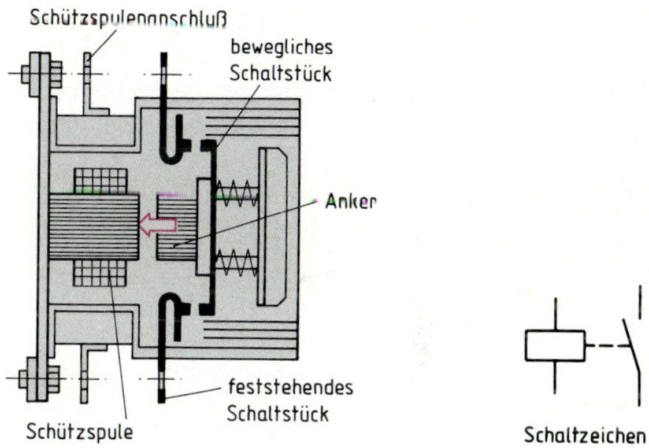

Schütz

Wie der Stromlaufplan für die Schaltung eines Drehstrommotors zeigt, kann man elektrische Ausgabesignale der Steuerung zu einem Stromkreis mit hoher Leistung übertragen, ohne daß eine elektrische Verbindung zwischen beiden Stromkreisen besteht: Fließt ein Strom durch die Schützspule K1, so schließen die Kontakte. Dadurch fließen durch die drei Außenleiter L1, L2 und L3 des Dreiphasennetzes drei Wechselströme. Da sie gegeneinander phasenverschoben sind, entsteht im Motor ein elektromagnetisches Drehfeld und der Motor «läuft».

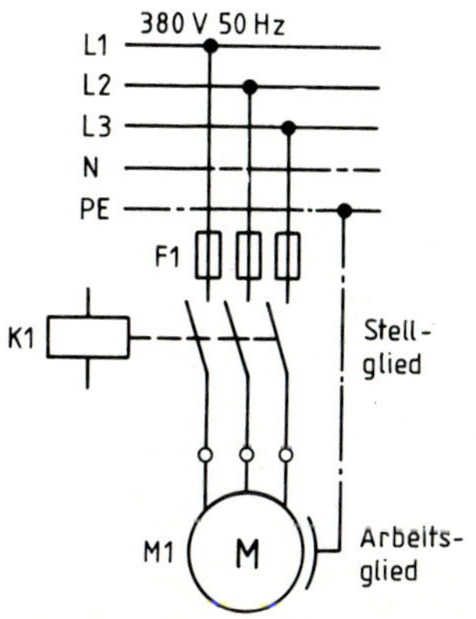

Kennbuchstaben elektrischer Betriebsmittel (Ausschnitt)	
L1	Außenleiter 1
L2	Außenleiter 2
L3	Außenleiter 3
N	Neutralleiter
PE	Schutzleiter
F	Schutzeinrichtung
M	Motor
K	Schütz

Stromlaufplan für die Schaltung eines Drehstrommotors

● Stellglieder bzw. Stellgeräte für hydraulische und pneumatische Arbeitsglieder

Der Zustand hydraulischer und pneumatischer Arbeitsglieder läßt sich mit Wegeventilen verändern. Zur Ventilbetätigung eignen sich Drucksignale oder elektrische Signale.

Druckbetätigte Wegeventile reagieren auf Drucksignale. Sie sind vor allem in der Pneumatik üblich. Die Wirkungsweise verdeutlicht die Skizze eines druckbetätigten pneumatischen 3/2-Wegeventils. Wird der Steuerkolben über Anschluß Z mit Druck beaufschlagt, verschiebt er sich gegen die Rückstellfeder und hebt den Teller ab. Damit ist der Weg P → A frei. Liegt am Anschluß Z kein Druck mehr an, geht der Steuerkolben in seine Anfangsstellung zurück. Der Teller schließt P nach A ab.

Druckbetätigte Wegeventile, die hydraulische bzw. pneumatische Arbeitsglieder ein- und ausschalten, sind Stellglieder.

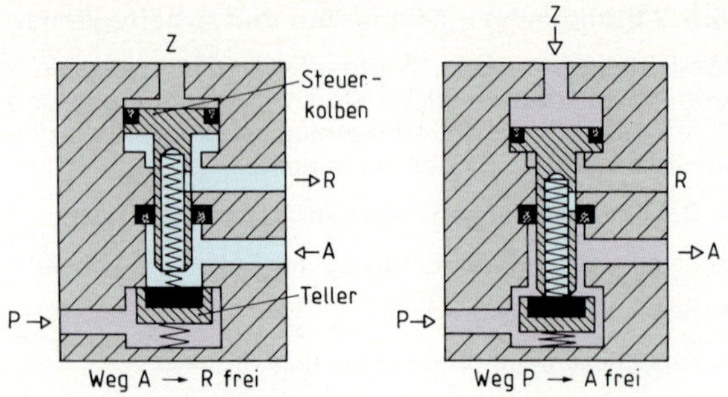

Druckbetätigtes 3/2-Wegeventil (pneumatisch)

Neben dem druckbetätigten 3/2-Wegeventil enthalten die beiden Schaltungsbeispiele auch ein druckbetätigtes 4/2-Wegeventil. Es spielt bei der Steuerung zur Einprägeeinrichtung noch eine wichtige Rolle.

Weil die Übertragung von Drucksignalen Zeit benötigt, sollten die Steuerleitungen druckbetätigter Ventile nicht zu lang sein.

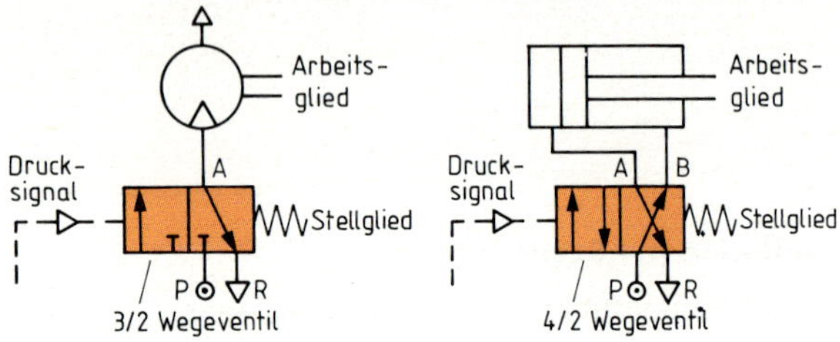

Schaltplanausschnitte mit druckbetätigten Wegeventilen

Elektrisch betätigte Wegeventile benötigen einen Elektromagneten als Stellantrieb, der elektrische Signale in eine Hubbewegung umwandelt.

Das aus Ventil (Stellglied) und Elektromagnet (Stellantrieb) bestehende **Elektromagnetventil** ist ein Stellgerät.

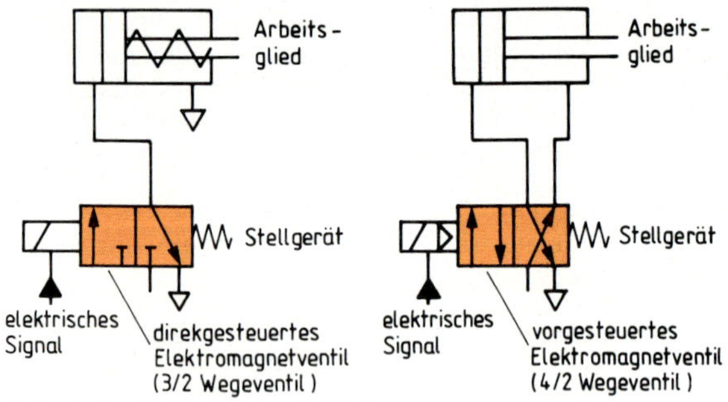

Schaltplanbeispiele mit Elektromagnetventilen

Bezeichnet man das Elektromagnetventil als Stellglied, so ist das eine Vereinfachung.

- **Direktgesteuerte Elektromagnetventile** (s. Grundstufe Kap. 7.4.2) eignen sich nur für kleinere Nennweiten. Mit der Nennweite steigen die Betätigungskräfte. Weil Magnete, die diese Kräfte noch aufbringen, zu groß sind, baut man größere Ventile in vorgesteuerter Bauweise.
- **Vorgesteuerte Elektromagnetventile** fassen zwei Wegeventile zu einer Einheit zusammen. Die Funktion soll an einem pneumatischen 4/2-Wegeventil beschrieben werden. Der Kolben des Vorsteuerventils wird durch eine Feder auf den Ventilsitz gedrückt. Im erregten Zustand zieht der Magnet den Kolben an, so daß Luft von P über die Steuerbohrung zu den Steuerkolben des Hauptventils strömen kann. Unter dem Druck bewegen sich die Steuerkolben nach unten und heben die Ventilteller vom Dichtsitz ab. Die Verbindung P → A und B → R sind damit hergestellt. Ist der Magnet nicht erregt, schließt der Kolben des Vorsteuerventils die Luft ab. Die Steuerkolben im Hauptventil erreichen wieder ihre Ausgangslage.

In einem vorgesteuerten Wegeventil dient das Vorsteuerventil lediglich zur Umsteuerung des Hauptventils.

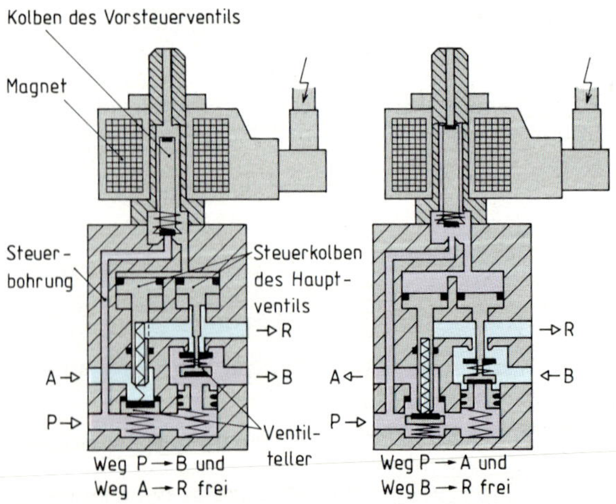

Vorgesteuertes 4/2-Wegeventil (pneumatisch)

Arbeitsglieder

Elektromotoren treiben als Arbeitsglieder Vorschub- und Arbeitsspindeln von Werkzeugmaschinen, Arme und Greifer von Industrierobotern, Seiltrommeln von Aufzügen und Räder von Fahrzeugen an. Dazu wandeln sie elektrische in mechanische Energie um.

Sind die Nenndrehfrequenzen und – drehmomente der Motoren ungeeignet, so müssen Getriebe zur Anpassung nachgeschaltet werden. Meistens erfolgt dabei eine Verkleinerung der Umdrehungsfrequenz und eine Vergrößerung des Drehmomentes.

Lassen sich die Motoren, z. B. Gleichstrommotoren, von der kleinsten bis zur größten Umdrehungsfrequenz stetig verändern, kann man auf Getriebe verzichten. Das führt zu konstruktiv sehr einfachen Bauweisen.

Hydraulische und pneumatische Zylinder finden dann Anwendung, wenn geradlinige Bewegungen auszuführen sind. Man unterscheidet zwei Arten.

1. Kann nur eine Kolbenseite mit Öl bzw. Luft beaufschlagt werden, so ist auch nur in einer Richtung Arbeitsverrichtung möglich. Diese **einfachwirkenden Zylinder** eignen sich deshalb zum Spannen, Pressen oder Zuführen. Erfolgt die Rückstellung durch eine Feder, so nimmt die wirksame Kraft F mit dem Arbeitshub ab. Stellt man die Kraft F über den Arbeitshub dar, so ergibt sich die Zylinderkennlinie. Die am Ende des Arbeitshubes noch wirksame Kraft nennt man effektive Kraft F_{eff}. Bei der Auslegung der Zylindergröße kann Reibung und Federkraft durch einen Verlust von 30% der theoretischen Kraft F_{th} berücksichtigt werden:

$F_{eff} = 0{,}7 \cdot F_{th}$	F_{eff} : effektive Kraft
	F_{th} : theoretische Kraft
$F_{th} = p_B \cdot S_K$	p_B : Betriebsdruck
	D : Kolbendurchmesser
$S_K = D^2 \cdot \pi/4$	S_K : Kolbenfläche

2. Sind beide Kolbenseiten beaufschlagbar, ist in beiden Richtungen ein Arbeitshub möglich. Der Hinhub wird nicht, wie beim einfachwirkenden Zylinder, durch eine Feder beeinflußt. Der Rückhub ist schnell und gleichförmig. Diese **doppeltwirkenden Zylinder** erreichen Hublängen bis zu zwei Metern.

Damit die Endlagen eines Zylinders sanft angefahren werden, sieht man sogenannte **Endlagendämpfungen** vor: Kurz vor Hubende taucht der Dämpfungszapfen (1) in die Dichtung des Zylinderbodens (2) ein und verhindert, daß die Restluft aus dem Dämpfungsraum (3) direkt über den Anschluß (4) austreten kann. Diese Restluft verdichtet und nimmt dabei Energie auf. Die Bewegungsenergie nimmt entsprechend ab. Der erhöhte Druck baut sich über die Bohrung (5) und die Drosselschraube (6) ab. Der Kolben fährt langsam in seine Endlage. Als **Anfahrhilfe** in Gegenrichtung sorgt das Rückschlagventil (7) für freien Durchgang. Der Kolben fährt dadurch schnell aus seiner Endlage aus.

Arbeitszylinder gibt es mit einseitiger und beidseitiger Endlagendämpfung.

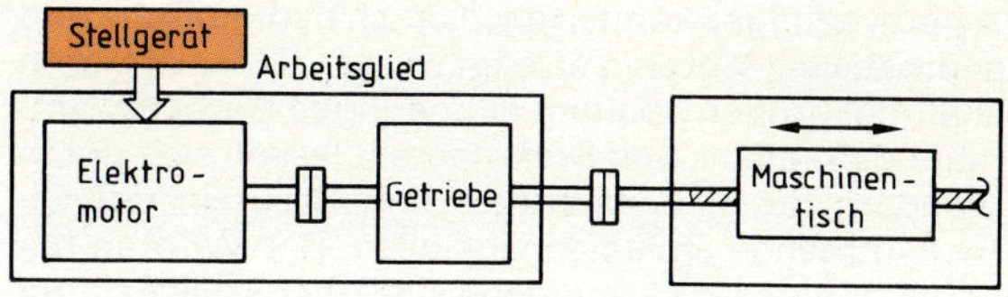

Elektromotor und Getriebe als Arbeitsglied

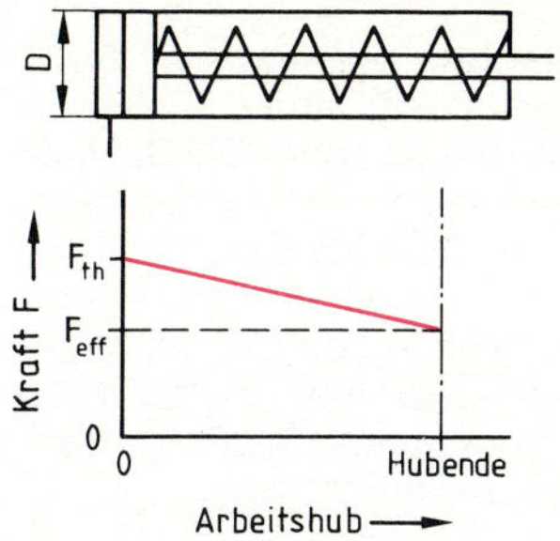

Kennlinie eines einfachwirkenden Federzylinders

Beispiel:

$p_B = 7\ \text{bar}\ (\cong 70\ \frac{\text{N}}{\text{cm}^2})$

$D = 40\ \text{mm}\ (= 4\ \text{cm})$

$$F_{th} = p_B \cdot \frac{D^2 \cdot \pi}{4}$$

$$= 70\ \frac{\text{N}}{\text{cm}^2} \cdot \frac{4^2\ \text{cm}^2 \cdot \pi}{4}$$

$$= 879{,}2\ \text{N}$$

$$F_{eff} = 0{,}7 \cdot F_{th}$$

$$= 0{,}7 \cdot 879{,}2\ \text{N}$$

$$= 615{,}4\ \text{N}$$

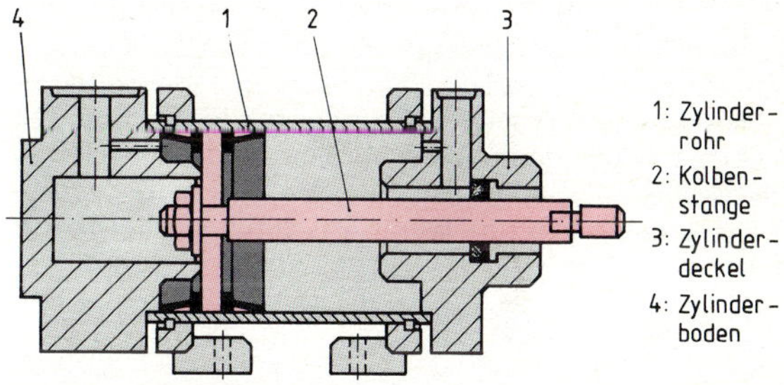

Doppeltwirkender Zylinder (pneumatisch)

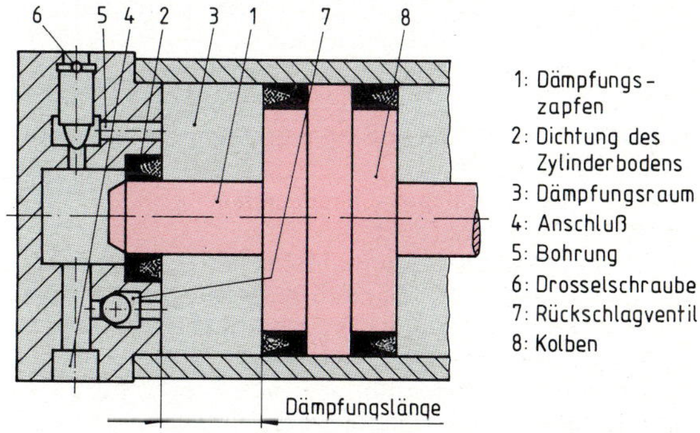

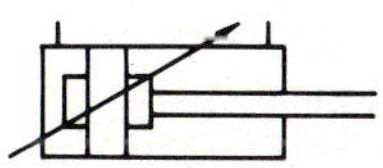
Schaltzeichen eines doppeltwirkenden Zylinders mit beidseitig verstellbarer Endlagendämpfung

Verstellbare Endlagendämpfung

Drehbewegungen können auch durch **hydraulische und pneumatische Motoren** erzeugt werden. Diese Motoren haben bei großer Leistung ein geringes Gewicht. Umdrehungsfrequenz und Drehmoment lassen sich durch Verändern des Arbeitsdruckes und Drosseln der Öl- bzw. Luftmenge stufenlos verstellen. Die Motoren haben ein großes Anfahrmoment, sind überlastsicher und wartungsarm. Ihre Drehrichtung ist durch Wegeventile einfach und schnell umkehrbar. Vielfache Anwendung finden Kolben-, Lamellen-, Zahnrad- und Turbinenmotoren.

Der **pneumatische Lamellenmotor** zeichnet sich durch einfache Bauweise aus. In einem Zylinder (1) ist ein Rotor (2) mit Schlitzen exentrisch gelagert. Die Schlitze sind Führungen für drei bis zehn Lamellen (3), die durch die Fliehkraft nach außen an die Zylinderwand gedrückt werden. Dadurch ist die Abdichtung der einzelnen Kammern (4), die durch die Lamellen entstehen, sichergestellt. Die Luft tritt in die kleinste Kammer ein. Während sie sich entspannt, dreht sie den Rotor. Die Rotordrehfrequenz liegt zwischen 3000 und 9000 1/min.

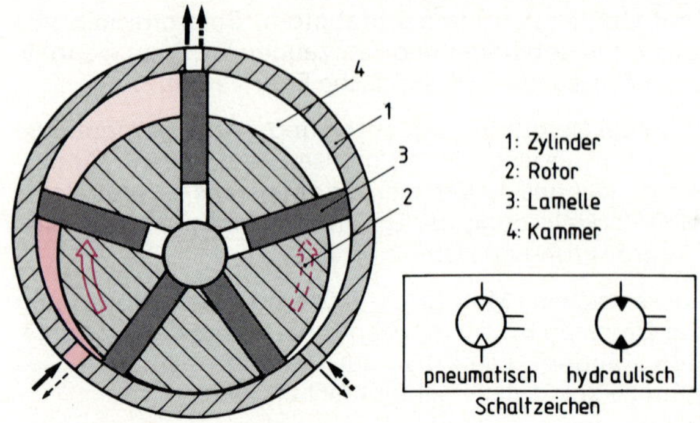

Pneumatischer Lamellenmotor (schematisch)

Für begrenzte Drehbewegungen setzt man **Schwenkmotoren** ein. Sie werden für Schließ- und Öffnungsvorgänge an Ventilen und für beliebige Schwenk- und Spannvorgänge benötigt. Alle Bauarten sind für große Drehmomente geeignet. Die Ringzellen-Bauart führt zudem zu besonders kompakten und platzsparenden Schwenkmotoren: Ein ringförmiger Innenraum wird in zwei Kammern unterteilt. Dafür sorgen Triebwelle mit Schwenkflügel (1) und der Zylinder mit Sperrflügel (2). Tritt das Druckmedium bei A ein, so dreht sich die Triebwelle mit Schwenkflügel linksherum. Die Drehrichtung kehrt sich um, wenn Anschluß B unter Druck steht.

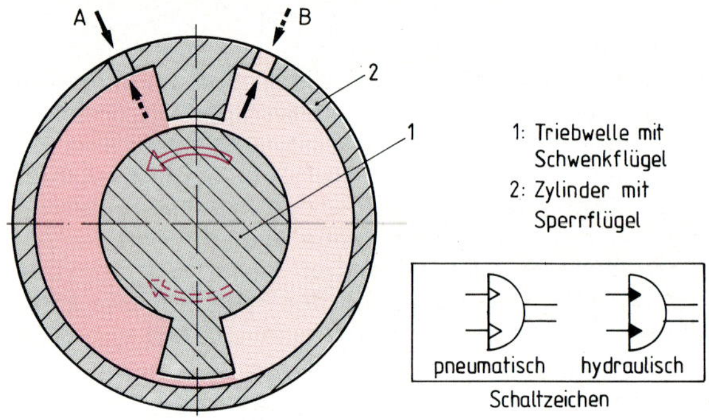

Schwenkmotor in Ringzellen-Bauweise (schematisch)

Aufgaben zur Wiederholung und Vertiefung

1. Ordnen Sie folgende Baueinheiten einer Steuerung nach dem Signalfluß: Stellgerät, Ausgeber, Eingabegerät, Gerät zur Signalverarbeitung und Arbeitsglied.

2. Nennen Sie jeweils eine elektrische und eine pneumatische Baueinheit zur Signaleingabe, die nach manueller Betätigung
a) in ihrer Lage verharrt,
b) selbsttätig zurückstellt.

3. Die Endlagen eines pneumatischen Zylinders sollen durch elektrische Signale berührungslos gemeldet werden. Nennen Sie drei geeignete Baueinheiten und beschreiben Sie ihre Funktion.

4. Stelleinheiten sind direkt mit dem Prozeß der Energie- und Stoffumsetzung gekoppelt. Welche vier Forderungen müssen sie deshalb erfüllen?

5. Berechnen Sie den Kolbendurchmesser eines Zylinders mit Rückstellfeder, der am Ende des Arbeitshubes noch eine effektive Kraft F_{eff} von 800 N aufweisen soll. Der Betriebsdruck sei 6 bar.

6. Beschreiben Sie das Prinzip einer Endlagendämpfung bei Arbeitszylindern.

7. Nennen Sie das geeignete Stellglied für einen Elektromotor mit großer Leistung, und beschreiben Sie sein Funktionsprinzip.

8. Ein doppeltwirkender pneumatischer Zylinder soll durch Drucksignale veranlaßt werden ein- bzw. auszufahren. Beschreiben Sie ein geeignetes Stellglied.

9. Warum gibt es vorgesteuerte Wegeventile, und welche Aufgabe hat das Vorsteuerventil?

10. Auf einer Prüfeinrichtung wird die Funktionsabfolge für den Prüftest ständig geändert. Auf welche Art und Weise sollte das Programm für die Steuerung festgelegt werden?

11. Welche elektronische Steuerungsarten gibt es? Wodurch unterscheiden sie sich?

12. Stellen Sie Unterschiede und Gemeinsamkeiten von Relaissteuerungen und elektronischen Steuerungen heraus.

6.6 Funktionale Darstellung von Steuerungen

6.6.1 Funktionsglieder

Das Programm einer Steuerung kann beschrieben werden, ohne daß auf technische Einzelheiten der Geräte eingegangen wird. Man benutzt dazu **„Funktionspläne"**. Funktionspläne werden aus einzelnen Gliedern, den **„Funktionsgliedern"**, zusammengesetzt. Es gibt nur wenige Grundfunktionen.

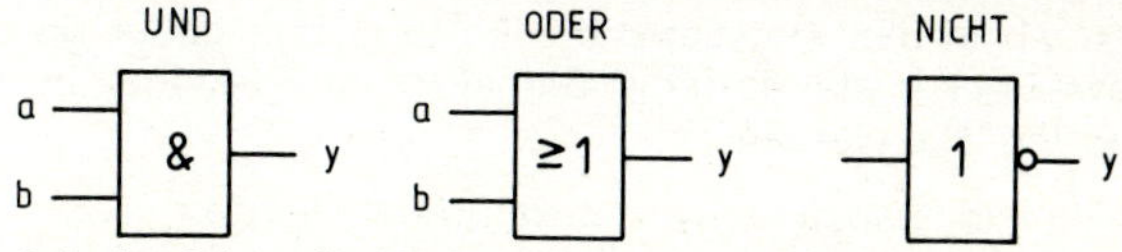

Schaltzeichen für Verknüpfungsgrundfunktionen

Verknüpfungsglieder

Die einfachsten Funktionsglieder sind die sogenannten **Verknüpfungsglieder**.

$y = a \wedge b$ $y = a \vee b$ $y = \bar{a}$

Schaltalgebraische Gleichungen von Verknüpfungsgliedern

Bei den Verknüpfungsgliedern steht zu jeder Kombination von Eingangssignalen eindeutig fest, ob am Ausgang eine „0" oder eine „1" vorliegt.

a	b	y
0	0	0
0	1	0
1	0	0
1	1	1

a	b	y
0	0	0
1	0	1
0	1	1
1	1	1

a	y
0	1
1	0

Funktionstabellen von Verknüpfungsgliedern

Verknüpfungsglieder lassen sich dadurch einfach und eindeutig mit **Funktionstabellen** oder mit Gleichungen der Schaltalgebra beschreiben.

- Zusammengesetzte Verknüpfungsglieder

Durch Kombination der Grundfunktionen UND, ODER, NICHT lassen sich beliebige **zusammengesetzte Verknüpfungsglieder** verwirklichen. Für häufig wiederkehrende Schaltkombinationen gibt es festgelegte Bezeichnungen.

Man verwendet z. B. häufig UND- und ODER-Glieder, bei denen der Ausgang über NICHT-Glieder geführt wird.

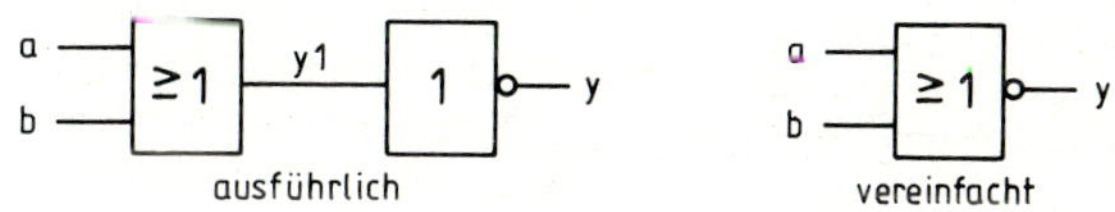

Darstellung eines NOR-Gliedes

Die Hintereinanderschaltung eines ODER-Gliedes und eines NICHT-Gliedes heißt **NOR-Glied.**
Eine Zusammenfassung von UND-Glied und NICHT-Glied nennt man **NAND-Glied.**

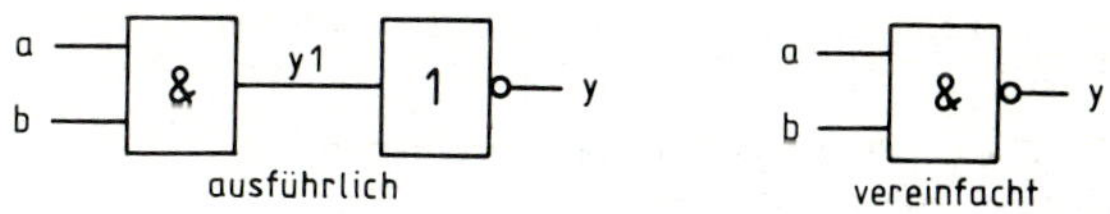

Darstellung eines NAND-Gliedes

Wie UND- und ODER-Glieder, können auch NOR- und NAND-Glieder beliebig viele Eingänge haben.

Beim Aufstellen von Funktionstabellen für zusammengesetzte Schaltungen, legt man die Tabellen nicht nur mit Spalten für Ein- und Ausgangssignale an, sondern man sieht zusätzlich **Spalten für Zwischensignale** vor. Dann ermittelt man zunächst die Zustände der Zwischensignale für alle möglichen Eingangssignale.

Beim NOR-Glied hat das Zwischensignal y1 den Zustand „0", wenn alle Eingangssignale den Wert „0" haben. Wenn mindestens ein Eingangssignal den Wert „1" hat, nimmt y1 den Zustand „1" an. y1 wird also über eine Oder-Funktion gebildet.

Beim NAND-Glied hat das Zwischensignal y1 den Zustand „0", wenn mindestens ein Eingang den Zustand „0" hat. Erst wenn alle Eingänge den Wert „1" haben, hat auch das Zwischensignal den Wert „1". y1 wird über eine UND-Funktion gebildet.

Zwischensignal
Ausgangssignal

a	b	y1	y
0	0	0	1
1	0	1	0
0	1	1	0
1	1	1	0

Funktionstabelle des NOR-Gliedes

$y_1 = a \vee b$
$y = \bar{y}_1$

Schaltalgebraische Gleichungen

Nachdem die Zustände der Zwischensignale y1 bestimmt und in die Funktionstabellen von NOR- und NAND-Glied eingetragen worden sind, können die Ausgangssignale y leicht ermittelt werden. Sie ergeben sich über eine NICHT-Verknüpfung aus den Zwischensignalen y1. In den Funktionstabellen brauchen daher die jeweiligen Zustände der y1-Signale nur umgekehrt („invertiert") zu werden.

Funktionstabellen von zusammengesetzten Verknüpfungsschaltungen können leicht aufgestellt werden, indem man die Schaltung in Einzelglieder (möglichst nur UND, ODER, NICHT) zerlegt und die Zwischensignale betrachtet. Die Funktionstabellen werden um zusätzliche Spalten für die Zwischensignale ergänzt. Die Zwischensignale lassen sich, von den Eingängen ausgehend, leicht bestimmen. Über die Zwischensignale können dann auch die Ausgangssignale einfach ermittelt werden.

a	b	y1	y
0	0	0	1
1	0	0	1
0	1	0	1
1	1	1	0

Funktionstabelle des NAND-Gliedes

$y_1 = a \wedge b$

$y = \overline{y}_1$

schaltalgebraische Gleichungen

- Bezeichnung von Signalen

Man sollte allen Signalen **Bezeichnungen** geben. Dazu können Buchstaben-Zahlen-Kombinationen verwendet werden. Sinnvoller ist es oft, Namen zu benutzen, die die **Bedeutung eines Signals** erkennen lassen, z. B. „Start", „Fertig", „Störung" usw.

An mehreren Stellen in einer Maschine soll die Temperatur überwacht werden. Wenn die Temperaturen vorgegebene Werte überschreiten, soll eine Warnanzeige aufleuchten. Die Warnleuchte soll über eine Verknüpfungsschaltung gesteuert werden. Als Eingangsgrößen dienen Signale von zwei Temperatursignalgebern. Verwendet werden Signalgeber, die ein „1"-Signal erzeugen, wenn die Temperatur in Ordnung ist, und eine „0", wenn die Temperatur zu hoch ist.
Wenn mindestens einer der beiden Temperatursignalgeber ein „0"-Signal führt, soll am Ausgang der Verknüpfungsschaltung ein „1"-Signal vorliegen, so daß die Warnanzeige aufleuchtet.

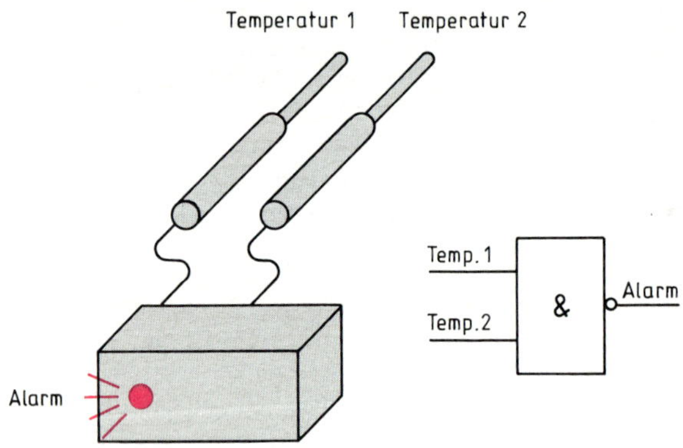

Die Überwachungsschaltung kann mit einem einzigen NAND-Glied verwirklicht werden.
Wenn man die Schaltung in ein UND und ein NICHT-Glied zerlegt, kann man dem Signal zwischen den beiden Gliedern z. B. den Namen „Temperaturen ok" geben. Man gibt Namen normalerweise so, daß der „1"-Zustand beschrieben wird. Wenn man dagegen den „0"-Zustand beschreiben will, setzt man einen Querstrich über den Namen. Die Zwischen**größe** „Temperaturen ok" könnte also auch den Namen „$\overline{\text{Alarm}}$" (sprich: „Alarm nicht") bekommen.

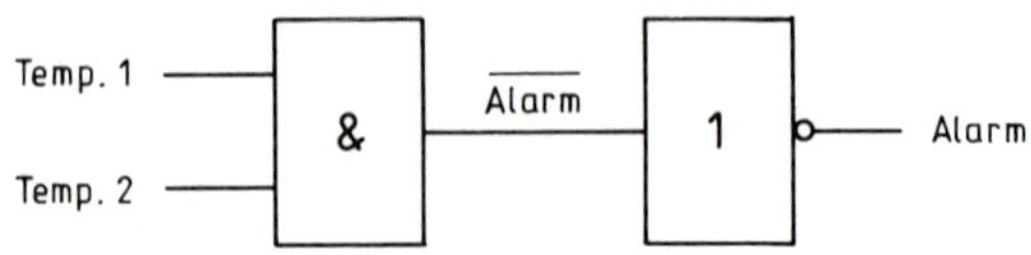

Schaltung zur Temperaturüberwachung

Speicherglieder

Oft sollen Maschinen mit „START"- und „STOP"-Tastern ein- und ausgeschaltet werden. Tastschalter geben aber nur solange ein Einschaltsignal, wie sie betätigt werden.
Damit eine Maschine auch nach Loslassen eines „START"-Tasters weiterläuft, muß das Startsignal gespeichert werden.

• Speicherglieder ohne Rückführung

In der Pneumatik werden sogenannte **Impulsventile** verwendet. Bei einem Impulsventil in Schieberbauweise verstellt ein Drucksignal am Eingang s den Schieber so, daß der Ausgang mit dem Druckanschluß verbunden wird. Wenn der Schieber diese Stellung erreicht hat, bleibt der Ausgang auch dann mit dem Druckanschluß verbunden, wenn am Eingang s kein Druck mehr vorhanden ist.

Am „Setzeingang" s genügt also ein kurzes „1"-Signal, ein sogenannter **„Impuls"**, um den Ausgang auf „1" zu setzen.
Um den Ausgang auf „0" zurückzusetzen, muß am „Rücksetzeingang" r ein Drucksignal anliegen. Damit wird über den Schieber der Ausgang vom Druckanschluß abgetrennt.
Auch dieses Rücksetzsignal braucht nur als Impuls vorzuliegen.

Das **Impulsventil** ist ein pneumatisches Gerät, mit dem ein Speicherglied verwirklicht wird.

Speicherglieder haben zwei Eingänge, einen **„Setzeingang** und einen **„Rücksetzeingang"**.

Ein „1"-Impuls am Setzeingang s setzt den Ausgang auf „1".

Ein „1"-Impuls am Rücksetzeingang r setzt den Ausgang auf „0".

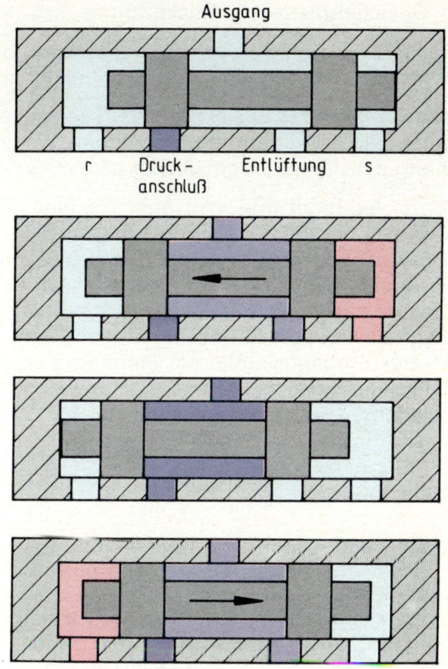

Impulsventil mit verschiedenen Schaltstellungen

Es gibt Geräte in unterschiedlicher Technik, die die Funktion von Speichergliedern erfüllen.

Ein Problem entsteht, wenn das Setzsignal und das Rücksetzsignal gleichzeitig den Zustand „1" haben.

Es gibt Speicherglieder, die in diesem Fall den Ausgang auf „1" setzen und damit dem **Setzeingang Vorrang** vor dem Rücksetzeingang geben.
Andere Speicherglieder schalten im beschriebenen Fall den Ausgang auf „0" und geben damit dem **Rücksetzeingang Vorrang.**

Um den Signalzustand des Ausgangs zu bestimmen, genügt es bei den Speichergliedern nicht, wenn man den gegenwärtigen Signalzustand der Eingänge kennt. Erforderlich ist auch die Kenntnis der in der Vergangenheit abgelaufenen Vorgänge.

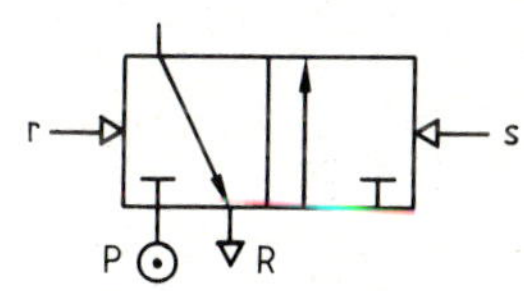

Pneumatikschaltzeichen für ein Impulsventil

Funktionstabellen berücksichtigen nur die aktuellen Zustände der Eingangssignale. Sie sind daher für die Funktionsbeschreibung von Speichergliedern weniger geeignet. Besser eignen sich **Funktionsdiagramme.**

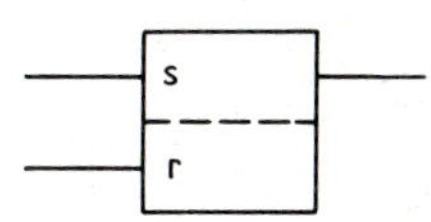

Schaltzeichen eines Speichergliedes

Durch ein **Funktionsdiagramm** wird die Abfolge des Setzen und Rücksetzens verdeutlicht.

Man gibt unterschiedliche Reihenfolgen und Kombinationen von Setz- und Rücksetzsignalen vor und trägt die dazugehörigen Werte des Ausgangssignals ein. Es kann z. B. auch das Verhalten des Ausgangs eines Speichergliedes bei gleichzeitigem Auftreten von Setz- und Rücksetzsignal dargestellt werden. Im nebenstehenden Funktionsdiagramm wird deutlich, daß der Ausgang nicht zurückgesetzt wird, wenn Setz- und Rücksetzsignal gleichzeitig vorliegen. Es wird hier also das Verhalten eines Speichergliedes mit Vorrang für den Setzeingang gezeigt.

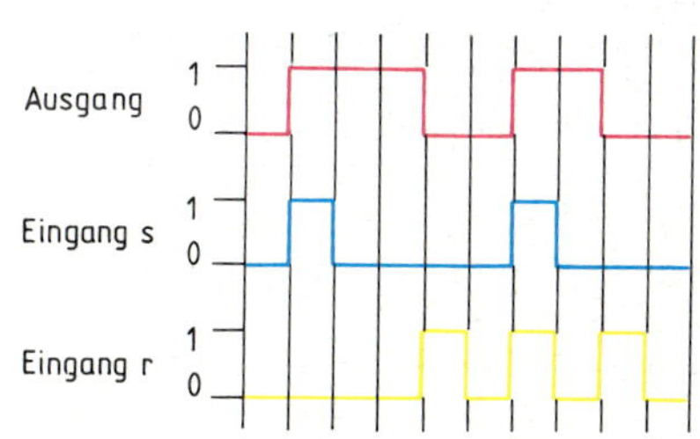

Funktionsdiagramm eines Speichergliedes

- Speicherglieder mit Rückführung

Die Funktion des Speichergliedes kann als Grundfunktion angesehen werden, die durch ein spezielles Funktionsglied erfüllt wird.

Die Funktion des Speichergliedes kann auch von einfachen Verknüpfungsgliedern übernommen werden, wenn eine bestimmte Anordnung der Verknüpfungsglieder gewählt wird.

Dazu verbindet man den Ausgang eines ODER-Gliedes mit einem Eingang desselben ODER-Gliedes.
Der Ausgang wird zu dem Eingang a „zurückgeführt".
Wenn bei einem solchen rückgeführten ODER-Glied am freien Eingang b ein „1"-Signal anliegt, schaltet der Ausgang auf „1". Damit liegt auch ein „1"-Signal am Eingang a an.
Dieses Eingangssignal am Eingang a sorgt dafür, daß das ODER-Glied durchgeschaltet bleibt, auch wenn das Signal am Eingang b wieder auf „0" gewechselt hat.

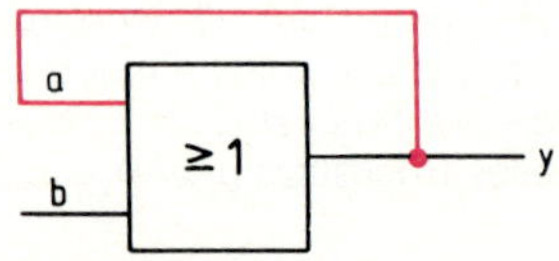

ODER-Glied mit Rückführung

Selbsthaltung

Ein ODER-Glied mit einer Rückführung kann einen Impuls speichern und damit die Funktion eines Speichergliedes übernehmen. Durch die Rückführung des Ausgangs auf einen Eingang des ODER-Gliedes ergibt sich ein Selbsthaltekreis.

Um den Ausgang des ODER-Gliedes rücksetzen zu können, muß die Schaltung erweitert werden.

Es kann z. B. ein zusätzliches UND-Glied vor dem Ausgang der Schaltung eingefügt werden. Ein Rücksetzsignal, das über ein NICHT-Glied an einen Eingang des UND-Gliedes geführt wird, setzt den Ausgang auf „0" und löscht damit auch die Selbsthaltung.

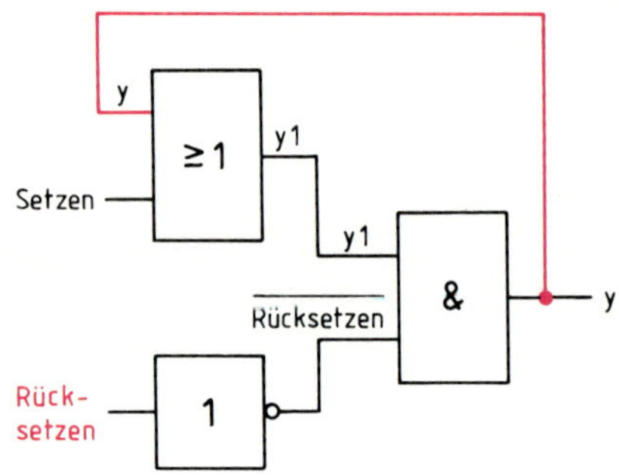

Selbsthalteschaltung mit Rücksetzmöglichkeit

Selbsthalteschaltung mit Relais

Im Gegensatz zur Pneumatik stehen in der Relaistechnik kaum Bauelemente zur Verfügung, die allein die Funktion von Speichergliedern übernehmen können. Daher baut man Selbsthaltekreise auf, wenn Speicherfunktionen erforderlich sind. Als Bauelemente benutzt man Relais mit mehreren Kontaktpaaren.

Ein Relais mit zwei Arbeitskontakten K1.1 und K1.2 soll ein Speicherglied verwirklichen.

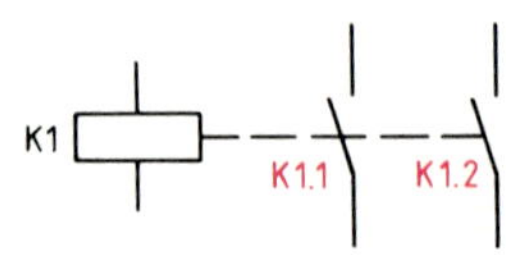

Relais mit 2 Schließerkontakten

Einer der beiden Arbeitskontakte wird zusammen mit zwei externen Kontakten „SETZEN" und „RÜCKSETZEN" in den Strompfad gelegt, in dem auch die Relaisspule liegt.
Die externen Kontakte „SETZEN" und „RÜCKSETZEN" können z. B. Kontakte von Handschaltern oder Grenztastern sein. Wichtig ist, daß die Kontakte „SETZEN" und der Relaiskontakt „K1.1" Schließer sind, wogegen der Kontakt „RÜCKSETZEN" ein Öffner sein muß.
Die beiden parallelgeschalteten Schließerkontakte bilden eine ODER-Verknüpfung, der Öffnerkontakt verwirklicht ein NICHT-Glied.

Wenn der Öffnerkontakt „Rücksetzen" nicht betätigt ist und der Kontakt „SETZEN" kurzzeitig geschlossen wird, zieht das Relais an und hält sich dann über den Kontakt K1.1 selbst.

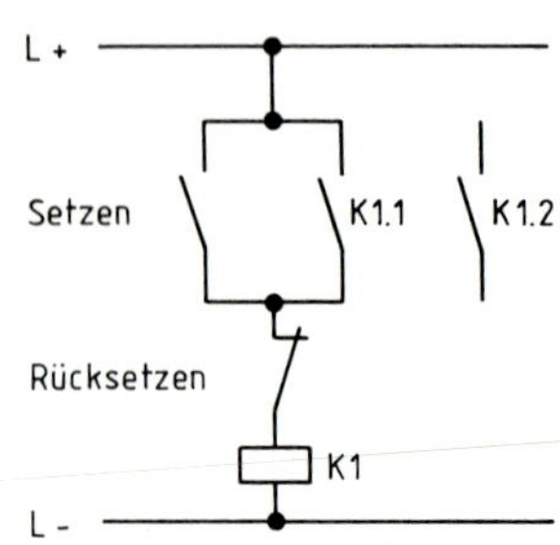

Selbsthalteschaltung mit Relais

Wenn der Kontakt „RÜCKSETZEN" geöffnet wird, wird der Stromfluß durch die Relaisspule unterbrochen, der Kontakt K1.1 öffnet und die Selbsthaltung wird gelöscht.

Die vorliegende Schaltung verwirklicht ein Speicherglied mit Vorrang für das Rücksetzen, denn bei gleichzeitiger Aktivierung von Setz- und Rücksetzkontakt schaltet das Relais auf „0", d. h. die Relaiskontakte fallen ab.

Der Relaiskontakt „K1.2" ist ein freier Kontakt, der für andere Schaltverknüpfungen zur Verfügung steht oder der direkt zum Schalten eines Ausgangs verwendet werden kann.

Wenn Speicherglieder mit Relais verwirklicht werden sollen, benutzt man Selbsthalteschaltungen.

Zeitglieder

Eine Treppenhausbeleuchtung soll für eine bestimmte Zeit eingeschaltet bleiben, nachdem der Lichtschalter betätigt wurde.
Für eine derartige Aufgabe ist ein Funktionsglied erforderlich, das die Zeit berücksichtigt, ein **„Zeitglied"**.

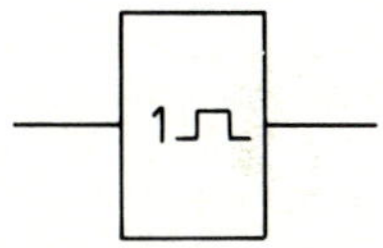

Symbol des monostabilen Kippgliedes

Es gibt unterschiedliche Zeitglieder, die man sich meistens aus mehreren Gliedern zusammengesetzt vorstellen kann. Das für die Zeitfunktion entscheidende Glied ist dabei meistens ein **monostabiles Kippglied.**

- Monostabiles Kippglied

Wie beim Speicherglied wird der Ausgang eines monostabilen Kippgliedes durch ein kurzes „1"-Signal am Eingang gesetzt. Nach Ablauf einer bestimmten Zeit setzt das Kippglied seinen Ausgang selbst wieder zurück, ohne daß dafür ein Rücksetzsignal erforderlich ist.

Der Impuls am Eingang wird über eine längere Zeitdauer *t* als „1"-Signal am Ausgang gespeichert. Man spricht von einem **„verlängerten Impuls"**.

Das Funktionsdiagramm verdeutlicht die Arbeitsweise des monostabilen Kippgliedes.
Sobald das Setzsignal einen Signalwechsel von „0" nach „1" durchführt, wird der Ausgang für eine festgelegte Zeit auf „1" gesetzt.

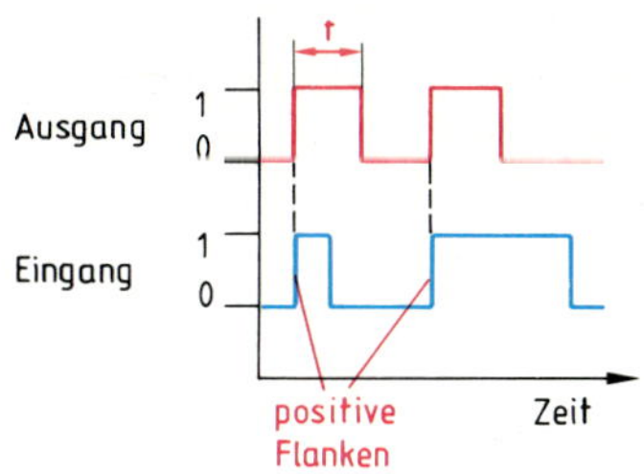

Funktionsdiagramm des monostabilen Kippgliedes

Einen Signalwechsel von „0" nach „1" nennt man „positive Flanke". Entsprechend nennt man den Signalwechsel von „1" nach „0" „negative Flanke."

Zum Setzen eines monostabilen Kippgliedes ist also eine positive Flanke am Setzeingang erforderlich. Die Dauer des Setzsignals ist unerheblich. Der Ausgang bleibt bei einem kurzen Setzimpuls ebenso lange gesetzt, wie bei einem sehr lang andauernden Setzsignal. Der Ausgang wird nach Ablauf der eingestellten Zeit zurückgesetzt, selbst wenn das Setzsignal weiterhin den Zustand „1" hat.

Das monostabile Kippglied wird durch eine positive Flanke am Setzeingang gestartet. Es setzt sich nach Ablauf einer festgelegten Zeit wieder zurück.

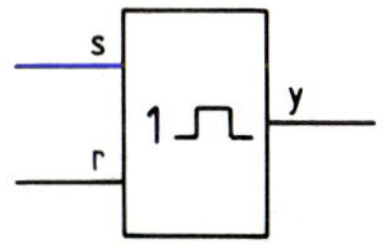

Monostabiles Kippglied mit Rücksetzeingang

Oft werden monostabile Kippglieder mit einem zweiten Eingang, dem **Rücksetzeingang,** versehen. Damit kann der Ausgang eines gesetzten Kippgliedes vor Ablauf der eingestellten Zeit zwangsweise zurückgesetzt werden.

- Zweihand-Sicherheitsschaltung mit Zeitfunktion

Eine wichtige Anwendung von Zeitfunktionen ergibt sich bei der **Zweihand-Sicherheitsschaltung.**

Bei Einsatz dieser Schaltung können sicherheitsgefährdende Arbeitsgänge an einer Maschine nur durchgeführt werden, wenn der Maschinenbediener während des Arbeitsganges **mit beiden Händen auf Handtaster** drückt und somit nicht in die Maschine greifen kann. In der Vergangenheit benutzte man als Zweihand-Sicherheitsschaltung eine einfache UND-Verknüpfung, mit den beiden Handtastersignalen als Eingangssignale. Eine derartig einfache Schaltung ist nach neueren **Unfallverhütungsvorschriften (UVV)** nicht mehr statthaft. Es wird heute eine Schaltung gefordert, mit der überwacht wird, daß die beiden Handtaster annähernd **gleichzeitig** gedrückt werden.

Es muß also eine Schaltung verwirklicht werden, bei der das Ausgangssignal den Zustand „1" annimmt, wenn die beiden Eingangssignale fast gleichzeitig eine positive Flanke haben und weiterhin den Zustand „1" führen.

Die nebenstehende Schaltung stellt eine Möglichkeit dar, wie eine Zweihand-Sicherheitsschaltung mit zwei monostabilen Kippgliedern, einem Speicherglied, einem UND-Glied und einem NAND-Glied aufgebaut werden kann. Das Speicherglied, und damit der Ausgang der Schaltung, wird nur dann gesetzt, wenn beide Kippglieder gleichzeitig durchgeschaltet sind. Die Kippglieder sind so eingestellt, daß sie jeweils nur für ca. 0,5 Sekunden gesetzt werden. Daher müssen die positiven Flanken an den Eingängen der Kippglieder innerhalb von 0,5 Sekunden, also fast gleichzeitig, vorliegen.

Wenn einer der beiden Eingänge ein „0"-Signal führt (Loslassen eines Handtasters) wird der Rücksetzeingang des Speichergliedes aktiviert und der Ausgang der Schaltung auf „0" gesetzt.

Maschine mit Vierhandbedienung

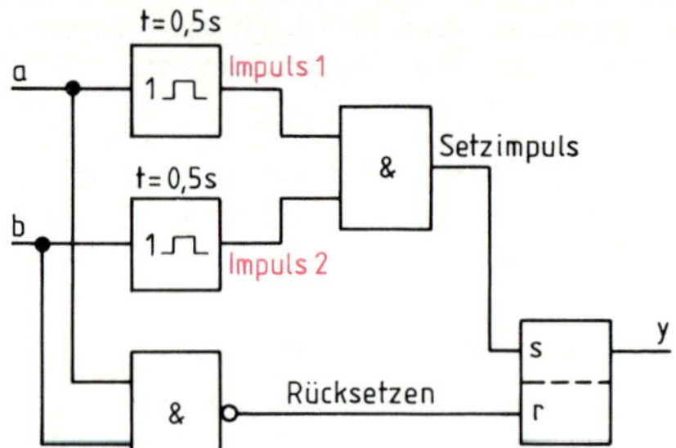

Zweihand-Sicherheitsschaltung mit Zeitüberwachung

6.6.2 Funktionspläne von Ablaufsteuerungen

Das Aufstellen eines Funktionsplanes ist der entscheidende Schritt bei der planmäßigen Lösung einer Steuerungsaufgabe. Wenn ein Funktionsplan erstellt worden ist, können leicht Schaltpläne für verschiedene Gerätetechniken abgeleitet werden.

Meistens gibt es **mehrere Lösungen für eine Steuerungsaufgabe.** Sie können unterschiedliche Vor- und Nachteile aufweisen.

Vorteile einzelner Lösungen können sein:
- Verwendung von möglichst wenigen Gliedern
- Verwendung von möglichst einheitlichen Gliedern (z. B. nur UND-, ODER-Bausteine mit zwei Eingängen)
- Möglichst wenige hintereinandergeschaltete Glieder, um die Signalübertragungszeit kurz zu halten
- Möglichst übersichtlicher Schaltungsaufbau
- Gewährleistung von größtmöglicher Sicherheit.

Der Entwurf von Verknüpfungssteuerungen ist normalerweise einfacher als der Entwurf von Ablaufsteuerungen. Reine Verknüpfungssteuerungen sind aber in der Industrie relativ selten. Meistens müssen Steuerungen als **Ablaufsteuerungen** aufgebaut werden. Um größte Betriebssicherheit zu erreichen und um unnötige Wartezeiten zu vermeiden, bevorzugt man **prozeßabhängige Ablaufsteuerungen.**

Bei prozeßabhängigen Ablaufsteuerungen benutzt man Meldesignale aus der gesteuerten Anlage, um Arbeitsschritte genau aufeinanderfolgend zu starten.

Merkmale von guten Steuerungen:
- Einfachheit
- Einheitlichkeit
- Schnelligkeit
- Übersichtlichkeit
- Funktionssicherheit

Ablaufsteuerung mit Ablaufkette

An einer hydraulischen Presse sollen zwei Hydraulikzylinder (Antriebe für „Stempel" und „Niederhalter") nacheinander ausfahren und gleichzeitig wieder einfahren. Zu jedem Schritt dieser Folge von drei Schritten kann bestimmt werden, welche Schaltstellungen die Hydraulikventile einnehmen müssen:

1. Schritt: Ausgang a1 gesetzt, Ventil 1 angesteuert, Zylinder 1 fährt aus.
   Ausgang a2 nicht gesetzt, Ventil 2 nicht angesteuert, Zylinder 2 bleibt in hinterer Endlage.
2. Schritt: Ausgang a1 gesetzt, Ventil 1 bleibt angesteuert, Zylinder 1 bleibt an vorderer Endlage.
   Ausgang a2 gesetzt, Ventil 2 wird angesteuert, Zylinder 2 fährt aus.
3. Schritt: Ausgang a1 nicht gesetzt, Ventil 1 nicht angesteuert, Zylinder 1 fährt ein.
   Ausgang a2 nicht gesetzt, Ventil 2 nicht angesteuert, Zylinder 2 fährt ein.

Das Steuerungsproblem kann gelöst werden, wenn drei Signale s1, s2 und s3 vorliegen, die den jeweils vorliegenden Schritt kennzeichnen. Mit diesen drei Hilfssignalen kann eine sehr einfache Verknüpfungsschaltung für die Ausgänge a1 und a2 aufgebaut werden. Die Verknüpfungen legen fest, in welchen Ablaufschritten die Ventile betätigt werden.

- Verknüpfungsschaltung für die Ausgänge

Der Ausgang a1 soll in den ersten beiden Ablaufschritten den Zustand „1" haben, d. h. der Ausgang soll aktiv sein, wenn die Signale s1 oder s2 den Zustand „1" haben. Die Signale s1 und s2 können also über ein ODER-Glied miteinander verknüpft werden.

Der Ausgang a2 soll nur im zweiten Ablaufschritt den Zustand „1" annehmen. Das Signal s2 kann also direkt als Ausgangssignal a2 verwendet werden.

- Verriegelungen und Freigaben

Die vorliegende Verknüpfungsschaltung für die Ausgänge kann verbessert werden, um die Sicherheit der Steuerung zu erhöhen.
Dazu erweitert man die Schaltung so, daß alle drei Signale s1, s2, s3 für beide Zylinder ausgewertet werden. Es wird nicht nur festgelegt, wann die Zylinder ausfahren sollen, sondern es wird zusätzlich noch bestimmt, wann die Zylinder nicht ausfahren dürfen. Man erhält die **UND-Normalform.** Damit wird die Steuerung sehr sicher. Wenn z. B. durch einen Fehler gleichzeitig die Signale s1 und s2 vorliegen, fährt der Zylinder Z2 nicht aus. Dadurch kann unter Umständen eine Kollision verhindert werden.

Ein Signal, das einen Ausgang sperrt, wenn es den Wert „1" hat, nennt man Verriegelungssignal.
Eine Schaltung, die Verriegelungssignale benutzt, heißt Verriegelungsschaltung oder kurz **Verriegelung**.

Das Gegenteil der Verriegelung ist die **Freigabe**. Ein „Freigabesignal" sperrt einen Ausgang, solange es den Wert „0" hat.

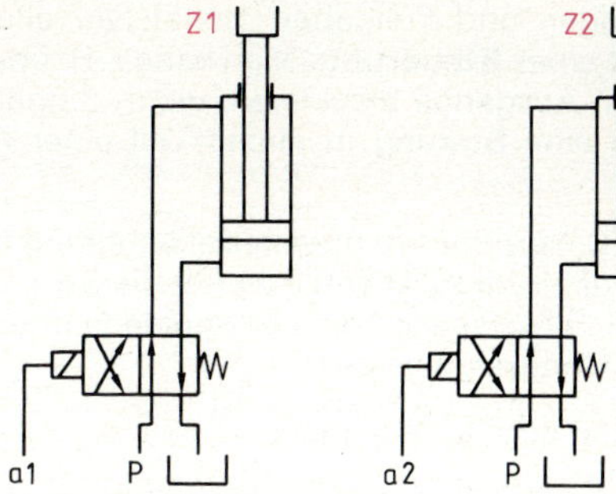

Antriebe für Hydraulikpresse

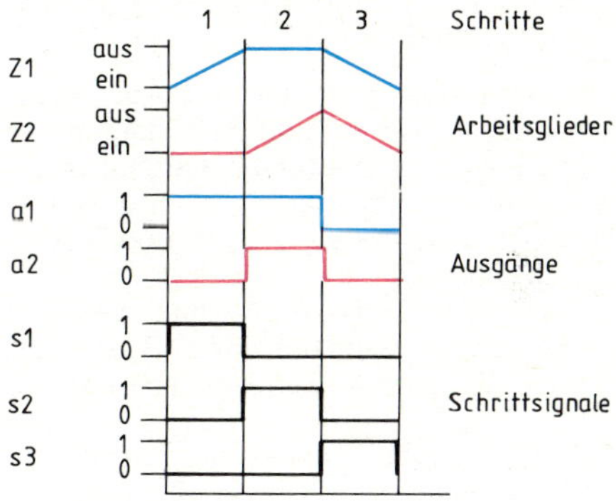

Funktionsdiagramm für Hydraulikpresse

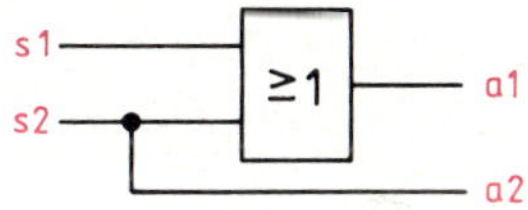

Einfache Verknüpfung zur Erzeugung der Ausgangssignale

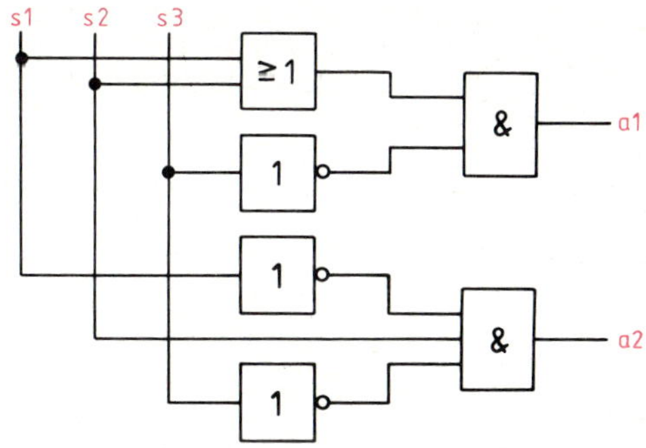

Verbesserte Verknüpfung zur Erzeugung der Ausgangssignale (UND-Normalform)

Verriegelung: Ein Ausgang wird solange blockiert, wie ein Verriegelungssignal den Zustand „1" hat.

Freigabe: Ein Ausgang wird solange blockiert, wie ein Freigabesignal den Wert „0" hat.

Verriegelungen und Freigaben dienen vor allem zur **Sicherheit einer Steuerung.** Man kann z. B. über Verriegelungen Ausgänge blockieren, wenn Signale vorliegen, die eine Störung in einem Teil einer Anlage melden.

Die zur UND-Normalform erweiterte Schaltung zur Ansteuerung der Hydraulikventile wertet die Schrittsignale s1 bis s3 teilweise als Freigabesignale und teilweise als Verriegelungssignale aus.

- Erzeugung der Schrittsignale

Bevor Schrittsignale für Ausgangsverknüpfungen ausgewertet werden können, müssen sie erzeugt werden. Dazu ist eine Schaltung erforderlich, die man **Schrittschaltwerk** oder **Ablaufkette** nennt.

Eine Ablaufkette hat Eingangssignale und Ausgangssignale. Die Ausgangssignale sind die Schrittsignale s. Die Eingangssignale sind die **Weiterschaltsignale r.** Eine Ablaufkette für eine Ablaufsteuerung mit drei Schritten hat drei Weiterschaltsignale r1, r2, r3 und 3 Ausgangssignale s1, s2, s3.
Wenn das Signal r1 den Zustand „1" hat, wird der Ausgang s1 gesetzt. Das Weiterschaltsignal r2 setzt den Ausgang s2 und das Weiterschaltsignal r3 den Ausgang s3.
Dabei setzen sich die Ausgänge gegenseitig zurück, so daß immer nur ein Ausgangssignal s den Zustand „1" hat. Die Weiterschaltsignale brauchen nur als Impulse vorzuliegen, um den jeweiligen Ausgang s zu setzen.

Der nebenstehend abgebildete Schaltplan zeigt eine pneumatische Schaltung, mit der eine Ablaufkette für drei Schritte verwirklicht werden kann. Dazu werden drei Impulsventile miteinander verbunden.
Ein „1"-Impuls am Eingang r1 schaltet das erste Impulsventil durch und verbindet die Leitung s1 mit der Druckleitung.
Sobald das Weiterschaltsignal r2 vorliegt, schaltet das zweite Impulsventil durch. Durch Rückführung des Signals s2 wird dabei das erste Ventil wieder zurückgesetzt.
Entsprechend wird bei Vorlage des Weiterschaltsignals r3 das dritte Impulsventil durchgeschaltet und das zweite Ventil zurückgeschaltet.
Wenn das Signal r1 wieder vorliegt, wird das dritte Impulsventil zurückgsetzt und die Schrittfolge beginnt von vorn.

- Erzeugung der Weiterschaltsignale

Die Weiterschaltsignale r werden durch Meldesignale aus der gesteuerten Anlage erzeugt (Prozeßrückmeldungen). Für die angesprochene Steuerung der Hydraulikpresse müssen die Zylinder mit Signalgebern versehen werden, die ein Meldesignal geben, wenn sich ein Zylinder an einer Endlage befindet. Als **„Endlagenschalter"** können – abhängig von der für die Steuerung gewählten Gerätetechnik – elektrische Grenztaster, Näherungsschalter oder hydraulische bzw. pneumatische Ventile mit Rollenbetätigung eingesetzt werden.

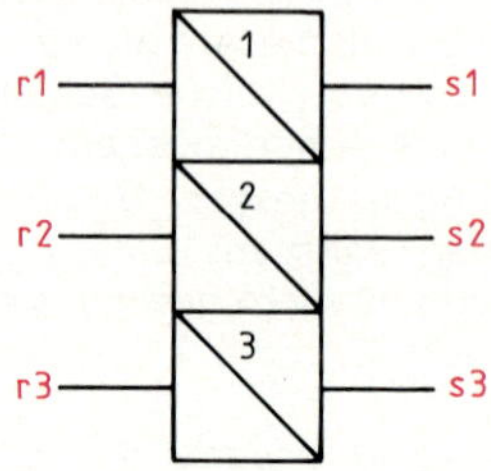

Schaltzeichen einer Ablaufkette (vereinfachte Darstellung)

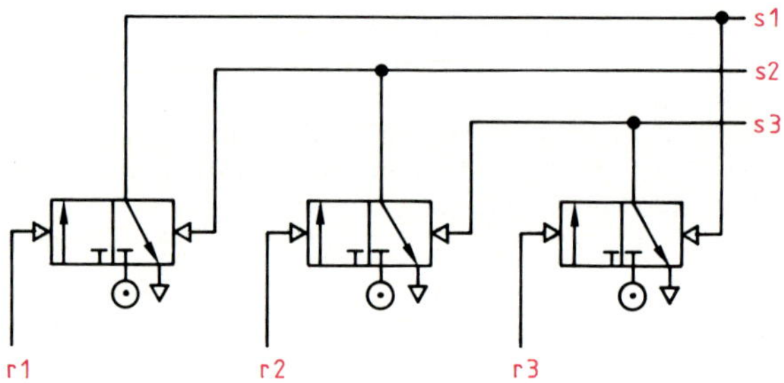

Pneumatisch verwirklichte Ablaufkette

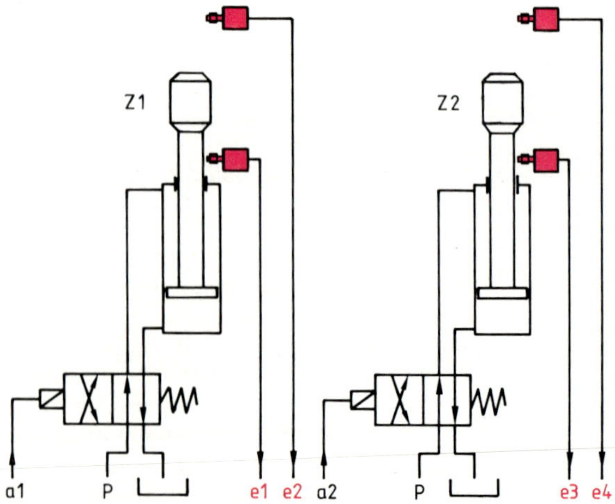

Zylinder mit Signalgebern an den Endlagen

Ein Endlagenschalter meldet, daß Zylinder Z1 eingefahren ist und erzeugt das Signal e1.
Ein Endlagenschalter meldet, daß Zylinder Z1 ausgefahren ist und erzeugt das Signal e2.
Ein Endlagenschalter meldet, daß Zylinder Z2 eingefahren ist und erzeugt das Signal e3.
Ein Endlagenschalter meldet, daß Zylinder Z2 ausgefahren ist und erzeugt das Signal e4.

Aus den Endlagenschaltersignalen e1 bis e4 werden durch Verknüpfung die Weiterschaltsignale r1 bis r3 erzeugt.

Wenn der Zylinder Z1 ausgefahren und der Zylinder Z2 noch eingefahren ist, ist die Weiterschaltbedingung für Schritt 2 erfüllt. Das Weiterschaltsignal r2 kann also durch eine UND-Verknüpfung der Endlagenschaltersignale e2 und e3 erzeugt werden.

Entsprechend kann das Weiterschaltsignal r3 über eine UND-Verknüpfung der Signale e2 und e4 gewonnen werden. Das Weiterschaltsignal r1 ergibt sich aus einer UND-Verknüpfung der Signale e1 und e3.

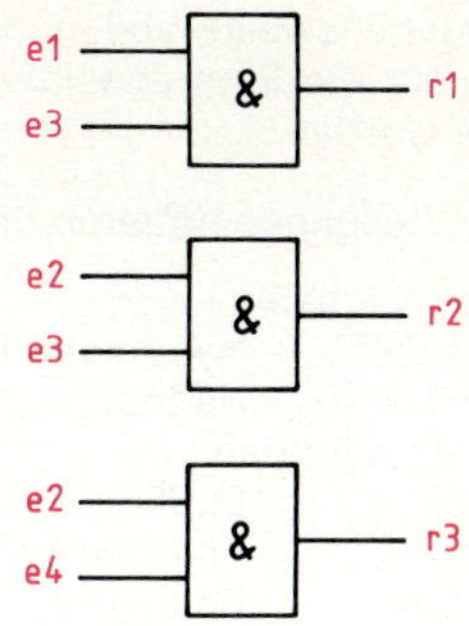

Einfache Verknüpfung zur Erzeugung der Weiterschaltsignale für Hydraulikpresse (ohne Verriegelungen)

- Schema für Ablaufsteuerungen mit Ablaufkette

Ablaufsteuerungen können durch Ablaufketten in Verbindung mit Verknüpfungsgliedern verwirklicht werden:

- Aus den Eingangssignalen e werden über eine Verknüpfung die Weiterschaltsignale r erzeugt.
- Die Weiterschaltsignale r erzeugen über die Ablaufkette die Schrittsignale s.
- Die Schrittsignale s werden dazu benutzt, um über eine Verknüpfung die Ausgangssignale a zu erzeugen.

Ablaufsteuerungen mit Ablaufketten sind recht übersichtlich, weil sie **nach einem einheitlichen Schema** aufgebaut sind. Allerdings ist der **Geräteaufwand relativ groß.** Daher versucht man oft, Ablaufsteuerungen ohne Ablaufketten aufzubauen.

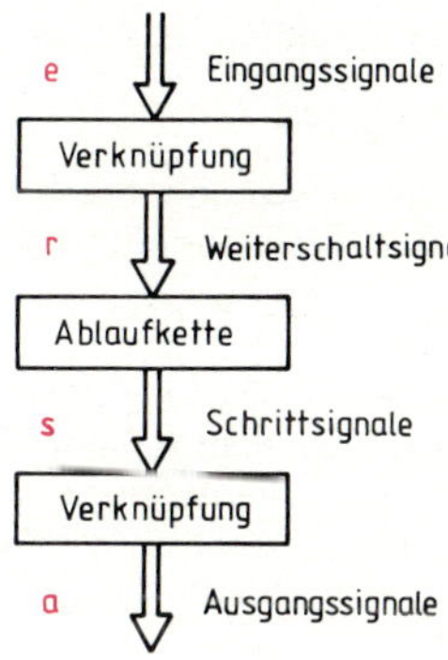

Schema einer Ablaufsteuerung mit Ablaufkette

Ablaufsteuerung ohne Ablaufkette

Es gibt kein festes Schema für den Aufbau einer Ablaufsteuerung ohne Ablaufkette. Daher können nur einige Empfehlungen gegeben werden, wie man rasch zu einer günstigen Schaltung gelangen kann.

- Man notiere alle Eingabesignale und alle Ausgabesignale. Man gebe den Signalen Bezeichnungen.
- Man benutze ein Funktionsdiagramm und trage alle wichtigen Signale ein. Dazu muß das Diagramm um weitere Zeilen ergänzt werden.
- Man führe Zwischensignale ein und gebe diesen Zwischensignalen Bezeichnungen.
- Man versuche erst einmal eine möglichst einfache funktionsfähige Schaltung aufzubauen. Auf komplizierte Sicherheitsverriegelungen sollte man zunächst verzichten. Eine funktionsfähige Schaltung kann nachträglich immer noch verbessert werden.
- Man zerlege das Gesamtsystem in Subsysteme. Meistens können die Steuerungen für die einzelnen Subsysteme weitgehend unabhängig voneinander entworfen werden.

Planung einer Ablaufsteuerung:

- Signale bezeichnen
- Funktionsdiagramm anlegen
- Zwischensignale verwenden
- zunächst einfache Schaltung entwerfen
- einzelne Subsysteme betrachten

Diese Vorgehensweise soll nun beim Entwurf einer Steuerung für die Einprägeeinrichtung aus Abschnitt 6.2 erprobt werden.

- Ein- und Ausgänge notieren und bezeichnen

Handeingabesignale:
„LINKE HAND“ Handtaster für linke Hand
„RECHTE HAND“ Handtaster für rechte Hand
Prozeßrückmeldungen:
„Z1 OBEN“ Endlage Zylinder 1.0 eingefahren
„Z1 UNTEN“ Endlage Zylinder 1.0 ausgefahren
„Z2 HINTEN“ Endlage Zylinder 2.0 eingefahren
„Z2 VORN“ Endlage Zylinder 2.0 ausgefahren
Ausgabesignale:
„Z1 AUS“ Zylinder 1.0 ausfahren
„Z2 AUS“ Zylinder 2.0 ausfahren

- Funktionsdiagramm

Die genannten Signale werden in das Funktionsdiagramm eingetragen. Die Meldesignale an den Zylinderendlagen treten teilweise nur als Impulse auf.

- Zwischensignale

Zwischensignale werden beim Entwurf einer Steuerung nach und nach eingeführt.

- Vereinfachung der Schaltung

Um den ersten Entwurf einfach zu gestalten, wird zunächst darauf verzichtet, eine Zweihandsicherheitsschaltung nach Unfallverhütungsvorschrift aufzubauen. Bei der endgültigen Verwirklichung der Steuerung muß dann aber unbedingt eine Zweihandsicherheitschaltung nach UVV vorgesehen werden.

- Zerlegung in Subsysteme

Das vorliegende System kann in die Subsysteme „Zylinder 1.0“ und „Zylinder 2.0“ zerlegt werden.

Der **Stempelzylinder 1.0** soll unter folgenden Bedingungen ausfahren:

- Beide Handtaster gedrückt
- Zylinder 2.0 ganz eingefahren

Solange diese Bedingungen nicht gleichzeitig erfüllt sind, soll der Zylinder 1.0 eingefahren bleiben.

Für die Steuerung des Zylinders 1.0 kann ein UND-Glied mit den drei Eingängen „LINKE HAND“, „RECHTE HAND“ und „Z2 HINTEN“ verwendet werden.

Da z. B. in der Pneumatik UND-Glieder mit drei Eingängen nicht üblich sind, wird der Funktionsplan für Zylinder 1.0 so abgeändert, daß nur Funktionsglieder mit 2 Eingängen auftreten. Dazu werden die Signale „LINKE HAND“ und „RECHTE HAND“ über ein UND-Glied zu dem Zwischensignal „START“ zusammengefaßt und über ein zweites UND-Glied mit dem Signal „Z2 HINTEN“ verknüpft. Das UND-Glied zur Erzeugung des Signals „START“ kann später durch eine Zweihandsicherheitsschaltung ersetzt werden.

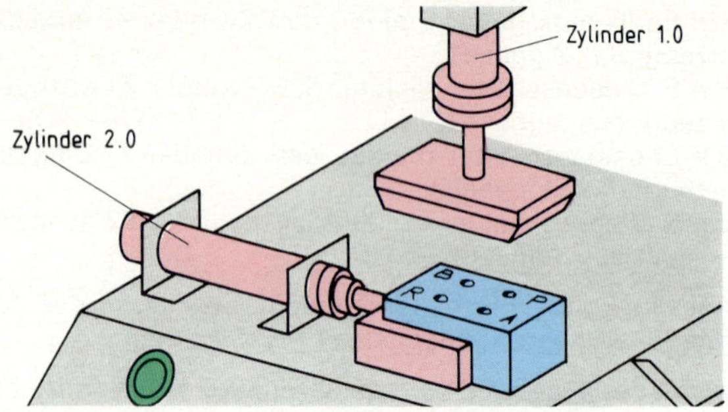

Technologieschema der Einprägeeinrichtung

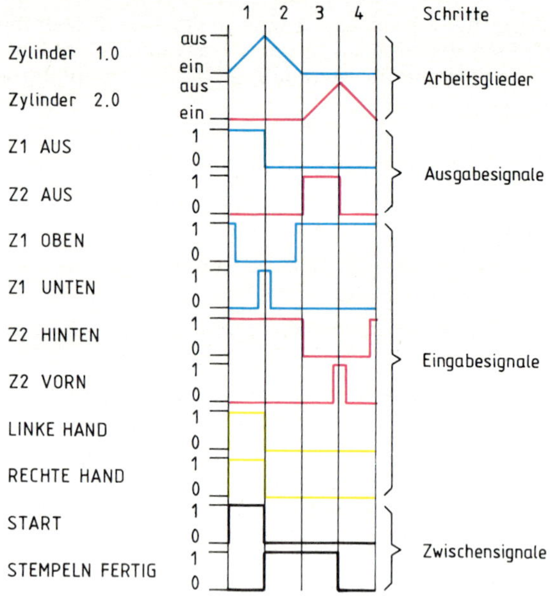

Funktionsdiagramm für Einprägeeinrichtung (ohne Signallinien)

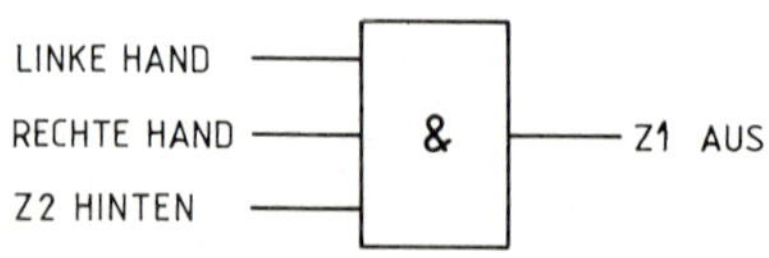

Steuerung für Zylinder 1.0

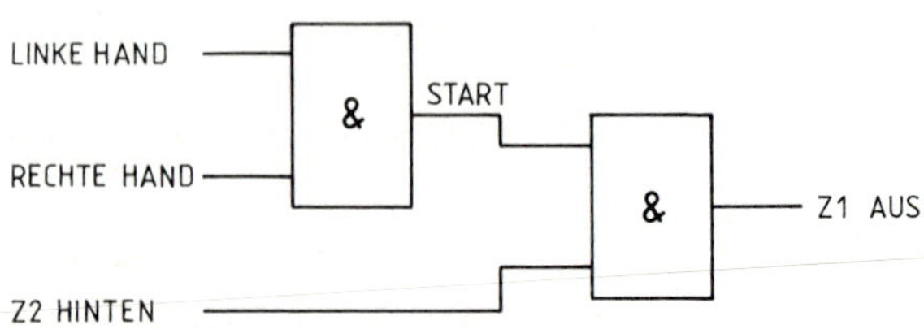

Funktionsplan: Steuerung für Zylinder 1.0 mit zwei UND-Gliedern

Der **Auswerferzylinder 2.0** soll ausfahren und das gestempelte Teil wegschieben, wenn der Einprägevorgang beendet ist. Dies ist der Fall, wenn der Zylinder 1.0 unten war und wieder seine obere Endstellung erreicht hat. Für die Steuerung von Zylinder 2.0 müssen also zwei Ereignisse erkannt werden, die nacheinander eintreten, nämlich das Ereignis „Zylinder 1.0 ist unten" und das Ereignis „Zylinder 1.0 ist wieder oben".
Das kurze Ereignis „Zylinder 1.0 unten" muß durch ein Signal gespeichert werden.
Dazu wird das Zwischensignal „STEMPELN FERTIG" eingeführt. Dieses Signal wird auf „1" gesetzt, wenn der Zylinder 1.0 unten ist. Es wird auf „0" zurückgesetzt, wenn der Zylinder 2.0 das gestempelte Teil auswirft, also wenn der Zylinder 2.0 ausgefahren ist. Das Zwischensignal „STEMPELN FERTIG" ist ein sogenanntes „Vorbereitungssignal".

Vorbereitungssignale sind wichtige Zwischensignale für Ablaufsteuerungen ohne Ablaufkette. Sie speichern Ereignisse und bieten eine Information über den aktuellen Stand innerhalb einer Arbeitsabfolge.

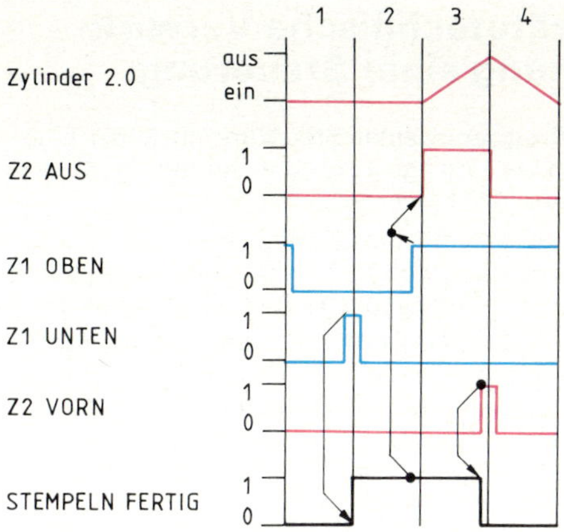

Funktionsdiagramm mit wichtigen Steuersignalen für Zylinder 2.0 (mit Signallinien)

Das Vorbereitungssignal „STEMPELN FERTIG" wird in das Funktionsdiagramm eingetragen. Aus dem Funktionsdiagramm läßt sich jetzt erkennen, daß der Zylinder 2.0 gerade dann ausfahren soll, wenn gleichzeitig die Signale „STEMPELN FERTIG" und „Z1 OBEN" den Zustand „1" haben.
Die Steuerung des Zylinders 2.0 kann also durch ein Speicherglied und ein UND-Glied erfolgen.
Das Speicherglied erzeugt das Vorbereitungssignal „STEMPELN FERTIG". Das Signal „Z1 OBEN" ist ein Freigabesignal. Solange dieses Signal nicht den Zustand „1" hat, besteht Kollisionsgefahr und der Zylinder 2.0 darf nicht ausfahren.
Über das UND-Glied werden Vorbereitungssignal und Freigabesignal miteinander verknüpft.

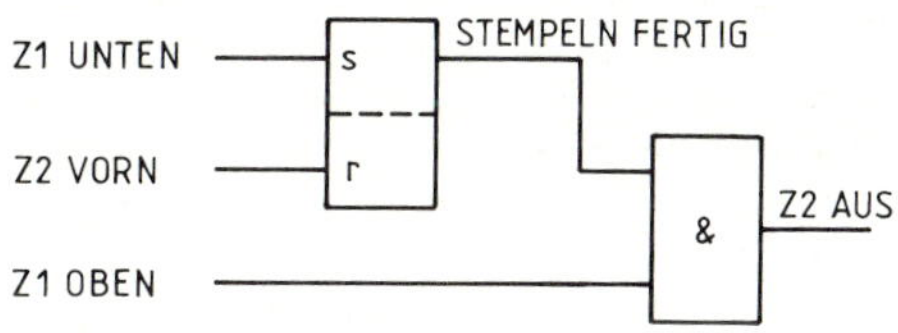

Steuerung für Zylinder 2.0

Aufgaben zur Wiederholung und Vertiefung

1. Stellen Sie die Funktionstabelle für nebenstehende Schaltung auf (Antivalenzglied).
Beschreiben Sie mit Worten, wann der Ausgang den Zustand „1" hat.

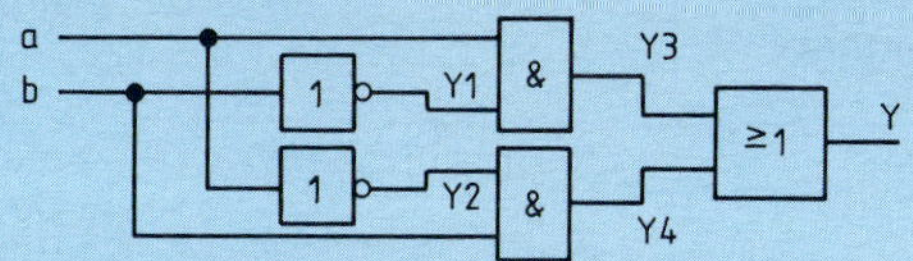

Schaltung für Antivalenzglied

2. Entwickeln Sie den Funktionsplan für eine Ablaufkette mit drei Schritten, die aus drei einzelnen Speichergliedern aufgebaut ist (Orientieren Sie sich an der vorgestellten pneumatischen Schaltung).
Wie verhält sich Ihre Schaltung, wenn gleichzeitig zwei Weiterschaltsignale den Zustand „1" haben? Sollte man für ihre Ablaufkette Speicherglieder mit Vorrang für das Setzen oder für das Rücksetzen bevorzugen?
Wichtig: Es soll zu einem Zeitpunkt immer nur ein Schrittsignal an den Ausgängen den Zustand „1" haben!

3. Sie sehen nebenstehend einen Funktionsplan mit einem monostabilen Kippglied. Erklären Sie die Schaltung. Ergänzen Sie dazu das vorbereitete Funktionsdiagramm.

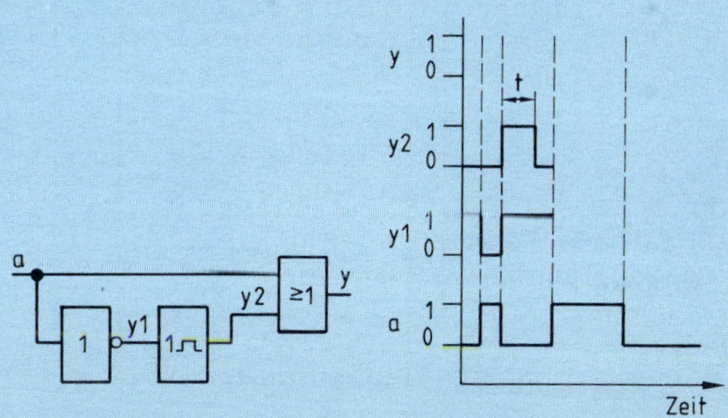

6.7 Gerätetechnische Verwirklichung einer Steuerung

Wenn das Programm einer Steuerung in Form eines Funktionsplanes vorliegt, kann die Steuerung gerätetechnisch verwirklicht werden.

Dazu muß man sich für eine Gerätetechnik entscheiden. Diese Entscheidung ist oft nicht leicht, da verschiedene Argumente für unterschiedliche Techniken sprechen:

- Es spart oft Kosten, wenn man die Technik der Signalverarbeitung an die Technik der Arbeitsglieder anpaßt. Das bedeutet z. B., daß man bei Einsatz von Pneumatikzylindern auch pneumatische Verarbeitungsgeräte wählen sollte. Man benötigt dann nur **eine** Energieversorgungseinheit.
- SPS als Signalverarbeitungsgeräte bieten den Vorteil, daß Programmverbesserungen noch bei der Inbetriebnahme schnell und problemlos durchgeführt werden können.

Heute gilt die Regel, daß kleinere Steuerungen (für höchstens 10 Arbeitsglieder) noch wirtschaftlich rein pneumatisch, rein hydraulisch oder in Relaistechnik verwirklicht werden können. Für umfangreichere Steuerungen oder für Steuerungen mit komplizierten Arbeitsabläufen sollten Geräte mit Mikroprozessoren (z. B. SPS) vorgesehen werden.

Für die Steuerung der Einprägeeinrichtung werden nachfolgend Lösungen in drei verschiedenen Gerätetechniken vorgestellt. Grundlage ist immer der nebenstehende Funktionsplan, der in Abschnitt 6.6.2 entwickelt wurde.

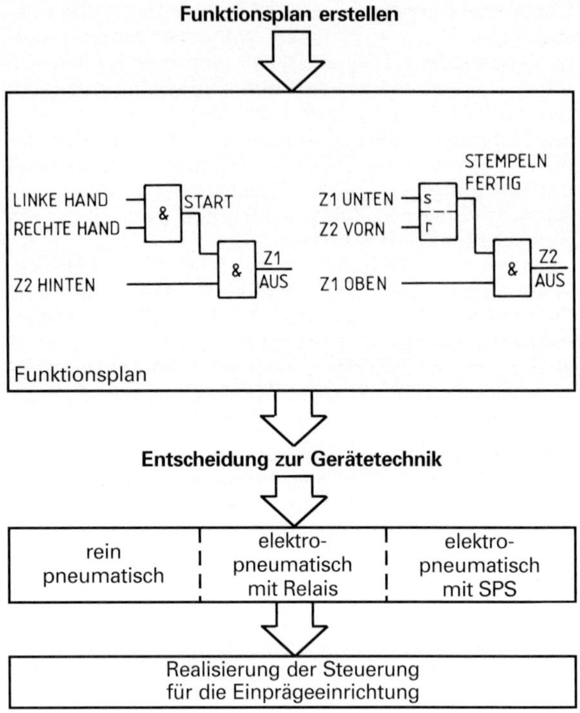

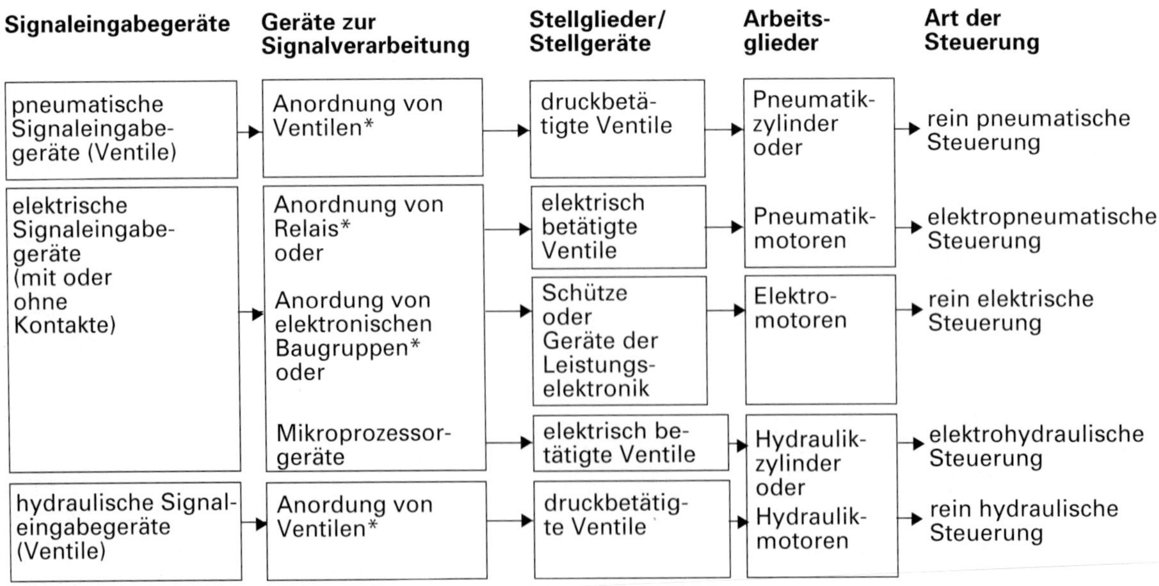

* Anordnung gemäß Programm

Schema zur Gerätetechnik von Steuerungen

6.7.1 Pneumatische Steuerung

Arbeitsglieder

Die Arbeitsglieder sind Pneumatikzylinder. Als Stempelzylinder 1.0 wird ein einfachwirkender Zylinder mit Federrückstellung eingesetzt. Die Feder sorgt dafür, daß der Zylinder bei Druckabschaltung einfährt. Als Auswerferzylinder 2.0 wird ein doppeltwirkender Zylinder verwendet.

Stellglieder

Als Stellglieder für die Zylinder dienen druckbetätigte Wegeventile. Ein 3/2-Wegeventil kann Zylinder 1.0 mit Druck beaufschlagen und über ein 4/2-Wegeventil kann Zylinder 2.0 in beide Richtungen verstellt werden. Diese Wegeventile bilden zusammen mit den Zylindern den **Energieteil der Einprägeeinrichtung,** denn hier wird pneumatische Energie in Bewegungsenergie umgesetzt.

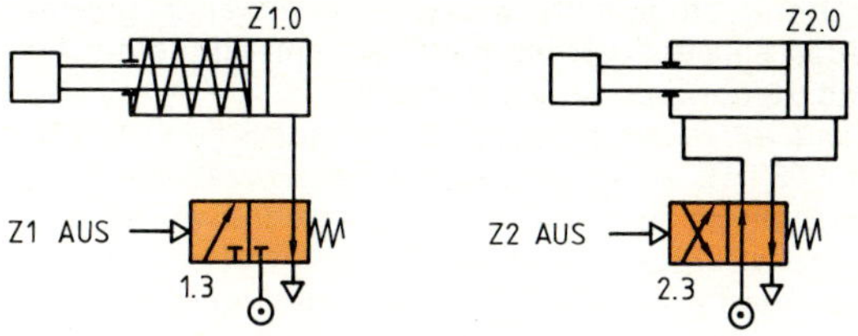

Energieteil der Einprägeeinrichtung

Eingabegeräte

Zum Starten des Einprägevorgangs sind zwei handbetätigte Ventile vorgesehen, die die Drucksignale „LINKE HAND" und „RECHTE HAND" erzeugen.

Zur Meldung der Endlagen werden Ventile mit Rollenbetätigung an den Zylindern angebracht. Um den Schaltplan übersichtlich zu halten, werden diese Ventile nicht an ihren Einbauorten an den Zylindern eingezeichnet, sondern an beliebiger Stelle im Schaltplan. Die Einbauorte der Endlagenmeldeventile werden mit den Nummern der betreffenden Ventile gekennzeichnet.

Baueinheiten zur Signalverarbeitung

Für die UND-Verknüpfungen werden pneumatische UND-Elemente verwendet, wobei das UND-Glied zur Verknüpfung der Eingangssignale „LINKE HAND" und „RECHTE HAND" durch einen sogenannten **„Zweihand-Steuerblock"** verwirklicht werden sollte. Derartige Steuerblöcke erfüllen die Anforderungen der Unfallverhütungsvorschrift und stehen als fertige Baueinheiten zur Verfügung.

Das Speicherglied zur Erzeugung des Vorbereitungssignals „STEMPELN FERTIG" wird durch ein 3/2-Wege-Impulsventil gebildet.

NOT-AUS-Schalter

Die Schaltung muß aus Sicherheitsgründen noch um einen NOT-AUS-Schalter und um einen ANLAGE-EIN-Schalter erweitert werden. Es empfiehlt sich folgende Ergänzung: Das handbetätigte ANLAGE-EIN-Ventil schaltet die gesamte Druckversorgung ein bzw. aus. Das NOT-AUS-Ventil trennt nur die Druckversorgung vom Energieteil.

Nach Betätigung des NOT-AUS-Ventils werden die Zylinder drucklos geschaltet. Die Ventile zur Signaleingabe und -verarbeitung bleiben weiterhin mit Druck versorgt.

NOT-AUS-Schalter sollen nur auf Ausgänge einwirken. Die Signalverarbeitung soll auch nach Betätigung eines NOT-AUS-Schalters fortgesetzt werden.

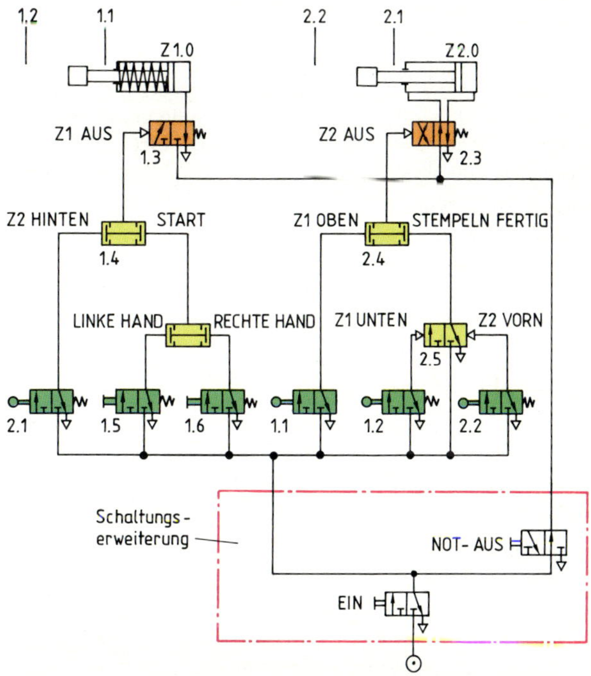

Pneumatikschaltplan für Einprägeeinrichtung

6.7.2 Relaissteuerung

Bei elektrischer Signalverarbeitung müssen elektrisch betätigte Wegeventile als Stellgeräte verwendet werden. Außerdem müssen die Zylinder mit elektrischen Endlagenschaltern versehen werden.

Direkte Steuerung

Falls Grenztaster benutzt werden, die mit relativ großen Strömen belastet werden können, kann eine einfache, direkte Steuerung aufgebaut werden.
Es ist nur ein Relais erforderlich, um das Signal „STEMPELN FERTIG" zu speichern. Das Relais wird in Selbsthalteschaltung betrieben und muß über zwei Arbeitskontakte verfügen.
Die erforderlichen UND-Verknüpfungen werden durch Reihenschaltung von Kontakten verwirklicht.
Es muß beachtet werden, daß der Kontakt S2.2 (Z2 VORN) ein Öffner ist. Für alle anderen Kontakte müssen Schließer verwendet werden.

Bei der direkten Steuerung müssen alle Kontakte die relativ hohen Ströme aushalten können, die zur Betätigung der Ventilmagnete erforderlich sind (bis zu zwei Ampere).
Näherungsschalter können daher für eine derartig einfache Schaltung nicht verwendet werden, da sie nur für kleinere Ströme (ca. 0.1 Ampere) ausgelegt sind.

- NOT-AUS-Funktion und EIN/AUS-Funktion

Für die NOT-AUS-Funktion kann das Konzept der pneumatischen Steuereinrichtung übernommen werden, d. h. die Zylinder können mit einem pneumatischen NOT-AUS-Ventil drucklos geschaltet werden, ohne daß die Signalverarbeitung unterbrochen wird.

Die Einprägeeinrichtung wird über einen elektrischen „ANLAGE EIN"-Schalter in Betrieb gesetzt, indem erstens die Relaissteuerung mit Spannung versorgt wird, und zweitens über das Ventil „DRUCK EIN" die Druckversorgung aktiviert wird.

- Aufbau des Schaltplans

Der Schaltplan besteht aus einem pneumatischen und einem elektrischen Teil. Im pneumatischen Teil wird die Lage der Endschalter markiert und es werden die Ventilmagnete gekennzeichnet, so daß ein Bezug zum elektrischen Teil hergestellt wird.

Indirekte Steuerung

Um die Kontakte der Signalgeber weniger zu belasten, kann man die vorliegende Schaltung erweitern. Die Kontakte der Endlagenschalter und der Handschalter werden nicht direkt zur Verknüpfung verwendet, sondern dienen nur zur Betätigung von sogenannten **Koppelrelais.**

Koppelrelais geben Signalzustände unverändert weiter. Sie können durch kleine Ströme betätigt werden und belasten somit Signalgeber nur wenig. Ihre Kontakte sind für relativ große Ströme geeignet und können z. B. zum Schalten von Magnetventilen dienen.

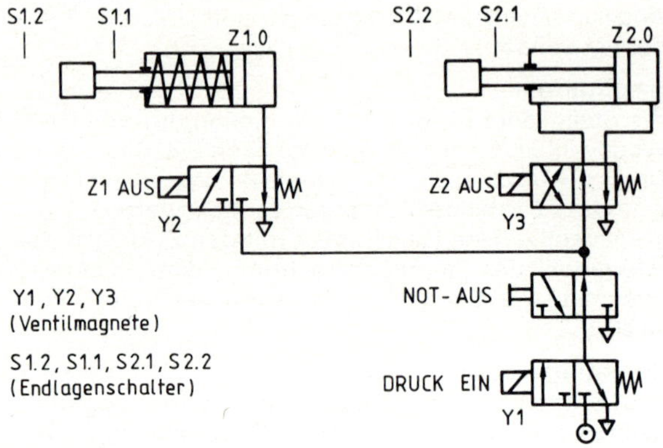

Schaltplan für elektropneumatische Steuerung der Einprägeeinrichtung (Pneumatikteil)

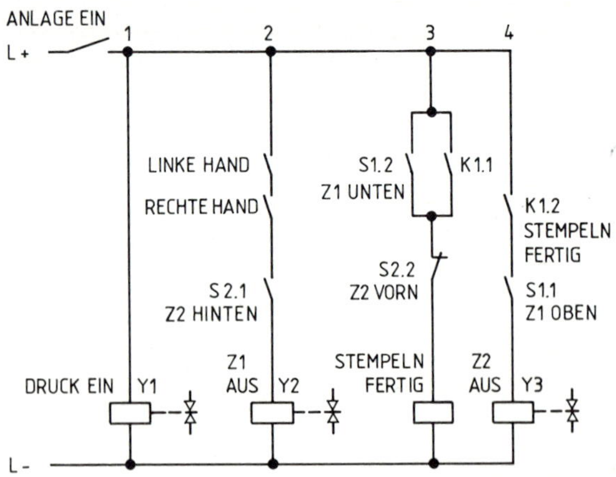

Elektrischer Teil des Schaltplans für elektro-pneumatische Steuerung (direkte Relaissteuerung)

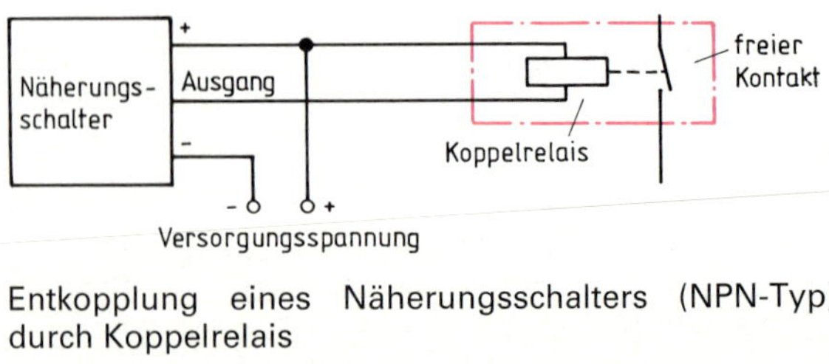

Entkopplung eines Näherungsschalters (NPN-Typ) durch Koppelrelais

Aus der einfachen direkten Steuerung wird eine **indirekte Steuerung,** wenn alle Signaleingabeglieder über Relais **entkoppelt** werden. Die Kontakte der Koppelrelais werden nach dem Schema der direkten Steuerung verbunden. Bei einer indirekten Steuerung können auch Näherungsschalter als Endlagenschalter verwendet werden. Außerdem läßt sich durch Hinzufügen von sogenannten **Zeitrelais** die Anforderung der UVV bezüglich der Zweihand-Sicherheitsschaltung erfüllen.

Programmierung einer SPS

6.7.3 Steuerung mit SPS

Verdrahtung

Der Pneumatikteil und die Signalgeber können bei Einsatz einer SPS genauso gestaltet sein, wie bei einer Relaissteuerung.

- Verdrahtung der Eingänge

Signalgeber werden normalerweise direkt mit den Eingängen einer SPS verbunden, selbst wenn es sich um Näherungsschalter handelt. Koppelrelais können an den Eingängen meistens entfallen, da Signalgeber durch eine SPS nur gering belastet werden. Für die Versorgung der Signalgeber ist eine Hilfsspannung erforderlich. Die Eingänge einer SPS sind, von 0 ausgehend, durchnumeriert und meistens in Gruppen zusammengefaßt (meistens in Gruppen zu 8 oder 16 Eingängen).

- Verdrahtung der Ausgänge

Auch die Ausgänge einer SPS sind durchnumeriert und in Gruppen zusammengefaßt. Bei der Verdrahtung einer SPS muß beachtet werden, daß die SPS-Ausgänge nur **begrenzte Ströme und Spannungen** zulassen. Daher müssen an den Ausgängen oft Koppelrelais eingefügt werden. Viele Stell- und Anzeigegeräte können aber auch direkt mit den Ausgängen einer SPS verbunden werden. Dies gilt meistens auch für pneumatische oder hydraulische Magnetventile. Die Ausgänge einer SPS müssen mit einer Hilfsspannung versorgt werden.

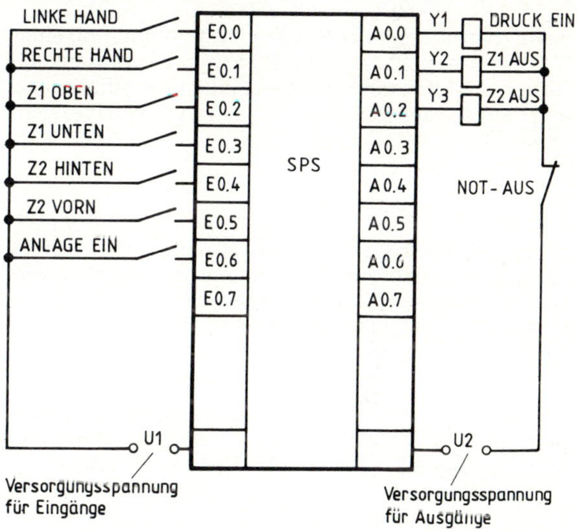

Belegung der Anschlußklemmen einer SPS zur Steuerung der Einprägeeinrichtung

Anschluß eines NOT-AUS-Schalters

SPS werden meistens in Verbindung mit elektrischen NOT-AUS-Schaltern betrieben. Dabei ist unbedingt zu beachten, daß NOT-AUS-Schalter Ausgänge unmittelbar stromlos schalten können.

Theoretisch wäre es auch möglich, einen NOT-AUS-Schalter als Signalgeber mit einem Eingang einer SPS zu verbinden und im Notfall über das Programm der SPS die Ausgänge auf „0" zu setzen. Eine solche NOT-AUS-Schaltung darf aber keinesfalls verwendet werden, weil immer mit Fehlern in der Signalverarbeitung zu rechnen ist (z. B. durch Programmfehler oder durch Ausfall von Bauteilen). Die Funktion eines NOT-AUS-Schalters muß aber unter allen Umständen gewährleistet sein, weil von ihm die Sicherheit von Menschen abhängen kann.

NOT-AUS-Schalter müssen sicherheitsgefährdende Anlagen unmittelbar, zuverlässig und möglichst schnell außer Betrieb setzen können. Dies ist nur möglich, wenn NOT-AUS-Schalter die Ausgänge einer SPS direkt abschalten.

Programmierung

Bei Einsatz einer SPS wird die Steuerung – abgesehen von NOT-AUS – durch ein Programm bestimmt, das im Speicher der SPS abgelegt ist.

Bevor ein Steuerungsprogramm mit einem Programmiergerät eingegeben wird, sollte es bereits als Funktionsplan vorliegen. Bildschirmprogrammiergeräte erlauben heute oft, daß ein Funktionsplan als Grafik in das Programmiergerät eingegeben werden kann, also nur abgezeichnet werden muß.

Üblich ist aber meistens die Eingabe einer Anweisungsliste. Dabei muß der vorliegende Funktionsplan in eine Befehlsfolge übersetzt werden.

Die Befehle für eine Anweisungsliste können bei verschiedenen SPS etwas unterschiedlich sein. Die wichtigsten Befehle sind aber bei allen SPS ähnlich.

Programmierung einer SPS

- Zuordnungsliste

Bevor man mit der eigentlichen Programmierung einer SPS beginnt, stellt man eine sogenannte Zuordnungsliste auf, d. h. man notiert zu den Eingängen, Ausgängen und Merkern der SPS die dazugehörige Signalbezeichnung.

Eingänge:
E0.0= „LINKE HAND“
E0.1= „RECHTE HAND“
E0.2= „Z1 OBEN“
E0.3= „Z1 UNTEN“
E0.4= „Z2 HINTEN“
E0.5= „Z2 VORN“
E0.6= „ANLAGE EIN“

Ausgänge:
A0.0= „DRUCK EIN“
A0.1= „Z1 AUS“
A0.2= „Z2 AUS“

Merker:
M0.0= „STEMPELN FERTIG“

Zuordnungsliste

- Anweisungsliste (AWL)

Ein SPS-Programm mit Anweisungsliste (AWL) besteht meistens aus mehreren Abschnitten, die auch **Netzwerke** genannt werden. Man kann einen Funktionsplan in eine AWL übersetzen, wenn man für alle Glieder, die im Funktionsplan vorkommen, jeweils eigene Netzwerke vorsieht und alle Netzwerke untereinanderschreibt.

Bei der Einprägeeinrichtung kann die Verknüpfung für den Ausgang „Z1 AUS“ durch ein UND-Glied mit den drei Eingängen „LINKE HAND“, „RECHTE HAND“ und „Z2 HINTEN“ verwirklicht werden, wenn man zunächst die UVV unberücksichtigt läßt. Gemäß Zuordnungsliste handelt es sich dabei um die Eingänge E0.0, E0.1 und E0.4, sowie um den Ausgang A0.1. In der Anweisungsliste werden die drei Eingänge in drei Zeilen untereinandergeschrieben und jeweils mit dem Operator U versehen, um festzulegen, daß dies die Eingänge eines UND-Gliedes sind. In die vierte Zeile wird die Anweisung = A0.1 geschrieben. Damit wird festgelegt, daß sich die vorangegangene UND-Verknüpfung auf diesen Ausgang bezieht.

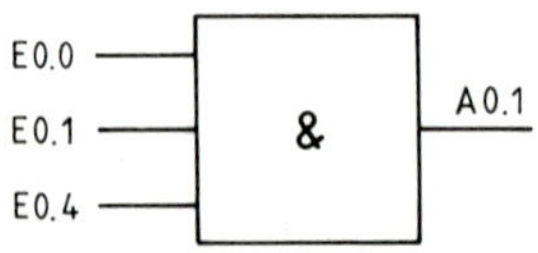

Funktionsplan

```
U E0.0
U E0.1
U E0.4
= A0.1
```

AWL

Steuerung von Zylinder 1.0

Es können nun weitere Netzwerke untereinander geschrieben werden, um z. B. Verknüpfungen für andere Ausgänge festzulegen.

Auch der Ausgang A0.2 („Z2 AUS“) ist Ausgang eines UND-Gliedes. Dieses UND-Glied hat als Eingänge den Eingang E0.2 („Z1 OBEN“) und das Zwischensignal „STEMPELN FERTIG“. Das Zwischensignal „STEMPELN FERTIG“ liegt aber zunächst nicht vor und muß erst innerhalb der SPS erzeugt werden.

Zwischensignale können in SPS-Programmen durch **„Merker"** gebildet werden. Merker sind Signale, die nur innerhalb der SPS auftreten und nicht an Ein- oder Ausgangsklemmen einer SPS abgegriffen werden können. Für Merker steht eine bestimmte Zahl von Speicherplätzen innerhalb einer SPS zur Verfügung. Merker können genauso wie Ausgänge programmiert werden und können ihrerseits genauso wie Eingänge zur Bildung von Verknüpfungen verwendet werden. Sie werden mit dem Buchstaben M gekennzeichnet, durchnumeriert und in Gruppen zusammengefaßt.

Das Signal „STEMPELN FERTIG" soll durch den Merker M0.0 dargestellt werden. Die Zuordnungsliste wird um diesen Merker ergänzt.

Der Merker M0.0 soll Ausgangssignal eines Speichergliedes sein. Das Speicherglied hat als Setzsignal das Signal E0.3 („Z1 UNTEN") und als Rücksetzsignal das Signal E0.5 („Z2 VORN"). Das Speicherglied für den Merker M0.0 wird durch vier AWL-Zeilen programmiert. Nachdem das Hilfssignal „STEMPELN FERTIG" durch den Merker M0.0 festliegt, kann auch der Ausgang A0.2 programmiert werden.

Als letztes wird noch der Ausgang A0.0 (DRUCK EIN) programmiert. Dieser Ausgang soll immer den gleichen Zustand wie der Eingang E0.6 (ANLAGE EIN) haben. Dies wird durch zwei Zeilen in der AWL bewirkt.

Das Programm für die Einprägeeinrichtung ist nun fast fertig. Es muß aber noch ein wichtiger Befehl hinzugefügt werden, der das Ende des Programms kennzeichnet. Dieser Befehl lautet bei manchen SPS „PE" (für „Programmende"). Er kann aber auch „BE" oder anders lauten. Erst der Programmende-Befehl veranlaßt die SPS, die Ausgänge auf die programmierten Zustände zu schalten. Die Wichtigkeit dieses Befehls erklärt sich aus der besonderen Arbeitsweise einer SPS.

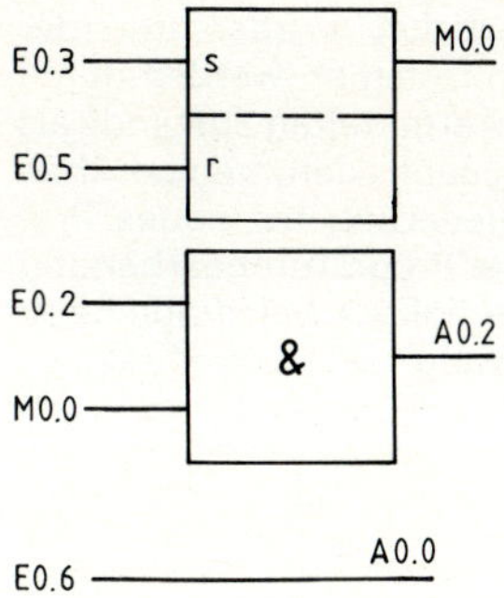


```
U E0.5
R M0.0
U E0.3
S M0.0
```

```
U E0.2
U M0.0
= A0.2
```

```
U E0.6
= A0.0
```

Programmierung von Funktionsgliedern für Einprägeeinrichtung mit Steueranweisungen nach DIN 19239

```
U E0.0     STEUERUNG FÜR ZYLINDER 1.0
U E0.1
U E0.4
= A0.1     ..................................
U E0.5     SPEICHERGLIED FÜR
R M0.0     „STEMPELN FERTIG"
U E0.3
S M0.0     ..................................
U E0.2     STEUERUNG FÜR ZYLINDER 2.0
U M0.0
= A0.2     ..................................
U E0.6     STEUERUNG FÜR „DRUCK EIN"
= A0.0     ..................................
PE         PROGRAMMENDE
```

AWL für Einprägeeinrichtung (mit Kommentaren)

Arbeitsweise einer verbindungsprogrammierten Steuerung (VPS)

Bei einer verbindungsprogrammierten Steuerung in beliebiger Technik werden alle Verknüpfungen **gleichzeitig** gebildet. Jedes Funktionsglied wird durch ein eigenes Bauelement verwirklicht, das ständig im Einsatz ist.

Bei einer verbindungsprogrammierten Steuerung werden **alle Signale gleichzeitig** („synchron") verarbeitet.

Arbeitsweise einer SPS

Eine SPS liest zu einem bestimmten Zeitpunkt gleichzeitig alle Eingabesignale ein und speichert sie als sogenanntes **„Prozeßabbild"**. Anschließend werden **nacheinander** alle erforderlichen Verknüpfungen zur Festlegung von Ausgängen und Merkern gebildet. Es wird innerhalb der SPS **zu einem Zeitpunkt** immer **nur ein Netzwerk** behandelt. Sobald das Ausgangssignal des Netzwerkes feststeht und abgespeichert ist, wird das nächste Netzwerk behandelt.

Bei einer speicherprogrammierbaren Steuerung wird **Netzwerk für Netzwerk nacheinander** abgearbeitet.

Wenn alle Netzwerke abgearbeitet wurden und der Zustand von allen Ausgängen feststeht, werden durch den Programmende-Befehl die ermittelten Zustände als Spannungssignale auf die Ausgangsklemmen geschaltet. Anschließend liest die Steuerung ein neues Prozeßabbild ein und beginnt die Programmbearbeitung von vorn. Diese ständig wiederholte Arbeitsfolge heißt **„zyklische Programmbearbeitung"** (Zyklus = Kreis).

Ein Arbeitszyklus einer SPS ist durch drei Arbeitsschritte gekennzeichnet:

- Gleichzeitiges Einlesen und Abspeichern der Eingabesignale („Prozeßabbild").
- Abarbeitung der einprogrammierten Netzwerke. Die Anweisungen werden nacheinander ausgeführt.
  Während dieser Zeit können Zustandsänderungen von Eingabesignalen nicht erkannt werden.
- Gleichzeitiges Setzen der Ausgabesignalzustände.

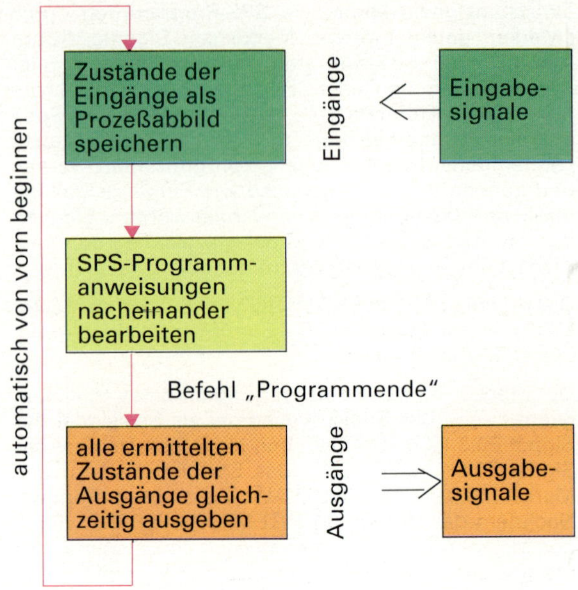

Arbeitsweise einer SPS (zyklische Programmbearbeitung)

Durch die zyklische Programmbearbeitung entsteht ein **Zeitverzug** vom Einlesen der Eingabesignale bis zum Setzen der Ausgabesignale. Dieser Zeitverzug wird als **„Zykluszeit"** bezeichnet. Die Hersteller von SPS bemühen sich, durch leistungsfähige Elektronik die Zykluszeit möglichst klein zu halten.

Aufgaben zur Vertiefung und Wiederholung:

1. Der Hersteller einer SPS gibt an, daß seine SPS für die Abarbeitung von 1000 Befehlen durchschnittlich 30 Millisekunden benötigt. Das Programm für die Einprägeeinrichtung (ohne vorgeschriebene Zweihand-Sicherheitsschaltung) besteht aus 14 Zeilen.

a) Wie lange dauert ein Programmzyklus?

b) Wie oft werden in einer Sekunde die Eingänge eingelesen?

c) Stellen Sie sich vor, daß das Programm für die Einprägeeinrichtung um weitere 5000 Zeilen ergänzt wird, um eine komplette Produktionsanlage zu steuern. Wie lange muß der Zylinder 1.0 mindestens an der unteren Endlage verweilen, damit das Hilfssignal „STEMPELN FERTIG" immer zuverlässig gesetzt wird?

2. Beschaffen Sie sich die Programmieranleitung für eine SPS. Prüfen Sie nach, ob eine Befehlsfolge für ein monostabiles Kippglied dargestellt wird. Suchen Sie dazu bei den Zeitfunktionen (Stichwort: „verlängerter Impuls"). Testen Sie die Befehlsfolge, indem Sie diese mit einem Programmiergerät in die SPS eingeben. Die SPS muß mit mindestens einem Taster als Eingabegerät verbunden sein und über eine Leuchtanzeige zur Darstellung des Ausgangs des Kippgliedes verfügen. Hinweis: Wählen Sie eine Zeit von ca. 3 s. Drücken Sie den Taster unterschiedlich lange. Leuchtet die Anzeige immer gleich lang auf?

3. Entwickeln Sie ein SPS-Programm für eine Zweihand-Sicherheitsschaltung mit zwei Kippgliedern.

4. Für die vorgestellte direkte Relaissteuerung für die Einprägeeinrichtung soll das NOT-AUS-Ventil durch einen elektrischen NOT-AUS-Schalter (Öffner) ersetzt werden.
Der Schalter soll im Notfall die Zylinder drucklos schalten, ohne daß auf den Selbsthaltekreis (für Signal STEMPELN FERTIG) eingewirkt wird. Ändern Sie den Schaltplan entsprechend ab (es gibt mehrere zulässige Möglichkeiten!).

Grundfunktionen technischer Systeme

Grundfunktionen in Anlehnung an Koller (Rudolf Koller: Konstruktionslehre für den Maschinenbau, 2. Auflage, Berlin 1985) mit erläuternden Beispielen

Leiten – Isolieren

Wärmeenergie oder elektrische Energie wird durch Metalle, Flüssigkeiten oder Gase geleitet; Druck wird durch Flüssigkeiten oder Gase geleitet, Kraft wird durch feste Körper geleitet.
Elastische Zugmittel übertragen Drehmomente; gleichzeitig dämpfen sie Schwingungen der Antriebsseite und leiten diese nicht zur Abtriebsseite.

Sammeln – Verzweigen

Elektrische Ströme, Flüssigkeits- oder Gasströme werden aus Zweigleitungen in einer Hauptleitung gesammelt oder – umgekehrt – aus einer Hauptleitung in Zweigleitungen verzweigt; Licht wird durch Linsen gesammelt oder zerstreut.

Führen – Nichtführen

Elektrische Energie wird durch Kabel geführt; Flüssigkeiten werden durch Rohrleitungen geführt; Wellen werden durch Lager geführt und Werkzeugschlitten auf einer Führungsbahn.
Lichtstrahlen und Flüssigkeits- oder Gasstrahlen werden nicht geführt.

Wandeln – Rückwandeln

Ein Generator wandelt mechanische Energie in elektrische Energie, ein Elektromotor umgekehrt elektrische in mechanische Energie; Wärmekraftmaschinen wandeln Wärmeenergie in mechanische Energie; in Glühlampen wird elektrische Energie in Lichtenergie gewandelt, in Solarzellen umgekehrt Lichtenergie in elektrische Energie.

Vergrößern – Verkleinern

Elektrische Spannung wird durch Transformatoren vergrößert oder verkleinert, Kraft durch Kolben in hydraulischen Pressen oder durch Hebel; Rädergetriebe vergrößern oder verkleinern Umdrehungsfrequenzen und Drehmomente.

Richtungändern

Winkelhebel ändern die Richtung von Kräften; Kegelradgetriebe ändern die Richtung von Drehmomenten; Spiegel ändern die Richtung von Licht.

Richten – Oszillieren

Gleichrichter richten elektrischen Strom; Ventile richten Flüssigkeits- oder Gasströme; aus der hin- und hergehenden Bewegung eines Motorkolbens wird durch Pleuelstange und Kurbelwelle eine gerichtete Drehbewegung. Umgekehrt kann eine Schubkurbel eine Drehbewegung in eine hin- und hergehende (oszillierende) Bewegung überführen.

Koppeln – Unterbrechen

Schalter koppeln oder unterbrechen elektrischen Strom; Flüssigkeits- oder Gasströme werden durch Schieber gekoppelt oder unterbrochen; Drehmomente werden durch Kupplungen gekoppelt oder unterbrochen.

Verbinden – Verbindunglösen

Unterschiedliche feste Stoffe, Flüssigkeiten oder Gase werden durch Mischer verbunden.
Durch Zentrifugen wird die Verbindung unterschiedlicher Stoffe gelöst.

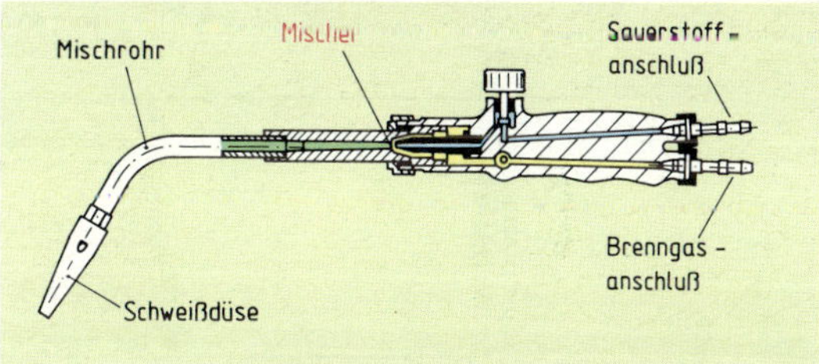

Fügen – Teilen

Metalle werden z. B. durch Löten oder Schweißen gefügt.
Teilen findet beispielsweise beim Zerspanen statt.

Speichern

Akkumulatoren speichern elektrische, Federn mechanische Energie; kinetische Energie kann durch Schwungräder gespeichert werden, Wärmeenergie in festen oder flüssigen Stoffen; Gase werden in Druckbehältern gespeichert.

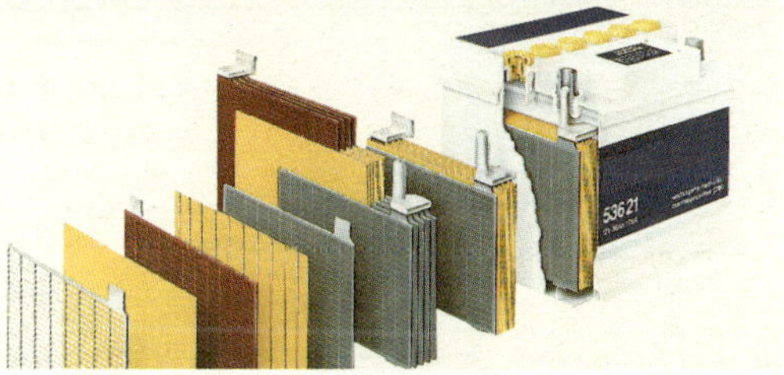

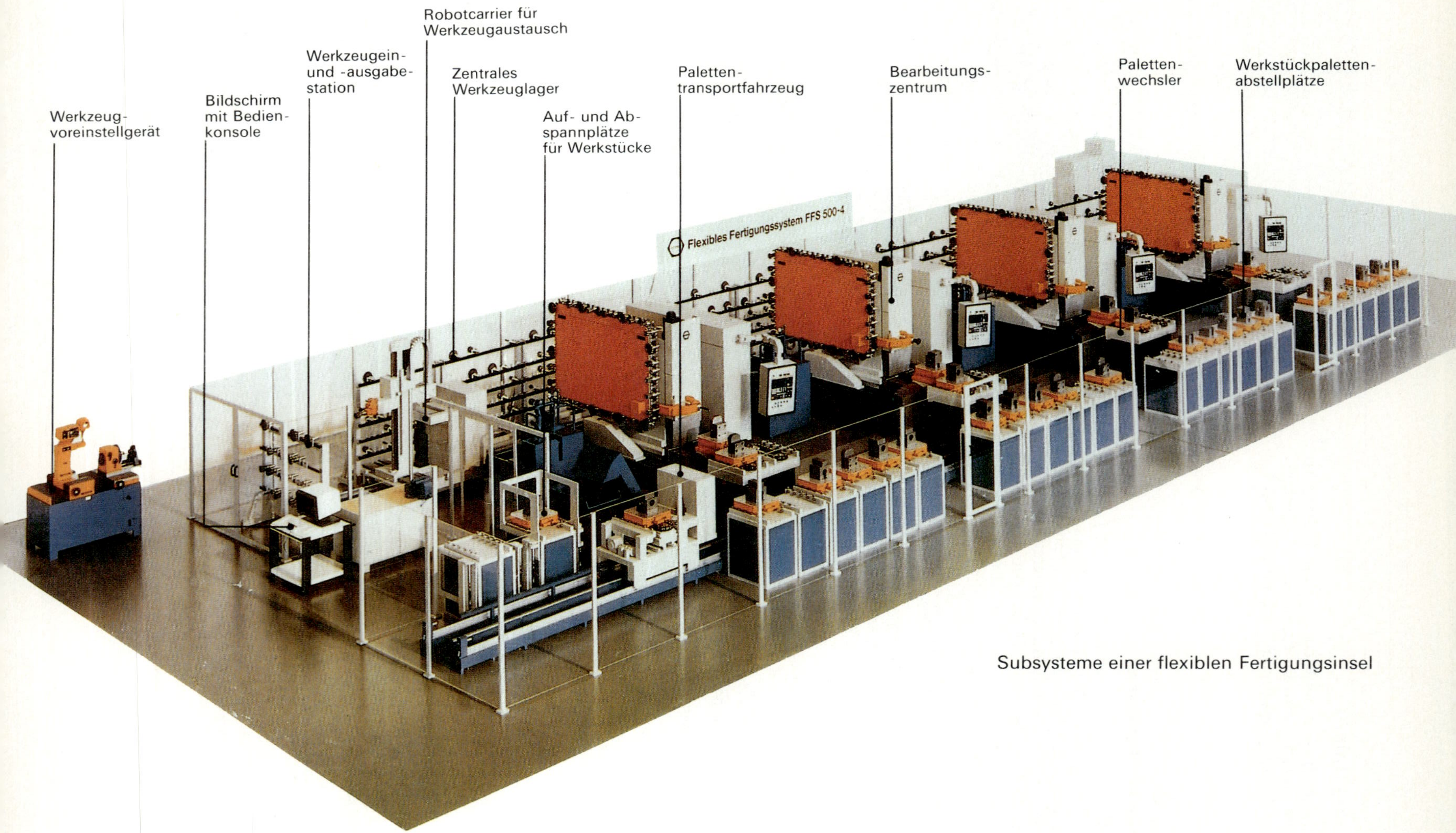

Subsysteme einer flexiblen Fertigungsinsel

Teil 2
3./4. Ausbildungsjahr

1 Fertigungstechnik

1.1 Scherschneiden

Scherschneiden auf einem Blechbearbeitungszentrum

In der **Blechbearbeitung** ist das Scherschneiden eines der am häufigsten verwendeten Verfahren. Hier werden viele Werkstücke als Blechrohteile oder als bereits fertig umgeformte Teile beschnitten. Dabei hat die Einführung der NC-Technik diesem Verfahren neue Impulse gegeben.

Das Scherschneiden gehört zu den nach DIN 8580 genormten Fertigungsverfahren und ist der Fertigungshauptgruppe **Trennen** und der Gruppe **Zerteilen** zugeordnet.

Man spricht von Scherschneiden, wenn beim zerteilenden Trennen **zwei gegenüberliegende Schneidkeile** eingesetzt werden, die sich **mit geringem Abstand** aneinander vorbeibewegen.

Zuordnung des Scherschneidens zu den Hauptgruppen und Gruppen der Fertigungsverfahren nach DIN 8580:

Hauptgruppen:	1 Urformen	2 Umformen	3 Trennen	4 Fügen	5 Beschichten	6 Stoffeigenschaften ändern
Zusammenhalt:	schaffen	beibehalten	vermindern	vermehren	vermehren	beibehalten, vermehren, vermindern

Gruppen:	3.1 Zerteilen	3.2 Spanen mit geom. bestimmter Schneide	3.3 Spanen mit geom. unbestimmter Schneide	3.4 Abtragen	3.5 Zerlegen	3.6 Reinigen
Untergruppen:	3.1.1 Scherschneiden	3.1.2 Messerschneiden	3.1.3 Beißschneiden	3.1.4 Spalten	3.1.5 Reißen	3.1.6 Brechen

Beispiele:

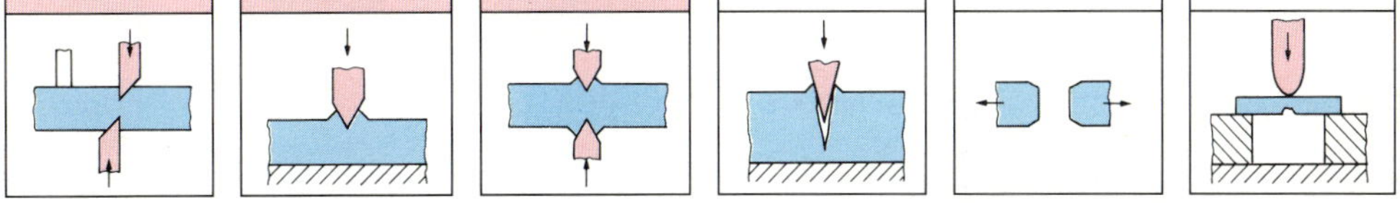

Die Scherschneidverfahren werden nach folgenden Merkmalen unterschieden:

- nach der **Lage der Schnittfläche** zur Werkstückbegrenzung
- nach dem **Aufbau** und der Geometrie der **Werkzeuge**

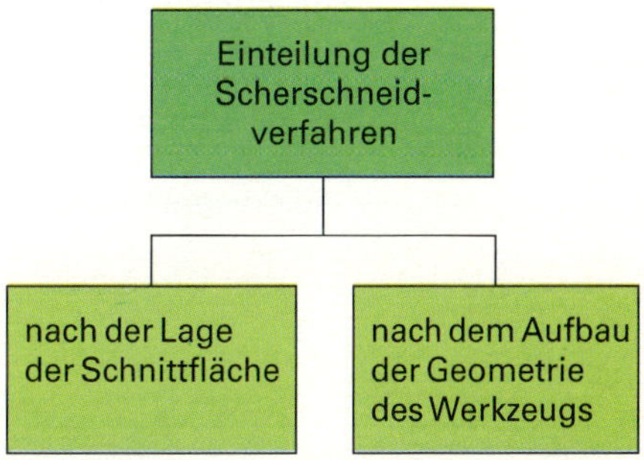

1.1.1 Einteilung der Scherschneidverfahren nach der Lage der Schnittfläche zur Werkstückbegrenzung

Grundsätzlich werden beim Scherschneiden die Werkzeuge mit der Vorsilbe „Schneid-" und die Werkstücke mit der Vorsilbe „Schnitt-" bezeichnet. So spricht man beim Werkzeug z. B. von der Schneide oder von der Schneidfläche, während man beim Werkstück die Begriffe Schnittkante, Schnittverlauf oder Schnittfläche benutzt.

Scherschneidverfahren	Beschreibung	Schematische Darstellung	Bemerkung
1. Ausschneiden	Vollständiges Trennen des Werkstücks von der Ausgangsform (Blechstreifen) entlang einer in sich geschlossenen Linie zur Herstellung von Außenformen.	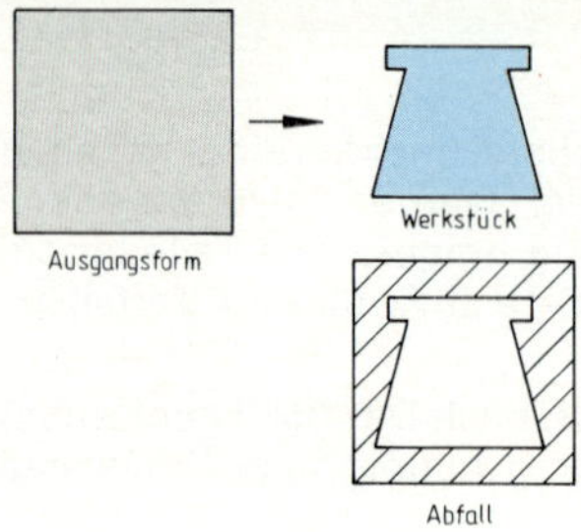	Für Werkstücke, bei denen die ganze Außenkontur durch das Verfahren erzeugt wird. Die Werkstücke werden dann oft durch Umformverfahren in die endgültige Form gebracht. Beispiel: Blechabwicklung eines Blechspielzeugs.
2. Lochen	Vollständiges Trennen von überflüssigem Werkstoff entlang einer in sich geschlossenen Linie zur Herstellung von Innenformen.	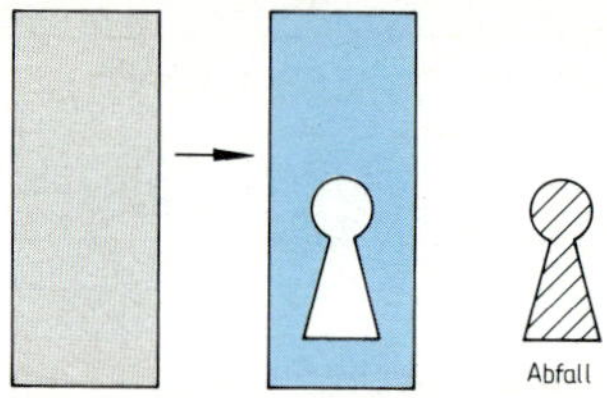	Zur Herstellung von vollständigen Innenkonturen an Werkstücken. Beispiel: Türschloßblenden
3. Abschneiden	Vollständiges Trennen eines Werkstücks von der Ausgangsform längs einer nicht geschlossenen Linie. Bei diesem Verfahren kann auch Abfall entstehen.	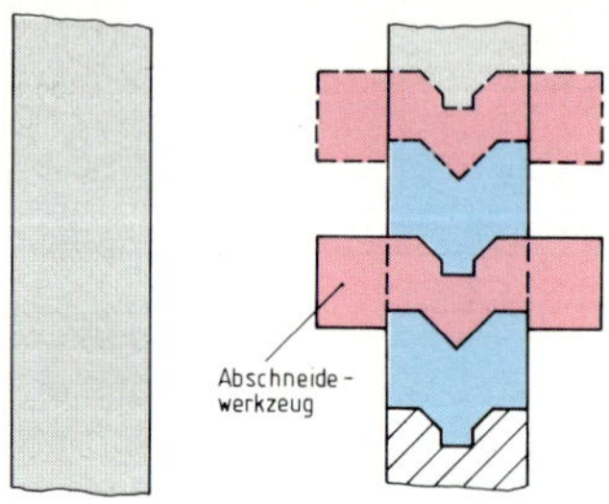	Für Werkstücke, bei denen die Breite von der Breite der Ausgangsform bestimmt wird. Die Maßgenauigkeit des Werkstücks hängt hier von der Maßgenauigkeit des Abschneidwerkzeugs und der Ausgangsform sowie vom Vorschub der Ausgangsform ab.
4. Ausklinken	Vollständiges Trennen von überflüssigem Werkstoff mit einem offenen Schnittverlauf.	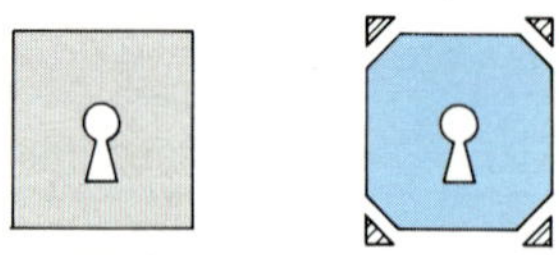	Die Zahnscheibe als Schraubensicherung erhält ihre Zahnlücken z. B. durch Ausklinken.
5. Einschneiden	Teilweises Trennen am Werkstück längs einer nicht geschlossenen Linie ohne Entfernen eines der abgetrennten Teile.	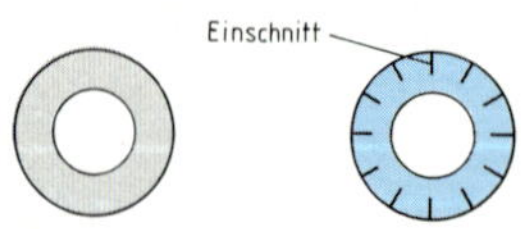	Dieses Verfahren ist meist mit einer Umformung gekoppelt. Beispiel: Fächerscheiben (Schraubensicherung)
6. Beschneiden	Trennen von überflüssigen Flächenteilen an der inneren o. äußeren Werkstückbegrenzung	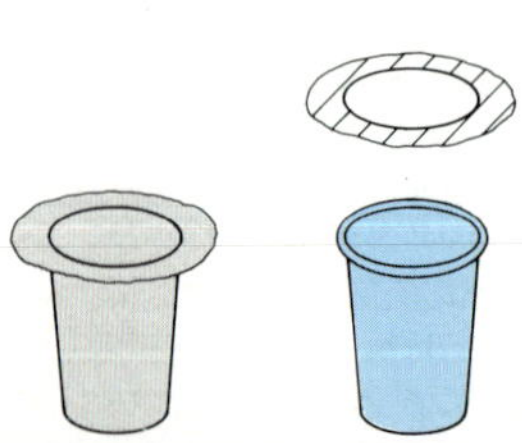	Durch Bearbeitungszugaben entstehen an Werkstücken häufig Ränder oder Grate. Diese werden durch Beschneiden entfernt. Beispiel: Beschneiden eines durch Tiefziehen hergestellten Werkstücks.

7. Zerschneiden	Vollständiges Trennen mehrerer Werkstücke aus einer Ausgangsform entlang einer offenen oder geschlossenen Schnittlinie.	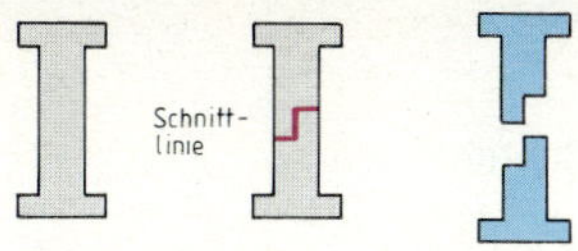	Durch Zerschneiden werden z. B. eine große Zahl von gleichen Werkstücken aus schon vorbearbeiteten Blechtafeln gewonnen.
8. Knabberschneiden	Schrittweises Ausschneiden einer Kontur mit einem kleinen Scherschneidwerkzeug.	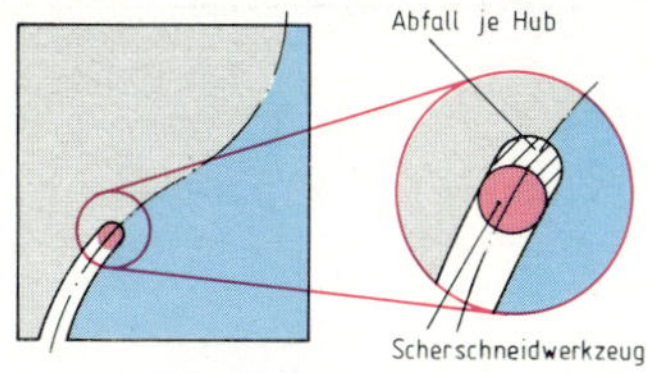	Dieses Verfahren eignet sich in besonderem Maße zur Erzeugung von Schnitten mit gekrümmtem Verlauf, die auf numerisch gesteuerten Werkzeugmaschinen erstellt werden sollen.
9. Feinschneiden	Vollständiges Trennen von Flächenteilen auf geschlossenen Innen- oder Außenschnittlinien mit einer hohen Oberflächenqualität an der Schnittstelle.	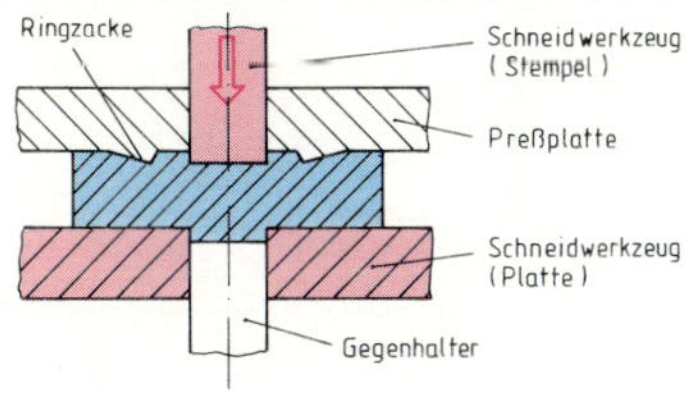	Für Werkstücke der feinmechanischen Industrie (z. B. Uhrenindustrie) ein kostengünstiges Verfahren (große Stückzahlen in sehr guter Oberflächenqualität und Maßhaltigkeit).

1.1.2 Einteilung der Scherschneidverfahren nach der Form der Werkzeuge

Hier wird nach der **Werkzeugform,** nach der **Bewegung von Werkzeug** bzw. **Werkstück** und nach der **Stellung der Werkzeuge** unterschieden:

Werkzeugform	Bewegung der Werkzeuge	Stellung der Werkzeuge	
	Einhubig		
	– drückender Schnitt	parallel	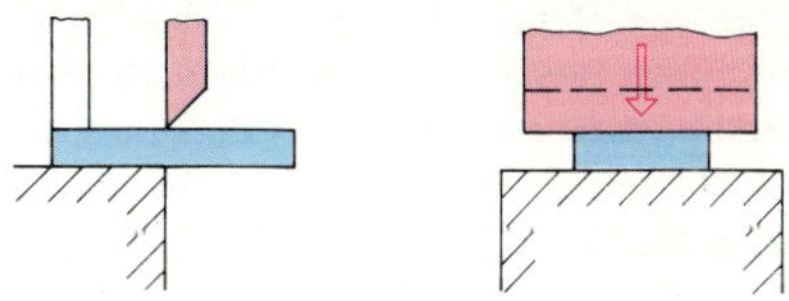
Scherschneidemesser (zum Schneiden)	– ziehender Schnitt	schräg	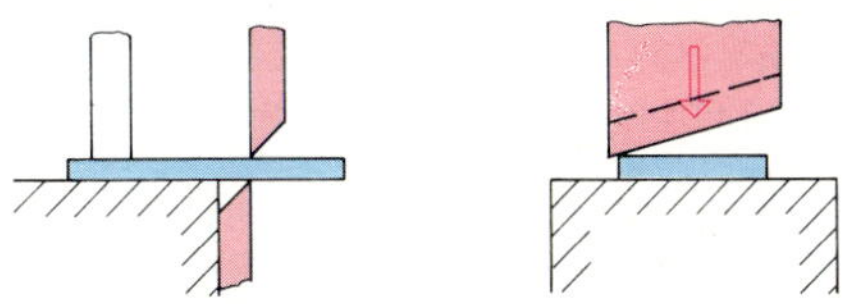
	– ziehender Schnitt	parallel	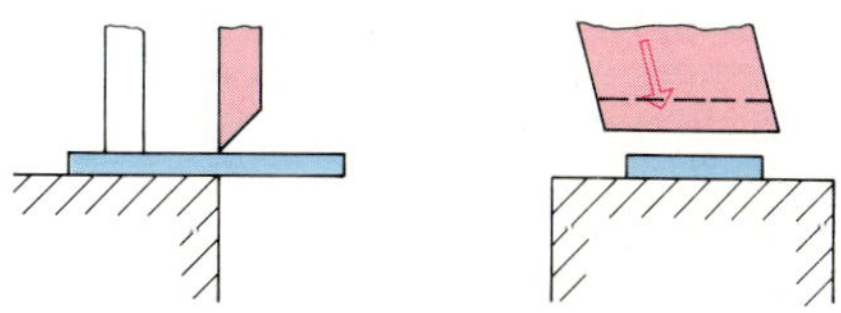
	Mehrhubig – ziehender Schnitt	schräg	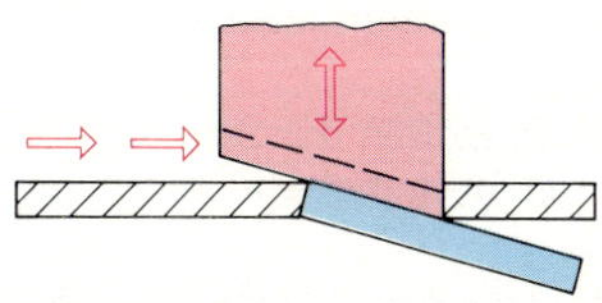

Rollschneidemesser (zum Schneiden)	Kontiniuierlich – rollender Schnitt		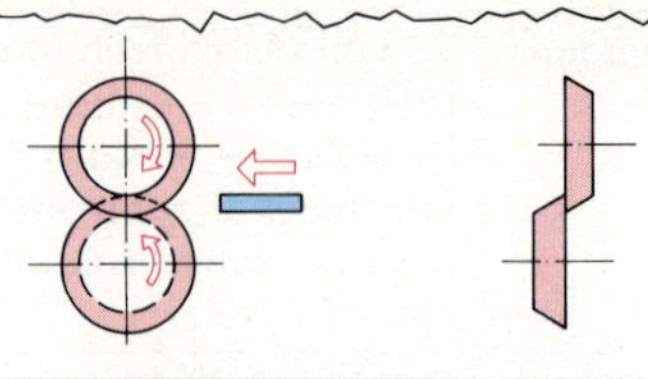
Scherschneidemesser (zum Schlitzen)	Mehrhubig – drückender Schnitt (Knabberschneiden)	parallel	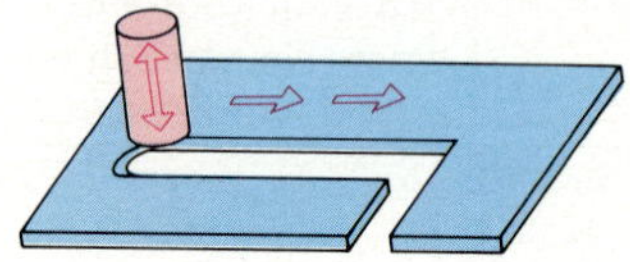
	– ziehender Schnitt	schräg	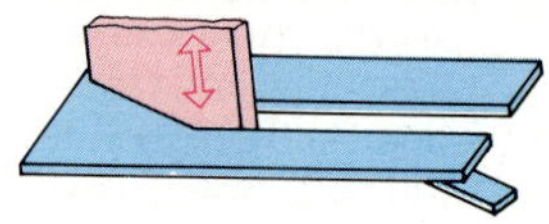

1.1.3 Der Scherschneidvorgang

Werkstückdicke und Werkstoffeigenschaften beeinflussen den Ablauf des Scherschneidens, die Qualität der Schnittflächen, die Werkzeuggeometrie und die Ausbildung des Schneidspaltes.

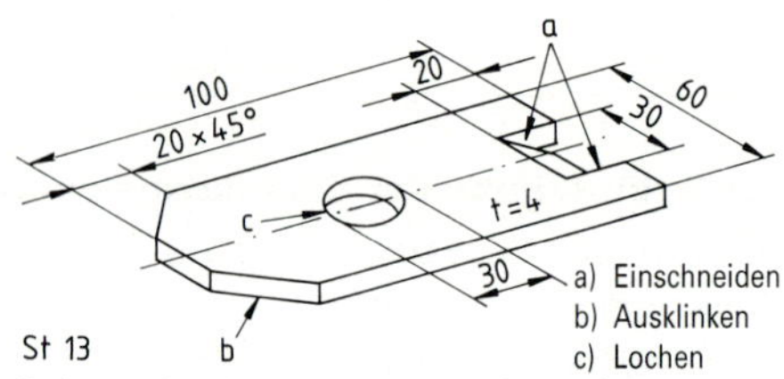

Scherschneiden eines Werkstücks

Phasen des Scherschneidens

Bei dem nebenstehenden Werkstück handelt es sich um ein Einbauteil in einer Küchenmaschine. Es soll aus einem Blech (St 13) mit der Blechdicke 4 mm durch Scherschneiden hergestellt werden. Die Phasen des Scherschneidens sollen an der Herstellung der 30 mm-Lochung beschrieben werden. Im Prinzip durchlaufen alle Scherschneidverfahren diese Phasen:

1. Biegen
Zu Beginn des Scherschneidvorgangs wird das Werkstück durch die einwirkende Scherkraft im elastischen Bereich verformt. Dabei wölbt sich das Werkstück unter der Schneide etwas ein.

2. Fließen
Mit zunehmender Scherkraft wird der plastische Bereich des zu trennenden Werkstoffs erreicht. Der Werkstoff beginnt zu „fließen", d. h. Material wird aus der Umgebung an die Schnittkante gezogen. Es entsteht eine Rundung an der Schnittkante.

3. Einreißen
Bei weiter steigender Kraft dringt das Werkzeug tiefer in den Werkstoff. Die auftretenden Spannungen werden von dem zu zerteilenden Material nicht mehr aufgefangen. An der Schnittkante bilden sich kleine Risse.

4. Durchreißen
An dieser Stelle hat die Scherkraft eine Größe erreicht, die vom Werkstoff nicht mehr gehalten werden kann. Das Material reißt an der noch verbleibenden Scherfläche vollständig durch.

5. Zurückfedern
Nach dem Durchstoßen der Schneide wird ein Teil der Verformung (elastischer Teil) aufgehoben. Das Material federt etwas zurück.

6. Abstreifen
Das Zurückfahren der Schneide wird durch das zurückgefederte Material behindert. Reibungskräfte erschweren das Abstreifen.

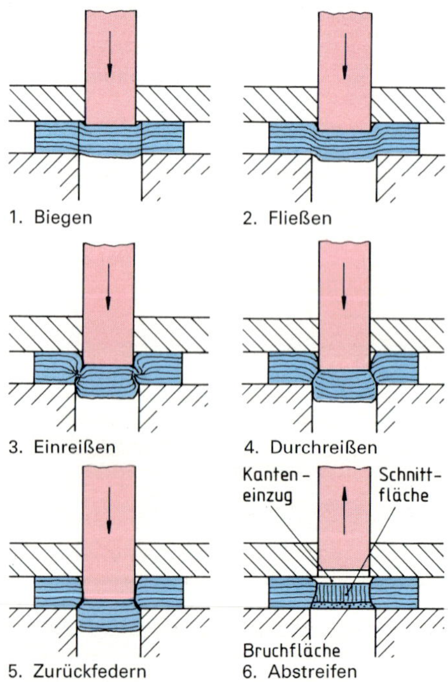

Phasen des Scherschneidens am Beispiel Lochen

1.1.4 Berechnung der Scherkraft

Die Größe der Scherkraft ist u. a. abhängig vom **Werkzeug** (z. B. Qualität der Schneide), vom **Werkstück** (z. B. Dicke des Werkstücks, Festigkeit des Werkstoffs) oder den **Werkstückabmessungen** (z. B. Länge des Schnitts). Die Ermittlung der max. Scherkraft ist von großer Bedeutung für die Dimensionierung der Scherschneidmaschinen. An dieser Stelle soll der Einfluß des zu scherenden Werkstoffs (Scherfestigkeit), die Werkstückdicke und die Schnittlänge bei der Berechnung der max. Scherkraft berücksichtigt werden.

Aus Versuchen in der Werkstoffprüfung hat sich eine **Faustformel zur Bestimmung der Scherfestigkeit** bei Stahl herausgebildet.

Aus den Angaben des Lochungsdurchmessers und der Blechdicke läßt sich leicht die Scherfläche berechnen. Auch die Scherfestigkeit ist mit der oben vorgestellten Faustformel schnell gefunden.

Sind die Abmessungen der Scherfläche und die Scherfestigkeit bekannt, kann die theoretische max. Scherkraft errechnet werden.

Beispiel:
Auf einer Presse soll das Werkstück aus Kapitel 1.1.3 durch Scherschneiden gefertigt werden. An dieser Stelle wird die erforderliche theoretische Scherkraft (Fs_{th}) für die 30 mm-Lochung berechnet.

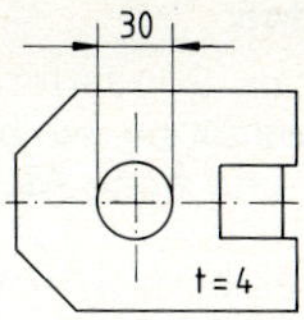

S = Scherfläche
U = Umfang der Lochung
t = Blechdicke

$$\boxed{\tau_B \approx 0{,}8 \cdot R_m}$$ bei Stahl

R_m = Zugfestigkeit
τ_B = Scherfestigkeit

$$S = t \cdot U$$
$$= t \cdot d \cdot \pi$$
$$= 4\ \text{mm} \cdot 30\ \text{mm} \cdot \pi$$
$$S = 378\ \text{mm}^2$$
$$\tau_B \approx 0{,}8 \cdot R_m$$
$$\approx 0{,}8 \cdot 130\ \frac{\text{N}}{\text{mm}^2}$$
$$\tau_B \approx 104\ \frac{\text{N}}{\text{mm}^2}$$

$$\boxed{F_{Sth} = \tau_B \cdot S}$$

$$= 105\ \frac{\text{N}}{\text{mm}^2} \cdot 378\ \text{mm}^2$$
$$F_{Sth} = 39\,050\ \text{N} \approx 39{,}7\ \text{kN}$$

Berechnung der theoretischen Scherkraft

1.1.5 Übersicht der Schneidwerkzeuge

In der folgenden Übersicht sind die einzelnen Bauarten und deren Vor- und Nachteile sowie ihr jeweiliger Einsatzbereich dargestellt.

Bauarten	Führung	Vorteil	Nachteil	Einsatz
Freischneidwerkzeug 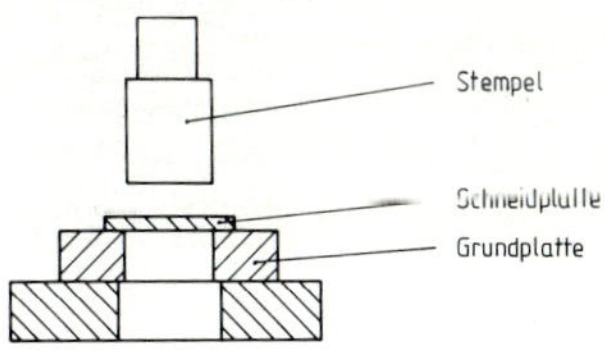	Pressenstößel	einfache Bauart, billig	umständliches Einrichten in der Presse, kurze Werkzeugstandzeit	kleine Stückzahl
Plattenführungsschneidwerkzeug 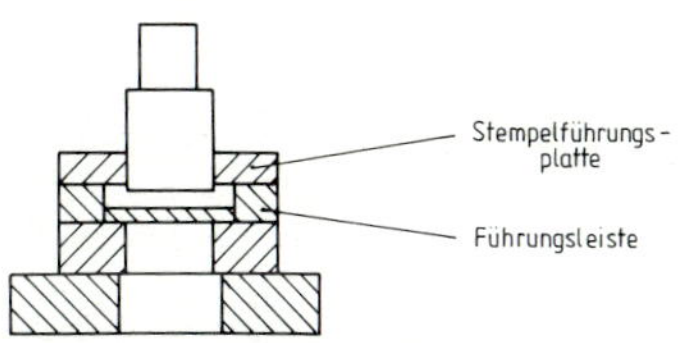	Pressenstößel und Führungsplatte	kaum Lagefehler, höhere Werkzeugstandzeit	umständliches Einrichten in der Presse	mittlere Stückzahl
Säulenführungsschneidwerkzeug 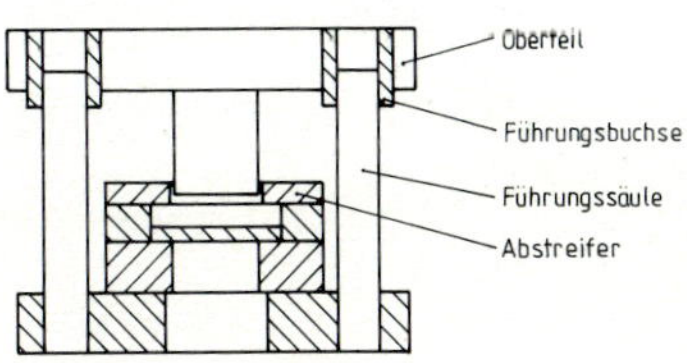	Säulenführungsgestell	sehr genaue Werkstücke, kein Verschleiß, keine Lagefehler, einfaches Einrichten	Werkzeug muß Verschiebungskräfte aufnehmen, die bei nichtmittiger Einspannung entstehen, teure Werkzeuge	große Stückzahl

1.1.6 Feinschneiden

Das Feinschneiden als Sonderform des Scherschneidens findet dort Anwendung, wo besonders glatte, rißfreie Schnittflächen und **hohe Maßgenauigkeit** gefordert werden.
Dabei ist eine Nachbearbeitung nicht mehr erforderlich.

Zum Feinschneiden sind folgende Werkstoffe geeignet:
- weiche, unlegierte Stähle
- rostfreie Stähle
- Kupfer und Kupferlegierungen
- Aluminium und Aluminiumlegierungen

Phasen des Feinschneidvorgangs

Das Feinschneiden läßt sich in vier Schritte unterteilen:

1. Ausgangsstellung: In dieser Position wird die Maschine mit dem Werkstück beladen.

2. Einpressen der Ringzacke: Der Niederhalter preßt das Werkstück auf die Schneidplatte. Dabei wird die ringförmige Zacke des Niederhalters in die Werkstückoberfläche gedrückt.

3. Schneiden: Jetzt wird das Werkstück aus der Blechtafel herausgeschnitten. Dabei bewegen sich Schneidstempel und Gegenhalter nach unten.

4. Auswerfen: Ist der Schneidvorgang abgeschlossen, wird das Werkstück ausgeworfen.

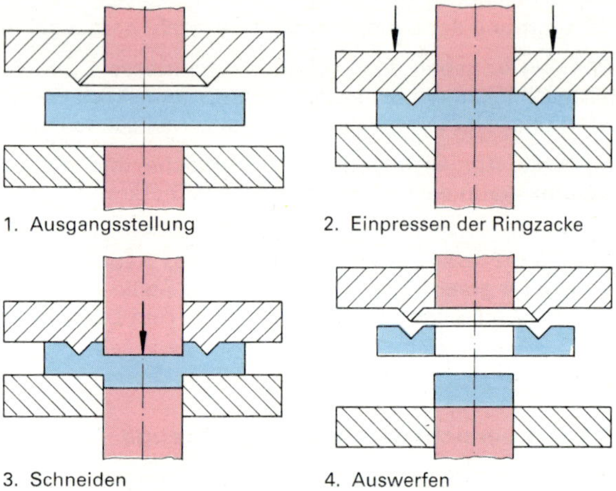

Schritte beim Feinschneiden

Schnittfläche beim Feinschneiden

Stellt man die Schnittflächen eines einfachen Schnittteils und eines Feinschnitteils gegenüber, so erkennt man leicht die verbesserte Oberflächenqualität des Feinschnitteils. Bei diesem Schneidverfahren werden Mittenrauhwerte erreicht, die je nach Blechdicke zwischen R_a = 0,3 bis 1,2 μm liegen.

1.1.7 Scherschneidmaschinen

Neben den oben vorgestellten Schneidwerkzeugen, die in mechanische oder hydraulische Pressen eingebaut werden (siehe Pressen Umform), stehen der Fertigung noch zahlreiche Scherschneidmaschinen unterschiedlicher Bauart zur Verfügung.

Tafelschere

Tafelscheren

Bei den Tafelscheren handelt es sich um Maschinen, deren Scheren eine Schnittlänge zwischen 1000 – 4000 mm erzeugen. Dabei lassen sich Blechdicken bis zu 25 mm bearbeiten.
Niederhalter und Obermesser werden hier mit Hydraulikzylinder bewegt.

Formstangenscheren

Diese Maschinen werden zum Abschneiden von Profilstäben eingesetzt. Die Messer haben dabei die Form der zu schneidenden Profile. Dadurch wird eine gleichmäßige Belastung der Messer gewährleistet.

Kreisscheren

Bei Kreisscheren werden zwei rotierende Messer als Schneidwerkzeuge eingesetzt. Sie werden durch Elektromotoren angetrieben. Mit ihrer Hilfe schneidet man Ronden oder Blechringe aus Blechtafeln.

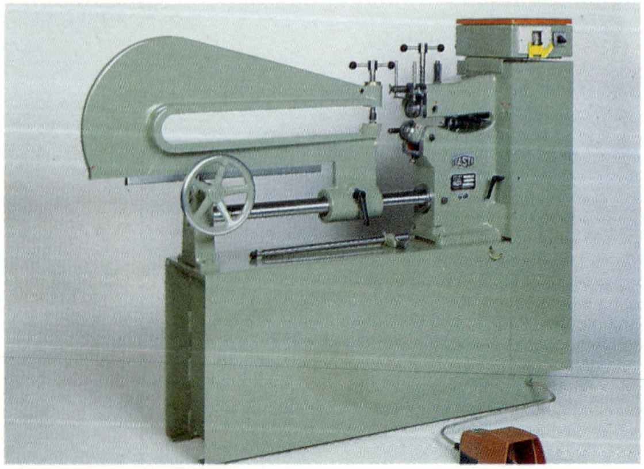

Kreisschere

Blechbearbeitungszentren

In der modernen Scherschneidetechnik werden CNC-Maschinen eingesetzt. So werden heute Bearbeitungszentren gebaut, auf denen Bleche genibbelt, gestanzt und umgeformt werden können. Dabei wird die Bewegung der Maschine von einem CNC-Programm gesteuert.

1.1.8 Unfallverhütung

Um ein sicheres Arbeiten an den Scherschneidmaschinen zu gewährleisten, sind unfallverhütende Maßnahmen an den Maschinen und Werkzeugen erforderlich.

Unfallverhütung an den Scherschneidmaschinen

Um den Maschinenbediener nicht zu gefährden, schreiben die Unfallverhütungsvorschriften Konstruktionen vor, die ein **Auslösen der Arbeitsphase beim Beschicken bzw. Entnehmen verhindern.** Ist dann die Arbeitsphase eingeleitet, muß der Zugang zu den Gefahrenstellen unterbunden werden.

Ein Eingriff während der Arbeitsphase wird in der Regel durch Zweihandbedienung, zusätzliche Schutzgitter oder Lichtschranken verhindert. Darüber hinaus sind Arbeitseinheit und Bedieneinheit räumlich voneinander getrennt.

Unfallverhütung am Werkzeug

Auch die Werkzeugabmessungen sind so zu wählen, daß ein Einklemmen der Finger verhindert wird. Dies erreicht man durch vorgeschriebene Höchst- bzw. Mindestabstände bei Führungs-, Schneid- und Stempelplatten.

Blechbearbeitungszentrum

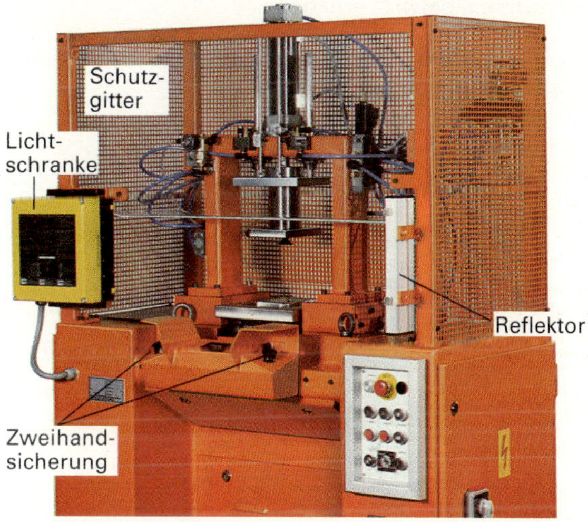

Sicherheitsmaßnahmen an einer Beschneidmaschine

Aufgaben zur Wiederholung und Vertiefung

1. Nennen Sie die sechs Untergruppen des Zerteilens und geben Sie zu jeder Untergruppe ein Fertigungsbeispiel an!

2. Nach welchen Möglichkeiten lassen sich die Scherschneidverfahren einteilen?

3. Unterscheiden Sie das Abschneiden vom Ausklinken!

4. Welche Scherschneidverfahren (Einteilung nach der Lage der Schnittfläche zur Werkstückbegrenzung) sind bei der Herstellung der unten dargestellten Werkstücke erforderlich?

a) 

b) 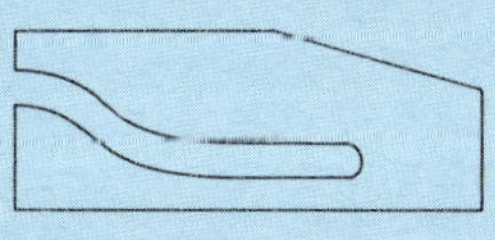

c) 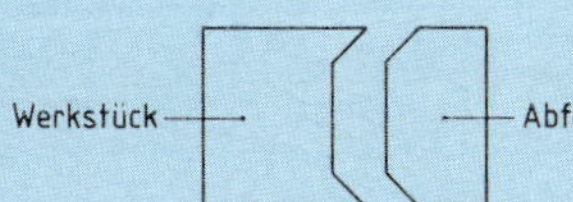

5. Beschreiben Sie die Phasen beim Feinschneiden!

6. Bestimmen Sie die Scherschneidverfahren, die das Blechbearbeitungszentrum im Foto auf dieser Seite an dem 4 mm-Blech vornimmt!

7. Die Stellung der Scherschneidmesser zueinander kann parallel oder schräg sein. Suchen Sie nach Vor- und Nachteilen dieser beiden Varianten!

8. Beschreiben Sie die Phasen des Scherschneidens!

9. Berechnen Sie die theoretische maximale Scherkraft der unten dargestellten Stanzarbeit (Blechdicke 15 mm, Werkstoff St 37).

a) 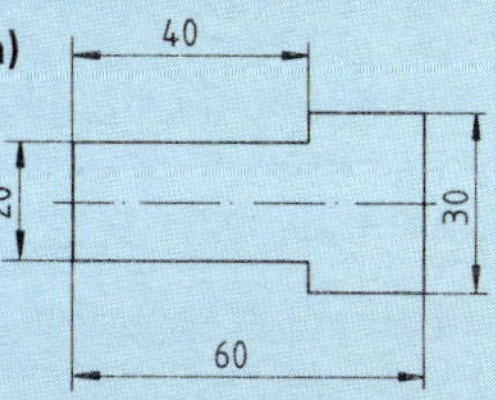

b) 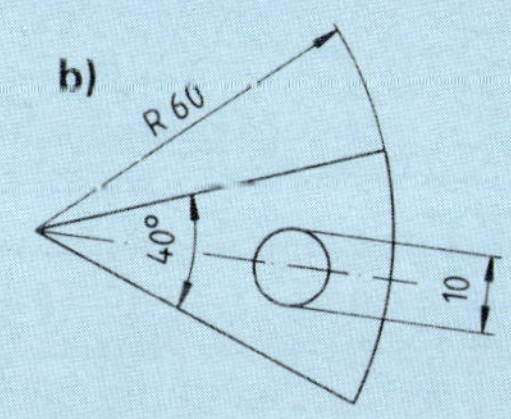

10. Welche unfallverhütenden Konstruktionen befinden sich an den Scherschneidmaschinen in Ihrem Betrieb?

1.2 Umformen

Die Palette der durch Umformen hergestellten Werkstücke ist groß. Dazu gehören gewalzte oder stranggepreßte Profile ebenso wie gesenkgeschmiedete Kurbelwellen. Auch das geformte Karosserieteil oder die geprägte Oberfläche eines Bleches werden durch Umformverfahren hergestellt. Nicht zuletzt gehören alle Biege- und Verdreharbeiten zur Umformtechnik.

Durch Umformen hergestelltes Teil

Nach DIN 8580 heißt Umformen, die gegebene Form eines festen Körpers (z. B. Rohteil) in eine bestimmte andere Form (z. B. Fertigteil) unter Beibehaltung von Masse und Stoffzusammenhang durch Einwirken äußerer Kräfte zu überführen.
Die geometrische Veränderung soll dabei, im Gegensatz zum Verformen, bewußt erfolgen.

Zuordnung der Durchdrückverfahren zu den Hauptgruppen und Gruppen der Fertigungsverfahren:

Hauptgruppen:	1 Urformen	2 Umformen	3 Trennen	4 Fügen	5 Beschichten	6 Stoffeigenschaften ändern

Gruppen:	2.1 Druckumformen	2.2 Zugdruckumformen	2.3 Zugumformen	2.4 Biegeumformen	2.5 Schubumformen
Untergruppen:	2.1.1 Walzen	2.1.2 Freiformen	2.1.3 Gesenkformen	2.1.4 Eindrücken	2.1.5 Durchdrücken

Beispiel:

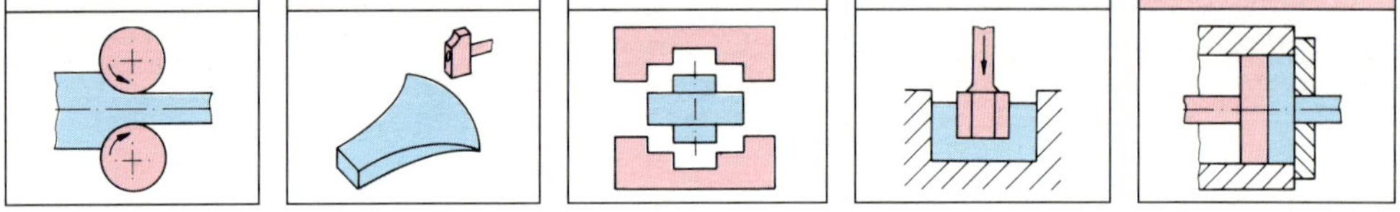

In der oben stehenden Übersicht ist die Einteilung des Umformens nach DIN 8583 Blatt 1 dargestellt. Dabei wurde unter dem Gesichtspunkt der auftretenden Spannungen in der Umformzone in fünf Gruppen unterteilt.

Die Druckumformverfahren erreichen die plastische Umformung durch Druckbeanspruchung in der Umformzone. Nach DIN wird die Gruppe „Druckumformen" in fünf Untergruppen unterteilt.

1.2.1 Durchdrücken

Beim Durchdrücken erhält das Werkstück seine Form dadurch, daß es durch eine Werkzeugöffnung gedrückt wird.

Durchdrücken
- Verjüngen
- Strangpressen
- Fließpressen

Man unterscheidet hier zwischen Verjüngen, Strangpressen und Fließpressen. Im Gegensatz zum Strangpressen, bei dem in der Regel Halbzeuge (z. B. nahtlose Rohre und komplizierte Profile) erzeugt werden, sind die beiden anderen Verfahren Verjüngen und Fließpressen zur Herstellung kleinerer Werkstücke geeignet.

Da die Verfahren im Umformmechanismus ähnlich sind, soll hier nur auf ein Verfahren, das Fließpressen, näher eingegangen werden.

Fließpressen

Fließpressen ist ein Durchdrückverfahren, bei dem ein zwischen den Werkzeugteilen aufgenommenes Rohteil durch plastische Umformung zu einem Werkstück mit beliebiger Querschnittsform umgeformt wird.

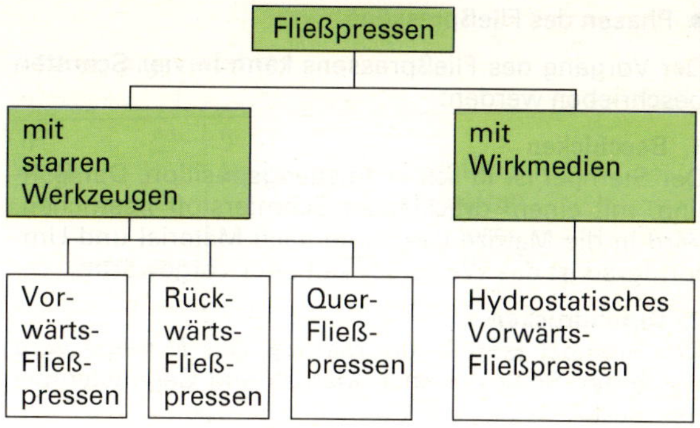

- Einteilung der Fließpreßverfahren

Das Fließpressen läßt sich nach der **Richtung des Materialflusses** während des Umformens, bezogen auf die Wirkrichtung der Umformmaschine, in Vorwärts-, Rückwärts- und Querfließpressen unterteilen. Betrachtet man das **Ergebnis eines Fließpreßvorgangs,** so sind hier drei geometrische Grundformen (Voll-, Hohl- und Napfform) zu unterscheiden.

Fließpressen mit starrem Werkzeug	**Grundformen**		
	voll	hohl	Napf
Vorwärts-Fließpressen	Voll-Vorwärts-Fließpressen 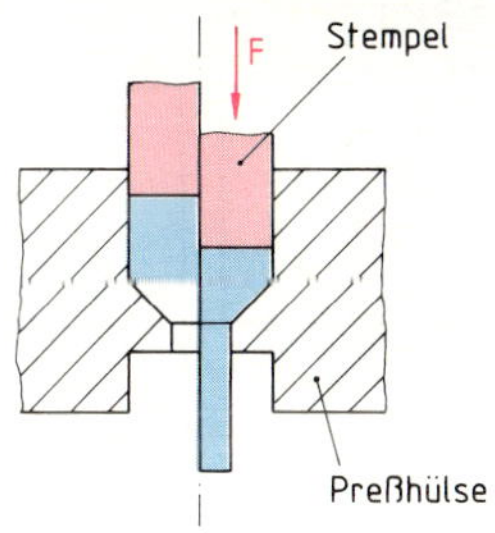	Hohl-Vorwärts-Fließpressen 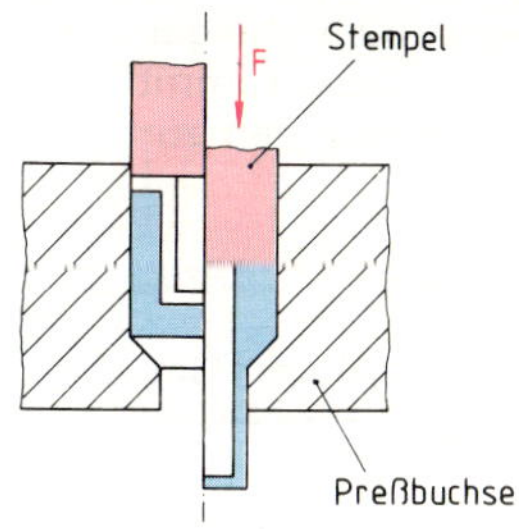	Napf-Vorwärts-Fließpressen 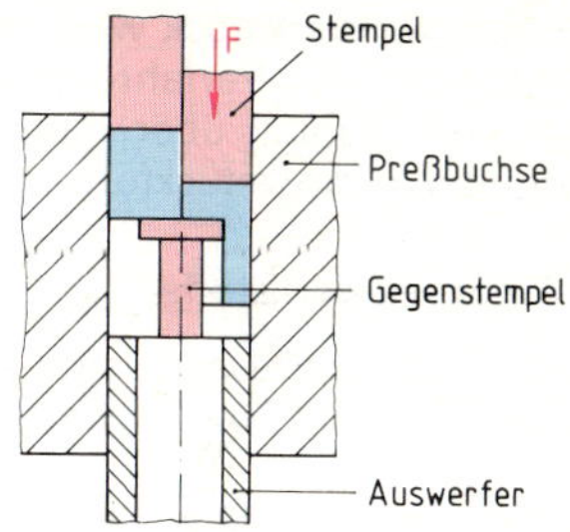
Rückwärts-Fließpressen	Voll-Rückwärts-Fließpressen 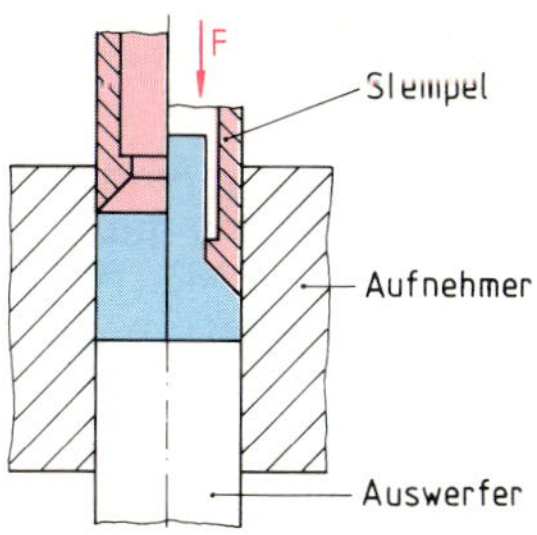	Hohl-Rückwärts-Fließpressen 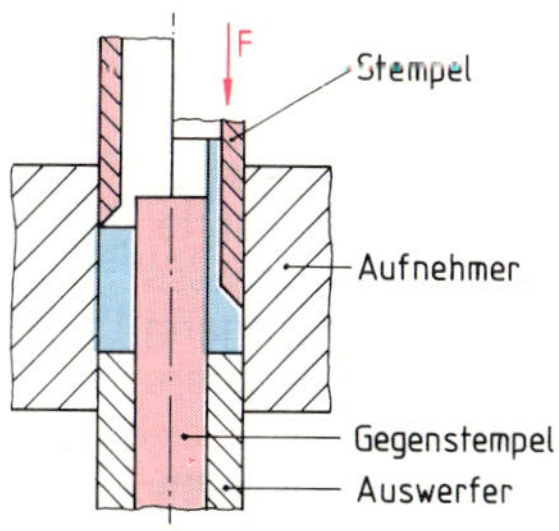	Napf-Rückwärts-Fließpressen 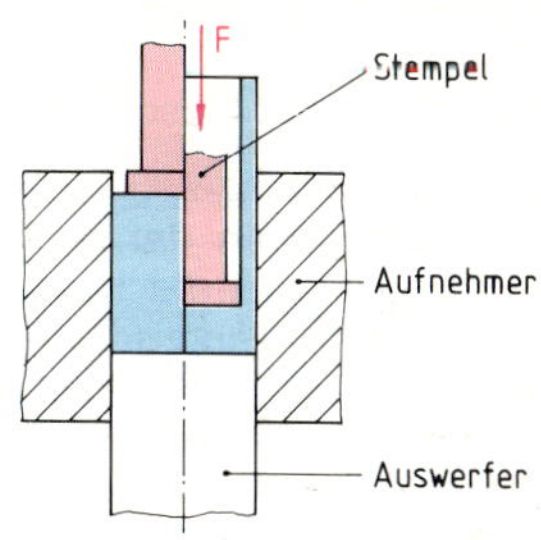
Quer-Fließpressen	Voll-Quer-Fließpressen 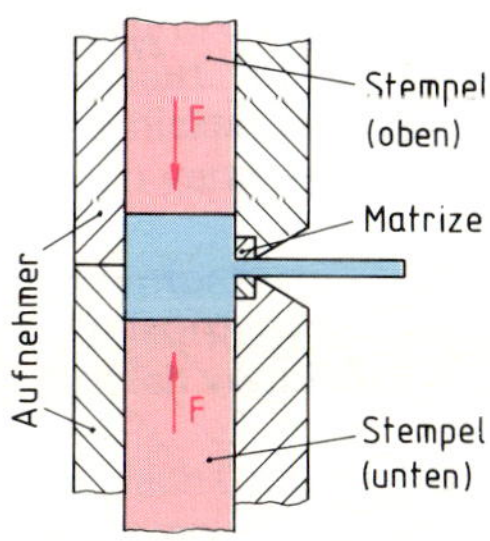	Hohl-Quer-Fließpressen 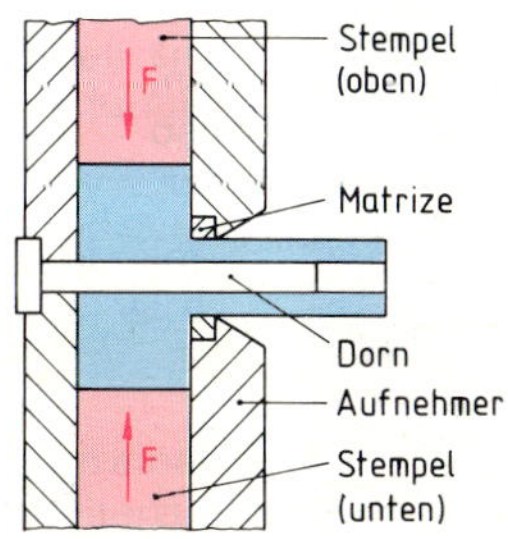	

Einteilung der Tiefziehverfahren

- Tiefziehen mit Werkzeug

Teilt man diese Untergruppe noch weiter auf, so läßt sich noch einmal unterscheiden zwischen:

Tiefziehen mit starrem Werkzeug

- Das Blechmaterial wird von einem Stempel durch eine Matrize gezogen. Die wichtigsten Werkzeugteile sind Stempel, Niederhalter (verhindert die Faltenbildung) und Ziehring.

Tiefziehen mit nachgiebigem Werkzeug

- Der Blechzuschnitt wird hier von einem Stempel mit nachgiebigem Stempelkopf und einer starren Matrize umgeformt. Auch hier kann ein Niederhalter die Faltenbildung unterdrücken.

- Tiefziehen mit Wirkmedium

Bei diesem Verfahren werden Bleche von einem Stempel in ein Wirkmedium (formloser fester Stoff, Flüssigkeit oder Gas) gedrückt. Dabei kann zwischen Blech und Wirkmedium eine nachgiebige Membran liegen. Auch hier kann ein Niederhalter die Faltenbildung während des Umformens unterdrücken.

- Tiefziehen mit Wirkenergie

Der entscheidende Unterschied zwischen dem Tiefziehen mit Wirkmedium und dem Tiefziehen mit Wirkenergie ist, daß hier die Ziehkraft nicht von einem Stempel, sondern von einem zur Explosion gebrachten Sprengstoff aufgebracht wird. Der Explosionsdruck pflanzt sich hier durch das Wirkmedium bis auf die Werkstückoberfläche fort. Dabei wird das ebene Blech in die Matrizenform gezogen.

Phasen des Tiefziehens

Das Tiefziehen kann in fünf Schritten beschrieben werden. Da das Tiefziehen mit starren Werkzeugen am häufigsten eingesetzt wird, sollen die Schritte an diesem Verfahren vorgestellt werden.

1. Beschicken
Der Ziehstempel ist in seiner Ausgangsposition. Der mit einem geeigneten Schmierstoff bestrichene Blechzuschnitt (Ronde) wird in den Aufnahmer der Matrize gelegt. Dabei lassen sich die Durchmesser der Ronden bei einfachen Fertigformen rechnerisch bestimmen. Sind die Fertigformen kompliziert, werden sie durch Versuchsreihen ermittelt.

2. Festklemmen
Jetzt klemmt der Niederhalter den Zuschnitt mit einer zuvor ermittelten Kraft ein. Auch hier kann man die Kraft bei einfachen Formen rechnerisch bestimmen.

3. Ziehen
Der Ziehstempel fährt aus und zieht die Ronde durch die Matrize. Während des Ziehvorganges unterdrückt der Niederhalter die Faltenbildung am Matrizenradius.

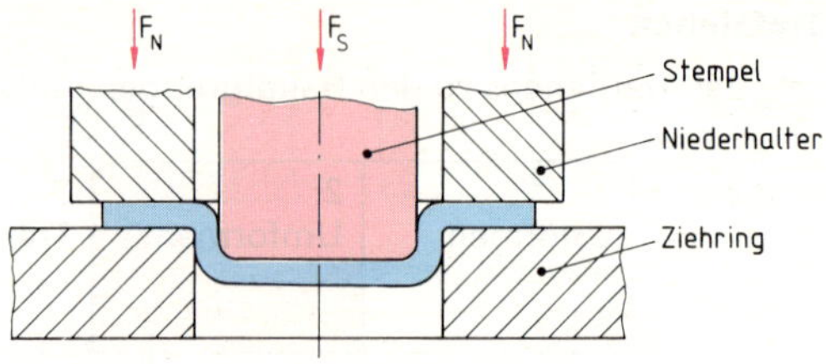

Tiefziehen mit starrem Werkzeug

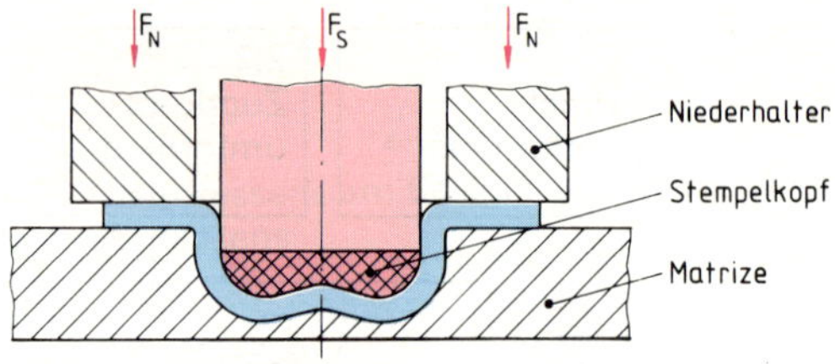

Tiefziehen mit nachgiebigem Werkzeug

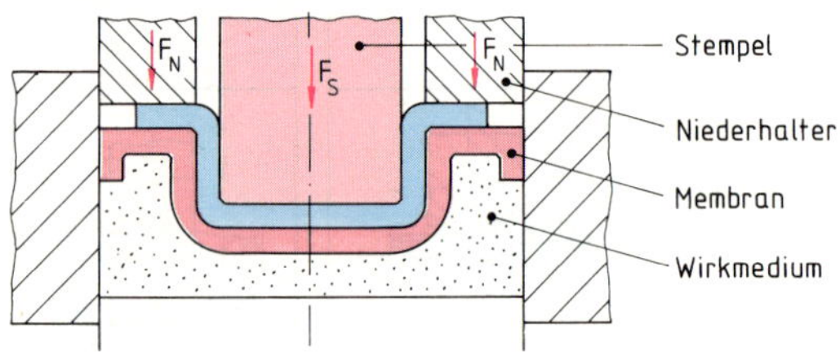

Tiefziehen mit Wirkmedium

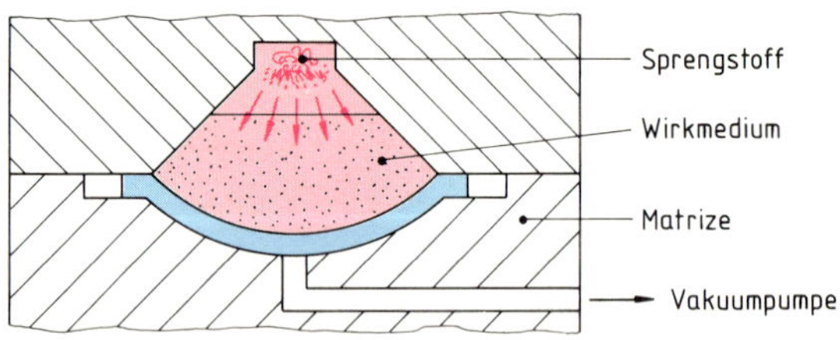

Tiefziehen mit Wirkenergie

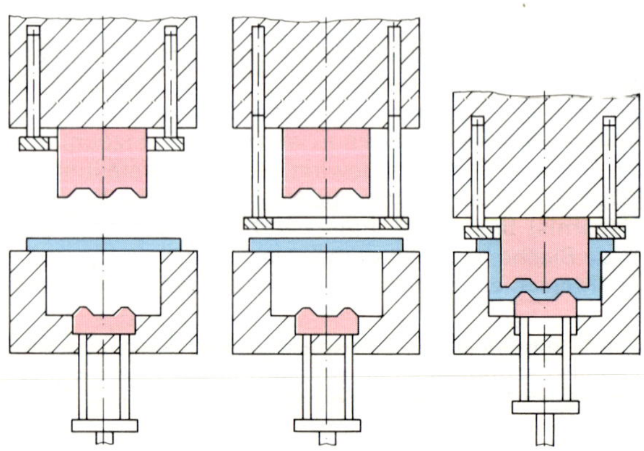
1. Beschicken 2. Festklemmen 3. Ziehen

Phasen des Tiefziehens

4. Auswerfen
Ist die Ronde durch die Matrize gezogen, fährt der Ziehstempel zurück. Das Werkstück wird dann vom hochfahrenden Ziehkissen ausgeworfen.

5. Weiterzug
Ist die endgültige Form mit dem Erstzug noch nicht erreicht, kann der Vorgang wiederholt werden. Das Weiterziehen ist jedoch nicht unbegrenzt oft möglich, da der Werkstoff nach mehrmaligem Umformen Ermüdungserscheinungen zeigt.

Man unterscheidet zwei Weiterzugmöglichkeiten:

- Gleichlaufweiterziehen
  Dieses Verfahren ähnelt dem Erstzug. Hier wird durch eine engere Matrize weitergezogen.
- Stülpziehen
  Bei diesem Verfahren wird der Napf über einen Ring gestülpt. Die Innenseite wird zur Außenseite.

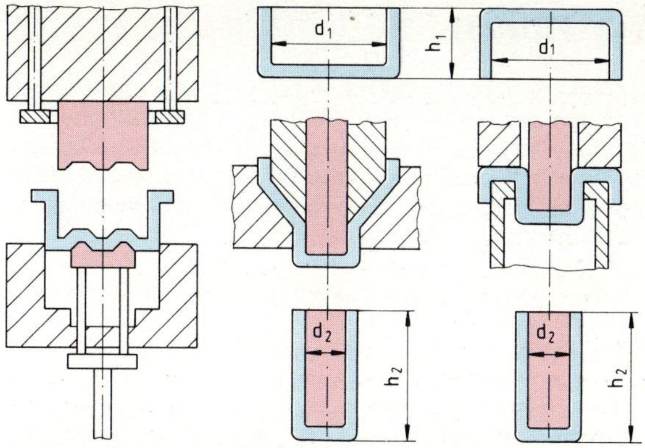

4. Auswerfen 5. Weiterzug

Phasen des Tiefziehens

Fehler an Tiefziehteilen

Die Ursachen für mögliche Fehler an Tiefziehteilen sind groß. Sie lassen sich in drei Gruppen unterteilen.

Die häufigsten Fehler und ihre Ursachen sind in der untenstehenden Tabelle aufgeführt:

Fehler	Mögliche Ursachen
1. Bodenrisse	Ziehkraft zu groß
2. Längsrisse	Mängel am Werkzeug (Radien)
3. Umfangrisse	Ziehverhältnis (Kenngröße über Zugfähigkeit eines Materials) zu groß
4. Faltenbildung	Radien am Werkzeug zu groß, Ziehverhältnis zu groß

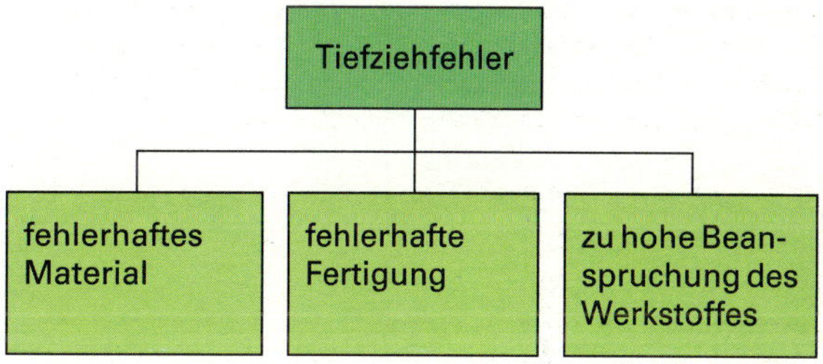

Aufgaben zur Wiederholung und Vertiefung

1. Nach welchen Möglichkeiten lassen sich die Fließpreßverfahren unterteilen?
2. Unterscheiden Sie das Vorwärts-Fließpressen vom Rückwärts-Fließpressen!
3. In welche Schritte läßt sich der Fließpreßvorgang unterteilen?
4. Wie wird die Reibung während des Fließpressens klein gehalten?
5. Beschreiben Sie die Erzeugung der Umformkraft durch eine Kniehebelpresse bzw. eine hydraulische Presse!
6. Nach einem Ziehvorgang stellt der Maschinenbediener fest, daß das Ziehteil im Bodenbereich einen feinen Riß hat. Welche Ursache kann ein solcher Fehler haben?
7. Nach welchem physikalischen Prinzip werden die Umformkräfte an der Spindelpresse erzeugt?
8. Nennen Sie die wesentlichen Merkmale des Tiefziehens!
9. Das Spindelrad einer Spindelpresse hat einen Durchmesser von 2 m. Es überträgt bei einer Umformung ein Drehmoment von 5 kNm auf die Spindel. Diese hat eine Steigung von 10 mm. Errechnen Sie die entstehende Umformkraft!

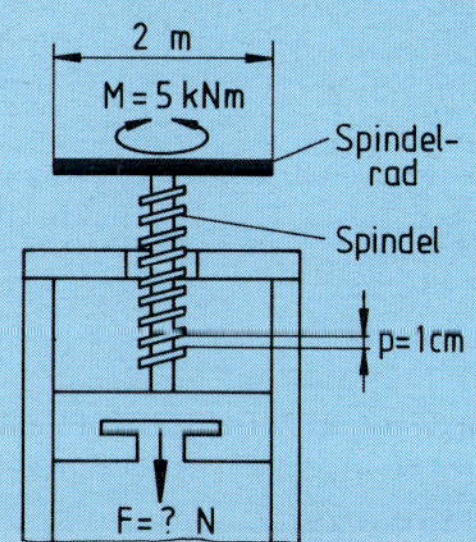

10. Warum sind beim Tiefziehen oft mehrere Züge erforderlich?
11. Beschreiben Sie das Tiefziehen mit Wirkmedium!
12. Welche Aufgaben hat der Niederhalter beim Tiefziehen?

1.3 Honen

Soll die Oberflächengüte einer Bohrung oder einer Welle verbessert werden, greift man häufig auf das Fertigungsverfahren Honen zurück. Mit diesem Verfahren lassen sich in erster Linie **Oberflächengüte** und **Maßgenauigkeit** verbessern. Bedingt ist auch die Beseitigung von Form- und Lagefehlern möglich.

Honen ist ein **Feinbearbeitungsverfahren,** bei dem die Werkstückoberfläche spanend mit einem vielschneidigen Werkzeug mit gebundenem Schleifkorn bearbeitet wird. Zwischen Werkzeug und Werkstück finden dabei in der Regel eine geradlinige Hubbewegung und eine gleichförmige Drehbewegung statt.

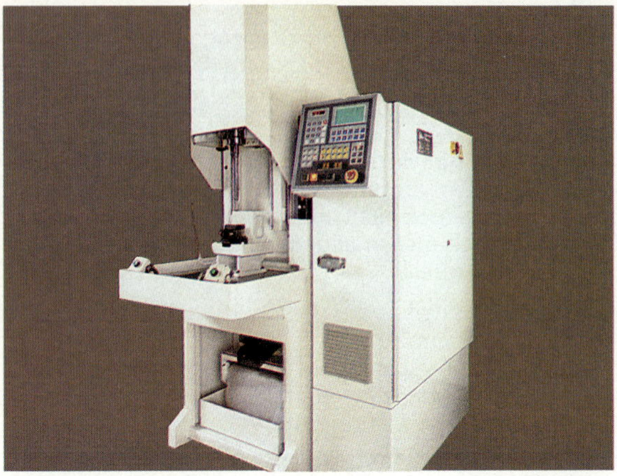

Langhubhonmaschine

Man unterscheidet zwischen Langhubhonen und Kurzhubhonen:

Honverfahren	Darstellung	Anwendung
1. Langhubhonen Der Honstein wird entweder kraftschlüssig (oben) oder formschlüssig (unten) an die Zylinderwand gedrückt.	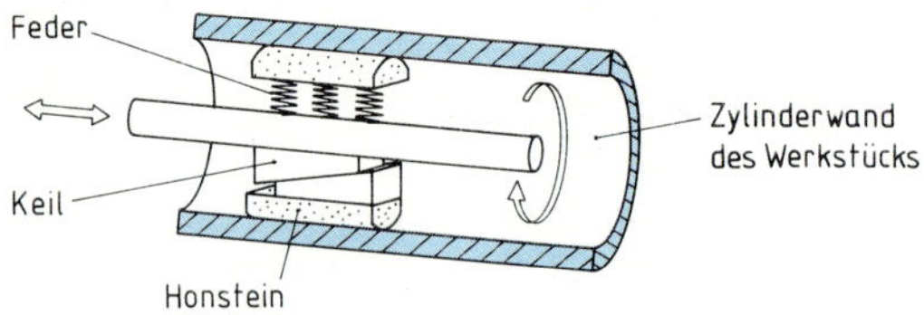	z. B. Zylinderinnenflächen bei Verbrennungsmotoren
2. Kurzhubhonen a) Flach-Kurzhubhonen	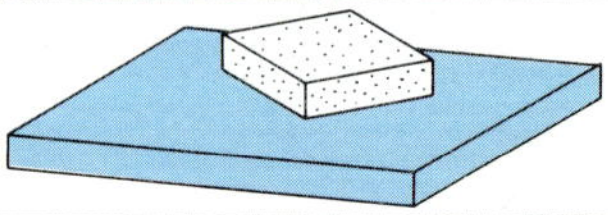	z. B. Führungsbahnen
b) Laufbahn-Kurzhubhonen	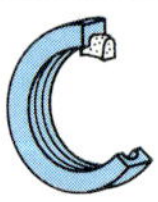	z. B. Wälzlagerringe
c) Einstech-Kurzhubhonen	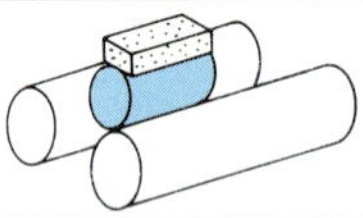	z. B. Wälzkörper
d) Spitzen-Kurzhubhonen	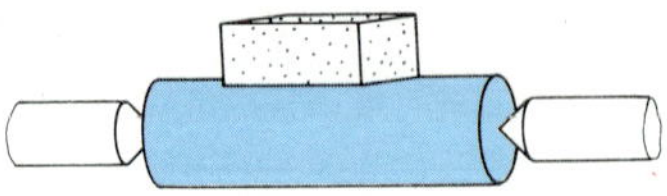	z. B. Wälzkörper Wellen
e) Durchlauf-Kurzhubhonen	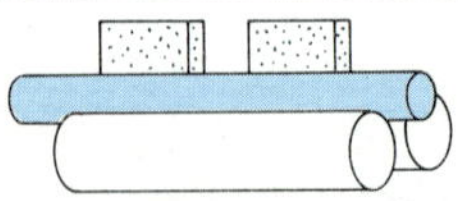	z. B. Wellen, Bolzen lange, zylindrische Teile

Beim Honen können Mittenrauhtiefen bis 0,025 µm erreicht werden. Dabei weist die gehonte Oberfläche aufgrund der sich überlagernden Bewegungen eine sich kreuzende Rillenstruktur (Honeffekt) auf. Diese gehonte Oberfläche hat die Eigenschaft, Ölfilme besonders gut haften zu lassen. Aus diesem Grunde werden die Zylinderflächen von Verbrennungsmaschinen und Pumpen honend bearbeitet.

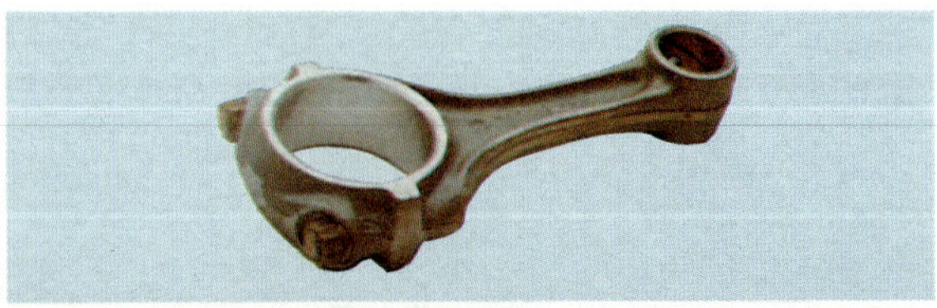

Gehonte Innenfläche eines Pleuelfußes

1.4 Läppen

In einem Fertigungsbetrieb werden Parallelendmaße hergestellt. Um die gewünschte Maß- und Formgenauigkeit zu erhalten, werden die Werkstücke im letzten Schritt der Oberflächenbearbeitung geläppt. Mit diesem Fertigungsverfahren lassen sich **hohe Oberflächengüten** und **enge Maßtoleranzen** erreichen. Es werden Mittenrauhtiefen bis 0,006 µm erreicht.

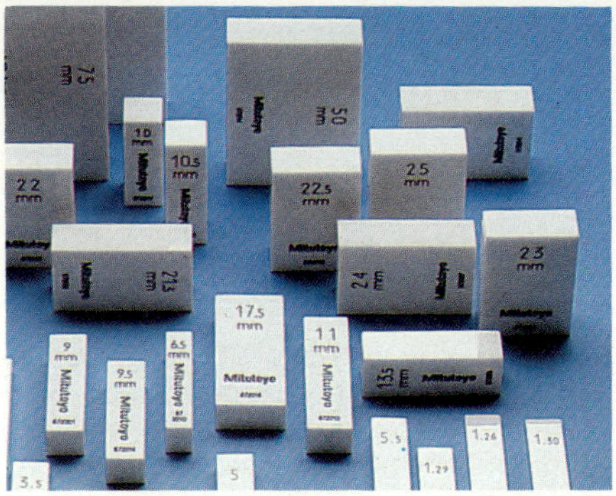
Parallelendmaße

Läppen ist ein **spanendes Feinbearbeitungsverfahren** unter Verwendung von losem Schleifkorn mit geometrisch unbestimmter Form. Hierbei werden die Läppkörner in einer Flüssigkeit (Öl oder Petroleum) aufgeschlämmt.

Die folgende Übersicht stellt einige Läppverfahren vor:

Läppverfahren	Darstellung	Anwendung
Planläppen	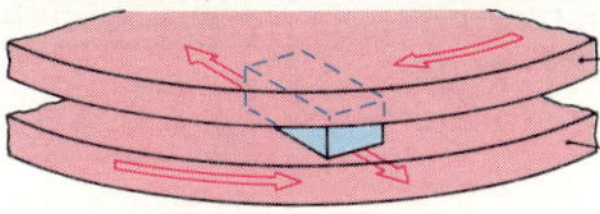	z. B. Parallelendmaße
Rundläppen	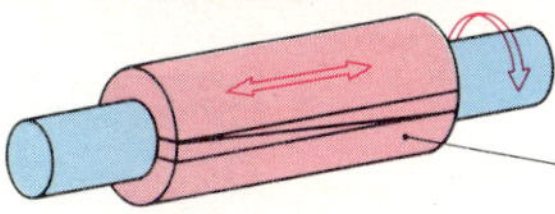	z. B. Wellen, Bolzen
Profilläppen	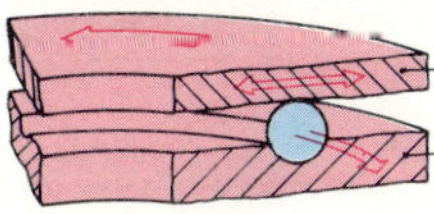	z. B. Wälzkörper (Kugeln)
Wälzläppen	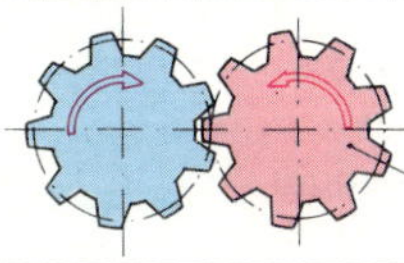	z. B. Zahnräder

Bewegungsablauf

Die feinen Schleifkörner des Läppmittels (20 bis 150 µm Korngröße) werden, vermischt mit einer Flüssigkeit, zwischen die Läppscheiben- und Werkstückoberfläche gefördert.
Die leichte Anpreßkraft und die Drehbewegung der Scheibe führen zu einer spanenden Oberflächenbearbeitung.
Während des Bearbeitungsvorgangs zersplittern die Schleifkörner in immer kleinere Teile. Dadurch wird auch die Spanabnahme am Werkstück immer feiner. Dies führt zu der gewünschten Oberflächenqualität.

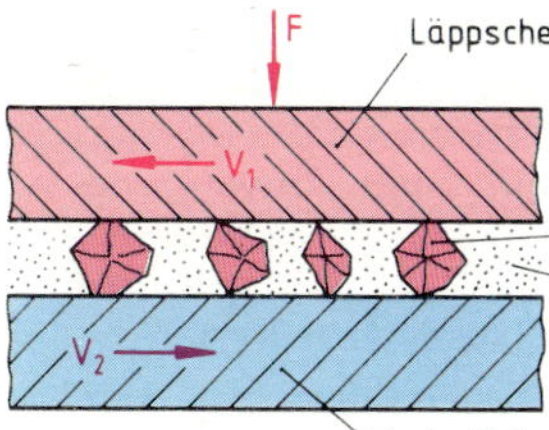

Bearbeitungsvorgang: Läppen

Anwendungsbereich

Neben der läppenden Bearbeitung von Meß- und Lehrwerkzeugen wie Meßschiebern, Endmaßen usw. erhalten auch die Wälzkörper von Wälzlagern, Flanschflächen und Kupplungslamellen ihre gute Oberflächengüte durch diese Verfahren.

Aufgaben zur Wiederholung und Vertiefung

1. Warum werden die Zylinderinnenflächen von Verbrennungsmaschinen gehont?
2. Erklären Sie den Unterschied zwischen Honen und Läppen.
3. Warum wird beim Läppen mit zunehmender Bearbeitungszeit die Werkstückoberfläche besser?
4. Nennen Sie Anwendungsbeispiele für das Feinbearbeitungsverfahren Honen!

1.5 Thermisches Fügen (Schweißen und Löten)

Durch Kraft-, Form- oder Stoffschluß kann mechanische Energie von einem Funktionselement auf ein anderes übertragen werden. Stoffschluß wird vorzugsweise durch Schweißen hergestellt; es ist ein Verfahren zur Herstellung **unlösbarer Verbindungen.**

Schweißen ist nach DIN 1910 das Vereinigen von Werkstoffen in der Schweißzone unter Anwendung von Wärme und/oder Kraft mit oder ohne Schweißzusatz. Es kann durch Schweißhilfsstoffe ermöglicht oder erleichtert werden.

Eine ähnliche angewendete Fügetechnik ist das **Löten.** Es ist in DIN 8505 genormt und wird häufig als ein Verfahren zum Verbinden metallischer Werkstoffe mit Hilfe eines geschmolzenen Zusatzmetalles (Lotes) angewendet. Die Schmelztemperatur des Lotes ist niedriger als die der zu verbindenden Grundwerkstoffe.

1.5.1 Einteilung der Schweißverfahren

Die schweißtechnischen Verfahren werden nach DIN 1910 eingeteilt nach

- der Art des von außen auf das Werkstück einwirkenden Energieträgers: fester Körper, Flüssigkeit, Gas, elektrische Gasentladung, Strahl, Bewegung, elektrischer Strom,
- der Art des Grundwerkstoffes, der geschweißt werden soll, z. B. Metalle, Kunststoffe, Werkstoffkombinationen,
- dem Zweck des Schweißens: Verbindungsschweißen, Auftragschweißen,
- dem physikalischen Ablauf des Schweißens: **Schmelzschweißen** bei örtlich begrenztem Schmelzfluß ohne Anwendung von Kraft mit oder ohne Schweißzusatz, **Preßschweißen** unter Anwendung von Kraft ohne oder mit Schweißzusatz, das durch örtlich begrenztes Erwärmen (unter Umständen bis zum Schmelzen) ermöglicht oder erleichtert wird,
- dem Grad der Mechanisierung: Handschweißen (manuelles Schweißen), teilmechanisches Schweißen, vollmechanisches Schweißen, automatisches Schweißen.

Die Fülle unterschiedlicher Fertigungsaufgaben und der Einsatz verschiedener Energieträger führten zur Entwicklung von nahezu 100 verschiedenen Schweißverfahren, wobei einige nur noch von historischem Interesse sind bzw. nur in Sonderfällen angewendet werden.

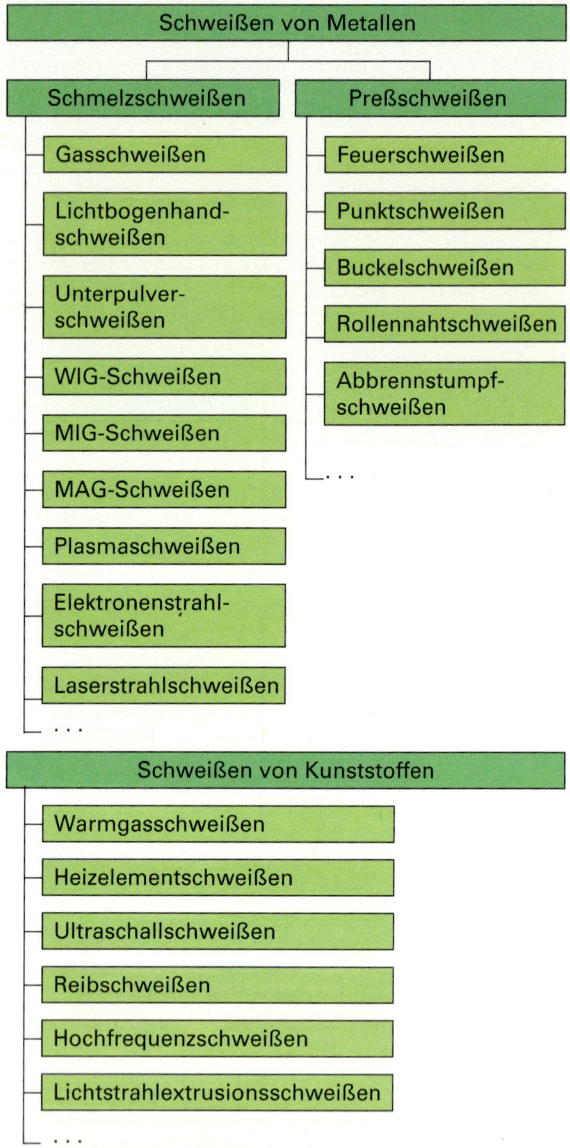

Einteilung der Schweißverfahren

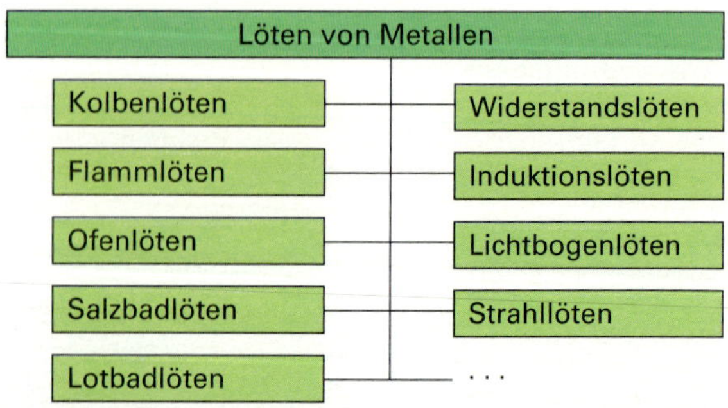

Einteilung der Lötverfahren

1.5.2 Voraussetzungen für den Einsatz eines Schweißverfahrens

– Es ist die **Schweißbarkeit** des Bauteils zu untersuchen. Sie ist dann vorhanden, wenn der Stoffschluß mit einem gegebenen Verfahren erreicht werden kann und die Schweißung die gestellten Anforderungen erfüllt.
– Es ist die **Zulässigkeit** der Schweißung nach den gesetzlichen Bestimmungen, Richtlinien, Normen, sonstigen anerkannten Regeln der Technik und nach Liefervereinbarungen zu prüfen.

Die Schweißbarkeit eines Bauteils wird von drei Eingangsgrößen bestimmt:
– **Schweißsicherheit** der Konstruktion
– **Schweißmöglichkeit** der Fertigung
– **Schweißeignung** des Werkstoffs

Zwischen diesen Eingangsgrößen bestehen gegenseitige Abhängigkeiten. Sie zeigen, daß das Schweißen eine komplexe Fertigungsaufgabe ist. Die Bedeutung der **Schweißbarkeitsprüfung** zeigen folgende zwei Beispiele aus der Praxis:

– An einer im Bau befindlichen Halle sollte ein Blitzableiter angebracht werden. Der Monteur schweißte an einigen Stellen Teile seiner Konstruktion mit kleinen Kehlnähten an Spannstähle der Hallenkonstruktion. Die Spannstähle hatten infolge ihres hohen Kohlenstoffgehaltes von etwa 0,6 % eine Festigkeit von 1100 N/mm^2. Es traten Risse im Spannstahl auf. Die Halle wurde vorübergehend gesperrt, und die durch Schweißen geschädigten Spannstähle mußten ersetzt werden. Ursache für den Schaden war die Unkenntnis des Monteurs über die fehlende Schweißeignung des Werkstoffes. In einem solchen Fall gibt es keine konstruktive und fertigungstechnische Möglichkeit, die mangelnde Schweißeignung des Werkstoffes günstig zu beeinflussen.
– Reparaturwerkstätten sollen oft Risse in Gehäusen aus Grauguß durch Schweißen reparieren. Grauguß ist aufgrund seiner Gefügestruktur und seines hohen Kohlenstoffgehaltes ein Werkstoff mit nur bedingter Schweißneigung. Trotzdem gelingen dem Fachmann solche Reparaturschweißungen, wenn er die richtigen konstruktiven, metallurgischen und fertigungstechnischen Vorkehrungen trifft.

Zulässigkeit einer Schweißung

Aus der Haftung des Herstellers für seine Produkte ergibt sich eine große Eigenverantwortung für die Güte geschweißter Erzeugnisse. Darüber hinaus müssen spezielle und zwingende Vorschriften beim Schweißen eingehalten werden, wie folgende Beispiele zeigen:

– Lieferanten der Deutschen Bundesbahn müssen ihre Befähigung für das Schweißen beim DB-Güteprüfdienst nachweisen. Voraussetzung dafür sind geeignete Werkstätten und Einrichtungen. Die Schweißer müssen nach DIN 8560 bzw. 8561 geprüft sein. Dem Werk muß je nach Fertigungsprogramm ständig ein Schweißfachingenieur oder Schweißfachmann als Schweißaufsichtsperson angehören.

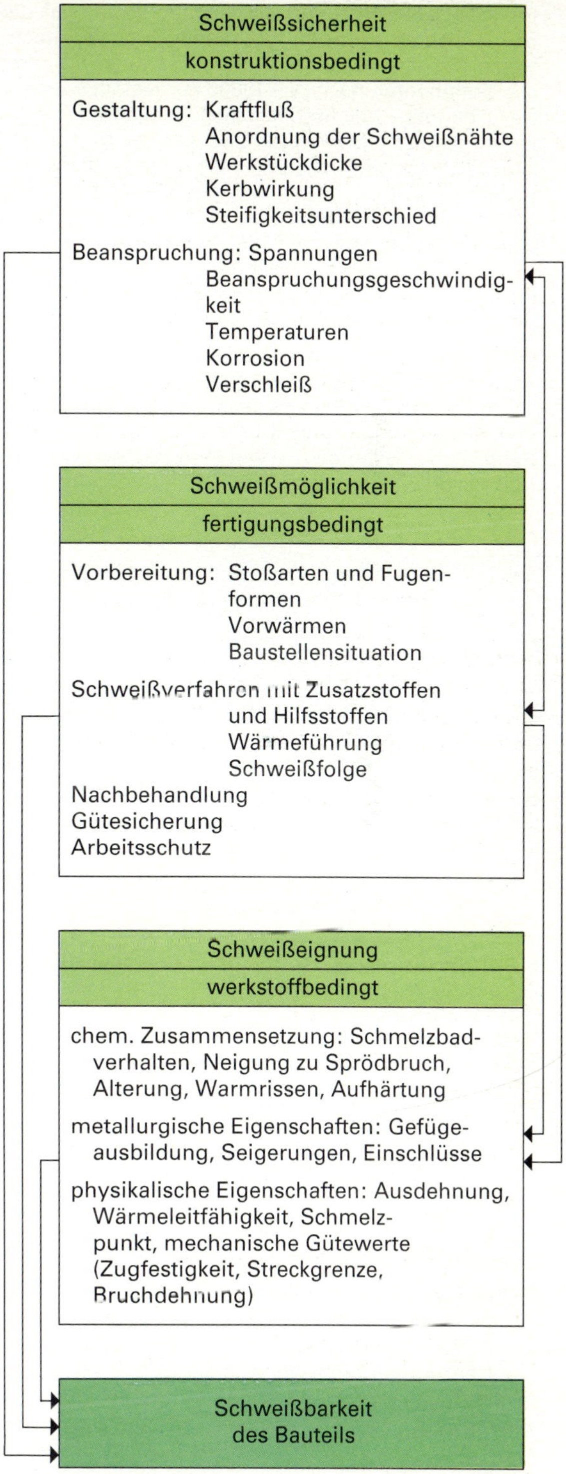

Schweißbarkeit nach DIN 8528 Blatt 1

– Für die Herstellung von Stahlbauten verlangen die Bauaufsichtsbehörden der Länder Eignungsnachweise. Mit dem „Großen Eignungsnachweis" können alle Stahlbauten nach DIN 18800 hergestellt werden. Dazu benötigt der Betrieb einen Schweißfachingenieur, geprüfte Schweißer und geeignete betriebliche Einrichtungen. Der „Kleine Eignungsnachweis" kommt den Bedürfnissen des Handwerks entgegen, gilt jedoch nur für begrenzte Stütz- und Verkehrslasten sowie begrenzte Blechdicken. Zur Schweißaufsicht muß ein „Schweißfachmann" oder „Schweißtechniker" mit Ausbildung und Prüfung nach DVS-Richtlinien dem Betrieb ständig angehören.
– Eine Reihe von Produkten verlangt bei der schweißtechnischen Fertigung die Beachtung spezieller Vorschriften und Regeln, z. B. Bau und Instandsetzung von Rohrleitungen und Brücken, Dampfkessel und Behälterbau, Schiffbau, „Fliegende Bauten" wie Karussells oder Achterbahnen.

Schutzmaßnahmen zur **Brandvermeidung** beim Schweißen in brand- und explosionsgefährdeten Bereichen

1. Freimachen (brennbare Gegenstände entfernen)
2. Abdecken (nicht entfernbare Gegenstände abdecken und nach Möglichkeit anfeuchten)
3. Abdichten (alle Öffnungen, die von der Arbeitsstelle in andere Räume führen, mit nichtbrennbarem Material abdichten)
4. Brandwache stellen (Kontrolle der Arbeitsstelle und weiteren Umgebung mit Löschgerät)
5. Kontrolle nach Arbeitsschluß (mehrmalige Kontrollen der Arbeitsstelle und der benachbarten Räume)

Aufgaben zur Wiederholung und Vertiefung

1. Beschreiben Sie den grundsätzlichen Unterschied zwischen Schweißen und Löten.
2. Worin unterscheiden sich die Verfahren des Preßschweißens von denen des Schmelzschweißens?
3. Was ist vor Beginn der Arbeiten zu überprüfen, wenn Sie eigenverantwortlich eine Schweißung durchführen?
4. Wo finden Sie Hinweise und Vorschriften zur Unfallverhütung?
5. Von welchen Eingangsgrößen ist die Schweißbarkeit eines Bauteils abhängig?
6. Wer ist berechtigt, Schweißarbeiten durchzuführen?
7. Welche Möglichkeiten gibt es, die beim Schweißen entstehenden Gase, Dämpfe und Rauche zu entfernen?
8. Welche Vorkehrungen sind beim Schweißen in feuer- und explosionsgefährdeten Räumen zu treffen?

1.5.3 Verfahren zum Schweißen von Metallen

Gasschweißen

Das Gasschweißen als traditionelles Fügeverfahren hat mit zunehmender technischer Entwicklung viele Anwendungsgebiete an leistungsfähigere Verfahren abgegeben.
Geblieben sind ihm – besonders im handwerklichen Bereich – vor allem Aufgaben des Dünnblech- und des Rohrschweißens. Trotzdem sind Gasschweißgeräte in nahezu jedem schweißtechnisch tätigen Betrieb anzutreffen, da sie bei niedrigen Investitionskosten universell – vor allem für verwandte Verfahren wie Flammrichten, Flammstrahlen oder Flammwärmen – einsetzbar sind.

Eine **Acetylen-Sauerstoff-Flamme** schmilzt als Wärmequelle im begrenzten Bereich der Schweißstelle den Grundwerkstoff auf. Sie erzeugt damit ein **Schweißbad,** in dem ein Zusatzwerkstoff abgeschmolzen werden kann, wenn es der Nahtquerschnitt erfordert. Die Verbrennung des Acetylens findet in 2 Stufen statt. In der ersten Verbrennungsstufe wird das Acetylen mit dem Sauerstoff, der ihm im Schweißbrenner zugemischt worden ist, zu Kohlenmonoxid und Wasserstoff verbrannt. Diese werden in einer zweiten Stufe mit Sauerstoff aus der Umgebungsluft zu Kohlendioxid und Wasserdampf verbrannt.

Gasschweißen eines Rohrstoßes (Nachlinksschweißung)

Verbrennungsgleichungen:
1. Stufe $C_2H_2 + O_2 \rightarrow 2\,CO + H_2$
2. Stufe $2\,CO + H_2 + 1\tfrac{1}{2}\,O_2 \rightarrow 2\,CO_2 + H_2O$

Unfallverhütung

Die beim Preßschweißen auftretenden Gefahren und Gefährdungen entsprechen den aus der mechanischen Fertigung bekannten Gefahren und Gefährdungen. Darüber hinaus müssen generell beim Schmelzschweißen zusätzliche neue Gefahrenherde wie Wärme und elektrische Energie beachtet werden. Besonders diese verursachen – meist aus Unkenntnis der entsprechendnen Vorschriften – Unfälle und Schäden. Die beim Umgang mit Schweißgeräten zu beachtenden Regeln sind in einschlägigen Vorschriften wie z. B. der UVV (Unfallverhütungsvorschrift) 15 „Schweißen, Schneiden und verwandte Arbeitsverfahren" aufgeführt. Beim Elektroschweißen ist zusätzlich die UVV 4 „Elektrische Anlagen und Betriebsmittel" zu beachten. Weitere Informationen erhält der Schweißer durch die „Sicherheitslehrbriefe" der Berufsgenossenschaften.

Soweit einzelne Regeln für bestimmte Schweißverfahren gelten, werden sie unter dem jeweiligen Verfahren angesprochen. Für alle Verfahren zum Schweißen, Löten und thermischen Schneiden gelten folgende Regeln.

Allgemeine Regeln für die Unfallverhütung

1. Schweißarbeiten dürfen nur von zuverlässigen, über 18 Jahre alten Personen ausgeführt werden, die mit den Einrichtungen und Verfahren vertraut sind. Ungelernte und unter 18 Jahre alte Personen dürfen nur unter Aufsicht schweißen.

Zur Frage der Belehrung von Arbeitskräften schreibt die UVV 1 (Allgemeine Vorschriften) vor, daß die in einer Berufsgenossenschaft Versicherten vom Arbeitgeber vor Antritt der Beschäftigung und danach in angemessenen Zeitabständen, mindestens jedoch einmal jährlich, über die bei ihrer Tätigkeit auftretenden Gefahren sowie über die Maßnahmen zu ihrer Abwendung unterwiesen werden müssen.

2. Durch Lüftung sind beim Schweißen auftretende Gase und Dämpfe zu beseitigen. Notfalls ist künstliche Belüftung einzusetzen, oder es müssen die Gase und Dämpfe an der Entstehungsstelle örtlich abgesaugt werden.

3. Schutzmittel müssen vom Arbeitgeber gestellt und instandgehalten werden. Dazu gehören Sicherheitsschuhe, geeigneter Augenschutz (Schutzbrillen, Schutzschilde, Schutzhauben) und Körperschutz (Schürzen, Handschuhe, Fußschutz, notfalls Schutzanzug). Arbeitskleidung, die durch leicht brennbare Stoffe wie Öl, Fett, Petroleum verunreinigt ist, darf beim Schweißen nicht getragen werden. In „engen Räumen" ist schwer entflammbare Schutzkleidung zu tragen.

4. Besondere Vorsicht wird bei Schweißarbeiten in „engen Räumen" verlangt (dazu zählen z. B. kleine Kellerräume, Stollen, Schächte, Tanks, Kessel). Dort muß Frischluft durch Einblasen oder Absaugen eingeführt werden. Das Belüften mit Sauerstoff ist strengstens verboten. Es besteht dabei Lebensgefahr.

5. Erhöhte Vorsicht ist in feuer- und explosionsgefährdeten Räumen geboten. Leicht entzündliche Stoffe müssen entfernt werden. Wenn deren Beseitigung nicht möglich ist, darf nur mit schriftlicher Genehmigung des verantwortlichen Betriebsleiters („Schweißerlaubnisschein") und nur unter Aufsicht geschweißt werden. Schlitze, Mauerdurchbrüche, offene Rohrleitungen sind abzudecken oder abzudichten. Eine Brandschutzwache muß bereitgestellt werden. Nach dem Ende der Schweißarbeit und evtl. noch Stunden danach ist eine Brandkontrolle erforderlich, um mögliche durch Schweißspritzer entstandene Schwelbrände entdecken und löschen zu können.

6. Vorsicht gilt auch beim Schweißen in und an Behältern! Gefäße können Stoffe enthalten oder enthalten haben, die brennbar sind, die Verbrennung fördern oder gesundheitsschädliche Gase und Dämpfe entwickeln. Hier nur unter sachverständiger Aufsicht schweißen. Ist der frühere Inhalt unbekannt, ist vom gefährlichsten Fall auszugehen. Deshalb niemals Hohlkörper als Werkstückunterlage benutzen; noch nach Jahren können durch Reste des Inhalts explosible Gemische entstehen.

- Betriebsmittel zum Gasschweißen

- Gasflaschen für Acetylen und Sauerstoff
- Schweißbrenner, bestehend aus Griffstück (auch als Handgriff oder Griffrohr bezeichnet) und Schweißeinsätzen
- Gasschläuche, rote Kennfarbe für Acetylen, blaue Kennfarbe für Sauerstoff
- Flaschendruckminderer für Acetylen und Sauerstoff
- Sicherheitseinrichtung gegen Gasrücktritt und Flammendurchschlag für Acetylen (mit Bauartzulassung), wenn der Schweißer die Acetylenflasche während der Gasentnahme nicht beaufsichtigen kann, sie also nicht im Blickfeld hat.

- Verbrauchsstoffe zum Gasschweißen

Das Brenngas **Acetylen** wird durch das Einwirken von Wasser auf Calciumcarbid erzeugt. Es wird den Verbrauchern in Stahlflaschen mit **gelber Kennfarbe** bei einem Speicherdruck von etwa 18 bar angeliefert. Da sich Acetylen bei höheren Drücken und Temperaturen explosionsartig zersetzen kann, darf es nicht über 1,5 bar komprimiert und in gasförmiger, verdichteter Form gespeichert und transportiert werden. Es wird in dem Lösungsmittel Aceton unter Druck gelöst und von diesem bei der Entnahme nach Bedarf wieder freigegeben. Die Acetylenflaschen sind mit einer porösen Masse gefüllt, deren freie Poren das Aceton mit dem darin gelösten Acetylen wie ein Schwamm aufnehmen. Durch diese Aufteilung in möglichst kleine Mengen kann ein Acetylenzerfall unterbunden werden.

Bei großen Verbrauchern kann es wirtschaftlich sein, anstelle der Einzelflaschenversorgung eines jeden Schweißplatzes eine zentrale Versorgung einzurichten. Damit läßt sich der aufwendige Flaschentransport zu einzelnen Arbeitsplätzen vermeiden. Eine Ringleitung versorgt dann alle Arbeitsplätze; sie wird von einer Flaschenbatterie oder von Flaschenbündeln gespeist.

Zur Verbrennung wird Acetylen mit reinem **Sauerstoff** gemischt. Der Sauerstoff wird durch Luftverflüssigung gewonnen, verdichtet und in Stahlflaschen mit **blauer Kennfarbe** geliefert. Der Fülldruck beträgt 200 bar.

Wie für Acetylen läßt sich auch für Sauerstoff eine **Zentralversorgung** über eine Ringleitung einrichten. Sie kann außer von einer Flaschenbatterie oder einem Flaschenbündel auch von einem Speichertank mit tiefkaltem, verflüssigten Sauerstoff und nachgeschaltetem Kaltvergaser gespeist werden.

Bei Schweißarbeiten, die nicht unterbrochen werden dürfen, ist es wichtig, den Füllzustand der Flaschen rechtzeitig zu erkennen. Bei Sauerstoff als **verdichtetem** Gas kann der noch vorhandene Gasinhalt aus dem am **„Inhaltsmanometer"** des Druckminderers abgelesenen Flaschendruck errechnet werden. Dafür gilt mit einer für die Praxis genügenden Genauigkeit die Rechenformel

Gasinhalt in Liter = Flascheninhalt in Liter × Flaschendruck in bar.

Bei Acetylen ist diese einfache Rechnung nicht möglich, da sich bei diesem **gelösten** Gas der Flaschendruck in Abhängigkeit von der Temperatur stark ändert. Die gleiche Acetylenflasche mit einem Druck von 18 bar bei 15 °C hat beispielsweise bei 25 °C einen Druck von etwa 22 bar, bei 0 °C einen Druck von etwa 12 bar.

Kleine Gasschweißanlage

Erzeugung von Calciumcarbid aus gebranntem Kalk und Koks

$$CaO + 3\,C \rightarrow CaC_2 + CO$$

Erzeugung von Acetylen aus Calciumcarbid und Wasser

$$CaC_2 + 2\,H_2O \rightarrow Ca(OH)_2 + C_2H_2$$

$$H - C \equiv C - H$$

Acetylenmolekül aus 2 C-Atomen mit Dreifachbindung und 2 symmetrisch angeordneten H-Atomen

Acetylen-Flaschenbatterie zur Versorgung einer Ringleitung

Beispiel:
Eine Sauerstoff-Flasche (Volumen 50 l) zeigt am Inhaltsmanometer einen Druck von 80 bar. Damit stehen als Sauerstoffvolumen noch zur Verfügung

50 l × 80 = 4000 l

Eine auf der Montage verwendete Sauerstoff-Flasche mit 10 l Volumen zeigt im vollen Zustand am Inhaltsmanometer einen Fülldruck von 200 bar. Damit stehen als Sauerstoffvolumen nutzbar zur Verfügung

10 l × 200 = 2000 l

Bei der Entnahme von Acetylen ist zu beachten, daß einer 40-Liter-Flasche (Rauminhalt 40 l, Füllung ca. 6,3 kg Acetylen entsprechend ca. 5750 l gasförmig bei 15 °C) im Dauerbetrieb höchstens 600 l/h, bei kurzfristigem Betrieb mit Unterbrechungen höchstens 1000 l/h entnommen werden dürfen.

Die Belastungsfähigkeit kleinerer Flaschen ist entsprechend ihrem Rauminhalt geringer. Wenn der Schweißbrenner eine höhere Entnahmeleistung erfordert, müssen zu seiner Versorgung zwei oder mehrere Flaschen mittels Sammelsystem oder Flaschenbatterie zusammengeschlossen werden.

Druckminderer (auch als Druckminderventile bezeichnet) reduzieren den **Speicherdruck** (= Vordruck) auf den bei der Entnahme der Gase notwendigen niedrigen **Betriebsdruck** (= Hinterdruck). Sie liefern einen konstanten **Arbeitsdruck** (= Hinterdruck) weitgehend unabhängig vom jeweiligen Vordruck und der Entnahmegeschwindigkeit. Wenn eine besonders hohe Regelgenauigkeit erforderlich ist, werden Bauarten mit Vordruckausgleich oder sogar zweistufige Bauarten eingesetzt.

Als Zusatzwerkstoff werden **Schweißstäbe** verwendet, deren Durchmesser sich nach der zu schweißenden Blechdicke richtet und die üblicherweise in Längen von 1000 mm geliefert werden. Gasschweißstäbe für unlegierten Stahl sind in DIN 8554 genormt. Die kontrollierte Zugabe von Legierungselementen wie Si und Mn beeinflußt nicht nur die mechanischen Gütewerte des Schweißgutes, sondern auch das Schweißverhalten (dünnflüssiges oder zähflüssiges Schweißbad).

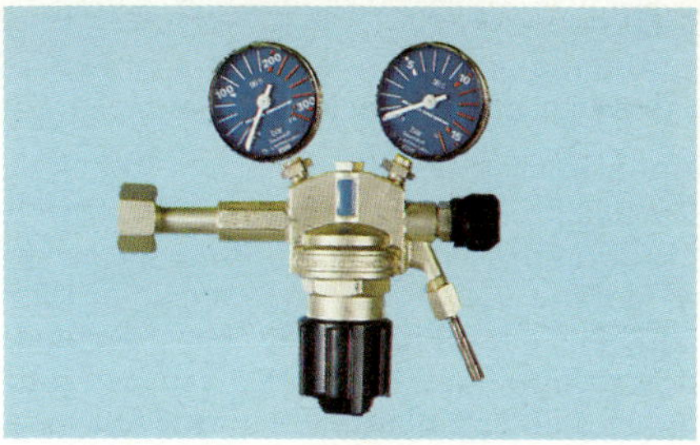

Sauerstoff-Druckminderer (einstufig)

Brennergröße (mm)	Gasverbrauch bei neutraler Flamme 1 : 1	
	Sauerstoff (l/h)	Acetylen (l/h)
0,5– 1	80	80
1– 2	160	160
2– 4	315	315
4– 6	500	500
6– 9	800	800
9–14	1250	1250

Auswahl der Brennergröße

- Flammengröße und Flammeneinstellung

Unterschiedliche Werkstoffdicken haben einen unterschiedlichen **Wärmebedarf.** Dieser muß durch die Auswahl der Brennergröße sichergestellt werden. Darüber hinaus besteht die Möglichkeit, die Energiezufuhr der abgestuften Schweißeinsätze noch feinfühliger der Blechdicke anzupassen: durch höhere oder niedrigere Ausströmungsgeschwindigkeit („härtere" oder „weichere" Flamme).

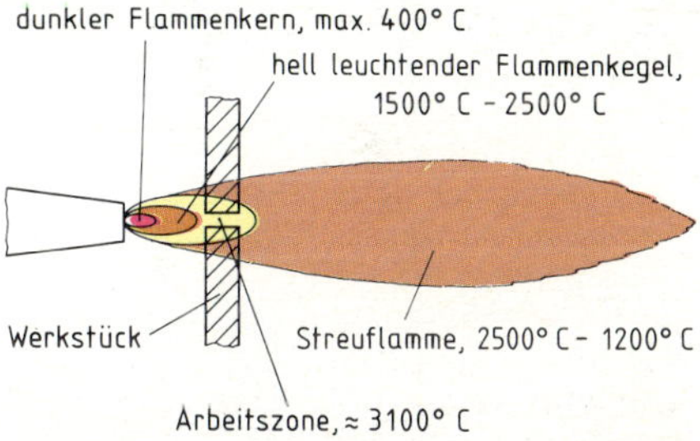

Neutrale Flamme

Beim Schweißen von Stahl und Kupfer wird mit **neutraler Flamme** gearbeitet. Dabei beträgt des Mischungsverhältnis von Acetylen und Sauerstoff 1 : 1. In der Praxis wird bis zu einem Mischungsverhältnis von 1 : 1,1, also mit leichtem Sauerstoffüberschuß gearbeitet. Die neutrale Flamme ist an einem scharf abgegrenzten weißleuchtenden Flammenkegel erkennbar. In 2 bis 5 mm Abstand vor dem helleuchtenden Flammenkegel befindet sich die zum Schweißen genutzte heißeste Flammenzone mit einer Temperatur von rund 3100 °C. In diesem Bereich wirkt die Flamme reduzierend; sie wandelt Metalloxide in reines Metall um.

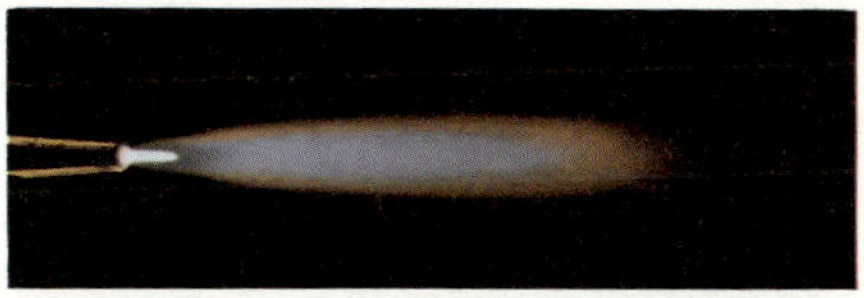

Neutral eingestellte Schweißflamme

Wird die Flamme mit **Sauerstoffüberschuß** eingestellt, dann wird der Flammenkegel bei bläulicher Färbung kürzer und spitzer. Diese Einstellung wird zum Schweißen von Messing verwendet, liefert aber an Stahl eine von Schlacken durchsetzte unbrauchbare Schweißnaht. Die höchste erreichbare Flammentemperatur von 3160 °C läßt sich mit hohem Sauerstoffüberschuß bei einem Mischungsverhältnis von etwa 1 : 1,5 erzielen. Umgekehrt gibt es auch Anwendungen, wo mit **Acetylenüberschuß** gearbeitet wird, beispielsweise beim Auftragen von Hartlegierungen. Der ursprünglich weißleuchtende Flammenkegel nimmt eine gelbliche Färbung an und brennt in längerer Fahne mit unregelmäßiger Begrenzung.

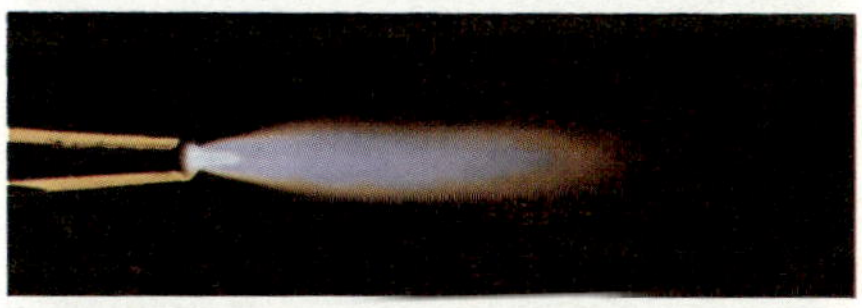

Schweißflamme mit Sauerstoffüberschuß

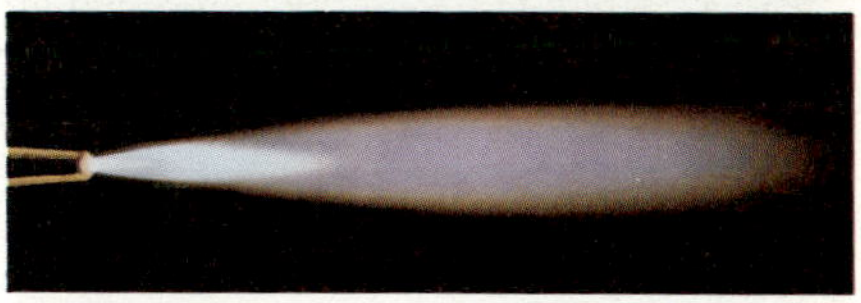

Schweißflamme mit Acetylenüberschuß

- Arbeitstechniken des Gasschweißens

In Abhängigkeit vom Nahtquerschnitt wird der **Schweißzusatz** (= Zusatzwerkstoff) in zwei unterschiedlichen Arbeitstechniken zugeführt.

Nachlinksschweißen

Bei Blechdicken bis 3 mm besteht beim Schweißen die Gefahr, daß die dünnen Bleche durchbrennen. Deshalb wird die Schweißflamme geradlinig von rechts nach links **vor** dem Schweißbad entlang der Schweißfuge geführt. Der Flammenkegel ist in die offene Fuge gerichtet, überstreicht das Schweißbad und bläst in den noch offenen Spalt. Die Streuflamme schirmt Schweißbad, Grundwerkstoff und Schweißstabende gegenüber der Umgebungsatmosphäre ab. Der Schweißstab wird mit tupfenden Bewegungen dem Schweißbad zugeführt.
Ein Nachteil dieser Arbeitstechnik ist es, daß flüssiges Schweißgut in die noch nicht gänzlich aufgeschmolzene Nahtwurzel gedrückt werden kann und so ein Durchschweißen nicht gewährleistet ist.

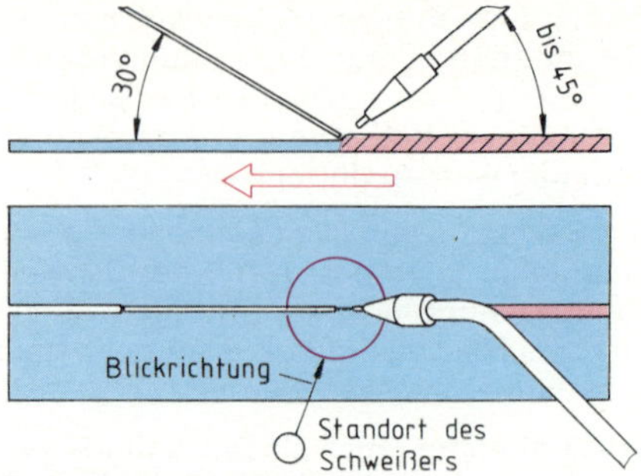

Nachlinksschweißen
Stahl bis 3 mm Blechdicke

Nachrechtsschweißen

Bei Blechdicken über 3 mm werden sicher durchgeschweißte Nähte erreicht, wenn der Flammenkegel direkt auf das Schweißbad gerichtet wird und seine Hitzewirkung bis in die Nahtwurzel reicht. Dabei schützt die Streuflamme die Naht vor rascher Abkühlung und vorzeitigem Luftzutritt. Der Brenner wird von links nach rechts entlang der offenen Schweißfuge bewegt, wobei der Schweißstab dem Brenner **nach**geführt und unter ständigen Rührbewegungen im Schweißbad abgeschmolzen wird.
Die Flamme hindert das Schweißbad am Vorlaufen, so daß die Nahtkanten in Form einer Öse bis in die Nahtwurzel hinein aufgeschmolzen werden.

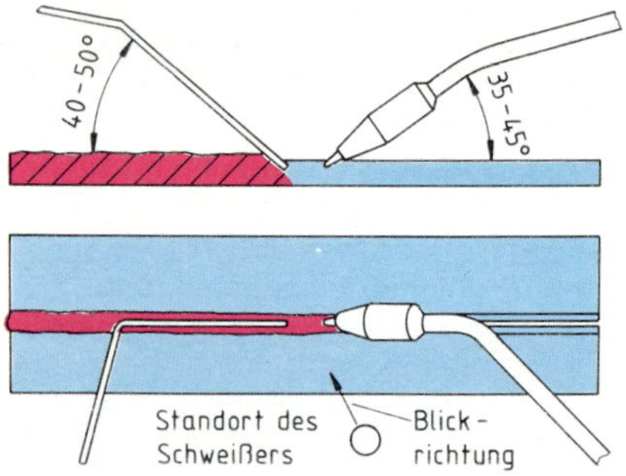

Nachrechtsschweißen
Stahl ab 3 mm Blechdicke

Regeln für die Unfallverhütung beim Gasschweißen

- Gasflaschen gegen Umfallen sichern, nur mit aufgeschraubter Schutzkappe transportieren, nicht rollen, keiner starken Erwärmung aussetzen.
- Acetylenflaschen bei Gasentnahme aufrecht stellen. Das Flaschenventil muß mindestens 40 cm höher liegen als der Flaschenfuß, um ein Mitreißen von flüssigem Aceton zu vermeiden (Diese Vorschrift gilt nicht für Acetylenflaschen, die am Flaschenhals durch einen roten Farbring gekennzeichnet sind).
- Um jede einzelne zum Betrieb angeschlossene Acetylenflasche muß ein Bereich von mindestens 1 m Radius – gemessen von jedem Punkt der Flasche – von Zündquellen wie Rauchen, Schweißen oder Feuer freigehalten werden. Acetylen ist leichter als Luft; unbeabsichtigt entweichendes Acetylen steigt nach oben. Sauerstoff dagegen ist schwerer als Luft; unbeabsichtigt austretender Sauerstoff kann sich deshalb besonders in engen Räumen in Bodennähe sammeln und zu gefährlichen Anreicherungen führen.
- Alle mit Sauerstoff in Berührung kommenden Teile frei von Öl und Fett halten.
- Bei längeren Arbeitsunterbrechungen Flaschenventil schließen.
- Gasschläuche mittels Schlauchschellen sicher auf den Schlauchtüllen befestigen, auf einwandfreien Zustand der Schläuche achten, defekte Gasschläuche **sofort** ersetzen, vorgeschriebene Schlauchmindestlänge von 3 m zwischen Druckminderer und Brenner einhalten.
- Persönliche Schutzausrüstung in Ordnung halten: Schutzbrille nach DIN 58211 mit Sichtscheiben nach DIN 4647, Lederschürze und Kopfbedeckung.

Gasschweißen eines Rohrstoßes in Zwangsposition (Nachrechtsschweißung)

Schutzstufe	bei Volumendurchsatz von Acetylen (l/h)
4	bis 70
5	70 – 200
6	200 – 800
7	über 800

Schutzstufen für Sichtscheiben der Schutzbrillen beim Gasschweißen

Aufgaben zur Wiederholung und Vertiefung

1. Wann wird beim Gasschweißen die Nachlinks-, wann die Nachrechtsschweißung eingesetzt?
2. Woran erkennen Sie auf den beiden Bildern zum Rohrschweißen die unterschiedliche Arbeitstechnik?
3. Welche Flammeneinstellungen der Acetylen-Sauerstoff-Flamme sind möglich?
4. Warum gibt es bei Acetylenflaschen Beschränkungen hinsichtlich der Entnahmegeschwindigkeit?
6. Was ist beim Umgang mit Druckgasflaschen zu beachten?
7. Wie unterscheidet sich die Behandlung von Acetylen- und Sauerstoffflaschen?
8. Wann und wo ist eine Sicherheitseinrichtung gegen Gasrücktritt und Flammendurchschlag erforderlich?

Lichtbogenhandschweißen

Das Lichtbogenhandschweißen – im allgemeinen Sprachgebrauch als **„Elektrodenschweißen"** oder **„E-Schweißen"** bezeichnet – nimmt, bezogen auf die Anzahl der Schweißgeräte, die Spitzenstellung unter den Schweißverfahren ein. Dafür sprechen folgende Gründe:
- Eine Vielzahl von Stabelektrodensorten mit unterschiedlichen Eigenschaften für zahlreiche Werkstoffe erlaubt es, die meisten anfallenden Schweißaufgaben gut und wirtschaftlich zu lösen.
- Die vergleichsweise preiswerten Geräte benötigen nur Stromanschluß.
- Tragbare Geräte und Stabelektroden mit guter Eignung für Zwangspositionen machen das Verfahren für Montageschweißungen nahezu unentbehrlich.

Wärmequelle ist ein **Lichtbogen,** der zwischen einer abschmelzenden, von Hand geführten **Stabelektrode** und dem Werkstück brennt. Lichtbogen und Schweißbad werden durch Gase und Schlacken, die aus der Elektrodenumhüllung stammen, vor dem Sauerstoff der Atmosphäre geschützt.

Die **Elektrodenhülle** erfüllt verschiedene Aufgaben:
- Nach dem Zünden des Lichtbogens werden aus der Hülle Ionen freigesetzt, die den Raum zwischen Elektrode und Werkstück leitfähig machen; der Lichtbogen kann somit ruhig und stabil brennen.
- Die beim Abschmelzen der Elektrode entstehenden Verbrennungsprodukte (Rauche) umhüllen den Lichtbogen wie eine Glocke, verdrängen die Umgebungsatmosphäre und schirmen den Lichtbogen und das Schweißbad vor Sauerstoff und Stickstoff ab.
- Die Hülle bildet bei ihrer Verbrennung Schlacken, welche bereits die ins Schweißbad übergehenden Metalltröpfchen umhüllen und diese abdecken. Unter der Schlackendecke und geschützt vor der Atmosphäre kann das Schweißbad in noch flüssigem Zustand ausgasen und langsam abkühlen. Gleichzeitig nimmt die Schlacke Verunreinigungen aus der Schmelze (Phosphor, Schwefel) auf und formt die Oberfläche der Naht.

Die nebenstehende Abbildung zeigt, daß der Kerndraht der Elektrode während des Schweißvorganges weiter als die Hülle zurückbrennt. Entsprechend rutscht die Elektrode auf dem Hüllenrand bei gleichbleibendem Abstand Kerndraht/Werkstück.

Lichtbogen zwischen Stabelektrode und Werkstück

Lichtbogenhandschweißen an einem Behälter aus Cr-Ni-Stahl

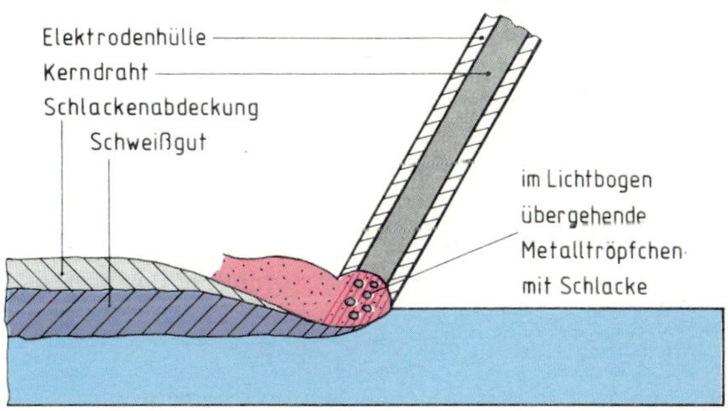

Abbrennverhalten der Elektrode beim Lichtbogenhandschweißen

Weiterhin kann die Elektrodenhülle das Schweißgut metallurgisch beeinflussen. Der teilweise Abbrand von Legierungselementen bei der hohen Lichtbogentemperatur von etwa 5500 °C kann durch Zugabe dieser Elemente in die Hülle ausgeglichen werden. Außerdem können gezielt zusätzliche Legierungselemente in das Schweißgut eingebracht werden. Bei einer Gruppe von Elektroden mit besonders hoher Abschmelzleistung (Hochleistungselektroden) befindet sich z. B. Eisenpulver in der Umhüllung, welches zusätzlich zum Kerndraht in das Schweißbad übergeht.

maximaler Schweißstrom (A)	bei Schweißkabellänge 10 m	15 m	20 m	25 m	30 m
100	25	35	35	35	35
200	35	50	50	50	50
300	50	50	70	70	70

Empfohlene Kabelquerschnitte (in mm^2) für Schweißkabel und Werkstückleitung

- Betriebsmittel zum Lichtbogenhandschweißen

- Schweißstromquelle
- Schweißkabel (mit ausreichendem Querschnitt)
- Elektrodenhalter (vollisoliert)

Tragbarer Lichtbogen-Schweißtrafo

Schweißstromquellen gibt es in unterschiedlichen Bauarten:

- **Schweißumformer** sind nur noch selten anzutreffen. Sie haben zwar die von erfahrenen Schweißern für schwierige Arbeiten (z. B. im Rohrleitungsbau) geschätzten Schweißeigenschaften, sind aber schwer, laut und teuer.
- **Schweißgleichrichter** ersetzen die Schweißumformer, wenn mit Elektroden gearbeitet werden muß, die nur an Gleichstrom verschweißbar sind. Sie haben erheblich geringere Leerlaufverluste, einen besseren Wirkungsgrad, sind leichter und lassen sich bei modernen Bauarten vom Arbeitsplatz aus einstellen.
- **Schweißtransformatoren** liefern einen Schweißwechselstrom und werden bei der Mehrzahl normaler Schweißarbeiten an unlegierten Stählen angewendet.
- **Inverter-Geräte** nutzen Bauteile der Leistungselektronik, haben ein besseres Gewicht-Leistungsverhältnis und beginnen die herkömmliche Technik teilweise abzulösen.

Durchmesser (mm)	Schweißstrom (A)
2,0	45 – 75
2,5	60 – 100
3,25	90 – 140
4,0	150 – 190
5,0	190 – 250
6,0	230 – 290

Schweißstrom-Einstellwerte für Stabelektroden, Typ RR 6

- Verbrauchsstoffe zum Lichtbogenhandschweißen

Verbrauchsstoffe sind **umhüllte Stabelektroden.** Sie benötigen je nach Durchmesser einen unterschiedlichen Schweißstrom.
Nackte (nicht umhüllte) Stabelektroden, wie sie in der Anfangszeit des Lichtbogenhandschweißens verwendet worden sind, gibt es heute nicht mehr.

Unterschiedliche Umhüllungstypen führen zu unterschiedlichen Schweißeigenschaften.

Umhüllungstypen nach DIN 1913	
A	= sauerumhüllt
R	= rutilumhüllt (dünn oder mitteldick)
RR	= rutilumhüllt (dick)
AR	= rutilsauerumhüllt (Mischtyp)
C	= zelluloseumhüllt
R(C)	= rutilzelluloseumhüllt (mitteldick)
RR(C)	= rutilzelluloseumhüllt (dick)
B	= basischumhüllt
B(R)	= basischumhüllt mit nichtbasischen Anteilen
RR(B)	= rutilbasischumhüllt (dick)

Rutilumhüllte Elektroden ergeben ein gutes Nahtaussehen; sie sind allerdings nicht in fallender Position verschweißbar. Meist hebt sich (bei RR) die Schlacke von selbst ab.

Basischumhüllte Elektroden liefern ein Schweißgut mit hoher Zähigkeit. Sie werden deshalb für große Wanddicken, für alterungsbeständige oder schwer schweißbare Stähle bevorzugt.

Rutilzelluloseumhüllte Elektroden sind vor allem Montageelektroden für Fallnähte und alle anderen Positionen.

Rutilbasische Elektroden haben durch ihre basischen Anteile höhere Zähigkeiten als der Typ RR und werden für Wurzelschweißungen, auch im Rohrleitungsbau, bevorzugt.

Stabelektroden für unlegierte und niedriglegierte Stähle sind in DIN 1913 genormt. Die vier Zahlen **vor** der **Umhüllungsbezeichnung** sind Kennwerte für den Konstrukteur. Die Zahlen **hinter** der Umhüllungsbezeichnung sollen dem Schweißpraktiker Hinweise über mögliche Schweißpositionen und Stromeignung geben. Ihm genügt es jedoch meist, wenn er die Eigenschaften der Umhüllungstypen kennt, da er ohnehin bevorzugt mit vertrauten Firmenbezeichnungen arbeitet. Ist auf der Zeichnung die volle Normbezeichnung der zu verwendenden Elektrode vorgeschrieben, sucht er aus den Lieferunterlagen die passende Elektrodentype heraus oder prüft die Eignung vorhandener Elektroden anhand des Aufdrucks der Normbezeichnung auf dem Elektrodenpaket.

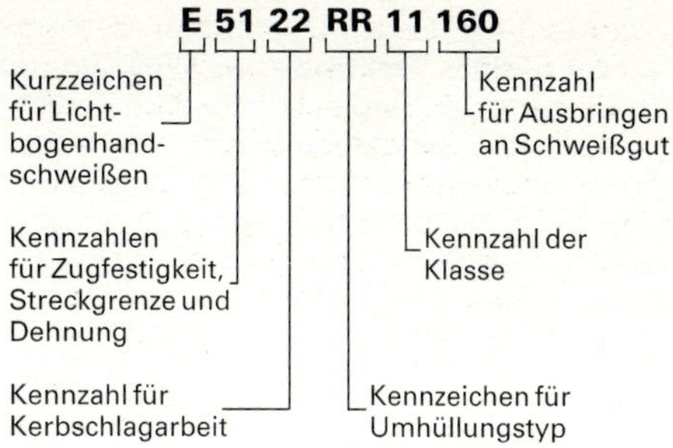

Beispiel einer Normbezeichnung für Stabelektroden nach DIN 1913

Regeln für die Unfallverhütung beim Lichtbogenschweißen

- Persönliche Schutzausrüstung (Hand- oder Kopfschutzschild mit den richtig bemessenen Schutzgläsern, Lederhandschuhe mit Stulpen für beide Hände, Lederschürze oder Schutzkleidung) verwenden!
- Der vollisolierte Elektrodenhalter muß unbeschädigt sein. Defekte Isolierbacken sind sofort zu ersetzen.
- Die Isolierung des Schweißkabels muß unbeschädigt sein. Flicken mit Isolierband ist unzulässig.
- An den Anschlüssen darf der Querschnitt der Schweißkabel nicht vermindert sein.
- Unbeschädigte Lederhandschuhe mit Stulpen an beiden Händen sind auch beim Wechsel der Elektrode zu tragen. Sie schützen vor elektrischer Spannung, Strahlung und glühenden Metallspritzern.
- Der Schutz der Augen ist durch ausreichende Schutzstufe der Gläser nach DIN 4647 sicherzustellen. Benachbarte Arbeitsplätze abschirmen!
Helfer ebenfalls durch Schutzbrille schützen!
- In engen Räumen oder bei erhöhter elektrischer Gefährdung dürfen nur dafür zugelassene Geräte verwendet werden, die besonders gekennzeichnet sind. Zusätzlich sind isolierende Unterlagen oder Zwischenlagen zu verwenden.

Defektes Schweißkabel mit vermindertem Querschnitt

Schweißstrom (A)	Schutzstufe
bis 40	9
40 – 80	10
80 – 175	11
175 – 300	12

Schutzstufen für Sichtscheiben der Schweißerschutzschilde beim Lichtbogenhandschweißen

bis 31. März 1990 ab 1. April 1990

Geltende Kennzeichen für Stromquellen, die für Schweißarbeiten unter erhöhter elektrischer Gefährdung zugelassen sind.

Schutzgasschweißen

Das Schutzgasschweißen ist eine Variante des Lichtbogenschweißens. **Schutzgase** schirmen die Schweißstelle vor der Umgebungsatmosphäre ab und schließen ungewünschte chemische Reaktionen im Schweißbad aus. Die möglichen hohen Schweißgeschwindigkeiten führen zu einem hohen Mechanisierungsgrad, wobei nach Art der Elektrode und des Schutzgases verschiedene Verfahren unterschieden werden.

- WIG-Schweißen

Das WIG-Schweißen (**W**olfram-**I**nert**g**as-Schweißen) hat sich an qualitativ hochwertigen Schweißnähten bewährt. An Chromnickelstählen und Aluminium hat es im unteren Blechdickenbereich (bis etwa 5 mm) andere Schweißverfahren verdrängt. Bei dickeren Blechen wird es mindestens für die Wurzelschweißung vorgezogen, während die Decklagen dann mit leistungsfähigeren Verfahren geschweißt werden. WIG-Schweißen wird auch eingesetzt an Kupfer und seinen Legierungen, an Reinnickel, an Titan und im Rohrleitungsbau auch an unlegierten oder niedriglegierten Stählen. Vorteilhaft sind die gute Beherrschung des Schweißbades in Zwangslagen und die Qualitätssicherheit.

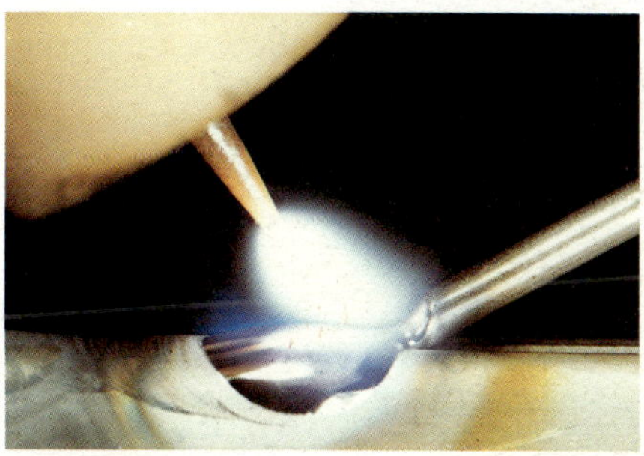

WIG-Schweißen

Wärmequelle ist ein Lichtbogen, der frei zwischen einer **nicht abschmelzenden Elektrode** aus **Wolfram** und dem Werkstück brennt. Der Lichtbogen und das Schweißbad werden durch eine Gasglocke aus **inertem Schutzgas** (meist Argon) vor Luftzutritt geschützt. Als Inertgase werden solche Gase bezeichnet, die reaktionsträge sind und keine chemischen Reaktionen eingehen. Wenn Schweißzusatz erforderlich ist, wird dieser stromlos von der Seite her ins Schweißbad eingeführt.

Das Verfahren kann manuell und maschinell (vollmechanisiert) betrieben werden. Der Schweißzusatz wird dann als Draht mit selbsttätigem Vorschub und nicht mehr in Stabform in das Bad geführt.

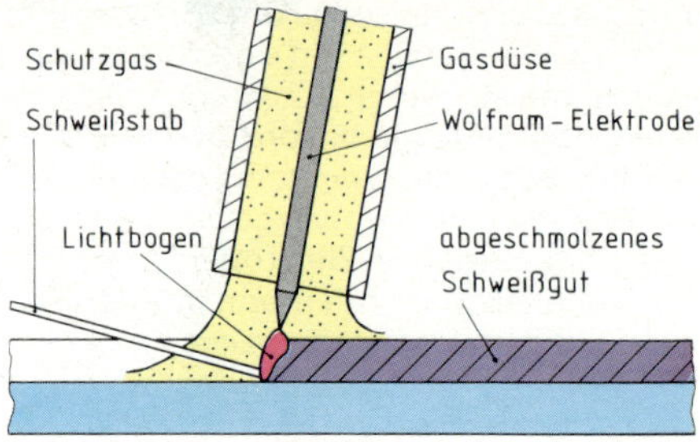

Prinzip des WIG-Schweißens

Betriebsmittel zum WIG-Schweißen

- WIG-Schweißbrenner, wasser- oder luftgekühlt, mit Schlauchpaket
- Wolframelektroden, deren Durchmesser sich nach dem erforderlichen Schweißstrom richten
- Argondruckminderer mit Mengenmesser
- Schweißstromquelle mit den nötigen Schalt- oder Steuereinrichtungen für Strom und Schutzgas

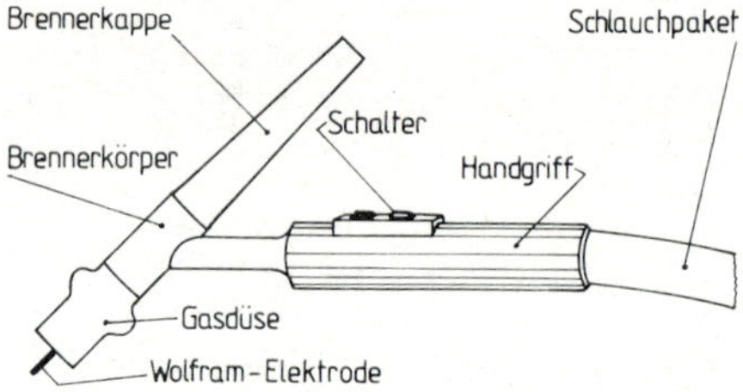

WIG-Schweißbrenner

Stromart ist beim Schweißen von Chromnickelstahl, Nickel, Titan, unlegiertem Stahl oder Kupfer Gleichstrom (Minuspolung der Elektrode), beim Schweißen von Aluminium in der Regel Wechselstrom.

Stromart	Grundwerkstoff
Gleichstrom	Chromnickelstahl Kupfer Nickel Titan
Wechselstrom	Aluminium

Stromarten beim WIG-Schweißen

Verbrauchsstoffe zum WIG-Schweißen

Verbrauchsstoffe sind die auf den jeweiligen Grundwerkstoff abgestimmten Schweißstäbe (beim vollmechanisierten Schweißen Drähte) sowie das in Stahlflaschen gelieferte **Schweißargon.** Dieses wird im Regelfall mit einer Reinheit von 99,996 % geliefert. Bei sehr großem Verbrauch ist – ähnlich wie bei Sauerstoff – die Versorgung über eine Ringleitung aus Flaschenbatterien oder die Flüssiggasversorgung möglich. In Einzelfällen werden dem Argon geringe Mengen von Wasserstoff zugesetzt (2 bis 7 % beim vollmechanisierten Schweißen von Chromnickelstählen), oder es werden Argon-Helium-Gemische verwendet (zum Erzielen besseren Einbrandes oder höherer Schweißgeschwindigkeit an Bauteilen aus Aluminium oder Kupfer).

Auch die Wolframelektroden sind Verbrauchsstoffe. Obwohl sie als „nicht abschmelzend" bezeichnet werden, brennen sie doch im Laufe der Zeit ab. Sie müssen immer wieder nachgeschliffen werden. Verluste entstehen auch dann, wenn der Schweißer versehentlich mit der Wolframelektrode in das Schweißbad stößt.

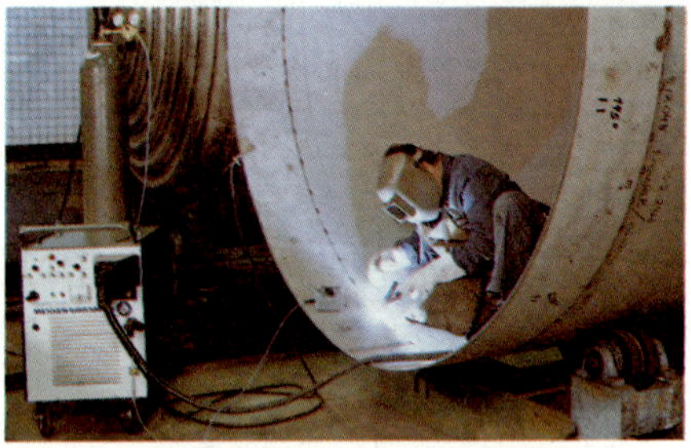
WIG-Schweißen einer Wurzelnaht an einem Behälter aus Chromnickelstahl

- WIG-Pulsen

Eine Variante des WIG-Schweißens, das „WIG-Pulsen" oder „WIG-Impulslichtbogenschweißen", arbeitet nicht mit konstantem, sondern mit „pulsierenden Schweißstrom". Es wird beim vollmechanisierten Schweißen von Dünnblechen angewendet.

WIG-Schweißen eines Grundrahmens aus AlMgSi-Strangpreßprofilen

Regeln für die Unfallverhütung beim WIG-Schweißen

Persönliche Schutzausrüstung (Kopfschutzhelm, speziell weiche Handschuhe, welche das Nachschieben des Schweißstabes ohne Unterbrechung gestatten) verwenden. Alle anderen Schutzmaßnahmen wie beim Lichtbogenhandschweißen.

• MIG-Schweißen

Das MIG-Schweißen (**M**etall-**I**nert**g**as-Schweißen) gehört wie das WIG-Schweißen zu den Verfahren des Schutzgasschweißens. Es erlangte beim Verarbeiten von Aluminium und Kupfer im höheren Blechdickenbereich (anwendbar ab etwa 5 mm Blechdicke) wegen seiner wirtschaftlichen Vorteile die dominierende Stellung. Eine Variante ist das **MIG-Pulsen** (MIG-Impulslichtbogenschweißen), mit dem auch dünnere Bleche geschweißt werden können und das in Zwangslagen eingesetzt werden kann.

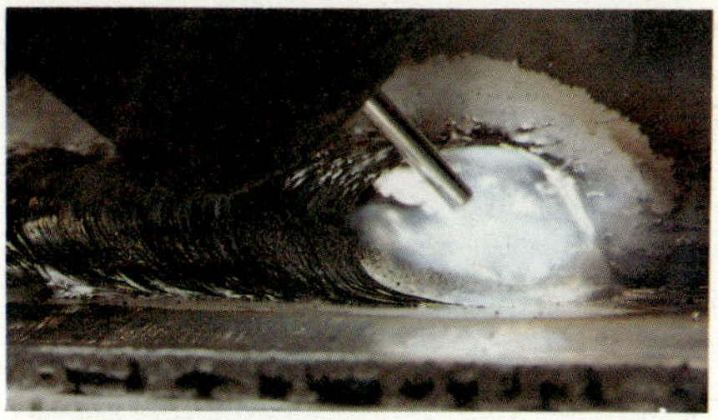

MIG-Schweißen

Im Gegensatz zum WIG-Schweißen brennt als Wärmequelle ein Lichtbogen zwischen einer **abschmelzenden Elektrode,** die gleichzeitig Schweißzusatz ist, und dem Werkstück. Lichtbogen und Schweißbad werden durch ein Inertgas abgeschirmt.

Betriebsmittel zum MIG-Schweißen

Als Betriebsmittel wird ein MIG-Schweißgerät benötigt. Kleinere Geräte werden als „Kabinengeräte" gebaut. Bei größeren Geräten wird oft der Drahtvorschub mit Drahtrolle getrennt von der Stromquelle angeordnet. So kann an größeren Bauteilen eine verbesserte Reichweite erzielt werden, da die Länge des Schlauchpaketes zwischen Vorschubeinrichtung und MIG-Brenner auf 3 oder 4 m begrenzt ist.

Zum Geräteumfang gehört auch ein Druckminderer zum Anschluß an die Argonflasche, der mit einem **Mengenmesser** ausgestattet ist.

Vollmechanisiertes MIG-Pulsen an Waggondächern aus Aluminium

Verbrauchsstoffe zum MIG-Schweißen

Verbrauchsstoffe sind auf den Grundwerkstoff abgestimmte **Drahtelektroden** und das Schutzgas. Es wird in der Regel Schweißargon verwendet. In Sonderfällen wird mit Heliumzusätzen ein heißeres Bad erzeugt, welches besser ausgasen kann. Damit kann der Einbrand verbessert und die Porosität verringert werden.

• MAG-Schweißen

Das MAG-Schweißen (**M**etall-**A**ktiv**g**as-Schweißen) ist aus dem MIG-Schweißen hervorgegangen. Es nutzt dieselben Geräte wie das MIG-Schweißen, wird jedoch mit Schutzgasen betrieben, die am Schweißprozeß **„aktiv"** teilnehmen. Dabei werden beim Schweißen mit **Mischgasen** dem Argon Zusätze von CO_2 oder O_2 beigegeben. Diese Mischgase führen zu erwünschten metallurgischen Reaktionen im Schweißbad. Die Verwendung von reinem CO_2 als Schutzgas ist zurückgegangen. Eine sehr breite Anwendung findet das MAG-Schweißen an unlegierten und niedriglegierten Stählen, aber auch bei Chromnickelstählen. Wegen seiner hohen Abschmelzleistung verdrängte es das Lichtbogenhandschweißen in vielen Fällen. Industrie und Handwerk setzen es manuell und vollmechanisiert (z. B. am Schweißroboter) ein. An dickeren Blechen wird mit dem **„Sprühlichtbogen"** geschweißt, der bei hoher Strombelastung der Drahtelektrode spritzarme Nähte ergibt. Im Dünnblechbereich (beispielsweise bei der Kfz-Reparatur) wird der **„Kurzlichtbogen"** genutzt, ebenso wie beim Wurzelschweißen. Bei dieser Einstellung werden dünne Drahtelektroden mit niedrigen Lichtbogenspannungen verschweißt.

MAG-Schweißen

Die Variante „MAG-Pulsen" liefert spritzerarme Schweißnähte.

Spritzerarmes MAG-Pulsen am Pol eines Synchrongenerators

Verbrauchsstoffe zum MAG-Schweißen

Verbrauchsstoffe sind nach DIN 32526 genormte Schutzgase sowie Drahtelektroden, die für unlegierte und niedriglegierte Stähle in DIN 8559, für warmfeste Stähle in DIN 8575 genormt sind. Der Einfluß des aktiven Schutzgases auf den im Lichtbogen übergehenden Werkstoff und auf das Schweißbad (Abbrand von Legierungselementen wie Mn und Si, evtl. Zulegierung von Kohlenstoff) erfordert es, Drahtelektrode und Schutzgas aufeinander abzustimmen.

Als Durchmesser der Drahtelektroden werden für Dünnblech- und Wurzelschweißen 0,8 mm bevorzugt. In den Handwerksbetrieben dominiert 1,0 mm, im Stahlbau 1,2 mm. Der Durchmesser 1,6 mm kann nur in Sonderfällen für manuelles oder mechanisiertes Schweißen eingesetzt werden.

- Unterpulverschweißen

Das Unterpulverschweißen (UP-Schweißen) dient zum Schweißen dicker Bleche aus unlegierten und niedriglegierten Stählen, zunehmend auch von Chromnickelstählen. Es ist im Stahlbau, im Brückenbau, im Schwermaschinenbau, im Kessel- und Behälterbau sowie bei der Herstellung längsnaht- oder spiralnahtgeschweißter Großrohre zu finden.

Wärmequelle ist ein Lichtbogen, der unsichtbar zwischen einer **abschmelzenden Drahtelektrode** und dem Werkstück brennt. Lichtbogen und Schweißzone werden durch eine **Pulverschicht** abgedeckt. Das Schweißbad wird vor der Umgebungsatmosphäre durch die aus dem Pulver gebildete Schlacke geschützt.

Betriebsmittel zum Unterpulverschweißen

Für das vollmechanisierte Verfahren werden aufwendige Einrichtungen eingesetzt. Traktoren oder Automatenträger tragen die Vorschubeinrichtung für die Drahtelektrode und besorgen den Längsvorschub. Starke Stromquellen (600 A bis 2000 A) liefern die nötige Energie.

Verbrauchsstoffe zum Unterpulverschweißen

Verbraucht werden Drahtelektroden meist ab 3 mm bis 6 mm Durchmesser sowie **Schweißpulver** in unterschiedlichen, auf die Schweißaufgabe abgestimmten Qualitäten. Bestandteile solcher Pulver sind z. B. Manganoxide, Aluminiumoxide, Titanoxide, Kalziumfluoride. Damit lassen sich Abbrände und Zubrände steuern sowie die Gütewerte beeinflussen.

- Plasmaschweißen

Man erwartete von dem mit einem strahlartigen Lichtbogen arbeitenden Plasmaschweißen eine rasche Verbreitung, da die konzentrierte Wärmeeinbringung große wirtschaftliche Vorteile verspricht. Diese haben sich nicht in vollem Umfang erfüllt, auch wenn interessante Problemlösungen an Chromnickelstählen, Heizleiter- und Dentallegierungen, auch an Nickel, Titan und Kupfer verwirklicht wurden.

Regeln für die Unfallverhütung beim MIG- und MAG-Schweißen

Gegenüber anderen Lichtbogenverfahren die intensivere Strahlung beachten! Dunklere Schutzgläser verwenden! Beim Arbeiten mit hohen Strömen Lederschutzkleidung anlegen.

Drahtelektrodendurchmesser (mm)	Sprühlichtbogen Schweißstrom (A)	Sprühlichtbogen Lichtbogenspannung (V)	Kurzlichtbogen Schweißstrom (A)	Kurzlichtbogen Lichtbogenspannung (V)
0,8	140–180	23–28	50–130	14–18
1,0	180–250	24–30	70–160	16–19
1,2	220–320	25–32	120–200	17–20
1,6	260–390	26–34	150–200	18–21

Arbeitsbereiche beim MAG-Schweißen

Zusammensetzung (%) Argon	O_2	CO_2	Gruppen nach DIN 32526	Anwendung
82	–	18	M 21	unlegierte und niedrig legierte Stähle
92	–	8	M 13	
92	8	–	M 23	
97,5	–	25	M 12	hochlegierte Stähle

Mischgase für das MAG-Schweißen

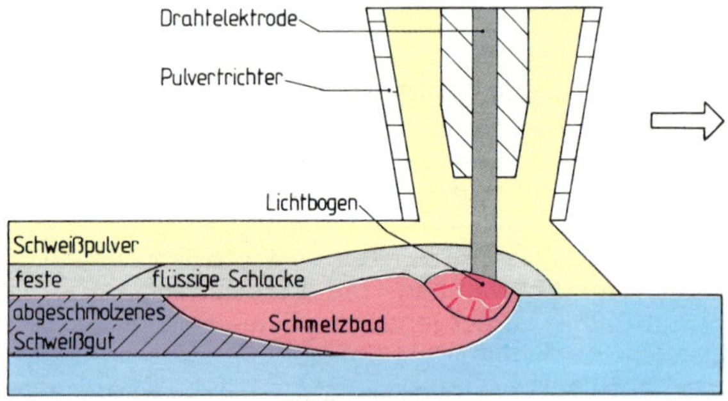

Prinzip des Unterpulverschweißens

Plasmaschweißen

Sensorgeführter UP-Schweißkopf

Wärmequelle ist wie beim WIG-Schweißen ein Lichtbogen, der in einer Inertgasatmosphäre zwischen einer nicht abschmelzenden Wolframelektrode und dem Werkstück brennt. Im Gegensatz zum WIG-Schweißen brennt der Lichtbogen jedoch nicht frei, sondern ist mittels einer **wassergekühlten Schweißdüse** eingeschnürt. Diese Lösung führt zu einer konzentrierten Übertragung der Wärme auf das Werkstück. Gegenüber dem WIG-Schweißen, mit dem es in einem Blechdikkenbereich von etwa 2 bis 5 mm in echter Konkurrenz stehen kann, erreicht es höhere Schweißgeschwindigkeiten. Erforderlich ist aber eine genauere Nahtvorbereitung, da der eng eingeschnürte, nahezu strahlartige Lichtbogen sonst die Nahtflanken nicht erfassen kann.

Betriebsmittel zum Plasmaschweißen

Als Betriebsmittel dienen oft **kombinierte WIG/Plasmageräte,** die lediglich mit einem **Plasma-Schweißbrenner** ausgerüstet sein müssen. Durch einen **Hilfslichtbogen** (Pilotlichtbogen), der mit schwachem Strom in der Düse brennt, wird sicheres Zünden auf dem Werkstück sichergestellt.

Verbrauchsstoffe zum Plasmaschweißen

- Plasmagas (Zentrumgas), welches die Lichtbogenatmosphäre bildet (dazu wird Argon in geringen Mengen, unter 1 l/min benötigt).
- Schutzgas, meist Argon mit einem geringen Wasserstoffzusatz.
- Zusatzwerkstoffe werden, wenn sie überhaupt erforderlich sind, dem Grundwerkstoff entsprechend ausgewählt und von der Seite stromlos ins Schweißbad geführt.

Bei der Anwendung werden drei Hauptgebiete unterschieden:

- Das echte **Mikroplasmaschweißen** an dünnen Blechen, Folien, Drähten bis 1 mm Dicke mit Schweißströmen bis etwa 20 A. Hier ist das Plasmaschweißen konkurrenzlos (Beispiele: Membranteller, Faltenbälge, Dentaltechnik).
- Ein mittlerer Bereich bis etwa 100 A mit der Wettbewerbssituation zum WIG-Schweißen.
- Ein oberer Bereich bis etwa 8 mm Blechdicke, der mit dem **„Stichlocheffekt"** beherrscht wird: der Plasmastrahl bildet eine kleine Öse, hinter der das Schweißgut zusammenläuft (nur maschinell möglich).

- Elektronenstrahlschweißen

Bei diesem Verfahren wird die Energie eines Elektronenstrahls in Wärme umgesetzt, wenn er auf das Werkstück auftrifft bzw. in das Werkstück eindringt. Das Werkstück befindet sich im Regelfall in einer **Vakuum-Schweißkammer.** Ein Zusatzwerkstoff wird nicht benötigt. Bei hohen Schweißgeschwindigkeiten und eng begrenzten Schmelzzonen treten nur geringe Schrumpfungen auf, und eine Nachbearbeitung der geschweißten Teile ist nicht unbedingt erforderlich.

Nebenstehende Tabelle zeigt einige Einsatzmöglichkeiten des Elektronenstrahls zum Schweißen. Am oberen Ende der Leistungsskala steht ein 60-kW-Generator zum Schweißen bis 200 mm Eindringtiefe.

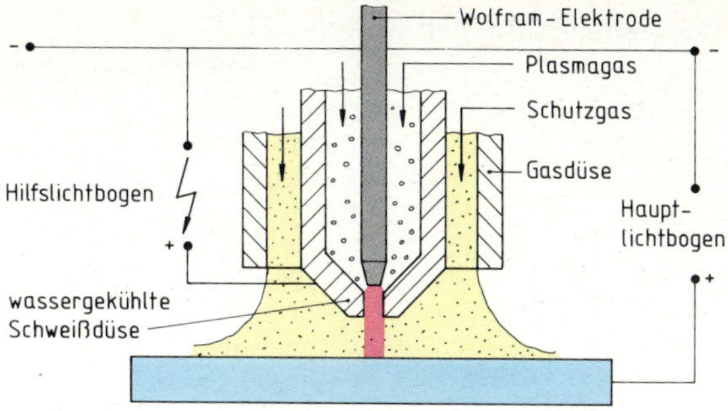

Prinzip des Plasmaschweißens

Mikroplasmaschweißen: Anschweißen eines neuen Brennrings an die Mischkammer eines Düsentriebwerks

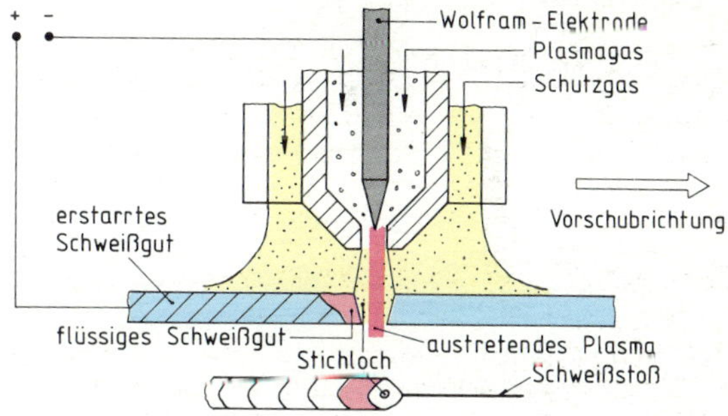

Prinzip des Plasma-Stichlochschweißens

Anwendung	Strahlleistung (kW)	Schweiß-geschwindig-keit (mm/s)	Schweißtiefe (mm)
Kupplungsnaben aus Stahlguß	24	5	70
Schaufelräder	3	20	6
Rundnähte an Cr-Ni-Stahlgehäusen	1,2	30	2,9
Airbag-Gehäuse in Kfz-Industrie	1,6	30– 20	2,5–4
Bimetall-Sägebänder	8,5	300–100	0,5–3

Einsatzmöglichkeiten des Elektronenstrahlschweißens

- Laserstrahlschweißen

Bei diesem modernen Verfahren entsteht Wärme durch Umwandlung des energiereichen Laserstrahls bei dessen Auftreffen bzw. Eindringen in das Werkstück. Als Strahlverfahren führt das Laserschweißen zu einem nur geringen Verzug im geschweißten Bauteil und erlaubt hohe Schweißgeschwindigkeiten. Die hohen Investitionskosten von Laserstrahlanlagen gestatten deren Einsatz zum Schweißen nur in der Serienfertigung, wie zum Beispiel in der Automobilindustrie.

Gesamtansicht einer Laserschweißanlage für Tassenstößel in der Automobilindustrie

Aufgaben zur Wiederholung und Vertiefung

1. Welche Arbeitsschritte führen Sie aus, wenn auf der Konstruktionszeichnung eine bestimmte Elektrode mit ihrer Normbezeichnung vorgeschrieben ist?
2. Welche häufig benützten Umhüllungstypen von Stabelektroden kennen Sie? Wie unterscheiden diese sich im praktischen Schweißverhalten?
3. Welche Funktion hat die Elektrodenumhüllung beim Lichtbogenhandschweißen?
4. Bestimmen Sie den erforderlichen Kabelquerschnitt des Schweißkabels für folgende Anwendungen:
a) Schweißen von kleineren Maschinenkonsolen in einer Schweißkabine mit Stabelektroden, Durchmesser 5 mm, Schweißkabellänge 5 m
b) Montageschweißen beim Bau von Ofenplattformen in einer Raffinerie, Elektrodendurchmesser 3,25 mm, Schweißkabellänge 20 m
5. Für eine bestimmte Schweißaufgabe haben Sie den Schweißkabelquerschnitt 50 mm^2 gewählt. Welchen Querschnitt muß dann die Werkstückleitung haben?
6. Wie wird beim UP-Schweißen das Schweißbad vor Oxidation geschützt?
7. Welche Verbrauchsstoffe sind beim UP-Schweißen erforderlich?
8. Aus welchem Werkstoff besteht die Elektrode beim WIG-Schweißen? Verzehrt sie sich beim Schweißen?
9. Welche Stromarten werden beim WIG-Schweißen für welche Werkstoffe eingesetzt?
10. An welchen Werkstoffen und in welchen Blechdickenbereichen wird bevorzugt das WIG-Schweißen eingesetzt?
11. Was sind Inertgase?
12. Worin unterscheiden sich Plasma- und WIG-Schweißen?
13. An welchen Werkstoffen wird Plasmaschweißen vorwiegend eingesetzt?
14. Worin unterscheiden sich die einzelnen Schutzgasschweißverfahren?
15. Für welche Werkstoffe wird das MIG-Schweißen eingesetzt?
16. An welchen Schweißaufgaben wird beim MAG-Schweißen der „Kurzlichtbogen", an welchen der „Sprühlichtbogen" eingesetzt?
17. Welche der Schutzgasschweißverfahren können an Chromnickelstahl eingesetzt werden?

Preßschweißen

- Feuerschweißen

Bei diesem Verfahren werden die Stoßflächen der Werkstücke oder die ganzen Werkstücke im Schmiedefeuer oder im Ofen erwärmt und dann durch die beim plastischen Verformen auftretenden Kraftanwendungen verschweißt. Heute wird das Feuerschweißen noch vom Kunstschmied ausgeführt.

- Punktschweißen

Strom und Druck werden durch Elektroden punktförmig auf übereinander liegende Bleche übertragen. Beim Stromfluß durch die Bleche führt der **elektrische Widerstand** an den Berührungsflächen zur notwendigen Schweißtemperatur, so daß sich die Stoßflächen der Werkstücke **linsenförmig** miteinander verbinden.

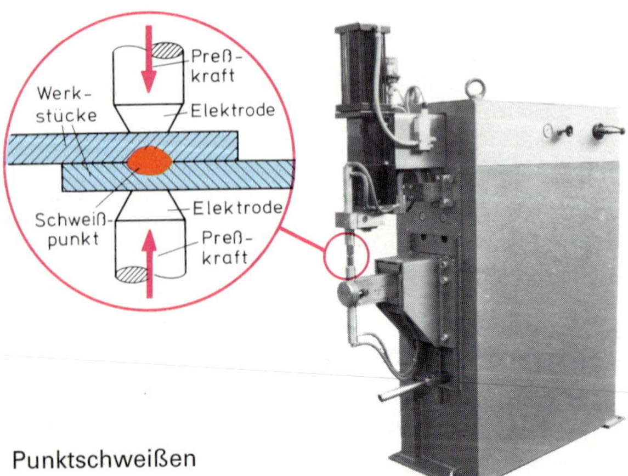

Punktschweißen

Vor allem im Karosseriebau wird das **zweiseitige** Punktschweißen mit beweglichen Punktschweißzangen angewendet. Die „Ausladung" der Zangen ist allerdings begrenzt durch die Stabilität ihrer Arme und den zunehmenden Widerstand mit größer werdendem „Fenster". Stationäre Geräte sind Punktschweißmaschinen und Vielpunktanlagen mit mehreren Elektroden, die gleichzeitig auf das Werkstück gepreßt werden. In der flexiblen Fertigung werden auch Roboter mit Punktschweißwerkzeugen ausgerüstet.

Das **einseitige** Punktschweißen mit Stoßpunkter ist im Handwerk üblich. Dabei wird der Strom durch nebeneinander angeordnete Elektroden von einer Werkstückseite zugeführt.

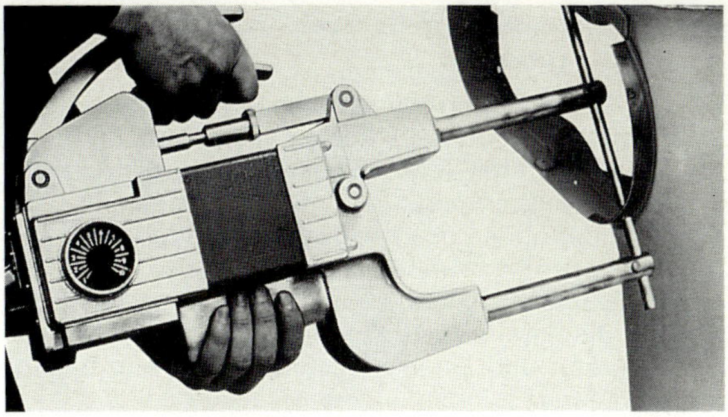

Punktschweißzange mit eingebautem Steuergerät und Schaltschütz

- Buckelschweißen

Dieses Verfahren wird bei der industriellen Serienfertigung angewendet. Dabei berühren sich die übereinanderliegenden Werkstücke im Bereich **vorgefertigter Buckel** an ihren Stoßflächen. Die durch den Stromfluß erwärmten Buckel bilden die Schweißstellen und werden durch den Druck einer Schweißpresse beim Verschweißen ganz oder teilweise eingeebnet. Wie beim Punktschweißen wird ein- oder zweiseitig geschweißt.

- Rollennahtschweißen

Strom und Druck werden durch ein Paar **Rollenelektroden** übertragen. In der Blechverarbeitung ist dieses Verfahren z. B. zur Herstellung von Längsnähten an Blechmänteln üblich. Von Blechdicken 0,25 mm bis max. etwa 3 mm liefert es kontinuierlich verschweißte Liniennähte ohne Schweißzusatzwerkstoff bei hohen Schweißgeschwindigkeiten. Es ist an un-, niedrig- und hochlegierten Stählen, feuerverzinkten oder aluminierten Blechen sowie an Aluminium anwendbar. Konstruktive Voraussetzung für seine Anwendung ist der **Überlappstoß**. Wo nur Stumpfstöße möglich sind, wird eine Variante des Rollennahtschweißens, das **Folienstumpfnahtschweißen,** gewählt.

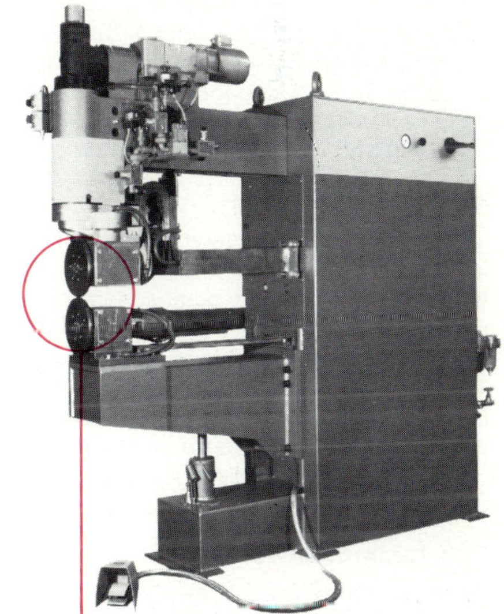

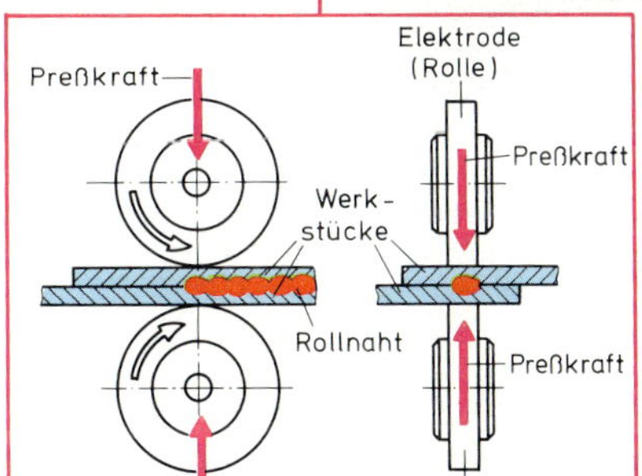

Rollennahtschweißen

- Abbrennstumpfschweißen

Die Werkstücke berühren sich leicht an den Stoßflächen und erwärmen sich dort eine bestimmte Zeit durch Bildung von **Schmorkontakten**. Dabei wird flüssiges Metall aus dem Stoßbereich herausgeschleudert (Vorgang des „Abbrennens"). Dann werden schlagartig die erwärmten Stoßflächen zusammengefahren und während des Stauchvorgangs verschweißt. Zum Schweißen der Gehrungsstöße im Fenster- und Türenbau werden Abbrennstumpfschweiß-Maschinen in der Serienfabrikation eingesetzt.

Aufgaben zur Wiederholung und Vertiefung

1. An welchen Werkstücken und in welchem Fertigungszweig wird das Widerstandspunktschweißen vor allem eingesetzt?

2. Nennen Sie eine verbreitete Anwendung des Abbrennstumpfschweißens.

3. Welche Stoßart ist für das Rollennahtschweißen erforderlich? Gibt es eine Variante dieses Verfahrens für Stumpfstöße an Blechen?

1.5.4 Verfahren zum Schweißen von Kunststoffen

Schweißbar sind **thermoplastische** Kunststoffe wie z. B. PVC (Polyvinylchlorid), PE hart (Polyethylen), PP (Polypropylen) und PMMA (Acrylgläser). Die örtlich auf bis 370 °C Schweißtemperatur erwärmten Fügeteile werden mit oder ohne Zusatzwerkstoffe verbunden.
Beim Kunststoffschweißen ist zu beachten:
- Schweißen ist nicht oder nur eingeschränkt möglich, wenn die Bereiche von Erweichungs- bzw. Schmelztemperatur und Zersetzungstemperatur eng beieinanderliegen.
- Eine zu lange Erwärmung führt zu thermischer Zersetzung.
- Die Wärmedehnung von Kunststoffen ist erheblich höher als die von Metallen.
- Es können in der Regel nur Kunststoffe des gleichen Typs miteinander verschweißt werden.
- Um Schweißrestspannungen auszuschließen, darf die Schweißzone nicht zu rasch erwärmt und nicht zu schnell abgekühlt werden.

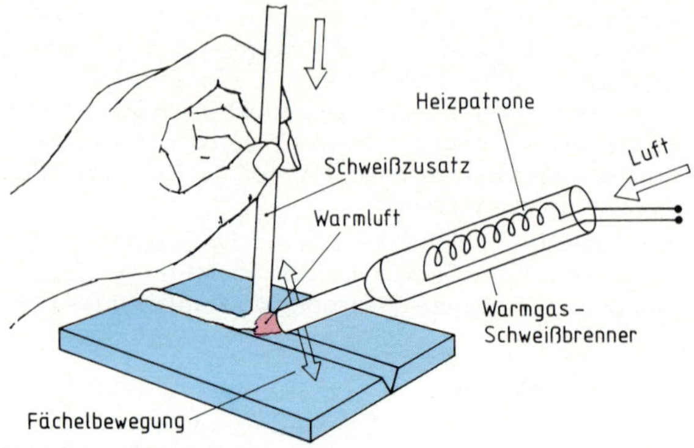

Warmgas-Fächelschweißen

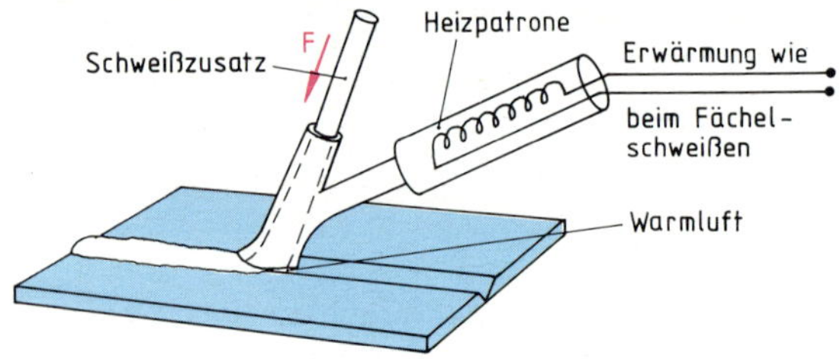

Warmgas-Ziehschweißen

Warmgasschweißen

Werkstücke und Schweißzusatz werden mit **Heißluft** an den Verbindungsflächen erwärmt, so daß Grund- und Zusatzwerkstoff einen plastischen Zustand erreichen und zusammenschweißen. Beim **„Fächelschweißen"** führt der Schweißer mit dem elektrisch beheizten Warmgas-Schweißbrenner eine fächelnde Bewegung aus. Eine neuere und schnellere Methode ist die Anwendung der Ziehdüse beim **Warmgas-Ziehschweißen.** Dabei wird der Zusatzwerkstoff im Schweißgerät geführt und vorgewärmt.

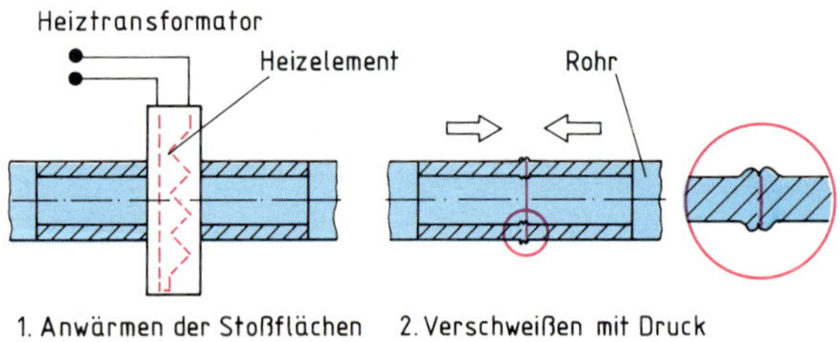

Heizelementschweißen

Heizelementschweißen

Die Werkstücke werden an den Stoßflächen mit einer Heizplatte auf Schmelztemperatur erwärmt und ohne Zusatzwerkstoff nach Wegnahme des Heizelementes aufeinandergepreßt. Die Heizelemente sind der jeweiligen Nahtform angepaßt und mit einer Temperaturregelung ausgerüstet. Eine Variante des Heizelementschweißens ist das **Heizwendelschweißen.** Eine Heizwicklung als fester Bestandteil des Kunststoffteiles erwärmt und dehnt die Werkstücke so, daß sie miteinander verschweißen.

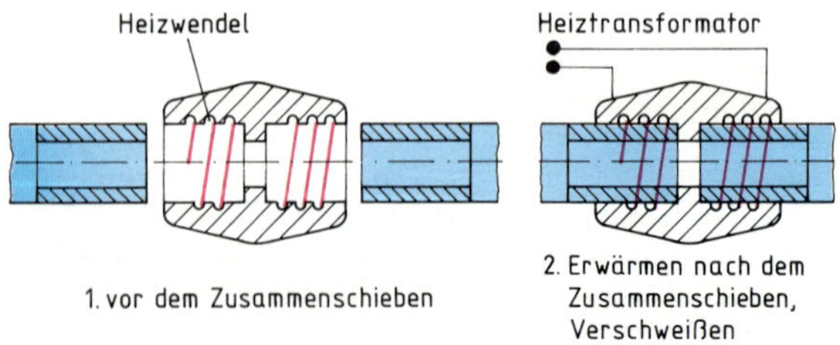

Heizwendelschweißen mit Heizmuffe

Sonstige Verfahren zum Kunststoffschweißen

In der industriellen Fertigung wird die Erwärmung von Kunststoffen, die durch **äußere Reibung** (Ultraschallschweißen, Reibschweißen), **innere Reibung** (Hochfrequenzschweißen) und **Licht** (Lichtstrahlextrusionsschweißen) ausgelöst wird, zum Schweißen dieser Werkstoffe genutzt.

Aufgaben zur Wiederholung und Vertiefung

1. Welche Kunststoffe sind schweißbar? Unter welchen Bedingungen ist die Schweißbarkeit eingeschränkt oder ausgeschlossen? Wie wirkt sich zu lange Erwärmung aus?

2. Wie können Schweißrestspannungen vermieden werden?

3. Wie unterscheiden sich die Wärmedehnungen von Kunststoffen und Metallen?

1.5.5 Löten

Einteilung der Lötverfahren

Die einzelnen Lötverfahren werden nach DIN 8505 u. a. eingeteilt nach den **Schmelztemperaturen** der Lote in

- Weichlöten (WL, Schmelztemperatur unterhalb 450 °)
- Hartlöten (HL, Schmelztemperatur oberhalb 450 °C)
- Hochtemperaturlöten (Schmelztemperatur oberhalb 900 °C, unter Luftabschluß und flußmittelfrei).

Voraussetzungen für den Einsatz eines Lötverfahrens

Lötverbindungen können durch Stoffschluß die gleiche oder sogar höhere Festigkeit wie der Grundwerkstoff erreichen, wenn folgende Voraussetzungen beachtet werden:

- Einhaltung der für das richtig ausgewählte Lot vorgeschriebenen **Arbeitstemperatur.** Diese ist die niedrigste **Löttemperatur.** In diesem Bereich läuft der Lötprozeß Benetzen-Fließen-Binden (Legieren) vollständig ab, und das geschmolzene Lot kann den Raum zwischen den Werkstücken ausfüllen.
- Unterhalb der Arbeitstemperatur verbinden sich Grund- und Zusatzwerkstoff nicht. Beide Werkstoffe müssen rasch und gleichmäßig auf Arbeitstemperatur erwärmt werden, damit keine **„kalten Lötstellen"** (flüssiges Lot, fester Grundwerkstoff) entstehen.
- Bei Überschreiten der **maximalen Arbeitstemperatur** verändern sich die Materialeigenschaften von Lot und Zusatzwerkstoffen negativ. Die richtige Löttemperatur liegt zwischen der Arbeitstemperatur und der maximalen Arbeitstemperatur.
- Breite, Länge und Tiefe des **Lötspaltes** müssen richtig bemessen sein.

  Das Aufsteigen des flüssigen Lotes durch die Kapillarwirkung entgegen der Schwerkraft ist bei einer Lötspaltbreite von 0,05 bis 0,2 mm (in Sonderfällen bis 0,5 mm) optimal gewährleistet, d. h. der Spalt wird gänzlich gefüllt. In zu breiten Lötspalten findet keine vollständige Legierung statt. Reines Lot hat niedrigere Festigkeitswerte als der Grundwerkstoff und die Legierung.

  Bei Lötspalttiefen ab 15 mm können Lufteinschlüsse und mangelhafte Füllung auftreten. Die Länge des Spaltes wird von den technologischen Anforderungen an die Lötverbindung bestimmt.
- Die Wirksamkeit des **Flußmittels** zur Förderung der Benetzbarkeit der Lötstelle mit Lot muß bereits unterhalb der Arbeitstemperatur einsetzen **(untere Wirktemperatur)** und über die maximale Arbeitstemperatur hinausreichen **(obere Wirktemperatur).** Flußmittel werden nach dem **Wirktemperaturbereich** eingeteilt. Sie müssen bei Arbeitstemperatur leichter als das Lot sein, da ihre Reaktionsprodukte mit den gelösten Oxiden auf dem Lot schwimmen müssen.
- Für eine **vollständige Legierung** muß die Arbeitstemperatur nach Fließen des Lotes maximal 1 min gehalten werden. Das Lot soll während des Abkühlungsvorganges vibrationsfrei erstarren, um den Kristallisationsprozeß nicht zu stören.

Lötfugen sind Spalte mit einer Breite von über 0,5 mm. Diese sind häufig V- oder X-förmig ausgebildet, um eine ausreichende Füllung durch Wirkung der Schwerkraft zu ermöglichen.

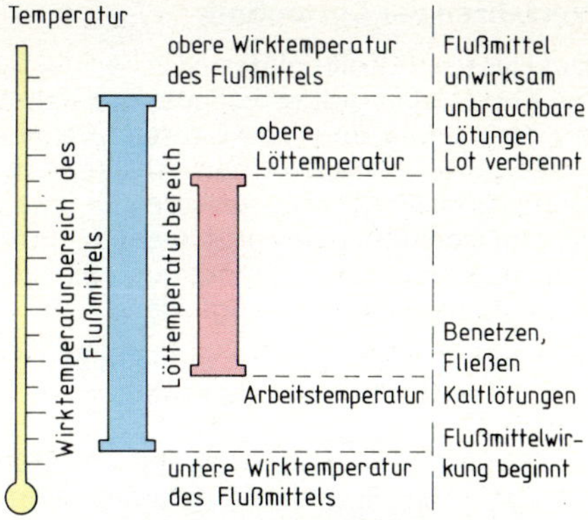

Temperaturbereiche beim Löten

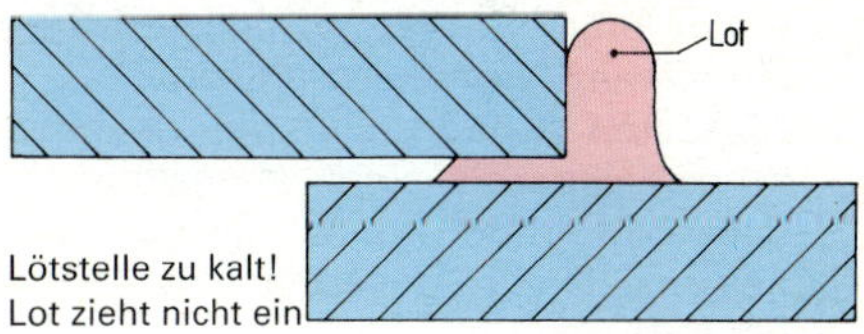

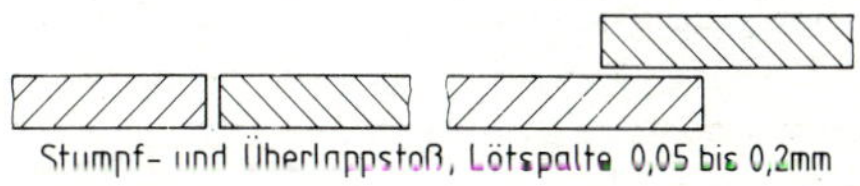

Spaltlöten

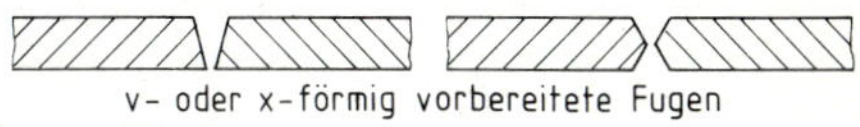

Fugenlöten

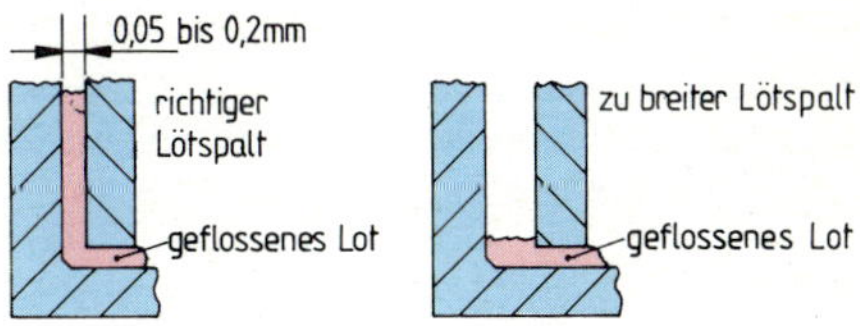

Kapillarwirkung beim Spaltlöten

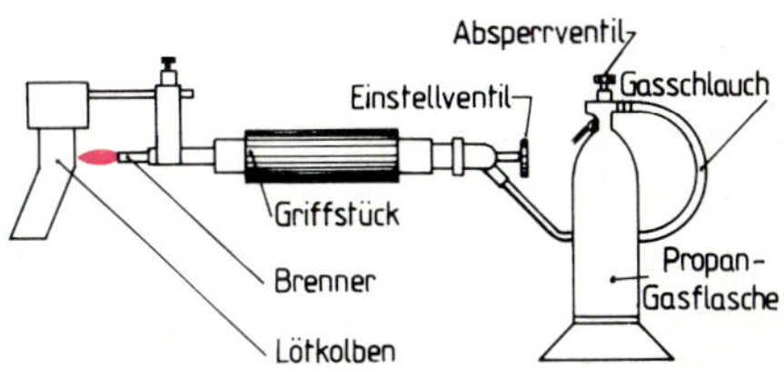

Propan-Lötbrenner

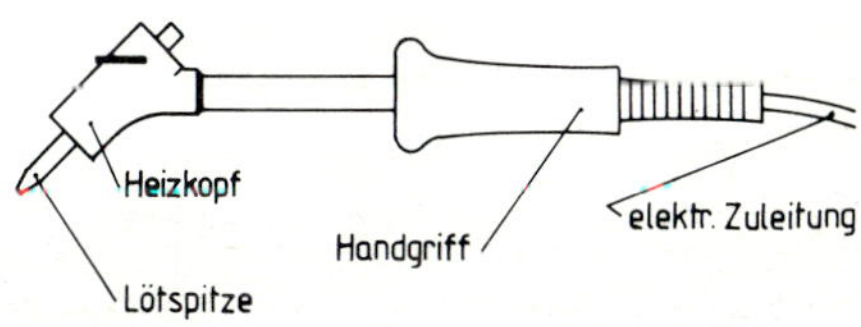

Elektrischer Lötkolben

Lötwerkzeuge zum Weichlöten

Verfahren der Löttechnik

Das klassische **Kolbenlöten** ist in der Elektronik führend. Für Großserien gibt es vollautomatische Lötstationen, für Kleinserien und Reparaturen Lötkolben und -vorrichtungen. Sowohl in den Lötstationen wie in Lötkolben können Mikroprozessoren für eine genaue Temperaturregelung eingesetzt werden, um eine exakte Wiederholung des Lötvorgangs bei gleichbleibend hoher Lötqualität zu ermöglichen.

Weiterhin werden in der industriellen Fertigung folgende Lötverfahren angewendet:

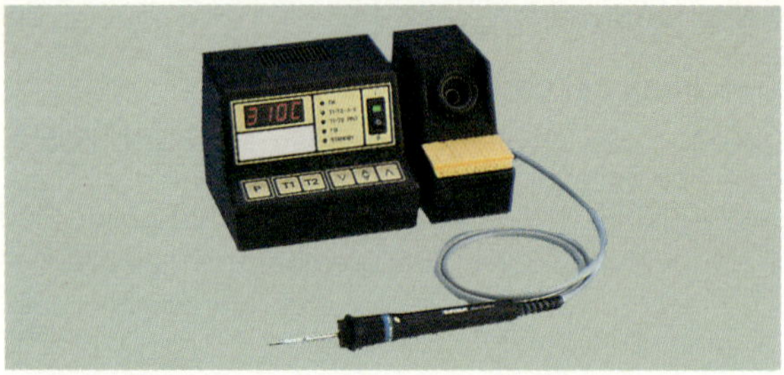

Lötstation mit Thermoelementmeßfühler

- **Flammlöten** (Erwärmung mit der Brenngas-Sauerstoff- oder Brenngas-Luftflamme zum Weich- oder Hartlöten. Das Lot wird eingelegt oder bei Erreichen der Arbeitstemperatur zugeführt. Das Lot darf nur durch indirekte Wärmezufuhr erwärmt werden, da die offene Flamme es zerstört).
- **Ofenlöten** (Erwärmung der gegenseitig fixierten Werkstücke mit einer abgestimmten Lotmenge, dem Lotformteil, in mit Strom, Gas oder Öl beheizten Öfen bei Einsatz von Flußmitteln, Schutzgas oder im Vakuum).
- **Salzbadlöten** (Erwärmung durch Eintauchen in ein Bad aus geschmolzenen Salzen mit gleichzeitiger Flußmittelwirkung).
- **Lotbadlöten** (Erwärmung durch Eintauchen in ein Bad aus geschmolzenem Lot mit oder ohne Flußmittelabdeckung).
- **Widerstandslöten** (Erwärmung durch elektrischen Widerstand an den Übergangsstellen, Elektroden und Werkstücken).
- **Induktionslöten** (Erwärmung durch induzierten Wechselstrom bei eingelegtem Lot und Einsatz von Flußmitteln, Schutzgas oder Vakuum).
- **Lichtbogenlöten** (Erwärmung durch Lichtbogen zwischen einer nicht abgeschmolzenen Elektrode und dem Werkstück).
- **Strahllöten** (Erwärmung durch Licht-, Laser- oder Elektronenstrahlen).

Lote und Flußmittel

Lote werden entsprechend den Lötverfahren in Weich-, Hart- und Hochtemperaturlote sowie Lote für Alu-Werkstoffe unterteilt. Sie unterscheiden sich durch ihre Zusammensetzung und Löttemperatur (Arbeitstemperatur).

Weichlote sind meist Legierungen aus Zinn (Sn) und Blei (Pb) mit geringen Zusätzen von Antimon (Sb), Silber (Ag) und Kupfer (Cu). Die Zusammensetzung richtet sich nach dem Verwendungszweck. Weichlote sind nach DIN 1707 genormt. Aus den Kurzzeichen geht die Zusammensetzung des Lotes hervor.
Handelsformen sind Drähte, Stäbe, Barren und Pasten.

Hartlote sind in der Regel Legierungen aus Kupfer und Zink (Messinglote) oder aus Kupfer und Silber (Silberlote). Ihre Zusammensetzung ist nach DIN 8513 genormt. Die genormte Abkürzung läßt die Zusammensetzung erkennen.
Handelsformen sind Drähte, Stäbe, Bleche, Granulate und Pulver.

Cadmiumhaltige Lote können die Gesundheit beeinträchtigen und sind z. B. für den Einsatz in der Lebensmittelindustrie nicht zugelassen!

Flußmittel werden nach den Eigenschaften der zu verbindenden Werkstoffe und Lote ausgewählt.
Flußmittel für Weichlote sind verdünnte Salzsäure, Kolophonium, Lötfette und -pasten. Flußmittel für Hartlote sind Spezialchemikalien der Lötmittelhersteller wie Borverbindungen (z. B. Borax) und verschiedene Gase in der Massenfertigung.

Bezeichnung nach DIN 8513	Zusammensetzung in %	Arbeitstemperatur °C
niedrigschmelzende Silberlote:		
L-Ag 40 Cd	40 Ag, 19 Cu, 21 Zn, 20 Cd	610
L-Ag 30 Cd	30 Ag, 28 Cu, 21 Zn, 21 Cd	680
L-Ag 20 Cd	20 Ag, 40 Cu, 25 Zn, 15 Cd	650
Anwendung: an Stählen, Kupfer, Nickel und ihren Legierungen, für Betriebstemperaturen der Lötverbindung bis ca. 150°		
cadmiumfreie Silberlote		
L-Ag 55 Sn	50 Ag, Rest Zn, Cu, Sn	650
L-Ag 44	44 Ag, 30 Cu, 26 Zn	730
L-Ag 34 Sn	34 Ag, Rest Zn, Cu, Sn	710
Anwendung: wie oben, jedoch für Betriebstemperaturen der Lötverbindung bis ca. 200°. Auch für Nahrungsmittelindustrie anwendbar.		
Hartlote für Kupfer und seine Legierungen		
L-Cu P 8	92 Cu, 8 P	710
L-Cu P 6	94 Cu, 6 P	730
L-Ag 2 P	92 Cu, 6 P, 2 Ag	710
L-Ag 5 P	89 Cu, 6 P, 5 Ag	710
Anwendung: für Elektrotechnik und Installation. An Kupfer ohne Flußmittel, an Cu-Legierungen mit Flußmittel.		
Messing- und Neusilber-Hartlote		
L-Cu Zn 39 Sn	59 Cu, 39 Zn, Rest Sn, Si	900
L-Cu Zn 40	60 Cu, 40 Zn	900
L-CuNi 10 Zn 42	48 Cu, 10 Ni, 0,2 Si	910
Anwendung: Spalt- und Fugenlöten an Stählen, Temperguß, Kupfer, Nickel, verzinkten Stahlrohren. Für Reparaturen.		
Aluminium-Hartlote		
L-Al Si 12	88 Al, 12 Si	580
Anwendung: Aluminium und seine Legierungen.		

Hartlote (Auswahl)

Regeln für die Unfallverhütung beim Löten

- Beim Flammlöten gelten gleiche Vorschriften wie für Gasschweißen.
- Gewerbehygienische Erfordernisse beim Umgang mit Flußmitteln beachten! Sie enthalten aggressive Chemikalien. Berührung der Haut, besonders bei Hautwunden, vermeiden. Ungeschützte Hautpartien mit Schutzsalbe einreiben.
- Flußmittel nicht in Magen-Darm-Trakt gelangen lassen; vor Berühren von Speisen nach Lötarbeiten Hände gründlich waschen.
- Schutzbrille und Schutzkleidung tragen.
- Arbeitsplatz ausreichend belüften, notfalls absaugen, da sich gesundheitsgefährdende Gase und Dämpfe entwickeln können.

Aufgaben zur Wiederholung und Vertiefung

1. Wie wird die Grenze zwischen Weich- und Hartlöten definiert?
2. Wie kommt die Festigkeit einer Lötnaht zustande?
3. Welches Metall wird bevorzugt in leicht fließenden Hartloten verwendet?
4. Wie wirkt sich eine zu niedrige Arbeitstemperatur auf die Festigkeit der Lötverbindung aus?
5. Was sollen Flußmittel bewirken und nach welchen Kriterien werden sie eingeteilt?
6. Worauf muß bei der Auswahl des Wirktemperaturbereichs von Flußmitteln geachtet werden?
7. Wie kann die Überhitzung des Lotes beim Flammlöten vermieden werden?

1.6 Thermisches Schneiden

Die Hauptanwendungsgebiete der Verfahren des Thermischen Schneidens nach DIN 2310 sind das Ausschneiden von Bauteilen aus dicken Blechen, das Vorbereiten von Schweißnähten und das Verschrotten von Stahlkonstruktionen.

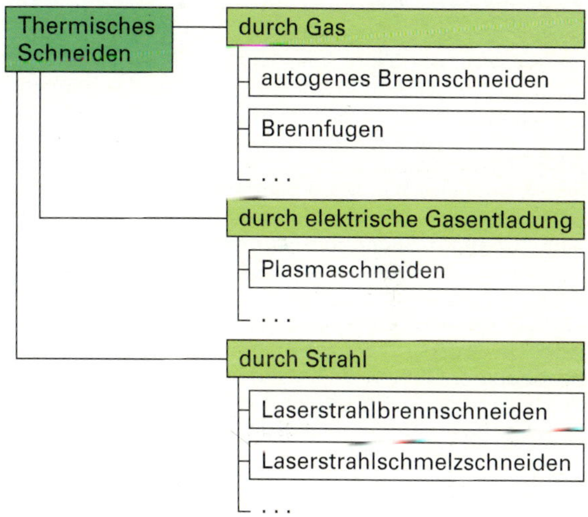

1.6.1 Autogenes Brennschneiden

Brennschneidbar sind Metalle, wenn
- deren Zündtemperatur unterhalb der Schmelztemperatur liegt,
- sie in reinem Sauerstoff verbrennen,
- die Schmelztemperatur der entstehenden Oxide niedriger als die Verbrennungstemperatur des Grundwerkstoffes ist.

Diese Voraussetzungen treffen bei allen unlegierten und den meisten niedriglegierten Stählen sowie Chromstählen bis etwa 10 % Chromgehalt zu.

Wärmequelle ist die **Brenngas-Sauerstoff-Flamme,** die als **Vorwärmflamme** den Stahl auf die **Zündtemperatur** von etwa 1100 °C erwärmt. Nach Zufuhr eines gerichteten schnellströmenden **Schneidsauerstoffstrahls** beginnt die Verbrennung in Richtung des Vorschubs. Bei der Verbrennung des Werkstoffs im Sauerstoffstrahl entstehen hohe Oxidationstemperaturen, die den Hauptanteil der für den Schneidprozeß notwendigen Energie liefern. Die entstehenden Oxide werden, vermischt mit Schmelze, vom Sauerstoffstrahl aus der Schnittfuge getrieben.

Betriebsmittel für das manuelle Schneiden sind **Schneideinsätze** für die Griffstücke der Gasschweißbrenner oder **Einzelschneidbrenner.** Prinzipiell ist der Schneidbrenner wie ein Schweißbrenner aufgebaut. Er besitzt ein Mischsystem für die Mischung von Brenngas und Sauerstoff. Diese Mischung wird an einer ringförmigen Heizdüse oder einer mit ringförmig angeordneten Bohrungen versehenen Heizdüse entzündet. Mit Hilfe eines **Schnellschlußventils** kann der Schneidsauerstoff über die Schneiddüse freigegeben werden.

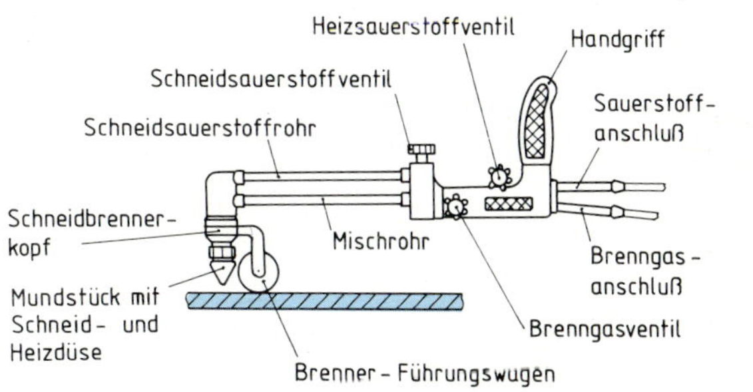

Handschneidbrenner

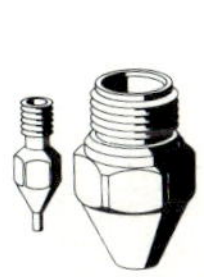

Ringdüse (zweiteilig)

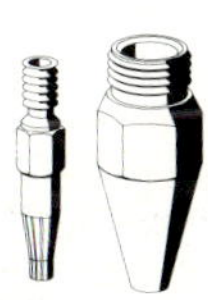

Schlitzdüse (zweiteilig)

Blockdüse (einteilig)

Mit **Brennschneidmaschinen** lassen sich genauere Brennschnitte als mit Hand erzielen. Bei tragbaren Handbrennschneidmaschinen mit Elektroantrieb erfolgt die Führung von Hand, durch aufgelegte Schienen, Leitlineale oder Zirkel. Durch Schrägstellung des Brennerkopfes können beliebige Winkelschnitte ausgeführt werden. Bei ortsfesten Brennschneidmaschinen können Werkstücke ohne vorheriges Anreißen von einem oder mehreren automatisch gesteuerten Brennern durch fotoelektrisches Abtasten einer Zeichnungsschablone oder Einsatz einer NC-Steuerung ausgeschnitten werden.
Ein wichtiges Hilfsmittel zur Verringerung des Wärmeverzugs von brenngeschnittenen Teilen ist eine in die Steuerung der Maschine eingebaute **Lochstecheinrichtung.** Damit lassen sich Bleche bis 130 mm Dicke mitten im Blech ohne Vorbohren durchstechen, um den Brennschnitt zu beginnen.
Verbrauchsstoffe sind die vom Gasschweißen her bekannten Stoffe, wobei auch andere Brenngase wie Propan und Erdgas eingesetzt werden können. Die Versorgungseinrichtungen müssen auf die Verbräuche abgestimmt sein. Diese sind wie die Schneidgeschwindigkeit von der Düsenbauart abhängig.

- Brennfugen

Dieses auch als **„Fugenhobeln"** bezeichnete autogene Trennverfahren wird vor allem bei Instandhaltungsarbeiten eingesetzt. Es dient zum Ausarbeiten der Wurzelseite von Schweißnähten, zum Auskreuzen von Brüchen und Rissen, zum Entfernen von Schweißgut aus Heftstellen oder fehlerhaften Schweißnähten und zur Bearbeitung von Fugenflanken. Es ist wirtschaftlich und einfach anzuwenden. Schweißnahtfehler werden schon während des Hobelns erkannt. Beim Brennfugen wird die Werkstückoberfläche durch eine **Brenngas-Sauerstoff-Flamme** auf Zündtemperatur gebracht. Ein schräg zur Oberfläche angesetzter Sauerstoffstrahl verbrennt Werkstoff an der Oberfläche und bewirkt fortlaufendes Schmelzen und Verbrennen, wenn er gleichmäßig in Arbeitsrichtung fortbewegt wird. Der Werkstoff wird muldenförmig abgetragen, so daß eine Nut mit sauberer Oberfläche entsteht.
Betriebsmittel ist ein stärker ausgelegter Handschneidbrenner, der **Fugenhobelbrenner** mit einer speziellen Hobeldüse.

Regeln für die Unfallverhütung beim autogenen Brennschneiden

- Schließen Sie nur dasjenige Brenngas an Schneidbrenner/Schneidmaschine an, für welches die Einrichtung gebaut und zugelassen ist. Kontrollieren Sie, ob eine evtl. vorgeschriebene Sicherheitseinrichtung angebracht ist.
- Beachten Sie die Bedienungsanleitungen, insbesondere beim Zünden, Einstellen und Abstellen des Brenners. An Maschinen mit mehreren Brennern müssen die Einstellventile von nicht benutzten Brennern von Hand geschlossen sein. Maschinen vor Arbeitsbeginn auf Dichtheit und feste Verschraubung der Gasanschlüsse prüfen!
- Brennbare Materialien aus dem Funkensprühbereich entfernen! Glühende Perlen und Spritzer können bis zu 10 m weit springen. Diese Vorsichtsmaßnahme ist besonders auf Baustellen wichtig.
- Beachten Sie sinngemäß alle Regeln des Gasschweißens. Denken Sie aber an den intensiveren Einsatz des Sauerstoffs.
- Persönliche Schutzausrüstung wie Lederschürze oder Schutzkleidung, Schutzbrille mit Seitenschutz und genormten Schutzfiltern, Sicherheitsschuhe, notfalls Schutzhelm, Gamaschen, Handschuhe, Gehörschutz verwenden.

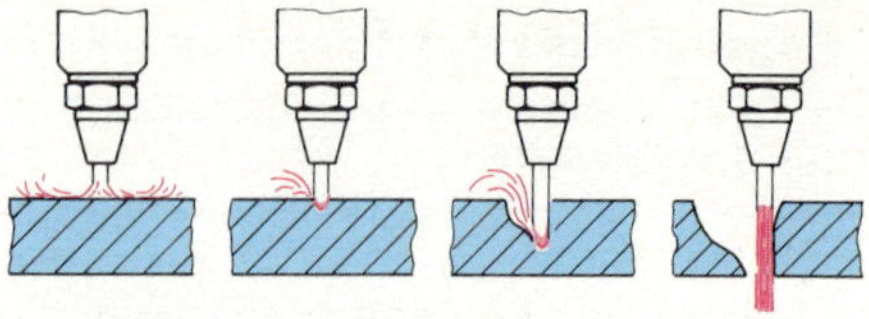

Lochstechen mit dem Maschinenschneidbrenner

Blechdicke (mm)	Schneidgeschwindigkeit (mm/min) normale Düse	Hochleistungsdüse
3	790	850
5	690	750
10	620	700
20	450	590
30	380	510
50	320	415
100	250	280

Diese Werte gelten für senkrechte gerade Schnitte bei einer Reinheit des Sauerstoffes von mindestens 99,5 %. Bei kleinem Radius und bei Schrägschnitten verringern sich die Werte.

Richtwerte für maschinelles Brennschneiden mit Brenngas Acetylen

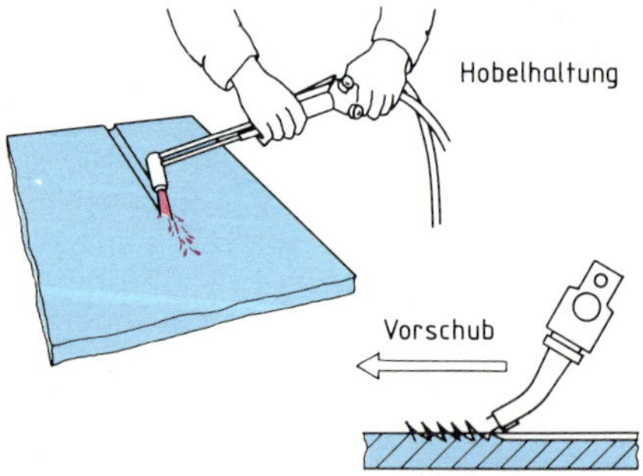

Arbeitstechnik des Fugenhobelns

Autogenes Fugenhobeln

1.6.2 Plasmaschneiden

Das Plasmaschneiden wird angewendet, wenn die Schmelztemperaturen der entstehenden Oxide höher sind als die der Werkstoffe selbst. So können im Gegensatz zum autogenen Brennschneiden legierte Stähle und NE-Metalle getrennt werden. Als **Plasma** wird ein ionisiertes und daher elektrisch leitendes Gas aus positiv geladenen Ionen und Elektronen bezeichnet. Die Ionisation wird durch Temperaturerhöhung der verwendeten **Arbeitsgase** in einem Lichtbogen bewirkt. Arbeitsgase können mehratomige Gase (O_2, H_2, N_2) oder die einatomigen Edelgase sein, die normalerweise nicht elektrisch leitfähig sind. Wärmequelle für den Schneidvorgang ist ein extrem gebündelter **Plasmastrahl,** der bei Temperaturen von über 20.000 °C den Werkstoff verdampft oder schmilzt. Die kinetische Energie des Plasmastrahls treibt beim Vorschub des Brenners das geschmolzene Metall aus der entstehenden Schnittfuge.

Von Bedeutung sind folgende Arbeitstechniken:
- **Argon-Wasserstoff-Technik:** Arbeitsgas ist ein Gemisch aus Argon und Wasserstoff, z. B. im Verhältnis 60 : 40. Das Verfahren kann von Hand oder maschinell ausgeführt werden.
- **WIPC-Technik:** Arbeitsgas ist Stickstoff. In die zum Bündeln des Plasmastrahles dienende Düse wird zusätzlich Wasser eingespritzt (deshalb **W**ater **I**njection **P**lasma **C**utting), das durch Verdampfung teilweise in Wasserstoff und Sauerstoff zerlegt wird und die Wirkung des Lichtbogens unterstützt. Der unverdampfte Wasserrest kühlt die Düsenwand. Das Verfahren wird meist einige Zentimeter unter Wasser betrieben (Unterwasser-Plasmaschneiden) und ist sehr umweltfreundlich, da Strahlung sowie Staub- und Rauchentwicklung verringert werden.
- **Drucklufttechnik:** Arbeitsgas ist Druckluft. Besonders im Handwerk wird dieses Verfahren mit kleinen Anlagen im Dünnblechbereich und in Konkurrenz zum autogenen Brennschneiden manuell eingesetzt. In der blechverarbeitenden Industrie wird diese Technik zunehmend in Kombination mit numerisch angesteuerten Brennschneidmaschinen angewendet.

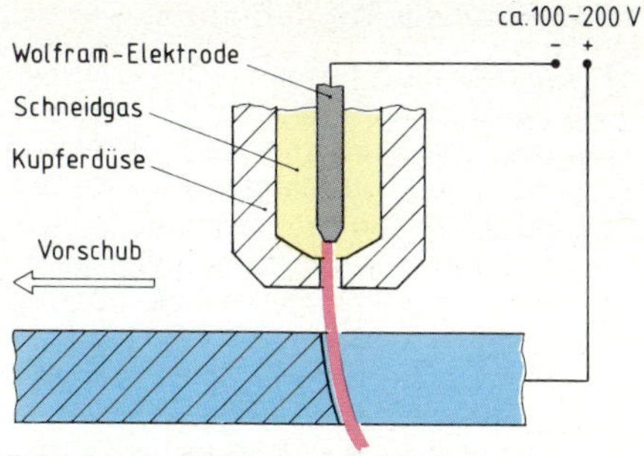

Prinzip des Plasmaschneidens

Argon-Wasserstoff-Technik (Geräteleistung 120 A)		
Materialdicke (mm)	Schneidgeschwindigkeit bei Aluminium (mm/min)	Schneidgeschwindigkeit bei Cr-Ni-Stahl (mm/min)
4	6000	2400
10	2400	950
25	500	350

WIPC-Technik unter Wasser, Geräteleistung 600 A			
Schneidgas: Stickstoff, Werkstoff: unlegierte Stähle und Cr-Ni-Stähle			
Materialdicke	Lichtbogen-spannung	Lichtbogen-strom	Schneidgeschwindigkeit
(mm)	(V)	(A)	(mm/min)
2	130	250	7600
10	150	380	3200
20	165	500	1800
40	180	600	650

Drucklufttechnik, Geräteleistung 40 A			
Materialdicke (mm)	Schneidgeschwindigkeit (mm/min)		
	St 37	Cr-Ni-Stahl	Aluminium
1	7000	10000	10000
4	1000	700	2200
8	500	200	200
10	300	100	100

Richtwerte für maschinelles Plasmaschneiden

Regeln für die Unfallverhütung beim Plasmaschneiden

Es gelten sinngemäß die Regeln des Lichtbogenhandschweißens. Darüber hinaus ist ganz besonders darauf zu achten, daß die Anschlüsse im Schweißstromkreis hergestellt sind, bevor die Stromquelle eingeschaltet wird. Die Werkstückklemme muß richtig am geerdeten Werkstück oder Schneidtisch angeschlossen sein. Bei den trocken arbeitenden Verfahren (Argon-Wasserstoff- und Drucklufttechnik) ist besonders auf die Beseitigung der entstehenden Gase und Rauche zu achten.

1.6.3 Laserstrahlschneiden

Mit dem Laserstrahl können außer Metallen auch Glas, Kunststoffe und andere organische Werkstoffe getrennt werden. Nichtmetallische Werkstoffe werden durch den Laserstrahl geschmolzen, wobei ein inertes Gas die Schmelze aus der Trennfuge bläst **(Laserschmelzschneiden).** Metallische Werkstoffe werden durch die Energie des Laserstrahls auf Zündtemperatur aufgeheizt, bis der Verbrennungsvorgang durch einen Sauerstoffstrahl beginnen kann. Die entstehenden Oxide werden aus der etwa 0,2 mm breiten Schnittfuge geblasen **(Laserbrennschneiden).**

Das Laserstrahlschneiden kann nur maschinell betrieben werden. Seine Vorteile lassen sich am besten in der CNC-gesteuerten Anlage nutzen.

Unterwasser-Plasmaschneiden

Aufgaben zur Wiederholung und Vertiefung

1. Bei welchen Verfahren des Thermischen Schneidens oxidieren die Werkstoffe und werden die Oxide aus der Trennfuge geblasen? Bei welchen Verfahren schmelzen oder verdampfen die Werkstoffe und wird die Schmelze aus der Trennfuge geblasen?
2. Wann ist ein Werkstoff autogen brennschneidbar?
3. Weshalb kann man Aluminium nicht autogen brennschneiden?
4. Erklären Sie Aufbau und Funktion des Schneidbrenners.
5. Mit welchen Brenngasen läßt sich das autogene Brennschneiden betreiben?
6. Welche zusätzliche Gefahr kann beim autogenen Brennschneiden im Vergleich zum Gasschweißen auftreten?
7. Für welche Aufgaben kann man das Brennfugen vorteilhaft einsetzen?
8. Wie unterscheidet sich Brennfugen vom Brennschneiden?
9. Welche Schneidgase werden beim Plasmaschweißen eingesetzt?
10. Welche Vorteile bietet das Unterwasser-Plasmaschneiden?
11. Worin unterscheiden sich die Verfahren des Laserstrahlschneidens?

1.6.4 Beispiel einer Fertigungsaufgabe – Schweißen

- Beschreibung der Fertigungsaufgabe

Für eine Abstützung soll ein Stützbock gefertigt werden. Der Konstrukteur hat sich für eine Ausführung entschieden, wie sie in nebenstehender Handskizze dargestellt ist. Dabei hat der Konstrukteur die Grundsätze schweißgerechter Gestaltung angewendet:

– **beanspruchungsgerecht** (möglichst ungestörter Kraftfluß, keine Spannungsspitzen durch Anhäufung von Schweißnähten, Schweißnähte nicht in Bereiche höchster Beanspruchung legen, Schweißnähte nicht in Bereiche starker Kaltverformung oder von Seigerungen legen),
– **fertigungsgerecht** (Schweißnähte sind zugänglich, betriebliche Einrichtungen wie Brennschneidmaschine und Geräte zum Lichtbogenhandschweißen und Hartlöten sind vorhanden),
– **korrosionsgerecht** (da Stützbock im Freien verwendet wird, werden die Kehlnähte vollkommen geschlossen),
– **wirtschaftlich** (Einzelteile und Schweißnähte nicht überdimensioniert, es werden die im Lager vorhandenen Bleche aus R St 37-2 in Dicken 8 mm und 6 mm sowie Stahlrohr aus R St 37-2 mit 70 mm Außendurchmesser und 4 mm Wanddicke verwendet).

- Die Werkstattzeichnung

Für die Werkstattzeichnung ist DIN 1912 „Zeichnerische Darstellung Schweißen, Löten“ verbindlich. Sie legt graphische Symbole für die Nahtarten fest. Zusatz- und Ergänzungssymbole geben der Schweißwerkstatt zusätzliche Informationen über die verlangte Ausführung. Alle Angaben werden mittels Pfeillinien den Schweißnähten zugeordnet. In der Gabel können weitere Angaben gemacht werden, beispielsweise

– über das vorgeschriebene Verfahren mit Kennzahlen nach ISO 4063,
– über die Bewertungsgruppe beispielsweise nach DIN 8536 Teil 3 (mit den Gruppen AS, BS, CS, DS für Stumpfnähte und AK, BK, CK für Kehlnähte, mit denen Merkmale für den äußeren Befund wie Kantenversatz und für den inneren Befund wie Bindefehler oder Risse bewertet werden),
– über die Schweißposition nach DIN 1912 Teil 2,
– über den Schweißzusatzwerkstoff nach der entsprechenden DIN-Norm.

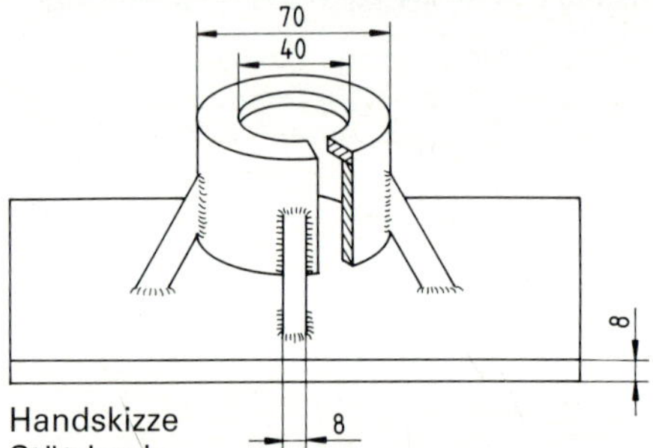

Handskizze Stützbock

Darstellung	Benennung	Symbol
	Kehlnaht	
	Doppelkehlnaht	
	Bördelnaht	
	I-Naht	II
	V-Naht	V
	U-Naht	
	Gegenlage	
	Flächennaht (beim Löten)	=

Grundsymbole für Nahtarten (Auswahl)

	Hohlkehlnaht	
	gewölbte V-Naht	
ringsum verlaufende Naht		
Baustellennaht		

Zusatz- und Ergänzungssymbole (Auswahl)

- Festlegen der Eingangsgrößen

1. Rohr aus R St 37-2, Abmessung 70,0 × 4,0 mm, kann auf vorhandener Bügelsäge nach Maß abgelängt werden.

2. Bleche aus R St 37-2 in Dicke 8 mm für Grundplatte und Stützen sowie in 6 mm für den Haltering werden auf vorhandener Brennschneidmaschine zugeschnitten.
Einstellwerte mit Ringschlitzdüse, Type A-RS, Brenngas Acetylen (Schneiddüse 3 – 10 mm, Heizdüse 2 – 100 mm)

	Heizsauerstoffdruck	Schneidsauerstoffdruck	Schneidgeschwindigkeit
Bleche 6 mm	2,0 bar	2,0 bar	680 mm/min
8 mm	2,0 bar	2,5 bar	640 mm/min

3. Kehlnähte zwischen Grundplatte und Stützblechen mit Kehlnahtdicke 4 mm in Position h (horizontal) werden geschweißt mit Stabelektroden RR 6, Abmessung 4,0 × 450 mm, Schweißstrom 180 A, Elektrodenverbrauch 4 Stück je m Schweißnaht, Abschmelzzeit je Elektrode 89 Sekunden.

4. Kehlnähte zwischen Stützblechen und Führungsrohr, Kehlnahtdicke 3 mm, Schweißposition f (fallend), werden geschweißt mit Stabelektroden RR (6) 6, Abmessung 3,25 × 350 mm, Schweißstrom 115 A, Elektrodenverbrauch 5 Stück je m Schweißnaht, Abschmelzzeit je Elektrode 74 Sekunden.

5. Hartlötung zwischen Führungsrohr und Haltering wird mit Messinglot L-CuZn 40 ausgeführt. Lötstabdurchmesser 2 mm, Flußmittel F-SH 2 als Paste. Als Wärmequelle zum Flammlöten dient das Gasschweißgerät mit Schweißeinsatz 2 – 4 mm. Einstellung der Flamme neutral bis leicht reduzierend (Brenngasüberschuß).

- Aufstellen eines Arbeitsplanes

1. Material beschaffen
2. Rohr ablängen
3. Bleche auf Brennschneidmaschine zuschneiden
4. Schweißnähte heften
5. Geheftete Konstruktion richten
6. Horizontale Nähte mit 4-mm-Elektrode schweißen. Dabei Schweißfolge beachten, um Verzug gering zu halten.
7. Entschlacken
8. Fallnähte mit 3,25-mm-Elektrode schweißen
9. Entschlacken
10. Scheibe auflöten
11. Rückstände des Flußmittels entfernen (z. B. mit Drahtbürste)
12. Prüfung auf sichtbare Fehler

Verfahren	Kennzahl
Lichtbogenhandschweißen	111
Unterpulverschweißen	12
MAG-Schweißen	135
WIG-Schweißen	141
Plasmaschweißen	15
Gasschweißen	311
Feuerschweißen	43
Laserstrahlschweißen	751
Elektronenstrahlschweißen	76
Hartlöten	91
Weichlöten	94
Fugenlöten	97

Kennzahlen von Schweiß- und Lötverfahren (Auswahl)

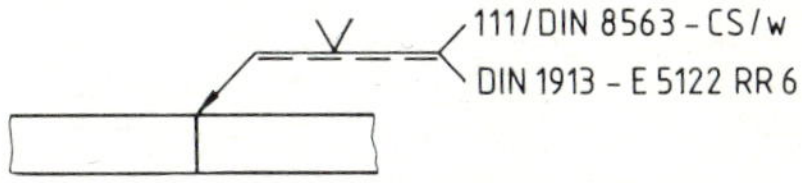

Beispiel für symbolische Darstellung einer mit Lichtbogenhandschweißen herzustellenden V-Naht

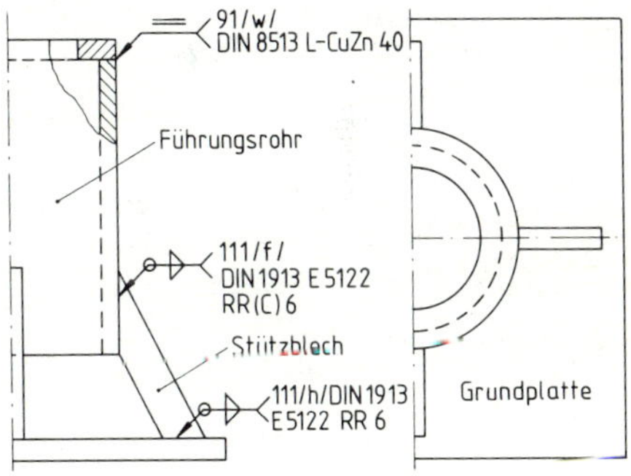

Eintragung graphischer Symbole am Beispiel des Stützbocks

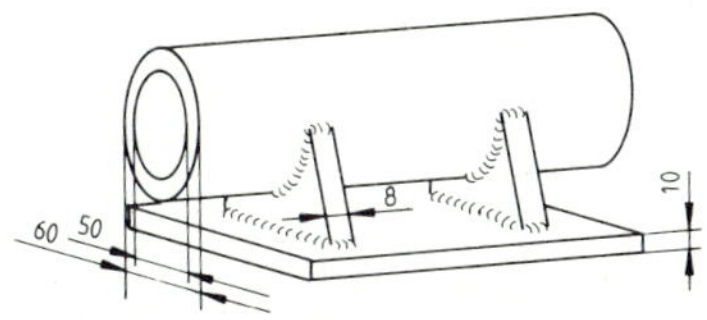

Handskizze Rohrhalterung

Aufgaben zur Wiederholung und Vertiefung

1. Erstellen Sie einen Arbeitsplan für die in der Skizze dargestellte Rohrhalterung.
2. Vergleichen Sie die Fertigungsmöglichkeiten, wenn in der Werkstatt außer dem Gerät für das Lichtbogenhandschweißen auch eine Gerät zum MAG-Schweißen vorhanden ist.
3. Welche Maßnahmen zur Unfallverhütung haben Sie in beiden Fällen zu beachten?
4. Was ändert sich, wenn die Rohrhalterung nicht aus unlegiertem Stahl, sondern aus Chromnickelstahl gefertigt werden soll?

1.7 Numerisch gesteuerte Werkzeugmaschinen

CNC-gesteuerte Werkzeugmaschine

Bedingt durch die außerordentlich schnelle Entwicklung der Computertechnologie nimmt der Einsatz von CNC-gesteuerten Maschinen in der Fertigung immer weiter zu. Es ist zu erwarten, daß der Anteil der konventionell gesteuerten Werkzeugmaschinen in den nächsten Jahren unter 20 Prozent fallen wird, daß also Werkzeugmaschinen ohne CNC-Steuerungen nur noch in Randbereichen der Einzelfertigung vorkommen.

Die Werkzeugmaschinenhersteller sind darum bemüht, die Programmierung der CNC-Maschinen einfacher zu gestalten und an die Menschen anzupassen („Ergonomie"). Als Folge davon werden die Steuerungen der Werkzeugmaschinen mit einer Vielzahl von Befehlen und Funktionen ausgestattet, die weit über den genormten Befehlsvorrat der DIN 66 025 (vgl. Fachstufe 1) hinausgehen.

Nachteil dieser Entwicklung ist jedoch, daß sich viele „Dialekte" der CNC-Programmierung entwickelt haben, die ein Umsteigen von der Steuerung eines Herstellers auf die eines anderen Herstellers erschweren, weil bei der Programmierung immer „umgedacht" werden muß. Trotzdem überwiegen die Vorteile der neuen Befehle und Funktionen, wie etwa leichtere und kürzere Programmierung, Einsparung von komplizierten Berechnungen usw.

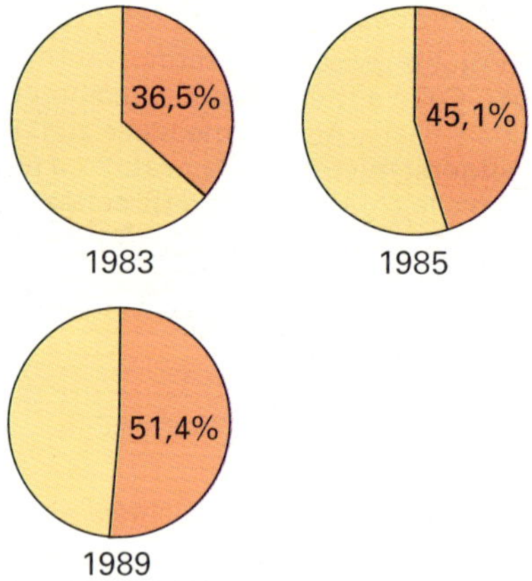

Anteil der CNC-Werkzeugmaschinen

In der nachfolgenden Tabelle werden einige **Programmierhilfen** dargestellt, die von den Werkzeugmaschinenherstellern heute angeboten werden:

Simulation	Der Bearbeitungsprozeß kann vor der eigentlichen Bearbeitung auf einem Bildschirm (Monitor) abgerufen werden, um eventuelle Fehlerquellen im Programm zu entdecken, bevor sie zu Schäden (Kollisionen, Werkzeugbruch) führen können.
Unterprogramm-technik	Der Bediener der Werkzeugmaschine kann für häufig wiederkehrende Bearbeitungsfolgen kleine Programme abspeichern und bei Bedarf aus einem Programm heraus aufrufen (Zeit- und Kostenersparnis!).
Arbeitszyklen	Festgelegte Bearbeitungsvorgänge (z. B. Gewindeschneiden) sind in der Maschine fest eingespeichert (im ROM) und können bei Bedarf vom CNC-Programm aus aufgerufen werden.
Dialog-Steuerungen	Die Steuerung „leitet" den Benutzer von einem Programmschritt zum nächsten, indem sie die benötigten Werte vom Benutzer „abfragt". Auf dem Monitor werden die jeweils erforderlichen Befehlskombinationen und die zu drückende Taste angezeigt („Bedienerführung").
Automatische Programm-erstellung nach (geometrischen) Konturen	Der Benutzer der Maschine erstellt das Programm mit Hilfe von geometrischen Grundformen z. B. Gerade und Kreisbogen ohne komplizierte mathematische Berechnungen. Die Steuerung berechnet die Übergangspunkte des Konturzuges und fügt diese in das Programm ein.

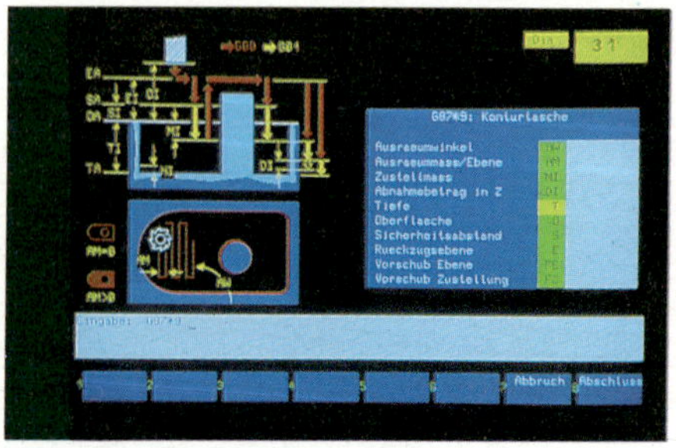

Programmierhilfen moderner Werkzeugmaschinen

1.7.1 Ausgewählte Arbeitszyklen für CNC-Maschinen

Damit häufig wiederkehrende Bearbeitungsvorgänge nicht immer wieder neu vom Benutzer programmiert werden müssen, speichern die Werkzeugmaschinenhersteller diese fest im ROM der Maschine ab. Sie können dann vom Programm aus mit einem einfachen Befehl aufgerufen werden.

ROM = Read Only Memory
(Festspeicher einer Maschine)

Ein Arbeitszyklus bezeichnet festgelegte Teilprogramme für immer wiederkehrende Bearbeitungsvorgänge.

Beispiele für Arbeitszyklen sind:

Gewindedrehzyklus, Konturdrehzyklus, Bohrzyklus beim Drehen, Taschenfräszyklus, Bohrzyklus beim Fräsen.

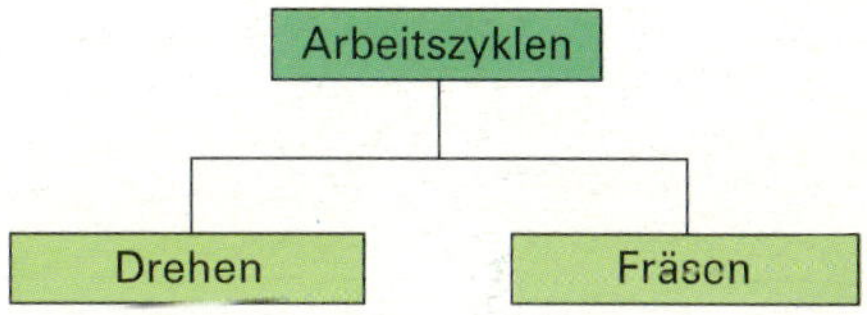

z. B.:
Gewindezyklus
Konturdrehzyklus
Bohrzyklus

z. B.:
Taschenfräszyklus
Bohrzyklus

Der Programmierer muß beim Aufruf des Zyklus der Steuerung nur noch mitteilen, welche Sollwerte das Werkstück nach der Bearbeitung erreichen soll. Diese Angaben, wie etwa die Schnittiefe oder die Zielposition, werden an die Steuerung mit Hilfe von Buchstaben angegeben; man bezeichnet diese als **Parameter**. Die Schnittaufteilung beispielsweise wird dann von der Maschine berechnet und vorgenommen.

Parameter sind Größen, die die Maschine für die Durchführung eines Zyklus braucht.

Die Arbeitszyklen sind nicht nach DIN 66025 genormt, sondern sind steuerungsabhängig und somit bei den einzelnen Werkzeugmaschinenherstellern unterschiedlich.

Die folgenden Beispiele für die Programmierung von Arbeitszyklen sind abhängig von der Steuerung der verschiedenen Werkzeugmaschinenhersteller; die Beispiele sind angelehnt an die PAL-CNC-Befehlscodierung.

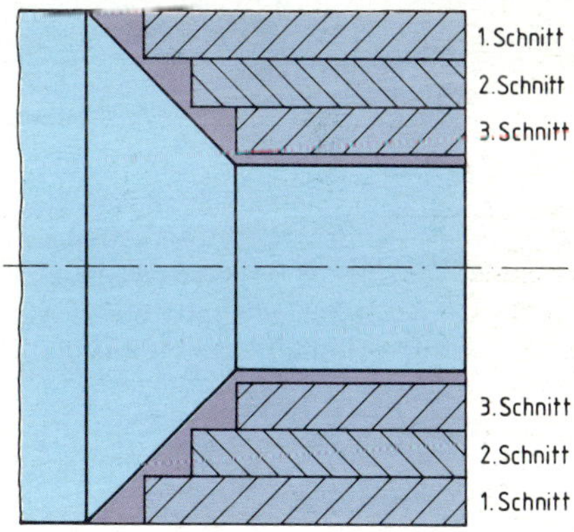

Schnittaufteilung

Drehzyklen

Ein häufig wiederkehrender Bearbeitungsvorgang beim Drehen ist das **Längs-Runddrehen**, z. B. bei der Vorbearbeitung. Die Einstellung der Schnittiefe erfolgt dabei in X-Richtung. Bei konventionellen Drehmaschinen muß die Schnittaufteilung vom Facharbeiter vorgenommen werden. In vielen Fällen müssen Übergangspunkte auch noch mit Hilfe trigonometrischer Funktionen berechnet werden.

- Drehzyklus G 82

Der Drehzyklus G 82 nimmt dem Programmierer diese Arbeit ab, weil die **Schnittaufteilung** und die **Zielpositionen** nicht mehr berechnet bzw. bestimmt werden müssen.

Folgende Parameter müssen der Steuerung beim Aufruf des Zyklus mitgeteilt werden, damit diese die fehlenden Werte berechnen kann:

Parameter	Erläuterung
X	Zielposition in X-Richtung (Fertigdurchmesser)
Z	Zielposition 1 (Punkt A)
L	Zielposition 2 (Punkt B)
R	Startposition (Anfangsdurchmesser)
D	Schnittiefe pro Schnitt in mm
H	Schlichtaufmaß, H = 0 wenn nicht gewünscht.

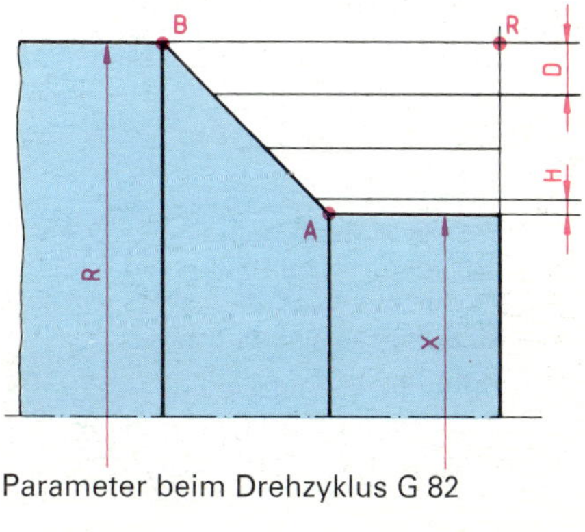

Parameter beim Drehzyklus G 82

Beispiel:
Das abgebildete Werkstück soll mit Hilfe des Drehzyklus G 82 vorbearbeitet werden. Die Schnittiefe a_p soll 3 mm, das Schlichtaufmaß 1 mm betragen.

Die technologischen Daten sind:
Begrenzung der Umdrehungsfrequenz: 2500 1/min, Schnittgeschwindigkeit konstant f_c = 200 m/min, Vorschub f = 0,4 mm, Werkzeug T1, Spindeldrehsinn „links".

Zuerst erfolgt die Programmierung der technologischen Daten:

```
N 1   G 92   S 2500   G 96   S 200
N 2   F 0.4  T1       M4
```

Nachdem die technologischen Daten programmiert worden sind, fährt das Werkzeug vor die Werkstückvorderkante (X 60, Z 2).

```
N 3   G 0   X 60   Z 2
```

Daran anschließend wird der Zyklus für den Durchmesser 40 programmiert:

G 82 Aufruf des Zyklus

Parameter	Erläuterung
X 40	Fertigdurchmesser
Z –70	Länge Punkt A
L –90	Länge Punkt B
R 60	Startposition (Anfangsdurchmesser)
D 3	Schnittiefe 3 mm
H 1	Schlichtaufmaß 1 mm

Als Programmsatz:

```
N 4   G 82   X 40   Z –70   L –90   R 60   D 3   H 1
```

Die Steuerung errechnet beim Lesen dieses Programmsatzes die Anzahl und die Länge der erforderlichen Schnitte und führt diese nacheinander aus, bis die Sollwerte erreicht sind.

Nachdem dieser Zyklus abgearbeitet wurde, soll die Steuerung den Zyklus für den Durchmesser 10 durchführen. Dazu fährt das Werkzeug vor die Werkstückvorderkante,

```
N 5   G 0   X 41   Z 3
```

um dann erneut den Drehzyklus auszuführen, diesmal mit geänderten Parametern:

```
N 6   G 82   X 10   Z –45   L –50   R 40   D 3   H 1
```

Daran anschließend fährt das Werkzeug auf den Werkzeugwechselpunkt; die vorbereitete Kontur könnte nun z. B. nach einem Werkzeugwechsel feinbearbeitet werden.

```
N 7   G 0   X 200   Z 50   (M 30)
```

- Drehzyklus G 81

Für einfachere Aufgaben ist der Drehzyklus G 81 einzusetzen. Im Unterschied zum Drehzyklus G 82 können mit diesem **nur gerade Längs- oder Planflächen** erzeugt werden: dieser Zyklus beherrscht also nur die **Streckensteuerung.**

Die Programmierung erfolgt genauso wie beim Zyklus G 82:

Beispiel:

```
N 1   G 81   X 50   Z –40   R 70   D 3.5   H 1
```

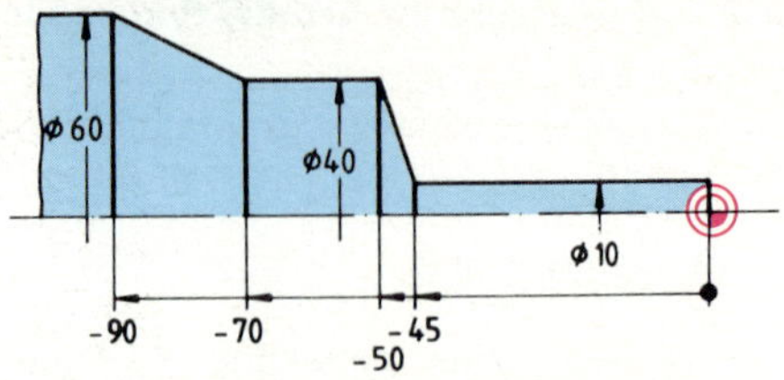

Absolutbemaßte Werkstückzeichnung

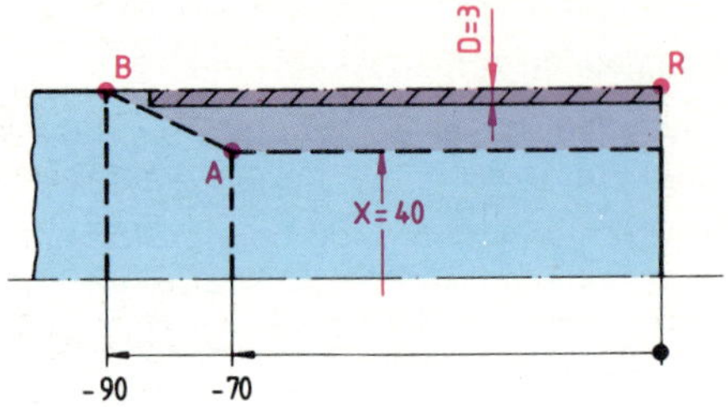

Drehzyklus für ⌀ 40 mm

$$\text{Anzahl der Schnitte} = \frac{\text{Durchmesserdifferenz}}{2 \cdot \text{Schnittiefe}}$$

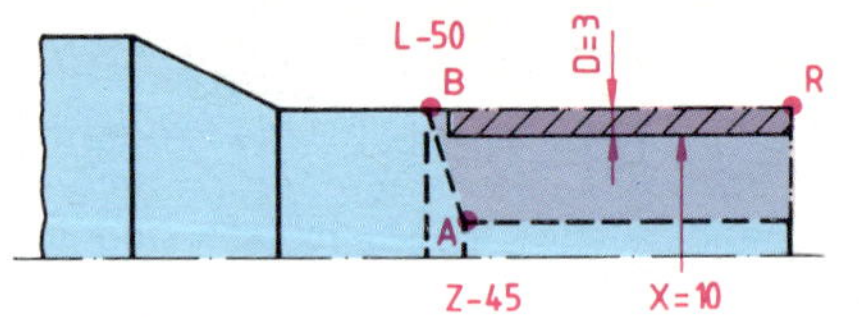

Drehzyklus für ⌀ 10 mm

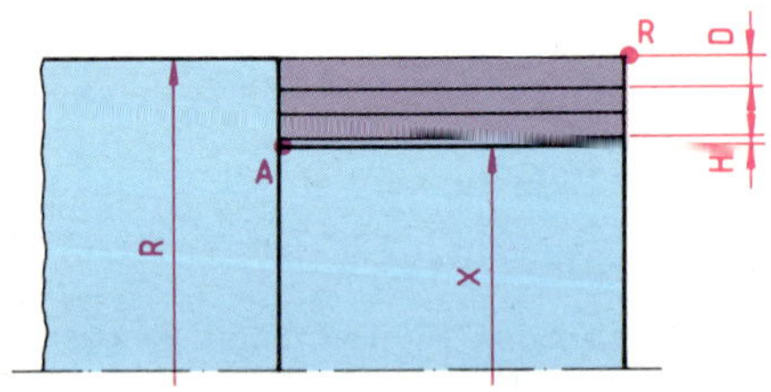

Parameter für Längs-Rund-Drehzyklus nach G 81

G 81 Aufruf des Zyklus

Parameter	Erläuterung
X	Fertigdurchmesser
Z	Zielposition in Z (Länge Punkt A)
R	Anfangsdurchmesser
D	Schnittiefe a_p pro Schnitt
H	Schlichtaufmaß (pro Fläche)

- Gewindezyklus G 83

Eine weitere häufig wiederkehrende Bearbeitungsaufgabe an Drehmaschinen ist die Herstellung von Außengewinden an Drehteilen. Mit Hilfe des Gewindezyklus G 83 ist diese Aufgabe einfach zu lösen:

Folgende Parameter werden benötigt:

Parameter	Erläuterung
X	Gewinde-Außendurchmesser
Z	Zielposition (Länge Punkt A)
R	Gewindesteigung (*P*)
D	Schnittiefe a_p pro Schnitt
H	Gewindetiefe

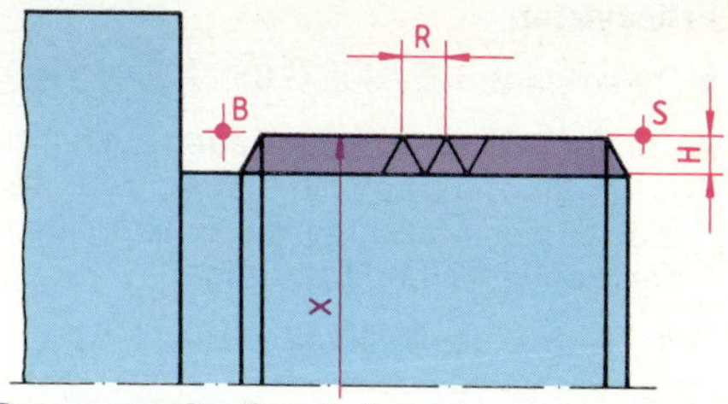

Parameter für Gewindezyklus

Der Startpunkt „S" muß mindestens 1 × *P* (Steigung) vor dem Gewindeanfang programmiert werden. (Die Gewindetiefe und -steigung sind Tabellenbüchern zu entnehmen.)

Beispiel:

Auf das bereits vorbearbeitete Werkstück soll mit Hilfe des Gewindezyklus ein Außengewinde M 10 gedreht werden.

Vorgaben: Werkzeug Nr. 5

Schnittgeschwindigkeit v_c = 120 m/min

Tabelle: Gewindesteigung *P* = 1,5 mm
Gewindetiefe *h* = 0,92 mm

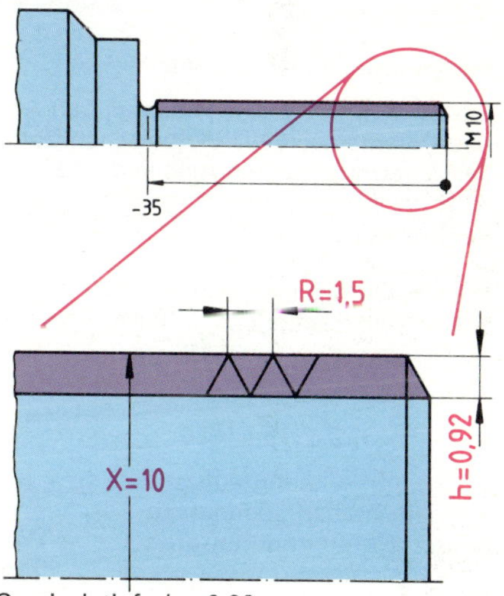

Gewindetiefe *h* = 0,92

Das Werkzeug befindet sich am Werkzeugwechselpunkt:

N 10	X 200	Z 50	
N 11	G 96	S 120	T 5

Nach dem Werkzeugwechsel fährt das Werkzeug an die Werkstückvorderkante:

N 12	G 0	X 10	Z 2

Nun werden die für die Gewindeherstellung benötigten Parameter in die Steuerung eingegeben, bei dialogfähigen Steuerungen werden sie nacheinander auf dem Monitor abgefragt:

G 83 Aufruf des Gewindezyklus

Parameter	Erläuterung
X 10	Außendurchmesser des Gewindes (= M 10)
Z −35	Gewindelänge
R 1.5	Gewindesteigung (1,5 mm)
D 0.2	Schnittiefe pro Schnitt (a_p = 0,2 mm)
H 0.92	Gewindetiefe

Als Programmsatz:

N 13	G 83	X 10	Z −35	R 1.5	D 0.2	H 0.92

M 10 Gewinde

Nach der Bearbeitung kehrt das Werkzeug wieder auf den Werkzeugwechselpunkt zurück:

N 14	G 0	X 200	Z 50	M 30

Fräszyklen

- Teilkreis-Bohrzyklus G 85

Auch auf Fräsmaschinen tragen Zyklen zur Arbeitserleichterung des Programmierers bei. So erspart z. B. der Teilkreis-Bohrzyklus dem Benutzer der Maschine die umständliche Berechnung der Koordinaten von einzelnen Bohrungen:

G 85 Aufruf des Teilkreis-Bohrzyklus

Parameter	Erläuterung
X	Radius des Teilkreises
Z	Tiefe der Bohrungen
I	Startwinkel vom Punkt S aus
J	Anzahl der Bohrungen

Startpunkt des Zyklus ist der Mittelpunkt des Teilkreises in der Z-Achse 1 mm über der Werkstückoberkante.

Beispiel für einen Datensatz:

Die Bohrungen der nebenstehenden Abbildungen sollen programmiert werden. Die technologischen Daten sind bereits eingegeben; das Werkzeug befindet sich in der Startposition.

N 1	G 85	X 20	Z −15	I 45	J 4

Mit Hilfe dieses einen Datensatzes wird die Herstellung von vier auf einem Teilkreis liegenden Bohrungen programmiert.

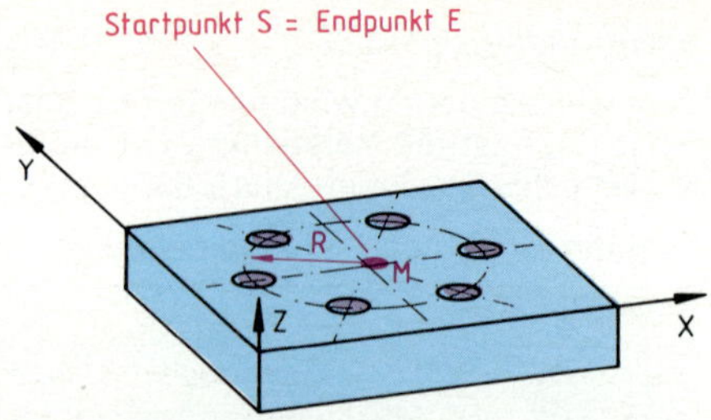

Fertigung mit Hilfe des Teilkreis-Bohrzyklus

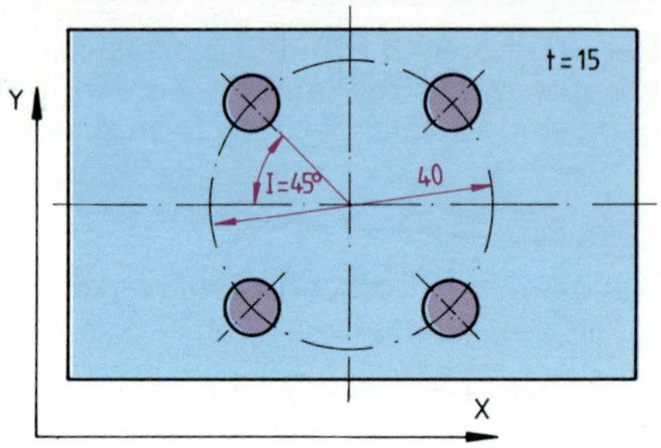

Parameter für Teilkreis-Bohrzyklus

- Taschenfräszyklus G 86

Eine weitere häufig auftretende Bearbeitungsaufgabe bei Fräsmaschinen ist das sogenannte Taschenfräsen, das **Einarbeiten von breiten Nuten und Konturen** in eine Werkstückoberfläche. Eine Arbeitserleichterung bietet bei der Programmierung der Taschenfräszyklus G 86.

G 86 Aufruf des Taschenfräszyklus

Parameter	Erläuterung
X	Länge der Tasche
Y	Breite der Tasche
Z	Tiefe der Tasche
I	Tiefe der Einzelschnitte

Der Startpunkt für den Zyklus G 86 ist der Mittelpunkt M der Tasche in der Z-Achse 1 mm über der Werkstückoberkante.

Ein Datensatz sieht nun folgendermaßen aus, nachdem die technologischen Daten programmiert sind und das Werkzeug sich auf dem Startpunkt befindet. Die Schnittiefe soll 2 mm betragen.

N 1	G 86	X 50	Y 30	Z −5	I 2

Dieser Datensatz bewirkt, daß das Fräswerkzeug eine Einfräsung mit den Abmessungen 50 mm × 30 mm und einer Tiefe von 5 mm erzeugt. Da die Schnittiefe auf 2 mm begrenzt ist, müssen drei Schnitte vom Werkzeug durchgeführt werden (zweimal a_p = 2 mm, einmal a_p = 1 mm).

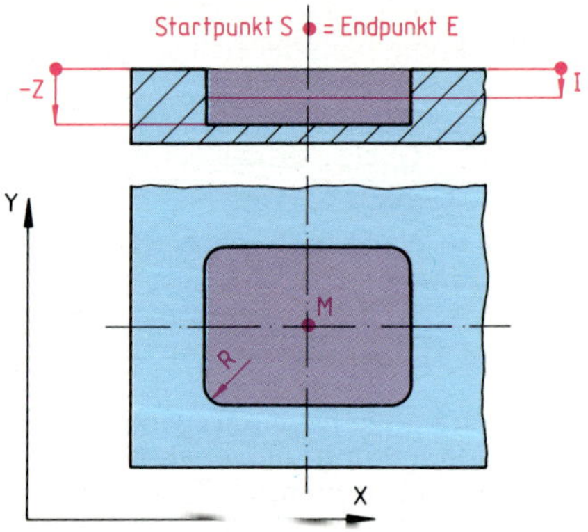

Parameter für Taschenfräszyklus

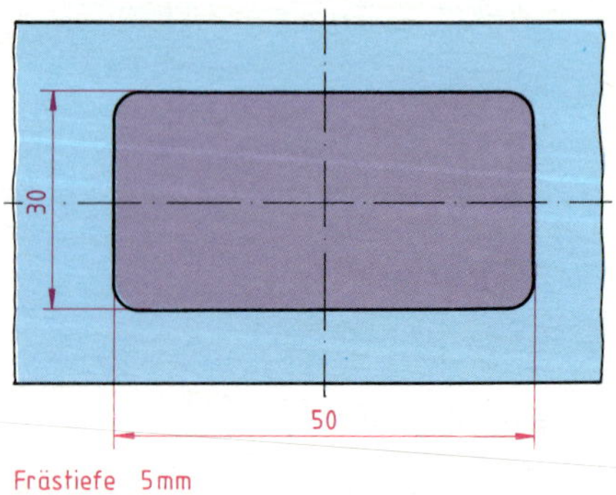

Beispiel zum Taschenfräsen

Aufgaben zur Wiederholung und Vertiefung

1. Nennen Sie Möglichkeiten, die Programmierung von CNC-Werkzeugmaschinen zu erleichtern!

2. Informieren Sie sich, welche Bedeutung heute der „Ergonomie" am Arbeitsplatz zukommt!

3. Welchen Nachteil haben steuerungsabhängige Befehle für den Anwender, welche Vorteile?

4. Das abgebildete Drehteil soll auf einer CNC-Maschine gefertigt werden.

a) Stellen Sie einen Arbeitsplan nach folgendem Muster auf:

Lfd. Nr.	Arbeitsgang	Werkzeug-Nr.	Fertigungsdaten

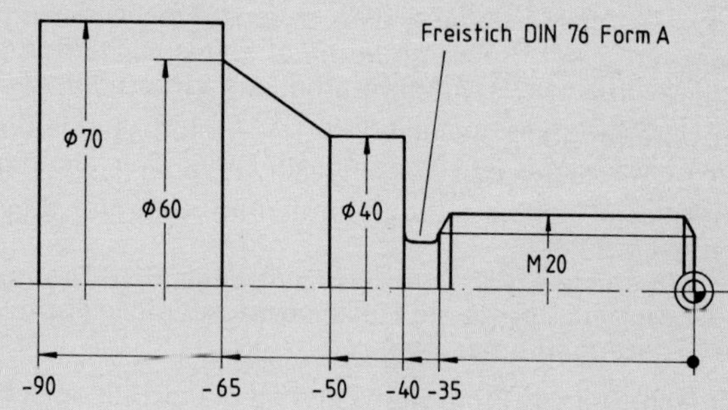

Die technologischen Daten sind:

	Vorbearbeitung	Feinbearbeitung	Gewinde
Schnittgeschw. v_c in m/min	120	180	160
Vorschub f in mm	0,3	0,1	
Werkzeug	T 1	T 2	T 5
Schnittiefe a_p in mm	2,5	0,5	

Der Gewindefreistich wird mit einem Formdrehmeißel (T 7) ausgeführt, seine Werte entsprechen denen von T 2.

Die Tiefe des Gewindefreistichs ist 1,2 mm.

Der Drehsinn der Hauptspindel ist „links", es soll mit Kühlschmiermittel gearbeitet werden.

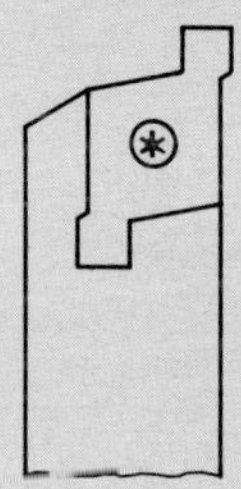

Formdrehmeißel (T 7) für Gewindefreistich

b) Erstellen Sie das dafür erforderliche Programm mit Hilfe der Zyklen G 82 und G 83!

Versehen Sie die einzelnen Programmzeilen jeweils mit einem Kommentar, damit der Programmaufbau auch nach längerer Zeit noch nachvollziehbar bleibt!

5. Erstellen Sie mit Hilfe des Taschenfräszyklus und des Teilkreis-Bohrzyklus ein Programm für das abgebildete Frästeil!

Erstellen Sie auch hier zuvor einen Arbeitsplan nach obigem Muster!

Die technologischen Daten sind:

	Werkzeug 1	Werkzeug 2
Durchmesser d in mm	12	5
Schnittgeschwindigkeit v_c in m/min	30	35
Schnittiefe a_p in mm	4	5
Verschubgeschwindigkeit v_f in mm/min	100	120

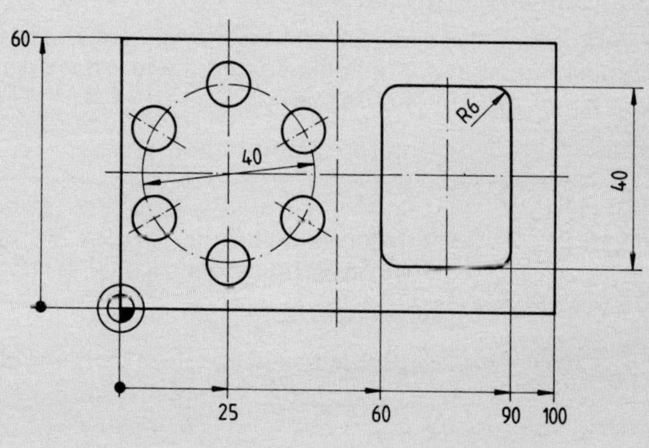

1.7.2 Unterprogramme

Unterprogrammtechnik beim Drehen

Unterprogramme werden für **vielfach wiederkehrende Bearbeitungsvorgänge** vom Benutzer programmiert und in der Maschine abgespeichert. Sie können bei Bedarf geändert, gelöscht oder von einem Hauptprogramm aus aufgerufen werden.

Für Bearbeitungsabläufe, die immer in gleicher oder ähnlicher Art ablaufen, bieten die meisten Steuerungen die Möglichkeit, sogenannte Unterprogramme zu programmieren.

Diese vom Programmierer erstellten Unterprogramme werden im Speicher der Maschine – dem sogenannten Unterprogrammspeicher – mit einer Programmnummer abgespeichert und können bei Bedarf von einem Hauptprogramm aus aufgerufen werden.

Die Unterprogrammtechnik funktioniert ähnlich wie die Zyklusprogrammierung. Sie ist steuerungsabhängig, d. h. nicht genormt.

Als Beispiel wird die Programmierung mehrerer Einstiche in ein Drehteil gezeigt:
Das abgebildete Werkstück soll auf einer CNC-Drehmaschine gedreht werden. Das für die Einstiche erforderliche Formwerkzeug hat die Werkzeugnummer T 4.

Der erste Teil des Programms enthält die technologischen Daten:

```
%20                                 Hauptprogrammnummer
N1  G54 G92 S3000 G96 S250
N2  G90 G40 T1 F0.2 M4 M8
```

Im zweiten Teil soll nun die Außenkontur des Drehteils vorbereitet werden. Dies geschieht mit Hilfe des Zyklus G 81:

```
N3  G0   X80  Z3
N4  G1        Z0                    Plandrehen
N5       X-1
N6  G0   X80  Z1
N7  G81  X50  Z-70  R80  D3  H0
N8  G0   X200 Z50                   Werkzeugwechsel
N9  T4
```

Das Formwerkzeug für die Einstiche ist eingespannt; die Einstiche könnten nun alle im Hauptprogramm programmiert werden. Sieht man sich aber die Einstiche genauer an, so erkennt man, daß sie sich nur durch ihre Lage am Werkstück voneinander unterscheiden, nicht aber durch ihre geometrische Form.

In einem solchen Fall ist es zweckmäßig, mit Hilfe des Befehls G 91 die Maschine auf inkrementale Maßeingabe umzustellen. Bei dieser Art der Maßeingabe wird der Steuerung mitgeteilt, um wieviel mm sie von der derzeitigen Position aus das Werkzeug verfahren soll.

Ein Programm, das diese Einstiche abhängig von der aktuellen Werkzeugposition, aber unabhängig von der Lage am Werkstück aus herstellt, könnte wie folgt aussehen:

L15	Unterprogrammnummer
N1 G91	
N2 G1 X-3	von der aktuellen Position des Werkzeugs aus 3 mm in Richtung der negativen x-Achse
N3 X4	wieder um 4 mm „herausfahren"
N4 G90	Umschalten auf absolute Maßeingabe
N5 M17	Unterprogrammende

Man bezeichnet ein solches Programm als Unterprogramm. Mit dem Befehl M 17 wird der Steuerung das Unterprogrammende mitgeteilt.

G 40 Aufheben der Werkzeugkorrektur
G 54 Nullpunktverschiebung
G 81 Längs-Rund-Drehzyklus
M 17 Unterprogrammende

Wegbedingungen und Zusatzfunktion für die CNC-Programmierung

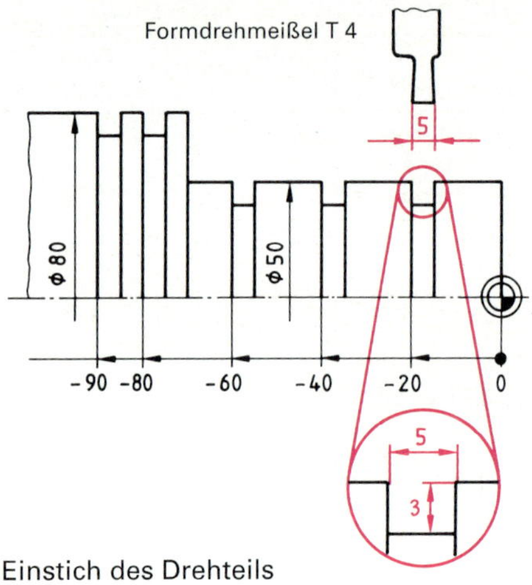

Einstich des Drehteils

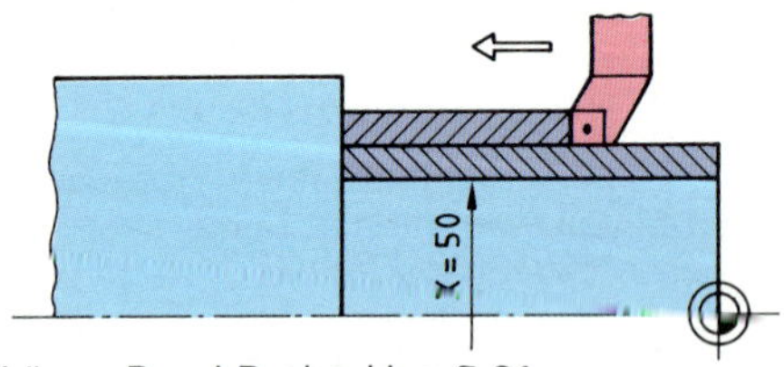

Längs-Rund-Drehzyklus G 81

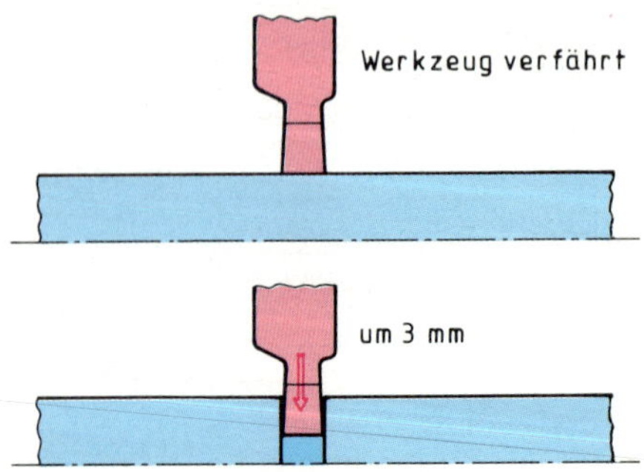

Drehen eines Einstichs

Speichert man dieses Programm unter einer freigewählten Nummer (z. B. L 15) im Speicher der Maschine ab, kann es von jedem beliebigen Programm aus, das man als Hauptprogramm bezeichnet, unter Angabe dieser Nummer aufgerufen werden. In diesem Fall arbeitet die Maschine die Befehle ab, die das Unterprogramm enthält, und kehrt nach dem Lesen der Funktion M 17 zum Hauptprogramm zurück. Dort programmierte Befehle werden weiter abgearbeitet.

Der Befehl zum Aufruf eines Unterprogramms sieht wie folgt aus:

L 15 01

- 01 – Anzahl der Durchläufe
- 15 – Unterprogrammnummer
- L – Aufruf des Unterprogramms

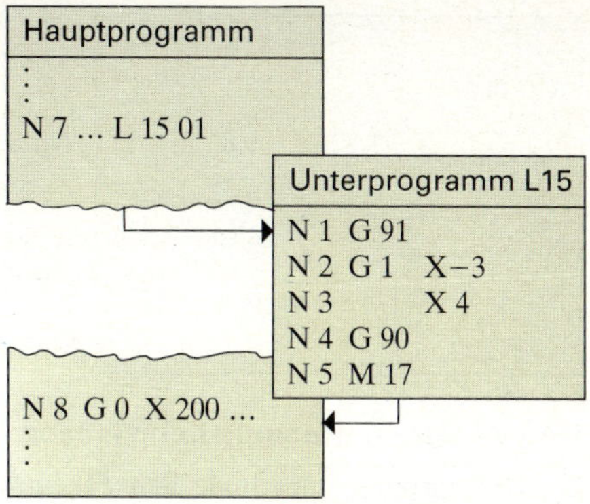

Verzweigung ins Unterprogramm

Beispielprogramm: Drehen mehrerer Einstiche

N1	G0	X51	Z −20	Position des ersten Einstichs
N2	G1	X50		
N3	L1501			Unterprogrammaufruf
N4	G0		Z −40	Position des zweiten Einstichs
N5	G1	X50		
N6	L1501			Unterprogrammaufruf
N7	G0		Z −60	
N8	G1	X50		
N9	L1501			
N10	G0	X81	Z −80	Erster Einstich am Durchm. 80
N11	G1	X80		
N12	L1501			
N13	G0		Z −90	
N14	G1	X80		
N15	L1501			
N16	G0	X200	Z50M9	Werkzeugwechselpunkt
N17	M30			Programmende

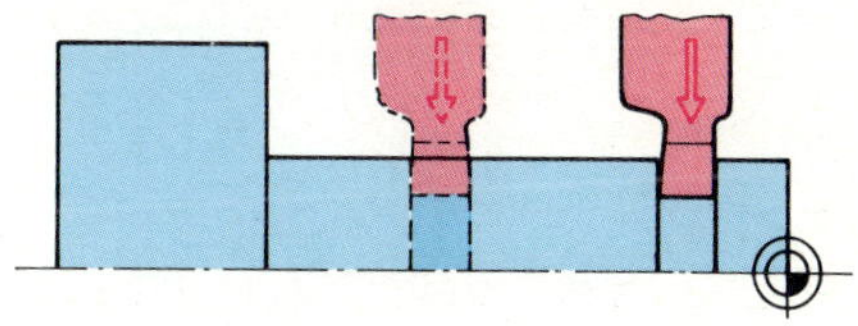
Drehen von Einstichen

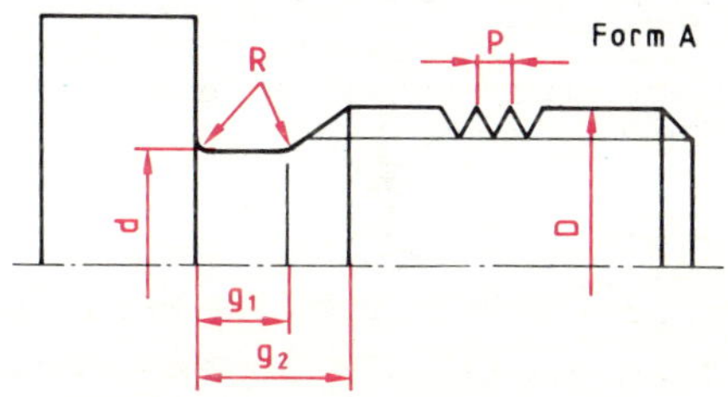

Gewindefreistich nach DIN 76

Man kann die Vorteile der Unterprogrammtechnik leicht erkennen:
- Sie bietet Arbeitserleichterung und -ersparnis.
- Die Programmgestaltung ist übersichtlich.
- Das Unterprogramm kann nach Belieben verändert werden.
- Das Unterprogramm kann so programmiert werden, daß die Kontur unabhängig von der Lage am Werkstück erzeugt wird.

Ein typisches Beispiel für den Einsatz von Unterprogrammen ist die **Herstellung von genormten Geometrien** an Werkstücken, so z. B. Gewindefreistiche, deren Maße in Abhängigkeit vom Außendurchmesser des Gewindes nach DIN 76 festgelegt sind.

Beispielhaft wird im folgenden ein Unterprogramm für einen Gewindefreistich an einem Außengewinde M 10 erstellt:
Die Koordinaten für den Gewindefreistich werden durch folgende mathematische Berechnungen ermittelt:

Maße für Außengewinde (Auszug)							
D	M1	M2	M5	M6	M8	M10	M12
P	0,25	0,4	0,8	1	1,25	1,5	1,75
$d \cdot$h13	0,6	1,3	3,7	4,4	6	7,7	9,4
g_1 min.	0,55	0,8	1,7	2,1	2,7	3,2	3,9
g_1 max.	0,9	1,4	2,8	3,5	4,4	5,2	6,1
R	0,12	0,2	0,4	0,6	0,6	0,8	1

Maße für Freistich aus Tabelle (Auszug)

$$\Delta x = R - (R \cdot \cos 30°)$$

$$x(P_1) = \frac{D-d}{2} + \Delta x \qquad z(P_1) = \frac{x(P_1)}{\tan 30°}$$

(inkrementale Tiefe des Einstichs) (inkremental!)

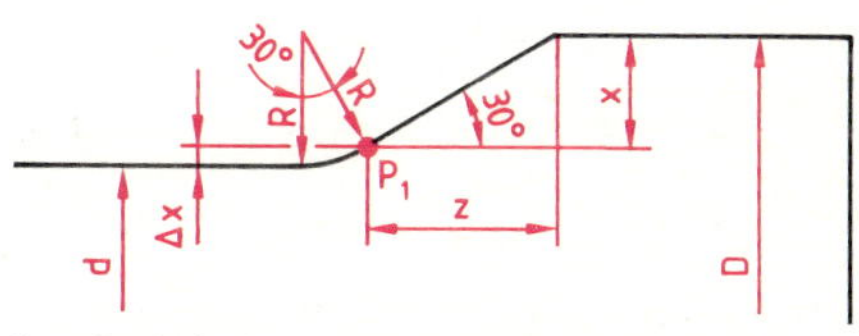

Gewindefreistich nach DIN 76 Form A

L10					
N1	G91				
N2	G1	X−1.12	Z−1.8	F0.15	Winkel 30°
N3	G2	X−0.12	Z−0.42	I0.68	K−0.42 (Radius R0.8)
N4	G1		Z−2.17		
N5	G2	X0.8	Z−0.8	I0.8	K0 Radius R0.8
N6	G90				M17 Unterprogrammende

Ein solches Programm kann nun von jedem Programm aus, in dem ein Gewindefreistich erforderlich ist, aufgerufen werden.

Unterprogrammtechnik beim Fräsen

Die Unterprogrammtechnik beim Fräsen funktioniert prinzipiell genauso wie beim Drehen. Dies sei an einem Beispiel erläutert. Durch Unterprogrammtechnik wird ein Programm zum Fräsen von Langlöchern erstellt:

L22					Unterprogrammnummer
N1	G91				
N2	G1		Z−5		
N3		X20			
N4			Z5		
N5	G90			M17	

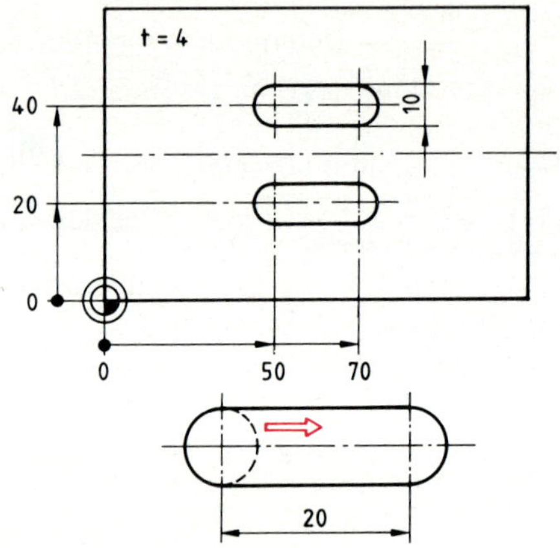

Frästeil mit Langlöchern

Der für die Bearbeitung der Langlöcher erforderliche Fräser trägt die Werkzeugnummer T 1.

%123					Hauptprogrammnummer
N1	G0	X300	Y200	Z100	Werkzeugwechselpunkt
N2	F100 S500		T1	M3	technologische Daten
N3	G0	X50	Y20	Z1	Startlangloch 1
N4	L22 01				Aufruf des Unterprogramms
N5	G0	X50	Y40	Z1	Start Langloch 2
N6	L22 01				Aufruf des Unterprogramms
N7	G0	X300	Y200	Z100	Werkzeugwechselpunkt
N8	M30				

Bei Ablauf des Hauptprogramms wird zweimal in das vorher gespeicherte Unterprogramm L 22 verzweigt, in dem die geometrischen Daten des Langlochs programmiert sind.

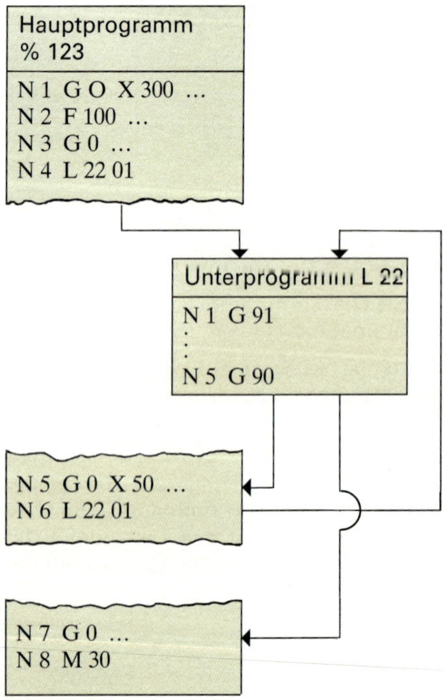

Zweimaliges Verzweigen ins Unterprogramm

Aufgaben zur Wiederholung und Vertiefung

1. Erläutern Sie, was man unter einem Unterprogramm versteht!

2. Nennen Sie Anwendungsfälle für den Einsatz von Unterprogrammen!

3. Unterscheiden Sie zwischen Arbeitszyklen und Unterprogrammen!

4. Welche Vorteile bietet die Unterprogrammtechnik dem Programmierer?

5. Erfahrene Programmierer sprechen von einer „Unterprogrammbibliothek". Erläutern Sie, was man darunter versteht!

6. Erstellen Sie für den abgebildeten Einstich ein Unterprogramm! Die Breite des Drehmeißels beträgt 2 mm.

7. Schreiben Sie das Hauptprogramm für das abgebildete Drehteil! Benutzen Sie als Unterprogramm für die Freistiche das Programm aus Aufgabe 6!
Ermitteln Sie die technologischen Daten mit Hilfe eines Tabellenbuches für einen Automatenstahl 9 S 20 (R_m = 420 N/mm) und ein Schneidwerkzeug aus Hartmetall! Die Werkzeugnummern sind T 1 (Meißel zum Längs-Rund-Drehen) und T 4 (Stechdrehmeißel).

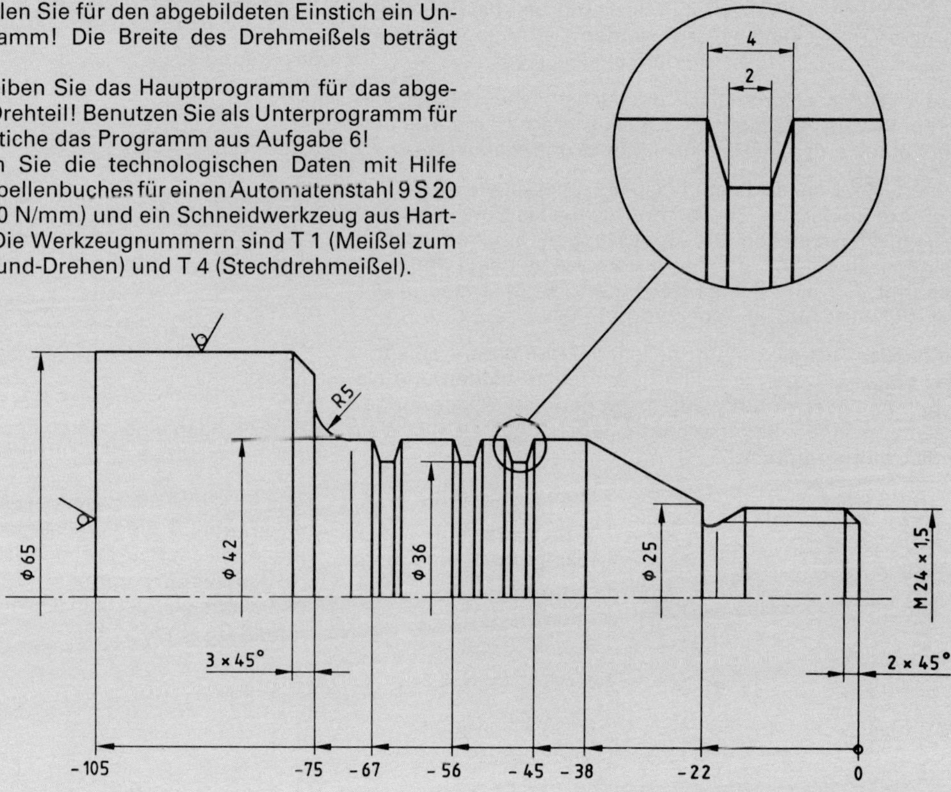

8. Programmieren Sie das abgebildete Frästeil mit Hilfe der Unterprogrammtechnik! Wählen Sie die technologischen Daten mit Hilfe des Tabellenbuches für einen Fräser 15 aus HSS für einen Werkstoff aus St 37!

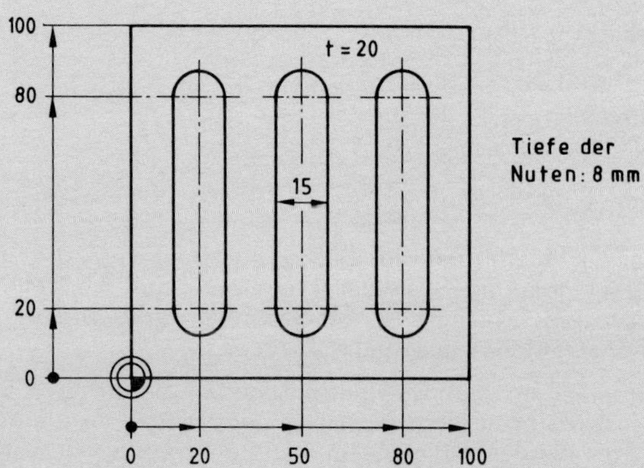

Parameterprogrammierung

Häufig kommen an Werkstücken Konturformen vor, die sich untereinander nur durch ihre Lage am Werkstück oder ihre unterschiedlichen Abmesungen unterscheiden. Beispiele dafür sind die bereits beschriebenen Gewindefreistiche, die je nach dem Außendurchmesser des Gewindes unterschiedliche Abmessungen haben.

In solchen Fällen – ähnliche Formen bei unterschiedlichen Maßen – kann der Programmierer statt mit Maßen mit sogenannten Parametern programmieren. Diese sind steuerungsabhängig und nicht genormt. Ein Beispiel für die Adresse eines Parameters ist der Adreßbuchstabe R. Ähnlich wie Variablen in Basic müssen die Parameter im Hauptprogramm mit Zahlen belegt werden. Die Angabe R10 = 25 bedeutet: der Parameter R10 ist mit der Zahl 25 belegt.

Bei ähnlichen Werkstückformen mit unterschiedlichen Maßen benutzt man die Parametertechnik für die Unterprogramme. Die einzelnen Parameter werden im Hauptprogramm mit Zahlen belegt.

Die Parametertechnik sei an einem Beispiel verdeutlicht:
Das Unterprogramm für den Gewindefreistich eines Gewindes M10 haben wir bereits beschrieben. Die Abmessungen für einen solchen Freistich sind nach DIN 76 abhängig vom Gewindeaußendurchmesser genormt. Für ein anderes Gewinde, z. B. M42 sind in der Norm nebenstehende Abmessungen vorgesehen.

In konventioneller Technik müßte für jedes Gewinde ein entsprechendes Programm für den Freistich geschrieben werden und als Unterprogramm abgespeichert werden, um dann bei Bedarf aufgerufen werden zu können. In Parametertechnik dagegen ergibt sich das folgende Unterprogramm:

L 100	Unterprogramm
N1 G91	Umschalten auf Inkrementalbemaßung
N2 G01 X=R1 Z=R2 F0.1	
N3 G02 X=R3 Z=R4 I=R5 K=R6	
N4 G01 Z=R7	
N5 G02 X=R8 Z=−R8 I=R8 K0	
N6 G90 M17	Absolutbemaßung, Unterprogrammende

% 100	Hauptprogramm
N1 G00 X100 Z−20	Position des Freistichs
N2 R1=−1,04 R2=−1,80 R3=−0,11 R4=−0,40	
N3 R5=0,69 R6=−0,40 R7=−2,2 R8=0,8	
N4 L100	

Bei der Ausführung des Unterprogramms setzt die Steuerung der Maschine an die Stelle der R-Parameter nun die Zahlen, mit denen diese jeweils belegt sind. Der Gewindefreistich wird mit den entsprechenden Maßen ausgeführt.

Für einen anderen Gewindeaußendurchmesser, z. B. M 42, braucht das Unterprogramm nicht neu geschrieben zu werden, die Parameter werden lediglich im Hauptprogramm mit entsprechenden Werten belegt:

Unter einem Parameter kann vom Anwender eine beliebige Zahl abgespeichert werden.

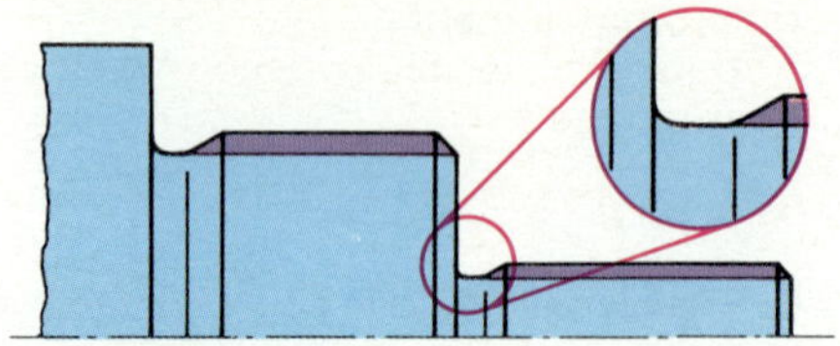
Gewindefreistich

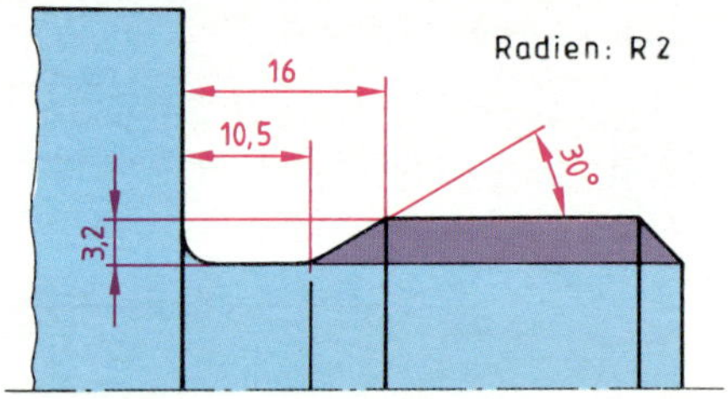

Abmessungen eines Gewindes M 42

Anstatt der Maße stehen in diesem Unterprogramm die verschiedenen Parameter, die im Hauptprogramm vor Aufruf des Unterprogramms mit Zahlen belegt werden müssen, in diesem Beispiel für ein Gewinde M 10.

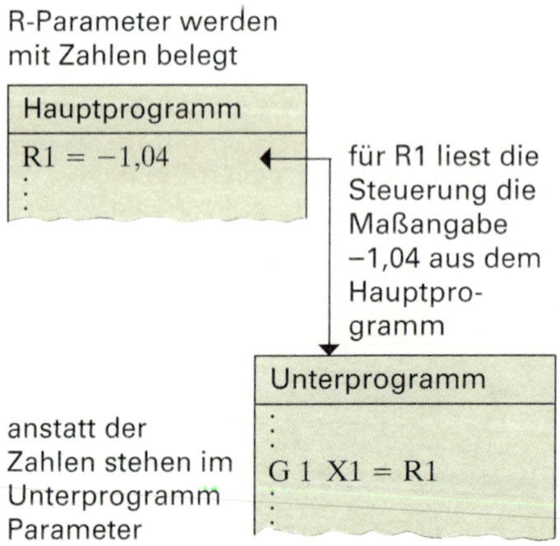

Beispiel für Parameterprogrammierung

Parameter für einen Gewindefreistich M 42:

N1	G00	X200	Z −70		Position des Freistichs
N2	R1 = −2,93	R2 = −5,07	R3 = −0,27	R4 = −1,00	
N3	R5 = 1,73	R6 = −1,00	R7 = −7,93	R8 = 2,0	
N4	L100				

Gewindefreistich M 42

Verschiedene Hersteller haben ihre Steuerungen mit fertigen Arbeitszyklen für Gewindefreistiche versehen, die mittels einer einfachen G-Funktion aufgerufen werden können.

Bei der Konturkurzbeschreibung übernimmt die Steuerung die Berechnung der Koordinaten der Übergangspunkte.

Konturzüge

Ein großes Problem vieler Programmieraufgaben ist die Berechnung der Koordinaten der Punkte, die durch das Werkzeug angefahren werden sollen. Typische Beispiele für derartige Aufgaben sind Übergangsradien zwischen zwei Geraden, wie z. B. beim Gewindefreistich. Die CNC-Steuerung kann dem Programmierer den damit verbundenen Rechenaufwand abnehmen, indem sie die Berechnung der Übergangspunkte übernimmt. Eine solche Programmierung bezeichnet man als Konturkurzbeschreibung. Die Programmierung mit Hilfe der Konturkurzbeschreibung ist wiederum steuerungsabhängig.

Die Konturzugprogrammierung wird an einigen steuerungsabhängigen Beispielen verdeutlicht:

Die Kontur **Gerade** wird durch die Angabe einer der beiden Endpunktkoordinaten (X oder Z) und des Winkels eindeutig bestimmt. Die zweite Endpunktkoordinate wird von der Steuerung berechnet. Die Angabe des Winkels erfolgt unter der Adresse A.

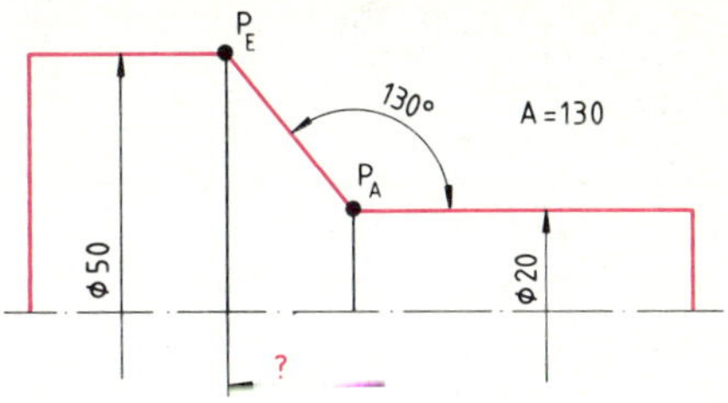

Gerade

N… A 130 X 50	(oder Z)

Eine wesentliche Vereinfachung bei der **Kreisprogrammierung** bietet die folgende Programmierung: Die Interpolationsparameter I und K müssen nicht mehr berechnet werden. Es genügt, die G-Funktion für den Drehsinn, die Zielkoordinaten und den Radius unter der Adresse B anzugeben.

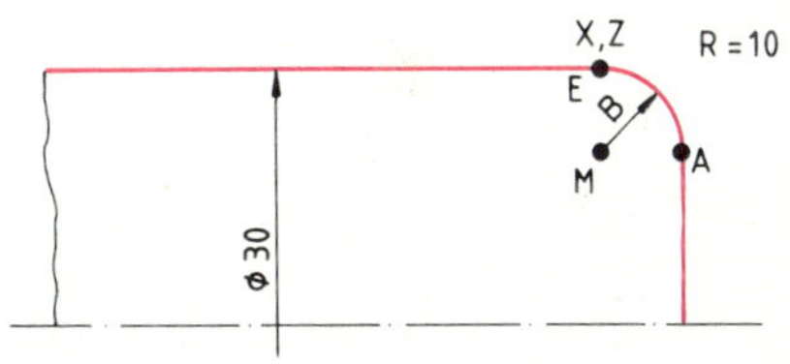

Kreis

N… G 3 X 30 Z −10 B 10

Einen **Radius zwischen zwei Geraden** kann man sehr einfach eingeben:

X1 und Z1 sind die Schnittpunktkoordinaten der beiden Geraden.

N… X1… Z1… B…

X2 und Z2 sind die Endpunktkoordinaten der beiden Geraden.

N… X2… Z2…

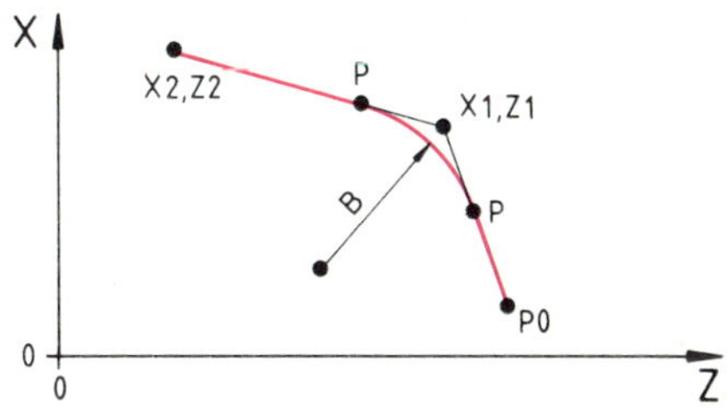

Radius zwischen zwei Geraden

Ein **tangentialer Übergang zwischen einem Kreisbogen und einer Geraden** wird durch folgenden Datensatz programmiert:

N… G 2 (bzw. G 3) B… A… X… Z…

Dabei wird unter der Adresse B der Radius des Kreisbogens und unter der Adresse A der Winkel der Geraden eingegeben.

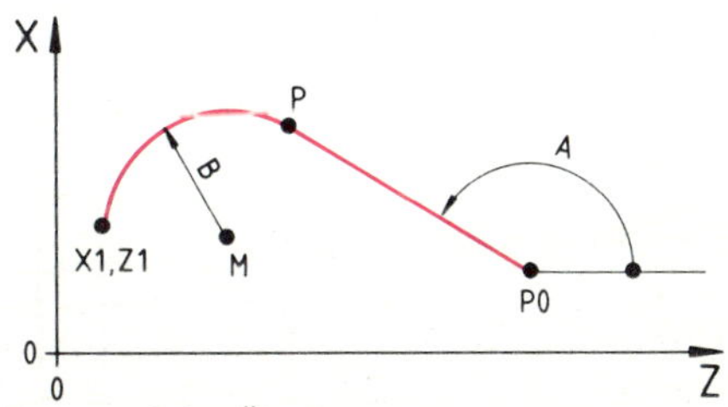

Tangentialer Übergang

Eine **Fase zwischen zwei Geraden** wird ebenfalls mit Hilfe der Adresse B programmiert. Um der Steuerung mitzuteilen, daß eine Fase gewünscht ist, wird jedoch die Fasenbreite als negative Zahl eingegeben:

```
N... X1... Z1... B –...
N... X2... Z2...
```

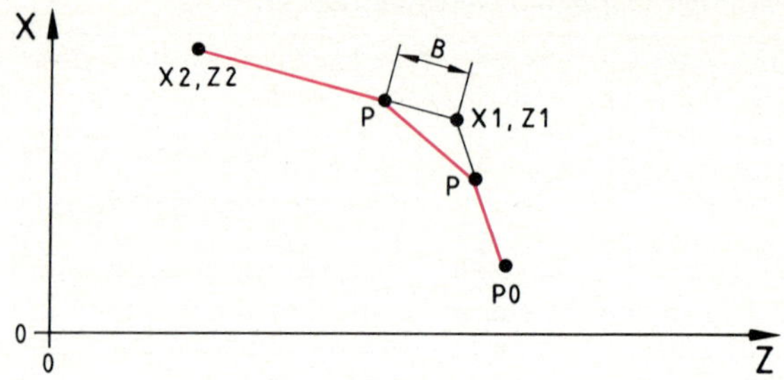

Fase

Vollständige Werkstückkonturen können mit Hilfe der Konturzüge in wenigen Sätzen programmiert werden:

```
N... G0 X0 Z0
N... A 110 A 170 Z –50 X 50 B 15 B 30
N... X 120 Z –60
...
...
```

Bei konventioneller Programmierung müßten die Übergangspunkte erst mühevoll berechnet werden.

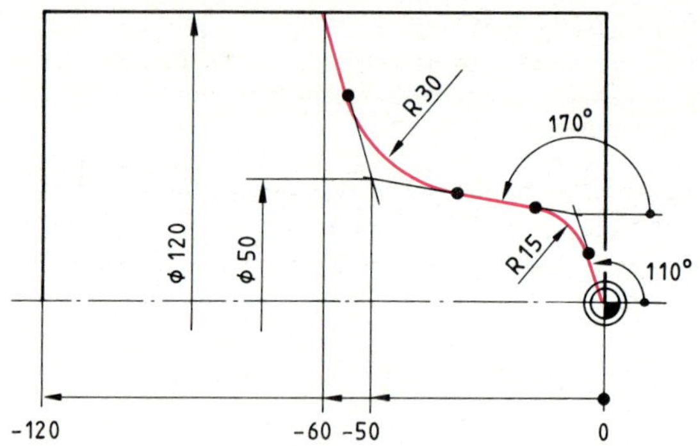

Vollständige Werkstückkontur

Aufgaben zur Wiederholung und Vertiefung

1. In welchen Fällen ist der Einsatz der Parameterprogrammierung sinnvoll?
2. Berechnen Sie die Werte für einen Gewindefreistich nach DIN 76 Form A für ein Gewinde M 0! Schreiben Sie ein entsprechendes Haupt- und Unterprogramm in der Parametertechnik!
3. Schreiben Sie ein Unterprogramm für den abgebildeten Einstich in Parametertechnik! Die Maße A, B und C sollen durch Parameter (R1, R2, R3) gesteuert werden.

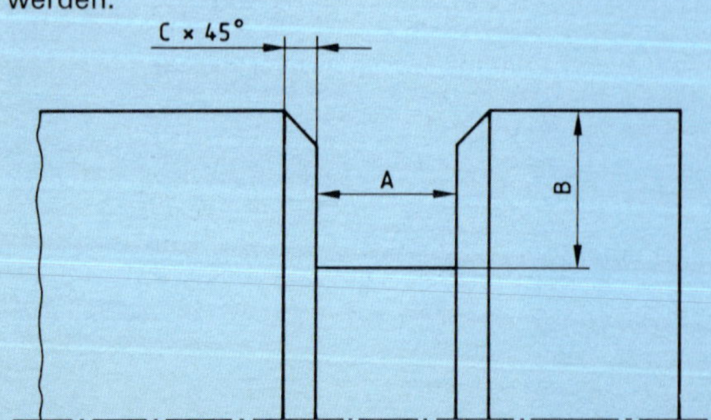

4. Welche Vorteile bietet die Konturzugprogrammierung dem Benutzer der Maschine?
5. Unter welcher Adresse werden bei der Konturzugprogrammierung Winkel und Radien eingegeben?
6. Programmieren Sie die abgebildete Werkstückkontur mit Hilfe der Konturzugprogrammierung!
7. Programmieren Sie einen Gewindefreistich M 10 mit Hilfe der Konturkurzprogrammierung!

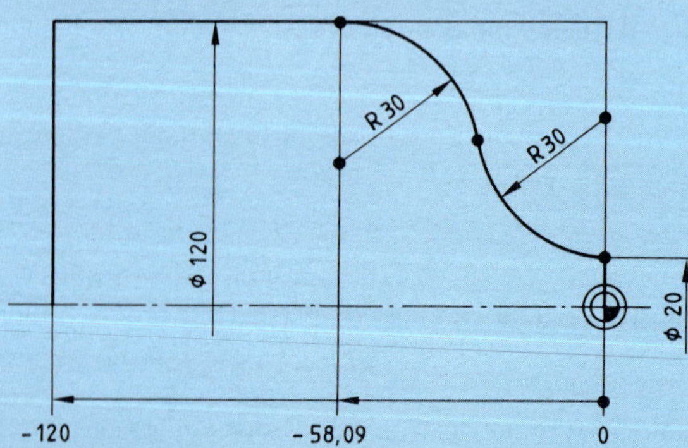

1.7.3 Graphische Konturerstellung

Die „manuelle" Programmierung von Werkstücken, z. B. Drehteilen, erfordert eine intensive Schulung des Anwenders. Die Hersteller der Steuerungen sind darum bemüht, im Sinne der Ergonomie eines Arbeitsplatzes, die Programmierung von CNC-Maschinen so einfach wie möglich zu gestalten.

Die Kontur eines rotationssymmetrischen Werkstücks setzt sich aus verschiedenen Konturelementen zusammen, die sich voneinander nur durch ihre unterschiedlichen Abmessungen und ihre Lage am Werkstück unterscheiden. Das abgebildete Drehteil zum Beispiel hat die Konturelemente Radien, Geraden und „Schrägen" sowie eine Fase.

Bei der Programmierung mit Hilfe graphischer Konturelemente ist die **Vorgehensweise** des Anwenders wie folgt:

Zuerst werden die **Rohteilabmessungen** und die **Lage des Nullpunktes** in die Steuerung eingegeben. Anschließend wird die **Werkstückkontur** mit Hilfe von Piktogrammen (vereinfachten Symbolen) auf der Tastatur oder auf dem Bildschirm im Dialog mit der Maschine erstellt. Die Maschine fragt den Anwender nach den Eingaben, die sie braucht, um das angewählte Konturelement herstellen zu können. So kann auch ein Anwender, der nur wenig Kenntnisse von der CNC-Technik hat, in kurzer Zeit Programme für CNC-Maschinen erstellen.

Fehlende Koordinatenpunkte werden von der Steuerung berechnet und automatisch in das Programm eingefügt. Nachdem die Programmierung abgeschlossen ist, wird die fertige Werkstückkontur auf dem Bildschirm abgebildet, so daß der Anwender erkennen kann, ob Fehler in der Programmierung vorliegen.

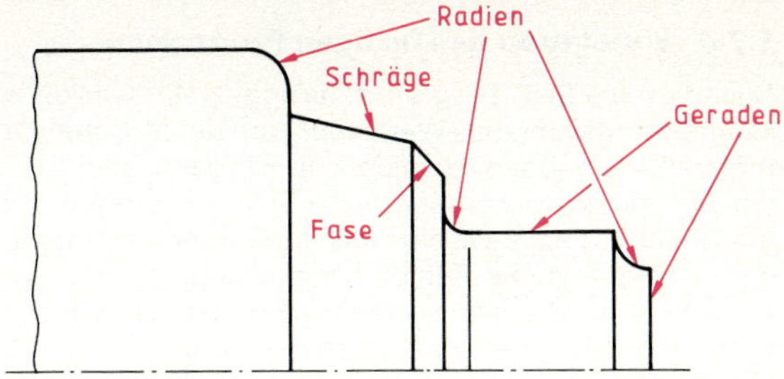

Konturelemente

Bei der graphischen Konturerstellung erfolgt die Programmierung von Werkstückkonturen mit Hilfe von Piktogrammen. Dazu ist keine Kenntnis der nach DIN genormten Befehle erforderlich.

Bedienerführung

Eine weitere Erleichterung in der Arbeit mit CNC-Maschinen ist die sogenannte Bedienerführung, bei der die Steuerung – ähnlich wie bei der graphischen Konturerstellung – den Bediener bei der Programmierung unterstützt.

Dies sei (steuerungsabhängig) am Beispiel des Radius an der Werkstückvorderkante des obenstehenden Werkstücks verdeutlicht:

Der Anwender drückt – nach der Anwahl der Bedienerführung – als erstes auf die Taste für „Satznummer". Diese wird von der Steuerung automatisch in den neuen Satz übernommen. Als nächstes wird die gewünschte G-Funktion von der Maschine abgefragt. Zur Erinnerung werden diese noch auf dem Bildschirm jeweils erläutert z. B. ob die Kreisinterpolation im Uhrzeigersinn (CW) oder im Gegenuhrzeigersinn (CCW) erfolgen soll. Nachdem der Anwender auf die Taste für den Uhrzeigersinn (G 2) gedrückt hat, werden die Endpunktkoordinaten und der Radius bzw. I und K von der Maschine verlangt.

Wenn ein Satz fertig programmiert ist, geht man – von der Maschine geführt – zum nächsten Satz über.

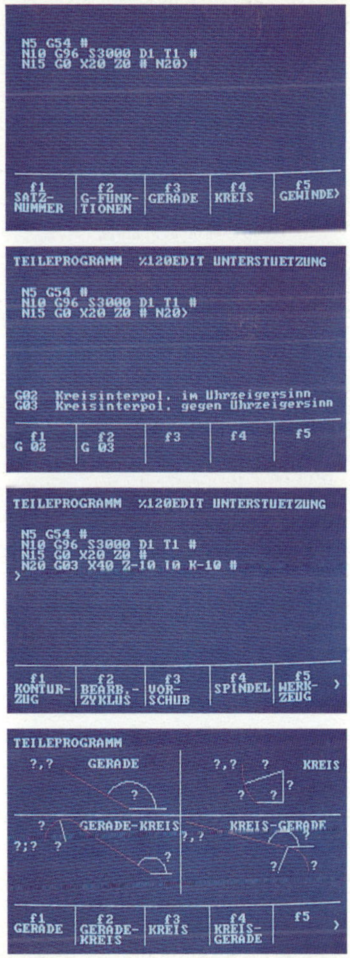

Bedienerführung

CW = **c**lock**w**ise (im Uhrzeigersinn)
CCW = **c**ounter **c**lock**w**ise (im Gegenuhrzeigersinn)

1.7.4 Simulation des fertigen Programms

Nachdem ein CNC-Programm fertiggestellt worden ist, kann die Fertigung des Werkstücks auf der Maschine erfolgen. Es ist jedoch möglich, daß sich trotz aller Sorgfalt bei der Programmierung Fehler im fertigen Programm befinden, etwa eine falsche G-Funktion oder andere Fehler. Solche Fehler können sehr schnell zum Ausschuß des Werkstücks führen. Kollisionen zwischen Werkzeug und Werkstück können folgenschwere Unfälle nachsichziehen.

Die meisten Werkzeugmaschinenhersteller bieten daher die Möglichkeit, den Fertigungsablauf zunächst auf dem Bildschirm zu simulieren, damit der Anwender eventuelle Fehler erkennen und beheben kann.

Für Schulungszwecke ist es nicht immer erforderlich, eine komplette Werkzeugmaschine anzuschaffen, wenn man über eine Maschinentastatur und einen Monitor zur Simulation des Bearbeitungsvorgangs verfügt. Zahlreiche Softwarehersteller bieten heute Simulationsprogramme für PC's an. Mit Hilfe der Computer können CNC-Programme geschrieben und die Fertigung des Werkstücks am Bildschirm simuliert werden, so daß der Programmierer sich von der Richtigkeit des Programms überzeugen kann. Einige Simulationsprogramme bieten sogar die Möglichkeit, die CNC-Programme an eine CNC-Maschine zu übertragen, so daß die Programmierung an einem Computer z. B. im Büro erfolgen kann. Das Programm wird dann auf die Maschine übertragen und dort ausgeführt.

```
N1 G54
N2 G92 G96  S300
N3 G0  X200 Z3
N4 L300
:  :
:  :
```

Programm

Simulation am Computer

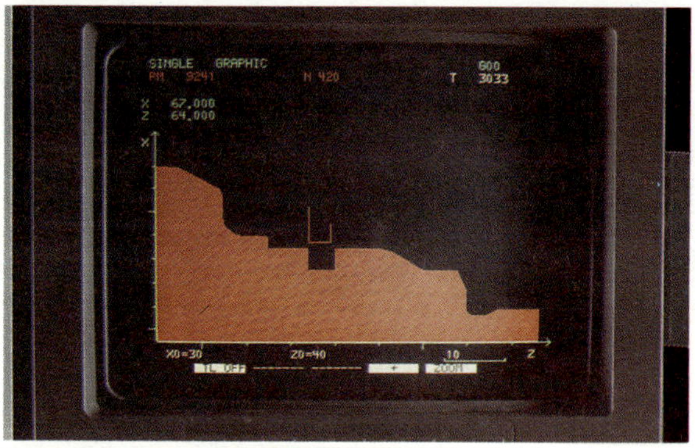

Simulation an der CNC-Maschine

1.7.5 Probefertigung des Werkstücks

Nachdem die Simulation des Werkstücks auf dem Monitor erfolgreich abgeschlossen wurde, kann das Werkstück auf der CNC-Maschine gefertigt werden. Um eventuell doch noch vorhandene Programmierfehler erkennen und ausschalten zu können, wird zuerst eine Probefertigung des Werkstücks durchgeführt.

Diese Probefertigung geschieht entweder **mit verminderter Vorschubbewegung** oder im Einzelsatzbetrieb. Bei verminderter Vorschubbewegung wird mittels eines Handrades die Vorschubgeschwindigkeit so vermindert, daß der Bearbeitungsvorgang „im Zeitlupentempo" erfolgt. Eventuelle Fehler können frühzeitig erkannt und die Maschine schnell abgeschaltet werden.

Im **Einzelsatzbetrieb** arbeitet die Maschine das Programm satzweise ab. Der Anwender kann jeden einzelnen Satz auf seine Richtigkeit hin überprüfen. Der jeweils nachfolgende Satz wird erst nach einem Tastendruck des Anwenders abgearbeitet.

Eine weitere Möglichkeit der Probefertigung ist die Herstellung des Werkstücks aus einem **Ersatzwerkstoff,** z. B. Kunststoff. Dabei kann gleichzeitig die gewünschte Funktion des Werkstücks mit überprüft werden.

Simulation und Probefertigung dienen dazu, eventuell vorhandene Programmierfehler zu erkennen und Unfälle zu vermeiden.

Verminderung der Vorschubgeschwindigkeit mit Hilfe eines Handrads

1.7.6 Optimierung von CNC-Programmen

Wie schon im Grundstufenband dargestellt wurde, können durch Veränderung der Eingangskenngrößen des Zerspanungsvorgangs die Ausgangskenngrößen verändert werden. So bewirkt z. B. eine Erhöhung der Schnittgeschwindigkeit eine niedrigere Hauptnutzungszeit.

Wenn ein lauffähiges CNC-Programm weiter verbessert wird, spricht man von Programmoptimierung. So können Fertigungszeit – und damit Kosten – gesenkt werden, indem man Schnittgeschwindigkeit, Vorschub oder Schnittiefe vergrößert, die Schnittaufteilung verbessert oder bessere Werkzeuge einsetzt. Die Oberflächengüte kann ebenfalls durch Veränderung der Schnittgeschwindigkeit, des Vorschubs, der Schnittiefe und der Werkzeuggeometrie verbessert werden. Der Einsatz von Kühlschmiermittel hat ebenfalls einen Einfluß auf das Bearbeitungsergebnis.

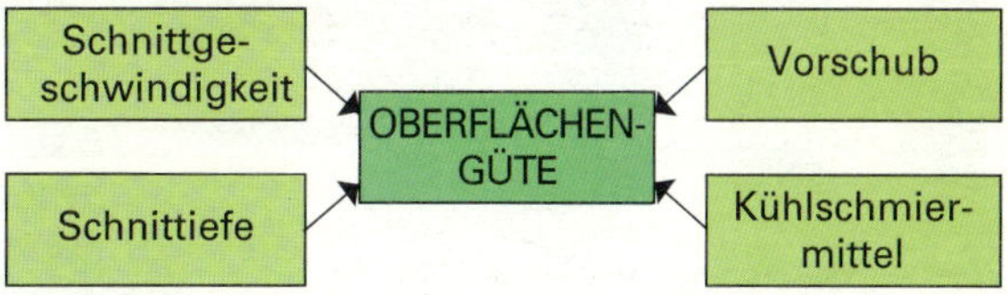

Die Programmoptimierung dient der Verbesserung des Arbeitsergebnisses und der Kostensenkung.

Fragen zur Wiederholung und Vertiefung

1. Erläutern Sie den Vorgang der graphischen Konturerstellung!
2. Welche Konturelemente enthält die dargestellte Werkstückkontur?

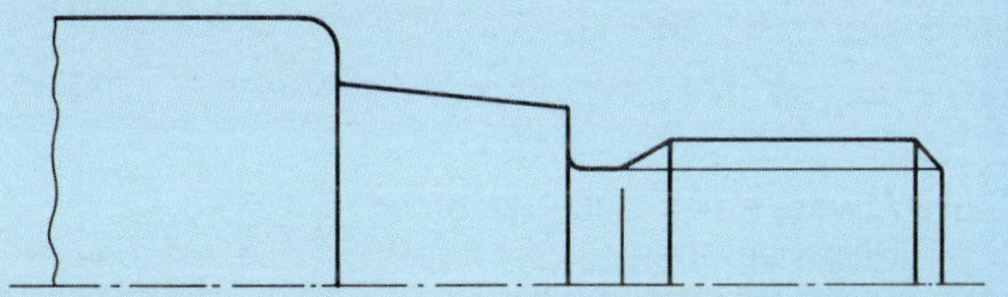

3. Nennen Sie die Vorteile einer automatischen Programmerstellung!
4. Welche Vorteile bietet die Simulation des Zerspanungsvorgangs?
5. Nennen Sie Möglichkeiten der Probefertigung von Werkstücken!
6. Welche Aufgaben hat die Probefertigung von Werkstücken?
7. Ein CNC-gefertigtes Werkstück verfügt über eine schlechte Oberflächengüte. Nennen Sie Kenngrößen, die die Oberflächengüte beeinflussen!

1.7.7 CAD-Systeme

Das Berufsbild des technischen Zeichners hat sich in den letzten Jahren aufgrund der Entwicklung von Computern stark verändert. Noch vor wenigen Jahren wurden technische Zeichnungen für die Fertigung „von Hand“ gezeichnet. Das Handwerkszeug des Zeichners waren Tuschstifte, Lineal und Zeichenplatte. Korrekturen in technischen Zeichnungen mußten mühsam von Hand vorgenommen werden. Heute werden in Industrie und Handwerk technische Zeichnungen mit Hilfe des Computers erstellt. Man bezeichnet diese Arbeitsweise als CAD-Zeichnen, abgeleitet aus dem englischen **C**omputer **A**ided **D**esign (computerunterstütztes Konstruieren). Der Einsatz des Computers in der Konstruktion bietet eine Vielzahl von Vorteilen:

- Zeichnungen können schnell und genau hergestellt werden.
- Korrekturen und Veränderungen an fertigen Zeichnungen sind unproblematisch.
- Konturen von Bauelementen können mit Hilfe des Computers berechnet werden.
- Zeichnungen können platzsparend gespeichert werden.
- Werkstückdaten sind weiterverwendbar an Werkzeugmaschinen.

CAD Arbeitsplatz

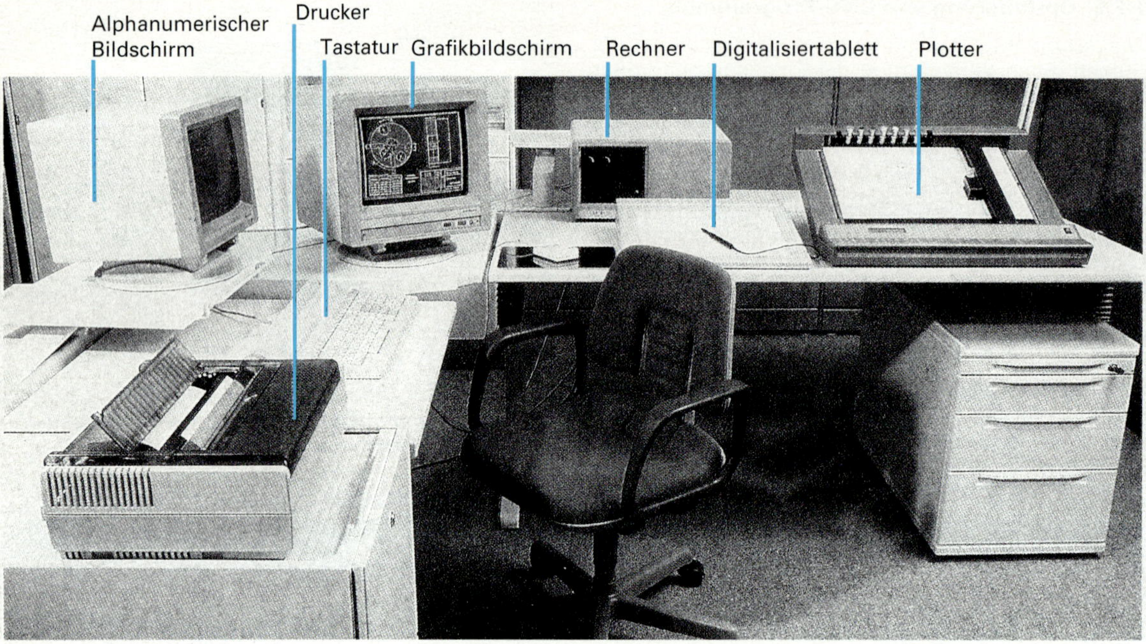

CAD-System

Aufbau eines CAD-Systems

Alle Geräte, die zu einer Datenverarbeitungsanlage gehören, bezeichnet man als **Hardware.** Die zu einer CAD-Anlage gehörige Hardware besteht grundsätzlich aus den nebenstehenden Komponenten.

Hardware eines CAD-Systems:
- Eingabeeinheit
- Verarbeitungseinheit
- Ausgabeeinheit

Die Eingabeeinheiten dienen dazu, dem Computer Befehle und Daten einzugeben. Für CAD-Systeme sind folgende Eingabeeinheiten üblich:

- Eingabeeinheit

Man unterscheidet die **alphanumerische Tastatur** und die **Funktionstastatur.** Die alphanumerische Tastatur ähnelt der Tastatur einer Schreibmaschine, ist jedoch mit einigen Sondertasten zur Steuerung von Computern ausgestattet.

Einige CAD-Systeme benutzen Erweiterungen der alphanumerischen Tastaturen, um die Eingabe von Befehlen weiter zu erleichtern. Man bezeichnet diese als Funktionstastaturen.

Ein **Digitalisiertablett** (engl. Digitizer) ist ein Gerät, das es ermöglicht, zusammen mit einem elektronischen Stift Befehle und Zeichnungen an den Computer zu übermitteln. Der elektronische Stift wird zu diesem Zweck auf einer an den Computer angeschlossenen Zeichenfläche (dem Tablett) geführt. Durch Antippen von gekennzeichneten Flächen auf dem Tablett wird der dieser Fläche zugeordnete Befehl an den Computer übermittelt.

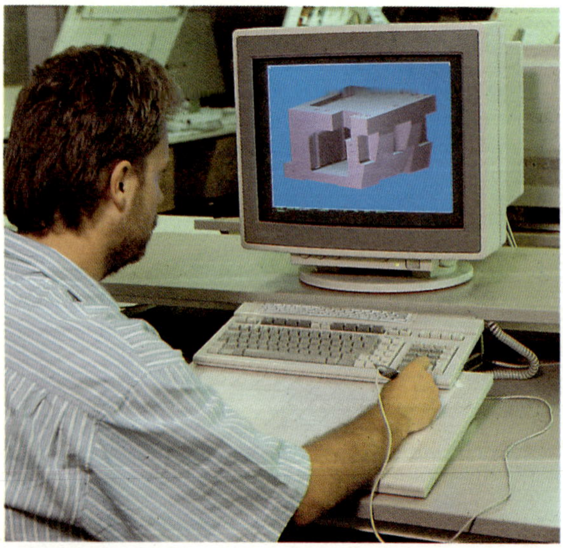

Digitalisiertablett
Eingabeeinheit

Damit der Konstrukteur weiß, an welcher Stelle sein Zeichenbefehl auf dem Bildschirm ausgeführt wird, befindet sich ein Fadenkreuz auf dem Bildschirm. Zur Steuerung dieses Fadenkreuzes dienen Maus, Rollkugel und Steuerknüppel. Sie übersetzen die Bewegungen der Hand des Konstrukteurs in Bewegungen des Fadenkreuzes auf dem Bildschirm.

Maus

- Verarbeitungseinheit

Als Verarbeitungseinheit für CAD-Anlagen dienen Computer. Da dem Computer bei CAD-Anwendungen große Rechenleistungen abverlangt werden, ist es erforderlich, möglichst „schnelle" Rechner bei CAD-Anlagen zum Einsatz zu bringen. In kleineren Firmen, in denen nur ein CAD-Platz erforderlich ist, reichen sogenannte **Personalcomputer** für die meisten CAD-Anwendungen aus.

In größeren Betrieben mit mehreren CAD-Arbeitsplätzen stehen **Großrechenanlagen,** die die Arbeit mehrerer Konstrukteure zu gleicher Zeit ermöglichen. Die Zeichnungen werden von den Computern auf sogenannten **externen Speichern** für die weitere Bearbeitung oder zu Archivierungszwecken abgespeichert.

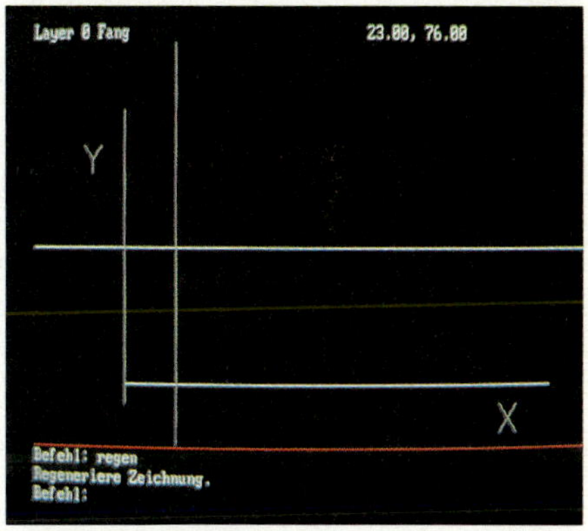

Bildschirm mit Fadenkreuz
Eingabeeinheiten

- Ausgabeeinheit

Ausgabeeinheiten dienen der Ausgabe von den auf dem Computer erstellten Zeichnungen und Konstruktionen.

Beim Zeichnen selbst dient der **Monitor** als Ausgabeeinheit. Auf dem Bildschirm kann der Konstrukteur den Fortgang seiner Zeichnung beobachten. Bei den meisten CAD-Systemen befindet sich auf dem Bildschirm außerdem eine „Befehlsleiste", in der die wichtigsten Befehle des CAD-Systems aufgeführt sind. Mit Hilfe dieser Befehle kann der Konstrukteur im Dialog mit dem Computer die Zeichnung erstellen.

Drucker

Als weitere Ausgabeeinheiten dienen **Plotter und Drucker.** Sie ermöglichen die Ausgabe der Konstruktion auf Papier. Um eine besonders gute Wiedergabe der Zeichnung zu erzielen, setzt man einen Plotter ein, ein Gerät, das mit Tusche- oder Faserstiften sehr genaue Zeichnungen auf Papier zeichnet. Es gibt Plotter bis zur Größe DIN A0. Alle Plotter verfügen über verschiedene Stifte, so daß unterschiedliche Linienstärken und Farben möglich sind.

Eine preisgünstige – allerdings nicht so genaue – Alternative zum Plotter ist die Verwendung eines Druckers als Ausgabeeinheit. Man unterscheidet nach ihrer Funktionsweise mechanische Drucker und Laserdrucker. Bei mechanischen Druckern wird das Druckbild meist durch kleine Nadeln erzeugt, die gegen ein Farbband gedrückt werden (Matrix-Drucker).

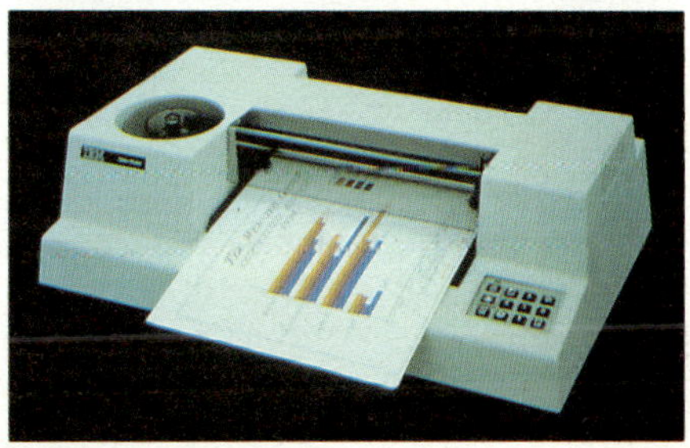

Farbplotter
Ausgabeeinheiten

Bei einem Laserdrucker bewegt sich ein Laserstrahl in Form der Buchstaben und Linien über eine Trommel, die dadurch an diesen Stellen elektrisch geladen wird. Durch diese Ladung nimmt die Trommel an den vom Laserstrahl belichteten Stellen Farbe auf. Das ebenfalls elektrisch geladene Papier wird an dieser Trommel vorbeigeführt und nimmt dabei die Farbe von der Trommel ab.

Software von CAD-Systemen

Das Computersystem selber, die Hardware, ist allein noch nicht arbeitsfähig. Damit mit Hilfe des Computers konstruiert werden kann, sind verschiedene Programme erforderlich, die als **Software** bezeichnet werden. Diese werden in den Hauptspeicher des Rechners geladen.

Als Software bezeichnet man alle Daten und Programme, die der Computer zum arbeiten benötigt.

Um einen Computer als CAD-Gerät benutzen zu können, ist eine sogenannte CAD-Software erforderlich. Diese ermöglicht es, z. B. Linien und Kreise auf dem Bildschirm zu zeichnen und Berechnungen auszuführen. Weiterhin regelt diese Software auch die Abspeicherung der Daten auf den externen Speichern und die Zeichnungsausgabe auf Druckern und Plottern.

CAD-Software für Personalcomputer wird von verschiedenen Herstellern angeboten. Diese CAD-Anwenderprogramme unterscheiden sich z. T. sehr stark voneinander, weil die verschiedenen Softwarehersteller jeweils eigene Befehle verwenden. Anders als in der CNC-Technik sind im CAD-Bereich keine Sprachen oder Befehle genormt. Sehr oft werden in den verschiedenen Programmen auch englischsprachige Befehle verwendet.

Erstellung einer Werkstückzeichnung mit Hilfe eines CAD-Anwenderprogramms

- Erstellung einer einfachen Zeichnung mit einem CAD-System

Das abgebildete Werkstück soll mit Hilfe eines CAD-Systems gezeichnet und mittels Plotter ausgegeben werden.

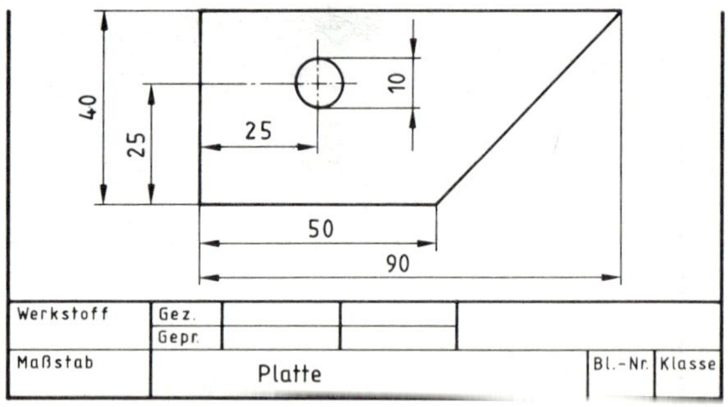

Zeichnung: Platte

Zuerst muß die Software in den Hauptspeicher des Rechners geladen werden. Nach kurzer Zeit meldet sich das Programm mit dem sogenannten Hauptmenue, in dem verschiedene Arbeitsgänge angeboten werden. Da eine neue Zeichnung erstellt werden soll, wählt man die entsprechende Funktion. Nachdem man einen Namen (z. B. Platte) für die Zeichnung vergeben hat, unter dem sie später auf den externen Speichern abgespeichert wird, stellt der Computer dem Anwender das elektronische Zeichenbrett zur Verfügung. Im Bereich dieses Feldes befindet sich ein Fadenkreuz, das dem Anwender zeigt, an welcher Stelle auf dem Bildschirm der nachfolgende Befehl ausgeführt wird. Das Fadenkreuz kann z. B. mit Hilfe der Maus auf dem Bildschirm gesteuert werden.

Häufig befindet sich auf der Seite des Zeichenbretts eine Textspalte, in der die wichtigsten Befehle des CAD-Systems aufgeführt sind. So braucht sich der Anwender die Schreibweise der Befehle nicht genau zu merken. Um unnötige Schreibarbeit zu sparen, können die jeweiligen Befehle auch mit der Maus angewählt werden. Dazu fährt man mit dem Fadenkreuz auf den entsprechenden Befehl und drückt dann – zur Bestätigung – eine Taste auf der Maus. Dieser entsprechende Befehl wird anschließend ausgeführt.

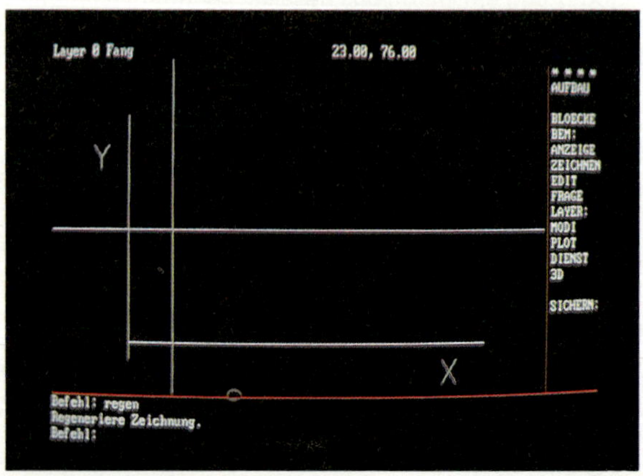

- Einteilung des Bildschirms in Koordinaten

Der Computer teilt das Zeichenbrett in horizontale Linien und vertikale Spalten ein – eine Art Koordinatensystem, in dem die X-Achse waagerecht und die Y-Achse senkrecht steht. Durch die Angabe der X- und Y-Koordinaten eines Punktes ist seine Lage auf dem Bildschirm eindeutig bestimmt.

- Zeichnen einer Linie

Will man eine Linie ziehen, so gibt man die Koordinaten des Anfangspunktes und des Endpunktes ein. Das Ziehen einer Linie auf dem Bildschirm kann durch den Befehl „Linie" (deutsch) oder durch „line" (englisch) erfolgen. In unserem Beispiel sei der Anfangspunkt der Ursprung des Koordinatensystems, also X = 0 und Y = 0. Nach der Eingabe des „Linie"-Befehls von der Tastatur aus fragt der Computer die Koordinaten des ersten Punktes ab. Der Konstrukteur gibt also ein: 0.0 für X = 0 und Y = 0. Danach fragt der Computer im Dialog nach den Koordinaten des Endpunktes der Linie. In unserem Fall sind dies für die linke Körperkante der Platte X = 0, Y = 40. Nachdem die Eingabe mit der Entertaste abgeschlossen wurde, zeichnet der Computer die gewünschte Linie auf dem Bildschirm. So werden nacheinander die weiteren Punkte des Werkstücks abgefragt: P2: X = 90, Y = 40. P3: X = 50, Y = 0. Der letzte Punkt P4 entspricht dem Anfangspunkt, also X = 0, Y = 0.

Damit ist die äußere Form der Platte fertig konstruiert.

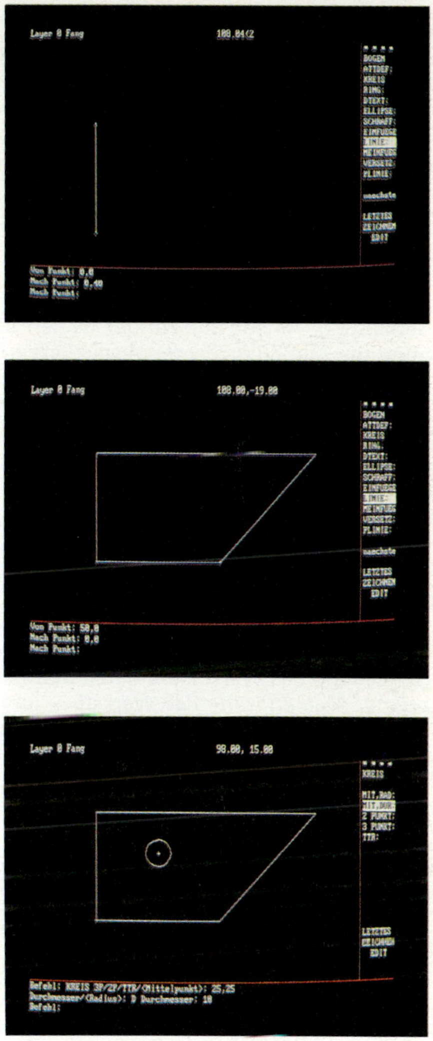

Erstellen einer CAD-Zeichnung

- Zeichnen eines Kreises

Für die Darstellung der Bohrung verwendet man den Befehl „Kreis" (Circle). Nachdem dieser Befehl eingegeben wurde, fragt der Computer in einem sogenannten Untermenue nach den Maßen für den Kreis und der Lage am Werkstück. Man bezeichnet diese Befehle als Unterbefehle des Befehlswortes Kreis. In diesem Beispiel wird der Mittelpunkt und der Durchmesser des Kreises angegeben. Sobald die entsprechenden Eingaben vorgenommen wurden und die Entertaste gedrückt wurde, erscheint der Kreis an der gewünschten Stelle auf dem Bildschirm.

Durch die Führung über Untermenues und den Dialog über Unterbefehle wird der Anwender schrittweise zu der von ihm gewünschten Ausführung des Zeichenbefehls geführt.

- Auswahl einer anderen Linienart

Zur Darstellung der Mittellinie der Bohrung muß dem Computer mitgeteilt werden, daß eine andere Linienart gewünscht wird. Die Linienarten werden – zum Beispiel – mit dem Befehl „Layer" angewählt. Man kann sich einen Layer wie eine Klarsichtfolie vorstellen, die über die bisherige Zeichnung gelegt wird. Dieser Layer enthält z. B. nur die Mittellinien für die Bohrung in der gewünschten Linienart. Man bezeichnet diese Zeichentechnik auch als **Ebenentechnik**. Je nach CAD-Software sind bis zu 2000 verschiedene Ebenen möglich. Im Layer Nr. 0 befinden sich in dieser Zeichnung alle Körperkanten, in Layer Nr. 1 die Mittellinien, in Layer Nr. 2 die Maße. Anfangs- und Endpunkte der Mittellinien werden ebenso wie beim Befehl „Linie" eingegeben. Um die Linienarten optisch voneinander zu unterscheiden, werden sie in verschiedenen Farben auf dem Monitor dargestellt, beim Ausplotten der Zeichnung werden verschiedene Zeichenstifte (z. B. unterschiedliche Linienstärken) verwendet.

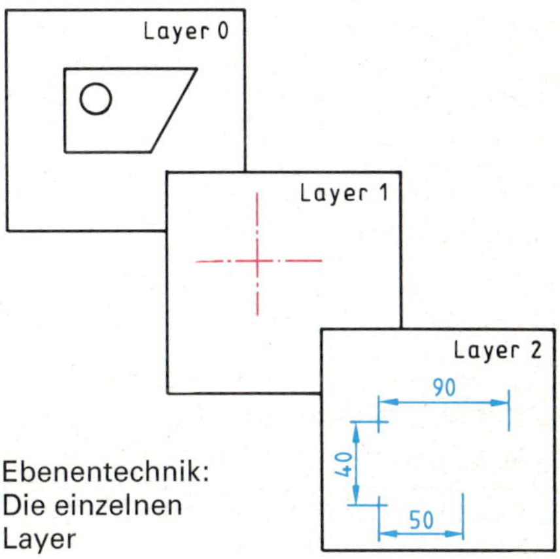

Ebenentechnik: Die einzelnen Layer

- Bemaßung der Werkstückkanten

Die Bemaßung kann auch vom Computer vorgenommen werden: Denn gleichzeitig mit der Eingabe der Koordinaten sind dem Rechner die Längen der einzelnen Seiten mitgeteilt worden. Dies sei am Beispiel des Längenmaßes 50 verdeutlicht.

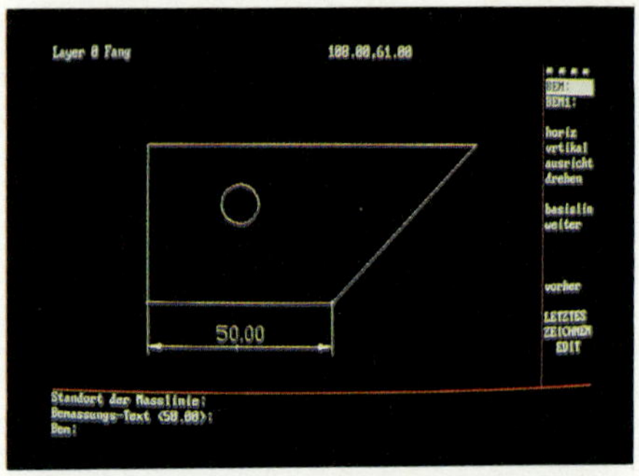

Maß- und Maßhilfslinien werden in technischen Zeichnungen in einer anderen Linienart als Körperkanten gezeichnet (schmale Volllinien). Ähnlich wie bei den Mittellinien muß auch hier wieder ein Layer für die Bemaßung erstellt werden (Layer Nr. 2).

Nach Eingabe des Befehls für Bemaßung „Bem" fragt der Computer folgende Unterbefehle nacheinander ab: horizontale oder vertikale Bemaßung, Anfangspunkte der beiden Maßhilfslinien und Entfernung der Maßlinie von der Werkstückkante. Wenn diese Eingaben erfolgt sind, wird das entsprechende Maß an der gewünschten Stelle auf der Zeichnung dargestellt. Eine vollautomatische Bemaßung nach Norm kann vom Computer nicht vorgenommen werden.

Analog dazu können nun die anderen Maße eingetragen werden, so daß sich nebenstehendes Bild zeigt.

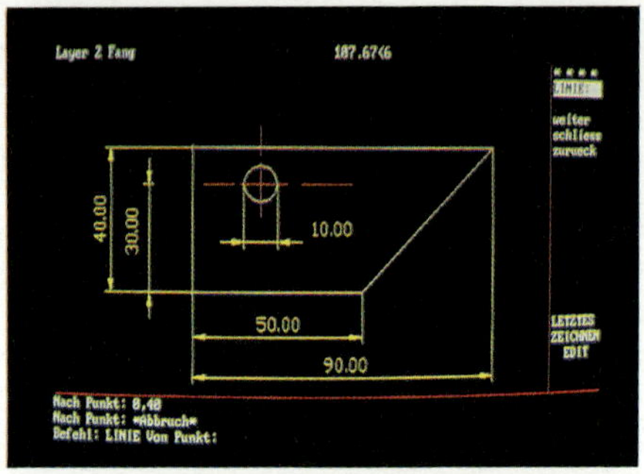

Vom Computer bemaßte Zeichnung

Damit ist die Zeichnung fertiggestellt. Sie kann jetzt mit dem Befehl „Ende" (End) auf einem externen Speichermedium, z. B. auf einer Diskette, für weitere Verwendungen abgespeichert werden. Es können aber auch Veränderungen an der Zeichnung vorgenommen werden. So kann der Konstrukteur z. B. durch einen einfachen Befehl die Werkstückecken durch einen frei wählbaren Radius abrunden, die Darstellung des Werkstücks durch den Befehl „ZOOM" vergrößern bzw. verkleinern oder das Werkstück um eine beliebige Achse auf dem Bildschirm drehen. Weiter ist bei entsprechender Eingabe möglich, das Werkstück als dreidimensionale Zeichnung von allen Seiten zu betrachten.

Ferner ist es natürlich möglich, Konturelemente – z. B. die Bohrung aus unserem Beispiel – an eine andere Stelle im Werkstück zu verschieben, sie ganz zu löschen oder ihren Durchmesser zu verändern. Der Zeichner kann die Zeichnung also am Computer in größerem Umfang verändern (manipulieren).

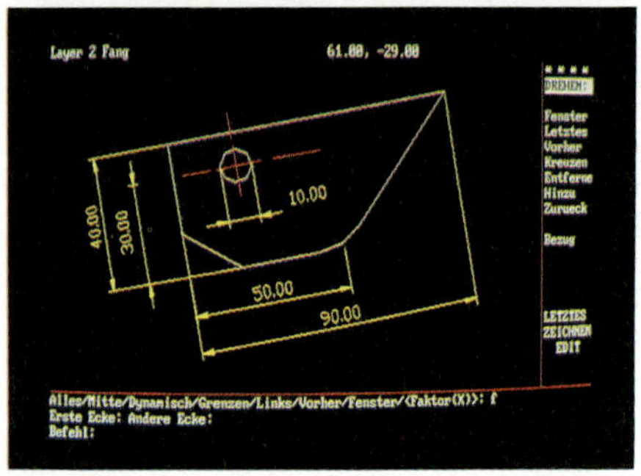

Veränderungsmöglichkeiten an einer CAD-Zeichnung

Nachdem die Zeichnung auf dem Monitor fertiggestellt und auf dem externen Speicher abgespeichert worden ist, kann sie auf einem Drucker oder Plotter ausgedruckt werden. Mit dem Befehl „Plot", dem einige Abfragen über das Papierformat, die Länge der Zeichnung auf dem Papier und dem Maßstab usw. folgen, wird die Zeichnung auf einem am Computer angeschlossenen Plotter ausgegeben.

Fragen zur Wiederholung und Vertiefung

1. Was bedeutet die Abkürzung CAD?

2. Welche Hardwarebestandteile benötigt man für ein CAD-System?

3. Nennen Sie drei verschiedene Eingabegeräte für CAD-Systeme!

4. Unterscheiden Sie zwischen einem Drucker und einem Plotter!

5. Was versteht man unter einer Anwendungssoftware?

6. Das nebenstehend abgebildete Werkstück soll mit Hilfe eines CAD-Programms konstruiert werden.

a) Bestimmen Sie die Koordinaten jedes Punktes, die der Computer zur Erstellung der Zeichnung benötigt!

b) Wieviel verschiedene Layer werden für diese Zeichnung verwendet?

c) Welche Befehle benötigen Sie, um das Werkstück zeichnen zu können?

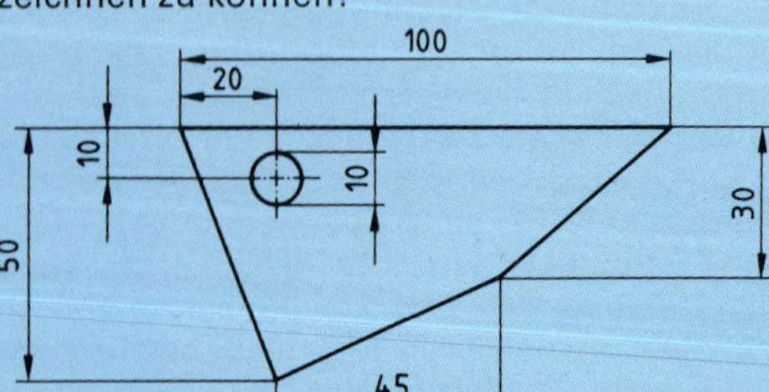

1.7.8 Numerisch gesteuerte Meßmaschinen

Die CNC-gesteuerte Fertigung machte es möglich, Werkstücke mit hoher Maßgenauigkeit in großen Stückzahlen herzustellen. Um die auftretenden kleinen Maß- und Lageabweichungen noch erfassen zu können, ist das Prüfen mit Hilfe von Meßschrauben und Grenzlehren zu ungenau und zu zeitaufwendig. Mit Einführung der CNC-Technik wurde es möglich, die Überprüfung von fertigen Werkstücken von einer CNC-gesteuerten Meßmaschine durchführen zu lassen.

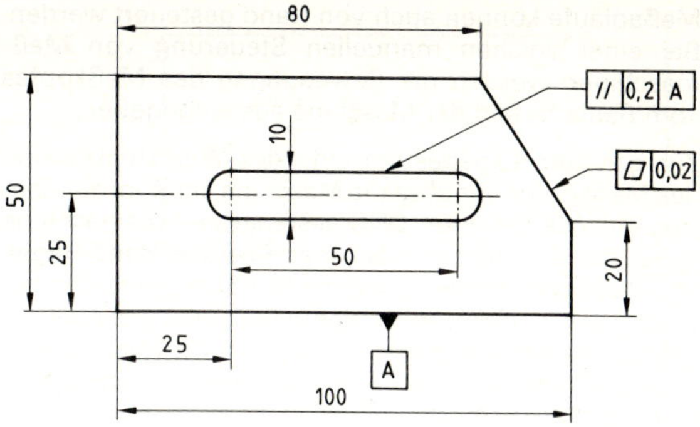

Erlaubte Maß- und Lageabweichung innerhalb eines Werkstücks

Aufgaben von CNC-Meßmaschinen

In der Fertigung werden – z. B. bei der Endabnahme eines Werkstücks – unterschiedliche Messungen am Werkstück vorgenommen:

- die Länge, Breite, Höhe eines Werkstücks werden bestimmt (Prüfen von Maßen);
- der Durchmesser und die Lage einer Bohrung werden gemessen (Prüfen der Lage);
- es wird festgestellt, ob zwei Werkstückkanten im genauen Winkel zueinander stehen (Prüfen der Lage- und Richtungstoleranzen).

Diese und andere Prüfaufgaben können von einer CNC-Meßmaschine erfüllt werden.

CNC-gesteuerte Meßmaschinen sehen einer CNC-Fräsmaschine sehr ähnlich. Die **wichtigsten Funktionseinheiten** sind im nebenstehenden Bild gekennzeichnet.

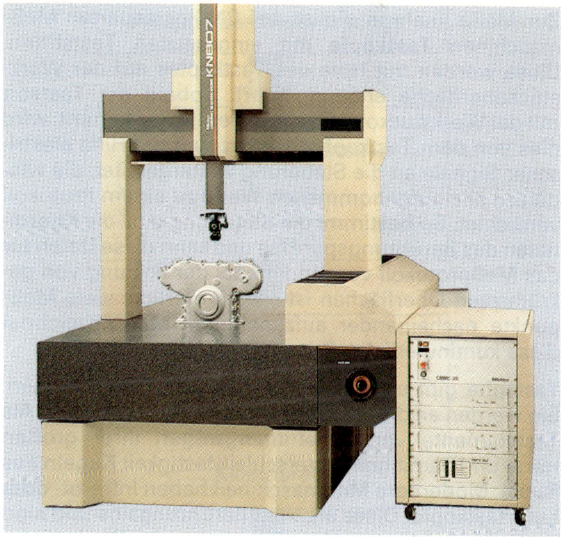
CNC-Meßmaschine

- Stütz- und Trageeinheit

Die Werkstücke werden auf einem sehr genau gefertigten Meßtisch mit großer Eigenmasse (Trägheit!) zum Messen aufgelegt. Der Meßkopf wird schwingungsfrei auf Führungen gelagert. Kleinere Werkstücke können in Spanneinheiten (z. B. Schraubstöcken oder magnetischen Spanntischen) eingespannt werden.

Stütz- und Trageeinheiten der Meßmaschinen müssen – um Prüffehler zu vermeiden – möglichst schwingungsfrei gelagert werden.

- Steuerungseinheit

Als Steuerungseinheit dient – wie bei der CNC-Werkzeugmaschine – eine CNC-Steuerung. Sie übersetzt die vom Bediener eingegebenen Befehle und Programme mit Hilfe eines Computers in Bewegungen und Meßvorgänge der Maschine. Die Steuerungssoftware verfügt über einen großen Vorrat an Befehlen, die es ermöglichen:

- die gemessenen Werte (Istwerte) mit den Sollwerten – unter Berücksichtigung der Toleranzen – zu vergleichen (Maßprüfung),
- Meßwerte aufzunehmen, zu speichern und daraus Form- und Lageabweichungen zu ermitteln,
- den Meßvorgang und dessen Ergebnisse über entsprechende Ausgabegeräte (z. B. Drucker) zu dokumentieren,
- die Meßmaschine zu steuern, z. B. das Werkstück auf dem Meßtisch auszurichten.

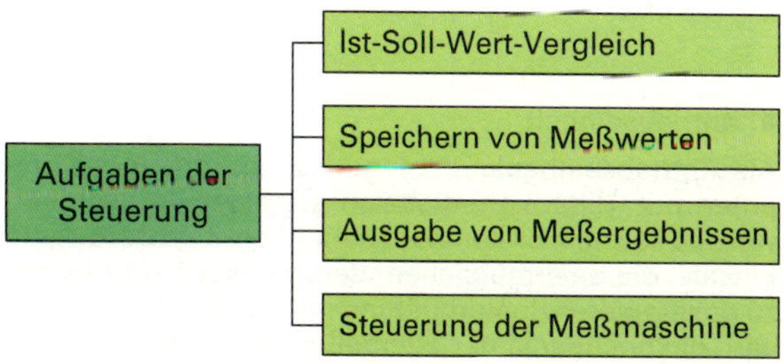

1.7.9 CAD/CAM-Systeme

Nachdem ein Bauteil in der Konstruktionsabteilung eines Industriebetriebes mit Hilfe eines CAD-Systems entworfen und entwickelt wurde, wird es in der Fertigungsabteilung nach den vorgegebenen Plänen hergestellt. In konventioneller Fertigung geschieht die Datenübertragung vom Konstruktionsbüro an die Fertigungsstelle mit Hilfe von technischen Zeichnungen, Arbeitsanleitungen, Arbeitsfolgeplänen usw., nach denen dann z. B. eine numerisch gesteuerte Werkzeugmaschine programmiert werden kann.

Da aber bei CAD-Systemen die Geometriedaten eines Werkstücks schon in einer Form vorliegen, die von einem Computer weiterverarbeitet werden kann, liegt es nahe, diese für die Fertigung weiter zu verwenden. Dazu ergänzt man die geometrischen Daten um die technologischen Daten und optimiert das dabei entstandene Programm.

Da bei dieser Vorgehensweise der Computer eine Hilfsfunktion bei der Herstellung von Werkstücken übernimmt, bezeichnet man diese Vorgehensweise als **C**omputer **A**ided **M**anufacturing = **CAM** (Herstellung von Werkstücken mit Hilfe eines Computers). Zumeist entstehen die Werkstücke aus der Zusammenarbeit von CAD- und CAM-Software, deshalb spricht man von CAD/CAM-Software.

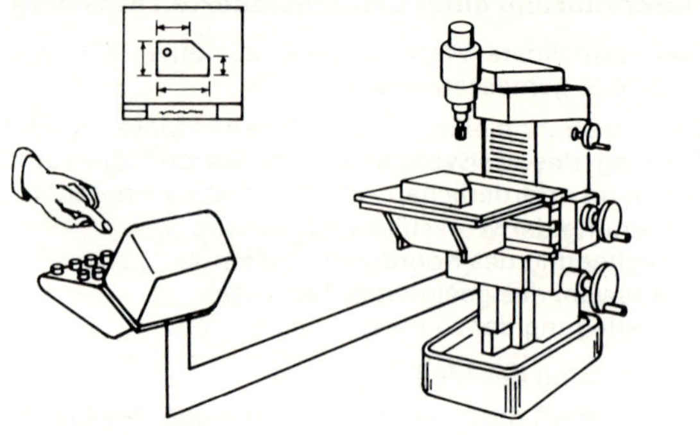

Konventionelle Fertigung

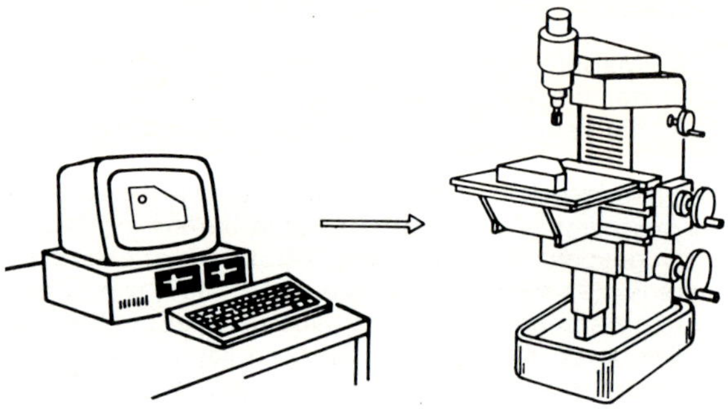

CAD/CAM-Technik

CAD/CAM-Systeme dienen der **computergesteuerten Konstruktion** und **Herstellung** von Werkstücken. Die geometrischen Daten der Konstruktion werden für die Steuerung von CNC-Maschinen und Robotern weiterverwendet.

Aufbau von CAD/CAM-Systemen

Um den vielfältigen Anforderungen einer CAD/CAM-Fertigung gerecht zu werden, muß der eingesetzte Computer über eine hohe Rechnerleistung verfügen. Ein Personal-Computer allein ist für solche Aufgaben nur beschränkt einsetzbar; es kommen zumeist größere Rechner zum Einsatz, die mehrere Datenstationen (Terminals) gleichzeitig bedienen können. Man bezeichnet solche Computer als Zentralrechner oder Host. Häufig werden an den einzelnen Arbeitsplätzen stehende Personalcomputer mit einem Zentralrechner verbunden, so daß ein Datenaustausch und ein schnelles Arbeiten ermöglicht werden.

An die CAD/CAM Software werden besondere Anforderungen gestellt. Es muß auf jeden Fall gewährleistet sein, daß die Datenübertragung zwischen den einzelnen Softwareprogrammen fehlerfrei funktioniert. So müssen z. B. das CAD-Programm und die Steuerungssoftware der CNC-Maschine über eine gemeinsame Schnittstelle verfügen, an der die Daten ausgetauscht werden können.

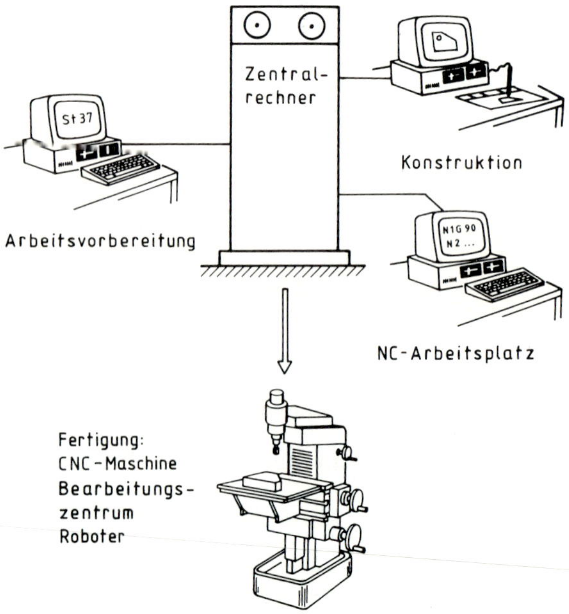

CAD/CAM-System

Einsatzbeispiel für ein CAD/CAM-System

Die nebenstehend abgebildetete Platte soll mit Hilfe eines CAD/CAM-Systems konstruiert und gefertigt werden:

- Das Werkstück wird mit Hilfe eines CAD-Systems **auf dem Computer** entworfen bis eine **komplette technische Zeichnung** vorliegt. Diese CAD-Zeichnung kann auf externen Speichern für weitere Bearbeitungen gespeichert werden oder – z. B. für den Facharbeiter – als technische Zeichnung auf dem Plotter ausgedruckt werden.
- Um die geometrischen Daten für ein Programm einer CNC-gesteuerten Fräsmaschine weiterzuverwenden, werden alle dafür nicht erforderlichen Daten (Bemaßung, Schnittangaben usw.) entfernt. Es werden nur die rein **geometrischen Daten** der Werkstückkontur in Form von Koordinatenangaben **in die CNC-Software übertragen.**
- Um Anschluß daran werden die **technologischen Daten** des Werkstücks **eingearbeitet,** so z. B. Daten für die Schnittgeschwindigkeit, Vorschub usw.
- Die Richtigkeit des Programms kann am Computer mit Hilfe eines **Simulationsprogramms** überprüft werden. So werden Fehler in der Programmierung frühzeitig erkannt und behoben. Im Anschluß daran wird das **fertige CNC-Programm an die CNC-Maschine** übertragen. Der Bearbeitungsprozeß kann beginnen. Für die spätere Dokumentation und Archivierung können Programm- und Einrichteblätter auf einem Drucker ausgegeben werden.
- Nachdem eine **Probefertigung** erfolgt ist, kann das Programm weiter optimiert werden, z. B. um eine kürzere Fertigungszeit zu erreichen.

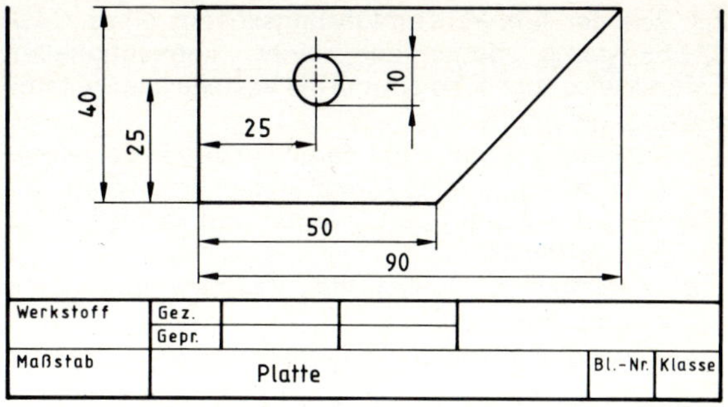

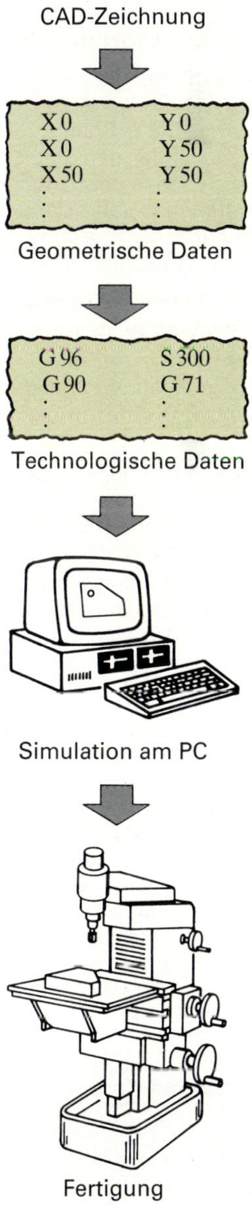

Neben der Steuerung von CNC-Maschinen durch CAD/CAM-Systeme ist es auch möglich, Industrieroboter oder CNC-gesteuerte Meßmaschinen in den CAD/CAM-Verbund mit einzugliedern.

Um Entwicklungskosten zu senken, können komplexe Bewegungsabläufe z. B. bei Industrierobotern auf dem Bildschirm eines CAD/CAM-Systems simuliert werden.

1.7.10 Auswirkungen der neuen Technologien

Wirtschaftliche Auswirkungen

Die Anschaffung einer CNC-Maschine, eines CAD-Arbeitsplatzes oder gar eines CAD/CAM-Systems bedeuten für Unternehmen hohe Investitionen. Diese lohnen sich nur, wenn die Möglichkeiten einer computergesteuerten Entwicklung und Fertigung ausgenutzt werden und eine konsequente Organisation und Planung erreicht wird, so daß eine wirtschaftliche Fertigung erreicht wird.

Aus Wettbewerbsgründen wird die Fertigung mit Hilfe CAD/CAM-gesteuerter Systeme zunehmend wichtiger.

Ein Teil der höheren Einführungskosten eines CAD/CAM-Systems gegenüber einer konventionellen Technik wird aber schon durch die Vorteile des Systems selber abgefangen:

- schnellere Fertigung und damit kürzere Lieferzeiten
- genauere Fertigung und damit höhere Produktqualität
- höhere Auslastung der Anlagen und damit höhere Arbeitsproduktivität
- gleichbleibende Qualität der Produkte und damit geringere Ausschußrate
- günstigere Nutzung der Energie

Aufgrund dieser Vorteile ist ein wirtschaftlicher Einsatz der neuen Technologien heute schon bei Klein- und Mittelbetrieben gegeben.

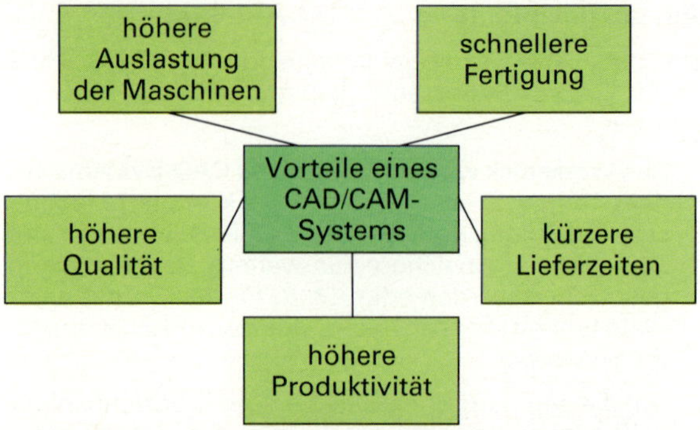

Gesellschaftliche Auswirkungen

Im Zusammenhang mit den neuen Technologien spricht man sehr häufig auch von einer neuen industriellen Revolution. Die Erfindung des Microchips ist ohne weiteres zu vergleichen mit der Erfindung der Dampfmaschine. Schon in der damaligen Zeit änderten sich einige Berufsbilder sehr stark. Menschliche Arbeitskraft wurde durch die Maschine ersetzt, einige Berufe verschwanden vollkommen.

So werden auch heute vollkommen **neue Anforderungen an den Facharbeiter** gestellt. Dies sei an einigen Beispielen gezeigt:

- Der Umgang mit konventionellen Werkzeugmaschinen tritt immer weiter in den Hintergrund (vgl. Kap. 1.4.1).
- Industriemechaniker ohne Kenntnisse sowohl in der CNC-Technik als auch in der Steuerungstechnik sind auf dem heutigen Arbeitsmarkt kaum noch einsetzbar.
- CAD-Systeme sind häufig schon in Klein- und Mittelbetrieben anzutreffen, ein solches System gehört heute schon zum Werkzeug eines Konstrukteurs wie früher noch Zeichenbrett und Bleistift.

Die Qualifikationsanforderungen an Facharbeiter und Meister in der Industrie sind in den vergangenen Jahren ständig gestiegen, einfache Tätigkeiten sind dagegen immer weiter in den Hintergrund getreten (vergl. auch Kap. 3.6.4). In großen Industrieunternehmen ist der Anteil der ungelernten Arbeitskräfte z. T. schon unter 1 % der Belegschaft gesunken. In jüngster Vergangenheit wurde eine grundlegende Neuordnung der metallverarbeitenden Berufe durchgeführt, um den neuen Gegebenheiten Rechnung zu tragen. Es ist aber abzusehen, daß der schnelle Fortgang der technologischen Entwicklung ein ständiges Weiterlernen des Facharbeiters erfordert.

Konstrukteur an CAD

Auszubildende an CNC

Aufgaben zur Wiederholung und Vertiefung

1. Erläutern Sie den Begriff „CAD/CAM-System"!

2. Beschreiben Sie den Aufbau eines CAD/CAM-Systems!

3. Beschreiben Sie den Ablauf einer CAD/CAM gesteuerten Fertigung!

2 Werkstofftechnik

2.1 Kunststoffe

Als um 1910 in Deutschland der Begriff „Kunststoffe" eingeführt wurde, leitete man ihn davon ab, daß aus Grundstoffen neue Stoffe mit völlig neuen Eigenschaften entstehen. Daneben verwendete man in anderen Ländern den Begriff „Plaste" bzw. „Plastics". Er weist darauf hin, daß diese Stoffe **plastisch umformbar** sind. Da viele Werkstoffe durch chemische und physikalische Prozesse künstlich hergestellt werden und zudem oft plastisch umformbar sind, ist die Benennung durch beide Begriffe unbefriedigend. Verwendet man trotzdem den Begriff Kunststoffe, sind Stoffe gemeint, die man **aus Naturstoffen** und bestimmten **synthetischen Stoffen** erhält.

– Naturstoffe wie Baumwolle, Flachs, Eiweißstoff (Horn) oder Kautschuk können zu Celluloid, Kunstseide, Gummi und anderen Stoffen umgewandelt werden. Diese abgewandelten Naturstoffe, die nur noch selten verwendet werden, rechnet man im allgemeinen zu den Kunststoffen.
– Mit Hilfe der Chemie lassen sich zwei oder mehrere Grundstoffe zu neuen Stoffen aufbauen. Hierdurch entstehen synthetische Stoffe mit unterschiedlicher Beschaffenheit. Als Lösungen, flüssige Gemische (Dispersionen), Pasten und Pulver werden die Stoffe z. B. zu Lacken, Bindemittel und Klebstoffen für die Holzverleimung verarbeitet. Sie sind Beschichtungsmaterial für andere Stoffe (z. B. Metall). Sie dienen schließlich zur Herstellung von Kunststoffprodukten wie Tafeln, Rohre, Kanister, Zahnräder oder Gerätegehäuse.
  Fasern und Fäden faßt man unter dem Begriff Chemiewerkstoffe zusammen. Obwohl sie im wesentlichen von gleicher Art und aus gleichen Rohstoffen wie die übrigen Kunststoffe sind, spricht man in diesem Zusammenhang häufiger von Chemiewerkstoffen als von Kunststoffen.

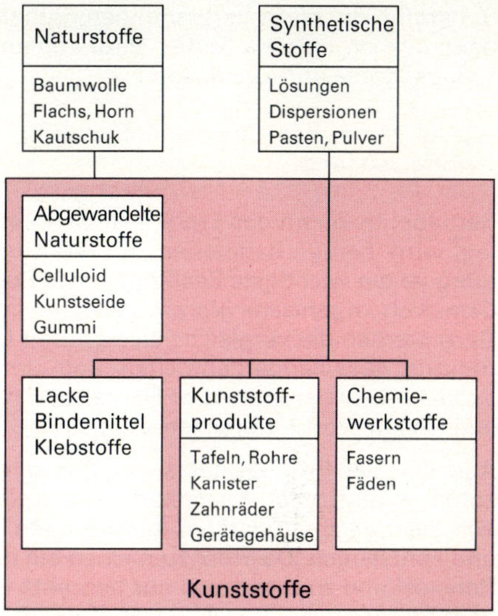

Kunststoffprodukte

2.1.1 Bedeutung und Eigenschaften

Die ersten wenigen Kunststoffe dienten lediglich als Ersatzstoffe für Holz, Leder, Leinen oder Naturgummi. Neue Kunststoffe kamen hinzu. Weil sie mit ihren Eigenschaften den Naturstoffen überlegen waren, nahm die Nachfrage und damit die Kunststoffproduktion zu. Die starke Zunahme der Produktion ab dem Jahre 1950 hält zur Zeit noch an. 1989 betrug die Jahresproduktion der Welt etwa 80 Millionen Tonnen. Würde man daraus eine 1 mm dicke Kunststoffolie herstellen, erreichte sie mehr als die Fläche Bayerns.

Kunststoffe sind leichter als Metalle und z. T. als Wasser. Ihre Dichte liegt zwischen 0,9 und 2,0 kg/dm^3.

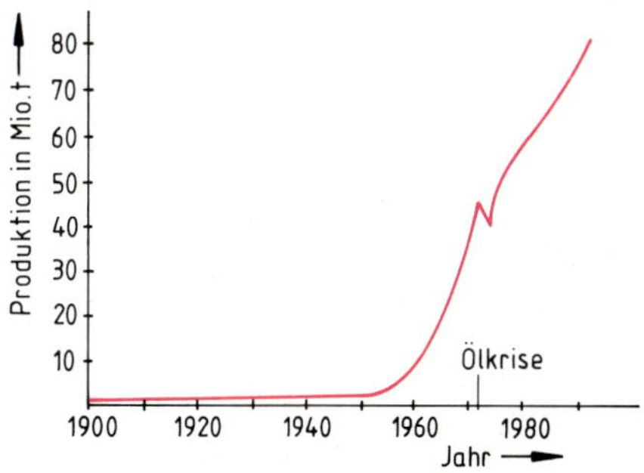

Entwicklung der weltweiten Kunststoffproduktion in den Jahren 1900 bis 1990

Hervorragende Eigenschaften sind:
– geringe Dichte
– geringe Wärmeleitfähigkeit
– sehr gute chemische Beständigkeit
– gute elektrische Isolationseigenschaften

2.1.2 Rohstoffe und Aufbau

Rohstoffe

Kunststoffe sind vor allem Verbindungen aus den Elementen Kohlenstoff (C) und Wasserstoff (H). Aber auch Sauerstoff (O), Stickstoff (N), Schwefel (S) und Chlor (Cl) können beteiligt sein.

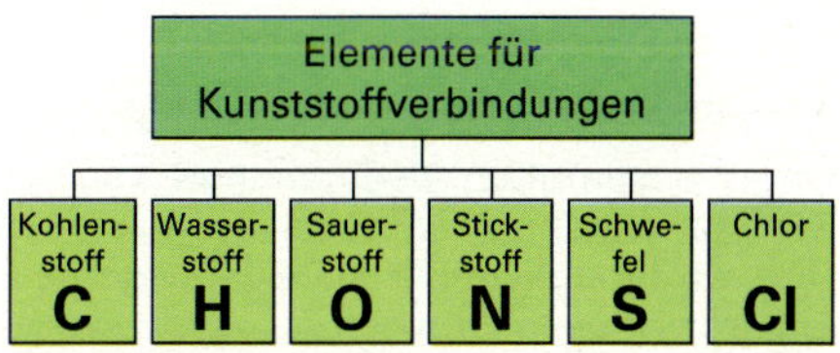

Rohstoffe, die diese Verbindungen enthalten, sind sogenannte organische Stoffe. Dazu zählen u. a. Erdöl, Erdgas, Kohle und Zellulose.

Erdöl ist der bedeutendste Rohstoff bei der Kunststofferzeugung.

Betriebe, in denen das Erdöl in seine Bestandteile zerlegt wird, heißen Raffinerien. Für die Kunststofferzeugung ist der wichtigste Bestandteil das **Rohbenzin**, aus dem sich organische Vorprodukte gewinnen lassen. Dazu werden die vergleichweise großen Moleküle des Benzins auseinandergebrochen und umgebaut. Der Vorgang heißt **Kracken**. Der Name ist von crack – dem englischen Wort für brechen – abgeleitet.

Aus 6 % der Erdölprodukte, die aus den Raffinerien kommen, entstehen Kunststoffe. Der weitaus größere Teil dient als Energieträger in Heizungen, Kraftwerken und Fahrzeugen. Da Erdöl zum einen ein unersetzbarer Rohstoff und zum anderen nur begrenzt verfügbar ist, bemüht man sich intensiv, in der Zukunft andere Energieträger zu nutzen.

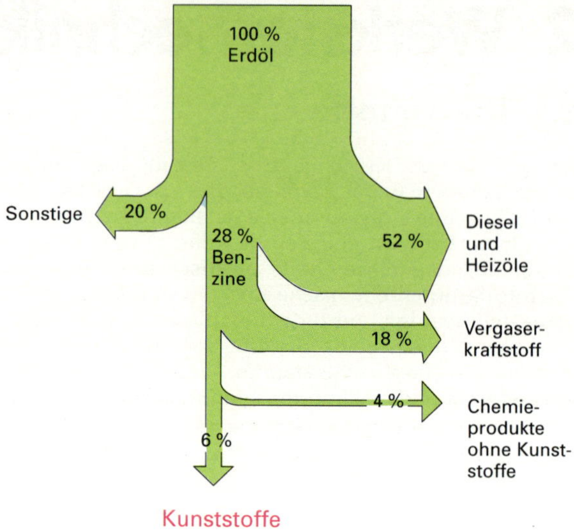

Flußbild: Erdölprodukte

Aufbau

Organische Stoffe, also auch Kunststoffe, bestehen aus Molekülen mit vielen tausend Atomen, den Großmolekülen.

Großmoleküle bezeichnet man als **Makromoleküle**.

Das „Rückgrat" der Makromoleküle bilden im einfachsten Fall Kohlenstoffketten, an die seitlich Wasserstoff-, Sauerstoff- oder Chloratome angelagert sind. Um dies zu verstehen, muß man die vorliegende Atombindung kennen.

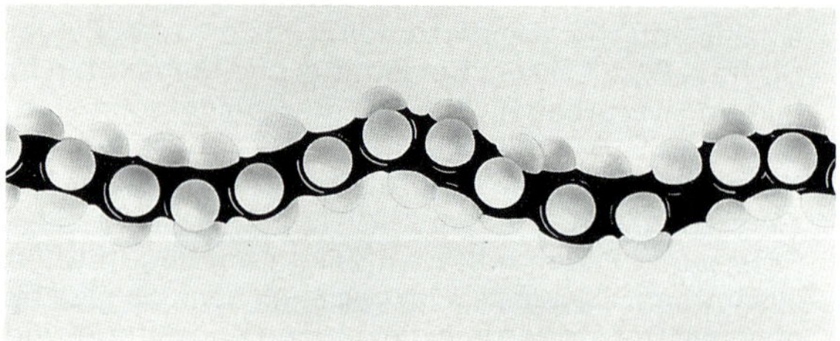

Modell eines Makromoleküls (in der Mitte die schwarze Kette der Kohlenstoffatome)

Atombindung (Elektronenpaarbindung)

- Edelgasanordnung von Elektronen

Alle Atome streben eine stabile Elektronenanordnung an, d. h. eine Anordnung, bei der sich auf der äußeren Schale acht Elektronen befinden. Eine Ausnahme stellt das Wasserstoffatom dar, das schon mit zwei Elektronen die stabile Anordnung erreicht. Weil mit acht bzw. zwei Elektronen die äußere Schale wie bei den Edelgasen gefüllt ist, spricht man von der **Edelgasanordnung.** So streben z. B. die Atome von Wasserstoff und Kohlenstoff die Elektronenanordnung eines Helium- bzw. Neonatoms an. Der Atomkern, hier noch mit einer Zahl für die Anzahl der Protonen versehen, wird im folgenden durch einen Punkt gekennzeichnet (s. Grundstufe Kap. 3.1.3).

- Atombindung als Einfachbindung

Unter bestimmten Bedingungen können Atome die Edelgasanordnung erreichen, wenn sie sich verbinden. Dies wird möglich, wenn sie dabei gemeinsam gleiche Elektronen beanspruchen.

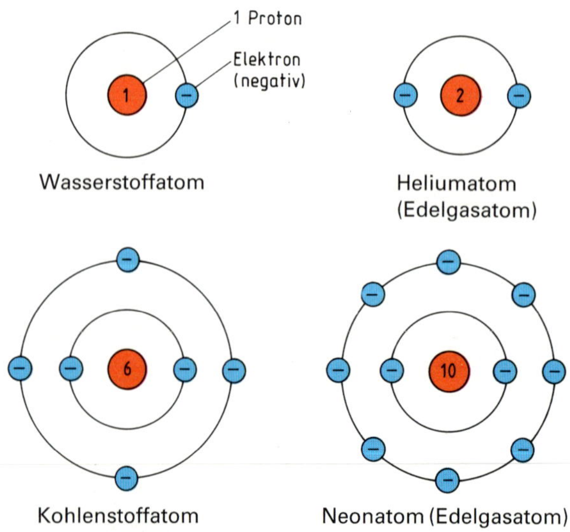

Elektronenanordnungen verschiedener Atome nach dem „Bohrschen Atommodell"

In dem Gas Ethan z. B. sind die beiden Kohlenstoffatome so eng zusammengerückt, daß jedes die zwei Elektronen zu sich gehörig betrachtet. Weil auch die Wasserstoffatome dicht an die Kohlenstoffatome gerückt sind, nimmt sowohl jedes Wasserstoff- als auch jedes Kohlenstoffatom zwei Elektronen aus der jeweiligen Paarung für sich in Anspruch. Jede der sieben Bindungen, die man als Atombindung bezeichnet, kommt also durch gemeinsame Elektronenpaare zustande.

Die chemische Bindung von Nichtmetallatomen untereinander durch Bildung gemeinsamer Elektronenpaare bezeichnet man als **Atombindung oder Elektronenpaarbindung.**

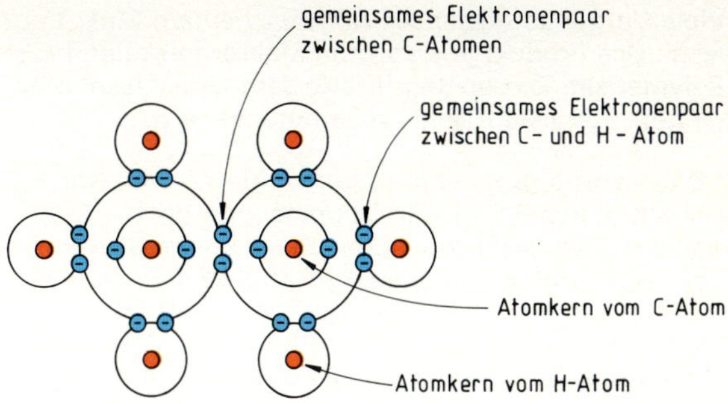

Atombindungen (Elektronenpaarbindungen) bei einem Ethan-Molekül

Vereinfacht stellt man die Atome nur durch das chemische Symbol und die Elektronen der äußeren Schale dar. Das chemische Symbol C des Kohlenstoffs ist demnach von vier Punkten umgeben, die für die Elektronen der äußeren Schale stehen.

Vereinfachte Darstellung des Kohlenstoffatoms

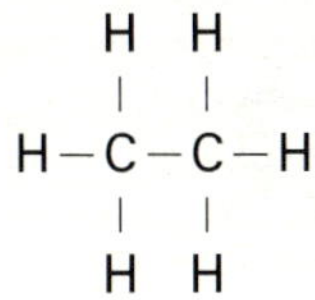
Strukturformel des Ethan-Moleküls

Ersetzt man die zwei Punkte eines Elektronenpaares der Atombindung durch einen Strich, so ergibt sich die vereinfachte Darstellung eines Moleküls, die man **Strukturformel** nennt.

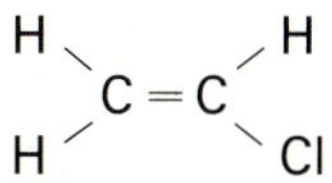
Doppelbindung beim Vinylchlorid-Molekül

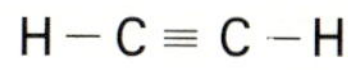
Dreifachbindung beim Ethin-Molekül

- Atombindung als Doppel- und Dreifachbindung

Zwei Kohlenstoffatome erreichen ihre Edelgasschale auch dadurch, daß vier Elektronen, also zwei Elektronenpaare, als gemeinsame Elektronen wirken. Diese Bindung, die durch zwei Elektronenpaare entstanden ist, bezeichnet man als **Doppelbindung.** Ebenfalls sind auch Dreifachbindungen wie beim Gas Ethin möglich.

- Bindungsmöglichkeiten des Kohlenstoffs

Die Kolenstoffatome können sich zu unverzweigten und verzweigten **Ketten** sowie zu **Ringen** verbinden. Dabei sind die Einfachbindungen C – C, die Doppelbindung C = C und die Dreifachbindung C ≡ C möglich. Neben Wasserstoff können auch andere Elemente wie Chlor Cl und Sauerstoff O Bestandteil der Verbindungen sein. Aus solchen und ähnlichen Verbindungen bestehen die Vorprodukte zur Herstellung der Kunststoffe.

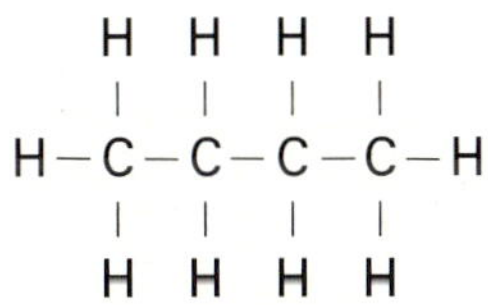
unverzweigte Kette

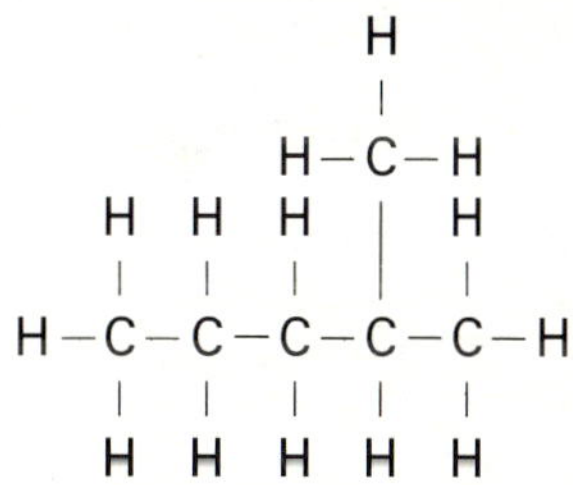
verzweigte Kette

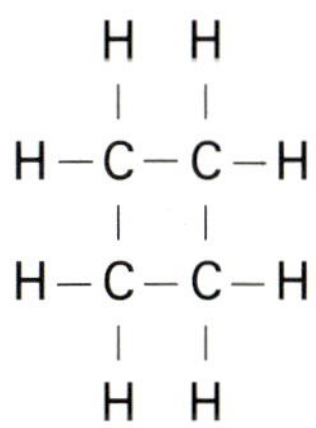
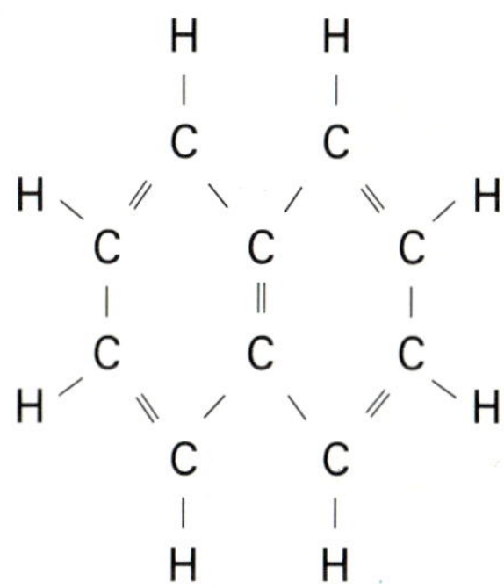
Ringe

Bindungsmöglichkeiten des Kohlenstoffs

2.1.3 Herstellung der Kunststoffe

Die Herstellung der Kunststoffe erfolgt durch Verknüpfung der vergleichsweise kleinen Moleküle der organischen Vorprodukte zu Makromolekülen. Dazu eignen sich verschiedene Reaktionen.

Polymerisation

Doppelbindungen zwischen Kohlenstoffatomen lassen sich – zumeist unter dem Einfluß von Katalysatoren – aufspalten. Während ein Elektronenpaar erhalten bleibt, teilt sich das andere unter Bildung freier Elektronen. Es ist ein aktives Teilchen entstanden, daß sich mit zwei anderen aktivierten Teilchen verbinden kann.

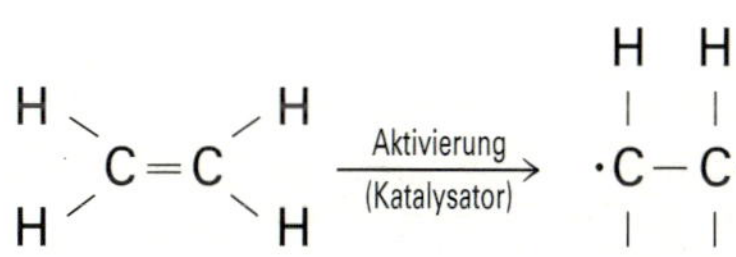

Molekül (Ethen)

aktives Teilchen

Aufspaltung einer Doppelbindung (C = C)

Viele Vorgänge dieser Art führen zu einem Makromolekül. Das Produkt aus solchen Makromolekülen heißt **Polymerisat**. Dieser Begriff aus dem Griechischen bedeutet „aus vielen Teilen zusammengesetzt".

Die Verknüpfung von vielen kleineren Molekülen durch Aufspaltung der Doppelbindunng C = C zu einem Makromolekül nennt man, **Polymerisation,** die entstandenen Kunststoffe heißen Polymerisate.

Es bilden sich keine Nebenprodukte. Da Wärme entsteht, bezeichnet man die Reaktion als exotherm.

Bei den Verfahren zur großtechnischen Polymerisation versucht man auf unterschiedliche Weise, die Reaktionswärme aus dem entstehenden Polymerisat wirksam abzuführen, damit das Wachstum der Makromoleküle nicht behindert wird.

Das Polymerisat fällt am Ende als Pulver oder Granulat an und wird zu vielfältigen Produkten weiterverarbeitet.

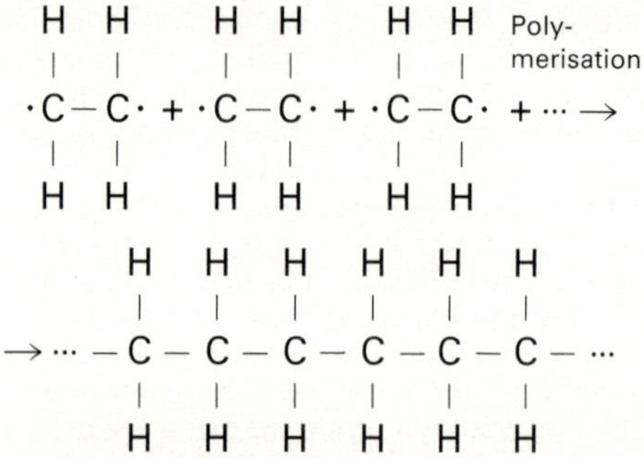

Bildung eines Makromoleküls des Polymerisats Polyethylen (vereinfacht)

Polymerisat	Verwendung
Polyethylen (PE)	Verpackungsfolien, Rohrleitungen, Flaschen
Polypropylen (PP)	Armaturen, Gerätegehäuse, Elektroinstallationsteile
Polyvinylchlorid (PVC)	Griffe, Schutzkappen, Armaturen, Schläuche, Beläge

Einige durch Polymerisation hergestellte Kunststoffe und Verwendungsbeispiele

Polyaddition

Es gibt Moleküle, an deren Enden ein Wasserstoffatom verhältnismäßig locker gebunden ist. Bringt man solche Moleküle mit anderen zusammen, die ein Wasserstoffatom stärker an sich binden können, so wechselt das Wasserstoffatom. Stark vereinfacht vollzieht sich der Vorgang in drei Stufen:

1. Das Wasserstoffatom am Ende des ersten Moleküls löst die Bindung. Es bleibt ein freies Elektron.
2. Am zweiten Molekül trennt sich an der Doppelbindung ein Elektronenpaar. Mit einem der beiden freien Elektronen bildet das Wasserstoffatom ein neues Elektronenpaar, also eine Atombindung.
3. Weil die Enden der beiden Moleküle noch jeweils ein freies Elektron aufweisen, addieren sie sich. Der Vorgang heißt deshalb Addition.

Die Bildung von Molekülketten durch chemische Addition von vielen kleinen Molekülen zu Makromolekülen durch den Platzwechsel von Wasserstoffatomen nennt man **Polyaddition;** die entstandenen Kunststoffe heißen Polyaddukte. Dabei entsteht kein Nebenprodukt.

In der Großfabrikation kommen die Ausgangsstoffe flüssig oder pastenförmig in einen Mischer. Sobald der Mischvorgang beginnt, bilden sich die Makromoleküle. Polyurethane und Epoxidharze werden heute durch die Polyaddition hergestellt.

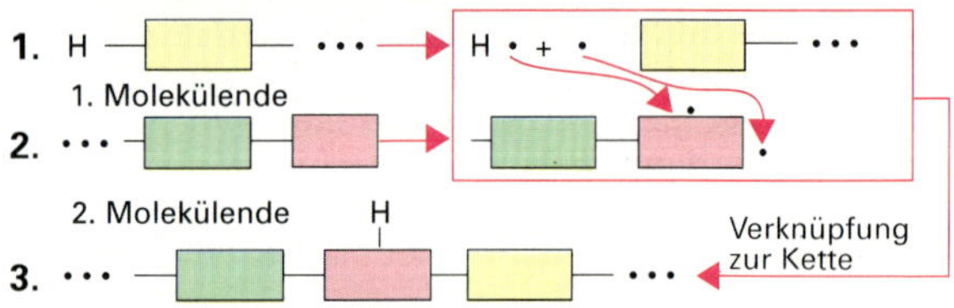

Vorgang der Polyaddition (vereinfacht)

Polyaddukt	Verwendung
Polyurethan (PUR)	Rollen, Lagerschalen, Absätze, Kupplungsscheiben
Polyurethan-Schaumstoff (PUR-Schaumstoff)	Isolier- und Polsterschaumstoffe für Gebäude, Möbel, Kleidung
Epoxidharze (EP)	Beschichtungen, Gießmasse für Einbettungen, Klebstoffe

Einige durch Polyaddition hergestellte Kunststoffe und Verwendungsbeispiele

Polykondensation

Aus verschiedenartigen Molekülen können sich Makromoleküle bilden, während ein Nebenprodukt ausfällt. Ein häufig verwendeter Kunststoff, der so entsteht, ist Phenolplast. Sein Handelsnamen ist Bakelit®.

Die Ausgangsstoffe des Phenolplasts sind:

1. Phenol mit der Summenformel C_6H_5OH.
2. Formaldehyd mit der Summenformel CH_2O.

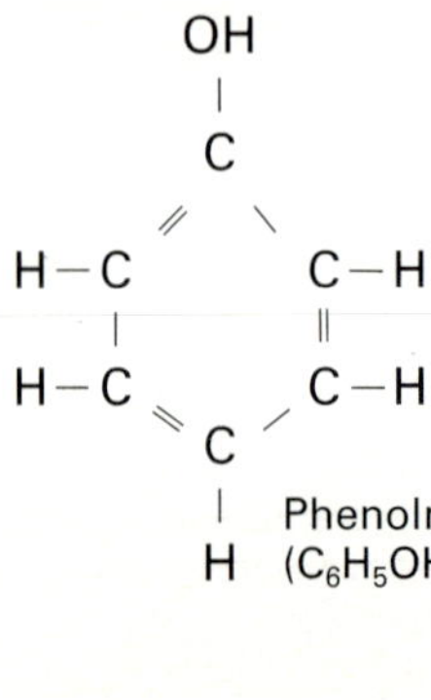

Phenolmolekül (C_6H_5OH)

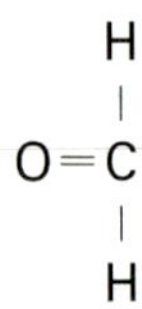

Formaldehyd-Molekül (CH_2O)

Phenol- und Formaldehyd-Moleküle haben an ihren Enden Wasserstoff- bzw. Sauerstoffatome.

Verbinden sich die Moleküle, so entsteht nebenbei Wasser mit der Summenformel H_2O. Dem flüssigen Nebenprodukt entsprechend nennt man den Vorgang Kondensation (= Verflüssigung).

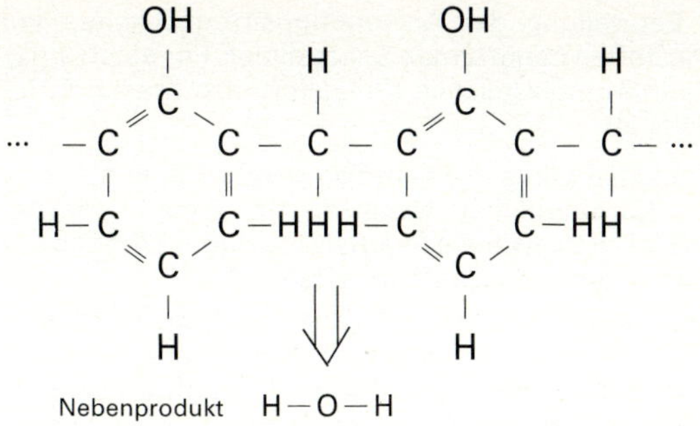

Ausschnitt aus einem durch Polykondensation gebildeten Makromolekül

> Die Verknüpfung verschiedenartiger Moleküle zu Makromolekülen unter Kondensation eines Nebenproduktes bezeichnet man als **Polykondensation.** Die dabei entstandenen Kunststoffe heißen Polykondensate. Das Nebenprodukt ist oft Wasser.

Die Polykondensation verläuft anfangs schnell, wird aber durch das kondensierende Nebenprodukt behindert. Es muß deshalb abgeschieden werden. Wichtige Polykondensate zeigt die Tabelle.

Polykondensat	Verwendung
Phenol-Formaldehyd-Harz (PF)	Griffe, Schalterteile, Gehäuse für Elektrogeräte
Melamin-Formaldehyd-Harz	Hartpapierplatten, Kunstharzlack, Kaltleim

Einige durch Polykondensation hergestellte Kunststoffe und ihre Verwendung

2.1.4 Technologische Einteilung und Struktur

Die Makromoleküle der Kunststoffe sind keine isolierten Ketten, sondern bilden Strukturen aus. Nach Art der Struktur unterscheidet man drei Gruppen: Thermoplaste, Elastomere und Duroplaste.

Thermoplaste

Die Makromoleküle der Kunststoffe sind mit Ketten bzw. Fäden vergleichbar. Kräuseln und schlängeln sich diese Molekülfäden, so entsteht eine Art „Filz" oder „Wattebausch".

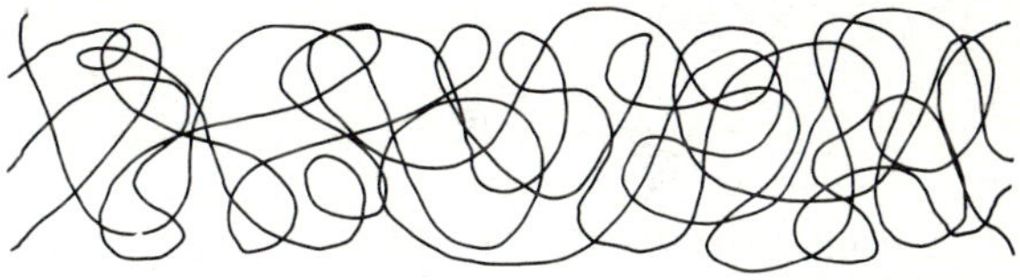

Molekülfäden als „Filz" vereinigt

- Zwischenmolekulare Kräfte bei Makromolekülen

Im Unterschied zu den chemischen Bindungskräften innerhalb eines Molekülfadens treten zwischen den Molekülfäden **physikalische Anziehungskräfte** auf. Diese sogenannten zwischenmolekularen Kräfte sind im Vergleich zu den chemischen Bindungskräften sehr klein.

Weil sich mit steigender Temperatur die Molekülfäden stärker bewegen, nehmen die zwischenmolekularen Kräfte ab. Die Verfilzung lockert und der Kunststoff verliert mehr und mehr den Zusammenhalt. Schließlich sind die Molekülfäden gegeneinander verschiebbar ohne zu zerreißen. Erst bei sehr hoher Temperatur nehmen auch die chemischen Bindungskräfte ab, was zugleich bedeutet: der Kunststoff wird zerstört.

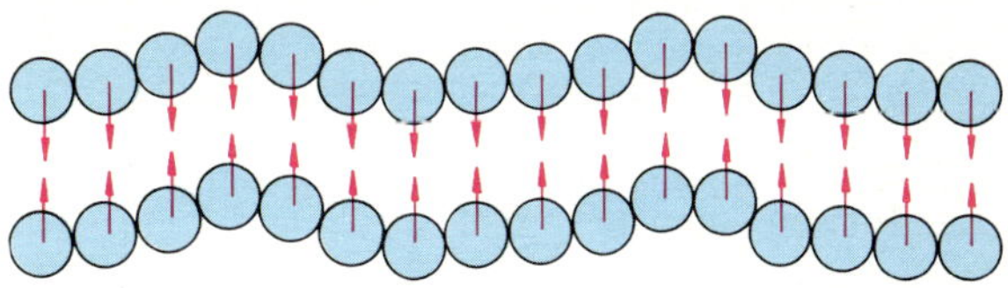

Zwischenmolekulare Kräfte bei Makromolekülen

> Ein Kunststoff, dessen zwischenmolekularen Kräfte mit steigender Temperatur abnehmen, läßt sich in der **Wärme umformen** und heißt deshalb Thermoplast.

Weil mit abnehmender Temperatur die zwischenmolekularen Kräfte wieder zunehmen, erlangt der Thermoplast bei Abkühlung seine Härte zurück.

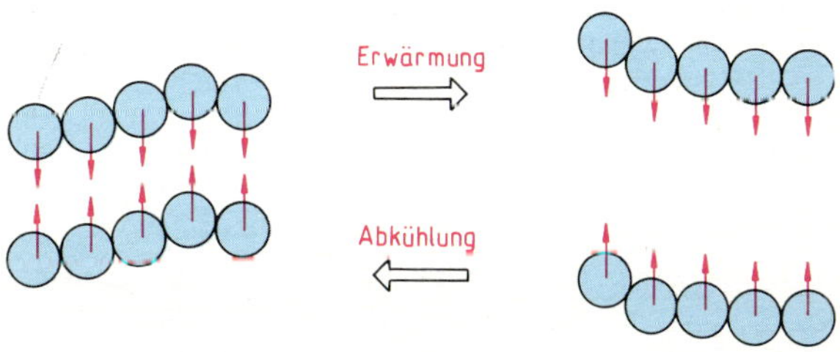

Änderung der zwischenmolekularen Kräfte durch Temperaturänderung.

- Amorphe Thermoplaste

Bestehen Thermoplaste nur aus einem Molekülfilz nennt man sie gestaltlos oder amorph. Amorphe Thermoplaste sind – wenn sie nicht eingefärbt werden – glasklar, wie z. B. Acrylglas.

Zur Beurteilung der Anwendungsmöglichkeiten von Kunststoffen benutzt man Schaubilder. Für einen amorphen thermoplastischen Kunststoff liest man z. B. folgendes ab:

- Der Einsatz liegt in einem Temperaturbereich, in dem der Kunststoff hart ist. In diesem Zustandsbereich „hart" kann auch die Bearbeitung durch Trennen und Fügen (außer Schweißen) erfolgen.
- Der Temperaturbereich, in dem der Kunststoff weich wird, heißt Erweichungstemperaturbereich (= ET). Hier nimmt die Zugfestigkeit R_m stark ab und die Bruchdehnung A in gleichem Maße zu. Im folgenden Zustandsbereich „thermoplastisch" ist das Verhalten gummiähnlich. Die Zugfestigkeit nimmt weiter ab, während die Bruchdehnung ihren Höchstwert erreicht. Hier kann umgeformt werden.
- Im Fließtemperaturbereich (= FT) wird das Verhalten plastisch.
- Nach Überschreiten des FT ist der Zustandsbereich „thermoplastisch" erreicht. In diesem Bereich, in dem Zugfestigkeit und Bruchdehnung praktisch gleich Null sind, findet das Urformen durch Spritzgießen und Extrudieren statt. Außerdem ist Schweißen möglich.
- Bei weiterer Temperaturerhöhung wird die Zersetzungsgrenze Z überschritten, was zum chemischen Zerfall des Kunststoffs führt.

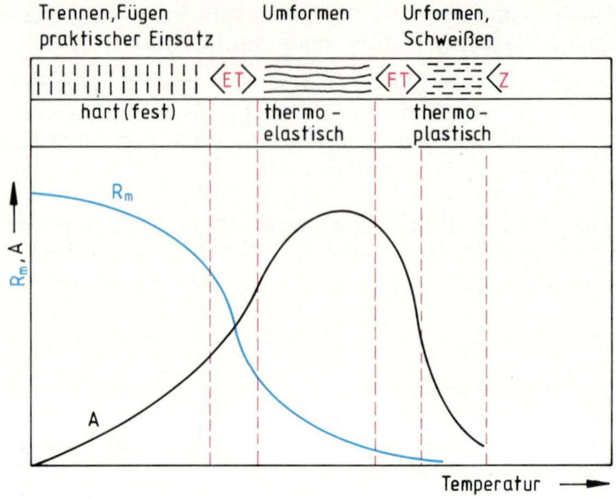

R_m: Zugfestigkeit als Maß für die Belastbarkeit
A: Bruchdehnung als Maß für die Verformbarkeit
ET: Erweichungstemperaturbereich
FT: Fließtemperaturbereich
Z: Zersetzungsgrenze

Temperaturverhalten amorpher Thermoplaste

- Teilkristalline Thermoplaste

Thermoplaste lassen sich so herstellen, daß zwischen amorphen Bereichen des Molekülfilzes die **Molekülfäden** dicht geordnet **nebeneinander** liegen. Diese regelmäßige Anordnung nennt man kristallin.

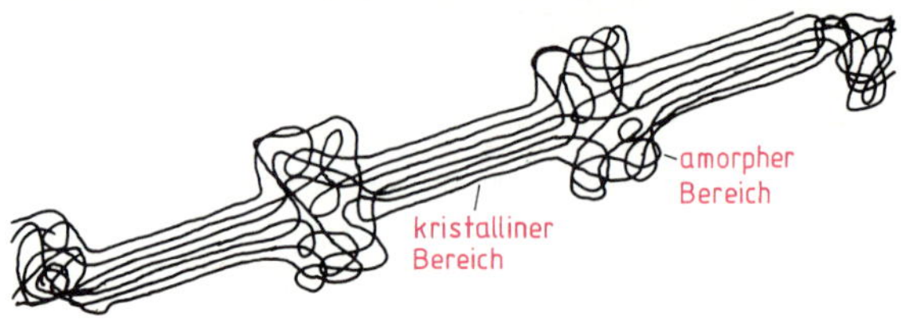

Teil eines teilkristallinen Kunststoffgefüges

> Thermoplaste, **die neben amorphen Bereichen** auch **regelmäßige Anordnungen** aufweisen, bezeichnet man als teilkristalline Thermoplaste.

Das Schaubild teilkristalliner Thermoplaste liefert folgende Informationen:

- Der Bereich „hart" hat zwei Teilbereiche:
  1. Unterhalb des ET sind die amorphen und kristallinen Anteile hart. Deshalb liegt hier der Teilbereich „hart-spröde" vor.
  2. Oberhalb des ET bis zum Kristallitschmelzbereich (KT) werden die amorphen Anteile zunehmend thermoplastisch. In diesem Teilbereich „zäh-hart", in dem die Zugfestigkeit zu- und die Bruchdehnung abnimmt, erfolgt der Einsatz von teilkristallinen Thermoplasten. Hier ist auch Trennen und Fügen (außer Schweißen) möglich.
- Erreicht die Temperatur den KT, so schmelzen die kristallinen Anteile. Der Werkstoff wird umformbar.
- Bei Temperaturen oberhalb des FT ist Urformen wie Spritzgießen und Extrudieren anwendbar.
- Oberhalb von Z zerfallen die Moleküle.

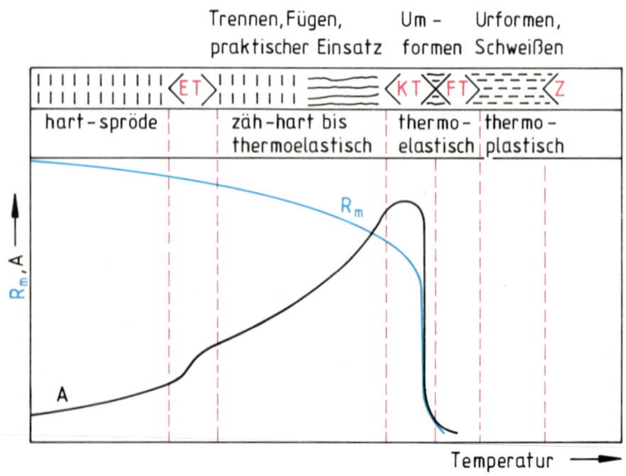

KT: Kristallitschmelzbereich

Temperaturverhalten teilkristalliner Thermoplaste

- Weichgemachte Thermoplaste

Mischt man Thermoplasten einen bestimmten Stoff zu, so setzt er sich zwischen die Molekülfäden. Dadurch vergrößern sich die Abstände der Fäden und die zwischenmolekularen Kräfte nehmen ab.

Stoffe, die man harten Thermoplasten zumischt, damit sie weich werden, nennt man **Weichmacher.**

Beispiel: Während **PVC hart** bei Raumtemperatur hart und fest ist, verhält sich **PVC weich** bei gleicher Temperatur weich und schmiegsam.

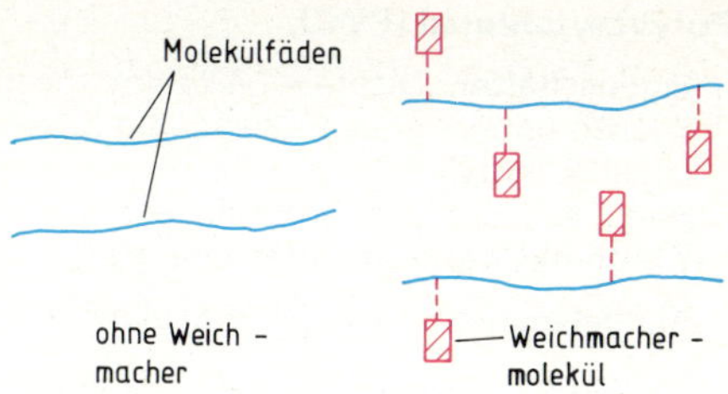

Wirkung von Weichmachern bei Thermoplasten

- Rückstellbestreben von Thermoplasten

Eine Platte aus Thermoplast läßt sich Umformen, z. B. zu einem Rohr. Dazu ist die Platte bis in den thermoelastischen Zustandsbereich hinein zu erwärmen, entsprechend zu biegen und abschließend mit Wasser abzukühlen. Erwärmt man das Rohr wieder oberhalb ET, so wird es sich zur Platte – der Urform – zurückformen.

Die Neigung umgeformter thermoplastischer Kunststoffe **bei Erwärmung zur Urform zurückzukehren,** nennt man Rückstellbestreben.

Der Grund liegt darin, daß beim Umformen im thermoelastischen Bereich die verfilzten Molekülfäden wie Gummibänder gestreckt werden und nach dem Abkühlen in dieser Zwangslage verharren. Bei erneutem Erwärmen knäueln die Molekularfäden wieder in ihre Urform zurück.

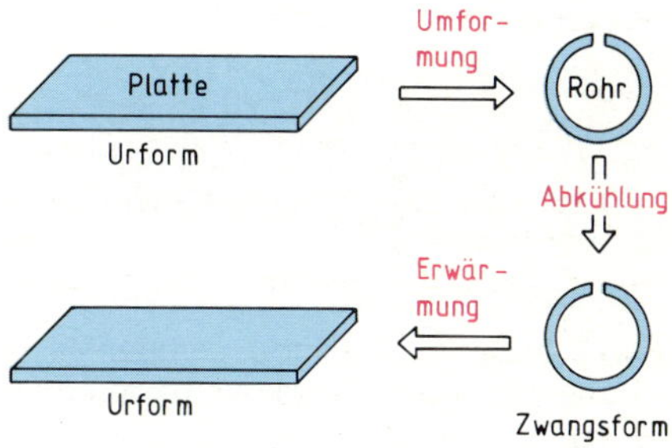

Rückstellbestreben umgeformter Thermoplaste

Weil man Thermoplaste im thermoplastischen Bereich umformt, ist die beim Umformen entstehende **Zwangslage bis nach dem Erkalten** aufrechtzuerhalten.

Beim Umformen im thermoplastischen Bereich sind die zwischenmolekularen Kräfte so klein, daß die Molekülfäden gegeneinander vorbeigleiten. Hier tritt das Rückstellbestreben nicht auf.

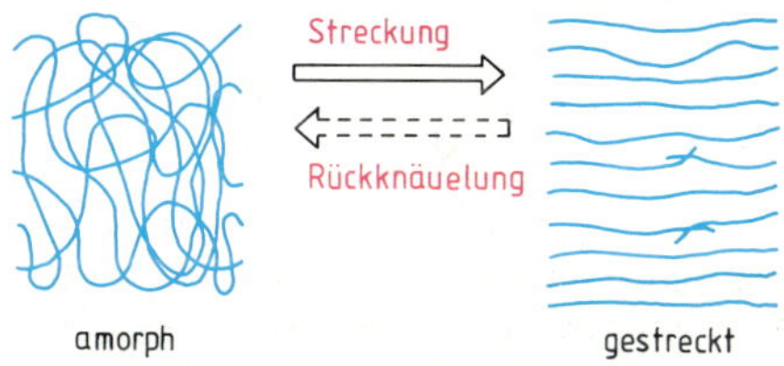

Zum Rückstellbestreben von umgeformten Thermoplasten

- Eigenschaften und Verwendung

Thermoplaste lassen sich kostengünstig verarbeiten (umformen, schweißen). Weil zudem viele verschiedene Thermoplaste Eigenschaften für fast jeden Verwendungszweck bieten, stellen sie die größte Kunststoffgruppe dar. Die folgenden Beispiele deuten dies an.

Polyethylen (PE)

- **Eigenschaften**: Dichte = 0,9 kg/dm^3, farblos bis milchig, wachsartige und glatte Oberfläche; Zugfestigkeit = 140 N/mm^2, Bruchdehnung bis 500 %; beständig gegen Säuren, Laugen und organische Lösungsmittel, unbeständig gegen heißes Öl; „geringer Preis".
- **Handelsnamen**: Lupolen®, Hostalen®, Vestolen®.
- **Verwendung**: Eimer, Schutzhelme, Rohre, Verpackungsfolien, Schläuche, Chemikalienflaschen, Kabelisolierungen.

Teile aus Polyethylen (PE)

Polyvinylchlorid (PVC)

- **Eigenschaften**: Dichte = 1,4 kg/dm^3, beständig gegen Säuren und Laugen, unbeständig gegen organische Lösungsmittel.
  Hart-PVC: hart, zäh, bruchsicher
  Weich-PVC: gummi- oder lederartig
- **Handelsnamen**: Vestolit®, Pegulan®, Hostalit®.
- **Verwendung Hart-PVC**: Rohre, Gehäuse, Profile.
- **Verwendung Weich-PVC**: Kunstleder, Stiefel, Schläuche, Schutzhandschuhe, Bodenbeläge.

Bodenbeläge aus PVC

Polystyrol (PS)

- **Eigenschaften**: Dichte = 1,05 kg/dm^3; glasklar; Zugfestigkeit = 65 N/mm^2, Bruchdehnung = 3,5 %; bruchempfindlich, beständig gegen stark verdünnte Säuren und Laugen, unbeständig gegen organische Lösungsmittel.
- **Handelsnamen**: Edistir®, Hostyren®, Vestyron®.
- **Verwendung**: Schalter, Lampenfassungen, billige Haushaltsartikel, Einwegverpackungen.

Mischt man Polystyrol bestimmte organische Substanzen zu, so nehmen Steifigkeit und Bruchsicherheit stark zu. Dieses schlagfeste Polystyrol findet z. B. für Schraubendrehergriffe und Kunststoffhämmer Anwendung.
Durch sogenannte Treibmittel kann Polystyrol aufgeschäumt werden. Dieser Hartschaumstoff (Handelsname: Styropor®) hat eine Dichte von 0,02 kg/dm^3 und ausgezeichnete Wärmedämmeigenschaften.

Einwegverpackungen aus PS

Polyamide (PA)

- **Eigenschaften**: Dichte = 1,15 kg/dm^3; meist milchigweiß; gleitfähige und abriebfeste Oberfläche; Zugfestigkeit bis 400 N/mm^2, Bruchdehnung bis 200 %; unbeständig gegen starke Säuren und Laugen, beständig gegen Öl und Benzin.
- **Handelsnamen**: Akulon®, Ultramid®, Durethan®.
- **Verwendung**: Zahnräder, Schutzhelme, isolierende Lagerschalen, transparente Abdeckhauben, Kurvenscheiben, Kraftstofftanks.

Polyamide lassen sich auch zu Fasern verspinnen. Sie sind als Neylon® oder Perlon® bekannt und dienen der Herstellung von Treibriemen, Sicherheitsgurten und Angelschnüren.

Kühlwasserverbindungen im Pkw aus Polyamid

Polytetrafluorethylen (PTFE)

- **Eigenschaften**: Dichte = 2,2 kg/dm^3; milchigweiß; wachsartige, gleitfähige Oberfläche; zäh und abriebfest; Zugfestigkeit bis 30 N/mm^2, Bruchdehnung bis 600 %; äußerst chemikalienbeständig; Temperaturbeständigkeit von −200 °C bis +280 °C.
- **Handelsnamen**: Teflon®, Agloflon®, Hostaflon TF®.
- **Verwendung**: Faltenbälge, Membranen, Pumpenkörper, Beschichtungen, Dichtungen.

Mit PTFE korrosionsfest ausgekleidete Kreiselpumpe

Elastomere

- Struktur

Es lassen sich Kunststoffe herstellen, die im Bereich der Gebrauchstemperatur weitgehend unabhängig von Wärmeeinwirkungen sind. Dazu verstärkt man die zwischenmolekularen Kräfte durch chemische Bindungskräfte. Durch diese **chemische Vernetzung** entsteht ein ungeordnetes Raumnetz von Molekülkräften. Bei geringer Vernetzung sind die Kunststoffe elastisch wie Naturkautschuk.

Kunststoffe mit geringer, also **weitmaschiger Vernetzung** sind gummielastisch und ergeben die Gruppe der Elastomere.

Elastomere sind nach Abschluß der Vernetzung nicht schmelzbar. Bei Abkühlung auf sehr tiefe Temperaturen können die elastischen Eigenschaften verlorengehen. Der Kunststoff wird hart und brüchig.

- Eigenschaften und Verwendung

Schon vor der Synthese von Kunststoffen zapfte man die Latexmilch der Gummibäume ab. Zur Gerinnung setzte man Essigsäure zu. So konnte man nach einiger Zeit den Kautschuk, der auch Gummi genannt wird, an der Oberfläche abschöpfen. Heute verwendet man vorwiegend synthetisch hergestellte Elastomere.

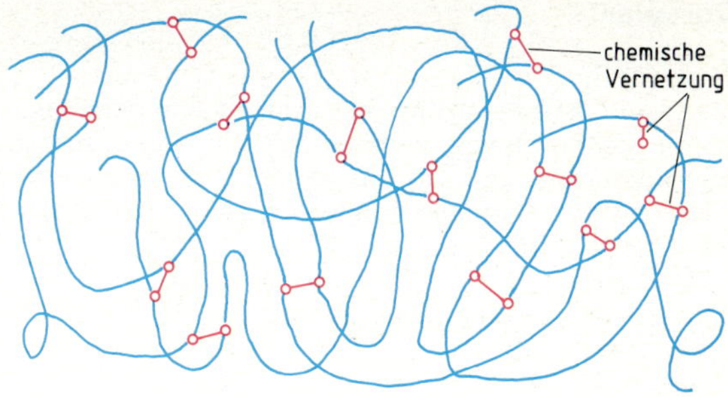

Struktur gummielastischer Kunststoffe (weitmaschiges Netz)

Butadienkautschuk (Synthesekautschuk)

- **Eigenschaften**: Dichte = 0,9 bis 1,2 kg/dm^3; je nach Herstellung hart- bis weichgummielastisch; sehr witterungs- und alterungsbeständig; abriebfest und chemisch unempfindlich; schwingungs- und schalldämpfend.
- **Handelsnamen**: Viton®, Buna®, Perbunan®.
- **Verwendung**: Fahrzeugreifen, Wellendichtungen, Faltenbälge, Manschetten, Schläuche.

Mit Siliconen abgedichtete Glaspyramide

Siliconkautschuk (Silicongummi)

In den letzten Jahren setzten sich verstärkt Kunststoffe durch, bei denen anstelle des Kohlenstoffs das Element Silicium die Bildung der Makromoleküle ermöglicht. Durch **räumliche Vernetzung** der Makromoleküle entsteht der Siliconkautschuk, der in seinen Eigenschaften den Elastomeren ähnlich ist.

- **Eigenschaften**: Dichte etwa 1,3 kg/dm^3; große Temperaturbeständigkeit (–60 °C bis +200 °C); quillt auf unter Aceton- und Benzineinwirkung; unbeständig gegen konzentrierte Säuren und Laugen. Festigkeit und Abriebfestigkeit sind schlechter als bei Butadienkautschuk.
- **Handelsnamen**: Silastic®
- **Verwendung**: Dichtungen, Fugenfüllmasse, Schläuche, Manschetten.

Da Siliconkautschuk teuer ist, wird er nur bei besonderen Anforderungen eingesetzt.

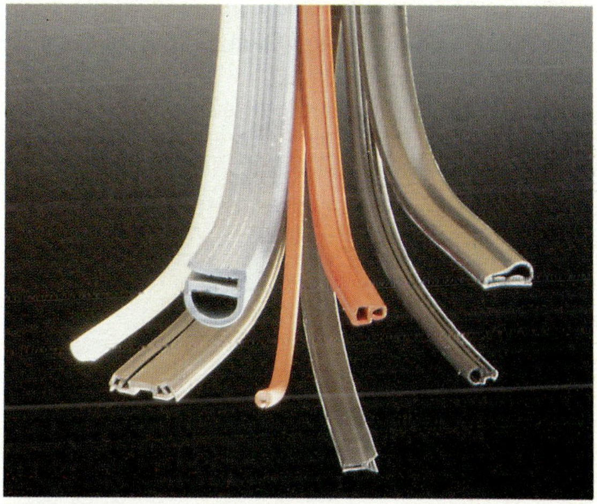
Abdichtungen für Backofentüren aus Siliconkautschuk mit hoher Hitzebeständigkeit und Flexibilität

Duroplaste

- Struktur

Man kann die Vernetzung, wie man sie von den Elastomeren kennt, soweit treiben, daß ein engmaschiges Raumnetz entsteht. Die chemischen Bindungskräfte zwischen den Molekülfäden lassen sich durch Wärme nicht verringern.

Kunststoffe, die aus **engvernetzten Makromolekülen** bestehen und **nach Erwärmung hart** bleiben, stellen die Gruppe der Duroplaste dar.

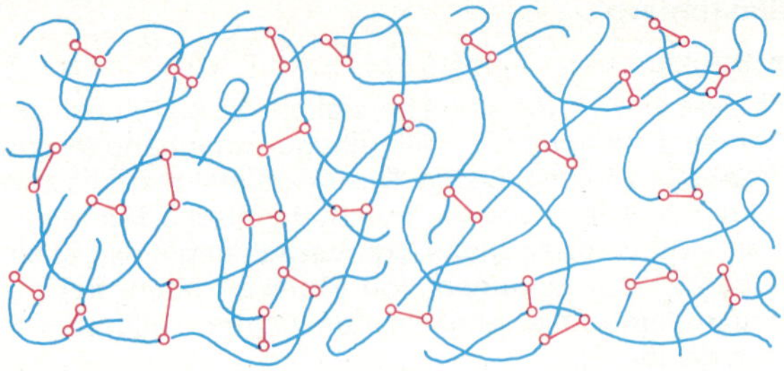

Struktur duroplastischer Kunststoffe (engmaschiges Netz)

Das Schaubild zeigt, daß mit steigender Temperatur sich Zugfestigkeit und Bruchdehnung erst ab der Zersetzungsgrenze Z erheblich ändern.

Der unvernetzte Ausgangsstoff zur Herstellung von Duroplasten ist flüssig oder pulverförmig. Unter der Wirkung eines Härters oder von Wärme und Druck wird er engmaschig vernetzt.

Weil es bei der Vernetzung von Duroplasten um eine Art Aushärtung geht, nennt man sie auch **aushärtbare Kunststoffe.**

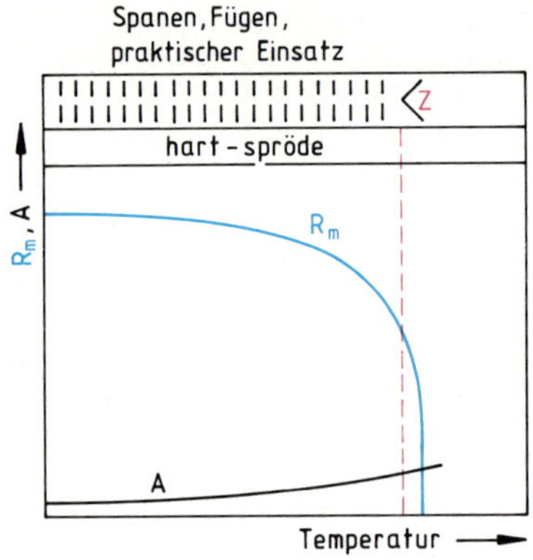

R_m: Zugfestigkeit
A: Bruchdehnung
Z: Zersetzungsgrenze

Temperaturverhalten von Duroplasten

- Eigenschaften und Verwendung

Aus der engmaschigen Vernetzung folgen grundsätzliche Eigenschaften für Duroplaste. Sie sind
- durch Wärme nicht zu erweichen,
- nicht quellbar, weil Gase und Flüssigkeiten nicht eindringen können,
- praktisch gegen Lösungsmittel beständig.

Phenolharz (PF)

Vor der Aushärtung wird Phenolharz meistens mit Füllstoffen wie Holzmehl, Papier, Textilien, Gesteinsmehl oder Glasfasern vermischt.

- **Eigenschaften**: Dichte = 1,4 kg/dm^3, mit Gesteinsmehl etwa 1,8 kg/dm^3; Zugfestigkeit bis 100 N/mm^2, Bruchdehnung bis 15 %; Verkohlung in der Flamme bei stechendem Geruch.
- **Handelsnamen**: Bakelit® (Preßmassen), Harex® (Hartgewebe), Ferrozell® (Hartpapier), Glasotex® (Füllstoff Glasfasern), Durafol® (Hartholz)
- **Verwendung**: Ohne Füllstoff als Bindemittel für Spanplatten und Schleifscheiben, mit Füllstoffen für Maschinenteile und Elektrokleinteile.

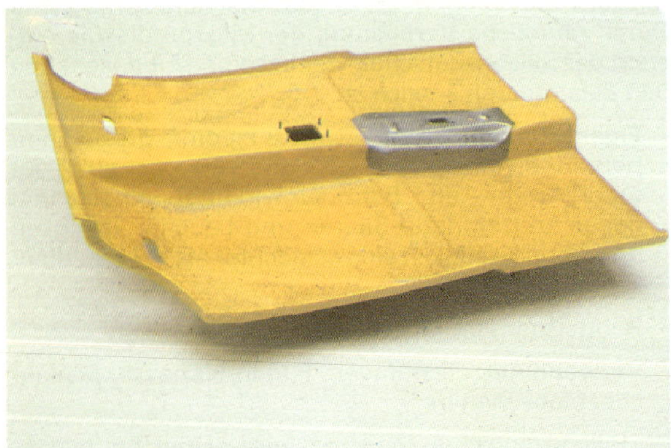

Bodenplatte für Pkw's mit Harzsystem imprägniert

Melaminharz (MF)

- **Eigenschaften**: Dichte ca. 1,5 kg/dm^3, Zugfestigkeit mit Füllstoffen bis 180 N/mm^2; hart und bruchfest; mit Hartmetallwerkzeugen bearbeitbar.
- **Handelsnamen**: Resopal®, Ultrapas®, Alberit®
- **Verwendung**: Ohne Füllstoff als Gießharz und Klebemittel für Spanplatten; mit Füllstoffen für Maschinen und Elektrokleinteile.

Epoxidharze (EP)

Weil Epoxidharze **ohne Druck und bei Raumtemperatur aushärten,** können großflächige Teile ohne teure Preßformen hergestellt werden. Bei erhöhten Drücken und Temperaturen lassen sich allerdings höhere Festigkeiten erzielen.

- **Eigenschaften:** Dichte ca. 1,1 kg/dm³ (reines Harz) bis 1,9 kg/dm³ (mit Füllstoff); farblos bis honiggelb; Zugfestigkeit 50 bis 70 N/mm²; hart, zäh und bruchsicher; zulässige Dauertemperatur 80 bis 120 °C; gut gießbar; durch Mischen mit Metallpulver (Silber oder Gold) elektrisch leitend; hautreizend im unvernetzten Zustand.
- **Handelsnamen:** Araldit®, Dobeckote®, Epoxin®.
- **Verwendung:** Einbetten von elektrischen Wicklungen; Metallkleber, Herstellung von Gehäusen, Formteilen und Freiluftisolatoren in der Hochspannungstechnik.

Kommen Epoxidharze nicht als fertige Werkstücke in den Handel, werden sie im unvernetzten Zustand geliefert. Erst vor der Verarbeitung mischt man die Harze mit Katalysatoren (Beschleunigern) oder Härtern, die flüssig oder pastenförmig dem Harz beiliegen.

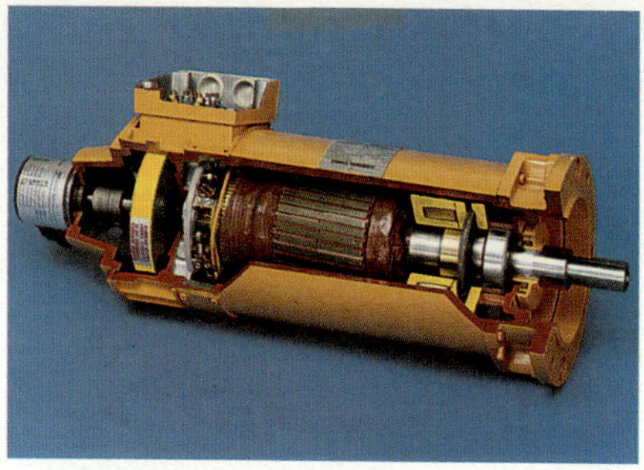

Isolierung einer Motorwicklung durch Epoxidharz

Faserverstärkte Polyester- und Epoxidharze

Durch Einlagern von Fasern in Polyester- oder Epoxidharze vereinigen sich die günstigen Eigenschaften beider Komponenten. Der faserverstärkte Werkstoff gewinnt in der Luft- und Raumfahrt, der Energietechnik und im allgemeinen Leichtbau zunehmend an Bedeutung.

Anwendungsbereiche, die besonders Leichtmetallen vorbehalten waren, werden in zunehmendem Maße durch faserverstärkte Kunststoffe eingenommen. Diese Werkstoffe, man nennt sie auch Faserverbundwerkstoffe, sind leichter, fester und teilweise temperaturbeständiger als Leichtmetalle.

Wesentliche mechanische Eigenschaften hängen von der Verstärkungsart (Faserrichtung) ab. So erreicht der Werkstoff z. B. seine höchste Festigkeit in Faserrichtung. Folgende Orientierungen sind üblich:

- **Faserbündel:** Die Fasern liegen parallel und unverdrillt nebeneinander.
- **Kurzfaser gerichtet/ungerichtet:** Kurze Fasern liegen parallel und regellos nebeneinander.
- **Gewebe:** Fasern sind in zwei senkrecht zueinanderstehenden Richtungen angeordnet (wie Textilien).
- **Matte:** Fasern sind regellos geschichtet und miteinander verklebt.

Als Faserwerkstoff kommen vor allem Glas und Kohlenstoff (Carbon) in Betracht. Zugehörige Eigenschaften und Verwendungsmöglichkeiten sind der Tabelle zu entnehmen.

Großflächige Teile, die durch Handauflegeverfahren oder Faserspritzverfahren gefertigt werden, enthalten einen Faseranteil von 20 bis 30 %. Höhere Fasergehalte und damit höhere Festigkeit sind nur unter Druck, z. B. durch Pressen in Werkzeugen möglich. Für Hohlkörper eignet sich das Wickelverfahren mit Fasermatten.

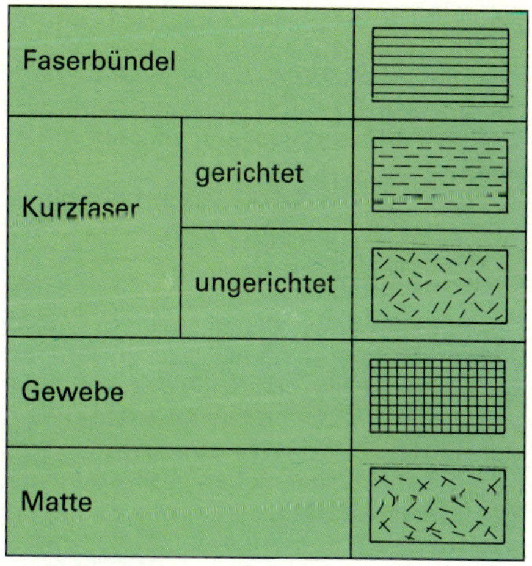

Orientierung der Fasern von Faserverbundwerkstoffen

	GFK	CFK
Zugfestigkeit in kN/mm²	0,5 bis 1,5	1,0 bis 2,0
Dichte in kg/dm³	1,5 bis 2,5	1,5 bis 2,0
Zulässige Dauertemperatur	je nach Harz bis 150 °C	
Verwendung	Leiterplatten, Gehäuse, Bootskörper, Sportgeräte (u. a. Tennisschläger, Surfbretter)	

Kurzzeichen: GFK = glasfaserverstärkte Kunststoffe
CFK = kohlenstoffaserverstärkte Kunststoffe

Mechanische Eigenschaften und Verwendung faserverstärkter Kunststoffe

2.1.5 Bestimmung der Kunststoffe

Mit einer Reihe **einfacher Prüfverfahren** lassen sich Namen oder zumindest Gruppen von Kunststoffen bestimmen:

Optische Probe

Kunststoffe besitzen eine typische Eigenfarbe. Sobald sie eingefärbt sind, fehlt dieses Merkmal. Oberflächenglanz (z. B. speckig), Transparenz (z. B. durchscheinend), Struktur der Oberfläche (z. B. körnig) und andere optische Erkennungsmerkmale können aber trotzdem Hinweise auf den Kunststoff geben. In Verbindung mit anderen Prüfverfahren können sie zur Kunststoffbestimmung beitragen.

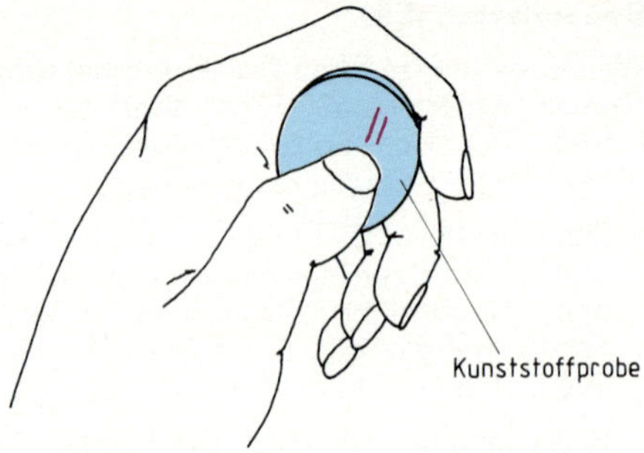

Kratzspur bei weichem Kunststoff (z. B. Polyethylen)

Ritzprobe

Kratzt man mit dem Fingernagel über die Oberfläche verschiedener Kunststoffe, so bleiben Kratzspuren zurück. Mit dieser Ritzprobe lassen sich weiche von härteren Kunststoffen unterscheiden.

Flüssigkeit (%-Angaben in Gew.-%)	Dichte in kg/dm³
Wasser	1,00
Kochsalzlösung 10 %	1,08
Kochsalzlösung 20 %	1,15
Glyzerin	1,26
Zuckerlösung 60 %	1,29

Dichte einiger Vergleichsflüssigkeiten

Klangprobe

Fällt ein Kunststoffteil auf eine harte Platte, so ergibt sich ein Klang, der für den betreffenden Kunststoff typisch sein kann. Typische Klänge sind hell, blechern, scheppernd, dumpf und klanglos. Nach einiger Übung, wenn man den Klang der einzelnen Kunststoffarten „im Ohr" hat, ist diese Klangprobe sehr aussagekräftig.

Schwimmprobe

Ein Kunststoffteil, das in Wasser untertaucht, muß eine größere Dichte als Wasser haben, also größer 1,00 kg/dm³. Schwimmt das Teil, dann ist die Dichte kleiner 1,00 kg/dm³. Mit dieser Schwimmprobe kann die Dichte von Kunststoffen grob festgestellt werden. Da die meisten Kunststoffe eine Dichte zwischen 0,90 und 1,30 kg/dm³ haben, benutzt man neben Wasser und Glyzerin wässrige Lösungen als Vergleichsflüssigkeiten. Mit den nebenstehenden Flüssigkeiten erreicht man immerhin folgende Dichteabstufung: kleiner 1,00; 1,00 bis 1,08; über 1,08 bis 1,15; über 1,15 bis 1,26; über 1,26 bis 1,29 kg/dm³.

Beispiel: Ein Kunststoffteil schwimmt in einer 20 %-igen Kochsalzlösung und taucht in einer 10 %-igen unter. Die Dichte des Kunststoffs liegt dann über 1,08 und unter 1,15 kg/dm³.

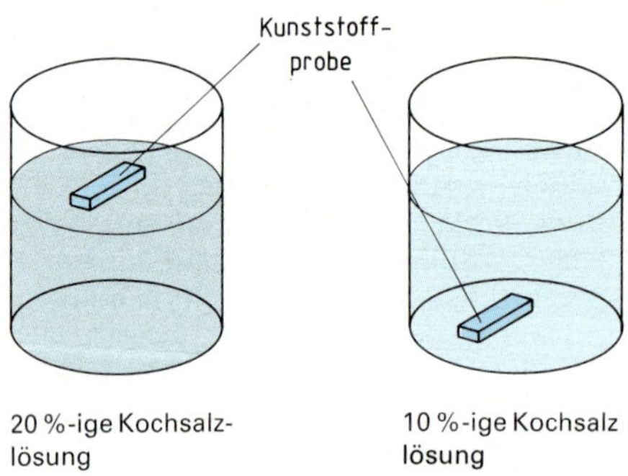

Schwimmprobe in Kochsalzlösungen

Erwärmungsprobe

Wird ein Thermoplast erwärmt, so lassen sich an der erweichten Stelle Fäden ziehen. Mit dieser Erwärmungsprobe kann man zunächst Thermoplaste von Duroplasten unterscheiden. Eine weitere Unterscheidung ist durch aufsteigende Dämpfe möglich.
Die bei der Erwärmung einer Kunststoffprobe aufsteigenden Dämpfe enthalten nämlich Abbaustoffe mit einem oft unverkennbaren Geruch. Besonders die Massen-Kunststoffe Polyethylen, Polystyrol und Polyvinylchlorid entwickeln unverwechselbar riechende Dämpfe.

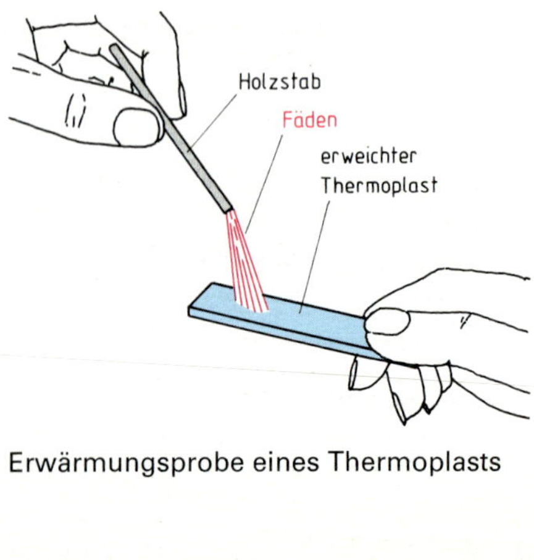

Erwärmungsprobe eines Thermoplasts

Brennprobe

Bei der Brennprobe hält man Kunststoffproben in die offene Flamme. Dabei entstehen Dämpfe und Rauchschwaden. Weil sie gesundheitsschädlich sein können, müssen sie wirksam abgesaugt werden.

Das Verhalten der Kunststoffe bei der Brennprobe läßt sich wie folgt beschreiben:
- Brennen nicht
- Brennen nur innerhalb der Flamme
- Brennen außerhalb der Flamme weiter
- Rußen stark

Innerhalb der Flamme zeigen brennende Kunststoffe zusätzliche typische Merkmale:
- Es bildet sich ein fester Rückstand
- Der schmelzende Werkstoff tropft ab
- Abfallende Tropfen brennen weiter

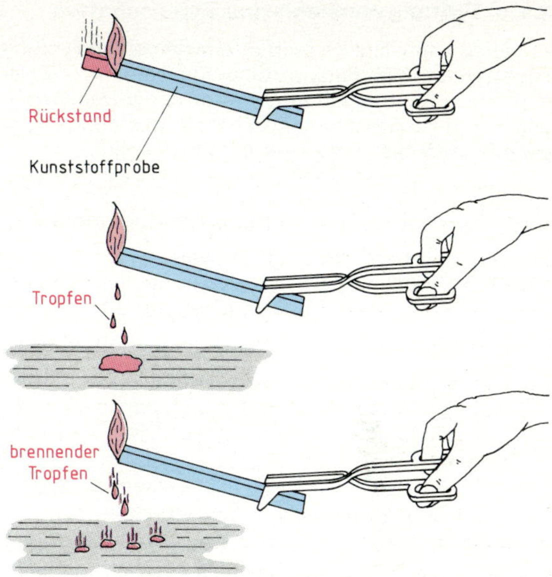

Verhalten von Kunststoffen innerhalb der Flamme

Beilsteinprobe

Erhitzt man Substanzen, die Halogene wie Chlor und Fluor enthalten, zusammen mit Kupfer, so färben verdampfende Kupfer-Halogen-Verbindungen die **Flamme grün**. Dieses Prüfverfahren heißt Beilsteinprobe. Vermutet man Halogene in Kunststoffen, so läßt es sich auch zur Kunststoffbestimmung einsetzen.

Beispiel zur Kunststoffbestimmung:

Es sind mit Hilfe einer Kunststoffbestimmungstafel die Kunststoffe zweier unbekannter Proben mit folgendem Verhalten zu bestimmen:

Prüfverfahren	Probe 1	Probe 2
1. Optische Probe	wachsartige Oberfläche	glänzende Oberfläche
2. Ritzprobe	Kratzspuren	keine Kratzspuren
3. Klangprobe	klingt dumpf	klingt scheppernd
4. Schwimmprobe	schwimmt in Wasser	sinkt in Zuckerlösung (60 %)
5. Brennprobe	tropft brennend, Rauchschwaden kaum sichtbar	erlischt außerhalb der Flamme
6. Beilsteinprobe	keine Grünfärbung der Flamme	Grünfärbung der Flamme

Um den gesuchten Kunststoff schnell ausfindig zu machen, beginnt man beim Vergleich mit den hervorstechenden Merkmalen.

Probe 1: „Wachsartige Oberfläche" ist gemäß Bestimmungstafel zutreffend für PE und auch für Probe 1. Das allein bedeutet noch nicht, das die Probe 1 aus diesem Kunststoff besteht. Da aber das übrige Verhalten auch übereinstimmt, ist Probe 1 ziemlich sicher PE.

Probe 2: „Erlischt außerhalb der Flamme" und „grüne Flamme bei der Beilsteinprobe" sind hervorstechende Merkmale für PVC U. Damit könnte Probe 2 aus diesem Kunststoff bestehen. Durch den Vergleich mit den verbleibenden Merkmalen wird diese Annahme bestätigt.

Merkmale	Kunststoff					
	PE	PP	PS	PVCU	POM	CA
Optische Merkmale: wachsartige Oberfläche	x					
glänzende Oberfläche		x	x	x	x	x
Kratzspuren	x	x				
Klang: blechern			x			
scheppernd				x	x	
dumpf	x	x				x
Dichte in kg/dm³	0,95	0,91	1,05	1,38	1,41	1,31
Brennverhalten: stark rußend			x			
erlischt außerhalb der Flamme				x		
tropft					x	x
tropft brennend	x	x	x			
Rauchschwaden sichtbar	x	x				
Beilsteinprobe: grüne Flamme				x		

PE: Polyethylen; PP: Polypropylen; PS: Polystyrol;
PVC U: Polyvinylchlorid hart; POM: Polyoxymethylen;
CA: Celluloseacetat

Kunststoffbestimmungstafel (Auswahl)

2.1.6 Prüfung mechanischer Eigenschaften

Es werden ähnliche Prüfverfahren wie bei der Prüfung von Metallen angewendet. Allerdings wird bei Kunststoffen mit kleineren Kräften geprüft. Außerdem sind die Verformungswege größer als bei Metallen, und die Geschwindigkeit der Verformung und die Temperatur beeinflussen das Versuchsergebnis erheblich.

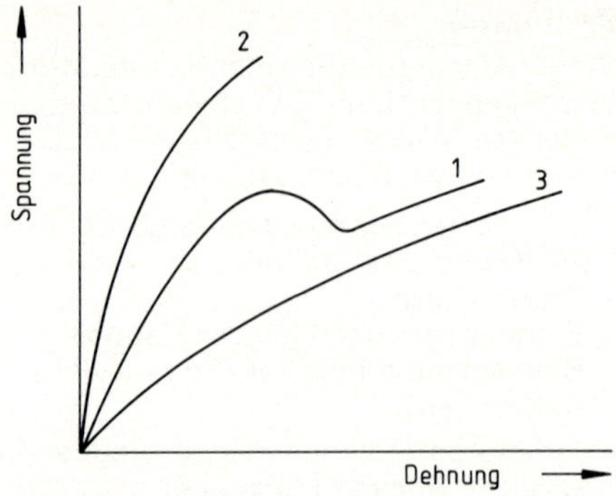

Spannungs-Dehnungs-Diagramm eines Thermoplasts bei verschiedenen Dehngeschwindigkeiten (schematisch)

Verhalten bei zügig zunehmender Zugbelastung

Die Zugbelastung erfolgt im Zugversuch für Kunststoffe nach DIN 53455. Die Ergebnisse lassen sich in einem Spannungs-Dehnungs-Diagramm (s. Werkstoffprüfung, Fachstufe 1) veranschaulichen.

Für einen Thermoplast wird dabei folgendes deutlich:

- Unter normalen Bedingungen zeigt die Kurve 1 eine ausgeprägte Erhöhung. Weil hier der Kunststoff stark nachgibt, fällt die Spannung trotz weiterer Dehnung ab. Dieses Verhalten heißt **Verstrecken.**
- Das Verstrecken verliert sich bei großer Dehngeschwindigkeit. Das Material wird sogar sehr spröde (Kurve 2).
- Umgekehrt ist die Dehnfähigkeit bei kleiner Dehngeschwindigkeit groß (Kurve 3). Der gleiche Effekt läßt sich auch mit hoher Temperatur erzielen.

Die Dehngeschwindigkeit liegt je nach Kunststoffsorte zwischen 1 mm/min und 500 mm/min. Sie ist in den Kunststoffnormen festgelegt.

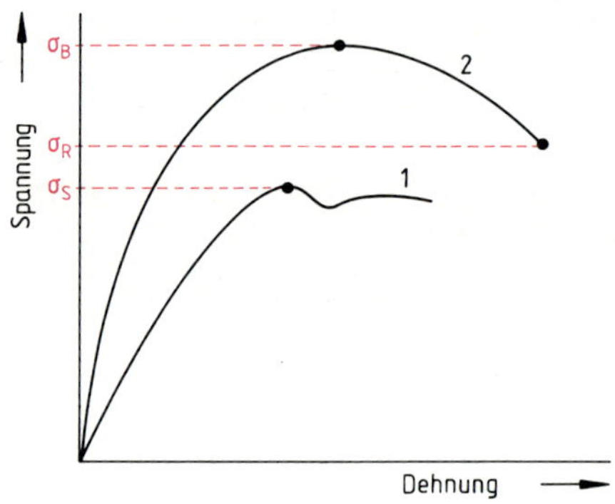

Spannungskennwerte im Spannungs-Dehnungs-Diagramm

- Kenngrößen aus dem Zugversuch

Nach DIN 53455 ist folgendes festgelegt:

- Zugfestigkeit σ_B ist die Zugspannung bei maximaler Zugkraft F_{max} (bei Metallen R_m).
- Reißfestigkeit σ_R ist die Zugspannung zum Zeitpunkt des Reißens.
- Streckspannung σ_S ist die Zugspannung, bei der im Spannungs-Dehnungs-Diagramm die Kurve erstmalig waagrecht verläuft.

Das Auftreten der Streckspannung (Kurve 1) ist vom Material und den Prüfbedingungen abhängig. Die gleiche Probe kann also unter veränderten Bedingungen (Dehngeschwindigkeit, Temperatur u. a.) die Streckspannung verlieren (Kurve 2). Als Kennwert gilt dann die **x %-Dehnspannung.**

Liefert der Versuch die Streckspannung, so tritt sie an die Stelle der Zugfestigkeit.

- x %-Dehnspannung σ_{Sx} ist die Zugspannung, bei der die Spannungs-Dehnungs-Kurve um x % Dehnung vom anfänglich linearen (nicht gekrümmten) Verlauf abweicht. Der Betrag von x kann je nach Kunststoffsorte unterschiedlich festgelegt sein.

Beispiel: Der Betrag von x sei 2. Im Abstand von 2 % zeichnet man somit eine Parallele zur Anfangstangente der Spannungs-Dehnungs-Kurve. Der Schnittpunkt mit der Kurve liefert die **2 %-Dehnspannung** $\sigma_{S2} = 30\ N/mm^2$.

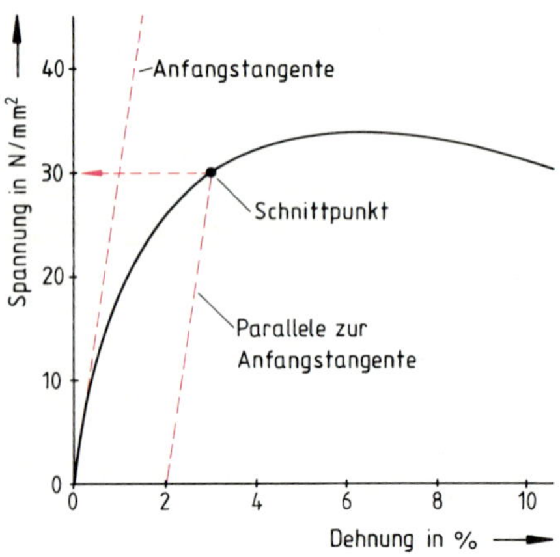

Ermittlung der Dehnspannung (hier 2 %-Dehnspannung σ_{S2}) aus dem Spannungs-Dehnungs-Diagramm

Als **Verformungskennwerte** sind üblich:
- Dehnung bei maximaler Zugkraft ε_B,
- Reißdehnung ε_R,
- Dehnung bei Streckspannung ε_S.

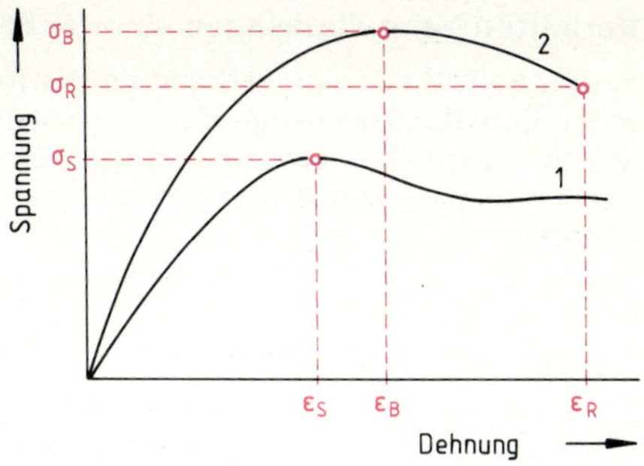

Alle Kennwerte sind als Mittelwerte aus Ergebnissen der Prüfungen mehrerer gleichartiger Proben zu berechnen (in der Regel fünf).

- Beurteilung der Versuchsergebnisse

Das Verhalten der Kunststoffe ist nicht nur stark von der Verformungsgeschwindigkeit und der Temperatur abhängig, sondern auch von der Zeit des Lagerns und der dabei auftretenden Luftfeuchtigkeit. Deshalb haben die Kennwerte nicht die Bedeutung wie bei metallischen Werkstoffen. Sie eignen sich für die Bemessung von Bauteilen allenfalls bei kurzzeitiger Beanspruchung. Sonst dienen sie zur Qualitätskontrolle wie z. B. beim Vergleich verschiedener Chargen oder zur Überprüfung bestimmter Verarbeitungseinflüsse.

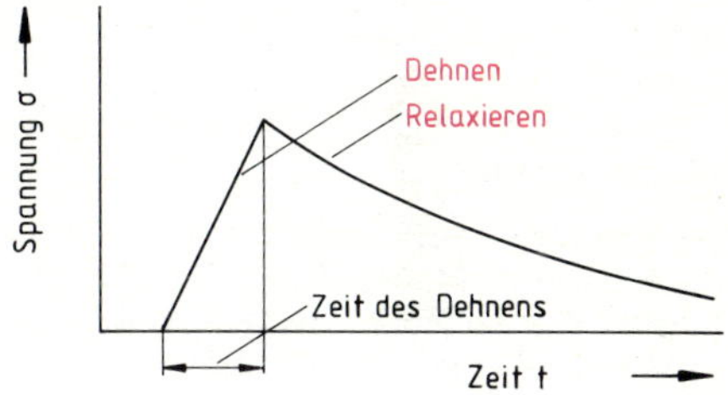

Zeitstandverhalten

Kunststoffe geben im Laufe der Zeit einer konstanten Belastung nach. Dieses als **Kriechen** bezeichnete Verhalten wird durch Versuche erfaßt.

- Relaxationsversuch (DIN 53441)

In einer Kunststoffprobe steigt die Spannung, wenn man die Probe dehnt. Wird das Dehnen abgebrochen, so bleibt die zu diesem Zeitpunkt erreichte Spannung nicht erhalten. Sie klingt im Laufe der Zeit ab. Dieses durch Kriechen verursachte Nachgeben, das **Relaxieren,** verdeutlicht der Relaxationsversuch.

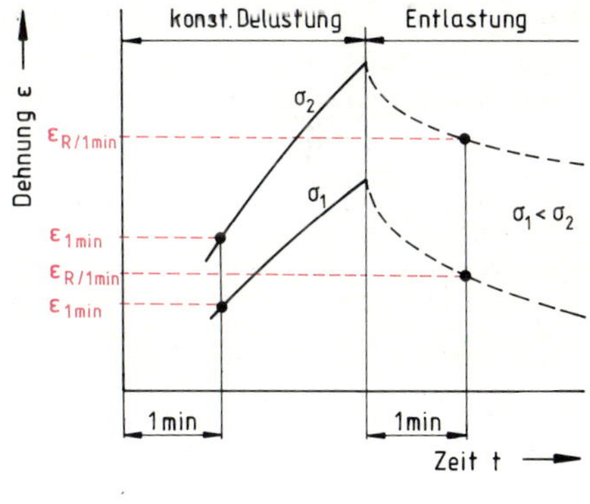

- Zeitstandversuch (DIN 53444)

Bei konstanter Belastung einer Kunststoffprobe nimmt die Dehnung zu, bei Entlastung nimmt sie wieder ab. Ergebnisse hierzu liefert der Zeitstandversuch. In einem Dehnungs-Zeit-Diagramm ergibt sich für jeweils eine konstante Belastung eine entsprechende **Zeit-Dehnlinie.** Als Vergleichswert ist die 1-Minuten Dehnung $\varepsilon_{1\,min}$ eingeführt worden. Es ist die Dehnung, die sich eine Minute nach Beginn der Belastung eingestellt hat. Die eine Minute nach Entlastung vorhandene Restdehnung ist $\varepsilon_{R/1\,min}$.

Eine hohe konstante Belastung führt im Zeitstandversuch nach kurzer Zeit zum Bruch. Verringert man die Belastung, so muß man länger warten, bis Bruch eintritt.

Die Spannung, die nach Ablauf der Zeit *t* zum Bruch der Probe führt, heißt **Zeitstandfestigkeit.**

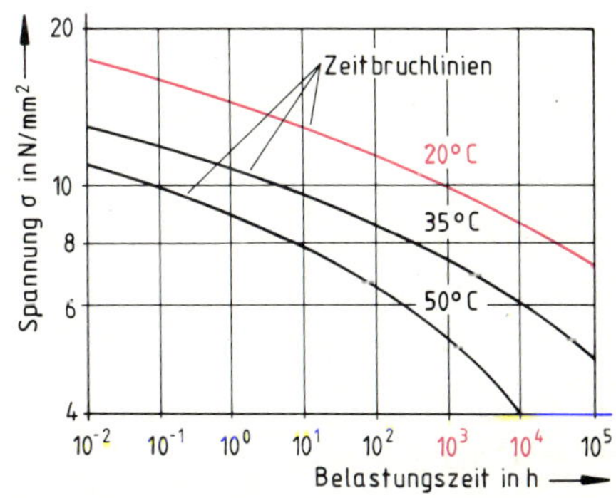

Zeitstandschaubild von Polyethylen (PE) mit Zeitbruchlinien für verschiedene Temperaturen

Die Zeitstandfestigkeiten lassen sich in einem Zeitstandschaubild an der sogenannten Zeitbruchlinie ablesen. So kann eine PE-Probe bei 20 °C 1000 Stunden eine Spannung von etwa 9,8 N/mm² aushalten, bevor sie bricht. Für 10000 Stunden beträgt die Zeitstandfestigkeit nur noch etwa 8,5 N/mm². Bei höherer Temperatur liegen die Werte entsprechend niedriger.

Bauelemente aus Kunststoffen, die während ihrer Verwendung (ihrer Lebensdauer) Belastungen unterliegen, dürfen festgelegte Grenzwerte nicht überschreiten. Entsprechende Formen und Abmessungen der Bauelemente tragen dem Rechnung.

Verhalten beim Eindringen eines Prüfkörpers (Härte)

Ein Kunststoffteil zeigt während der Verformung neben dem plastischen Verhalten ein ausgeprägtes elastisches Verhalten. Kennwerte, die das Verhalten beim Eindringen eines Prüfkörpers erfassen, werden deshalb **unter Last und innerhalb bestimmter Zeitgrenzen** ermittelt.

Kunststoff		Kugeldruckhärte in N/mm² DIN 53456
Namen	Kurzzeichen	
Polyethylen	PE	10 bis 65
Polypropylen	PP	30 bis 80
Polyvinylchlorid hart	PVC U	100 bis 130
Polystyrol	PS	150 bis 170
Polyoxymethylen	POM	155 bis 175
Melaminharz	MF	200 bis 480

Kugeldruckhärte einiger Kunststoffe

- Kugeldruckhärte

Bei der Eindruckprüfung nach DIN 53456 wird eine Stahlkugel in die Probe gedrückt und nach 30 Sekunden die Eindringtiefe festgestellt. Aus der Prüfkraft und der Eindruckoberfläche errechnet sich die sogenannte **Kugeldruckhärte.** Sie kann mit Hilfe der Prüfkraft und der gemessenen Eindringtiefe aus Tabellen in N/mm² entnommen werden.

- Shore-Härte

Weiche Kunststoffe werden nicht durch die Eindruckprüfung, sondern durch die Härteprüfung nach DIN 53505 geprüft. Die Druckkraft für den Eindringkörper wird durch das Zusammendrücken einer geeichten Feder im Prüfgerät aufgebracht. Nachdem die Feder über die Probe zusammengedrückt ist, wird die Härte nach drei Sekunden an einer Meßuhr in **SHORE**-Einheiten zwischen 0 und 100 abgelesen.

Die maximale Federkraft ist unterschiedlich:

- Bei der Prüfung nach SHORE A, die für weichere Kunststoffe gilt, ist die maximale Federkraft bei 100 Einheiten 8,065 N.
- Die Prüfung nach SHORE D, die eingesetzt wird, wenn die Härte über 70 SHORE-A-Einheiten liegt, ist die maximale Federkraft bei 100 Einheiten 44,05 N.

Für die Härteangabe ermittelt man eine ungerade Zahl von Einzelwerten und ordnet sie nach steigenden Zahlen. Der dann in der Mitte stehende Wert, der **Medianwert,** wird zur Härteangabe benutzt.

Beispiel: Mit folgenden Einzelwerten, die durch die Prüfung einer Probe nach SHORE A zustande kamen, ist die Härteangabe vorzunehmen: 69, 65, 68, 67, 68, 64 und 66.

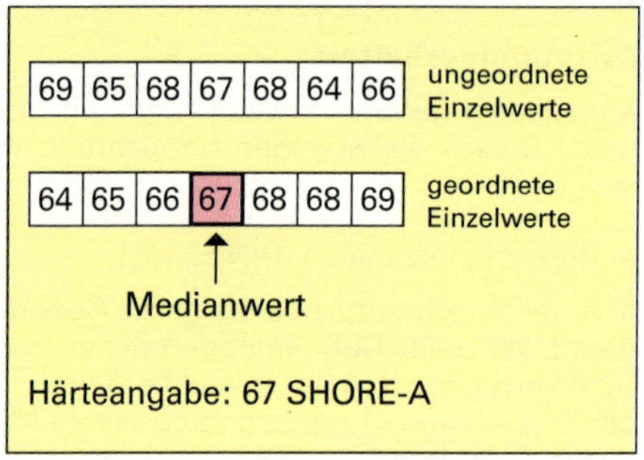

Ermittlung der Härteangabe aus mehreren Einzelwerten

2.1.7 Prüfung der Formbeständigkeit in der Wärme

Die Fähigkeit eines Kunststoffteils, seine geometrische Form unter Spannung bis zu einer bestimmten Temperatur weitgehend beizubehalten, bezeichnet man als Formbeständigkeit in der Wärme.

- Martensprüfung

Bei der Prüfung nach Martens wird ein genormter Probestab in ein Prüfgerät (DIN 53462) senkrecht unten eingespannt. An ihrem oberen Ende wird ein Hebel mit einem Gewicht waagerecht angeklemmt. Die verursachte Biegespannung von ca. 5 N/mm² verbiegt die Probe.

Nun erfolgt ein langsames Erwärmen der Probe, wodurch die Festigkeit abnimmt. Die Temperatur, bei der der Belastungshebel um 6 mm abgesunken ist, nennt man **Martenszahl.** Für PE liegt sie zum Beispiel zwischen 45 °C und 55 °C.

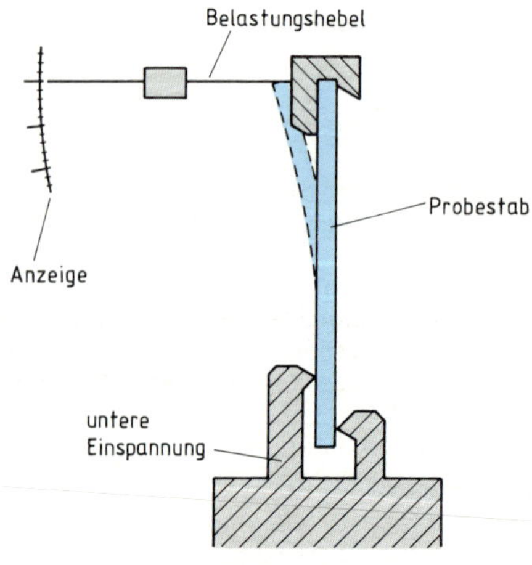

Martensprüfgerät (schematisch)

- Vicatprüfung

Bei der Vicatprüfung wird nach DIN 53460 eine Stahlnadel von 1 mm^2 Querschnitt unter einem bestimmten Gewicht senkrecht in den Kunststoff gedrückt, der langsam erwärmt wird (ca. 50 °C/h).

Ist die Vicatnadel 1 mm eingedrungen, wird die Temperatur, die man **Vicat-Erweichungstemperatur VST** nennt, festgehalten. Dieses Verfahren eignet sich für Thermoplaste. Da es im Material kaum Spuren hinterläßt, eignet es sich vornehmlich für fertige Werkstücke.

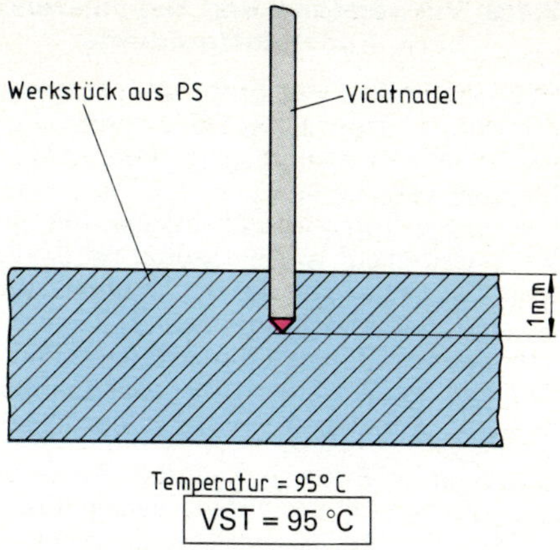

Vicatprüfung eines Werksstücks aus Polystyrol PS

2.1.8 Prüfung elektrischer Eigenschaften

Für Kunststoffe, die als „Isolierstoffe der Elektrotechnik" große praktische Bedeutung haben, ist die Feststellung elektrischer Eigenschaften weitaus wichtiger als bei Metallen. Kunststoffe lassen sich stark beeinflussen durch Aufbau, Herstellung und Behandlung, also durch ihre Vorgeschichte. Die Prüfungen ermöglichen es, diese Einflüsse vergleichend zu beurteilen. Damit sind sie in erster Linie Abnahmeprüfungen für den praktischen Einsatz.
Neben dem dielektrischen Verhalten interessiert insbesondere die Isoliereigenschaft.

Verhalten als Isolator

Das Verhalten als Isolator wird erfaßt, indem man die elektrischen Widerstandswerte nach DIN VDE 0303 bestimmt.

- Durchgangswiderstand

Die Kunststoffprobe, meist in Plattenform, befindet sich zur Prüfung zwischen zwei genormten Elektroden. Die Meßspannung beträgt in der Regel 100 V oder 1000 V Gleichspannung. Die Meßelektrode umgibt ein Schutzring, der die Oberflächenströme zur Erde ableitet. Dadurch ist gewährleistet, daß nur der Strom gemessen wird, der zwischen den Meßflächen der Elektroden durch die Probe flließt. Mit den gemessenen Werten für Stromstärke I und Spannung U berechnet sich der **Durchgangswiederstand R_D**. Da die Meßfläche S und Probendicke d bekannt sind, läßt sich anschließend der **spezifische Durchgangswiderstand** φ_D berechnen:

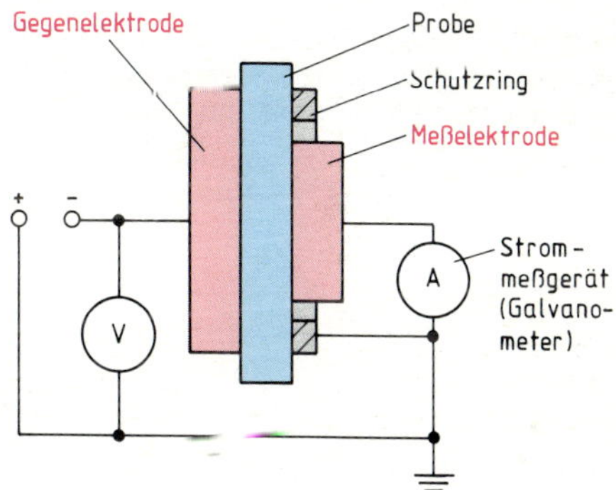

Schaltschema zur Messung des Durchgangswiderstandes

$$R_D = \frac{U}{I}, \text{Einheit: } 1\,\Omega; \quad \varphi_D = \frac{R_D \cdot S}{d}, \text{Einheit: } 1\,\Omega\,\text{cm}$$

- Durchschlagfestigkeit

Die Prüfung zur Ermittlung der Durchschlagfestigkeit erfolgt mit einer Probe von höchstens 3 mm Dicke. Nachdem sie an eine Wechselspannung mit üblicher Frequenz gelegt wurde, erhöht man die Spannung so schnell, daß innerhalb von 10 bis 20 s ein Funken- oder Lichtbogenübergang durch die Probe erfolgt. Man bezeichnet diesen Vorgang als **Durchschlag** und die zugehörige Spannung als **Durchschlagsspannung U_d**. Bezieht man U_d auf die Probendicke d, so ergibt sich die sogenannte **Durchschlagsfestigkeit E_d**:

$$E_d = \frac{U_d}{d}, \qquad \text{Einheit: } 1\,\frac{\text{kV}}{\text{mm}}$$

Da die Kennwerte durch die Prüfbedingungen stark beeinflußbar sind, muß bei ihrer Ermittlung die Prüfvorschrift DIN VDE 0303 genau beachtet werden.

Kunststoff	φ_D in Ω cm	E_d in kV/mm
Polyethylen PE	ca. 10^{15}	60 bis 150
Polystyrol PS	ca. 10^{16}	ca. 50
Polyvinylchlorid PVC	ca. 10^{16}	20 bis 50

Spezifischer Durchgangswiderstand φ_D und Durchschlagfestigkeit E_d einiger Kunststoffe

2.1.9 Verwendung und Deponierung unbrauchbarer Kunststoffprodukte

Aus Rohstoffen wie Erdöl und Erdgas erzeugt man Kunststoff-Vorprodukte. Sie werden zu Kunststoffteilen für viele Anwendungsfälle verarbeitet. Die großen Mengen verursachen aber auch erhebliche Abfallprobleme. Sie treten im allgemeinen mit einer zeitlichen Verzögerung auf, weil ein großer Teil der Produkte langlebig ist. Ähnlich wie bei anderen Wiederverwendungen (z. B. Metallschrott, Glas, Papier) werden Maßnahmen ergriffen, die Kunststoffe in den Produktionskreislauf zurückzuführen. Diese Maßnahmen, **Recycling** genannt, verstärkte man in den letzten Jahren.

Recyclingverfahren sind nur dann wirtschaftlich, wenn zur Aufarbeitung des Abfalls weniger Energie und Rohstoffe nötig sind, als zur Herstellung neuer Kunststoffe. Dabei wird immer vorausgesetzt, daß die Aufarbeitung umweltverträglich ist und ein Markt für die Endprodukte existiert. Verschiedene Wege der **Wiederverwendung** werden eingeschlagen.

Wiederverwendung der Kunststoff-Reststoffe

Kunststoffe, die bei der Produktion und Verarbeitung anfallen, sind nach dem Abfallbeseitigungsgesetz keine Abfallstoffe. Man bezeichnet sie als Reststoffe. Thermoplastische Reststoffe werden schon seit langer Zeit von der Industrie gesammelt und durch **Umschmelzen** wiederverwendet.

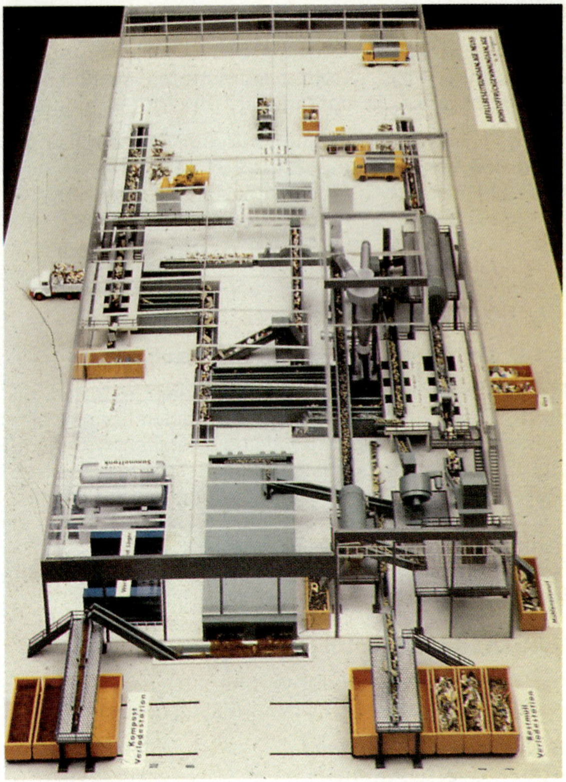

Modell einer Rohstoffrückgewinnungsanlage

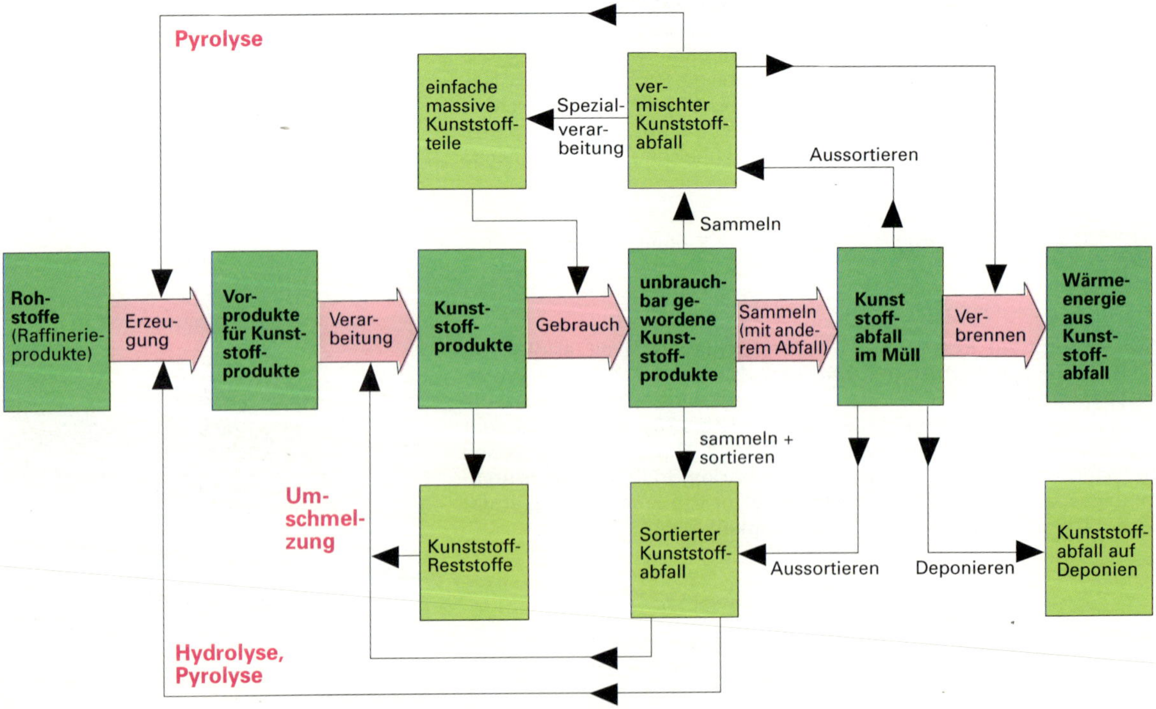

Wiederverwendung von Kunststoffabfall

Folien, Flaschen, Rohre, Mülltonnen und andere unbrauchbar gewordene Kunststoffprodukte werden durch Sortieranlagen aus dem Müll aussortiert oder getrennt gesammelt und sortiert. Zur Wiederverwendung wendet man unterschiedliche Verfahren an:

- Spezialverfahren für massive Kunststoffteile

Bei diesem Verfahren wird vermischter Kunststoffabfall mit Metall-, Papier und Holzresten durchsetzt. Durch eine Spezialverarbeitung entstehen aus diesem Gemisch massive Kunststoffteile wie Bänke, Pfähle, Spielplatzgeräte u. a.

- Hydrolyse, Pyrolyse und Umschmelzung

– Mit Wasserdampf ist es möglich, sortierten Kunststoffabfall unter hohem Druck und hoher Temperatur in verwertbare Vorprodukte zu zerlegen. Dieses Verfahren, es heißt **Hydrolyse,** wurde im Labor erfolgreich getestet und soll bald großtechnisch eingesetzt werden. Geeignet sind z. B. Teile aus geschäumtem Polyurethan wie Matratzen, Polster, Autolenkräder und -kopfstützen sowie technische Teile aus Polyamid und Polyester.

– Unter Luftabschluß läßt sich gemischter oder sortierter Kunststoffabfall zersetzen. Wegen der hohen Temperaturen von 400 bis 800 °C wählte man die Bezeichnung **Pyrolyse.** Es entstehen vor allem reines Heizgas und Pyrolyseöl. In einer größeren Versuchsanlage konnte man feststellen, daß das Verfahren besonders umweltverträglich ist. Die Aussichten für den großtechnischen Einsatz sind gut.

– Aus thermoplastischem Kunststoffabfall gewinnt man seit längerem, wie bei der Wiederverwendung von Kunststoff-Reststoffen, durch **Umschmelzung** den Kunststoff als Vorprodukt zurück.

- Verbrennung von Kunststoffabfall

Verbrennt man den Kunststoffabfall, um Wärmeenergie zu gewinnen, so spricht man von einer **energetischen Wiederverwendung.** Über 90 % des zur Verbrennung bestimmten Haus- und Industriemülls werden in Anlagen durchgesetzt, die die entstehende Wärme verwerten. Der im Müll befindliche Kunststoffabfall hat einen hohen Heizwert *H*. Wie die nebenstehenden Heizwerte zeigen, ist er fünf- bis sechsmal größer als vom Hausmüll.

Wollte man die Wärmemenge *Q* durch Verbrennen von Steinkohle gewinnen, die man so in der Bundesrepublik Deutschland über den Kunststoffabfall (ca. 650.000 t) gewinnt, müßte man mehr als 1.000.000 t Steinkohle verbrennen (s. Berechnung). Ohne Kunststoffe verliert also die Müllverbrennung deutlich an Wirtschaftlichkeit.

Müllverbrennungsanlagen sind in letzter Zeit ins Gerede gekommen. Man hat Dioxinabgaben und schwermetallhaltige Flug- bzw. Filterstäube nachgewiesen. Seit einigen Jahren ist in Karlsruhe eine Versuchsanlage in Betrieb, von der man eine Lösung der Probleme erwartet.

Rohstoffrückgewinnungsanlage: Hausmüll und Gewerbemüll werden voneinander getrennt

Stoff	Heizwert *H*
Polyethylen	46.000 kJ/kg
Polystyrol	46.000 "
Polypropylen	44.000 "
Heizöl	44.000 "
Erdgas	34.000 "
Steinkohle	29.000 "
Holz	16.000 "
Hausmüll	8.000 "

Heizwerte verschiedener Materialien

m_K: Masse des Kunststoffabfalls
H_K: Heizwert von Kunststoff in kJ/kg
Q_K: Wärmemenge aus m_K in kJ

$$Q_K = m_K \cdot H_K$$

m_S: Masse der Steinkohle, die die gleichgroße Wärmemenge liefern kann wie m_K
H_S: Heizwert von Steinkohle in kJ/kg
Q_S: Wärmemenge aus m_S in kJ

$$Q_S = m_S \cdot H_S$$

$$Q_S = Q_K$$

$$m_S \cdot H_S = m_K \cdot H_K$$

$$m_S = m_K \cdot \frac{H_K}{H_S}$$

$$m_S = 650\,000\ \text{t} \cdot \frac{46\,000\ \frac{\text{kJ}}{\text{kg}}}{29\,000\ \frac{\text{kJ}}{\text{kg}}}$$

$$m_S = 1.031.034\ \text{t}$$

Deponieren von Kunststoffabfall

Da zur Zeit das Sammeln bzw. Sortieren von Kunststoffabfall selten wirtschaftlich ist, wandert ein großer Teil auf Deponien. Gut die Hälfte des Abfalls besteht aus Verpackungen. Um den Platzbedarf beim Deponieren klein zu halten, wird das Volumen verringert, indem man den Abfall auf das reine Materialvolumen zusammendrückt.

Es wird immer schwieriger, Deponiestandorte auszuweisen. Abstandszonen zu Wohngebieten, die mindestens 500 m betragen sollten, lassen sich kaum noch einhalten. Die Beanspruchung landwirtschaftlicher Flächen oder von Flächen mit schutzwürdigen Biotopen ist oft unumgänglich. Ist ein Standort gefunden, muß der Deponieuntergrund zum Schutz des Grundwassers mit Folien abgedichtet werden. Weil das über der Folie austretende Sickerwasser sich beim Durchtritt durch den Müll mit Schadstoffen anreichern kann, unterliegt es ständiger Kontrolle. Vorrangiges Ziel wird es deshalb zukünftig sein, mit weniger Deponien auszukommen. Die Erfolge bei der Wiederverwendung dürfen aber nicht darüber hinwegtäuschen, daß der ökologisch sinnvolle Weg dahin zuerst darin besteht, Abfall zu vermeiden. In zweiter Linie folgt die Wiederverwendung unbrauchbar gewordener Produkte.

Abdichten des Untergrundes für eine Mülldeponie

Aufgaben zur Wiederholung und Vertiefung

1. Gehäuse von Handbohrmaschinen wurden früher häufig aus Aluminiumlegierungen hergestellt. Heute trifft man vorwiegend Kunststoffgehäuse an. Begründen Sie diesen Wandel!

2. Die äußere Schale von Atomen der meisten Elemente hat nicht die Edelgasanordnung. Durch Bildung von Bindungen kann diese Anordnung jedoch erreicht werden.

a) Wie können die Atome von Kohlenstoff und Wasserstoff in der Verbindung CH_4 die Edelgasanordnung erreichen? Benutzen Sie zur Erklärung die Strukturformel!

b) Wie heißen die dabei auftretenden Bindungen?

3. Suchen Sie aus den folgenden Elementen solche heraus, die in Rohstoffen vorkommen, aus denen Kunststoffe hergestellt werden:
Natrium, Kohlenstoff, Calcium, Wasserstoff, Stickstoff, Mangan, Sauerstoff, Chlor, Argon, Schwefel.

4. Übernehmen und vervollständigen Sie das Schema:

	Thermoplaste amorph	Thermoplaste teilkristallin	Elastomere	Duroplaste
Struktur (Skizze)				
Vernetzung				

5. Die Herstellung von Kunststoffen kann durch drei unterschiedliche Reaktionen erfolgen. Benennen und beschreiben Sie die Reaktionen!

6. Bei welchen Kunststoffen tritt das Rückstellbestreben auf? Begründen Sie diese Eigenschaft!

7. Durch welche Maßnahme werden Thermoplaste (z. B. PVC) bei der Herstellung weich?

8. Für jeden der folgenden Anwendungsfälle geben Sie bitte einen Kunststoff an:
- Rohre und Folien: Polyethylen (Beispiel)
- Schraubendrehergriffe und Kunststoffhämmer:
- Zahnräder, Lagerschalen und Kurvenscheiben:
- Treibriemen und Sicherheitsgurte:
- Wellendichtungen, Manschetten und Schläuche:
- Gießharz und Klebemittel für Spanplatten:
- Gehäuse, Freiluftisolatoren und Formteile:

9. Eine Kunststoffprobe zeigt folgende Eigenschaften: glänzende Oberfläche, blecherner Klang, taucht in Wasser unter und schwimmt in einer 10 %-igen Salzlösung, brennt stark rußend, tropft in der Flamme brennend ab, bildet in der Flamme kaum Rauchschwaden. Wie heißt der Kunststoff? Benutzen Sie die Kunststoffbestimmungstafel in diesem Buch!

10. Kennzeichnen Sie die Zug- und Reißfestigkeit sowie die Reißdehnung in einem Spannungs-Dehnungs-Diagramm für einen thermoplastischen Kunststoff!

11. Beschreiben Sie, wie man die Shore-Härte bei Kunststoffen ermittelt!

12. Beschreiben Sie drei wichtige elektrische Eigenschaften von Kunststoffen und ihre Prüfung!

13. Nennen Sie drei Möglichkeiten für die Wiederverwendung von Kunsststoffabfall!

2.2 Sinterwerkstoffe

In technischen Systemen müssen Wellen geführt werden. Beim abgebildeten pneumatischen Motor übernimmt diese Funktion das Funktionselement Gleitlager. Über zwei Lagerbuchsen werden die Kräfte zum Gehäuse geleitet. Da pneumatische Geräte mit wenig Schmieröl bzw. Schmierfett auskommen müssen, sollten die Lagerbuchsen u. a. auch Selbstschmierung aufweisen.

Selbstschmierung liegt dann vor, wenn der Werkstoff teilweise oder ganz für die Schmierung sorgt. Poröse Werkstoffe haben diese Eigenschaft. Sie halten den Schmierstoff in den Poren fest und versorgen damit über längere Zeit die Gleitflächen. Weil neben dieser Eigenschaft auch noch Verschleißfestigkeit, geringer Platzbedarf und geräuscharmer Lauf gefordert wurden, hat man für diesen Motor ein Lager der Sintertechnik, ein sogenanntes Sintergleitlager gewählt.

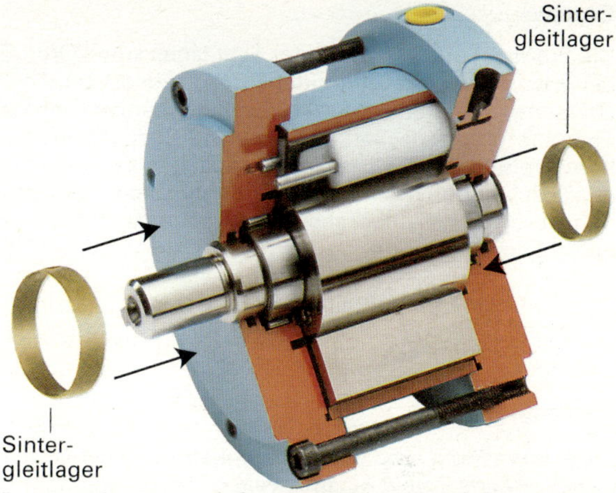

Pneumatikmotor mit Sintergleitlagern (aufgeschnitten)

2.2.1 Herstellung

Die Ausgangsstoffe in der Sintertechnik werden vor der Weiterverarbeitung zunächst in Pulver überführt. Sind diese Stoffe ganz oder teilweise metallisch, so verwendet man für diese Technik auch den Begriff **Pulvermetallurgie.** Neben Gleitlagern werden Fertigteile und Halbzeuge für die unterschiedlichsten Anwendungen hergestellt. Die erreichten Eigenschaften erlauben oft technische Lösungen, die ohne die Sintertechnik undenkbar wären.

Verschiedene gesinterte Fertigteile

Der Herstellungsprozeß besteht aus mehreren Stufen:

Pulverherstellung

Metallische und nichtmetallische Ausgangsstoffe werden zu Pulverteilchen gemahlen. Danach wird in der gewünschten Zusammensetzung gemischt. Um die Reibung bei der Berührung der Teilchen untereinander und mit der Werkzeugwand beim anschließenden Pressen zu vermindern, werden Gleitmittel zugemischt. Sie vergasen beim späteren Sintern.

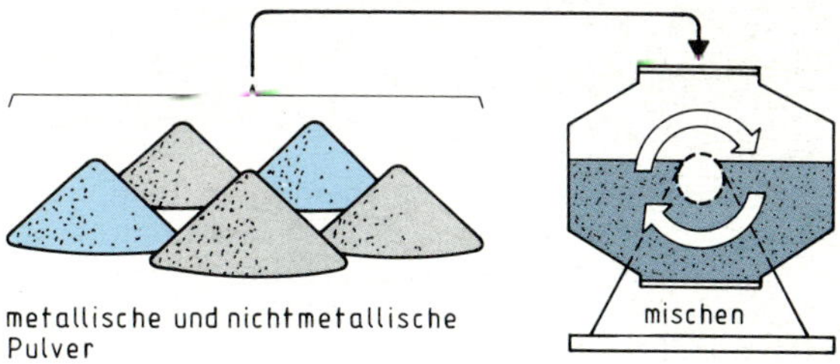

Herstellung der Pulvermischung für gesinterte Teile

Pressen

Die Pulvermischung wird in ein Preßwerkzeug gefüllt und auf 20 bis 50 % des Ausgangsvolumens zusammengepreßt. Je höher der Preßdruck ist, desto weniger Porenräume entstehen. Das geformte Teil, man nennt es **Preßling,** wird somit dichter. Der Preßdruck von 20000 bis 60000 N/cm^2 und die Werkstückgröße bestimmen die aufzubringende Kraft der Presse.

Beispiel: Ein Preßling mit der Preßfläche $A = 7$ cm^2 (entsprechend der Fläche eines 5-Mark-Stücks) erforderte bei einem notwendigen Druck von $p = 50000$ N/cm^2 eine Preßkraft F von

$$F = p \cdot A = 50000 \text{ N/cm}^2 \cdot 7 \text{ cm}^2 = 350000 \text{ N}.$$

Diese Kraft ist von Pressen leichterer Bauart erreichbar.

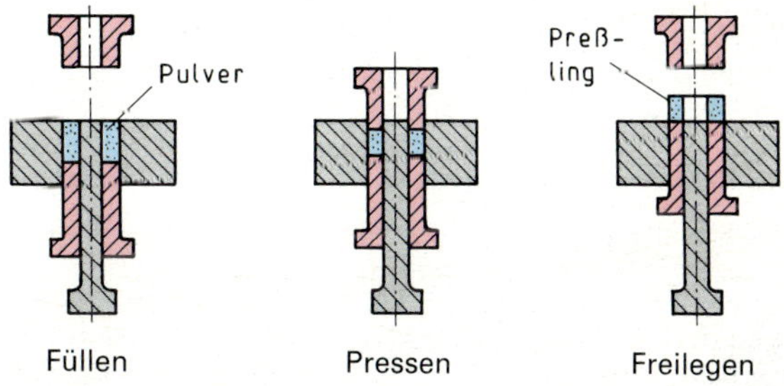

Herstellung eines Preßlings

Sintern

Die Preßteile durchlaufen unter Schutzgas einen Ofen. Zuerst brennt bei etwa 500 °C das Gleitmittel aus. Anschließend wachsen die Teilchen, die sich durch das Pressen nur mechanisch verklammerten, bei Temperaturen zwischen 750 und 1350 °C zusammen und verleihen dem Preßteil die gewünschte Festigkeit. Dazu wechseln die Atome der Teilchen durch Diffusion ihre Plätze. Gleichzeitig bilden sich von den Berührungsstellen ausgehend neue Kristalle. Dieser Vorgang heißt **Rekristallisation**.

Das Glühen von Preßteilen, bei dem durch Diffusions- und Rekristallisationsvorgänge Preßteile ihre Festigkeit erhalten, nennt man Sintern.

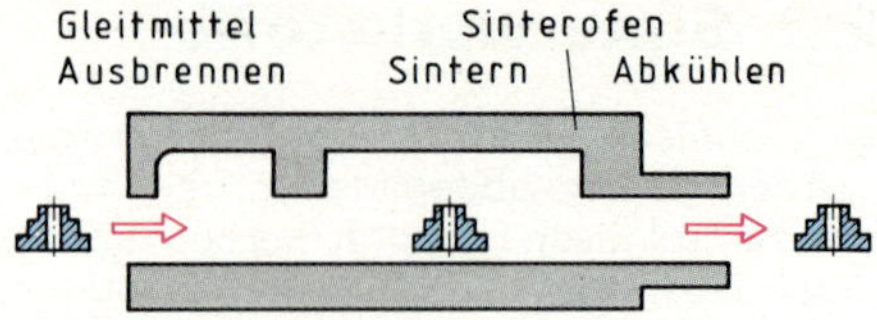

Sintern von Preßteilen im Sinterofen

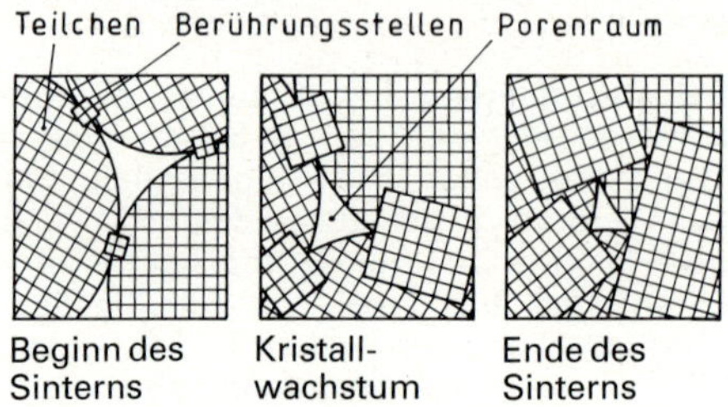

Sintern als Rekristallisation

Kalibrieren

Für **höhere Form- und Maßgenauigkeit** sowie **Oberflächengüte** wird das gesinterte Teil in einem zweiten Werkzeug nachgepreßt. Durch diesen Vorgang, der Kalibrieren heißt, erreicht man in Preßrichtung Toleranzen von 0,1 bis 0,2 mm.

Schmieden

Soll neben der Maßgenauigkeit auch die **Festigkeit** gesteigert werden, tritt an die Stelle des Kalibrierens ein Schmiedeschritt bei hoher Temperatur. Diesen Vorgang bezeichnet man auch als Warmpressen.

Schmierstofftränkung

Sintergleitlager werden nach dem Kalibrieren gereinigt und unter Vakuum mit Schmierstoff getränkt. Dadurch erhalten sie ihre **Selbstschmiereigenschaften**.

Nachbehandlung

Nachträglich lassen sich die Eigenschaften von Sinterteilen noch beeinflussen:
- Zur **Oberflächenhärtung** werden die Sinterteile in entsprechenden Bädern aufgekohlt. Bei Teilen mit hoher Dichte erreicht man Vikkershärten von 500 bis 600 HV.
- Die **Dampfbehandlung** mit überhitztem Dampf von 500 °C über 1 bis 2 h führt bei bestimmten Sinterwerkstoffen zur Oxidation, die die Poren in der Oberfläche teilweise verschließt. Dies bewirkt größere Härte und Korrosionsbeständigkeit.
- Beim **Infiltrieren** tränkt man mit niedrigschmelzenden Metallen oder Kunststoffharzen, wodurch die Sinterteile höhere Dichte, Zähigkeit und Festigkeit erlangen.

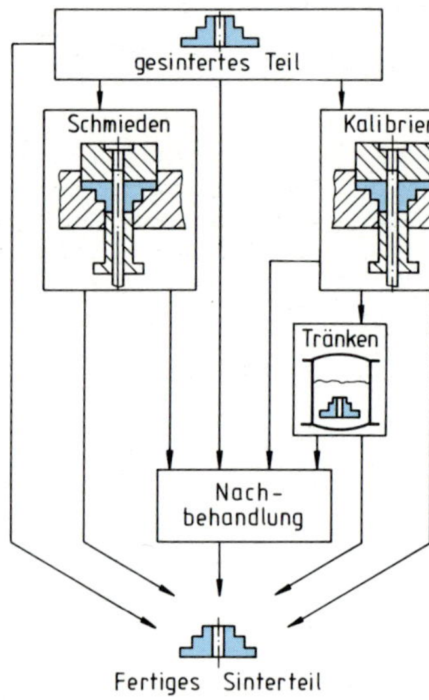

Möglichkeiten der Weiterverarbeitung gesinterter Teile

2.2.2 Werkstoffe der Pulvermetallurgie

Werkstoffe der Pulvermetallurgie lassen sich vorzugsweise in vier Hauptgruppen unterteilen.

Hochschmelzende Metalle

Für Metalle wie Wolfram, Tantal und Molybdän liegen die Schmelztemperaturen so hoch, daß es keine geeigneten feuerfesten Stoffe für das Einschmelzen gibt. Diese technologische Schwierigkeit umgeht man, indem man die Metalle aus ihren pulverförmigen Oxiden mit Wasserstoffgas reduziert, preßt, sintert und bei hohen Temperaturen umformt.

Metall	Schmelzpunkt	Verwendung
Molybdän	2617 °C	Kontaktwerkstoff in Hochspannungsschaltern, Heizelemente
Tantal	2996 °C	Anoden, Heizelemente, Teile von Elektronenröhren
Wolfram	ca. 3410 °C	Glühlampenwendel, Schweißelektroden (WIG-Verfahren)

Schmelzpunkt und Verwendung pulvermetallurgisch hergestellter Metalle

Werkstoffe mit homogenem Aufbau

Bestimmte Werkstoffe, die beim Erstarren Kristallseigerung und Grobkornbildung zeigen, stellt man pulvermetallurgisch her. Die Seigerung läßt sich umgehen und feinste Verteilung im Gefüge erzielen. Man erreicht einen gleichmäßigen (homogenen) Aufbau. Ein Beispiel sind **gesinterte Schnellarbeitsstähle**:

Das Pulver gewinnt man durch ein Spezialverfahren aus der Schmelze des Schnellarbeitsstahls. Durch Pressen und Sintern im Vakuumofen ergibt sich ein homogenerer Werkstoff als bei der konventionellen Herstellung aus der Schmelze. Gesinterter Schnellarbeitsstahl wird ähnlich wärmebehandelt wie konventionell erzeugter. Ein besonderer Vorteil ist die **höhere Standzeit** bei Werkzeugen.

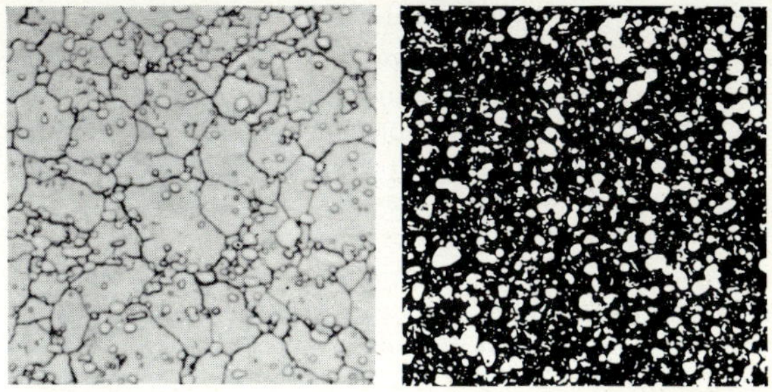

konventionell vakuumgesintert

Gefüge eines aus der Schmelze hergestellten (konventionell hergestellten) und eines vakuumgesinterten Schnellarbeitsstahls

Verbundwerkstoffe

Werden mehrere Einzelstoffe als größere Teilchen zu einem neuen Stoff verbunden, so bezeichnet man diesen als Verbundwerkstoff. Er gewinnt zunehmend an Bedeutung, weil er stark unterschiedliche Eigenschaften optimal nutzt. Pulvermetallurgisch läßt sich dieser Effekt günstig umsetzen. Ein Beispiel sind die gesinterten **Hartmetalle**:

Wolframcarbide (WC), Titancarbide (TiC), Tantalcarbide (TaC) u. a. sind chemische Verbindungen aus Metallen und Kohlenstoff. Werden diese harten Metallcarbide mit einem verhältnismäßig weichen Stoff wie Kobalt (Co) vermischt, gepreßt und gesintert, so entstehen gesinterte Hartmetalle, die trotz **sehr großer Härte** noch **mittlere Zähigkeit** aufweisen. Sie eignen sich als hochbeanspruchte Verschleißteile und als Schneidwerkstoffe.

Hartmetalle als Schneidwerkstoffe sind nach Norm in drei Gruppen nach zunehmender Verschleißfestigkeit und abnehmender Zähigkeit geordnet.

Anwendungsgruppe (Kennfarbe)		Anwendung
P01 bis P50 (blau)	↑ zunehmende Verschleißfestigkeit / abnehmende Zähigkeit ↓	Zum Spanen von: Stahl, Stahlguß, langspanendem Temperguß
M10 bis M40 (golb)		Zum Spanen von: Stahl, Stahlguß, austenischem Stahl, Automatenstahl, Leicht- und Buntmetallen, Temperguß
K01 bis K40 (rot)		Zum Spanen von: Gußeisen, Hartguß, kurzspanendem Temperguß, gehärtetem Stahl, NE-Metallen, Kunststoffen, Hölzern

Anwendungsgruppen von Hartmetallen

Hochporöse Werkstoffe

Werkstoffe mit großer Porosität zeigen eine gute Durchströmbarkeit. Diese Eigenschaft ist für verschiedene Zwecke erforderlich.

- Filtrieren und Trennen

Wenn hohe Temperaturen, Korrosionsbeanspruchung und hohe Druckdifferenzen beim Filtern und Trennen von Stoffen auftreten, trifft man **gesinterte Metallfilter** an. Sie finden Anwendung zum

- Trennen und Filtern von Flüssigkeiten wie Mineralölen oder flüssigen Chemieprodukten,
- Filtern von Kunststoffschmelzen und
- Filtern von Gasen, d. h. zur Abscheidung von Feststoff- und Flüssigkeitspartikeln aus strömenden Gasen.

Verschiedene gesinterte Metallfilter

- Begasung und Auflockerung

Gesinterte hochporöse Werkstoffe können Luft bzw. Gase auf große Flächen gleichmäßig verteilen. Durch die große Zahl der Poren können z. B. Flüssigkeiten mit feinsten Blasen durchsetzt werden. Diese Begasung findet z. B. Anwendung bei der Direktbeheizung von Flüssigkeiten mit Dampf.

Der gleichmäßige Luftaustritt aus gesinterten hochporösen Werkstoffen dient auch der Auflockerung von Pulvern und Granulaten in Pulversilos, Förderrinnen und Fließbetten.

- Flammenrückschlagsicherung

Die früher üblichen Wasservorlagen, die den Rückschlag der Flamme in die Gasentwickler der Autogenschweißtechnik verhindern sollten, sind heute durch gesinterte Metalle ersetzt. Diese **Flammensperren** besitzen neben der guten Durchströmbarkeit eine hohe Festigkeit und Wärmeleitfähigkeit.

- Schalldämpfung

Ansaug- und Abluftgeräusche bei pneumatischen Einrichtungen werden gedämpft, wenn die Luft durch poröse Sintermetalle strömt. Die gute Durchströmbarkeit dieser Werkstoffe läßt auch die Schalldämpfung großer Volumenströme zu.

Schalldämpfer aus porösem Sintermatall

2.2.3 Oxidkeramische Werkstoffe

Ausgangsstoffe

Oxidkeramische Werkstoffe bestehen aus Metalloxiden. Das wichtigste Oxid ist **Aluminiumoxid** Al_2O_3. Daneben sind noch Berylliumoxid für Kernreaktoren und Zirkonoxid als Raketenwerkstoff von Interesse.

Herstellung

Um den Sinterprozeß mit wirtschaftlich vertretbarer Geschwindigkeit ablaufen zu lassen, müssen die Oxidpulver eine bestimmte Korngröße besitzen. Für dichte Produkte setzt man besondere Sinterhilfsmittel zu. Im übrigen verläuft die Herstellung wie bei der Pulvermetallurgie.

Eigenschaften

Neben der geringen Dichte und Bruchdehnung fällt besonders die hohe Härte von Aluminiumoxidkeramik auf.

Wegen der hohen Härte, die im Vergleich zu anderen Schneidwerkstoffen mit der Temperatur nur geringfügig abnimmt (s. Abbildung), wird Aluminiumoxidkeramik für Wendeschneidplatten, die hohe Schnittgeschwindigkeiten zulassen und für Matrizen beim Ziehen von Draht und Profilen verwendet. Weitere Verwendungen sind Hüftgelenkprothesen, Fadenführungen von Textilmaschinen und Düsen. Weil die Korrosionsbeständigkeit von Aluminiumoxidkeramik sehr gut ist, verwendet man den Werkstoff auch zum Abdichten von Durchführungen in Gefäßen, in denen sich korrodierende Stoffe befinden. Dabei hält es Temperaturen bis zu 1900 °C stand.

Schneidplatten aus Oxidkeramik (weiß) und Hartmetall

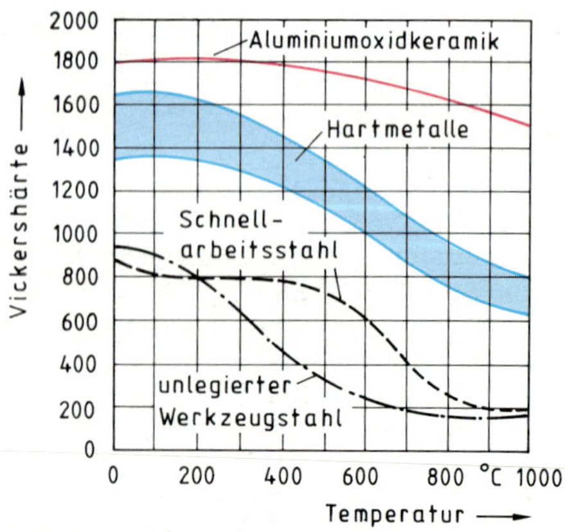

Härte in Abhängigkeit von der Temperatur für verschiedene Schneidwerkstoffe

Cermets

Für Werkstoffe, bei denen die keramischen Bestandteile mit Metallen verbunden sind, hat sich die Bezeichnung Cermets, aus **Ceramik** und **Metall,** durchgesetzt. Eine der Beschreibungen für diese Werkstoffgruppe lautet:

Jeder pulvermetallurgisch hergestellte metall-keramische Werkstoff ist ein Cermet, wenn die metallischen und keramischen Anteile direkt wirksam werden.

Als keramische Bestandteile kommen u. a. Metalloxide in Frage. Da mit den Cermets die Kombination der günstigen Eigenschaften von metallischen und keramischen Stoffen beabsichtigt ist, sind es typische Verbundwerkstoffe. Die roten und blauen Kreise in der Abbildung deuten an, welche Eigenschaften für den Werkstoff wichtig sind. Kernbrennstoffe zum Beispiel sollen hohe Schmelztemperatur und Kriechfestigkeit, die für keramische Stoffe zutreffen, mit der guten Wärmeleitfähigkeit und Umformbarkeit der Metalle vereinigen. So ist der keramische Bestandteil z. B. Uranoxid, also der Kernbrennstoff, in Metall (z. B. Molybdän) eingebettet. Für die anderen Cermetgruppen läßt sich die Zuordnung der Eigenschaften ähnlich vornehmen.

Erwünschte Eigenschaften von Keramiken ●	Cermet-Werkstoff: Hochkorrosionsbeständige Cermets (chemische Reaktionsgefäße)	Hochfeste und hochverschleißfeste Cermets (spanabhebende Werkzeuge)	Kernreaktorcermets (Kernbrennstoffe)	Hochwarmfeste Cermets (Turbinenschaufeln)	Elektrische Cermets (Elektrische Kontakte)	Erwünschte Eigenschaften von Metallen ○
Warmfestigkeit		◉		◉	•	Zähigkeit
Hoher Schmelzpunkt	◉	◉	◉		•	Wärmeleitfähigkeit
Verschleißfestigkeit und Härte	○	◉		◉	◉	Temperaturwechselbeständigkeit
Korrosionsbeständigkeit	•		○	•	◉	Umformbarkeit
Kriechfestigkeit			•	•	○	Elektrische Leitfähigkeit

Kombinationen von Eigenschaften bei typischen Cermet-Werkstoffen

2.2.4 Kennzeichnung von Sinterwerkstoffen

Da noch keine Normung der Sinterwerkstoffe erfolgte, orientiert man sich an **Werkstoff-Leistungsblättern** der Pulvermetallurgie. Dabei ist der Porenraum P zwischen den Pulverteilchen durch Werkstoffklassen gekennzeichnet. Das Kurzzeichen besteht aus der Silbe Sint, Buchstaben von AF bis S (s. Übersicht) für die Werkstoffklassen und zwei Ziffern. Für den Werkstoff eines Sintergleitlagers aus Bronze mit eingelagerten Festschmierstoffen gilt z. B. folgendes Kurzzeichen:

Sint – S 5 1

- 1: Zählziffer ohne Systematik
- 5: Kennziffer für Zusammensetzung
- S: Kennbuchstabe für Porenraum
- Sint: Kennzeichen für Sinterwerkstoff

Werkstoffklasse Sint	Porenraum P %	Verwendung und Eigenschaften
AF	> 27	Filter für Gase und Flüssigkeiten, Flammensperren, warmfest
A	25 ± 2,5	Gleitlager, gute Selbstschmierung
B	20 ± 2,5	ölgetränkte Gleitlager und Formteile, sehr gute Selbstschmierung
C	15 ± 2,5	Gleitlager, Pumpenzahnräder, Formteile
D	10 ± 2,5	Maschinenteile, Reibwerkstoffe, Formteile, schweißbar, härtbar
E	6 ± 1,5	Formteile, Relaisteile, Polschuhe
F	< 4,5	warmgepreßte Formteile, Zahnräder, Kupplungen, dauerwechselfest
G	< 8	infiltrierte Formteile (z. B. mit Cu), Pumpenteile, öl- und wasserdicht
S	< 10	warmgepreßte Gleitlager und -schienen mit eingelagerten Festschmierstoffen

Aufgaben zur Wiederholung und Vertiefung

1. Wodurch entsteht der feste Zusammenhalt der Pulverteilchen beim Sintern von Werkstücken?
2. Bei einem gesinterten Zahnrad sollen Maßgenauigkeit, Festigkeit und Zähigkeit erhöht werden. Welche Weiterverarbeitung ist notwendig?
3. Vergleichen Sie die Gefüge von gesintertem und konventionell hergestelltem Schnellarbeitsstahl! Welche Vorteile erbringt das Sintern?
4. Nennen Sie drei Anforderungen, die einen gesinterten Metallfilter erfordern!
5. Hartmetalle zeigen trotz ihrer großen Härte noch mittlere Zähigkeit. Wie vereinigt man diese unterschiedlichen Eigenschaften?
6. Beschreiben Sie außer Filtern drei Anwendungen für hochporöse gesinterte Werkstoffe!
7. Woraus bestehen oxidkeramische Werkstoffe?
8. Schlagen Sie einen Werkstoff zur Abdichtung einer Gefäßdurchführung vor, wenn korrosiver Angriff und etwa 1800 °C zu erwarten sind!

2.3 Schadensanalyse

2.3.1 Zweck der Schadensanalyse

Eine Kurbelwelle beispielsweise war nach viel zu kurzer Betriebszeit zwischen Wange und Zapfen gebrochen. Um die Schadensursache zu klären, mußte systematisch untersucht (analysiert) werden. Solche Schadensanalysen gewinnen an Bedeutung, wenn sich als Folge des unmittelbaren Sachschadens Personenschäden und teure Produktionsausfälle ergeben.

Weil ein Bauteil immer dann versagt, wenn der Werkstoff versagt, wird als **Schadensursache** oft zunächst ein Werkstoffehler vermutet. Diese Vermutung ist aus zwei Gründen meist falsch.

1. Der Schaden kann viele Ursachen haben. Wie das Schema zeigt, kann er durch **Fehler** verursacht werden, die **von vornherein** vorliegen oder durch Fehler und unerwartete Anforderungen bei der **Nutzung**.
2. Eigentliche **Werkstoffehler** wie falsche Zusammensetzung der Metallegierung, erhöhte Verunreinigungen und Seigerungen sind selten. Derartige Fehler fallen in der Regel durch die Qualitätskontrollen der Hersteller und Anwender auf.

Nach Untersuchungen eines Versicherers über einen bestimmten Zeitraum lag die Häufigkeit der Schadensursache durch einen Werkstoffehler bei verschiedenen Maschinen und Geräten zwischen 0,5 und 30 % (bei hydraulischen Kupplungen), im Mittel bei ca. 7 %. Der hohe Wert für hydraulische Kupplungen wurde durch eine Bauart-Neuentwicklung begründet.

Ungeachtet dessen, wodurch der Schaden aufgetreten ist, setzen Schadensanalysen umfangreiche Kenntnisse
- der Werkstoffeigenschaften und
- der Untersuchungsmethoden

voraus. Deshalb sind werkstofftechnische Fragen von großer Bedeutung. Schadensanalysen tragen auch dazu bei, die Aufgabe der Werkstofftechnik zu unterstützen, nämlich die Produkt-, Werkstoff- und Fertigungseigenschaften in Einklang zu bringen (s. Grundstufe, Kap. 3.1).

Fehler, die von vornherein vorliegen	Konstruktion	Werkstoffwahl Gestaltung Berechnung
	Fertigung	Schweißen Wärmebehandlung Werkstoffverwechslung
	Montage	Einbau Beschädigung Bauteilverwechslung
Fehler und Einflüsse bei der Nutzung	Bedienung	Überlast
	Wartung	Schmierung Säuberung
	unerwartete Einflüsse	Trägheitskräfte Überdruck Korrosion

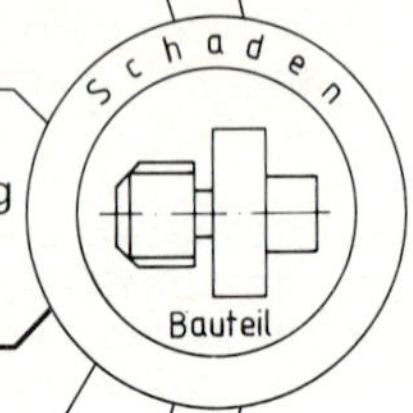

Schadensursachen für ein Bauteil (Werkstoffehler ausgenommen)

Maschine, Gerät	Werkstoffehler (%)
Dampfturbine	8
Gasturbine	4
Turboverdichter, -gebläse	3
Wasserturbinen	11
Kreiselpumpen	7
Drehkrane, Verladebrücken	2,2
Fahrzeugkrane	0,5
mechanische Kupplungen	7,3
hydraulische Kupplungen	30
stationäre Getriebe	10,9

Häufigkeit der Schadensursache „Werkstoffehler"

2.3.2 Schadensuntersuchungen

Um alle Einflüsse, die zum Schaden führten, zu erkennen, geht man bei der Schadensanalyse systematisch in Teilschritten vor.

Im **Schadensbefund** werden
- Daten des Schadensteils, z. B. Werkstoff, Wärmebehandlung und Abmessungen und
- der äußere, visuell (makroskopisch) erkennbare Zustand wie Oberflächenschäden, Bruchflächenmerkmale, Risse und Verformungen festgehalten.

Durch die **Bestandsaufnahme** erfaßt man Informationen über die defekte Anlage, den Ablauf und die „Vorgeschichte" des Schadens.

Einzeluntersuchungen wie Mikroskopie, mechanische Werkstoffprüfungen oder Simulationsversuche ergänzen die Schadensuntersuchung.

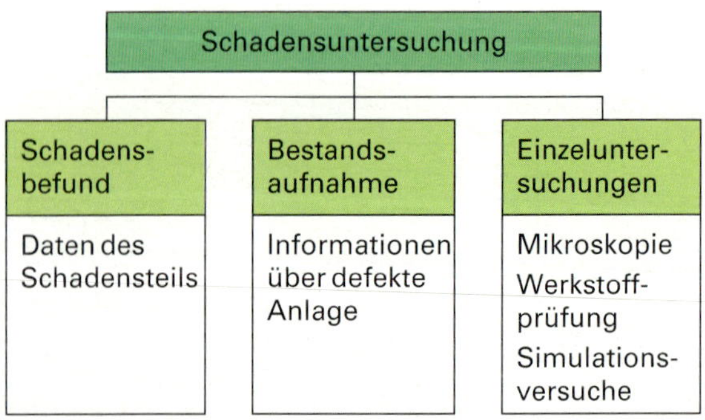

Untersuchung von Werkstoffschäden

- Korrosion und Wasserstoffkrankheit

Im **Schadensbefund** eines konkreten Falls wurde z. B. folgendes festgehalten:

- geschweißtes Kesselblech aus X12CrNi189,
- Wärmebehandlung: von 1100 °C in Wasser abgeschreckt,
- Lochfraß an der Schweißnaht (bei makroskopischer Betrachtung erkennbar).

Die **Bestandsaufnahme** enthielt folgendes:

- Schaden an einem Rührkessel zur Herstellung eines flüssigen chemischen Produktes,
- Betriebsdruck 6 bar, Temperatur 10 °C,
- Betriebsdauer etwa fünf Monate.

Die **Einzeluntersuchung** mit dem Lichtmikroskop zeigte, daß die Aussage im Schadensbefund (Lochfraß an der Schweißnaht) unzureichend war.

Für die **lichtmikroskopische Untersuchung** wurde ein kleines Stück des Bleches (Probe) im Bereich des Lochfraßes herausgetrennt. Damit man die Probe besser schleifen und polieren konnte, bettete man sie in eine Kunststoffmasse ein. Nach einer Ätzung mit entsprechender Säure erschien unter dem Mikroskop die Gefügestruktur. Bei 100-facher Vergrößerung zeigten sich zusätzlich zum Lochfraß verzweigte Risse. Die 500-fache Vergrößerung ließ Risse längs der Korngrenzen erkennen. Damit war das Ergebnis vollständig: Lochfraß mit interkristalliner Spannungsrißkorrosion.

Die Lichtmikroskopie eignet sich auch dazu, das Gefüge nach einer Wärmebehandlung oder die Beeinträchtigung der Oberfläche durch Verschleiß zu untersuchen.

Sind die Oberflächen und Bruchflächen uneben und zerklüftet, liefern Lichtmikroskope bei zunehmender Vergrößerung unscharfe Bilder. Ursache dafür ist die vergleichsweise große Wellenlänge des Lichtes. Kleinere Wellenlängen sind möglich, wenn anstelle der Lichtstrahlen Elektronenstrahlen zum Einsatz kommen.

Beim **Rasterelektronenmikroskop (REM)** durchläuft ein Elektronenstrahl Ablenkspulen, die sogenannten Elektronenlinsen. Ein Generator steuert die Spulenströme so, daß der Elektronenstrahl die Probenoberfläche „abrastert". Indem der Generator gleichzeitig damit den Elektronenstrahl einer Bildröhre steuert, ist jeder Punkt der abgerasterten Probenoberfläche ein Punkt auf dem Bildschirm. Mit dem REM sind große Schärfentiefen und hohe Vergrößerungen möglich.

Die Deutung der Bilder setzt allerdings Erfahrung voraus. So kann mit einiger Ubung das nebenstehende Rasterbild der Bruchfläche eines Werkstücks wie folgt gedeutet werden:

- der Bruch verläuft entlang der Korngrenzen,
- die Korngrenzen sind aufgeweitet,
- die Kornflächen weisen Mikroporen auf.

Damit enthält dieses Schadensbild alle Merkmale der Wasserstoffkrankheit (s. Fachstufe 1, Kap. 3.4.3).

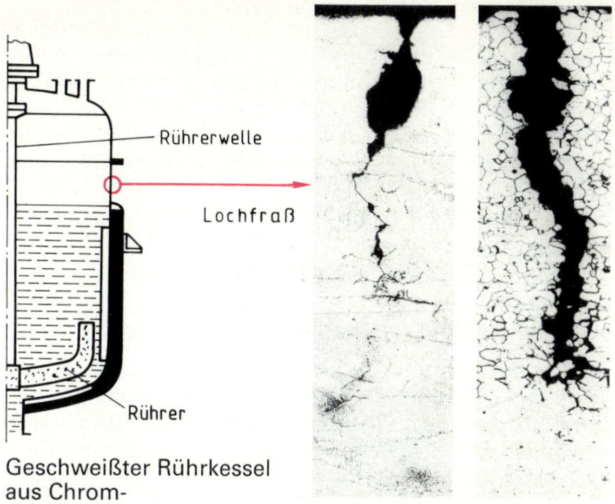

Geschweißter Rührkessel aus Chrom-Nickel-Stahl (X 12 Cr Ni 189)

100-fache Vergrößerung

500-fache Vergrößerung

Gleichzeitiger Schaden durch Lochfraß und Spannungsrißkorrosion

Rasterelektronenmikroskop

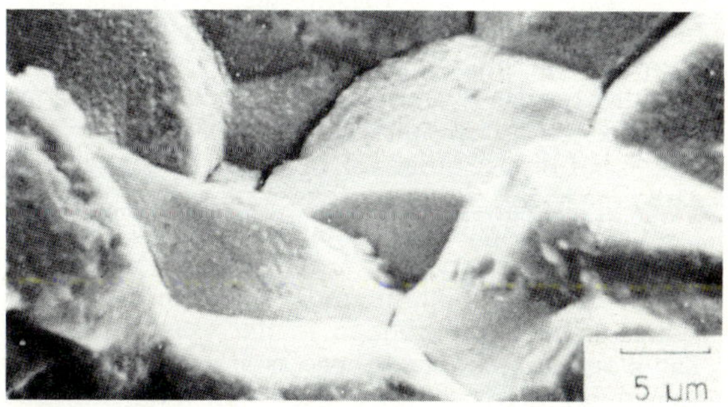

Interkristalliner Bruch durch Wasserstoffkrankheit (REM-Aufnahme)

- Verschleiß

Zwischen Maschinenbett und Längsschlitten einer Drehmaschine tritt Reibung und Verschleiß auf. Da Verschleißerscheinungen in der Technik ständig zu beobachten sind, hat man zur Verallgemeinerung folgende drei Elemente zu einem System, dem **Tribosystem,** zusammengefaßt:
- **Grundkörper** (z. B. Führungsbahn des Maschinenbetts),
- **Gegenkörper** bzw. **-stoff** (z. B. Führungsbahn des Längsschlittens),
- **Zwischenstoff** bzw. **-körper** (z. B. Schmierfett).

Der **systemumhüllende Stoff** (z. B. Luft) umschließt diese drei Elemente. Das **Beanspruchungskollektiv** besteht aus den physikalischen Größen Kraft, Geschwindigkeit, Temperatur und Betriebszeit, die zusammen auf das Tribosystem einwirken.

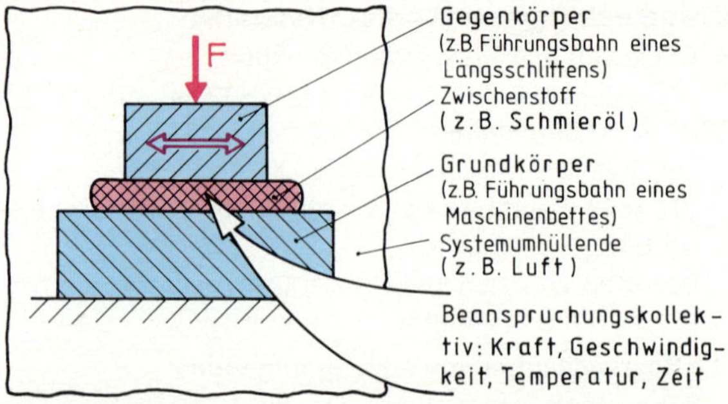

Tribosystem

Beispiel	Elemente des Tribosystems			
	Grundkörper	Gegenkörper	Zwischenstoff	umhüllender Stoff
Gleitlager	Lagerschale	Wellenzapfen	Festschmierstoff	Luft
Maschinenführung	Führungsbahn Maschinenbett	Führungsbahn Schlitten	Schmierfett	Luft
Zahnradgetriebe	treibendes Zahnrad	getriebenes Zahnrad	Getriebeöl	Luft
spanender Drehmeißel	Meißelspanfläche	Span	Kühlschmierstoff	Luft/ Kühlschmierstoffdampf

Verschleißgefährdete Bauelemente von Tribosystemen

Die Übersicht zeigt, wie man verschleißgefährdete Bauelemente den Elementen des Tribosystems zuordnen kann. Zweck der „tribologischen" Betrachtung ist es, bei Neuentwicklungen und Schadensfällen Tribosysteme analysieren zu können. Anstelle der Teilschritte Schadensbefund, Bestandsaufnahme und Einzeluntersuchung empfiehlt DIN 50320 in diesem Zusammenhang nebenstehende vier Stufen.

Beispiel: Nach etwa 800 Betriebsstunden war die Geräuschentwicklung durch ein einstufiges Zahnradgetriebe so groß geworden, daß man es außer Betrieb setzte und den Schaden analysierte. Die Elemente des Tribosystems sind das treibende Zahnrad (Grundkörper), das getriebene Zahnrad (Gegenkörper), Getriebeöl (Zwischenstoff) und Luft (Umgebungsmedium).

Stufe	Beschreibung
I	Funktion des Systems beschreiben.
II	Beanspruchungskollektiv ermitteln.
III	Struktur des Systems, d. h. seine stoffliche Zusammensetzung ermitteln.
IV	Erscheinungsformen des Verschleißschadens ermitteln.

Stufen der Analyse eines Schadens im Tribosystem

Die **vier Stufen nach DIN 50320** beschreiben folgendes:
- Funktion des Zahnradgetriebes ist die Energieübertragung. Die zwei Zahnräder greifen formschlüssig ineinander, wodurch ein geschlossener Kraft- bzw. Energiefluß entsteht. Der Wirkungsablauf entspricht der Grundfunktion Koppeln (s. Fachstufe 1, Kap. 4.2.3).
- Das Beanspruchungskollektiv setzt sich aus Umfangskraft, Umdrehungsfrequenz, Betriebstemperatur und Betriebszeit zusammen.
- Die Struktur des Systems ergibt sich aus dem Zahnradwerkstoff (Zusammensetzung, Wärmebehandlung) und dem Getriebeöl (Aufbau, Viskosität, Zusätze u. a.).
- Die Erscheinungsform des Schadens ist z. B. durch Einzeluntersuchungen zu ermitteln. In diesem konkreten Beispiel konnte man durch REM-Aufnahmen kleine, flache Vertiefungen in der Oberfläche der Zahnflanken erkennen. Diese charakteristische Erscheinung, man nennt sie Grübchen (pittings), tritt dann auf, wenn durch zu hohe Belastung oder unzureichende Schmierung Mischreibung vorliegt.

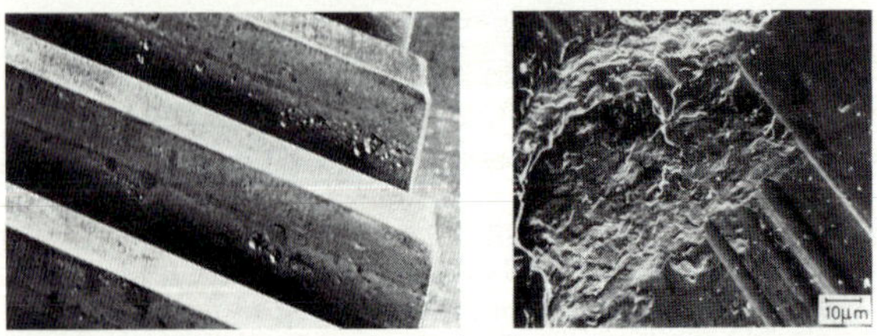

Grübchen (pittings) an der Zahnflanke eines Zahnrades (REM-Aufnahme)

Mit Kenntnis der Erscheinungsform war die Schadensursache noch nicht geklärt. Man überprüfte deshalb unter Berücksichtigung des Belastungskollektivs und der Struktur des Tribosystems die gewährleistete Betriebszeit. Sie lag um ein Vielfaches höher als die erreichte Betriebszeit. Die Prüfung der Angaben zur Struktur des Systems brachte das Ergebnis: Die Viskosität des Getriebeöls war zu niedrig. Dadurch drückte sich der Schmierfilm unter der Belastung durch und ermöglichte **Mischreibung.** Durch **metallische Berührung** verformten sich kleine Oberflächenteilchen der Zahnflanken und brachen aus. Es blieben Grübchen zurück, die zur starken Geräuschentwicklung führten.

Neben Grübchen gibt es eine Vielzahl anderer Erscheinungsformen. Sie sind in der Übersicht den **Verschleißarten,** die die DIN 50320 nennt, zugeordnet.

Gleitverschleiß als häufigste Verschleißart ist besonders erwähnenswert: Die Feingestalt technischer Oberflächen ist rauh. Beim Gleitvorgang ohne Zwischenstoff berühren sich Grundkörper und Gegenkörper an den Erhebungen. Man nennt die Berührungsstellen **Mikrokontakte.** Beim Gleiten schiebt der härtere Körper den weicheren an den Mikrokontakten wulstartig vor sich her. Dadurch treten zwei Verschleißmechanismen auf:

- Die Mikrokontakte erwärmen sich und kleinste Werkstoffteilchen von Grund- und Gegenkörper verschweißen. Dieser Mechanismus (Adhäsion) ist von der Aufbauschneide beim Drehmeißel her bekannt.
- Verfestigte Teilchen, die sich gelöst haben, zerfurchen die Gleitflächen. Diese Furchenbildung (Abrasion) tritt auch dann auf, wenn verschweißte Mikrobereiche wieder aufreißen. Es entstehen Löcher und Kuppen. Die Kuppen zerfurchen die Gleitfläche des anderen Körpers.

Ziel muß es sein, die Gleitflächen voneinander zu trennen.

Je besser die Körper eines Tribosystems getrennt sind, desto geringer ist der Verschleiß.

Schmierstoffe vermindern den Gleitverschleiß. Sie besitzen geringe innere Reibung und gute Alterungsbeständigkeit. Zudem sind Schmierstoffe weitgehend frei von Säuren, Wasser und harten Bestandteilen. Sie bilden einen haftfähigen Schmierfilm. Der Flammpunkt liegt hoch, der Stockpunkt niedrig. Die Zähflüssigkeit (Viskosität) ändert sich möglichst wenig mit der Temperatur. Die Eigenschaften werden durch nebenstehende Kennwerte vergleichbar.
Man kennt flüssige, pastenartige und feste Schmierstoffe.

Verschleißart	Beispiele	Erscheinungsform des Verschleißschadens
Gleitverschleiß 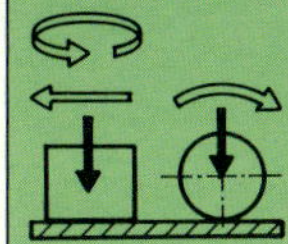	Gleitlager, Führungsbahnen, Werkzeugmeißel	Riefen, Furchen, Löcher, Kuppen, Auskolkungen
Wälzverschleiß 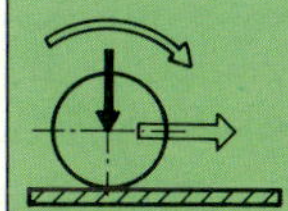	Wälzlager, Zahnflanken, Laufräder	Grübchen (pittings), Abblätterungen, Schäungen
Stoßverschleiß 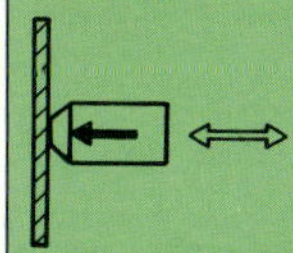	Ventilstößel, Ventilsitze, Prägewerkzeuge	Grübchen, Ausbrüche, Schälungen
Schwingverschleiß 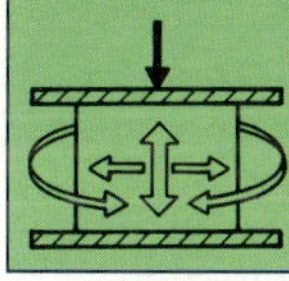	lockere Spann- und Schrumpfverbindungen	Passungsrost, rauhe Oberfläche, Riefen

Übersicht zu Verschleißarten (DIN 50320)

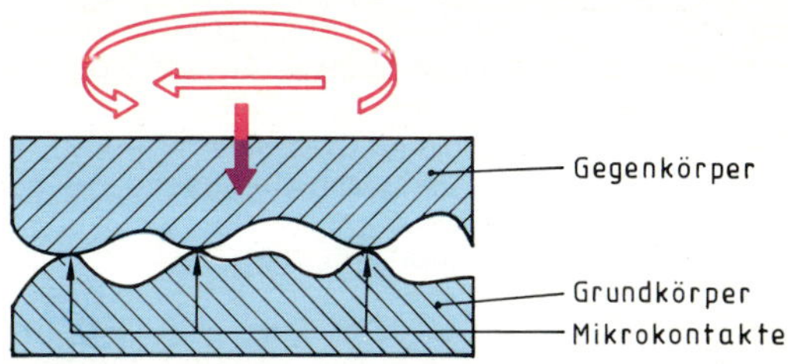

Mikrokontakte beim Gleitverschleiß

Kennwerte	Bedeutung
Viskosität	Innere Reibung (Zähflüssigkeit) flüssiger Schmierstoffe
Flammpunkt	Temperatur, bei der Schmierstoffe brennbare Gase entwickeln.
Zündpunkt	Temperatur, bei der Öl-Luftgemische sich selbsttätig entzünden.
Stockpunkt	Temperatur, bei der flüssige Schmierstoffe ihre Fließfähigkeit verlieren.

Kennwerte wichtiger Eigenschaften von Schmierstoffen

Flüssige Schmierstoffe unterteilt man nach ihrer Zusammensetzung in zwei Gruppen:

- **Mineralöle** sind Mischungen von Kohlenwasserstoffverbindungen, die durch Destillation aus Erdöl abgetrennt werden. Mit dem Reinigen erhält man sogenannte Grundöle, die für einfache Beanspruchung geeignet sind. Höhere Ansprüche durch das Tribosystem erfordern Zusätze (Additive).

Additive sind im Grundöl lösliche Stoffe, die der Verschleißminderung dienen.

- **Synthetische Schmieröle** werden durch gesteuerte chemische Reaktionen hergestellt und sind deswegen einheitlicher aufgebaut als Mineralöle. Sie können ebenfalls Additive zur Verschleißminderung enthalten.

Die Kennzeichnung der Schmierstoffe erfolgt nach DIN 51502 durch Symbole, Kennbuchstaben und Zahlen. Für ein Mineralöl könnte z. B. die nebenstehende Kennzeichnung zutreffen.

Schmierfette sind Schmierstoffe, die bei Raumtemperatur eine pastenartige Beschaffenheit (Konsistenz) besitzen. Ausgangsstoffe sind Mineral- oder Syntheseöle und Seifen. Die Seifen sind Ölträger, vergleichbar einem mit Wasser gefüllten Schwamm. Die Zähigkeit des Schmierfetts wird bestimmt, indem man die Eindringtiefe eines Kegels unter genormten Bedingungen (DIN 51804) feststellt. Diese **Konuspenetration,** die der Viskosität bei Schmierölen entspricht, wird in 0,1 mm angegeben. Dringt der Konus z. B. 31 mm in das Schmierfett ein, so hat die Konuspenetration den Wert 310.

Schmierfette finden Anwendung, wenn Ölschmierung ungünstig ist. Das ist z. B. bei Tribosystemen der Fall,
- die vor Schmutz oder Wasser zu schützen sind (Bagger, Wasserpumpen),
- die schwer zugänglich sind (Dauerschmierung),
- bei denen geringe Gleitgeschwindigkeit und hohe Belastung vorherrschen,
- die geneigte Gleitflächen aufweisen.

Festschmierstoffe haben die Fähigkeit, sich in dünnsten Schichten abzuscheren. Kleinste Teilchen, die sich in Vertiefungen absetzen, glätten die rauhen Oberflächen und vermindern die Anzahl der Mikrokontakte. Festschmierstoffe, die sowohl für hohe als auch tiefe Temperaturen geeignet sind (s. Tabelle), verwendet man bei Mischreibung, also bei
- ständigem Anfahren aus dem Stillstand,
- kleinen Gleitgeschwindigkeiten oder
- hin- und hergehenden Bewegungen.

Setzt man Festschmierstoffe den Schmierölen zu, so verhindern diese, daß bei unzureichender Schmierung durch das Öl die Anzahl der Mikrokontakte zunimmt.
Besteht die Forderung nach Ölfreiheit wie z. B. bei Maschinen der Lebensmittelindustrie oder Sauerstoffkompressoren (Explosionsgefahr), so kommen ebenfalls Festschmierstoffe zum Einsatz.

Stoffgruppe	Kennbuchstabe(n)	Schmierstoffart
Mineralöle	C	Schmieröl C (Umlaufschmieröle)
	CG	Schmieröl CG (Gleitbahnöle)
Symbol	K	Schmieröl K (Kältemaschinenöle)
Syntheseöle	PG	Polyglycolöl (alterungsbeständig)
Symbol	SI	Silikonöle (Viskosität weitgehend unabhängig von der Temperatur.)

Flüssige Schmieröle nach DIN 51502 (Auszug)

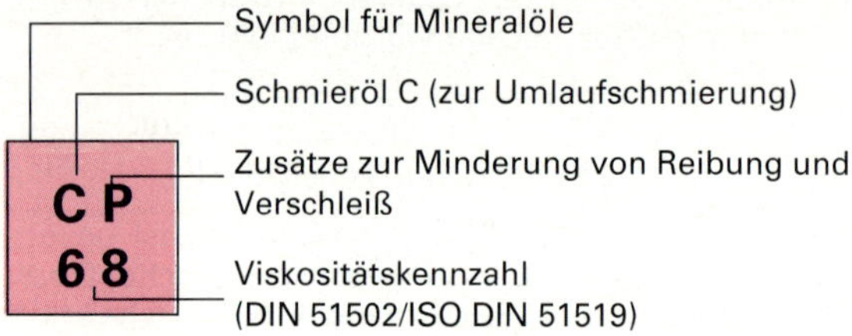

Beispiel zur Kennzeichnung von Schmierölen

Symbol	Kennbuchstabe(n)	Schmierfettart
Mineralölbasis	K	Schmierfette für Wälzlager, Gleitlager- und Gleitflächen von −20 bis +140 °C
	KH	Schmierfette für Temperaturen über +140 °C
Syntheseölbasis	SI	Schmierfette auf Siliconölbasis

Schmierfette nach DIN 51502 (Auszug)

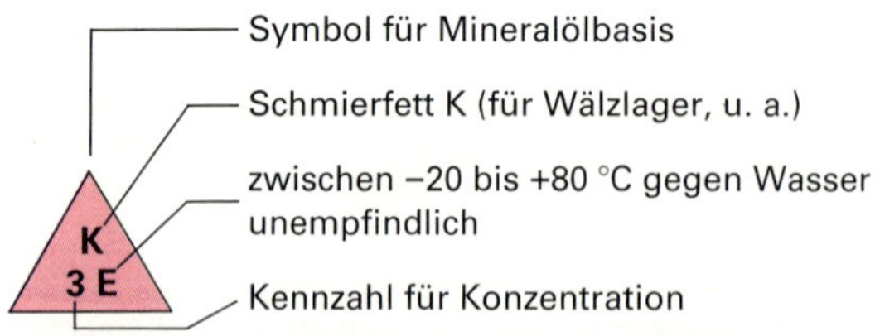

Beispiel zur Kennzeichnung von Schmierfetten

Stoff	Beschreibung	Verwendung
Graphit	schwarzes Mineral, reiner Kohlenstoff, Betriebstemperatur: −18 °C bis +450 °C	Pulver in Sicherheitsschlös-, sern, Zusatz zu Ölen und Fetten, Zusatz in Sinterwerkstoffen zu Gleitzwecken
Molybdänsulfid	bleigraue Kristalle, synthetische Verbindung MoS_2, Betriebstemperatur: −180 °C bis +400 °C	Pulver für Gleitstellen, die nicht mehr nachschmierbar sind oder hoher Beanspruchung unterliegen: Antriebs-Kreuzgelenke, Gleitlager bei hoher Temperatur; Zusatz zu Ölen, Fetten und Sinterwerkstoffen

Beschreibung und Verwendung von Festschmierstoffen

Fraktografie

Der abgebildete Werkzeugwechsler gehört zu einem Bearbeitungszentrum. Im eingebauten Zustand nimmt sein Doppelgreiferarm gleichzeitig zwei Werkzeuge bis zu 30 kg auf. In 0,6 Sekunden werden die Werkzeuge um 180° geschwenkt. Nach etwa 5000 Werkzeugwechseln fiel der Doppelgreiferarm herunter. Das Wellenende, an dem er angeflanscht ist, war gebrochen. Lag es an der großen Belastung, die man beim Konstruieren nicht voll erkannte, an falscher Bedienung oder sogar an einem Werkstoffehler? Die Bruchfläche trägt charakteristische Merkmale, die der Beantwortung der Frage sehr dienlich sein können.

Untersuchungen von Bruchflächen durch Betrachtung bezeichnet man als Fraktografie. Die Aussagen aus verschiedenen Merkmalen der Bruchfläche sind bei der fraktografischen Analyse im Zusammenhang zu bewerten. Wenn die einzelnen Merkmale eindeutig sind, kann allerdings die Betrachtung einzelner Merkmale ausreichen.

Werkzeugwechsler und Bruchfläche des gebrochenen Wellenendes

- Makroskopische Fraktografie

Die **visuelle Untersuchung der Bruchfläche** bezeichnet man als makroskopische Fraktografie. Die verschiedenen Merkmale geben oft Auskunft über den Bruchschaden.

Die **Lage der Bruchfläche,** d. h. ihre Neigung zur Achse oder zur Richtung der größten Beanspruchung, kann Hinweise geben auf
- die Art der Beanspruchung (z. B. Zug, Druck, Torsion, Biegung),
- das Bruchverhalten des Werkstoffs (spröde, zäh) und
- die Bruchart (Gewaltbruch, Schwingungsbruch).

Für die **Struktur der Bruchfläche** gilt:
- Je zerklüfteter die Bruchfläche ist, desto stärker war die Verformung während des Bruchs oder desto grobkörniger ist der Werkstoff.
- Bruchflächen mit Zonen deutlich unterschiedlicher Struktur weisen auf schwingende Beanspruchung hin.

Tönung und Glanz lassen folgende Aussagen zu:
- Bruchflächen wirken dunkler, wenn die Verformung während des Bruchs groß war.
- Bruchflächen martensitischer Gefüge gehärteter Stähle sind hellgrau und samtartig.
- Der Bruch eines feinkörnigen Werkstoffs glänzt mehr als der eines grobkörnigen.

- Mikroskopische Fraktografie

Sind die Aussagen durch die makroskopische Fraktografie nicht zweifelsfrei, so muß das Mikroskop helfen. Weil die Bruchflächen uneben sind, eignen sich Lichtmikroskope mit ihrer geringen Schärfentiefe weniger. Meist sind es Rasterelektronenmikroskope, die eine zweifelsfreie Aussage zulassen. Dazu müssen jedoch mikroskopische Merkmale wie z. B. Wabenstruktur bei Verformungsbruch oder Spaltflächen bei Sprödbruch (s. „Bruchарten") vorliegen.

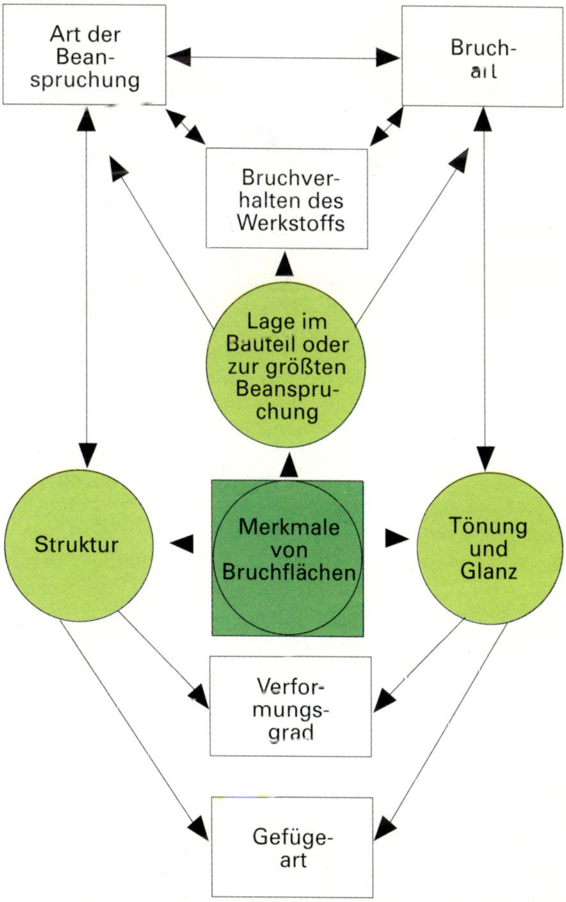

Merkmale von Bruchflächen und ihre Aussagefähigkeit

- Beanspruchungen

Um Bruchflächen beurteilen zu können, muß man die verschiedenen Beanspruchungen kennen.

Ruhende oder statische Beanspruchungen liegen vor, wenn Bauteile zügig bis zum Höchstwert belastet werden und sich dieser Wert zeitlich nicht ändert. Kennwerte für statische Beanspruchungen sind z. B. Zugfestigkeit und Streckgrenze.

Schwingende Beanspruchungen sind zeitlich veränderlich. Sie wiederholen sich mehr oder weniger regelmäßig. Folgende Definitionen orientieren sich an DIN 50100. Der zeitliche Ablauf wird durch den Spannungsausschlag (Amplitude) σ_a gekennzeichnet. Der Spannungshöchstwert ist die Oberspannung σ_o, der Spannungskleinstwert die Unterspannung σ_u. Daraus resultiert die **Mittelspannung** σ_m.

$$\text{Mittelspannung} = \frac{\text{Oberspannung + Unterspannung}}{2}; \quad \sigma_m = \frac{\sigma_o + \sigma_u}{2} \left[\frac{N}{mm_2}\right]$$

Eine volle Schwingung mit der Periodendauer T heißt Schwingspiel. Die Anzahl der Schwingungsspiele kennzeichnet die Schwingungszahl N. Der Kehrwert der Periodendauer ergibt die **Schwingungsfrequenz** f.

$$\text{Schwingungsfrequenz} = \frac{1}{\text{Periodendauer}}; \quad f = \frac{1}{T} \left[\frac{1}{s}\right]$$

Beispiel: Ein Bauteil wird 8 h lang schwingend belastet. Die Oberspannung beträgt 220 N/mm², die Unterspannung 80 N/mm² und die Periodendauer 0,02 s. Es sind die Mittelspannung σ_m, die Frequenz f und die Schwingungsspielzahl N zu berechnen.

Der Quotient aus Unter- und Oberspannung ist das **Spannungsverhältnis**:

$$\text{Spannungsverhältnis} = \frac{\text{Unterspannung}}{\text{Oberspannung}}; \quad R = \frac{\sigma_u}{\sigma_o}$$

Ist $R < 0$, so wechselt die Spannung das Vorzeichen (die Richtung). Damit liegt **Wechselbeanspruchung** vor. Für $R = -1$ wird die Mittelspannung gleich Null und man erhält eine reine Wechselbeanspruchung. **Schwellende Beanspruchung** (ohne Richtungswechsel) ergeben Spannungsverhältnisse $R \geqq 0$. Reine Schwellbeanspruchung hat das Spannungsverhältnis $R = 0$, **statische Beanspruchung** $R = +1$. Beanspruchungen mit negativer Mittelspannung haben praktisch keine Bedeutung.

Die **Wöhlerkurve,** die Aussagen zur Lebensdauer macht, wird durch Versuche mit mehreren Proben erstellt. Die Proben belastet man mit der gleichen Mittelspannung, aber verschiedenen Spannungsamplituden σ_a. Für jede Probe wird jeweils die Schwingungsspielzahl bis zum Bruch gezählt. Mit den zugehörigen Spannungsamplituden läßt sich die Wöhlerkurve zeichnen. Bei kleinen Amplituden kann die Lebensdauer so anwachsen, daß der Versuch bei einer bestimmten **Grenzschwingspielzahl** N_G beendet werden muß. Bei weichem Stahl beträgt die Grenzschwingzahl, ab der also kein Bruch mehr zu erwarten ist – die Wöhlerkurve verläuft dann waagerecht – etwa 2 000 000 ($2 \cdot 10^6$) bis 10 000 000 (10^7).

Spannungsamplituden, die zu einer kürzeren Lebensdauer führen, ergeben die **Zeitfestigkeit** (Zeitschwingfestigkeit).
Das Kurzzeichen enthält die Lebensdauer (Schwingspielzahl bis zum Bruch), z. B. σ_B (10^4).

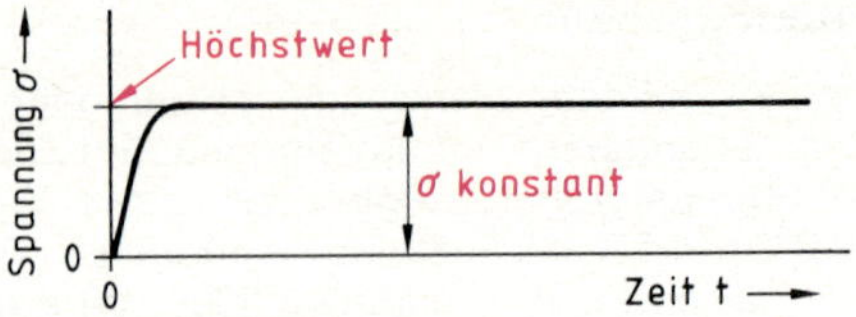

Statische Beanspruchung

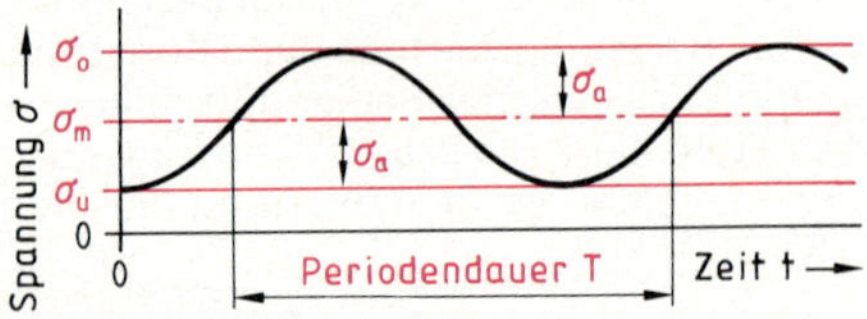

Größen zur Kennzeichnung schwingender Beanspruchung

$$\sigma_m = \frac{\sigma_o + \sigma_u}{2} = \frac{220 \frac{N}{mm^2} + 80 \frac{N}{mm^2}}{2}$$

$$\sigma_m = 150 \frac{N}{mm^2}$$

$$f = \frac{1}{T} = \frac{1}{0{,}02\ s} = 50 \frac{1}{s}$$

$$N = \frac{t}{T} = \frac{8 \cdot 3600\ s}{0{,}02\ s}$$

$$N = 1\,440\,000 = 1{,}44 \cdot 10^6$$

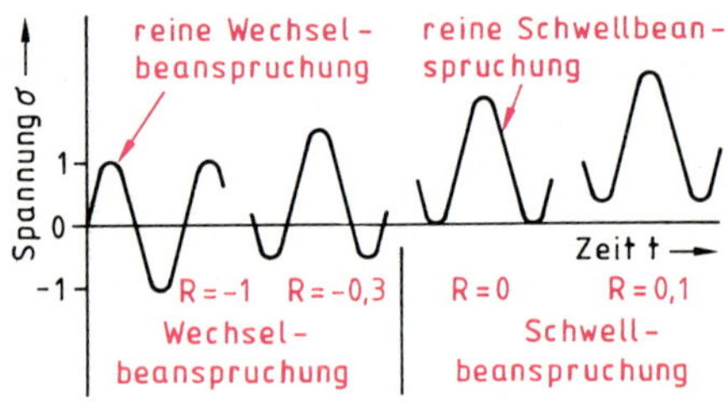

Wechsel- und Schwellbeanspruchung

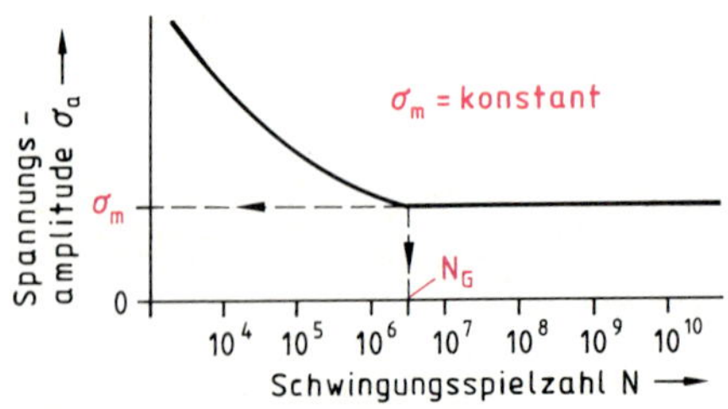

Wöhler-Kurve für Stahl (schematisch)

Die Spannungsamplitude σ_A, die bis zur Grenzschwingspielzahl N_G ertragen wird, ergibt zusammen mit der Mittelspannung die **Dauerfestigkeit** (Dauerschwingfestigkeit) σ_D.

$$\sigma_D = \sigma_m \pm \sigma_A$$

Schwingprüfungen, die in der Regel bei rein wechselnder Beanspruchung ($R = -1$, $\sigma_m = 0$) bzw. rein schwellender Beanspruchung ($R = 0$) durchgeführt werden, liefern folgende Dauerfestigkeits-Kenngrößen:

- Zug-Druck-Wechselfestigkeit σ_w und Zug-Schwellfestigkeit σ_{Sch} sind Größen aus Zug-Druck-Schwingversuchen.
- Biegewechselfestigkeit σ_{bW} stammt aus Umlaufbiegeversuchen nach DIN 50113 (rotierende Probe mit konstantem Biegemoment).
- Biegeschwellfestigkeit σ_{bSch} ermittelt man mit Flachbiegeschwingversuchen nach DIN 50142.
- Torsionswechselfestigkeit τ_{tw} und Torsionsschwellfestigkeit τ_{tSch} sind Größen entsprechender Torsionsversuche.

Mit der Zugfestigkeit R_m ist eine erste Abschätzung der Dauerfestigkeit möglich. Dazu enthält die Tabelle Mittelwerte aus dem Verhältnis der Biegewechselfestigkeit zur Zugfestigkeit für einige technische Legierungen. Die Zug-Druck-Wechselfestigkeit wiederum beträgt 70 – 80 %, die Torsionswechselfestigkeit etwa 60 % der Biegewechselfestigkeit.

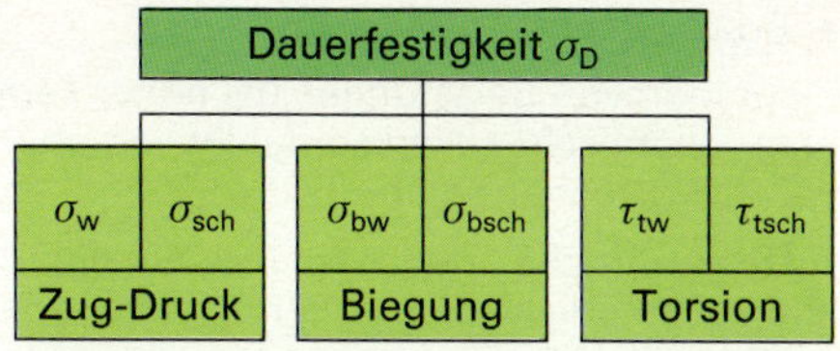

Werkstoff	$\frac{\sigma_{bw}}{R_m}$
Stähle bis $R_m = 1000\ N/mm^2$	0,46
Kupfer- und Nickel-Legierungen	0,34
Aluminium- und Magnesium-Legierungen	0,37
Titan-Legierungen	0,57

Verhältnis der Biegewechselfestigkeit zur Zugfestigkeit für einige Legierungen

- Einflüsse auf die Dauerfestigkeit

Die Dauerfestigkeitswerte werden an Proben mit glatter, polierter Oberfläche ermittelt. Weicht man von diesen Bedingungen ab, sinken die Dauerfestigkeiten.

Kerbwirkungen treten bei Querschnittsveränderungen auf. Nuten, Längs- und Querbohrungen, Absätze, also Kerben, ändern die Spannungsverteilung in einem Bauteil. Entgegen der gleichmäßigen Spannungsverteilung beim glatten Bauteil treten Spannungsspitzen an den Kerbrändern auf. Der Grad der Kerbwirkung drückt sich in der **Formzahl** aus:

$$\text{Formzahl} = \frac{\text{max. Spannung}}{\text{Nennspannung}}; \quad \alpha_K = \frac{\sigma_{max}}{\sigma_o}$$

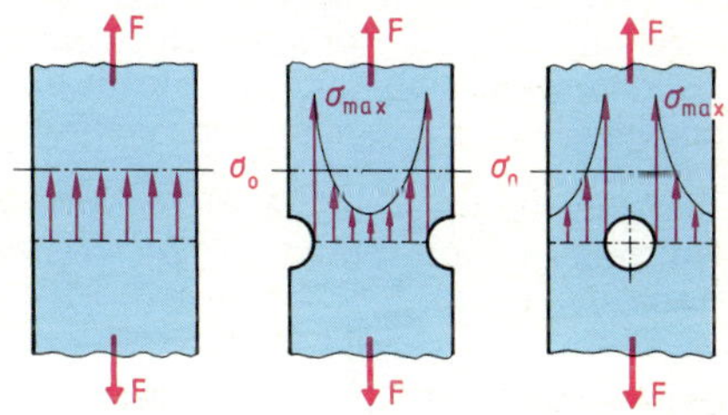

Spannungserhöhung durch Kerbwirkung

Mit weicher werdendem Werkstoff sagt die Formzahl eine zu große Verminderung der Dauerfestigkeit voraus. Denn mit zunehmender plastischer Verformung, die Spannungsspitzen abbauen hilft, nimmt die Dauerfestigkeit weniger stark ab. Die Verringerung der Dauerfestigkeit durch Kerben wird deshalb durch die **Kerbwirkungszahl** β_K angegeben:

$$\text{Kerbwirkungszahl} = \frac{\sigma_D \text{ glatte Probe}}{\sigma_D \text{ gekerbte Probe}}; \quad \beta_K = \frac{\sigma_D \text{ glatt}}{\sigma_D \text{ gekerbt}}$$

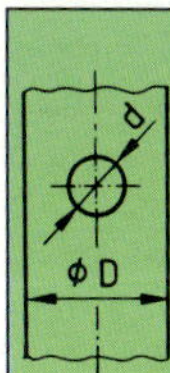

$\frac{d}{D}$	Wellenwerkstoff mit σ_b $[\frac{N}{mm^2}]$		
	400	500	1000
0,2	1,45	1,6	1,65
0,4	1,35	1,5	1,65
0,6	1,25	1,35	1,45

Kerbwirkungszahlen β_k bei Biegung für Wellen mit Querbohrung

Die Kerbwirkungszahl ist abhängig vom Werkstoff und von der Formzahl:

$$1 \leqq \beta_K \leqq \alpha_K$$

← weiche Werkstoffe | harte Werkstoffe →

Harte Werkstoffe sind also kerbempfindlicher. Dies hat zur Folge, daß sich Zugfestigkeitssteigerungen bei Werkstoffen für gekerbte Bauteile mäßig dauerfestigkeitserhöhend auswirken. Ab einer gewissen Grenze nimmt die Dauerfestigkeit sogar ab. Selbst bei ungekerbten Bauteilen stellt sich von einer bestimmten Zugfestigkeit an keine Erhöhung der Dauerfestigkeit ein. Der Grund ist in der Oberfläche zu suchen.

Oberflächen beeinflussen ebenfalls die Dauerfestigkeit. Bearbeitungsriefen, Gußunebenheiten, rauhe Walzhaut, Aufrauhung durch Verschleiß oder Korrosionsnarben sind nichts anderes als kleine Kerben. Glätten der Oberfläche durch Rollen, Kugelstrahlen, Aufbringen von galvanischen Überzügen und andere Vorgänge vermindern die Kerbwirkung.

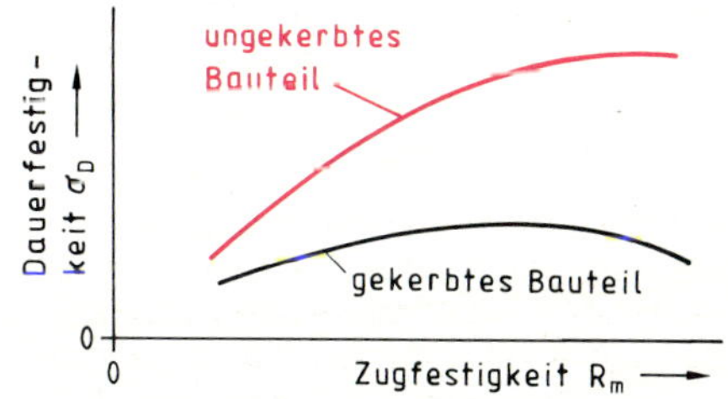

Zusammenhang zwischen statischer Festigkeit und Dauerfestigkeit bei Stahl

• Brucharten

Sieht man von Belastungen bei hoher Temperatur und unter chemischer Werkstoffablösung ab, bleiben zwei wichtige Brucharten übrig.

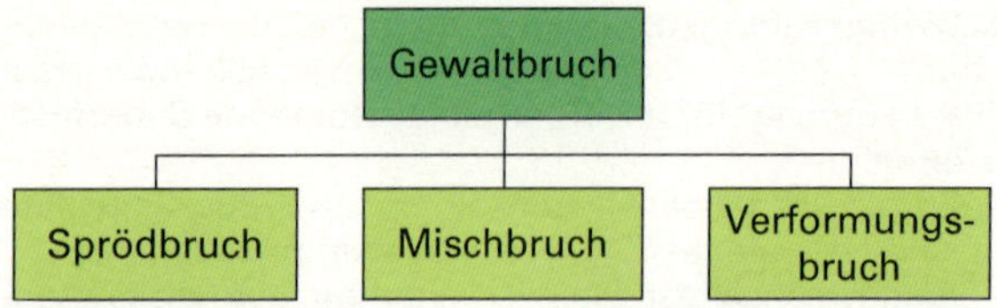

1. Gewaltbrüche treten durch einmalige Überlastung und mit unterschiedlicher Verformung in der Bruchzone auf.

Spröd- oder Trennbrüche liegen vor, wenn Verformung nicht auftritt oder klein ist. Tiefe Temperaturen, Kerben, schlagartige Beanspruchungen, geringe Zähigkeit des Werkstoffs und ungleichmäßiges Gefüge begünstigen Sprödbrüche. Sie treten ohne erkennbare plastische Verformung, also ohne „Vorwarnung“, auf. Weil die Rißfortschrittsgeschwindigkeit groß ist, bei Stahl mehrfache Schallgeschwindigkeit (etwa 1000 m/s), verursachen Sprödbrüche oft folgenschwere Schadensfälle.

Transkristalline Sprödbrüche oder **Spaltbrüche** sind dadurch gekennzeichnet, daß sich Kristallebenen innerhalb eines Korns trennen. Spaltbrüche beobachtet man bei Metallen, die im kubischraumzentrierten (krz) oder hexagonalen Gitter erstarren.

Bei **interkristallinen Sprödbrüchen** trennt sich der Werkstoff an den Korngrenzen. Voraussetzung für diesen Vorgang sind Korngrenzen, die durch Ausscheidungen oder Verunreinigungen versprödet sind.

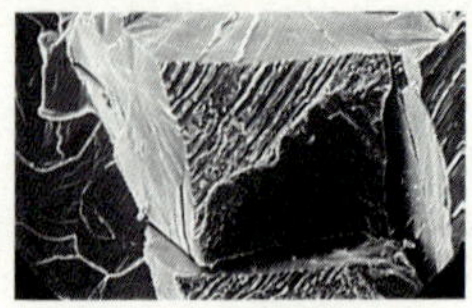
Spaltbruchfläche (REM-Aufnahme)

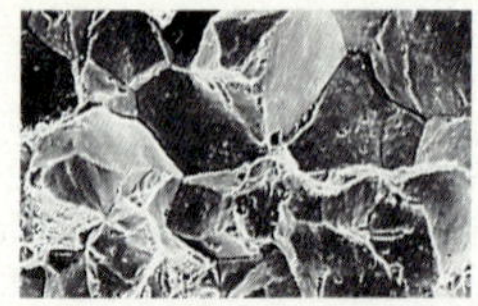
Interkristalliner Sprödbruch (REM-Aufnahme)

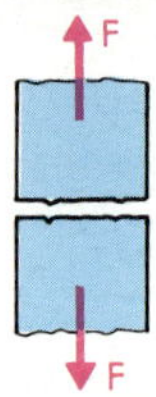

schematisch

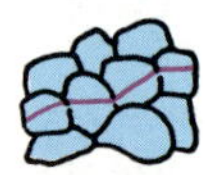
Verlauf im Gefüge

Zugprobe aus gehärtetem Stahl

Spröd- und Trennbruch

Bei makroskopischer Betrachtung erscheint die Bruchfläche von Sprödbrüchen rechtwinklig zur Hauptbelastung.

Verformungsbrüche treten bei zähen Werkstoffen auf. Rißfortschritt mit hoher Geschwindigkeit wie bei Sprödbrüchen wird durch plastische Verformungen an den Spitzen von Anrissen verhindert. Die Rißspitzen runden aus, und die Kerbwirkung nimmt ab. Während Sprödbrüche ohne Anzeichen auftreten, kündigen sich Verformungsbrüche durch vorhergehende sichtbare plastische Verformung an. Deshalb spielen sie bei Schadensanalysen eine untergeordnete Rolle.

Bei Zugbeanspruchung, die nur in einer Richtung wirkt, ist der Verformungsbruch als reiner **Scherbruch** (Schrägbruch) oder als **Einschnürbruch** möglich.

schematisch

Zugprobe aus AlCuMg1

Scherbruch

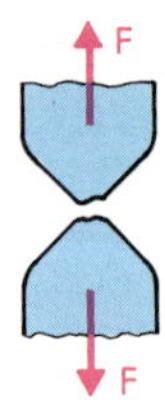

schematisch

Einschnürbruch

Verformungsbrüche zeigen unter dem Mikroskop eine typische Struktur: Einschlüsse, die in Metallen immer vorhanden sind, weiten sich zu Hohlräumen auf.

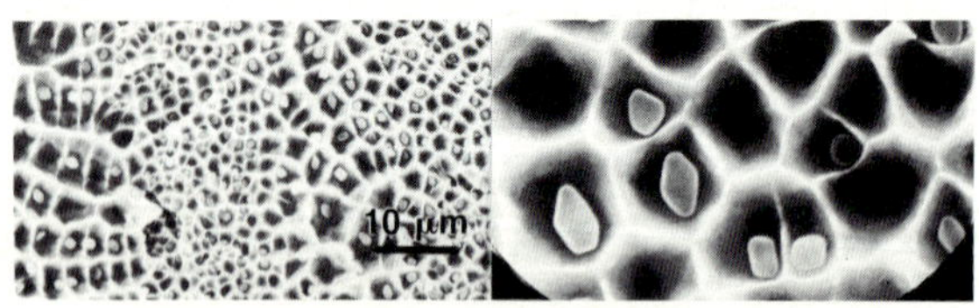

Bruchwabe eines Verformungsbruchs (REM-Aufnahme)

Wenn zwischen den Hohlräumen die tragenden Brücken zu schmal werden, scheren sie ab. Die zurückbleibenden Vertiefungen erzeugen eine Struktur, die man als **Bruchwabe** bezeichnet.

Mischbrüche, die in der Praxis häufig auftreten, bestehen aus einem Spröd- und einem Verformungsbruchanteil. Bei Zugbelastung tritt geringe Einschnürung auf. Wegen der Bruchfläche, die durch ihren geneigten Rand einem Topf (engl. cup) in der Form eines Kegels (engl. cone) ähnelt, nennt man Mischbrüche dieser Art auch **cup and cone-Brüche**.

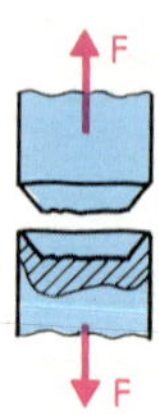

schematisch

Zugprobe aus AlMgSi

Mischbruch (cup and cone-Bruch)

2. Dauerbrüche (Ermüdungsbrüche) werden durch eine bestimmte Anzahl wiederholter kritischer Schwingungsbelastungen hervorgerufen. Die Belastungsamplituden können deutlich unterhalb der Streckgrenze R_e liegen. Damit fehlen makroskopisch sichtbare plastische Verformungen im Bereich der Bruchzone. Da aber Dauerbruchflächen ein ganz charakteristisches Aussehen haben, können sie meist als solche erkannt und von Gewaltbrüchen unterschieden werden. Die Bruchfläche läßt **zwei Zonen** erkennen:

- Die **Dauerbruchzone** ist relativ glatt und enthält sichtbare **Rastlinien**. Eine Linie entsteht immer dann, wenn der Riß bei geringer Belastung oder abgeschalteter Maschine vorübergehend stillsteht (rastet) und die Rißfront durch Oxidation getönt wird. Wegen verschiedener Stillstandszeiten ist die Tönung der Rastlinien unterschiedlich.
- Die **Restbruchzone** ist körnig und mehr oder weniger stark zerklüftet. Sie entsteht, wenn der ständig abnehmende Restquerschnitt der Belastung durch Gewaltbruch nachgeben muß. Mit abnehmender Belastung und zunehmender Sprödigkeit des Werkstoffs wird die Restbruchfläche glatter.

Das Verhältnis Dauerbruchfläche zur Restbruchfläche und die Anordnung beider Flächen geben Hinweise auf Bruchursachen.

- Kleines Verhältnis (große Restbruchfläche, z. B. Teilbild a)) deutet darauf hin, daß die Nennspannung, die zum Bruch führte, groß war. Großes Verhältnis (kleine Restbruchfläche, z. B. Teilbild b)) ist zu erwarten, wenn durch eine kleine Nennspannung der Gewaltbruch erst spät auftritt.
- Die Anordnung der Flächen gibt Hinweise auf Art der Beanspruchung und Kerbwirkung. Breitet sich der Dauerbruch z. B. von beiden Seiten des Bauteils aus (z. B. Teilbild i)), ist von wechselseitiger Beanspruchung auszugehen. Eine scharfe Umlaufkerbe ermöglicht es, daß mehrere Anrisse die Rißfront vergrößern (z. B. Teilbild c)).

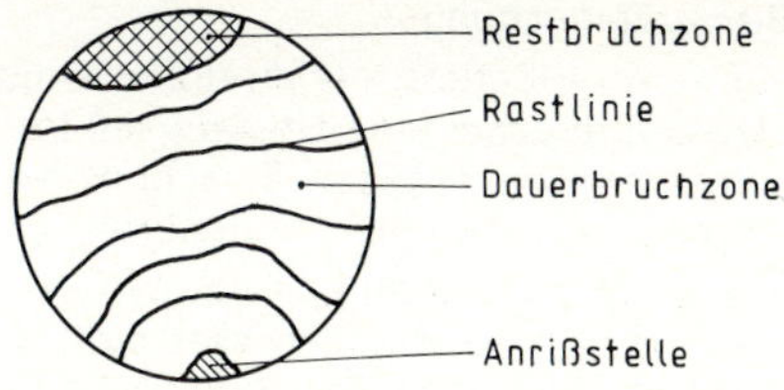

Makroskopisches Aussehen einer Dauerbruchfläche (schematisch)

Der Dauerbruch geht von einer überkritisch belasteten Stelle aus. Hierbei handelt es sich meist um Kerben konstruktiver, fertigungs- oder werkstofftechnischer Art.

Beanspruchung	Kerbwirkung	Nennspannung	
		groß	klein
Zug (schwellend)	ohne	a)	b)
	groß	c)	d)
Biegung (schwellend)	ohne	e)	f)
	groß	g)	h)
Biegung (wechselnd)	ohne	i)	j)
	groß	k)	l)

Aussehen von Dauerbruchflächen (schematisch)

- Fraktografische Untersuchung des gebrochenen Wellenendes eines Werkzeugwechslers

Der eingangs dieses Kapitels beschriebene Bruch an einem Werkzeugwechsler soll nun analysiert werden.

Schadensbefund:
- Das gebrochene Wellenende hat 32 mm Durchmesser. Die Welle wurde aus dem Vergütungsstahl 42 CrMo 4 gefertigt. Durch Vergüten stellte sich eine Zugfestigkeit von 1100 N/mm^2 ein.
- Makroskopisch kennzeichnen die Bruchfläche viele Rastlinien, so daß man von einem Dauerbruch ausgehen kann. Die kleine Restbruchfläche deutet auf eine relativ kleine Nennspannung hin. Der Rißbeginn ist durch eine Anrißlinse deutlich markiert.

Bestandsaufnahme:
- Der Bruch trat nach etwa 5000 Werkzeugwechseln auf.
- Der Doppelgreiferarm nahm gleichzeitig zwei Werkzeuge mit z. T. sehr unterschiedlicher Masse auf. Dadurch wurde das Wellenende vor allem mit einem wechselnden Biegemoment belastet.

Weil eine einmalige Überbelastung des Wellenendes als Schadensursache nach dieser Betrachtung ausgeschlossen werden konnte (kleine Restbruchfläche), mußten Einzeluntersuchungen folgen.

Bruchfläche des Wellenendes eines Werkzeugwechslers

Einzeluntersuchungen:

- Eine Vergößerung der Anrißlinse mit dem Rasterelektronenmikroskop machte eine Unstetigkeit im Gefüge sichtbar. Weil man einen nichtmetallischen Einschluß vermutete, mußte man die Elemente im Anrißbereich aufspüren.
- Durch Röntgenstrahlen, die beim Auftreffen von Elektronen auf dem zu untersuchenden Werkstoff ausgesandt werden, ist dies möglich. Man analysiert dazu die Energie der Röntgenstrahlen. Sie hängt davon ab, welche Elemente von den Elektronen getroffen werden. Das Verfahren wird u. a. in Kombination mit Rasterelektronenmikroskopen eingesetzt. Mit dem für diesen Zweck entwickelten Gerät, der **Mikrosonde,** lassen sich noch Elemente von 0,01 Massenprozent feststellen.
  Mit der Mikrosonde stellte man Sauerstoff, Silicium, Calcium und Aluminium fest. Diese Elemente, die sich beim Erschmelzen des Stahls als chemische Verbindungen (Schlackenteilchen) an einigen Stellen konzentrieren können, bestätigten die Vermutung des nichtmetallischen Einschlusses.

Der langgestreckte nichtmetallische Einschluß kann als eine Kerbe werkstofftechnischer Art gewertet werden. Diese überkritisch belastete Stelle leitete also den Dauerbruch am Wellenende des Werkzeugwechslers ein. Damit lag der seltene Fall vor, daß tatsächlich ein Werkstoffehler Ursache des Schadens war.

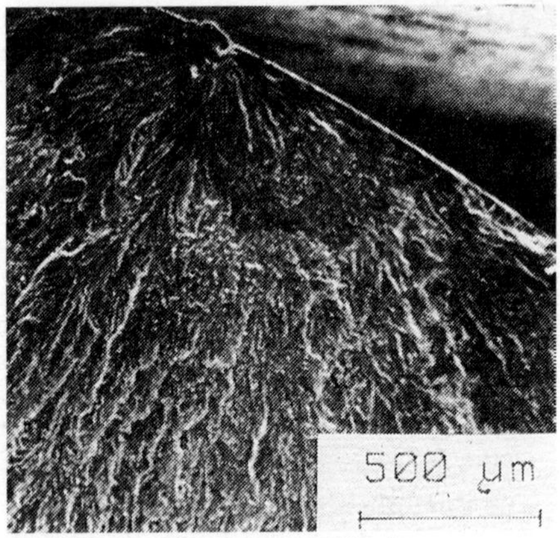

Anrißlinse mit nichtmetallischem Einschluß (REM-Aufnahme)

Aufgaben zur Wiederholung und Vertiefung

1. Die Antriebswelle einer Werkzeugmaschine war nach kurzer Betriebszeit gebrochen. Nennen Sie außer Werkstoffehler die möglichen Ursachen für diesen Schaden!

2. Begründen Sie, warum man Bruchflächen nicht mit dem Lichtmikroskop, sondern mit dem Rasterelektronenmikroskop (REM) untersucht.

3. Auf den Führungsbahnen einer Schlittenführung stellte man nach 2000 Betriebsstunden Furchen, Kuppen und Löcher fest. Nennen Sie eine mögliche Ursache für diesen Schaden! Erstellen Sie einen Schadensbericht mit Hilfe der vier Stufen, die in der DIN 50320 genannt werden!

4. Nennen Sie drei Merkmale von Bruchflächen und ihre Aussagefähigkeit bei Schadensanalysen!

5. Die Grenzschwingspielzahl N_G für Aluminium-Legierungen beträgt 10^8. Wieviel Stunden müßte die abgebildete Probe mit der Umdrehungsfrequenz $n = 920$ 1/min rotieren, um die Dauerfestigkeit ermitteln zu können? Handelt es sich bei dieser Dauerfestigkeit um die Biegeschwellfestigkeit σ_{bSch}, Biegewechselfestigkeit σ_{bw}, Torsionswechselfestigfkeit τ_{tw} oder Zug-Druck-Wechselfestigkeit σ_w?

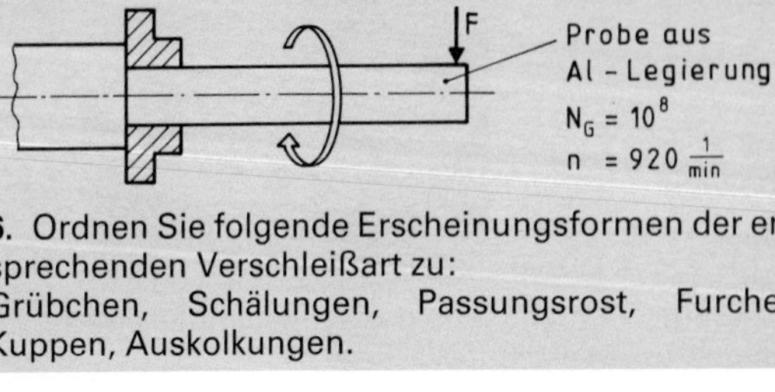

6. Ordnen Sie folgende Erscheinungsformen der entsprechenden Verschleißart zu:
Grübchen, Schälungen, Passungsrost, Furchen, Kuppen, Auskolkungen.

7. Nennen Sie Merkmale der abgebildeten Bruchfläche einer Schraube, die fälschlicherweise auf Wechselbiegung beansprucht wurde! Welche Aussagen enthalten die Merkmale?

8. Empfehlen Sie für folgende Beispiele den geeigneten Schmierstoff und begründen Sie die Empfehlungen:
- Gleitlager eines Förderbandes in einem Betrieb der Lebensmittelindustrie,
- Zahnradgetriebe einer Werkzeugmaschine,
- Wälzlagerung von Laufrädern eines Hallenkrans!

9. Welches der beiden geometrisch gleichen Bauteile versagt bei gleichgroßer schwingender Beanspruchung zuerst? Begründen Sie die Antwort!

Bauteil 1	Bauteil 2
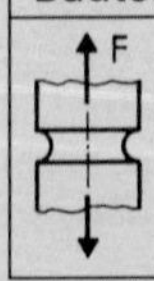 34 Cr Mo 4 vergütet auf $R_m = 860 \frac{N}{mm^2}$	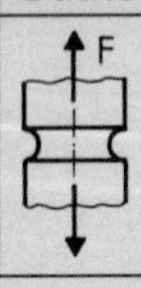 C 45 vergütet auf $R_m = 860 \frac{N}{mm^2}$

10. Beschreiben Sie die Brucharten, die bei Überlastung folgender, mit gleichbleibender Zugkraft beaufschlagter Bolzen zu erwarten sind:
- Bolzen aus weichgeglühtem Kupfer,
- Bolzen aus dem Kaltarbeitsstahl 115 CrV 3, gehärtet,
- Bolzen aus Messing mit mittlerer Festigkeit und mittlerer Zähigkeit!

3 Maschinen- und Gerätetechnik

3.1 Funktionseinheiten zum Antreiben (Elektromotoren)

Zweck eines Elektromotors ist, an der Abtriebsseite (z. B. Welle) mechanische Energie (Bewegungsenergie) bereitzustellen, die zum Antreiben von Maschinen genutzt werden kann. So treiben Elektromotoren beispielsweise die Hauptspindel einer Drehmaschine, die Arbeitsspindel einer Fräsmaschine, den Förderkorb eines Aufzugs oder die Wäschetrommel einer Waschmaschine an. Elektromotoren wandeln dazu elektrische Energie in mechanische Energie um. **Hauptfunktion** der Elektromotoren ist also der **Energieumsatz**; Elektromotoren erfüllen die **Teilfunktion Antreiben.**

Elektromotor einer Maschine

3.1.1 Teilfunktion: Antreiben

Die verschiedenen Antriebe unterscheiden sich nach:
- der **Kraft,** die übertragen wird,
- der **Geschwindigkeit,** mit der der Antrieb erfolgt,
- der **Art der Bewegung,** die den Antrieb kennzeichnet und
- der **Bewegungsrichtung** des Antriebs.

Eine große Kraft muß beispielsweise der Anlassermotor eines Autos aufbringen, wenn der Verbrennungsmotor im kalten Zustand gestartet wird. Der Antrieb eines Ventilators hingegen erfordert eine kleine Kraft, aber die Umdrehungsfrequenz soll groß sein.

Mit der Art der Bewegung ist die Unterscheidung zwischen geradliniger und drehender Bewegung gemeint, sowie die Unterscheidung der Bewegungsrichtung zwischen vorwärts und rückwärts bzw. rechts- und linksdrehend. Die Bewegungsart fast aller Elektromotoren ist die Drehbewegung. Das **drehende Teil** des Motors heißt **Läufer** oder **Rotor** und das **ruhende Teil** heißt **Ständer** oder auch **Stator.** Elektromotoren mit geradliniger Bewegung heißen Linearmotoren.

Bei Elektromotoren mit drehender Bewegung bedeutet die Bewegungsrichtung **Rechtslauf,** daß sich die Abtriebswelle des Motors im Uhrzeigersinn dreht, wenn man auf das Wellenende schaut.

Die wichtigsten Kenndaten von Elektromotoren sind auf dem **Leistungsschild** angegeben, das fest am Motorgehäuse angebracht ist.

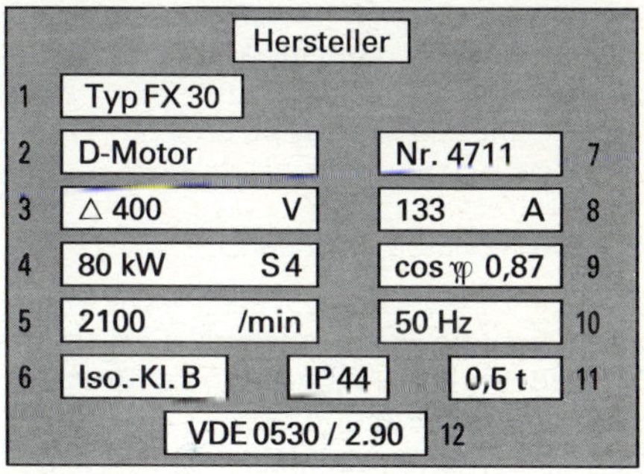

1 Motortyp
2 Motorart
3 Schaltungsart u. Nennspannung
4 Nennleistung bei Betriebsart
5 Nenndrehzahl
6 Isolationsklasse
7 Seriennummer
8 Nennstrom
9 Leistungsfaktor
10 Netzfrequenz
11 Gewicht
12 Herstellungsmonat/-jahr

Leistungsschild eines Elektromotors

Die verschiedenen Grundformen der Elektromotoren werden nach der Art des elektrischen Stromes unterschieden, mit dem sie betrieben werden. **Gleichstrommotoren** werden mit Gleichstrom betrieben, der von Batterien, Akkumulatoren oder Stromrichtern geliefert wird. **Drehstrommotoren,** die auch als Dreiphasen-Wechselstrommotoren bezeichnet werden, benötigen einen Drehstromanschluß, der nicht überall vorhanden ist. **Wechselstrommotoren,** auch Einphasen-Wechselstrommotoren genannt, benötigen 220 V Wechselstrom, so wie er an jeder normalen Steckdose zur Verfügung steht.

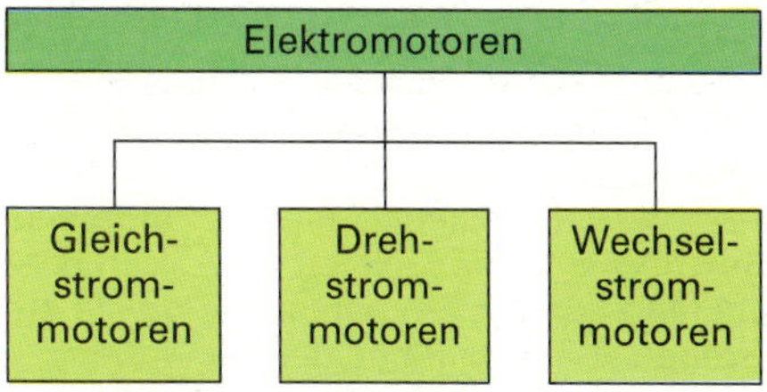

Die Bezeichnung **Getriebemotor** bedeutet, daß der Elektromotor zusammen mit einem Getriebe in einem einzigen Gehäuse untergebracht ist. Die Umdrehungsfrequenz des Motors wird in diesem Fall durch das Getriebe herabgesetzt. Das Drehmoment wird erhöht.

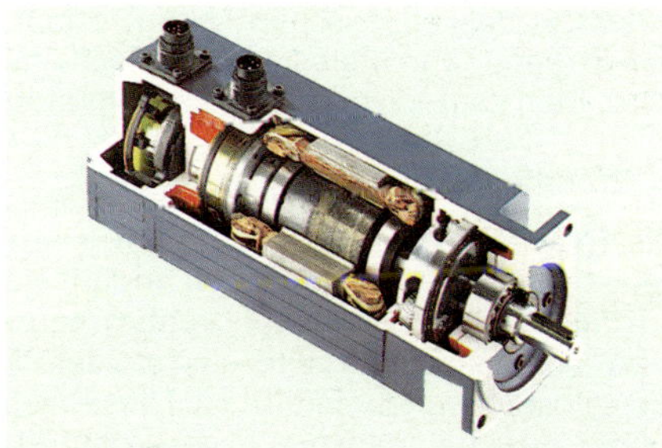

Getriebemotor

Elektromotoren werden je nach Leistung in folgende Klassen eingeteilt:

Kleinstmotoren:	Bis etwa 90 W
Kleinmotoren:	Zwischen 90 W und 1,1 kW
Mittelgroße Motoren:	Zwischen 1,1 kW und 300 kW
Großmotoren:	Über 300 kW

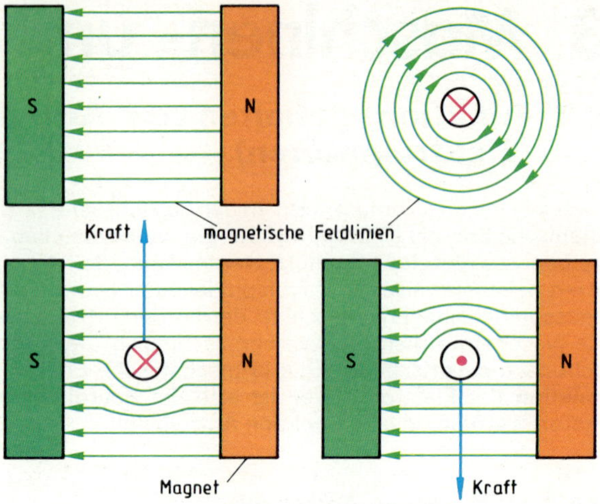

Kraft auf einen stromdurchflossenen Leiter in einem Magnetfeld

Funktionsprinzip

Das gemeinsame Funktionsprinzip aller Elektromotoren ist, daß auf einen stromdurchflossenen elektrischen Leiter, der sich in einem Magnetfeld befindet, eine Kraft ausgeübt wird. Durch diese Kraft kann der Leiter bewegt werden. Wird die Stromrichtung im Leiter umgekehrt, so kehrt sich auch die Kraftrichtung um.

In Wirklichkeit wird um den stromdurchflossenen Leiter ein zweites Magnetfeld aufgebaut, das mit dem ersten zusammenwirkt. Sind die Magnetfelder von Leiter und Dauermagnet gleichgerichtet, dann werden sie verstärkt. Sind sie entgegengerichtet, werden sie abgeschwächt.

- Grundfunktion: Wandeln

Elektromotoren wandeln **elektrische** Energie **in magnetische** Energie und magnetische Energie **in mechanische** Energie. Die Umwandlung von elektrischer in magnetische Energie erfolgt durch den Aufbau magnetischer Felder mit Hilfe von elektrischem Strom. Ein magnetisches Feld wird im Ständer des Elektromotors erzeugt und ein zweites im Läufer. Die beiden Magnetfelder üben eine Kraft aufeinander aus und setzen den Läufer in Bewegung. So wird magnetische Energie in mechanische Energie, nämlich Bewegungsenergie des Läufers, gewandelt. Manche Elektromotoren sind in der Lage, beim Bremsen mechanische Energie in magnetische Energie und schließlich in elektrische Energie rückzuwandeln. Diesen Vorgang nennt man Nutzbremsung.

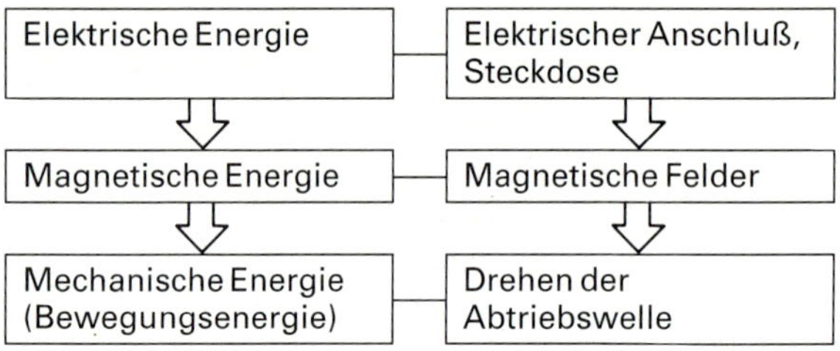

Wandeln von Energie beim Elektromotor

Am einfachsten können Magnetfelder durch **Dauer-** oder **Permanentmagnete** erzeugt werden. Bei größeren Motoren wird das Magnetfeld im stillstehenden Teil des Motors, dem Ständer, erzeugt, indem durch **Spulen** elektrischer Strom geleitet wird. Man bezeichnet diese Spulen auch als **Erregerspulen,** da sie ein Magnetfeld erregen. Das Magnetfeld eines Läufers wird erzeugt, indem auf die elektrischen Leiter, die im Läufer angeordnet sind, elektrische Energie übertragen wird oder indem in den elektrischen Leitern durch die Wirkung des Erregermagnetfelds ein elektrischer Strom erzeugt wird. Man sagt auch: Ein Strom wird induziert.

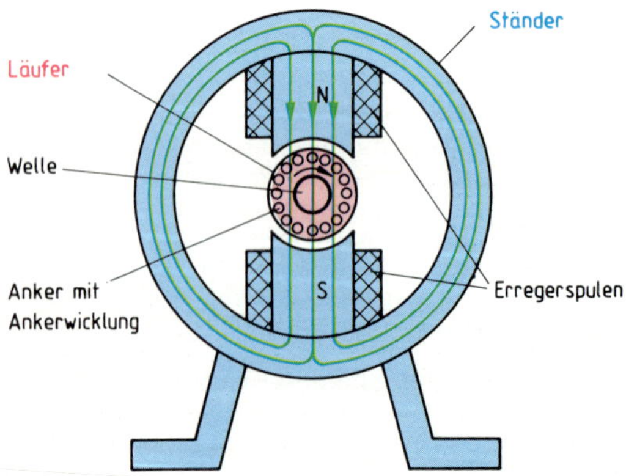

Schnittdarstellung eines Gleichstrommotors (vereinfacht)

- Grundfunktion: Führen

Die Bewegung der stromdurchflossenen elektrischen Leiter des Läufers wird geführt, indem sie in der Regel auf eine **Welle** in Form einer Drehbewegung übertragen wird. Die elektrischen Leiter sind auf der Welle befestigt, die selbst in Lagern geführt ist. Diese Welle nennt man Läufer oder bei manchen Elektromotoren auch Anker. Die elektrischen Leiter heißen dann Ankerwicklung.

• Grundfunktion: Leiten

Im Elektromotor wird elektrischer Strom durch die Erregerwicklung und durch die Läuferwicklung geleitet. Die Wicklungen bestehen aus Kupfer, weil Kupfer den elektrischen Strom sehr gut, d. h. ohne große Verluste, leitet. Magnetfelder benötigen keinen Leiter, um sich auszubreiten. Allerdings werden sie in Eisen wesentlich besser geleitet als in Luft oder im luftleeren Raum. Deshalb sind die Erregerwicklungen und die Läuferwicklungen bei Elektromotoren mit Eisenkernen ausgefüllt. Die magnetischen Felder werden dadurch dort konzentriert, wo sie eine möglichst große Kraft auf den Läufer erzeugen.

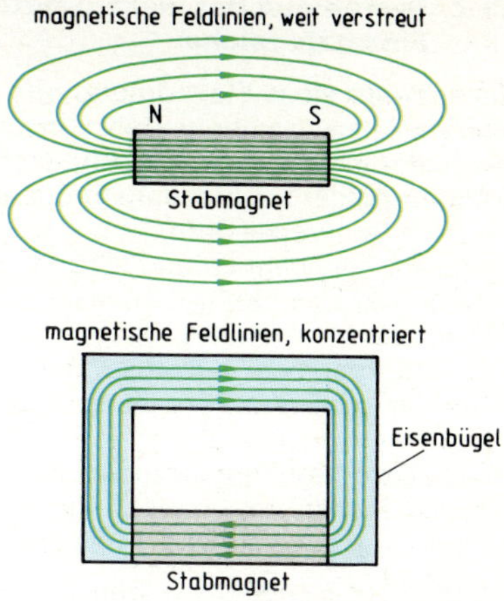

Leiten des Magnetfeldes eines Stabmagneten durch einen Eisenbügel

• Grundfunktion: Koppeln

Wenn die drehende Ankerwicklung des Elektromotors mit Strom versorgt wird, muß dieser Strom vom stillstehenden Ständer auf den drehenden Läufer übertragen werden. **Zwischen Ständer und Läufer** muß daher eine elektrische Kopplung hergestellt werden. Dazu dienen Einrichtungen, die **Stromwender** oder **Kollektoren** heißen. Bei anderen Ausführungen verwendet man **Gleitringe.** Stromwender oder Gleitringe sind am Anker befestigt und drehen sich mit ihm. Auf ihnen gleiten **Bürsten** aus Graphit, die den Strom übertragen. Sie sind am Ständer befestigt. Die Bürsten verschleißen während des Motorbetriebs und müssen nach bestimmten Zeiten ersetzt werden. Elektromotoren mit einer elektrischen Kopplung zwischen Ständer und Läufer müssen also häufiger gewartet werden als Elektromotoren ohne diese Kopplung.

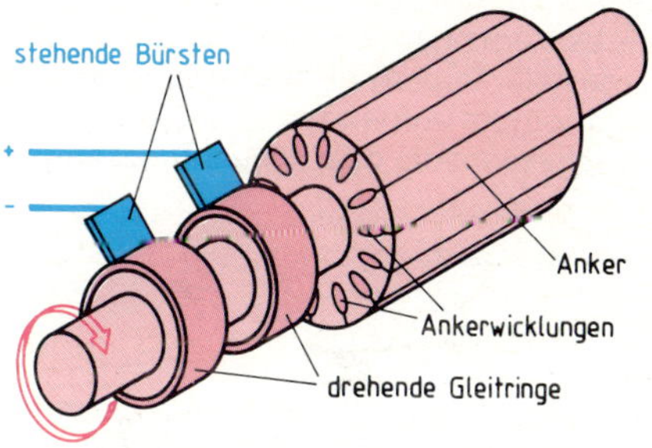

Elektrische Kopplung zwischen Ständer (Bürsten) und Rotor (Gleitringe) eines Elektromotors

• Grundfunktion: Vergrößern/Verkleinern

Eine Vergößerung oder eine Verkleinerung der Umdrehungsfrequenz von Elektromotoren kann erreicht werden, indem bei **Gleichstrommotoren** die **Stromstärke** in der Erregerwicklung oder in der Ankerwicklung geändert wird. Bei **Wechselstrom-** oder **Drehstrommotoren** wird die Umdrehungsfrequenz durch die **Polpaarzahl** beeinflußt oder durch **Frequenzumrichter.** Eine höhere Polpaarzahl bewirkt eine niedrigere Umdrehungsfrequenz des Elektromotors (vergl. Drehstrommotoren). Frequenzumrichter ändern die Frequenz der elektrischen Spannung, die in unserem Stromnetz normalerweise 50 Hz beträgt. Die Frequenz wird umgerichtet. Die Umdrehungsfrequenz des Elektromotors wird vergrößert, indem die Frequenz der elektrischen Spannung erhöht wird.

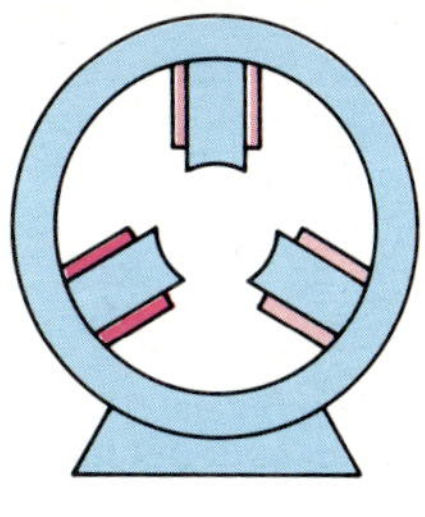

Verkleinern der Umdrehungsfrequenz eines Drehstrommotors durch Vergrößern der Polpaarzahl

• Grundfunktion: Richtungändern

Durch **Umkehr der Stromrichtung** in der Erregerwicklung oder in den bewegten elektrischen Leitern im Läufer ändert sich die Drehrichtung. Wird der Strom in beiden umgekehrt, bleibt die Drehrichtung erhalten. Die Umkehr der Stromrichtung bewirkt eine Umkehr der Richtung des magnetischen Felds. Wenn beide Felder, das Erregerfeld und das Läuferfeld, ihre Richtung ändern, ist die Kraftrichtung dieselbe wie vorher. Dieses Verhalten ist von besonderer Bedeutung für Gleichstrommotoren, sogenannte Universalmotoren, die sowohl mit Gleichstrom als auch mit Wechselstrom betrieben werden können. Wechselstrom bedeutet ja, daß die Richtung des elektrischen Stroms sich laufend ändert. Da diese Richtungsänderung sowohl in der Erregerwicklung als auch in der Läuferwicklung im selben Takt auftritt, bleibt die Kraftrichtung und damit die Laufrichtung des Motors erhalten.

3.1.2 Systematik der Elektromotoren und ihre Einsatzbereiche

Die Auswahl eines Elektromotors für eine bestimmte Antriebsaufgabe erfolgt nach einer Vielzahl von Kriterien, von denen die wichtigsten in der folgenden Aufstellung enthalten sind:

- Änderung der Umdrehungsfrequenz (Grundfunktion: Vergrößern/Verkleinern)
- Umkehr der Drehrichtung (Grundfunktion: Richtungändern)
- Änderung des Drehmoments (Grundfunktion: Vergrößern/Verkleinern)
- Dauerbetrieb oder zeitweiser Betrieb
- Umgebungseinflüsse (Feuchtigkeit, Temperatur, explosive Medien)
- Art der verfügbaren elektrischen Energie (Gleichstrom, Wechselstrom, Drehstrom)
- Wartungshäufigkeit und -aufwand
- Gewicht
- Preis

Eine wichtige Eigenschaft von Elektromotoren ist, in welchem Ausmaß sich ihre Umdrehungsfrequenz vergrößert oder verkleinert, wenn sich das Drehmoment ändert, mit dem sie belastet werden. Dieses Verhalten von Elektromotoren wird oft in einem Diagramm dargestellt, in dem die Umdrehungsfrequenz in Abhängigkeit vom Drehmoment aufgetragen ist. Die Kurve in diesem Diagramm heißt **Betriebskennlinie** oder **Belastungskennlinie** des Elektromotors.

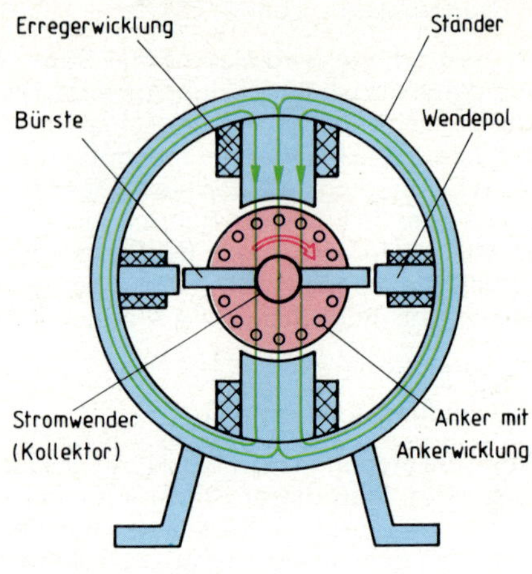

Schnittdarstellung eines Gleichstrommotors

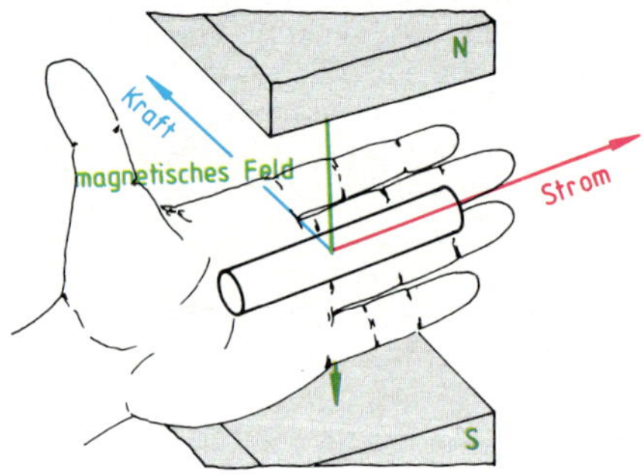

Linke-Hand-Regel

Gleichstrommotoren

Bauelemente von Gleichstrommotoren wurden bereits unter den Grundfunktionen Wandeln und Führen behandelt. Damit der Anker eine fortlaufende Drehbewegung ausführen kann, muß die Stromrichtung in jedem Leiter der Ankerwicklung nach jeweils einer halben Umdrehung umgekehrt werden. Dies erfolgt mit Hilfe des **Stromwenders,** der auch Kollektor oder Kommutator genannt wird. Gleichstrommotoren werden daher auch als Stromwendermotoren bezeichnet. Der Stromwender besitzt an seiner zylindrischen Oberfläche abwechselnd Kupfersegmente und dazwischen isolierende Zwischenschichten. Jedes Kupfersegment ist mit einem Teil der Ankerwicklung elektrisch leitend verbunden. Der Ankerstrom wird durch Bürsten übertragen. Sie bestehen aus Graphit und gleiten auf dem sich drehenden Stromwender.

Eine einfache Regel, mit der die Richtung der Kraft ermittelt werden kann, ist die sogenannte **„Linke-Hand-Regel".** Die geöffnete linke Hand wird so gedreht, daß die magnetischen Feldlinien – sie verlaufen vom magnetischen Nordpol zum magnetischen Südpol – senkrecht auf der Innenhandfläche stehen und die Finger dabei in die Richtung des Ankerstroms weisen. Der abgespreizte Daumen gibt dann die Kraftrichtung an.

Im Bild ist vereinfacht eine Schleife der Ankerwicklung dargestellt. Sie dreht sich solange in Richtung der Kraft, bis in der neutralen Lage die Kraft Null wird. Am mitdrehenden Stromwender wechseln die Bürsten in dieser Position von einem Kollektorelement zum nächsten. Die Stromrichtung in der Schleife kehrt sich um, sie wird gewendet. Wenn die Schleife nun aus der neutralen Lage herausdreht, wirkt die Kraft wieder in derselben Richtung wie vorher. Die Drehrichtung des Ankers wird beibehalten.

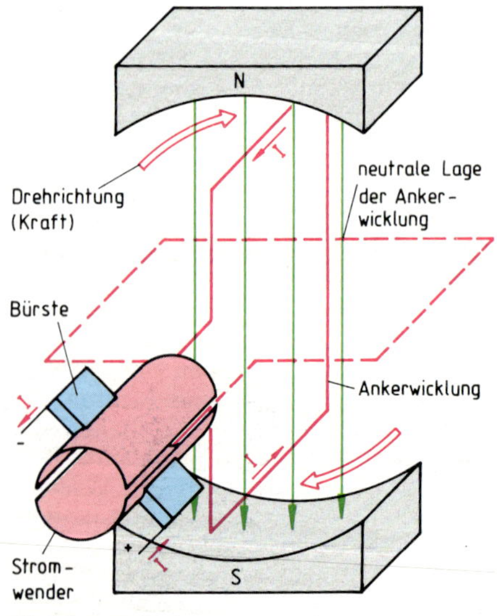

Gleichstrommotor

Die Wendepole bei der Gleichstrommaschine sind nur dazu da, um die Lage des Magnetfeldes zu korrigieren, das sich ansonsten mit zunehmender Drehgeschwindigkeit des Ankers verschieben würde. Die Folge wären Funkenüberschläge zwischen den Graphitbürsten und dem Stromwender, die auch als Bürstenfeuer bezeichnet werden und zu starkem Bürstenverschleiß führen.

Eine Drehrichtungsumkehr wird bei allen Gleichstrommotoren erreicht, indem die Richtung des elektrischen Stroms in den Erregerwicklungen oder den Ankerwicklungen umgekehrt wird.

Nach der Schaltung der Erreger- und Ankerwicklung an die Versorgungsspannung unterscheidet man den Gleichstrom-Nebenschlußmotor, den Gleichstrom-Reihenschlußmotor und den Gleichstrom-Doppelschlußmotor.

Gleichstrommotor

- Gleichstrom-Nebenschlußmotor

Die Erregerwicklung und die Ankerwicklung sind beim Gleichstrom-Nebenschlußmotor parallel an die Versorgungsspannung geschaltet. Ankerstromstärke und Erregerstromstärke können durch Widerstände verändert werden. Der Widerstand im Ankerstromkreis ist notwendig, da sonst beim Einschalten des Motors der Ankerstrom zu groß würde und Schäden verursachen könnte. Die Umdrehungsfrequenz des Motors kann durch Veränderung des Ankerstroms, aber auch durch Veränderung des Erregerstroms, beeinflußt werden. Beim Gleichstromnebenschlußmotor bleibt die **Umdrehungsfrequenz des Motors nahezu konstant,** auch wenn sich die Motorbelastung ändert. Daher ist er für den Antrieb von Werkzeugmaschinen und insbesondere auch für Antriebe mit hohen Gleichlaufanforderungen, wie beispielsweise Plattenspieler, Kassettengeräte, Videogeräte, Filmprojektoren oder Magnetplattenspeicher geeignet.

Der Nebenschlußmotor kann durchgehen, d. h. seine Umdrehungsfrequenz bis zur Zerstörung unkontrolliert erhöhen, wenn im entlasteten Zustand oder bei geringer Last der Erregerstrom unterbrochen wird.

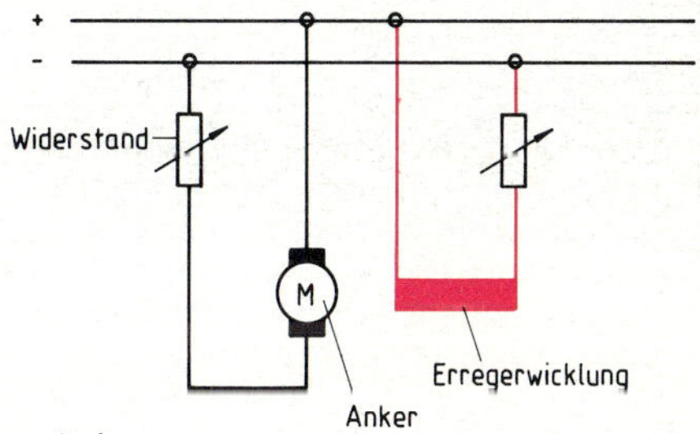

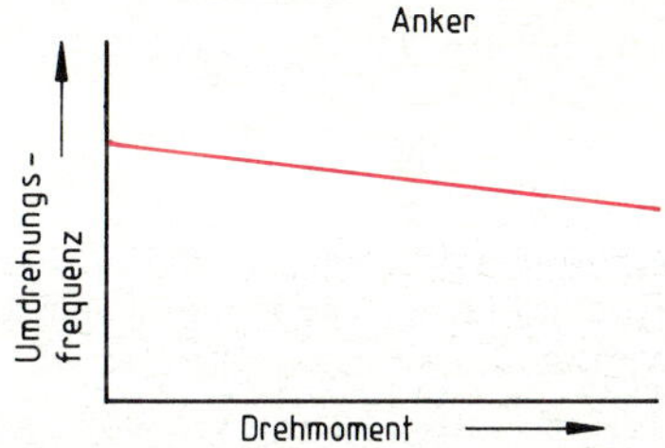

Betriebskennlinie des Gleichstrom-Nebenschlußmotors

- Gleichstrom-Reihenschlußmotor (Hauptschlußmotor)

Die Erregerwicklung und die Ankerwicklung sind beim Hauptschlußmotor hintereinander, also in Reihe, an die Versorgungsspannung geschaltet. Somit ist der Erregerstrom immer genau so groß wie der Ankerstrom. Bei Belastung des Motors ändert sich die Umdrehungsfrequenz sehr stark. Das Drehmoment ist am höchsten, wenn die Umdrehungsfrequenz Null ist, d. h. wenn der Motor aus dem Stand heraus anläuft. Daher ist der Reihenschlußmotor besonders dann geeignet, wenn beim **Anlaufen hohe Drehmomente** aufzubringen sind, wie beispielsweise bei elektrischen Anlassern von Automobilen, bei Elektrofahrzeugen oder bei Hebezeugen.

Der Reihenschlußmotor kann durchgehen, wenn er vollständig entlastet oder bei geringer Last betrieben wird. Die Kraftübertragung darf daher nicht mit Elementen vorgenommen werden, die reißen oder rutschen können, wie beispielsweise Keilriemen oder Reibräder.

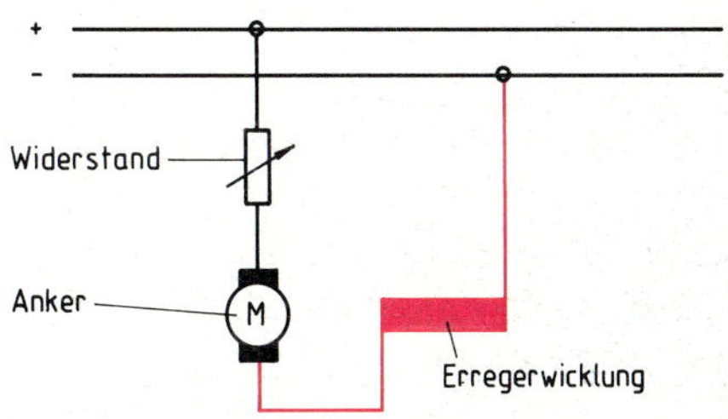

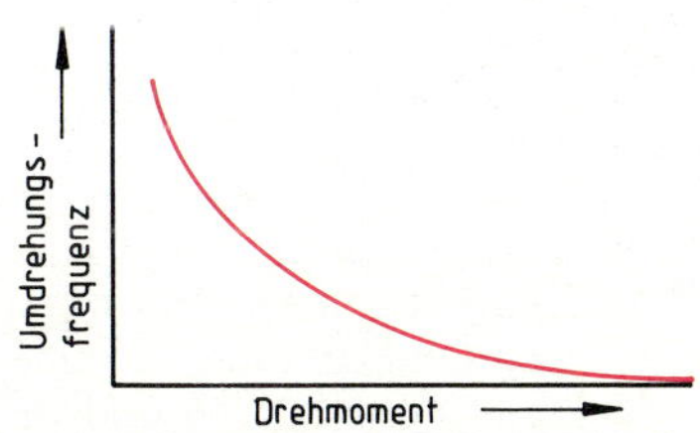

Betriebskennlinie des Hauptschlußmotors

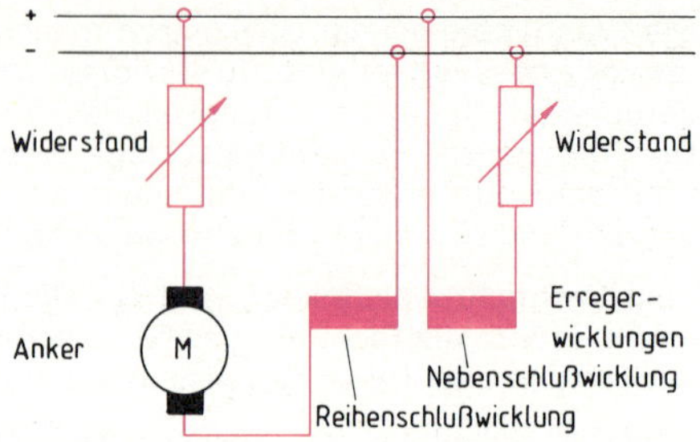

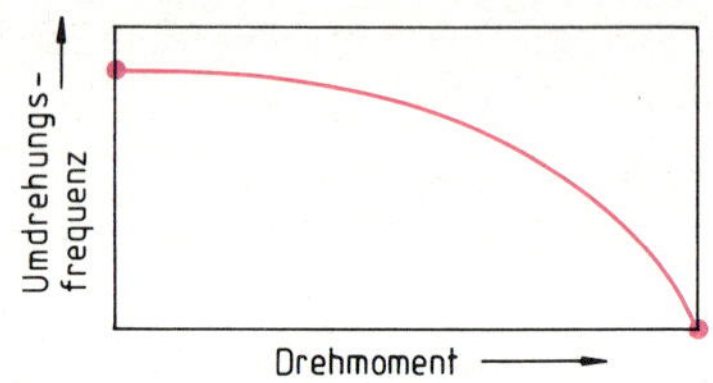

Betriebskennlinie des Gleichstrom-Doppelschlußmotors

• Gleichstrom-Doppelschlußmotor

Der Doppelschlußmotor besitzt eine Erregerwicklung, die in Reihe mit der Ankerwicklung geschaltet ist und eine zweite, die parallel zum Anker geschaltet ist. Somit ist der Doppelschlußmotor eine **Kombination von Nebenschlußmotor und Reihenschlußmotor** und vereinigt auch angenähert deren positive Eigenschaften. Sein Anzugsdrehmoment ist etwas geringer als das des Reihenschlußmotors und die Konstanz der Umdrehungsfrequenz bei Belastung etwas schlechter als beim Nebenschlußmotor. Der Doppelschlußmotor wird wegen seines insgesamt günstigen Umdrehungsfrequenz-Drehmoment-Verlaufs bevorzugt bei Preß- oder Stanzmaschinen eingesetzt. Die nur kurzzeitig auftretenden hohen Belastungen werden durch große Schwungmassen aufgefangen. Dabei ist es wichtig, daß der Doppelschlußmotor auch bei völliger Entlastung nicht durchgehen kann.

• Servomotor

Als Servomotoren bezeichnet man Elektromotoren, die bestimmte Eigenschaften aufweisen. Sie sollen in einem **großen Umdrehungsfrequenzbereich** verstellt werden können, kompakt sein, dazu **hohe Drehmomente** ermöglichen und sollen sehr schnell von einer Umdrehungsfrequenz auf die andere wechseln können. Diese Eigenschaften werden erreicht durch Gleichstrommotoren mit Permanentmagneten zur Erzeugung des Magnetfelds. Der Anker ist langgestreckt und hat zur Verringerung der Schwungmasse einen relativ kleinen Durchmesser.

In den letzten Jahren wurden verschiedene bürstenlose Servomotoren entwickelt, bei denen ein gewisser Mehraufwand bei der Regelungselektronik erforderlich ist. Sie sind dafür wartungsfrei und müssen nicht mehr wie bisher an leicht zugänglichen Stellen angebracht werden.

Servomotoren werden bei Werkzeugmaschinen zum Vorschieben und Positionieren eingesetzt sowie bei Steuerungen aller Art.

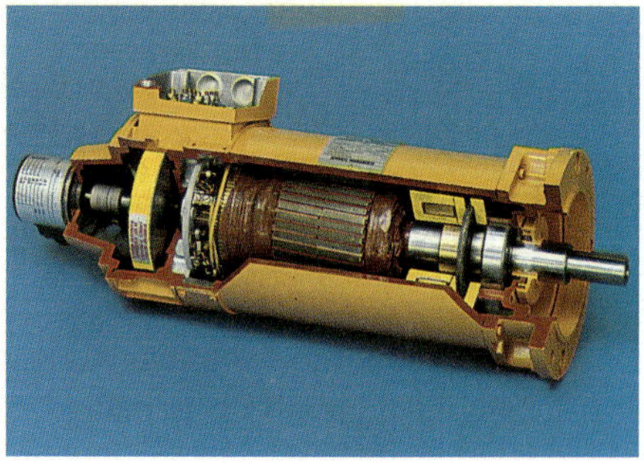

Gleichstrom-Servomotor

• Scheibenläufermotor

Beim Scheibenläufermotor ist der **Anker als Ankerscheibe** ausgeführt, auf die die Ankerwicklungen in Form von Kupferfolien aufgeklebt sind. Durch diese Art der Gestaltung wird ein extrem kleines Massenträgheitsmoment erreicht, die Scheibe kann also ohne große Antriebsleistung sehr schnelle Umdrehungsfrequenzänderungen realisieren. Der Ankerstrom wird durch Kohlebürsten auf die Ankerwicklung übertragen. Das Erregermagnetfeld wird durch Dauermagnete erzeugt, die auf beiden Seiten der Ankerscheibe angeordnet sind.

Durch die besondere Konstruktion besitzt der Scheibenläufermotor einen sehr großen Umdrehungsfrequenzbereich von beispielsweise 0,3 bis 3000 Umdrehungen in der Minute, wobei jede beliebige Umdrehungsfrequenz in diesem Bereich im Bruchteil einer Sekunde erreicht werden kann. Außerdem zeichnet sich der Scheibenläufermotor durch einen gleichförmigen Rundlauf, kompakte Bauweise und geringen Wartungsaufwand aus. Aufgrund dieser Eigenschaften ist der Scheibenläufermotor besonders für Werkzeugmaschinen, Transferstraßen, Druckmaschinen, Transportanlagen und Industrieroboter geeignet.

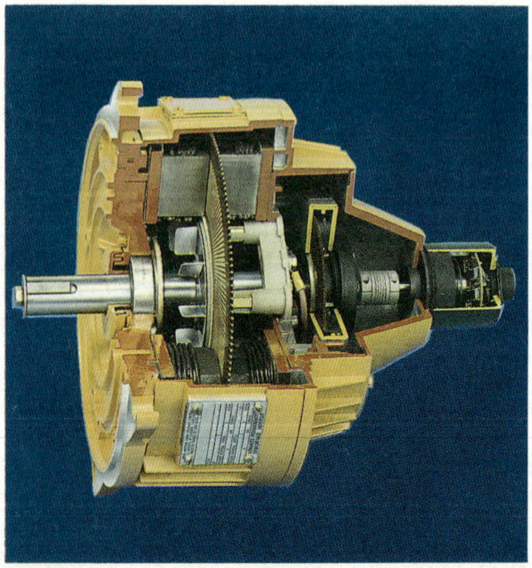

Gleichstrom-Scheibenläufermotor

Drehstrommotoren (Dreiphasen-Wechselstrommotoren)

Drehstrommotoren benötigen einen Stromanschluß mit Dreiphasen-Wechselstrom (Drehstrom). Im Ständer des Drehstrommotors befinden sich mindestens drei um 120° versetzte Wicklungen. Wird der Motor an Drehstrom angeschlossen, so werden **nacheinander** diese **Erregerwicklungen magnetisiert;** es wird ein drehendes Magnetfeld (Drehfeld) erzeugt. Im Bild sind die Ströme, die durch die drei Wicklungen fließen, und die dazugehörigen Wicklungen verschiedenfarbig dargestellt. Zum Zeitpunkt 1 hat der blau gekennzeichnete Strom seinen Höchstwert, also ist auch das Magnetfeld in der blauen Spule zu diesem Zeitpunkt am stärksten. Die Magnetfelder in den beiden anderen Spulen sind schwächer und umgekehrt gerichtet, da auch die Ströme (rot und grün) zu diesem Zeitpunkt kleiner sind und negative Zahlenwerte haben. Zu den späteren Zeitpunkten 2 und 3 sind der grün bzw. der rot gekennzeichnete Strom am größten und das Magnetfeld ist dann in der grünen bzw. roten Spule am stärksten. So besitzt das Magnetfeld zu verschiedenen Zeitpunkten eine unterschiedliche Richtung, es dreht sich. Daraufhin wirkt auf den Läufer ein Drehmoment, der Läufer dreht sich ebenfalls.

Zur Veränderung der Umdrehungsfrequenz von Drehstrommotoren wurde in jüngerer Zeit mit Hilfe moderner Halbleiter die sogenannte Frequenzumrichtertechnik entwickelt. **Frequenzumrichter** verändern die Frequenz von Drehstrom. Damit ändert sich auch die Drehgeschwindigkeit des Drehfeldes beim Drehstrommotor und folglich die Umdrehungsfrequenz des Läufers.

Früher wurden bei Anwendungen, bei denen die Änderung der Umdrehungsfrequenz wichtig war, fast ausschließlich Gleichstrommotoren eingesetzt, die teuer sind und Wartung benötigen. Heute werden die Gleichstromantriebe weitgehend durch die billigeren und wartungsärmeren Asynchronmotoren abgelöst.

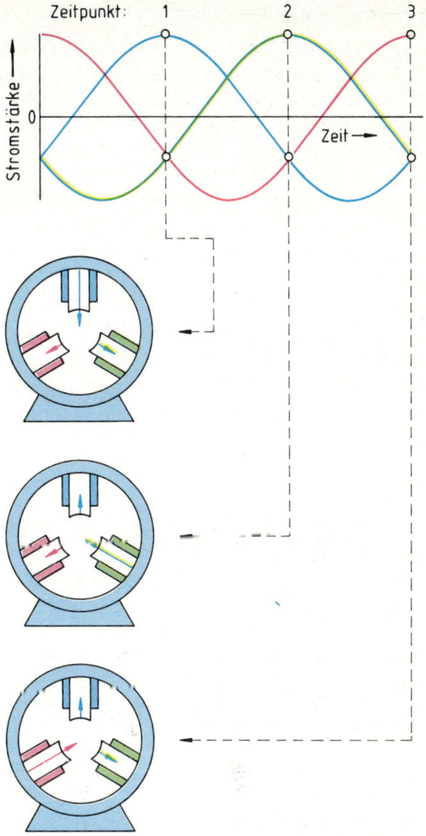

Erzeugung eines drehenden Magnetfeldes durch Dreiphasen-Wechselstrom (Drehstrom)

- Drehstrom-Asynchronmotor

Beim Drehstrom-Asynchronmotor **dreht sich der Läufer langsamer als das magnetische Drehfeld,** das in den Ständerwicklungen erzeugt wird. Läufer und Drehfeld beenden ihre Umdrehungen nicht gleichzeitig, d. h. sie drehen sich asynchron. Der Läufer des Drehstrom-Asynchronmotors besteht aus vielen geschlossenen Schleifen, so daß er wie ein Käfig aussieht. Dieser Käfig ist auf der Motorwelle befestigt. Daher spricht man auch vom **Käfig- oder Kurzschlußläufermotor.** Die Form des Käfigs hat einen großen Einfluß auf das Drehmomentverhalten und den Strombedarf. Es wird unter anderem zwischen Einfach- und Doppelkäfigläufern unterschieden. Beim Doppelkäfigläufer ist ein zweiter kleinerer Käfig innerhalb des ersten größeren Käfigs untergebracht. Die Kennlinie a im nebenstehenden Bild gehört zum **Doppelkäfigläufermotor** und die Kennlinie b zum **Einfachkäfigläufermotor.** Die Kennlinie a ist wegen des hohen Anlaufdrehmoments und des niedrigen Anlaufstroms günstiger als die Kennlinie b. Kurzschlußläufermotoren können preiswert hergestellt werden, sind robust, wartungsarm und leicht. Die Verluste des Kurzschlußläufermotors sind gering, wenn er immer in dem empfohlenen Betriebspunkt (N) bei Nennlast und Nennumdrehungsfrequenz betrieben wird. Drehstrom-Asynchronmotoren werden in fast allen technischen Bereichen eingesetzt, sei es als Lokomotivantrieb, Antrieb von Werkzeugmaschinen, Ventilatoren usw.

Drehstrommotoren

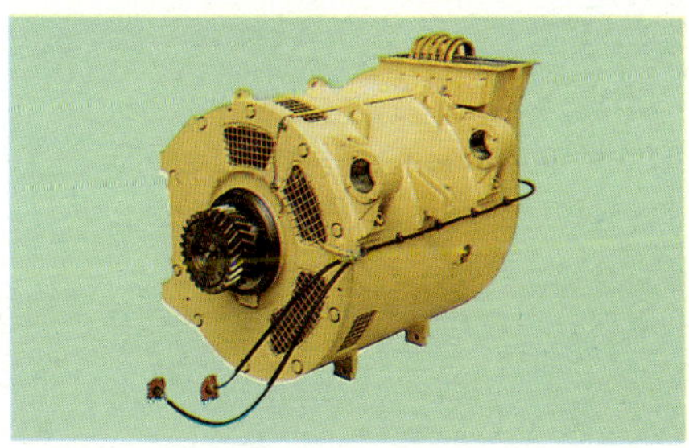

Asynchronmotor

- Schleifringläufermotor

Der Ständer des Schleifringläufermotors ist genau so aufgebaut wie der des Kurzschlußläufermotors. Der Läufer dagegen besitzt eine 3-Phasen-Wicklung, die an **drei Schleifringe** angeschlossen ist. Auf diesen Schleifringen gleiten Bürsten, die mit elektrischen Widerständen verbunden sind.

Durch Veränderung der Widerstände erfolgt beim Schleifringläufermotor die Einstellung der Umdrehungsfrequenz.

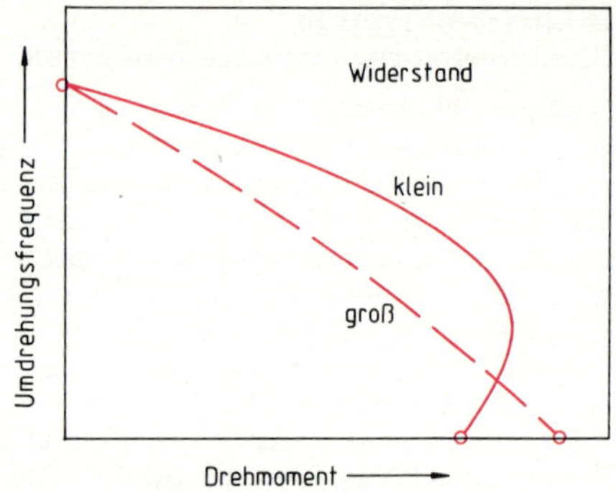

Betriebskennlinien von Schleifringläufermotoren

Diese stromdurchflossenen Widerstände verursachen jedoch auch Verluste. Daher wird der Schleifringläufermotor nur für kleine bis mittlere Leistungen (bis ca. 500 kW) eingesetzt. Das hohe Anlaufdrehmoment gestattet auch ein Anlaufen unter Last bei relativ kleinem Anlaufstrom. Schleifringläufermotoren werden zum Antrieb von Pumpen, von großen Werkzeugmaschinen und Hebezeugen eingesetzt.

- Drehstrom-Synchronmotor

Dieser Motortyp hat seinen Namen daher, daß **der Läufer dieselbe Umdrehungsfrequenz hat wie das Magnetfeld,** das im Ständer erzeugt wird. Synchron heißt gleichzeitig, eine Umdrehung des Läufers ist jeweils gleichzeitig mit einer Umdrehung des magnetischen Drehfeldes beendet.

Der Ständer des Synchronmotors ist genau so aufgebaut wie beim Asynchronmotor. Er enthält die Wicklungen für den Dreiphasen-Erregerstrom, der das magnetische Drehfeld erzeugt. Der Läufer ist bei kleinen Motoren als Dauermagnet (Permanentmagnet) ausgeführt, bei größeren Motoren besitzt er eine Spule, durch die über Schleifringe und Bürsten Gleichstrom geschickt wird. Beim Synchronmotor folgt der Läufer dem Magnetfeld mit gleicher Geschwindigkeit, d. h. seine Umdrehungsfrequenz bleibt auch bei Belastung konstant.

Synchronmotoren werden auch als Klein- und Kleinstmotoren für Wechselstrombetrieb bei Uhren, mechanischen Ablaufsteuerungen und Schreibern eingesetzt.

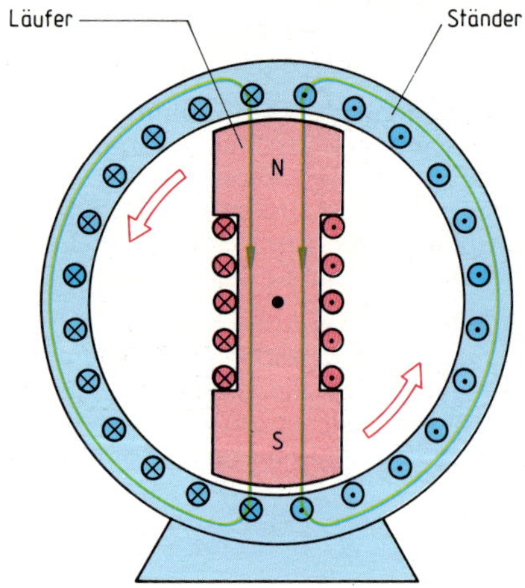

Drehstrom-Synchronmotor

Aufgaben zur Wiederholung und Vertiefung

1. Welche Energieformen werden bei allen Elektromotoren ineinander gewandelt?

2. Wonach werden die Grundformen der Elektromotoren unterschieden?

3. Weshalb heißen Gleichstrommotoren auch Stromwendermotoren?

4. Welche der beiden untenstehenden Betriebskennlinien von Gleichstrommotoren trifft die Anforderungen eines Antriebs von Drehmaschinen und welche ist besser für Anlasser von Verbrennungsmotoren geeignet? Begründen Sie die Antwort und nennen Sie die Namen der beiden Gleichstrommotoren!

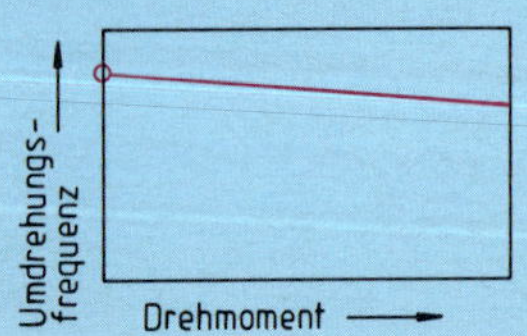

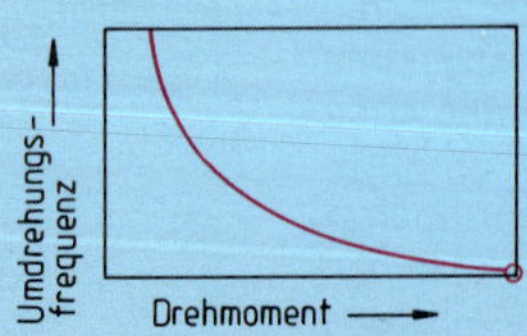

5. Welche besonderen Eigenschaften besitzen Servomotoren?

6. Weshalb ist der Läufer des Scheibenläufermotors als Scheibe ausgeführt?

7. Was unterscheidet das magnetische Erregerfeld eines Drehstrommotors von demjenigen eines Gleichstrommotors?

8. Wie groß ist die Umdrehungsfrequenz eines 4-poligen Drehstrommotors gegenüber einem 2-poligen Motor?

9. Was bedeuten die Begriffe Drehstromsynchronmotor und Drehstromasynchronmotor?

10. Welches ist der wesentliche Vorteil des Kurzschlußläufermotors gegenüber dem Schleifringläufermotor?

Wechselstrommotoren (Einphasen-Wechselstrommotoren)

• Einphasen-Reihenschlußmotor

Gleichstrommotoren können grundsätzlich auch mit Wechselstrom betrieben werden, da sie ihre Drehrichtung beibehalten, wenn die Erregerwicklung gleichzeitig mit der Ankerwicklung umgepolt wird. In der Praxis sind nur Reihenschlußmotoren für den Wechselstrombetrieb geeignet. Sie werden gegenüber dem Gleichstrombetrieb im Aufbau etwas verändert. Da sie dann sowohl mit Gleichstrom als auch mit Wechselstrom betrieben werden können, bezeichnet man sie als **Universalmotoren.** Sie besitzen bei Wechselstrombetrieb die gleichen positiven Eigenschaften wie bei Gleichstrombetrieb, d. h. insbesondere ein hohes Anlaufdrehmoment. Allerdings sind Umdrehungsfrequenz und Leistung geringer. Haushaltsgeräte und Elektrowerkzeuge sind sehr häufig mit Universalmotoren ausgestattet. Leistungsstarke Einphasen-Reihenschlußmotoren werden wegen ihres hohen Anzugsdrehmomentes auch als **Lokomotivantrieb** eingesetzt.

Eine spezielle Bauart von Einphasen-Reihenschlußmotoren sind die **Repulsionsmotoren,** bei denen die Bürsten in Umfangsrichtung des Ankers verstellbar sind. Die Verstellung wird durch einen Hebel vorgenommen. Hierdurch wird beim Repulsionsmotor eine stufenlose Regelung der Umdrehungsfrequenz in beiden Drehrichtungen ermöglicht. Zusammen mit dem hohen Anlaufdrehmoment ergibt sich beim Repulsionsmotor ein kräftiger, ruckfreier Anlauf, der seine besondere Eignung zum Antrieb von Spinn- und Druckmaschinen erklärt.

Ein Durchgehen der Einphasen-Reihenschlußmaschinen bei Entlastung wird dadurch unterbunden, daß durch das Getriebe und den zur Kühlung erforderlichen Lüfter immer eine gewisse Leistung aufgenommen wird.

Die Drehrichtungsänderung erfolgt bei den Einphasen-Reihenschlußmaschinen wie bei den Gleichstrommotoren durch Umpolen der Ankerwicklung oder der Erregerwicklung.

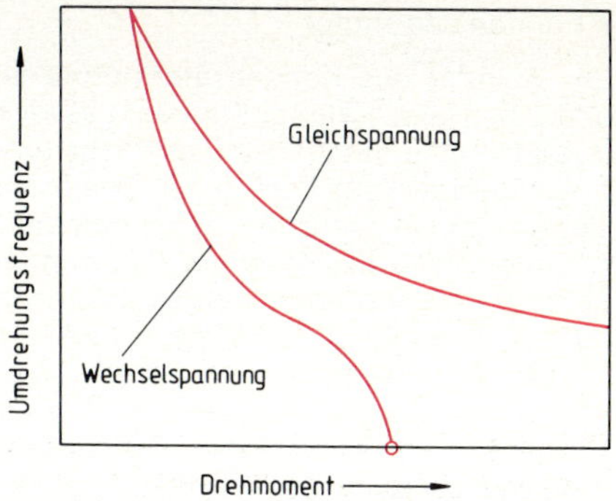

Betriebskennlinien eines Universalmotors bei Gleichspannungs- bzw. Wechselspannungsbetrieb

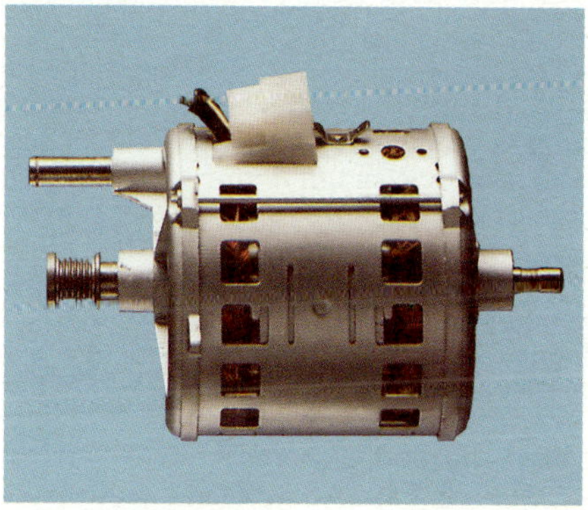

Wechselstrommotor: Kondensatormotor

• Einphasen-Asynchronmotor

Der eigentlich für Drehstrombetrieb vorgesehene Drehstrom-Asynchronmotor kann grundsätzlich auch an Einphasen-Wechselstrom betrieben werden. Er läuft dann allerdings nicht selbständig aus dem Stand heraus, sondern muß angeworfen werden. Ein selbständiger Anlauf wird ermöglicht, indem ein Kondensator parallel zu einer der drei Spulen im Ständer geschaltet wird (Steinmetz-Schaltung). Daher sind Asynchronmotoren problemlos vom Drehstrombetrieb auf den Wechselstrombetrieb umzustellen, wenn kein Drehstrom verfügbar ist. Ihre Leistung sinkt dann jedoch auf ca. 70 % der Nennleistung und das Anlaufdrehmoment kann durchaus auf weniger als die Hälfte sinken.

Die Drehrichtungsumkehr erfolgt, indem der Kondensator an eine der beiden anderen Spulen geschaltet wird. Drehstromasynchronmotoren sind preiswert, robust und nahezu wartungsfrei und werden zum Antrieb von Bau- und Werkzeugmaschinen verwendet.

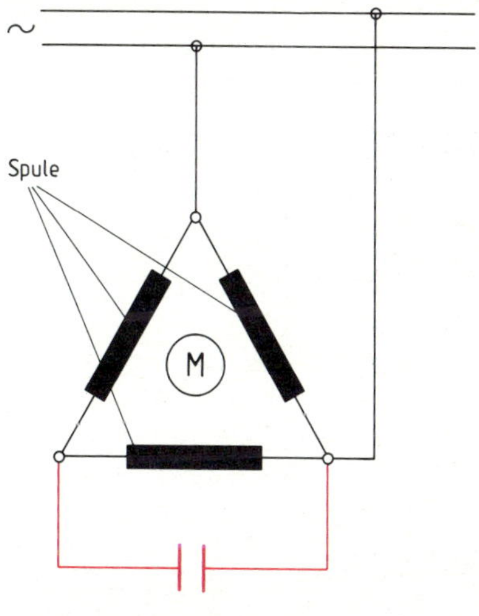

Schaltung eines Einphasen-Asynchronmotors

• Kondensatormotor

Der Ständer des Kondensatormotors enthält eine Hauptwicklung und eine Hilfswicklung. Mit der Hilfswicklung sind zwei Kondensatoren in Reihe geschaltet. Diese Schaltung erzeugt ein umlaufendes magnetisches Feld, ähnlich dem des Drehstrommotors. Der Kondensatormotor läuft selbständig mit hohem Drehmoment an. Nach dem Anlaufen muß die Kapazität des Kondensators durch Öffnen des Schalters (S) verringert werden, da ansonsten eine Überhitzung der Hilfswicklung durch hohe Stromstärken auftreten kann. Wegen der Möglichkeit, unter Last anzulaufen, werden Kondensatormotoren häufig bei Haushaltsmaschinen (Waschmaschinen, Kühlschrankkompressoren, Rasenmäher, Geschirrspüler), Werkzeugmaschinen (Bohrmaschinen, Fräsmaschinen) und bei Baumaschinen (Betonmischer, Kreissägen) bis zu Leistungen von etwa 2 kW eingesetzt.

Die Drehrichtung wird durch Umpolen der Hilfswicklung umgekehrt.

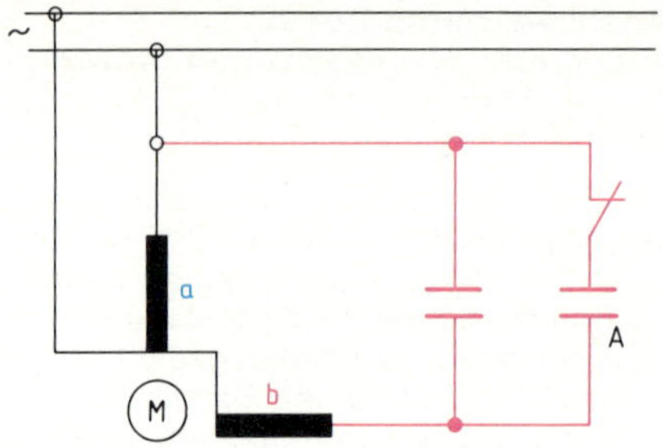

Schaltung eines Kondensatormotors

• Schrittmotor

Schrittmotoren können Drehbewegungen um sehr genau bemessene Drehwinkel ausführen. Der Läufer ist am Umfang mit nebeneinander angeordneten Permanentmagneten versehen. Ein mehrpoliges Ständermagnetfeld wird mit Hilfe einer elektronischen Schaltung in einem vorgegebenen Zeittakt so umgepolt, daß der Läufer sich schrittweise um immer gleichbleibende Winkelbeträge weiterdreht. Schrittmotoren sind einfach aufgebaut, zuverlässig im Betrieb und ermöglichen eine hohe Stellgenauigkeit. Sie werden unter anderem als Antrieb für schreibende Meßgeräte, Druckwerke, Setzmaschinen, Ventilsteuerungen, Klappenverstellung bei Heizungsanlagen, Fahrtenschreiber, Taxameter, Schreibmaschinen, Magnetplattenspeicher, Lochstreifenleser und Fernschreiber eingesetzt.

Schrittmotor

Einteilung der Elektromotoren nach wichtigen Eigenschaften und nach Anwendungsbereichen

Motor	Eigenschaften	Anwendungsbeispiele	Anlaufdrehmoment	Drehfrequenzänderung bei Belastung	Wartungsaufwand	Preis
Gleichstrommotoren	Nebenschlußmotor	Werkzeugmaschinen		sehr gering	hoch	hoch
	Reihenschlußmotor	Kfz.-Anlasser	sehr groß		hoch	hoch
	Doppelschlußmotor	Stanzmaschinen	groß	gering	hoch	hoch
	Sonderausführungen:					
	Servomotor	Steuerungen	groß			
	Scheibenläufermotor	Industrieroboter	groß			
Drehstrommotoren	Asynchronmotoren:					
	Kurzschlußläufer	Gebläse			gering	gering
	Schleifringläufer	Hebezeuge	groß			
	Synchronmotor	Schreiber		keine		
Wechselstrommotoren	Reihenschlußmotor	Elektrolokomotiven	sehr groß		hoch	
	Asynchronmotor	Baumaschinen			gering	gering
	Kondensatormotor	Waschmaschinen	groß		gering	gering

Aufgaben zur Wiederholung und Vertiefung

1. Was ist der Grund dafür, daß Gleichstrommotoren prinzipiell auch mit Wechselstrom betrieben werden können?
2. Was versteht man unter einem Universalmotor?
3. Welches elektrische Bauelement muß ein Drehstrom-Asynchronmotor zusätzlich erhalten, damit er an Wechselstrom betrieben werden kann?
4. Was bewirkt der Kondensator beim Kondensatormotor im Hinblick auf das im Ständer erregte magnetische Feld?
5. Welcher Wechselstrommotor erscheint besonders geeignet, wenn es darum geht, einen Antrieb zu verwirklichen, der exakt wiederholbare Drehwinkelschritte durchführt?

3.2 Funktionseinheiten zur Energieübertragung (Transformatoren)

Elektrische Leistungen werden von einem Erzeuger (z. B. Kraftwerk) zu einem Verbraucher (z. B. Industrieanlagen, Haushalte) transportiert. Die Aufgabe der Transformatoren bei der Übertragung elektrischer Leistung soll an einem Beispiel gezeigt werden.

3.2.1 Teilfunktion: Energie übertragen

Die über elektrische Leitungen übertragene Leistung *P* ist gleich dem Produkt aus Spannung *U* und Stromstärke *I*.

$$P = U \cdot I$$

Beispiel: Würde eine elektrische Leistung von 6 900 kW mit einer Spannung von 230 V übertragen, würde die Stromstärke 30 000 A betragen. Dies würde Leiterdurchmesser von mehr als 100 mm erfordern. Deshalb transportiert man elektrische Leistung mit einer hohen Spannung bei niedriger Stromstärke. Beispielsweise werden bei Überlandleitungen vom Kraftwerk Spannungen von 400 000 V oder 230 000 V gewählt. Dies würde für das obige Beispiel bedeuten, daß bei einer Übertragungsspannung von 230 000 V die Leistung von 6 900 kW mit einer Stromstärke von nur 30 A übertragen werden könnte. Die Leiter müßten dann nur einen Durchmesser von ungefähr 1 mm haben.

Die hohen Übertragungsspannungen der Überlandleitungen liefert nicht bereits der Generator im Kraftwerk. Sie müssen mit Hilfe von Drehstromtransformatoren in sogenannten **Umspannwerken** erzeugt werden. Auf dem Weg der elektrischen Energie zum Verbraucher muß die hohe Spannung wieder auf das übliche Niveau gebracht werden, z. B. im Haushalt 230 V Wechselstrom bzw. 400 V Drehstrom. Auch das geschieht in Umspannwerken mit Hilfe von Transformatoren.

Umspannwerk

Transformator

Grundfunktion: Vergrößern – Verkleinern

Die Aufgabe von Transformatoren besteht darin, **elektrische Wechselspannungen** in ihrer Größe zu verändern, sie zu **verkleinern** oder zu **vergrößern.** Das Funktionsprinzip von Transformatoren beruht – wie auch das des Generators – darauf, daß in einem elektrischen Leiter, der in ein veränderliches magnetisches Feld gebracht wird, eine elektrische Spannung erzeugt wird. Man sagt auch: Eine Spannung wird induziert.

Beim Transformator wird ein veränderliches magnetisches Feld erzeugt, indem an eine Spule eine elektrische Wechselspannung gelegt wird. Damit die magnetischen Feldlinien nicht beliebig durch den Raum verlaufen, ist die Spule um einen ringförmigen Eisenkern gewickelt. Wird nun eine zweite Spule um diesen Eisenkern gelegt, so induziert das magnetische Wechselfeld in ihr eine Spannung. Die induzierte Spannung ist ebenfalls eine Wechselspannung mit derselben Frequenz wie die erzeugende Spannung, jedoch hat sie in der Regel eine andere Größe.

Transformatoren formen Wechselspannungen um. Die Größe der Spannung wird verändert, die Frequenz bleibt erhalten. Wenn man von Verlusten absieht, ist die **Leistung vor dem Transformator gleich der Leistung nach dem Transformator.**

In Wirklichkeit arbeiten Transformatoren nicht völlig verlustfrei, ein Teil der elektrischen Leistung wird in Wärme umgewandelt. Deshalb haben große Transformatoren eine Kühlung.

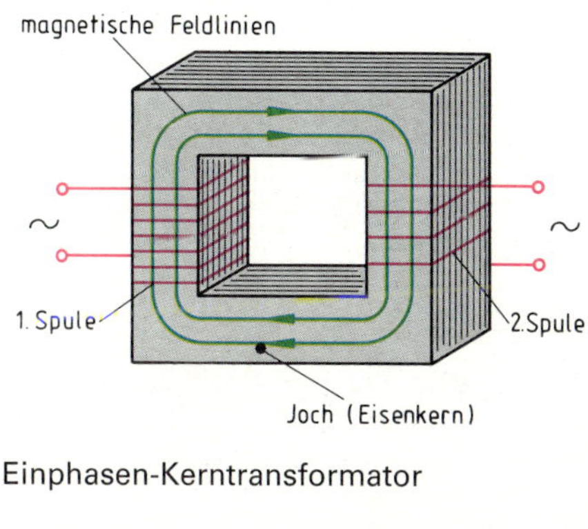

Einphasen-Kerntransformator

Diejenige Spule des Transformators, in der das magnetische Feld erzeugt wird, heißt **Primärspule oder Primärwicklung**, die andere heißt **Sekundärspule oder Sekundärwicklung**. Die Primärwicklung wird an das Netz angeschlossen, die Sekundärwicklung versorgt den Verbraucher.

Die Größe der Sekundärspannung des Transformators hängt von der Anzahl der Windungen von Primär bzw. Sekundärwicklung ab und von der Größe der Primärspannung. Dieser Zusammenhang wird durch die folgende Gleichung beschrieben:

$$\frac{U_s}{U_p} = \frac{n_s}{n_p}$$

U_s Spannung an der Sekundärspule
U_p Spannung an der Primärspule
n_s Windungszahl der Sekundärspule
n_p Windungszahl der Primärspule

Aus dieser Gleichung geht hervor, daß an der Spule mit der größeren Windungszahl auch immer die größere Spannung liegt. Sie wird daher auch Oberspannungsspule genannt und die Spule mit der kleineren Spannung heißt auch Unterspannungsspule.

Die Spannungszahlen von Primär- und Sekundärwicklung verhalten sich wie ihre Windungszahlen.

Diese Gleichung gilt streng genommen nur dann, wenn der Transformator nicht belastet wird, wenn also auf der Sekundärseite kein Verbraucher angeschlossen ist. Beim belasteten Transformator ändert sich die Sekundärspannung, wenn sich die Stromstärke auf der Sekundärseite des Transformators ändert. Diese wichtige Eigenschaft muß je nach Einsatzzweck eines Transformators unterschiedlich stark ausgeprägt sein und kann in Form einer **Belastungskennlinie** graphisch dargestellt werden. Wenn die Belastung und damit die Stromstärke Null ist, dann ist die Spannung am Transformatorausgang am größten, man nennt sie **Leerlaufspannung** U_0 in Anlehnung an den Leerlauf eines nicht belasteten Motors.

Mit steigender Belastung, z. B. durch Einschalten mehrerer Verbraucher, erhöht sich die Stromstärke. Damit der Transformator nicht zerstört wird, d. h. seine Wicklungen nicht durchbrennen, darf die Stromstärke nicht größer werden als der Nennstrom I_N. Beim Transformator 1 sinkt die Spannung dabei nur geringfügig ab, bei Transformator 2 ist die Änderung sehr groß. Wenn eine möglichst konstante Versorgungsspannung unabhängig von der Belastung gewünscht wird, ist Transformator 2 ungeeignet.

Diese Unterscheidung von Transformatoren durch Belastungskennlinien kann auch durch die **Kurzschlußspannung U_K** ausgedrückt werden. Die Kurzschlußspannung wird ermittelt, indem auf der Sekundärseite des Transformators ein Kurzschluß hergestellt wird, d. h. die beiden Enden der Sekundärwicklung werden durch eine Leitung miteinander verbunden. Dabei muß die Primärspannung zunächst Null sein, um den Transformator nicht zu zerstören. Nun wird die Primärspannung langsam erhöht und zwar nur so weit, bis die Stromstärke gleich der zulässigen Nennstromstärke I_N ist. Die dazu erforderliche Primärspannung ist die Kurzschlußspannung U_K, die üblicherweise in % der Nennspannung angegeben wird.

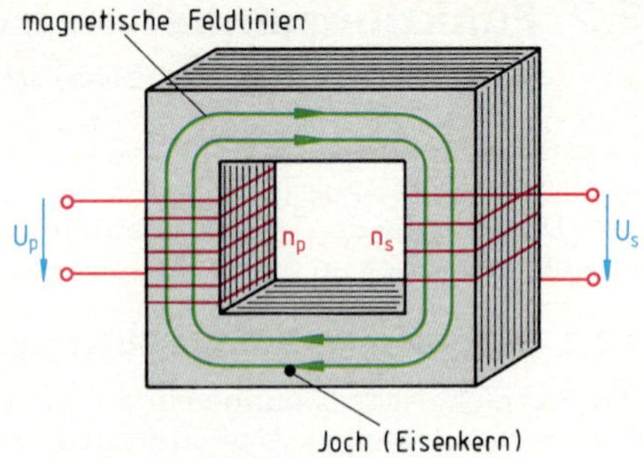

Einphasen-Kerntransformator

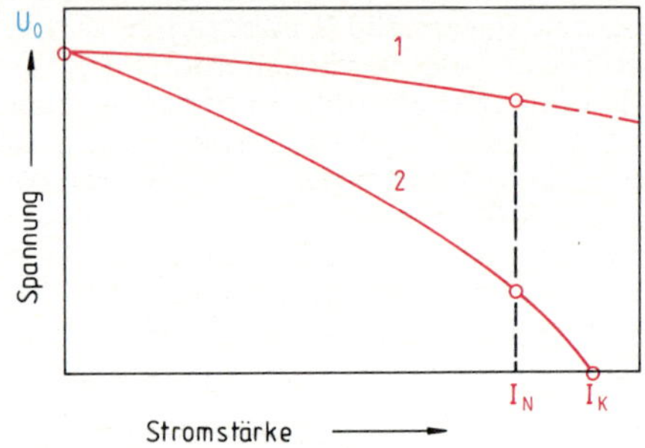

Belastungskennlinien

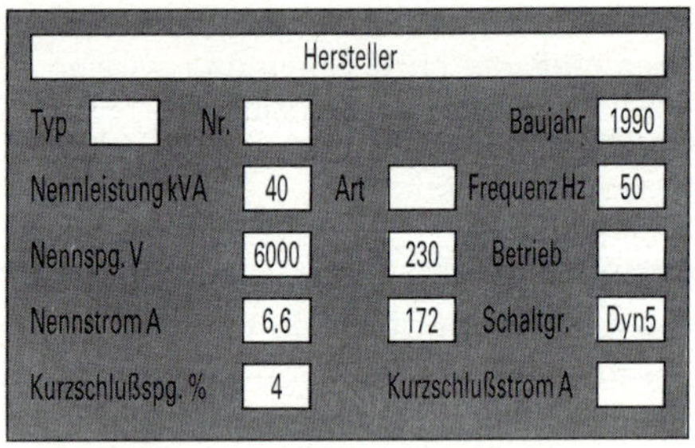

Leistungsschild eines Einphasen-Transformators

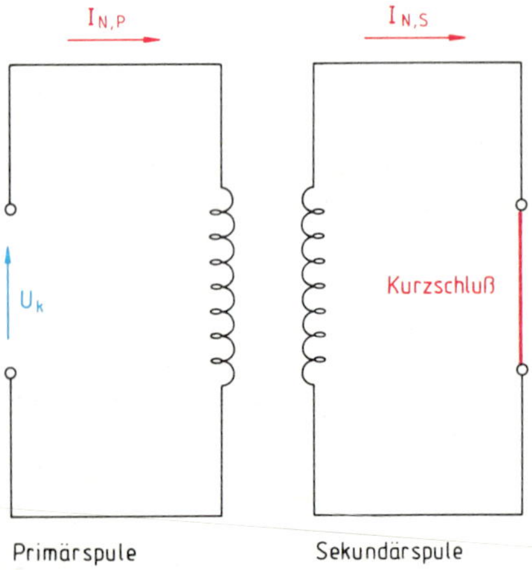

Ermittlung der Kurzschlußspannung

Die **roten Kurven** erläutern die Verhältnisse von Spannung und Stromstärke auf der Sekundärseite des Transformators, wenn auf der Primärseite die Kurzschlußspannung U_K anliegt. Für den unbelasteten Transformator – Sekundärstrom gleich Null – ist die Sekundärspannung gleich der Leerlaufspannung. Im Kurzschlußfall ist die Spannung Null und die Stromstärke ist dabei – wie vorausgesetzt – gleich dem Nennstrom $I_{N,s}$ auf der Sekundärseite. Für die flach geneigte Kennlinie bei Transformator 1 ist die Leerlaufspannung U_0 und damit auch die Kurzschlußspannung U_K an der Primärwicklung deutlich kleiner als bei Transformator 2 mit der steilen Kennlinie.

Wird die Kennlinie – wie bei Transformator 3 – noch steiler, dann kann erreicht werden, daß der Kurzschlußstrom gleich dem zulässigen Nennstrom ist. Dann ist auch die Kurzschlußspannung gleich der Nennspannung, d. h. 100 %.

Transformator 3 kann somit problemlos bis hin zum Kurzschluß belastet werden, er nimmt dabei keinen Schaden. Bei Transformator 2 bedeutet ein Kurzschluß eine geringe Überschreitung des zulässigen Nennstroms I_N, die für eine gewisse Zeit zugelassen werden kann, ohne daß der Transformator beschädigt wird. Transformator 1 verträgt keinen Kurzschluß, er würde durch den sehr großen Kurzschlußstrom sofort durchbrennen und muß deshalb durch eine zusätzliche Sicherung geschützt werden.

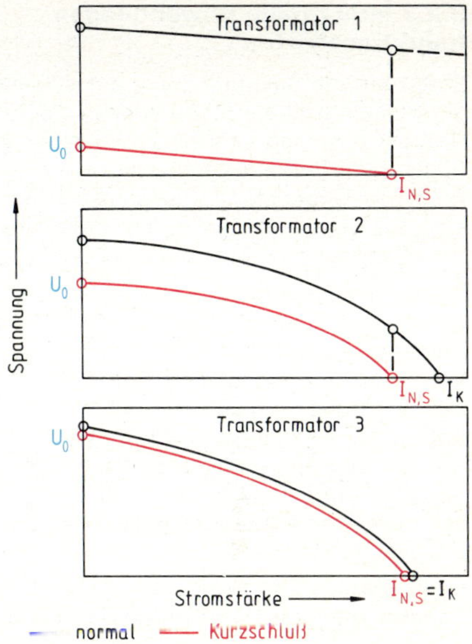

Belastungskennlinien

Je höher die Kurzschlußspannung eines Transformators ist, um so unempfindlicher reagiert er auf einen Kurzschluß der Sekundärwicklung.

Die unterschiedlichen Belastungskennlinien können durch eine besondere konstruktive Gestaltung der Transformatoren erzeugt werden. Eine steile Kennlinie, also ein Transformator mit hoher Kurzschlußspannung, ergibt sich, wenn der Transformator ein **Streujoch** besitzt. Das Streujoch bewirkt, daß nicht alle magnetischen Feldlinien der Primärspule auch durch die Sekundärspule verlaufen, ein Teil der Feldlinien verläuft über das Streujoch. Diesen Teil des magnetischen Felds nennt man **Streufeld**.

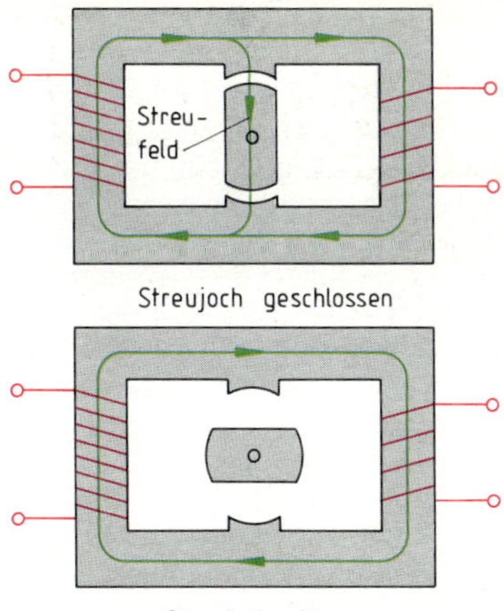

Wirkung eines Streujochs

Unfallverhütung

Die Berührung mit elektrischen Leitern kann lebensgefährlich sein, wenn dabei größere Stromstärken (mehr als 0,05 A) durch unseren Körper fließen.

Beispiel: Der elektrische Widerstand des menschlichen Körpers beträgt ungefähr 1 000 Ω (Ohm). Ab welcher Spannung wird eine lebensgefährliche Stromstärke von 0,05 A überschritten?

$U = R \cdot I$ Ohmsches Gesetz

$U = 1\,000\ \Omega \cdot 0{,}05\ A = 50\ V$

Also kann schon die Berührung mit einer Spannung von 50 V lebensgefährlich sein.

Bei elektrischen Anlagen, bei denen die Berührung nicht durch zuverlässige Maßnahmen völlig ausgeschlossen werden kann, darf deshalb nicht mit der normalen Netzspannung von 230 V gearbeitet werden, sondern mit einer geringeren Spannung von normalerweise 24 V. Die hierfür eingesetzten Transformatoren müssen so beschaffen sein, daß ein Kontakt zwischen der Primärwicklung und der Sekundärwicklung ausgeschlossen ist, damit auch bei einem technischen Defekt keine hohe Spannung auf die Ausgangsseite gelangen kann. Solche Transformatoren werden auch **Sicherheitstransformatoren** genannt. Zu ihnen gehören Spieltransformatoren, über die z. B. elektrische Modelleisenbahnen mit Strom versorgt werden, oder auch Transformatoren zur Versorgung medizinischer Geräte, mit denen Patienten im Rahmen ihrer Behandlung in unmittelbaren Kontakt kommen.

Sicherheitstransformator

3.2.2 Industrielle Anwendungen
Induktionshärten

Läßt man die Sekundärspule eines Transformators weg und bringt einen metallischen Gegenstand in die Primärspule, dann erzeugt (induziert) das magnetische Wechselfeld eine Wechselspannung. Es fließt daraufhin ein Wechselstrom in einem Stromkreis, der innerhalb des Gegenstands geschlossen ist. Der Gegenstand erwärmt sich. Die Erwärmung ist umso stärker, je größer die Stromstärke und der elektrische Widerstand des Metalls sind.

Wenn diese Erwärmung nur an der Oberfläche und nicht im Innern des Gegenstands stattfinden soll, darf der elektrische Strom nur an der Oberfläche fließen. Das ist der Fall, wenn an die Primärspule eine Wechselspannung mit sehr hoher Frequenz angelegt wird, z. B. 5 000 kHz, also das 100 000fache der üblichen Frequenz unseres Stromnetzes. Der elektrische Strom fließt dann in einer sehr dünnen Schicht von nur wenigen zehntel Millimetern unter der Oberfläche und erwärmt nur diese Schicht des Gegenstands. Durch Abschrecken mit Wasser nach der Erwärmung kann die Oberfläche des Körpers gehärtet werden.

Diese Methode heißt Induktionshärten, weil die Materialerwärmung durch einen Induktionsstrom erfolgt (vergl. Fachstufe I Kap. 3.3.4).

Schweißtransformator

Kurzschlußfest müssen **Schweißtransformatoren** für Elektroschweißgeräte sein, da zumindest beim Beginn des Schweißvorgangs die Elektrode zur Erzeugung des Lichtbogens gegen das Werkstück geklopft wird und manchmal dort auch unbeabsichtigt festbrennen kann. Nachdem der Lichtbogen ausgebildet ist, soll der Schweißstrom möglichst gleich bleiben, auch wenn der Abstand der Schweißelektrode vom Werkstück nicht immer völlig gleich gehalten werden kann. Mit größerem Abstand der Elektrode erhöht sich die Spannung zwischen Elektrode und Werkstück und bei kleinerem Abstand sinkt die Spannung ab. Damit der Schweißstrom trotzdem in beiden Fällen gleich bleibt, muß die Belastungskennlinie senkrecht verlaufen. Im Diagramm ist eine solche ideale Kennlinie schwarz eingezeichnet. In der Realität haben Schweißtransformatoren Kennlinien, die so aussehen wie die rote Kurve. Es ist zu erkennen, daß sich der Schweißstrom verändert, wenn der Schweißer den Abstand zwischen Elektrode und Werkstück nicht gleich halten kann.

Beim Schweißen mit unterschiedlichen Elektroden muß der Schweißstrom am Schweißtransformator umgestellt werden können. Das geschieht durch Veränderung der Wicklungszahl am Transformator, also durch eine Veränderung der Sekundärspannung oder durch Bewegen eines Streujochs über ein Handrad. Das Streujoch beeinflußt die Ausbildung des Magnetfelds und verändert dadurch die Steilheit der Belastungskennlinie des Transformators. Wenn das Streujoch geschlossen ist, laufen mehr magnetische Feldlinien über das Streujoch und können somit nicht zur Sekundärspule gelangen. Die Belastungskennlinie wird steiler.

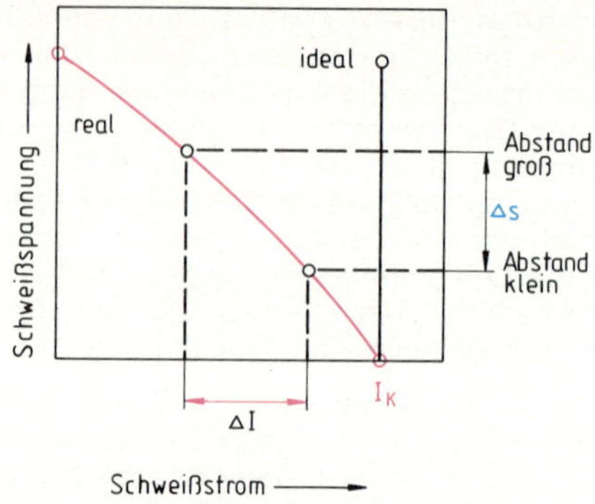

Ideale und reale Belastungskennlinie eines Schweißtransformators

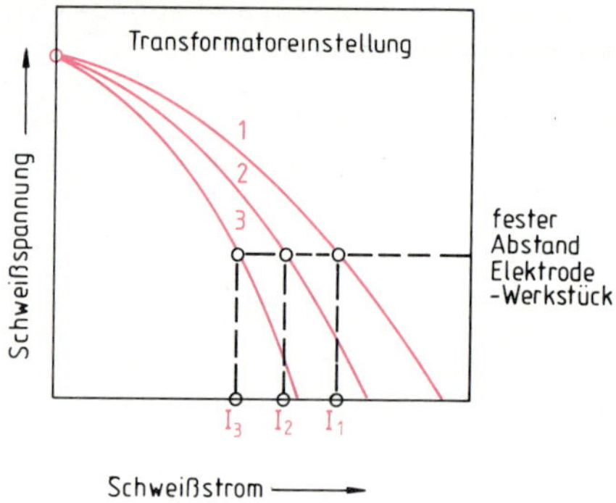

Belastungskennlinien eines Schweißtransformators bei verschiedenen Einstellungen

Beispiel: Ein Schweißtransformator ist an 220 V Einphasen-Wechselstrom angeschlossen. Beim Schweißen beträgt die Stromstärke in der Primärspule des Transformators 14 A. Wie groß ist die Schweißstromstärke (Sekundärspule), wenn die Bogenspannung 20 V beträgt und angenommen wird, daß im Transformator keine Verluste auftreten?

$P_p = P_s$ Leistungen auf Primär- und Sekundärseite sind gleich

$U_p \cdot I_p = U_s \cdot I_s$

$$I_s = \frac{U_p \cdot I_p}{U_s} = \frac{220\ \text{V} \cdot 14\ \text{A}}{20\ \text{V}} = 154\ \text{A}$$

Aufgaben zur Wiederholung und Vertiefung

1. Woran erkennt man bei Transformatoren die Ober- und die Unterspannungsspule?

2. Beschreiben Sie, wie bei einem Transformator die Kurzschlußspannung ermittelt wird!

3. Beim Induktionshärten einer Welle wird festgestellt, daß die Dicke der gehärteten Schicht zu groß ist. Durch welche Maßnahme kann die Härtetiefe verringert werden?

4. Die Kurzschlußspannung eines Transformators beträgt 15 %. Kann es sich um einen Schweißtransformator handeln? Begründen Sie Ihre Antwort!

3.3 Montage von Maschinen und Geräten

Einzelteile (Bauelemente) werden im Produktionsprozeß in der Montage zu Geräten und Maschinen zusammengebaut. Fortschreitende Spezialisierung und Arbeitsteilung machen es nötig, Montageabläufe im voraus festzulegen und in einem Ablaufplan festzuschreiben.

In diesem Kapitel wird beispielhaft ein Montageplan für eine **Rolliervorrichtung** erstellt. Zweck einer Rolliervorrichtung ist das Bördeln von Blechen. **Hauptfunktion** ist also der **Stoffumsatz**.

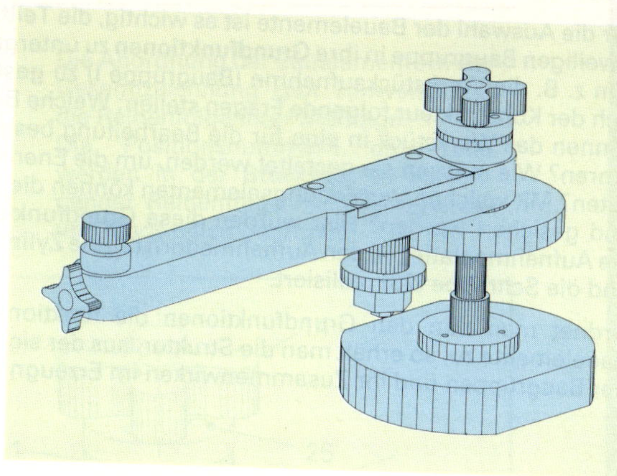

Rolliervorrichtung

3.3.1 Aufbau des Systems Rolliervorrichtung

Die Hauptfunktion Stoffumsatz kann nur ausgeführt werden, wenn dem System von außen Energie zugeführt wird. Zur erfolgreichen Durchführung des Rolliervorganges muß die Energie gezielt eingestellt werden können. Durch das Verknüpfen der **Teilfunktionen** Übertragen, Arbeiten sowie Stützen und Tragen können diese Forderungen erfüllt werden.

Zweckmäßig ist es, zunächst die **Subsystem-Struktur** der Rolliervorrichtung schematisch darzustellen, denn daraus ist zu ersehen, daß zunächst Baugruppen aus funktionszusammenhängenden Bauelementen in der Gruppenmontage montiert werden. In der Fertigmontage werden die Baugruppen zum System (Endprodukt) zusammengesetzt.

Die Bauelemente des Subsystems „Geschweißter Hebel“ (Baugruppe III) übertragen die Handkraft des Menschen auf das Subsystem „Rollenhalter“ (Baugruppe II), von dort über die Wirkstelle auf das Werkstück und das Subsystem „Werkstückaufnahme“ (Baugruppe I).

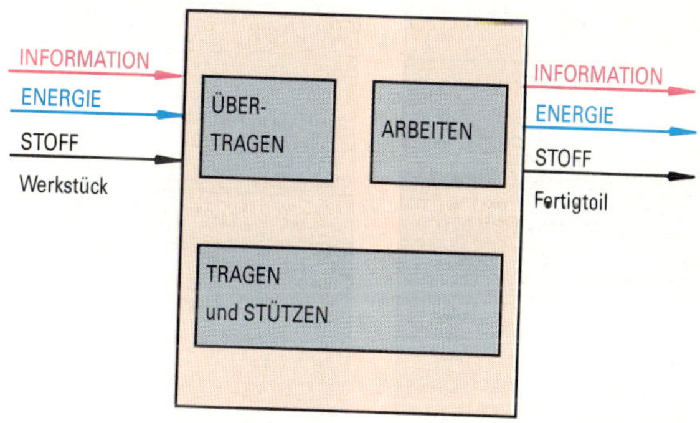

Teilfunktions-Struktur der Rolliervorrichtung

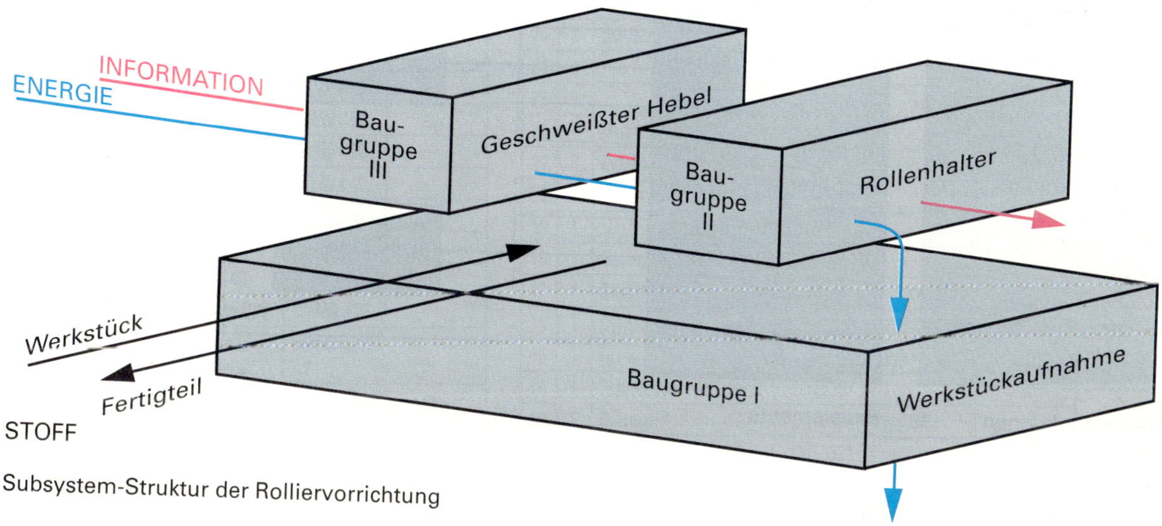

Subsystem-Struktur der Rolliervorrichtung

7. Erstellen Sie eine Struktur der Baueinheit des abgebildeten Kugelhahngehäuses!
Wählen Sie aus den folgenden Grundfunktionen, die aus, die für die Funktion des Kugelhahnes nötig sind! Ordnen Sie dabei die Bauelemente den jeweiligen Grundfunktionen zu:
Leiten-Isolieren, Sammeln-Verzweigen, Führen-Nichtführen, Wandeln-Rückwandeln, Vergrößern-Verkleinern, Richtungsändern, Richten-Oszillieren, Koppel-Unterbrechen, Verbinden-Verbindunglösen, Fügen-Teilen, Speichern.

8. Formulieren Sie mit Hilfe der Stückliste und dem Anordnungsplan eine Montageanleitung für den abgebildeten Kugelhahn!

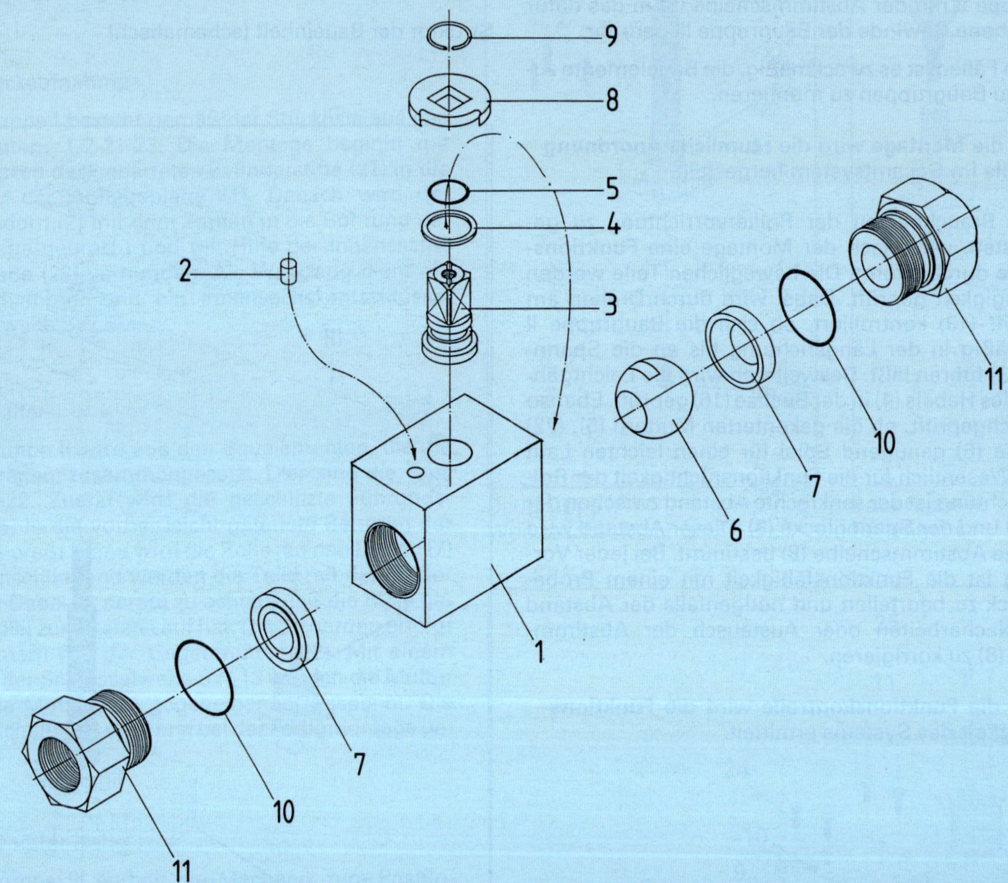

3	1	Rundstahl-Sprengring SW 12-A16 Federstahldraht C-DIN 7993	01000131	SPRENGER-16
2	1	Zylinderkerbstift 6 × 10-6 S DIN 1473-gelb verzinkt	01101735	ZKST-6
1	2	Verschraubung DN 16-R 5/8′	01200138	V-16-R
Pos.	Anz.	Benennung	Sachnr./ Normbez.	Bemerkung
1	2	3	4	5
Werkstoff	Gez.:			
	Gepr.:			
Maßstab 1:1	Kugelhahn			Bl.-Nr.

12	1	Block-Gehäuse DN16-9SMn28K	00100123	B6-16
11	1	Block-Gehäuse DN 16-kpl.-1123	00102953	B6-KPL-16
10	1	Kugel DN 16 hartverchromt	00200128	K-16-9S
9	1	Schaltwelle DN 16	00400125	SW-16-9S
8	2	Dichtelement DN 16-POM MOS 2 Absatz an der Rückseite	00604076	D-16-POM
7	1	O-Ring 14 × 2,5-NBR	00700127	OR-14-NBR
6	2	O-Ring 25,3 × 2,4-NBR	00700775	OR-25-NBR
5	1	Anlaufscheibe DN16-PA6.6-MoS 2	00801468	ALS-16
4	1	Anschlagscheibe DN 16-SW 12 St 12.03-verzinkt	00900130	ASS-12

3.3.2 Montagegerechte Gestaltung von Maschinen und Geräten

Allgemeine Gestaltungsaspekte des Montageprozesses

Neben der Montage besteht der Produktionsprozeß aus der Konstruktion, der Arbeitsvorbereitung und der Teilefertigung. Die Montage bildet das zeitlich letzte Subsystem.

Im Montagesystem werden mehrere Bauelemente, Baugruppen usw. zu einer Baueinheit zusammengefügt. Das Montagesystem besteht aus Montagemaschinen, Handhabungsgeräten, Personal usw. **Eingangsgrößen (Input)** sind Bauelemente, Zeichnungen und Montagepläne als Informationsträger, Hilfsmittel und Hilfsstoffe wie z. B. Meß- und Justiermittel, Werkzeuge, verfahrensbedingte Werkstoffe und die zur Montage notwendige Energie. Als Störgrößen können Gratbildung und Toleranz-Überschreitungen an den Bauelementen auftreten. Der Montageprozeß wandelt die Eingangsgrößen in **Ausgangsgrößen (Output)** um. Ausgangsgrößen sind beispielsweise das gewünschte Produkt oder Bedienungsanleitungen.

Industriell hergestellte Baueinheiten bestehen aus mehreren stofflichen Bauelementen, da ihre Funktion sich selten von einem einzelnen Bauelement verwirklichen läßt. Um aus den einzelnen Bauelementen ein funktionsfähiges Produkt herstellen zu können, müssen sie auf bestimmte Weise zusammengehalten werden.

Das Herstellen des Zusammenhaltes wird als Montageprozeß bezeichnet.

Der Montageprozeß im Einzelnen

Er besteht aus den Vorgängen Fügen, Verbinden, Handhaben, Kontrollieren, Vor- und Nacharbeiten.

- Grundfunktion: Fügen

Das charakteristische Merkmal des Montageprozesses ist das Fügen, durch das die einzelnen Bauelemente eines Produktes nach vorgegebenem Plan angeordnet werden. Mit Hilfe einer **sinnbildlichen Darstellung** können Art und Umfang der Fügeaufgabe wiedergegeben werden. Am Beispiel einer Schraubenverbindung soll die Anwendung von Sinnbildern gezeigt werden. Die Fügepartner (Schraube, Mutter) werden vom Lager zum Arbeitsplatz gebracht. Dort werden ihre Fügeflächen zusammengebracht. Zum Herstellen der Verbindung werden die Fügewerkzeuge (Schraubendreher, -schlüssel) angesetzt, in bestimmte Richtungen bewegt, und schließlich abgesetzt. Um die Funktionsfähigkeit des Produktes zu gewährleisten, ist es notwendig, die Teile in ihrer Lage gegenseitig zu sichern.

Die Montagefreundlichkeit hängt von der Anzahl und der Vielfalt der Bauelemente sowie der Zugänglichkeit für Montagewerkzeuge ab.

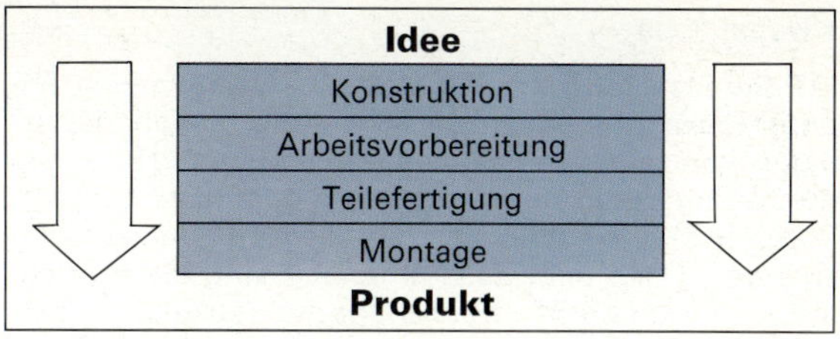

Die Produktion und ihre Subsysteme

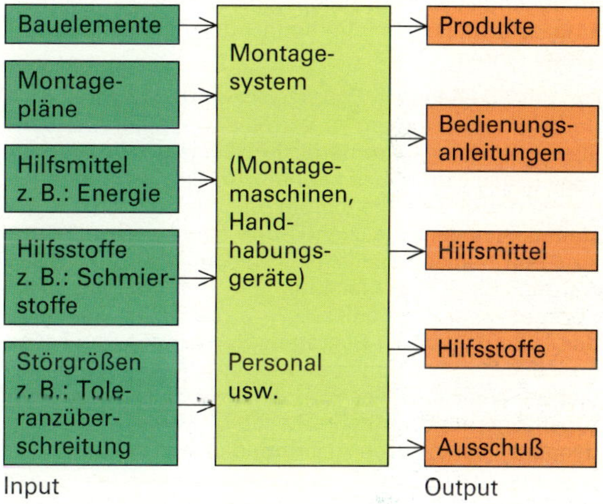

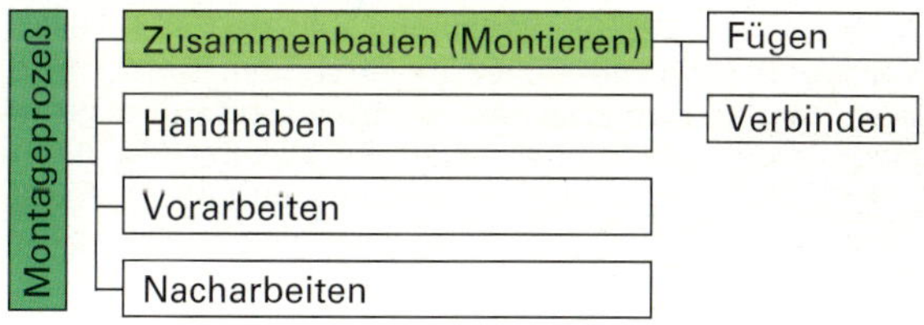

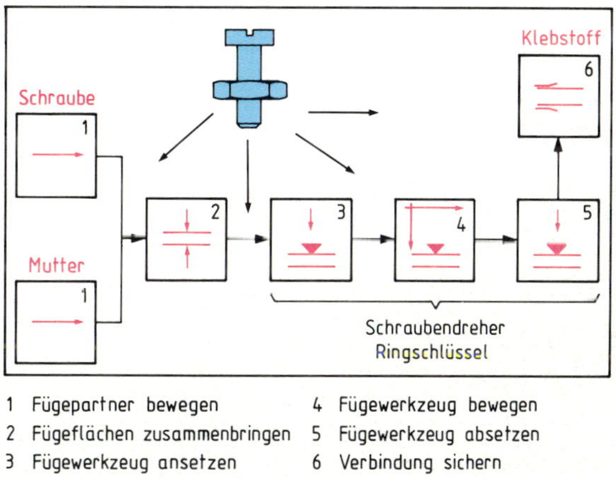

Anwendung von Sinnbildern

• Handhaben

Die Bereitstellung der Bauelemente ist für einen reibungslosen Montageablauf notwendig. Handhabungstätigkeiten sind zum Beispiel: Bauelemente dem Fügeort zuführen, sie in eine für ihre Montage günstige Position bringen oder in Montagevorrichtungen einspannen. Nach dem Zusammenbau sind die Vorrichtungen zu demontieren, den Magazinen zuzuführen und dort zu speichern. Die Handhabung und somit der Montageaufwand wird weitgehend von geometrischen und stofflichen Eigenschaften der Bauelemente beeinflußt. Im folgenden werden einige konstruktive Maßnahmen aufgezeigt, die zu einer **Vereinfachung der Montagevorgänge** führen.

Um das Erkennen der Werkstücklage zu gewährleisten, und Verwechselungen zu vermeiden, sollten die Bauelemente durch symmetrische Gestaltung verschiedene Lagen einnehmen können. Wo dies nicht möglich ist, sind die Bauteile betont unsymmetrisch zu gestalten. Aus dem gleichen Grund sollte auch die Konstruktion spiegelbildlicher Werkstücke vermieden werden. Eine Vereinfachung der Handhabung beim Sortieren und Positionieren wird durch das Gestalten der Außenkontur mit Schrägen, Rundungen und Fasen erreicht. Das Positionieren wird durch Austreten von glatten Werkstückflächen und das Errichten von Bezugsflächen und Kanten erleichtert. Ebenso ist ein zu genaues Positionieren zu vermeiden.

Die weitgehende Vereinfachung von Bauelementen ist eine Forderung, die für alle Produktionsbereiche aufgestellt wird. Die **Vereinheitlichung** hat das Ziel, **gleiche Teile für gleiche Funktionen** zu verwenden. Die Vorteile von Vereinheitlichungsmaßnahmen äußern sich in einem geringen Flächenbedarf für die Bereitstellung von Material, einer erleichterten Fertigungssteuerung, einer geringeren Anzahl möglicher Fehlerteile sowie einer Verringerung des Materialbestandes.

Durch die Wahl des Werkstoffes nimmt der Konstrukteur entscheidenden Einfluß auf den Montageprozeß. So kann unter dem Gesichtspunkt der montagegerechten Konstruktion bei großen Produkten durch den Übergang von metallischem Werkstoff auf Kunststoff eine Gewichtsverminderung erreicht werden. Ebenso kann es vorteilhaft sein, an Stelle von starren Metalleitungen flexible Kunststoffleitungen zu verwenden.

Aus der Praxis ergeben sich einige **Regeln,** die es ermöglichen, durch **montagegerechte Konstruktion** die Anzahl der Bauelemente zu vermindern. Durch Spritzgießen können Kunststoff-Kunststoff, und Kunststoff-Metallverbindungen ohne Verbindungselemente hergestellt werden.

Eine Verminderung der Verbindungselemente (z. B. Schraubenanzahl) läßt sich dadurch erreichen, daß Verbindungselemente einer geringeren Tragkraft gegen solche mit einer höheren Tragkraft ersetzt werden.

Alle Tätigkeiten, die zum **Bereitstellen von Bauelementen** durchgeführt werden, werden zum Handhaben gezählt.

Forderung	Beispiele ungünstig	Beispiele günstig
Symmetrische oder betont unsymmetr. Werkstücke	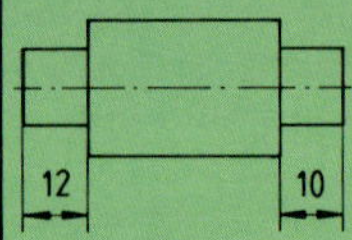	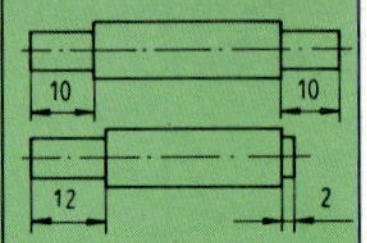
Keine spiegelbildlichen („rechte" und „linke") Werkstücke	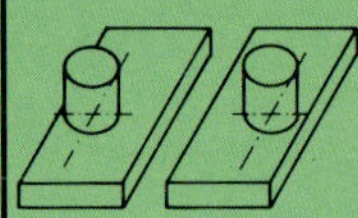	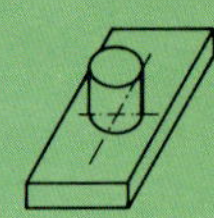
Vorhandensein von Sortier- und Positionierhilfen an der Außenkontur		
Vereinheitlichung der Einzelteile (Standardisierung, Normung)	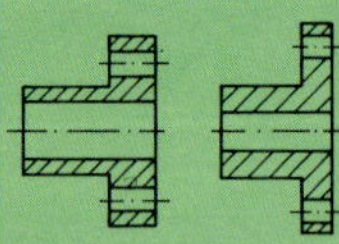	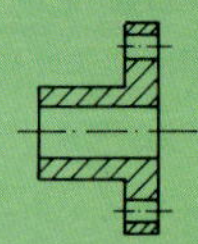
angemessene Werkstoffauswahl	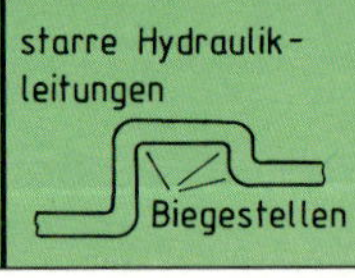	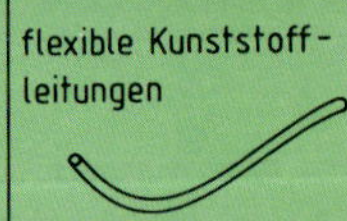

Montagegerechte Formgebung der Bauelemente

Forderung	Beispiele ungünstig	Beispiele günstig
geringe Anzahl der Bauelemente	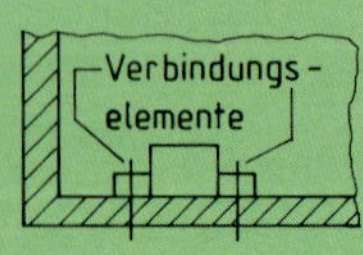	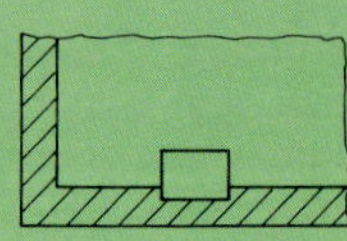
	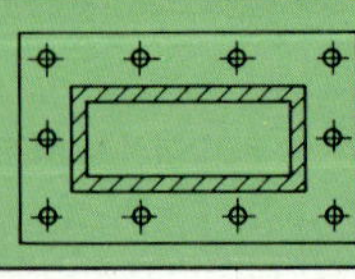	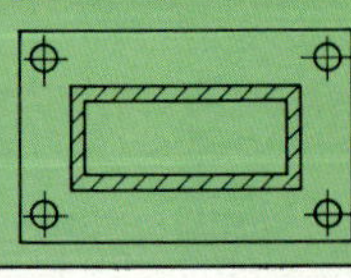

Reduzieren der Anzahl der Bauelemente

Weiter erweist es sich als ungünstig, Bauelemente zu nieten, da der Niet ein zusätzliches Bauelement, und der Nietvorgang einen zusätzlichen Arbeitsgang darstellt.

Eine Schelle mit zwei Schrauben zu befestigen, bedeutet zum einen ein überflüssiges Normteil, zum anderen eine hohe Montagezeit durch langes Einschrauben. Kostengünstiger ist es, die Schelle auf der einen Seite durch Formschluß und auf der anderen Seite durch eine Schraube zu befestigen. Soll die Schelle nicht mehr geöffnet werden, so kann ein Niet verwendet werden.

Werden Teile in Führungsleisten gesteckt, so spart dies nicht nur Bauelemente, sondern das Fügen wird erheblich erleichtert.

Sollen sich Teile zueinander bewegen, so müssen die sich bewegenden Bauteile voneinander getrennt sein. Folglich besteht das Erzeugnis aus mehr als einem Teil. In vielen Fällen läßt sich die Anzahl der Bauelemente durch die elastischen Eigenschaften von Kunststoff verringern.

Die Vereinfachung durch montagegerechte Konstruktion bietet sich vor allem bei Produkten an, die in höherer Stückzahl hergestellt werden. In der Praxis können jedoch nicht immer die Forderungen der montagegerechten Formgebung eingehalten werden, da die Funktion der Bauelemente sichergestellt sein muß und die Fertigungskosten nicht unverhältnismäßig steigen dürfen.

Forderung	Beispiele ungünstig	Beispiele günstig
Erleichterung der Handhabung	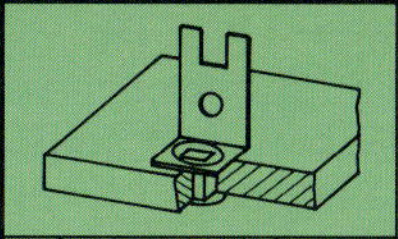	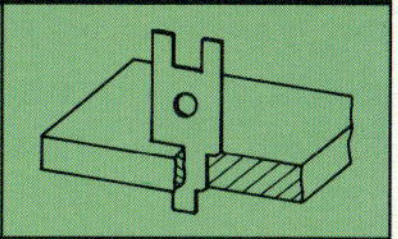
	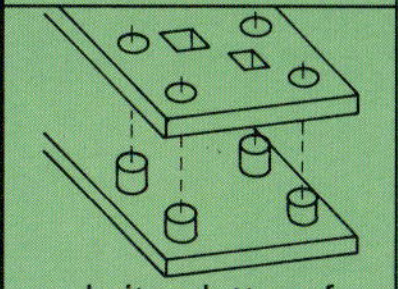 Leiterplatte auf Abstandssäulen	 Leiterplatte in Führungsleisten
	 herkömmliche Bauweise	 Spritzgieß-bauelement

Reduzieren der Anzahl der Bauelemente

- erleichterte Kontrolle
  - Zugänglichkeit für Meßgeräte
  - einfache Meßgeräte
  - elektrische Kontrolle ermöglichen
    - Elektrik: Prüfspannungsanschlüsse
    - Mechanik: zugänglich für Sensoren
  - unabhängig voneinander überprüfbare Funktionsgruppen vorsehen
  - Sichtkontrolle ermöglichen
  - Kontrolle ohne Demontage
  - Kontrolle durch Funktionsüberprüfung

Kontrolle von montierten Baueinheiten

- Justieren/Anpassen vermeiden
  - Austauschbau anstreben
  - Maßketten trennen
  - Ausgleichselemente vorsehen
  - richtige Kraftleitung
  - Überbestimmung vermeiden
  - Paßflächen vermeiden

Vor- und Nacharbeiten von montierten Baueinheiten

- Kontrollieren

Um **Produkte qualitätsgerecht** zusammenzubauen, ist es notwendig, während und nach dem Montageprozeß Kontrollen durchzuführen. Durch konstruktive Maßnahmen muß die Zugänglichkeit für Meßgeräte erleichtert werden. Ebenso vermindern einfache Meßgeräte Fehler in der Aufnahme der Meßwerte. Zur Überprüfung der Elektrik und Mechanik sollen Kontakte und Sensoren leicht zugänglich sein. Baueinheiten sollten voneinander unabhängig kontrollierbar sein. Am Ende der Montage von Bauelementen bzw. von Baueinheiten können die Funktionsüberprüfungen durch Sichtkontrollen unter Vermeidung der Demontage bereits montierter Teile durchgeführt werden.

- Vor- und Nacharbeiten

Zum Vorbereiten der Bauelemente für die Fügevorgänge sind Vorarbeiten wie z. B. **Bohren, Entgraten, Wärmebehandeln** usw. notwendig. Andererseits sind oft Nacharbeiten wie **Kennzeichnen und Nachjustieren** bereits montierter Bauelemente durchzuführen. Vor- und Nacharbeiten werden notwendig, weil in der Praxis die obengenannten Forderungen nur annähernd erfüllt werden.

Nacharbeiten können durch justiergerechtes Gestalten der Bauelemente erleichtert werden. Dabei muß eine notwendige Anzahl von Justierstellen sowie der Raum für die auszuführenden Bewegungen vorgesehen werden. Das Ergebnis der Einstellbewegung muß beobachtbar sein, und die Bewegung muß beim Erreichen des gewünschten Ergebnisses gestoppt werden können. Justiervorgänge sollten unabhängig voneinander und ohne Demontage durchgeführt werden können.

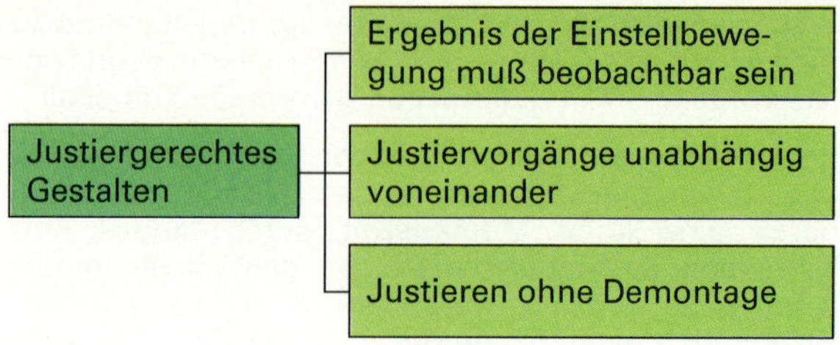

Montageplanung

Aufgabe der Montage ist es, **termingerecht** und **wirtschaftlich** Produkte zusammenzubauen. Die dazu nötigen Hilfsmittel, Methoden und Informationen gehören zu Montagesystemen. Ihre Einsatzplanung wird im Rahmen der Montageplanung durchgeführt.

Wesentliche Bestandteile der Montageplanung sind die Ablauf- und die Aufbauplanung.

Der Montageprozeß wird durch die **Ablaufplanung** in folgende Teilaufgaben untergliedert:

1. Bereitstellen von Bauelementen

   Dazu gehören alle Tätigkeiten, die die Bauelemente für die Fügevorgänge vorbereiten, wie z. B. Ordnen, Lagesichern, Reinigen, Entgraten usw.

2. Herstellen gemeinsamer Fügeflächen

   Durch die Fügevorgänge werden die einzelnen Fügeflächen der Bauelemente zueinander geordnet.

3. Verbinden der Bauelemente

   Die zusammengefügten Teile werden mit Hilfe von Verbindungselementen und den entsprechenden Verbindungsverfahren in ihrer Lage gesichert.

4. Weiterführen der Bauelemente

   Zusammengebaute Teile werden aus Montagevorrichtungen ausgespannt, eventuell in Magazinen zwischengelagert und zu anderen Teiltätigkeiten weitergeführt.

5. Kontrollieren des zusammengebauten Produktes

   Hierzu gehören Arbeiten zur Prüfung der Qualität und der Funktion des Produktes während und nach der Montage.

Der Montageablaufplan zerlegt die Montageaufgabe in Teilaufgaben.

Durch das Zusammenfassen ähnlicher Baueinheiten wird der Seriencharakter der Montage erhöht. Somit wird einerseits der Planungsaufwand vermindert, andererseits ergeben sich daraus Möglichkeiten, die Montagearbeiten rationell durchzuführen.

Phasen	Tätigkeiten	Werkzeug	Arbeitssicherheit
1. Bereitstellen	Ordnen der einzelnen Bauelemente Reinigen der Bauelemente Einbaulage sichern Wärmebehandeln . . .		
2. Fügen	Zusammengehörende Bauelemente nach Anordnungsplan zusammenstellen . . .		
3. Verbinden	Sichern der Fügeteile durch Verbindungselemente z. B. Schrauben Nieten Kleben . . .		
4. Weiterführen	Entspannen Ausgeben Speichern Weiterführen . . .		
5. Kontrollieren	Einstellen Justieren Messen . . .		

Montageablaufplan

• Baugruppen

In der Praxis werden unter anderem zwischen **funktionsorientierten** und **montageorientierten Baugruppen** unterschieden. Bei funktionsorientierten Baugruppen steht die Funktion im Vordergrund, während bei der Bildung montageorientierter Baugruppen die Anordnung der Funktionselemente maßgebend ist.

Montageorientierte Baugruppen enthalten zwei oder mehrere Bauelemente, die untereinander gemeinsame Fügeflächen besitzen. Durch eine Verbindung werden die gemeinsamen Fügeflächen so zusammengehalten, daß ein ungewolltes gegenseitiges Verschieben der Bauelemente verhindert wird. Ein Bauelement dient als Basisteil, mit dem die aufeinanderfolgenden Elemente verbunden werden.

Der optimale Aufbau eines Montageprozesses setzt montageorientierte Baugruppen voraus.

Zur gleichmäßigen Auslastung der verschiedenen betrieblichen Montagebereiche können unterschiedliche Baugruppen parallel montiert werden. Da Vorarbeiten, wie beispielsweise das Reinigen von Teilen oder das Anpassen, unterschiedlich viel Zeit beanspruchen, ist es erforderlich, diese Arbeiten aus der Montage der einzelnen Baugruppen auszulagern und getrennt durchzuführen. Diese Trennung schafft hinsichtlich der Montagedauer vergleichbare Baugruppen.

Eine Trennung der Montage von Baugruppen wird ebenfalls vorgenommen bei Bauelementen, die nur durch besondere Anlagen oder Geräte montiert werden können. Dies gilt ebenfalls für Tätigkeiten wie Schweißen und Lackieren, die sich aus technischen Gründen nicht gleichzeitig durchführen lassen.

Ein weiterer Schritt zur Ermittlung ähnlicher Baugruppen ist die Untersuchung der Merkmale, die für die Montagedurchführung wichtig sind. **Kriterien für die Ermittlung ähnlicher Baugruppen** sind die Anzahl ihrer Bauelemente, die Folge ihres Zusammenbaus, die Art des Fügevorgangs sowie die dazu nötige Qualifikation des Personals. Die so ermittelten ähnlichen Baugruppen (Montagefamilien) durchlaufen gemeinsam die Montage.

• Planung von Montagestrukturen

In den seltensten Fällen wird ein Produkt nur aus Einzelteilen zusammengesetzt. Allgemein gliedern sich Montagesysteme in mehrere Bereiche, in denen zunächst Baugruppen montiert werden, die anschließend zum Endprodukt zusammengebaut werden. Demnach ist es möglich, die Montage in Ebenen und Phasen aufzugliedern. Die Unterteilung in verschiedene **Montageebenen** richtet sich nach der Baugruppenabgrenzung. Man unterscheidet dabei zwischen der Endmontage und der Montage von Hauptbaugruppen, Baugruppen, Unterbaugruppen. Die **Montagephasen** gliedern sich in Vormontage, Hauptmontage und Nachmontage.

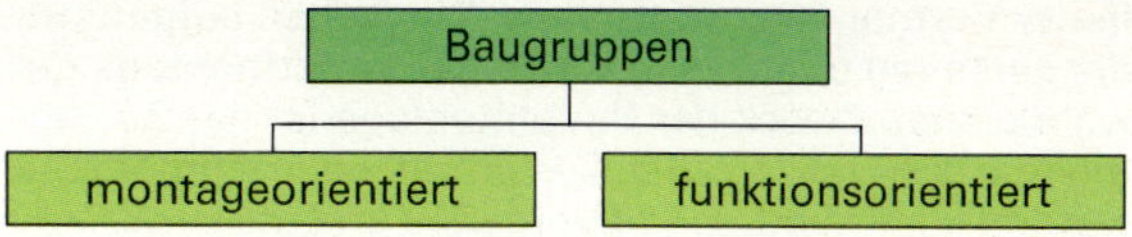

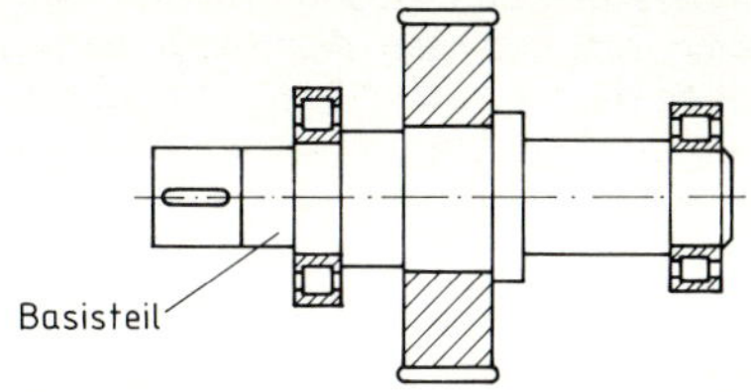

Baugruppe mit Basisteil

Abgrenzung von Baugruppen	• Funktion • Fügeverfahren • Kapazitäten	Ziele: • Erhöhung des Seriencharakters der Montage • Verminderung des Planungs- und Steuerungsaufwandes • Anpassung der Betriebsmittel . . .
Merkmalsuntersuchung	• Anzahl Teile • Vorgangsfolge • Personalqualifikation	
Bildung von Montagefamilien		

Gruppentechnologie in der Montage

Montageebenen			
Montagephasen	Baugruppenmontage	Hauptbaugruppenmontage	Endmontage
Vormontage	Bereitstellung der Bauelemente	Vorbereitung von Spindel-, Schlitten-, Vorschub-, Zustell- und Getriebeeinheit	Bereitstellung von Unterbauten und beweglichen Aufbauten
Hauptmontage	Zusammenbau der Getriebeeinheit	Zusammenbau der beweglichen Aufbauten	Zusammenbau der Werkzeugmaschine
Nachmontage	Funktionskontrolle	Einbau der Steuerung	Auffüllen der Betriebsflüssigkeiten, Probelauf

Montagestrukturschema einer Werkzeugmaschine

In der Vormontage werden alle Tätigkeiten aufgeführt, die einen reibungslosen Ablauf der Hauptmontage gewährleisten. Zweck der Hauptmontage ist der Zusammenbau zum technischen System. In der Nachmontage werden insbesondere Prüfvorgänge und die damit verbundenen Reparatur- und Justierarbeiten durchgeführt. Zusätzlich rechnet man Ausrüstungsvorgänge wie das Auffüllen mit Hydraulikflüssigkeit oder das Anbringen von Typen- oder Leistungsschildern dazu.

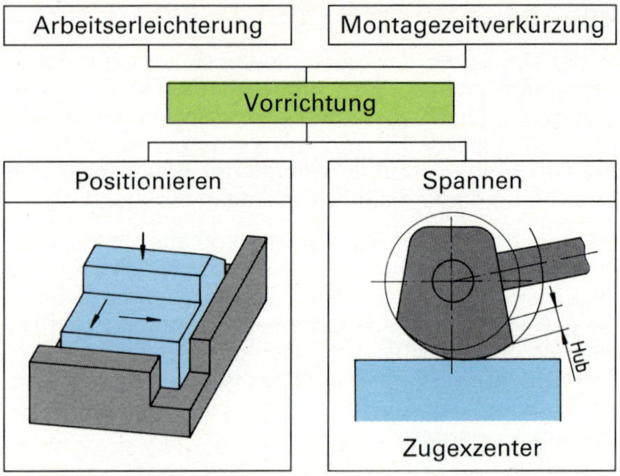

- Erleichterung durch Montagevorrichtungen

Einen wesentlichen Einfluß auf die Verkürzung der Montagezeiten hat das Benutzen von **Vorrichtungen.** Außerdem werden Vorrichtungen benutzt, um die Arbeit der Menschen zu erleichtern.

Nach DIN 6300 versteht man unter Vorrichtungen Arbeitsmittel, die an Werkstücke gebunden sind und in unmittelbarer Beziehung zum Arbeitsvorgang stehen.

Sie dienen unter anderem dazu, **Bauteile zu positionieren, zu halten, zu spannen oder gegebenenfalls zu führen.** Unterschieden werden Standard-, Sonder- und Baukastenvorrichtungen.
Standardvorrichtungen können unabhängig von der jeweiligen Montageaufgabe verwendet werden. Sie besitzen einen festgelegten Anwendungsbereich und lassen sich nach Beendigung der Montageaufgabe wiederverwenden.
Sondervorrichtungen können nur für eine ganz bestimmte Aufgabenstellung angewendet werden.

Baukastenvorrichtungen bestehen aus standardisierten lösbaren Bauelementen. Diese Bauelemente werden nach der Durchführung der Arbeit demontiert und für den Bau weiterer Vorrichtungen in einem anderen Aufgabenbereich eingesetzt.

Standardvorrichtungen	Sondervorrichtungen	Baukastenvorrichtungen
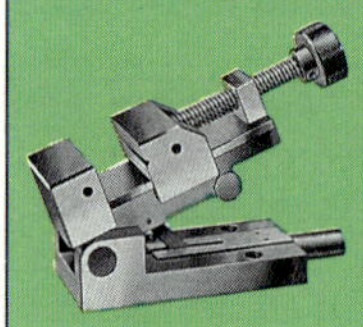 Spannvorrichtung		
• unabhängig von der Aufgabenstellung • festgelegter Anwendungsbereich	• an bestimmte Aufgabenstellung angepaßt • begrenzte Möglichkeiten der Zerlegung	• Aufbau aus standardisierten Bauelementen • vollständige Demontage nach dem Einsatz

Montagevorrichtungen

Aufgaben zur Wiederholung und Vertiefung

1. Im Montagesystem erfolgt ein Stoff-, Energie- und Informationsumsatz. Ermitteln Sie für Montagesysteme ihres Arbeitsbereiches die entsprechenden Input- und Outputgrößen!
2. Listen Sie Punkte auf, die die Montagefreundlichkeit von Bauelementen erhöhen!
3. Nennen Sie Verfahren, die zur Verminderung der Bauelementezahl beitragen können!
4. Stellen Sie Vor- und Nachteile montagegerechter Formgebung gegenüber!
6. Nennen Sie Gründe, die für eine Montage in Baugruppen sprechen!
7. Erstellen Sie eine Montagestruktur für eine Ständerbohrmaschine, ein Kraftfahrzeug usw.!
8. Wozu dienen Montagevorrichtungen?
9. Welche Vorteile besitzen Baukastenvorrichtungen gegenüber Sondervorrichtungen?
10. Geben Sie Gründe an, die den Einsatz von Sondervorrichtungen rechtfertigen!

3.4 Flexible Fertigungssysteme

3.4.1 Automatisierung, flexible Fertigung und CIM

Durch die wachsende Zahl von Anbietern auf dem Weltmarkt und durch die vielfältigen Möglichkeiten, die sich aus neuen Technologien ergeben, sind die Anforderungen an technische Produkte in bezug auf **Qualität, Variantenvielfalt** und **kurze Lieferzeiten** gestiegen.

Die Anforderungen an hohe Qualität führen vielfach auch zu einer höheren Komplexität der Systeme (mehr Subsysteme mit vielen Verknüpfungen, z. B. mehr Einzelantriebe an Werkzeugmaschinen, mehr Meß- und Steuergeräte, mehr Werkzeuge).

Schnell aufeinanderfolgende technische Neuerungen (Innovationen) bedingen **kürzere Lebenszeiten der Produkte** (bei Computern spricht man von „Generationen").

Um im Wettbewerb bestehen zu können, müssen die Unternehmen trotz der gestiegenen Anforderungen an Qualität, Variantenvielfalt und kurze Lieferzeiten kostengünstig produzieren. Deshalb sind sie bemüht, ihre **Leistungsfähigkeit** (Produktivität) **durch Automatisierung und Flexibilisierung** des gesamten Prozesses der Produktentstehung – und speziell auch der Fertigung – zu steigern.

Automatisierung

Automatisierung zielt vor allem auf Qualitätssteigerung und Kostensenkung. Das Bestreben besteht darin, **menschliche Arbeit durch technische Systeme zu ersetzen.** Ein Vorgang (z. B. Formgebung durch Spanen) wird durch technische Mittel so eingerichtet, daß der Mensch weder ständig noch in einem erzwungenen Rhythmus tätig zu werden braucht.

In bezug auf Fertigungsprozesse werden insbesondere Funktionen des Überwachens, Steuerns und Regelns, die von Facharbeitern ausgeführt werden, mehr und mehr auf Geräte übertragen.

Flexibilisierung

Flexibilisierung zielt insbesondere darauf, Variantenvielfalt und kurze Lieferzeiten zu ermöglichen. Sie bedeutet das **schnelle und wirtschaftliche Anpassen des Produktentstehungsprozesses an unterschiedliche Aufgaben** (z. B. das Herstellen unterschiedlicher geometrischer Werkstückformen durch Werkzeugwechsel).

Der Produktentstehungsprozeß

Die Reihenfolge der Arbeiten, die im Produktentstehungsprozeß ausgeführt werden müssen, ist generell gleich, unabhängig vom Produkt.

Am Anfang wird immer überlegt, welche Erzeugnisse nach der Marktlage gute Verkaufschancen haben können **(Zielsetzung).** Aufgrund solcher Einschätzungen werden die Funktionen festgelegt, die bestimmte technische Systeme erfüllen sollen.

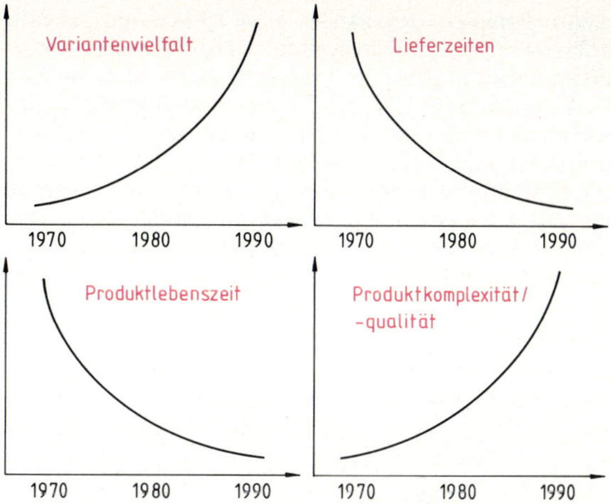

Veränderung von Anforderungen des Marktes

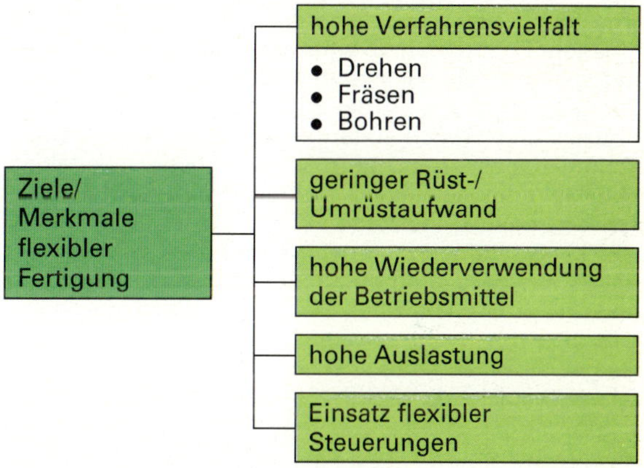

Ziele flexibler Fertigung als Reaktion auf Anforderungen des Marktes

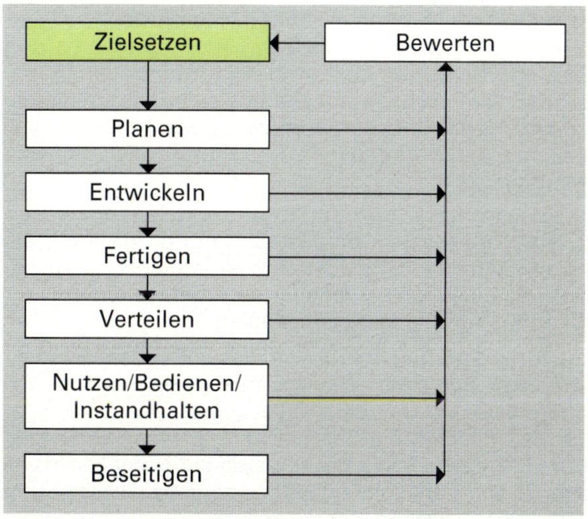

Teilbereiche im Produktentstehungsprozeß

Ist zum Beispiel vorgesehen, eine Werkzeugmaschine herzustellen, so muß festgelegt werden, welche Fertigungsverfahren (Drehen, Fräsen, Bohren ...) diese Maschine ausführen soll, bis zu welchen Abmessungen Werkstücke bearbeitbar sein sollen, welche Zerspanungsleistung erreicht werden soll, welche Bearbeitungstoleranzen erzielt werden sollen und anderes mehr. Je nach Vorhaben ist auch zu überlegen, ob das geplante Produkt sich in bestehende Modetrends einfügt oder neue Trends eröffnen kann (z. B. in der Automobilbranche). Dieser erste Schritt im Produktentstehungsprozeß wird allgemein als **Planen** bezeichnet.

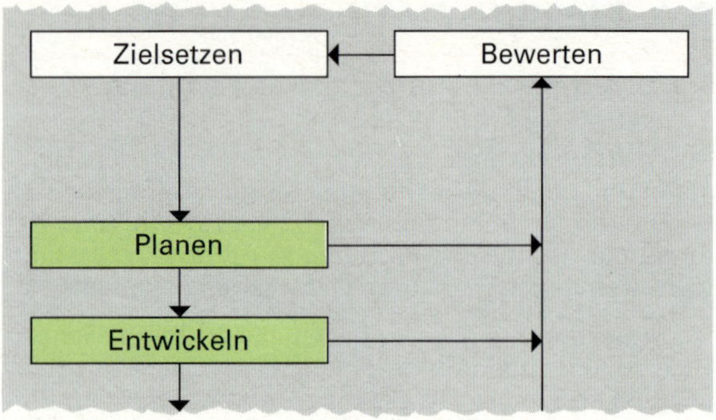

Die Erkenntnisse und Einschätzungen, die in der Planungsphase gewonnen worden sind, bilden den Ausgangspunkt für die eigentliche **Entwicklung** des geplanten Produkts. Die **Hauptfunktion des Systems** wird in **Teilfunktionen** und **Grundfunktionen** zerlegt, und es ist zu klären, nach welchen technologischen Wirkungsweisen sich die Grundfunktionen verwirklichen lassen und mit welchen Subsystemen dies möglich ist. Bei einer Werkzeugmaschine wird zum Beispiel die Hauptfunktion Formgeben (Stoffumsatz) durch spanendes Bearbeiten in die bekannten Teilfunktionen Antreiben, Energieübertragen, Arbeiten, Steuern und Regeln, Stützen und Tragen untergliedert. Um die einzelnen Teilfunktionen zu gewährleisten, müssen vielfältige Entscheidungen getroffen werden. In bezug auf die Teilfunktion Energieübertragen zum Beispiel ist zu prüfen, welche Grundfunktionen sie im Hinblick auf die Vorgaben aus der Planung enthält (Vergrößern, Richtung ändern ...). Die Grundfunktion Vergrößern wiederum läßt sich durch unterschiedliche technologische Wirkungsweisen erfüllen, z. B. mechanisch durch Hebel oder hydraulisch durch Differentialzylinder (Kap. 4.2.1/2).

In Verbindung mit den aufgeführten Überlegungen, die bei der Entwicklung des geplanten Systems anzustellen sind, müssen noch weitere Ideen dazu eingebracht werden, wie das System insgesamt und wie seine Subsysteme zu gestalten und zu konstruieren sind, z. B. welche Form und Abmessungen eine Getriebewelle erhalten muß, damit sie die Zahnräder aufnehmen und die erforderlichen Drehmomente übertragen kann. Hierbei sind auch Gesichtspunkte zu beachten, die die spätere Herstellung betreffen, zum Beispiel Herstellbarkeit mit den vorhandenen Maschinen oder einfache Montage.

Dieser zweite Schritt im Produktentstehungsprozeß schließt ab mit der Bereitstellung von Zeichnungen, Stücklisten und gegebenenfalls weiteren Informationen, die auf verschiedenartigen Datenträgern (z. B. Disketten) gespeichert sein können.

In einem nächsten Schritt wird das entwickelte Produkt gefertigt. Bei einer Werkzeugmaschine werden beispielsweise Wellen, Zahnräder, Führungen durch spanende Bearbeitung hergestellt, Maschinengestelle durch Gießen; schließlich werden die Funktionselemente und Funktionseinheiten montiert. Dieser dritte Schritt heißt **Fertigen**: er schließt die Qualitätskontrolle der Einzelteile und des Gesamtprodukts ein.

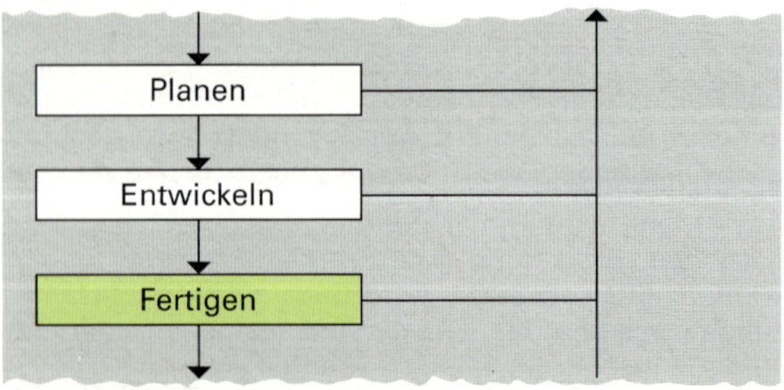

Das gefertigte Produkt muß nunmehr zum Auftraggeber bzw. zum Käufer transportiert werden. Hierzu sind Überlegungen anzustellen, wie ein sicherer und wirtschaftlicher Transport erfolgen kann. Bei Maschinen werden je nach Größe der Systeme und nach den Terminauflagen der Kunden Einzellieferungen durchgeführt oder auch Sammeltransporte (vielfach mit Containern) organisiert, mit denen die einzelnen Maschinen über Verteilernetze an die Zielorte geliefert werden. Dieser vierte Schritt heißt **Verteilen;** in der Fachsprache wird er vielfach auch als „Distribution" bezeichnet.

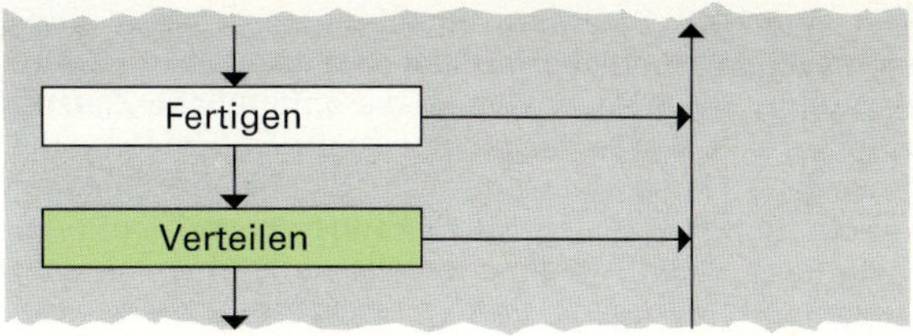

Am Zielort kann das technische Produkt schließlich entsprechend der ursprünglichen Zweckbestimmung genutzt werden; seine Leistungsfähigkeit muß sich in der Praxis bewähren. Je nach der Art der Verwendung des Systems ist eine effektive Nutzung nur bei fachkundiger Bedienung möglich. Deshalb werden Werkzeugmaschinen vorwiegend von Facharbeitern bedient. Außerdem müssen sie nach bestimmten Vorschriften gewartet und instandgehalten werden. Dieser gesamte Zusammenhang von Einsatz und Instandhaltung eines Systems wird allgemein als **Nutzen/Bedienen/Instandhalten** bezeichnet.

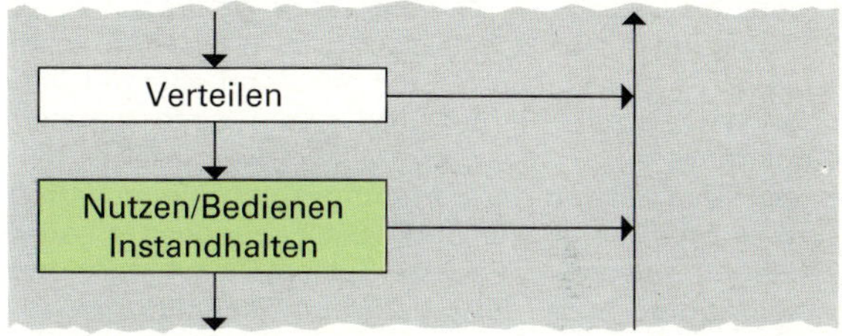

Für Wartungsarbeiten abgesicherte Werkzeugmaschine

In der Regel werden technische Produkte wieder beseitigt; dies erfolgt nach Möglichkeit so, daß möglichst viele Baustoffe als Rohstoffe **wiederverwendet**, d. h. in einen „Nutzungskreislauf" – **Recycling** genannt – gebracht werden. Bei der Verschrottung von Maschinen werden zum Beispiel die verschiedenen Metalle getrennt und eingeschmolzen. Bei Stoffen, für die wirksame und wirtschaftliche Recyclingverfahren nicht verfügbar sind, wird eine **Verwertung durch Verbrennung** (thermische Verwertung) angestrebt, beispielsweise bei Ölen. Kommt keine Wiederverwendung in Frage, so bleibt als Ausweg nur die **Endlagerung in Deponien.** Dieser letzte Abschnitt im „Lebenslauf" eines technischen Systems – Recycling, thermische Verwertung oder Endlagerung – wird als **Beseitigen** zusammengefaßt.

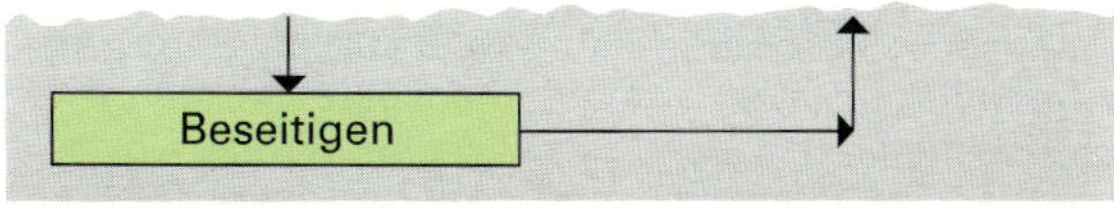

Die aufgeführten Phasen des gesamten Produktentstehungsprozesses vom Planen bis zum Beseitigen laufen nacheinander ab, zugleich aber sind auch vielfältige Rückkopplungen zwischen den einzelnen Schritten notwendig. Zum Beispiel sollte beim Entwickeln von Maschinen darauf geachtet werden, daß möglichst nur recycling-fähige Werkstoffe zum Einsatz kommen, oder es muß mit Rücksicht auf die Phase Nutzen/Bedienen/Instandhalten Wert auf einfache und sichere Bedienung und auf geringen Wartungsaufwand gelegt werden. Bei großen Maschinen beispielsweise ist bereits beim konstruktiven Entwickeln und beim Fertigen darauf zu achten, daß der Transport (Verteilen) in Baugruppen erfolgen kann, deren Abmessungen die Grenzwerte von Transportunternehmen (z. B. der Bundesbahn) nicht überschreiten.

Recycling

Während des gesamten Entstehungsprozesses eines technischen Produktes wird der jeweils erreichte Stand daraufhin bewertet, inwieweit die anfängliche **Zielsetzung** erreicht werden kann, ob also die Subsysteme die geforderten Funktionen hinreichend genau erfüllen und welche ungewollten Nebenwirkungen (z. B. Lärm oder Gefahrenquellen) gegebenenfalls entstehen. Dieser begleitende Vorgang wird zusammenfassend mit **Bewerten** umschrieben. Zum Bewerten gehört darüber hinaus auch eine Gesamtbewertung des jeweiligen Produktes. Dabei wird versucht, die Folgen technischer Entwicklungen abzuschätzen und zu beurteilen. Zum Beispiel ist beim Einsatz automatisch arbeitender Fertigungssysteme – hierauf wird später noch genauer eingegangen – zu bedenken, welche Voraussetzungen in der Organisation des Fertigungsablaufs zu schaffen sind, welche Fähigkeiten die Facharbeiter besitzen oder erwerben müssen, die solche Systeme bedienen, und vieles andere mehr. Eine derartige **Technikfolgenabschätzung** schließt nicht nur **technische Sachverhalte,** sondern auch **gesellschaftliche Zielsetzungen** und Bedingungen mit ein.

Die eingangs dargestellten Ziele Automatisierung und Flexibilisierung des Produktentstehungsprozesses lassen sich nur erreichen, wenn die Phasen Planen, Entwickeln, Fertigen, die sowohl hinsichtlich des Arbeitsaufwandes als auch hinsichtlich der Durchlaufzeiten hohe Anteile am gesamten Produktentstehungsprozeß einnehmen, weitgehend automatisiert und stärker miteinander verknüpft werden.

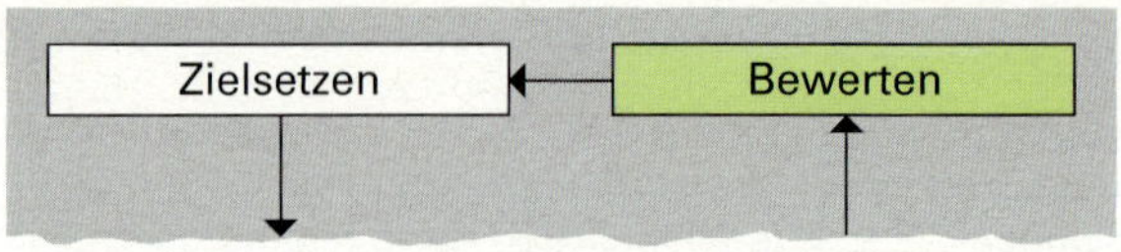

Bewerten eines technischen Produkts

Deshalb haben Unternehmen in den letzten Jahren vielfältige Vorstellungen dazu entwickelt, wie der hierzu erforderliche Informationsfluß durch EDV-Einsatz verbessert werden kann. Solche Bemühungen sind unter dem Kürzel **CIM** (engl. **C**omputer **I**ntegrated **M**anufacturing) bekannt geworden und lassen sich etwa mit dem Ausdruck „Rechnerintegriertes Herstellen" umschreiben.

Unter CIM versteht man eine allgemeine unternehmerische Denkweise, die darauf abzielt, durch die Verknüpfung aller Unternehmensbereiche den Anforderungen des Marktes an Qualität, Variantenvielfalt, kurze Lieferzeiten und geringe Kosten besser als bisher gerecht zu werden.

Die organisatorische und technische Verwirklichung wird wegen der unterschiedlichen betrieblichen Bedingungen in vielfältigen Formen erfolgen. Wesentliches Kennzeichen aller Ausführungsformen ist das Bestreben, **alle Fabrikbereiche,** also die Planungs-, Entwicklungs-, Fertigungs- und Vertriebsabteilungen **in einen durchgängigen, EDV-unterstützten Informationsfluß** einzubinden.

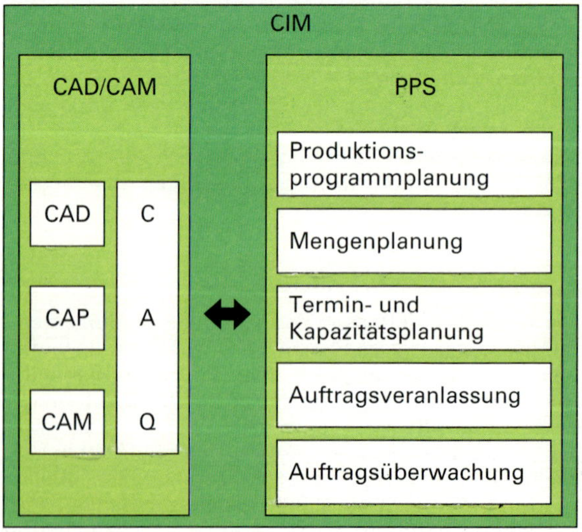

CIM: **C**omputer **I**ntegrated **M**anufacturing
CAD: **C**omputer **I**ntegrated **D**esign
CAP: **C**omputer **A**ided **P**lanning
CAM: **C**omputer **A**ided **M**anufacturing
CAQ: **C**omputer **A**ided **Q**uality Assurance
PPS: **P**roduktions**p**lanungs- und -**s**teuerungssystem

Bausteine von CIM und deren Struktur

Bisher sind einzelne Bausteine dieser CIM-Idee entwickelt und teilweise auch erprobt worden: CAD, CAP, CAM, CAQ, PPS. Diese beziehen sich einerseits auf Teilfunktionen des Produktentstehungsprozesses (z. B. CAM auf System-Fertigung) und andererseits auf die Planung und Steuerung des gesamten Produktionsprozesses.

Der Bereich des CAM wird in den folgenden Kapiteln genauer behandelt.

CAM erstreckt sich auf die System-Fertigung und zielt auf Automatisierung und Flexibilisierung mit Hilfe von EDV-Einsatz. Die technische Verwirklichung geschieht durch flexible Fertigungssysteme.

Flexible Fertigungssysteme erfüllen die grundlegende Aufgabenstellung einer flexiblen, automatisierten Fertigung, nämlich **unterschiedliche Werkstücke in beliebiger Reihenfolge** und **in wechselnden Losgrößen** wirtschaftlich zu fertigen.

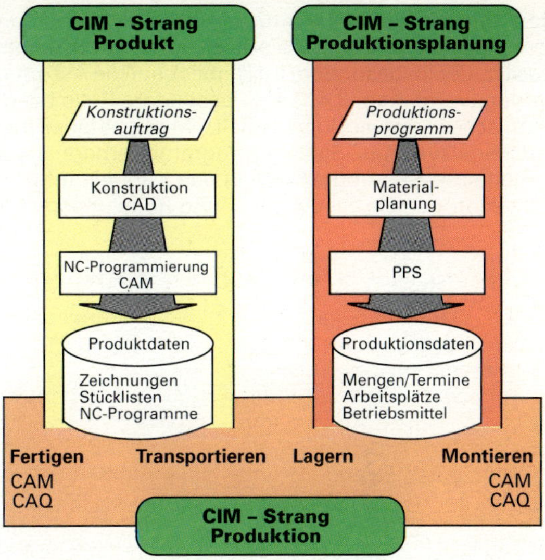

Schwerpunkte des rechnerunterstützten Informationsflusses

3.4.2 Funktionen flexibler Fertigungssysteme

Innerhalb des Entstehungsprozesses technischer Produkte erfüllen flexible Fertigungssysteme die **Funktion Fertigen.** Fertigen untergliedert sich weiter in Teilefertigen und Montieren.

Teilefertigen heißt, Werkstücke mit geometrisch definierter Gestalt wirtschaftlich herzustellen oder zu verändern, wobei Einzelheiten über das Werkstück und seine Bearbeitung festgelegt sind.

Hierzu werden Fertigungsverfahren nach DIN 8580 (s. Kap. 1.1) angewendet.

Das **Montieren** erfolgt durch Fügen; dieses ist nach DIN 8580 eine Hauptgruppe der Fertigungsverfahren und kann seinerseits weiter untergliedert werden.

Montieren bezeichnet ein **Fügen mit der speziellen Zielsetzung des Zusammenbaus von Bauelementen** und wird deshalb vom Fügen innerhalb der Teilefertigung unterschieden.

Sowohl bei der Teilefertigung als auch beim Montieren muß der Transport von Werkstücken, von Werkzeugen sowie von Abfall- und Hilfsstoffen sichergestellt werden (Materialfluß).

Die verschiedenen Formen des **Stoffumsatzes,** die in Fertigungssystemen technisch verwirklicht werden müssen, sind an **Energieumsatz**, meist in Form von Antriebsenergie, gebunden. Antriebs- und Energieübertragungseinheiten werden in anderen Kapiteln zur Maschinen- und Gerätetechnik behandelt (vgl. elektrische Antriebe; Getriebe) und sind deshalb hier ausgeklammert. Es geht also in diesem Kapitel mit Vorrang um die **Arbeitseinheiten der Maschinen.**

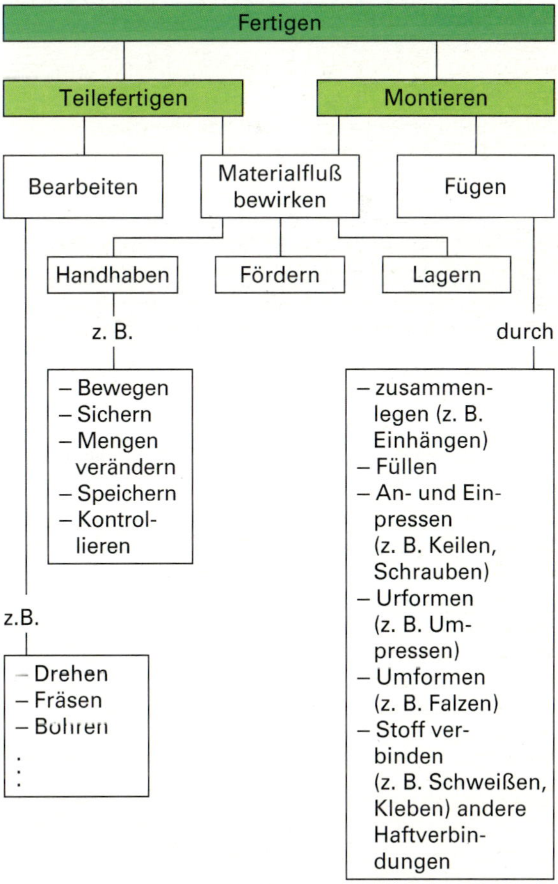

Gliederung der Funktion Fertigen

Stoff- und Energieumsatz müssen überwacht, gesteuert bzw. geregelt werden. Dies erfolgt durch **Informationsumsatz,** der insbesondere im Hinblick auf die Automatisierung (vergl. Kap. 3.4.1) eine besondere Rolle bei der technischen Entwicklung spielt. Meß-, Steuerungs- und Regelsysteme, Speicherprogrammierbare Steuerungen sowie Computer sind in den Kapiteln Informationstechnik sowie Steuerungs- und Regelungstechnik beschrieben. Deshalb wird der Informationsumsatz in Fertigungssystemen in den folgenden Kapiteln nicht in bezug auf die einzelnen Geräte bearbeitet, sondern in bezug auf die Realisierung der Stoff-(Material-)flüsse durch Informationsumsatz, d. h. im wesentlichen in bezug auf die **Verknüpfung der stoffumsetzenden Subsysteme.**

Aufgaben zur Wiederholung und Vertiefung

1. Erläutern Sie den Produktentstehungsprozeß („Lebenslauf" eines Produktes) am Beispiel eines technischen Systems aus Ihrem Arbeitsbereich in den wichtigsten Abschnitten (Phasen)! An welchem Abschnitt/welchen Abschnitten dieses Prozesses sind Sie mit Ihrer Arbeit beteiligt?

2. Aus einer Befragung von Unternehmen zu den Zielen bei der CIM-Einführung, die vom FIR der TH Aachen 1988 durchgeführt wurde, ergab sich folgende Reihenfolge (Auswahl):
Verringerung der Durchlaufzeit (95%), Erhöhung der Flexibilität am Markt (75%), Reduzierung der Lagerbestände (70%), Steigerung der Termintreue (64%), Erhöhung der innerbetrieblichen Flexibilität (52%), Erhöhung der Produktivität (40%), Sicherung des Anschlusses an technische Entwicklung (30%), geringer Verwaltungsaufwand (30%), Personaleinsparung (22%), Humanisierung der Arbeit (5%).
Erläutern Sie diese Aussagen, die aus Sicht der Unternehmen für die Einführung von CIM sprechen!

3. Erläutern Sie, warum der Stoffumsatz bei der Fertigung grundsätzlich an Energieumsatz gebunden ist; verdeutlichen Sie die Verknüpfung von Stoffumsatz mit Energieumsatz an Beispielen aus Ihrem Arbeitsbereich!
(weitere Aufgaben am Ende des Kap. 3.4)

3.4.3 Subsysteme und Struktur flexibler Fertigungssysteme

Die im vorangegangenen Kapitel erläuterten Funktionen Teilefertigungen und Montieren werden realisiert durch flexible Fertigungssysteme.

Für die **Funktion Teilefertigen** unterscheidet man je nach Aufgabenstellung, Funktionsumfang und Ausbaustufe drei Teilsysteme:

- Bearbeitungszentrum,
- Fertigungszelle,
- Fertigungsinsel.

Die **Funktion Montieren** wird häufig in einer **Montagelinie** verwirklicht.

Werden Teilefertigen und Montieren in einem einzigen flexiblen Fertigungssystem realisiert, so spricht man von einer **Fertigungslinie** oder **Transferstraße.** Es muß jedoch darauf hingewiesen werden, daß diese Bezeichnungen in der Fachsprache nicht einheitlich verwendet werden.

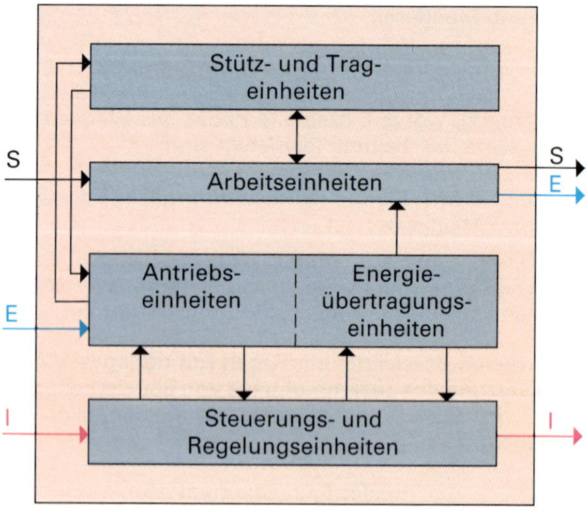

Funktionseinheiten eines Fertigungssystems

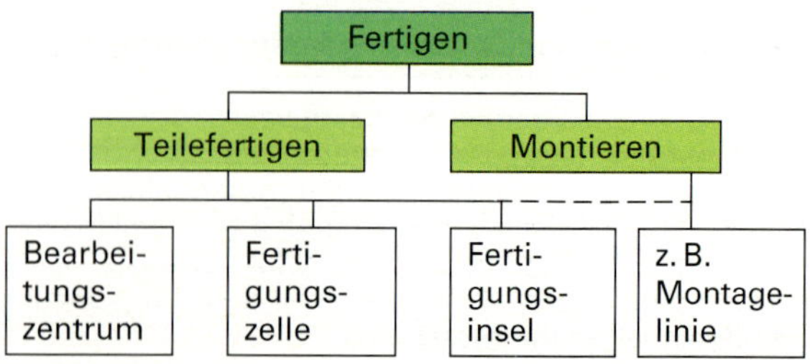

Bearbeitungszentrum

Das durchgängige Bestreben in der Fertigungstechnik, den erhöhten Anforderungen des Marktes durch mehr Automatisierung und Flexibilisierung Rechnung zu tragen, hat u. a. zu der Entwicklung von Bearbeitungszentren geführt.

Bearbeitungszentren sind Grundbausteine der automatisierten, flexiblen Fertigung.

Ein **Bearbeitungszentrum** ist eine numerisch gesteuerte Werkzeugmaschine mit automatischem Werkzeugwechsel, bei manchen Systemen auch mit einem automatischen Werkstückwechsler.

Es können verschiedene Fertigungsverfahren an mehreren Seiten z. B. eines kubischen (prismatischen) Werkstückes in einer Aufspannung ausgeführt werden. Das Auf- und Abspannen der Werkstücke erfolgt manuell während der Hauptzeit der Maschine. Typische Fertigungsverfahren sind Bohren, Fräsen, Ausdrehen, Gewindeschneiden, Reiben.

Unter einem **Drehzentrum** versteht man eine Drehmaschine, mit der Drehteile gefertigt und auch nachbearbeitet werden, z. B. durch Bohren oder Fräsen, so daß **fertigbearbeitete Teile** die Maschine verlassen.

Im Vergleich zur Fertigung auf einer konventionellen Werkzeugmaschine hat die Teilefertigung auf einem Bearbeitungszentrum wesentliche Vorteile:

- Durch automatischen Werkstück- und Werkzeugwechsel wird eine Verringerung der Warte- und Ausfallzeiten der Maschine erreicht; dieses bedeutet einen **höheren Auslastungsgrad** und damit **Kostenersparnis.**
- Durch Komplettbearbeitung bei nur einer Aufspannung entfällt ein Umladen des Werkstücks auf eine Folgemaschine; das bedeutet **Zeitersparnis** und damit Kostenersparnis, aber auch eine **Verbesserung an Qualität,** da das Nach- und Fertigbearbeiten des Werkstücks bei einer zweiten oder dritten Aufspannung meist ungenauer ausfällt als bei einer Komplettbearbeitung in nur einer Aufspannung.
- Durch sehr schnellen Wechsel des gesamten Bearbeitungsprogramms mit automatischer Werkzeugverwaltung und Werkzeugzubringung läßt sich eine **größere Teilevielfalt** wirtschaftlich erreichen, und es können kleinere Serien in kurzer Zeit bearbeitet werden; das bedeutet insgesamt **höhere Flexibilität.**

Alle diese Vorteile sind Voraussetzung für noch weitere Verkürzung der Maschinen-Stillstandszeiten, z. B. durch

- unbeaufsichtigten Durchlaufbetrieb auch außerhalb üblicher Arbeitszeiten in die Nachtstunden hinein sowie
- Überbrückung von Pausenzeiten.

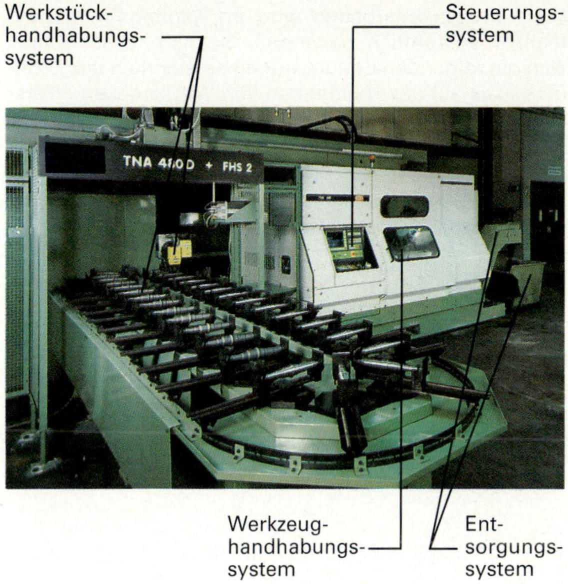

Subsysteme eines Bearbeitungszentrums (Drehzentrum)

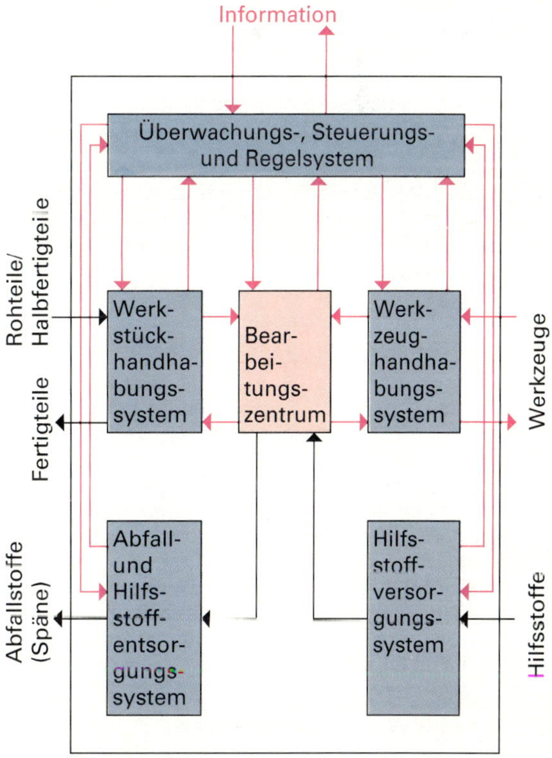

Subsystem – Struktur eines Bearbeitungszentrums (Energiefluß nicht berücksichtigt)

Die Funktion Bearbeiten wird im Kapitel Fertigungstechnik ausführlich behandelt. Deshalb beschränken sich die folgenden Erläuterungen hinsichtlich des Stoffumsatzes auf das Handhaben von Werkstücken, Werkzeugen, Hilfs- und Abfallstoffen sowie hinsichtlich des Informationssatzes auf Überwachen und Steuern.

Trotz unterschiedlicher Bauformen haben Bearbeitungszentren **gemeinsame Merkmale:**

- automatisierter Ablauf der Funktion Bearbeiten mit allen Schaltfunktionen sowie schnelle Wiederholbarkeit einzelner Bearbeitungsvorgänge;
- automatisierter Materialfluß an der Maschine, aufgeteilt in Werkstückhandhabung, Werkzeughandhabung, Hilfsstoff- und Spänefluß;
- systemfähige Schnittstellen, d. h. Verknüpfungsmöglichkeiten mit weiteren Subsystemen.

Teilfunktion	Beschreibung	Subsysteme
Bearbeiten	Bohren, Fräsen	WZ-Maschinen
Werkstücke handhaben	Speichern, Sichern und Bewegen von Werkstücken und Werkstückträgern	Palettenspeichersysteme, Werkstückträger, Arbeitstisch, Wechseleinrichtung für Werkstückträger
Werkzeuge handhaben	Speichern Bewegen Sichern Kontrollieren	Werkzeugspeicher Werkzeugwechsler Hauptspindel Werkzeugidentifikationssystem
Hilfsstoffe handhaben	Mengen verändern und Bewegen von Hilfsstoffen	Hilfsstoffversorgungssystem
Abfall- und Hilfsstoffe handhaben	Mengen verändern und Bewegen entstandener Abfallstoffe, z. B. Späne	z. B. senkrechte Führungsebene für freien Spänefall
Steuern und Überwachen	Verarbeiten, Transportieren und Speichern von technischen Informationen	Steuerungs- und Überwachungssystem

Teilfunktionen und Subsysteme von Bearbeitungszentren

- Teilfunktion Werkstücke handhaben

Das zu bearbeitende Werkstück muß zur Bearbeitungsstelle (Wirkstelle) transportiert und dort gespannt werden. Das Aufspannen der Werkstücke könnte grundsätzlich, wie bei herkömmlichen Werkzeugmaschinen auch, auf dem Arbeitstisch der Maschine ausgeführt werden. Dies würde jedoch bedeuten, daß die eigentliche Bearbeitung während des Spannvorgangs unterbrochen werden müßte. Vor allem bei Werkstücken, deren Befestigung schwierig ist, würden sich hierdurch längere Stillstandszeiten der Maschine ergeben. Deshalb wird der **Spannvorgang räumlich vom Arbeitsraum der Maschine getrennt.**

Außerhalb des Bearbeitungszentrums werden die Werkstücke auf spezielle Werkstückträger, sogenannte **Paletten**, gespannt. Diese Paletten werden in den Arbeitsraum der Maschine bewegt, auf dem Arbeitstisch positioniert und gespannt. Wegen der definierten Formen der Paletten nimmt dieses zweite Spannen nur wenig Zeit in Anspruch und kann automatisch erfolgen.

Bearbeitungszentren sind teure Systeme, deshalb sollen ihre Laufzeiten möglichst wenig unterbrochen werden. Um die Bearbeitungszeiten der Werkstücke unabhängig von den Aufspannzeiten zu halten, muß das Spannen auf Paletten auf Vorrat erfolgen. Gut ausgebaute Bearbeitungszentren verfügen über **Palettenspeicher,** in denen die Paletten in der Reihenfolge einer technologisch zweckmäßigen Bearbeitung der Werkstücke geordnet werden. Nach der Bearbeitung des jeweiligen Werkstücks werden die Paletten auf eine Palettenwechseleinrichtung bewegt und von dort in den Palettenspeicher zurückgeführt.

Palettenspeichersystem

Palette mit aufgespanntem Werkstück

- Teilfunktion Werkzeuge handhaben

Das Herstellen unterschiedlicher geometrischer Formen an Werkstücken bei möglichst kurzen Bearbeitungszeiten erfordert einen schnellen Werkzeugwechsel. Werkzeuge müssen auch ausgewechselt werden, wenn sie zu stark abgenutzt oder schadhaft sind.

Um den Werkzeugwechsel vornehmen zu können, ist es erforderlich, die einzelnen Werkzeuge auf geeignete Weise ein- bzw. auszuspannen und geordnet abzulegen. Außerdem muß ein Vorrat der benötigten Werkzeuge vorgehalten werden. Das **Spannen der Werkzeuge** erfolgt **durch spezielle Spannvorrichtungen,** der **Transport durch Handhabungssysteme.** Zur **Speicherung** sind **Magazine** gebräuchlich, die sich in der Nähe des Bearbeitungsraumes der Maschine befinden. Mehrere Bauformen werden unterschieden: Teller- oder Scheibenmagazine, Kettenmagazine sowie Trommel- (Revolver-) Magazine. Das Werkzeugmagazin enthält sämtliche Werkzeuge, die für die geplanten Bearbeitungsvorgänge benötigt werden. Tellermagazine können bis zu 40 Werkzeuge speichern, Kettenmagazine deutlich mehr.

Die Bewegung des Werkzeugs beim Werkzeugwechsel setzt sich zusammen aus der Vorwählbewegung des Magazins, durch die das benötigte Werkzeug in Wechselposition gebracht wird, und die eigentliche Wechselbewegung. Um kurze Wechselzeiten zu ermöglichen, werden **Doppelwechsler** eingesetzt. Diese entnehmen gleichzeitig je ein Werkzeug aus der Einspannstelle der Maschine und aus dem Magazin und tauschen beide Positionen auch gleichzeitig.

Ein möglichst störungsfreier Werkzeugwechsel läßt sich nur erreichen, wenn die Funktion des mechanischen Wechselns (Stoffumsatz) überwacht und gesteuert wird (Informationsumsatz). Um eine Verwechslung der Werkzeuge zu vermeiden, aber auch wegen einer übersichtlicheren Werkzeugverwaltung ist es erforderlich, die einzelnen Werkzeuge so kenntlich zu machen, daß sie von der Maschine automatisch erkannt (identifiziert) werden. Zu diesem Zweck sind sogenannte **Identifikationssysteme für Werkzeuge** entwickelt worden.

Die Werkzeugerkennung erfolgt durch
- **Werkzeugcodierung,** d. h. Kennung der einzelnen Werkzeuge und
- **Werkzeugplatzcodierung,** d. h. Kennzeichnung der richtigen Plazierung (Reihenfolge) der Werkzeuge im Magazin.

Für die Werkzeugcodierung wurden bisher vorwiegend **elektromechanisch oder optisch abtastende Systeme** angewendet, z. B. Codierringe oder Strichcode-Klebeetiketten. Allerdings ist deren Speichermöglichkeit stark begrenzt. Außerdem sind sie wegen der hohen Störanfälligkeit durch Verschmutzung nur bedingt einsetzbar. Wegen ihrer geringen Baugröße und hohen Störsicherheit setzen sich daher Datenträger in Form von **programmierbaren Halbleiterspeichern** am Werkzeug mehr und mehr durch. Hierbei unterscheidet man nach
- nur lesbarer Bauform und
- schreib- und lesbarer Bauform.

beim Kettenmagazin

beim Tellermagazin

Doppelarmgreifer für den automatischen Werkzeugwechsel

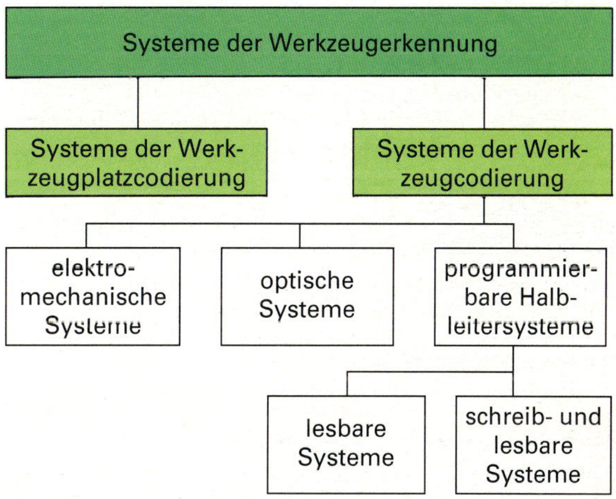

Systeme der Werkzeugerkennung

Die **nur lesbaren Bauformen** mit fest voreingestellten Werkzeugkenndaten können an den verschiedenen Stationen nur „ausgelesen" werden. Sie eignen sich daher eher für eine zentrale Werkzeugverwaltung. Demgegenüber sind **schreib- und lesbare Bauformen** frei codierbar. Dies bedeutet, daß etwa vor dem Einsatz eines Werkzeugs dessen aktuelle Kenndaten ausgelesen und nach dem Einsatz des Werkzeugs korrigierte Werkzeugdaten (z. B. über die Standzeit) in den Speicherbaustein am Werkzeug „geschrieben" werden können. Deshalb eignen sich diese Bauformen für eine dezentrale, werkzeugbegleitende Datenspeicherung; sie erhöhen damit die Flexibilität des Werkzeugeinsatzes.

Werkzeugcodierung

- Teilfunktion Hilfs- und Abfallstoffe handhaben

Die zur Realisierung dieser Funktionen verwendeten Systeme finden sich auch in konventionellen Werkzeugmaschinen, z. B. der Waagerecht-Bohr- und Fräsmaschine. Hier ist vor allem die senkrechte Anordnung der Führungsebene des Kreuzschlittens hervorzuheben, wodurch die Späne frei fallen können. Ebenso trägt die Gestaltung des Maschinenbetts dazu bei, daß die Späne frei fallen und Abfallstoffe leicht abtransportiert werden können.

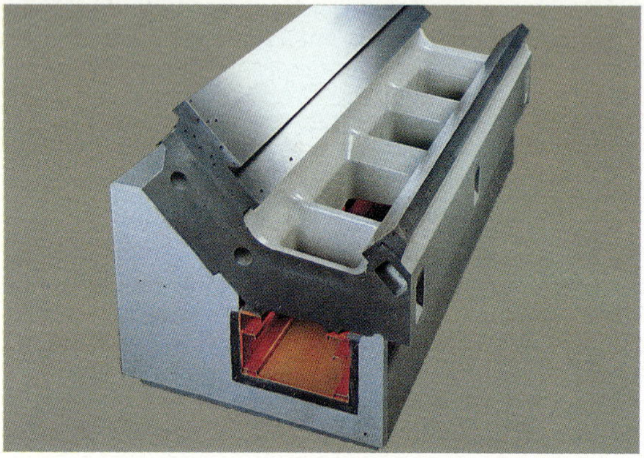
Schrägwannenbett zur leichten Handhabung der Hilfs- und Abfallstoffe

- Teilfunktion Steuern und Überwachen

Die Inbetriebnahme sowie der störungsarme und damit wirtschaftliche Betrieb eines Bearbeitungszentrums erfordern ein leistungsfähiges Steuerungs- und Überwachungssystem. Hier reichen die Grundfunktionen numerischer Steuerungen, also die Steuerung der Relativbewegung zwischen Werkstück und Werkzeug nicht mehr aus. Vielmehr ist eine Reihe von **Zusatzfunktionen** notwendig, z. B.
- laufende Erfassung der Maschinen- und Steuerungsdaten,
- laufende Erfassung der Betriebsdaten, etwa von Bearbeitungszeiten,
- automatische Werkzeugverschleißkorrektur,
- Überwachung der Standzeit der Werkzeuge,
- Erstellung und Korrektur der NC-Programme direkt an der Werkzeugmaschine,
- Benutzerführung am Bildschirm,
- grafische Simulation der Bearbeitung am Bildschirm des Steuerungssystems sowie
- DNC-Fähigkeit (vgl. auch Kap. 1.4)

DNC (engl. **D**istributed **N**umerical Control) bedeutet ein Aufteilen numerischer Steuerungsfunktionen.

Unter DNC versteht man die Möglichkeit, die CNC-Steuerung der einzelnen Werkzeugmaschinen an einen **übergeordneten Leitrechner,** den sogenannten DNC-Rechner, anzuschließen.

Dieser Rechner ist in Speicherkapazität und Verarbeitungsgeschwindigkeit leistungsfähiger als die CNC-Steuerung. Er übernimmt daher die Erstellung und Überwachung sämtlicher Teilprogramme.

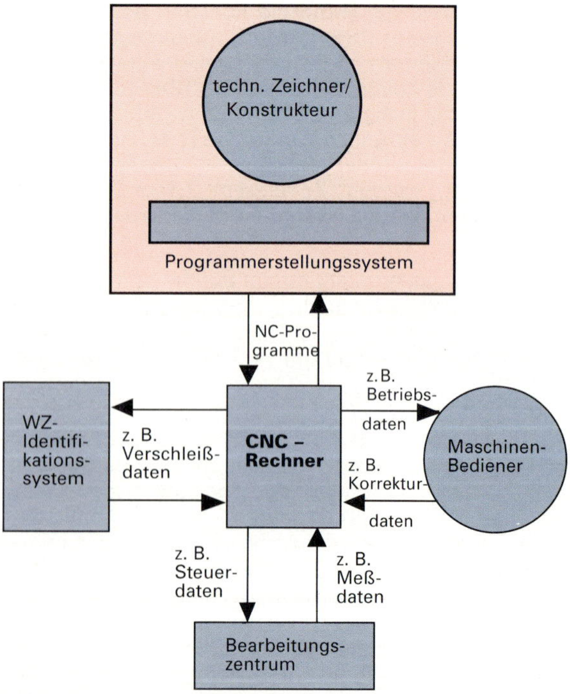

Struktur der Steuerung und Überwachung eines Bearbeitungszentrums

Flexible Fertigungszelle und Fertigungsinsel

Unter der Zielsetzung, Werkstücke möglichst wirtschaftlich und flexibel herzustellen, werden weitere Rationalisierungsreserven bei der Fertigung kleinster und mittlerer Losgrößen erschlossen, etwa durch
- Reduzierung der Nebenzeiten, d. h. Erhöhung des Nutzungsgrades von Maschinen und
- Verringerung des Personalbedarfs, d. h. Reduzierung der manuellen Eingriffe.

Um dieses Ziel zu erreichen, müssen verschiedene Fertigungseinrichtungen über ein gemeinsames Steuerungs- und Transportsystem so miteinander verknüpft werden, daß
- eine automatische Fertigung stattfinden kann,
- unterschiedliche Bearbeitungsaufgaben durchgeführt werden können,
- keine Unterbrechung der Bearbeitungsfolge durch manuelle Eingriffe entsteht und
- wechselnde Losgrößen bearbeitet werden können.

Es werden also höhere Anforderungen an die Automatisierung und Flexibilisierung gestellt.

Bezogen auf die **Automatisierung** bedeutet dies:
- ausreichender Vorrat an Werkstücken und Werkzeugen,
- automatische Werkstückversorgung,
- automatische Werkzeugversorgung,
- automatische Bereitstellung der Bearbeitungsprogramme,
- automatische Späneentsorgung,
- automatische Reinigung von Werkstück, Vorrichtung und Palette,
- automatische Überwachung, Störungsmeldung und Fehlerdiagnose.

Bezogen auf die **Flexibilität** bedeutet dies, daß der Umrüst-Aufwand, der für eine Änderung der Fertigungsaufgaben erforderlich ist, verringert werden muß, etwa durch
- Reduzierung der Durchlaufzeiten der Teile,
- Reduzierung des Bestandes an Halbfertigteilen,
- Reduzierung der Aufspannungen pro Werkstück,
- Reduzierung des Umrüstaufwandes, gemessen an der Zeit für die Umstellung auf eine andere Fertigungsaufgabe,
- Verbesserung der Verhältnisse von Hauptzeit zu Umrüstzeit.

Diese Anforderungen an die Automatisierung und die Flexibilität erfüllen flexible Fertigungszellen und flexible Fertigungsinseln mehr oder weniger vollständig.

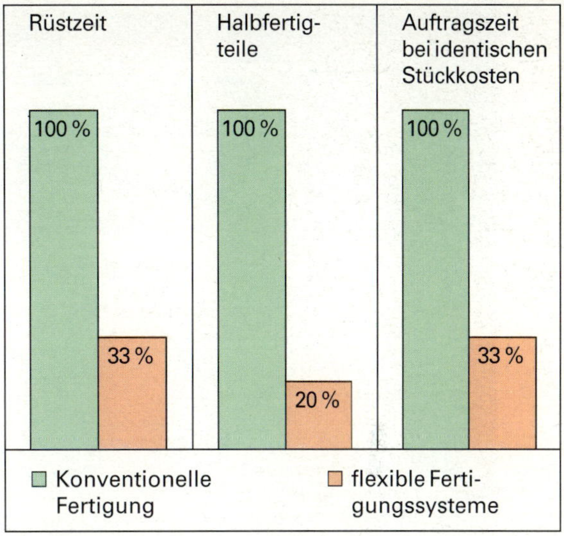

Vergleich zwischen konventioneller und flexibler Fertigung

Subsysteme einer Fertigungszelle

- Flexible Fertigungszelle

Der Werkstückwechsel erfolgt automatisch. Die Fertigteile werden durch programmierbare, integrierte Meßeinrichtungen kontrolliert. Die Entsorgung der Späne ist auch bei Dauerbetrieb sichergestellt.

Eine **flexible Fertigungszelle** ist eine numerisch gesteuerte Werkzeugmaschine, die meist aus einem Bearbeitungszentrum mit einem begrenzten Teilevorrat besteht, der nacheinander abgearbeitet wird.

Subsysteme einer flexiblen Fertigungsinsel

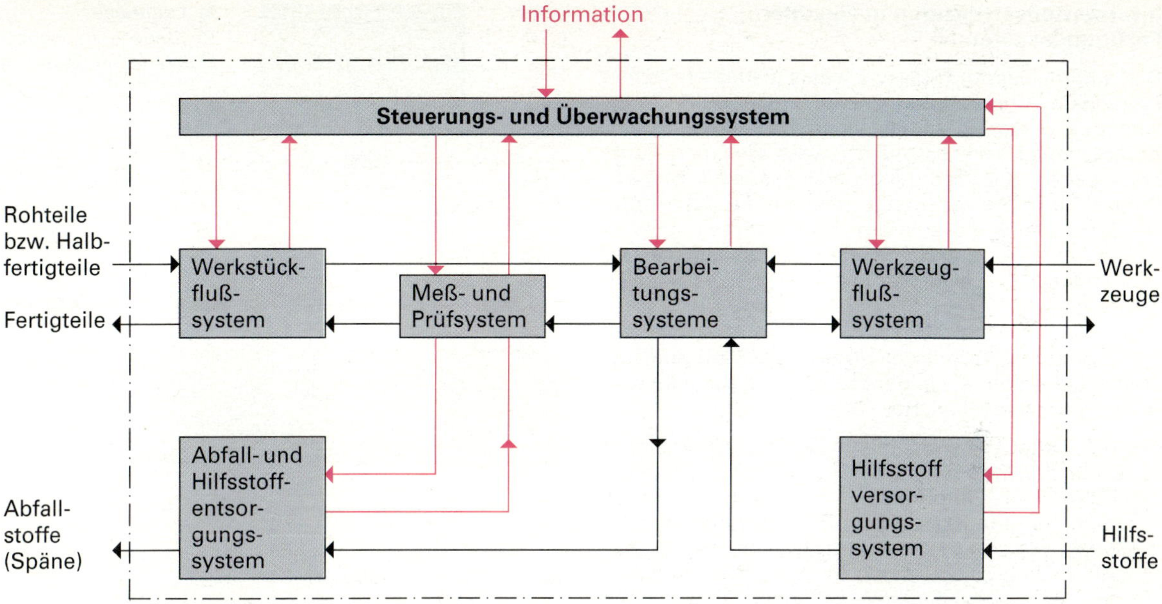

Subsystem-Struktur einer flexiblen Fertigungsinsel

- Flexible Fertigungsinsel

Unter einer **Flexiblen Fertigungsinsel** versteht man eine Gruppe von meistens 2 bis 4 NC-gesteuerten Werkzeugmaschinen, mit denen an einer begrenzten Auswahl von Werkstücken alle erforderlichen Bearbeitungen durchgeführt werden können.

Dazu ist ein automatischer, programmierbarer Teiletransport von Maschine zu Maschine erforderlich.

Flexible Fertigungsinseln gestatten eine wirtschaftliche Fertigung vor allem dann, wenn die Reihenfolge der Bearbeitungsvorgänge für die einzelnen Werkstücke in geeigneter Kombination erfolgt. Eine geeignete Kombination erreicht man durch Zusammenstellung sogenannter **Teilefamilien.** Solche Teilefamilien werden gebildet unter Gesichtspunkten wie:

- Gestaltähnlichkeit (Ähnlichkeit der äußeren Form),
- Ähnlichkeit der für die Herstellung erforderlichen Bearbeitungsverfahren,
- Ähnlichkeit der verwendeten Werkstoffe.

Wenn auch die grundsätzlichen Strukturen von Bearbeitungszentrum und Fertigungsinsel übereinstimmen, so erfordert die Verkettung jedoch eine erhebliche **Erweiterung der Funktionen Materialfluß bewirken sowie Steuern und Überwachen.** So muß nicht nur der maschinennahe Materialfluß innerhalb des Bearbeitungszentrums, sondern auch der automatische Materialfluß zwischen den Bearbeitungszentren sichergestellt werden. Dieser wird über entsprechende Handhabungs-, Förder- und Lagersysteme realisiert (vgl. Kap. 3.4.4). Die Steuerung und Überwachung des Materialflusses übernehmen angepaßte Einzelsteuerungen, die untereinander verkettet (vernetzt) sind.

Teilefamilie

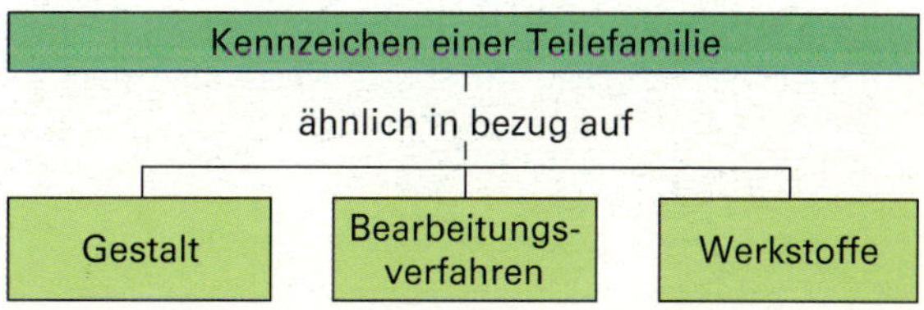

Informationsstrukturen in Flexiblen Fertigungssystemen

Die automatisierte Fertigung eines variantenreichen Produktionsprogramms setzt eine integrierte Rechnersteuerung und informationstechnische Verkettung aller Komponenten voraus. Auf den verschiedenen Funktionsebenen des Fertigungsbereiches sind Steuer-, Kontroll- und Überwachungsaufgaben durchzuführen. Die Organisation dieser Informationsverarbeitungsvorgänge hat einen entscheidenden Einfluß auf die Leistungsfähigkeit, Flexibilität und Verfügbarkeit des Gesamtsystems.

Die **informationstechnische Struktur des Fertigungssystems** läßt sich in die folgenden hierarchisch angeordneten Ebenen aufgliedern:

- In der **Leitebene** werden vom **Fertigungsleitrechner** der für den Fertigungsverlauf notwendige Materialfluß sowie der Informationsfluß zwischen den einzelnen Fertigungszellen koordiniert und überwacht. Der Fertigungsleitrechner führt eine Optimierung des Auftragsdurchflusses durch, löst Vorgaben zur Beseitigung von Störungen aus und liefert Informationen über die Anlagenauslastung. Übergeordnete Produktionsplanungs- und -steuerungssysteme versorgen den Rechner mit Planungsdaten für einen begrenzten Zeitraum bzw. bei langlaufenden Aufträgen für ein bestimmtes Fertigungsvolumen.
- Von der **Steuerungsebene** aus werden die eigentlichen Arbeitssysteme (Aktoren) in der **Werkstattebene**, wie NC-Bearbeitungsmaschinen, Materialfluß- und Werkzeugflußsysteme, mit den jeweils notwendigen Steuerdaten versorgt. Die hierfür eingesetzten Zellenrechner oder Steuerungsrechner werden außerdem zur Systembedienung, z. B. beim Einrichten, sowie zur Verwaltung der NC-Programme, Werkzeuge und Betriebsmittel verwendet.

Zusammengefaßt zeigt sich folgendes:

- Bei **mechanischen Automaten** wird das Einrichten der Werkzeuge und des Ablaufprogramms durch den Einrichter ausgeführt. Eine automatische Information an vor- oder nachgeschaltete Stellen und eine unmittelbare Rückmeldung von Daten und Ergebnissen (Feedback) erfolgen nicht. Die Kontrolle des Systems und evtl. erforderliche mechanische Eingriffe zur Optimierung des Arbeitsergebnisses übernimmt der Mensch.
- Bei der **NC-Maschine** erfolgt die Eingabe des Ablaufprogramms und der Werkzeugdaten automatisch von Datenträgern aus. Eine automatische Erfassung von Meßdaten und eine Rückmeldung an ein CNC-System ist möglich; auf diese Weise sind gespeicherte Werkzeugdaten korrigierbar.

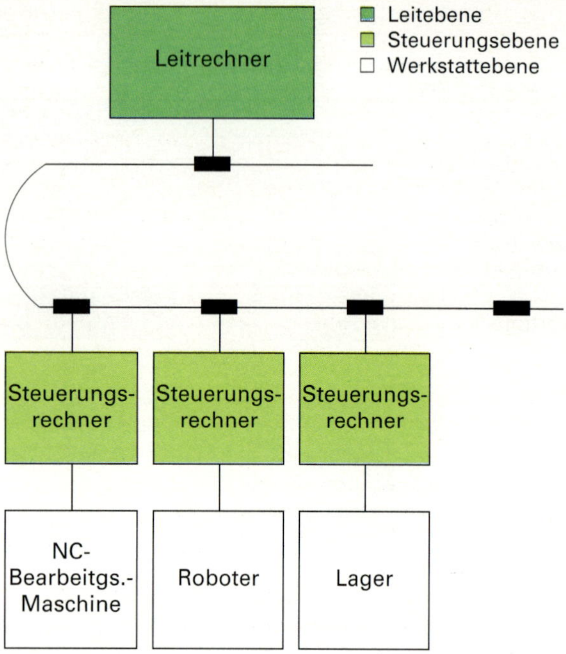

Informationstechnische Subsystem – Struktur eines flexiblen Fertigungssystems

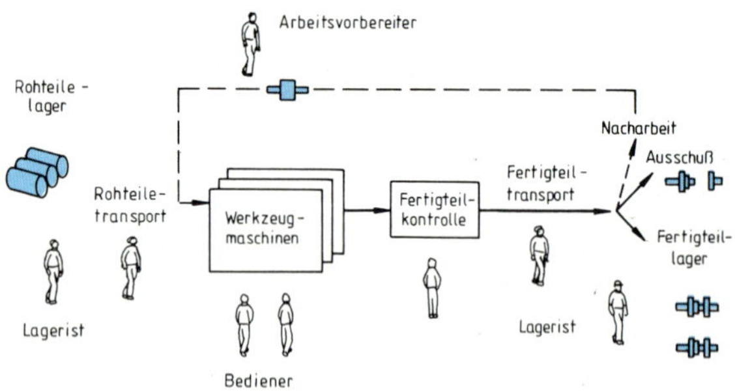

Stand der Automatisierung bei mechanischen Automaten

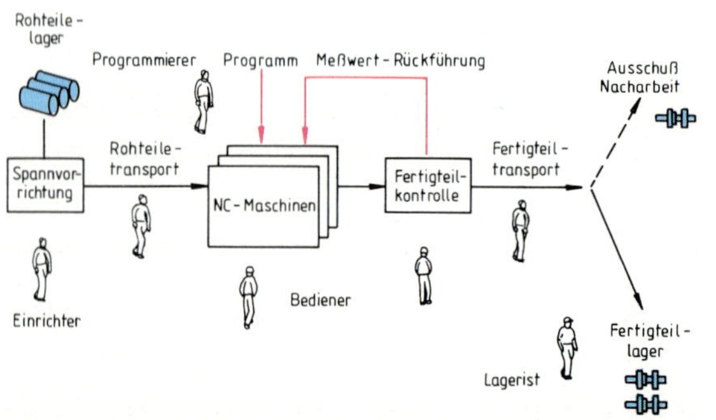

Stand der Automatisierung bei NC-Maschinen

– Bei der **rechnergesteuerten Fertigung** besteht ein automatischer Informationsfluß zwischen den integrierten Subsystemen. Bezogen auf den jeweiligen Arbeitsauftrag gibt ein Leitrechner die speziellen Informationen zum erforderlichen Zeitpunkt an alle vor- und nachgeschalteten Subsysteme; die Kontrolle des Arbeitsergebnisses erfolgt ebenfalls durch den Leitrechner. Im Falle unzulässiger Abweichungen von vorgegebenen Sollwerten und Toleranzen werden die gespeicherten Daten automatisch korrigiert.

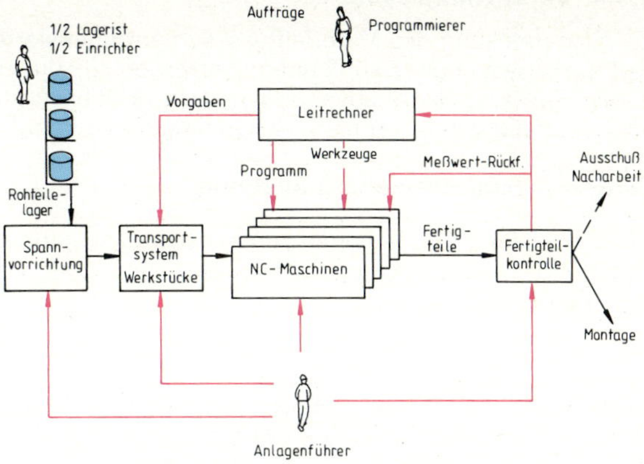

Stand der Automatisierung bei flexiblen Fertigungsinseln

Transferstraßen

Für die **Bearbeitung fertigungsähnlicher Werkstücke** in meist großen Stückzahlen eignen sich Sondermaschinen, in denen die Werkstücke Bearbeitungsstationen in bestimmter, festgelegter Folge durchlaufen. Meist ist der Werkstückträger oder die Montagevorrichtung mit dem Transfersystem (Fördersystem) verbunden. Diese verketteten Sondermaschinen werden Transferstraßen genannt.

Es gibt auch Transferstraßen für die **Funktion Montieren.** In diesen wird das Montageobjekt, geordnet nach der Reihenfolge der Montagevorgänge, von Arbeitsstation zu Arbeitsstation gefördert.

Im Gegensatz zu flexiblen Fertigungssystemen sind in Transferstraßen die Bearbeitungs- oder Montagestationen starr miteinander verkettet. Sie lassen sich dadurch gemeinsam mit der Transfereinrichtung steuern. Der Werkstückdurchlauf geschieht in gleichmäßigen, vom langsamsten Arbeitszyklus vorgeschriebenen Takten. Eine Störung bei nur einer Bearbeitungs- oder Montagestation hat den Stillstand der gesamten Anlage zur Folge.

Typischer Einsatzbereich für Transferstraßen ist die Automobilindustrie.

Transferstraße

Aufgaben zur Wiederholung und Vertiefung

1. Erläutern Sie die Vorteile der Fertigung mit einem Bearbeitungszentrum gegenüber der Fertigung mit herkömmlichen Werkzeugmaschinen!
2. Beschreiben Sie die verschiedenen Materialflüsse in einem Bearbeitungszentrum!
3. Welche Gründe sprechen für das Spannen der Werkstücke auf Paletten im Vergleich zu herkömmlichen Spannverfahren?
4. Erläutern Sie die wichtigsten Subsysteme, die bei einem automatischen Werkzeugwechsel den Stofffluß „Fluß" der Werkzeuge bewirken!
5. Welche Informationen sind für eine sichere und hinreichende Werkzeugerkennung und Werkzeugüberwachung erforderlich?
6. Erläutern Sie zwei Verfahren der Werkzeugerkennung!
7. Geben Sie praktische Beispiele für wichtige Überwachungs- und Steuerungsfunktionen in einem Bearbeitungszentrum!
8. Erläutern Sie die Stufen der Automatisierung von der herkömmlichen Werkzeugmaschine zur flexiblen Fertigungsinsel!
9. Welche wichtigen Unterschiede bestehen hinsichtlich der Automatisierung und der Flexibiliät zwischen Transferstraßen und flexiblen Fertigungsinseln?

3.4.4 Verkettungssysteme

Zur Sicherstellung des Materialflusses in automatisierten, flexiblen Fertigungssystemen sind Systeme erforderlich, die die Teilfunktionen Fördern, Handhaben und Lagern erfüllen (vgl. auch Kap. 3.4.2). Auf diese soll hier näher eingegangen werden.

Fördern – Funktionen und Systeme

Fördern ist das Fortbewegen von Arbeitsgegenständen oder Personen in einem System (VDI 2411). Diese Funktion wird realisiert mit **Fördermitteln.**

Dies sind Transportmittel, die innerhalb örtlich begrenzter und zusammenhängender Betriebseinheiten verfahren, zum Beispiel innerhalb eines Werkes. Transportmittel werden zur Ortsveränderung von Personen und/oder Gütern eingesetzt.

Fördermittel sind durch ihre Dynamik charakterisiert und erfüllen Aufgaben im Sinne einer **Verkettung funktional zusammenhängender Bereiche,** wie beispielsweise Transporte zwischen einzelnen Bearbeitungsmaschinen, zwischen Lager und Maschinen, zwischen Produktionsbetrieb und Versandtabteilung und andere mehr.

Neben der Funktion Fördern liegen zusätzliche Funktionen der Fördermittel im Verteilen, Sammeln, Puffern (Lagern) und Kommissionieren, d. h. Zusammenstellen von Gütern für einen Auftrag. Fördermittel werden eingeteilt in Stetigförderer und Unstetigförderer.

Stetigförderer erzeugen einen kontinuierlichen Fördergutstrom und arbeiten während eines längeren Zeitabschnitts. Ihre **Be- und Entladung** erfolgt **während des Betriebs.** Stetigförderer sind grundsätzlich mit ortsfesten Einrichtungen wie Schienen, Ständern o. ä. versehen, was ihre Flexibilität einschränkt und für andere Arbeitsmittel häufig ein Hindernis darstellt.

Unstetigförderer bewirken hingegen einen unterbrochenen Fördergutstrom und arbeiten in einzelnen Arbeitsspielen mit bestimmten Spielzeiten. Die **Beladung** erfolgt **im Stillstand;** sie werden daher nur an bestimmten Stellen be- und entladen. Zeiten für Lastfahrten, Leerfahrten, Anschlußfahrten und Stillstandszeiten unterschiedlicher Länge wechseln einander ab. Bei Unstetigförderern hat meist jedes Tragorgan einen Eigenantrieb. Ausnahmen bilden die Schlepper. Unstetigförderer können mit ortsfesten oder ohne ortsfeste Einrichtungen realisiert sein und weisen entsprechende Unterschiede in der Flexibilität und im Grad ihrer Hindernisbildung auf.

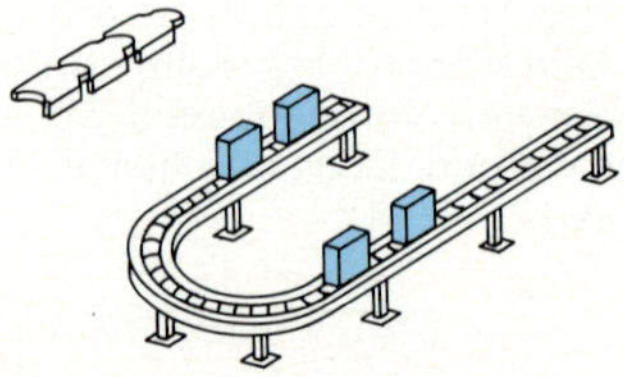

Gliederbandförderer: Stetigförderer

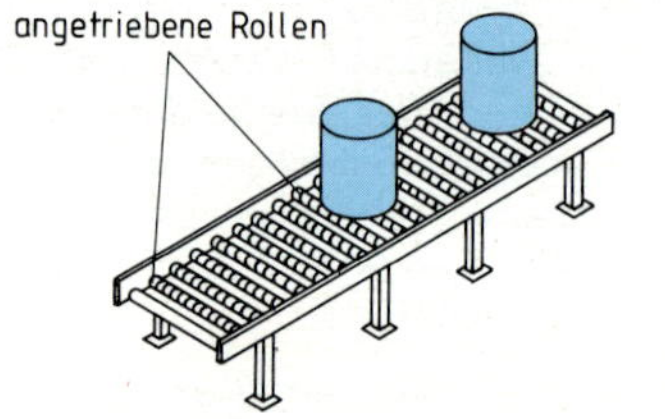

Rollenbahn: aufgeständerter Stetigförderer

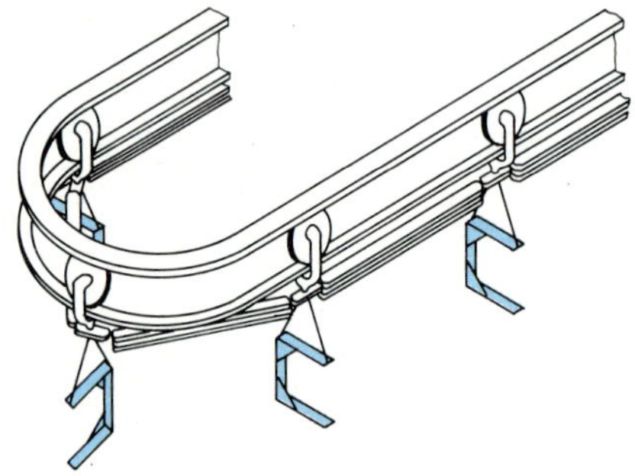

Kreisförderer: flurfreier Stetigförderer

- **Fördermittel**
  - **Stetigförderer**
    - flurgebunden: z. B. Unterflurschleppkettenförderer
    - aufgeständert: z. B. Kugelbahn Rollenbahn, Gliederbandförderer
    - flurfrei: z. B. Kreisförderer
  - **Unstetigförderer**
    - flurgebunden: z. B. Regalbediengerät, Gabelstapler
    - aufgeständert: z. B. Rollenbahn ohne Antrieb
    - flurfrei: z. B. Hängekran

Einteilung der Fördermittel

Fördermittel können flurgebunden, aufgeständert oder flurfrei fördern oder verfahren.

Als **flurgebunden** werden Fördermittel bezeichnet, wenn sie **Verkehrswege am Boden** nutzen oder über Einrichtungen verfahren, die im Boden eingelassen sind.

Fördermittel, die **in definierter Höhe** über dem Boden **mit Stützen gehalten** werden oder in Schienen verfahren, die auf Stützen verlegt sind, werden als **aufgeständert** bezeichnet. Sie verfahren in einer durch die Konstruktion festgelegten Höhe über dem Hallenboden, wobei das Fördergut sich sowohl oberhalb als auch unterhalb des Fördermittels befinden kann. Da sie ortsfest installiert sind, bilden sie stets ein Hindernis für andere Fördermittel. Sie werden daher häufig in Bereichen eingesetzt, in denen keine anderen Fördermittel verkehren.

Flurfreie Fördermittel schließlich sind **an der Hallendecke** befestigt oder verfahren an Schienen, die an der Hallendecke montiert sind. Kennzeichen flurfreier Fördermittel ist, daß die Förderebene und meist auch die Verfahrebene oberhalb der eigentlichen Arbeitsebene in der Fabrik liegen.

- Bedienung der Fördermittel

Von wesentlichem Einfluß auf die Einbindung der Fördermittel in automatische Materialflußsysteme ist der Automatisierungsgrad der Fördermittelbedienung. Als **manuell** bedient werden Fördermittel bezeichnet, wenn die Fahrzeugführung und -steuerung durch den Menschen geschieht (lenken, bremsen, beschleunigen usw.). Auf einer Zwischenstufe zur Automatisierung hin gibt es Fördermittel, die ohne direktes Einwirken des Menschen operieren, aber dennoch eine einfache Steuerung (Start, Stop) benötigen.

Als **automatisiert** schließlich werden Fördermittel bezeichnet, wenn nicht nur die Förderbewegung, sondern auch die komplexe Steuerung ohne Einwirken des Menschen erfolgt, d. h. wenn der Mensch lediglich Überwachungsfunktion innehat und die eigentliche Steuerung von einem Rechner durchgeführt wird.

- Fahrerlose Transportsysteme

Für die Funktion Fördern in flexiblen Fertigungssystemen kommt **f**ahrerlosen **T**ransport**s**ystemen **(FTS)** besondere Bedeutung zu.

FTS bestehen aus automatischen, flurgebundenen, unstetigen Förderern, vereinfacht auch **Flurförderzeuge** genannt (z. B. Wagen), sowie einem übergeordneten Rechner, der die FTS steuert, ihre Fahrten einteilt und verwaltet.

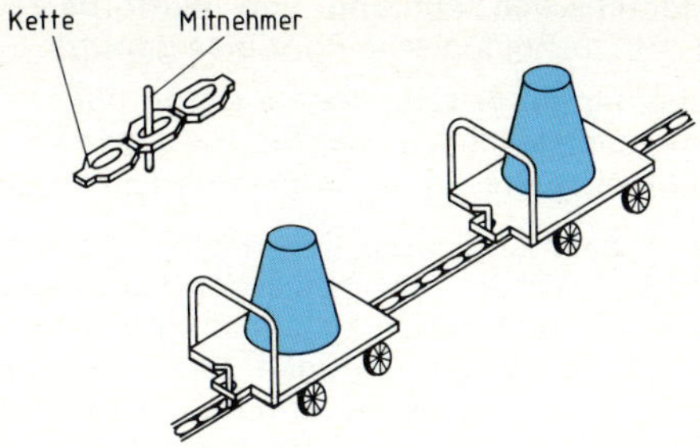

Unterflurschleppkettenförderer: flurgebundener Stetigförderer

Palettentransportanlage: Aufgeständerter Stetigförderer

Fahrerloses Transportfahrzeug

Zur **automatischen Führung von Flurförderzeugen** werden zwei technologische Prinzipien genutzt:

- Orientierung an ortsfest angebrachten oder im Boden verlegten Leitlinien oder Markierungen;
- Orientierung entlang programmierter Fahrwege.

Dem erstgenannten Prinzip liegen die – heute nicht mehr gebräuchlichen – mechanischen Führungen sowie induktive, optische und magnetische Führungen oder auch Mischformen zugrunde. Das zweite Prinzip beruht auf den Navigationsverfahren, wobei unterschiedliche Übertragungssysteme wie Infrarot, Laser, Ultraschall oder Videokamera eingesetzt werden.

Da die Mehrzahl der heute realisierten FTS auf die induktive Führung zurückgreift, soll diese nun näher erläutert werden.

Die **induktive Führung** kann entweder über Leitdraht (erstgenanntes Prinzip) oder über Raster (zweitgenanntes Prinzip) erfolgen.

Bei der **Leitdrahtführung** folgen die Fahrzeuge im Boden verlegten, wechselstromdurchflossenen Leitern, indem sie die resultierenden Magnetfelder mit je einer Spule aufnehmen, die rechts und links des Leitdrahts im Fahrzeug angeordnet ist. Die in den beiden Spulen induzierten Spannungen werden abgeglichen. Mittels einer Regelungstechnik wird bei Spannungsunterschieden eine Gegenlenkung hervorgerufen. Die Kommunikation zum Leitrechner erfolgt vielfach über ebenfalls im Boden verlegte Drahtschleifen oder über Infrarot-Strecken.

Bei der **Rasterführung** sind im Boden gitterförmig parallele Leiterschleifen in gleichem Abstand fest verlegt, die ein absolutes Raster bilden. Die Fahrzeuge sind mit inkrementalen Wegaufnehmern und Winkelaufnehmern ausgerüstet. Sie verfahren entlang der programmierten Fahrwege, z. B. nach dem Prinzip der Koppelnavigation. Dabei wird ständig die über das eigene Weg- und Winkelmeßsystem relativ gemessene Position jeweils mit dem absoluten Raster verglichen und korrigiert. Die Kommunikation mit dem Rechner erfolgt wie bei der Leitdrahtführung.

- Sicherheit

Da automatische Flurförderzeuge dieselben Wege nutzen wie auch andere Fördermittel und Personen, gelten für sie besondere Sicherheitsbestimmungen. Wichtigste Komponente für das Fahrzeug ist die **Auffahrsicherung.** Sie ist üblicherweise als Not-Aus-Bügel mit Seilzügen und mechanischen Schaltern oder heute vermehrt als Kontaktleiste mit Schaumstoff (Bumper) ausgebildet, in mehreren Anwendungen auch als Lichtwellenleiter in Schaumstoffstoßfängern. Alle Fahrzeugtypen sind so dimensioniert, daß das Fahrzeug innerhalb der Knautschzone zum Stand kommt. Alternativ werden Schwenkarme mit Lichtschranken, Ultraschall- und Bilderkennungssysteme angeboten.

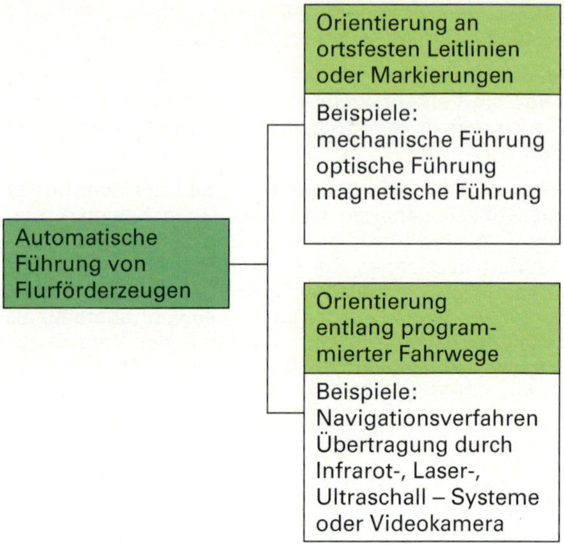

Technologische Prinzipien zur automatischen Führung von fahrerlosen Transportsystemen

Rasterführung: Die Horizontalfahrt wird über inkrementale Wegaufnehmer gesteuert.

Lagern – Funktionen und Systeme

Zur Aufrechterhaltung des Materialflusses in flexiblen Fertigungssystemen ist es erforderlich, Werkstücke (z. B. Roh- und Fertigteile) sowie Werkzeuge zu lagern.

Je nach Typ dienen sie vorrangig der Überbrückung einer Zeitdauer bei der Güterverteilung oder der Veränderung der Zusammenstellung von Gütern zu Ladeeinheiten zwischen Zu- und Abgang.

Vorratsläger (z. B. Für Rohteile) werden zum Ausgleich von Bedarfsschwankungen in der Produktion genutzt. Typisches Merkmal ist, daß Ein- und Auslagerungen unregelmäßig sein können. Die Umschlaghäufigkeit in Vorratslägern ist im Vergleich zu Pufferlägern niedrig.

Pufferläger (z. B. für halbfertig bearbeitete Werkstücke) gleichen Schwankungen zwischen Zu- und Abgängen in kürzeren Zeitabschnitten aus und dienen häufig zur Zeitüberbrückung zwischen verschiedenen Arbeitsvorgangsfolgen in der Produktion.

Verteilläger hingegen erfüllen neben der Bevorratung noch den Zweck, die Zusammenstellung von Gütern zu Ladeeinheiten zu verändern. Verteilläger finden in Industrieunternehmen als Rohmaterial-, als Zukaufteileläger oder als Fertigteileläger häufig dann Verwendung, wenn lediglich Teilmengen einzelner Ladeeinheiten benötigt werden. Sie stellen darüber hinaus in Handelsunternehmen den am häufigsten eingesetzten Lagertyp dar. Sie weisen relativ regelmäßige Zu- und Abgänge allerdings unterschiedlicher Ladeeinheiten auf. Die Umschlaghäufigkeiten können sehr verschieden sein.

- Lagersysteme für Stückgüter

Stückgüter können auf dem Boden oder in Regalen gelagert werden. Dementsprechend wird zwischen Bodenlagerung und Regallagerung unterschieden.

Bei der Bodenlagerung werden die Ladeeinheiten auf einer Ebene oder, sofern stapelbar, auf mehreren Ebenen gelagert. Bei der Regallagerung wird grundsätzlich in mehreren Ebenen gelagert. Je nach den speziellen Anforderungen an die Lagerung können die Ladeeinheiten von der Einlagerung bis zur Auslagerung in Ruhe im Lager an einem Platz verbleiben; hierzu eignen sich statische Läger. Vielfach aber müssen die Ladeeinheiten nach dem Einlagern und vor dem Auslagern noch bewegt werden; dann sind dynamische Läger erforderlich.

- Organisation der Lagerung

Beim Einsatz flexibler Fertigungssysteme reichen automatische Lager- und Fördermittel allein nicht aus, um die anstehenden Lageraufgaben insgesamt zu lösen und alle Anforderungen an den Materialfluß zu erfüllen. Vielmehr ist es erforderlich, alle Läger in einen **Gesamtplan des Materialflusses** im Unternehmen (Unternehmenslogistik) einzubeziehen, also eine Gesamtorganisation der Lagerung zu gewährleisten.

Lagern ist jedes geplante Liegen im Materialfluß (VDI 2411). Läger realisieren die Funktion Lagern. Läger sind Materialflußsysteme mit der Aufgabe, Stück- oder Schüttgüter zu bevorraten, zu puffern oder zu verteilen.

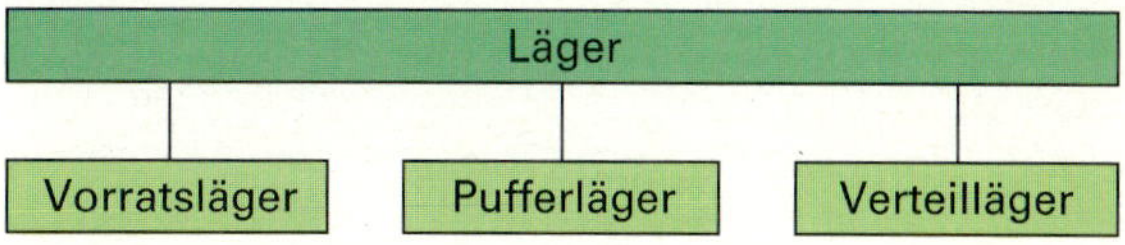

Einteilung der Läger nach ihren Funktionen im Materialfluß

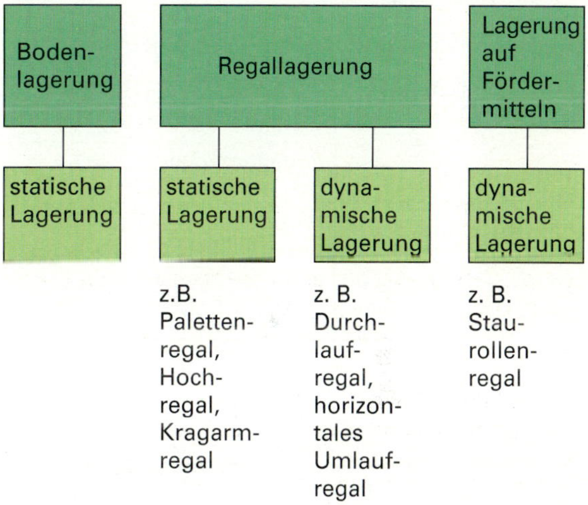

Arten der Lagerung von Stückgütern

Horizontales Umlaufregal:
Beispiel einer Bauform für dynamische Lagerung

Die wichtigste Aufgabe der Lagerorganisation ist die Überwachung und Verwaltung aller Abläufe und Zustände im Lagerbereich. Hierbei sind statische Größen zu beachten, die den Zustand des Bestandes beschreiben, sowie dynamische Größen, die Bewegungen beim Umschlag kennzeichnen.

Statische Größen	Dynamische Größen
Artikelanzahl	Wareneingänge/Tag
ABC-Artikelverteilung	Warenausgänge/Tag
Gesamtdurchschnittsbestand	Umlagerungen/Tag
	Umschlag/Jahr
Anzahl Paletten/Artikel	Auftragszahl/Tag
Lagerkapazität	Positionen/Auftrag
Lagerplatzkapazität	Positionen/Tag
Kosten/Artikel	Zugriffe/Position
ABC-Kostenverteilung	Gewicht/Zugriff
Durchschnittliche Gesamtbestandskosten	Gesamtzahl der Artikel im täglichen Zugriff
Durchschnittliche Bestandskosten/Artikel	Gesamtumschlagkosten Kosten/Lagerbewegung

Wichtige Kenngrößen für die Lagerorganisation

Aufgaben zur Wiederholung und Vertiefung

Ein Regallager nach Abb. 1 hat folgende Daten:

Lagermaße		Geschwindigkeitsangabe	
Höhe	$H = 5{,}0$ m	Regalförderzeug, Rfz	$v = 1{,}4$ m/s
Breite mit Übergabestationen	$B = 6{,}0$ m	Hubwerk	$v = 0{,}8$ m/s
		Gabel für Lastaufgabe/-abgabe	$v = 0{,}2$ m/s
Tiefe	$T = 1{,}2$ m		

Es werden zwei Lagerplätze nach Abb. 2 angenommen:

$$P_1 = \frac{5}{6}\,B / \frac{2}{9}\,H \text{ und}$$

$$P_2 = \frac{2}{6}\,B / \frac{6}{9}\,H$$

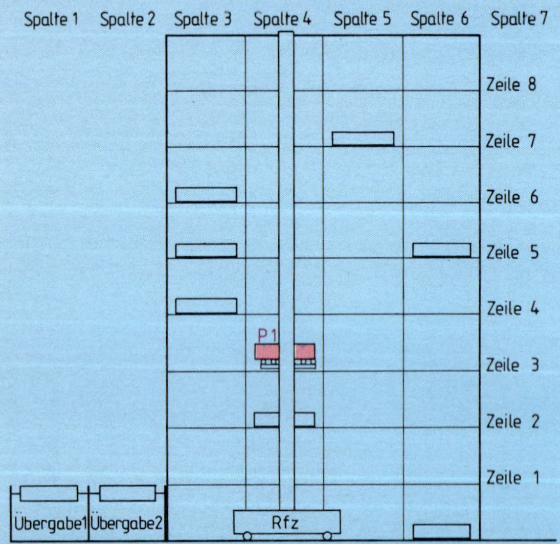

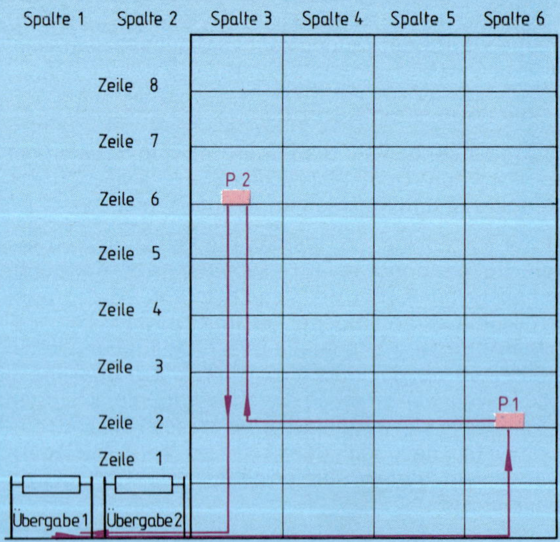

a) Ermitteln Sie die Zeit für ein Einzelspiel (Lastaufnahme Übergabestation 1 + Fahrt Rfz. horizontal zur Spalte Pos. 1 + Fahrt Rfz. vertikal zur Zeile Pos. 1 + Lastabgabe am Lagerplatz P1 + Leerfahrt vertikal + Leerfahrt horizontal zur Übergabestation 1)

b) Ermitteln Sie die Zeit für ein Doppelspiel (Lastaufnahme Übergabestation 1 + Fahrt Rfz. horizontal zur Spalte Pos. 1 + Fahrt Rfz. vertikal zur Zeile Pos. 1 + Lastabgabe am Lagerplatz P1 + Leerfahrt von P1 horizontal zur Spalte Pos. 2 + Leerfahrt vertikal zur Zeile Pos. 2 + Lastaufnahme am Lagerplatz P2 + Lastfahrt vertikal + Lastfahrt horizontal zur Übergabestation 1 + Lastabgabe an Übergabestation 1)

Handhaben – Funktionen und Systeme

Im Verlauf der zunehmenden Automatisierung des Materialflusses mit den Funktionen Fördern, Lagern und Handhaben stellt die letztgenannte Aufgabe die aus technischer Sicht wohl größte Herausforderung dar; gilt es doch, bestimmte Fähigkeiten der menschlichen Hand durch technische Mittel zu ersetzen.

Durch die Weiterentwicklung der Fertigungssysteme und ihre fortgeschrittene Automatisierung sind die Zeiten für das reine Fertigen, die **Maschinenhauptzeiten** kontinuierlich gesunken. Dies war bei den **Nebenzeiten** nicht in gleichem Maße der Fall. Nebenzeiten sind aber geprägt durch einen hohen Handhabungsanteil. Es ist daher klar, daß in diesem Funktionsbereich große Anstrengungen unternommen werden, die Nebenzeiten durch weitere Automatisierung und Erhöhung der Flexibilität der Systeme zu reduzieren.

Das Handhaben unterscheidet sich von den anderen Funktionsbereichen des Materialflusses (Fördern, Lagern) dadurch, daß nur geometrisch bestimmte Körper (zum Beispiel Stückgüter) in den Handhabungsprozeß gelangen, bei denen nicht nur die Position, sondern auch die Orientierung im Raum vorgegeben ist.

Handhaben ist nach VDI-Richtlinie 2860 durch folgende Merkmale gekennzeichnet:
- das Schaffen einer vorgegebenen räumlichen Anordnung geometrischer Körper,
- das definierte Verändern dieser Anordnung,
- das vorübergehende Aufrechterhalten dieser Anordnung,
- das Beschreiben der Veränderung durch ein Bezugskoordinatensystem.

Es können weitere Bedingungen, wie z. B. Zeit, Menge und Bewegungsbahn vorgegeben sein. Die Funktion Handhaben läßt sich in die **Teilfunktionen Speichern, Mengen verändern, Bewegen, Sichern** und **Kontrollieren** untergliedern. Sie bewirkt den Werkstück- und Werkzeugfluß.

Handhabungssysteme führen meist nicht nur eine der genannten Teilfunktionen aus.

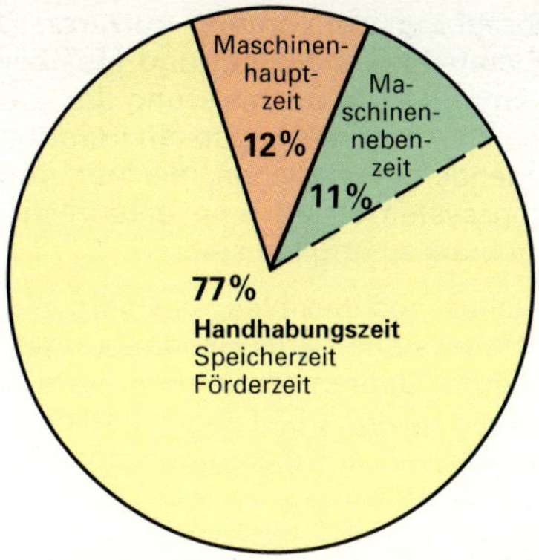

Anteil der Handhabungszeit an der Durchlaufzeit eines Produktes

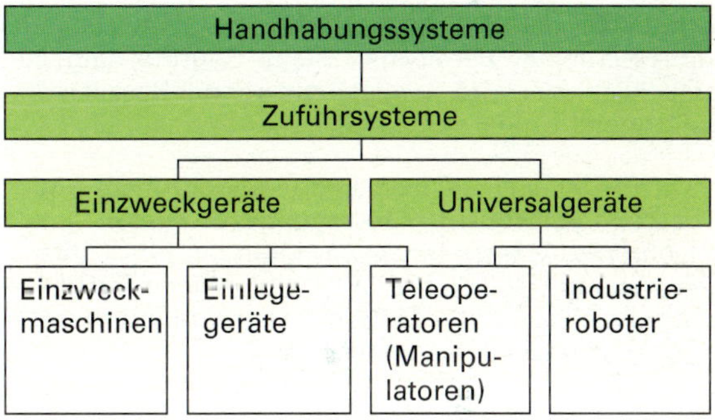

Einteilung der Zuführsysteme

Handhabungssysteme übernehmen demnach alle Teilfunktionen, die notwendig sind, um das Handhabungsgut in der richtigen Anzahl, in einer bestimmten Position und Orientierung und zum richtigen Zeitpunkt an die Wirkstelle zu bringen sowie am Ende der Wirkzeit zu entnehmen, zu speichern oder weiterzugeben.

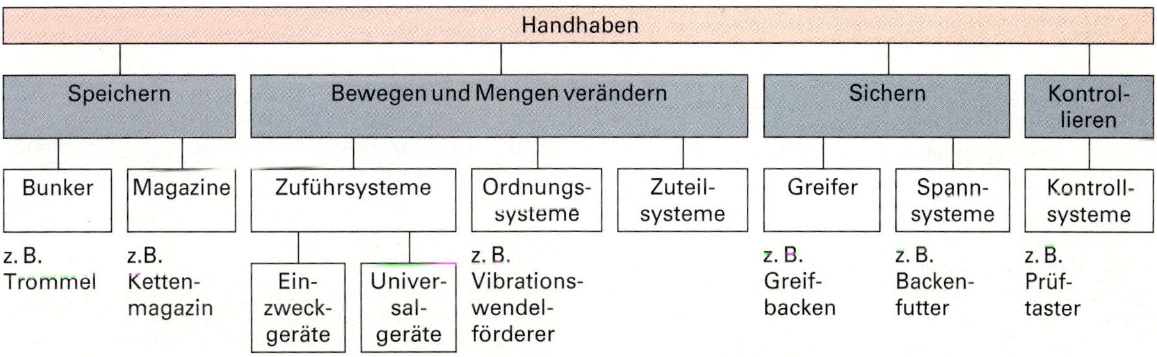

Teilfunktionen der Funktion Handhaben und Funktionseinheiten (Subsysteme), die diese Teilfunktionen erfüllen

Mit der Forderung nach immer kürzeren Durchlaufzeiten, höherer Produktqualität und Flexibilität sowie der Verpflichtung zur Humanisierung der Arbeit unterliegen auch die Anforderungen an Handhabungssysteme steigenden Ansprüchen, die nur über flexible Handhabungssysteme und eine entsprechend angepaßte Umgebung zu erfüllen sind.

Als ein solches hochflexibles, vielfältig einsetzbares und komfortabel steuerbares Handhabungssystem hat sich in den letzten Jahren der Roboter (vom slawischen Wort robota = schwere Arbeit abgeleitet) erwiesen. Aus diesem Grunde soll auf dieses System näher eingegangen werden.

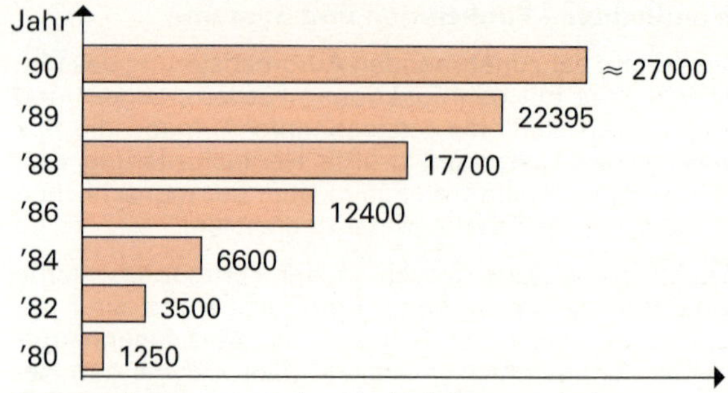

Gesamteinsatz von Industrie-Robotern zwischen 1980 und 1990
(Quelle: Inst. f. Prod. Tech. u. Automatisierung, IPA)

- Einsatzbereiche und Bauformen von Industrierobotern

Roboter für den industriellen Einsatz werden auch als Industrieroboter bezeichnet. Beide Begriffe sind gebräuchlich; hier wird im folgenden nur der Begriff Industrieroboter verwendet.

Nach VDI-Richtlinie 2860 sind Industrieroboter **universell einsetzbare Bewegungsautomaten** mit mehreren Achsen, deren Bewegungen hinsichtlich Bewegungsfolge und der Wege bzw. Winkel frei (d. h. ohne mechanischen Eingriff) programmierbar und gegebenenfalls sensorgeführt sind.

Sie sind mit Greifern, Werkzeugen oder anderen Fertigungsmitteln ausrüstbar und können Handhabungs- und/oder Fertigungsaufgaben ausführen.

Die Definition von Industrierobotern verlangt dabei mindestens drei programmierbare Bewegungsachsen.

Demnach sind Industrieroboter Bewegungssysteme, die sich im Grad ihrer Flexibilität unterscheiden. Die jeweilige Handhabungsaufgabe, und damit die auszuführenden Funktionen, bestimmen die Wahl des Handhabungssystems. So werden **Einzweckgeräte** in der Regel für ständig wiederkehrende, gleichartige Tätigkeiten eingesetzt, wie etwa Doppelarmgreifer oder Einlegegeräte.

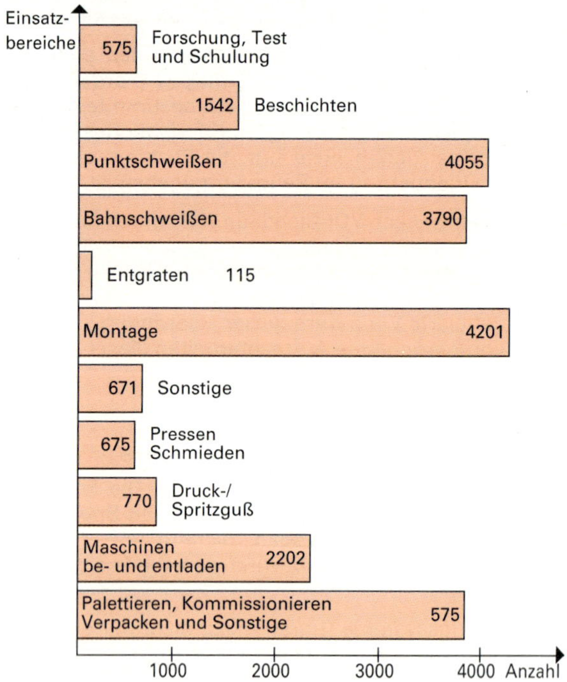

Einsatzbereiche von Industrie-Robotern im Jahr 1989
(Quelle: IPA)

Einlegegeräte stellen technisch einfache und daher preiswerte Lösungen für Handhabungsaufgaben dar. Die Anzahl der Bewegungsachsen ist vergleichsweise gering (in der Regel eine oder zwei Bewegungsachsen). Da oftmals mit Endanschlägen gearbeitet wird, ist das Ändern des vorgegebenen Bewegungsprogramms recht aufwendig.

Einlegegeräte finden häufig in **starr verketteten Fertigungsstraßen** (Transferstraßen) oder zum **automatischen Werkzeugwechsel** Verwendung. Ihr Antrieb ist aufgrund der Einfachheit häufig pneumatisch ausgeführt.

Einzweckgeräte arbeiten Handhabungsfunktionen nach einem festen Programm ab.

Einlegegerät zum automatischen Werkzeugwechsel

Teleoperatoren sind praktisch verlängerte Arme des Arbeitspersonals. Sie werden demzufolge manuell ferngesteuert und sind nicht programmierbar. Mit Teleoperatoren kann der Arbeiter seine ihm zur Verfügung stehende Kraft, Leistung und Reichweite vergrößern. Teleoperatoren werden dort benötigt, wo die Wahrnehmungsfähigkeit des Menschen weiterhin erforderlich ist und der Handhabungsprozeß seiner Kontrolle bedarf. Entsprechend existieren sowohl Teleoperatoren für spezielle Einsatzgebiete als auch für den universellen Gebrauch.

Teleoperator

Kenngrößen von Industrierobotern

Wichtige Kenngrößen des Industrieroboters sind
- Anzahl der Freiheitsgrade,
- Arbeitsraum,
- Positioniergenauigkeit,
- Tragfähigkeit,
- Geschwindigkeit.

Freiheitsgrade

Zur Sicherstellung des Materialflusses sowohl in der Teilefertigung als auch in der Montage müssen Werkstücke und Werkzeuge frei im Raum bewegt und positioniert werden. Hierzu sind **maximal 6 voneinander unabhängige Bewegungen** erforderlich. So kann der Körper (Werkzeug oder Werkstück) einerseits in drei Richtungen verschoben werden **(translatorische Bewegungen)**, andererseits läßt er sich noch um die drei Raumachsen drehen **(rotatorische Bewegungen)**. Solche voneinander unabhängigen Bewegungsmöglichkeiten eines Körpers im Raum heißen Freiheitsgrade. Somit sind bei einem Körper immer sechs Freiheitsgrade der Bewegung im Raum möglich, die sich aus 3 translatorischen und 3 rotatorischen zusammensetzen.

Für Industrieroboter sind diese Freiheitsgrade in der VDI-Richtlinie 2860 bezeichnet: die translatorischen mit U, V, W, die rotatorischen mit A, B, C.

Zur Darstellung der Bewegung eines Körpers mit 6 Freiheitsgraden auf einen bestimmten, etwa durch eine Handhabungsaufgabe festgelegten Punkt im Raum benötigt man zwei Koordinatensysteme: ein Bezugskoordinatensystem X, Y, Z, das relativ zum Körper in Ruhe ist, und ein zweites „körpereigenes" Koordinatensystem X_k, Y_k, Z_k, das sich zusammen mit dem Körper bewegt. Damit der Körper (z. B. ein Werkstück) vom Bezugssystem aus in eine bestimmte Position gelangen kann, sind drei Verschiebungen in U-, V- und W-Richtung und drei Drehungen A, B und C nötig.

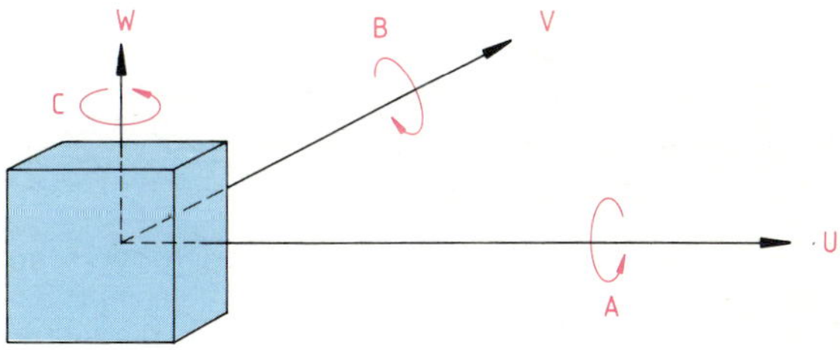

Freiheitsgrade der Bewegung eines Körpers im Raum

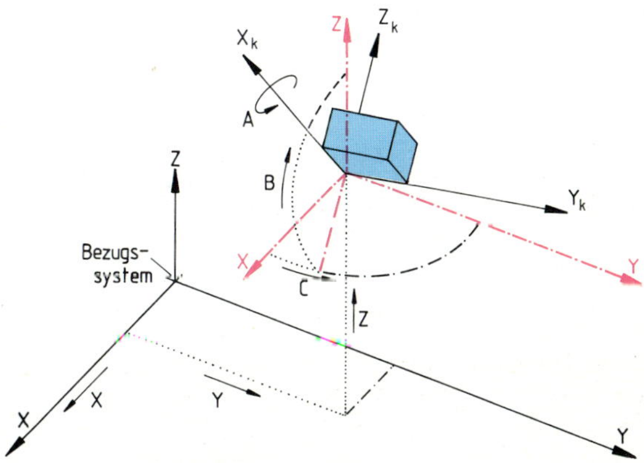

Bezugskoordinatensystem und „körpereigenes" Koordinatensystem im Raum

Die VDI-Richtlinie 2861 unterscheidet Freiheitsgrad und Achse. **Freiheitsgrade** sind dabei – wie oben erläutert – die möglichen unabhängigen Bewegungen (Translation, Rotation) eines starren Körpers gegenüber seinem Bezugssystem, z. B. die Verschiebungen und Drehungen eines Zylinderkopfes bezogen auf den festgelegten Nullpunkt (die Nestposition oder auch Homeposition) des Roboters.

Dagegen sind **Achsen** geführte, unabhängig voneinander angetriebene Glieder, d. h. **technische Systeme zur Erzeugung von Bewegungen** (z. B. die Greiferachse, die den Zylinderkopf dreht). Je nach Führung unterscheidet man translatorische und rotatorische Achsen. Sie dienen also der Erzeugung von Bewegungen, um Handhabungsobjekte im Raum zu positionieren und zu orientieren.

Subsysteme	Teilfunktionen
Antrieb	Wandeln und Übertragen der Energie zu den Bewegungsachsen
Steuerung	Steuern, Überwachen und Speichern des Arbeitsablaufes Herstellen der Verknüpfung mit Fertigungs- bzw. Speichersystemen
Bewegungssystem von Greifer-Arm	Räumliches Zuordnen des Werkstücks bzw. Werkzeugs zum Fertigungssystem Greifen des Werkstücks Sichern der Lage des Werkstücks beim Verfahren
Sensoren	Messen physikalischer Größen Erkennen der Lage und Form von Werkzeug bzw. -stück
Meßsystem	Messen der Lage von Werkzeug bzw. -stück Messen der Geschwindigkeit der einzelnen Bewegungsachsen

Subsysteme eines Industrieroboters

Arbeitsraum

Unter dem Arbeitsraum eines Industrieroboters versteht man den Raum, in dem eine „Handhabung" stattfinden kann; das ist der **Raum, den die Achsen des Roboters zum „Arbeiten" erreichen können**. Größe und Form des Arbeitsraumes ergeben sich aus der Kombination der Bewegungen, welche die Achsen des Roboters ausführen. Hierbei sind vorwiegend die Achsen bestimmend, die die Positionierung des Handhabungsgutes bewirken; diese legen den Arbeitsraum im wesentlichen fest und werden **Hauptachsen** genannt. Die übrigen Achsen dienen der Orientierung in bezug auf die Lage im Arbeitsraum, also einer „Feinpositionierung", sie heißen **Nebenachsen.**

Die üblicherweise eingesetzten Industrieroboter arbeiten mit Kombinationen aus drei Hauptachsen (Bewegungsachsen) zur Positionierung und mit bis zu drei Nebenachsen (Handachsen) zur Orientierung des Handhabungsgutes.

Durch Kombinationen der möglichen Bewegungen von Hauptachsen ergeben sich vier typische Formen der Arbeitsräume (vergl. Übersicht folgende Seite).

Arbeitsraum eines Industrieroboters

Aufgaben zur Wiederholung und Vertiefung

1. In einem Automobil-Konzern waren 1988 insgesamt 2279 Roboter im Einsatz. Davon entfielen auf:

Einsatzbereich	Anzahl
Handhaben	243 Stück
Montieren	358 Stück
Punktschweißen	1425 Stück
Bahnschweißen	53 Stück
Beschichten	148 Stück
Sonstiges	52 Stück

Ermitteln Sie den Anteil der einzelnen Einsatzgebiete in Prozentsätzen, und stellen Sie diese in einem Säulendiagramm graphisch dar!

2. Ein Kreisförderer hat eine maximale Geschwindigkeit von 18 m/min. Die Lastenträger haben einen Abstand a von 6 m und halten jeweils eine Palette.

a) Wie groß ist der maximale Mengendurchsatz (Q) in Paletten pro Stunde?

b) Wie groß wäre der maximale Mengendurchsatz, wenn jeder Lastenträger 3 Paletten halten würde?

Variation der drei Hauptachsen	T	D	Form des Arbeitsraums	Typisches Ausführungsbeispiel
3 Translationsachsen (T)	3	0	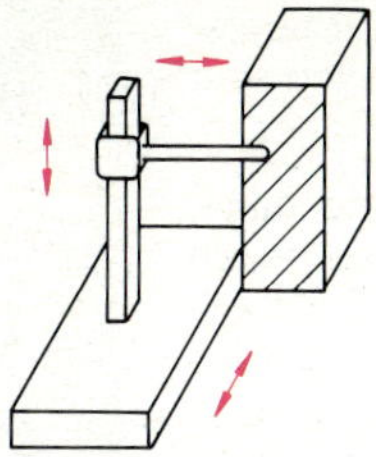 quaderförmig	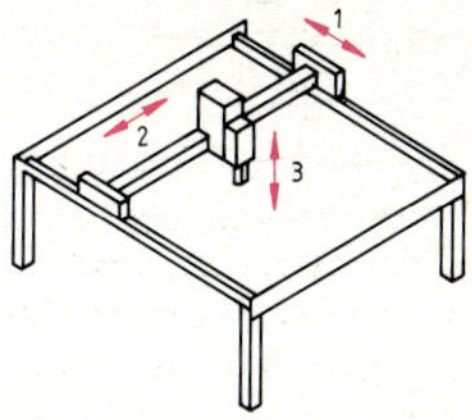
2 Translationsachsen (T) 1 Drehachse (D)	2	1	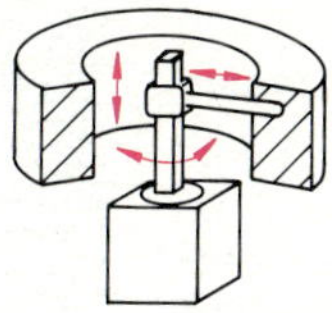 zylindrisch	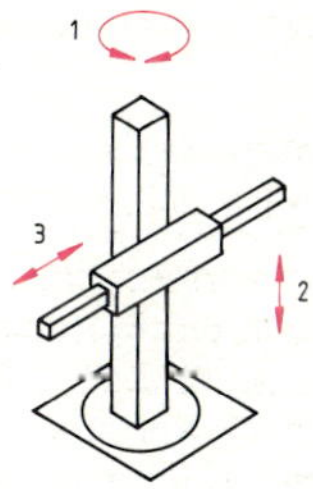
1 Translationsachse (T) 2 Drehachsen (D)	1	2	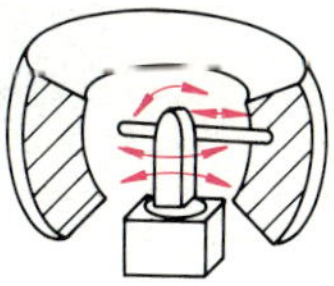 kugelförmig	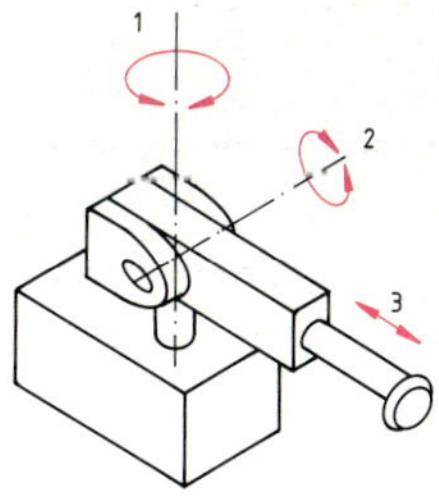
3 Drehachsen (D)	0	3	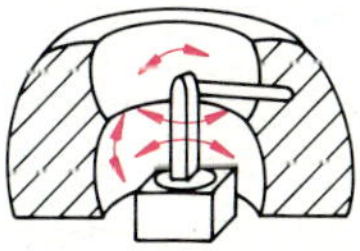 torusförmig	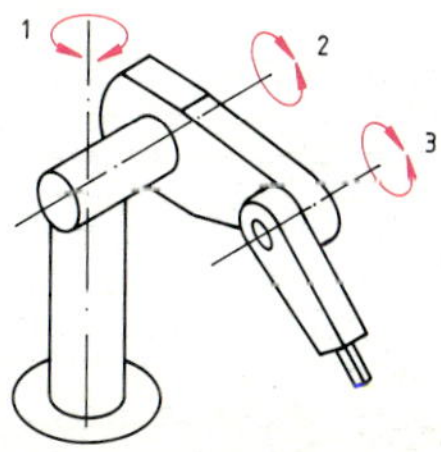

Typische Formen von Arbeitsräumen, Ausführungen und Anwendungen von Industrie-Robotern

Zur Positionierung eines Körpers im Raum reichen grundsätzlich drei Hauptachsen aus. Die Einsatzmöglichkeiten von Industrierobotern lassen sich jedoch durch zusätzliche Hauptachsen erweitern; solche Systeme sind „kinematisch überbestimmt". Roboter mit vier Hauptachsen (z. B. DDD-T), sogenannte Scara-Roboter, werden häufig in der Montage von Bauelementen eingesetzt. Systeme mit fünf Hauptachsen sind z. B. für Meß- und Prüfarbeiten besonders geeignet.

Wie die bisherigen Ausführungen zeigen, sind Lage, Größe und Form des Arbeitsraumes im wesentlichen durch die Hauptachsen, also durch die konstruktive Gestaltung der maschinenbaulichen Komponenten des Roboters bestimmt.

Zusätzliche Veränderungen des Arbeitsraums, wie sie etwa für „mannlose Schichten" gefordert werden, lassen sich auf zweifache Weise realisieren:

– sehr begrenzt durch **Veränderung der maschinenbaulichen Komponenten** bei stationären Industrierobotern;

– wesentliche Erweiterung durch **Kopplung mit Fördersystemen** (mobile Industrieroboter).

Es ist zu erwarten, daß mobile Industrieroboter im innerbetrieblichen Materialfluß zunehmend als Bindeglieder zwischen Lager-, Förder- und Produktionsmitteln eingesetzt werden. Die zwischen den jeweiligen Arbeitsmitteln notwendigen Handhabungsvorgänge können im Zuge der technischen Weiterentwicklung der Systeme mehr und mehr von mobilen Industrierobotern durchgeführt werden, die sich zum Handhabungsort bewegen, dort die erforderlichen Aufträge bearbeiten und anschließend für weitere Handhabungsvorgänge an anderen Schnittstellen der Materialflußkette zur Verfügung stehen.

Sechs-Achsen-Gelenkroboter

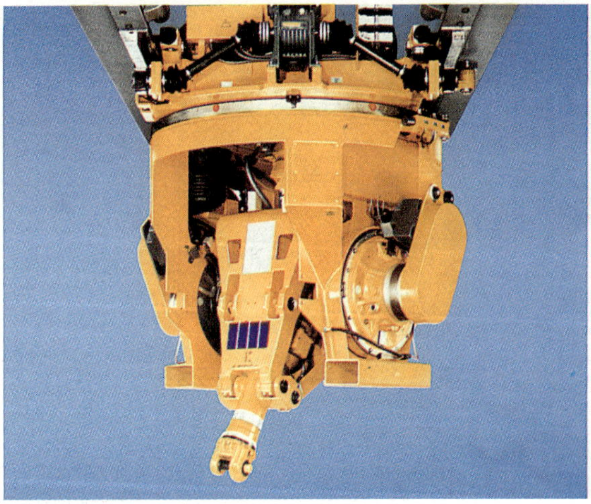

Sechs-Achsen-Gelenkroboter auf Verfahreinheit

Positioniergenauigkeit

Damit Handhabungsarbeiten mit der jeweils notwendigen Genauigkeit durchgeführt werden können (z. B. beim Einsetzen von Windschutzscheiben), ist es erforderlich, daß die tatsächlichen Bewegungen des Roboters von den programmierten Bewegungen nicht mehr als zulässig abweichen. Die Positionsabweichung ist von einer Vielzahl von Faktoren abhängig, z. B. von Belastung, Ausladung und Anfahrgeschwindigkeit.

Positioniergenauigkeit ist allgemein als **Wiederholgenauigkeit beim Positionieren der Nennlast** zu verstehen.

Hierbei wird nach VDI-Richtlinie 2861 ein automatischer Betrieb im betriebswarmen Zustand vorausgesetzt.

Positionsgenaues Einsetzen von Fahrzeug-Frontscheiben

Tragfähigkeit

Die vom Industrieroboter aufzunehmende statische Last ist durch die Gewichte von Werkzeugen (z. B. von Punktschweißzangen) und von Handhabungsobjekten (z. B. Getriebegehäusen) sowie durch die von den Gewichtskräften ausgeübten Momente (insbesondere bei weitausladendem Roboterarm) gekennzeichnet. Die Nennlast ergibt sich also aus Werkzeuglast und Nutzlast (VDI-Richtlinie 2861).

Geschwindigkeit

Die Geschwindigkeit eines entlang einer Achse verfahrenden Bauelements gibt an, welcher Weg oder Winkel in einer Zeiteinheit konstant zurückgelegt wird.

- Steuerung von Industrierobotern

Die Funktion Handhaben beinhaltet die Anforderung an den Roboter, innerhalb des Arbeitsraums bestimmte Punkte – in manchen Fällen auch bestimmte Bahnen – anfahren zu können. Diese Funktion muß durch geeignete Steuerungssysteme verwirklicht werden. Grundsätzlich unterscheidet man bei Industrierobotern zwei Steuerungsarten:

- **PTP-Steuerung** (**P**oint-**t**o-**P**oint oder Punkt-zu-Punkt-Steuerung), vereinfacht: Punktsteuerung,
- **CP-Steuerung** (**C**ontinuous-**P**ath oder fortgesetzte Bahnsteuerung) vereinfacht: Bahnsteuerung.

Punktsteuerungen können in allen Fällen eingesetzt werden, in denen nur einzelne Punkte innerhalb des Arbeitsraums angefahren werden müssen, also z. B. Handhabungsaufgaben wie die Bedienung von Spritz- oder Druckgießmaschinen, Werkzeugmaschinen oder auch das Handhaben von Punktschweißzangen.

Anfangs- und Zielpunkt des Verfahrweges werden durch Koordinaten festgelegt. Während der Bewegung fährt jede Achse für sich die programmierten Sollkoordinaten an; es besteht kein Funktionszusammenhang zwischen den einzelnen Achsen. Lediglich der zeitgleiche Bewegungsablauf ist durch das Programm festgelegt. Die Bewegungsbahn des Greifers ist nicht festgelegt. Sie hängt außer vom Anfangs- und vom Zielpunkt auch von der programmierten Geschwindigkeit und der Belastung ab, d. h. sie wird von der Robotersteuerung bestimmt.

Falls auf dem Weg vom Anfangs- zum Zielpunkt bestimmte Hindernisse umfahren werden sollen, müssen Zwischenpunkte programmiert werden. In manchen Steuerungen werden solche Punkte im Programm als Hilfspunkte gekennzeichnet. Die Bewegung wird dann an diesen Punkten nicht unterbrochen.

Eine PTP-ähnliche Steuerung ist die **MP-Steuerung** (**M**ulti-**P**oint oder **Viel-Punkt-Steuerung**). Diese Steuerungsart verfügt über eine große Speicherkapazität und findet vorwiegend beim Beschichten (z. B. bei Lackierarbeiten) Anwendung.

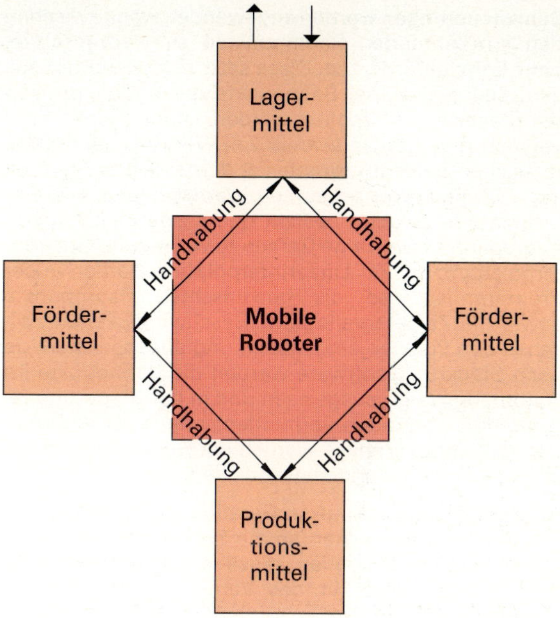

Mobile Industrie-Roboter in der innerbetrieblichen Materialflußkette

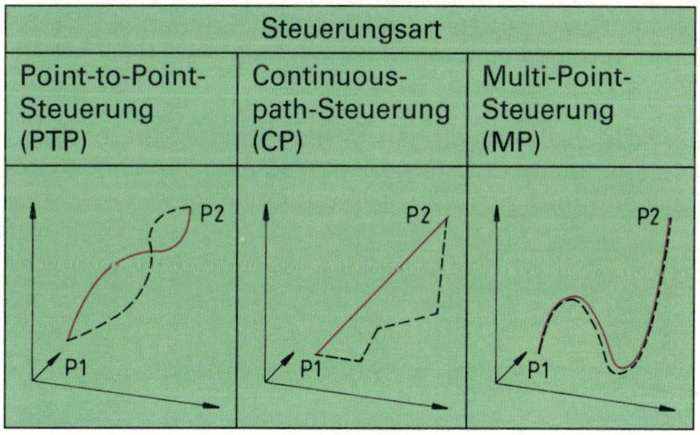

Steuerungsarten von Industrie-Robotern

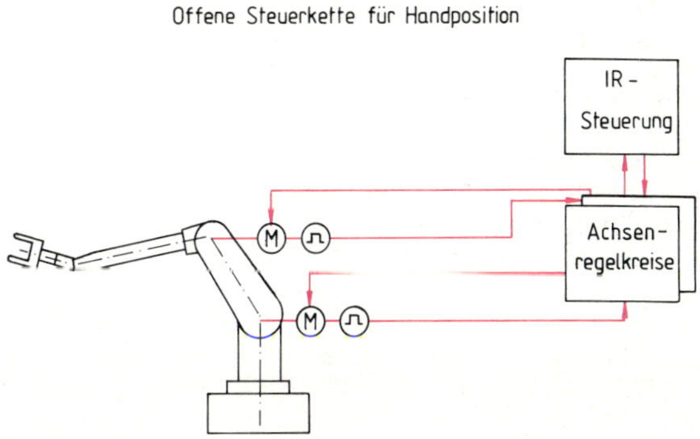

Informationsfluß bei einer Punktsteuerung.
Die Achsen werden getrennt voneinander gesteuert.

Bahnsteuerungen werden angewendet, wenn zwischen den anzufahrenden Raumpunkten eine **vorgeschriebene Bahn** gefordert ist. Diese setzt sich wiederum aus einer Reihe einzelner Bahnpunkte zusammen, die von der Steuerung interpoliert werden. Unter Interpolieren versteht man das Berechnen von Werten einer mathematischen Funktion (graphisch dargestellt als Kurve), die zwischen zwei bekannten Werten liegen. Die einfachste Interpolation besteht darin, zwei benachbarte Raumpunkte durch eine Gerade zu verbinden (Linearinterpolation). Bei der **Linearinterpolation** werden in der Programmierphase die gewünschten Raumpunkte sowie die Zeitintervalle bzw. Geschwindigkeiten zwischen den Punkten eingegeben und abgespeichert. Je nach Steuerungssoftware werden die Bahnpunkte im Automatikbetrieb ausgelesen und in der Steuerung jeweils durch Geraden verbunden; oder aber während der Programmierphase werden die Geradenzwischenpunkte berechnet und abgespeichert.

Die Zwischenpunkte auf der Geraden werden danach zu bestimmten Zeitpunkten an die Servoregler des Industrieroboters ausgegeben; diese lösen entsprechende Steuerungsimpulse für das Verfahren der Roboterachsen aus.

Die Zeitabschnitte sind so klein wie möglich zu wählen, damit die Bahn möglichst glatt wird.

Diese Art der Bahnsteuerung kommt vor allem bei langsamen Bewegungen zum Einsatz, bei denen eine hohe Bahngenauigkeit (wie z. B. beim Lichtbogenschweißen) erforderlich ist.

Für schnelle Bewegungen werden andere Verfahren angewendet; außer der Linearinterpolation sind noch weitere Interpolationsverfahren gebräuchlich.

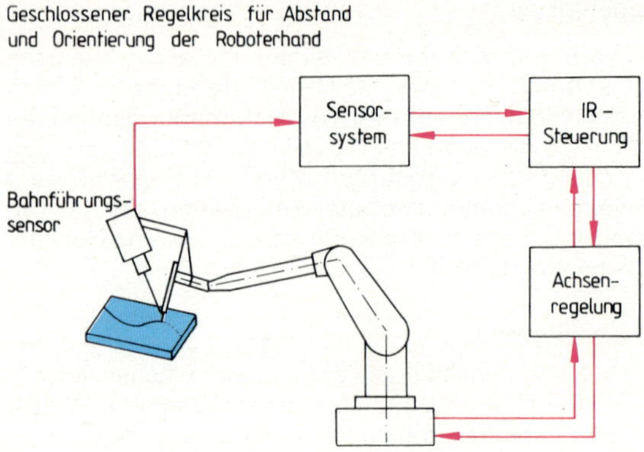

Informationsfluß bei einer Bahnsteuerung.
Die Steuerung der Achsen erfolgt durch Auswertung der Signale eines **Bahnführungssensors.**

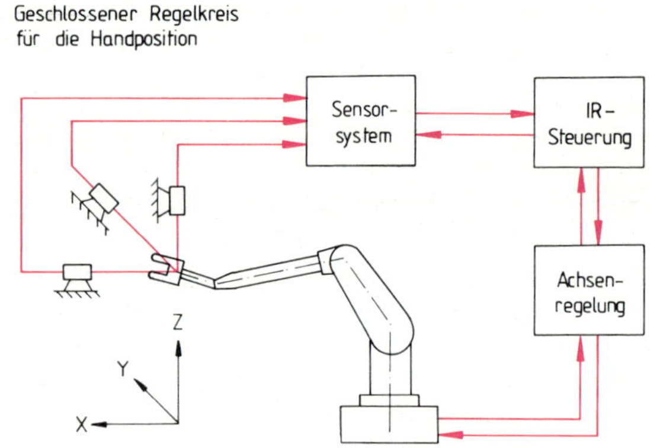

Informationsfluß bei einer Bahnsteuerung.
Die Steuerung der Achsen erfolgt durch Auswertung der Signale von **Positionssensoren.**

- Programmierung von Industrierobotern

Die Steuerung von Industrierobotern muß eine wirtschaftliche Programmierung zulassen, die den Anforderungen der Anwender entspricht und Besonderheiten der Handhabung gewährleistet. Dazu zählen eine übersichtliche, möglichst wenig aufwendige Programmerstellung und eine leichte Korrigierbarkeit und Optimierbarkeit des Handhabungsprogramms.

Zu bevorzugen sind solche Programmiermethoden, die eine **Programmierung unmittelbar am Einsatzort (On-Line-Programmierung)** des Industrieroboters ermöglichen und möglichst ohne besondere Programmierhilfsmittel auskommen. An die Programmierung von Handhabungssystemen können aber insgesamt wesentlich vielfältigere Anforderungen gestellt werden als z. B. an die Programmierung von Werkzeugmaschinen.

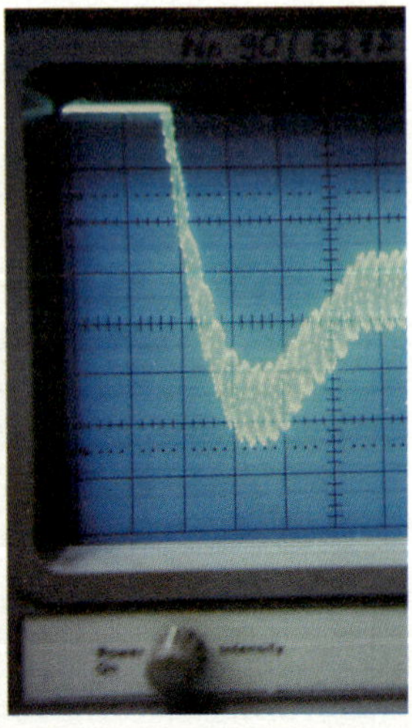

Schweißroboter als Beispiel einer Bahnsteuerung

Deshalb werden neben der Programmierung am Einsatzort auch beschreibende Verfahren angewendet. Bei letzteren wird das Handhabungsprogramm außerhalb des Industrieroboters (Externe oder Off-Line-Programmierung) auf einem Datenträger oder einem Programmformular erstellt und in die Steuerung eingegeben.

Bei Industrierobotern unterscheidet man folgende Programmierarten:

- manuelle Programmerstellung mit Hilfe von Lochstreifen, Kreuzschienenverteiler oder Diodenmatrix;
- Programmieren durch Anfahren von Punkten und Abspeichern der Koordinaten und Zusatzfunktionen;
- Abfahren der Bahn und automatisches Abspeichern der Daten;
- Programmerstellung mittels Programmiersprachen.

Manuelle Programmerstellung

Bei der manuellen Dateneingabe muß jede Informationseinheit in einem eigenen Programmschritt von Hand in den Datenträger eingegeben werden. Die Summe dieser Programmschritte ergibt schließlich das Programm. Diese Programmierung ist nur dann sinnvoll, wenn nicht zu viele Daten eingegeben werden müssen. Das trifft für einfache Geräte mit Folgesteuerung zu (z. B. Einlegegeräte), die Maschinenbeschikkungen und Verkettungen im Materialfluß ausführen.

Datenträger sind hierbei z. B.

- Nockentrommel,
- Steckerfeld,
- Diodenmatrix.

Anfahren und Speichern (Teach-In-Programmierung)

In der Fachsprache der Hersteller von Industrierobotern findet man für das manuelle Programmieren unterschiedliche Bezeichnungen. Beim „Anfahren und Speichern" (in der englischen Literatur als Teach-In-Programmierung bezeichnet) werden über ein Programmierhandgerät durch Betätigen entsprechender Tasten die einzelnen Achsen des Industrieroboters mit reduzierter Geschwindigkeit so lange verfahren, bis die gewünschte Raumposition mit dem Greifer, Werkstück oder Werkzeug erreicht ist. Während des Verfahrens messen Wegmeßsysteme die Wegkoordinaten des Verfahrwegs. Durch Betätigen der Programmiertaste werden die Daten der Wegmeßsysteme sowie Daten über Zusatzfunktionen wie z. B.

- Geschwindigkeiten,
- Greiferfunktionen,
- Verkettungen,

in die Steuerung übernommen und im Speicher unter festgelegten Adressen als Programmsätze abgelegt.

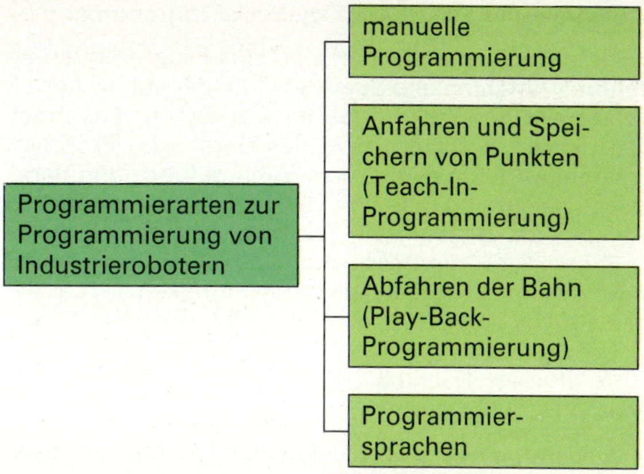

Programmieren über teach-box

Teach-In-Programmierung

Abfahren und Speichern (Play-Back-Programmierung)

Speziell beim Beschichten wird das Programmierverfahren „Abfahren und Speichern" (in der englischen Literatur als Play-Back-Verfahren bezeichnet) verwendet. Bei diesem Verfahren wird das Gerät zum Programmieren auf der gewünschten Bahn geführt, und dabei wird gleichzeitig das Werkstück beschichtet. Damit hängen die Genauigkeit des Beschichtungsvorgangs und mit dieser die Beschichtungsqualität im wesentlichen vom Fachwissen und von der Fertigkeit des Lackierers ab, der den Industrieroboter programmiert.

Von großem Nachteil bei diesem Programmierverfahren ist, daß

- das Programm in einzelnen Programmabschnitten nicht oder nur bedingt korrigierbar ist und
- das Bewegen des oft schwergängigen Industrieroboters für den Facharbeiter schwierig und kräfteraubend ist.

Aus diesen Gründen wurden Systeme entwickelt, welche die Möglichkeit haben, das Industrieroboter-Gestell zu bewegen, ein Zusatzgestell zu verwenden oder eine Kombination beider Verfahren zu nutzen.

Bei dem ersten Verfahren (Bewegen des Roboter-Gestells) bewegt der Programmierer den Industrieroboterarm direkt; zu diesem Zweck wird der Roboterarm in den Hydraulikantrieben drucklos gemacht. Trotz Gewichtsausgleich am Arm, drucklosem Hydraulikkreislauf und abgehängtem Linearzylinder, ist diese Programmierung kompliziert und erlaubt, etwa einem Lakkierer, nicht die flüssige Bewegung, welche er vom manuellen Führen einer Lackierpistole her gewohnt ist.

Bei dem zweiten Verfahren (Verwenden eines Zusatzgestells) wird zur Erleichterung der Führung ein Gestell benutzt, das in den geometrischen Abmessungen dem Roboter gleicht, jedoch in der Bauweise sehr viel leichter ist. Dieses Gestell ist mit Weg- und Geschwindigkeitsmeßsystemen ausgestattet und kann auf den eigentlichen Industrieroboter nachjustiert werden, so daß sich zwischen den Verfahrwegen beim Programmieren und den Verfahrwegen im Automatikbetrieb kaum Abweichungen ergeben.

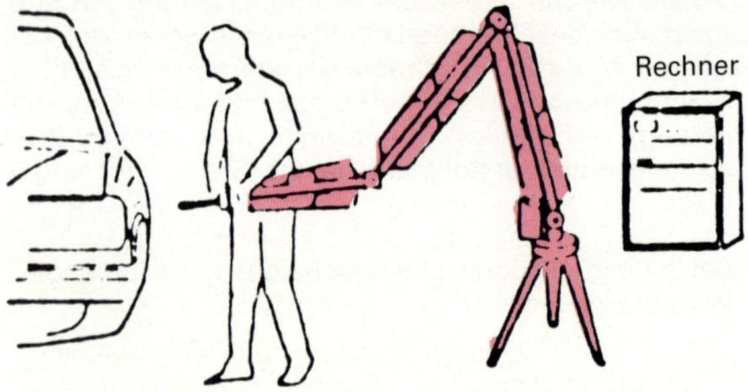

Programmieren durch Führen eines Hilfsgestells

Play-Back-Programmierung

Programmierverfahren für Industrieroboter	On-Line-Programmierung	Anfahren und Speichern Teach-In-Programmierung • Verfahren des Roboters über Bedienhandgerät • Eingabe von Programmdaten über Funktionstasten 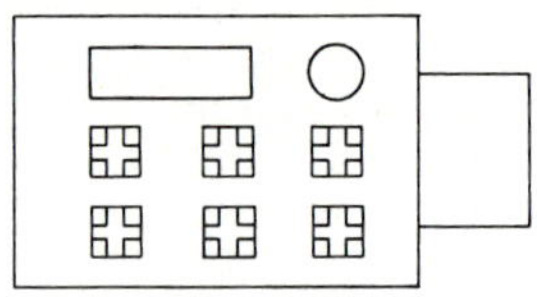
		Abfahren und Speichern Play-Back-Programmierung • Verfahren des Roboters über Handgriffe am Roboterarm • Eingabe technologischer Daten 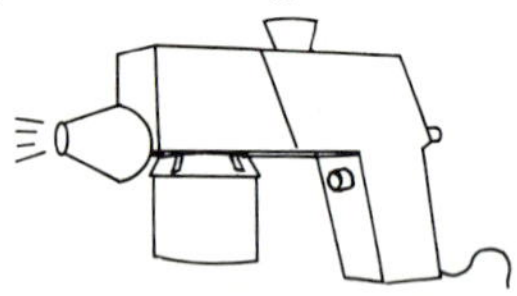
	Off-Line-Programmierung	Textuelle Programmierung Festlegung des Handhabungsablaufs durch • maschinennahe Kodierung • Programmiersprachen 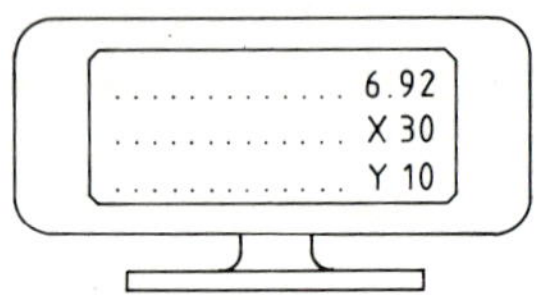

Übersicht der Programmierverfahren für Industrie-Roboter

Programmerstellung durch Programmiersprachen (Textuelle Programmierung)

Unter textueller Programmierung versteht man die symbolische Beschreibung von Operationen und Daten, die in Form von Zeichenfolgen eingegeben werden.

Diese Definition deckt ein weites Feld ab, das von der maschinennahen Kodierung bis zu höheren Programmiersprachen reicht.

In jedem Fall gibt der Programmierer einen Text ein, der von einem Programm gelesen und dekodiert werden muß. Dies kann ohne den Roboter erfolgen, was dann jedoch den Programmierer vor das Problem stellt, die Position und Orientierung für die Bewegungsbahn zu beschreiben. Eine prinzipielle Lösung stellt die **textuelle Koordinatenangabe** (meist kartesische oder Zylinderkoordination sowie Rotationsangaben um Bewegungsachsen) dar. Für das Ermitteln hinreichend exakter Koordinatenwerte müßte der Programmierer jedoch zuvor die Position und Orientierung ausmessen, wie dies bei der NC-Programmierung üblich ist, da man sich dort auf die von der Konstruktion her bekannten Daten der Werkstücke beschränken kann.

Trotz der angedeuteten Schwierigkeiten hat die textuelle Programmierung gegenüber den Programmierverfahren Anfahren und Steuern bzw. Abfahren und Speichern folgende Vorteile:
- Das Programm ist für den Programmierer und andere Anwender lesbar, d. h. mitteilbar;
- der Programmtext kann in lesbarer Form gespeichert werden (Dokumentation);
- das Programm kann Variablen enthalten (d. h. die Daten sind beim Programmieren nur in ihrer Struktur, nicht ihrem Wert nach festgelegt);
- das Programm ist beliebig änderbar (Korrekturen/Erweiterungen), auch von anderen Programmierern;
- das Programm kann Off-Line ohne Roboter erstellt und übersetzt werden.

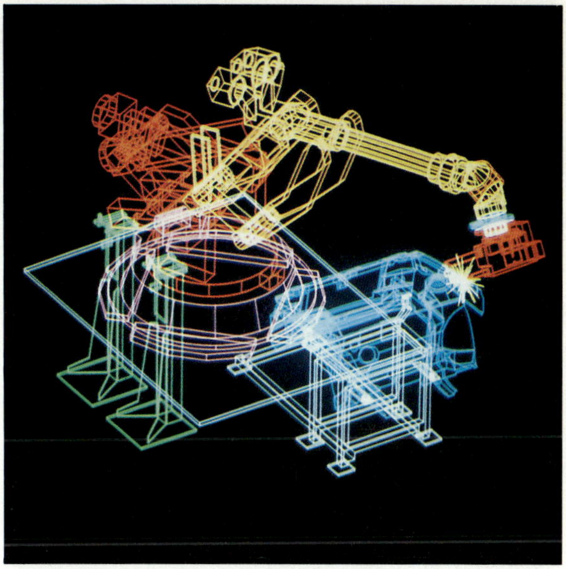

CAD-Simulation von Roboterbewegungen als Grundlage der Off-Line-Progammierung

Aufgaben zur Wiederholung und Vertiefung

1. Die magazinierten Werkzeuge eines Drehzentrums haben folgende Verschleißdaten:

WZ-Nr.	Verschleiß nach Anzahl Werkstücke	Verschleiß nach programmierter Laufzeit in min
T 2	192	
T 3	62	91
T 6	95	
T 8	171	251
T 9	300	
T 10	180	
T 11	95	

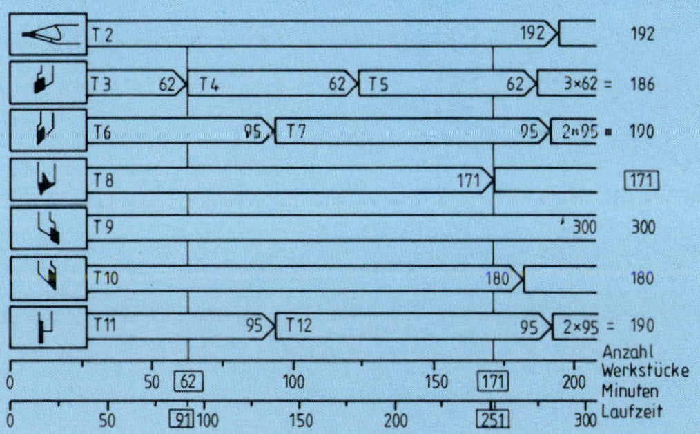

a) Ermitteln Sie mit Hilfe des Diagramms die programmierte Laufzeit für die Werkzeuge T 2, T 6, T 9, T 10 und T 11!

b) Wie oft muß Werkzeug T3 im Werkzeugmagazin vorhanden sein, wenn das Drehzentrum insgesamt 171 Werkstücke bearbeitet und Werkzeug T3 bei jedem Werkstück eingesetzt wird?

c) Wie oft müssen welche Werkzeuge bei der Bearbeitung von insgesamt 171 Werkstücken gewechselt werden?

d) Welche Stillstandszeiten für die Maschine ergeben sich bei Aufgabe c), wenn ein Werkzeugwechsel acht Sekunden dauert?

2. Ein Bearbeitungszentrum hat verschiedene Aufträge wie folgt bearbeitet:

Auftrags-Nr.	21	19	20	16	17	18	08
Gesamtzeit in min	12	08	04	06	11	09	17

Zwischen Auftrags-Nr. 17 und 18 trat eine Störung auf, die innerhalb von 03 min erkannt und beseitigt wurde. Stellen Sie für die Zeitdauer 1^h die einzelnen Bearbeitungs- und Störungszeiten als Säulendiagramm und berechnen Sie die Maschinenauslastung in %.

3. Welche technologischen Sachverhalte bestimmen die Positioniergenauigkeit von Industrierobotern? Worauf sind die verschiedenen Einflüsse zurückzuführen?

4. Erläutern Sie unterschiedliche Verfahren der Programmierung von Industrierobotern!

5. Ein Sechs-Achsen-Roboter ist zusätzlich auf einer linearen Verfahreinheit montiert. Sie hat u. a. folgende technische Daten:
- Bewegungsbereich: 600 – 4200 mm
- Geschwindigkeit: 1,3 m/s

Berechnen Sie die Zeitdauer, die die Verfahreinheit für den maximalen Bewegungsbereich, beginnend beim Nullpunkt, benötigt!

6. In einer Verladezone stehen 500 Paletten mit den Abmaßen von 800 mm × 1200 mm × 1600 mm und einer durchschnittlichen Masse von 600 kg zur Auslieferung bereit.
Wie viele Gabelstapler werden benötigt, um die bereitstehenden leeren Lkw innerhalb von 3 h zu beladen?

Folgende Daten sind gegeben:
Mittlerer Lastfahrweg: 45 m

Grundbewegungen und Normalzeiten für Gabelstapler:

A	Palette aufnehmen und wegfahren	15,5 s
B	Palette absetzen und wegfahren	16,0 s
C	Fahren mit Last für 45 m	20,0 s
D	Fahren ohne Last für 45 m	12,5 s

7. Ein rotatorischer Gelenkarmroboter hat u. a. folgende technische Daten:

Achsdefinition	Bewegungsbereich	Geschwindigkeit
Achse C (Gerät drehen)	± 300°	100°/s

Reichweite horizontal, bezogen auf Mittelpunkt der Achse C:
min.: 614 mm
max.: 1610 mm

a) Stellen Sie den horizontalen Arbeitsbereich grafisch dar.
b) Welchen Weg legt der vorderste Gelenkarmpunkt bei maximaler sowie minimaler Reichweite für eine Bewegung über den gesamten Bewegungsbereich zurück?
c) Welche Zeitdauer benötigt der vorderste Gelenkarmpunkt bei maximaler Reichweite für eine Bewegung über einen Bewegungsbereich von 180°?
d) Welche Geschwindigkeit in m/s und km/h hat der vorderste Gelenkarmpunkt bei maximaler Reichweite?

8. Ein Portalroboter hat u. a. folgende Daten:

Achsdefinition	Bewegungsbereich
Achse U	1000 – 20000 mm
Achse V	1000 – 7000 mm
Achse W	500 – 1500 mm

Welchen minimalen und maximalen Arbeitsraum hat der Roboter?

9. Erläutern Sie Ziele flexibler Fertigung!

10. Übersetzen und erläutern Sie die Begriffe CIM, CAM, CAP, CAQ und PPS!

11. Nennen Sie die drei Teilfunktionen der Funktion „Materialfluß bewirken"!

12. Erläutern Sie den Unterschied zwischen Bearbeitungszentrum und Fertigungszelle!

13. Skizzieren und erläutern Sie zwei Grundformen von Werkzeugmagazinen!

14. Nennen Sie mindestens fünf Zusatzfunktionen, die in einem Steuerungs- und Überwachungssystem eines Bearbeitungszentrums vorhanden sein müssen!

15. Übersetzen Sie das Kürzel DNC, und erläutern Sie den Begriff!

16. Welche drei Hauptaufgaben hat ein DNC-Rechner?

17. Welche Funktionen hat ein Meß- und Prüfsystem innerhalb eines flexiblen Fertigungssystems?

18. Nennen Sie den Unterschied zwischen Stetigförderer und Unstetigförderer! Nennen Sie für jeden der Förderer zwei Beispiele!

19. Erläutern Sie den Unterschied zwischen einem Einlegegerät und anderen Typen von Industrierobotern!

20. Nennen Sie mindestens vier Kenngrößen eines Industrieroboters!

21. Erklären Sie den Begriff „mobiler Roboter"!

22. Übersetzen Sie die Kürzel PTP- und CP-Steuerung und erklären Sie die Unterschiede!

23. Nennen Sie mindestens vier Subsysteme des Industrieroboters!

24. Nennen Sie Einsatzbereiche von Industrierobotern!

3.5 Instandhaltung von Fertigungssystemen

Der Tätigkeitsbereich eines Industriemechanikers umfaßt u. a. Aufgaben wie das Einrichten, Inbetriebnehmen, Steuern, Überwachen, Warten und Inspizieren von Produktionsanlagen und Fertigungssystemen. Er soll Störungen erkennen, Fehler ermitteln, deren Ursachen beseitigen oder deren Beseitigung durch Eingriffe in den Produktionsablauf und den Austausch von Teilen der Produktionssysteme veranlassen.

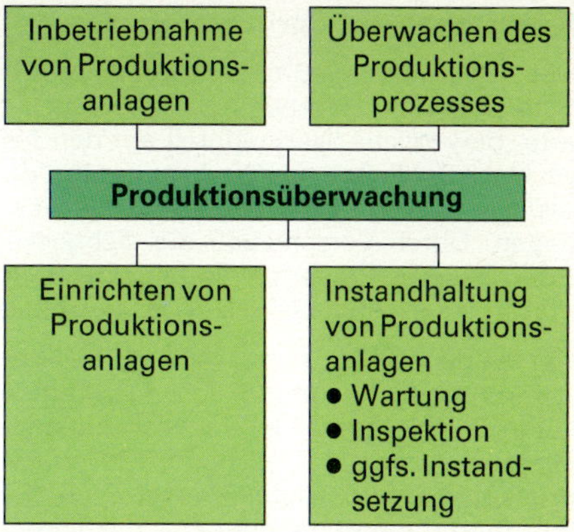

Tätigkeitsbereich des Industriemechanikers

3.5.1 Instandhaltung am Beispiel einer Spritzgießmaschine

Ein Industriemechaniker überwacht eine Produktionsanlage zur Herstellung von Kunststoffteilen. Ein Teil dieser Produktionsanlage sind Kunststoffspritzgießmaschinen zur Verarbeitung von thermoplastischen Kunststoffen. Bei der regelmäßigen (stichprobenartigen) Qualitätskontrolle der Endprodukte wird festgestellt, daß an einem dieser Fertigteile ein Grat (Schwimmhaut) entsteht, die laut Qualitätsanforderungen nicht zulässig ist. Der Mechaniker stoppt den Produktionsprozeß dieser Maschine, um die Ursache für diese Erscheinung zu klären.

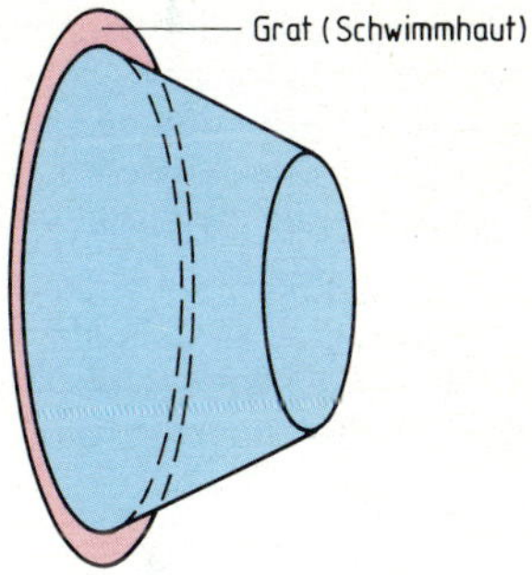

Unzulässige Gratbildung am Fertigteil

Der Spritzzyklus läßt sich in sieben Arbeitsschritte unterteilen:

- Form schließen
- Spritzeinheit vorfahren
- Formmasse einspritzen
- Formmasse nachdrücken
- Spritzeinheit zurückfahren
- neue Formmasse fördern
- Form öffnen, Formteil entfernen

Spritzgießmaschine

Erläuterung des Spritzgießprozesses

Der zyklisch ablaufende Spritzgießprozeß beginnt mit dem Schließen des Werkzeugs. Dazu bewegt sich der hydraulisch gesteuerte, bewegliche Werkzeugteil auf den feststehenden Werkzeugteil zu. Nach **Schließen des Werkzeugs** fährt die Spritzeinheit so weit vor, bis die Düse und die Angußbuchse des Werkzeugs aufeinanderliegen. Durch Verschieben der Schnecke, angetrieben durch den Spritzdruck im Einspritzzylinder, wird die teigige, plastifizierte Formmasse unter hohem Druck in das **Formnest eingespritzt.**

Der Werkstoff (Schmelze) zieht sich während des Abkühlvorganges zusammen (Schwindung). Um zu verhindern, daß während des Abkühlens Hohlräume im Formteil entstehen, muß nach dem Einspritzen Formmasse „nachgedrückt" werden. Während dieser **Nachdruckphase** wird weiter Werkstoff in den Kern des erstarrenden Formteils gepreßt mit dem Ziel, die Schwindung auszugleichen. Die Nachdruckphase beginnt, sobald die Form gefüllt ist und dauert solange an, bis der Anguß erstarrt ist.

Nach Abschluß der Nachdruckphase kühlt das Formteil im Werkzeug ab. Währenddessen beginnt die Schnecke durch Rotation neue Formmasse für den nächsten Zyklus zu plastifizieren. Je nach Auslegung der Düsenart wird die **Spritzeinheit** während des Dosiervorganges **zurückgefahren** bzw. verbleibt am Anguß.

Wenn das Formteil ausreichend abgekühlt ist, wird der **bewegliche Werkzeugteil zurückgefahren** und das Formteil fällt aufgrund seines Eigengewichtes aus der Form oder wird mittels Ausstoßer ausgestoßen. Damit ist ein Spritzzyklus beendet.

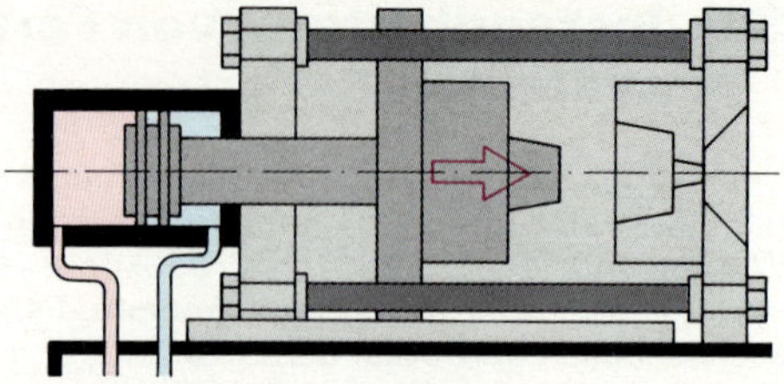
Form schließen

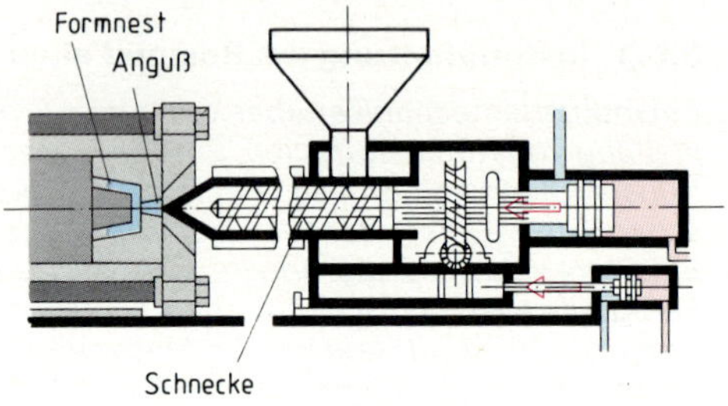

Spritzeinheit vorfahren und Formmasse einspritzen

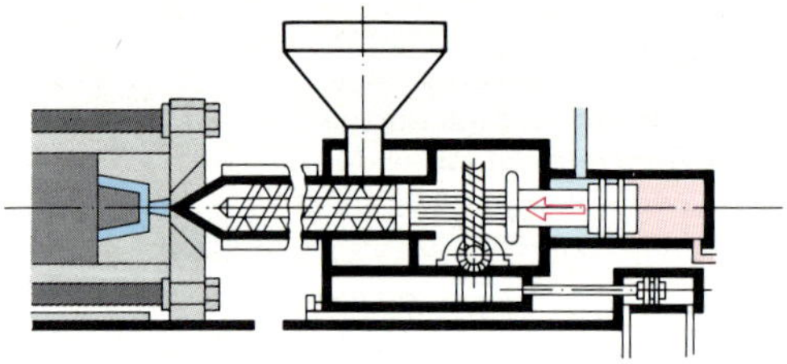
Formmasse nachdrücken

Steuerung des Spritzgießprozesses

Eine wichtige Baueinheit der Spritzgießmaschine ist die Steuerung. Die Eingabe der Prozeßparameter für den Prozeßablauf erfolgt meist über die Eingabeeinheit (Tastatur).

Unterschieden werden zwei Arten von Steuerungen:

- die **zeitgeführte** Steuerung (Ablaufsteuerung), bei der die Bedingung für die folgenden Arbeitsschritte jeweils von bestimmten Zeitvorgaben abhängig ist, und
- die **prozeßabhängige** Steuerung (Verknüpfungssteuerung), bei der die Bedingung für die folgenden Arbeitsschritte von prozeßabhängigen Signalen (z. B. Weg, Druck, Temperatur) abhängig ist.

In unserem Beispiel erfolgt die Steuerung des Spritzgießprozesses zeitabhängig. Die Schließeinheit, die Spritzeinheit und die Schnecke werden hydraulisch bewegt. Zum Schließen und Öffnen des Werkzeugs, zum Einspritzen der Formmasse, zum Aufrechterhalten eines bestimmten Spritzdrucks und zum Verschieben der Spritzeinheit sind entsprechend große Kräfte erforderlich, die jeweils von einer Hydraulikeinrichtung erzeugt werden. Die Druckerzeugung für die Hydraulikeinrichtung erfolgt über eine Hydraulikpumpe, die von einem Elektromotor angetrieben wird. Ein Regelventil hält den Hydraulikdruck im Gesamtsystem konstant.

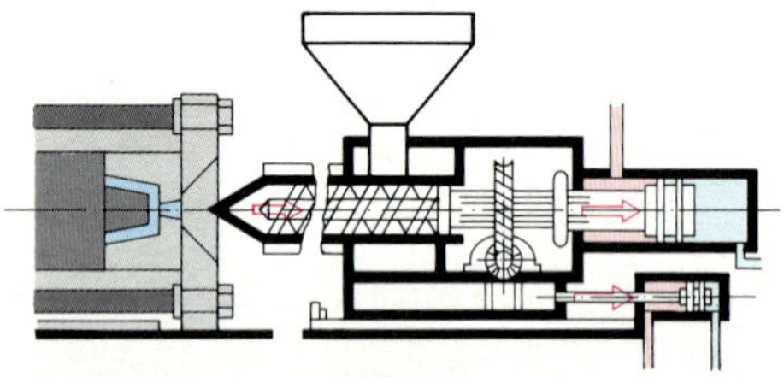
Spritzeinheit zurückfahren und neue Formmasse fördern

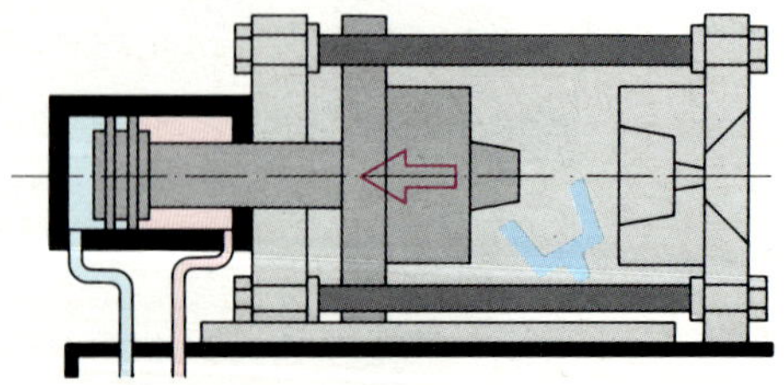
Form öffnen

Schließen, Zuhalten und Öffnen des Werkzeugs erfolgt direkt über einen großen doppeltwirkenden Hydraulikzylinder. Bei diesen Schließsystemen wird mit zwei unterschiedlichen Druckniveaus gearbeitet, niedriger Druck zum Öffnen und Schließen sowie hoher Druck zum Halten des Werkzeugs während der Einspritzphase.

Zur Vermeidung von Schwimmhäuten muß gewährleistet sein, daß während des Einspritzvorgangs keine Formmasse zwischen die beiden Werkzeughälften gedrückt wird. Diese Voraussetzung ist dann erfüllt, wenn die **Schließkraft größer** ist als die beim Einspritzen im Werkzeug wirkende **Auftriebskraft.**

Für den eingangs beschriebenen **Fehler** können daher mehrere **Ursachen** in Betracht kommen:

- verstellte Prozeßparameter (Massetemperatur, Werkzeugtemperatur, Einspritzdruck, Einspritzzeit, Einspritzvolumen, Nachdruck usw.);
- Abnutzungserscheinungen am Werkzeug;
- Fehler in der Hydraulikanlage, die sowohl die Spritzeinheit als auch die Schließeinheit steuert.

Um Zeitverluste bei der Fehlersuche zu vermeiden, beginnt man die Störquellen zu untersuchen, die den geringsten Aufwand (z. B. Montagearbeiten) erfordern. Deshalb untersucht er im ersten Schritt die **Einstellung der Prozeßparameter**. Ein Soll-Ist-Wert-Vergleich der Prozeßparameter, d. h. der Vergleich der Vorgabewerte mit den eingestellten Werten, zeigt jedoch, daß in diesem Bereich keine Störungsursache zu finden ist.

Soweit es im Beurteilungsvermögen des Industriemechanikers liegt, zeigt die **Untersuchung des Werkzeugs** keine Abnutzungs- bzw. Deformationserscheinungen und fällt somit aus der weiteren Fehlerbetrachtung heraus.

Als dritte Fehlermöglichkeit ist der Teil der **Hydraulikanlage** zu untersuchen, der die Schließeinheit versorgt, und zwar unter dem Aspekt, ob beim Aufbringen der Schließkraft am Hydraulikzylinder oder an den Zuleitungen undichte Stellen zu finden sind, wodurch sich der Druck nach Schließen des Werkzeugs wieder abbaut. Aus diesem Grund würde das Werkzeug während der Einspritzphase wieder leicht geöffnet, wodurch sich der – bei sonst korrektem Prozeßverlauf – vorhandene Grat erklären ließe.

Der Industriemechaniker beobachtet während des Betriebs der Spritzgießmaschine den Prozeßablauf und stellt Druckschwankungen auf dem Manometer des Schließzylinders fest. Während der Einspritzphase fällt der Druck im Zylinder ab. Der Industriemechaniker vermutet, daß die Kolbendichtungen verschlissen sind.

Durch den hohen Druck im Schließzylinder, durch die Reibung zwischen Kolbendichtung und Zylinderwand und durch das aggressive Arbeitsmedium Hydrauliköl sind Verschleißerscheinungen an den Kolbenringen (z. B. Ausfransungen) zu erklären.

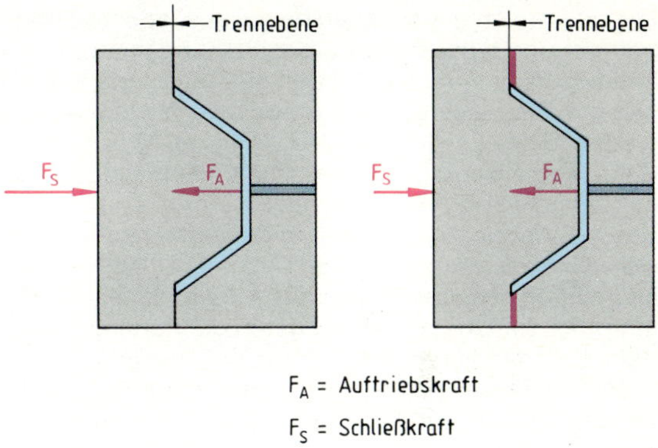

fehlerfreies Werkstück

$F_S > F_A$

fehlerhaftes Werkstück

$F_S < F_A$

Ursache	Abstellmöglichkeiten
Leckstellen vorhanden	Verbindungen nachziehen bzw. Dichtungen Auswechseln
Druckschwankungen am Arbeitszylinder	Einstellung des Druckbegrenzungsventils
Förderstrom der Pumpe zu gering	Pumpe austauschen
Wegeventil schaltet nicht	Funktion prüfen, ggfs. Wegeventil austauschen
Werkzeugschließkraft zu gering	Schließkraft in den erlaubten Grenzen erhöhen; ggf. Verriegelung des Werkzeugs überprüfen
Trennebenen sind durch abgesetzte Fremdkörper verschmutzt	Fremdkörper beseitigen Werkzeug reinigen
Öltemperatur zu hoch	Ölwechsel im betriebswarmen Zustand durchführen
Ölfilter verschmutzt	Ölfilter reinigen bzw. austauschen (bei jedem Ölwechsel)
Arbeitsdruck im Gesamtsystem schwankt	Druckbegrenzungsventil austauschen

Fehlerbehebung und Dokumentation

Nachdem der Fehler lokalisiert wurde, muß der Industriemechaniker dafür Sorge tragen, daß der Produktionsprozeß möglichst schnell wieder aufgenommen werden kann. Bei diesem Fehler ergeben sich zwei Handlungsalternativen: Er tauscht den defekten Hydraulikzylinder komplett gegen einen neuen aus, oder er öffnet den Hydraulikzylinder und tauscht die Kolbendichtungen aus.
In beiden Fällen muß die Spritzgießmaschine außer Betrieb gesetzt werden. Die „schnellere" Alternative ist der Austausch des kompletten Schließzylinders. Jede Minute Maschinenstillstand kostet Geld. Deshalb sollten die wirtschaftlichen Aspekte (Zeit, Geld ...) bei der Entscheidung berücksichtigt werden.
Unter Einbeziehung dieser wirtschaftlichen Faktoren entscheidet sich der Industriemechaniker in diesem Fall für den Austausch des kompletten Hydraulikzylinders. Den defekten Hydraulikzylinder nimmt er zur Überarbeitung mit in die Reparaturwerkstatt.
Während der Fehlerdokumentation überlegt der Industriemechaniker, wie dieser Fehler entstanden ist und wie er hätte vermieden werden können. Er vermutet, daß die Fehlerursache auf Verschleiß zurückzuführen ist.
Durch regelmäßige Wartungs- und Inspektionsarbeiten wäre die Abnutzungserscheinung bereits wesentlich früher erkannt worden. Der Industriemechaniker plant daher, eine Systematik zu entwickeln, wie zukünftig solche Anlagen instandzuhalten sind. Um lange Betriebszeiten und geringe Ausfallzeiten gewährleisten zu können, ist darum eine systematische Instandhaltung von Steuerungsanlagen unerläßlich.

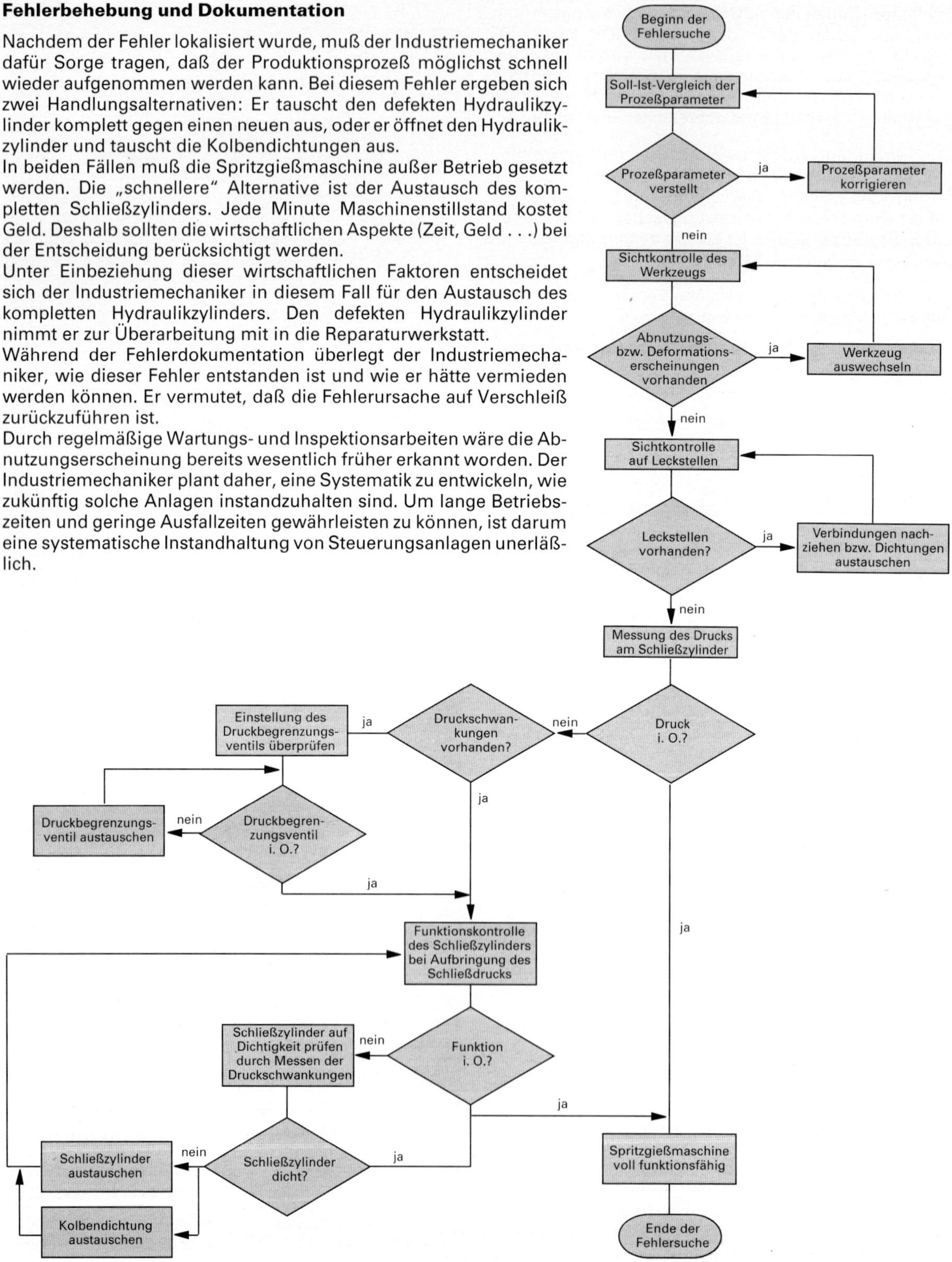

3.5.2 Instandhaltung nach DIN 31051

Vorschläge zur systematischen Instandhaltung sind in der DIN 31051 niedergelegt.

Nach dieser Norm umfaßt Instandhaltung als Oberbegriff die Bereiche **Wartung, Inspektion** und **Instandsetzung.**

Um den Begriff Instandhaltung in den Gesamtzusammenhang der betrieblichen Produktion einordnen zu können, müssen zunächst einige Begriffe kurz erläutert werden, die in unmittelbarem Zusammenhang mit der Instandhaltung zu sehen sind.

Instandhaltung umfaßt alle Maßnahmen zur Bewahrung und Wiederherstellung des Sollzustandes, sowie zur Festlegung und Beurteilung des Istzustandes von technischen Mitteln eines Systems.

Instandhaltung

Wartung	Maßnahmen zur Bewahrung des Sollzustandes von technischen Mitteln eines Systems.
Inspektion	Maßnahmen zur Feststellung und Beurteilung des Istzustandes von technischen Mitteln eines Systems.
Instandsetzung	Maßnahmen zur Wiederherstellung des Sollzustandes von technischen Mitteln eines Systems.

Produktionsfaktor Anlage

Die Instandhaltung orientiert sich am **Ist- bzw. Sollzustand der Anlagen.** Anlagen stellen ebenso wie die menschliche Arbeitskraft oder wie Energie und Material einen Produktionsfaktor dar und unterliegen während der Zeit ihrer Nutzung zwangsläufig der Abnutzung.

Abnutzung

Abnutzung ist die Bezeichnung all der Vorgänge, durch die der Produktionsfaktor **Anlage bzw. Anlagenteile** – wie Baugruppen und deren Elemente – **gemindert** werden.

Dies kann z. B. durch Verschleiß, Korrosion, Ermüdung oder Reibung geschehen. Abnutzung tritt normalerweise als Folge von Nutzung auf, kann jedoch auch ohne Nutzung auftreten, etwa durch Korrosion.

Abnutzungsvorrat

Anlagen werden in den Produktionsprozeß eingebracht mit der Erwartung, daß sie eine bestimmte Menge an Funktionen erfüllen. Durch die Herstellung besitzen Anlagen (Maschinen) einen gewissen **Anteil an frei verfügbarer Betriebsdauer bis zum ersten Ausfall.**

Fertigen muß unter dem Aspekt Abnutzungsvorrat um den Zustand nach einer Wiederherstellung durch Instandsetzung erweitert werden. D. h. nach einer Wiederherstellung steigt für die instandgesetzte Baugruppe bzw. Bauelement der Abnutzungsvorrat wieder auf 100 % an. Durch konstruktive Veränderungen an einer Baugruppe kann der Abnutzungsvorrat nach erfolgter Instandsetzung sogar einen höheren Sollzustand erreichen, als bei der Erst-Inbetriebnahme (vergl. Schaubild).

Die Aufgaben der Instandhaltung werden entsprechend der Norm in drei Bereiche eingeteilt:

- Die Vorsorge dafür, daß der Abbau des Abnutzungsvorrates während der nutzbaren Lebenszeit durch geeignete Maßnahmen so gering wie möglich gehalten wird, d. h.
- Erkennen wie und warum der Abbau einer Anlage fortschreitet, d. h.
- Eingetretenen Abbau wieder ausgleichen, den Abnutzungsvorrat auffüllen.

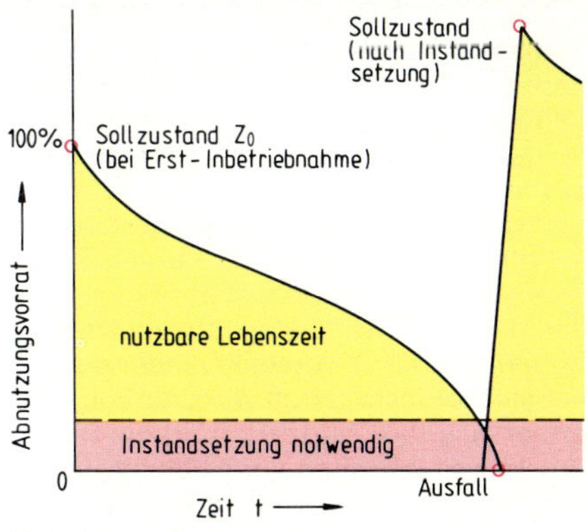

Abnutzungskurve

Aufgaben zur Wiederholung und Vertiefung

1. Welche Aufgabenbereiche umfaßt die Tätigkeit eines Industriemechanikers der Fachrichtung Produktionstechnik?
2. Definieren Sie den Begriff Instandhaltung!
3. Erläutern Sie den Zusammenhang zwischen Produktionsfaktor, Nutzung, Abnutzung und -vorrat von Anlagen, Baueinheiten und Bauelementen!
4. Stellen Sie die Beziehung zwischen Instandhaltung, der Bewahrung von Abnutzungsvorrat und der Wiederherstellung von Abnutzungsvorrat her!

- Abnutzungsvorrat am Beispiel des Hydraulikzylinders

Die Aufgaben der Instandhaltung lassen sich bei der Betrachtung des „Lebenslaufes" eines Elements beispielhaft erläutern. Die Betrachtungen werden am defekten Hydraulikzylinder der Spritzgießmaschine durchgeführt.

Anhand der Kurve lassen sich alle Maßnahmen der Instandhaltung eindeutig den Bereichen Wartung, Inspektion und Instandsetzung zuordnen.

Alle Maßnahmen, die den **Abbau des gegebenen Abnutzungsvorrates** beeinflussen, gehören zur **Wartung.**

Dabei verändern Wartungsarbeiten den Abnutzungsvorrat nicht, sondern zögern seinen Abbau lediglich hinaus. Ziel der Wartung ist, die nutzbare Lebenszeit einer Anlage zu verlängern.

Welcher Punkt der Kurve zu einem bestimmten Zeitpunkt vorliegt, d. h. die Feststellung, ob bzw. inwieweit der gefundene Abnutzungsvorrat vom erwarteten abweicht, ist Bestandteil der **Inspektion.**

Weiterhin dient die Inspektion der Beurteilung dieses **Soll-Ist-Vergleichs,** d. h., warum der Istwert vom Sollwert abweicht. Während der Inspektion wird der Kurvenverlauf bestimmt.

In unserem Beispiel erkennt man den verlorengegangenen Abnutzungsgrad indirekt über die Betrachtung des Formteils. Während des Betriebes geht Abnutzungsvorrat in Form von Materialabtrag an der Kolbendichtung des Hydraulikzylinders verloren. Der Industriemechaniker liest den Druckabfall im Hydraulikzylinder am Manometer des Schließzylinders ab.

In diesem Fall handelt es sich um einen sich stetig ändernden Zustand der Dichtungselemente, der als Ergebnis eine ausgeprägte Gratbildung am Formteil zur Folge hat. Das Überschreiten der Schadensgrenze der Kolbenringe im Hydraulikzylinder bewirkt, daß das Formteil nicht mehr den geforderten Qualitätskriterien entspricht (steiler Abfall der Kurve). Die Kolbenringe besitzen keinen Abnutzungsvorrat mehr (Punkt 0 der Kurve), d. h. sie sind so stark abgenutzt, daß durch zu geringen Druck im Hydraulikzylinder die Schließkraft kleiner als die Einspritzkraft wird. Als Folge dieses Zustands öffnet sich das Werkzeug und die teigige Formmasse drückt sich zwischen die beiden Werkzeughälften und verursacht so den Grat. Durch Instandsetzung muß daher neuer Abnutzungsvorrat bereitgestellt werden, beispielsweise durch Einbau neuer Kolbenringe.

Alle Maßnahmen, deren Erfolg darin liegt ausreichend **Abnutzungsvorrat wiederherzustellen,** gehören in den Bereich der **Instandsetzung.**

Nach erfolgter Instandsetzung ist die Kurve auf ein neues Niveau angehoben worden. Die Spritzgießmaschine produziert wieder fehlerfreie Formteile.

Abnutzungsvorrat		
	Wartung	Vorsorge treffen, daß der Abbau von Abnutzungsvorrat gering gehalten wird.
	Inspektion	Feststellen, wieviel Abnutzungsvorrat vorhanden ist. Erkennen wie und warum Abnutzungsvorrat abgebaut wird.
	Instandsetzung	Aufgebrauchten Abnutzungsvorrat wieder auffüllen z. B. durch Austauschen defekter Bauteile.

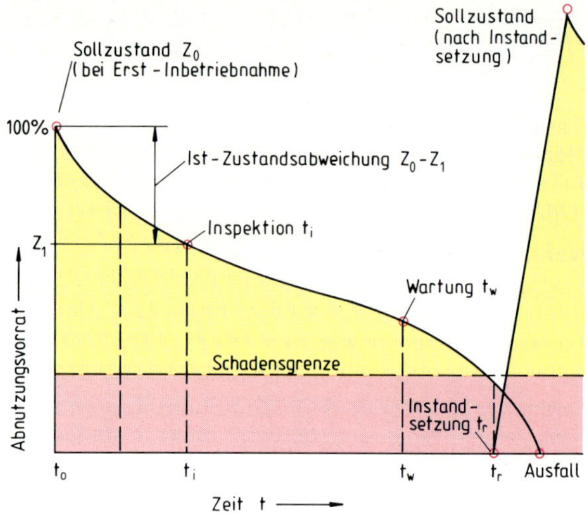

Abnutzungsvorrat zugeordnet der Wartung, Inspektion, Instandsetzung

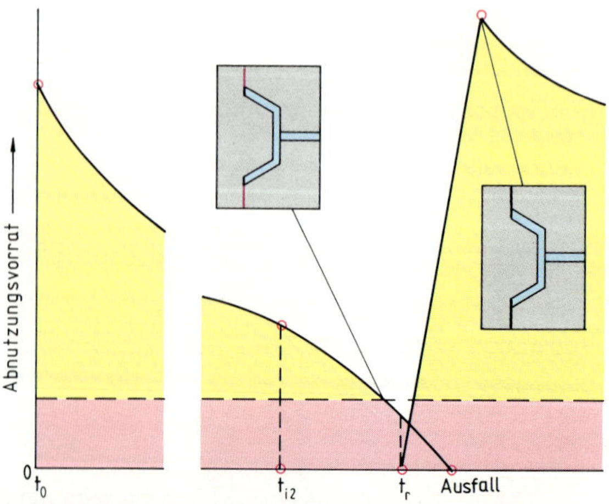

Abnutzungskurve im Bereich der Schadensgrenze

3.5.3 Wartung

Wartungsplan

Ein Wartungsplan sollte alle notwendigen Angaben enthalten, um die Wartung zweckentsprechend und kostengünstig durchzuführen.

Neben den Angaben über Ort, Häufigkeit und Methoden der Wartung gehören in den Wartungsplan auch Aussagen über die Anzahl und der für die jeweilige Wartungsaufgabe notwendigen Qualifikationen des Wartungspersonals. Weiterhin müssen Angaben über Zeit, Termin und über die Dauer der Wartungsarbeiten gemacht werden.

Für die **Planung von Wartungsarbeiten** lassen sich zwei entscheidende Kriterien formulieren:

- der **Zeitpunkt des Eingreifens** in den Produktionsprozeß solange noch Abnutzungsvorrat vorhanden ist und
- das **angestrebte Ziel,** den noch vorhandenen Abnutzungsvorrat für den weiteren Betrieb der Anlage zu bewahren.

Für die Erstellung eines Wartungsplans muß sich der Instandhalter über das Zusammenwirken der einzelnen Bauelemente bzw. Baugruppen Klarheit verschaffen, um somit Schlußfolgerungen über den noch vorhandenen (oder nicht mehr vorhandenen) Abnutzungsvorrat des Systems machen zu können.

Aus diesem Grunde ist die Betrachtung der Subsystem-Struktur einer Spritzgießmaschine hilfreich.

Das Gesamtsystem Spritzgießmaschine läßt sich in die Subsysteme Spritzeinheit, Schließeinheit, Werkzeug und Steuereinheit untergliedern. Die Ursache für die aufgetretene Störung liegt im Subsystem Schließeinheit, nämlich an den verschlissenen Kolbenringen des Hydraulikzylinders. Zur systematischen Fehlersuche in hydraulischen Anlagen ist es sinnvoll, diese in die Teilbereiche Druckversorgung, Leitungssystem und Bauelemente zu unterteilen, so daß jeder Teilbereich unter besonderen Wartungs- und Inspektionsgesichtspunkten betrachtet werden kann.

Planungsgrundlagen sind:
- Empfehlungen der Hersteller z. B. Wartungsintervalle
- physikalische Einflußgrößen z. B. Druck
- Gesetzliche Auflagen

Unter Wartung sind die Maßnahmen zu verstehen, die geeignet sind, die Lebensdauer eines Bauteils zu verlängern wie Schmieren, Reinigen, Freihalten von Staub und Feuchtigkeit, aber auch einfache, kurze Tätigkeiten ohne besonderen Materialeinsatz, z. B. Wechseln einer Glühbirne.

Aspekte zur Planung von Wartungsarbeiten

Ziel	Bewahrung von Abnutzungsvorrat
Zeitpunkt	Zeitpunkt des Eingreifens in den Produktionsprozeß, Festlegung des günstigsten Wartungsintervalls, Bestimmen der Wartungsdauer
Methoden	Bestimmen geeigneter Methoden zur Durchführung von Wartungsarbeiten, Auswahl geeigneter Hilfsmittel

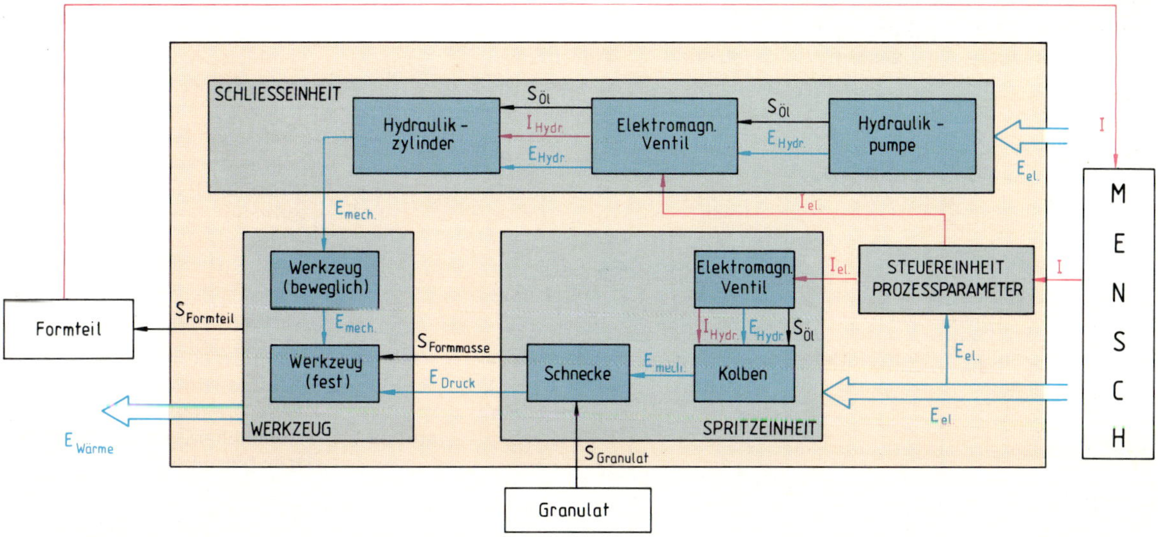

Subsystem-Struktur der Spritzgießmaschine

Der Industriemechaniker überprüft den Teilbereich **Druckversorgung.** Ein wichtiger Gesichtspunkt bei der Wartung von Hydraulikanlagen ist die Qualitätskontrolle des verwendeten **Öls.** Besonderes Augenmerk muß bei regelmäßigen Wartungs- und Inspektionsarbeiten auf die **Öltemperatur** und den **Ölverbrauch** gelegt werden. Das Öl läuft in der Hydraulikanlage ständig im Kreislauf und muß deshalb gefiltert werden. Dem während des Dauerbetriebes einsetzenden Alterungsprozeß muß mit regelmäßigem Ölwechsel begegnet werden. Gleichzeitig mit einem Ölwechsel sollte unbedingt ein Ölfilterwechsel erfolgen.

Im nächsten Schritt überprüft der Industriemechaniker die **Hydraulikleitungen** auf **undichte Stellen.** Dazu gehört ebenfalls die Überprüfung sämtlicher Dichtungselemente.

Die für die Steuerung der Schließeinheit zuständigen **Ventile** können mit einem Magnetprüfer oder von Hand auf ihr funktionsgerechtes Schalten überprüft werden.

Da im Hydraulikbereich hohe Kräfte wirken, muß den Hydraulikzylindern besonderes Augenmerk gewidmet werden. Hierzu sind sämtliche Verschleißteile, z. B. Dichtungen und Befestigungen regelmäßig zu überprüfen.

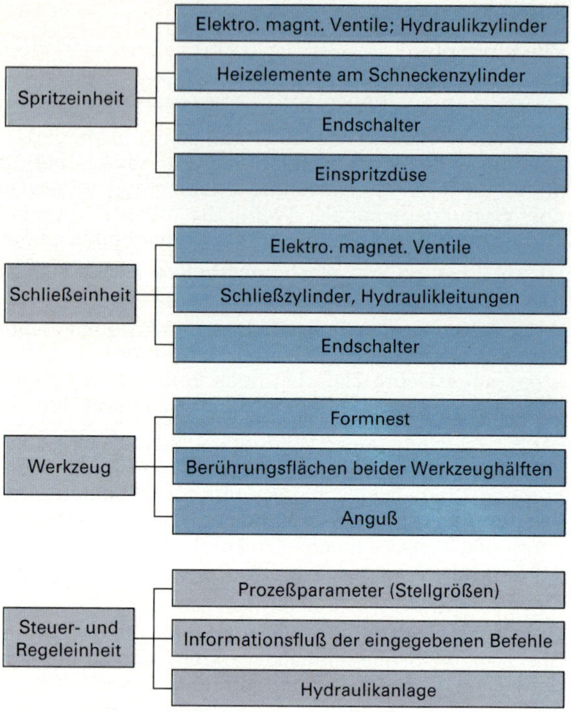

Wartungsbedarf für die Subsysteme

Wartungsplan						Wartung durchgeführt am:	
Hersteller	Spritzgießmaschine Bezeichnung		HZ/B4 Standort			von:	
Nr.	Anlagenteil	Ort	Termin/ Dauer	Maßnahmen/ Ziel	Intervall	Methoden	Qualifikation
1	Hydraulik-anlage	Leitungs-system	35 KW/ 90 min	Leitungen und Anschlüsse auf Dichtigkeit prüfen	vierteljährlich	Kontrolle, ob sämtliche Anschlüsse dicht sind; Suche nach Ölspuren, die auf undichte Stellen schließen lassen; Sichtkontrolle, Tastkontrolle	IM/PT
2	Hydraulik-anlage	Druckversor-gung	45 KW/ 60 min	Schmiermittel auswechseln, Filterwechsel	nach ca. 1000 Betriebs-stunden	Öltemperatur feststellen, Ölverbrauch feststellen, Öl im betriebswarmen Zustand wechseln	IM/PT

Durchführung von Wartungsarbeiten

Vor der Wartung ist diese vorzubereiten. Dazu gehören die Abstimmung der zeitlichen Durchführung gemäß Termin- und Wartungsplan, die Überprüfung der bereitgestellten Mittel sowie die Vergabe eines Wartungsauftrags. Weiterhin muß sich der Instandhalter Klarheit darüber verschaffen, ob die Durchführbarkeit der Wartung gegeben ist aufgrund äußerer Randbedingungen. Um die Wartung durchführen zu können, muß in der Regel der Produktionsprozeß für einige Zeit unterbrochen werden. Den günstigsten Zeitpunkt zu bestimmen, ist einer der wichtigsten Aufgaben des Instandhalters. Weiterhin bedeutsam ist die Dauer der Wartungsdurchführung selbst.

Eine regelmäßige Wartung der Spritzgießmaschine könnte beinhalten:

- Säubern des Werkzeugs
- Überprüfung des kompletten Hydrauliksystems
- Überprüfung der Schließeinheit usw.

Die Wartung schließt ab mit der Fertigmeldung und der dazugehörigen Dokumentation der durchgeführten Wartungsarbeiten.

3.5.4. Inspektion

Gemäß DIN 31051 gehören zur Inspektion alle Maßnahmen zur **Feststellung und Beurteilung des Istzustandes** einer Betrachtungseinheit (Anlage, Baugruppe, Bauelement). Die Inspektion hat in der Instandhaltung zentrale Bedeutung. Die während der Inspektion gewonnenen Daten dienen

- der Planung, Durchführung und Kontrolle weiterer Instandhaltungsmaßnahmen
- der Schwachstellenermittlung, der Verbesserung der Betriebsweise durch den Betreiber (z. B. Maschinenbediener)
- der konstruktiven Verbesserung an bestehenden und neuen Anlagen.

Die Maßnahmen zur Inspektion beginnen mit der Planung zur Feststellung des Istzustandes. Zu diesem Zweck muß der Instandhalter einen entsprechenden **Inspektionsplan** aufstellen, der Angaben enthalten soll über

- **den Ort** (welches Subsystem wird untersucht)
- **den Termin** (Inspektionsintervall)
- **die Methode** (wie wird die Inspektion durchgeführt)
- **die Geräte und die Maßnahmen** (welche Meß- und Prüfmittel benötigt man)

zur Durchführung der Inspektion.

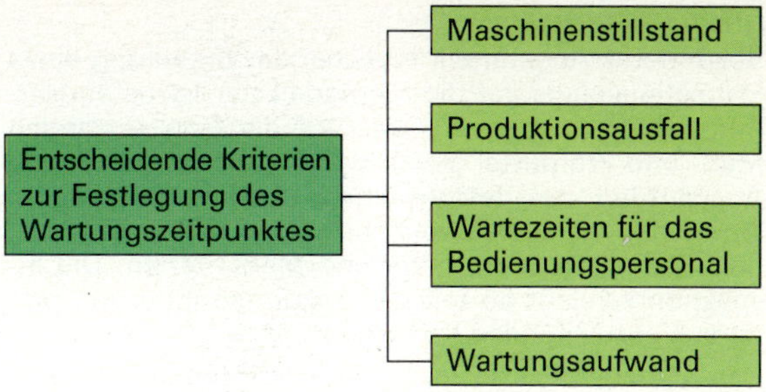

	Wartung durchgeführt am:	
	von:	
	Methoden	Qualifikation
	Kontrolle, ob sämtliche Anschlüsse dicht sind; Suche nach Ölspuren, die auf undichte Stellen schließen lassen; Sichtkontrolle, Tastkontrolle	IM/PT

Wartungsplan (Ausschnitt)

Die Inspektion liefert nur Informationen darüber, wieviel Abnutzungsvorrat bereits verbraucht bzw. noch vorhanden ist.

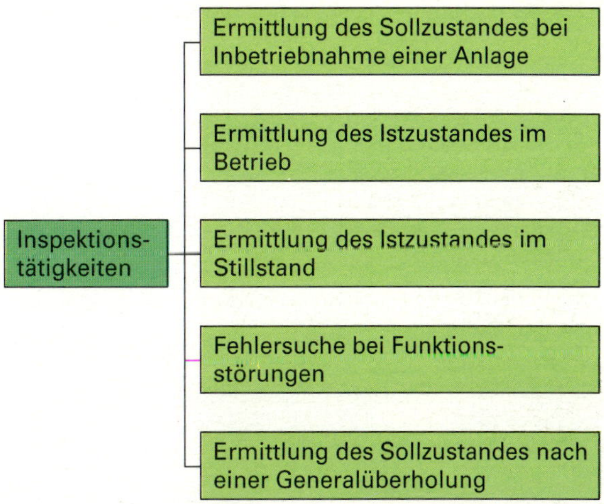

Inspektionsplan

Besonderes Augenmerk muß bei der Erstellung eines Inspektionsplans auf die Methoden der Istzustandsermittlung und -analyse sowie auf die einzusetzenden **Meß- und Prüfmittel** gelegt werden. Ferner muß eine Auswertung des festgestellten Zustandes erfolgen. Grundlage für die Auswertung bilden dabei die situationsbedingten Grenzwerte und Meßkriterien. Die Inspektion schließt ab mit der Dokumentation und den daraus abzuleitenden Konsequenzen.

Der **Istzustand** ist der zu einem bestimmten Zeitpunkt festgestellte Zustand einer Betrachtungseinheit. Er sollte stets unter denselben Betriebs- und Umweltbedingungen festgestellt und in denselben Dimensionen wie der Sollzustand angegeben werden. Andernfalls ist kein direkter Soll-Ist-Vergleich möglich. Bei der Ermittlung des Istzustandes sollen der Zustand einzelner Bauelemente, die Lage der Bauelemente untereinander sowie der Energiezustand berücksichtigt werden.

Durchführung der Inspektion

Bei der Messung des Istzustandes muß unterschieden werden zwischen direkter und indirekter Messung. Die direkte Messung wird unmittelbar am Objekt durchgeführt, während die indirekte Messung die Zusammenhänge zwischen Einflußgröße und der quantitativen Änderung zu erfassen versucht. Die Inspektion dient nicht allein der Bestimmung des Istzustandes durch Messen, sondern schließt das Ableiten des Istzustandes aus bekannten oder anderweitig erfaßten Größen mit ein. Zur Ableitung des Istzustandes können demnach Unterlagen (z. B. Bedienungsanleitungen der untersuchten Anlage, usw.) herangezogen werden.

Die Feststellung des Istzustandes beinhaltet das Bestimmen, Festlegen oder Vergleichen meßbarer Größen.

Inspektionstätigkeit: Direktes Messen

Inspektionsplan	Spritzgießmaschine Maschinentyp	Hersteller	Maschinen-Nr.
Schließeinheit Anlagenteil	Inspekteur / Qualifikation	Inspektionsdatum	Blatt-Nr.

Erläuterung:
1 = nicht vorhanden 4 = Beanstandung
2 = nicht geprüft 5 = Verstoß gegen Vorschriften
3 = In Ordnung 6 = Beanstandung beseitigt

Jan	Feb	Mrz	Apr	Mai	Jun	Jul	Aug	Sep	Okt	Nov	Dez
1	6	10	14	18	23	27	31	36	40	45	49
2	7	11	15	19	24	28	32	37	41	46	50
3	8	12	16	20	25	29	33	38	42	47	51
4	9	13	17	21	26	30	34	39	43	48	52
5				22			35		44		

Prüfstellen

Nr.	Baugruppe Druckversorgung	1	2	3	4	5	6	Nr.	Baugruppe Bauelemente	1	2	3	4	5	6	Nr.	Baugruppe	1	2	3	4	5	6	Nr.	Baugruppe	1	2	3	4	5	6
1	Ölstand							1	Ventile																						
2	Ölpumpe							2	Hydraulikzyl.																						
3	Ölqualität							3	Endschalter																						
4	Öldruck							4																							
5	Öltemperatur							5																							
Nr.	Baugruppe Leitungssystem							Nr.	Baugruppe							Nr.	Baugruppe														
1	Leitungen																														
2	Dichtungen																														
3	Ölfilter																														

Nach der eigentlichen Feststellung des Istzustandes folgt die Festlegung der daraus resultierenden Konsequenzen. Die Kenntnis über den Istzustand einer Anlage erlaubt die Planung sowohl des weiteren Produktionsablaufs als auch evtl. durchzuführender Instandhaltungsmaßnahmen.

Die **Inspektion am Beispiel der Hydraulikanlage der Spritzgießmaschine,** die das Öffnen, Schließen und Zuhalten des Werkzeugs steuert, könnte wie folgt durchgeführt werden:

Der Instandhalter überprüft mit einem **Manometer** den Druck in den Hydraulikleitungen, die die werkzeugseitige Schließeinheit steuern. Mit Hilfe einer **Fühlerlehre** kann geprüft werden, ob sich beim Einspritzen der Formmasse die beiden Werkzeughälften öffnen und wenn ja, wie groß der Spalt zwischen den beiden Werkzeughälften ist.

Ermittlung des Istzustandes mit Hilfe eines Manometers

Da die Feststellung des Istzustandes bestimmter Bauelemente aufwendig ist, sollte das Messen auf die Bauelemente begrenzt werden, wo Erkenntnisse auf andere Weise nicht gewonnen werden können. Die Inspektion ist insbesondere dort lohnend, wo der Istzustand sich sichtbar ändert.

Im o. g. Beispiel kann man anhand des Manometers die Druckschwankungen im Zylinder feststellen. Indirekt können über die Beurteilung der **Formteile** Rückschlüsse auf mögliche Fehlerursachen gezogen werden.

Ermittlung des Istzustandes mit Hilfe einer Fühlerlehre

Gleichzeitig mit der Istzustandsermittlung sollte die Schadensursache erforscht werden. Die Ursachen für den Abbau des Abnutzungsvorrats sind bei den meisten Anlagen während der gesamten Lebensdauer nicht gleich. Der Abnutzungsvorrat kann aus unterschiedlichen Gründen verschieden schnell abgebaut werden. Der Abbau kann verursacht werden durch:

- die Fahrweise der Anlage,
- umweltbedingte Umgebungseinflüsse,
- zufällige Ereignisse (Crash) usw.

Erkenntnisse über die **Schadensursache** bedingen indirekt Konsequenzen für die Inspektion und damit natürlich auch für die Produktion. Der Instandhalter muß entsprechende Hinweise aus der Schadensursache ableiten, wie:

- Fahrweise der Anlage ändern,
- Schmierstoffzufuhr sicherstellen,
- Schmierstoffqualität sicherstellen,
- Hinweise zum sachgerechten Einrichten der Anlage geben usw.

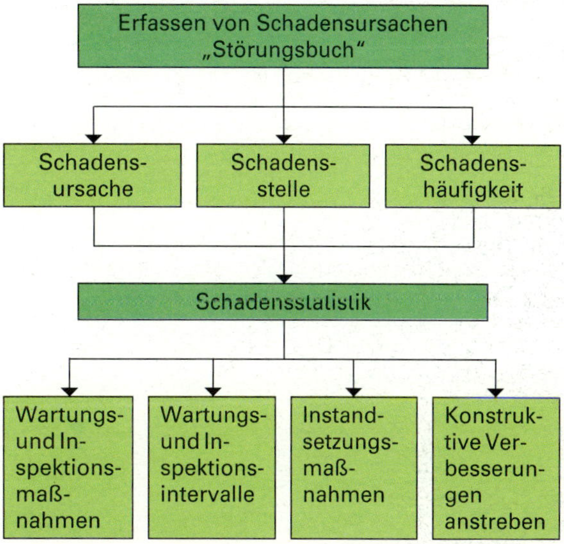

Aufgaben zur Wiederholung und Vertiefung

1. Die Aufbringung der Schließkraft läßt sich alternativ zur oben dargestellten Methode über ein Kniehebelsystem realisieren. Erläutern Sie den möglichen Abbau von Abnutzungsvorrat für das dargestellte Bauelement einer Spritzgießmaschine!

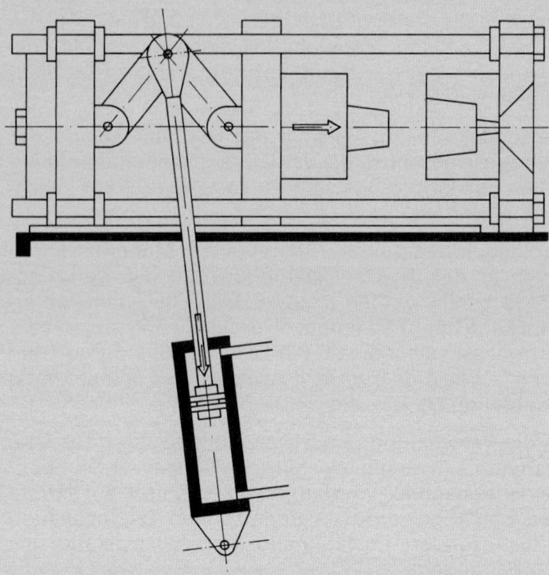

2. Welches Ziel wird mit der Durchführung regelmäßiger Wartungsarbeiten verfolgt?

3. Warum ist für die Planung und Durchführung von Wartungs- und Inspektionsarbeiten technischer Systeme eine Betrachtung der Subsysteme hilfreich?

4. Definieren Sie den Begriff Inspektion!

5. Entwerfen Sie einen Wartungsplan zur regelmäßigen Wartung der Hydraulikanlage einer Spritzgießmaschine (s. Bild unten)!

6. Erklären Sie den Unterschied zwischen Wartung und Inspektion!

7. Begründen Sie die Notwendigkeit eines Inspektionsplans!

8. Erstellen Sie einen Inspektionsplan zur Durchführung von Inspektionsarbeiten am Hydrauliksystem der Spritzgießmaschine!

9. Nennen Sie vier Möglichkeiten der Überprüfung von Bauteilen auf ihre Funktionsfähigkeit!

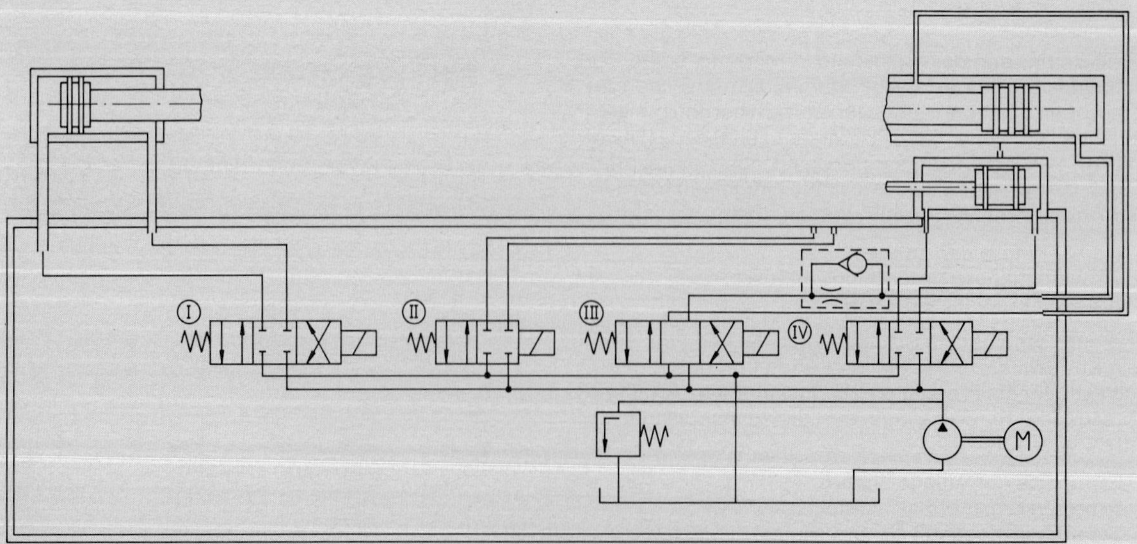

3.5.5 Instandsetzung

Unter Instandsetzung werden alle Maßnahmen verstanden, die dazu dienen, den **Sollzustand** einer Maschine oder Anlage **wiederherzustellen.**

Der abgebaute Abnutzungsvorrat eines Bauelements wird durch **Reparatur** oder **Austausch des Teils** wiederhergestellt, so daß die Funktionsfähigkeit wieder gegeben ist. Die Ursachen für den Ausfall der Funktionsfähigkeit eines Bauelements können sehr unterschiedlich sein.

Ausfallursachen:

- Verschleiß

Verschleiß ist die **Abnutzung** von Bauelementen **durch physikalische Einwirkungen.** Verschleiß entsteht vor allem durch Reibung zwischen bewegten Bauelementen (z. B. Zahnräder, Lager, Führungen). Es kommt im Laufe der Zeit zu einem Materialabtrag, der die Funktionsfähigkeit der Bauelemente beeinträchtigt und schließlich außer Kraft setzt. Die Entstehung von Verschleiß wird durch schlechte Oberflächenqualität der bewegten Bauelemente, dynamische Belastungen und durch starke Temperaturschwankungen begünstigt.

Verschleiß an einem Lager:
Fortgeschrittene Schälung bei einem Rillenkugellager-Innenring

- Korrosion

Korrosion ist die **Abnutzung** von Bauelementen **durch chemische** oder **elektrochemische Einwirkungen.** Durch die Einwirkung von Luftsauerstoff, Kühlmittel und aggressiven Gasen sowie durch Verwendung ungeeigneter Werkstoffkombinationen werden die Bauelemente vor allem an der Oberfläche zerstört. Die Folge ist eine Beeinträchtigung der Funktionsfähigkeit oder der Ausfall der Bauelemente.

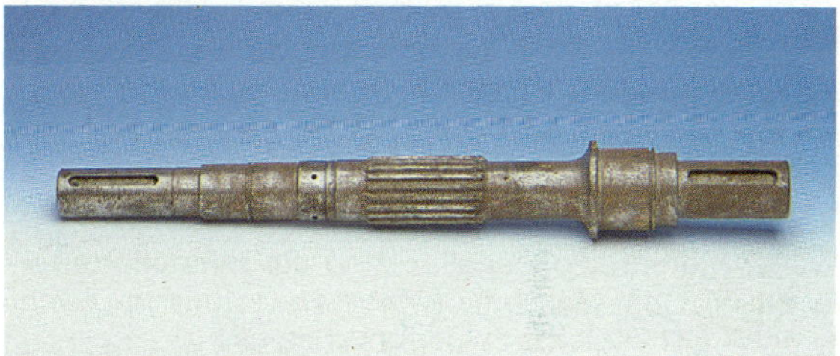

Korrosion an einer Welle

- Zerstörung durch Überlastung

Die Funktionsfähigkeit von Bauelementen ist nur dann gewährleistet, wenn die **Belastungen innerhalb der zulässigen Grenzen** bleiben. Kommt es durch Bedienungsfehler (z. B. zu große Schnittkräfte, Kollision) zu Überbelastungen, können die Bauelemente zerstört oder plastisch verformt werden, so daß die Funktionsfähigkeit der Bauelemente nicht mehr gegeben ist.

Bruch durch Überlastung

- Ermüdung des Werkstoffs

Ermüdungsbrüche können auftreten, wenn Bauelemente **über längere Zeit hinweg dynamischen Belastungen** und somit elastischen Dehnungen ausgesetzt sind. Die Dauerfestigkeit wird dann überschritten und führt zu einem Ausfall des Bauelements. Die Ermüdung des Werkstoffs wird beschleunigt, wenn zusätzlich Überlastungen auftreten oder die Oberfläche des Bauelements beschädigt wird (Kerbwirkung).

Die Hauptaufgabe des Instandsetzers besteht darin, nicht mehr funktionsfähige Bauelemente zu reparieren oder auszutauschen. Wie ein Instandsetzer bei seiner Arbeit vorgeht, soll im folgenden Beispiel deutlich werden.

Das Vorgehen bei der Instandsetzung am Beispiel einer CNC-Drehmaschine

Der Maschinenbediener einer CNC-Drehmaschine meldet der Instandhaltung eine Störung. Der Meister der Instandhaltungsabteilung schickt einen Instandsetzer.

Der Instandsetzer hat prinzipiell eine Reihe von Möglichkeiten, an die Aufgabe heranzugehen:

- er kann sogleich die Maschine auf die Störung hin untersuchen;
- er kann sich anhand der Maschinenunterlagen über Fehlermöglichkeiten an der Maschine orientieren;
- er kann zunächst den Elektriker herbeirufen und diesen prüfen lassen, ob ein elektrischer Fehler vorliegt;
- er kann den Maschinenführer fragen, was passiert ist.

Die wichtigste Informationsquelle ist der **Benutzer der Maschine.** In unserem Beispiel der CNC-Drehmaschine erhält der Instandsetzer folgende Informationen:
Zwei der vier Getriebestufen lassen sich plötzlich nicht mehr schalten. Eine Vorführung der Störung bestätigt dies.

Bei Betätigung der Tasten für die erste und dritte Getriebestufe dreht sich die Arbeitsspindel einwandfrei, aber beim Schalten der zweiten und vierten Stufe bewegt sich die Arbeitsspindel nicht.

Weitere Informationsquellen sind die **Herstellerunterlagen** über die Maschine (wie etwa technische Zeichnungen, Schaltpläne, Fehlerhinweise usw.).

Der Instandsetzer erfährt aus den Unterlagen, daß diese Maschine im Unterschied zu den meisten modernen CNC-Drehmaschinen über ein Schaltgetriebe verfügt.

Mit Hilfe der Zeichnung versucht er, die Funktionsweise beim Schalten der Getriebestufen zu verstehen.
In der Subsystem-Struktur gewinnt der Instandsetzer einen Überblick über die Funktionen der betrachteten Baugruppen.

Die Störung ist innerhalb des Informationsumsatzes der CNC-Drehmaschine aufgetreten. Die Befehle „Schalten von Getriebestufe 2" bzw. „Schalten von Getriebestufe 4" werden nicht ausgeführt. Dagegen funktionieren die beiden übrigen Getriebestufen einwandfrei: Auf Tastendruck zieht der Elektromagnet des Hydraulikventils an, das Ventil bewirkt eine Änderung der Durchlaufrichtung des Öls, ein Zylinder wird mit Druck beaufschlagt, der Kolben verfährt und bewegt die Schaltklaue des Getriebes, wodurch die Zahnräder so verschoben werden, daß das Getriebe im gewünschten Umdrehungsfrequenzbereich arbeiten kann.

Die Ursache der Störung muß innerhalb der mechanischen, hydraulischen oder elektrischen Bauelemente der betrachteten Baugruppen der Maschine liegen; lägen sie außerhalb (z. B. in der Hydraulikpumpe), würde sich das Getriebe gar nicht mehr schalten lassen.

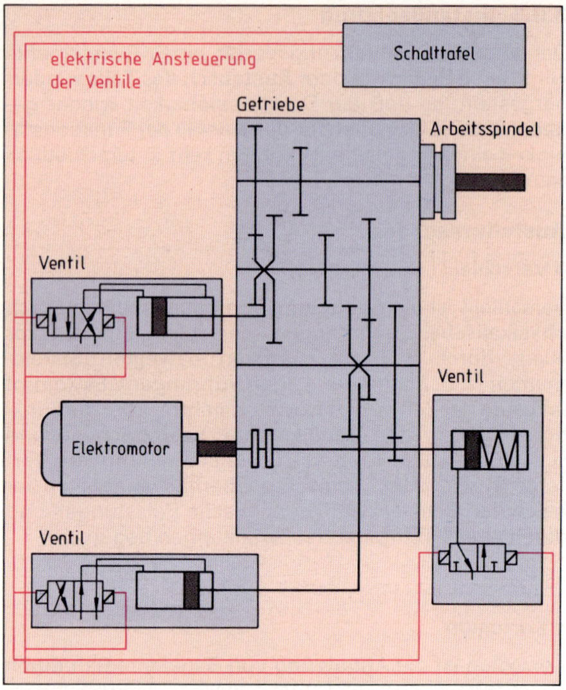

Baugruppen einer Drehmaschine

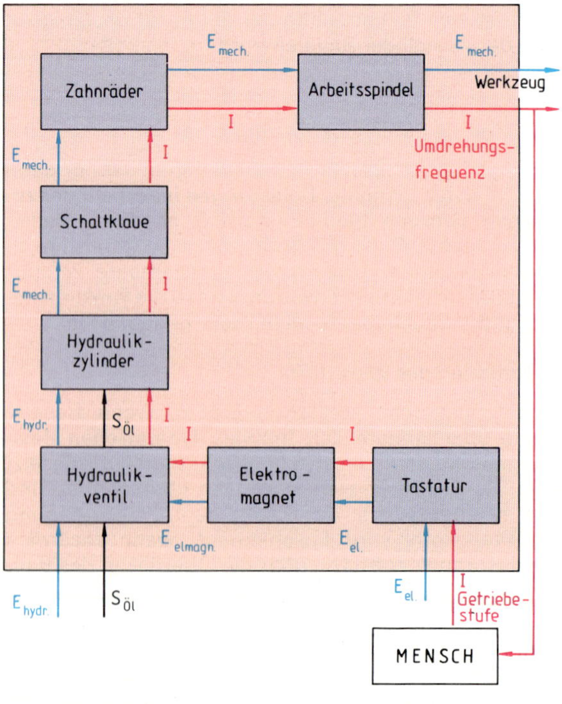

Subsystem-Struktur: Schalten des Getriebes

Der Instandsetzer könnte jetzt an einer Stelle innerhalb der betrachteten Baugruppen beginnen und systematisch Input und Output des jeweiligen Bauelements überprüfen.

Um längere Stillstandszeiten der Maschine zu vermeiden, wird der Instandsetzer deshalb dort mit der Fehlersuche beginnen, wo er den Fehler am ehesten vermutet. Hat er keine Anhaltspunkte, dann beginnt er am besten dort, wo der Aufwand am geringsten ist.

Der Instandsetzer beginnt mit der **Überprüfung der Hydraulik,** weil die Überprüfung des Getriebes länger dauern würde und zur Überprüfung der Elektrik erst ein Elektriker geholt werden müßte. Der Instandsetzer überprüft die Ventile mit einem Magnetprüfer und stellt fest, daß diese einwandfrei schalten.
Das bedeutet aber gleichzeitig, daß die elektrischen Impulse von der Tastatur bis zu den Ventilen einwandfrei ankommen.

Der Fehler muß also zwischen den Ventilen und der Arbeitsspindel liegen.
Der Instandsetzer überprüft als nächstes, ob die **Hydraulikzylinder** mit Druck beaufschlagt werden. Er schraubt die Schläuche nacheinander von den beiden Zylindern ab und überprüft den Druck mit Hilfe eines Manometers. Der Druck wird in allen vier Schläuchen ordnungsgemäß aufgebaut.
Mittels Magnetprüfer testet der Instandsetzer nun, ob die Kolben des Zylinders ausfahren, d. h. die Endschalter erreichen.
Ergebnis: beide Kolben fahren einwandfrei aus.
Jetzt bleibt dem Instandsetzer nichts anderes übrig, als das **Getriebe** zu öffnen. Er nimmt den Getriebedeckel ab und läßt den Maschinenbediener erneut schalten. Der Instandsetzer bemerkt, daß ein Kolben zwar ausfährt, jedoch die daran befestigte **Schaltklaue** sich gelöst hat.

Der Instandsetzer baut den Zylinder mit der Schaltklaue aus. Er untersucht die Verbindung zwischen Kolbenstange und Schaltklaue: die Schweißnaht hat nicht gehalten. Er säubert die Verbindungsstelle, schweißt die Schaltklaue an und baut Zylinder und Schaltklaue wieder ein.

Nach der Montage des Deckels bittet der Instandsetzer den Maschinenbediener zu überprüfen, ob sich alle vier Getriebestufen wieder schalten lassen. Dies ist der Fall.
Der Instandsetzer verzeichnet im Instandsetzungsbuch die durchgeführten Arbeiten.
Damit ist die Aufgabe für ihn beendet.

Die Vorgehensweise der Instandsetzung läßt sich an diesem Beispiel gut erkennen. Sie wird im nebenstehenden Blockdiagramm verallgemeinernd dargestellt.

Dieses allgemeine Schema kann als Anhaltspunkt für die **Vorgehensweise bei der Instandsetzung** dienen.
Im Einzelfall können allerdings auch andere Aufgaben anfallen, die durch die besondere Art der Störung notwendig werden.
Auf einige spezielle Aspekte der Instandsetzung soll im folgenden eingegangen werden.

Prüfen der Ventile mit Magnetprüfer

Geöffnetes Getriebe einer CNC-Drehmaschine

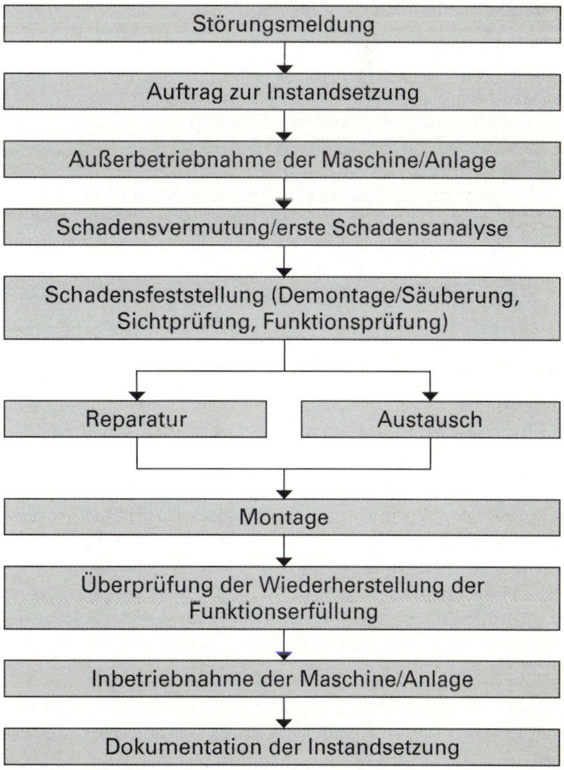

Arbeitsschritte bei der Instandsetzung

Aufgaben zur Wiederholung und Vertiefung

1. Worin unterscheidet sich die Instandsetzung von Wartung und Inspektion?
2. Welche Möglichkeiten hat der Instandsetzer, um sich über die Störung an einem Maschinensystem zu informieren?
3. Welche Hauptaufgaben hat die Instandsetzung?
4. Welche Vorteile bietet dem Instandsetzer die systemtechnische Betrachtung einer Maschine oder Anlage?
5. Was ist bei der Fehlersuche zu beachten?

Spezielle Aspekte der Instandsetzung

- Grundregeln der Instandsetzung

Um die Kosten möglichst gering zu halten, muß die Maschine bzw. Anlage so schnell wie möglich wieder in den Produktionsprozeß integriert werden.
Für den Instandsetzer bedeutet dies häufig, daß er unter großem Zeitdruck arbeiten muß. Andererseits wird von ihm erwartet, daß er sorgfältig arbeitet und planvoll vorgeht.

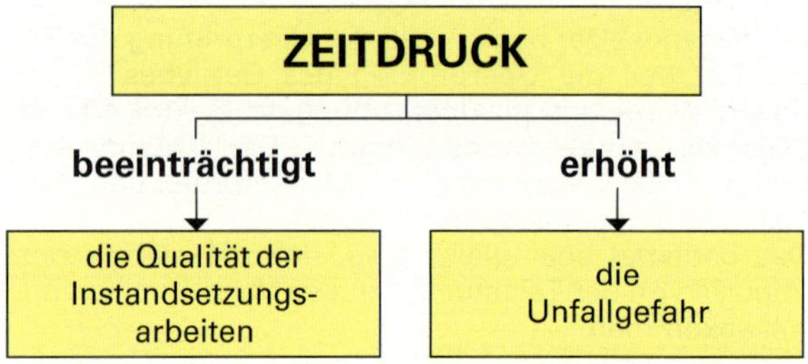

Deshalb sollte der Instandsetzer einige **Grundregeln der Instandsetzung** beachten:

- möglichst die Ruhe bewahren, was immer auch geschieht;
- zuerst überlegen, dann handeln;
- Zeit nehmen für eine sorgfältige Planung; sie spart letztlich Zeit;
- die Schadensstelle so absichern, daß man weder sich selbst noch andere gefährdet;
- nur in eine abgeschaltete Maschine eingreifen;
- vor dem Eingreifen in die Maschine sollte man sich sorgfältig informieren über:
  - Auftretenszeitpunkt der Störung
  - Auftretenshäufigkeit der Störung
  - Umstände der Störung
  - Instandsetzungsvorschriften der Maschine
  - frühere Instandsetzungsarbeiten
  - Fehlerdiagnosehilfen in den Maschinenunterlagen
  - Folgen des Ausfalls der Maschine
- bei Unsicherheiten den Vorgesetzten um Rat fragen;
- nicht in die Maschine eingreifen, wenn die Folgen des Eingriffs nicht abschätzbar sind;
- in elektrische Teile darf nur ein Elektriker eingreifen.

Abgesicherte Schadensstelle

- Qualifikationen des Instandsetzers

Der Instandsetzer muß wissen, aus welchen Subsystemen die Maschine besteht und wie diese zusammenwirken. Wenn er nicht weiß, daß die Schaltung der Getriebestufen über die elektromagnetische Aussteuerung von Hydraulikventilen und das Verschieben von Hydraulikzylindern funktioniert, oder wie Hydraulikventile und -zylinder funktionieren, wird er die aufgetretene Störung kaum beheben können. Auch sollte der Instandsetzer wissen, wie die Maschine bedient wird, um die Möglichkeiten der Handhabung zu kennen.

Wichtig sind auch Kenntnisse über die Schwachstellen der Maschine. Die Schwachstellenanalyse ist ein wichtiges Hilfsmittel für den Instandsetzer.

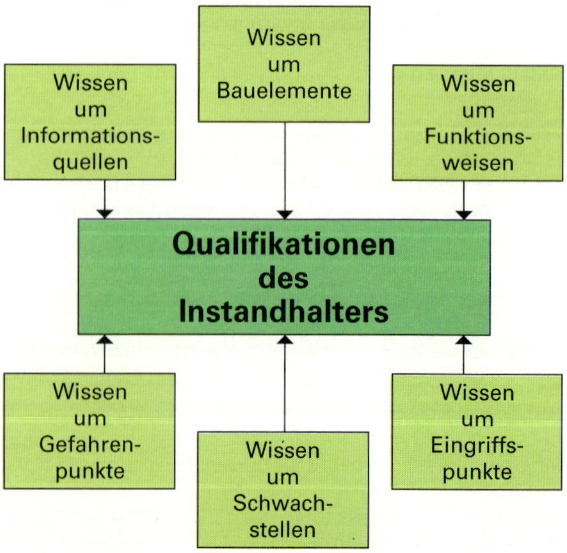

- Schwachstellenanalyse

Die Ursache für vorhandene Schwachstellen in einer Maschine oder Anlage können sein:
- Planungsfehler (z. B. falsche Berechnung)
- Konstruktionsfehler (z. B. falsche Werkstoffauswahl)
- Fertigungsfehler (z. B. Fehler in einer Schweißnaht)
- Montagefehler (z. B. Einbaufehler)

In diesen Fällen wäre die Anlage von vornherein fehlerbehaftet. Es kommt aber meist vor, daß die Maschine oder Anlage vom Hersteller einwandfrei angeliefert wurde und erst während des Betriebes Schwachstellen auftreten. Die Ursachen dafür können z. B. sein:
- Bedienungsfehler (z. B. Fahren mit Überlast, Einstellen falscher Werte)
- Wartungsfehler (z. B. vernachlässigte Schmierung)
- Instandsetzungsfehler (z. B. falsche Teile eingebaut)

Eine Schwachstelle kann sich äußern als:
- mechanische Funktionsstörung (z. B. zu schwache Leistungsausbringung)
- hörbare Störung (z. B. Lagergeräusch)
- sichtbare Störung (z. B. ruckartige Bewegung eines Zylinderkolbens)
- Schaden (z. B. Stillstand der Maschine nach „Fressen" eines Zahnradpaars)

In der Praxis werden die Ergebnisse der Schwachstellenanalyse häufig in Form von Diagnosekarten für die Instandsetzung verfügbar gemacht (vergl. folgende Seite).

Eine Diagnosekarte benennt die Bauelemente einer Baugruppe und gibt Kriterien zur Beurteilung der Funktionsfähigkeit der Teile sowie Mittel zur Prüfung der Teile an.
Viele planungs- und konstruktionsbedingte Schwachstellen können im Laufe der Zeit verbessert werden, so daß sie als Schwachstelle nicht mehr in Erscheinung treten.

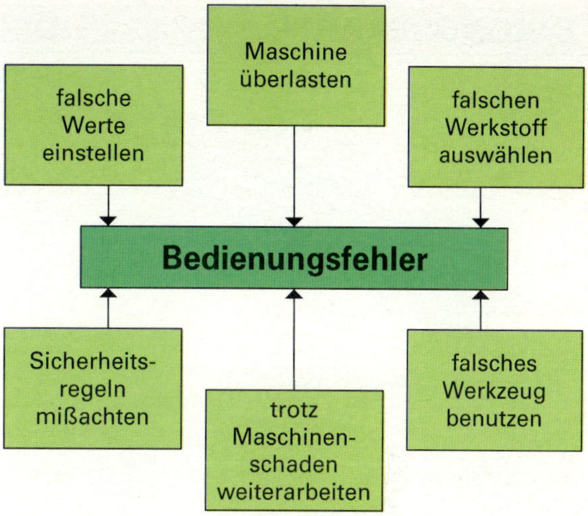

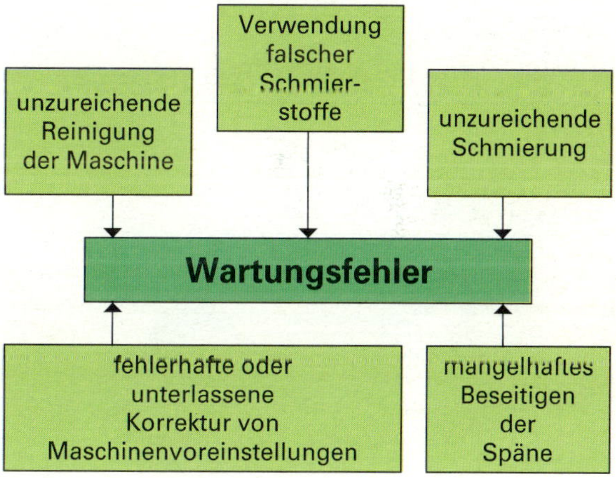

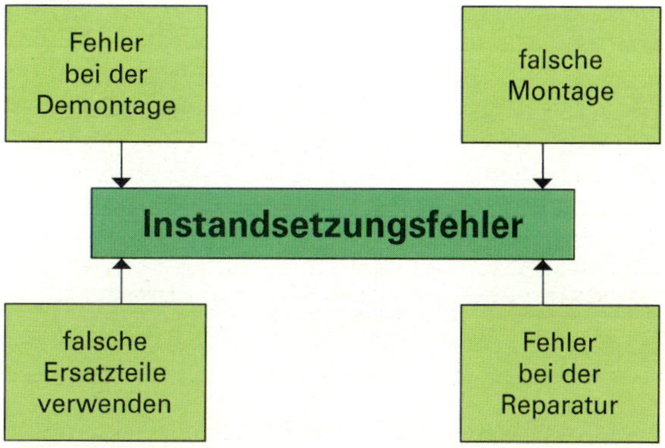

- Sollbruchstellen

Ein wesentliches Element instandsetzungsfreundlichen und kostensparenden Konstruierens ist der Einbau von Sollbruchstellen.

Unter Sollbruchstellen versteht man solche Bauelemente einer Maschine bzw. Anlage, die bei Überlastung zerstört werden und dadurch andere, wertvollere vor Bruch schützen und somit Folgeschäden vermeiden.

Beispiele für Sollbruchstellen sind:
- Scherstift: Schert bei Überlastung ab; häufig zwischen Motor und Welle eingebaut
- Brechplatte: Wird z. B. bei mechanischen Pressen eingesetzt; bricht bei einem bestimmten Druck und schützt so den Stempel der Presse

DIAGNOSEKARTE DRUCKZYLINDER

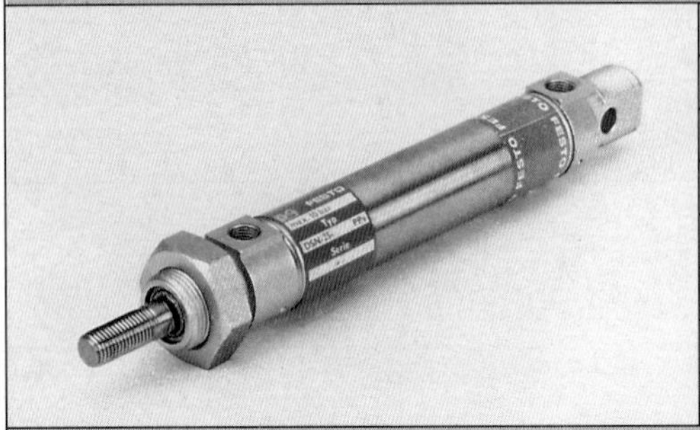

① Kolbenstangen-Verschleiß, -Verformung
② Dichtigkeit
③ Auge-Zylinderaufhängung – Verschleiß
④ Auge-Kolbenstangenaufhängung – Verschleiß
⑤ Bewegungsablauf
⑥
⑦
⑧

MESSGRÖSSEN	BEURTEILUNGSSTUFEN I	II	III	IV	MESSGERÄTE HILFSMITTEL
①	keine Riefen	leichte Riefen	feine Anrisse	Absplitterung, Abblätterungen	visuelle Betracht., evtl. Farbeindringv.
②	dicht	leichte Blasenbildung	starke Blasenbildung	undicht	Lecksuchspray, Lecksuchgerät, visuell
③	spielfrei	Spiel bis 0,1 mm	Spiel bis 0,2 mm	Spiel bis 0,5 mm	Fühlerlehre
④	spielfrei	bis 0,1 mm	bis 0,15 mm	bis 0,3 mm	Fühlerlehre
⑤	ruckfrei	periodisch leichtes Rucken	intermittier. Rucken	stotternd	visuell
⑥					
⑦					
⑧					

DIAGNOSEKARTE GETRIEBE

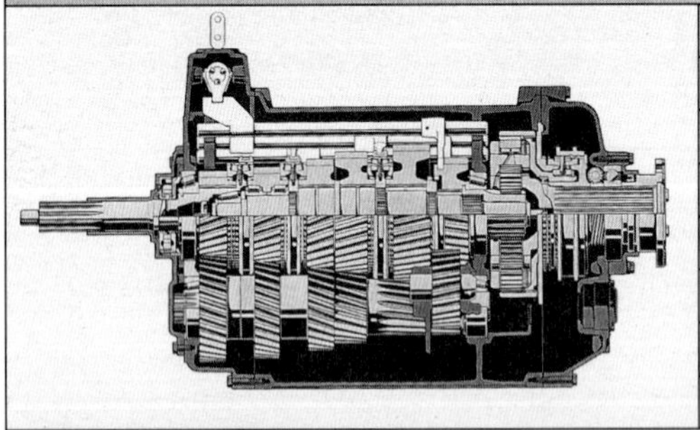

①	Gehäusetemperatur	Allianz-Handbuch
②	Dichtigkeit/Ölaustritt	
③	Druckverlust/Schmiermittel	VDI-Vorschriften
④	Geräusche	
⑤	Schwingungen	VDI 2056
⑥	Getriebespiel	
⑦		
⑧		

MESSGRÖSSEN	BEURTEILUNGSSTUFEN I	II	III	IV	MESSGERÄTE HILFSMITTEL
①	bis 30 °C	bis 50 °C	bis 60 °C	über 65 °C	Digitalthermometer
②	kein Ölaustritt	„Schwitzen"	leichte Leckage	Leckage	visuelle Betrachtung, Lecksuchspray
③	kein	bis 10%/IH-Int.	bis 20%/IH-Int.	über 30%	Meßauge, Meßskala, Meßfüllrohr
④	keine	periodische	ständige	schlagende knirschende	auditive Betrachtung, Gehör
⑤	ruhiger Lauf	leichte Vibration (7 mm/s)	spürb. Vibrat. (10 mm/s)	Rütteln	visuelle Betrachtung, Industriestetos.
⑥	kein (0°)	leicht (1°)	stark bis 2°	über 2°	Winkelmeßgerät
⑦					
⑧					

Diagnosekarten zur Beurteilung des Abbaus von Abnutzungsvorräten

Der Einbau von Sollbruchstellen stellt eine Form der Überlastsicherung dar. Daneben gibt es noch eine ganze Reihe anderer mechanischer, hydraulischer oder elektrischer Überlastsicherungen z. B.:

- Rutschkupplungen
- Druckbegrenzungsventile
- Elektrische Sicherungen

Überlastsicherungen haben die Funktion, ein Maschinenteil oder die ganze Maschine bzw. Anlage vor Überbeanspruchung zu sichern. Dadurch werden die Maschinen und Anlagen vor Ausfall und Schaden geschützt.

Der Instandsetzer muß wissen, wo in seinen Maschinen entsprechende Schutzeinrichtungen vorhanden sind, wie diese funktionieren und wie sie instandzusetzen sind.

Ermittlung von Laufgeräuschen

• Vorgehensweise

Das Wissen um die Vorgehensweise bei der Instandsetzung ist für den Instandsetzer von größter Bedeutung. Er muß wissen, wie er:

- sich an einer Schadensstelle orientieren kann
- die notwendigen Informationen über die Störung oder den Schaden erhalten kann
- die Störung meßbar machen kann
- bei der Fehlersuche zweckmäßigerweise vorgehen kann
- funktionsfähige Bauelemente erkennen kann
- funktionsfähige Bauelemente demontieren kann
- defekte Teile reparieren kann
- defekte Teile austauschen kann
- die Maschine wieder in den funktionsfähigen Zustand zurückversetzen kann
- überprüfen kann, ob die Maschine wieder einwandfrei funktioniert

Das Meßbarmachen von Störungen z. B. kann oft mit sehr einfachen Methoden erfolgen. So können Lagerschäden leicht ermittelt werden, wenn man einen **Schraubenschlüssel als Stethoskop** benutzt und so ungewöhnliche Laufgeräusche des Lagers hörbar macht.

Man kann häufig mit der bloßen Hand fühlen, ob Hydraulikschläuche mit Druck beaufschlagt werden. Oder man fühlt, daß die Temperatur eines Bauteils erhöht ist, was darauf schließen läßt, daß erhöhte Reibung vorhanden ist. Häufig kann man auch schon mit bloßem Auge erkennen, wenn ein Bauelement schadhaft ist (Riefen, Rauhigkeiten, Abscheuerungen etc.).
Die Wahrnehmung durch die Sinne stellt daher für den Instandsetzer das billigste, einfachste und oft wirkungsvollste Hilfsmittel zum Erkennen von Störungen dar.
Erst wenn die Wahrnehmung durch die Sinne nicht weiterhilft, sollte man andere Hilfsmittel zur Überprüfung heranziehen, z. B. Maßnahmen zur Überprüfung von Verfahrwegen oder Drehmomentmesser zur Überprüfung einer einwandfreien Kraftübertragung.

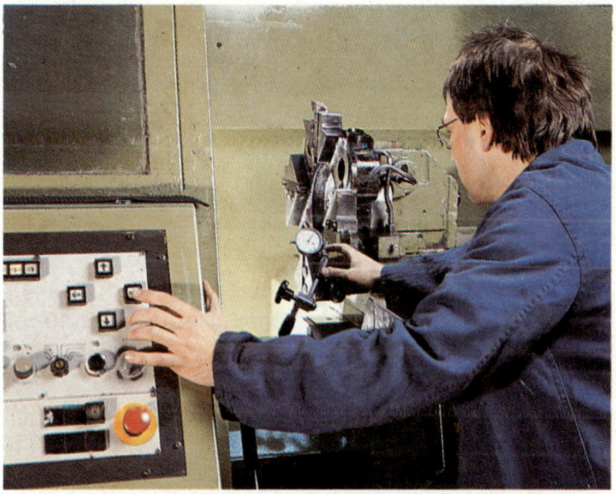

Feststellen von Verfahrabweichungen mit einer Meßuhr

Instandsetzung im Rahmen von Strategien der Instandhaltung

- Feuerwehrstrategie

Die klassische Instandsetzung arbeitet nach der „Feuerwehrstrategie“: ein Teil einer Maschine oder Anlage fällt aus; die **Instandsetzung** erfolgt **durch Reparatur** oder Austausch der nicht mehr funktionsfähigen Bauelemente.

Der wesentliche Vorteil dieser ausfallbedingten Instandhaltungsstrategie ist die volle Ausnutzung der Lebensdauer der Bauelemente einer Maschine bzw. Anlage. Dem steht als schwerwiegender Nachteil gegenüber, daß der Zeitpunkt des Ausfalls nicht vorhersehbar ist. Dadurch können hohe Ausfallkosten entstehen, und der Zeitdruck für die Instandsetzung ist in der Regel sehr groß. Es können auch Probleme bei der Beschaffung von Ersatzteilen entstehen, wenn solche Bauelemente ausfallen, die nicht ständig auf Lager gehalten werden. Außerdem ist eine gute Planung der Arbeitskräfte in der Instandsetzung nur schwer zu erreichen.

Wegen dieser Nachteile der „Feuerwehrstrategie“ wird in vielen Betrieben versucht, eine bessere Planbarkeit der Instandsetzungsarbeiten zu erreichen.

- Vorbeugende Instandhaltung

Die „vorbeugende Instandhaltung“ ist dort entwickelt worden, wo Bauelemente auf keinen Fall ausfallen dürfen. Das klassische Beispiel für den Einsatz der vorbeugenden Instandhaltungsstrategie ist die Luftfahrt. Aber auch in vielen anderen Bereichen der industriellen Produktion (z. B. in der automatisierten Fertigung) findet die vorbeugende Instandhaltung zunehmende Anwendung.

Hier werden die kinetischen Bauelemente nach einer bestimmten Zeit ausgetauscht, ohne zuvor überprüft worden zu sein, ob der Abnutzungsvorrat dieses Elements erschöpft ist oder nicht. Für jedes Bauteil wird ein bestimmter Zeitpunkt festgelegt, an dem sein Austausch erfolgt. Aus diesem Grund sind die Instandsetzungsarbeiten terminlich genau planbar. Die Stillstandszeiten der Maschine oder Anlage sind vorher bekannt und können bei der Planung des Betriebes bzw. der Produktion berücksichtigt werden. Ausfälle können so auf ein Minimum reduziert werden.

Der Nachteil dieser vorbeugenden Instandhaltungsstrategie ist im wesentlichen in dem hohen Aufwand für die Ermittlung der Austauschzeiten der Bauelemente und der Planung der Instandsetzungsarbeiten zu sehen.

Außerdem wird die Lebensdauer der Bauelemente nicht voll genutzt, wodurch die Wirtschaftlichkeit der Maschine bzw. Anlage beeinträchtigt werden kann.

Der Einsatz der Strategie der vorbeugenden Instandhaltung lohnt sich deshalb nur dann, wenn die Maschine oder Anlage jederzeit verfügbar sein muß und eine hohe Zuverlässigkeit notwendig ist.

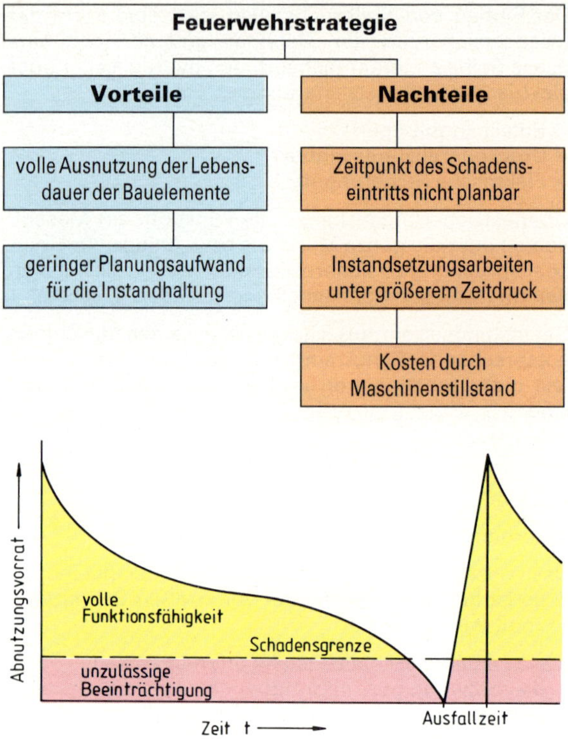

Feuerwehrstrategie

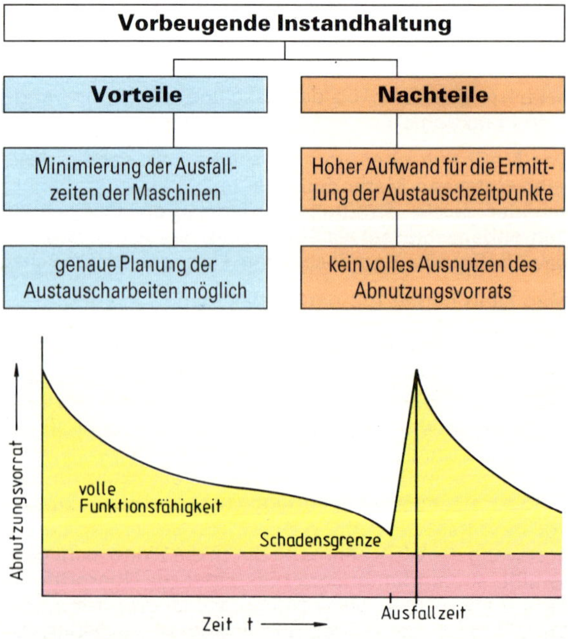

Vorbeugende Instandhaltung

- Inspektionsstrategie

In bestimmten Bereichen wird versucht, die Vorteile der vorbeugenden Instandhaltung bei gleichzeitig erhöhter Ausnutzung des Abnutzungsvorrats der Bauteile zu nutzen. Bei dieser Strategie wird versucht, die Restlebensdauer der Bauelemente durch Soll-Ist-Vergleich des Abnutzungszustandes zu bestimmen. Weil dies in der Regel durch Inspektion erfolgt, wird diese Vorgehensweise als „Inspektionsstrategie" bezeichnet. Diese Strategie ist überall dort sinnvoll, wo das Verschleißverhalten der Bauelemente relativ leicht ermittelt werden kann.

Da Inspektionen jedoch Kosten verursachen, ist die Inspektionsstrategie nur dann sinnvoll, wenn durch die verbesserte Nutzung der Lebensdauer der Bauelemente bei gleichzeitig hoher Verfügbarkeit der Maschine erhebliche Kosten eingespart werden.

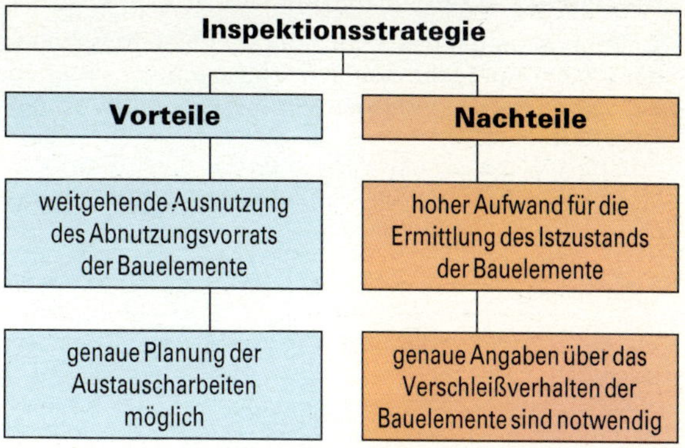

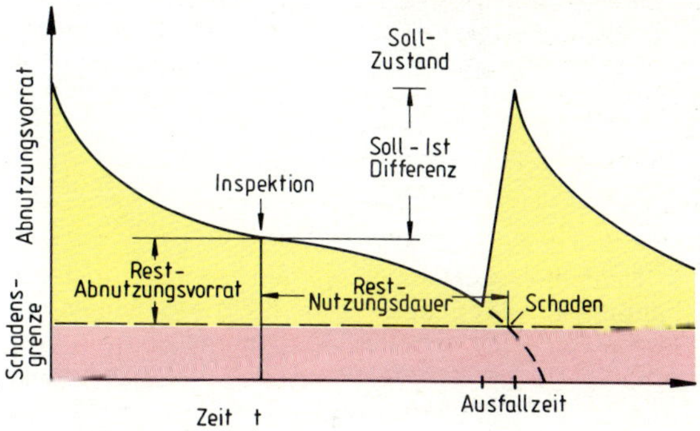

Inspektionsstrategie

- EDV in der Instandhaltung

Die Effektivität der vorbeugenden Instandhaltungsstrategie und der Inspektionsstrategie können durch den Einsatz von EDV deutlich gesteigert werden. EDV-Systeme zur Instandhaltungsplanung, -steuerung und -analyse **(IPS-Systeme)** dienen dazu, die in der Instandhaltung anfallenden Daten zu sammeln, sie zu strukturieren und für die anfallenden Instandhaltungsarbeiten nutzbar zu machen. Mit Hilfe des IPS-Systems werden die Termine für Wartung, Inspektion und Instandhaltung geplant und zeitlich mit der Produktion abgestimmt. Über das IPS-System können Bestandsabfragen im Lager erfolgen, z. B. ob benötigte Ersatzteile für eine geplante Instandsetzung vorhanden sind. Nach der Durchführung von Instandsetzungsarbeiten werden die benötigten Materialien und die benötigte Zeit eingegeben, die durchgeführten Arbeiten werden verzeichnet, ebenso mögliche Ursachen von Störungen. Diese Daten werden vom IPS-System ausgewertet und für künftige Instandhaltungsaufgaben bereitgestellt.

Zwar bedeutet der Einsatz von IPS-Systemen einen zusätzlichen Kostenaufwand für die Instandhaltung, aber es wird dadurch eine bessere Planung der Instandhaltung möglich, wodurch – bei konsequentem und richtigen Einsatz – erheblich höhere Kosten eingespart werden.

Aufgaben zur Wiederholung und Vertiefung

1. Wann ist es empfehlenswert ein defektes Teil zu reparieren und wann ist es besser, dieses Bauteil auszutauschen?

2. Welche Kosten entstehen durch die Instandsetzung von Maschinensystemen?

3. Welche Folgen können entstehen, wenn der Instandsetzer unter Zeitdruck arbeiten muß?

4. Was versteht man unter einer Schwachstelle bei einem Maschinensystem?

5. Welchen Sinn hat der Einbau von Sollstellen in einem Maschinensystem?

6. Bestimmen Sie für die folgenden Maschinensysteme die jeweils geeignete Instandhaltungsstrategie (Feuerwehrstrategie, vorbeugende Instandhaltung, Instandsetzungsstrategie):
Ständerbohrmaschine
Hydraulische Presse
Spritzengießmaschine
CNC-Drehmaschine
Flexible Fertigungszelle bestehend aus drei CNC-Drehmaschinen und zwei CNC-Fräsmaschinen
Montageband für PKW-Karosserien

Aufgaben zur Wiederholung und Vertiefung

7. Beim Arbeiten des Vorschubgetriebes im Schnellgang stellt man eine starke Geräuschentwicklung an der Arbeitswelle und eine Temperaturerhöhung am Lagerdeckel fest.
Erläutern Sie mögliche Ursachen für diese Betriebsstörung, und zeigen Sie Möglichkeiten der Behebung auf!

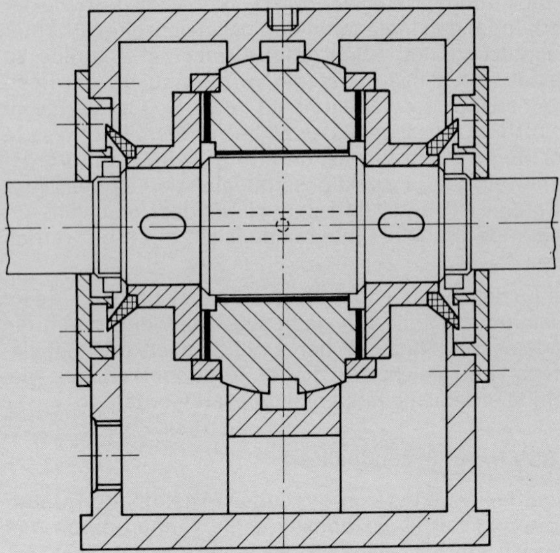

8. Nach Ihrer Ausbildung werden Sie in der Instandhaltungsabteilung eines Unternehmens eingesetzt. Ihr Meister teilt Ihnen eine CNC-Drehmaschine mit der Aufgabe zu, die Wartung, Inspektion und gegebenenfalls Instandsetzung zu übernehmen.
Als erstes wollen Sie sich einen Überblick über das Vorschubsystem dieser Maschine verschaffen. Eine Schemazeichnung des Vorschubsystems liegt Ihnen vor (vgl. Abbildung).

a) Arbeiten Sie den Stoff-, Energie- und Informationsfluß des Vorschubsystems heraus!
b) Gibt es innerhalb des Vorschubsystems
   - Schwachstellen
   - Verschleißteile
   - Sollbruchstellen?
c) Welche Wartungsarbeiten müssen am Vorschubsystem ausgeführt werden?
d) Erstellen Sie einen Wartungsplan für das Vorschubsystem!
e) Welche Inspektionsarbeiten müssen am Vorschubsystem ausgeführt werden?
f) Erstellen Sie einen Inspektionsplan!
g) Welche möglichen Störungen können am Vorschubsystem auftreten?
h) Welche Ersatzteile würden Sie für das Vorschubsystem auf Lager legen?

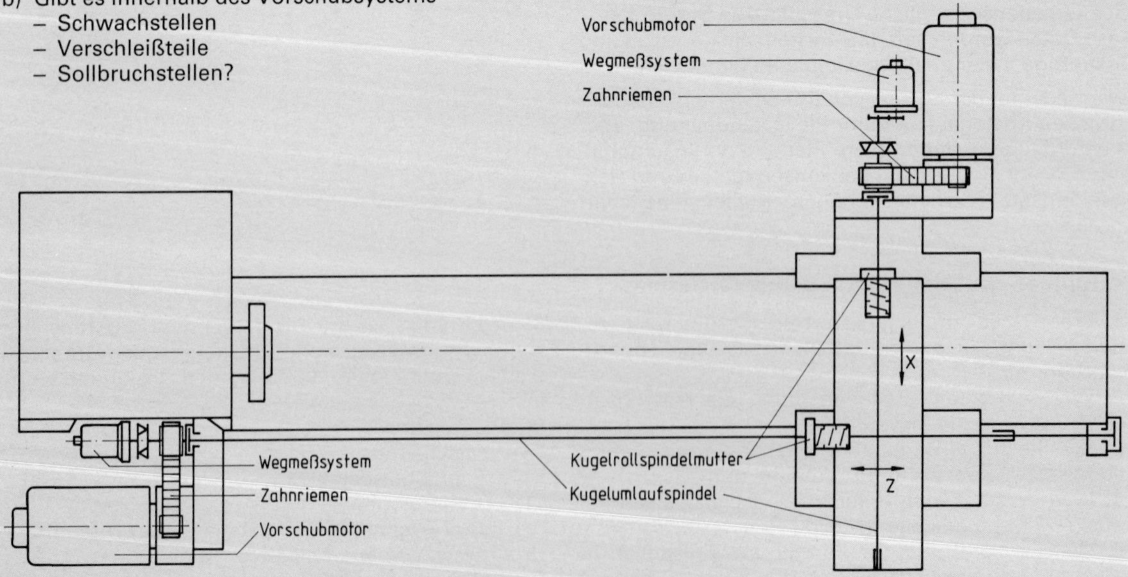

3.6 Arbeitswissenschaftliche, wirtschaftliche und soziale Aspekte der Maschinen- und Gerätetechnik

3.6.1 Grundsätze einer menschengerechten Gestaltung von Technik und Arbeit

Technische Produkte entstehen aufgrund einer bestimmten Zielsetzung. Diese kann sich im einzelnen Falle darin zeigen, daß ein **Kunde** eine ganz bestimmte Maschine, ein spezielles Gerät oder einzelne Bauelemente in **Auftrag** gibt. Vielfach besteht die Zielsetzung aber auch nur in der Annahme, daß auf dem **Markt** Bedarf für bestimmte Produkte (z. B. für Video-Recorder) besteht oder geweckt werden kann; Unternehmen produzieren für den Markt und rechnen damit, daß sich Käufer für ihre Erzeugnisse finden.

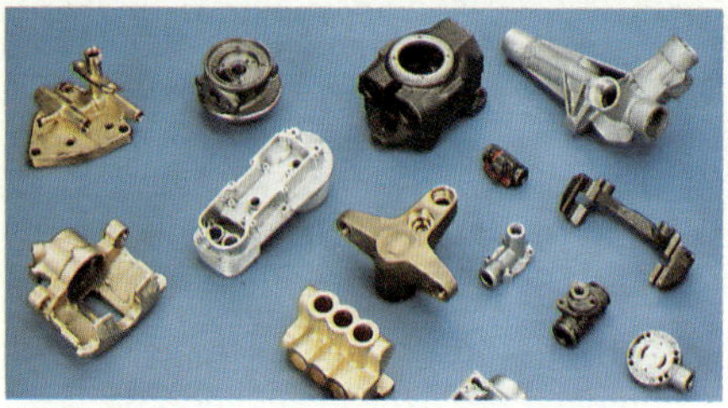

Nach Auftrag gefertigte Bauelemente

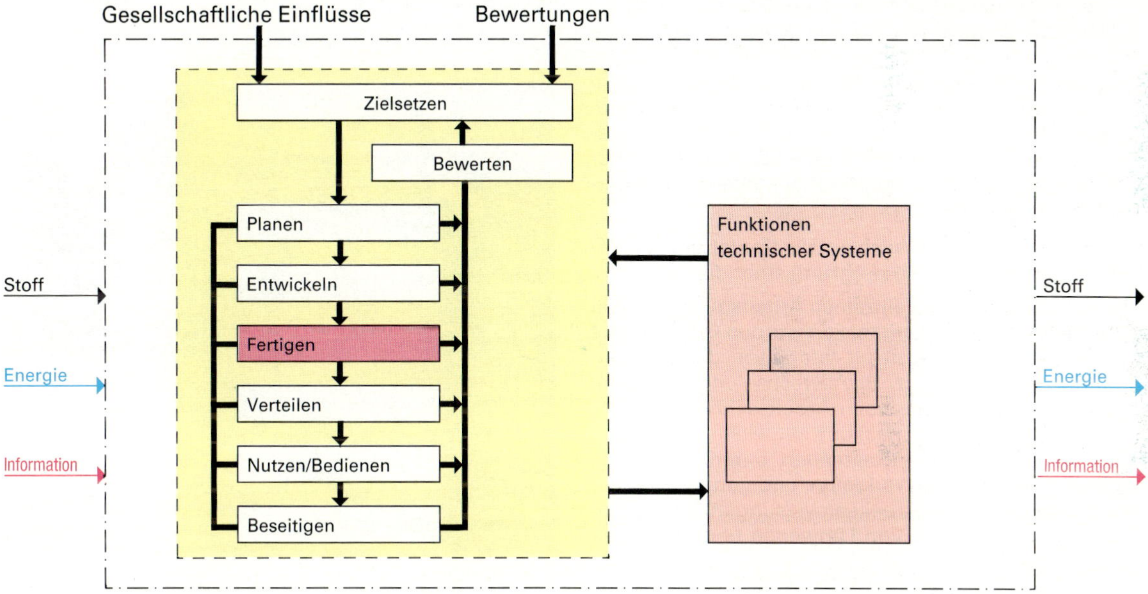

Produktentstehung in einem Handlungssystem

Um die gesetzten Ziele durch ein geeignetes technisches Produkt verwirklichen zu können, ist eine ganze Reihe von Denk- und Arbeitsschritten erforderlich; diese werden zusammenfassend als **Produktentstehungsprozeß** bezeichnet (vgl. Kap. 3.4.1). Die Abfolge der notwendigen Denk- und Handlungsschritte – auch Phasen des Produktentstehungsprozesses genannt – beginnt mit dem Planen und führt über Entwickeln, Fertigen, Verteilen, Nutzen/Bedienen bis hin zum Beseitigen des jeweiligen Produktes.

In allen Phasen dieses Produktentstehungsprozesses wirken Menschen, die Arbeitsschritte vorausplanen und Arbeiten verrichten, mit Maschinen und Geräten, die Funktionen ausführen, zusammen. Diese Gesamtheit von Menschen sowie Maschinen und Geräten wird als **Handlungssystem** bezeichnet.

Die Funktion von Handlungssystemen – also das Planen, Entwickeln, Fertigen . . . von Produkten – läßt sich nicht allein durch Funktionen des Stoff-, Energie- und Informationsumsatzes bestimmen, denn Menschen bringen Interessen, Begabungen, Wertvorstellungen und soziale Verhaltensweisen ein. Sie verfügen über eigene Ideen und freien Willen, mit dem sie an der Zielsetzung und Gestaltung ihrer Arbeit mitwirken möchten.

Beurteilen eines technischen Produkts

Handlungssysteme sind also **sozio-technische Systeme,** in deren Gestaltung der Umsatz von Stoffen, Energie und Informationen nur einen Gesichtspunkt ausmacht, ein weiterer – sehr wichtiger – ist die Berücksichtigung der **Belange der arbeitenden Menschen**. Hierbei interessieren besonders die Fragen,

- welche Anforderungen die Nutzung des technischen Systems an den Menschen stellt (z. B. Körperkraft bei der Play-Back-Programmierung eines Industrieroboters, Programmierkenntnisse zum Verändern eines CNC-Programms, anhaltende Aufmerksamkeit beim Überwachen von Anzeigetafeln für Prozeßdaten, Genauigkeit bei der Einstellung von Geräten, Sorgfalt beim Einhalten von Sicherheitsvorschriften)
- und in welcher Art und Weise der Mensch durch die Arbeitsbedingungen, die durch das sozio-technische System und seine Umgebung vorgegeben werden, belastet oder gegebenenfalls sogar gefährdet wird (z. B. durch Flimmern des Bildschirms, durch rotierende Wellen oder ausschwenkende Handhabungssysteme, durch Chemikalien oder Lärm, durch fehlerhafte Instandhaltung oder Nichteinhalten von Sicherheitsvorschriften).

Darüber hinaus geht es auch um die **Gestaltung der Arbeitsorganisation.** Im Vordergrund steht die Frage,

- wie die Arbeit an den einzelnen Arbeitsplätzen und in ganzen Abteilungen organisiert werden kann, daß sie individuellen und sozialen Interessen der Beschäftigten gerecht wird (z. B. Abwechselung, selbständige Planung der einzelnen Arbeitsschritte, Bestimmung des Arbeitstempos) und zugleich auch die Leistungsfähigkeit der Arbeitenden unterstützt (z. B. durch einwandfreie Werkzeuge und genaue Meßgeräte, verständliche Arbeitsanweisungen und Handbücher, Vermeidung von Umwegen und unnötigen Tätigkeiten).

Ziel einer menschengerechten Gestaltung von Technik und Arbeit ist es also, sozio-technische Systeme so einzurichten, daß

- die technischen Systeme, die Maschinen, Anlagen und Geräte, an die körperlichen und die geistig-psychischen Eigenschaften der arbeitenden Menschen angepaßt werden,
- der Einsatz technischer Systeme und die Organisation von Arbeitsabläufen auch persönliche Arbeitsweisen der Arbeitenden berücksichtigen,
- der Einsatz technischer Mittel insgesamt die körperliche und geistige Leistungsfähigkeit der Beschäftigten unterstützt.

Maßstab der Gestaltung ist demnach grundsätzlich der Mensch, die Technik ist das Mittel.

Wesentliche Bereiche bei der menschengerechten Gestaltung von Technik und Arbeit sind Beanspruchungen am Arbeitsplatz und Arbeitssicherheit, Umweltschutz sowie die Arbeitsorganisation. Alle vier Bereiche beziehen den gesamten Produktentstehungsprozeß ein.

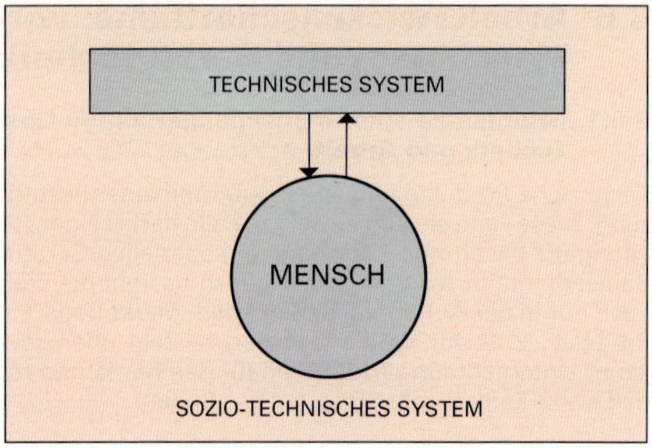

Leitstand eines flexiblen Fertigungssystems

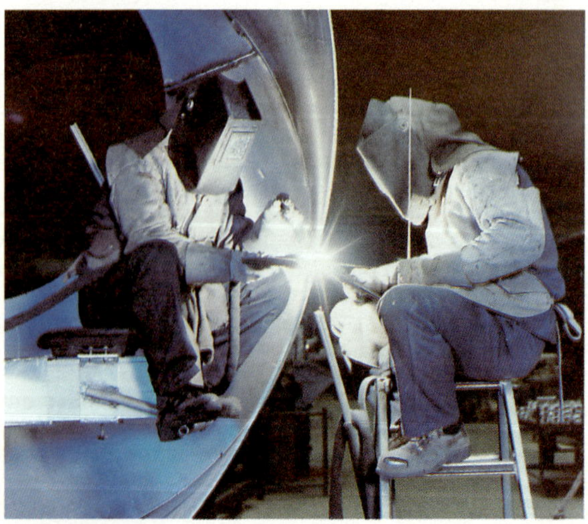

Arbeitssicherheit

3.6.2 Beanspruchungen am Arbeitsplatz und Arbeitssicherheit

Beanspruchungen am Arbeitsplatz

In einem sozio-technischen System wirkt der Mensch auf technische Systeme ein, und umgekehrt gibt es auch Einwirkungen der technischen Systeme auf den Menschen, etwa durch Wärmestrahlung oder Lärmbelästigung.

Die Auswirkungen der Arbeitsbelastung können von Person zu Person unterschiedlich sein; z. B. wird Wärmestrahlung individuell als mehr oder weniger lästig empfunden. Diese individuelle Empfindung der Arbeitsbelastung bezeichnet man als **Arbeitsbeanspruchung. Gleiche Arbeitsbelastung** kann demnach bei verschiedenen Menschen zu **unterschiedlichen Arbeitsbeanspruchungen** führen.

Die Beanspruchungen am Arbeitsplatz können den Körper (physische Beanspruchungen) oder den geistig-seelischen Bereich (psychische Beanspruchungen) betreffen. Ziel der Arbeitsplatzgestaltung ist es, derartige Beanspruchungen – soweit sie die Gesundheit oder das Wohlbefinden beeinträchtigen – zu vermeiden oder so gering wie möglich zu halten.

Die **Leistungsfähigkeit** eines Menschen ist nicht den ganzen Tag hindurch gleich. Von individuellen Ausnahmen abgesehen, erreicht sie bei den meisten Menschen einen Höhepunkt am frühen Vormittag und besonders niedrige Werte gegen 3.00 Uhr nachts. Es ist deshalb sinnvoll, Schichtzeiten, Pausenzeiten und soweit wie möglich auch die Verteilung von Arbeiten mit hohen und weniger hohen Beanspruchungen an die biologisch bedingten Leistungsschwankungen anzupassen.

- Muskelarbeit

Statische Beanspruchung der Muskeln treten bei Tätigkeiten auf, bei denen eine Last gehalten werden muß, ohne sie zu bewegen; sie wirken besonders ermüdend. Dies ist zunächst verwunderlich, weil bei diesen sogenannten „Haltearbeiten" im physikalischen Sinne gar keine Arbeit verrichtet wird. Denn nach der Definition der Physik ist die Arbeit = Kraft × Weg, und es wird kein Weg zurückgelegt. Die Ursache für die auftretende starke Ermüdung liegt darin, daß die Muskeln bei anhaltender Anspannung zwar weniger Blutdurchfluß benötigen als bei dynamischer Beanspruchung, daß aber die Durchblutung bei angespannten Muskeln zu gering ist. Bei der Arbeitsgestaltung ist deshalb darauf zu achten, daß „Haltearbeit" möglichst vermieden wird.

Bei **dynamischer Beanspruchung der Muskeln** hängt der Energiebedarf von der Art der Tätigkeit und von den Arbeitsbedingungen ab. In den letzten Jahrzehnten konnte der Anteil schwerer körperlicher Arbeit durch den Einsatz von Bearbeitungsmaschinen und Fördermitteln stark verringert werden. Hingegen sind die geistigen Beanspruchungen an vielen Arbeitsplätzen angestiegen, weil die Überwachung und Steuerung komplizierter und teurer Maschinen und Anlagen ständige Aufmerksamkeit des Bedienungspersonals erfordern.

Nach DIN 33400 wird die Gesamtheit der Einflüsse, die in einem Arbeitssystem auf den Menschen einwirken, als **Arbeitsbelastung** bezeichnet.

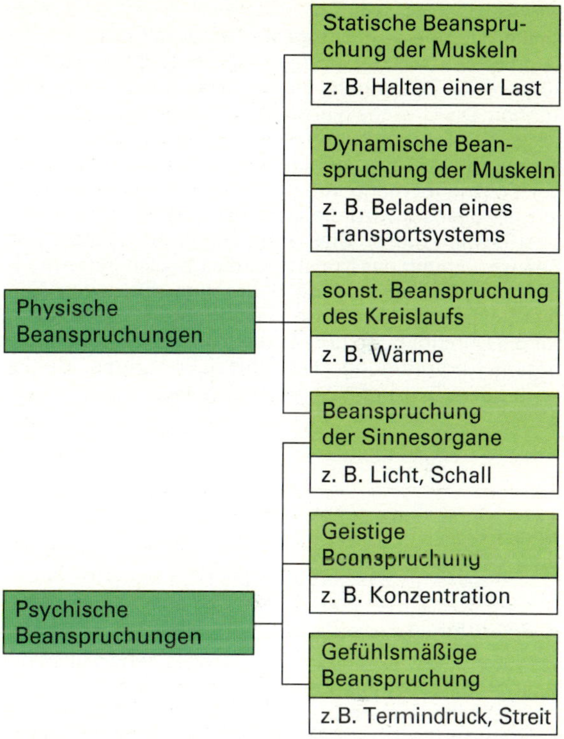

Beanspruchungen am Arbeitsplatz

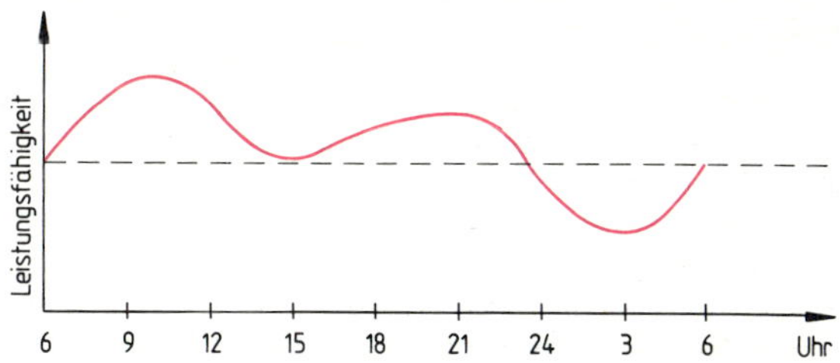

Schwankungen der Leistungsfähigkeit im Tagesablauf

Bezeichnung der Tätigkeit	kJ/min
Drehen, Bohren und Stoßen von Kleinteilen (bis ca. 3,0 kg)	4,2– 7,6
Drehen mittelgroßer Teile	7,9–19,7
Drehen großer Teile (10–15 t)	
Ein- und Ausspannen	22,2–23,1
Maschine bedienen	5,8– 7,9
Maschine beobachten	3,3– 5,0
Arbeit an Radialbohrmaschinen	4,6– 7,6

Beispiele energetischer Belastung bei Arbeiten an Maschinen (nach REFA)

- Wärme

Die Leistungsfähigkeit des Menschen hängt in starkem Maße auch vom Raumklima und speziell von der Umgebungstemperatur ab. Die meisten Menschen empfinden bei sitzenden Tätigkeiten eine Temperatur von etwa 20 °C als angenehm; man spricht dann von **Behaglichkeitstemperatur**. Steigt die Temperatur im Arbeitsraum wesentlich an, so zeigen sich psychische und auch körperliche Störungen, die zu Leistungsabfall führen können. Die Ursache hierfür liegt im Bestreben des Körpers, die Temperatur in seinem Innern konstant zu halten. Steigt die Umgebungstemperatur an, so nimmt der Wärmeübergang von der Haut in die Umgebungsluft ab, deshalb wird die Durchblutung an der Körperoberfläche erhöht. Dies führt zu einer zusätzlichen Beanspruchung des Kreislaufs (die Herzschlagfrequenz steigt). Außerdem steht die Blutmenge, die für den Wärmetransport benötigt wird, nicht mehr im vollen Maße für die Durchblutung der Muskeln und der Verdauungsorgane zur Verfügung; dies führt zu Ermüdung, Mattigkeit und im Extremfall sogar zu Übelkeit.

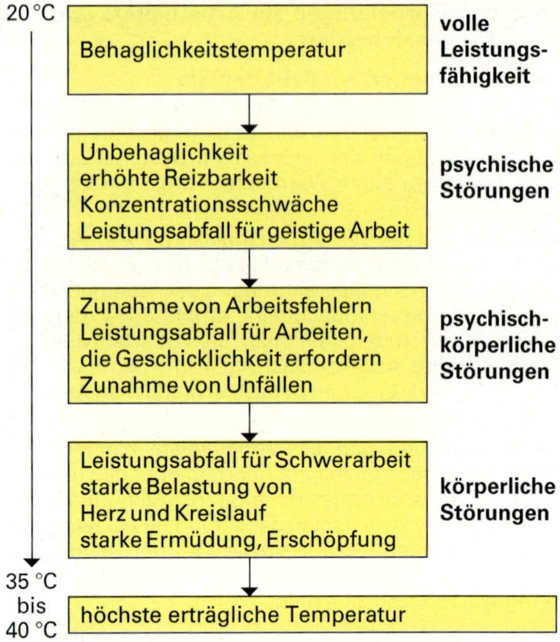

Auswirkungen der Raumtemperatur auf die Leistungsfähigkeit (nach Grand Jean)

- Beleuchtung

Zu guten Bedingungen am Arbeitsplatz gehört auch die richtige Beleuchtung. Ziel einer guten Beleuchtung ist es, die **Sehaufgaben** bei der Arbeit zu **erleichtern,** die **Ermüdung** der Augen zu **vermindern** sowie die **Ordnung** und **Sicherheit** am Arbeitsplatz zu **verbessern.**

Eine Beleuchtung muß so gestaltet werden, daß:
- die Beleuchtungsstärke genügend hoch ist;
- keine zu großen Helligkeitsunterschiede (Unterschiede der Leuchtdichte) auftreten;
- Blendung vermieden wird;
- zur Unterstützung des räumlichen Sehens ausreichende Schattigkeit vorhanden ist;
- die Farbwiedergabe zweckmäßig ist;
- die Wärmestrahlung der Lichtquelle gering ist.

Reflektierender Bildschirm aufgrund ungünstiger Beleuchtung

Aufgaben zur Wiederholung und Vertiefung

1. Geben Sie kurze Beschreibungen von Arbeitsplätzen aus dem Betrieb, in dem Sie tätig sind (Aufgaben; Ausstattung mit Werkzeugen, Maschinen, Geräten), und ordnen Sie diese Arbeitsplätze den verschiedenen Phasen des Produktentstehungsprozesses (Planen, Entwickeln, Fertigen . . .) zu!
2. Erläutern Sie an Beispielen aus Ihrem Arbeitsbereich körperliche und psychische Beanspruchungen, die bei der Arbeit auftreten!
3. Erläutern Sie technische Einrichtungen, mit denen die dynamische Beanspruchung der Muskeln bei der Arbeit herabgesetzt werden kann!
4. Untersuchen Sie Abläufe ihrer eigenen Arbeit daraufhin, ob in ihnen statische Beanspruchungen auftreten; überlegen Sie, wie Sie diese „Haltearbeiten" gegebenenfalls vermeiden könnten!
5. Erläutern Sie technische Maßnahmen mit unterschiedlichem Automatisierungsgrad, die der Regelung des Raumklimas dienen!
6. Welche Ziele sollen durch eine gute Beleuchtung am Arbeitsplatz erreicht werden?
7. Nennen Sie Maßnahmen zur Erhöhung der Arbeitssicherheit und des Schutzes der Umwelt in Ihrem Arbeitsbereich!

- Lärm

Arbeiten mit technischen Systemen sind fast immer mit der Entwicklung von Schall verbunden. Unter **Schall** versteht man Schwingungen, die sich in festen Körpern, Flüssigkeiten oder Gasen ausbreiten und im Hörbereich des menschlichen Ohres liegen, d. h. etwa zwischen 16 Hz und 20000 Hz (1 Hertz (Hz) = 1 Schwingung/Sekunde). **Lärm** ist Schall, der als störend empfunden wird und/oder gesundheitsschädlich ist. Aus dieser Begriffsbestimmung ergibt sich, daß es auch von der persönlichen Einstellung des einzelnen Menschen abhängen kann, ob ein bestimmter Schall als Lärm empfunden wird.

Bei der Beurteilung von Lärm sind der Schallpegel und der bewertete Schallpegel wichtige Größen. Der **Schallpegel** ist ein logarithmisches Maß für das Verhältnis des gemessenen Schalldrucks (in μbar) zum Bezugsschalldruck (Schalldruck in μbar an der Hörschwelle für einen Ton von etwa 2000 Hz); die Maßeinheit des Schallpegels ist **Dezibel (dB)**.

Der **bewertete Schallpegel** ist das Ergebnis einer Messung des Schallpegels, bei der das frequenzabhängige Lautstärkeempfinden des Menschen nachgeahmt wird; hierbei werden die tieferen und die sehr hohen Frequenzen durch entsprechende Frequenzfilter gedämpft. Die unterschiedlichen Bewertungsfilter werden mit A, B und C bezeichnet. Ergebnisse von Messungen mit dem Filter A kennzeichnen die Störwirkung bzw. Lästigkeit eines Schalls für den Menschen am besten, deshalb werden sie am häufigsten angewendet; die Angabe der Meßwerte erfolgt in **dB (A)**.

Die Auswirkungen des Lärms auf den Menschen hängen insbesondere ab von der Höhe des Schallpegels und von der Dauer der Einwirkung.

Zum Schutz der Beschäftigten vor Lärm am Arbeitsplatz hat der Bundesminister für Arbeit und Sozialordnung in § 15 der Arbeitsstättenverordnung **Höchstwerte für Schallpegel** festgelegt. Diese betragen

- bei überwiegend geistigen Tätigkeiten 55 dB (A),
- bei einfachen oder überwiegend mechanischen Bürotätigkeiten und bei vergleichbaren Tätigkeiten 70 dB (A),
- bei allen sonstigen Tätigkeiten 85 dB (A), in Ausnahmefällen 90 dB (A).

Dem Schutz des Menschen am Arbeitsplatz dient auch die **Unfallverhütungsvorschrift Lärm (UVV-Lärm)**, die von sehr vielen Berufsgenossenschaften erlassen worden ist. Nach dieser Vorschrift haben die Unternehmen dafür zu sorgen, daß durch Gestaltung der Arbeitsstätten und der Arbeitsverfahren kein schädigender Lärm auf die Beschäftigten einwirkt. Bei einer Lärmbelastung, die auch durch Maßnahmen zur Lärmminderung nicht vermeidbar ist und 85 dB (A) übersteigt, müssen die Unternehmen persönliche Schallschutzmittel (z. B. Kapseln) zur Verfügung stellen.

Schallquelle	Schallpegel dB (A)	Schallwirkung
Düsentriebwerk Nietpistole Propellerflugzeug	140 130 120	Schädlicher Bereich
laute Pop-Musik Preßlufthammer Schwerlastverkehr	110 100 90	Gefahrenzone
Straßenverkehr Pkw-Standgeräusch Unterhaltung Leises Gespräch Leise Musik	80 70 60 50 40	Belästigender und beeinträchtigender Bereich
Flüstern Taschenuhr Blättersäuseln Hörschwelle	30 20 10 0	Sicherer Bereich

Schallquellen und ihre Schallpegel

Lärmbereiche	Wirkungen
Lärmbereich I 30–65 dB (A)	Psychische Reaktionen; Wirkungen abhängig von der physischen und psychischen Verfassung des Menschen, von seiner Einstellung zur Lärmquelle und von der Art der Tätigkeit
Lärmbereich II 65–90 dB (A)	Vegetative Reaktionen; neben psychischen Reaktionen auch körperliche Wirkungen wie Verengung der Blutgefäße in Armen und Händen
Lärmbereich III 90–120 dB (A)	Hörschäden; bei längerer Einwirkungszeit Gefahr bleibender Schädigungen
Lärmbereich IV über 120 dB (A)	Mechanische Schäden; schon nach kurzer Einwirkungszeit Gefahr bleibender Schädigung

Wirkungen des Lärms, eingeteilt nach Lärmbereichen (nach REFA)

Nach der UVV Lärm müssen außerdem Lärmbereiche über 90 dB (A) durch Gebotsschilder „Gehörschutz tragen" gekennzeichnet werden. Beschäftigte, die sich in einem solchen Lärmbereich aufhalten, sind verpflichtet, die vom Unternehmen zur Verfügung gestellten Schallschutzmittel zu verwenden; außerdem müssen die Beschäftigten durch Vorsorgeuntersuchungen geschützt werden.

Ziel jeder Arbeitsgestaltung ist die **Vermeidung** oder zumindest **Verminderung von Lärm.** Hierbei wird zunächst versucht, die Lärmquelle unmittelbar zu beeinflussen (z. B. durch den Einsatz von Funktionselementen, die weniger Schwingungen erzeugen, wie schrägverzahnte Zahnräder, oder durch Verwenden von Materialien, die Schwingungen dämpfen). Sind derartige Maßnahmen nicht ausreichend, so kann die **Ausbreitung des Lärms** durch schallschluckende Schirme oder Umkleidung (Kapselung) behindert werden. Der Schutz des Menschen durch **Schallschutzmittel** wie Ohrstöpsel oder Kapselgehörschützer ist erst dann sinnvoll, wenn alle anderen Maßnahmen, die sich auf die Ursachen des Lärms und auf dessen Ausbreitung richten, bereits ausgeschöpft worden sind.

Die Beschäftigten müssen die jeweiligen Vorschriften zur UVV-Lärm befolgen und sich auch selbst dafür einsetzen, daß die eigene Sicherheit und die Sicherheit ihrer Kolleginnen und Kollegen bestmöglicht beachtet wird.

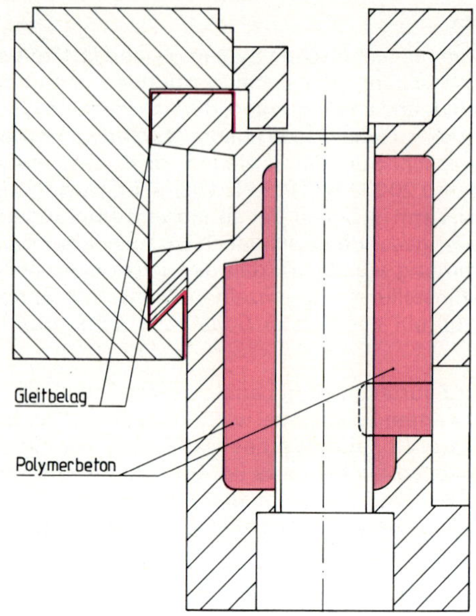

Schwingungsdämpfung durch Gleitbelag am Kreuzschlitten und Polymerbetonfüllung im Maschinengestell

- Gefährliche Stoffe

Gefährliche Stoffe können Stäube (z. B. Asbeststaub), Gase (z. B. Kohlenmonoxid) oder Flüssigkeiten und Dämpfe (z. B. Benzol) sein. Die Gefährlichkeit von Stoffen am Arbeitsplatz wird von Sachverständigen der **Deutschen Forschungsgemeinschaft (DFG)** ständig überprüft. Als ein Prüfergebnis gibt die DFG jährlich eine Liste über maximale Arbeitsplatzkonzentrationen, bekannt unter der Bezeichnung **MAK-Werte,** heraus.

Der MAK-Wert ist definiert als die höchstzulässige Konzentration eines Arbeitsstoffes als Gas, Dampf oder Schwebstoff in der Luft am Arbeitsplatz, die **nach dem gegenwärtigen Stand der Kenntnis** im allgemeinen die **Gesundheit** der Beschäftigten **nicht beeinträchtigt** und diese **nicht unangemessen belästigt.**

Die Prüfung geht aus von
- einem wiederholten und langfristigen Kontakt mit den betreffenden Stoffen,
- einem in der Regel 8-stündigen Arbeitstag und
- einer 40 Arbeitsstunden-Woche.

Die Aufstellung der MAK-Werte erfolgt nach wissenschaftlich begründeten Kriterien des Gesundheitsschutzes, nicht nach den technischen und wirtschaftlichen Möglichkeiten der Verwirklichung dieser Werte in der Praxis.

An den einzelnen Arbeitsplätzen dürfen die jeweiligen MAK-Werte nicht überschritten werden.

Stoff	Formel	MAK	
		ml/m³ (ppm)	mg/m³
Aceton	HC_3-CO-CH_3	1000	2400
Ammoniak	NH_3	50	35
Chlor	Cl_2	0,5	1,5
Kohlendioxid	CO_2	5000	9000
Kohlenmonoxid	CO	30	33
Quecksilber	Hg	0,01	0,1
Salpetersäure	HNO_3	10	25
Salzsäure	HCl	5	7
Schwefeldioxid	SO_2	2	5
Stickstoffdioxid	NO_2	5	9
Wasserstoffperoxid	H_2O_2	1	1,4

Stoffe mit MAK-Werten 1989 (Auszug)

Nicht für alle gefährlichen Stoffe lassen sich MAK-Werte ermitteln. Krebserregende und erbgutändernde Arbeitsstoffe bewirken möglicherweise Veränderungen im Körper des Menschen, die erst nach Jahren oder Jahrzehnten oder gar in der nächsten Generation erkennbar werden. Es läßt sich derzeit nicht völlig ausschließen, daß Menschen am Arbeitsplatz mit krebserregenden Stoffen in Berührung kommen. Deshalb hat der **Ausschuß für Gefahrstoffe (AGS)** beim Bundesminister für Arbeit und Sozialordnung eine **Aufstellung Technischer Richtkonzentrationen (TRK)** für krebserzeugende Stoffe vorgenommen.

Die TRK-Werte geben diejenige Konzentration eines gefährlichen Stoffes als Gas, Dampf oder Schwebstoff in der Luft an, die nach dem **Stand der Technik** erreicht werden kann (§ 15 Abs. 6 Gefahrstoffverordnung).

Sie sind als Anhalt für die zu treffenden Schutzmaßnahmen und für die meßtechnische Überwachung am Arbeitsplatz heranzuziehen.

TRK-Werte sind keine MAK-Werte. Sie werden nur für solche Stoffe benannt, für die derzeit keine wissenschaftlich begründeten MAK-Werte angegeben werden können. Die TRK-Werte sollen das Risiko einer Schädigung der Gesundheit herabsetzen, können eine Schädigung jedoch nicht ausschließen. Die **Gefahrstoffverordnung** verpflichtet die Unternehmen, dafür zu sorgen, daß die **TRK-Werte unterschritten** werden (Anhang II, Nr. 1.2.3.1 GefStoff V).

Insgesamt muß es das Ziel jeder Arbeitsplatzgestaltung sein, die Gefährdung der Gesundheit so weit wie nur irgend möglich auszuschließen, d. h. die Konzentration von Stoffen mit definierten MAK-Werten möglichst weit unter diesen Werten zu halten und krebserzeugende und erbgutändernde Arbeitsstoffe ganz zu vermeiden.

Stoff	TRK ml/m³	TRK mg/m³	Bemerkungen
Asbest			Asbest als Feinstaub
– Krokydolith		0,025 und $0{,}5 \cdot 10^6$ Fasern/m³	Definition Faser: Länge > 5 μm; Dmr. < 3 μm; Länge/Dmr. > 3 : 1
– Chrysotil, Amosit, Anthophyllit, Tremolit, Aktinolith		0,05 und $1 \cdot 10^6$ Fasern/m³	
Benzol	5	16	
Holzstaub			Holzstaub als Gesamtstaub
– Neuanlagen		2	
– im übrigen		5	
Hydrazin	0,1	0,13	
Vinylchlorid			
– bestehende Anlagen VC- und PVC-Herstellung	3	8	
– im übrigen	2	5	

TRK-Liste für krebserzeugende Stoffe 1989 (Auszug)

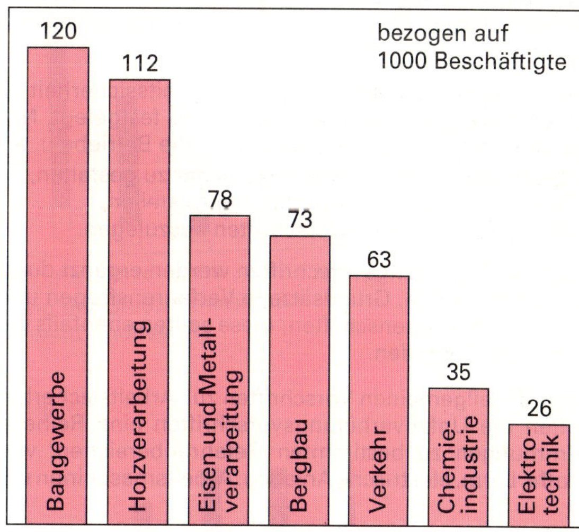

Unfälle am Arbeitsplatz (1988)

Arbeitssicherheit

Unfälle am Arbeitsplatz können bei den Verletzten über die unmittelbaren Schmerzen hinaus zu bleibenden körperlichen und psychischen Schäden führen.

Sicherheit ist deshalb ein Prinzip der Arbeitsgestaltung.

Aber auch die wirtschaftlichen Folgen von Unfällen durch Sachschäden, Arbeitsausfall und Lohnausfall sind beträchtlich; der Schaden, welcher der Volkswirtschaft in der Bundesrepublik durch Unfälle entsteht, beträgt jährlich mehr als 30 Milliarden DM.

Der Staat verpflichtet die Unternehmen, für die notwendige Sicherheit bei der Arbeit zu sorgen. Die Beschäftigten müssen die jeweiligen Vorschriften befolgen und sich auch selbst dafür einsetzen, daß die eigene Sicherheit und die Sicherheit ihrer Kolleginnen und Kollegen bestmöglichst beachtet wird.

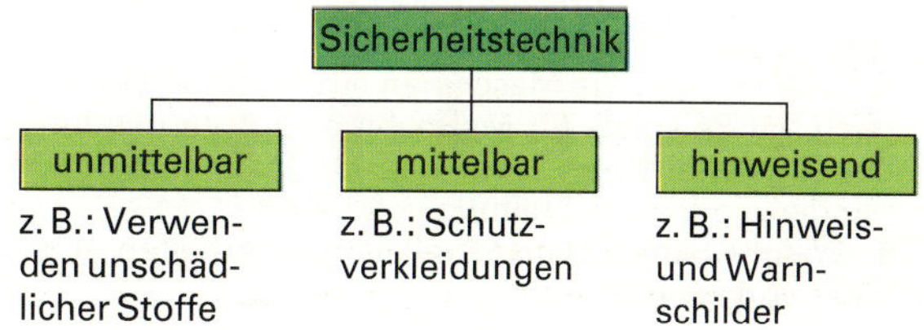

- Das **Wasserhaushaltsgesetz** des Bundes und auch einschlägige Gesetze der Länder enthalten u. a. Vorschriften über das Einleiten von Abwasser in Flüsse und über den Umgang mit wassergefährdenden Stoffen.
- Das **Abfallgesetz** zielt darauf, Abfälle möglichst zu vermeiden oder zu verwerten. Eine teilweise Verwertung als Stoffe ist möglich durch Recycling, eine teilweise Verwertung der in den Stoffen enthaltenen Energie durch Verbrennung. Die Ablagerung in Deponien kommt erst in Betracht, wenn eine Verwertung nicht durchführbar ist.
- Die **Technische Anleitung Abfall (TA-Abfall)** regelt Verfahren für die Sammlung und Behandlung von Abfällen.
- Das **Chemikaliengesetz** schreibt Verfahren der Prüfung neuer Stoffe auf umweltgefährdende Eigenschaften vor der Zulassung dieser Stoffe vor.

Die Fähigkeit und die Bereitschaft, am Arbeitsplatz aktiv am Schutz der Umwelt mitzuwirken, erfordern einerseits Sachkenntnis und andererseits persönlichen Einsatz.

Denn längst nicht alle Ereignisse, die zu Umweltbelastungen führen können, lassen sich durch rechtliche Bestimmungen regeln; jeder einzelne muß für sein persönliches Verhalten Verantwortung übernehmen.

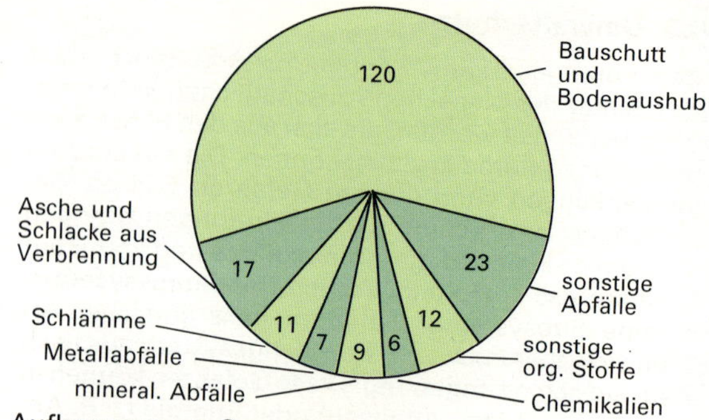

Aufkommen an Gewerbe- und Industriemüll 1987 (in Mio. t) (BM für Umwelt)

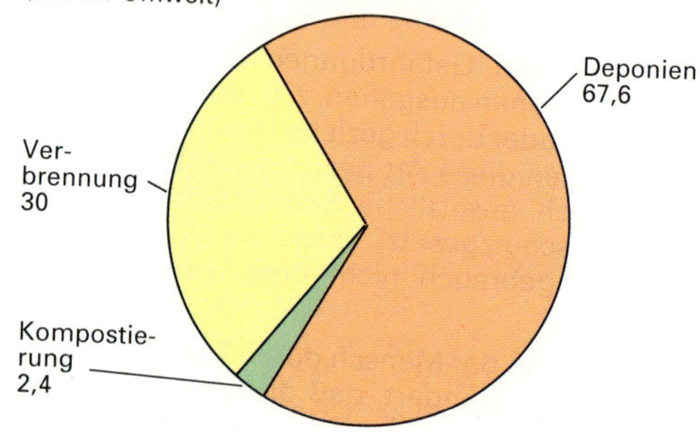

Müllentsorgung (in %) (BM für Umwelt)

3.6.4 Arbeitsgestaltung und Arbeitsorganisation

Die Art und Weise des Zusammenwirkens von Mensch und Technik in einem sozio-technischen System ist durch Technik, durch sogenannte „technische Sachzwänge" nicht endgültig vorbestimmt, so daß der Mensch sich einfach anzupassen hätte. Das technische System läßt sich auf die Bedürfnisse und Anforderungen des Menschen hin „passend machen", es läßt sich gestalten. Dies gilt sowohl für die Gestaltung der Arbeit an jedem einzelnen Arbeitsplatz als auch für die Gestaltung von Arbeitsabläufen in Abteilungen und ganzen Unternehmen, für die Arbeitsorganisation.

In der Geschichte der Industriegesellschaften hat es sehr unterschiedlich ausgeprägte Formen von Arbeitsteilung gegeben. Die Leitidee einer Trennung von planender und ausführender Arbeit verfolgte in den USA der Ingenieur und Betriebsorganisator **Frederick Winslow Taylor** (1856 – 1915). Nach seinen Vorstellungen wurden die Produktionsarbeiten (z. B. bei der Montage) in einzelne Teilvorgänge zerlegt, die Menschen bereits nach kurzer Anlernzeit verrichten können. Bei Formen der Arbeitsorganisation, die auf eine weitestgehende Zerlegung einer Arbeit in Teilvorgänge angelegt sind, für die dann jeweils ein einzelner Arbeiter eingesetzt wird, spricht man noch heute von „Taylorismus". Ein weltweit bekanntes Beispiel für sehr weit aufgesplitterte Verrichtungen in der Produktion ist die **Fließbandfertigung**.

Fließbandfertigung

Hoch spezialisierte Arbeit ist leichter erlernbar, sie wird aber langweilig, führt zu einseitigen Beanspruchungen, ruft Unzufriedenheit hervor und kann deshalb recht unproduktiv werden. Arbeiten, die zu umfangreiche und zu unterschiedliche Qualifikationen erfordern, können zu **Überforderungen der Beschäftigten** und damit ebenfalls zu Unzufriedenheit und geringer Produktivität führen. Leitendes Ziel einer sinnvollen Arbeitsorganisation muß es deshalb sein, Arbeitsplätze so zu gestalten, daß die an ihnen zu verrichtenden Arbeiten einerseits abwechslungsreich und anspruchsvoll und andererseits von den dort Tätigen leistbar sind. Gegenüber früheren Organisationsformen, die sich eher auf weitgehende Spezialisierung richteten, geht die Entwicklung seit Jahren stärker in Richtung auf

- eine **Erweiterung** (job en largement) der Tätigkeiten am einzelnen Arbeitsplatz, z. B. Montage nicht nur eines einzelnen Bauteils, sondern einer kompletten Baugruppe,
- sowie eine **Anreicherung** (job en richment) der Tätigkeiten, z. B. Verbindung planender mit ausführenden Tätigkeiten.

Infolge der neuen technischen Entwicklungen stellt sich immer deutlicher heraus, daß sehr weit aufgesplitterte, einfache Tätigkeiten, wie sich wiederholende Hantierungen oder das Eingeben von Datensätzen, kurz- oder langfristig von technischen Systemen übernommen werden können (vgl. Kap. 1.7.8 CAD/CAM). Die eigentliche **menschliche Leistungsfähigkeit** besteht hingegen im

- gedanklichen Zusammenführen von Sachkenntnissen mit Erfahrungen,
- Entwickeln eigener Ideen, wie Arbeiten wirkungsvoller verrichtet werden könnten,
- Planen von Arbeitsabläufen,
- Herausfinden von Fehlern und Beseitigen von Störungen,
- sachkundigen und verantwortungsbewußten Reagieren auf unvorhersehbare Ereignisse,
- Austausch von Sachkenntnissen, Erfahrungen und Ideen innerhalb einer Gruppe aus Fachleuten mit unterschiedlichen Qualifikationen (z. B. im gegenseitigen Beraten von Produktionsarbeitern mit Arbeitern des Herstellers spezieller Geräte).

In der Neuordnung der Ausbildungsberufe in den Berufsfeldern Elektrotechnik und Metalltechnik sind Anstrengungen unternommen worden, dieser Einsicht in die besondere Leistungsfähigkeit des Menschen Rechnung zu tragen.

Die Fähigkeit zu selbständigem Planen, Durchführen und Kontrollieren gilt als Leitlinie der Facharbeiterausbildung.

Die Organisation der Arbeit und die Gestaltung der technischen Systeme stehen in Wechselbeziehung zueinander.

Arbeiten in Fertigungsinseln

Schulung von Schlüsselqualifikationen in der Facharbeiterausbildung

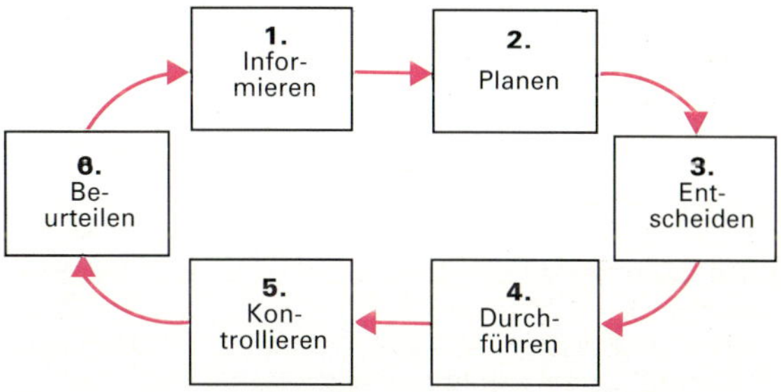

Arbeitsschnitte bei der Erledigung eines Auftrags

Spezialisierte Aufgliederung der Tätigkeiten

Zum Beispiel können die Entwicklung und der Einsatz flexibler Fertigungssysteme sich an einer stark spezialisierten Aufgliederung der Arbeiten bei der Fertigung orientieren: Dann wird das flexible Fertigungssystem von **ungelernten Arbeitern** be- und entladen, von **Angelernten** nach exakten Vorgaben gerüstet und überwacht, von **Technikern** gesteuert; Programmierung, Werkzeugvoreinstellung, Instandhaltung und Qualitätssicherung erfolgen in **ausgelagerten Abteilungen.**

Erweiterte Arbeitsplätze

Entwicklung und Einsatz flexibler Fertigungssysteme können sich aber auch an der Leitlinie weitgehend selbständiger Arbeitsgruppen in flexiblen Fertigungsinseln orientieren.

Für die Zukunft wird es darauf ankommen, die Arbeit so zu organisieren, daß sie sowohl den **Bedürfnissen und Interessen der Menschen** entspricht – und dies gilt am ehesten für anspruchsvolle Arbeit – als auch **hohe Leistung** ermöglicht, damit die Produkte im Wettbewerb des Marktes bestehen können.

Das Beispiel unterschiedlicher Arbeitsorganisation beim Einsatz eines flexiblen Fertigungssystems verdeutlicht einen grundlegenden Sachverhalt im Zusammenspiel von Arbeitsorganisation und Ausbildung bzw. Weiterbildung der Facharbeiter: Eine Arbeitsorganisation nach der Leitlinie anspruchsvoller Arbeitsplätze läßt sich nur verwirklichen, wenn die Beschäftigten über die erforderlichen Qualifikationen verfügen. Deshalb muß die **Berufsausbildung** einerseits diejenigen **Qualifikationen** vermitteln, die zur Erfüllung der Tätigkeiten an den jeweils eingerichteten Arbeitsplätzen erforderlich sind; andererseits muß Berufsausbildung darüber hinaus **zusätzliche Qualifikationen** vermitteln, um die Chancen zur Schaffung anspruchsvollerer Arbeitsplätze durch neue Formen der Arbeitsorganisation zu erweitern.

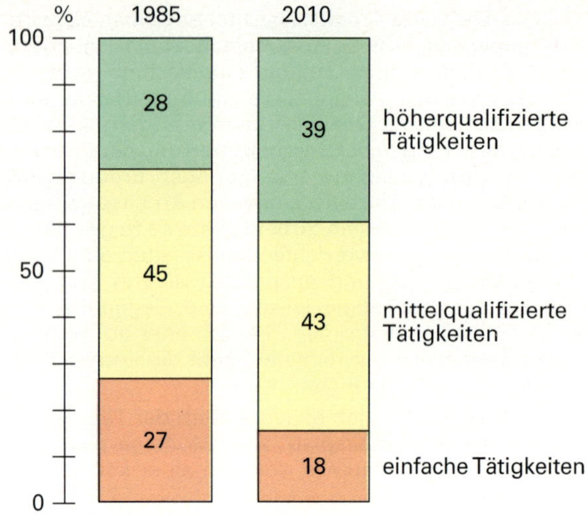

einfache Tätigkeiten	= Hilfstätigkeiten in Produktion, Reinigung, Bewirtung, Lagerhaltung, Transport, einfache Bürotätigkeiten, Verkaufshilfen u. ä.
mittelqualifizierte Tätigkeiten	= Fachtätigkeiten in der Produktion, Maschinen einrichten u. ä., Reparieren, Fachver(-ein)käufer, Sachbearbeiter, Assistententätigkeiten in Forschung und Entwicklung, nicht akademische Betreuung u. ä.
höherqualifizierte Tätigkeiten	= Führungsaufgaben, Organisation und Management, qualifizierte Forschung und Entwicklung, Betreuung, Beratung, Lehren u. ä.

Anforderungsprofile
nach der IAB Prognos-Projektion 1988/89

Aufgaben zur Wiederholung und Vertiefung

1. Eine Befragung von Unternehmen bezüglich der wichtigsten Voraussetzungen zur Verwirklichung von CIM-Konzepten brachte folgendes Ergebnis:

Personal: (Qualifikation, Akzeptanz, Motivation)	29 %
Technik: (EDV-Technik, Produktionstechnik)	22 %
Organisation:	20 %
Markt:	17 %
Unternehmensstruktur:	10 %
Sonstiges:	2 %

Erläutern Sie die Aussagen im Hinblick auf die Bedeutung auf die einzelnen Einflußgrößen!

2. In der Bundesrepublik Deutschland wurden 1975, 1983, 1988 folgende Ausgaben für den Umweltschutz getätigt:

Jahr	Höhe der Ausgaben	Anteil am Volkseinkommen
1975	15 Mrd. DM	1,9 %
1983	30 Mrd. DM	2,3 %
1988	50 Mrd. DM	3 %

(nach Bundeswirtschaftsministerium)
Veranschaulichen Sie diese Angaben durch Balkendiagramme, und erläutern Sie die Zahlen im Hinblick auf die Bedeutung des Umweltschutzes!

4 Steuerungstechnik

Das wesentliche Merkmal **automatischer Maschinen** besteht darin, daß sie komplette Arbeitsabläufe selbständig durchführen, ohne daß eine Bedienung durch den Menschen notwendig ist. Die Aufgabe des Industriemechanikers beschränkt sich darauf, die Maschine einzurichten und gegebenenfalls bei Störungen einzugreifen. Wesentliche Funktionen des automatischen Betriebes werden von den Steuerungen der Maschinen übernommen.

Typische Beispiele für vollautomatische Maschinen sind CNC-Werkzeugmaschinen, die in großer Anzahl in den Betrieben im Einsatz sind. Daneben werden aber auch vollautomatische Maschinen als Einzelstücke, d. h. als **Sondermaschinen** angefertigt.

Maschinen können sich in ihrer **Hauptfunktion** und in ihrem Aufbau stark unterscheiden. Einzelne **Teilfunktionen,** die zur Erfüllung der Hauptfunktion erforderlich sind, finden sich aber in gleicher Form an völlig unterschiedlichen Maschinen. Dies gilt insbesondere für Steuerungen, die bei verschiedenen Maschinen sehr ähnlich aufgebaut sein können. So kann beispielsweise die Steuerung einer CNC-Drehmaschine in vielen Punkten der Steuerung einer CNC-Meßmaschine oder eines Industrieroboters gleichen.

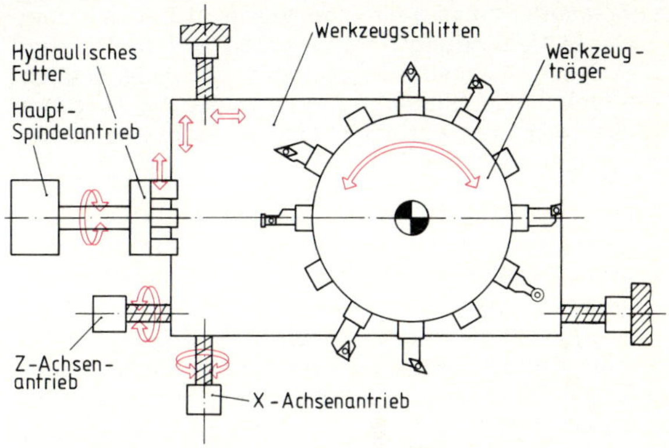

Technologieschema einer CNC-Drehmaschine

4.1 Funktionen einer Maschinensteuerung am Beispiel einer CNC-Drehmaschine

4.1.1 Die Steuerung als Subsystem der CNC-Drehmaschine

Eine CNC-Drehmaschine hat den **Zweck,** Drehteile in beliebiger Anzahl und gleichbleibender Qualität automatisch herzustellen. Dazu muß die **Konstruktion** der Maschine entsprechend gestaltet sein, und es muß eine geeignete **Steuerung** wirken.

Anforderungen an die Steuerung einer CNC-Drehmaschine

- **Bearbeitungsqualität**
  - Antriebe exakt steuern (Maßhaltigkeit)
  - Optimale Schnittgeschwindigkeit halten (hohe Schnittleistung, gute Werkstückoberflächen, lange Werkzeugstandzeiten)
- **Werkzeuge/Werkstücke**
  - Werkzeugwechsel (Schwenken des Werkzeugträgers)
  - Spannkräfte einstellen
- **Koordination**
  - Bewegung der Antriebe koordinieren
  - Zeitliche und örtliche Beziehung zwischen allen Subsystemen herstellen
- **Bedienung**
  - Mensch-Maschine-Dialog ermöglichen
  - Jederzeitigen Eingriff ermöglichen
- **Sicherheit**
  - Fehler und Störungen erkennen
  - Maschine bei Fehlern stillsetzen

Entsprechend den vielfältigen Aufgaben setzt sich die Steuerung einer CNC-Drehmaschine aus mehreren **Teilsteuerungen** zusammen, die **teilweise unabhängig** voneinander funktionieren, **teilweise** aber auch miteinander **in Verbindung treten** müssen, um die Funktion der Gesamtmaschine zu ermöglichen. Dabei braucht die funktionale Gliederung in verschiedene Teilsteuerungen nicht dem gerätetechnischen Aufbau der Steuerung zu entsprechen.

Bei vielen Steuerungen ist es nicht möglich, jeder Funktion der Steuerung jeweils ein bestimmtes Gerät zuzuordnen. Gerade bei speicherprogrammierten Steuerungen werden viele Teilfunktionen von einem einzigen Gerät übernommen. Eine Gliederung in Teilfunktionen ergibt sich bei diesen Steuerungen durch Gliederung („Strukturierung“) der Steuerungssoftware.

4.1.2 Werkzeugträgersteuerung

Der Werkzeugträger ist mit mehreren, z. B. mit 12 Drehwerkzeugen bestückt. Vor einem Bearbeitungsgang soll durch Schwenken des Werkzeugträgers das geeignete Werkzeug in Eingriff gebracht werden.

Technologieschema der Werkzeugträgereinrichtung

Der Werkzeugträger einer CNC-Drehmaschine kann folgendermaßen gestaltet sein:
Der Revolverkopf trägt in mehreren Aufnahmestationen die Drehwerkzeuge. Er ist gegenüber dem Maschinengestell drehbar gelagert. Ein Motor kann über ein Zahnradgetriebe den Revolverkopf schwenken. Die Getriebeübersetzung ist so gewählt, daß durch eine Umdrehung des Motors der Revolverkopf um genau eine Station geschwenkt wird. Bei einem Werkzeugwechsler mit 12 Stationen muß das Getriebe ein Übersetzungsverhältnis $i = 12$ aufweisen. Der Revolverkopf kann über einen hydraulischen Verriegelungszylinder fest und verdrehsicher mit dem Maschinengestell verbunden werden. Die Verriegelung kann durch ein Signal gelöst werden.

Signalgeber am Werkzeugträger

Die Steuerung des Werkzeugträgers erfordert verschiedene **Prozeßrückmeldesignale.** So muß gemeldet werden, ob der Revolverkopf ver- oder entriegelt ist. Dazu sind am Verriegelungszylinder zwei Signalgeber angebracht, die die Signale „VERRIEGELT“ bzw. „ENTRIEGELT“ erzeugen. Außerdem muß die Stellung des Revolverkopfes bestimmt werden können. Dazu sind zwei weitere Signalgeber vorgesehen. Der erste Signalgeber meldet, ob sich ein Werkzeug exakt in Bearbeitungsposition befindet. Dies kann an der Stellung der Motorwelle erkannt werden. Auf Grund des gewählten Übersetzungsverhältnisses hat die Motorwelle immer dieselbe Drehwinkelstellung, wenn sich ein beliebiges Werkzeug in Bearbeitungsposition befindet.

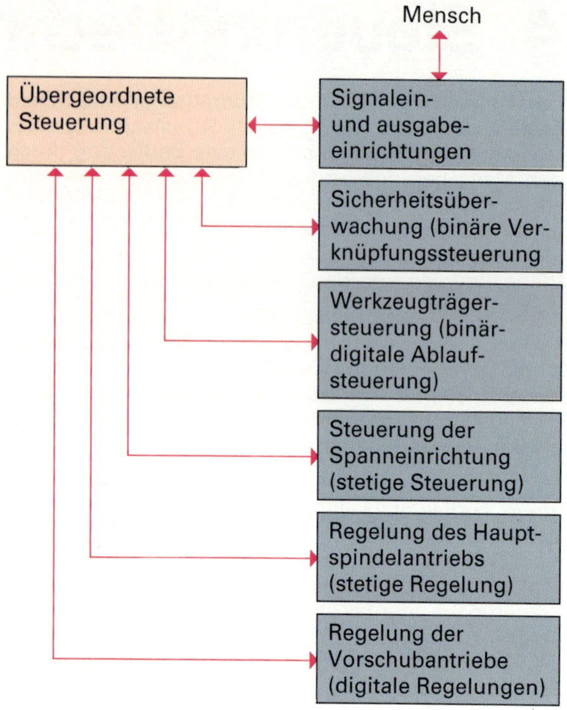

Funktionseinheiten der Steuerung einer CNC-Drehmaschine

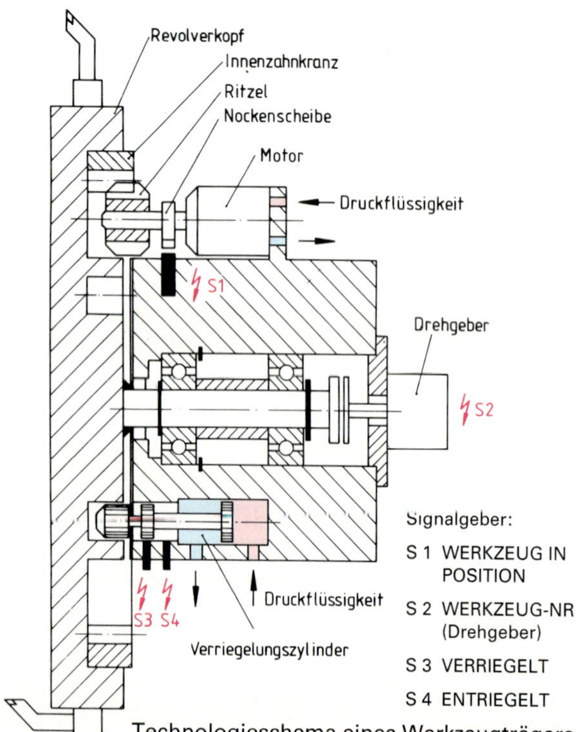

Technologieschema eines Werkzeugträgers

Ein Signalgeber kann diese Winkelstellung z. B. über einen an der Welle befestigten Schaltnocken erkennen und das binäre Signal „WERKZEUG IN POSITION" erzeugen.

Um zu ermitteln, welches Werkzeug im Eingriff ist, ist ein zweiter Signalgeber erforderlich. Es wird ein Drehwinkelgeber verwendet, der mit der Welle des Revolverkopfes verbunden ist.

Der Geber muß ein Signal erzeugen, das mindestens so viele Zustände annehmen kann, wie Werkzeugplätze vorhanden sind. Bei einem Werkzeugträger mit 12 Stationen kann ein **digitales Signal,** das aus 4 binären Signalen zusammengesetzt ist, eindeutig melden, welches Werkzeug gerade im Eingriff ist. Ein digitales Signal mit 4 Stellen (4 „Bits") kann nämlich $2^4 = 16$ Zustände annehmen. Damit lassen sich 16 Zahlen darstellen, die zur Numerierung der Werkzeugplätze dienen können. Gewählt werden kann die **Dualzahldarstellung,** die auch in der Computertechnik üblich ist. Daneben werden aber auch andere Zahlendarstellungen in der Steuerungstechnik verwendet.

Der Drehwinkelgeber erzeugt ein digitales Signal, das mit einer Dualzahl die Nummer des eingeschwenkten Werkzeugs angibt. Dieses Signal bildet für die Werkzeugträgersteuerung das **Istwertsignal**.

Dezimal	Dual	Hexadezimal	BCD
00	0000	0	0000 0000
01	0001	1	0000 0001
02	0010	2	0000 0010
03	0011	3	0000 0011
04	0100	4	0000 0100
05	0101	5	0000 0101
06	0110	6	0000 0110
07	0111	7	0000 0111
08	1000	8	0000 1000
09	1001	9	0000 1001
10	1010	A	0001 0000
11	1011	B	0001 0001
12	1100	C	0001 0010
13	1101	D	0001 0011
14	1110	E	0001 0100
15	1111	F	0001 0101

BIT 0 (LSB)
BIT 1
BIT 2
BIT 3 (MSB)

LSB = least significant bit (niederwertigstes Bit)
MSB = most significant bit (höchstwertigstes Bit)

Werkzeugplatznumerierung mit verschiedenen Zahldarstellungen

- Sollwertvorgabe

Bei einem Werkzeugwechsel muß das neue Werkzeug durch ein geeignetes Signal ausgewählt werden. Das gewünschte Werkzeug wird durch das **Sollwertsignal** bestimmt. Wie das Istwertsignal muß auch das Sollwertsignal mindestens ebensoviele Zustände annehmen können wie Werkzeugplätze vorhanden sind. Es ist also wieder ein digitales Signal erforderlich, wobei es günstig ist, wenn die gleiche Zahlendarstellung gewählt wird wie beim Istwertsignal. Dann nämlich entspricht die Dualzahl, die das gewünschte Werkzeug angibt, genau der Dualzahl, die der Drehwinkelgeber ausgibt, wenn das gewünschte Werkzeug im Eingriff ist. Über einen **Soll-Istwertvergleich** stellt die Steuerung beim Schwenken des Revolverkopfes fest, ob die richtige Stellung erreicht ist.

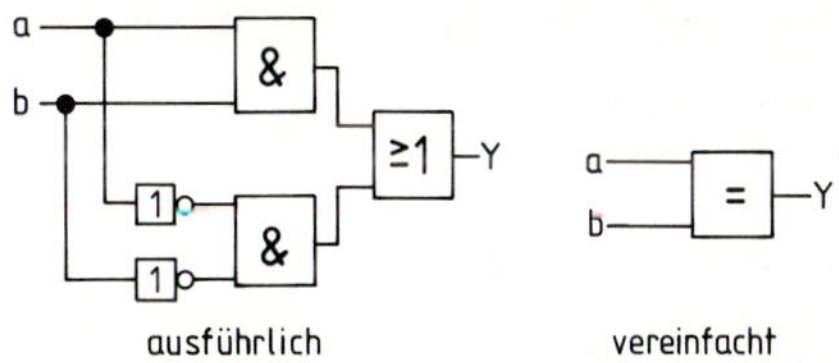

Äquivalenzglied

- Soll-Istwertvergleich

Die Dualzahlen für Sollwert und Istwert sind gleich, wenn sie in allen ihren Stellen, also in allen Bits, übereinstimmen. Es gibt mehrere Möglichkeiten dies festzustellen.

Die einfachste Art des Vergleichs kann von jeder binären Steuerung durchgeführt werden, also z. B. von einfachen SPS oder sogar von Relaissteuerungen. Dazu werden die jeweiligen Bits von Sollwert und Istwert einzeln miteinander verglichen. Der Vergleich kann z. B. mit Hilfe von sogenannten **Äquivalenzgliedern** erfolgen. Äquivalenzglieder sind Verknüpfungsglieder, die am Ausgang eine „1" führen, wenn die Eingangssignale gleiche Zustände haben. Für den Vergleich von digitalen Signalen mit vier Bits benötigt man vier solcher Äquivalenzglieder, deren Ausgänge wiederum über ein UND-Glied mit vier Eingängen miteinander verknüpft werden. Am Ausgang des UND-Gliedes steht eine „1" an, wenn Sollwert und Istwert in allen Bits übereinstimmen. Das binäre Ausgangssignal des UND-Gliedes kann von der Werkzeugträgersteuerung als Signal „RICHTIGES WERKZEUG" weiterverarbeitet werden.

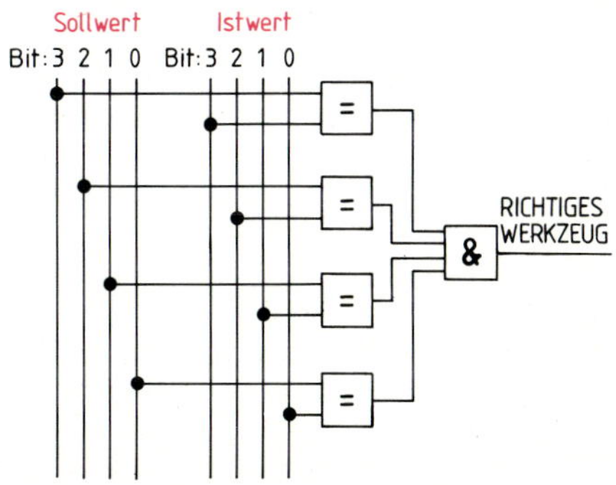

Bitweiser Vergleich von Sollwert und Istwert

Zwei digitale Signale können mit Hilfe von Verknüpfungsgliedern bitweise miteinander verglichen werden. Dieser Vergleich kann mit einfachen Geräten durchgeführt werden. Man spricht von **„Bitverarbeitung"**.

Viele elektronische Steuerungen können **mit Dualzahlen rechnen** und ermöglichen z. B. die Addition oder Subtraktion von Dualzahlen. Bei solchen Steuerungen kann ein eleganteres Verfahren für den Soll-Istwert-Vergleich angewendet werden. Für Dualzahlen gilt nämlich genauso wie für Dezimalzahlen die Regel, daß zwei Zahlen gleich sind, wenn ihre Differenz null ergibt. Man braucht also nur den Istwert vom Sollwert zu subtrahieren und das Ergebnis auf Null zu überprüfen, um festzustellen, ob Sollwert und Istwert gleich sind. Für Steuerungsrechner oder SPS mit Rechenfähigkeit kann ein Programm für den Soll-Istwert-Vergleich mit wenigen Zeilen programmiert werden, selbst wenn Dualzahlen mit 8 oder noch mehr Stellen miteinander verglichen werden müssen.

	Dezimal:	Dual:
Addition	9	1001
	+ 5	+ 101
	14	1110
Subtraktion	9	1001
	− 5	− 101
	4	0100

Rechenbeispiele

Der Vergleich von zwei digitalen Signalen kann durch Subtraktion der Signale und Überprüfung des Ergebnisses auf Null erfolgen. Dazu sind Geräte erforderlich, die mit digitalen Signalen rechnen können. Da digitale Signale auch als Worte bezeichnet werden, spricht man von „Wortverarbeitung".

Ausgangssignale der Werkzeugträgersteuerung

Es werden zwei Arbeitsglieder gesteuert, nämlich der Verriegelungszylinder und der Motor zum Schwenken des Revolverkopfes. Für eine einfache Steuerung genügt es, wenn man beide Arbeitsglieder jeweils über ein Stellglied mit einem binären Signal ansteuert. Erforderlich sind also die Signale „ENTRIEGELN" und „MOTOR EIN".

- Funktionsdiagramm

Der Wechsel eines Werkzeugs wird in drei Schritten vollzogen:
Entriegeln, Schwenken, Verriegeln.

Ein **Funktionsdiagramm** stellt diese Schrittfolge mit den dazugehörigen Signalzuständen in übersichtlicher Form dar.

Das nebenstehende Diagramm zeigt den Wechsel von Werkzeug Nr. 9 (dual: 1001) auf Werkzeug Nr. 11 (dual: 1011). Zum Auslösen des Ablaufs ist neben dem Sollwertsignal noch ein Startsignal „START" erforderlich. Wenn dieses Signal den Zustand „1" hat, wird im **1. Schritt** entriegelt.

Sobald das Rückmeldesignal „ENTRIEGELT" aktiv ist, beginnt der **2. Schritt,** das Schwenken. Es wird solange geschwenkt, bis Sollwert und Istwert gleich sind und zusätzlich das Signal „WERKZEUG IN POSITION" den Zustand „1" hat.

Dann wird im **3. Schritt** der Motor gestoppt und der Verriegelungszylinder ausgefahren. Das Signal „VERRIEGELT" zeigt an, daß der Werkzeugwechsel beendet ist. Zusätzlich kann ein Signal „WERKZEUGWECHSEL FERTIG" zur Übergabe an eine übergeordnete Steuerung aktiviert werden.

Die erforderliche **Ablaufsteuerung** für den Werkzeugwechsel kann z. B. mit Hilfe einer **Ablaufkette** verwirklicht werden.

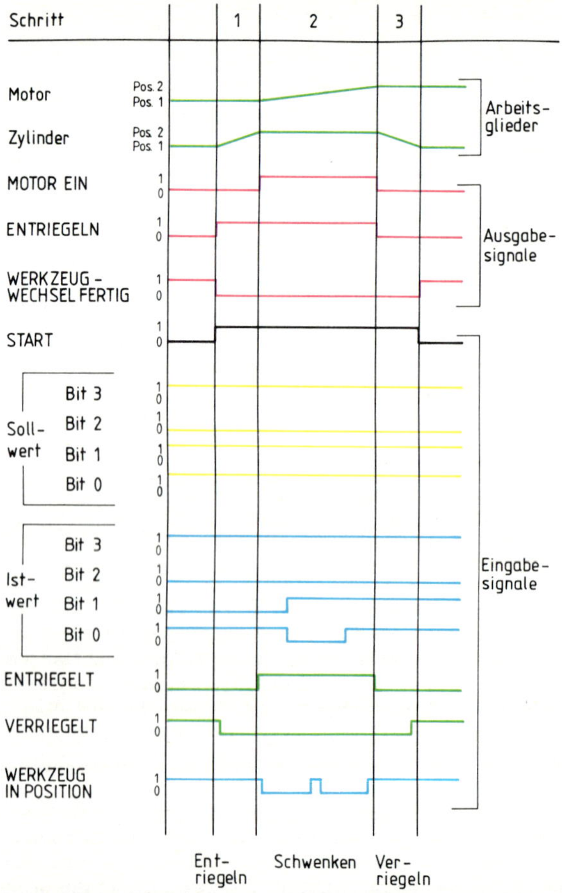

Funktionsdiagramm der Werkzeugträgersteuerung

- Richtungslogik

Um die **Schwenkzeit zu verkürzen,** kann die Steuerung durch eine sogenannte Richtungslogik verbessert werden. Dazu wird der Revolverkopf nicht immer in dieselbe Richtung geschwenkt, sondern es wird vor einem Werkzeugwechsel die jeweils **günstigste Drehrichtung** festgestellt. Der Motor wird dann nicht nur durch ein „MOTOR EIN"-Signal gesteuert, sondern zusätzlich durch ein binäres Signal, das die Laufrichtung vorgibt.

- Abschaltkreis

Wesentlich für die beschriebene Werkzeugträgersteuerung ist der **geschlossene Wirkungsablauf** während des Schwenkvorgangs. Der Motor beeinflußt den Istwert und das Signal „WERKZEUG IN POSITION" und wird seinerseits von diesen beiden Signalen abgeschaltet. Der zeitweilig geschlossene Wirkungsablauf ist ein Kennzeichen für diese besondere Art einer Steuerung, die mit Abschaltkreis bezeichnet wird. Von einer Regelung unterscheidet sich der Abschaltkreis dadurch, daß **Störeinflüssen nur sehr begrenzt entgegenwirkt** wird. Wenn z. B. der Revolverkopf nach einem Schwenkvorgang im dritten Schritt noch nicht durch den Verriegelungszylinder festgesetzt worden ist und durch eine äußere Kraft verdreht wird, führt dies zu einer falschen Position des Revolverkopfes, ohne daß die Steuerung diesen Fehler von sich aus korrigiert.

Der Werkzeugträger wird durch eine prozeßabhängige Ablaufsteuerung mit einem Abschaltkreis gesteuert.

- Signalaustausch mit einer übergeordneten Steuerung

Das Wechseln von Werkzeugen darf nur auf Veranlassung einer **übergeordneten Steuerung** durchgeführt werden. Die übergeordnete Steuerung muß den Sollwert für das Werkzeug vorgeben und zum richtigen Zeitpunkt durch Vorgabe des START-Signals den Werkzeugwechsel auslösen. Außerdem muß sie das Signal „WERKZEUGWECHSEL FERTIG" übernehmen und auswerten. Aus Sicherheitsgründen muß noch ein „NOT-AUS"-Signal ausgetauscht werden, mit dem die übergeordnete Steuerung im Gefahrenfall die Bewegung des Revolverkopfes stoppen kann.

Der Signalaustausch zwischen Werkzeugträgersteuerung und übergeordneter Steuerung erfolgt über eine **Signalschnittstelle.**

Die **genaue Beschreibung von Signalschnittstellen** ist eine der wichtigsten Aufgaben bei der Planung von Steuerungen. Es muß exakt festgelegt werden, welche Signale übergeben werden und welche Bedeutung die Signale haben. Oft muß auch die zeitliche Reihenfolge der Signalübergabe definiert werden. Bei einem Signalaustausch zwischen verschiedenen Geräten, muß darüberhinaus angegeben werden, in welcher physikalischen Form die Signale vorliegen. So muß z. B. bei elektrischen Spannungssignalen Größe und Vorzeichen der Spannungen, der sogenannte Signalpegel, festgelegt werden.

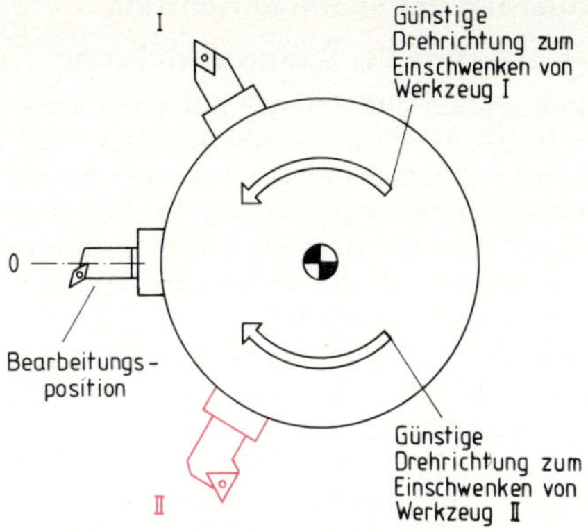

Schwenkzeitverkürzung durch Richtungslogik

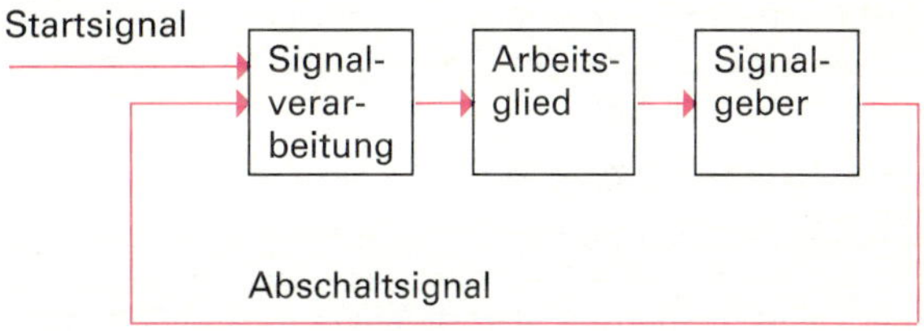

Wirkungsschema eines Abschaltkreises

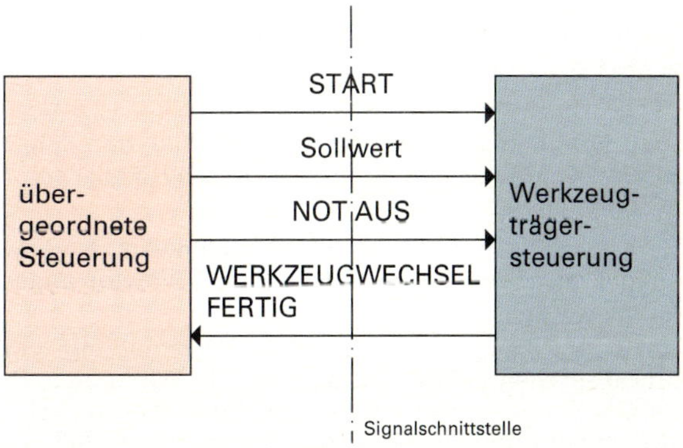

Schnittstelle zwischen Werkzeugträgersteuerung und übergeordneter Steuerung

4.1.3 Steuerung der Spanneinrichtung

Technologieschema der Spanneinrichtung

CNC-Drehmaschinen sind mit hydraulischen Spanneinrichtungen (Kraftspannfutter) versehen. Die Kraft zum Spannen eines Werkstücks wird durch einen Hydraulikzylinder erzeugt. Die Kolbenstange des Zylinders ist über das Spannrohr mit dem Spannfutter verbunden. Es können unterschiedliche Futter montiert werden (z. B. Backen- oder Zangenfutter).

Die Kolbenstange des Zylinders kann eine lineare Bewegung ausführen, wenn der Zylinder mit Druckflüssigkeit beaufschlagt wird. Diese Bewegung wird über das Spannrohr auf das Futter übertragen und bewirkt dort ein Öffnen oder Schließen der Backen oder der Zange.

Eine Bewegung des Zylinders ist nur beim Werkstückwechsel erforderlich, also beim Einspannen eines unbearbeiteten Werkstücks bzw. beim Lösen eines fertigen Werkstücks. Während einer Werkstückbearbeitung soll der Zylinder ohne Bewegung eine Kraft auf das Spannfutter ausüben, um das Werkstück zu halten. Dazu muß der Zylinder mit Druck beaufschlagt werden. Welche Seite des Zylinders mit Druckflüssigkeit versorgt werden muß, hängt von der Konstruktion des Futters ab. Es gibt Zug- und Druckfutter.

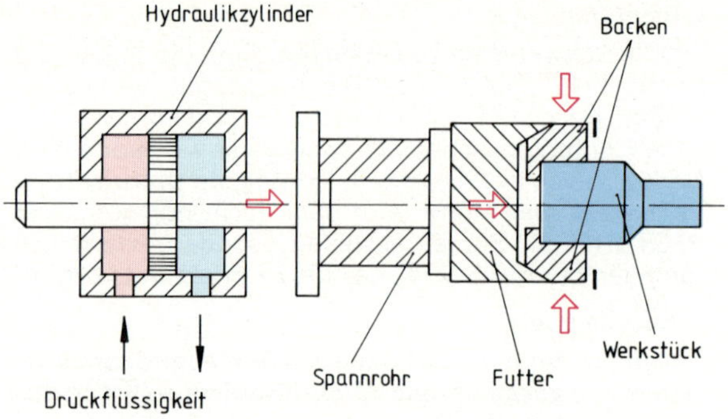

Technologieschema der Spanneinrichtung

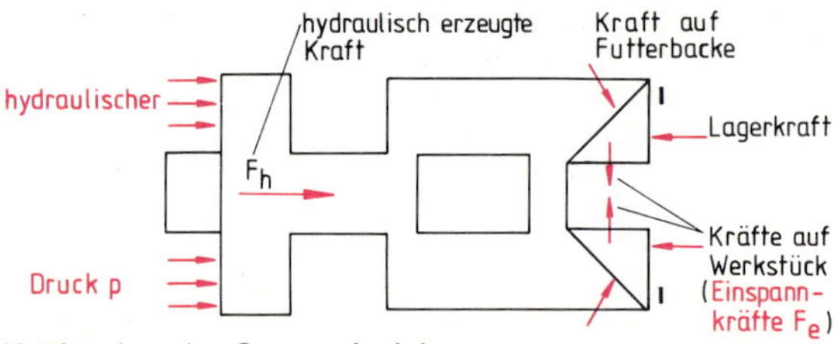

Kräfteplan der Spanneinrichtung

> Die Einspannkräfte sind proportional zum hydraulischen Druck:
>
> $F_e \sim p$

Stetige Steuerung

Unterschiedliche Werkstoffe, Schnittgeschwindigkeiten und Werkstückmassen erfordern unterschiedliche Einspannkräfte. Die Kraft, mit der das Spannfutter das Werkstück hält, soll daher einstellbar sein. Dazu muß der Druck im Zylinder durch eine Steuerung feinfühlig verstellt werden können.

Erforderlich ist eine Steuerung, die nicht nur Ein- und Ausschaltvorgänge durchführt, also binär arbeitet, sondern eine Steuerung, die **stufenlos** funktioniert. Eine solche Steuerung nennt man **stetige Steuerung** oder **analoge Steuerung.** Eine stetige Steuerung arbeitet mit **stetigen (analogen) Signalen.**

- Quantitative Beschreibung von stetigen Größen

Stetige Signale werden durch physikalische Größen wie z. B. Druck oder Spannung dargestellt. Physikalische Größen werden normalerweise durch Angabe einer **Maßzahl** und einer **Maßeinheit** zahlenmäßig beschrieben.

> Man kann Zahlenwerte für physikalische Größen absolut angeben. Dies bedeutet, daß man den **Zahlenwert** in Verbindung **mit einer physikalischen Einheit** angibt.

Zum Beispiel muß der absolute Zahlenwert der Einspannkraft in Verbindung mit der Einheit Newton angegeben werden.

Absolute Zahlenwerte sind für die Beschreibung von physikalischen Größen oft unpraktisch. Will man z. B. bei der Spanneinrichtung den absoluten Wert der Einspannkraft ermitteln, so ist eine komplizierte Meßeinrichtung erforderlich. Es müßten Kraftmeßgeräte in alle Futterbacken eingebaut werden.

Spannfutter einer CNC-Drehmaschine

Daher gibt man oft nicht den absoluten Wert einer physikalischen Größe an, sondern einen **relativen Wert,** der z. B. mit einer Prozentangabe versehen ist. Hat man z. B. an einer Spanneinrichtung einmal durch einen Versuch ermittelt, mit welcher Maximalkraft Werkstücke eingespannt werden können, kann man sich daraufhin immer auf diesen Maximalwert beziehen.

Bei der Spanneinrichtung ergibt sich eine einfache Meßmöglichkeit, mit der die relative Einspannkraft recht genau bestimmt werden kann. Dazu mißt man den hydraulischen Druck im Spannzylinder. Dies ist problemlos möglich. Da eine Erhöhung des hydraulischen Drucks zu einer im Verhältnis gleichgroßen Erhöhung der Kraft führt, können durch Druckmessung jederzeit relative Werte für die Einspannkraft angegeben werden. Wenn z. B. ein bestimmtes Werkstück mit einem Zylinderdruck von 35 bar eingespannt werden soll und wenn man weiß, daß die Spanneinrichtung einen Maximaldruck von 50 bar ermöglicht, kann man die geforderte Einspannkraft mit 70 % angeben.

Neben der Prozentangabe gibt es auch die Vergleichseinheit Dezibel, kurz dB. Damit werden z. B. Lautstärken angegeben (vergl. Kap. 3.6.2). Man benutzt Vergleichswerte wie „gerade noch wahrnehmbares Geräusch" und „Schmerzschwelle". Im Gegensatz zu den relativen Meßwerten sind die absoluten Meßwerte für Schallintensitäten im allgemeinen weniger aussagekräftig.

Hydraulikventil mit stufenloser Einstellmöglichkeit

In der Steuerungstechnik gibt man stetige Größen oft relativ an, z. B. als Prozentsatz. Man bezieht sich dann immer auf einen Vergleichswert, den sogenannten **Nennwert.** Selbst der Nennwert braucht in seiner absoluten Größe nicht bekannt zu sein. Er muß nur jederzeit reproduzierbar sein, also wiederholbar vorgegeben werden können.

- Verstellung der Spannfutterkraft

Die Einspannkraft des Futters ist die sogenannte **Steuergröße** der Spanneinrichtung. Sie soll durch Verstellung des hydraulischen Drucks im Zylinder gezielt verändert werden. Dazu wird ein spezielles Hydraulikventil mit stufenloser Einstellmöglichkeit verwendet. Die Verstellung des Ventils erfordert fast keinen Energieeinsatz. Sie wird durch ein Signal bewirkt. Damit erfüllt das Ventil die Funktion eines Stellglieds, das durch ein Signal den Druck im Zylinder, und damit die gespeicherte Energie, beeinflußt. Es handelt sich um ein **stetiges Stellglied.**

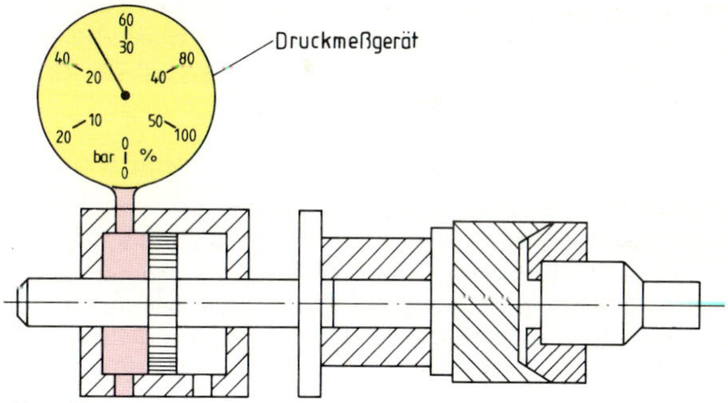

Bestimmung der relativen Einspannkraft durch Messung des Drucks im Spannzylinder

- Kennlinie eines stetigen Stellglieds

Stetige Stellglieder werden durch stetige Signale angesteuert. Der Zusammenhang zwischen der Ausgangsgröße eines Stellglieds, der **Stellgröße,** und dem Eingangssignal des Stellglieds, dem **Stellsignal,** kann graphisch durch eine **Kennlinie** dargestellt werden.

Dazu legt man ein Koordinatensystem an, bei dem man auf einer Achse das Stellsignal und auf der anderen Achse die dazugehörige Stellgröße abträgt.

Von einem Stellglied wird normalerweise gefordert, daß die **Stellgröße proportional zum Stellsignal** ist. Bei Erhöhung des Stellsignals soll die Stellgröße im gleichen Verhältnis ansteigen. Wenn dies gilt, ist die Kennlinie des Stellglieds eine Gerade. Nur **ideale Stellglieder** erfüllen diese Forderung. **Reale Stellglieder,** wie sie in der Wirklichkeit vorkommen, haben immer eine mehr oder weniger von der Geraden abweichende Kennlinie mit z. B. bogenförmigem Verlauf.

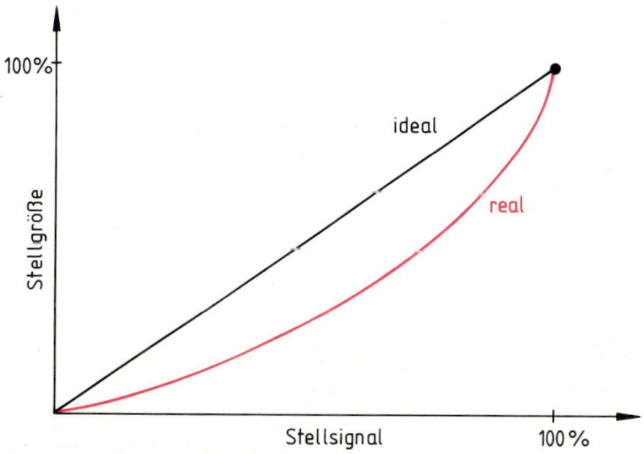

Kennlinie eines Stellglieds

Kennlinien von Stellgliedern werden oft in Datenblättern und Katalogen von Geräteherstellern gezeigt. Sie können mit geeigneten Prüfständen oder Meßgeräten aufgenommen werden. Liegt eine reale Kennlinie vor, kann man leicht ermitteln, wie stark sie von der idealen Kennlinie abweicht. Dazu trägt man in die Darstellung der realen Kennlinie die ideale Kennlinie zusätzlich ein und vergleicht beide Kennlinien. Meistens interessiert vor allem der größte auftretende Fehler, der ein Maß für die Genauigkeit eines Stellglieds ist.

- Sollwertvorgabe

Das Stellsignal kann im einfachsten Fall durch ein Eingabeglied von Hand vorgegeben werden. Das Eingabegerät kann beispielsweise mit einem Handrad und einer Prozent-Skala versehen sein. Damit kann am Eingabegerät der gewünschte Wert der Einspannkraft abgelesen werden. Das Eingabeglied gibt den Sollwert für die Einspannkraft vor.

Bei einfachen stetigen Steuerungen beeinflußt der Sollwert direkt das Stellsignal.

Der Istwert der Steuergröße wird allerdings in der Regel vom gewünschten Wert abweichen, weil das Stellglied keine ideale Kennlinie aufweist. So ist es bei Verwendung eines Stellglieds mit einem Fehler von 5 % durchaus möglich, daß bei einer Sollwertvorgabe von 50 % der tatsächliche Wert der Einspannkraft bei 55 % der Nennkraft liegt.

- Einfluß der Reibung im Futter der Spanneinrichtung

Neben dem Fehler, der durch die nichtlineare Kennlinie des Stellglieds hervorgerufen wird, weichen bei der Spanneinrichtung Istwert und Sollwert aus einem weiteren Grund voneinander ab. Dieser zusätzliche Fehler wird durch die **Reibung im Spannfutter** bewirkt. Die Kraft, die durch den Druck im Zylinder erzeugt und über Kolbenstange und Spannrohr zum Futter übertragen wird, kann vom Futter nicht vollständig zum Werkstück weitergegeben werden. Ein Teil der Kraft geht durch Reibung und Klemmeinflüsse im Futter verloren. Der durch Reibung bewirkte Kraftverlust wird vor allem vom Oberflächenzustand und von der Schmierung des Futters bestimmt. Im Laufe der Betriebsdauer ändert sich der Zustand des Futters. Es hat daher keinen Sinn, einmal exakt zu bestimmen, wie groß die Reibung im Futter ist, um sich dann stets auf diesen Vergleichswert beziehen zu wollen. Der Reibungseinfluß ändert sich und bleibt eine unsichere Größe.

Die exakte Einstellung von Steuerungen wird durch Einflüsse erschwert, die auf die Steuergröße einwirken, und deren genaue Werte nicht vorhergesehen werden können. Diese Größen nennt man **Störgrößen.** Störgrößen bewirken in gesteuerten Anlagen, daß fest eingestellte Sollwerte nicht zu reproduzierbaren Istwerten der Steuergröße führen.

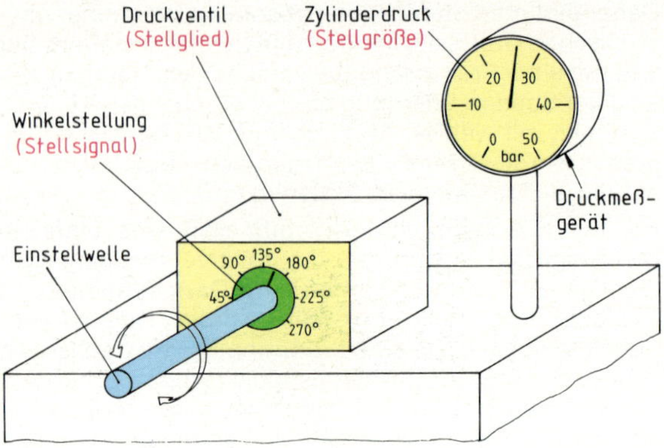

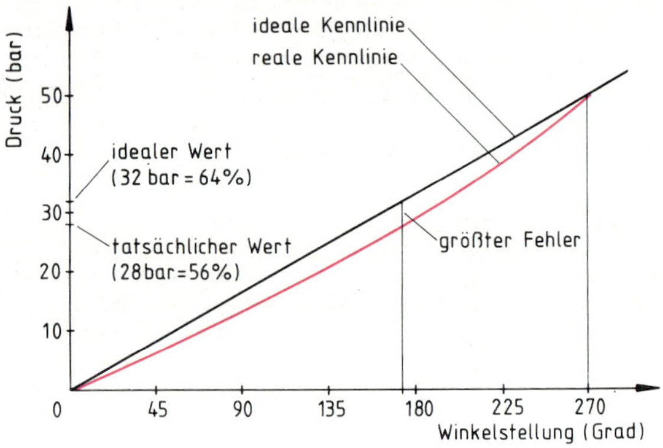

Fehler = realer Wert – idealer Wert

Größter absoluter Fehler: F = 28 bar – 32 bar
= – 4 bar

Bezogen auf den Nennwert (50 bar) ist dies ein Fehler von

$$\frac{4\,\text{bar}}{50\,\text{bar}} \cdot 100\,\% = 8\,\%$$

Bestimmung des Fehlers eines Stellglieds aus der gemessenen Kennlinie

- Kompensation von Störgrößen

In gesteuerten Anlagen können die Einflüsse von Störgrößen nur dadurch unwirksam gemacht werden, daß man durch Änderung des Sollwertes den Störeinfluß kompensiert, also ausgleicht.

Bei der Spanneinrichtung muß man den Sollwert erhöhen, um bei vergrößerter Reibung die effektive Einspannkraft, also die tatsächlich vom Futter auf das Werkstück übertragene Kraft, konstant zu halten. Damit ergibt sich die Notwendigkeit, immer wieder von Hand eine neue Einstellung des Sollwertes vorzunehmen, um wirklich gleichbleibende Werte der Steuergröße zu erhalten.

Da aber bei der Spanneinrichtung die Wirkung der Störgröße relativ gering ist und die genaue Einhaltung der Einspannkraft für die Qualität des Fertigungsproduktes nur untergeordnete Bedeutung hat, brauchen keine besonderen Maßnahmen getroffen zu werden, um die Wirkung der Störgröße automatisch auszugleichen.

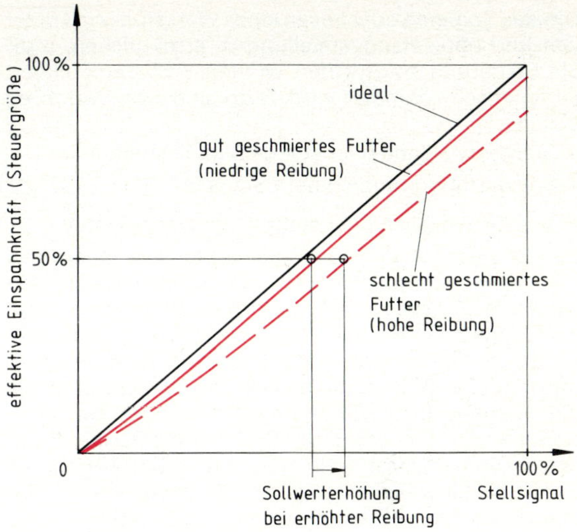

Wirkung der Reibung als Störgröße

- Wirkungsplan der Spanneinrichtung

Das Stellsignal wird vom Sollwert vorgegeben. Das Stellsignal wirkt auf das Ventil, also auf das Stellglied. Ausgangsgröße des Stellglieds ist der hydraulische Druck, der im Arbeitsglied, dem Hydraulikzylinder wirkt. Der Hydraulikzylinder erzeugt eine Kraft, die proportional zum Druck ist. Diese Kraft wird über das Spannrohr zum Spannfutter übertragen. Im Spannfutter wirken neben der Zylinderkraft noch die Reibungskräfte. Ausgangsgröße des Futters ist die effektive Einspannkraft, die zum Werkstück übertragen wird. Dies ist die Steuergröße.

Es ergibt sich der für Steuerungen charakteristische **offene Wirkungsablauf.** Man spricht in diesem Zusammenhang auch von einer **Steuerkette,** bestehend aus Funktionseinheiten der Steuerung (in diesem Fall Eingabeglied und Stellglied) und der **Steuerstrecke.** Die Steuerstrecke besteht bei der Spanneinrichtung aus Spannrohr, Futter und Werkstück.

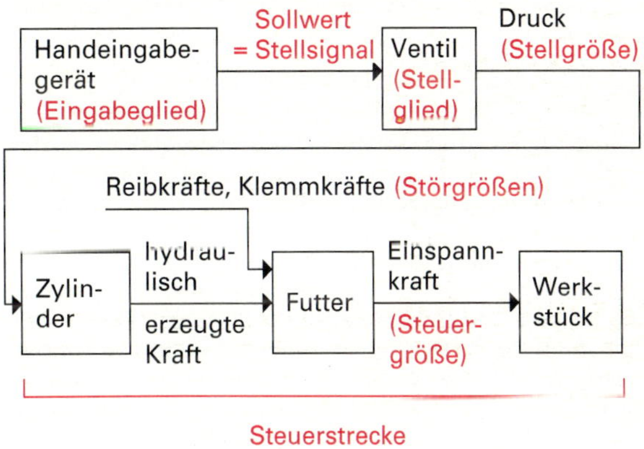

Wirkungsplan der Spanneinrichtung

- Automatisierte Sollwertvorgabe

Solange bei der Spanneinrichtung der Sollwert von Hand über ein Verstellrad vorgegeben wird, ergibt sich kaum ein Vorteil gegenüber einem herkömmlichen Futter, bei dem das Werkstück mit einem Schlüssel eingespannt wird. Zum Lösen des Werkstücks muß der Sollwert jedesmal von Hand auf Null verstellt werden, um das Werkstück freizugeben. Anschließend muß er beim Spannen eines neuen Werkstücks wieder hochgedreht werden. Damit ermöglicht die bisher ausgeführte Spanneinrichtung noch keinen Zeitgewinn gegenüber einem herkömmlichen Futter.

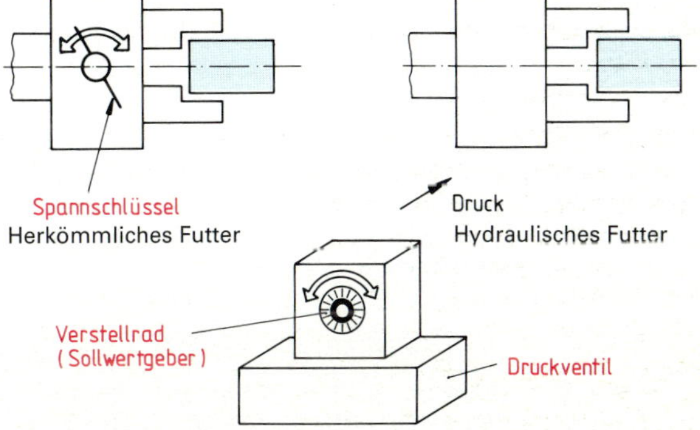

Verstellung der Einspannkraft von Hand

Um das Spannen oder Lösen eines Werkstücks in kurzer Zeit und ohne Handverstellung zu ermöglichen, muß die Steuerung so erweitert werden, daß der Sollwert automatisch verändert wird. Dazu sind zwei Verfahren üblich:

- Sollwertvorgabe über stetige Signalschnittstelle
- Sollwertabruf durch binäre Signale

● Sollwertvorgabe über stetige Signalschnittstelle

Da die Steuerung der Spanneinrichtung in jedem Fall mit einer übergeordneten Steuerung verbunden werden muß, ist es naheliegend, die Sollwertänderung, die für das Spannen oder Lösen eines Werkstücks nötig ist, durch die übergeordnete Steuerung vorzunehmen. Dazu ist eine Signalschnittstelle erforderlich, über die die übergeordnete Steuerung ein stetiges Sollwertsignal an die Steuerung der Spanneinrichtung gibt. In Frage kommt hier nur ein elektrisches Sollwertsignal. Damit ist es möglich, z. B. durch Daten, die in der übergeordneten Steuerung abgelegt werden, die gewünschten Einspannkräfte vorzugeben. Allerdings muß die Steuerung der Spanneinrichtung **elektrische Sollwertsignale** verarbeiten können. Dazu ist ein elektrisch verstellbares Hydraulikventil als Stellglied erforderlich.

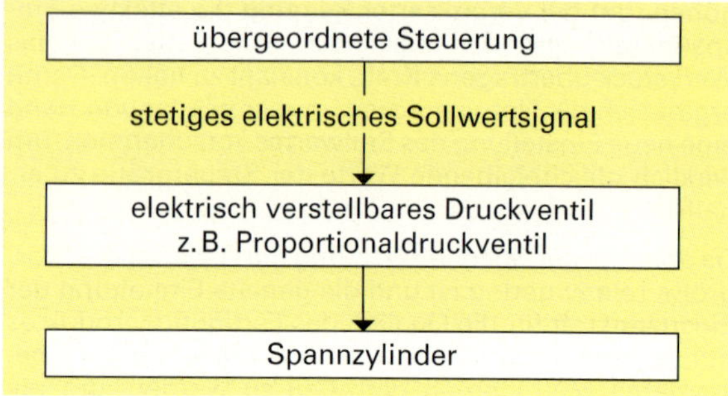

Elektrische Sollwertvorgabe

● Sollwertabruf durch binäre Signale

Da stetige Signalschnittstellen in der industriellen Steuerungstechnik relativ selten verwendet werden und man normalerweise den Austausch binärer Steuerungssignale bevorzugt, verwendet man oft ein anderes Verfahren, um den Sollwert der Spanneinrichtung elektrisch zu beeinflussen. Man gibt den Sollwert für die Einspannkraft, mit der ein Werkstück gehalten werden soll, weiterhin von Hand über ein Einstellrad vor. Man erweitert aber die Steuerung der Spanneinrichtung so, daß erst durch ein binäres Steuerungssignal dieser Sollwert aktiviert wird. Dies kann z. B. durch ein zusätzliches Hydraulikschaltventil, das elektrisch betätigt wird, erreicht werden. Solange das Schaltventil nicht angesteuert wird, ist das Spannfutter geöffnet. Erst wenn das Ventil durch ein binäres Signal aktiviert wird, wird das stetig wirkende Stellventil wirksam. Entsprechend dem eingestellten Sollwert wird dann ein Werkstück eingespannt.

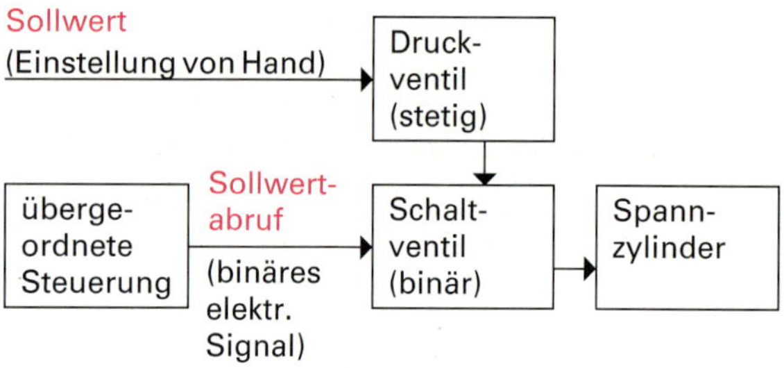

Steuerung der Spanneinrichtung mit binärem Sollwertabruf

Stetige Steuerungen kombiniert man oft mit binären Steuerungen, indem man die stetigen Sollwerte über Handeingabeglieder voreinstellt und zum gewünschten Zeitpunkt über binäre Steuerungssignale aktiviert. Damit sind sehr schnelle Sollwertänderungen möglich.

Aufgaben zur Wiederholung und Vertiefung

Ein Glühofen wird elektrisch beheizt. Die elektrische Heizleistung wird der Heizwicklung über einen verstellbaren Transformator zugeführt. Durch Verdrehen einer Welle am Transformator läßt sich die Heizleistung, und damit die Temperatur im Ofen stufenlos verstellen.

a) Um welche Art einer Steuerung handelt es sich?
b) Welche Funktion übernimmt der Transformator?
c) Was ist bei der beschriebenen Steuerung die Steuergröße?
d) Wie kann man bei unterschiedlichen Temperaturen in der Werkhalle gleiche Werte der Ofentemperatur erreichen?

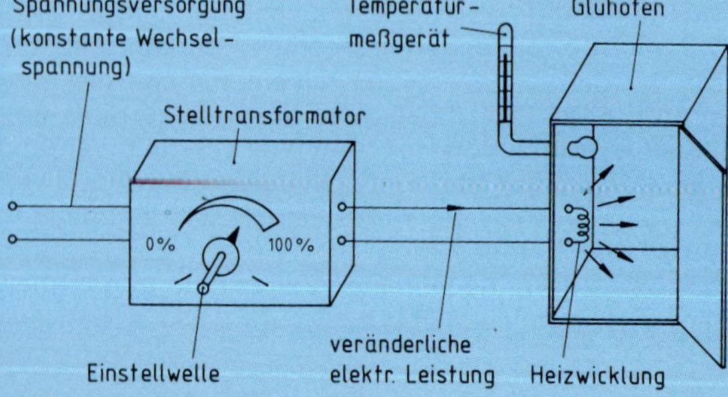

4.1.4 Sicherheitsüberwachung

Von jeder laufenden Werkzeugmaschine geht **Gefahr** aus. Daher sind **Schutzmaßnahmen** zu treffen. Der Schutz von Menschen und Geräten kann zum Teil durch **konstruktive Maßnahmen** (z. B. durch Abdeckungen) bewirkt werden, zum Teil muß die **Steuerung Schutzaufgaben übernehmen**.

Gefahr	Schutz
Ein Mensch greift in die Maschine und wird von einem bewegten Maschinenteil verletzt.	Abschirmung der Gefahrenstelle, d. h. des Bearbeitungsraumes, durch das Maschinengehäuse mit Tür. Ein Signalgeber meldet, ob die Tür geschlossen ist. Bei nicht geschlossener Tür kann die Maschine nicht in Betrieb gesetzt werden bzw. die Antriebe werden angehalten oder in ihrer Geschwindigkeit begrenzt.
Bei laufender Maschine löst sich das Werkstück, weil es ungenügend fest eingespannt ist.	Signalgeber erkennen und melden, ob das Werkstück hinreichend fest eingespannt ist. Gegebenenfalls wird die Bearbeitung durch NOT-AUS unterbrochen.
Der Werkzeugschlitten fährt gegen einen Endanschlag.	Signalgeber überwachen die Wege des Werkzeugschlittens und signalisieren, wenn der Schlitten den zulässigen Arbeitsbereich verläßt. Die Steuerung veranlaßt daraufhin NOT-AUS.

Damit die Steuerung Schutzfunktionen übernehmen kann, muß sie **gefährliche Zustände** erkennen können. Dies ist möglich, wenn die Steuerung über Eingabeglieder (beispielsweise Lichtschranken, Schließkontakte) verfügt, die direkt oder indirekt gefährliche Zustände an der Maschine signalisieren. Außerdem muß die Steuerung die Fähigkeit haben, bei Gefahr durch Signale die gesamte Maschine anzuhalten oder Teilfunktionen der Maschine außer Betrieb zu setzen.

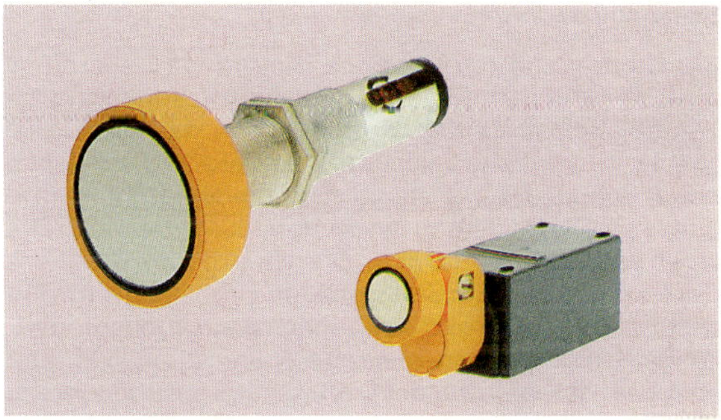

Näherungsschalter

Verknüpfung der Meldesignale zur Gefahrenerkennung

Eine Werkstückbearbeitung darf nur durchgeführt werden, wenn **überall** an der Maschine Sicherheit gewährleistet ist. Die Signalgeber melden jeweils nur **Sicherheit in Teilbereichen** der Maschine. Die Steuerung muß die einzelnen Signale verknüpfen, um zu erkennen, ob die Maschine insgesamt sicher ist.

Die Sicherheit der Maschine kann durch eine binäre Verknüpfungssteuerung überwacht werden.

Eingabesignale sind die Meldesignale der Signalgeber an den Gefahrenstellen. Üblicherweise verwendet man Signalgeber, die ein „1"-Signal erzeugen, wenn Sicherheit gewährleistet ist. Als Ausgabesignal erzeugt die Sicherheitssteuerung Signale, die als **Freigabesignale** oder **Verriegelungssignale** von anderen Teilen der Maschinensteuerung, z. B. von den Antriebssteuerungen, ausgewertet werden. Das Freigabesignal „SICHERHEIT VORHANDEN" kann z. B. durch UND-Verknüpfung aller Eingabesignale erzeugt werden. Entsprechend entsteht das Verriegelungssignal NOT-AUS durch NAND-Verknüpfung der Eingabesignale.

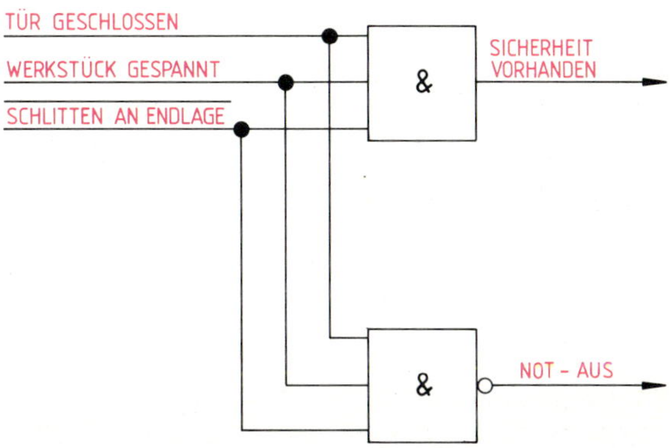

Funktionsplan:
Binäre Verknüpfungssteuerung für Sicherheitsüberwachung

4.1.5 Regelung der Umdrehungsfrequenz des Hauptspindelantriebs

Arbeits- und Stellglieder

Die Hauptspindel wird durch einen Elektromotor (z. B. Gleichstrommotor) angetrieben, dessen Umdrehungsfrequenz stufenlos verstellt werden kann. Motoren für Hauptspindelantriebe können nur in Verbindung mit elektronischen Geräten betrieben werden, die aus einem Leistungsteil, dem **Umrichter,** und einem Signalteil, dem **„Regler"** bestehen. Trotz unterschiedlicher gerätetechnischer Ausführungen der Hauptspindelantriebe ist das grundsätzliche Wirkungsprinzip gleich.

Ein stetiges Stellsignal veranlaßt den **Umrichter** dazu, dem Motor elektrische Leistung zuzuführen. Abhängig von der Größe der zugeführten Leistung stellt sich eine bestimmte Umdrehungsfrequenz ein, die durch die Größe des Stellsignals bis zu einem Höchstwert verändert werden kann. Der Umrichter verwirklicht damit ein stetiges Stellglied.

Elektromotor mit Steuerelektronik zur stufenlosen Einstellung der Umdrehungsfrequenz

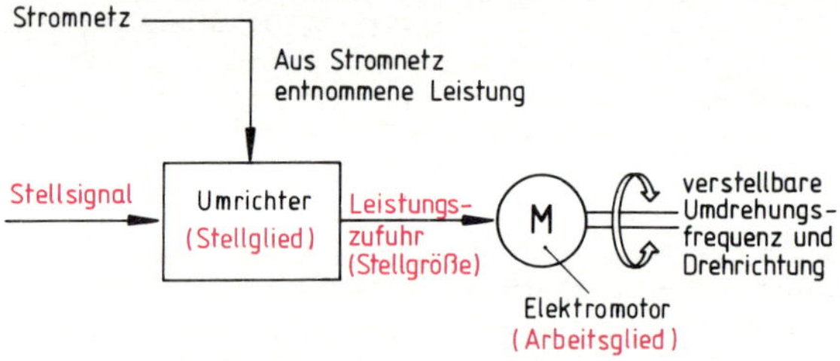

Steuerung eines Elektromotors mit stetig verstellbarer Umdrehungsfrequenz

Störgrößen

Die Umdrehungsfrequenz des Motors wird allerdings nicht nur von dem Stellsignal bestimmt, sondern auch von der **Belastung des Motors**. Wenn das Stellsignal gleichbleibt und die Belastung des Motors zum Beispiel durch Schnittkräfte ansteigt, sinkt die Umdrehungsfrequenz ab. Die Belastung des Motors durch Schnittkräfte wirkt somit als Störgröße. Die Umdrehungsfrequenz des Motors wird vom Stellsignal und von der Störgröße bestimmt. Damit ergibt sich zunächst ein ähnlicher Wirkungszusammenhang wie beim Spannfutter. Während aber beim Spannfutter der Einfluß der Störgröße relativ klein ist und nur eine relativ geringe Abweichung der Steuergröße vom gewünschten Sollwert zur Folge hat, ist der Störeinfluß durch Schnittkräfte auf die Motorumdrehungsfrequenz recht groß. Die Umdrehungsfrequenz eines Hauptspindelantriebs, der zunächst ohne Belastung durch Schnittkräfte läuft, kann sich z. B. um die Hälfte reduzieren, wenn die Zerspanung beginnt und das Stellsignal gleichbleibt. Dies ist nicht tragbar, da bei einer Bearbeitung durch Drehen die genaue Einhaltung der vorgegebenen Schnittgeschwindigkeit wichtig für die Fertigungsqualität des Werkstücks und die Schnittleistung ist. Wechselnde Belastung des Hauptspindelantriebs darf daher nicht zu einer Änderung der Umdrehungsfrequenz führen.

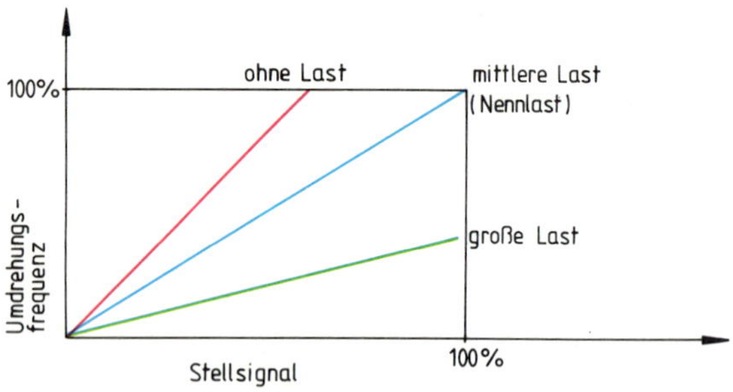

Abhängigkeit der Umdrehungsfrequenz vom Stellsignal

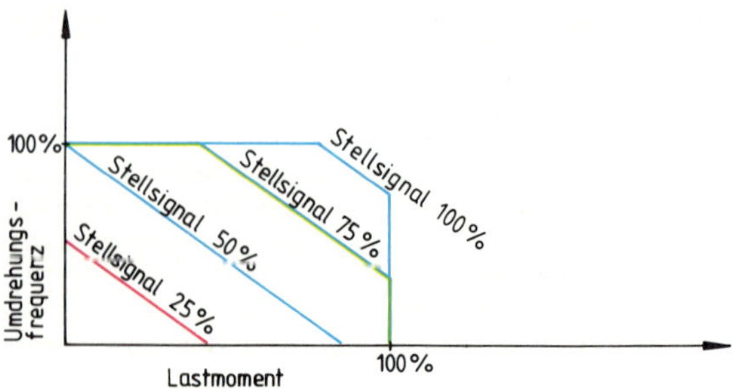

Abhängigkeit der Umdrehungsfrequenz von der Störgröße (Belastung)

Kennlinien eines Gleichstromantriebs

Automatische Stellsignalanpassung

Um die Umdrehungsfrequenz auch bei Belastungsänderung auf einen vorgegebenen Wert zu halten, muß das Stellsignal der Belastung angepaßt werden. Die **automatische Anpassung des Stellsignals** wird durch einen **Regler** vorgenommen.

Ein- und Ausgangssignale des Reglers

Das Sollwertsignal für die Drehfrequenz wird nicht direkt zum Umrichter geführt, sondern zunächst zum Regler. Dazu ist der Regler mit einem **Sollwerteingang** versehen. Der Regler verfügt zusätzlich über einen zweiten Eingang, dem **Istwerteingang**, zu dem das Istwertsignal geführt wird. Dieses Signal gibt an, mit welcher Frequenz der Motor tatsächlich dreht. Das stetige Istwertsignal wird durch einen Signalgeber erzeugt, der an der Welle des Motors angebracht ist. Die Höhe des Signals ist proportional zur Umdrehungsfrequenz. Das Istwertsignal soll möglichst immer genau den gleichen Wert haben wie das Sollwertsignal.

Bestimmung der Regelabweichung

Die Regeleinrichtung, bestehend aus Regler und Stellglied, hat die Aufgabe, durch Anpassung des Stellsignals dafür zu sorgen, daß Sollwert und Istwert immer gleich sind. Dazu muß **fortlaufend** der Sollwert mit dem Istwert verglichen werden. Der Regler bestimmt die sogenannte **Regelabweichung,** indem er den Istwert vom Sollwert subtrahiert. An der Regelabweichung, also an der Differenz von Soll- und Istwert, kann der Regler erkennen, ob er das Stellsignal erhöhen, erniedrigen oder gleichbleibend halten muß, um die vorgegebene Umdrehungsfrequenz zu erreichen oder zu halten.

Regelkreis, Regelgröße

Der Istwert beeinflußt über den Regler das Stellsignal und wird seinerseits wiederum durch das Stellsignal beeinflußt. Es ergibt sich somit ein **fortwährend geschlossener Wirkungsablauf**. Man spricht von einem **Regelkreis.**

Diese Größen können z. B. Geschwindigkeiten, Kräfte, Wege, Temperaturen usw. sein. Man nennt die Größe, dessen Wert durch einen Regelkreis gezielt beeinflußt wird, **Regelgröße.**

Erfolgt die Signalverarbeitung innerhalb eines Regelkreises durch stetige Signale, so spricht man von einer **stetigen Regelung.**

Voraussetzungen für Regelungen

Für die Funktion eines Regelkreises gibt es zwei wesentliche Voraussetzungen:

- Die Regelgröße muß durch eine Stellgröße und diese wiederum durch ein Stellsignal beeinflußbar sein. **Dabei muß die Wirkung der Stellgröße die Wirkung der Störgrößen voll ausgleichen können.**
  Günstig ist es, wenn eine Stellgröße eine Regelgröße ohne wesentlichen **Zeitverzug** beeinflussen kann. Dies ist aber in der Praxis nur selten der Fall.
  Normalerweise wirken Stell- und Störgrößen zeitverzögert auf eine Regelgröße ein. Der Teil einer Maschine oder Anlage, wo Stellgröße und Störgrößen auf die Regelgrößen einwirken, heißt **Regelstrecke.** Aufgabe der Regelstrecke ist fast immer ein Energie- oder Stoffumsatz. Die Regelstrecke bildet damit den **Energieteil eines Regelkreises.**

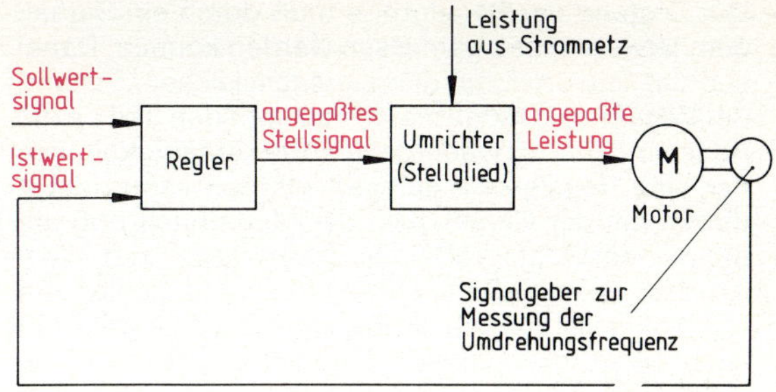

Sollwert > Istwert	⇒	Regelabweichung > 0	⇒	Stellsignal erhöhen
Sollwert = Istwert	⇒	Regelabweichung = 0	⇒	Stellsignal beibehalten
Sollwert < Istwert	⇒	Regelabweichung < 0	⇒	Stellsignal erniedrigen

Geräteanordnung zur automatischen Leistungsanpassung

Regelkreise werden überall dort verwendet, wo physikalische oder technische Größen vorgegebene Werte exakt einhalten müssen.

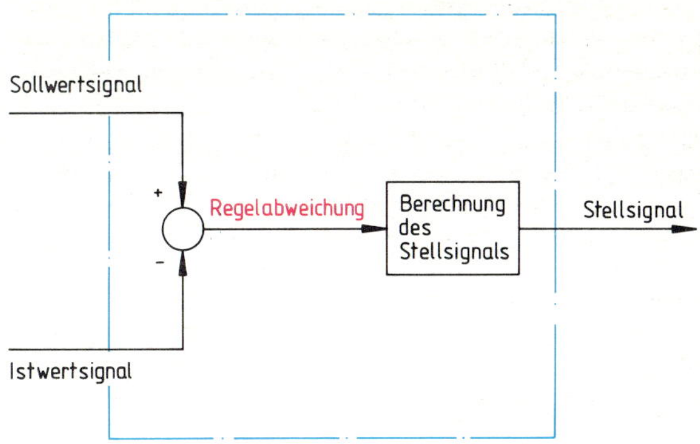

Funktionsweise eines Reglers

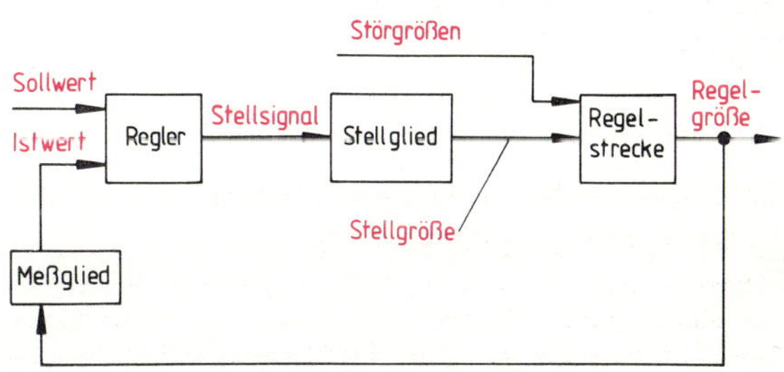

Wirkungsplan einer Regelung

– Der Zustand der Regelgröße muß durch ein Signal, dem Istwertsignal, gemessen werden können. Dabei soll das Istwertsignal den augenblicklichen Zustand der Regelgröße möglichst genau abbilden und an die Regeleinrichtung weitergeben. **Die Genauigkeit, mit der eine Regelgröße geregelt werden kann, hängt direkt von der Genauigkeit der Meßeinrichtung ab,** die aus der Regelgröße das Istwertsignal bestimmt. Arbeitet diese Meßeinrichtung mit einem Fehler von z. B. 1 %, so kann auch die Regelgröße bestenfalls mit einer Genauigkeit von 1 % geregelt werden.

Es können alle physikalischen und technischen Größen geregelt werden, die gemessen und über ein Stellglied beeinflußt werden können.

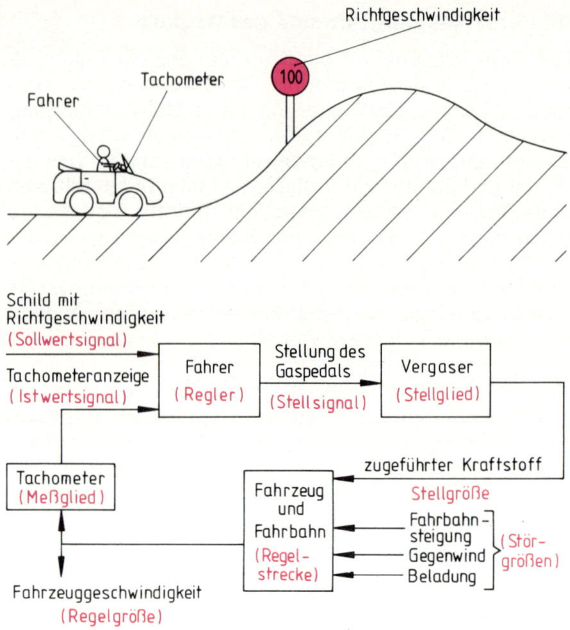

Geschwindigkeitsregelung eines Autos durch einen Menschen

CNC-Hauptspindelantrieb als Regelkreis

Im Fall des Hauptspindelantriebs einer CNC-Drehmaschine wird die Regelstrecke durch Motor, Hauptspindel mit Spanneinrichtung und Werkstück gebildet. Der Motor ist das Arbeitsglied. Regelgröße ist die Umdrehungsfrequenz der Spindel. Die elektrische Leistung, die dem Motor zugeführt wird, ist die Stellgröße. Sie muß erst in mechanische Leistung umgesetzt werden und kann nur zeitverzögert auf die Umdrehungsfrequenz einwirken. Die Schnittkraft, die vom Werkzeug auf das Werkstück ausgeübt wird, wirkt als wichtigste Störgröße bei einer Drehmaschine. Sie ändert sich z. B. mit der Bearbeitungsart, dem Zustand der Werkzeugschneide und der Zerspanbarkeit des Werkstoffs. Wegen der Schwungmasse der Hauptspindel machen sich Änderungen der Störgröße erst mit Zeitverzögerung bemerkbar.

Das Stellglied wird vom Umrichter verwirklicht. Die Aufgabe des Reglers wird durch eine elektronische Baugruppe übernommen. Zur Bildung des Istwertsignals dient ein Signalgeber, der die Umdrehungsfrequenz mißt. Dieser Signalgeber wird auch **Tacho oder Tachometer** genannt. Handelt es sich um einen stetig wirkenden Signalgeber, der eine der Umdrehungsfrequenz proportionale Spannung ausgibt, spricht man auch von einem **Tachogenerator.**

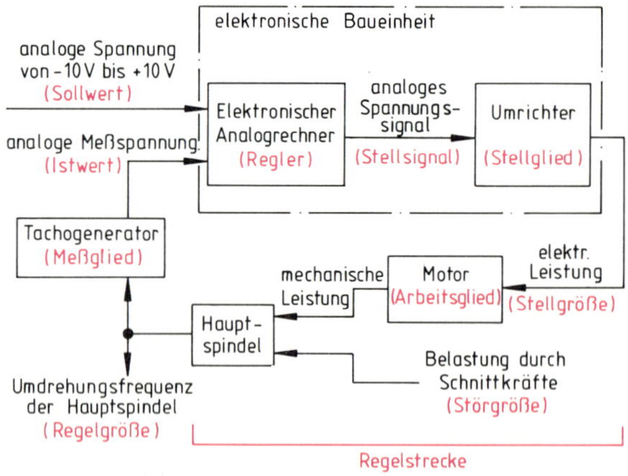

CNC-Hauptspindelantrieb als Regelkreis

Regelstrecken mit und ohne Ausgleich

Betrachtet man nur die Regelstrecke des Hauptspindelantriebs, also den Motor und die damit verbundene Hauptspindel und führt man dem Motor, der zunächst stillsteht, eine bestimmte elektrische Leistung zu, so kann man das **Anfahrverhalten** des Motors in Verbindung mit der Hauptspindel untersuchen.

Zeichnet man z. B. mit einem Meßschreiber den zeitlichen Verlauf der Umdrehungsfrequenz auf, so kann man eine Aussage über das **Zeitverhalten** – die **„Dynamik"** – der Regelstrecke treffen.

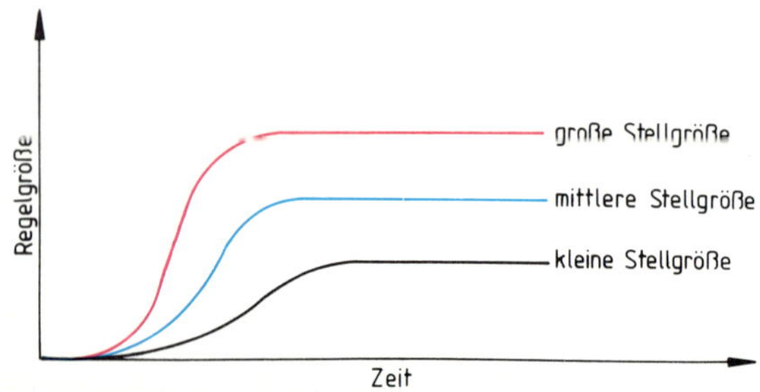

Zeitverhalten einer Regelstrecke mit Ausgleich

Nach Einschalten des elektrischen Stroms, also der Zuführung von Leistung, steigt die Umdrehungsfrequenz des Motors zunächst recht schnell an. Der Anstieg nimmt dann aber immer stärker ab. Nach einer bestimmten Zeit hat sie einen Endwert erreicht und verharrt gleichbleibend. Der genaue Wert dieser Endumdrehungsfrequenz hängt mit der Höhe der zugeführten elektrischen Leistung und mit der Höhe der Störgrößen zusammen und kann abhängig von diesen Größen unterschiedlich sein. Die Umdrehungsfrequenz erreicht aber immer einen bestimmten **statischen Endwert** und bleibt dann unverändert. Regelstrecken, die dieses Verhalten aufweisen, heißen **Regelstrecken mit Ausgleich.**

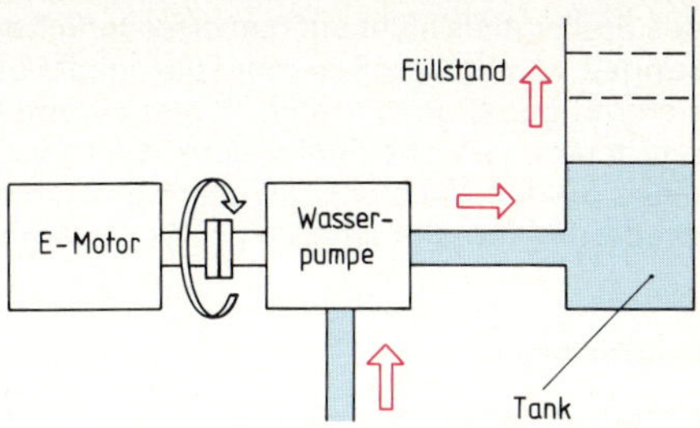

Regelstrecke für Füllstandsregelung

Verbindet man einen Elektromotor nicht mit der Hauptspindel einer Drehmaschine, sondern mit einer Wasserpumpe, und füllt mit Hilfe der Wasserpumpe einen Tank auf, so ergibt sich eine prinzipiell andere Regelstrecke. Regelgröße ist in diesem Fall der Füllstand des Wassers im Tank. Der Füllstand soll mit Hilfe eines Reglers und einer geeigneten Meßeinrichtung geregelt werden. Hier soll aber nur die Regelstrecke betrachtet werden. Die Regelstrecke besteht aus Motor, Wasserpumpe und Tank. Die Regelgröße dieser Regelstrecke zeigt nach Einschalten des Motors ein anderes Verhalten als die Regelgröße des Hauptspindelantriebs. Der Motor erreicht wieder nach einer bestimmten Zeit seine Endumdrehungsfrequenz und läuft dann mit konstanter Umdrehungsfrequenz weiter. Dabei wird die Wasserpumpe angetrieben und fördert in den Tank. Der Füllstand steigt. Wenn der Tank unendlich hoch wäre und der Motor unendlich lange liefe, würde die Regelgröße im Laufe der Zeit beliebig große Werte annehmen. Es handelt sich um eine **Regelstrecke ohne Ausgleich.**

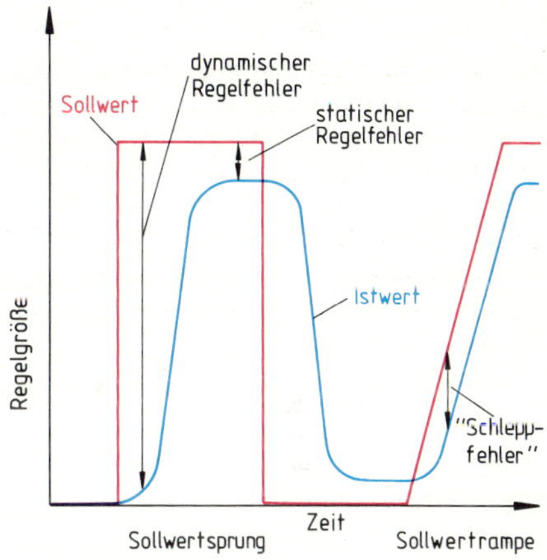

Regelfehler (Zeitdiagramm)

Regelfehler

Auch eine gut funktionierende Regeleinrichtung schafft es nicht, jederzeit den Istwert der Regelgröße genau mit dem Sollwert in Übereinstimmung zu halten. Dies gilt auch dann, wenn es ein absolut fehlerfreies Meßsystem zur Bildung des Istwertsignals gäbe. Es kommt zu **Regelfehlern.** Dabei sind zwei Arten von Fehlern zu unterscheiden:

- Regelfehler, die nur kurz auftreten, sogenannte **dynamische Fehler.**
- Regelfehler, die auf Dauer auftreten, sogenannte **statische Fehler.**

Dynamische Fehler hängen mit der **Trägheit eines Regelkreises** zusammen. Wenn zum Beispiel bei der CNC-Drehmaschine der Sollwert für die Umdrehungsfrequenz plötzlich von 50 % auf 70 % erhöht wird, dauert es einige Sekundenbruchteile, bis der Istwert den neuen Sollwert erreicht. In dieser kurzen Zeit ergibt sich eine recht große Abweichung von Sollwert und Istwert. Dynamische Fehler lassen sich z. B. dadurch vermeiden, daß man Sollwerte nicht plötzlich, sondern langsam ändert, so daß die Regelung genug Zeit hat, den Istwert nachzuführen. Man vermeidet **Sollwertsprünge** und gibt Sollwerte in der Form einer sogenannten **zeitlichen Rampe** vor.

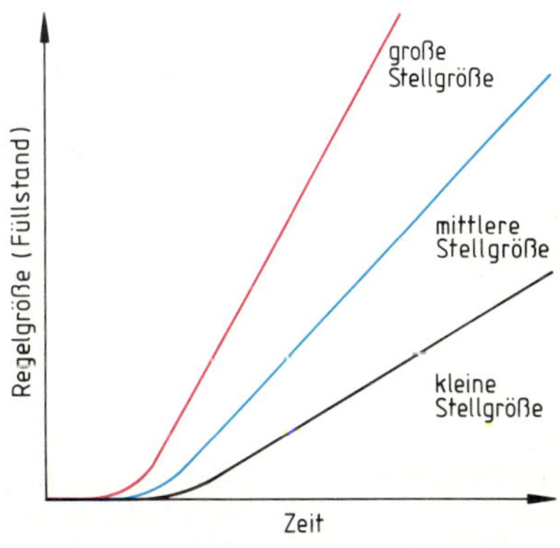

Zeitverhalten einer Regelstrecke ohne Ausgleich

Statische Fehler treten immer dann auf, wenn der Regler den Wert des Stellsignals nicht auf den erforderlichen Wert bringt, um die Wirkungen von Störgrößen voll auszugleichen. Statische Fehler lassen sich mit gut abgestimmten Reglern weitgehend vermeiden. Regler, mit denen statische Fehler vermieden werden können, haben allerdings oft den Nachteil, daß sie relativ langsam reagieren und damit wiederum verhältnismäßig große dynamische Fehler verursachen.

Reglertypen

Es gibt verschiedene Verfahren, wie ein Regler aus der Regelabweichung ein geeignetes Stellsignal berechnen kann. Regler, die besonders dafür ausgelegt sind, statische Fehler zu vermeiden, heißen integrierende Regler, **kurz I-Regler.** Hingegen heißen Regler, die ausschließlich dynamische Fehler verringern, differenzierende Regler, **kurz D-Regler.** Proportionale Regler, **kurz P-Regler,** sind universell verwendbare Regler, die schnell reagieren können, um dynamische Fehler gering zu halten, und in vielen Fällen auch statische Fehler vermeiden.

Man kann die verschiedenen **Reglertypen auch miteinander kombinieren,** um die Vorteile der einzelnen Verfahren miteinander zu verbinden. Eine Kombination aller drei genannten Reglertypen ist der sogenannte **PID-Regler,** der für viele Anwendungen der Standardregler in der Industrie ist und als fertiges Gerät oder Softwareprogramm für Mikroprozessorgeräte angeboten wird.

Welcher der genannten Regler für eine bestimmte Regelstrecke ausgewählt werden muß, hängt vor allem von der Dynamik der Regelstrecke ab.

Meistens kann man bei Regelstrecken mit Ausgleich gut einen PID-Regler verwenden. Bei Regelstrecken ohne Ausgleich dürfen keine Regler mit I-Anteil eingesetzt werden. Hier erreicht man oft mit P-Reglern ein gutes Regelverhalten.

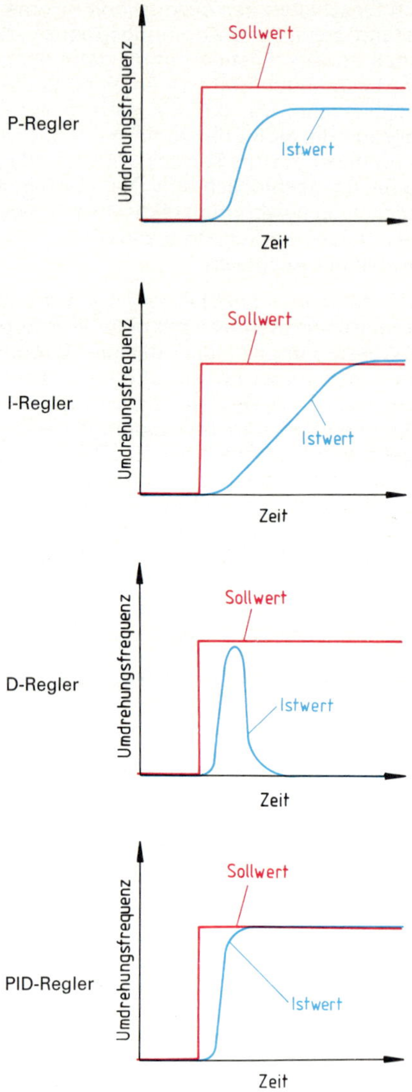

Zeitdiagramme beim Einsatz verschiedener Regler

Signalaustausch mit einer übergeordneten Steuerung

Die übergeordnete Steuerung einer CNC-Drehmaschine gibt über eine stetige Signalschnittstelle der Regeleinrichtung den Sollwert vor und bestimmt somit die Umdrehungsfrequenz des Hauptspindelantriebs.

Betrachtet man den Regelkreis von der übergeordneten Steuerung aus, so ergibt sich in der Ansteuerung kein Unterschied gegenüber einem Stellglied. Das Ausgabesignal der Steuerung, das den Sollwert für die Regelung vorgibt, kann man auch als Stellsignal für ein Stellglied ansehen.

Stetige Regelkreise verhalten sich nach außen wie hochwertige, stetige Stellglieder. Wenn man Regelfehler vernachlässigt, haben derartige Stellglieder als Kennlinie eine Gerade. Viele Stellglieder sind mit internen Regelungen versehen, um ihre Kennlinien der eines idealen Stellgliedes anzunähern.

Ansteuerung einer stetigen Regelung durch eine übergeordnete Steuerung

Praktisch ausgeführte Geräte für Umdrehungsfrequenzregelungen haben neben dem stetigen Sollwerteingang noch zusätzliche binäre Steuereingänge, über die z. B. die Regelung unwirksam gemacht werden kann oder mit denen der angeschlossene Antrieb zu einem NOT-AUS veranlaßt wird.

4.1.6 Lageregelung der Vorschubantriebe einer CNC-Drehmaschine

Damit ein Werkstück maßgenau mit einer gewünschten Kontur versehen wird, ist es erforderlich, daß sich der Werkzeugschlitten genau auf einer vorgegebenen **Bahnkurve** bewegt. Dabei ist die Geschwindigkeit des Werkzeugschlittens für die Maßhaltigkeit des Werkstücks von untergeordneter Bedeutung. Entscheidend ist die **Position (die „Lage") des Werkzeugschlittens.**

Bei manchen Drehverfahren braucht der Werkzeugschlitten nur in einer Richtung angetrieben zu werden. Der Schlitten wird dann lediglich von einem Achsantrieb bewegt. Der andere Achsantrieb muß präzise in vorgegebener Lage stillstehen.

So muß z. B. beim Längsdrehen eines zylindrischen Teils der X-Achsenantrieb und beim Plandrehen der Z-Achsenantrieb in gleichbleibender Lage verharren. Hingegen müssen beim Drehen eines kegeligen Werkstücks beide Achsantriebe laufen und dabei vorgegebenen Bahnen folgen. Die erforderlichen Stellungen sowohl der stillstehenden wie auch der beweglichen Antriebe werden von der gewünschten Werkstückkontur vorgeschrieben und müssen durch eine geeignete Regelung exakt eingehalten werden. Jede Abweichung einer Ist-Lage von der Soll-Lage führt zu Maßfehlern am fertigen Werkstück.

Entwurf eines Lageregelkreises

Die Vorgehensweise beim Entwurf einer Regelung besteht normalerweise aus folgenden Schritten:

- Auswahl eines geeigneten Meßsystems zur Istwerterfassung.
- Auswahl eines geeigneten Arbeitsgliedes und eines Stellglieds zur Beeinflussung der Regelgröße.
- Auswahl eines Reglers.

Wegmessung bei CNC-Drehmaschinen

Bei der Lageregelung des Werkzeugvorschubs ist der Weg oder die Lage des Werkzeugs die Regelgröße. Die Lage kann durch eine Meßeinrichtung, die direkt am Werkzeugschlitten befestigt ist, bestimmt werden. Dies ist die **direkte Wegmessung.** Man kann die Lage des Schlittens auch dadurch feststellen, daß man die Winkelstellung der Spindel, die den Werkzeugschlitten verstellt, mißt. Dies ist die **indirekte Wegmessung.** Die indirekte Wegmessung wird von den Herstellern von CNC-Drehmaschinen meistens bevorzugt, weil sie preisgünstiger ist und weniger Platz erfordert. Allerdings hängt die Genauigkeit der Messung bei dieser Methode auch von der Maßhaltigkeit der Spindel ab. Fehler in der Steigung der Spindel oder Gewindespiel führen zu Meßfehlern.

Für die Wegmessung müssen hochgenaue Meßsignalfühler verwendet werden. Die Genauigkeit einer Wegmeßeinrichtung kann absolut oder relativ angegeben werden. Die geforderte **absolute Meßgenauigkeit** für die Wegmessung bei CNC-Drehmaschinen liegt bei ca. 0,001 mm. Die **relative Meßgenauigkeit** berechnet sich aus dem **Verhältnis von absolutem Meßfehler zum Meßbereich.**

Für den Schlittenantrieb einer CNC-Drehmaschine ergibt sich aus dem gewünschten Arbeitsbereich normalerweise ein **Meßbereich** von mindestens 600 mm in Z-Richtung. Bei einer geforderten absoluten Meßgenauigkeit von 0,001 mm und einem Meßbereich von 600 mm errechnet sich der maximal zulässige **relative Meßfehler** mit 0,0001667 %.

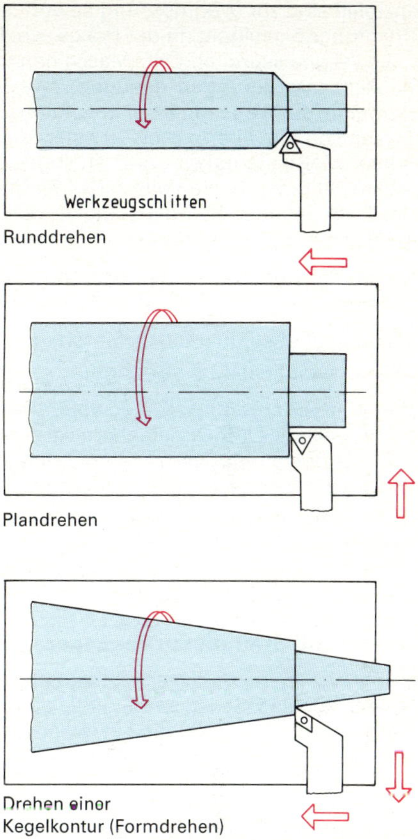

Vorschubbewegung des Werkzeugschlittens bei verschiedenen Drehverfahren

Im Gegensatz zum Hauptspindelantrieb ist beim Vorschubantrieb nicht die Umdrehungsfrequenz des Motors die Regelgröße, sondern die Lage des Werkzeugschlittens, die durch die Stellung der Motorwelle bestimmt wird. Für die Vorschubantriebe sind sogenannte **Lageregelungen** erforderlich.

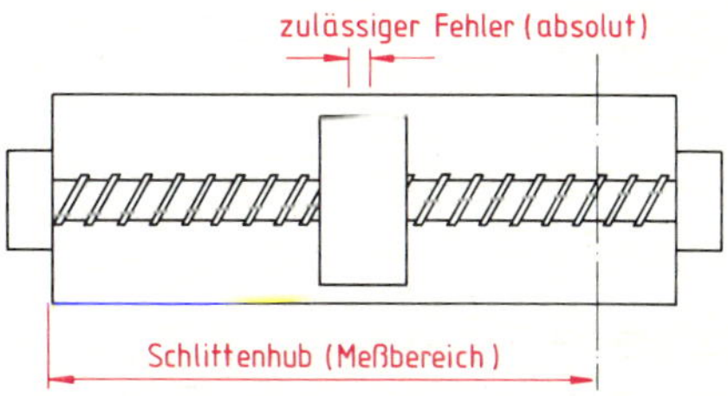

$$\text{relativer Meßfehler} = \frac{\text{absoluter Meßfehler}}{\text{Meßbereich}}$$

Prinzipiell sind zur Wegmessung sowohl analoge wie digitale Meßeinrichtungen geeignet. In der Praxis scheiden aber analoge Geräte für die Wegmessung an CNC-Maschinen aus, weil sie nicht den Genauigkeitsanforderungen genügen. Zwar gibt es analoge Meßeinrichtungen, die Wege mit einer absoluten Genauigkeit von 0,001 mm erfassen können, aber nur bis zu einer Meßlänge von ca. 1 mm. Die relative Meßgenauigkeit von analogen Meßeinrichtungen liegt damit in der Praxis bestenfalls bei 0,1 %. Die für CNC-Drehmaschinen geforderte relative Meßgenauigkeit von mindestens 0,000167 % kann nur mit digitalen Meßeinrichtungen erreicht werden.

Bei den digitalen Wegmeßeinrichtungen gibt es zwei verschiedene Verfahren:

- das digital-absolute Meßverfahren und
- das inkrementale Meßverfahren.

Beide Meßverfahren können sowohl direkt mit Linearsignalgebern oder indirekt mit Drehsignalgebern verwirklicht werden. Die Arbeitsweise der beiden Meßverfahren mit den jeweiligen Vor- und Nachteilen wird in Kapitel 4.3 näher erläutert.

Analoges Wegmeßsystem mit großer absoluter Genauigkeit aber kleinem Meßbereich

Arbeits- und Stellglieder für Lageregelungen

Obwohl bei einem Werkzeugschlittenantrieb nicht die Umdrehungsfrequenz Regelgröße ist, sondern die Lage des Schlittens, wird prinzipiell das gleiche Arbeitsglied verwendet wie beim Hauptspindelantrieb, nämlich ein Elektromotor mit veränderlicher Umdrehungsfrequenz. Es ergibt sich eine im Vergleich zum Hauptspindelantrieb komplizierte Regelstrecke, da die Regelgröße nur indirekt von der Stellgröße beeinflußt werden kann.

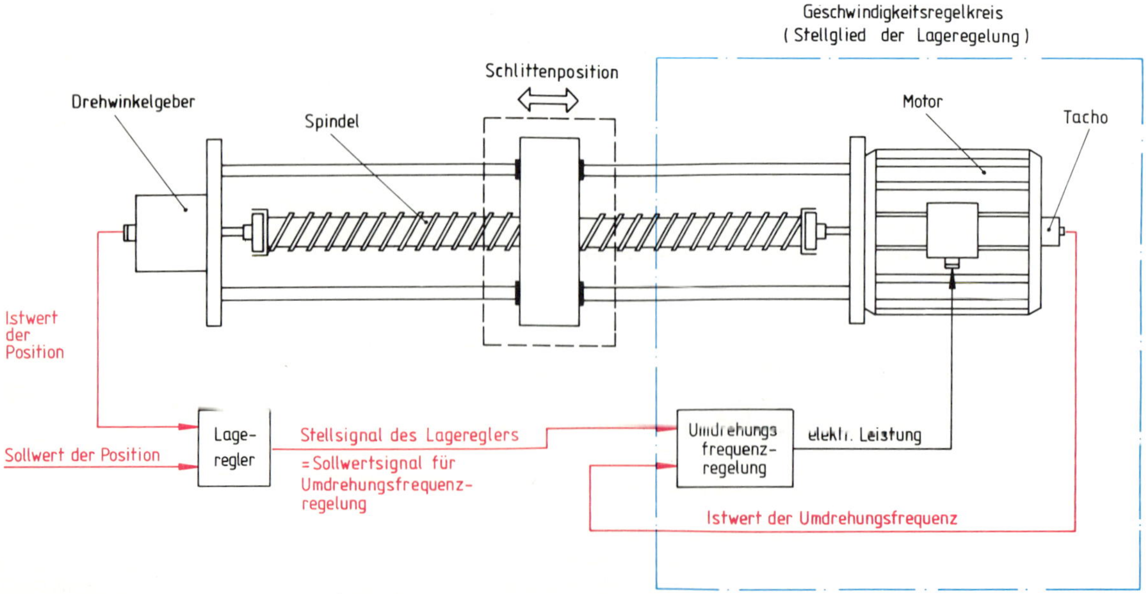

Lageregelung eines Werkzeugschlittens

Stellgröße ist die elektrische Leistung, die dem Schlittenantrieb zugeführt wird. Sie kann über ein elektronisches Stellglied durch ein Stellsignal vorgegeben werden. Die Stellgröße beeinflußt zunächst die Umdrehungsfrequenz des Motors. Die Umdrehungsfrequenz des Motors führt zu einer Bewegung des Schlittens mit einer Geschwindigkeit, die von der Steigung der Gewindespindel abhängt. Durch die Bewegung des Schlittens wird nach einer bestimmten Zeit eine vorgegebene Lage erreicht. Somit ist es möglich, durch **Einwirkung der Stellgröße über eine passende Zeit** jeden beliebigen Wert der Regelgröße zu erhalten. Damit ist eine der Grundbedingungen für die Funktion von Regelkreisen erfüllt, nämlich die Beeinflußbarkeit der Regelgröße durch ein Stellsignal.

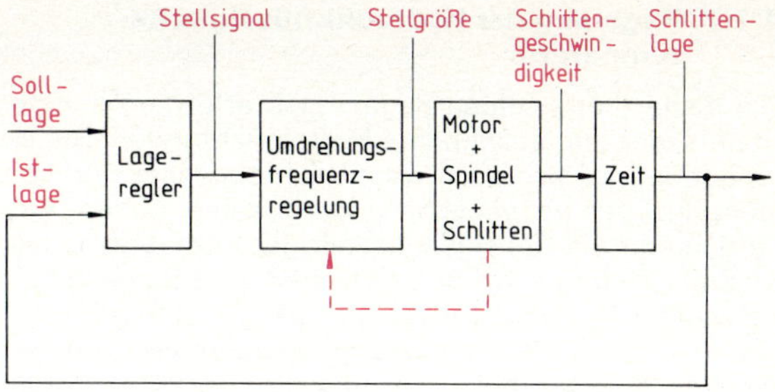

Vereinfachter Wirkungsplan von Lageregelungen an CNC-Maschinen

Regler für Lageregelungen

Wie jeder Regler muß auch der Lageregler zunächst Sollwert und Istwert miteinander vergleichen und daraus die Regelabweichung berechnen. Die Regelabweichung, also die Differenz von Sollwert und Istwert, gibt an, wie weit der Schlitten neben der gewünschten Lage steht. Wenn der Schlitten sehr weit vor der Soll-Lage steht, hat die Regelabweichung einen großen positiven Wert. Der Regler erzeugt in diesem Fall ein Stellsignal von 100 %. Der Schlitten fährt daraufhin mit maximaler Geschwindigkeit in Richtung Soll-Lage. Befindet sich der Schlitten kurz vor der Soll-Lage, hat die Regelabweichung nur noch einen sehr kleinen positiven Wert.

Der Regler erzeugt dann nur noch ein sehr kleines positives Stellsignal. Der Schlitten fährt mit entsprechend kleiner Geschwindigkeit in Richtung Soll-Lage. Wenn der Schlitten genau an der Soll-Lage steht, ist die Regelabweichung Null. Der Regler erzeugt in diesem Fall ein Stellsignal von 0 %. Dies bedeutet, daß der Antrieb stehenbleibt. Das beschriebene Regelverhalten ist das eines **P-Reglers**.

Der Proportional-Regler oder P-Regler berechnet das Stellsignal direkt aus der Regelabweichung. Das Stellsignal ist immer proportional, also verhältnisgleich, zur Differenz von Sollwert und Istwert.

Für Lageregelungen an Werkzeugmaschinen werden meistens P-Regler verwendet. Sollte die Regeldifferenz negativ sein, bedeutet dies, daß der Schlitten hinter der Soll-Lage steht. Der P-Regler erzeugt in diesem Fall ein negatives Stellsignal und der Schlitten fährt rückwärts. Sollte der Schlitten beim Positionieren über den Zielpunkt hinausgefahren sein, wird er vom Regler wieder zurückgeholt. Dies ist nur mit einer Regelung möglich, nicht aber mit einem Abschaltkreis, der auch gelegentlich zum Positionieren von Antrieben verwendet wird (s. Werkzeugträgersteuerung). Die Regelung sorgt dafür, daß der Schlitten an der Soll-Lage stehenbleibt und von einwirkenden Kräften, z. B. Schnittkräften, nicht verschoben wird.

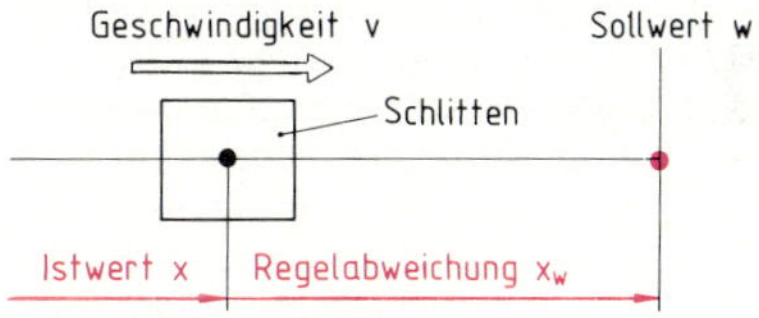

Sollwert w >> Istwert x
Regelabweichung $x_w = w - x >> 0$
⇒ große positive Geschwindigkeit

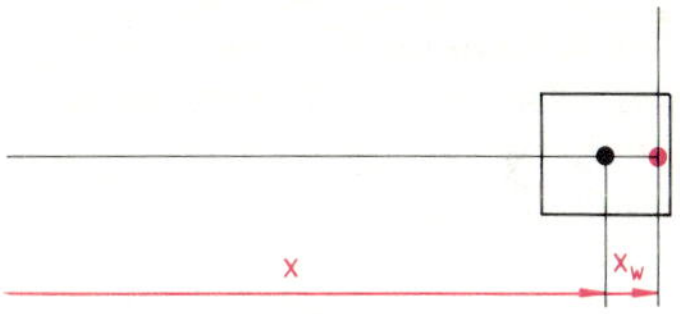

Sollwert w > Istwert x
Regelabweichung $x_w = w - x > 0$
⇒ kleine positive Geschwindigkeit

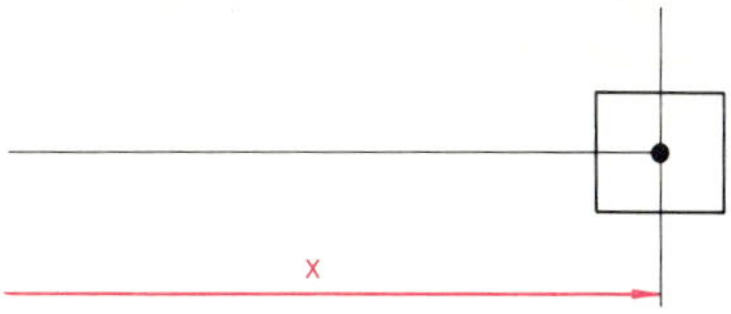

Sollwert w = Istwert x
Regelabweichung $x_w = w - x = 0$
⇒ Geschwindigkeit Null

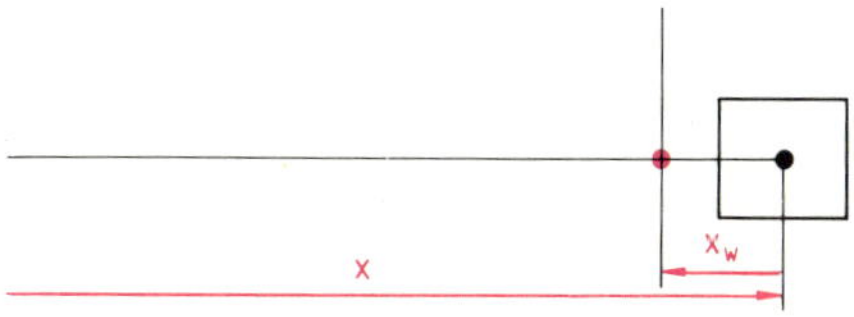

Sollwert w < Istwert x
Regelabweichung $x_w = w - x < 0$
⇒ negative Geschwindigkeit

Schlittenlagen

Das Stellsignal (und damit die Geschwindigkeit v) ist proportional zur Regelabweichung x_w (Proportionalregelung)

4.1.7 Regelung der Hydraulikflüssigkeitstemperatur

Die bisher betrachteten Regelungen erfordern stetige Stellglieder und aufwendige Meßeinrichtungen. Regelungen lassen sich auch wesentlich einfacher und kostengünstiger verwirklichen, wenn keine hohen Ansprüche an die Regelgenauigkeit gestellt werden. Als Meßeinrichtungen werden einfache binäre Signalgeber verwendet. Auch die Stellglieder arbeiten binär. Es ergeben sich sogenannte **unstetige Regelungen**. Temperaturregelkreise arbeiten oft unstetig. Derartige Regelungen werden z. B. in CNC-Maschinen verwendet, um die Temperatur der Hydraulikflüssigkeit konstant zu halten. Man verwendet zur Messung der Flüssigkeitstemperatur einen binären Signalgeber, der bei der gewünschten Temperatur einen Signalwechsel durchführt. Eingesetzt werden z. B. sogenannte Bimetallschalter. Über den Signalgeber schaltet man eine Kühleinrichtung ein, wenn die Solltemperatur überschritten ist. Wird die Solltemperatur dann infolge der Kühlwirkung unterschritten, schaltet man die Kühleinrichtung wieder ab. Daraufhin erwärmt sich die Hydraulikflüssigkeit wieder und die Solltemperatur wird erneut überschritten. Die Kühleinrichtung wird wieder eingeschaltet. So wechseln sich Ein- und Ausschaltvorgänge fortlaufend ab. Die Regelgröße, also hier die Temperatur der Flüssigkeit, wird annähernd konstant gehalten. Dabei erkennt das Istwertsignal nur die beiden Zustände TEMPERATUR ZU HOCH und TEMPERATUR ZU NIEDRIG. Entsprechend ergeben sich für das Stellsignal nur die Zustände KÜHLUNG EIN und KÜHLUNG AUS. Man spricht von einer **Zweipunkt-Regelung**, um die binäre Wirkungsweise der beschriebenen Regelung zu kennzeichnen. Die Regelung funktioniert nur, wenn nach dem Einschalten der Kühlung eine bestimmte Zeit vergeht, bis die Solltemperatur unterschritten wird und nach Abschalten der Kühlung die Solltemperatur nicht sofort wieder überschritten wird. Sonst müßte die Kühleinrichtung sehr schnell ein- und ausgeschaltet werden. Dies ist normalerweise nicht möglich. Erforderlich ist also eine bestimmte Trägheit der Regelstrecke. Um auch bei relativ schnellen Regelstrecken Zweipunktregelungen verwirklichen zu können, ohne daß das Stellsignal mit hoher Frequenz ein- und ausgeschaltet wird, verwendet man spezielle Signalgeber. Diese Signalgeber haben **unterschiedliche Ein- und Ausschaltpunkte**. Man kann z. B. in Hydraulikanlagen Temperaturgeber verwenden, deren Sollwert auf 50 °C eingestellt ist. Tatsächlich schalten die Geber aber erst bei z. B. 52 °C ein. Wenn sie einmal eingeschaltet sind, muß die Temperatur z. B. unter 48 °C absinken, bevor sie wieder ausschalten. Damit wird auch bei Temperaturregelstrecken mit geringer Trägheit ein unnötig hochfrequentes Ein- und Ausschalten der Kühleinrichtung vermieden, denn es muß vor jeder Umschaltung eine Temperaturänderung von einigen Grad erfolgen. Geber, die unterschiedliche Ein- und Ausschaltpunkte vorweisen, heißen **Geber mit Hysterese**. Den Unterschied zwischen Ein- und Ausschaltpunkt nennt man **Schalthysterese**.

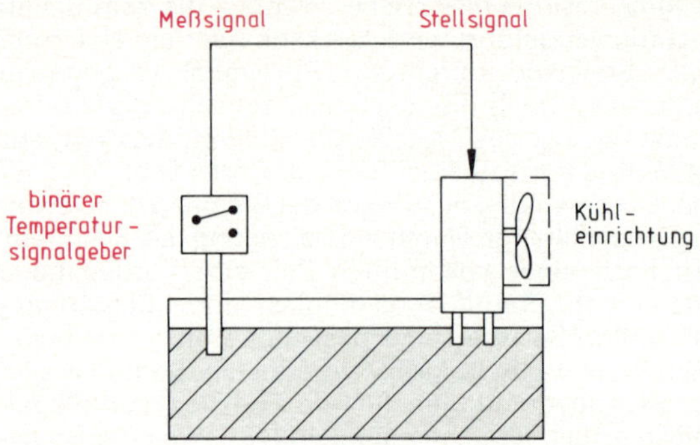

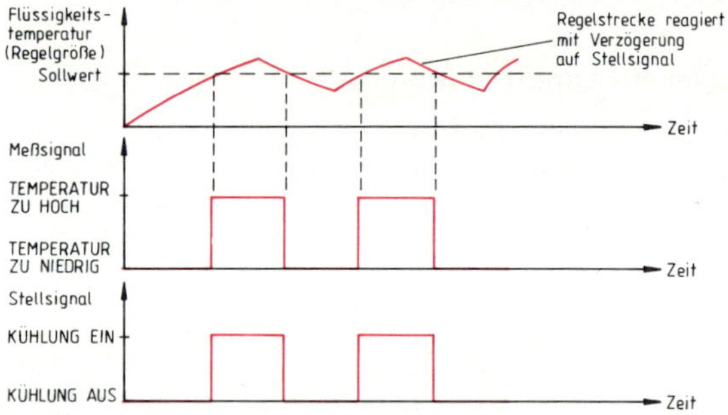

Zweipunktregelung (träge Regelstrecke)

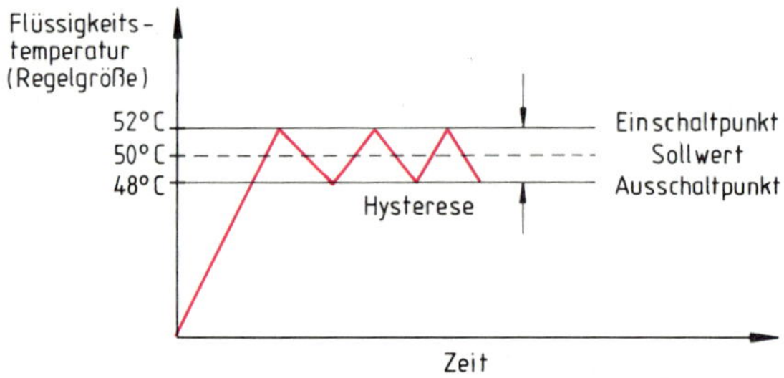

Zweipunktregelung bei schneller Temperaturregelstrecke

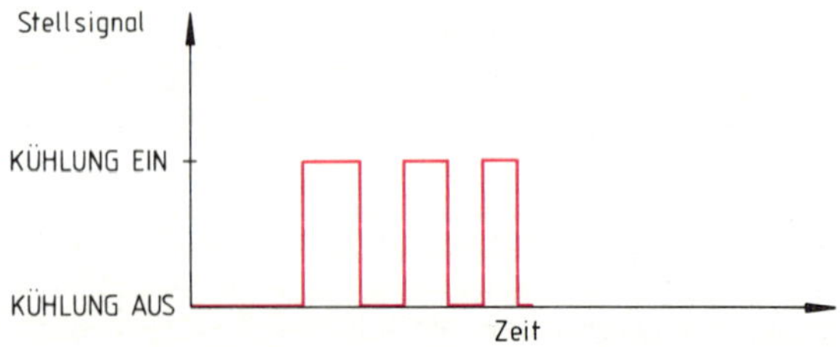

Verwendung eines Signalgebers mit Schalthysterese

Für Zweipunktregelungen verwendet man meistens binäre Signalgeber mit Schalthysterese. Je größer die Schalthysterese ist, um so geringer ist die Schaltfrequenz des Stellgliedes. Mit vergrößerter Schalthysterese nimmt aber die Regelgenauigkeit ab.

4.1.8 Übergeordnete Steuerung einer CNC-Drehmaschine

Jede Funktionseinheit der Maschine kann über Signalschnittstellen von einer übergeordneten Steuerung beeinflußt werden. Dazu müssen nur wenige Signale ausgetauscht werden. Es handelt sich vor allem um die Sollwerte der einzelnen Antriebsregelungen, die von der übergeordneten Steuerung vorgegeben werden müssen.

Bei einfachen Maschinen, z. B. bei CNC-Bohrmaschinen, genügt es, wenn die übergeordnete Steuerung den Lageregelungen jeweils feste Sollwerte vorgibt, um die Orte zu kennzeichnen, wo die Bearbeitung stattfinden soll (Punktsteuerung).

Für Drehmaschinen mit Bahnsteuerung müssen Achsen-Sollwerte kontinuierlich geändert werden, um das gewünschte Bewegungsprofil zu erhalten. Es wird also nicht jeweils ein fester Sollwert vorgegeben, sondern ein Sollwertverlauf.

Führungsgrößen geben zeitliche Sollwertverläufe der Regelgröße vor.

Die Aufgabe der übergeordneten Steuerung einer CNC-Drehmaschine besteht vor allem darin, aus dem vom CNC-Programmierer vorgegebenen Bearbeitungsprogramm die Führungsgrößen aller Achsen zu berechnen und an die untergeordneten Regelungen zu übergeben.

Da die erforderlichen Rechenvorgänge („Interpolation") sehr speziell mit dem Bearbeitungsverfahren des Drehens zusammenhängen und auf andere Steuerungen kaum übertragbar sind, soll auf diesen wichtigen Teil einer CNC-Drehmaschinensteuorung hier nicht weiter eingegangen werden.

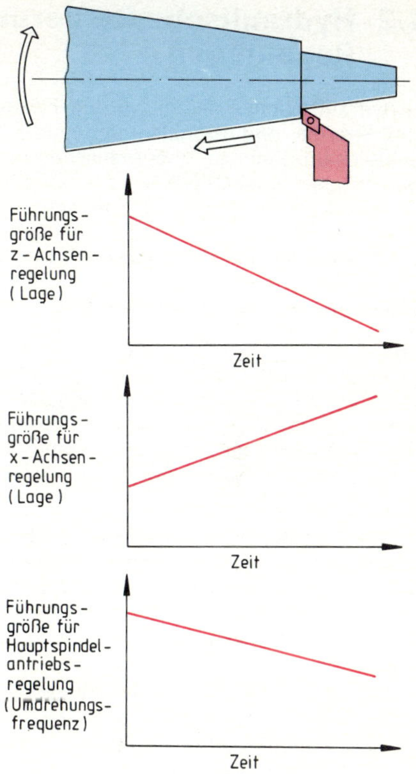

Führungsgrößenverlauf beim Drehen eines kegeligen Werkstücks bei konstanter Schnittgeschwindigkeit

Aufgaben zur Wiederholung und Vertiefung

In einem Walzwerk werden dünne Blechbänder gewalzt und mit einer Haspel aufgewickelt. Der Antrieb der Haspel erfolgt durch einen Motor mit veränderlicher Umdrehungsfrequenz. Die Walzen werden durch Motoren mit konstanter Umdrehungsfrequenz angetrieben. Dabei wird das Blechband mit gleichbleibender Geschwindigkeit von 0,8 m/s durch die Walzen transportiert. Es werden jeweils 2000 m lange Blechstreifen auf eine Rolle (∅ 800 mm) aufgewickelt. Dann wird das Band mit einer Schere abgeschnitten und die Antriebe angehalten. Nach Befestigung einer neuen Rolle an der Haspel werden die Antriebe wieder eingeschaltet.

1. Wie lange dauert ein Aufwickelvorgang?
2. Die Umdrehungsfrequenz der Haspel soll geregelt werden. Welche Einrichtungen sind erforderlich?

4.2 Hydraulische Steuerungen und Regelungen

In hydraulischen Anlagen werden **Flüssigkeiten zur Übertragung von Energie und Signalen** verwendet. Es ergeben sich einige Gemeinsamkeiten zu pneumatischen Anlagen, aber auch einige wesentliche Unterschiede.

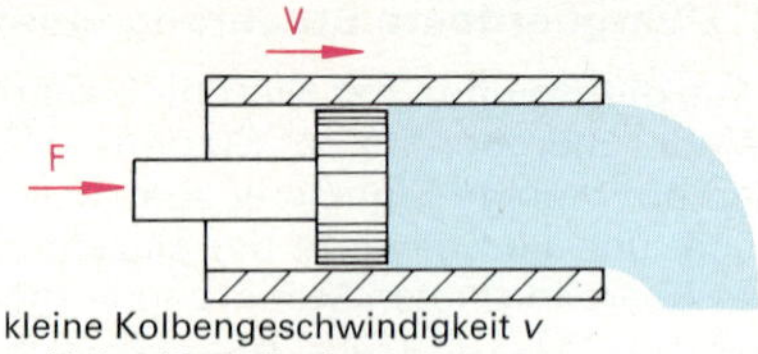

kleine Kolbengeschwindigkeit v
⇒ kleine Kraft F erforderlich

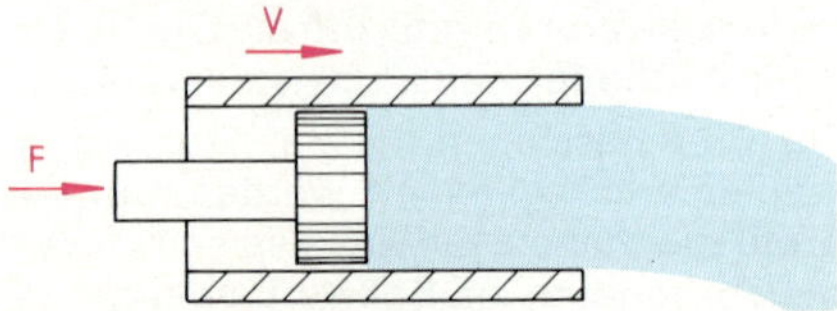

große Kolbengeschwindigkeit v
⇒ große Kraft F erforderlich

Wirkung der Flüssigkeitsreibung

4.2.1 Grundlagen der Hydraulik

Eigenschaften von Flüssigkeiten

Flüssigkeiten können beliebige Gestalt annehmen. Sie können daher beliebig geformte Gefäße ausfüllen und z. B. durch beliebig gekrümmte Rohre fließen. Für eine langsame Verschiebung einer Flüssigkeit z. B. durch ein Rohr ist kaum Kraft erforderlich. Soll dagegen eine Flüssigkeit sehr schnell durch ein Rohr gefördert werden, so benötigt man dafür recht große Kräfte, da sich die Flüssigkeit schnellen Bewegungen widersetzt.

Verantwortlich dafür ist die **Flüssigkeitsreibung.** Sie nimmt mit der Geschwindigkeit zu und wird zusätzlich von der **Zähigkeit („Viskosität")** einer Flüssigkeit bestimmt. Dünnflüssige Flüssigkeiten (niedrige Viskosität) lassen sich leichter verschieben als dickflüssige Flüssigkeiten (hohe Viskosität).

Flüssigkeiten sind annähernd **inkompressibel,** d. h. sie sind **nicht zusammendrückbar.** Eine bestimmte Flüssigkeitsmenge nimmt daher immer dasselbe Volumen ein.

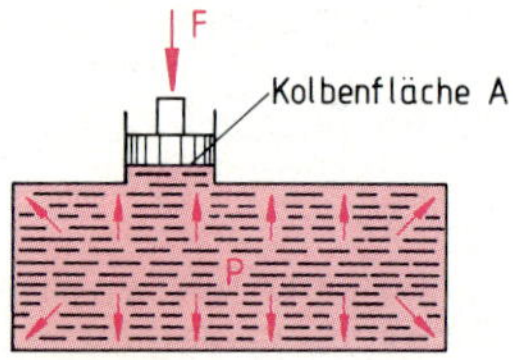

$$p = \frac{F}{A}$$ Grundgleichung der Hydraulik

Beispiel:

$F = 10000$ N
$A = 20$ cm^2

$$p = \frac{10000}{20}\,\frac{\text{N}}{\text{cm}^2} = 500\,\frac{\text{N}}{\text{cm}^2} = 50\text{ bar}$$

Befindet sich eine Flüssigkeit in einem abgeschlossenen Raum, z. B. in einem stabilen Behälter, kann man die Flüssigkeit unter **Druck** setzen. Dies ist z. B. mit einem abgedichteten beweglichen Kolben möglich, über den man eine Kraft auf die Flüssigkeit überträgt.

Die Kraft wird innerhalb der Flüssigkeit in alle Richtungen übertragen. Dabei ist der Druck P, also die **Kraft pro Fläche, überall gleich groß.** Auf jede Behälterwand wirkt der gleiche Druck.

Hydraulischer Kraftübersetzer

Ein **hydraulischer Kraftübersetzer** besteht prinzipiell aus einem Flüssigkeitsbehälter mit zwei beweglichen Kolben. Die beiden Kolben haben unterschiedlich große Flächen. Wenn auf einen der Kolben eine Kraft F_1 wirkt, muß auch auf den anderen Kolben eine Kraft F_2 ausgeübt werden, damit Gleichgewicht besteht. Dabei wird im Behälter Druck erzeugt. Dieser Druck wirkt auf die Unterseiten der Kolben und erzeugt dort Kräfte, die sich jeweils aus Druck und Kolbenfläche berechnen. Da die Kolbenflächen A_1 und A_2 unterschiedlich groß sind, sind auch die entsprechenden Kräfte F_1 und F_2 unterschiedlich groß. Es ist somit möglich, mit einer kleinen Kraft F_1 einer großen Kraft F_2 das Gleichgewicht zu halten.

Bei einem Kraftübersetzer verhalten sich die Kolbenkräfte proportional zu den Kolbenflächen.

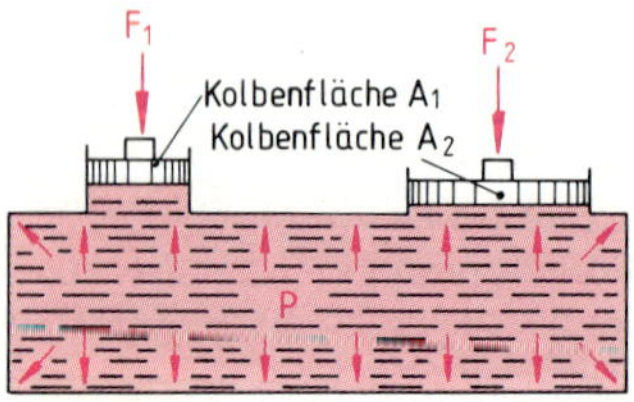

$$\frac{F_1}{F_2} = \frac{A_1}{A_2}$$

Kolbenkräfte proportional zu den Kolbenflächen

Hydraulischer Kraftübersetzer

Um das Prinzip des hydraulischen Kraftübersetzers praktisch zu nutzen, soll oft nicht nur mit einer kleinen Kraft einer großen Kraft das Gleichgewicht gehalten werden, sondern es soll gleichzeitig eine Bewegung erfolgen.

Bei einer Kfz-Hebebühne beispielsweise soll mit kleinem Kraftaufwand ein relativ großes Gewicht über eine bestimmte Strecke angehoben werden.

Durch die Verschiebung des Arbeitskolbens, der die Last hebt, wird ein Volumen frei, das mit Flüssigkeit aufgefüllt werden muß. Dieses Flüssigkeitsvolumen muß vom antreibenden Kolben, dem **„Verdrängerkolben"**, verschoben werden. Um eine günstige Kraftübersetzung zu erreichen, hat der Verdrängerkolben eine wesentlich kleinere Fläche als der Arbeitskolben. Er muß daher bei einer Bewegung einen wesentlich größeren Kolbenweg (Hub) ausführen als der Arbeitskolben.

Bei einem Kraftübersetzer verhalten sich die Kolbenwege h umgekehrt proportional zu den Kolbenflächen A.

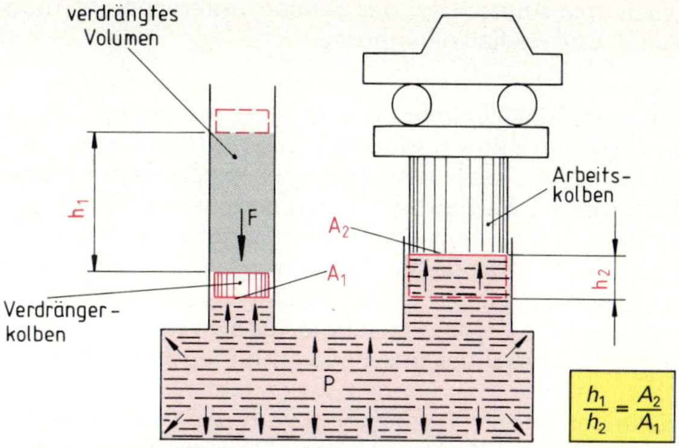

$$\frac{h_1}{h_2} = \frac{A_2}{A_1}$$

Wege beim hydraulischen Kraftübersetzer

Fast alle hydraulischen Anlagen lassen sich aus dem dargestellten Kraftübersetzer ableiten, wobei aber die Funktionen des Verdrängerkolbens, des Druckbehälters und des Arbeitskolbens von speziellen Baueinheiten übernommen werden:

- Die Funktion des Verdrängerkolbens übernimmt eine **Pumpe.**
- Die Funktion des Arbeitskolbens übernimmt ein **Hydraulikzylinder** oder ein **Hydraulikmotor.**
- Die Funktion des Druckbehälters übernimmt ein **Leitungssystem.**

Außerdem ist bei praktisch ausgeführten Hydraulikanlagen noch ein zusätzlicher Flüssigkeitstank mit Hilfseinrichtungen erforderlich.

Einsatzbereich	Aufgabe
Werkzeugmaschinenbau	Spannen von Werkstücken
Pressenbau	Bewegen von Stempeln
Prüfmaschinenbau	Antreiben von Zerreißprüfmaschinen
Fahrzeugbau (allgemein)	Betätigen von Bremsen
Nutzfahrzeugbau	Antreiben von Hub- und Lade-einrichtungen
Baumaschinenbau	Bewegen von Schaufeln und Greifern
Bergbau	Antreiben von Stempeln für Grubenausbau
Flugzeugbau	Bewegen von Rudern und Klappen

Anwendungsbereiche für hydraulische Steuerungen

4.2.2 Baueinheiten zur Energieübertragung

Hydraulikpumpen

Alle in der Hydraulik eingesetzten Pumpen arbeiten nach dem **Verdrängerprinzip.**

Der Verdrängungsvorgang erfolgt in mehreren Schritten:

- Es wird zunächst druckloses Öl in den Verdrängerraum gesaugt. Der Verdrängerraum ist dazu über den Sauganschluß (S) mit einem Versorgungstank verbunden.
- Anschließend wird der Verdrängerraum vom Sauganschluß getrennt und mit dem Druckanschluß (P) verbunden.
- Dann wird der Verdrängerraum verkleinert. Die Flüssigkeit im Verdrängerraum wird über den Druckanschluß in das angeschlossene Hydrauliksystem gefördert.

- Bauformen

Es gibt verschiedene Konstruktionen, mit denen das Verdrängerprinzip verwirklicht wird.

Kolbenpumpen haben mehrere zylindrische Verdrängerräume, die durch Kolben abwechselnd vergrößert und verkleinert werden.

Der Antrieb der Kolben erfolgt durch Drehen einer Antriebswelle. Die Drehbewegung der Antriebswelle wird in eine lineare Kolbenbewegung umgesetzt. Es gibt verschiedene Bauformen für Kolbenpumpen.

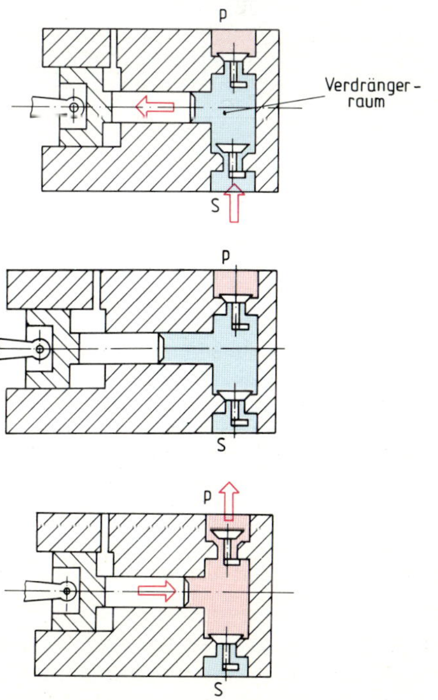

Verdrängungsvorgang am Beispiel einer Kolbenpumpe

Nach der Anordnung der Kolben unterscheidet man Axial- und Radialkolbenpumpen.

Bei den **Radialkolbenpumpen** sind die zylindrischen Verdrängerräume sternförmig angeordnet. Die Kolben werden über Exzenterwellen oder **exzentrische Ringe** angetrieben. Sie bewegen sich radial zur Drehachse. Ein Drehschieber trennt Druck- und Saugraum und sorgt dafür, daß immer die Verdrängerräume, die sich gerade vergrößern, mit dem Sauganschluß verbunden sind, wogegen die Verdrängerräume, die sich gerade verkleinern, mit dem Druckanschluß verbunden sind. Bei manchen Radialkolbenpumpen verwendet man auch spezielle Ventile zum Trennen und Verbinden von Verdrängerräumen und Anschlüssen. Radialkolbenpumpen gibt es auch als Verstellpumpen. Bei ihnen kann die Exzentrizität geändert werden, so daß sich unterschiedliche Kolbenhübe ergeben.

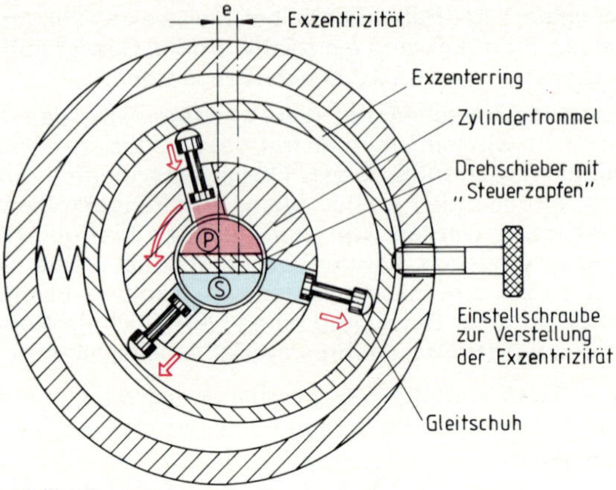

Radialkolbenpumpe

Bei den **Axialkolbenpumpen** sind die Verdrängerräume in einer Trommel parallel zueinander in Ringform angeordnet. Die Kolben stützen sich auf einer **schrägstehenden Scheibe** ab. Wenn die Trommel eine Drehbewegung ausführt, werden die Kolben zu einer Hubbewegung veranlaßt. Die Kolben bewegen sich axial zur Drehachse. Die Verbindung der Verdrängerräume mit dem Druck- und dem Sauganschluß erfolgt über eine Steuerscheibe **(„Steuerspiegel")**. In der Scheibe befinden sich Schlitze („Nieren"), um die Verdrängerräume mit den jeweils richtigen Anschlüssen zu verbinden. Das hier skizzierte Prinzip einer Axialkolbenpumpe gibt es in vielen verschiedenen Konstruktionsvarianten. Axialkolbenpumpen werden oft als Verstellpumpen ausgeführt. Bei diesen Pumpen kann der Kolbenhub durch Kippen der Steuerscheibe verändert werden.

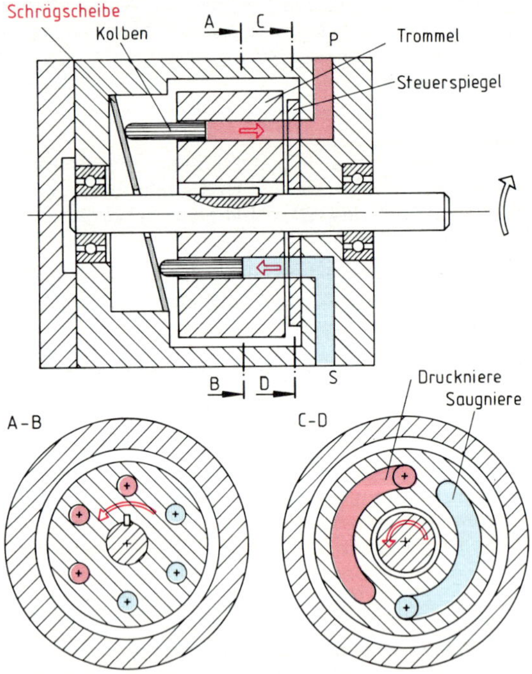

Axialkolbenpumpe

Flügelzellenpumpen haben einen zylindrischen Rotor, der mit Schlitzen versehen ist. In den Schlitzen befinden sich Flügel, die sich radial zum Rotor bewegen können. Der Rotor mit den beweglichen Flügeln dreht sich in einem Gehäuse mit zylindrischer Bohrung. Dabei ist die **Drehachse des Rotors exzentrisch zur Gehäusebohrung.** Es ergibt sich längs des Umfangs des Rotors ein unterschiedlich breiter Spalt. Dieser Spalt wird durch die Flügel in unterschiedlich große Kammern unterteilt. Beim Drehen des Rotors vergrößern und verkleinern sich die einzelnen Kammern.

In dem Bereich, wo sich der Spalt erweitert, ordnet man den Sauganschluß an. In dem Bereich, wo sich der Spalt verengt, befindet sich der Druckanschluß. Bei Verstellpumpen in Flügelzellenbauweise kann die Exzentrizität des Rotors verändert werden.

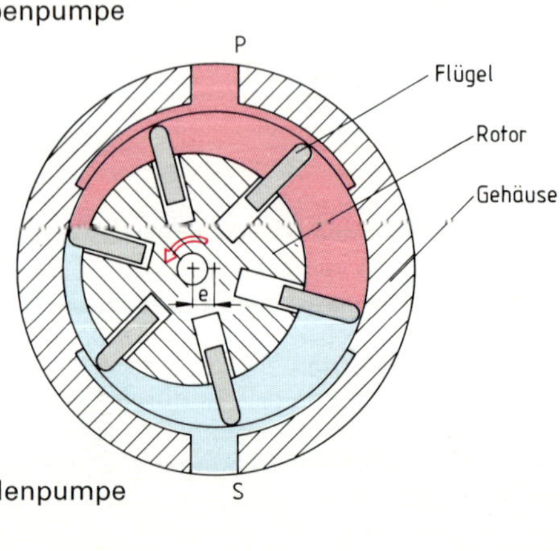

Flügelzellenpumpe

Radial- und Axialkolbenpumpen sowie Flügelzellenpumpen können als **Verstellpumpen** ausgeführt sein.

Bei einer **Zahnradpumpe** werden Druck- und Saugraum über **kämmende Zahnräder** getrennt. Beim Drehen der Zahnräder öffnen und schließen sich Zahnlücken. Die Zahnräder werden so angetrieben, daß sich im Saugraum die Zahnlücken öffnen und mit Flüssigkeit aufgefüllt werden. Im Druckraum schließen sich die Zahnlücken und fördern das Öl in das angeschlossene Hydrauliksystem.

Zahnradpumpen gibt es mit zwei Außenzahnrädern (Außenzahnradpumpe) und mit einem Innenzahnrad, in dem ein Außenzahnrad abrollt (Innenzahnradpumpe).

Zahnradpumpen sind stets Konstantpumpen.

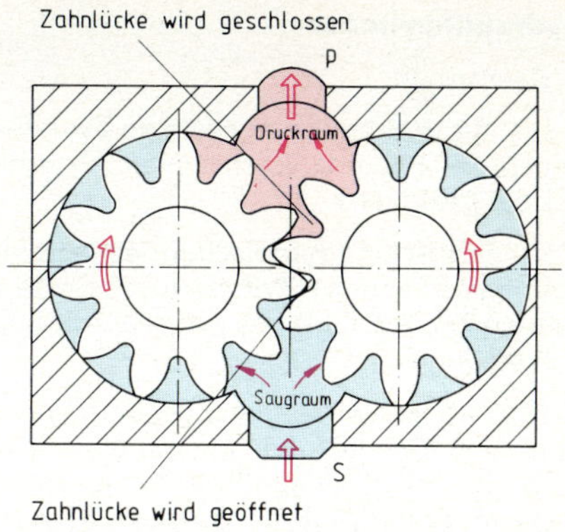

Zahnradpumpe

- Kennwerte von Pumpen

Pumpen verdrängen bei jeder Umdrehung der Antriebswelle ein bestimmtes Flüssigkeitsvolumen. Man kann dieses sogenannte **geometrische Verdrängungsvolumen** aus der Volumenverkleinerung aller Verdrängerräume bei einer Umdrehung berechnen. Man erhält daraus das Flüssigkeitsvolumen, das die Pumpe theoretisch bei einer Umdrehung fördert.

In der Praxis interessiert bei einer Pumpe weniger das Fördervolumen pro Umdrehung, als vielmehr **das Fördervolumen in einer bestimmten Zeit**. Das Fördervolumen pro Zeit bezeichnet man auch als **Fördervolumenstrom** oder kurz Förderstrom Q einer Pumpe. Wenn die Umdrehungsfrequenz bekannt ist, mit der die Welle der Pumpe angetrieben wird, kann man den sogenannten **geometrischen Förderstrom** leicht berechnen. Er ergibt sich als Produkt von geometrischem Verdrängungsvolumen und Umdrehungsfrequenz und wird normalerweise mit der Einheit Liter/Minute angegeben. Da in der Industrie meistens Drehstrommotoren zum Antrieb von Pumpen verwendet werden, kann für die Umdrehungsfrequenz normalerweise der Wert 1450 1/min eingesetzt werden. Dies ist die Umdrehungsfrequenz der üblicherweise in Deutschland eingesetzten Drehstrommotoren.

Mißt man den tatsächlich von einer Pumpe gelieferten Förderstrom, stellt man fest, daß er geringer ist als der geometrische Förderstrom. Ein Teil der Flüssigkeit fließt über undichte Stellen aus den Druckräumen in die Saugräume zurück. Man spricht von **Leckage**. Der **volumetrische Wirkungsgrad** η_{vol} ist ein Maß für den Leckageverlust in der Pumpe. Er errechnet sich aus dem Verhältnis von tatsächlichem Förderstrom zum geometrischen Förderstrom. Bei einer idealen Pumpe ist der volumetrische Wirkungsgrad $\eta_{vol} = 1$, bei realen Pumpen liegt er unter 1.

Während der geometrische Förderstrom leicht zu berechnen ist, kann der tatsächliche oder **effektive Förderstrom** nur durch Messung bestimmt werden. Er ist normalerweise **druckabhängig**. Außerdem ändert er sich während der Betriebszeit einer Pumpe durch Verschleiß der Dichtungen.

Allgemein läßt sich sagen, daß Kolbenpumpen, hier vor allem die Radialkolbenpumpen, auch bei hohen Drücken einen guten volumetrischen Wirkungsgrad aufweisen. Zahnradpumpen verhalten sich etwas ungünstiger.

Weitere wichtige Pumpenkennwerte sind die **Druckfestigkeit** und die **maximale Umdrehungsfrequenz,** mit der eine Pumpe angetrieben werden darf.

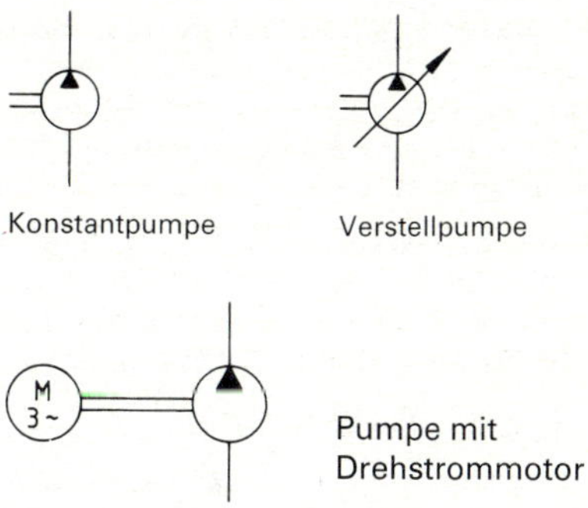

Schaltzeichen von Pumpen

geometrischer Förderstrom:

$Q_{geom} = V_{geom} \cdot n$

V_{geom}: geometrisches Fördervolumen

n: Pumpenumdrehungsfrequenz

Beispiel: $V_{geom} = 20\,cm^3$

$n = 1450\ 1/min$

$$Q_{geom} = 20 \cdot 1450\ \frac{cm^3}{min} = 29000\ \frac{cm^3}{min} = 29\ \frac{Liter}{min}$$

volumetrischer Wirkungsgrad:

$$\eta_{vol} = \frac{Q_{eff}}{Q_{geom}}$$

effektiver Förderstrom: $Q_{eff} = \eta_{vol} \cdot Q_{geom}$

Beispiel: $\eta_{vol} = 0{,}95$

$Q_{geom} = 29\ \frac{Liter}{min}$

$\Rightarrow Q_{eff} = 27{,}55\ \frac{Liter}{min}$

Berechnung des Förderstroms

Hydraulikzylinder

- Bauformen

Die in der Hydraulik eingesetzten Zylinder entsprechen denen der Pneumatik, sind aber für erheblich höhere Drücke geeignet.

Man unterscheidet zwischen **einfachwirkenden und doppeltwirkenden Zylindern.** Bei den einfachwirkenden Zylindern gibt es Zylinder **mit und ohne Federrückstellung.**

Bei den doppeltwirkenden Zylindern unterscheidet man zwischen **Gleichlaufzylindern** und **Differentialzylindern.** Gleichlaufzylinder haben eine durchgehende Kolbenstange. Hydraulisch wirksam ist nur eine ringförmige Fläche. Beide Kolbenflächen sind gleich groß.

Differentialzylinder haben eine einseitige Kolbenstange. Dabei ergeben sich als hydraulisch wirksame Flächen eine ringförmige und eine kreisförmige Fläche. Die Flächen sind unterschiedlich groß. Man nennt die kreisförmige Fläche **Kolbenfläche** und die ringförmige Fläche **Ringfläche.**

Differentialzylinder sind die am häufigsten in der Hydraulik eingesetzten Zylinder. Daneben gibt es noch Sonderbauformen, z. B. Teleskopzylinder für besonders große Hübe bei kleinen Abmessungen.

- Kenngrößen für Zylinder

Eine Zylinderkenngröße ist die **Druckfestigkeit.** Sie gibt an, bis zu welchem Maximaldruck ein Zylinder eingesetzt werden darf.

Daneben sind **geometrische Größen** wichtige Kenngrößen. Der **Zylinderhub** ist eine Größe, die durch die Anwendungsaufgabe meistens vorgegeben wird. Die erforderlichen **Kolbenflächen** richten sich nach der Größe der Kraft, die ein Zylinder erzeugen muß. Die Kolbenflächen müssen vor der Auswahl eines Zylinders durch Rechnung bestimmt werden.

- Flächenberechnung

Bei einem einfachwirkenden Zylinder wird die Grundformel der Hydraulik nach der Fläche umgestellt. Damit kann bei vorgegebenem Arbeitsdruck die erforderliche Kolbenfläche bestimmt werden. Daraus wiederum berechnet sich der **Kolbendurchmesser.**

Auf gleiche Weise erfolgt die Berechnung eines Gleichlaufzylinders, bei dem eine Seite unter Druck steht und die andere Seite völlig drucklos ist. Bei der Berechnung des erforderlichen Kolbendurchmessers muß beachtet werden, daß die Kolbenfläche eine Ringfläche ist. Es muß der **Stangendurchmesser** mitberücksichtigt werden. In der Praxis kann nicht immer davon ausgegangen werden, daß eine der beiden Zylinderseiten drucklos ist. Wenn beide Seiten unter Druck stehen, berechnet sich die effektive Kraft, also die Kraft, die tatsächlich nach außen wirksam ist, aus der Kolbenfläche und der **Druckdifferenz.** Druckdifferenzen kennzeichnet man in der Hydraulik mit Δp (sprich: Delta p).

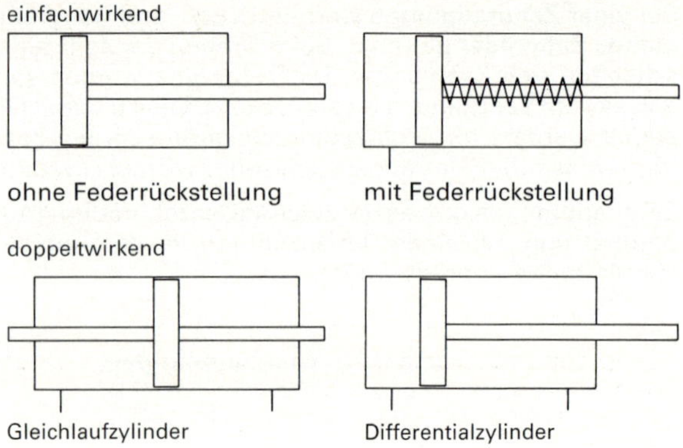

Schaltzeichen von Zylindern

einfachwirkender Zylinder:

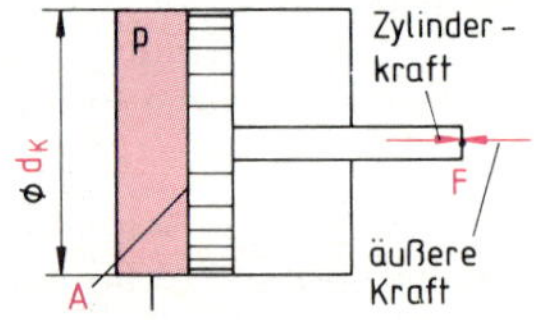

$$A = \frac{F}{p}$$

$$d_K = \sqrt{\frac{4}{\pi} \cdot A}$$

Beispiel:

geforderte Kraft: 25000 N

zulässiger Druck: $100\ \text{bar} = 1000\ \frac{\text{N}}{\text{cm}^2}$

erforderliche Kolbenfläche: $A = \frac{25000}{1000}\ \text{cm}^2 = 25\ \text{cm}^2$

erforderlicher Kolbendurchmesser: $d_K = \sqrt{\frac{4}{\pi} \cdot 25\ \text{cm}^2} = \sqrt{\frac{100}{\pi}}\ \text{cm} =$

$= 5{,}64\ \text{cm} = 56{,}4\ \text{mm}$

Gleichlaufzylinder ohne Gegendruck:

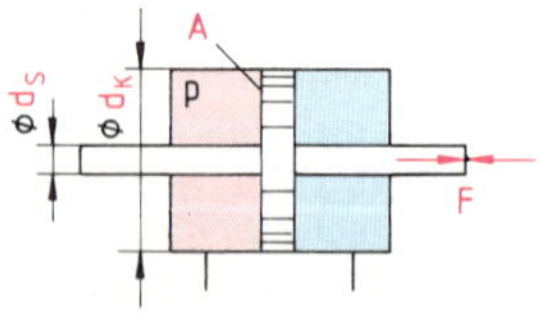

$$A = \frac{F}{p}$$

$$d_K = \sqrt{\frac{4}{\pi} \cdot A + d_S^2}$$

Gleichlaufzylinder mit Gegendruck:

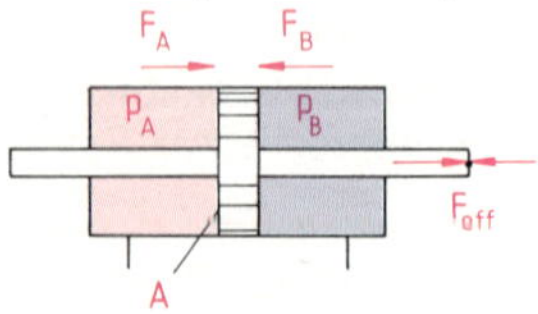

$$F_{eff} = F_A - F_B = A \cdot p_A - A \cdot p_B = A \cdot \underbrace{(p_A - p_B)}_{\Delta p}$$

$$F_{eff} = A \cdot \Delta p \Rightarrow A = \frac{F_{eff}}{\Delta p}$$

Berechnung der Kolbenflächen

Für Differentialzylinder sind zwei Rechnungen erforderlich. Bei gleichem Druck erzeugt ein Differentialzylinder auf Grund der unterschiedlichen Flächen **unterschiedliche Kräfte in Einfahr- und Ausfahrrichtung.** Es muß daher für jede Richtung festgelegt werden, welche Kraft von einem Zylinder gefordert wird. Solange jeweils nur eine Zylinderseite unter Druck steht und hydraulisch erzeugte Gegenkräfte vernachlässigt werden, lassen sich beide Flächen wie beim einfachwirkenden Zylinder berechnen.

Wenn auf der jeweils gegenüberliegenden Seite des Zylinders ein Gegendruck vorhanden ist, reduziert sich die effektive Kraft des Zylinders.

- Geschwindigkeitsberechnung

Wenn die Zylindergeometrie und der Volumenstrom, der dem Zylinder zugeführt wird, bekannt sind, kann die Geschwindigkeit des Zylinders bestimmt werden. Beim **einfachwirkenden Zylinder** oder einem **Gleichlaufzylinder** braucht jeweils nur **eine Fahrtrichtung** betrachtet zu werden.

Beim **Differentialzylinder** sind wegen der unterschiedlichen wirksamen Flächen jeweils getrennte Rechnungen für das Ein- und Ausfahren erforderlich. Man stellt fest, daß sich ein Differentialzylinder bei gegebenem Volumenstrom in **Einfahrrichtung schneller** bewegt **als in Ausfahrrichtung.**

Differentialzylinder entwickeln bei gleichem Druck in Ausfahrrichtung größere Kräfte als in Einfahrrichtung. Das Verhältnis der Kräfte in Ausfahr- und Einfahrrichtung entspricht dem Verhältnis der Flächen. Differentialzylinder fahren bei gleichem zugeführtem Volumenstrom langsamer aus als ein. Das Verhältnis von Ausfahr- zu Einfahrgeschwindigkeit entspricht dem umgekehrten Verhältnis der Flächen.

Bei vielen Anwendungen werden unterschiedliche Kräfte und Geschwindigkeiten für die Einfahr- und Ausfahrrichtung gefordert. Zum Beispiel müssen beim Heben von Lasten nur Kräfte in einer Richtung aufgebracht werden. Für solche Einsätze sind Differentialzylinder gut geeignet.

Hydromotoren

Für Hydromotoren finden die gleichen Konstruktionen Verwendung wie für Pumpen. Es gibt **Axialkolben-, Radialkolben-, Zahnrad- und Flügelzellenmotoren.** Diese Motoren sind völlig baugleich mit den entsprechenden Pumpen, wenn sie nur für eine Drehrichtung vorgesehen sind. **Motoren für zwei Drehrichtungen** haben normalerweise einen dritten Anschluß. Über diesen Anschluß wird das **Lecköl,** das sich an bestimmten Stellen im Motor sammelt, abgeführt. Bei Pumpen und Motoren, die nur in einer Richtung betrieben werden, ist der **Leckölanschluß (L)** intern mit dem Sauganschluß (bei der Pumpe) bzw. dem Rücklaufanschluß (beim Motor) verbunden. Bei Motoren für zwei Drehrichtungen ist dies nicht möglich, weil beide „Arbeitsanschlüsse" A und B je nach Drehrichtung mit Druck beaufschlagt werden und nicht mit dem Leckölanschluß verbunden sein dürfen.

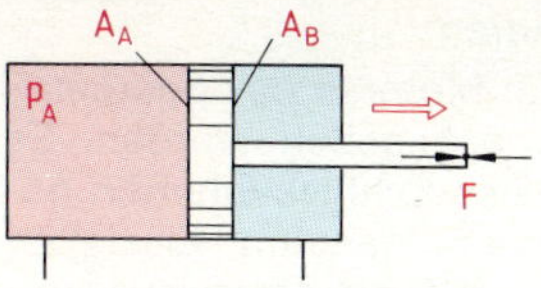

$$A_A = \frac{F}{p_A}$$

Ausfahren ohne Gegendruck

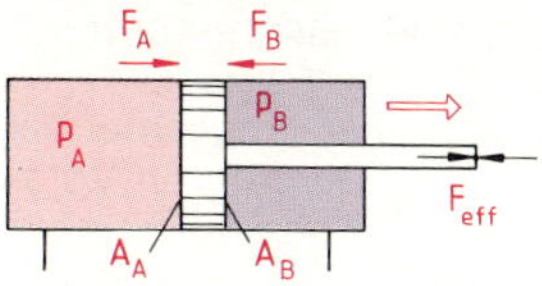

Ausfahren mit Gegendruck

Differentialzylinder

$$F_{eff} = F_A - F_B = A_A \cdot p_A - A_B \cdot p_B$$

Berechnung der effektiven Kräfte für Differentialzylinder

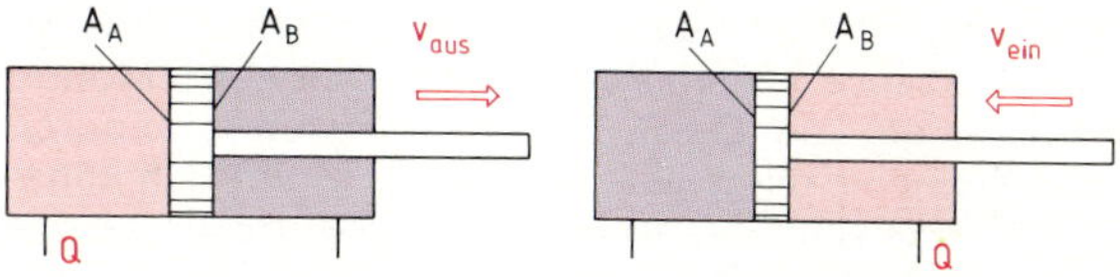

$$v_{aus} = \frac{Q}{A_A} \qquad v_{ein} = \frac{Q}{A_B}$$

Geschwindigkeitsberechnung beim Differentialzylinder

$$\frac{F_{aus}}{F_{ein}} = \frac{A_A}{A_B}$$

$$\frac{v_{aus}}{v_{ein}} = \frac{A_B}{A_A}$$

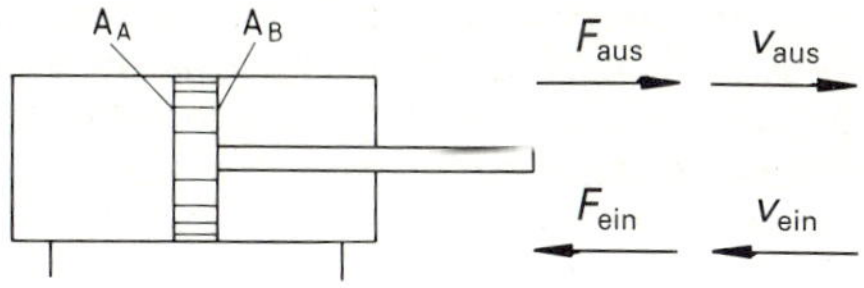

Kräfte, Geschwindigkeiten und Flächen beim Differentialzylinder

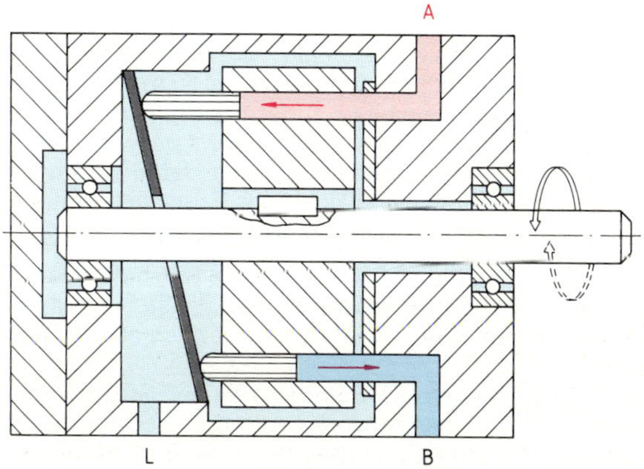

Axialkolbenmotor mit Leckölanschluß

- Kenngrößen für Hydromotoren

Wie für Pumpen kann auch für Motoren das geometrische Verdrängungsvolumen angegeben werden. Es wird beim Motor **geometrisches Schluckvolumen** genannt. Ein Motor dreht sich, wenn man ihm Flüssigkeit mit ausreichendem Druck zuführt. Die theoretische Umdrehungsfrequenz eines Motors berechnet sich aus zugeführtem Volumenstrom und geometrischem Schluckvolumen.

In der Praxis dreht sich ein Motor aber langsamer als theoretisch berechnet. Ein Teil des zugeführten Volumenstroms fließt durch Leckstellen im Motor, ohne zur Bewegung des Motors beizutragen.

Das Verhältnis von effektiver Umdrehungsfrequenz zur theoretischen Umdrehungsfrequenz ergibt den volumetrischen Wirkungsgrad eines Motors.

In Datenblättern von Motoren wird oft das **maximale Drehmoment** angegeben. Dieser Wert gibt die Einsatzgrenze eines Motors an und hängt vor allem von der **Belastbarkeit mechanischer Bauelemente** an, also z. B. von der Belastbarkeit der Motorwelle.

Wichtig bei der Auswahl eines Motors für eine bestimmte Antriebsaufgabe ist das Drehmoment, das ein Motor erzeugen kann. Das Drehmoment eines Motors ist abhängig vom Druck. Die Abhängigkeit kann durch eine Kennlinie dargestellt werden. Es ergibt sich näherungsweise eine Gerade. Motorhersteller geben oft das sogenannte **spezifische Drehmoment** an. Dies ist das Drehmoment bezogen auf einen bestimmten Druck. Daraus lassen sich die Motordrehmomente für beliebige Drücke berechnen.

Schwenkantriebe

Viele Schwenkantriebe sind Kombinationen eines oder mehrerer Hydraulikzylinder mit einem mechanischen Getriebe zur Umsetzung einer Linearbewegung in eine Drehbewegung. Beim **Schwenkmotor in Ringzellenbauweise** wird durch entsprechende Gestaltung der Verdrängerräume eine Schwenkbewegung direkt erzeugt.

Wichtige Kennwerte für Schwenkantriebe sind Schwenkwinkel, Druckfestigkeit, Schluckvolumen und spezifisches Motordrehmoment.

Leitungssystem

Ein großer Vorteil der Hydraulik besteht darin, daß man Energie und Signale über relativ große Entfernungen übertragen kann. Eine Pumpe kann z. B. 50 m von einem hydraulischen Arbeitsglied entfernt sein. Zur Verbindung dienen **Rohre** oder **Schläuche.** Aus wirtschaftlichen Gründen strebt man möglichst kleine Leitungsdurchmesser an. Hier sind allerdings Grenzen durch die **zulässigen Strömungsgeschwindigkeiten** gesetzt.

Durch Leitungen fließende Flüssigkeiten haben eine **mittlere Strömungsgeschwindigkeit,** die sich aus dem Volumenstrom und dem Leitungsquerschnitt berechnen läßt.

Da in Flüssigkeiten die Reibung mit der Strömungsgeschwindigkeit zunimmt, führen hohe Strömungsgeschwindigkeiten zu großer Reibung und damit zu großer **Erwärmung**.

eine Drehrichtung (Leckölabfuhr intern) — zwei Drehrichtungen (Leckölabfuhr extern)

Schaltzeichen von Hydromotoren

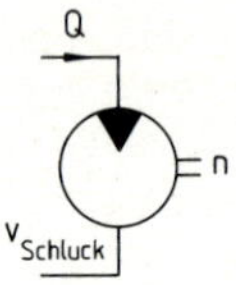

Theoretische Umdrehungsfrequenz

$$n_{theor} = \frac{Q}{V_{Schluck}}$$

Volumetrischer Wirkungsgrad

$$\eta_{vol} = \frac{n_{eff}}{n_{theor}}$$

n_{eff} = tatsächliche Umdrehungsfrequenz

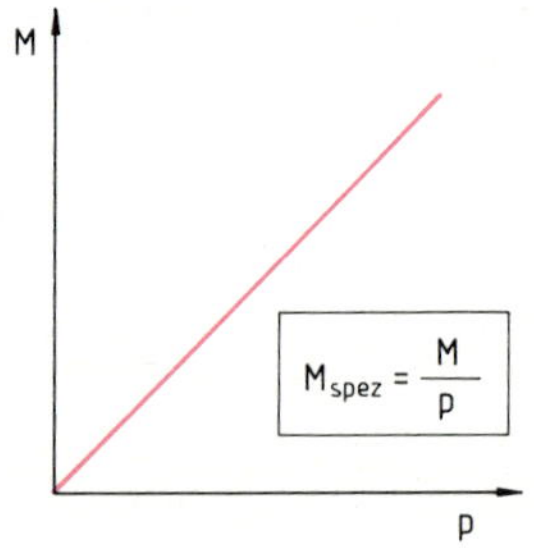

Motorkennlinie

Beispiel:
Berechnung eines Motordrehmoments

Gegeben:

$$M_{spez} = 3\ \frac{\text{Nm}}{\text{bar}}$$

Gesucht:
Motormoment bei 80 bar:

$$M_{(80\ \text{bar})} = M_{spez} \cdot 80\ \text{bar} = 240\ \text{Nm}$$

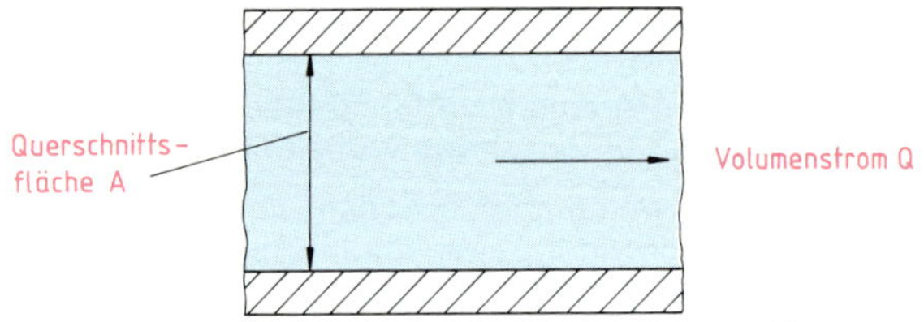

Mittlere Strömungsgeschwindigkeit $v = \frac{Q}{A}$

Beispiel:

Gegeben: $Q = 30\ \frac{\text{Liter}}{\text{min}}$

$A = 2{,}4\ \text{cm}^2$

Gesucht: $v = \frac{Q}{A}$

$$= \frac{30}{2{,}4}\ \frac{\text{Liter}}{\text{min} \cdot \text{cm}^2} = \frac{30000}{2{,}4}\ \frac{\text{cm}^3}{\text{min} \cdot \text{cm}^2}$$

$$= 12500\ \frac{\text{cm}}{\text{min}} = \frac{12500}{60}\ \frac{\text{cm}}{\text{s}} = \frac{125}{60}\ \frac{\text{m}}{\text{s}}$$

$$= 2{,}08\ \frac{\text{m}}{\text{s}}$$

Je kleiner bei einem gegebenen Volumenstrom der Leitungsquerschnitt wird, umso größer muß die Geschwindigkeit der Flüssigkeit sein.

Die in einer Druckflüssigkeit enthaltene Energie wird beim Transport der Flüssigkeit durch eine Leitung teilweise in Wärmeenergie umgesetzt. Der dabei entstehende Verlust an Druckenergie macht sich als **Druckabfall Δp** bemerkbar.

Am Beginn einer Leitung, also z. B. dort, wo eine Leitung mit der Pumpe verbunden ist, ist der Druck um den Betrag Δp größer als am Ende der Leitung, wo z. B. ein Hydromotor angeschlossen ist.

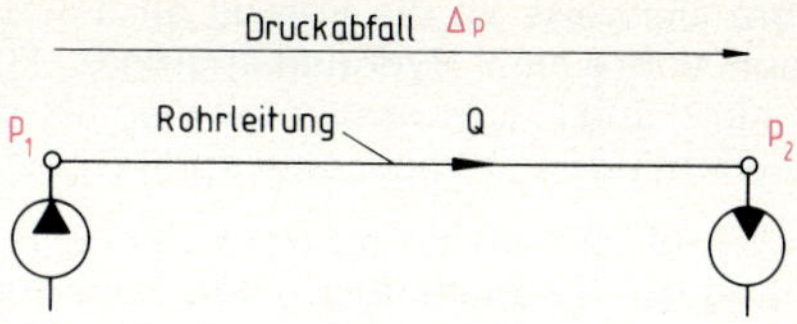

$$\Delta p = p_1 - p_2$$

Druckabfall

Um den **„Strömungswiderstand"** und damit den Druckverlust gering zu halten, muß man hinreichend große Leitungsquerschnitte wählen.

Druckverluste entstehen in Leitungssystemen nicht nur durch Reibung, sondern auch durch **Verwirbelung** der Flüssigkeit. Scharfkantige Verengungen oder Erweiterungen von Rohrquerschnitten sowie Rohrkrümmungen können **Turbulenzen** in der Flüssigkeit bewirken. Um den Strömungswiderstand eines Leitungssystems nicht unnötig zu vergrößern, sollten Querschnittsverengungen oder scharfe Krümmungen so weit wie möglich vermieden werden.

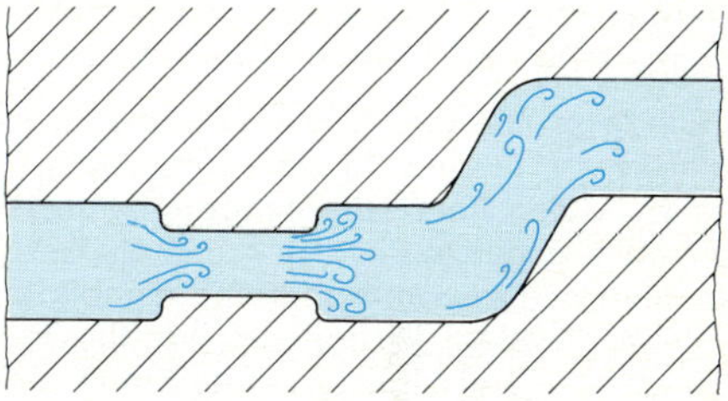

Verwirbelung in Rohrleitungen

Schläuche und Rohre, sowie die zur Verbindung erforderlichen Schraubverbindungen („Verschraubungen") müssen nicht nur nach ihrem lichten Durchmesser, sondern auch nach der erforderlichen Druckfestigkeit ausgewählt werden.

Zum Anschluß von Rohren verwendet man meistens Schneidringverschraubungen, bei denen ein metallischer Ring für Abdichtung sorgt. Bei anderen Verschraubungen dient ein Kegel zur Abdichtung. Daneben gibt es Verschraubungen, die mit O-Ringen abgedichtet werden.

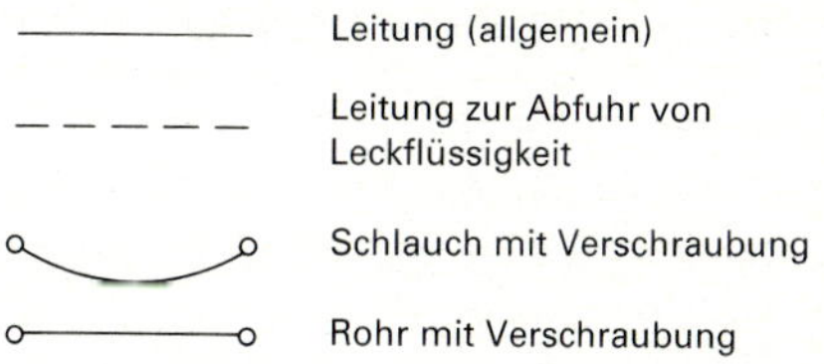

Schaltzeichen von Leitungen

Tank mit Hilfseinrichtungen

In der Regel saugt eine Pumpe Flüssigkeit aus einem Vorratsbehälter. Dieser **Tank** hat verschiedene Aufgaben zu erfüllen. Dazu befinden sich normalerweise zusätzliche Hilfseinrichtungen am Tank.

Aufgaben des Tanks:

- Der Tank soll einen bestimmten Flüssigkeitsvorrat aufnehmen.
- Er soll möglichst die Wärme, die beim Betrieb einer Hydraulikanlage entsteht, abführen. Wenn die **Wärmeabfuhr** durch Wärmeabstrahlung über die Behälteroberfläche nicht ausreicht, müssen **zusätzliche Kühleinrichtungen** vorgesehen werden. Es gibt **Luft- und Wasserkühler,** die nach dem **Wärmetauscherprinzip** funktionieren und der Hydraulikflüssigkeit Wärme entziehen. Dazu muß die Hydraulikflüssigkeit einen Kühler durchströmen.
- Wasser, Luft und Fremdkörper, die in der Flüssigkeit enthalten sein können, müssen im Tank abgeschieden werden. Zur **Abscheidung der Luft** dient bei sogenannten belüfteten Behältern ein Entlüftungsstutzen, der mit einem **Luftfilter** versehen ist. Dieser Stutzen dient meistens auch zum Befüllen des Tanks. Wasser setzt sich normalerweise am Boden des Tankbehälters ab, weil es schwerer ist als die üblicherweise verwendeten Hydraulikflüssigkeiten. **Fremdkörper,** die zum Beispiel durch Abrieb entstehen, werden durch **Filter** zurückgehalten. Durch eine geeignete Schaltung muß dafür gesorgt werden, daß die Hydraulikflüssigkeit durch ein Filter geleitet wird.
- Der Tank soll **Turbulenzen** in der Flüssigkeit **abbauen** und Schaumbildung verhindern. Dazu befinden sich im Tank z. B. mit Löchern versehene **Beruhigungsbleche.**

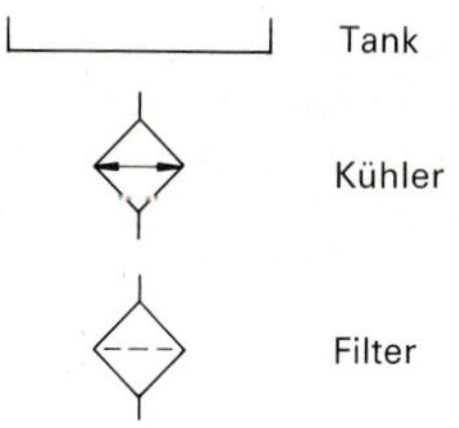

Schaltzeichen

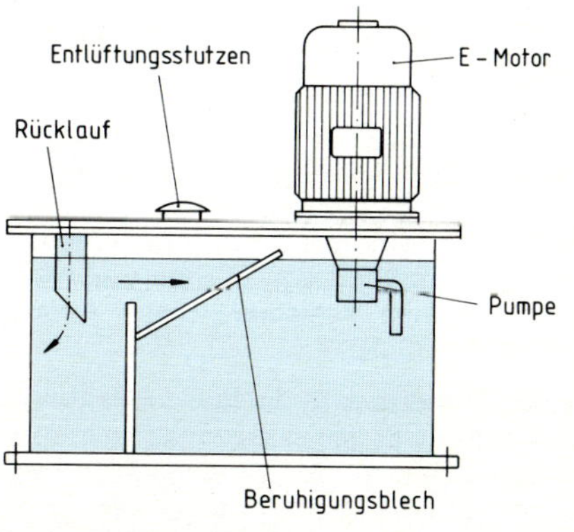

Tank mit Pumpe

Normalerweise ist die Pumpe an den Tank montiert. Man spricht dann von einem **Hydraulikaggregat.** Für die Durchströmung von Kühlern und Filtern verwendet man oft eine zusätzliche Pumpe. Dies ist allerdings eine recht aufwendige Lösung.

Am Tank befinden sich normalerweise **Signalgeber zur Überwachung der Hydraulikflüssigkeit.** So benutzt man elektrische Signalgeber, um die **Temperatur zu überwachen** und gegebenenfalls eine Kühleinrichtung zu steuern. Oft verwendet man elektrische **Niveauschalter,** um einen hinreichend hohen Füllstand im Tank zu signalisieren. Manchmal begnügt man sich aber auch mit einer einfachen Sichtanzeige am Tank zur Kontrolle des Füllstands.

Wichtig ist eine **Kontrolle des Pumpendrucks.** Man verwendet Druckmeßgeräte, die auch **Manometer** genannt werden. Die üblicherweise verwendeten **Rohrfedermanometer** bestehen im wesentlichen aus einem gebogenen Rohr, das über ein Getriebe mit einem Zeiger verbunden ist. Der vom Rohrinneren gebildete Hohlraum wird mit dem Hydrauliksystem verbunden, wo die Druckmessung erfolgen soll. Steigender Druck führt zu einer Streckung der Rohrfeder. Die Streckung ist proportional zum Druck und führt zu einem entsprechenden Zeigerausschlag.

Daneben gibt es auch elektrische Druckmeßgeräte.

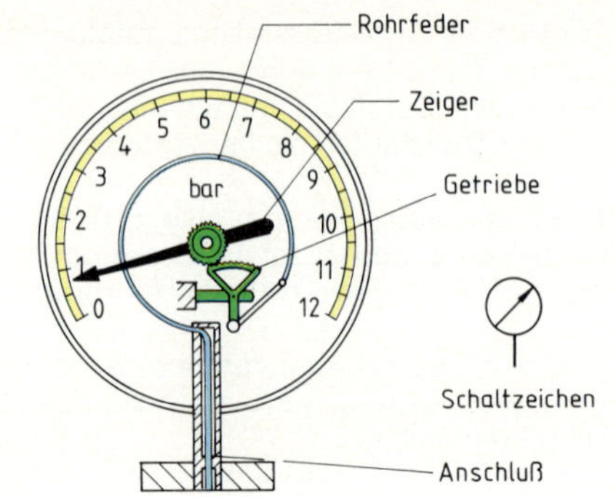

Rohrfedermanometer

Speicher

Hydrospeicher können ein bestimmtes Volumen an Druckflüssigkeit aufnehmen und zu gegebener Zeit wieder abgeben. Sie sind also **Energiespeicher.** Wenn sie mit Druckflüssigkeit gefüllt sind, können sie genauso wie Pumpen Flüssigkeit in ein Hydrauliksystem fördern. Damit ist es z. B. möglich, auch bei nicht laufender Pumpe eine Hydraulikanlage zeitweise zu betreiben. Man setzt Hydrospeicher oft zur Unterstützung von Pumpen ein, um z. B. kurzzeitig hohe Volumenströme zu erzeugen.

Hydrospeicher bestehen aus einem druckfesten Gehäuse. Energie wird durch Zusammendrücken einer Feder gespeichert. Meistens handelt es sich um eine Gasfeder. Dabei wird ein Gasvolumen unter Druck gesetzt und dabei komprimiert. Das Gas, in der Regel Stickstoff, befindet sich beim **Blasenspeicher** in einem Ballon. Beim **Membranspeicher** werden Gas und Hydraulikflüssigkeit über eine flexible Wand getrennt. Gas und Hydraulikflüssigkeit haben denselben Druck.

Hydraulikanlagen mit Speichern erfordern besondere Vorsicht! Sie können auch bei abgeschalteter Pumpe unter Druck stehen!

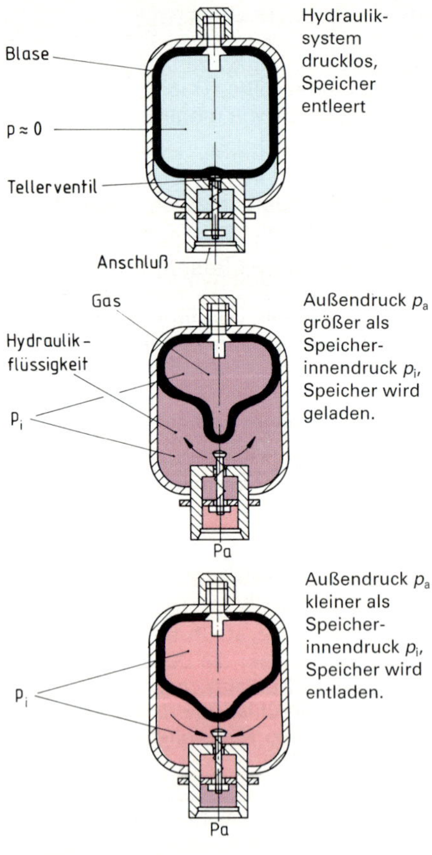

Hydraulikspeicher

Hydraulische Getriebe (Hydrostatische Getriebe)

- Grundschaltungen

Eine Pumpe ist über ein Leitungssystem mit einem Hydromotor verbunden. Eine Leitung führt vom Druckanschluß der Pumpe zum Druckanschluß des Motors, eine andere Leitung führt vom Rücklaufanschluß des Motors zurück zum Sauganschluß der Pumpe. Bei einer solchen Kopplung von Pumpe und Motor spricht man von einem **geschlossenen Kreislauf.** Diese Anordnung wird relativ selten verwendet.

Normalerweise wird die Rücklaufleitung des Motors zum Hydrauliktank geführt. Er soll sich möglichst immer in unmittelbarer Nähe der Pumpe befinden. Der Sauganschluß der Pumpe ist über eine möglichst kurze Leitung mit dem Tank verbunden. Eine solche Anordnung nennt man **offenen Kreislauf.**

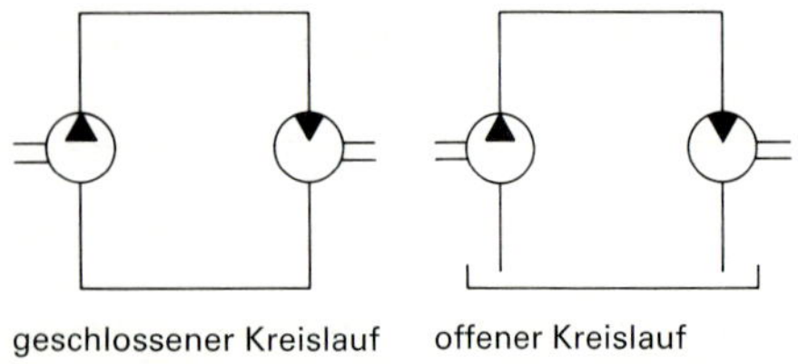

Hydraulische Getriebe

Wenn man die Pumpe antreibt, dreht sich der Motor. Die Umdrehungsfrequenz des Motors hängt vom Schluckvolumen des Motors und vom Förderstrom der Pumpe ab. Wenn man eine Pumpe mit relativ kleinem Verdrängungsvolumen und einen Motor mit relativ großem Schluckvolumen wählt, dreht der Motor langsamer als die Pumpe. Dafür ist das Drehmoment, mit dem die Pumpe angetrieben werden muß, um mit dem Motor ein bestimmtes Antriebsdrehmoment zu erzeugen, relativ klein. Es ergibt sich ein **hydraulisches Getriebe,** für das ähnliche Gesetzmäßigkeiten gelten wie für mechanische Rädergetriebe.

Ersetzt man den Motor durch einen Zylinder, ergibt sich ein hydraulisches Getriebe, bei dem eine Drehbewegung in eine lineare Bewegung umgesetzt wird. Dieses Getriebe ist vergleichbar mit einem Zahnstangen-Getriebe. Wählt man eine kleine Pumpe und einen großen Zylinder, so kann man mit kleinen Antriebsmomenten große Kräfte erzeugen. Dies macht man sich z. B. bei den hydraulischen Pressen zunutze.

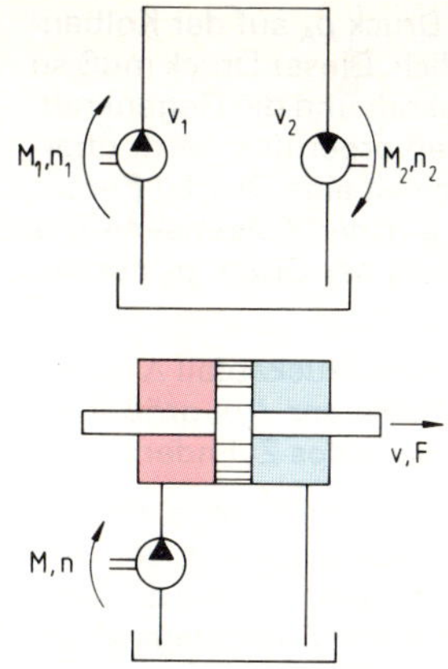

hydraulische Getriebe

$$\frac{M_1}{M_2} = \frac{n_2}{n_1} = \frac{V_1}{V_2}$$

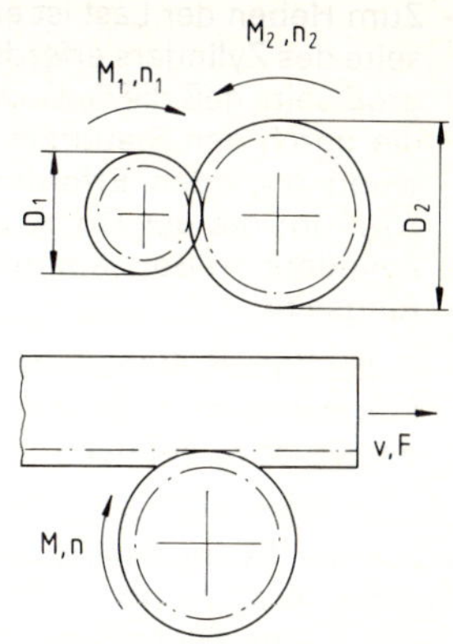

mechanische Getriebe

$$\frac{M_1}{M_2} = \frac{n_2}{n_1} = \frac{D_1}{D_2}$$

- Wirkungsgrad von hydraulischen Getrieben

Mit hydraulischen Getrieben können Kräfte und Geschwindigkeiten, bzw. Drehmomente und Umdrehungsfrequenzen fast beliebig vergrößert oder verkleinert werden. Leistungen lassen sich nicht verstärken. Die **Nutzleistung** am Arbeitsglied ist bestenfalls genauso groß wie die Leistung, die zum Antrieb der Pumpe benötigt wird. In der Praxis ist die Nutzleistung sogar deutlich kleiner als die Antriebsleistung, weil durch Leckagen und Flüssigkeitsreibung **Leistungsverluste** entstehen. Der Wirkungsgrad von hydraulischen Getrieben liegt meistens unter 0,7 und ist damit wesentlich schlechter als der Wirkungsgrad von mechanischen Getrieben, deren Wirkungsgrad meistens über 0,9 liegt.

Mechanische Leistung: $P = M \cdot 2\pi \cdot n$

$$M_1 \cdot n_1 > M_2 \cdot n_2$$
$$P1 > P2$$

Wirkungsgrad des Getriebes: $\eta = \frac{M_2 \cdot n_2}{M_1 \cdot n_1} = \frac{P_2}{P_1} < 1$

Beispiel

Gegeben: $M_1 = 40$ Nm $\quad M_2 = 80$ Nm

$n_1 = 1450 \frac{1}{\text{min}} \quad n_2 = 500 \frac{1}{\text{min}}$

$$p_1 = 40 \cdot 2 \cdot \pi \cdot 1450 \frac{\text{Nm}}{\text{min}}$$
$$= \frac{40 \cdot 2 \cdot \pi \cdot 1450}{60} \frac{\text{Nm}}{\text{s}}$$
$$= 6074 \frac{\text{Nm}}{\text{s}} = 6{,}074 \text{ kW}$$
$$p_2 = 80 \cdot 2\pi \cdot 500 \frac{\text{Nm}}{\text{min}} = 4{,}188 \text{ kW}$$
$$\eta = \frac{4{,}188}{6{,}074} = \mathbf{0{,}69}$$

- Druckaufbau in hydraulischen Getrieben

Eine Pumpe ist über ein Rohrsystem mit einem Zylinder verbunden. Der Zylinder soll ein Gewicht haben. Treibt man die Pumpe an, entsteht ein Volumenstrom von der Pumpe zum Zylinder und vom Zylinder zum Tank. Gleichzeitig entsteht Druck. An den verschiedenen Stellen des hydraulischen Getriebes entstehen unterschiedlich hohe Drücke.

- Der Volumenstrom, der vom Zylinder zum Tank zurückfließt, bewirkt durch den Strömungswiderstand der Rücklaufleitung einen Druckabfall Δp_1. Dieser Druckabfall wird in der Praxis oft „Staudruck" genannt. Er kann am Rücklaufanschluß B des Zylinders gemessen werden.

Wichtig ist, daß das Druckbegrenzungsventil genug Flüssigkeit zum Tank abführt, so daß der Druck nicht über den zulässigen Wert ansteigt. Der Druck darf nach Öffnen des Kegels aber auch nicht „zusammenbrechen". Es darf also nicht zuviel Flüssigkeit abgeführt werden. Das Druckbegrenzungsventil regelt, daß die richtige Flüssigkeitsmenge zum Tank abfließt.

Druckbegrenzungsventil als Regeleinrichtung

Regelgröße ist der Druck am Druckanschluß. **Stellgröße** ist der Volumenstrom, der zum Tank abgeführt wird. Die Regelgröße nimmt ab, wenn die Stellgröße zunimmt.

Stellsignal ist der Hub des Kegels. Je größer der Hub, um so größer ist der Volumenstrom zum Tank. Soll- und Istwertsignale werden durch Kräfte dargestellt. Der **Sollwert** ist die Vorspannkraft der Feder. Der **Istwert** ist die hydraulische Kraft, die auf den Kegel wirkt. Sollwert- und Istwertkraft wirken entgegengesetzt. Entsprechend ihrer Differenz ergibt sich eine resultierende Kraft, die **Regelabweichung,** die einen bestimmten Kegelhub zur Folge hat.

Es ergibt sich ein **geschlossener Wirkungsablauf,** bei dem zunehmender Druck einen zunehmenden Hub bewirkt und zunehmender Hub wiederum zu einer Reduzierung des Drucks führt. Es stellt sich von selbst ein **Gleichgewicht ein.**

Die Regelgenauigkeit des beschriebenen Ventils ist allerdings nicht sehr gut. Dies wird an der Kennlinie des Ventils deutlich. Von einem idealen Druckbegrenzungsventil erwartet man, daß der Druck am Ventil immer gleichbleibt, gleichgültig wieviel Flüssigkeit zum Tank abgeführt werden muß. Beim beschriebenen Ventil, dem **direktgesteuerten Druckbegrenzungsventil,** können große Flüssigkeitsströme nur abgeführt werden, wenn der Kegel sehr weit öffnet. Dazu ist eine deutlich größere hydraulische Kraft erforderlich, als die Kraft, die zum ersten leichten Öffnen des Ventils führt. Der Druck beim Abführen großer Volumenströme liegt daher deutlich über dem Öffnungsdruck. Dies muß bei der Einstellung eines direktgesteuerten Druckbegrenzungsventils beachtet werden.

Druckbegrenzungsventile sind so **auszuwählen** und **einzustellen,** daß der volle Förderstrom einer Pumpe sicher abgeführt werden kann, ohne daß der zulässige Höchstdruck überschritten wird.

Vorgesteuerte Druckbegrenzungsventile

Neben den direktgesteuerten Druckbegrenzungsventilen gibt es die **vorgesteuerten Druckbegrenzungsventile,** die aus mehreren Stufen bestehen. Diese Ventile regeln Drücke mit guter Genauigkeit, selbst wenn große Volumenströme abzuführen sind. Ihre Kennlinien kommen der idealen Kennlinie eines Druckbegrenzungsventils recht nahe.

Anwendungen von Druckbegrenzungsventilen

Druckbegrenzungsventile werden nicht nur zur Druckabsicherung eingesetzt, sondern können zusätzlich viele Aufgaben erfüllen, bei denen Drücke, Kräfte oder Momente gezielt beeinflußt werden sollen.

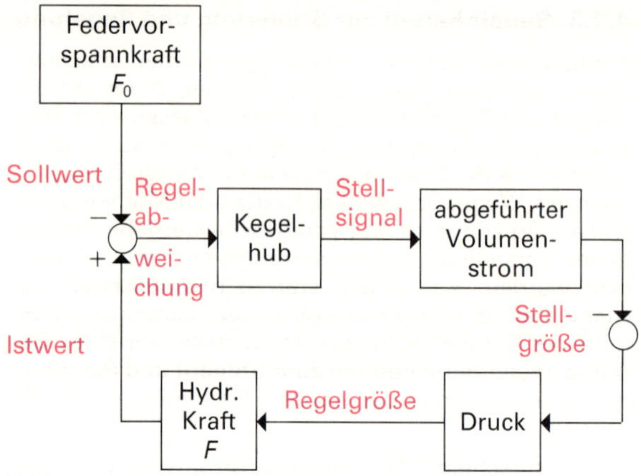

Wirkungsplan des Druckbegrenzungsventils

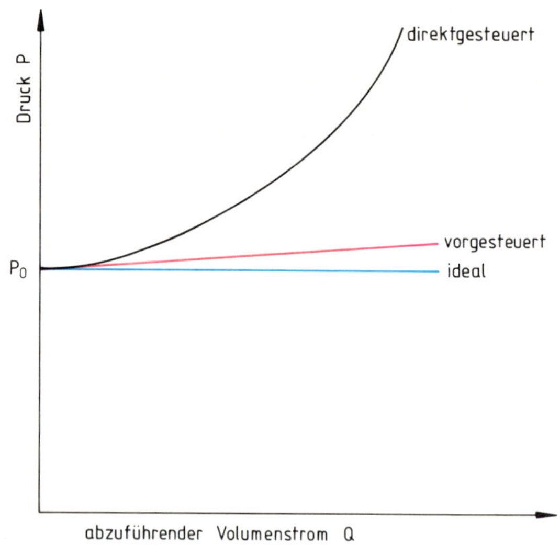

$p_ö$ = Öffnungsdruck

Q-p-Kennlinien von Druckbegrenzungsventilen

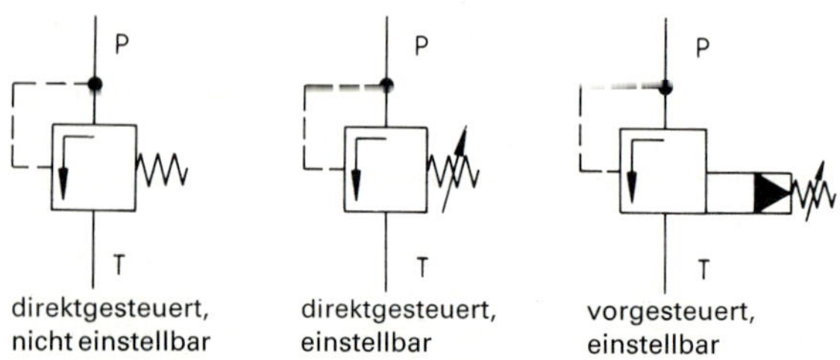

Schaltzeichen von Druckbegrenzungsventilen

Mit einem Druckbegrenzungsventil kann die Einspannkraft eines hydraulischen Drehmaschinenfutters stufenlos verstellt werden. Es wird der Druck im Spannzylinder geregelt. Damit wird indirekt auch die Futterkraft beeinflußt.

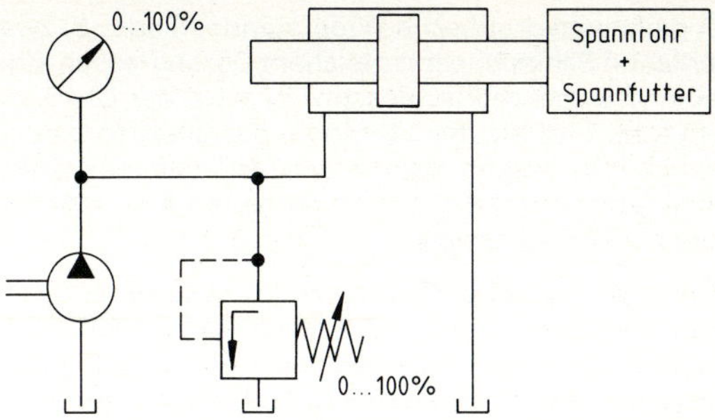

Einfache Schaltung zur Verstellung der Spannfutterkraft bei einem hydraulischen Drehmaschinenfutter

Stromteilung

Ein hydraulisches Getriebe, bestehend aus einem Zylinder und einer Pumpe mit direktgesteuertem Druckbegrenzungsventil, wird zum Heben von Gewichten verwendet. Man stellt fest, daß bei unterschiedlichen Gewichten der Zylinder unterschiedlich schnell ausfährt, obwohl sich die Pumpe immer gleich schnell dreht. Pumpenumdrehungsfrequenz und Zylindergeschwindigkeit sind nicht mehr wie bei einem starren Getriebe direkt miteinander gekoppelt, sondern die **Geschwindigkeit des Zylinders ist lastabhängig.**

Entsprechend der Kennlinie eines Druckbegrenzungsventils werden abhängig vom Druck, und damit von der Last, unterschiedliche Volumenströme zum Tank abgeführt. Es ergeben sich unterschiedliche Restvolumenströme zum Zylinder, die zu unterschiedlichen Geschwindigkeiten führen.

Der Pumpenvolumenstrom wird also in **zwei Volumenströme** aufgeteilt. **Einer** fließt **durch das Druckbegrenzungsventil, einer** fließt **zum Zylinder.** Man spricht von Stromteilung. Durch Veränderung der Einstellung des Druckbegrenzungsventils läßt sich die Geschwindigkeit des Zylinders **in weiten Grenzen** verstellen.

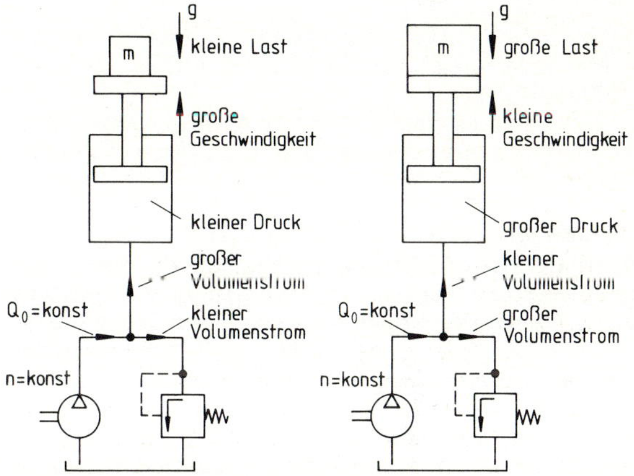

Heben von unterschiedlichen Lasten

Nur auf dem indirekten Weg der Stromteilung lassen sich in der Hydraulik Geschwindigkeiten beeinflussen, wenn die zumeist üblichen Konstantpumpen verwendet werden. Hier besteht ein wesentlicher Unterschied zur Pneumatik, wo sich Geschwindigkeiten direkt durch Luftdrosselung beeinflussen lassen. Die Hydraulik bietet dagegen den Vorteil, daß Geschwindigkeit viel **präziser als in der Pneumatik** gesteuert werden können. Vor allem sind auch sehr **langsame Geschwindigkeiten** möglich.

Geschwindigkeiten oder Umdrehungsfrequenzen von Arbeitsgliedern lassen sich durch **Stromteilung** beeinflussen. Man erreicht mit geeigneten Ventilen, daß nur ein bestimmter Teil des Pumpenförderstroms zum Arbeitsglied fließt. Der Rest wird vor dem Arbeitsglied zum Tank umgeleitet.

- Druckminderventile

Mit Druckbegrenzungsventilen kann normalerweise nur ein Druck in einem Hydrauliksystem geregelt werden. In der Regel ist dies der Pumpendruck. Will man mit einer Pumpe mehrere unterschiedliche Drücke erzeugen, um z. B. mehrere Arbeitsglieder unabhängig voneinander zu betreiben, so benötigt man hierfür spezielle Ventile. Diese Ventile sollen Drücke regeln, ohne den Pumpendruck zu beeinflussen. Der Pumpendruck soll nur durch das vorgeschriebene Druckbegrenzungsventil an der Pumpe bestimmt werden.

Man setzt Ventile ein, die nach dem Prinzip der Druckteilung funktionieren.

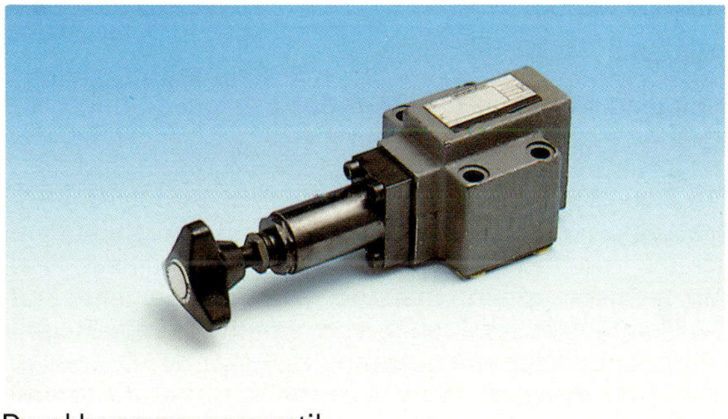

Druckbegrenzungsventil

Zwei gleiche hydraulische Widerstände, also z. B. zwei gleichlange Schläuche mit gleichem Durchmesser, sind an einer Pumpe angeschlossen. Es wird der Druck an der Pumpe und an der Verbindungsstelle der beiden Schläuche gemessen. Man stellt fest, daß der Druck zwischen den beiden Schläuchen genau halb so groß ist wie der Pumpendruck.

Würde man den einen Schlauch um 50 % verlängern, und den anderen Schlauch um die Hälfte kürzen, wäre die Gesamtlänge der beiden Schläuche, und damit auch der hydraulische Gesamtwiderstand, gleich groß wie vorher. Es ergäbe sich also wieder der gleiche Pumpendruck. Allerdings würde man einen anderen Druck zwischen den beiden Schläuchen messen, denn die Druckdifferenzen über den beiden Schläuchen sind unterschiedlich groß und hängen von den jeweiligen hydraulischen Widerständen ab.

Bei der Druckteilung gilt, daß die Summe der Druckdifferenzen gleich dem Gesamtdruck (Gesamtdruckdifferenz) ist.
Das Verhältnis der Einzeldruckdifferenzen entspricht dem Verhältnis der jeweiligen hydraulischen Widerstände.

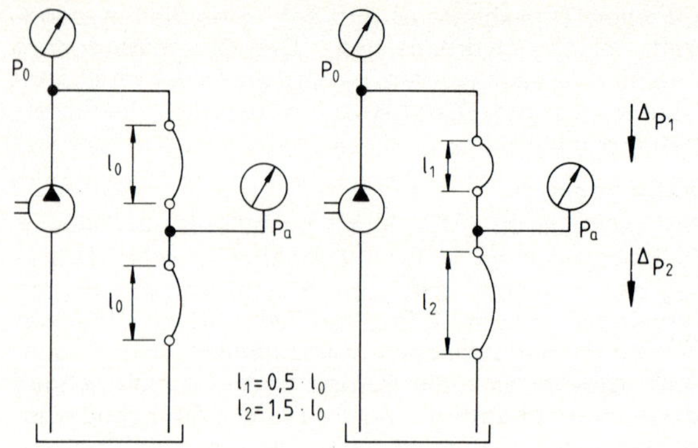

$$p_a = \frac{p_0}{2}$$

$$\boxed{p_a = 0{,}5 \cdot p_0}$$

$$\frac{\Delta p_1}{\Delta p_2} = \frac{l_1}{l_2} = \frac{0{,}5}{1{,}5} = \frac{1}{3} \Rightarrow \Delta p_1 = \frac{1}{3}\,\Delta\,p_2$$

$$\Delta p_2 = p_0 - \Delta p_1 = p_0 - \frac{1}{3}\,\Delta p_2$$

$$\Rightarrow \quad \Delta p_2 + \frac{1}{3}\,\Delta p_2 = p_0$$

$$\frac{4}{3}\,\Delta p_2 = p_0$$

$$\Rightarrow \quad \Delta p_2 = \frac{3}{4} \cdot p_0 \quad \Rightarrow \quad \boxed{p_a = 0{,}75 \cdot p_0}$$

Stetig verstellbarer Druck durch Druckteilung

Wenn man eine Einrichtung verwirklicht, die aus zwei hydraulischen Widerständen besteht, die beide stufenlos verstellt werden können, erhält man einen **stetig verstellbaren Druckteiler.** Führt man den Druckteiler so aus, daß die beiden Widerstände zusammen immer den gleichen Gesamtwiderstand ergeben und schließt man diesen Druckteiler an eine Pumpe an, so ergibt sich stets der gleiche Pumpendruck. Der Druck zwischen den beiden Widerständen kann stetig verstellt werden, ohne daß der Pumpendruck davon beeinflußt wird.

Eine Einrichtung, die den geforderten Druckteiler weitgehend verwirklicht, ist der **Zweikanten-Steuerschieber,** der aus einer Welle mit Absätzen besteht. Der Schieber kann in der Bohrung eines Gehäuses gleiten. Über entsprechende Querbohrungen ergeben sich zwei Spalte, die je nach Stellung des Schiebers unterschiedlich weit abgedeckt werden. Die beiden Spalte sind stetig verstellbare hydraulische Widerstände. Sie wirken gegensinnig. Wird der eine Spalt vergößert, verkleinert sich der andere Spalt. Der Zweikantensteuerschieber kann damit zum Verstellen von Drücken verwendet werden.

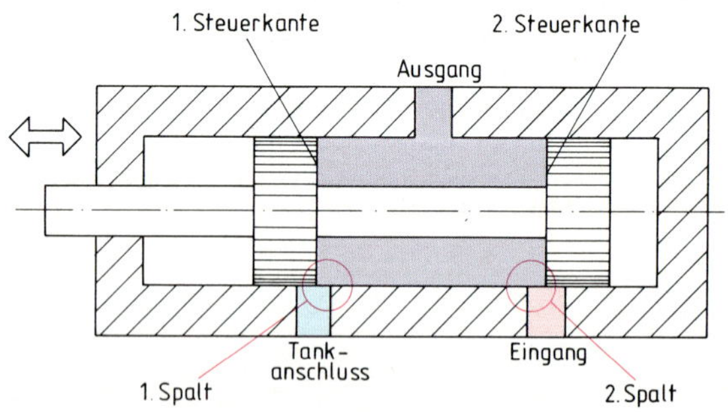

Zweikanten-Steuerschieber

Zweikantensteuerschieber übernehmen in vielen Regelventilen die Funktion des Stellglieds und bewirken z. B. Druckteilungen.

Ein Zweikantensteuerschieber hat nach außen drei Anschlüsse, nämlich Eingangsanschluß, Ausgangsanschluß und Tankanschluß. Entsprechend diesen drei Anschlüssen spricht man bei einem Regelventil mit Zweikantensteuerschieber von einem 3-Wege-Regelventil. Ein 3-Wege-Regelventil, bei dem der Druck am Ausgangsanschluß geregelt werden soll, heißt **3-Wege-Druckminderventil** (3-Wege-Druckregelventil).

In einem Druckminderventil ist neben dem Steuerschieber als Stellglied noch ein Regler erforderlich. Er ist ähnlich gestaltet wie beim direktwirkenden Druckbegrenzungsventil. Sollwert- und Istwert werden wieder durch Kräfte dargestellt, die gegensinnig auf den Steuerschieber wirken. Das Sollwertsignal ist wieder eine einstellbare Federkraft. Das Istwertsignal ist die hydraulische Kraft, die durch Einwirkung des Ausgangsdrucks, also der Regelgröße, auf eine der Schieberflächen entsteht. Der Schieber wird solange verstellt, bis die Kräfte am Schieber im Gleichgewicht sind. Damit ergibt sich am Ausgang der gewünschte Druck weitgehend unabhängig vom Eingangsdruck.

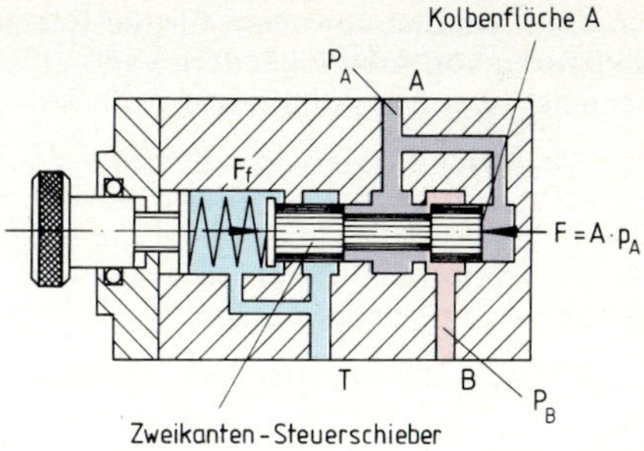

3-Wege-Druckminderventil

Stromventile

Stromventile dienen zum **Verstellen von Volumenströmen** und sollen vor allem Umdrehungsfrequenzen oder Geschwindigkeiten von Arbeitsgliedern beeinflussen. Erreicht werden soll eine Stromteilung.

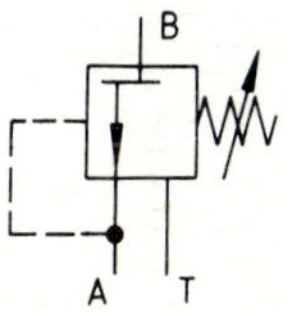

Schaltzeichen eines 3-Wege-Druckminderventils

In manchen Fällen, nämlich dann, wenn ein Arbeitsglied selbst einen großen hydraulischen Widerstand hat, kann allein durch entsprechende Einstellung des Druckbegrenzungsventils an der Pumpe die erwünschte Stromteilung bewirkt werden.

Wenn aber z. B. die Geschwindigkeit eines unbelasteten Zylinders beeinflußt werden soll, reicht für eine Stromteilung ein Druckbegrenzungsventil allein nicht aus. Der Pumpendruck ist dann so niedrig, daß das Druckbegrenzungsventil nicht öffnen kann und somit unwirksam ist.

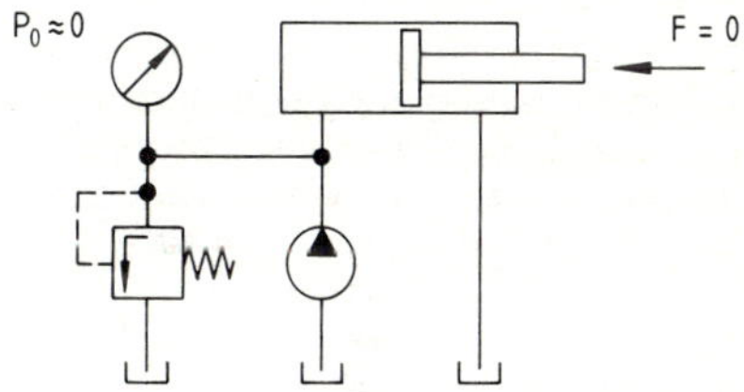

Die Geschwindigkeit des Zylinders läßt sich nicht über das Druckbegrenzungsventil beeinflussen, da der Druck p_o zu niedrig ist.

- Stromteilung mit 2-Wege-Stromventilen

2-Wege-Stromventile bewirken auf Grund ihres Strömungswiderstandes eine künstliche Erhöhung des Pumpendrucks, wenn sie durchströmt werden. Damit kann das Druckbegrenzungsventil an der Pumpe öffnen und somit eine Stromteilung ermöglichen. Zur Steuerung von Arbeitsgliedern werden 2-Wege-Stromventile in den Zufluß oder Abfluß eingefügt. Die einfachsten 2-Wege-Stromventile sind die **Drosseln** und **Blenden.**

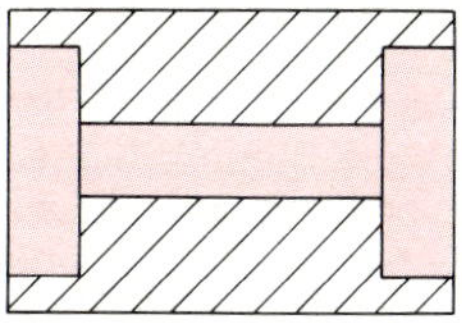

Drossel

Schaltzeichen von Drosseln

Drosseln

Drosseln weisen in ihrem Inneren eine relativ lang ausgedehnte Querschnittsverengung auf. Durchströmt eine Flüssigkeit diese Querschnittsvereingung, entsteht Reibung. Ähnlich wie bei der Durchströmung eines langen, engen Rohres ergibt sich ein Druckabfall. Er ist abhängig von den Maßen des Drosselquerschnitts und von der Größe des durchströmenden Volumenstroms. Die Abhängigkeiten werden durch ein ***Q*/Δ*p*-Diagramm** verdeutlicht.
Man kann ablesen, wie groß bei einer gegebenen Drossel und einem bestimmten Volumenstrom der Druckabfall ist. Es ergibt sich als Kennlinie eine Gerade. Die Steigung der Geraden gibt den hydraulischen Widerstand wieder. Er wird vor allem von der Geometrie einer Drossel bestimmt. Bei den sogenannten Verstelldrosseln kann die Geometrie z. B. mit einer Einstellschraube verstellt werden.

Da die meisten Druckflüssigkeiten bei erhöhten Temperaturen dünnflüssiger werden, ändert sich ihr Reibungsverhalten. Damit ändert sich bei Temperaturänderung auch der hydraulische Widerstand einer Drossel.

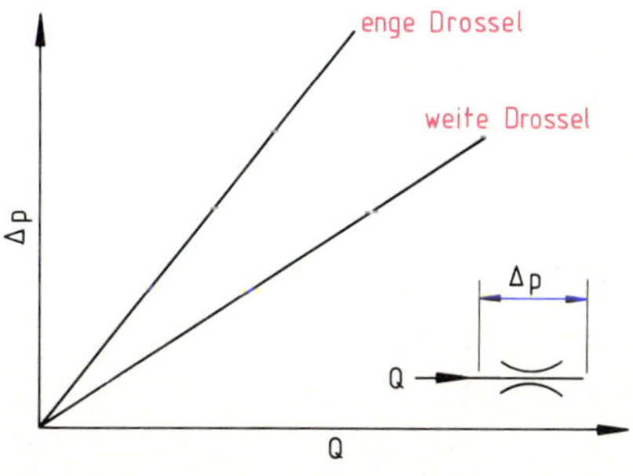

Q/Δ*p*-Kennlinien von Drosseln

Drosseln werden vor allem für die **Geschwindigkeitssteuerung von Arbeitsgliedern** verwendet. Man unterscheidet zwischen Zufluß- und Abflußdrosselung.

Bei der **Zuflußdrosselung** befindet sich die Drossel im Zulauf zum Zylinder. Der Vorteil dieser Lösung besteht darin, daß der Druck im Zylinder nur so groß ist, wie es die Last erfordert. Zuflußdrosselungen sind gut geeignet bei „drückenden Lasten".

Bei der **Abflußdrosselung** befindet sich die Drossel im Rücklauf des Zylinders. Es wird also ein künstlicher „Staudruck" aufgebaut. Der Zylinder steht beidseitig unter Druck. Er ist „beidseitig eingespannt". Der Vorteil dieser Lösung besteht darin, daß der Zylinder nicht nur von der Pumpe angetrieben wird, sondern durch den Druck auf der Abflußseite auch gebremst werden kann, wenn er zu schnell ist. Es können „ziehende Lasten" gebremst werden.

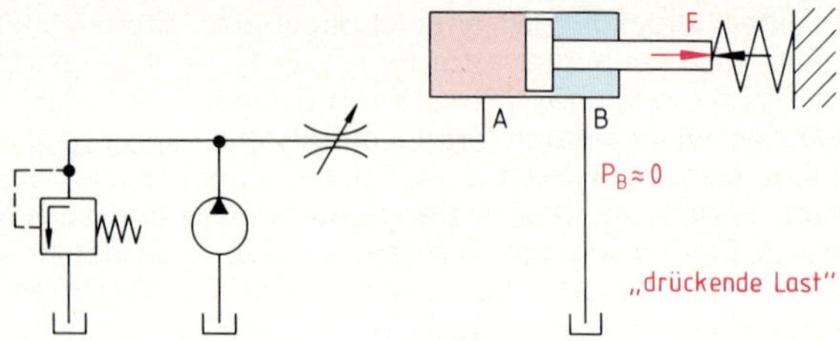

Zuflußdrosselung

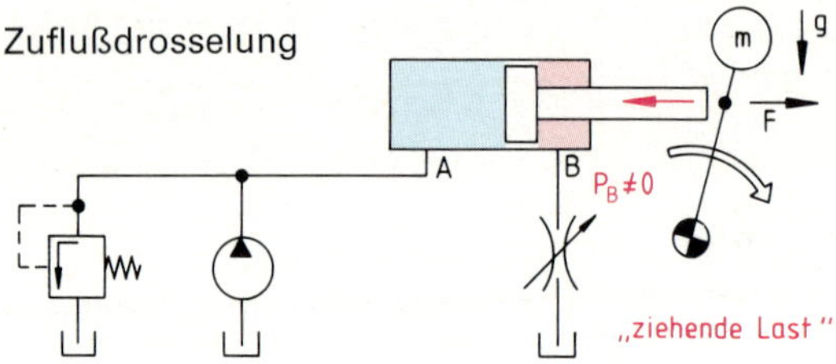

Abflußdrosselung

Blenden

Hydraulische Widerstände ergeben sich nicht nur durch Reibung, sondern auch durch **Verwirbelung einer Flüssigkeit.** Nach diesem Prinzip funktionieren Blenden. Sie weisen in ihrem Innern eine kurze scharfkantige Querschnittsverengung auf. Beim Durchströmen einer Flüssigkeit entstehen hinter der Drosselstelle Turbulenzen, die einen Verlust an Druckenergie, also einen Druckabfall zur Folge haben. Die Stärke der Turbulenzen hängt nur von der Strömungsgeschwindigkeit, also vom Volumenstrom, nicht aber vom Reibungsverhalten einer Flüssigkeit ab.

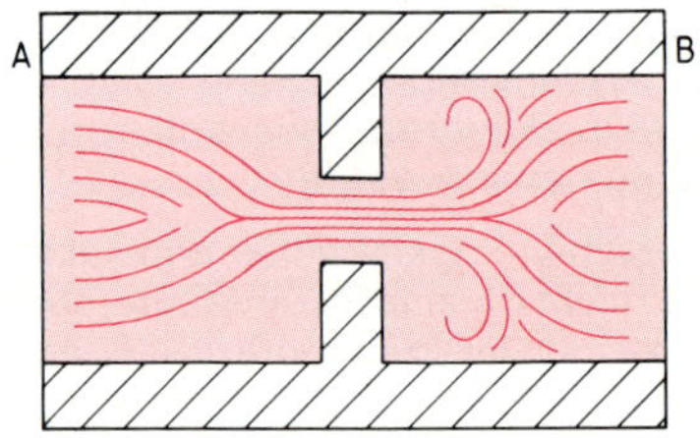

Blende

Schaltzeichen von Blenden

Die Kennlinie einer Blende ist temperatur- und viskositätsunabhängig. Im Gegensatz zu Drosseln haben Blenden keine geradenförmigen, sondern parabelförmige $Q/\Delta p$-Kennlinien.

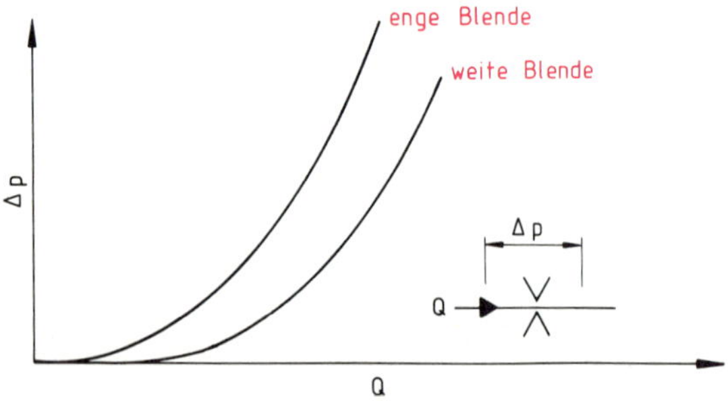

$Q/\Delta p$-Kennlinien von Blenden

Nach dem Prinzip einer verstellbaren Blende funktioniert die Steuerkante eines Steuerschiebers. Damit sind mit Steuerschiebern versehene Ventile, also z. B. Druckminderventile, nur wenig temperaturabhängig.

Eine wichtige Aufgabe von Blenden ergibt sich bei der **Messung von Volumenströmen.** Während Druckmessungen in der Hydraulik kein Problem sind, erfordert die Messung von Volumenströmen normalerweise einen großen Aufwand. Für vergleichende Messungen, also um z. B. die Änderung eines Volumenstroms festzustellen, kann man Blenden verwenden. Man leitet den zu messenden Volumenstrom durch eine **„Meßblende"** und mißt die Druckdifferenz über der Blende. Eine Änderung der Druckdifferenz bedeutet eine Änderung des Volumenstroms.

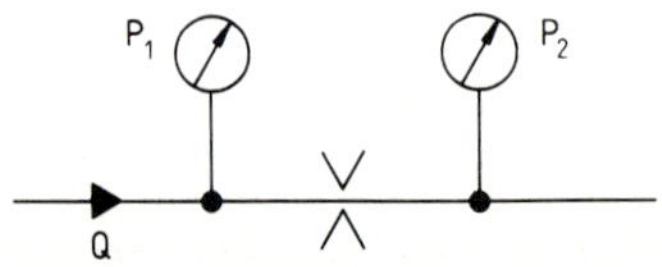

$$\Delta p = p_1 - p_2$$

Messung eines Volumenstroms

Volumenströme können durch Meßblenden indirekt gemessen werden, indem man den Differenzdruck über der Meßblende als Meßsignal auswertet.

Stromregelventile

Geschwindigkeitssteuerungen mit Drosseln sind lastabhängig.

Ändert sich bei einer Zufluß- oder Abflußdrosselung die Last, so ergibt sich ein anderer Pumpendruck und damit eine andere Aufteilung der Volumenströme. Die damit verbundene Änderung von Geschwindigkeiten oder Umdrehungsfrequenzen ist meistens nicht erwünscht.

Damit Zylindergeschwindigkeiten oder Motorumdrehungsfrequenzen immer gleich bleiben, muß der Volumenstrom zum Arbeitsglied geregelt werden. Dazu ist ein Stromventil erforderlich, dessen **hydraulischer Widerstand** sich **automatisch der Last anpaßt**. Bei einer großen Last muß das Stromventil einen kleinen Widerstand annehmen und bei einer kleinen Last einen großen, so daß der Gesamtwiderstand stets annähernd gleich ist und sich eine immer gleiche Stromteilung am Druckbegrenzungsventil ergibt. Als Regelventil kann ein **2-Wege-Stromregelventil** verwendet werden.

Ein 2-Wege-Stromregelventil hat als Stellglied einen Schieber mit einer Steuerkante, den **„Regelkolben"**. Zur Messung der Regelgröße, also des Volumenstroms durch das Ventil, verwendet man eine verstellbare **Meßblende**. Der Volumenstrom durch das Ventil durchströmt nacheinander die Meßblende und den Spalt am Regelkolben. Die Meßblende erzeugt einen Druckabfall, der ein Maß für den Volumenstrom ist. Der beiden über der Meßblende anstehenden Drücke wirken auf zwei gegenüberliegende Kolbenflächen am Regelkolben. Entsprechend der Differenz der beiden Drücke wird eine resultierende hydraulische Kraft erzeugt, die gegen eine Federkraft wirkt.

Fließt ein zu großer Volumenstrom durch das Ventil, ergibt sich ein sehr großer Druckabfall über der Meßblende. Entsprechend groß ist die resultierende hydraulische Kraft auf den Regelkolben. Der Regelkolben wird so verstellt, daß sich ein sehr enger Spalt ergibt. Damit wird der hydraulische Widerstand des Ventils sehr groß.
Ein zu kleiner Volumenstrom erzeugt eine kleine hydraulische Kraft am Regelkolben. Der Spalt wird durch die Feder sehr weit geöffnet und der hydraulische Widerstand des Ventils verringert sich.
In Verbindung mit einem Druckbegrenzungsventil ergibt sich die gewünschte Stromregelung.

Stromregelventile, die ohne zusätzliche Ventile eine Stromteilung durchführen können, sind die **3-Wege-Stromregelventile.** Sie enthalten einen 2-Kantensteuerschieber und ermöglichen eine Teilung des Pumpenvolumenstroms im Ventil. Istwerterfassung und Regler sind wie beim 2-Wege-Stromregelventil gestaltet.

Stromregelventile funktionieren stets nur in einer Richtung. Sie haben einen „Eingang" und einen „Ausgang". 2-Wege-Stromregelventile können wie Drosseln in den Zufluß oder Abfluß eines Arbeitsgliedes eingefügt werden.

Bei ziehenden Lasten sind unbedingt Abflußstromregelungen vorzusehen. 3-Wege-Stromregelventile können nur für Zuflußstromregelungen verwendet werden.

Wegeventile

Die in der Hydraulik verwendeten Wegeventile unterscheiden sich, abgesehen von ihrer Druckfestigkeit, kaum von den entsprechenden Ventilen der Pneumatik. Sie haben die gleichen Schaltzeichen und die gleichen Benennungen.

Wegeventile dienen vor allem zur **Richtungssteuerung** und zur **Start-Stop-Steuerung von Arbeitsgliedern**.

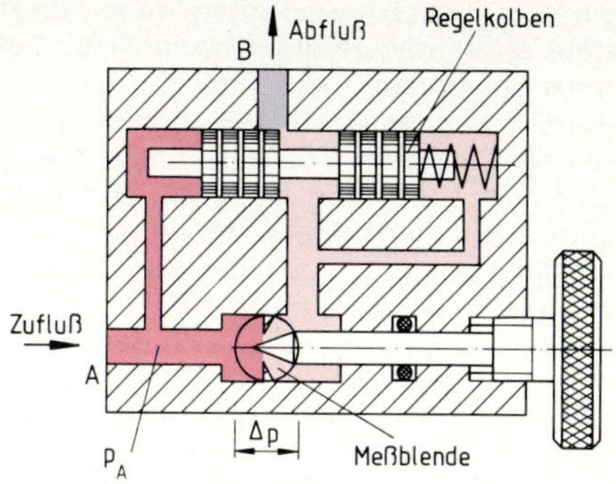

2-Wege-Stromregelventil

Hydraulische Kräfte auf Regelkolben

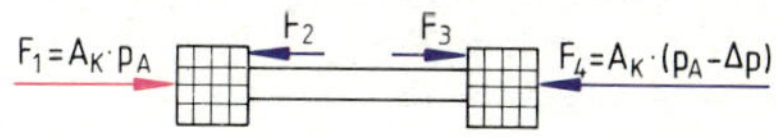

Resultierende hydraulische Kraft:

$$
\begin{aligned}
F &= F_1 - F_4 \\
&= A_k \cdot p_A - A_k\,(p_A - \Delta p) \\
&= A_k \cdot \Delta p
\end{aligned}
$$

Diese Kraft F hält der Federkraft das Gleichgewicht.

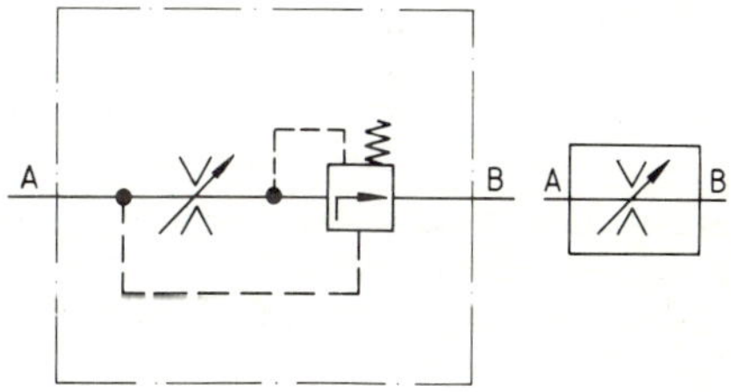

ausführlich vereinfacht

Schaltzeichen eines 2-Wege-Stromregelventils

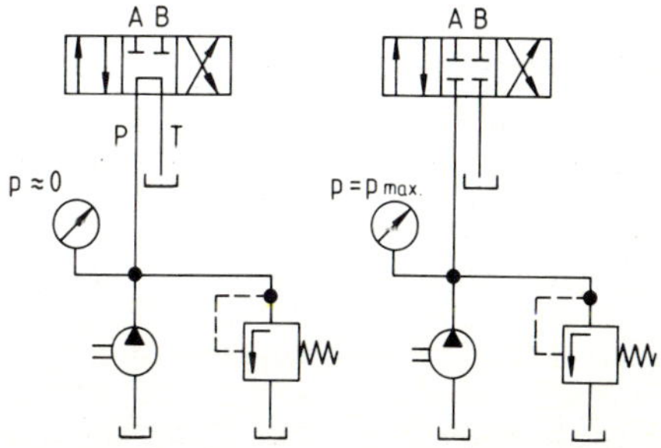

4/3-Wegeventil mit Pumpenumlaufstellung

4/3-Wegeventile mit Sperrstellung

Ein Vorteil der Hydraulik gegenüber der Pneumatik besteht darin, daß Hydraulikzylinder an **beliebigen Zwischenpositionen** angehalten und „eingespannt" werden können. Dazu benötigt man bei doppeltwirkenden Zylindern 4/3-Wegeventile. Sie gibt es in verschiedenen Ausführungen, die sich hinsichtlich ihrer Mittelstellungen unterscheiden. Ventile mit **Pumpenumlaufstellung** ermöglichen der Pumpe in der Mittelstellung freien Durchgang zum Tank. Die Pumpe baut keinen Druck auf, solange sich das Ventil in Mittelstellung befindet. Ventile mit **Sperrstellung** trennen die Pumpe vom Tank. In der Mittelstellung des Ventils muß die Pumpe über das Druckbegrenzungsventil zum Tank fördern und baut dabei maximalen Druck auf. Es gibt weitere Möglichkeiten, wie die Mittelstellung eines 4/3-Wegeventils gestaltet sein kann.

Wegeventile werden neben der Anzahl der Schaltstellungen und der Anzahl der Anschlüsse noch nach ihrer **Betätigungsart** unterschieden. Vor allem bei hydraulischen Einrichtungen an Nutzfahrzeugen verwendet man **handbetätigte Ventile.** Wegeventile können auch mechanisch über Rollenhebel oder Taststößel betätigt werden. Derartige Ventile übernehmen oft die Funktion von Signalgebern in rein hydraulischen Steuerungen. Z. B. können mit derartigen Ventilen Drucksignale erzeugt werden, wenn Arbeitsglieder Endlagen erreichen.

In der Industrie werden Wegeventile vorzugsweise **elektrisch über Magnete** betätigt. 2-Stellungsventile mit Federrückstellung haben nur einen Magneten, 3-Stellungsventile benötigen zwei Magnete. Meistens werden 24-Volt-Gleichspannungsmagnete verwendet. Sie können problemlos von elektrischen oder elektronischen Geräten angesteuert werden.

Wegeventile lassen sich auch durch hydraulische Signale schalten. Davon wird vor allem bei den vorgesteuerten **Ventilen** Gebrauch gemacht. Ein kleines Wegeventil **(Vorsteuerventil)** betätigt über hydraulische Signale ein großes Wegeventil **(Hauptventil).** Von außen müssen nur die geringen Betätigungskräfte für das Vorsteuerventil aufgebracht werden.

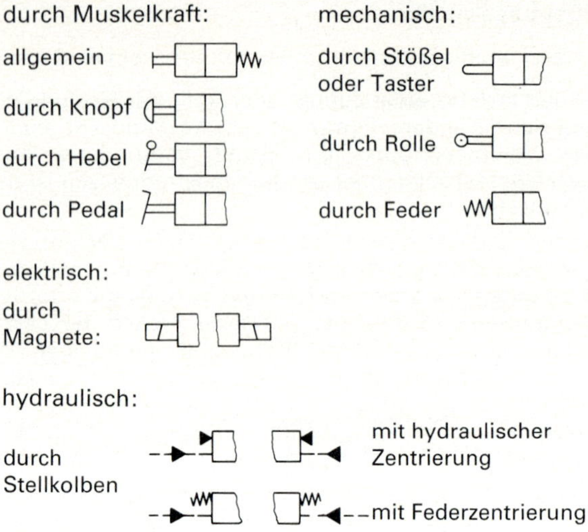

Betätigungsarten für Wegeventile

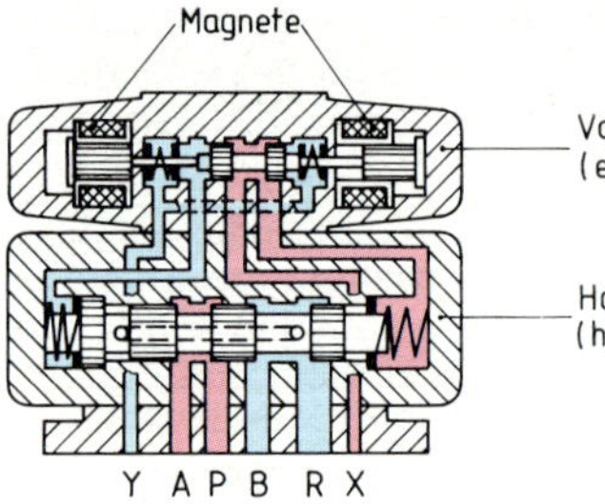

Vorgesteuertes Wegeventil (im betätigten Zustand)

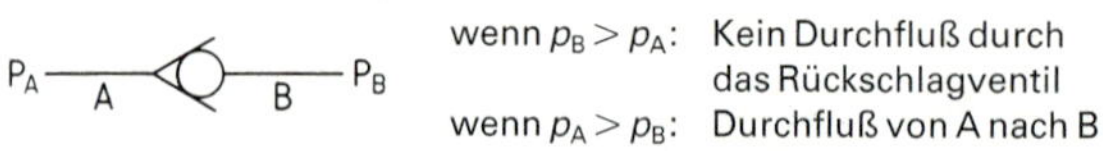

Rückschlagventil

Sperrventile

Zu den Sperrventilen gehören die **Rückschlagventile.** Rückschlagventile lassen Volumenströme nur in einer Richtung durch. In der anderen Richtung sperren sie den Durchfluß. Im Gegensatz zu den üblichen Wegeventilen in Kolbenschieberbauweise ermöglichen Rückschlagventile eine **sehr gute Abdichtung.** Man benutzt sie z. B. für die Umgehung von Stromventilen in einer Richtung. So lassen sich bei Verwendung von zwei Rückschlagventilen und zwei Drosseln die Ausfahr- und Einfahrgeschwindigkeit eines Zylinders getrennt einstellen.

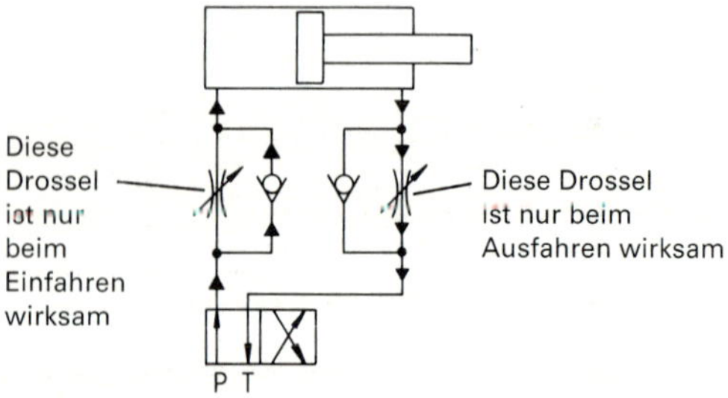

Getrennte Einstellung von Ein- und Ausfahrgeschwindigkeit eines Zylinders mit zwei Drossel-Rückschlagventilen

Bei **entsperrbaren Rückschlagventilen** kann die Sperrwirkung über ein hydraulisches Signal unwirksam gemacht werden. Wenn der x-Anschluß mit Druck beaufschlagt wird, hebt der Entsperrkolben den Rückschlagkegel von seinem Sitz ab. Es kann dann Flüssigkeit in beide Richtungen durch das Rückschlagventil strömen. Wenn der x-Anschluß mit dem Tank verbunden wird, arbeitet das Ventil wie ein normales Rückschlagventil.

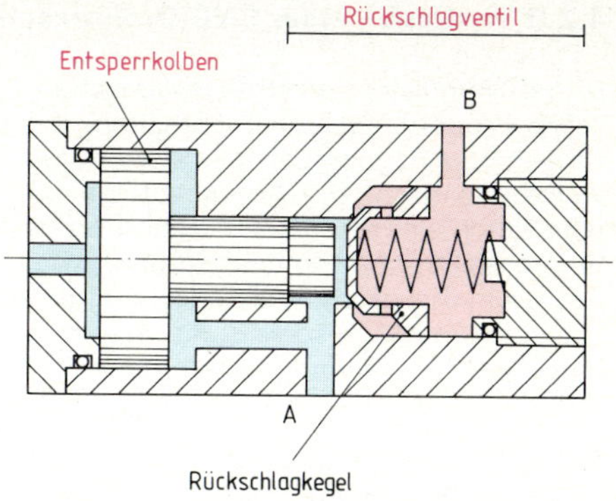

Entsperrbares Rückschlagventil

Proportionalventile

Proportionalventile sind **stetig wirksame Ventile,** die elektrisch verstellt werden. Dazu werden sogenannte **Proportionalmagnete** verwendet, deren Hub sich stufenlos beeinflussen läßt. Über besondere elektronische Geräte, den **Proportionalverstärkern,** lassen sich Proportionalventile durch **stetige elektrische Signale** feinfühlig verstellen. Fast alle in der Hydraulik üblichen stetigen Ventile gibt es mit stetiger elektrischer Verstellmöglichkeit. Man nennt sie Proportionaldrosseln, Proportionaldruckbegrenzungventile, Proportionalstromregelventile usw.

Auch Wegeventile gibt es als Proportionalventile. Sie enthalten einen Steuerschieber mit vier wirksamen Steuerkanten. Man kann **Proportionalwegeventile** als 4/3-Wegeventile betrachten, in die Drosseln eingebaut sind, die man elektrisch verstellen kann. Damit lassen sich mit geringem hydraulischen Schaltungsaufwand Steuerungen verwirklichen, bei denen über stetige elektrische Signale Geschwindigkeiten von Arbeitsgliedern beliebig beeinflußt werden können. Proportionalventile ersetzen zunehmend herkömmliche Regelventile und Wegeventile. Die Abstimmung von Hydraulikanlagen mit Proportionalventilen erfordert gute Kenntnisse der hydraulischen und elektrischen Steuerungstechnik.

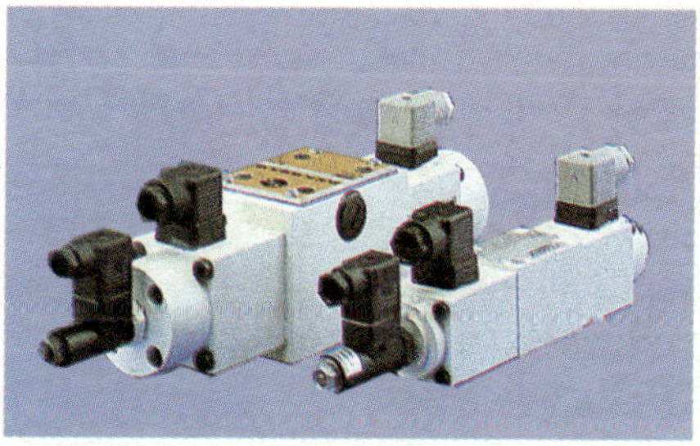
Proportionalventile

4.2.4 Hydraulikflüssigkeiten

Hydraulikflüssigkeiten sollen neben ihrer Aufgabe der Druckübertragung für **Schmierung** und **Korrosionsschutz** in Hydraulikanlagen sorgen. Dies leisten Mineralöle sehr gut. Daher werden hauptsächlich **Hydraulikflüssigkeiten auf Mineralölbasis** verwendet. Diese Flüssigkeiten haben aber den Nachteil, daß sie bei relativ geringen Temperaturen entflammbar sind. Sie dürfen daher aus Sicherheitsgründen in manchen Bereichen, z. B. im Kohlebergbau oder im Flugzeugbau, nicht eingesetzt werden. Hier sind nur **schwer entflammbare Flüssigkeiten** erlaubt, sogenannte **HF-Flüssigkeiten.** Diese Flüssigkeiten bestehen zum größten Teil aus Wasser mit Zusätzen zur Verbesserung der Schmier- und Korrosionsschutzeigenschaften. Die sogenannten HF-A-Flüssigkeiten bestehen zu über 80 % aus Wasser und werden nur in sehr robusten und einfachen Hydraulikanlagen eingesetzt (Grubenausbau im Bergbau).

HF-C-Flüssigkeiten bestehen neben Wasser aus Glykol und ähneln der Kühlflüssigkeit von Kfz-Motoren. Sie können auch in anspruchsvolleren Hydraulikanlagen verwendet werden. Für Spezialanwendungen (z. B. Flugzeugbau) gibt es vollsynthetische Flüssigkeiten.

Hydraulikflüssigkeiten dürfen nur bis zu bestimmten Temperaturen eingesetzt werden. Bei steigenden Temperaturen sinkt die Viskosität von fast allen Hydraulikflüssigkeiten. Damit verschlechtert sich der volumetrische Wirkungsgrad von Baueinheiten.

Wirkstoffklasse	Beschreibung/ Einsatzbereiche
H	Hydrauliköle ohne Wirkstoffzusätze; werden kaum noch eingesetzt
HL	Hydrauliköle mit Zusätzen zur Verbesserung des Korrosionsschutzes und der Alterungsbeständigkeit; bei Betriebsdrücken bis ca. 200 bar und normaler Wärmebelastung
HLP	Hydrauliköle mit Zusätzen zur Verbesserung des Korrosionsschutzes, der Alterungsbeständigkeit und des Verschleißschutzes; für hohe Betriebsdrücke und normale Wärmebelastung
HV	Hydrauliköle mit besonders geringer Temperaturabhängigkeit der Viskosität, Eigenschaften wie HLP-Öle; für Anlagen mit hoher Wärmebelastung

Kennbezeichnungen für Hydraulikflüssigkeiten auf Mineralölbasis (nach DIN 51524 und 51525)

4.2.5 Hydraulik einer CNC-Drehmaschine

In herkömmlichen elektrohydraulischen Anlagen, die keine Proportionalventile enthalten, erfolgen Steuerungen bzw. Regelungen teilweise hydraulisch und teilweise elektrisch. Die Arbeitsabfolge einer Maschine wird durch eine elektrische Steuerung bestimmt. Über binäre elektrische Signale werden Wegeventile betätigt, die hydraulische Funktionseinheiten aktivieren. Die „Feinsteuerung", also z. B. die Steuerung oder Regelung von Geschwindigkeiten oder Drücken, erfolgt hydraulisch und ist meistens stetig wirksam.

Nach diesem Prinzip funktionieren z. B. die elektrohydraulischen Steuerungen von vielen CNC-Drehmaschinen.

Auf der folgenden Seite ist die komplette Hydraulikanlage einer einfachen CNC-Drehmaschine dargestellt. Arbeitsglieder sind der Spannzylinder des hydraulischen Futters, der Verriegelungszylinder zum Festsetzen des Werkzeugträgers und der Hydraulikmotor zum Schwenken des Revolverkopfes.

Die Richtungssteuerung des Spannzylinders erfolgt über zwei 4/2-Wegeventile. Eins ist handbetätigt. Es wird abhängig davon umgeschaltet, ob ein Zug- oder Druckfutter verwendet wird. Das Spannen oder Lösen eines Werkstücks erfolgt über ein elektrisch betätigtes Wegeventil. Zur Einstellung der Spannfutterkraft dient ein 3-Wege-Druckminderventil. Zur Unterstützung der Pumpe ist ein Hydrospeicher vorhanden. Er kann bei Wartungsarbeiten über ein handbetätigtes Ventil entleert werden.
Der Verriegelungszylinder wird über ein 4/2-Wegeventil gesteuert.
Zur Erzeugung der Signale „ENTRIEGELT" bzw. „VERRIEGELT" sind an den Endlagen des Zylinders zwei Näherungsschalter angebracht.
Der Hydraulikmotor kann in zwei Richtungen betrieben werden. Er wird über ein 4/3-Wegeventil gesteuert. Dieses Ventil hat eine Mittelstellung, durch die der Motor freigeschaltet wird. Wenn der Motor beim Schwenken des Werkzeugträgers nicht exakt positioniert hat, kann seine Stellung durch das Einrasten des Verriegelungszylinders noch korrigiert werden.

Hydraulische Steuereinrichtungen an einer CNC-Drehmaschine

Aufgaben zur Wiederholung und Vertiefung

Betrachten Sie den Hydraulik-Schaltplan der CNC-Maschine der folgenden Seite:

1. Wie kann die Geschwindigkeit des Verriegelungszylinders beeinflußt werden? Handelt es sich um eine Steuerung oder um eine Regelung?

2. Der Verriegelungszylinder fährt zu langsam aus. Welches Gerät verstellen sie? Geben sie die Ziffer an, mit der das Gerät im Schaltplan gekennzeichnet ist!

3. Alle mit Ziffern gekennzeichneten Geräte sollen als Ersatzteile beschaffbar sein. Stellen sie dazu eine vollständige Ersatzteilstückliste auf. Benutzen Sie die korrekten Bauteilbezeichnungen!

4. Wie kan die Geschwindigkeit des Schwenkmotors verstellt werden? Handelt es sich um eine Steuerung oder um eine Regelung?

5. Es sind Wartungsarbeiten an der Hydraulik auszuführenb. Die Pumpe ist ausgeschaltet. Das Druckmeßgerät ⑳ zeigt einen Druck von 20 bar. Woran liegt das? Wofür sorgen Sie, bevor Sie mit Wartungsarbeiten beginnen?

6. Warum wird ein Hydromotor mit zwei Drehrichtungen verwendet?

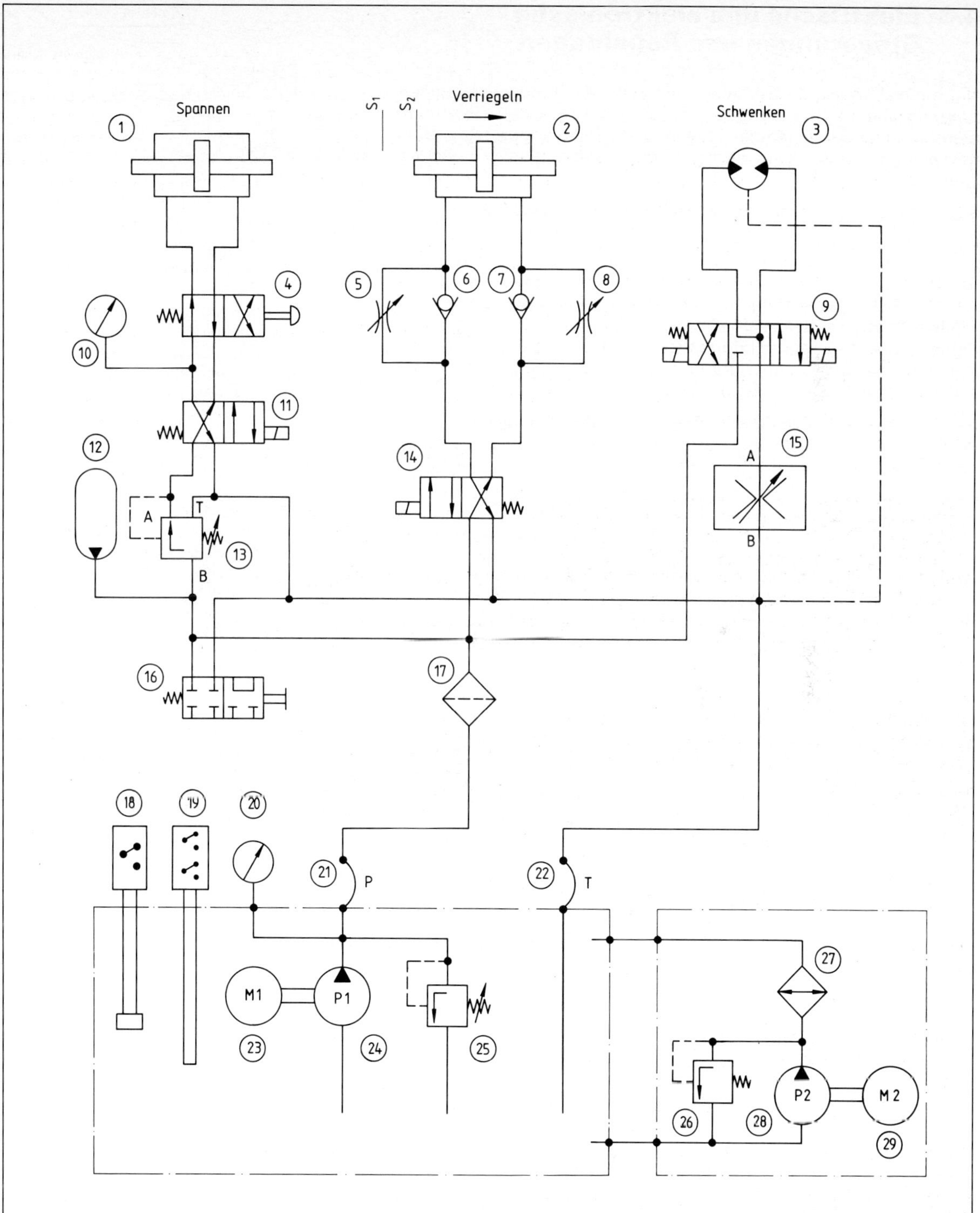

Hydraulikplan einer CNC-Drehmaschine

4.3 Elektrische und elektronische Steuerungen und Regelungen

Nur mit elektronischen Geräten ist die Verwirklichung von **speicherprogrammierten Steuerungen** möglich. Daher werden sie zunehmend in allen Bereichen der Steuerungstechnik eingesetzt, z. B. in Kombination mit hydraulischen oder pneumatischen Steuereinheiten.

4.3.1 Geräte elektronischer Steuerungen (Hardware)

Elektrische oder elektronische Hardware wird vor allem danach unterschieden, ob sie **analog, digital** oder **binär** arbeitet. Abhängig von der Art der Signale müssen unterschiedliche Geräte verwendet werden. Da es aber mit sogenannten Analog-Digital-Wandlern („AD-Wandler") bzw. Digital-Analog-Wandler („DA-Wandler") möglich ist, Signale ohne wesentliche Informationsverfälschung von einer Form in eine andere Form zu überführen, können analoge und digitale Baueinheiten miteinander kombiniert werden.

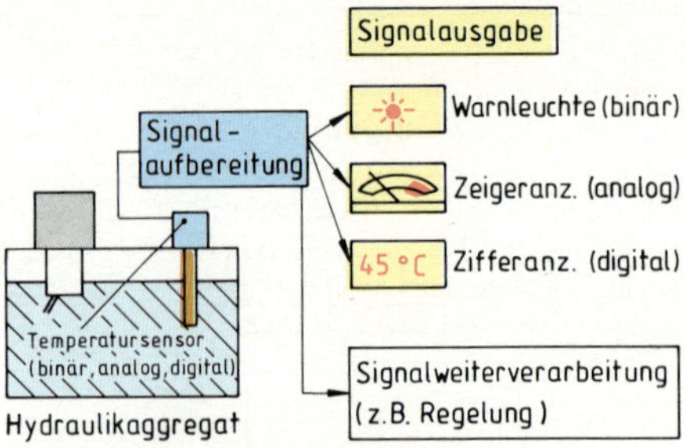

Messen der Flüssigkeitstemperatur mit Hilfe unterschiedlicher Sensoren

Geräte für die elektronische Signaleingabe (Sensoren)

Signale können durch Menschen vorgegeben werden. Sie können aber auch in Form von Prozeßrückmeldungen aus einer gesteuerten Anlage vorliegen. Die dafür erforderlichen Sensoren bestimmen, besonders bei Einsatz von Regelungen, weitgehend die Präzision von Maschinen. Während **binäre Sensoren** Prozeßrückmeldungen erzeugen, die nur erkennen lassen, ob bestimmte **Grenzwerte** (z. B. von Wegen oder Temperaturen) über- oder unterschritten sind, messen **analoge** oder **digitale Sensoren** physikalische Größen an einer Maschine. Sie erzeugen **Signale, die Abbilder von Prozeßgrößen sind.** So ist das Istwertsignal bei einer Regelung das Abbild der Regelgröße, hat aber in der Regel eine ganz andere physikalische Form.

In einer CNC-Drehmaschine werden sowohl analoge als auch binäre und digitale Sensoren verwendet:

binäre Sensoren	analoge Sensoren	digitale Sensoren	
		absolut	inkremental
Überwachungsmelder für: „TÜR GESCHLOSSEN" (Grenztaster) „TEIL GESPANNT" (Nährungsschalter+ Druckschalter) „WERKZEUG IN POSITION" (Näherungsschalter	Messung der Umdrehungsfrequenzen von Hauptspindelantrieb und Vorschubantrieben (Tachogeneratoren)	Erfassung der Werkzeugträgerstellung	Lagemessung des Werkzeugschlittens

- Analoge Signalgeber

Meßfühler bilden physikalische Größen durch analoge elektrische Spannungen ab. Sie werden in der Praxis oft auch „Meßaufnehmer" genannt.

Viele **physikalische Wirkungsgesetze,** sogenannte **Effekte,** nutzt man für Meßzwecke aus. Wärme, Licht, Magnetfelder, Kräfte, Bewegungen usw. können in geeigneten Meßkörpern Widerstandsänderungen hervorrufen oder elektrische Spannungen erzeugen.

Ein häufig verwendeter analoger Sensor ist der **Tachogenerator,** der für die Messung von Umdrehungsfrequenzen verwendet wird. Er hat das gleiche Wirkungsprinzip wie Stromgeneratoren in Kraftwerken und erzeugt eine Spannung, die proportional zur Umdrehungsfrequenz seines Rotors ist.

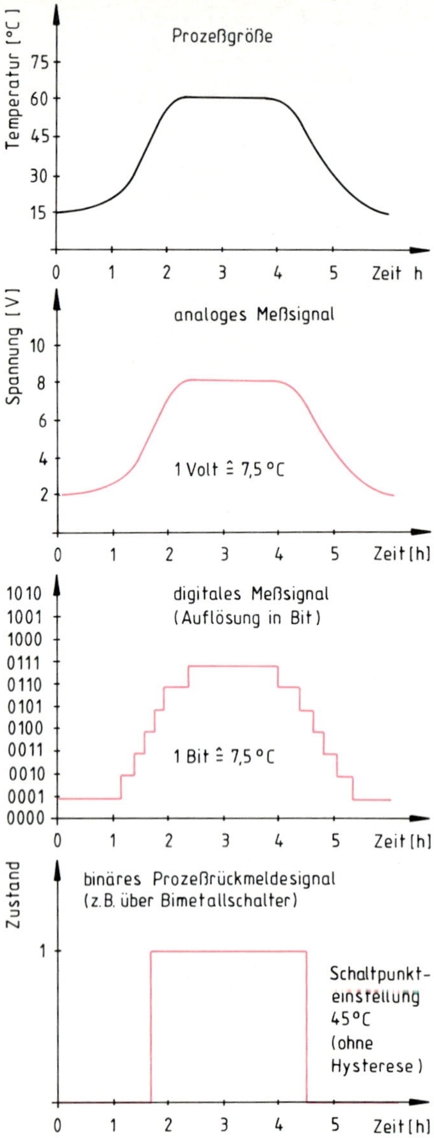

Darstellung analoger, digitaler und binärer Meßsignale

Potentiometrische Sensoren

Versieht man einen elektrischen Widerstand mit einem beweglichen Schleifer, so erhält man einen sogenannten **Spannungsteiler** (vergl. hydraulischer Druckteiler), den man stufenlos verstellen kann. Man nennt einen Widerstand mit beweglichem Schleifer **Potentiometer.** Die Höhe der am Schleifer abgegriffenen Spannung ist proportional zur Stellung des Schleifers. Mit einem Potentiometer kann man **Wege und Winkel messen.**

Potentiometer verwendet man vor allem, um von Hand Spannungen einzustellen. Sie dienen oft als **Sollwertgeber** in analogen Steuerungen oder Regelungen.

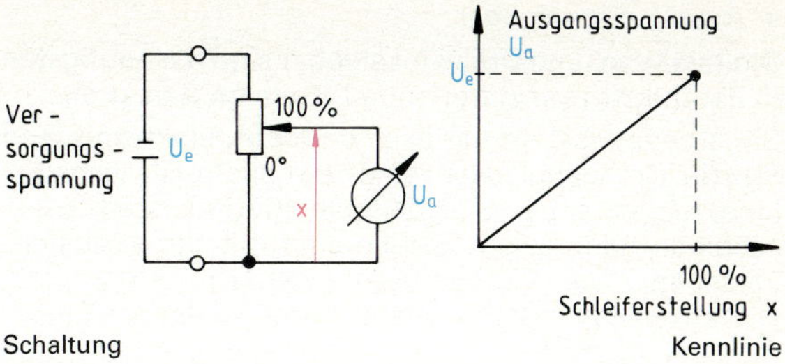

Potentiometer

Meßfühler mit Dehnungsmeßstreifen

Um **kleinste Längenänderungen** messen zu können, setzt man sogenannte **Dehnungsmeßstreifen,** kurz **DMS,** ein.

Mit Dehnungsmeßstreifen kann man **Verformungen von Maschinenteilen unter Last** feststellen.

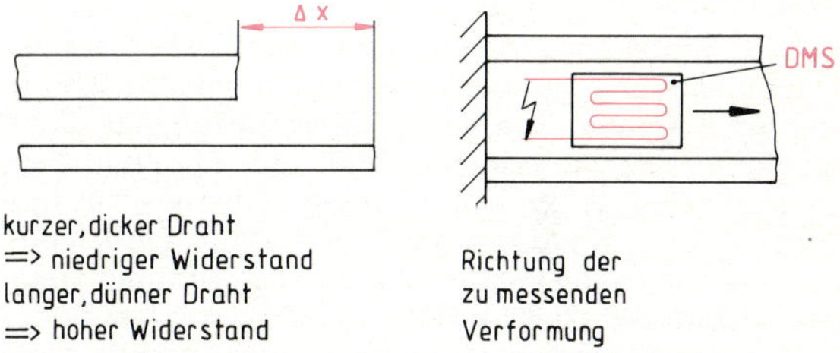

Messung der Längenänderung eines Trägers durch DMS

Das Meßprinzip beruht darauf, daß ein Draht seinen elektrischen Widerstand ändert, wenn er gelängt wird und dabei sein Querschnitt abnimmt. Zur Messung von Längenänderungen klebt man einen Meßdraht auf den Prüfling. Um einen relativ langen Draht auch an kurzen Prüflingen befestigen zu können, legt man den Draht in mehreren Schleifen.

Über einen elektronischen Meßverstärker kann man kleinste Längenänderungen des Prüflings registrieren und in eine analoge Meßspannung umsetzen.

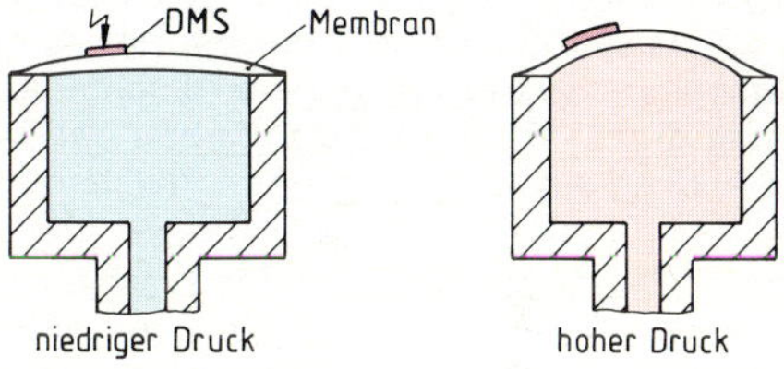

Druckmessung mit DMS

Man benutzt das DMS-Meßprinzip nicht nur zur direkten Messung von Verformungen an Maschinenteilen, sondern verwendet es in vielen Meßfühlern, bei denen die Änderung einer physikalischen Größe zunächst die **Längenänderung eines Prüfkörpers** bewirkt. Z. B. befinden sich in vielen elektrischen Druckaufnehmern Membrane (Prüfkörper) die mit DMS versehen sind. Wird die Membran mit Druck beaufschlagt, verformt sie sich. Die dabei entstehende Längenänderung der Membran führt auch zu einer Längenänderung des Dehnungsmeßstreifens und damit zu einer Widerstandsänderung. Dies kann über eine Meßelektronik in eine entsprechende analoge Meßspannung umgesetzt werden.

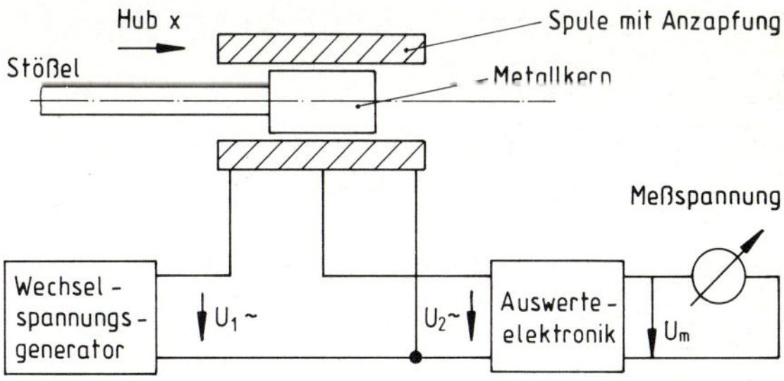

Induktiver Meßfühler

Induktive Meßfühler

Bei den **analogen induktiven Meßfühlern** wird über einen Stößel ein Metallkern im Inneren einer Meßspule verschoben und damit der Wechselstromwiderstand der Spule verändert.

Dies kann über eine Meßelektronik ausgewertet werden.

Induktive Meßfühler haben auch bei hohen Betätigungsgeschwindigkeiten eine lange Lebensdauer.

Sie werden z. B. in hydraulischen Proportionalventilen zur Messung der Schieberlage verwendet.

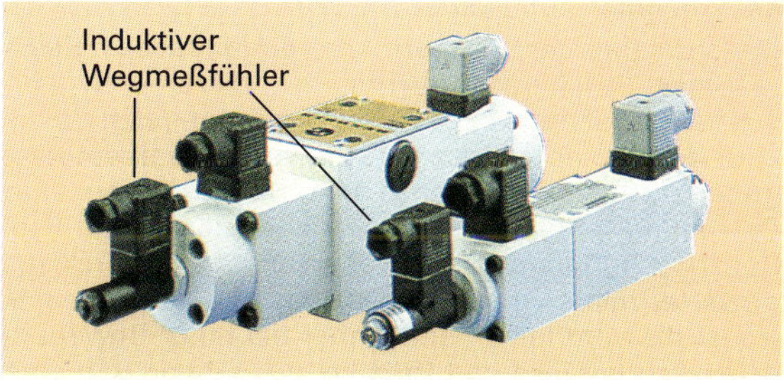

Proportionalventile mit induktiven Meßfühlern

• Digitale Signalgeber

Digitale Weg- und Drehwinkelgeber sind die häufigsten in der Industrie anzutreffenden digitalen Sensoren.

Sie arbeiten fast immer nach dem **optoelektronischen Prinzip.** Drehgeber haben eine bewegliche Glasscheibe, Lineargeber einen Glasmaßstab (Code-Lineal). Glasscheiben oder Glasmaßstäbe sind mit Strichmustern versehen. Die Strichmuster werden über Lichtschranken abgetastet. Abhängig von der Art des Strichmusters unterscheidet man zwischen digital-absoluten Gebern und Inkrementalgebern.

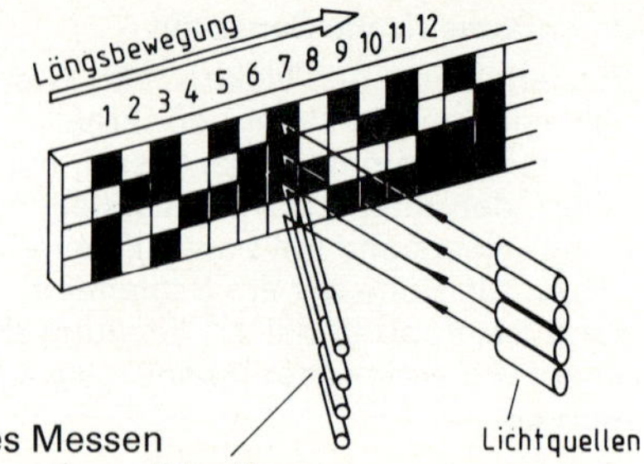

Direktes absolutes Messen mit Code-Lineal

Digital-absolute Signalgeber

Bei den **digital-absoluten Gebern** befindet sich auf der Glasscheibe bzw. auf dem Glasmaßstab ein **Strichmuster mit mehreren Spuren und Abschnitten,** das direkt ein digitales Positionssignal ergibt. Jede Spur bildet ein Bit des Positionssignals. Das Strichmuster ist so ausgeführt, daß in jedem Abschnitt ein anderer Signalcode vorliegt. Die Länge der Abschnitte bestimmt die **absolute Meßgenauigkeit (Auflösung).** Um auch bei hoher Auflösung **eindeutige Signale** zu erhalten, sind viele Spuren erforderlich. Ein Drehgeber mit einem Meßbereich von 360 Grad muß für eine Auflösung von 0.36 Grad ein Strichmuster mit 1000 Abschnitten und 10 Spuren aufweisen. Eine Verbesserung der Auflösung erfordert weitere Spuren und engere Abschnitte. Hochauflösende digital-absolute Geber haben daher einen hohen Preis und einen relativ großen Platzbedarf.

Strichscheibe eines digital-absoluten Drehgebers

Der Vorteil des digital-absoluten Meßverfahrens besteht darin, daß der Signalgeber jederzeit die Position erkennen und melden kann. Digital-absolute Geber werden daher vor allem bei Maschinen verwendet, bei denen aus Sicherheitsgründen gefordert wird, daß **nach Einschalten der Anlage sofort eine gültige Positionsmessung** erfolgt.

Digital-absolute Sensoren werden z. B. häufig an Industrierobotern, an Blechbearbeitungs- oder Brennschneidemaschinen, an Kfz-Waagen oder Rohrbiegeanlagen ebenso an Handhabungsgeräten und Plottern eingesetzt. Sie dienen zur Erfassung der Weg- und Winkelgrößen. An CNC-Drehmaschinen dienen sie zur Erfassung der Werkzeugträgerstellung und melden die Nummer des Werkzeugs, das sich im Eingriff befindet. Es genügen hier Geber mit niedriger Auflösung.

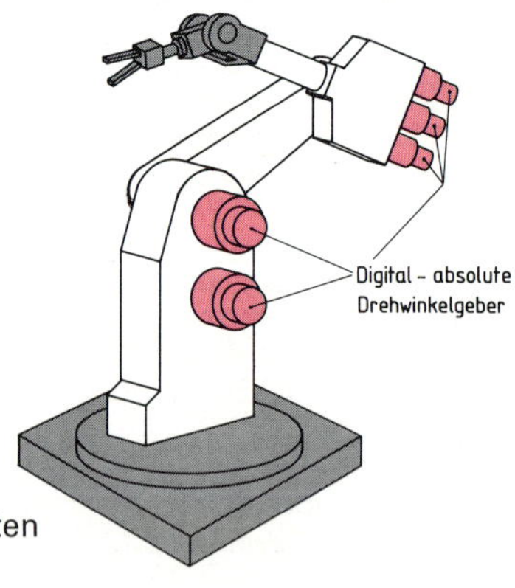

Industrieroboter mit digital-absoluten Signalgebern

Inkrementale Signalgeber

Bei den **Inkrementalgebern** wird ein **einfaches gleichmäßiges Strichmuster** verwendet. Inkrementalgeber werden daher auch bei hoher Strichdichte relativ preiswert angeboten. Allerdings erzeugt ein Inkrementalgeber allein kein Positionssignal. Es werden bei einer Bewegung lediglich **Impulsfolgen** erzeugt, die zur Positionsbestimmung von einer geeigneten Elektronik ausgewertet werden müssen. Dazu zählt die Auswerteelektronik die vom Inkrementalgeber bei einer Bewegung erzeugten Impulse und kann so, ausgehend von einer Ausgangsposition, eine Positionsänderung ermitteln.

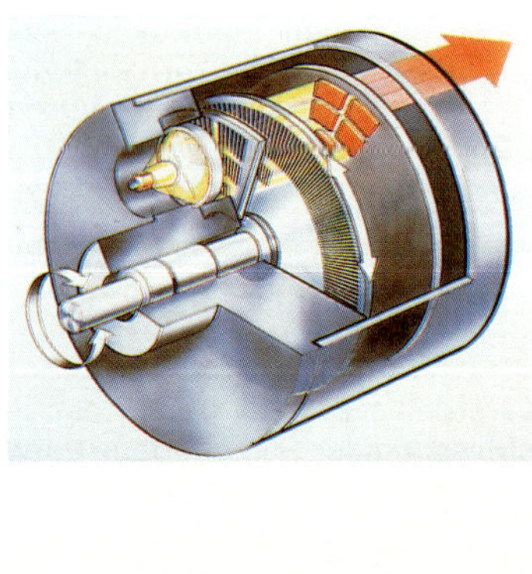
Inkrementaler Drehgeber

Ein Inkrementalgeber erzeugt sowohl bei Vorwärtsbewegungen wie auch bei Rückwärtsbewegungen Impulse. Bei einer **Vorwärtsbewegung** muß die Auswerteelektronik **Impulse addieren,** bei einer **Rückwärtsbewegung subtrahieren.** Zur Erkennung der Bewegungsrichtung sind Inkrementalgeber mit **zwei Spuren** versehen. Die Strichmuster der beiden Spuren sind um eine halbe Strichbreite verschoben. Die beiden Spuren erzeugen bei einer Bewegung Signalimpulse, die zeitlich **verschobene Signalflanken** erzeugen.

Eine geeignete Auswerteelektronik kann an der Reihenfolge der eintreffenden Signalflanken erkennen, ob eine Vorwärts- oder eine Rückwärtsbewegung stattfindet.

Ein weiterer Vorteil der zweiten Signalspur besteht darin, daß bei Einsatz eines entsprechenden Auswerteprogramms die Auflösung eines Inkrementalgebers gesteigert werden kann. Ein Drehgeber mit z. B. 1000 Strichen pro Spur erzeugt mit beiden Spuren bei einer Umdrehung 4000 Signalflanken (jeweils 1000 positive und negative Flanken pro Spur). Werden nicht die Striche gezählt, sondern die positiven und negativen Signalflanken, so spricht man von **Vierfachauswertung.**

Die Auswerteelektronik zählt die Impulse ausgehend von der Stellung, in der sich ein Inkrementalgeber beim Einschalten der Elektronik befindet. Es wird also nur die Verschiebung von der Ausgangsposition ermittelt.

Inkrementale Meßverfahren können prinzipiell **nur relative Verschiebungen** feststellen.

Um aus der relativen Verschiebung die absolute Lage beispielsweise des Werkzeugschlittens einer CNC-Drehmaschine zu ermitteln, muß gewährleistet sein, daß die **Zählung der Impulse** immer **bei einer bestimmten Ausgangslage** beginnt. Es muß daher erreicht werden, daß vor der Positionsmessung eine sogenannte **Referenzlage** angefahren wird, an der die Zählung der Impulse einsetzt. Zur Erkennung der Referenzlage haben Inkrementalgeber meistens eine dritte Spur, auf der sich nur ein Strich befindet. Damit kann bei Lineargebern die Referenzlage eindeutig gemeldet werden. Drehgeber, die z. B. über eine Schlittenantriebsspindel bewegt werden, durchfahren den Meßbereich normalerweise mit mehreren Umdrehungen. Der Strich auf der dritten Spur erzeugt an mehreren Stellen des Arbeitsbereiches Impulse und kann somit die Referenzlage nicht eindeutig melden. Daher haben z. B. Drehmaschinen mit indirekter inkrementaler Wegmessung für jede Achse neben einem Drehgeber mit drei Spuren zusätzlich einen Näherungsschalter, der die Referenzlage grob meldet. Die Referenzlage wird präzise und eindeutig gemeldet, wenn der Näherungsschalter und das Signal der dritten Spur den Zustand „1" haben.

Geräte für die elektronische Signalverarbeitung

- Analoge Geräte

Analoge Signale müssen oft verstärkt werden. Ein mit DMS versehener und mit Spannung versorgter Druckaufnehmer ändert seine Ausgangsspannung nur um wenige Millivolt, wenn er mit Druck beaufschlagt wird. Damit diese geringe Spannungsänderung z. B. von Anzeigegeräten oder Reglern verarbeitet werden kann, muß sie zunächst verstärkt werden. Es ist ein sogenannter **Meßverstärker** erforderlich, der kleine Eingangsspannungen in relativ große Ausgangsspannungen übersetzt. Die Verstärkung erfolgt durch spezielle integrierte Schaltungen, den sogenannten **Operationsverstärkern.** Auch für analoge Regler werden Operationsverstärker verwendet.

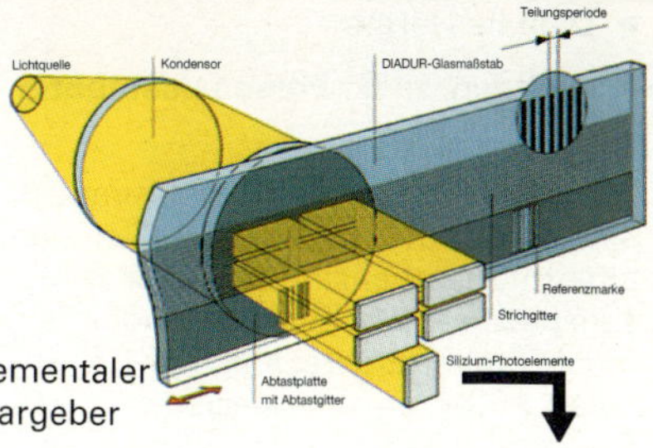

Inkrementaler Lineargeber

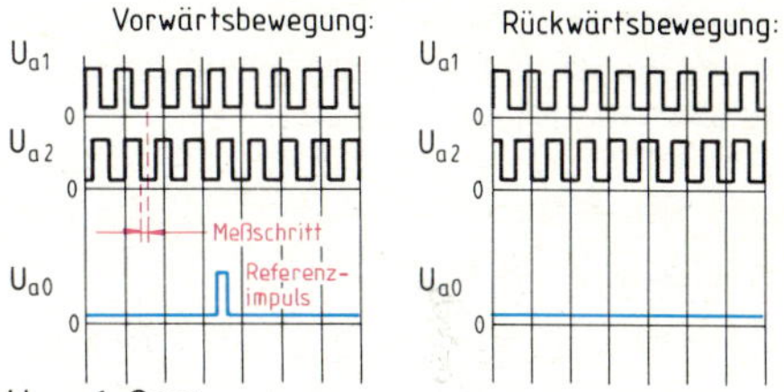

U_{a1} = 1. Spur
U_{a2} = 2. Spur
U_{a3} = 3. Spur

Impulsfolge:	Impulsfolge:
positive Flanke 1. Spur	positive Flanke 1. Spur
positive Flanke 2. Spur	negative Flanke 2. Spur
negative Flanke 1. Spur	negative Flanke 1. Spur
negative Flanke 2. Spur	positive Flanke 2. Spur
positive Flanke 1. Spur	positive Flanke 1. Spur
⋮	⋮

Signalfolgen bei Inkrementalgebern

Signalaufbereitung eines opto-elektronischen Meßsystems

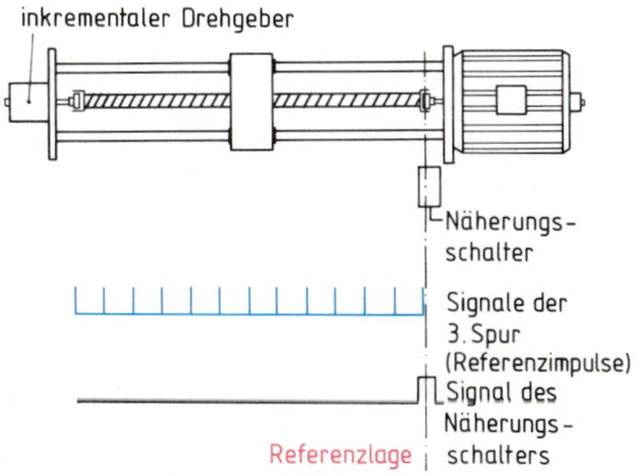

Bestimmung der Referenzlage bei einer CNC-Drehmaschine mit indirekter inkrementaler Wegmessung

- Digitale Geräte

Es werden z. B. **Personalcomputer, CNC-Steuergeräte** und **SPS** verwendet.

Alle diese Geräte enthalten mindestens einen Mikroprozessor und sind in ihrem Kern sehr ähnlich. Neben dem Mikroprozessor und einem Taktgeber sind **Speicher** erforderlich. Es gibt sogenannte **Massenspeicher,** z. B. Disketten oder Festplatten. Diese Speicher finden in der Steuerungstechnik nur bei einigen Geräten Anwendung (Beispiel: SPS-Programmiergeräte mit Disketten oder Festplatten, CNC-Steuergeräte mit Lochstreifenlesern). Daneben gibt es die **Halbleiterspeicher,** mit denen jedes Mikroprozessorgerät ausgerüstet sein muß. Es handelt sich um ICs, die Daten sehr schnell aufnehmen und wieder ausgeben können.

Digitale Geräte zur Signalverarbeitung werden heute fast ausschließlich mit Mikroprozessoren verwirklicht.

Speicherbausteine

Ein Halbleiterspeicher (IC), in den ein Mikroprozessor jederzeit Daten hineingeschrieben und wieder ausgelesen kann, ist ein **Schreib/Lese-Speicher,** kurz **RAM** genannt (random access memory). RAMs haben den Nachteil, daß sie ihre Daten verlieren, wenn sie nicht mehr mit Spannung versorgt werden. Um Datenverlust bei Spannungsausfall zu vermeiden, verwendet man oft Batterien, um die Spannungsversorgung von RAMs jederzeit aufrechtzuerhalten. Viele Daten brauchen während des Betriebs eines Mikroprozessorgerätes nicht mehr geändert zu werden. Sie werden vom Hersteller eines Gerätes einmal festgelegt und abgespeichert. Dazu verwendet man **Festwertspeicher,** kurz **ROM** (read only memory). Ein Mikroprozessor kann Daten aus einem ROM nur auslesen, nicht aber hineinschreiben. Es gibt verschiedene Verfahren, um Daten in ROMs einzuschreiben.

Hersteller von Chips haben die Möglichkeit, bereits bei der Herstellung ein ROM mit Daten zu versehen. Davon wird in der Praxis wenig Gebrauch gemacht. Man verwendet normalerweise **ROMs, die** noch nach der Herstellung **programmierbar sind,** sogenannte **PROMs** (PROM = programmable ROM). Mit einem speziellen Gerät werden in einem PROM Verbindungen durchgeschmolzen, so daß Daten in den Speicher „eingebrannt" werden. Derartig abgespeicherte Daten können nachträglich nicht verändert werden. Damit bei der Programmierung von Mikroprozessorgeräten nicht für jede Programmänderung neue Speicherbausteine erforderlich sind, verwendet man **PROMs, die man wieder löschen kann,** sogenannte **EPROMs** (erasable PROM). Normale EPROMs haben ein Glasfenster über dem eigentlichen „Chip", auf dem sich der Speicher befindet. Durch Einwirkung von ultraviolettem Licht kann der Speicherinhalt gelöscht werden. Das Programmieren und Löschen von EPROMs erfolgt außerhalb des vorgesehenen Mikroprozessorgerätes. Bei Verwendung eines **EEPROMs** (electrically erasable PROM) verbleibt der Speicherbaustein im Mikroprozessorgerät und wird vom Mikroprozessor selbst **durch entsprechende Signale beschrieben.** Ein EEPROM ist daher fast funktionsgleich mit einem RAM und hat den Vorteil, daß auch bei Spannungsausfall der Speicherinhalt erhalten bleibt. In Mikroprozessorgeräten werden normalerweise verschiedene Speicherbausteine nebeneinander eingesetzt.

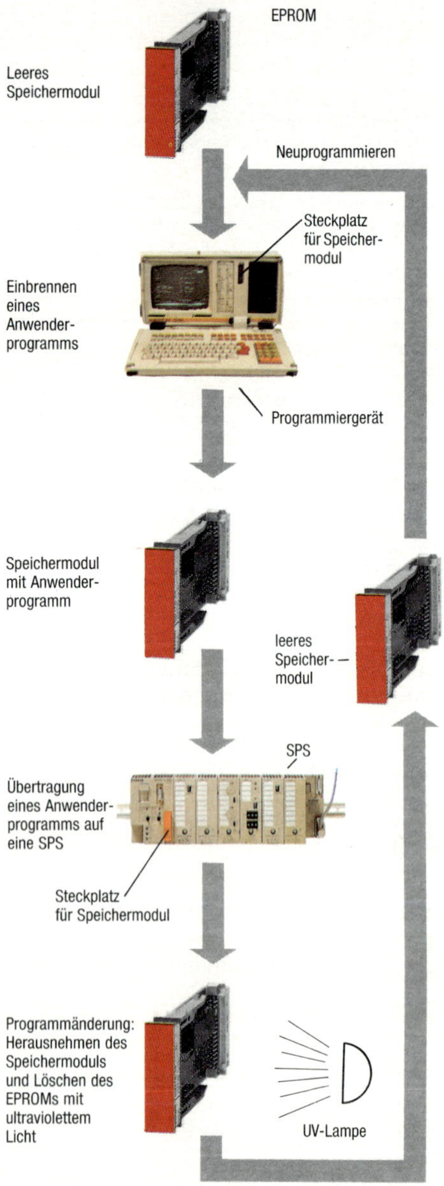

Programmieren eines EPROMs

Elektrische Stell- und Arbeitsglieder

- Drehstrommotoren

Drehstrommotoren, die über Schütze mit binären Signalen angesteuert werden, sind nach wie vor die wichtigsten elektrischen Arbeitsglieder.

Ihre **Drehrichtung** kann über **Wendeschütze** verändert werden. Für Positionierantriebe in Verbindung mit Abschaltkreisen verwendet man Drehstrommotoren mit **elektrisch schaltbarer Bremse,** um Antriebe nach Erreichen der Sollposition schnell anzuhalten (vergl. Kap. 3.1.2).

Drehstrommotoren, die über Schütze angesteuert werden, haben immer annähernd die gleiche Umdrehungsfrequenz (in Deutschland üblicherweise 1450 U/min). Dies wird oft als Vorteil angesehen, da die **Umdrehungsfrequenz weitgehend unabhängig von der Belastung** ist.

Um die Umdrehungsfrequenzen von Drehstrommotoren durch Stellsignale stufenlos zu verstellen, setzt man sogenannte **Frequenzumrichter** ein. Drehstrommotoren mit Frequenzumrichtern treiben die Hauptspindel von Drehmaschinen an und können deren Umdrehungsfrequenz regeln. Ein Nachteil dieser Antriebe besteht darin, daß Umdrehungsfrequenzen nicht gleichmäßig bis zum Stillstand verstellt werden können. Drehstromantriebe mit Frequenzumrichtern sind daher für Lageregelkreise ungeeignet.

- Gleichstrommotoren (DC-Motoren)

Die Umdrehungsfrequenzen von **Gleichstrommotoren** können mit Hilfe von sogenannten **Transistor- oder Thyristorumrichtern** stufenlos in beide Richtungen verstellt werden. Sie werden fast immer mit Umdrehungsfrequenzregelungen betrieben. Manche Bauformen eignen sich besonders gut für Lageregelungen (Servomotoren, Scheibenläufermotoren). Sie können auch bei niedrigen Umdrehungsfrequenzen **feinfühlig bis zum Stillstand verstellt** werden.

- Wechselstromservomotoren (AC-Servomotoren)

Wechselstromservomotoren verbinden die gute Verstellbarkeit von DC-Servomotoren mit der Verschleißfestigkeit von Drehstrommotoren. Sie haben keine mechanische, sondern eine **elektronische Kommutierung.** Erforderlich sind spezielle Umrichter. Die Umdrehungsfrequenzregelung und Kommutierung erfolgt mit Hilfe von Tachometern und Sensoren zur Meldung der Wellenlage im Motor. Diese Sensoren sind in den Motoren eingebaut. Für die Vorschubbewegungen an CNC-Werkzeugmaschinen werden zunehmend AC-Servoantriebe eingesetzt.

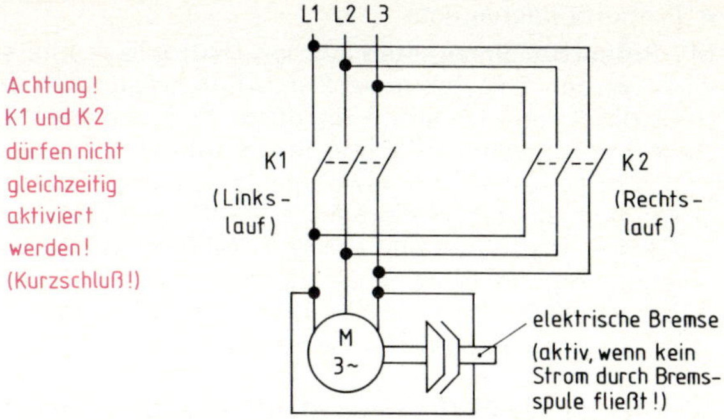

Steuerung eines Drehstrombremsmotors mit Wendeschützschaltung (Drehrichtungsumkehr)

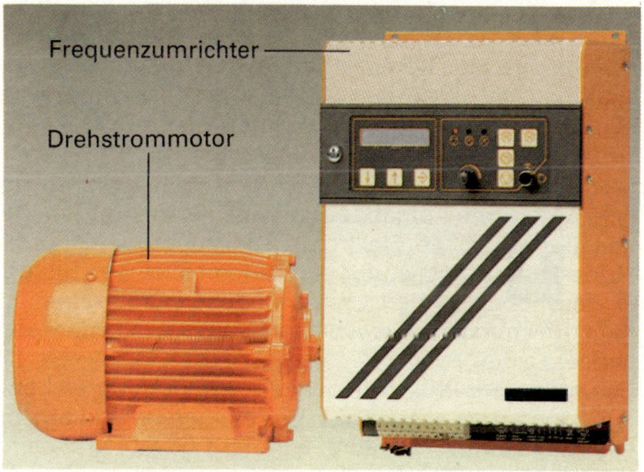

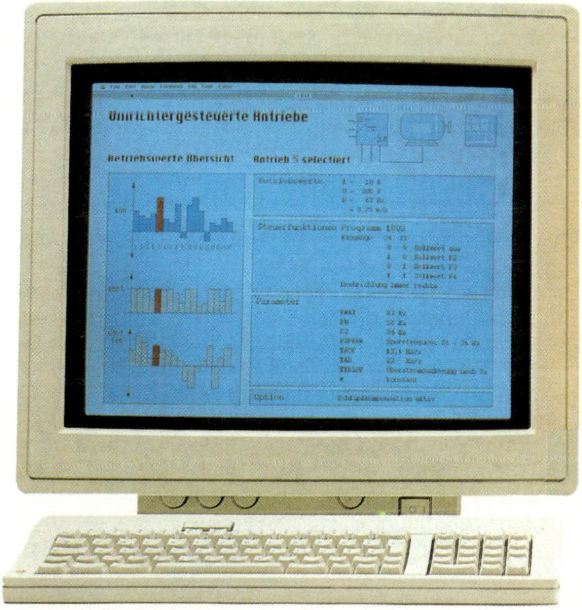

Anzeige der Betriebswerte

Steuerung der Umdrehungsfrequenz von Drehstrommotoren durch Frequenzumrichter

- Proportionalmagnete

Mit **Proportionalmagneten** können Hydraulikventile stufenlos verstellt werden. Der **Hub eines Proportionalmagneten** wird durch die **Höhe des Stroms** bestimmt, der durch die Spule des Magneten fließt. Die Proportionalität zwischen Strom und Hub ist allerdings in der Praxis nicht vollständig gewährleistet. Um die Kennlinie eines Proportionalmagneten zu verbessern, mißt man den Hub mit einem induktiven Meßfühler und verstellt den Proportionalmagneten über einen Lageregler. So können z. B. Blenden oder Steuerschieber präzise verstellt werden. Proportionalmagnete werden über **analoge „Proportionalverstärker“** angesteuert.

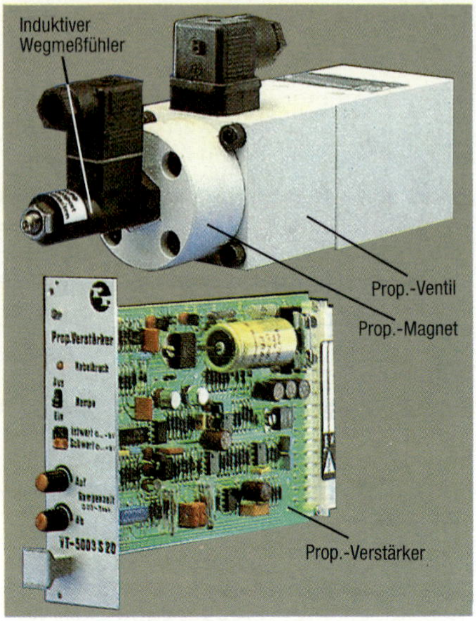

Proportionalmagnet angesteuert durch Proportionalverstärker

Mechanischer Aufbau von elektronischen Geräten

Für den Aufbau von elektronischen Steuergeräten finden zwei unterschiedliche Konzepte Anwendung. Oft baut man alle Einheiten, die für eine bestimmte Steuerungsaufgabe erforderlich sind, fest in ein gemeinsames Gehäuse ein. Derartige Geräte bezeichnet man als **Kompaktgeräte.** Kompaktgeräte sind relativ preiswert und platzsparend. Sie haben den Nachteil, daß sie kaum erweitert werden können, wenn Aufgaben gelöst werden müssen, die über den ursprünglich vorgesehenen Zweck hinausgehen.

Modulare Geräte können nach dem **Baukastenprinzip** passend für eine bestimmte Aufgabe zusammengesetzt werden. Die Platinen mit den erforderlichen Elektronikbaugruppen sind normalerweise als „Steckkarten“ ausgeführt und können in einen „Baugruppenträger“ eingeschoben werden. Die Verbindung der einzelnen Steckkarten erfolgt über ein Leitungssystem mit Verbindungssteckern, einem sogenannten „Bus“.

Das modulare Prinzip findet z. B. bei umfangreichen SPS Anwendung. Derartige SPS werden von einigen Herstellern auch **„Automatisierungsgeräte“** genannt. Für diese Geräte gibt es neben binären Signaleingangs- und -ausgangsbaugruppen zusätzlich Baugruppen mit AD-Wandlern, DA-Wandlern, Lagereglern usw. Auch Baugruppen zur Ansteuerung von Bildschirmen stehen zur Verfügung.

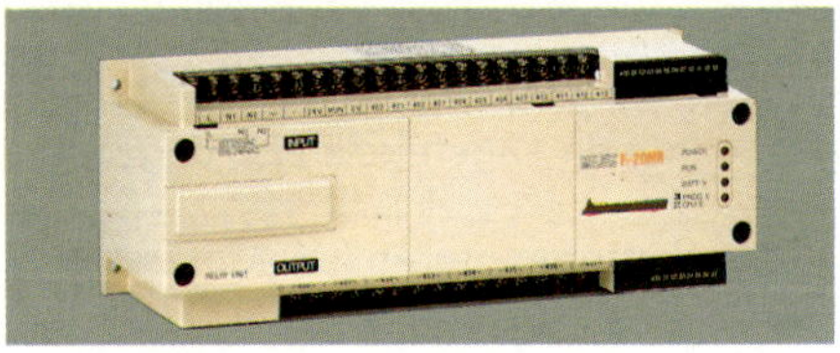
Kompaktgerät

CNC-Steuergeräte sind ebenfalls modular aufgebaut. Auch Personalcomputer sind normalerweise modulare Geräte. Es gibt für PCs Steckkarten zur Eingabe und Ausgabe von binären Spannungssignalen, sowie AD- und DA-Wandlerkarten.

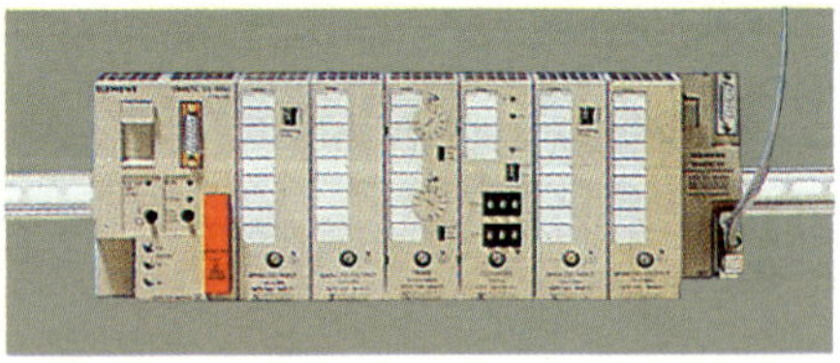
Modulares Gerät

Verbindungstechnik

Der große Vorteil der elektrischen Signalverarbeitung besteht darin, daß Signale über sehr große Entfernungen übertragen werden können. Während Leitungen für die Übertragung von elektrischer Energie hinreichend große Querschnitte aufweisen müssen, können für Signale sehr dünne Leitungen benutzt werden. Man verwendet mehradrige Kabel, z. B. mit 16 oder noch mehr Adern, um möglichst viele Signale in einem Strang zu übertragen. Um die zusammengeführten Signalleitungen an der Maschine oder im Schaltschrank zu unterschiedlichen Geräten zu führen, sind Verteiler, z. B. in Form von Klemmleisten, erforderlich. Die Leitungsenden werden mit Aderendhülsen oder Kabelschuhen versehen und festgeklemmt. Leicht lösbare Verbindungen werden als Steckverbindungen ausgeführt.

Während digitale Signale bei der Übertragung relativ unempfindlich gegenüber äußeren Störeinflüssen sind, können analoge Signale z. B. durch elektrische oder magnetische Einstrahlungen verfälscht werden. Daher benutzt man vor allem zur Übertragung von analogen Signalen Leitungen mit einem Metallgeflecht als „Abschirmung“ gegen Einstrahlungen.

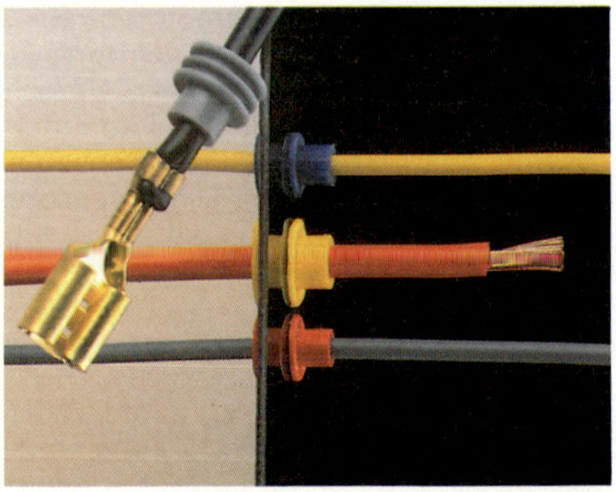
Kabel mit Kabelschuh

4.3.2 Software für speicherprogrammierte Steuerungen

Betriebssysteme

Mikroprozessorgeräte müssen mit umfangreicher Software versehen werden, bevor sie eine bestimmte Aufgabe erfüllen können. Eine Neuentwicklung der Software erfordert einen großen zeitlichen und finanziellen Aufwand. Deshalb soll die Software bereits den vorgesehenen Aufgaben der Maschine angepaßt sein.

Mikroprozessorgeräte sind daher nicht nur nach der Leistungsfähigkeit der Hardware auszuwählen, sondern es muß auch beachtet werden, welche Software bereits zum Lieferumfang eines Gerätes gehört. Entscheidend sind Zweck und Leistungsfähigkeit des zur Hardware gehörigen **„Betriebssystems"**.

Im Betriebssystem liegt der entscheidende Unterschied zwischen SPS, CNC-Steuergeräten und Personalcomputern. Prinzipiell kann z. B. eine CNC-Maschine sowohl von einem CNC-Steuergerät wie auch von einem entsprechend ausgerüsteten Personalcomputer gesteuert werden. Während aber mit einem CNC-Steuergerät vom Hersteller eine sehr umfangreiche Steuerungssoftware mitgeliefert wird, muß der Anwender eines Personalcomputers diese Software selbst erstellen. Beim Betriebssystem eines CNC-Steuergerätes braucht der CNC-Programmierer z. B. nur eine „T-Anweisung" vorzugeben, um einen Werkzeugwechsel auszulösen. Das Betriebssystem steuert daraufhin in richtiger Abfolge die Arbeitsglieder des Werkzeugträgers. Bei Einsatz eines Personalcomputers muß das komplette Ablaufprogramm für einen Werkzeugwechsel in einer Programmiersprache eingegeben werden, die das Betriebssystem des Personalcomputers verarbeiten kann, also z. B. in BASIC. Für einen einzigen Werkzeugwechsel wären viele BASIC-Programmzeilen erforderlich.

Umgekehrt kann man ein CNC-Steuergerät nur für die Steuerung von Werkzeugmaschinen verwenden. Es handelt sich in diesem Fall also um ein sehr spezialisiertes Mikroprozessorgerät, wogegen ein Personal-Computer ein sehr vielseitig verwendbares Gerät ist.

SPS sind für den Bereich der Maschinensteuerungen recht vielseitig einsetzbar und gleichzeitig relativ einfach zu programmieren. Sie werden daher in vielen Bereichen der Industrie für die Steuerung von Maschinen und Anlagen bevorzugt verwendet. Hinsichtlich der Betriebssysteme muß unterschieden werden zwischen dem **Betriebssystem der SPS** und dem **Betriebssystem des SPS-Programmiergerätes.**

Das **Betriebssystem der SPS** hat die Aufgabe, die einprogrammierten Steueranweisungen ständig wiederholt auszuführen („zyklische Programmbearbeitung").

Es liest zum gegebenen Zeitpunkt automatisch die Eingangssignalzustände **(Prozeßabbild der Eingänge)** ein und gibt die zugewiesenen Ausgangszustände **(Prozeßabbild der Ausgänge)** an den Ausgangsklemmen der SPS aus.

Daneben muß das Betriebssystem der SPS die **Übertragung eines Programms zwischen SPS und Programmiergerät** ermöglichen. Das Programm, das vom Programmiergerät zur SPS übertragen wird, ist ein sogenanntes **Maschinenprogramm** und für den Menschen kaum nachvollziehbar, da es nur aus Dualzahlen besteht.

Das **Betriebssystem des Programmiergerätes** hat als wichtigste Aufgabe, ein für den Menschen **lesbares Steuerungsprogramm** in ein Maschinenprogramm zu übersetzen bzw. ein Maschinenprogramm in ein lesbares Programm zurückzuübersetzen.

Aufgabe

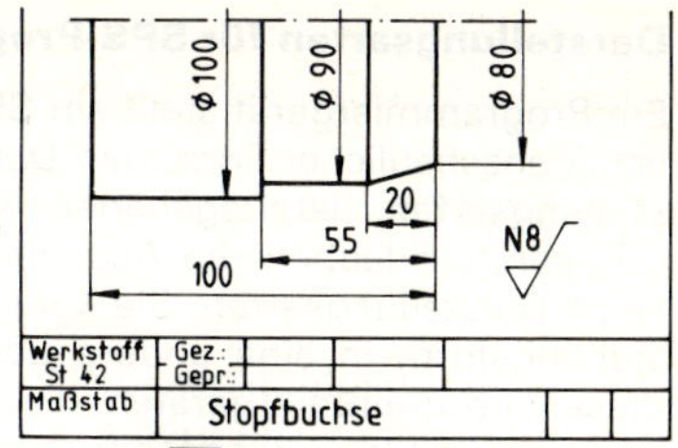

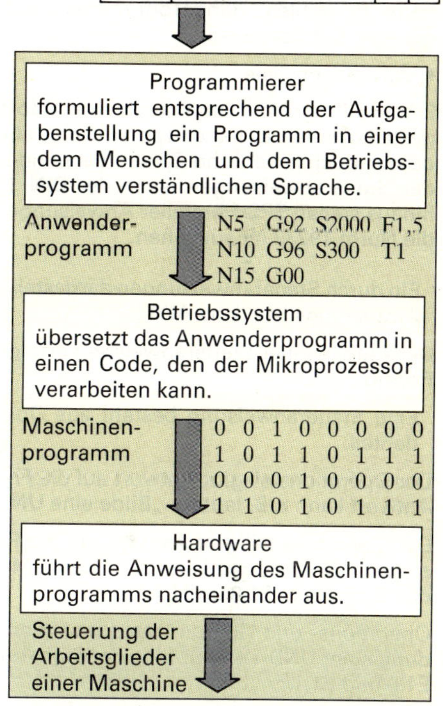

Programmierung einer CNC-Maschine

Je spezieller das Betriebssystem eines Mikroprozessorgerätes für eine bestimmte Aufgabe vorgesehen ist, um so geringer ist i. a. für den Anwender der Programmieraufwand.

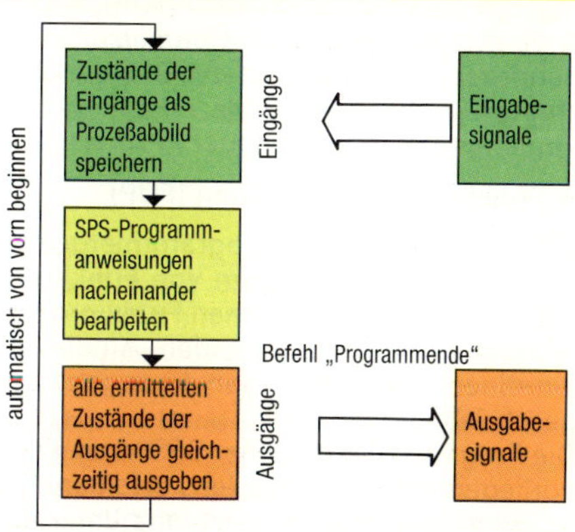

Programmbearbeitung einer SPS

SPS-Programmierung von Teilfunktionen – Beispiel Verknüpfungssteuerung

Im folgenden wird eine Steuerung für eine Sortieranlage über SPS entwickelt.

In der Sortieranlage wird für die Wiederverwertung von Werkstoffen Glas von anderen Werkstoffen getrennt. Dabei wird das Glas zwecks Weiterverarbeitung in einen Container geleitet. Die übrigen Materialien werden über Transportband 2 abtransportiert.

Sortieranlage

- Steuerungsablauf

Die Vereinzelung bewegt sich im 2s-Takt hin und her. Dabei rutscht das Material vom Vorratsbehälter auf das Transportband 1. Der Takt ist erforderlich, damit sich bei Bewegung des Schiebers kein Materialstau bildet. Grenztaster der Vereinzelung sind S1 und S2 (beide Öffner). Befindet sich Glas auf dem Band, liefert die Lichtschranke B1 keinen Signalwechsel an die Steuerung. Der Schieber wird dann nicht betätigt.

Kommt lichtundurchlässiges Material in den Bereich der Lichtschranke B1, fährt der Schieber vor und zurück. Dabei wird das Material auf Transportband 2 geschoben. Glas passiert den Schieber und gelangt über Band 1 in den Container.

Sollte irrtümlicherweise lichtundurchlässiges Material den Schieber passiert haben, schaltet die Lichtschranke B2 die Vereinzelung und beide Transportbänder ab. Wenn 900 lichtundurchlässige Materialien die Lichtschranke B3 passiert haben (Sammelbehälter austauschen), schalten Transportband 2 und Transportband 1 ab. Die Vereinzelung verhindert eine weitere Beschickung des Bandes, der Schieber fährt wieder in Ausgangsposition (hinten; wie im Technologieschema dargestellt).

Diese Steuerungsaufgabe wird im folgenden schrittweise bearbeitet.

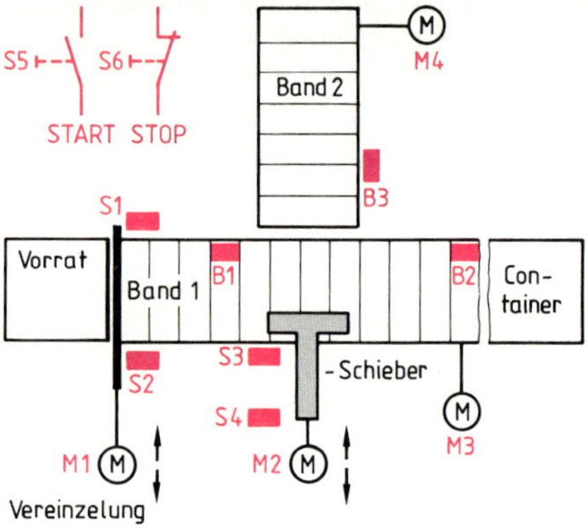

Technologieschema einer Sortieranlage

- Verknüpfungsfunktion

Betrachtet wird zunächst die Vereinzelung der Sortieranlage:
Um Material auf das Transportband zu bringen, muß der Motor M1 im Rechtslauf betrieben werden. Die Bewegung der Vereinzelung wird vom Grenztaster S2 abgeschaltet. Gleichzeitig schaltet S2 den Motor M1 auf Linkslauf um, damit die Vereinzelung wieder in Ausgangsposition fahren kann. Grenztaster S1 schaltet den Linkslauf des Motors M1 ab.

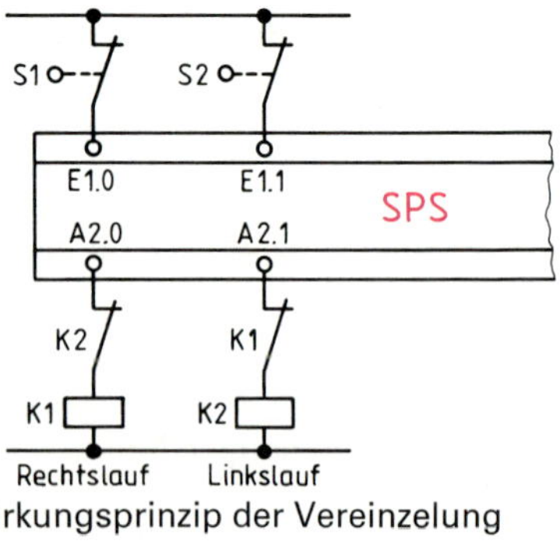

Wirkungsprinzip der Vereinzelung

Für den Motor M1 ist also eine Drehrichtungsumkehr notwendig. Wenn M1 ein Drehstrommotor ist, erfolgt die Drehrichtungsumkehr durch Vertauschung von zwei Außenleitern (vgl. Kap. 3.1 Elektromotoren). Dies ist von der Steuerungstechnik mit Schützen her bekannt.

Niemals dürfen Rechts- und Linkslauf des Motors gleichzeitig eingeschaltet werden. Zum einen ist dies ein unsinniger (weil widersprüchlicher) Befehl, zum anderen wäre ein zweipoliger Kurzschluß die Folge. Beide Drehrichtungen sind gegeneinander zu verriegeln.

Der Ausgang A2.0 kann nur gesetzt werden (den Signalzustand „1“ annehmen), wenn der Eingang E1.0 „1“-Signal führt und der Ausgang A2.1 nicht gesetzt ist.

Der Ausgang A2.1 kann nur gesetzt werden, wenn der Eingang E1.1 „1“-Signal führt und der Ausgang A2.0 nicht gesetzt ist. Beide Ausgänge können niemals gleichzeitig gesetzt werden, sie sind gegeneinander verriegelt.

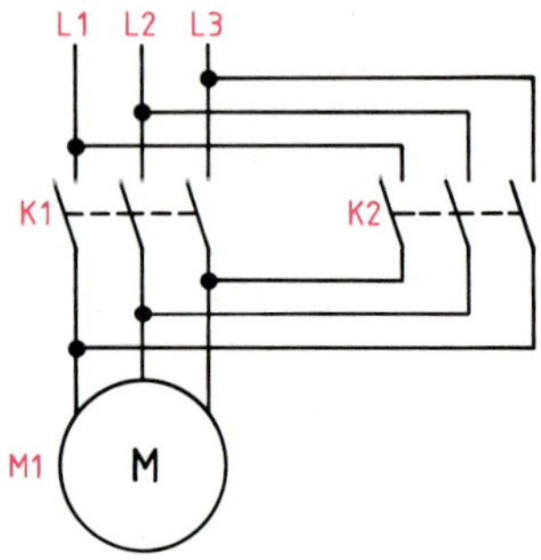

Steuerung des Motors M1

Bisher wurde noch nicht berücksichtigt, daß S1 und S2 Öffner sind. Öffner liefern im unbetätigten Zustand „1“- und im betätigten Zustand „0“-Signal.

Die Drehrichtungsumkehr der Vereinzelung erfolgt durch Betätigung eines Öffners, also durch einen Signalwechsel von „1" auf „0". Daher müssen die von den Öffnern gelieferten Eingangssignale negiert werden. Für diese Verknüpfungssteuerung sind unten Funktionsplan (FUP), Kontaktplan (KOP) und Anweisungsliste (AWL) zusammengefaßt dargestellt.

Auch im Steuerungsprogramm sind die Ausgänge A2.0 und A2.1 gegeneinander verriegelt. Dies allein ist jedoch nicht ausreichend. Auch die an die Ausgänge A2.0/A2.1 der SPS angeschlossenen Lastschütze K1/K2 müssen zusätzlich kontakttechnisch gegeneinander verriegelt werden.

Bezogen auf die Vereinzelung der Sortieranlage ist das entwickelte Steuerungsprogramm noch nicht funktionsfähig. Folgende Überlegungen verdeutlichen dies:
Der Ausgang A2.0 bleibt nur solange gesetzt, wie am Eingang E1.0 „0"-Signal anliegt (Öffner betätigt).
Der Ausgang A2.1 bleibt nur solange gesetzt, wie am Eingang E1.1 „1"-Signal anliegt (Öffner betätigt).

Während der Verfahrbewegungen der Vereinzelung sind die Öffner S1, S2 nicht betätigt, da dies nur an den Umkehrpunkten der Verfahrbewegung geschieht. Die Ausgänge A2.0 und A2.1 werden dann nicht gesetzt, die Vereinzelung kann also nicht funktionieren. Da die Eingänge E1.0 und E1.1 nur kurzzeitig „1"-Signal führen, die Ausgänge A2.0 und A2.1 jedoch längere Zeit gesetzt bleiben müssen, ist eine Speicherung der Eingangssignale notwendig.

Adresse	Steueranweisung	Kommentar
000	UN E1.0	Liefert Öffner „0"-Signal?
001	UN A2.1	Ausgang A2.1 nicht gesetzt?
002	= A2.0	Dann Ausgang A2.0 setzen!
003	UN A2.0	Ausgang A2.0 nicht gesetzt?
004	UN E1.1	Liefert Öffner „0"-Signal?
005	= A2.1	Dann Ausgang A2.1 setzen!

Anweisungsliste einer Verknüpfungsfunktion

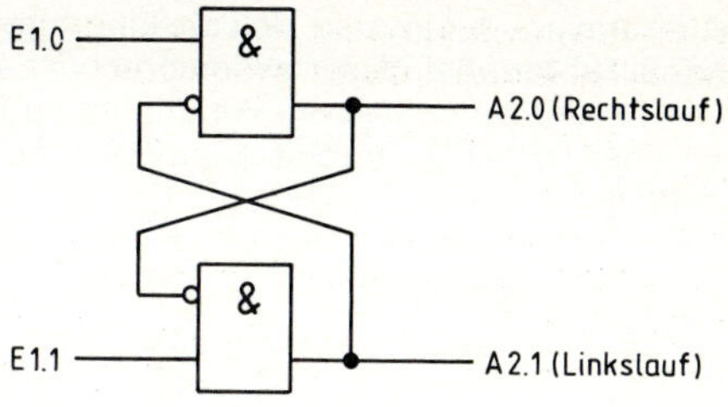

Verriegelung der Ausgänge

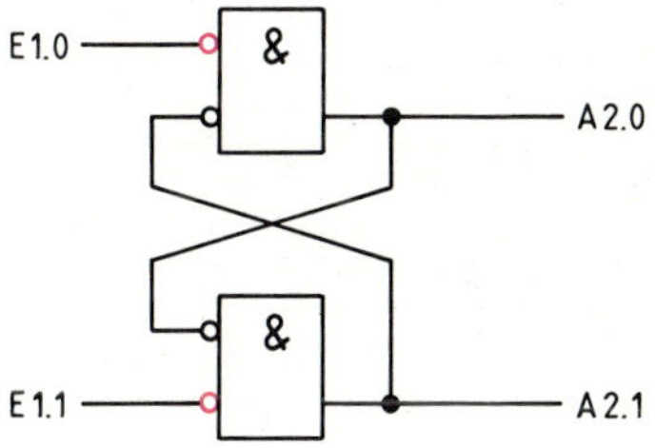

Negation der Eingangssignale (Öffner)

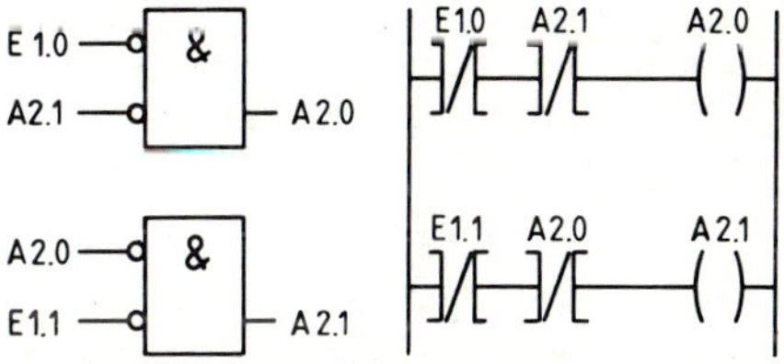

Funktionsplan und Kontaktplan einer Verknüpfungsfunktion

- Speicherfunktion

Aufgabe der Speicherfunktion ist es, kurzzeitige Signalzustände zu speichern und in Dauerzustände umzuwandeln. Bei Schützen wird die Speicherfunktion Selbsthaltung genannt. Als elektronische Speicherschaltungen finden bistabile Kippschaltungen (RS-Flip-Flops) Verwendung.

Durch Anlegen eines kurzzeitigen „1"-Signals am Setzeingang S nimmt der Ausgang Q der Speicherschaltung „1"-Signal an. Dieses Ausgangssignal wird gespeichert und solange beibehalten bis durch ein „1"-Signal am Rücksetzeingang R der Ausgang Q wieder auf „0"-Signal gebracht wird. Der invertierende Ausgang $\overline{Q}$ wird bei speicherprogrammierten Steuerungen nicht benötigt.

In Steuerungsprogrammen werden für Speicherfunktionen die Operationen S (Setzen) und R (Rücksetzen) verwendet. Speicherfunktionen können bei **Ausgängen** und **Merkern** angewendet werden.

Beispiele:
S A2.0: Ausgang A2.0 setzen
R M0.1: Merker M0.1 rücksetzen

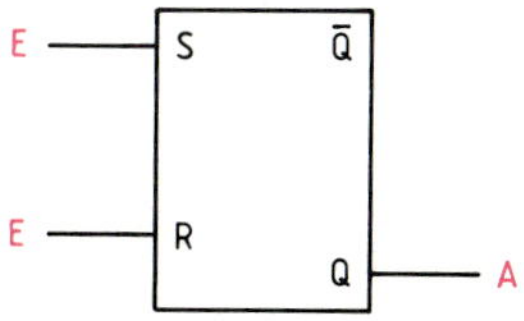

RS-Speicherschaltung nach DIN 40700

S	SET Setzeingang
R	RESET Rücksetzeingang
Q	Ausgang
$\overline{Q}$	invertierender Ausgang

Speicher setzen (Einschalten):
Kurzzeitiges „1"-Signal an S

Speicher rücksetzen (Ausschalten):
Kurzzeitiges „1"-Signal an R

Nun kann es vorkommen, daß die Eingänge S und R gleichzeitig „1"-Signal führen. Bei dieser widersprüchlichen Situation muß für eindeutige und vorhersagbare Verhältnisse gesorgt werden. Dabei wird zwischen vorrangigem Setzen und vorrangigem Rücksetzen unterschieden.

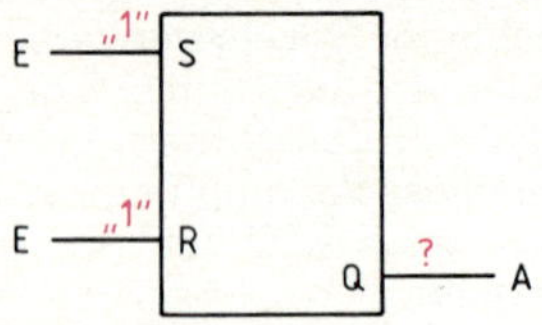

Widersprüchliche Befehle

Vorrangiges Setzen

Führen Setz- und Rücksetzeingang gleichzeitig „1"-Signal, nimmt der Ausgang ebenfalls „1"-Signal an. Die Setzoperation ist also vorrangig.

Wenn die Taster S1 und S2 gleichzeitig betätigt werden, wird das Schütz K1 eingeschaltet. Der Öffner S1 (Austaster) wird vom Schließer S2 (Eintaster) überbrückt. In dieser Schaltung ist der Eintaster S2 vorrangig.

Zu beachten ist die Kennzeichnung des vorrangigen Setzens im Speichersymbol (roter Eintrag): Wenn S = „1" und R = „1", dann Q = „1". Die Negation am R-Eingang ist wegen der Verwendung eines Öffners (S1) erforderlich. Bei Betätigung des Öffners (er liefert dann „0"-Signal) soll rückgesetzt werden. Zum Rücksetzen ist jedoch ein „1"-Signal am R-Eingang erforderlich.

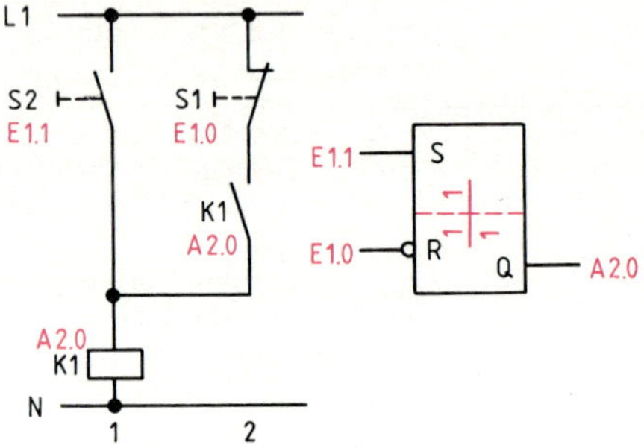

Vorrangiges Setzen

Programmierung des vorrangigen Setzens

Bei der zyklischen Abarbeitung des SPS-Programms hat die zuletzt gegebene Steueranweisung Vorrang. Die Steueranweisung, die näher bei BE steht, wird vorrangig bearbeitet. Bei vorrangigem Setzen muß also die Setzanweisung näher bei BE stehen als die zugehörige Rücksetzanweisung. Mit anderen Worten: Zuerst wird die Rücksetzanweisung programmiert.

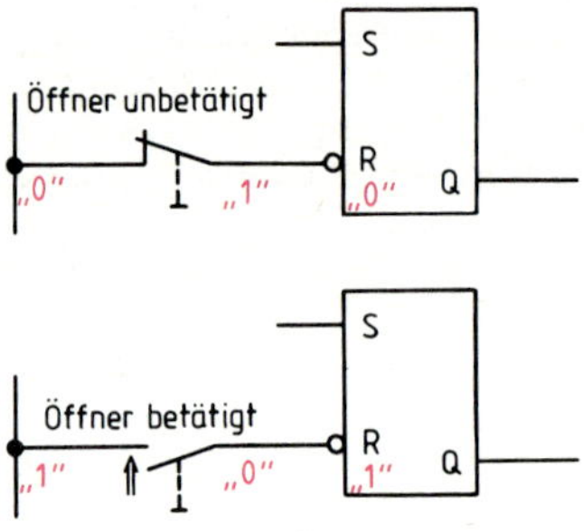

Rücksetzen mit Öffner

Adresse	Steueranweisung	Kommentar
000	UN E1.0	Öffner betätigt?
001	R A2.0	Ausgang rücksetzen
002	U E1.1	Schließer betätigt?
003	S A2.0	Ausgang setzen
004	BE	Baustein-Ende

Anweisungsliste für vorrangiges Setzen

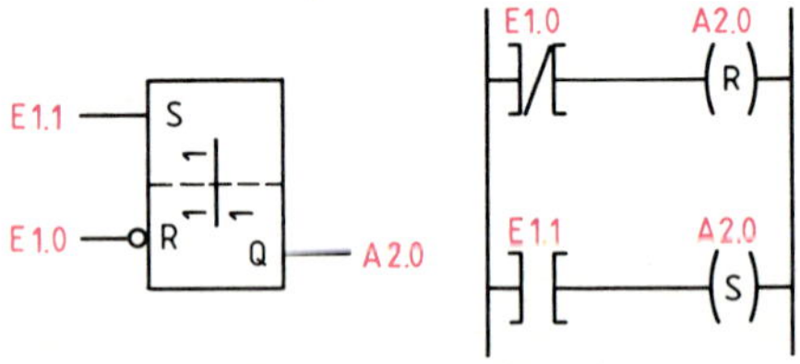

Funktions- und Kontaktplan (FUP und KOP) für vorrangiges Setzen

Vorrangiges Rücksetzen

Wenn S- und R-Eingang gleichzeitig „1"-Signal führen, wird vorrangig zurückgesetzt. Aus Sicherheitsgründen ist dieses Speicherverhalten in der Steuerungstechnik vorherrschend. Im Zweifelsfall ist es in der Regel besser, auszuschalten bzw. rückzusetzen. Bei der Schützsteuerung liegt der Öffner S1 im Hauptstrompfad. Wird er betätigt, ist der Stromfluß zu Schützspule in jedem Fall unterbrochen. Selbst eine Betätigung des Schließers S2 ändert daran nichts.

Im Speichersymbol bedeutet der rote Eintrag: Wenn S = „1" und R = „1", dann ist Q = „0".
Der unerlaubte Betriebszustand führt also zum Rücksetzen des Speichers bzw. verhindert ein Setzen des Speichers.

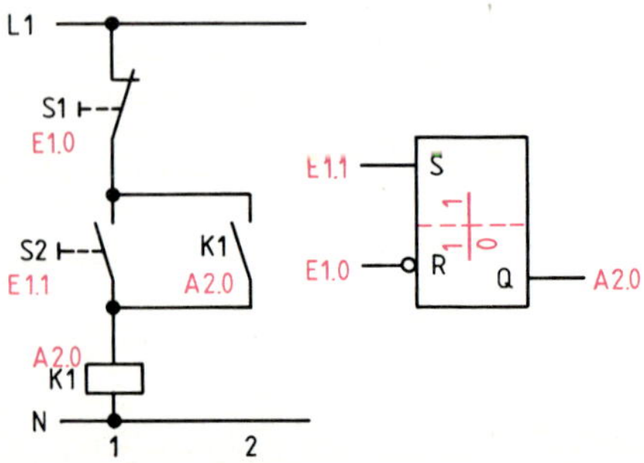

Vorrangiges Rücksetzen

Programmierung des vorrangigen Rücksetzens

Wegen des Vorranges der zuletzt gegebenen Steueranweisung muß bei vorrangigem Rücksetzen die Rücksetzanweisung näher bei BE stehen als die zugehörige Setzanweisung. Zuerst wird die Setzanweisung programmiert.

Adresse	Steueranweisung	Kommentar
000	U E1.1	Schließer betätigt?
001	S A2.0	Ausgang setzen
002	UN E1.0	Öffner betätigt?
003	R A2.0	Ausgang rücksetzen
004	BE	Baustein-Ende

Anweisungsliste für vorrangiges Rücksetzen

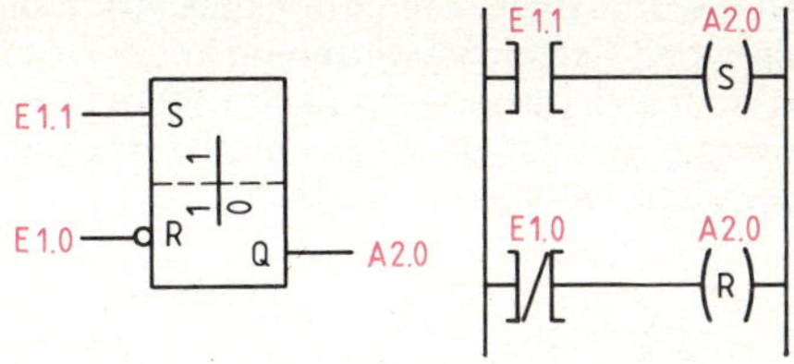

FUP und KOP für vorrangiges Rücksetzen

Speicherfunktionen werden für die Vereinzelung der Sortieranlage benötigt. Der Schieber der Vereinzelung fährt periodisch zwischen die durch die Grenztaster S1 und S2 festgelegten Endpositionen hin und her.
Bei Betätigung des Öffners S1 schaltet der Motor M1 auf Rechtslauf. Bei Betätigung des Öffners S2 wird der Rechtslauf ausgeschaltet und der Linkslauf von Motor M1 eingeschaltet.
Wird jetzt erneut der Öffner S1 betätigt, wird der Linkslauf aus- und der Rechtslauf eingeschaltet. Diese Vorgänge wiederholen sich periodisch.
Öffner und Leistungsschütze werden an die SPS angeschlossen.

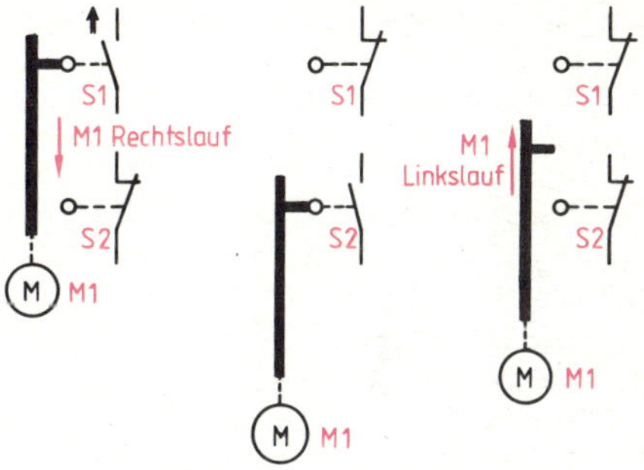

Verfahrbewegungen der Vereinzelung

Gerätekennz.	Ein-/Ausgang	Kommentar
S1	E1.0	Öffner
S2	E1.1	Öffner
M1	A2.0 A2.1	Motor, Rechtslauf Motor, Linkslauf

Derartige Darstellungen nennt man **Zuordnungsliste**. Sie sind Bestandteil jeder Programmentwicklung. Die Programmierung der Vereinzelung der Sortieranlage kann nun über Funktionsplan, Kontaktplan oder Anweisungsliste erfolgen.

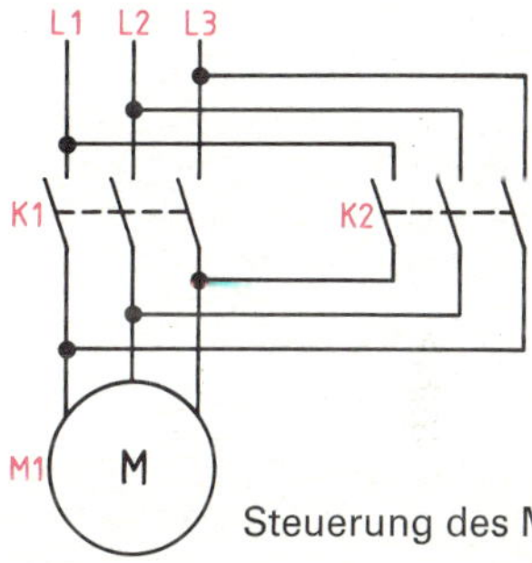

Steuerung des Motors M1

Adresse	Steueranweisung	Kommentar
000	UN E1.0	Grenztaster S1 betätigt?
001	UN A2.1	Ausgang A2.1 nicht gesetzt? (Verriegelung)
002	S A2.0	Motor 1 Rechtslauf speichernd EIN
003	UN E1.1	Grenztaster S2 betätigt?
004	R A2.0	Motor 1 Rechtslauf AUS
005	UN E1.1	Grenztaster S2 betätigt?
006	UN A2.0	Ausgang A2.0 nicht gesetzt? (Verriegelung)
007	S A2.1	Motor 1 Linkslauf speichernd EIN
008	UN E1.0	Grenztaster S1 betätigt?
009	R A2.1	Motor 1 Linkslauf AUS
010	BE	Baustein-Ende

Anweisungsliste für Vereinzelung

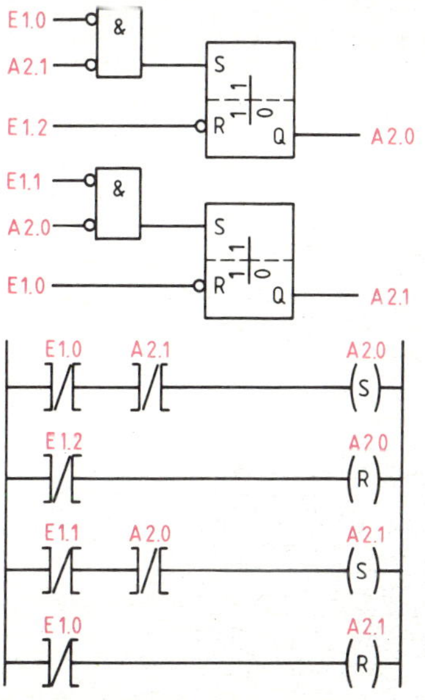

FUP und KOP für Vereinzelung

Zu berücksichtigen ist, daß sämtliche Signalgeber **Öffner** sind und **vorrangiges Rücksetzen** programmiert wurde.

Nun wurde in der Steuerungsbeschreibung der Sortieranlage gefordert, daß sich die Vereinzelung im 2s-Takt periodisch hin- und herbewegen soll. Das entwickelte Programm muß also um eine Zeitverzögerung von 2s vor jeder erneuten Freigabe des Transportbandes 1 erweitert werden.

- Zeitfunktion

Oftmals müssen Stellglieder und Arbeitsglieder verzögert ein- bzw. ausgeschaltet werden. Für diese Aufgabe hat die SPS **Zeitglieder**. Diese Zeitglieder haben das Kennzeichen T (Timer). Die Programmierung von Zeitverzögerungen ist verhältnismäßig einfach. Sie erfolgt z. B. über die Anweisung LKT (Lade Konstante Timer, Laden einer Zeitkonstanten).
Der folgende Operand besteht aus zwei Zahlen, die durch einen Punkt getrennt sind:
Anweisung: **LK T2.2**
Die Zahl links vom Punkt gibt den Zeitwert an. Der erlaubte Bereich liegt zwischen 1 und 999 (ganzzahlig).
Die Zahl rechts vom Punkt gibt das Zeitraster an. Sie ist der Multiplikationsfaktor. Mit dem Zeitwert multipliziert, gibt das Zeitraster die Dauer der Zeitverzögerung in Sekunden an.

Anschließend muß die gewünschte Zeitfunktion gewählt werden. Nebenstehende Tabelle zeigt die vier Möglichkeiten.

Beispiel: **SI T1**
Setze die Zeit von KT (z. B. 2.2 = 2s) und stelle sie am Ausgang des Zeitgliedes als Impuls (T1) bereit.

Schließlich muß dieser Zeitablauf T1 vom Programm abgerufen werden. Über eine Steueranweisung muß T1 einem Merker oder einem Ausgang zugewiesen werden.

Adresse	Steueranweisung	Kommentar
000	U E1.0	Wenn Eingang E1.0 von „0" auf „1"-Signal wechselt,
001	LKT3.2	wird der vorgegebene Zeitwert geladen
002	SI T1	T1 wird als Impuls am Timerausgang bereitgestellt
003	U T1	Abfrage, ob Zeit T1 läuft
004	=A2.0	Wenn Zeit T1 abgelaufen ist, wird Ausgang A2.0 gesetzt
005	BE	Baustein-Ende

Anweisungsliste für Zeitverzögerung

Einschaltverzögerung

Bei der Einschaltverzögerung wird ein Eingangssignal zeitverzögert an einen Ausgang (oder Merker) weitergegeben. Die Einschaltverzögerung ist in der Steuerungstechnik von großer Bedeutung.

Beispiel:
Der Ausgang A2.0 soll 2s nach Anlegen von „1"-Signal am Eingang E1.0 ebenfalls „1"-Signal annehmen.
Das Zeitglied T1 wird gestartet, wenn an E1.0 „1"-Signal ansteht. Ausgang A2.0 führt „1"-Signal (ist eingeschaltet), wenn das Zeitglied T1 gestartet wurde und die Laufzeit des Zeitgliedes T1 verstrichen ist.

LKT 3.2

Zahlenwert	Multiplikationsfaktor
1...999 ganzzahlig	0: 0,01s 1: 0,1 s 2: 1 s 3: 10 s

Somit:
Zeitverzögerung = 3 · 1s = 3s

LKT 100.0
Zeitverzögerung = 100 · 0,01s = 1s

LKT 10.1
Zeitverzögerung = 10 · 0,1s = 1s

Zeitfunktion	Kennzeichen	Bedeutung
SI	1 ⎍	**I**mpuls
SV	1 ⎍ V	**V**erlängerter Impuls
SE	T ⊢⊣ 0	**E**inschaltverzögerung
SA	0 ⊢⊣ T	**A**usschaltverzögerung

Wenn das Eingangssignal an E1.0 während der Laufzeit des Timers auf „0" wechselt, nimmt auch der zugehörige Ausgang „0"-Signal an.

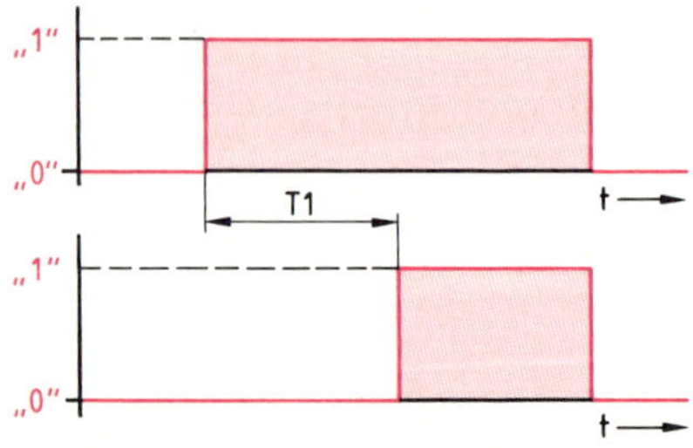

Einschaltverzögerung (Zeitdiagramm)

Adresse	Steueranweisung	Kommentar
000	U E1.0	E1.0 = „1"?
001	LKT20.1	Zeitwert 2s laden
002	SE T1	Zeit T1 als Einschaltverzögerung
003	U T1	Zeit abgelaufen?
004	= A2.0	Wenn Zeit abgelaufen, Ausgang A2.0 setzen
005	BE	Baustein-Ende

Anweisungsliste für Einschaltverzögerung

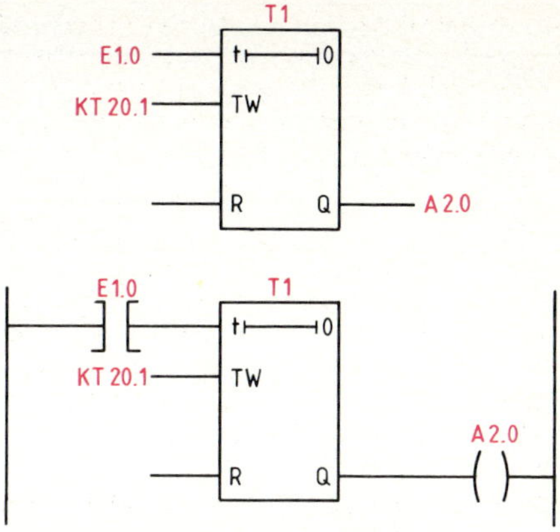

Funktionsplan und Kontaktplan für Einschaltverzögerung

Ausschaltverzögerung

Bei der Ausschaltverzögerung wird ein Ausgang oder Merker nach Ablauf einer Verzögerungszeit ausgeschaltet.

Beispiel:
Wenn am Eingang E1.0 „1"-Signal anliegt, soll der Ausgang A2.0 für die Dauer von 2s „1"-Signal führen.

Adresse	Steueranweisung	Kommentar
000	U E1.0	E1.0 = „1"?
001	LKT200.0	Zeitwert 2 s laden
002	SA T2	Bereitstellung der Zeit T2. Sie wird gestartet, wenn an E1.0 Signalwechsel von „1" auf „0" stattfindet; also beim Abschalten
003	U T2	Zeit abgelaufen?
004	= A2.0	Wenn Zeit abgelaufen, Ausgang A2.0 rücksetzen („0"-Signal)
005	BE	Baustein-Ende

Anweisungsliste für Ausschaltverzögerung

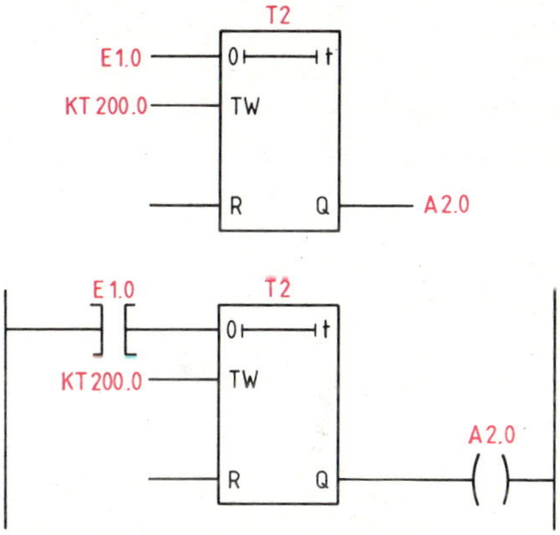

Funktionsplan und Kontaktplan für Ausschaltverzögerung

Im Beispiel Sortieranlage wurde eine Zeitverzögerung von 2s benötigt. Die Vereinzelung muß 2s den Sortiermaterialzugang zum Transportband sperren. Der Motor M1 darf also nur mit 2s-Verzögerung auf Rechtslauf geschaltet werden. Bei der Programmierung ist zu beachten, daß S1 und S2 Öffner sind.

Wenn die Zeit T1 verstrichen ist, wird der Merker M0.0 auf „1"-Signal gebracht.

Ist M0.0 = „1", wird der Ausgang A2.0 speichernd gesetzt. Die Vereinzelung gibt den Materialzugang zum Band frei. Bei Erreichen des Endschalters S2 (an Eingang E1.1 angeschlossen) wird A2.0 zurückgesetzt und A2.1 gesetzt. Der Materialzugang zum Band wird wieder gesperrt. Bei Erreichen von S1 (an Eingang E1.0 angeschlossen) wird A2.1 zurückgesetzt. Der Motor M1 wird ausgeschaltet. Die Zeitverzögerung T1 wird gestartet. Nach Ablauf der Zeit beginnt der beschriebene Vorgang erneut.

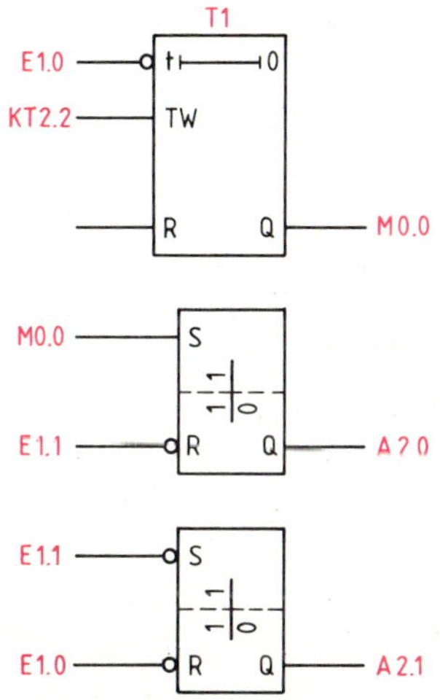

Funktionsplan der Vereinzelung mit Zeitverzögerung

Adresse	Steueranweisung	Kommentar
000	UN E1.0	Grenztaster S1 betätigt?
001	LKT2.2	Zeitwert laden (2s)
002	SE T1	Einschaltverzögerung T1
003	U T1	Zeit abgelaufen?
004	= M0.0	Signalzustand von T1 Merker zuweisen
005	U M0.0	Merker = „1"?
006	S A2.0	A2.0 speichernd setzen
007	UN E2.1	Grenztaster S2 betätigt?
008	R A2.0	A2.0 zurücksetzen
009	UN E1.1	Grenztaster S2 betätigt?
010	S A2.1	A2.1 speichernd setzen
011	UN E1.0	Grenztaster S1 betätigt?
012	R A2.1	A2.1 zurücksetzen

Anweisungsliste der Vereinzelung mit Zeitverzögerung

Das entwickelte Steuerungsprogramm für die Vereinzelung soll nun noch durch eine **Verriegelung der beiden Ausgänge** A2.0 und A2.1 im SPS-Programm erweitert werden. Der Funktionsplan zeigt die Vorgehensweise.

Programmierung des Schiebers

Die Programmierung des Schiebers kann mit der zuvor bearbeiteten Vereinzelung verglichen werden. Allerdings ist beim Schieber keine Zeitverzögerung erforderlich.

Wenn die Lichtschranke B1 „0"-Signal liefert (Lichtstrahl unterbrochen), fährt der Schieber von seiner Ausgangsposition S4 zur Endposition S3 und kehrt anschließend unverzüglich in seine Ausgangsposition zurück.

Die Grenztaster S3 und S4 sind Öffner. Die Arbeitsweise der Lichtschranke kann ebenfalls mit der **Funktion eines Öffners** verglichen werden:

Bei **Unterbrechung** des Lichtstrahls passiert **nichtgläsernes Material** die Lichtschranke.

Zu beachten ist, daß die Lastschütze K3 (Rechtslauf) und K4 (Linkslauf) auch kontakttechnisch verriegelt werden müssen.

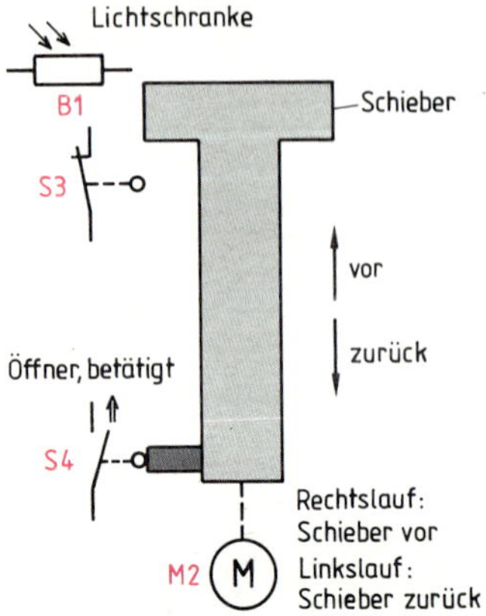

Funktion des Schiebers

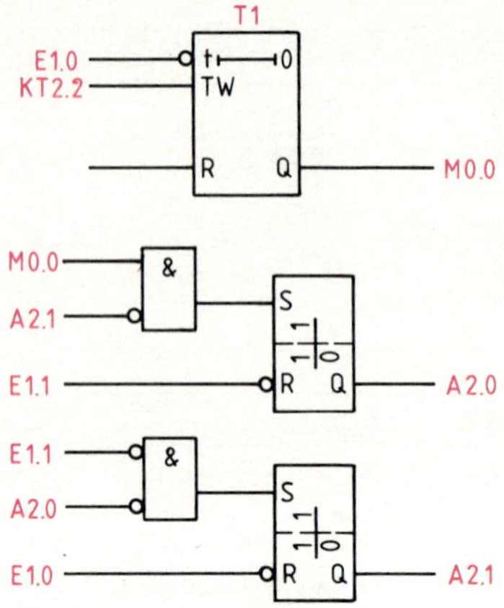

Kontaktplan der Vereinzelung mit Zeitverzögerung

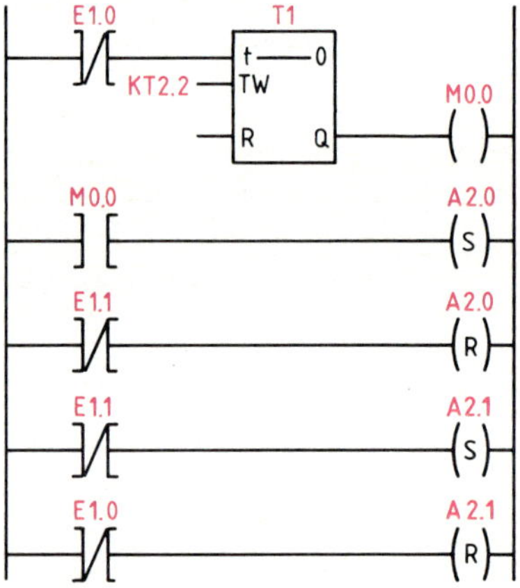

Erweiterter Funktionsplan der Vereinzelung

Lichtstrahl nicht unterbrochen: Lichtschranke liefert „1"-Signal
Lichtstrahl unterbrochen: Lichtschranke liefert „0"-Signal

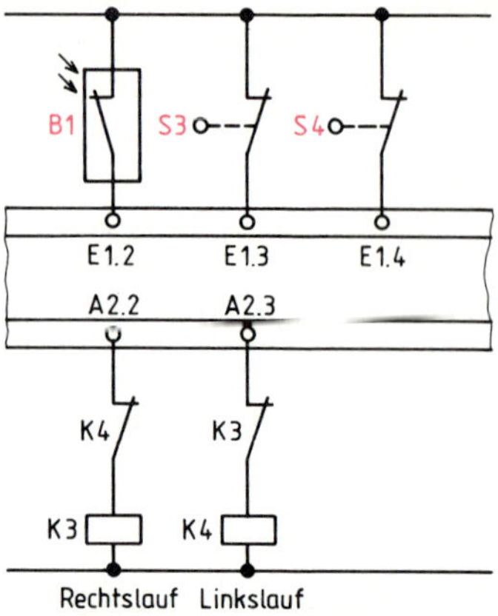

Anschluß der SPS

Adresse	Steueranweisung	Kommentar
000	UN E1.2	Linksschranke unterbrochen?
001	UN A2.3	Linkslauf AUS?
002	S A2.2	A2.2 speichernd EIN (Rechtslauf)
003	UN E1.3	Grenztaster S3 betätigt?
004	R A2.2	A2.2 rücksetzen
005	UN E1.3	Grenztaster S3 betätigt?
006	UN A2.2	Rechtslauf AUS
007	S A2.3	A2.3 speichernd EIN (Linkslauf)
008	UN E1.4	Grenztaster S4 betätigt?
009	R A2.3	A2.3 rücksetzen

Anweisungsliste für Schieber

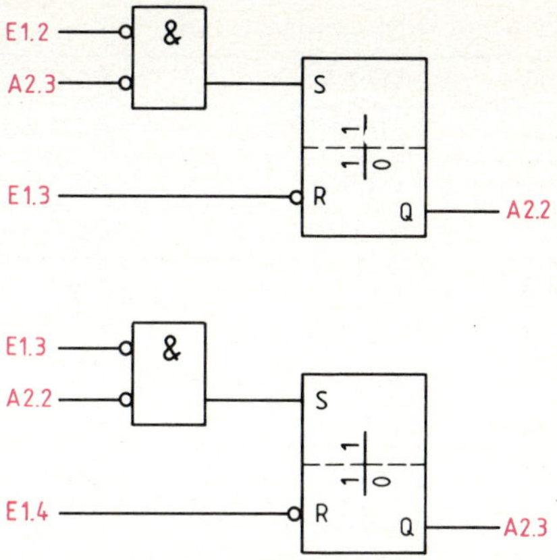

Funktionsplan des Schiebers

- Zählfunktion

Wenn 900 lichtundurchlässige Materialien die Lichtschranke B3 passiert haben, schalten beide Transportbänder ab. Dieser Teil der Steuerungsaufgabe beinhaltet eine **Zählfunktion.**

Bei vielen Steuerungsaufgaben müssen Vorgänge durch Zählen überwacht werden. In Kontakttechnik ist dies ein aufwendiges und teueres Unterfangen. Von einer SPS kann diese Aufgabe sozusagen „nebenbei“ erledigt werden.

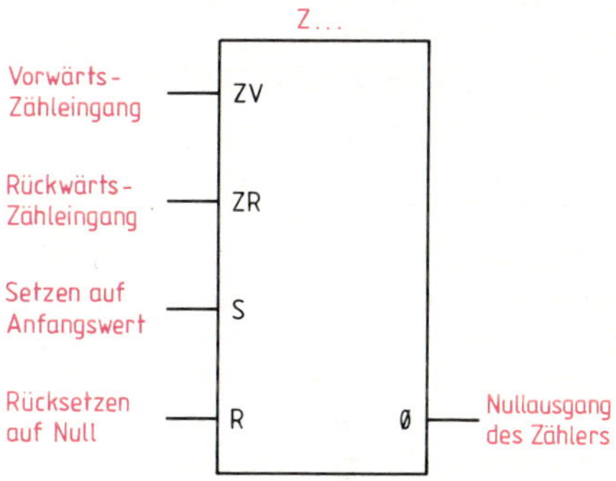

Symbolische Darstellung eines Zählers

Der Zähler kann folgende Operationen übernehmen:

Operation	Beschreibung
S	Zähler auf Anfangswert setzen (über Eingang)
R	Zähler auf Null rücksetzen (über Eingang)
ZV	Vorwärts zählen (bis 999; Zahl > 0 → Ausgang „1“)
ZR	Rückwärts zählen (bis 0; Zahl > 0 → Ausgang „1“)

Der Zähler stellt den Zählwert an zwei Ausgängen zur Verfügung:

– Ausgang DU: dual oder codiert-hexadezimal

– Ausgang DE: BCD-Code

Nur beim Zählerstand Null liegt am Zählerausgang „0“-Signal an. Bei allen anderen Zählwerten führt der Zählerausgang „1“-Signal.

Programmierung einer SPS

Programmierung eines Zählers

Der Zähler wird durch ein Signal auf einen Anfangswert gesetzt und zählt rückwärts. Bei Erreichen des Zählwertes Null gibt es am Zählerausgang einen Signalwechsel von „1“ auf „0“. Dieser Signalwechsel kann weiterverarbeitet werden.

Beispiel:
Wenn der Taster S1 (an E0.0 angeschlossen) zehnmal betätigt wurde, soll ein Signalwechsel am Ausgang A2.0 auftreten.

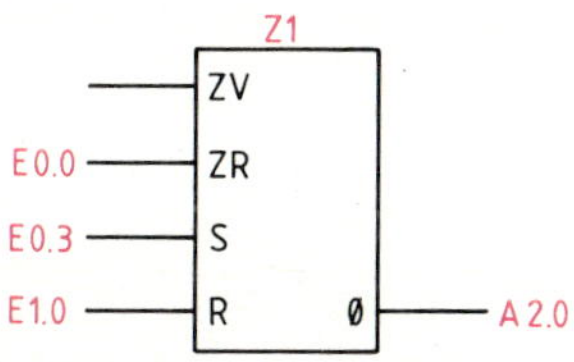

Funktionsplan zum Beispiel (Rückwärtszähler)

Adresse	Steueranweisung	Kommentar
000	U E0.0	E0.0 = „1"?
001	ZR Z1	Rückwärtszähler Z1
002	U E0.3	E0.3 = „1"?
003	LKZ10	Zähler mit Konstante 10 laden
004	S Z1	Zähler wird mit geladener Konstante gesetzt, wenn E0.3 = „1"
005	U E1.0	E1.0 = „1"?
006	R Z1	Zähler rücksetzen
007	U Z1	Zählerstand erreicht?
008	= A2.0	Zählerstand wird dem Ausgang A2.0 zugewiesen
009	BE	Baustein-Ende

Anweisungsliste zum Beispiel

Nach diesen Vorüberlegungen soll nun die **Zählfunktion der Sortieranlage** programmiert werden. Hierbei muß zunächst auf die Befehlsgeber S5 und S6 eingegangen werden.

Diese Befehlsgeber wirken auf den **Startmerker** M0.1.

Bei Betätigung von S5 wird der Startmerker speichernd gesetzt. Bei Betätigung von S6 (Öffner!) wird der Startmerker zurückgesetzt. Bei der Erstellung des Gesamtprogramms muß der Startmerker auch noch in die bislang entwickelten Teilfunktionen einbezogen werden. Unmittelbar werden die Befehlsgeber S5 und S6 für die Bearbeitung der Zählfunktion benötigt.

Folgende Überlegungen liegen dem Programm zugrunde:
Beim Einschalten der Steuerung mit S5 wird der Rückwärtszähler auf den Wert 900 gesetzt. Wenn ein Materialstück die Lichtschranke B3 passiert, wird der Zählerstand um 1 erniedrigt. Ist der Zählwert Null erreicht, schaltet die Steuerung ab. Die Betätigung von S6 hat die gleiche Wirkung.

Nach diesen Überlegungen kann die Speicherschaltung für den Startmerker M0.1 erweitert werden. M0.1 wird zurückgesetzt, wenn der Öffner S6 (E1.7) betätigt wird oder der Zählwert Null ist. Der Funktionsplan verdeutlicht dies.

Gesetzt wird der Zähler beim Einschalten der Steuerung, also bei Betätigung des Starttasters S5.
Damit kann die Steuerungsaufgabe Sortieranlage um die folgenden Teilfunktionen erweitert werden.

Adresse	Steueranweisung	Kommentar
000	U E1.6	Starttaster betätigt?
001	S M0.1	Startmerker speichernd setzen
002	ON E1.7	Austaster betätigt?
003	O Z1	Zählerstand erreicht?
004	R M0.1	Startmerker zurücksetzen
005	UN E1.4	Lichtschranke liefert „0"-Signal?
006	ZR Z1	Rückwärtszähler Z1
007	U E1.6	Starttaster betätigt?

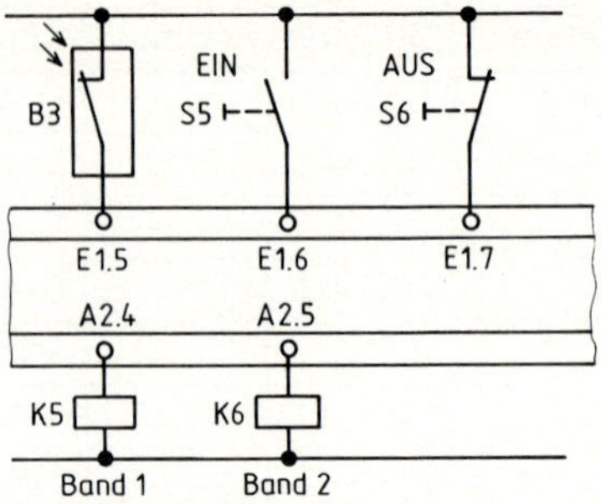

Anschluß der SPS

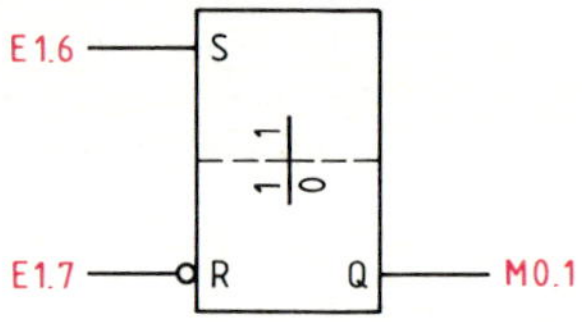

Programmierung des Startmerkers M0.1

S5: Eintaster (schaltet Bandantrieb und Vereinzelung ein)
S6: Austaster (fährt die Vereinzelung in Ausgangsposition und schaltet Bandantrieb ab).

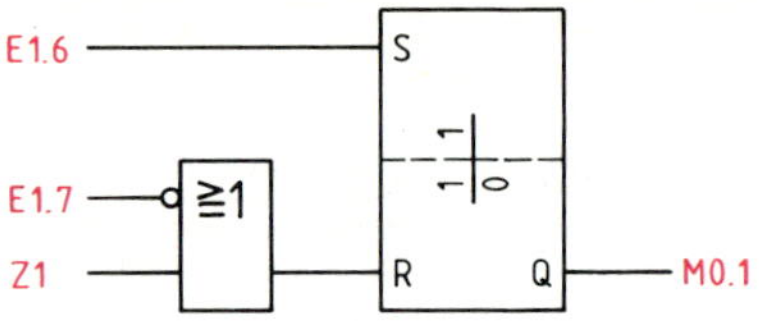

Erweiterte Programmierung des Startmerkers M0.1

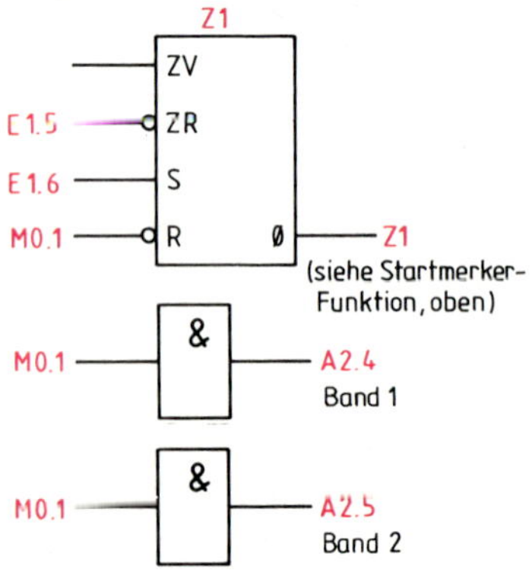

Funktionsplan des Zählers

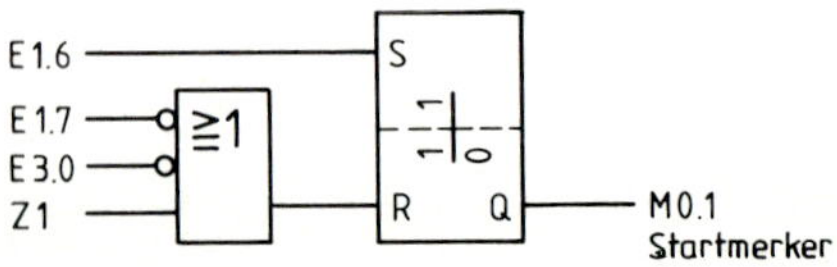

008	LKZ900	Zähler mit Konstante 900 laden
009	S Z1	Zähler mit geladener Konstante setzen
010	UN M0.1	Startmerker = „0"?
011	R Z1	Zähler rücksetzen
012	U M0.1	Startmerker = „1"?
013	= A2.4	Band 1 EIN
014	U M0.1	Startmerker = „1"?
015	= A2.5	Band 2 EIN

Anweisungsliste des Zählers

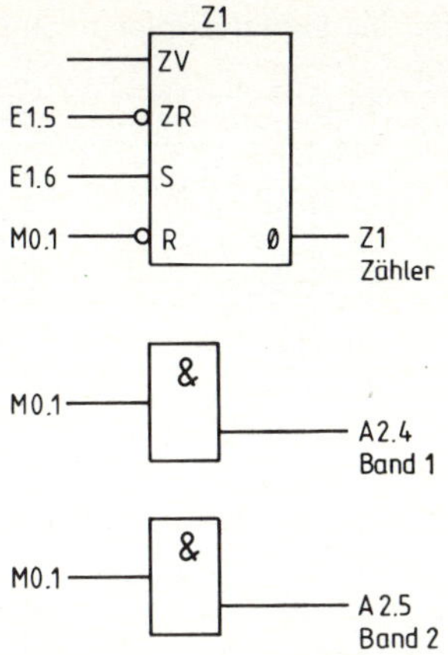

Erweiterter Funktionsplan für Vereinzelung

Erweiterung der Vereinzelung
Wenn der Austaster S6 betätigt und damit der Startmerker M0.1 zurückgesetzt wird, darf kein weiteres Material auf das Transportband 1 gelangen. Da der rückgesetzte Startmerker den Bandlauf stoppt, würde ansonsten ein Materialstau auf Band 1 die Folge sein.

Die Problemlösung besteht darin, nur bei gesetztem Startmerker M0.1 den Ausgang A2.0 (Rechtslauf des Motors M1 und Freigabe des Transportbandes 1) zu setzen. Der Funktionsplan ist nebenstehend dargestellt.

- Steuerungsentwicklung der Sortieranlage (Zusammenfassung)

Am Beispiel der Sortieranlage sind wesentliche Teilfunktionen der SPS-Programmierung erarbeitet worden. Wichtig ist nun, diese Teilergebnisse zusammenzutragen, um die Lösung der Steuerungsaufgabe zusammenhängend darzustellen.

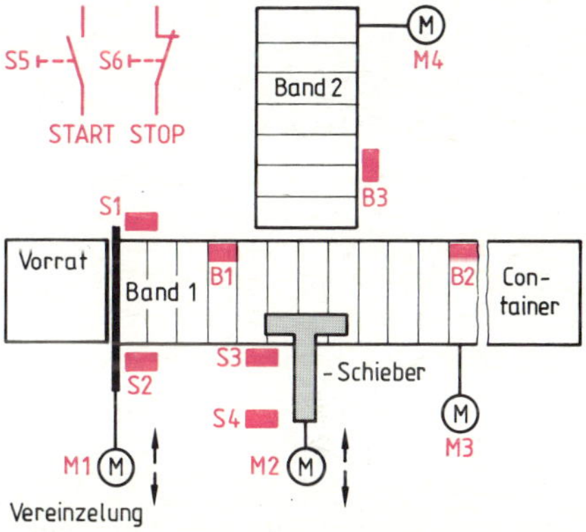

Technologieschema der Sortieranlage

Gerätekennzeichen	Ein-/Ausgangsbezeichnung	Kommentar
S1	E1.0	Vereinzelung ZU (Öffner)
S2	E1.1	Vereinzelung AUF (Öffner)
B1	E1.2	Lichtschranke Material
S3	E1.3	Schieber VOR (Öffner)
S4	E1.4	Schieber ZURÜCK (Öffner)
B3	E1.5	Lichtschranke Zähler
S5	E1.6	Starttaster EIN (Schließer)
S6	E1.7	Austaster AUS (Öffner)
B2	E3.0	Lichtschranke FEHLER
M1	A2.0 A2.1	Vereinzelung AUF (Rechtslauf) Vereinzelung ZU (Linkslauf)
M2	A2.2 A2.3	Schieber vor (Rechtslauf) Schieber ZURÜCK (Linkslauf)
M3 M4	A2.4 A2.5	Transportband 1 Transportband 2

Zuordnungsliste

Eine wichtige Arbeitshilfe ist das **Technologieschema.** Außerdem sollte – insbesondere bei umfangreichen Steuerungsaufgaben – eine **Zuordnungsliste** erstellt werden.

Nun kann der Funktionsplan bzw. Kontaktplan erstellt werden. Um den Funktionsplan zusammenfassend darzustellen, müssen die einzelnen Teillösungen der Steuerungsaufgabe zusammengetragen werden.

SPS-System

Mit Hilfe des Funktionsplans kann die Anweisungsliste entwickelt werden.

Adresse	Steueranweisung	Kommentar
000	U E1.6	Starttaster (Schließer)
001	S M0.1	Startmerker speichernd EIN
002	ON E1.7	Austaster (Öffner)
003	ON E3.0	Lichtschranke FEHLER
004	O Z1	Zähler Container VOLL
005	R M0.1	Startmerker rücksetzen
006	UN E1.5	Lichtschranke ZÄHLER
007	ZR Z1	Rückwärtszähler Z1
008	U E1.6	Starttaster (Schließer)
009	LKZ 900	Zähler mit Konstante 900 laden
010	S Z1	Zähler setzen
011	UN M0.1	Startmerker AUS?
012	R Z1	Zähler rücksetzen
013	U M0.1	Startmerker EIN?
014	= A2.4	Band 1
015	U M0.1	Startmerker EIN
016	= A2.5	Band 2
017	UN E1.0	Vereinzelung ZU (Öffner)
018	LKT2.2	Zeitwert 2s laden
019	SE T1	Einschaltverzögerung
020	U T1	Zeit abgelaufen?
021	= M0.0	Zeitmerker
022	U M0.0	Zeitmerker
023	UN A2.1	Verriegelung
024	U M0.1	Startmerker
025	S A2.0	Vereinzelung AUF (speichernd setzen)
026	UN E1.1	Vereinzelung AUF (Öffner)
027	R A2.0	Vereinzelung AUF (rücksetzen)
028	UN A2.0	Verriegelung
029	UN E1.1	Vereinzelung AUF (Öffner)
030	S A2.1	Vereinzelung ZU (speichernd setzen)
031	UN E1.0	Vereinzelung ZU (Öffner)
032	R A2.1	Vereinzelung ZU (rücksetzen)
033	UN E1.2	Lichtschranke Material
034	U M0.1	Startmerker
035	UN A2.3	Verriegelung
036	S A2.2	Schieber VOR (speichernd setzen)
037	UN E1.3	Schieber VOR (Öffner)
038	R A2.2	Schieber VOR (rücksetzen)
039	UN E1.3	Schieber VOR (Öffner)
040	UN A2.2	Verriegelung
041	S A2.3	Schieber ZURÜCK (speichernd setzen)
042	UN E1.4	Schieber ZURÜCK (Öffner)
043	R A2.3	Schieber ZURÜCK (rücksetzen)
044	BE	Baustein-Ende

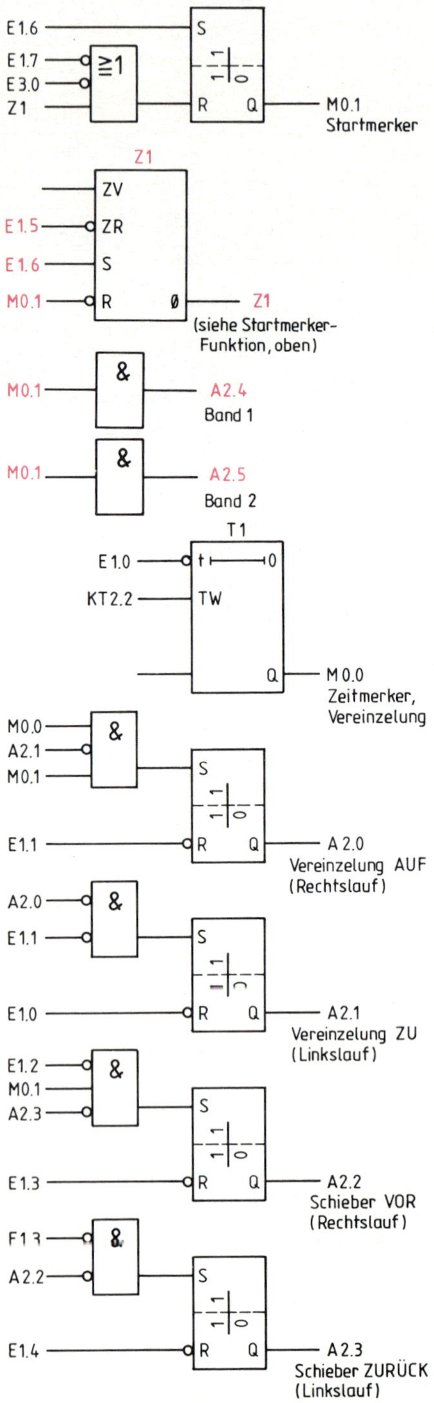

Funktionsplan der Sortieranlage

Aufgaben zur Wiederholung und Vertiefung

1. Warum ist bei der Entwicklung von Steuerungen das Technologieschema von großer Bedeutung?
2. Erläutern Sie anhand eines Beispiels die Besonderheiten bei der Programmierung von Speicherfunktionen!
3. Begründen Sie, warum das vorrangige Rücksetzen eines Speichers in der Steuerungstechnik vorherrschend ist!
4. Wie werden vorrangiges Setzen und vorrangiges Rücksetzen im Steuerungsprogramm realisiert?
5. Ausschaltfunktionen müssen aus Sicherheitsgründen mit Öffnern realisiert werden (Drahtbruchsicherheit). Welche Problematik ergibt sich bei der Verwendung von Öffnern für das Steuerungsprogramm?
6. Es soll eine Zeitverzögerung von 100s programmiert werden. Beschreiben Sie Ihre Vorgehensweise! Welche Steueranweisungen sind in diesem Zusammenhang wichtig?
7. Welche Bedeutung hat die Zuordnungsliste bei der Entwicklung von SPS-Programmen?
8. Einschaltverzögerungen sind in der Steuerungstechnik von besonderer Bedeutung. Wie werden sie programmiert?
9. Beschreiben Sie anhand eines Beispiels die Programmierung eines Zählers. Welche Steueranweisungen sind dabei interessant?
10. Entwickeln Sie bezogen auf das Eingangsbeispiel Sortieranlage die Anweisungsliste, den Funktionsplan und den Kontaktplan für folgenden Fall: „Sollte irrtümlicherweise lichtundurchlässiges Material den Schieber passiert haben, schaltet die Lichtschranke B2 ... beide Transportbänder ab."
11. Die vorherigen Seiten zeigten den erweiterten Funktionsplan zur Vereinzelung. Entwickeln Sie hierfür den Kontaktplan, und schreiben Sie die Anweisungsliste!
12. Für die abgebildeten Funktionspläne werden die dazugehörigen Kontaktpläne und Anweisungslisten gesucht. Beschreiben Sie ebenfalls die Funktion der dargestellten Steuerung!

a)
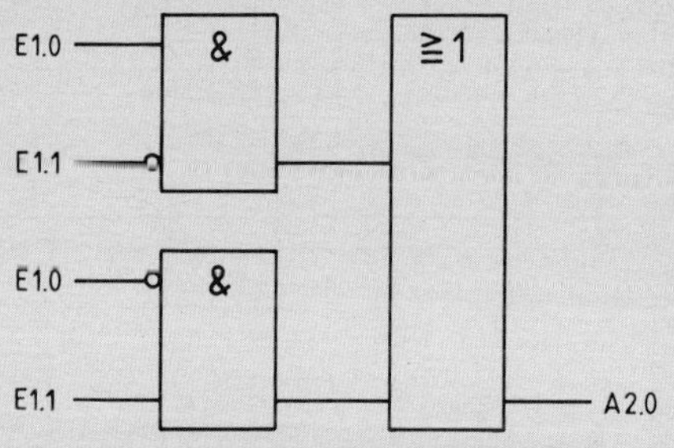

b)
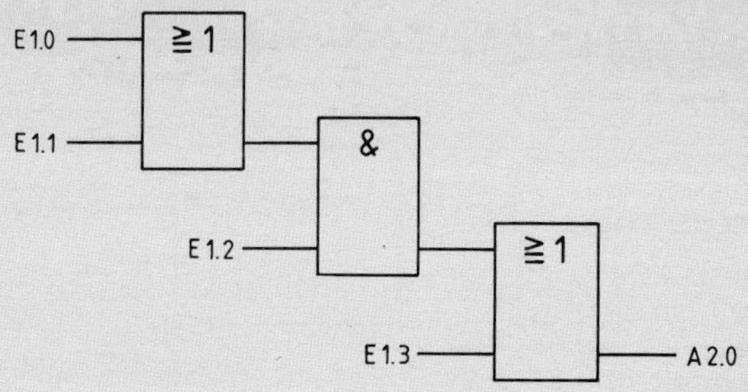

c)
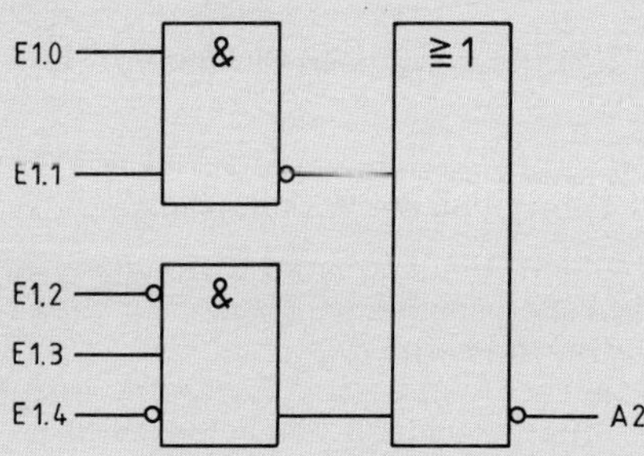

d)
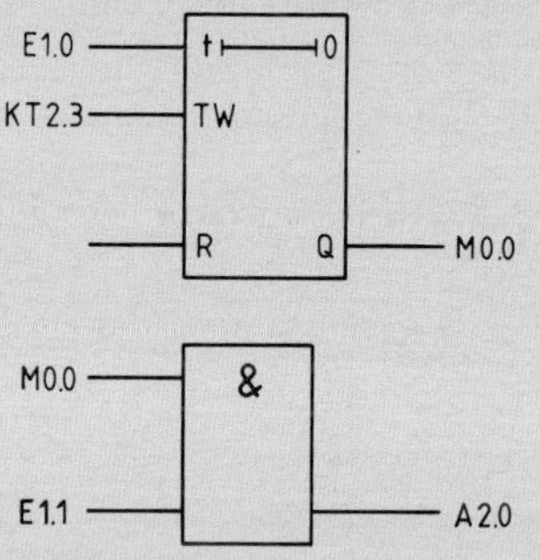

e)
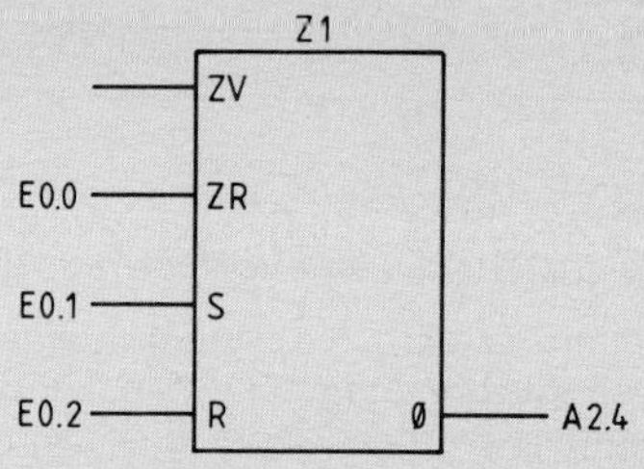

f)
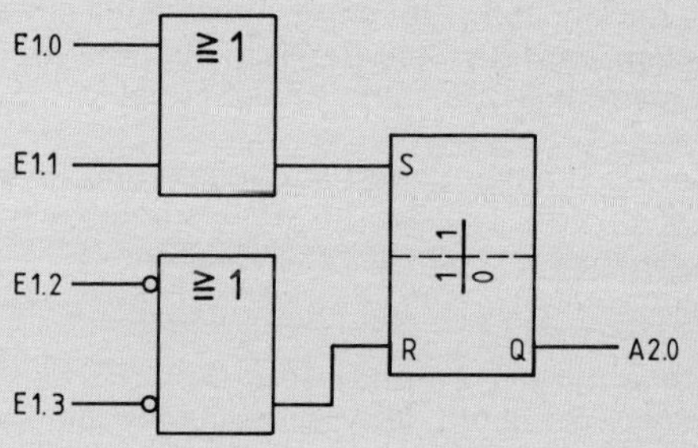

SPS-Programmierung von Teilfunktionen – Beispiel Ablaufsteuerung

Metallische Werkstücke sollen mittels eines Lasthebemagneten von Ort A nach Ort B transportiert werden. Nebenstehende Abbildung zeigt das Technologieschema des Umsetzers in Ausgangsposition. Die Grenztaster S1 und S2 sind mechanisch mit dem Lasthebemagneten verbunden, bewegen sich also mit ihm von Ort A nach Ort B.

Wenn der Lasthebemagnet in Ausgangsposition steht (S3 und S2 betätigt) und der Starttaster betätigt wird, fährt der Lasthebemagnet nach unten (M2 runter). Durch Betätigung des Grenztasters S1 (Magnet setzt auf) wird die Aufwärtsbewegung gestoppt. Gleichzeitig wird die Spule des Elektromagneten erregt. Nach einer Verzögerungszeit von 1s (sichere Werkstückaufnahme) fährt der Lasthebemagnet bis s“ nach oben (M2 hoch). Nach Erreichen von S2 bewegt sich der Lasthebemagnet nach rechts (M1 rechts). Diese Verfahrbewegung wird durch S4 gestoppt. Der Grenztaster S4 leitet ebenfalls die Abwärtsbewegung an Ort B ein. Der Grenztaster S1 beendet die Abwärtsbewegung durch S1.

Gleichzeitig wird der Elektromagnet ausgeschaltet. Nach 1s (sichere Werkstückablage) wird die Aufwärtsbewegung an Ort B eingeleitet. Grenztaster S2 stoppt die Aufwärtsbewegung (M2 hoch) und leitet die Verfahrbewegung nach Ort A (M1 links) ein.

Bei Betätigung des Stoptasters S5 wird die Steuerung unverzüglich gestoppt. Ein eventuell eingeschalteter Lasthebemagnet bleibt jedoch eingeschaltet.

Gerätekennz.	Ein-/Ausgangsbezeichnung	Kommentar
S1	E1.0	Lasthebemagnet unten (Öffner)
S2	E1.1	Lasthebemagnet oben (Öffner)
S3	E1.2	Lasthebemagnet links (Öffner)
S4	E1.3	Lasthebemagnet rechts (Öffner)
S5	E1.4	Stoptaster (Öffner)
S6	E1.5	Starttaster (Schließer)

Zuordnungsliste

Bevor das Programm zur Steuerung des Umsetzers entwickelt wird, nochmals einige Charakteristika und Vorteile der Ablaufsteuerung:

Bei jeder Ablaufsteuerung wird die Steuerungsaufgabe in kleine, überschaubare Einzelschritte aufgeteilt. Sie können einzeln programmiert und geändert werden. Jeder Einzelschritt ist nur einer technischen Funktion zugeordnet. Der nächstfolgende Einzelschritt wird erst freigegeben, wenn die vorherigen Bedingungen erfüllt und über eine Rückmeldung quittiert werden. Fehlen diese Weiterschaltbedingungen, wird der Steuerungsablauf unterbrochen. Der fehlerhafte Programmteil offenbart sich dabei selbst.

Zentraler Bestandteil einer Ablaufsteuerung ist die **Schrittkette** oder **Ablaufkette.** Die Schrittkette ist aufgeteilt in **Schrittfunktionen,** die in einer vorgegebenen Reihenfolge nacheinander abgearbeitet werden.

Es ist immer nur ein Schritt gesetzt (Speicherfunktion). Ein Schritt wird nur nach Erfüllung der Weiterschaltbedingungen gesetzt. Der vorhergehende Schritt wird automatisch zurückgesetzt.

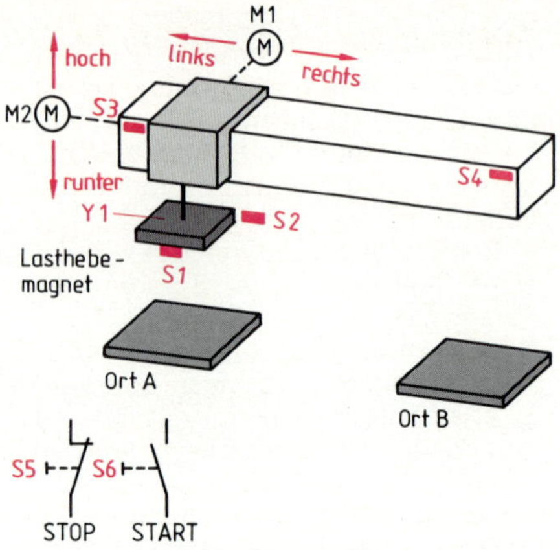

Technologieschema eines Umsetzers

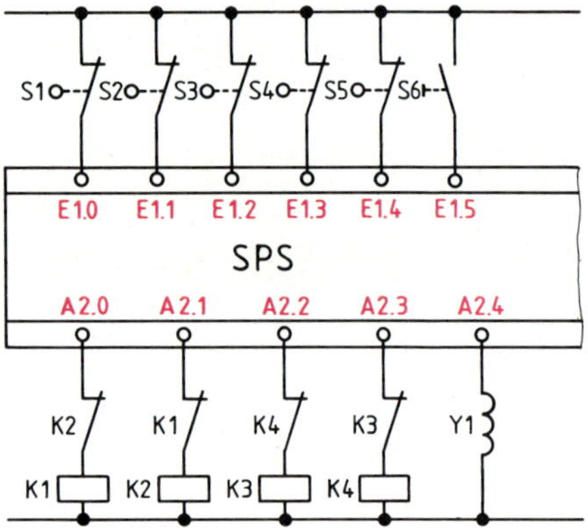

Anschluß der SPS

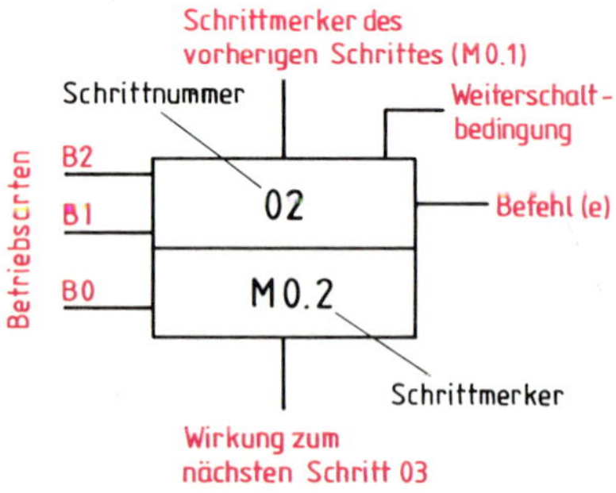

Schrittsymbol nach DIN 40790, Teil 6

Zuordnung der Wirkungslinien:

oben: Eingang vom vorherigen Schritt Weiterschaltbedingungen, Eingänge von Grenztastern usw.
links: Freigabe- und Rücksetzeingang
unten: Ausgang zum Folgeschritt
rechts: Befehlsausgänge

Es werden zwei Arten unterschieden:
- prozeßgeführte Schrittfunktionen mit Weiterschaltung durch Prozeßrückmeldung (z. B. Grenztaster)
- zeitgeführte Schrittfunktionen mit Weiterschaltung durch Zeitglieder (z. B. Wartezeiten).

Aus Sicherheitsgründen sind die prozeßgeführten Schrittfunktionen zu bevorzugen, da die Zeitglieder vom Steuerungsprozeß unabhängig eventuell auch bei Störungen die Weiterschaltung bewirken.
Kernstück jedes Schrittes ist der Speicher, der solange gesetzt bleibt, wie der Schritt aktiv sein soll. Solange ein Schritt gesetzt ist, kann er Steuerungsbefehle abgeben. Beim Schrittsymbol werden die Befehle auf der rechten Seite in einem freigeteilten Befehlssymbol eingetragen.

Feld A: Befehlsart (Auswahl)

Befehlsart	Abkürzung	Bemerkung
nicht gespeichert (**NOT STORED**)	NS	Soll der Befehl länger dauern als ein Schritt, muß er bei jedem Schritt wiederholt werden.
gespeichert (**STORED**)	S	Befehl bleibt aktiviert, bis er wieder zurückgesetzt wird.
nicht gespeichert, verzögert (**NOT STORED DELAYED**)	NSD	Einschaltverzögerung oder Ausschaltverzögerung möglich.

Feld B: Befehlswirkung
Hier kann Text eingetragen werden: Nennung der aktivierten Stellgeräte, Arbeitsglieder. Ebenso Operanden mit ihren Kennbuchstaben (z. B. A2.4; T2; M0.7). Über zusätzliche Logikverknüpfungen kann der Befehl nochmals verriegelt werden (bedingter Befehl).

Feld C: Befehlsnummer
Bei mehreren Befehlen kann hier die Numerierung eingetragen werden. Dadurch kann auf diesen Befehl Bezug genommen werden.

Der nebenstehende **Funktionsplan in Grobstruktur** zu unserem Beispiel „Umsetzer“ verdeutlicht die Arbeitsweise der Steuerung in übersichtlicher Darstellung. Befehlsarten und Befehlswirkungen sind unmißverständlich eingetragen. Folgende Punkte müssen bei der Arbeit berücksichtigt werden:

Wirken mehrere Weiterschaltbedingungen auf einen Schritt (z. B. Schritt 1), sind sie UND-verknüpft, wenn keine weiteren Angaben gemacht wurden.
Eine ODER-Verknüpfung von Weiterschaltbedingungen muß stets als solche gekennzeichnet werden.

Die roten Wirklinien verdeutlichen das Schrittkettenprinzip. Der jeweilige Folgeschritt kann nur gesetzt werden, wenn die rote Wirklinie an seinem Eingang (oben) „1“-Signal führt. Dies ist nur dann der Fall, wenn der vorherige Schritt gesetzt ist.

Betriebsarten:

Rücksetzen (B0): Rücksetzen aller Schrittspeicher mit Ausnahme des Schrittes 0 = Grundstellung (z. B. Stop).

Freigabe (B1): Bei „0“-Signal an diesem Eingang wird trotz erfüllter Weiterschaltbedingungen nicht weitergeschaltet (Einzelschrittbetrieb, Tippbetrieb, Test).

Weiterschalten (B“): Der nächste Schritt wird gesetzt, ohne daß die Weiterschaltbedingung erfüllt sind (Einrichtbetrieb, Test der Stellgeräte).

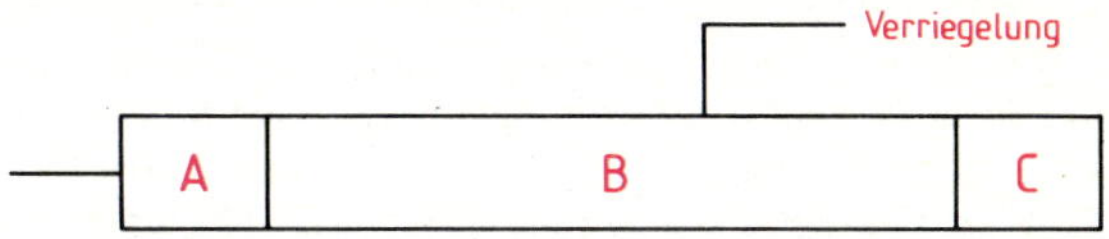

Befehlssymbol

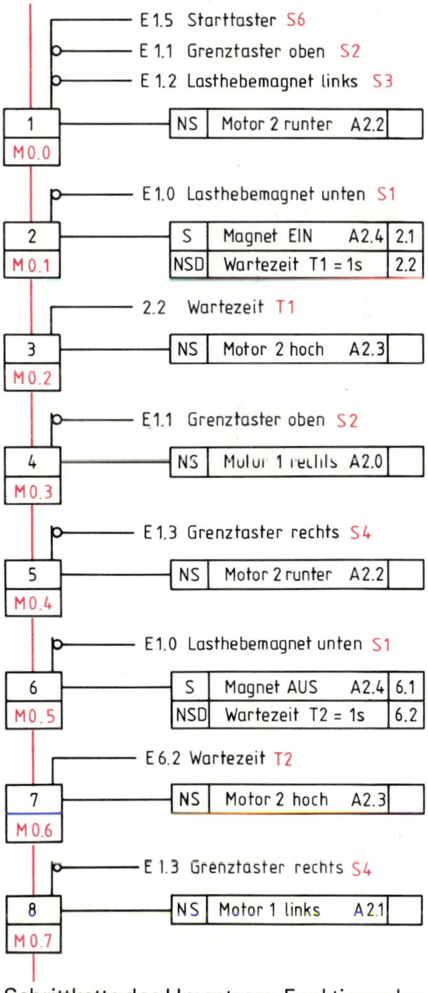

Schrittkette des Umsetzers, Funktionsplan in Grobstruktur

Der erste Schritt kann nur gesetzt werden, wenn der letzte Schritt (hier 8. Schritt) gesetzt ist und die Weiterschaltbedingungen erfüllt sind. Eben diese Forderung wird von der entwickelten Schrittkette noch nicht erfüllt. Der „Ersteinstieg" in die Schrittkette kann nicht gelingen, da zu Beginn der letzte Schritt ja noch nicht gesetzt werden kann.

Eine Lösung dieses Problems besteht darin, durch einen Startimpuls in die Schrittkette „einzusteigen", d. h. den ersten Schrittmerker zu setzen. Ist der Einstieg gelungen, kann der letzte Schrittmerker seine geforderte Aufgabe übenehmen. Notwendig ist also eine **ODER-Verknüpfung** zwischen Startimpuls und letztem Schrittmerker.

Die einzelnen Steuerungen verfügen über Merker, die den Einstieg in eine Schrittkette ermöglichen. Diese **Startmerker** werden dem Anwender vom Betriebssystem der SPS zur Verfügung gestellt. Die Handbücher der Steuerungshersteller geben hierüber Auskunft.

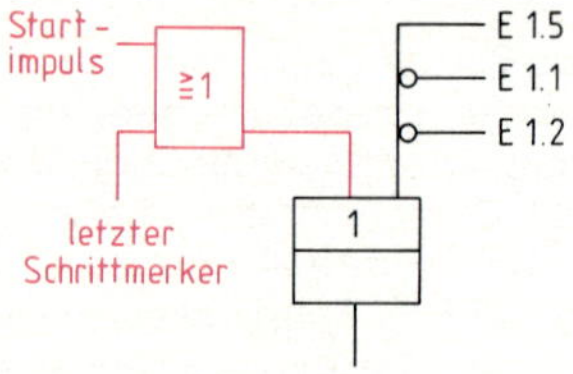

Schrittketteneinstieg

Schrittketteneinstieg

Startmerker werden beim Programmstart (START, RUN) automatisch gesetzt und können vom Anwender zurückgesetzt werden. Für die Programmierung der Umsetzanlage soll angenommen werden, daß der Merker M15.6 diese Aufgabe übernimmt. Im Einzelfall gibt das Handbuch Auskunft.

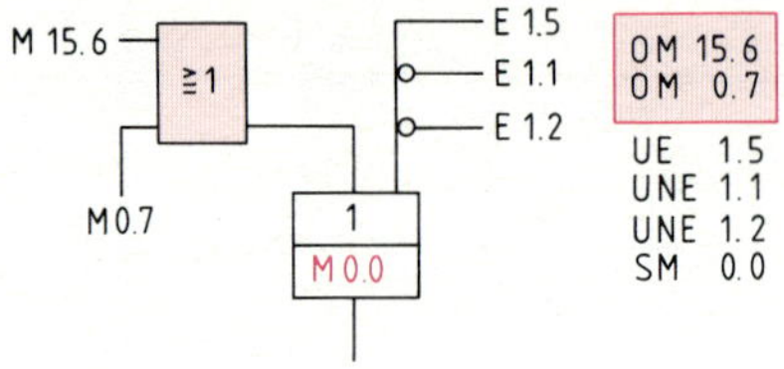

Setzen des ersten Schrittmerkers

Der Austaster S7 ist bislang noch nicht berücksichtigt worden. Wenn er betätigt wird, soll die Befehlsausgabe sofort unterbrochen werden. Allerdings bleibt der Lasthebemagnet erregt. Bei erneuter Betätigung des Starttasters S6 wird der Steuerungsablauf an der Unterbrechungsstelle fortgesetzt.
Für diese Aufgabe wird ein Freigabemerker (M5.0) verwendet, der nur bei „1"-Zustand die Befehlsausgabe freigibt. Der Freigabemerker wird durch Betätigung des Starttasters gesetzt und durch Betätigung des Stoptasters rückgesetzt.

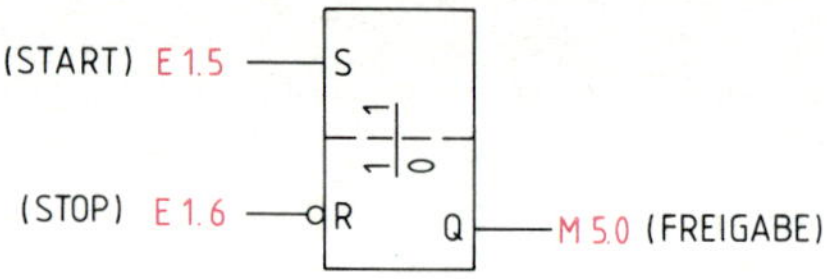

Freigabemerker

Nun kann – bezogen auf unser Beispiel Umsetzer – die Anweisungsliste geschrieben werden.

Adresse	Steuer-anweisung	Kommentar	
000	U E1.5	Start	Freigabe
001	S M5.0	Freigabemerker setzen	
002	UN E1.6	Stop	
003	R M5.0	Freigabemerker rücksetzen	
004	O M15.6	Startmerker	1. Schritt
005	O M0.7	letzter Schrittmerker	
006	U E1.5		
007	UN E1.1	Weiterschaltbedingungen (WSB)	
008	UN E1.2		
009	S M0.0	1. Schrittmerker setzen	
010	U M0.0		
011	R M0.7	8. Schrittmerker rücksetzen	
012	U M0.0	1. Schrittmerker	2. Schritt
013	UN E1.0	WSB	
014	S M0.1	2. Schrittmerker setzen	
015	U M0.1		
016	R M0.0	1. Schrittmerker rücksetzen	
017	U M0.1	2. Schrittmerker	3. Schritt
018	U T1	Wartezeit (WSB)	
019	S M0.2	3. Schrittmerker setzen	
020	U M0.2		
021	R M0.1	2. Schrittmerker rücksetzen	

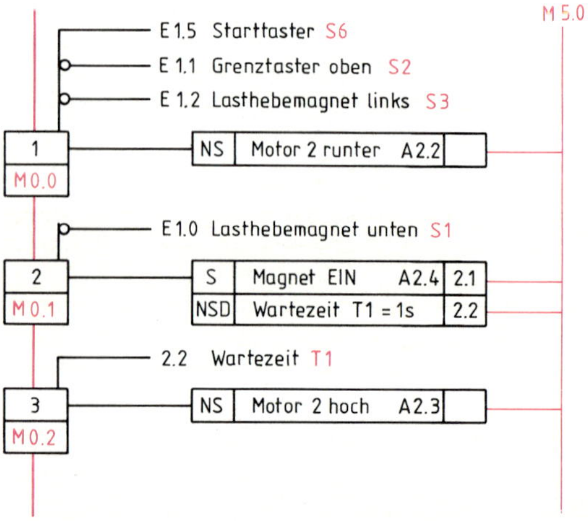

022	U M0.2	3. Schrittmerker	4. Schritt
023	UN E1.1	WSB	
024	S M0.3	4. Schrittmerker setzen	
025	U M0.3		
026	R M0.2	3. Schrittmerker rücksetzen	
027	U M0.3	4. Schrittmerker	5. Schritt
028	UN E1.3	WSB	
029	S M0.4	5. Schrittmerker setzen	
030	U M0.4		
031	R M0.3	4. Schrittmerker rücksetzen	
032	U M0.4	5. Schrittmerker	6. Schritt
033	UN E1.0	WSB	
034	S M0.5	6. Schrittmerker setzen	
035	U M0.5		
036	R M0.4	5. Schrittmerker rücksetzen	
037	U M0.5	6. Schrittmerker	7. Schritt
038	U T2	Wartezeit (WSB)	
039	S M0.6	7. Schrittmerker setzen	
040	U M0.6		
041	R M0.5	6. Schrittmerker rücksetzen	
042	U M0.6	7. Schrittmerker	8. Schritt
043	UN E1.3	WSB	
044	S M0.7	8. Schrittmerker setzen	
045	U M0.7		
046	R M0.6	7. Schrittmerker rücksetzen	
047	U M0.0 (1)	1. Schrittmerker	Befehlsausgabe – 1. Schritt
048	U M5.0	Freigabe	
049	= A2.2	M2 runter	
050	U M0.1	2. Schrittmerker	2. Schritt
051	U M5.0	Freigabe	
052	S A2.4	Magnet speichernd EIN	
053	U M0.1	2. Schrittmerker	
054	U M5.0	Freigabe	
055	LKT1.1	1 s	
056	SE T1	Einschaltverzögerung	
057	U M0.2 (2)	3. Schrittmerker	3. Schritt
058	U M5.0	Freigabe	
059	= A2.3	M2 hoch	
060	U M0.3	4. Schritt	4. Schritt
061	U M5.0	Freigabe	
062	= A2.0	M1 rechts	
063	U M0.4 (1)	5. Schritt	5. Schritt
064	U M5.0	Freigabe	
065	= A2.2	M2 runter	
066	U M0.5	6. Schritt	6. Schritt
067	U M5.0	Freigabe	
068	R A2.4	Magnet AUS	
069	U M0.5	6. Schritt	
070	U M5.0	Freigabe	
071	LKT1.1	1 s	
072	SE T2	Einschaltverzögerung	
073	U M0.6 (2)	7. Schritt	7. Schritt
074	U M5.0	Freigabe	
075	= A2.3	M2 hoch	
076	U M0.7	8. Schritt	8. Schritt
077	U M5.0	Freigabe	
078	= A2.1	Motor 1 links	
079	BE	Baustein-Ende	

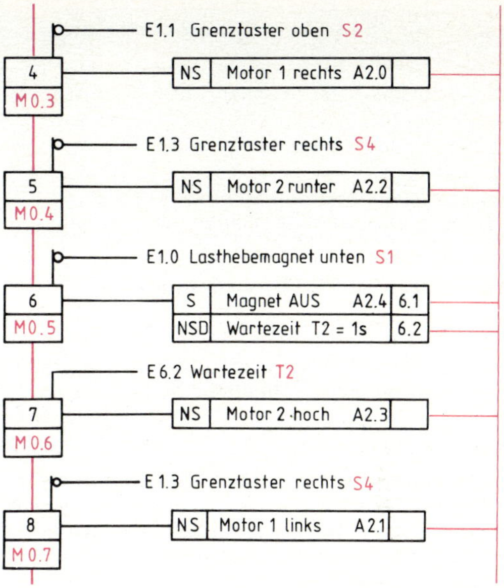

Funktionsplan für Umsetzer (erweitert)

Verknüpfungen sollen für Ausgänge nur jeweils an einer Stelle im Programm vorgenommen werden, um beabsichtigte Mehrfachzuweisungen zu vermeiden.

Daher sind die rot gekennzeichneten Anweisungen (1) und (2) des Befehlsteils wie folgt abzuändern:

Wenn Schrittmerker M0.0 oder M0.4 gesetzt sind, wird der Ausgang A2.2 gesetzt.

Wenn Schrittmerker M0.2 oder M0.6 gesetzt sind, wird der Ausgang A2.3 gesetzt.

(1) U M0.0
U M5.0 1. Schritt
= A2.2

U M0.4
U M5.0 5. Schritt
= A2.2

O M0.0
O M0.4
U M5.0 1. und 5. Schritt
= A2.2

oder

(2) U M0.2
U M5.0 3. Schritt
= A2.3

U M0.6
U M5.0 7. Schritt
= A2.3

O M0.2
O M0.6
U M0.5 3. und 7. Schritt
= A2.3

Aufgaben zur Wiederholung und Vertiefung

1. Nennen Sie die wesentlichen Unterschiede zwischen Verknüpfungsfunktionen und Schrittfunktionen!
2. Worauf ist beim Ersteinstieg in Schrittketten besonders zu achten?
3. Eine Schrittsteuerung funktioniert nicht einwandfrei. Wie würden Sie bei der Fehlersuche vorgehen?
4. Um bei obiger Anweisungsliste des Umsetzers einen einwandfreien Steuerungsablauf zu gewährleisten, muß der Befehlsausgabeteil geändert werden, da speicherprogrammierbare Steuerungen nach dem Prozeßabbild arbeiten.
Führen Sie die notwendigen Änderungen aus!
5. Entwickeln Sie die zugehörige Anweisungsliste.

Strukturierung von SPS-Programmen

- Sprunganweisungen

Die Steuerung der Umsetzanlage ist durch einen Handbetrieb zu ergänzen. Dabei sollen die Befehle

- hoch
- runter
- links
- rechts
- Magnet EIN
- Magnet AUS

durch Befehlsgeber jederzeit an die Steuerung ausgegeben werden können. Die Umschaltung Automatik (bereits programmiert) Handbetrieb erfolgt durch einen Schalter. Im Handbetrieb sind die Grenztaster einzubeziehen. Bei der Programmierung des Lasthebemagneten sind notwendige Sicherheitsgesichtspunkte zu berücksichtigen.

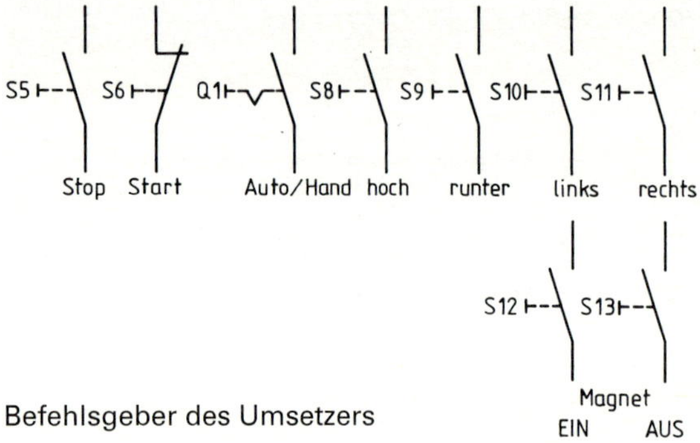

Befehlsgeber des Umsetzers

Gerätekennz.	Ein-/Ausgangsbezeichnung	Kommentar
Q1	E1.7	Schalter AUTO/HAND
S8	E3.0	Magnet hoch
S9	E3.1	Magnet runter
S10	E3.2	Magnet links
S11	E3.3	Magnet rechts
S12	E3.4	Magnet EIN
S13	E3.5	Magnet AUS
M1	A2.0	rechts
	A2.1	links
M2	A2.2	runter
	A2.3	hoch
Y1	A2.4	Lasthebemagnet

Erweiterung des Zuordnungsliste

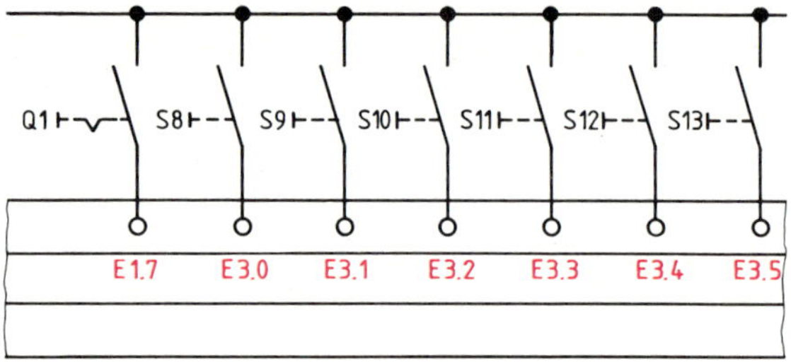

Erweiterter Anschluß der SPS

Der Programmbaustein Handbetrieb wird so programmiert, als stünde er für sich allein. Da die Reihenfolge der Verfahrbewegung beliebig ist, handelt es sich hierbei um eine Verknüpfungssteuerung. Hierfür wird zunächst der Funktionsplan erarbeitet, mit dessen Hilfe die Anweisungsliste erstellt werden kann.

Adresse	Steueranweisung	Kommentar
085	U E3.1	Magnet runter, Taster
086	UN E1.0	Magnet unten
087	= A2.2	Magnet runter
088	U E3.0	Magnet hoch, Taster
089	UN E1.1	Magnet oben
090	= A2.3	Magnet hoch
091	U E3.3	Magnet rechts, Taster
092	= A2.0	Magnet rechts
093	U E3.2	Magnet links, Taster

Anweisungsliste Handbetrieb (1. Teil)

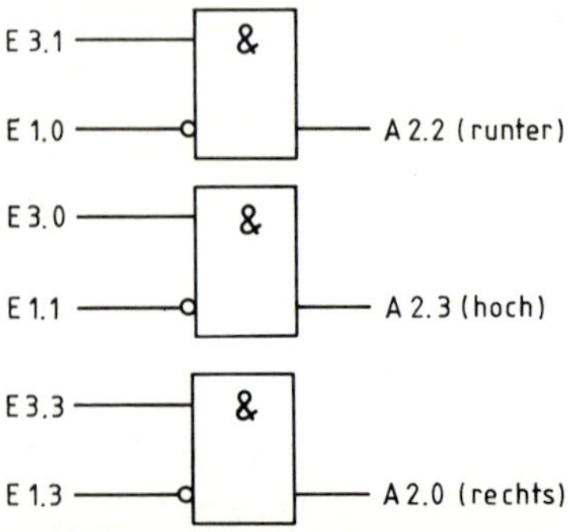

Funktionsplan des Handbetriebes (1. Teil)

094	UN E1.2	Magnet links
095	= A2.1	Magnet links
096	U E3.4	Magnet EIN, Taster
097	UN E1.0	Magnet unten
098	S A2.4	Magnet speichernd EIN
099	U E3.5	Magnet AUS, Taster
100	UN E1.0	Magnet unten
101	R A2.4	Magnet AUS
102	BE	Baustein-Ende

Anweisungsliste Handbetrieb (Ende)

Nun müssen die beiden entwickelten Programmteile „Automatik-" und „Handbetrieb" zusammengebracht werden.
Welcher der beiden Programmteile jeweils abgearbeitet wird, ist abhängig von der Stellung des Schalters Q1 an Eingang E1.7.
Die Lösung des Problems besteht darin, einen dritten Programmteil hinzuzufügen, der die Auswahl zwischen „Automatik"- und „Handbetrieb" bewirkt.

Es ist dafür zu sorgen, daß stets nur einer der beiden Programmteile bearbeitet wird. Soll z. B. der „Handbetrieb" abgearbeitet werden, muß der Programmteil „Automatik" übersprungen werden. Speicherprogrammierbare Steuerungen verfügen über Sprunganweisungen, mit deren Hilfe Programmsprünge ausgeführt werden können.

- Programmsprünge

Programmsprünge werden bei den verschiedenen Steuerungen unterschiedlicher Hersteller auf unterschiedliche Weise programmiert. Im Einzelfall sind die Handbücher der Hersteller zu Rate zu ziehen. In jedem Fall ist im Befehlsvorrat der SPS ein bedingter Sprungbefehl enthalten. Mit diesem Befehl kann in Abhängigkeit vom Ergebnis einer Verknüpfungsfunktion ein Programmsprung ausgeführt werden.

Adresse	Steueranweisung	Kommentar
000	U E1.7	Schalter „Auto/Hand"
001	SPB 085	Startadresse „Hand"
002	U E1.5	
003	S M5.0	
004	UN E1.6	Freigabe
005	R M5.0	
⋮		
082	BE	Baustein-Ende
085 ⋮	U E3.1 UN E1.0 = A2.2	
102	BE	Baustein-Ende

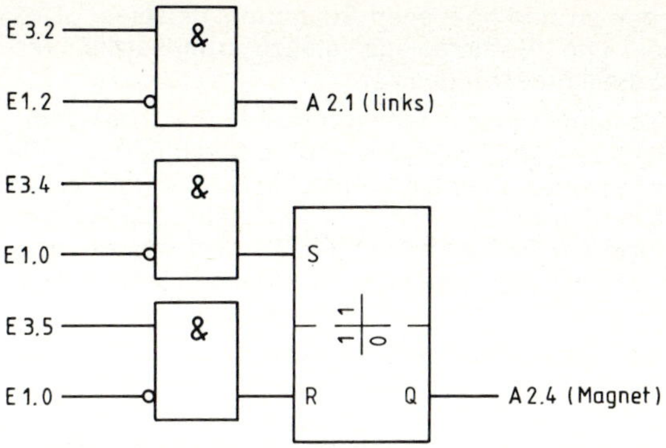

Funktionsplan des Handbetriebes
Magnet kann nur in Position „unten" ein- und ausgeschaltet werden.

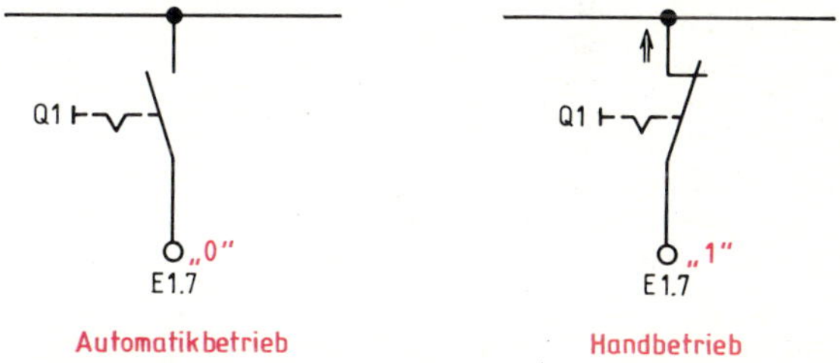

Wahlschalter Automatik/Hand

Q1 unbetätigt → E1.7 = „0" → Automatikbetrieb
Q1 betätigt → E1.7 = „1" → Handbetrieb

Jeder Programmteil wird mit BE abgeschlossen.

Beispiel:
U E1.7
SPB 085 (**SP**rungbefehl **B**edingt)

Wenn E1.7 = „1", wird der bedingte Sprungbefehl ausgeführt; Programm wird mit Adresse 085 fortgesetzt. Ist E1.7 = „0", wird der bedingte Sprungbefehl nicht ausgeführt. Das Programm wird an der Adresse fortgesetzt, die im Sprungbefehl angegeben ist.

E1.7 = „0"
kein Sprung; Programm wird bis Adresse 82 abgearbeitet; dann Rücksprung zum Programmanfang (000)

E1.7 = „1"
Sprung; auf Adresse 001 folgt Adresse 085; Programmteil HAND wird abgearbeitet bis Adresse 102; dann Rücksprung zum Programmanfang (000)

Programmteil „Auswahl"

Programmteil „Automatik"

Programmteil „Hand"

Die beiden beschriebenen Steuerungsbeispiele „Umsetzer“ und „Sortieranlage“ stellen grundsätzlich verschiedene Steuerungen dar.

Die Besonderheit der Steuerungsaufgabe **„Umsetzer“** besteht darin, daß sie in einzelne, aufeinanderfolgende Ablaufschritte unterteilt werden kann, die bei jedem Durchlauf in gleicher Form und in gleicher Reihenfolge auftreten. Solche Steuerungen werden **Ablauf- oder Schrittsteuerungen** genannt. Die meisten in der Praxis auftretenden Steuerungen zählen hierzu.

Bei der **Sortieranlage** ist dies nicht der Fall. Bei jedem Werkstück muß entschieden werden, ob es gläsern oder nichtgläsern ist. Es ist ausschließlich vom Ergebnis logischer Verknüpfungen abhängig, ob das Material auf Band 2 oder in den Container geschoben wird. Die Sortieranlage ist eine **Verknüpfungssteuerung.**

Lagersysteme sind meist SPS-gesteuert

Dokumentation von SPS-Programmen

Ein wesentlicher Vorteil von speicherprogrammierten Steuerungen ist ihre Flexibilität, d. h. Anpassungsfähigkeit an unterschiedliche Steuerungsaufgaben.

Die nachträgliche Erweiterung oder Änderung eines SPS-Programms ist jedoch nur dann wirtschaftlich möglich, wenn bei Erstentwicklung das Programm sorgfältig dokumentiert wurde.

Wesentliche Bestandteile der Programmdokumentation wurden bereits bei der Programmentwicklung in diesem Buch berücksichtigt. Sie sind:

- Technologieschema
- Zuordnungsliste
- Funktionsplan oder Kontaktplan
- Anweisungsliste mit sorgfältiger Kommentierung

Darüber hinaus ist es sinnvoll, den Steuerungshersteller und den Steuerungstyp, für den das Programm entwickelt wurde z. B. in einem Programmkopf anzugeben. Auch der Name des Programmierers, das Datum der Erstellung und die Nummer der Programmversion sollten im Programmkopf angegeben werden.

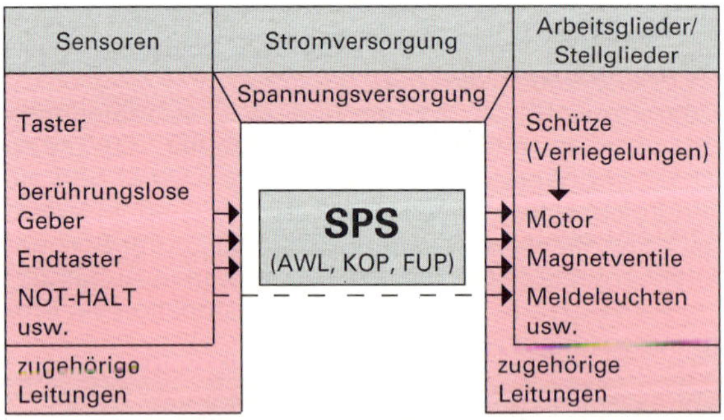

Praktische Ausführung einer SPS

Der rote Bereich darf nur von einer Elektrofachkraft nach VBG4 und DIN/VDE 0100/105 bearbeitet werden.

Ein Hinweis zum Abschluß

Speicherprogrammierbare Steuerungen ermöglichen auch nicht elektrotechnisch geschulten Personen, Steuerungen zu entwickeln. Hierin liegt eine große Gefahr, die hier nicht verschwiegen werden darf.

Dem „Nichtfachmann“ im Sinne der Bestimmungen von DIN/VDE 0105 sind in der Regel Sicherheitsbestimmungen, die zwingend vorgeschrieben sind, unbekannt.

Aufgaben zur Wiederholung und Vertiefung

1. Worin besteht der wesentliche Unterschied zwischen einer Verknüpfungssteuerung und einer Ablaufsteuerung? Geben Sie für beide Steuerungsarten ein typisches Beispiel an!

2. Bei der Abarbeitung eines Steuerungsprogramms (einer Anweisungsliste) wird die Fehlermeldung: „Programm läuft nicht über BE!“ ausgegeben und die Programmabarbeitung unverzüglich gestoppt. Welche Fehlerursache würden Sie vermuten?

3. Bei der Inbetriebnahme einer SPS stellen Sie fest, daß die Steuerung nicht ordnungsgemäß arbeitet. Beschreiben Sie Ihre Vorgehensweise bei der Fehlersuche.

4.4 Sicherheitseinrichtungen

Es soll eine Steuerung für eine elektrohydraulische Vorrichtung entwickelt werden, mit der Kugellager in Lagergehäuse eingepreßt werden. Die Maschine soll von Hand bedient werden. Neben Funktionssicherheit und möglichst einfachem Aufbau wird von der Steuerung die **Gewährleistung von Sicherheit** gefordert. Weder Menschen noch Geräte dürfen bei Fehlfunktionen gefährdet werden. Es sind die gültigen **Unfallverhütungsvorschriften (UVV)** zu beachten.

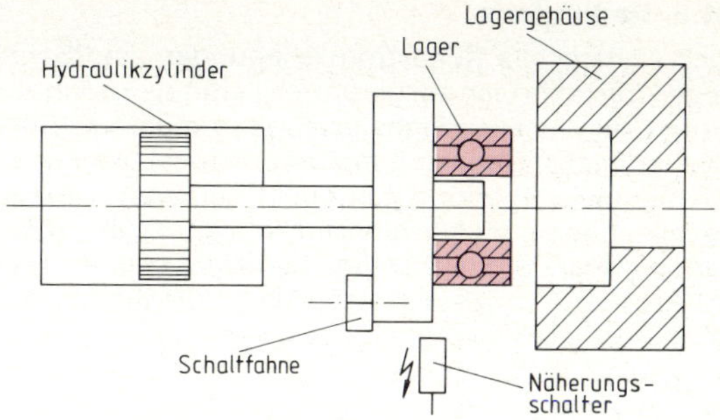

Technologieschema: Hydraulische Vorrichtung zum Einpressen von Kugellagern in Lagergehäuse

4.4.1 Abdeckungen

Bei der Maschine besteht beim Ausfahren des Zylinders Quetschgefahr. Daher ist die gesamte Maschine **durch Abdeckungen abzuschirmen.** Nur der Maschinenbediener soll in die Maschine greifen können, um Lager und Lagergehäuse einzulegen. Falls Türen vorhanden sind, müssen sie durch Signalgeber überwacht werden.

4.4.2. Zweihandbedienung

Um den Maschinenbediener beim Ausfahren des Zylinders zu schützen, ist eine **Zweihandauslösung** nach Unfallverhütungsvorschrift (UVV) vorzusehen. Der Zylinder darf nur ausfahren, nachdem der Maschinenbediener gleichzeitig zwei Handtaster betätigt hat. Sobald er einen Taster losläßt, soll der Zylinder wieder einfahren. Eine entsprechende Schaltung zur Auswertung der Handtastersignale finden Sie in der Fachstufe 1 im Kap. 6.6.1. Sie genügt nach UVV und kann z. B. mit einer SPS verwirklicht werden.

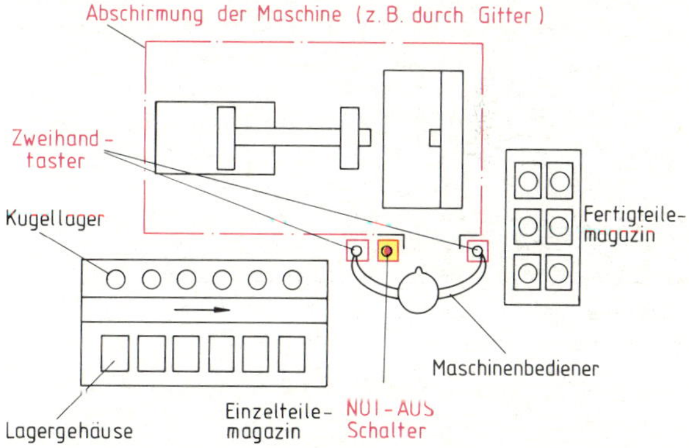

Aufstellplan der Vorrichtung mit Sicherheitseinrichtungen

4.4.3 Lichtschrankensicherungen

Eine Zweihandbedienung schützt nur den Bediener, nicht aber weitere Personen, die gegebenenfalls in den Gefahrenbereich greifen können. Daher verwendet man zum Schutz oft **Lichtschranken.** Zum Einsatz kommen Lichtschranken, die den Gefahrenbereich über die volle Höhe überwachen. Man spricht von Lichtvorhängen. Bei der Einpreßmaschine ist die Öffnung zum Gefahrenbereich so klein, daß Personen nicht am Bediener vorbei in die Maschine greifen können. Eine Lichtschrankensicherung ist daher nicht erforderlich.

Sicherung der Gefahrenstelle an einer Doppelständerpresse durch Lichtschranke

4.4.4 Endlagenüberwachung

Wenn der Zylinder so weit ausgefahren ist, daß das Lager eingepreßt ist, soll der Zylinder selbständig wieder einfahren. Zur Meldung der Endlage dient ein Näherungsschalter. Dieser Näherungsschalter soll „sicher angeschlossen" werden. Bei Fehlfunktion, also wenn z. B. das Kabel des Schalters durchtrennt wird, soll der Zylinder einfahren. Vorzusehen ist eine sogenannte **Ruhestromschaltung.** Nur wenn der Näherungsschalter aktiv ist, also ein „1"-Signal erzeugt, darf der Zylinder ausfahren. Für den Schalter ist daher ein Öffner vorzusehen. Wenn der Schalter ein „0"-Signal ausgibt, kann es dafür zwei Gründe geben. Zum einen kann der Zylinder seine Endlage erreicht haben (Schalter öffnet) oder es liegt ein Kabelbruch vor. In beiden Fällen muß der Zylinder einfahren.

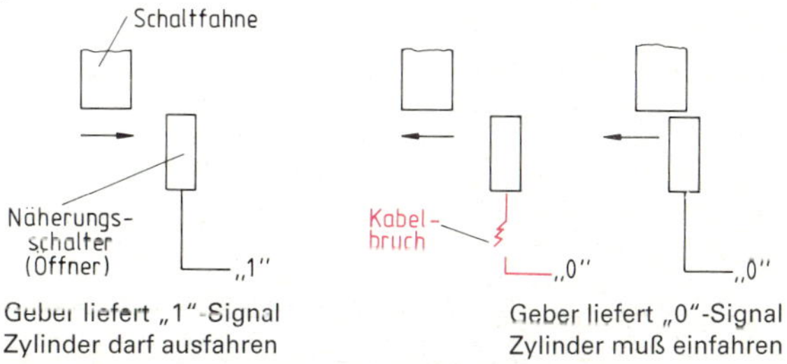

Endlagenmelder mit sicherer Signalübertragung

Gefährliche Vorgänge, die von Signalgebern überwacht werden, dürfen nur erfolgen, wenn die entsprechenden Signalgeber aktiv sind und somit ihre Funktionsfähigkeit nachweisen (Ruhestromprinzip).

4.4.5 Redundanz

Noch sicherer als Ruhestromschaltungen sind Schaltungen mit mehrfach ausgeführten Leitungen. Man verwendet zur sicheren Signalerzeugung mehrere Geber oder zumindest Geber mit mehreren Signalausgängen, um die gleiche Information über getrennt verlegte Signalleitungen zu übermitteln. Nur wenn über alle Leitungen gleiche Signalzustände gemeldet werden, wird eine Prozeßrückmeldung gültig. Wenn die Signalgeber widersprüchliche Informationen liefern, liegt ein Defekt – etwa ein Kabelbruch – vor.
Mehrfach übermittelte Signale nennt man **redundante Signale.** Sie sind in Bereichen mit hohen Sicherheitsanforderungen, z. B. im Flugzeugbau oder im Kernkraftwerksbau üblich. In diesen Bereichen führt man komplette Steuerungen mehrfach, also redundant aus. Im normalen industriellen Bereich sind z. B. Lichtschranken häufig mit redundanten Signalausgängen versehen. Eine sehr sichere Signalübermittlung ist erforderlich, wenn Lichtschranken zum Schutz von Menschen eingesetzt werden.

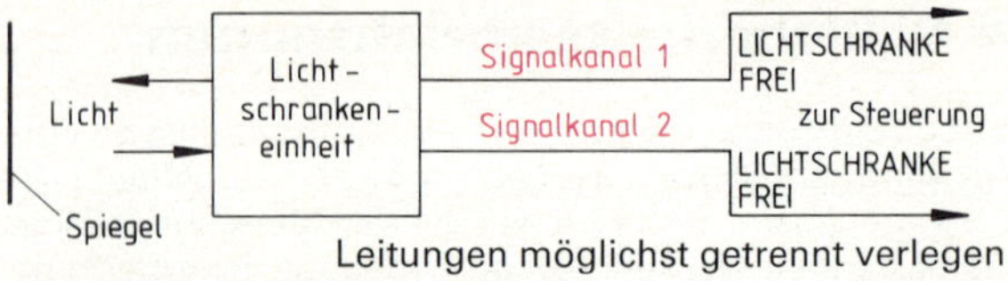

Redundante Signalübertragung

Redundant ausgelegte Pumpen in einer Großheizungsanlage

4.4.6 Druckabsicherung

Die Hydraulikanlage wird durch ein Druckbegrenzungsventil an der Pumpe gegen unzulässig hohe Drücke abgesichert.

4.4.7 Sichere Stell- und Arbeitsglieder

Der Zylinder soll über ein 4/2-Wege-Ventil angesteuert werden. Das Ventil ist so auszuwählen und anzuschließen, daß bei Spannungsausfall automatisch die Stellung aktiviert wird, bei der der Zylinder einfährt. Es wird ein Magnetventil mit Federrückstellung gewählt und so angeschlossen, daß in der Ruhestellung des Ventils die Ringseite des Zylinders mit Druck beaufschlagt wird. Damit geht die Maschine bei **Spannungsausfall oder Kabelbruch automatisch in den sicheren Betriebszustand.**

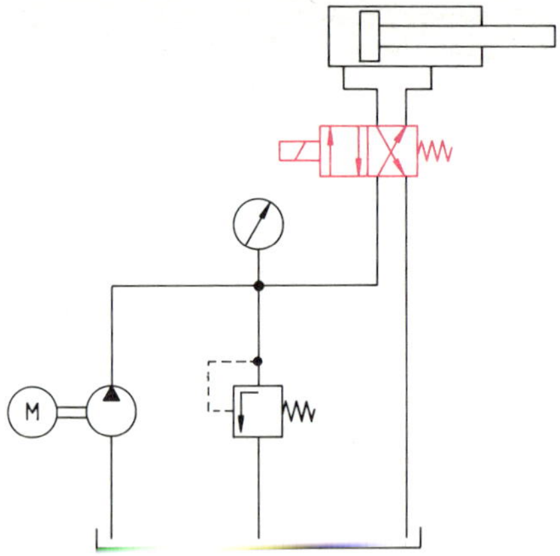

Sichere Hydraulikanlage

4.4.8 Hauptschalter

Über einen Hauptschalter kann die gesamte elektrische Anlage spannungsfrei geschaltet werden.

4.4.9 Kurzschlußschutz

Die Hydraulikpumpe wird durch einen Drehstrommotor angetrieben. Der elektrische Anschluß erfolgt über drei Phasenanschlüsse und einen Anschluß für die Schutzerde (Schutzleiter). Die Phasenanschlüsse L1 bis L3 werden über Sicherungen geführt, die bei Überstrom ansprechen **(Stromsicherungen).** Verwendet werden Schmelzsicherungen oder Sicherungsautomaten.

Der Schutzleiter ist mit allen offen zugänglichen metallischen Teilen der Maschine verbunden. Er verhindert in Verbindung mit den Stromsicherungen, daß diese Metallteile unter Spannung stehen können. Würde z. B. durch ein beschädigtes Kabel Spannung auf ein freiliegendes Metallteil geleitet, entsteht ein Kurzschluß zur Erde. Daraufhin trennen die Sicherungen die Spannungszuführung ab.

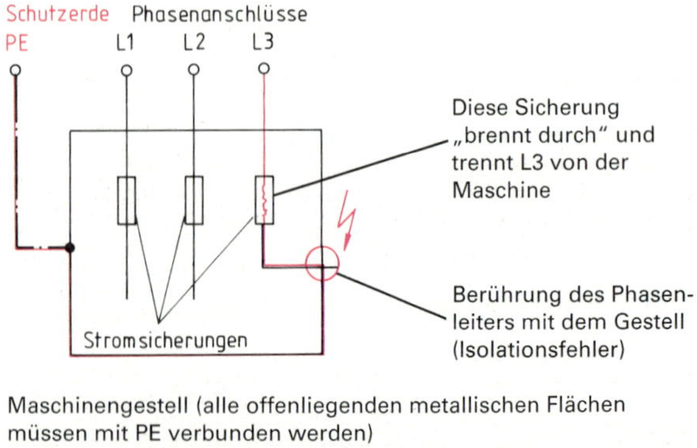

Absicherung gegen Isolationsfehler

4.4.10 Überlastschutz des Elektromotors

Beim Einschalten der Maschine muß der Elektromotor eine große mechanische Leistung aufbringen, da Motor und Pumpe aus dem Stillstand beschleunigt werden müssen. Nach wenigen Sekunden wird die Belastung des Motors aber schon wesentlich kleiner.
Beim Einschalten der Anlage wird der Motor kurzzeitig stärker belastet als langzeitig zulässig ist. Dies ist durchaus erlaubt, da Elektromotoren kurzzeitig sehr hohe Ströme verkraften können und damit sehr hohe Leistungen umsetzen (vergl. 3.1.2). Wirken diese hohen Ströme aber über längere Zeit, dann nehmen die Motoren Schaden, wiel sie zu heiß werden. Man sichert daher Motoren mit sogenannten **Motorschutzschaltern** ab, die den Stromfluß zum Motor unterbrechen, wenn über längere Zeit unzulässig große Ströme zum Motor fließen.

4.4.11 NOT-AUS-Schalter

Eine der wichtigsten Sicherheitseinrichtungen bilden **NOT-AUS-Schalter**. Wenn der NOT-AUS-Schalter an einer Maschine betätigt wird, muß die Maschine sofort in einen sicheren Zustand überführt werden. Wenn möglich trennt man mit NOT-AUS-Schaltern direkt und unmittelbar die Spannungsversorgung von Stell- und Arbeitsgliedern ab, die grundsätzlich so auszuwählen sind, daß sie bei Spannungsausfall sichere Zustände annehmen.

Drehstrommotoren oder andere Stell- und Arbeitsglieder mit mehreren Phasen müssen über Schütze abgeschaltet werden.

NOT-AUS-Schalter müssen stets leicht erreichbar sein. Gegebenenfalls sind mehrere NOT-AUS-Schalter an einer Maschine anzubringen. Sie werden dann in Reihe geschaltet. Entsprechend dem Ruhestromprinzip sind NOT-AUS-Schalter in der Regel Öffner.

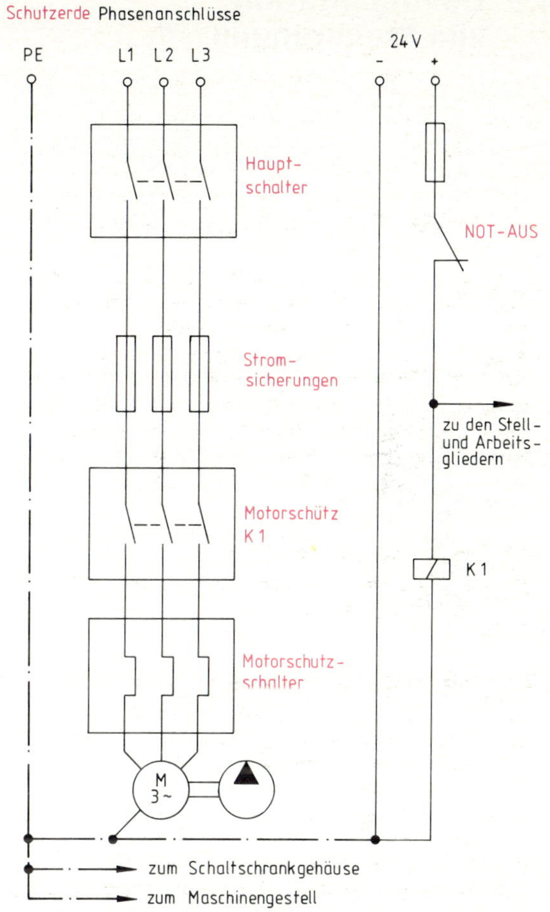

Sicherer Anschluß des Elektromotors

Aufgaben zur Wiederholung und Vertiefung

1. Wie kann ein Elektromotor vor Überhitzung geschützt werden?
2. In einer Maschine ist eine Schmelzsicherung „durchgebrannt". Was kann die Ursache sein?
3. Das Überwerkzeug einer Hydraulikpresse darf sich nur senken können, wenn sich der Maschinenbediener außerhalb des Gefahrenbereichs aufhält. Wie kann dies überwacht werden? Nennen und beschreiben Sie zwei mögliche Schutzmaßnahmen!
4. Mit welchem Schutzgerät muß jede Maschine, von der Gefahr ausgeht, versehen sein? Wie muß dieses Schutzgerät angebracht werden?
5. Warum zählt der elektrische Hauptschalter einer Maschine zu den Schutzgeräten? Wer wird geschützt?
6. Was versteht man unter Redundanz? Wo werden redundante Geräte verwendet?
7. Warum ist ein hydraulisches Druckbegrenzungsventil ein Schutzgerät?
8. Der Füllstand in einem Hydrauliktank soll durch einen elektrischen Niveauschalter überwacht werden. Es soll das Ruhestromprinzip angewandt werden. Muß der Schalter öffnen oder schließen, wenn der Flüssigkeitsspiegel unzulässig weit absinkt? Begründen Sie Ihre Aussage!

4.5 Dokumentation von Steuerungen

Es kommt nicht nur darauf an, eine funktionsfähige Steuerung zu verwirklichen, sondern es muß eine Steuerung auch ausreichend durch **Pläne und Listen** beschrieben werden. Eine Person, die nicht an der Entwicklung einer Steuerung beteiligt war, muß in der Lage sein, aus den Plänen heraus die Steuerung zu begreifen, um z. B. im Störungsfall Reparaturarbeiten ausführen zu können. Erforderlich ist daher eine **sorgfältige Dokumentation.** Obwohl die Herstellung der erforderlichen Dokumente Zeit in Anspruch nimmt, lohnt sich der Aufwand, weil z. B. die Fehlersuche in Steuerungen durch gute Dokumentation wesentlich verkürzt werden kann.

Eine elektrohydraulische Steuerung mit SPS, z. B. die Steuerung der hydraulischen Einpreßvorrichtung für Kugellager, muß durch mindestens folgende Pläne und Listen dokumentiert werden:

- Hydraulikschaltplan
  Er ermöglicht das Verständnis der hydraulischen Schaltung.
- Hyraulikstückliste
  Alle eingesetzten Hydraulikgeräte müssen hinreichend beschrieben werden (Bauteilbezeicnung, Hinweis auf Hersteller, gegebenenfalls Identifikationsnummer). Die Hydraulikstückliste ist z. B. wichtig bei der Ersatzteilbeschaffung.
- Stromlaufplan
  Er ermöglicht das Verständnis der elektrischen Schaltung.
- Klemmen- und Kabelpläne
  Elektrische Signalleitungen sind meistens an Verteilerklemmen zusammengeführt. Klemm- und Kabelpläne geben die Zuordnung von Signalen und Klemmen, bzw. Signalen und Kabeladern an.
- SPS-Programmbeschreibung
  Dazu gehört die Zuordnungsliste sowie eine Darstellung des Programms in AWL, KOP oder FUP.

Eine gute Dokumentation besteht zusätzlich aus **textlichen Beschreibungen,** z. B. Bedienungsanleitungen und Funktionsbeschreibungen. Außerdem sollten bei Verwendung von komplizierten Geräten Unterlagen der jeweiligen Hersteller der Dokumentation hinzugefügt werden.

Wichtig für die Wartung von Steuerungen sind **Wartungspläne.** Darin werden die erforderlichen **Wartungsarbeiten** mit den entsprechenden zeitlichen **Wartungsintervallen** angegeben. **Verschleißteilstücklisten** geben an, welche Bauteile nach einer bestimmten Betriebszeit auszutauschen sind.

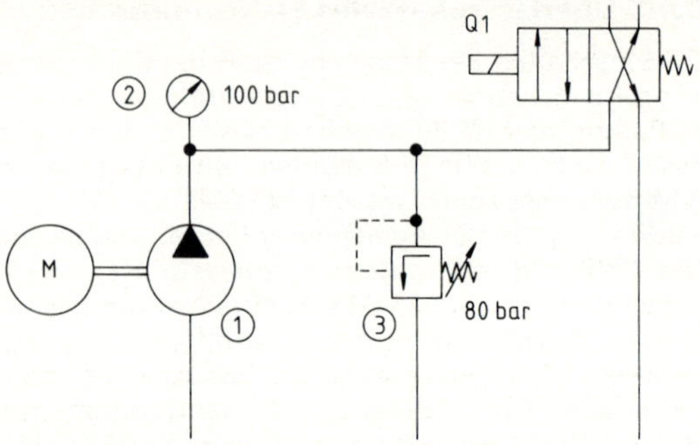

Hydraulikschaltplan

4	....	....
3	DB-Ventil	....
2	Manometer	....
1	Pumpe	....
Pos.	Benennung	Hersteller/Typ

Hydraulikstückliste

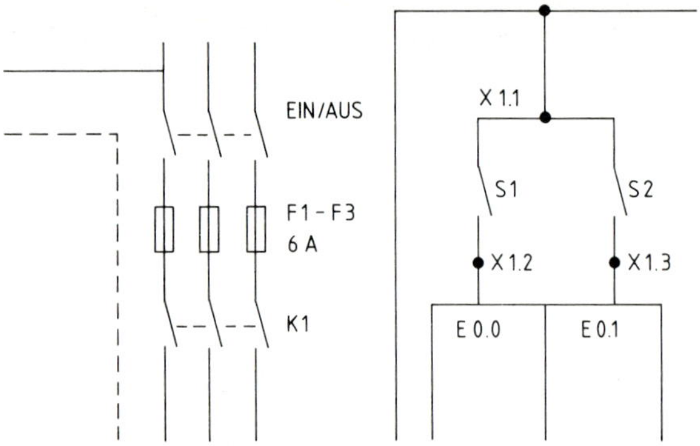

Stromlaufplan

Klemme	Kabel-Nr.	Ziel	Kommentar
× 1.1	1.1	+ 24V	Versorgung S1, S2
× 1.2	1.2	SPS E0.0	S1 (LINKE HAND)
× 1.3	1.3	SPS E0.1	S2 (RECHTE HAND)
× 1.4	2.1	+ 24V	Versorgung S3
× 1.5	2.2	SPS E0.2	S3 (Zyl.-Endlage)

Klemmenplan

4.6 Fehlersuche in gesteuerten Anlagen

Bei der Inbetriebnahme einer Maschine funktioniert die Steuerung nur selten auf Anhieb. Meistens sind umfangreiche Änderungsarbeiten erforderlich. Auch bei schon länger in Betrieb befindlichen Anlagen können Fehler auftreten.

Zur Fehlersuche können **Meßgeräte** erforderlich sein, da man häufig Fehler an Bauteilen oder Zustände von Signalen nicht mit dem Auge erfassen kann. Wichtiger als aufwendige Meßgeräte ist aber bei der **Einkreisung von Fehlern** ein **methodisches Vorgehen** und ein **gutes Verständnis der Steuerung,** das man durch Beobachtung der Maschine und durch Einsicht in die Dokumentation gewinnt.

Um systematisch einen Fehler einzukreisen, sollte man **stets in Wirkungsrichtung vorgehen.** Bei Maschinen, bei denen die einzelnen Funktionseinheiten kettenförmig aneinandergereiht sind, ist dies recht einfach. So kann bei der Einpreßvorrichtung für Kugellager jede Baueinheit nur funktionieren, wenn die jeweils vorgeschaltete Baueinheit ordnungsgemäß arbeitet.

Sollte der Zylinder nach Betätigung des Hauptschalters und der beiden Handtaster nicht ausfahren, liegt ein Fehler in den vorgeschalteten Baueinheiten vor. Zunächst ist der elektrische Leistungsteil der Maschine, anschließend die Hydraulik und dann der elektrische Signalteil der Steuerung zu überprüfen.

4.6.1 Fehlersuche im elektrischen Leistungsteil der Maschine

Arbeiten im Hochspannungsbereich einer Maschine dürfen nur von dafür ausgebildeten Personal durchgeführt werden. Es besteht Lebensgefahr!

Voraussetzung für die Funktion der Maschine ist das Vorhandensein von elektrischer Spannung. Alle drei Phasen des Drehstromnetzes müssen Spannung führen. Dies kann mit einem **elektrischen Spannungsmeßgerät** überprüft werden. Bei eingeschaltetem Hauptschalter muß auch an den Anschlüssen des Motors Spannung vorhanden sein. Wenn dies nicht der Fall ist, kann der NOT-AUS-Schalter betätigt sein. Dies kann leicht nachgeprüft wrden. Es kann aber auch eine der Stromsicherungen oder der Motorschutzschalter „angesprochen" haben. Mit Hilfe eines Spannungsmeßgerätes kann verfolgt werden, wo die Spannungszuführung zum Motor unterbrochen ist.

4.6.2 Fehlersuche in der Hydraulik

Ein Hilfsmittel zur Erkennung von Fehlern in der Hydraulik ist das Druckmeßgerät an der Pumpe. Falls bei angetriebener Pumpe kein Druck aufgebaut wird, besteht die Möglichkeit, daß die Pumpe mit falscher Drehrichtung angetrieben wird. Dieser Fehler tritt häufig bei der Erstinbetriebnahme auf. Es muß in diesem Fall die Drehrichtung des Elektromotors durch Umklemmen der Anschlußleitungen geändert werden.

Wirkungsrichtung der Steuerung für Kugellagereinpreßvorrichtung

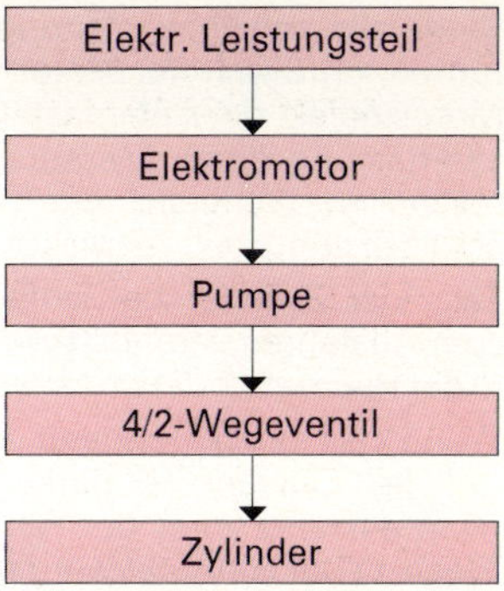

Differenzdruckmanometer mit elektrischen Schaltkontakten

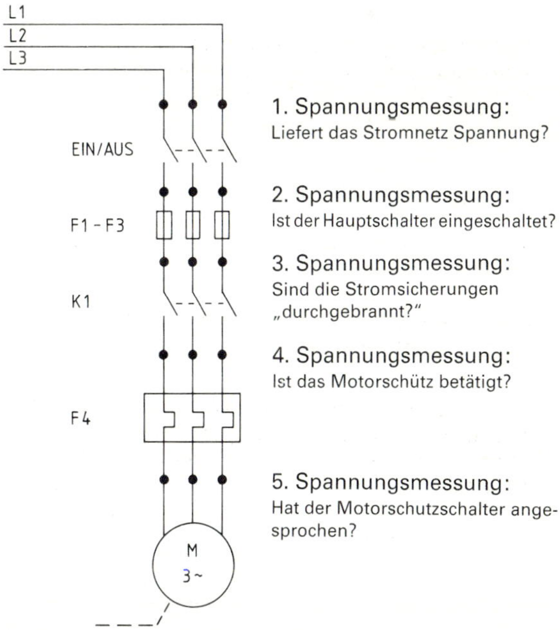

Kontrolle der Spannungszuführung zum Motor. Vom Elektriker durchzuführen!

Wenn alle drei Phasenleitungen des Motors Spannung führen, muß sich der Motor drehen, ansonsten ist der Motor defekt oder überlastet. Der Elektriker kann eine Überlastung durch Messung des Stroms zum Motor feststellen. Wenn sich der Motor dreht, ist der elektrische Leistungsteil der Maschine in Ordnung.

Falls der Zylinder bei laufendem Elektromotor nicht zum Ausfahren veranlaßt werden kann, liegt ein Fehler in der Hydraulik oder in der elektrischen Steuerung vor.

Wenn das Druckmeßgerät an der Pumpe ausschlägt und der Zylinder bei Betätigung der Taster dennoch nicht ausfährt, muß der Fehler zunächst bei dem 4/2-Wege-Ventil vermutet werden. Es ist anzunehmen, daß das Ventil nicht in die Ausfahrstellung schaltet. Um dies zu überprüfen, wird ein Druckmeßgerät mit der Kolbenseite des Zylinders verbunden. Dazu ist gegebenenfalls eine „T-Verschraubung" in die Hydraulikleitung einzufügen.

Wenn das Ventil ordnungsgemäß durchschaltet, muß der Druck am Zylinder fast genauso groß sein wie der Druck an der Pumpe. Sonst muß davon ausgegangen werden, daß der Ventilmagnet nicht angesteuert wird. In diesem Fall muß die Spannung über dem Magneten oder der Strom zum Magneten gemessen werden. Beide Messungen sind relativ umständlich. Daher versieht man oft die Stecker von Ventilmagneten mit Leuchtanzeigen. Man erkennt sofort, ob ein Magnet mit Spannung beaufschlagt ist.

Falls Spannung am Magneten vorhanden ist, ohne daß das Ventil durchschaltet, ist ein Defekt im Ventil zu vermuten. Falls keine Spannung vorhanden ist, wird das Ventil nicht angesteuert. Der Fehler liegt dann im elektrischen Signalteil der Steuerung.

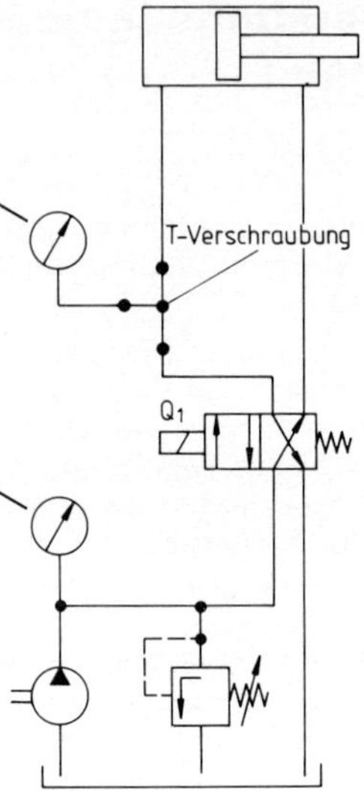

Druckmessungen in einer Hydraulikanlage

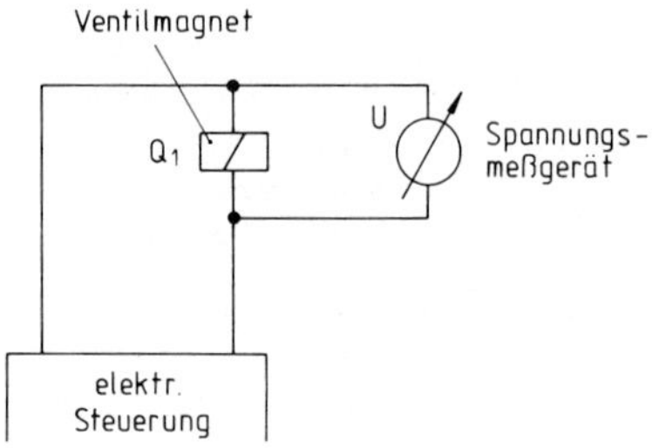

Messung der Spannung über dem Ventilmagneten

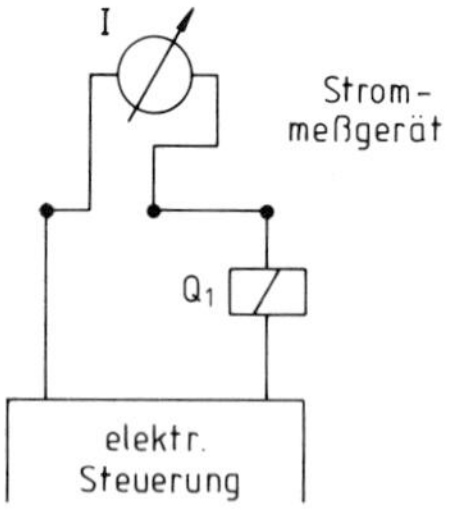

Messung des Ventilstroms

4.6.3 Fehlersuche im elektrischen Signalteil der Steuerung

Zunächst ist die Hardware zu überprüfen. Es muß festgestellt werden, ob die Eingabesignale der Handschalter bzw. des Näherungsschalters zur SPS gelangen. Dazu sind SPS mit Leuchtanzeigen an den Eingängen versehen. So kann überprüft werden, ob die Eingabegeräte funktionieren und die Verdrahtung stimmt.

Falls die Signale zur SPS gelangen und die Maschine dennoch nicht funktioniert, muß angenommen werden, daß die Software des Steuerungsprogramms fehlerhaft ist.

Auch die Software wird überprüft, indem man von den Eingängen ausgehend in Wirkungsrichtung vorgeht. Die Betriebssysteme von Bildschirmprogrammiergeräten erleichtern diese Betrachtung, indem sie eine Darstellung von Kontaktplänen oder Funktionsplänen anbieten, bei der die aktuellen Signalzustände mit angezeigt werden. Mit solchen **Statusanzeigen** ist es oft möglich, zu erkennen, wo ein Programm „steckenbleibt", weil Signale falsch ausgewertet werden. Der erfahrene Programmierer kann aber auch ohne solche Hilfsmittel ein SPS-Programm testen. Er behilft sich, indem er wichtige Signale, z. B. wichtige Merker, sichtbar macht. Dazu gibt er diese Signale z. B. an nicht benutzten Ausgängen der SPS aus, wo durch Leuchtanzeigen die Signalzustände erkennbar werden. Es ist auch möglich, durch entsprechende Gestaltung des SPS-Anwenderprogramms (Einsatz von Speichergliedern) für Kontrollzwecke kurzauftretende Signalimpulse „einzufrieren" und damit nachzuweisen. Dies ist oft die einzige Möglichkeit, um die Funktion von Steuerungen zu überprüfen, bei denen einzelne Signalzustände nur sehr kurzzeitig auftreten.

Aufgaben zur Wiederholung und Vertiefung

1. Um Kosten zu sparen, wird überlegt, die Einpreßvorrichtung für Kugellager nicht hydraulisch, sondern pneumatisch zu betreiben. Nebenstehend ist der Pneumatikschaltplan abgebildet. Die Pneumatikanlage wird an ein vorhandenes Werksdruckluftnetz (5 bar) angeschlossen. Überlegen Sie, warum diese pneumatische Lösung im Vergleich zu der vorab vorgestellten hydraulischen Lösung erheblich billiger ist! Betrachten Sie dabei nicht nur die Hydraulik- und Pneumatikpläne, sondern auch die elektrische Schaltung! Listen Sie die Bauteile der elektrohydraulischen Anlage auf, die entfallen können!

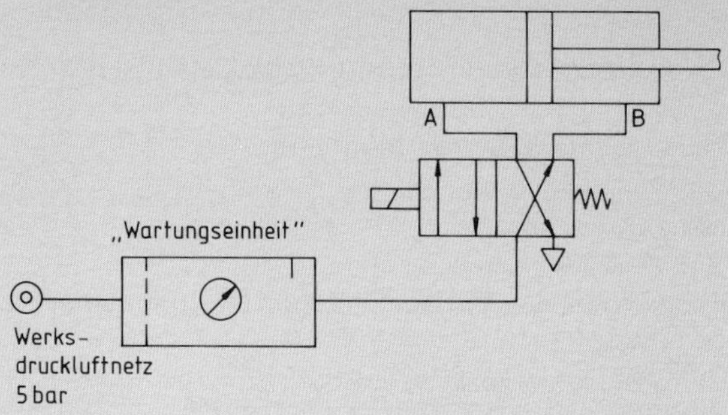

2. Aus Kostengründen wird die pneumatische Lösung vorgezogen und verwirklicht. Bei der Inbetriebnahme der Maschine wird festgestellt, daß der Zylinder nicht mit gleichmäßiger Geschwindigkeit ausfährt. Der zeitliche Verlauf der Zylindergeschwindigkeit ist in nebenstehendem Diagramm dargestellt. Warum ist dieser Geschwindigkeitsverlauf sehr ungünstig? Skizzieren Sie zum Vergleich den Geschwindigkeitsverlauf des Zylinders, wenn der Zylinder von einer hydraulischen Konstantpumpe angetrieben wird!

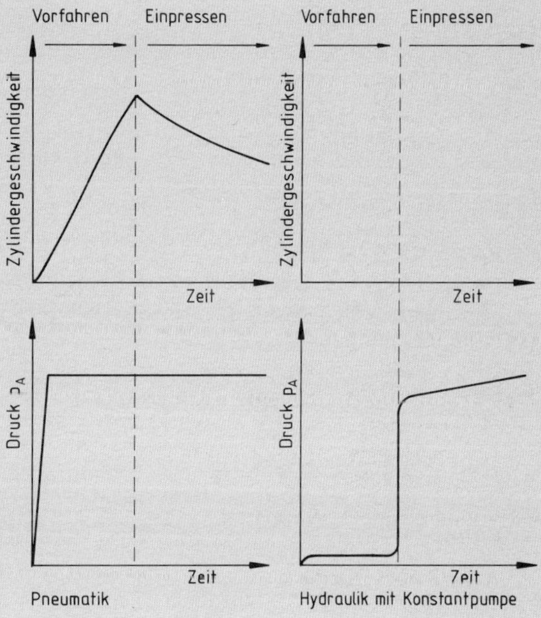

3. Um das Bewegungsverhalten der pneumatischen Einpreßvorrichtung zu verbessern, wird die Maschine zusätzlich mit einer hydraulischen Geschwindigkeitsregelung versehen. Dazu wird parallel zum Pneumatikzylinder ein Hydraulikgleichlaufzylinder angebaut. Die beiden Seiten des Zylinders sind über ein Stromregelventil und ein Rückschlagventil miteinander verbunden. Eine Hydraulikpumpe kommt nicht zum Einsatz.
Erklären Sie, wie die hydraulische Bremseinrichtung die Ausfahrgeschwindigkeit des Pneumatikzylinders regelt!

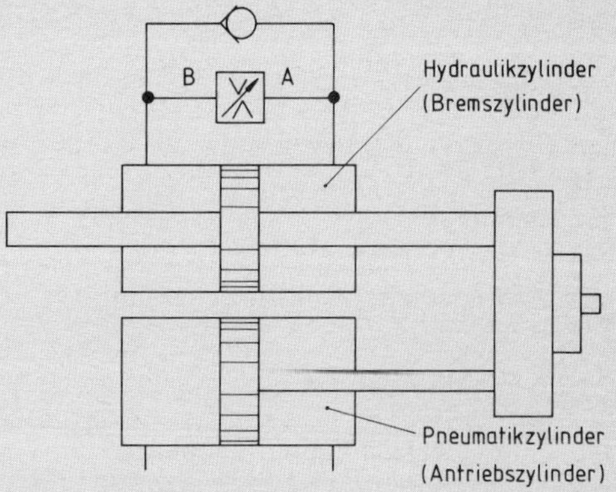

4. Bei Verwendung der hydraulischen Bremseinrichtung besteht die Steuerung der Einpreßvorrichtung aus einem pneumatischen, einem hydraulischen und einem elektrischen Teil (SPS). Es wird versucht, die jeweiligen Vorteile der einzelnen Steuerungsarten auszunutzen. Geben Sie zu den nachfolgenden technischen Forderungen jeweils an, welche Steuerungsart hier besondere Vorteile bietet:
- Gute Vorstellung und Regelung von Geschwindigkeiten
- Geringer Preis von Stell- und Arbeitsgliedern
- Übermittlung von Prozeßrückmeldesignalen über beliebige Entfernungen
- Berührungslose Erfassung der Stellungen von Arbeitsgliedern oder bewegten Teilen einer Maschine
- Nutzung von Energie mit möglichst geringer Gefahr
- Signalverarbeitung mit komplizierten Verknüpfungs-, Speicher- und Zeitfunktionen

Bildquellennachweis (blaue Seitenzahlen beziehen sich auf Teil 2)

AEG Automatisierungstechnik, Seligenstadt:
254/1

Akkulux Witte & Suttor, Murrhardt:
146/2; 157/5

Allianz, München:
103/1; 107/1

Arbeitsgemeinschaft Deutsche Kunststoffindustrie, Frankfurt: 73/2; 74/2

Arburg Maschinenfabrik, Loßburg:
167/2

Asea Brown Boverie, Mannheim:
83/1; 114/2, 3; 115/2, 3; 117/2; 168/1

Asea Brown Boverie, Friedberg:
14/1

Bayer AG, Leverkusen:
80/3; 81/2, 3; 82/3; 250/4

Berger, Lahr:
118/1

Chris Berten, Düsseldorf:
49/3; 57/1; 59/1; 62/2; 65/1; 66/1; 72/2; 97/4; 101/3; 102/2, 4; 112/1; 154/3; 157/3

Boehringer, Göppingen:
60/2

Robert Bosch GmbH, Leinfelden-Echterdingen:
48/1

Burkhard+Weber, Reutlingen:
145/2

BW Hydraulik GmbH, Wuppertal:
167/3

Carl Cloos GmbH, Haiger:
142/1; 163/2

Cornelsen-Verlag, Berlin:
151/1, 3

Friedrich Deckel AG, München:
49/1; 52/1; 72/1, 2; 134/4

Deckel GmbH & Co. KG., Weilheim:
41/3; 47/3

Degussa, Hanau:
143/1

Deutsche Starkugelhalter GmbH, Schweinfurt:
133/1, 3

Fritz Driescher KG, Wegberg:
154/4

DTE Deutsche Telemecanique, Ratingen:
167/2

Eaton GmbH, Velbert:
128/4

Elektrolux Constructor GmbH, Wipperfürth:
152/1; 153/1

Engel KG, Schwertberg:
167/1

FAG Kugelfischer, Wuppertal:
44/3, 4; 130/3; 131/3

Fasti, Wermelskirchen:
12/2, 3; 221/1

Feinprüf GmbH, Göttingen:
7/1, 3; 10/4, 6; 218/1

Fette GmbH, Schwarzenbek:
95/1

Fichtel & Sachs AG, Schweinfurt:
120/3, 5

Fischer GmbH & Co. KG, Bad Salzuflen:
277/1

Ford-Werke AG, Köln:
157/1; 190/2; 199/2

Forkard GmbH & Co. KG, Düsseldorf:
32/1

Gehring, Ostfildern:
20/1, 2; 99/4; 189/1; 199/1; 200/1

Gelenkwellenbau GmbH, Essen:
127/1; 140/2

Gemo, Krefeld:
127/2

Gildemeister AG, Bielefeld:
35/2; 62/2; 64/1

Greif Werk GmbH, Hagen:
48/2

Hahn & Holb GmbH & Co., Stuttgart:
31/2

Heckler & Koch, Schramberg-Waldmössingen:
54/2; 141/2

Johannes Heidenhain GmbH, Traunreut:
9/2; 246/1

Wilhelm Hense & Co. GmbH, Bochum:
92/1; 93/1

Berthold Hermle GmbH & Co., Gosheim:
109/1; 117/1; 128/1, 2, 3; 144/2; 194/1

Hoechst AG, Frankfurt:
79/4; 80/1, 2, 4

Eberhard Hoeckle GmbH, Mössingen:
126/3

Hoesch AG, Dortmund:
137/3

IBM Deutschland, Stuttgart:
63/1, 4

Keller, Schwabach:
46/1, 2

Klöckner-Moeller GmbH, Bonn:
154/2; 155/2; 156/3

Krupp Widia GmbH, Essen:
96/2; 144/1

KSB AG, Frankenthal:
274/1

Kühlerfabrik Längerer & Reich, Stuttgart:
141/1

Kuka, Augsburg:
158/1; 160/1, 2, 3, 4; 162/3; 163/1

Lade GmbH, Wuppertal:
169/1

Lust GmbH, Lahnau:
249/1

Maho AG, Pfronten:
37/1; 46/3; 61/1; 70/1, 3; 73/1; 109/1, 2, 113/1; 134/1; 138/1; 142/1, 2; 143/2; 189/2; 192/1

Carl Mahr, Esslingen:
7/2

Mannesmann Demag, Wetter:
151/3; 198/1

Marpross, Fellbach:
10/1

Messer Griesheim GmbH, Frankfurt:
24/1; 26/2; 27/1; 28/3; 29/1, 2; 30/1; 31/1; 32/3, 4; 33/2, 4; 34/4; 35/2; 36/1; 37/1; 42/3; 43/2; 190/3

Mitsubishi Electric Europe GmbH, Ratingen:
250/2

MITUTOYO (SAMPOH Meßgeräte Vertriebsgesellschaft mbH), Neuss:
9/3; 11/2; 12/2; 21/1; 67/1

Nosta GmbH & Co. KG, Höchstädt:
139/6; 140/1

Adam Opel AG, Rüsselsheim:
180/1; 196/1

Parat-Werkzeugtechnik GmbH, Stuttgart:
30/1; 31/1, 3; 119/1; 132/1

PCI Polychemie GmbH, Augsburg:
48/3

Hermann Pfanter GmbH & Co., Ludwigsburg:
125/2

Ravensburg AG, Ravensburg:
33/1

Rexroth GmbH, Lohr am Main:
207/1; 212/1; 241/1; 250/1

Röhm, Sontheim/Brenz:
135/1

Ruhr Universität, Bochum:
99/1, 2; 100/1; 106/2, 3, 4, 5, 6; 108/1

Sandvik GmbH, Düsseldorf:
24/3, 24/4

Sauter GmbH, Metzingen:
35/1

Jens Schacht, Düsseldorf:
23/2; 108/3; 176/1; 177/1, 2; 179/1, 2, 3; 181/1, 2; 182/1; 185/1, 2; 207/1; 235/3

Alfred H. Schütte, Köln:
33/2; 134/3

Seco Toils GmbH, Erkrath:
39/2; 44/5; 69/1

Sick GmbH, Waldkirch:
273/1

Siemag, Netphen:
151/2; 272/1

Siemens AG, Erlangen:
153/4; 155/1; 248/1, 2; 250/3; 252/1; 263/1

Siemens AG, München:
101/1; 168/2; 169/2, 3; 170/2, 3; 190/1

Siemens AG, Nürnberg:
113/1; 119/1, 2

Sintermetallwerke Krebsöge GmbH, Radevormwald:
93/2; 95/2, 3; 96/1; 129/3; 131/2

Staedler, Nürnberg:
61/1

Stöber GmbH & Co., Pforzheim:
109/3

Traub AG, Maschinenfabrik, Reichenbach/Fils:
32/2; 50/2; 60/3; 141/1; 147/2; 206/3; 211/1; 242

Trienekens, Viersen:
90/1; 91/1; 92/1

Trumpf GmbH & Co., Ditzingen:
7/1; 13/1

Verband Deutscher Maschinen- und Anlagenbau e.V., Frankfurt/M.: 49/2

Volkswagen AG, Wolfsburg:
158/1

Waldrich Siegen, Burbach:
33/3; 46/1

Werner und Kolb GmbH, Berlin:
146/1; 156/3

Widani, Nürnberg:
13/2; 17/2

ZF Zahnradfabrik, Friedrichshafen:
122/1; 124/1

Stichwortverzeichnis (blaue Seitenzahlen beziehen sich auf Teil 2)